ESTUDOS EM HOMENAGEM
AO PROF. DOUTOR INOCÊNCIO GALVÃO TELLES

V VOLUME
DIREITO PÚBLICO E VÁRIA

Estudos organizados
pelos Professores Doutores António Menezes Cordeiro,
Luís Menezes Leitão e Januário da Costa Gomes

Retrato do Prof. Doutor INOCÊNCIO GALVÃO TELLES
pintado em 1991 por Aristides Âmbar

ESTUDOS EM HOMENAGEM
AO PROF. DOUTOR INOCÊNCIO GALVÃO TELLES

V VOLUME

DIREITO PÚBLICO E VÁRIA

Estudos organizados
pelos Professores Doutores António Menezes Cordeiro,
Luís Menezes Leitão e Januário da Costa Gomes

ALMEDINA

TÍTULO:	ESTUDOS EM HOMENAGEM AO PROF. DOUTOR INOCÊNCIO GALVÃO TELLES
COORDENADORES:	ANTÓNIO MENEZES CORDEIRO, LUÍS MENEZES LEITÃO E JANUÁRIO DA COSTA GOMES
EDITOR:	LIVRARIA ALMEDINA – COIMBRA www.almedina.net
LIVRARIAS:	LIVRARIA ALMEDINA ARCO DE ALMEDINA, 15 TELEF. 239851900 FAX 239851901 3004-509 COIMBRA – PORTUGAL livraria@almedina.net
	LIVRARIA ALMEDINA ARRÁBIDA SHOPPING, LOJA 158 PRACETA HENRIQUE MOREIRA AFURADA 4400-475 V. N. GAIA – PORTUGAL arrabida@almedina.net
	LIVRARIA ALMEDINA – PORTO R. DE CEUTA, 79 TELEF. 222059773 FAX 222039497 4050-191 PORTO – PORTUGAL porto@almedina.net
	EDIÇÕES GLOBO, LDA. R. S. FILIPE NERY, 37-A (AO RATO) TELEF. 213857619 FAX 213844661 1250-225 LISBOA – PORTUGAL globo@almedina.net
	LIVRARIA ALMEDINA ATRIUM SALDANHA LOJAS 71 A 74 PRAÇA DUQUE DE SALDANHA, 1 TELEF. 213712690 atrium@almedina.net
	LIVRARIA ALMEDINA – BRAGA CAMPUS DE GUALTAR UNIVERSIDADE DO MINHO 4700-320 BRAGA TELEF. 253678822 braga@almedina.net
EXECUÇÃO GRÁFICA:	G.C. – GRÁFICA DE COIMBRA, LDA. PALHEIRA – ASSAFARGE 3001-453 COIMBRA E-mail: producao@graficadecoimbra.pt
	NOVEMBRO, 2003
DEPÓSITO LEGAL:	183648/02

Toda a reprodução desta obra, por fotocópia ou outro qualquer processo, sem prévia autorização escrita do Editor, é ilícita e passível de procedimento judicial contra o infractor.

SUMÁRIO

DIREITO COMUNITÁRIO

DA MOEDA ÚNICA EM DIANTE: AS VISÕES A LONGO PRAZO DA INTE-
GRAÇÃO
PAULO DE PITTA E CUNHA 9

A COOPERAÇÃO REFORÇADA APÓS O TRATADO DE NICE. ALGUNS
ALINHAVOS CRÍTICOS
MARIA JOÃO PALMA 23

DIREITO CONSTITUCIONAL

UMA PERSPECTIVA CONSTITUCIONAL DA REFORMA DO CONTEN-
CIOSO ADMINISTRATIVO
JORGE MIRANDA 35

DOGMÁTICA DE DIREITOS FUNDAMENTAIS E DIREITO PRIVADO
JOSÉ JOAQUIM GOMES CANOTILHO 63

FISCALIZAÇÃO DA CONSTITUCIONALIDADE E GARANTIA DOS DIREI-
TOS FUNDAMENTAIS: APONTAMENTO SOBRE OS PASSOS DE UMA
EVOLUÇÃO SUBJECTIVISTA
CARLOS BLANCO DE MORAIS 85

POR UMA LEITURA FECHADA E INTEGRADA DA CLÁUSULA ABERTA
DOS DIREITOS FUNDAMENTAIS
ISABEL MOREIRA 113

DIREITO PENAL E PROCESSUAL PENAL

TRANSMISSÃO DA SIDA E RESPONSABILIDADE PENAL
MARIA FERNANDA PALMA 155

6 *Estudos em Homenagem ao Prof. Doutor Inocêncio Galvão Telles*

O CRIME DE VIOLAÇÃO DE SEGREDO DE JUSTIÇA E A POSIÇÃO DO
ASSISTENTE NO PROCEDIMENTO PENAL RESPECTIVO
Paulo Saragoça da Matta 171

O ACORDO COM VISTA À PRÁTICA DE GENOCÍDIO. O CONCEITO, OS
REQUISITOS E O FUNDAMENTO DA PUNIÇÃO DO «CONTRATO CRI-
MINAL»
Ivo Miguel Barroso 215

DIREITO ADMINISTRATIVO E FINANCEIRO

O FINANCIAMENTO DA REGULAÇÃO E SUPERVISÃO DO MERCADO DE
VALORES MOBILIÁRIOS
António de Sousa Franco
Sérgio Gonçalves do Cabo 425

PARA UM CONCEITO DE CONTRATO PÚBLICO
Afonso D'Oliveira Martins 475

OS INSTITUTOS PÚBLICOS E A DESCENTRALIZAÇÃO ADMINISTRATIVA
Ana Fernanda Neves 495

PRETEXTO, CONTEXTO E TEXTO DA INTIMAÇÃO PARA PROTECÇÃO DE
DIREITOS, LIBERDADES E GARANTIAS
Carla Amado Gomes 541

EXERCÍCIO DO DIREITO DE ACESSO AOS DOCUMENTOS DETIDOS PELA
ADMINISTRAÇÃO PÚBLICA
José Renato Gonçalves 579

CONTRATO DE TRANSACÇÃO NO DIREITO ADMINISTRATIVO E FISCAL
João Taborda da Gama 607

DIREITO INTERNACIONAL PRIVADO

COMPETÊNCIA INTERNACIONAL EM MATÉRIA DE LITÍGIOS RELATIVOS
À *INTERNET*
Lima Pinheiro 695

DIREITO COMPARADO

DIREITOS ISLÂMICOS E "DIREITOS CRISTÃOS"
Carlos Ferreira de Almeida 713

Sumário 7

DIREITO INTERNACIONAL PÚBLICO

A ORDEM JURÍDICA INTERNACIONAL EM TRANSIÇÃO? MULTILATERA-
LISMO *VS.* UNILATERALISMO E A INTERVENÇÃO MILITAR NO IRA-
QUE
PATRÍCIA GALVÃO TELES 749

FILOSOFIA DO DIREITO

DA HERMENÊUTICA JURÍDICA: FUNDAMENTOS, DESAFIOS E FASCÍ-
NIOS
PAULO FERREIRA DA CUNHA 779

APROXIMAÇÃO AO REALISMO JURÍDICO
MÁRIO EMÍLO F. BIGOTTE CHORÃO 799

INTERPRETAÇÃO CONFORME COM A CONSTITUIÇÃO
JOÃO ZENHA MARTINS 823

O DIREITO E A HISTÓRIA

BARTOLOMEO SCALA, AS DESCOBERTAS PORTUGUESAS DAS ILHAS
ATLÂNTICAS, O DIREITO ROMANO E O "DOMINIUM MUNDI"
NUNO JOSÉ ESPINOSA GOMES DA SILVA 959

O ROMANCE HISTÓRICO E O DIREITO
RUI DE FIGUEIREDO MARCOS 977

BREVES APONTAMENTOS PARA A HISTÓRIA DO MINISTÉRIO DA JUS-
TIÇA
LUÍS BIGOTTE CHORÃO 993

DA MOEDA ÚNICA EM DIANTE:
AS VISÕES A LONGO PRAZO DA INTEGRAÇÃO*

PAULO DE PITTA E CUNHA**

Com a moeda única, atingiu-se um patamar completamente novo no processo de integração europeia. Até aqui, a abdicação de poderes soberanos era real mas limitada: quando os Estados decidem abolir os entraves aduaneiros e contingentários e formar um mercado sem barreiras ou quando harmonizam legislações nacionais para criar as condições de funcionamento desse mercado não estão a fazer sacrifícios demasiado vincados de competências soberanas. Nestes aspectos, está em causa aquilo que se chama a "integração negativa", a integração que se processa por supressão de obstáculos ao estabelecimento de um grande mercado; e isto não contende com o cerne da soberania. Mas, quando os Estados decidem suprimir as moedas nacionais, criar uma moeda comunitária e entregar por inteiro a sua gestão a uma entidade supranacional ou federal, estão a tocar no âmago da soberania.

Quando se previu a formação da união económica e monetária, discutiu-se se ela implicaria só por si, a supressão da qualidade de Estados – da "estatalidade", se quisermos entrar por neologismos –, em termos de os Estados membros perderem os atributos essenciais dos Estados soberanos. Este assunto foi debatido na Câmara dos Lordes, em Inglaterra, a propósito do projecto de Maastricht, tendo-se então concluído que a perda da soberania monetária ainda não acarretava a supressão da qualidade de Estados, porque atributos soberanos ainda mais vitais, os relativos à política externa e à defesa, permaneciam nas mãos destes, e só quando tais atributos soberanos fossem transferidos é que a "estatalidade" desapareceria.

---

* Texto extraído do registo magnético de uma conferência proferida no âmbito do ciclo sobre Direito Comunitário e Direito da Integração, promovido pelo Instituto Europeu da Faculdade de Direito de Lisboa, em Julho de 2001.

** Professor Catedrático da Faculdade de Direito de Lisboa.

Se a política externa for totalmente unificada, com base em entidades federais que passem a regê-la, desaparecerá a qualidade soberana dos Estados na vida internacional. A união monetária representou um golpe profundo nas soberanias, mas não um golpe decisivo. Basta lembrar exemplos do passado. Exemplos como o da união que existiu, durante muitos anos, entre a Bélgica e o Luxemburgo, e que levou a que as moedas na prática se confundissem. Ainda havia moedas com a referência luxemburguesa, mas na verdade tudo se reconduzia à acção emissora do Banco da Bélgica. Também houve, durante muitos anos, uma união de facto de um para um entre a libra esterlina e a libra irlandesa. E a libra esterlina, pouco antes da formação da união monetária, ainda tinha poder liberatório no interior do território da República da Irlanda. E, todavia, quer o Luxemburgo, quer a Irlanda, eram a todos os títulos considerados como Estados soberanos na ordem internacional. Isto dá uma certa tranquilidade aos que temiam que a união monetária fundisse os alicerces da soberania, em termos radicais.

O euro é o descendente directo, também na relação de um para um, do anterior ecu – unidade de conta do Sistema Monetário Europeu – convertido em moeda genuína ("moeda de pleno direito"), com a nova designação, a partir do início de 1999.

Na actual união económica e monetária existe um lado frouxo, o lado económico, e um lado forte, com características federais, o lado monetário. Se houvesse orgãos de soberania na União Europeia, o Banco Central Europeu seria sem dúvida um deles, tal o poder que lhe foi conferido no tocante à regulação da moeda e à política monetária e, em certa medida, à política cambial, sem subordinação a qualquer outra instituição. Dos domínios tradicionalmente ligados ao cerne da soberania, o da moeda foi objecto de cedência aos orgãos supranacionais, mas a diplomacia e a defesa mantêm-se até hoje nas mãos dos Estados. E mesmo quando os Estados se associam nestes últimos campos, fazem-no segundo uma metodologia intergovernamental.

Com Maastricht, foi dado um passo decisivo na integração, marcando a irreversibilidade do processo. É difícil formar a moeda única, suprimir as moedas nacionais, e depois voltar atrás. Houve casos em que determinados países saídos da órbita soviética abandonaram o rublo e restabeleceram moedas nacionais, mas foi a situação excepcional de aluimento do sistema político e económico do país-centro que possibilitou essas mudanças. Não é de prever, nem de desejar, que isto venha a acontecer na União Europeia. Aqui, com a consagração da moeda única, ter-se-á atingido um patamar de irreversibilidade, tornando dificilmente praticável um retrocesso para as fórmulas nacionais.

Apesar de tudo, é sabido que a União Europeia não é um Estado federal, é uma associação de Estados dispostos a cooperar entre si com vista à realização de certos objectivos, tal cooperação assumindo, sob determinados aspectos, traços federais. Mas o federal não abrange todo o campo de acção da União Europeia. Basta atentar no segundo e no terceiro pilares de Maastricht, enquadrados num regime essencialmente intergovernamental, para se concluir que não há uma expressão federal para o todo.

Alguns dizem, considerando esta hibridez do conjunto, e com o risco de incorrerem numa "contradictio in terminis", que se está perante um fenómeno de "federalismo intergovernamental".

A união económica surge ligada a aspectos de colaboração intergovernamental, envolve coordenações relativamente frouxas de políticas económicas, sem nela existir um princípio director a nível central, pois os Estados ainda têm a palavra decisiva neste domínio – estando aqui envolvidas as principais políticas económicas menos a monetária, a qual passou a ser objecto da unificação estabelecida a nível da vertente união monetária. E, mesmo nessa vertente, que apresenta características essencialmente federais, o grau de centralização não é tão intenso como poderia parecer à primeira vista.

Os regimes do Bundesbank (Banco Central da Alemanha) e da Reserva Federal dos Estados Unidos foram os inspiradores do modelo europeu de banco central. Ora, aqueles são mais centralizados do que o que se estabeleceu na Europa Comunitária. Poderia ter-se ido aqui a um ponto extremo, que seria a supressão dos bancos centrais nacionais, concentrandose no BCE a totalidade das funções de banco central. Mas esta opção não foi seguida. Os bancos centrais nacionais sobreviveram, agora independentes dos Governos dos respectivos Estados, mas, no plano da emissão de moeda e da política monetária, em subordinação às decisões do Banco Central Europeu. Teria sido, aliás, difícil suprimir aqueles bancos, até pela importância dos respectivos efectivos de pessoal. O total do pessoal dos bancos centrais nacionais da zona do euro não anda longe das seis dezenas de milhares, ao passo que o do BCE não excede algumas centenas de funcionários.

No traçado do sistema da união monetária não deixou de se reflectir o princípio da subsidiariedade, na medida em que o controlo prudencial das instituições de crédito ficou a ser detido pelos bancos centrais nacionais. No tocante à política monetária, como não podia deixar de ser, os poderes foram concentrados no BCE, mas com amplo grau de descentralização na execução das tarefas confiadas ao sistema. Assim, os bancos centrais nacionais terão papel de relevo nos processos de emissão. Os bancos comerciais podem abrir contas no BCE, mas, de uma maneira geral, continuaram a movimentar as que mantêm junto dos bancos centrais nacionais da respectiva área.

Enquanto no orgão correspondente da Reserva Federal americana estão em maioria os representantes do poder central, no caso europeu dá-se o inverso. Há hoje no Conselho do BCE doze governadores de bancos centrais nacionais e apenas seis membros da Comissão Executiva, que exprime a índole supranacional da construção. Não é de esperar que os governadores dos BCN se unam sistematicamente nas votações, mas não está excluído que venham a assumir, em certas circunstâncias, uma posição comum, prevalecendo em tal caso sobre a votação dos membros de mais directa vocação supranacional.

Existindo um regime federal estabelecido para a política monetária, mas não já para a política orçamental, podem antever-se sérias dificuldades para a UEM, se a união monetária continuar a ser um píncaro isolado, a sobressair da uniformidade do planalto representado pela união económica. Para superar aquelas dificuldades, haveria que estender a modalidade mais exigente de integração a sectores presentemente por ela não abrangidos, instituindo um orçamento de apreciáveis dimensões a nível da União Europeia. Seriam assim criados instrumentos de federalismo financeiro e fiscal, neste momento inexistentes, e que nem mesmo se encontram previstos nos textos de base da União.

Observando a evolução da integração europeia desde que se formou a Comúnidade do Carvão e do Aço, nota-se que o processo registou uma linha de tendência ascendente, pesem embora alguns reveses, ou algumas paragens, a marcar momentos de dúvida ou de cepticismo. Pontos altos foram a instituição da Comunidade Económica Europeia, a aprovação do primeiro plano de união económica e monetária, que marcou um significativo impulso não obstante não ter chegado a concretizar-se, o lançamento do Sistema Monetário Europeu, a criação do mercado interno na sequência do Acto Único Europeu, e o anúncio, a partir de Maastricht, da realização da versão actual da união económica e monetária. A presente fase do processo de formação da união monetária, com a duração de três anos, abriu com a introdução do euro, em princípios de 1999, como moeda comum dentro dos limites geográficos da zona, ainda em regime de moeda escritural, sendo as moedas nacionais admitidas a título temporário e funcionando como simples submúltiplos não decimais do próprio euro. No princípio de 2002 o euro passará a existir fisicamente, processando-se a circulação de notas e moedas metálicas em euros, a coexistirem, durante dois meses, no máximo, como as circulações nacionais. A partir de 1 de Março de 2002 desaparecerão estas circulações nacionais, tornando-se o euro a única moeda com curso legal no território da Comunidade que corresponde à união monetária. As unidades monetárias nacionais franquearão os umbrais da História.

É de notar que todas as realizações que correspondem a pontos altos na integração são de índole económica, sendo a última a criação da união económica e monetária; só que esta tem também um forte cariz político, já que, na base do processo bem conhecido de "spill over", poderá processar-se uma evolução para soluções de união política, não aceites (pelo menos por ora) por grande parte dos Estados membros.

A base jurídica de toda a construção continua a residir nos Tratados comunitários e no Tratado compósito que institui a União Europeia, e nos acordos que o completaram. A partir de Maastricht registou-se o desdobramento dos tratados (os comunitários e os que reflectem o impulso dado à União Europeia).

Estamos longe ainda de um verdadeiro processo constitucional. O Tribunal de Justiça das Comunidades Europeias, sempre avançado na assunção de visões federalistas – afinal, a primeira marca federal profunda na evolução europeia foi a consagração da supremacia da ordem comunitária, com base em doutrina dimanada daquela instituição, nos já distantes anos 60 –, veio a qualificar o Tratado como a "carta constitucional de base" da Comunidade. Em certa medida, existe algo comparável substantivamente a uma "constituição comunitária", ou da União Europeia, mas a base formal mantem a forma de tratado internacional. Os tratados europeus – Roma, Paris, Maastricht, Amesterdão, Nice – fizeram evoluir a integração, mas a origem convencional não se alterou.

O traço vital continua a ser a exigência da aprovação unânime dos Estados membros, por via de ratificações nacionais, para que entrem em vigor as alterações dos Tratados. Nesta matéria, regulada agora no artigo 48.º do Tratado da União Europeia, o Parlamento Europeu não conseguiu até hoje que fosse consagrado o procedimento de parecer favorável. No regime de revisão é suficiente o parecer consultivo desse orgão, o que tolhe a sua aspiração a desempenhar um papel efectivo no processo de revisão dos Tratados. Neste processo, em que há não só elementos comunitários como elementos internacionalistas, ligados à exigência de ratificação formal dos Tratados, é aos últimos que cabe a palavra decisiva.

A ratificação dos Tratados europeus tem sido feita, em regra, por via parlamentar, sem que se produzam surpresas; mas certos Estados recorreram ao referendo, e aqui houve tropeções na prossecução da construção europeia. O último ainda não foi superado: é muito recente, pois respeita a Nice. O Tratado de Nice foi objecto de um processo de ratificação referendária no caso da Irlanda, e com geral surpresa, este país pronunciou-se pela rejeição. Decerto se procurará engendrar soluções mais ou menos habilidosas para convencer a Irlanda a rever a sua posição, como aconteceu no passado com Maastricht, no tocante à Dinamarca. Mas tudo isto revela um mal-estar que tende a vir ao de cima quando a opinião pública é sondada, ou quando ao eleitorado é dada a oportunidade de se fazer ouvir através de processos de ratificação por referendo.

Os parceiros da Irlanda na União Europeia aparentemente nem pestanejaram perante a negativa do eleitorado desse país, a qual, todavia, teoricamente, bastaria para derrubar o Tratado de Nice. Apoiados nas dóceis ratificações parlamentares que se vão acumulando, e fazem ressaltar a singularidade da posição irlandesa, confiam em que se opere a inversão do juízo da opinião pública daquele país. É difícil determinar os factores que estão por detrás daquele mal estar. Talvez influa, em parte, o receio de países pequenos de que com a intensificação da integração o seu poder relativo se torne tão diminuto que corram o risco de perder a qualidade estatal. Haverá também razões específicas, como, no caso irlandês, a relutância em participar em esquemas de defesa, pouco compatíveis com a neutralidade do país. Quando o Tratado de Maastricht estava para ser objecto de ratificação referendária em França, em 1992, a opinião envolveu-se em ásperas discussões, em certos momentos parecendo que o não iria ultrapassar o sim. Acabou por haver um resultado tangencial em sentido positivo – o bastante para salvar o programa de Maastricht. Já antes disso a Dinamarca se pronunciara pela rejeição (referendo de Junho de 1992), para, meses depois, satisfazendo-se com um feixe de declarações e decisões que lhe davam a aparência de recuperar alguns poderes nacionais, vir a inverter a posição através de novo referendo.

A União Europeia é um misto de elementos federais ou supranacionais e elementos confederais ou intergovernamentais. Os elementos federais comportam a consagração, que vem dos distantes anos 60, da primazia do Direito comunitário, e, em outro plano, a progressiva ascensão do Parlamento Europeu. Ao longo dos tempos, em particular desde Maastricht, vem-se apurando um crescendo do poder de intervenção no processo legislativo, com realce para o procedimento da co-decisão, que nasceu em Maastricht e foi depois alargado através de Amesterdão e de Nice, e que marca a entrada daquela instituição no campo das decisões de criação legislativa. Não é que disponha já de um poder análogo ao do Conselho, mas o certo é que, nos casos em que especificamente se consagra a co-

Da Moeda Única em Diante: As Visões a Longo Prazo da Integração   15

-decisão, o Parlamento pode impedir a formação de actos propostos pelo Conselho. Outro aspecto de expansão dos factores supranacionais decorre da evolução do sistema de votação no Conselho. Vão-se reduzindo os casos em que este orgão vota por unanimidade, e ampliando aqueles em que delibera por maioria qualificada. Esta tendência acentuou-se com Amesterdão, e ainda com Nice. A união monetária, realidade federal, foi implantada na União Europeia, a par do estabelecimento de regras vinculativas em matéria orçamental, com referência à disciplina dos défices orçamentais excessivos. Depois, os Tratados desenvolveram um conceito de cidadania da União, por enquanto com limitada substância, mas com evidente potencial evolutivo. No esquema de Maastricht foi consagrada a possibilidade de aplicação de sanções contra os Estados membros: o Estado membro cujo incumprimento tenha sido declarado pelo Tribunal de Justiça e que não corrija a sua acção pode ser objecto de sanções, decretadas pelo Tribunal, a pedido da Comissão. Já conhecemos um caso em que este mecanismo operou, e terminou com a condenação da Grécia a propósito da violação de uma directiva de política ambiental. Por último, observa-se uma tendência para comunitarizar (parcelarmente) alguns aspectos dos pilares extra--comunitários, fazendo-os absorver no primeiro pilar (comunitário). Até agora, o segundo pilar, relativo à política externa e de segurança comum, de longe o de maior delicadeza política, não foi tocado, mas já o terceiro sofreu amputação de uma parte das matérias, que foi deslocada para o interior do Tratado de Roma, permanecendo o remanescente nesse pilar.

Mas, em contraste com estes traços, que parecem impelir no sentido da federação, mantem-se toda uma série de elementos confederais, internacionalistas ou intergovernamentais. Para começar, o próprio regime dos pilares extra-comunitários. Depois, ao Conselho Europeu é conferido o papel impulsor – e esse orgão é formado basicamente pelos Chefes de Estado ou de Governo. No plano do Conselho, permanece o voto unânime em matérias essenciais, que é o caso da fiscalidade e da política social, que alguns tentaram, sem êxito, trazer para o âmbito da maioria qualificada em Nice.

Aspecto fulcral é o regime do artigo 48.º do Tratado da União Europeia, que não sofreu evolução em relação aos preceitos que antes regulavam a matéria em cada um dos Tratados comunitários: exige-se a ratificação por todos os Estados-membros para que as alterações do Tratado possam entrar em vigor. É nesta base que se diz, por vezes, que os Estados ainda são os "senhores dos Tratados", porque dependem de todos (e de cada um) as modificações destes. Trata-se de uma questão muito discutida, porque é já de tal maneira densa a teia de compromissos no âmbito da integração europeia que começa a ser duvidoso que os Estados possam continuar a arrogar-se a condição de "maîtres des traités"...

Apesar de tudo, a predominância dos elementos internacionalistas do processo de revisão tem-se mantido imodificada.

Um último aspecto revela-se pela negativa. Trata-se da inexistência de elementos de federalismo fiscal e orçamental. Falámos deles quando observámos que poderão ser introduzidos no futuro a partir dos impulsos da moeda única. Hoje a União Europeia não possui um orçamento comum com características federais.

Em síntese, se a União Europeia ainda não é, no seu todo, uma estrutura federal, encontra-se em processo de progressiva federalização, já que se vão acentuando os elementos de cariz supranacional ao abrigo das sucessivas revisões dos Tratados. A moeda única reflecte uma via federal, bem nítida na configuração do quadro institucional que a rodeia. Uma parte significativa dos poderes nacionais foi transferida para o novo ente comunitário. Alguns dizem que o poder monetário está repartido, e que a soberania monetária dos Estados continua presente, só que agora exercida em conjunto, como resulta, até, da presença dos governadores dos BCN no orgão central da união monetária. A tese do "poder partilhado" é uma forma de justificar, numa atitude de "wishful thinking", as soluções de crescente intensidade de integração que se vão verificando. A realidade é que há bem mais uma perda ou abdicação de poderes por parte dos Estados, por transferência de tais poderes para a esfera de competências de uma entidade distinta, de carácter supranacional, do que propriamente um "exercício em comum", tornado cada vez mais problemático à medida que se alarga o número de Estados membros, com a inevitável diluição da influência de cada um.

Há impulsos de um lado e do outro, subsiste o carácter híbrido da construção da União Europeia. A evolução do processo dependerá da vontade política dos Estados membros. A prevista entrada massiva dos países que desejam ser membros da União Europeia – os doze candidatos oficiais, e ainda a Turquia – modificará profundamente as estruturas da Comunidade. O Tratado de Nice, cujo processo de ratificação pelos parlamentos nacionais está em curso (havendo ainda que solucionar o problema irlandês), tem apensa uma declaração respeitante ao futuro da União, na qual se contem um apelo para se discutir, a fundo, os objectivos a longo prazo da integração.

A declaração é sóbria, não tomando partido acerca da qualificação "federal", e evitando mesmo a utilização deste termo, de forte carga emocional.

Na preparação da CIG 2004 incluem-se temas como a delimitação de esferas de competência entre a União e os Estados membros, na linha do

Da Moeda Única em Diante: As Visões a Longo Prazo da Integração 17

que se passa, em regra, nas federações, com respeito pelo princípio de subsidiariedade. Um segundo tema de debate será o estatuto da Carta dos Direitos Fundamentais, que foi aprovada em Nice, sem que se tenha acordado na sua inscrição nos Tratados. Em terceiro lugar, está prevista nova simplificação dos Tratados europeus, procurando-sé tornar o seu entendimento acessível ao leitor comum e aos cidadãos em geral. No Tratado de Amesterdão já se procedeu à renumeração dos Tratados, eliminando disposições caducas e supérfluas e renumerando os textos após aquela simplificação. Finalmente, a revisão do papel dos Parlamentos nacionais na arquitectura europeia: os Parlamentos nacionais, tradicionalmente zelosos do exclusivo na aprovação dos impostos, têm deixado passar, com singular passividade, toda uma série de alterações fiscais que dimanam do Conselho da Comunidade.

Os apelos à abordagem dos temas indicados dirigem-se aos círculos políticos, à comunidade universitária, aos meios económico-sociais, à opinião pública em geral.

Os promotores do federalismo sustentam a necessidade de uma constituição, não já no sentido material de conjunto de regras fundamentais da organização europeia – nessa acepção, os Tratados já têm carácter constitucional –, mas envolvendo a formalização de um diploma destinado a ser aprovado e (possivelmente) referendado pelos eleitores dos povos da Europa, chegando a preconizar para tal a realização de um referendo global, à escala da União. E chamam a atenção para a diferença entre o regime actual de associação de Estados, regida por tratados internacionais celebrados entre os seus membros, e o sistema futuro de uma federação europeia dispondo de uma constituição assumida internamente, e não já formulada a nível convencional.

Uma "constituição" europeia não tem necessariamente sentido federalista. Inserindo-se na vaga actual da constitucionalização, o conceituado semanário britânico "The Economist" associou-se há meses à ideia de uma constituição para a Europa, só que em linha oposta à federal. Na constituição europeia começaria por eliminar-se a frase "união cada vez mais estreita entre os povos da Europa", porque, dizia aquele periódico, já tanto se avançou na integração que agora o que é preciso é deslassar, ao invés de se caminhar para fórmulas ainda mais unificadoras. Advoga o reforço dos poderes de decisão política do Conselho Europeu e a criação, a par do Parlamento Europeu, este com funções mais reduzidas, de um outro órgão, o "Conselho das Nações", comportando representantes dos Parlamentos nacionais, destinado a assumir os poderes de controlo constitucional. O que se trata aqui é, no fundo, de estabelecer um novo regime para substituir os actuais Tratados europeus, mas em termos de integração mais diluída do que a resultante da própria versão actual dos Tratados.

Quanto a outros projectos, que têm estado a ser debatidos a nível político, o mais interessante é o que foi apresentado pelo Ministro dos Negócios Estrangeiros da Alemanha, Joschka Fischer, em Maio do ano passado, numa conferência em Berlim, na qual advogou a criação da federação europeia, comparando os poderes dos Estados-nações no âmbito desta ao dos Laender dentro da Alemanha, e condescendendo em admitir que os primeiros terão mais alguns poderes do que os últimos. Nesta concepção, a federação europeia é que terá a plena soberania: as matérias de política externa e defesa são confiadas à federação, passando as decisões nestes campos a ser tomadas a nível europeu. Fischer preconizava que um pequeno grupo de Estados – obviamente integrando a Alemanha e a França – formasse um "centro de gravidade", ou uma "vanguarda", para prosseguir na via da integração política, vindo a aprovar um tratado fundamental que seria o núcleo de base para formar a federação, e para estabelecer a respectiva constituição. Poderiam ser os seis fundadores, invocando-se os pergaminhos históricos, ou os 11 (agora 12 membros) da zona do euro, ou outras formações. Não explicitava que Estados acompanhariam a França e a Alemanha nessa aventura.

Recentemente, o Chanceler da República Federal veio com ideias bastante semelhantes, em documento destinado a ser apresentado para discussão no âmbito do Partido Social Democrata alemão. Nele se pretende ver transposto o modelo da presente estrutura federal da Alemanha para a futura estrutura federal da União Europeia.

O que há de estranho em propostas como estas é que se parte da condenação dos nacionalismos e se procura cercear os poderes dos Estados, para afinal se visar a criação de um Estado que absorve grande parte desses poderes em escala ampliada – com o risco de, no caso de esse super-Estado não actuar com a desejável contenção, se poderem vir a suscitar crises internacionais.

No sistema adoptado pelos políticos germânicos, a erosão da soberania dos Estados é praticamente total. O Conselho de Ministros, cujo papel actualmente é decisivo, e que reflecte o elemento intergovernamental, transforma-se na Câmara Alta do Parlamento da Federação, perdendo, naturalmente, grande parte dos poderes de que actualmente dispõe. O Parlamento Europeu assumirá o papel de Câmara dos Povos. O mais curioso é que, entrando em contradição com esta visão ambiciosamente supranacionalista, o Chanceler veio dizer que é preciso renacionalizar certas políticas. Em particular, a política agrícola deveria ser "devolvida" aos países

– Schroder decerto estava pensando na pesada factura que vem impendendo sobre a Alemanha no financiamento deste sector. Não surpreende que a França, grande beneficiária da PAC, tenha reagido de imediato, defendendo que as políticas instituídas deverão ser respeitadas, não se lhes podendo tocar no futuro. Mas a reacção estendeu-se ao âmago da proposta, pela afirmação da preservação da soberania nacional francesa na construção europeia. Na perspectiva gaulesa, não é pensável que qualquer Estado europeu aceite que o Conselho seja transformado numa segunda Câmara, ou num Senado integrado no Parlamento Europeu, porque isso representaria uma inaceitável amputação dos seus poderes.

Na tese exposta pelo Presidente Chirac, cabe aos Estados, através dos seus Governos , o papel decisivo na construção europeia, devendo formar-se um "grupo pioneiro" (convergindo neste ponto com a ideia da "vanguarda" ou de "centro da gravidade" de Fischer) à volta da França e da Alemanha, para avançar no processo de integração, utilizando para tal a fórmula da cooperação reforçada, instituída pelo Tratado de Amesterdão. Há uma intenção clara de abafar a influência da Comissão – orgão de vocação supranacional, em que a França não deposita muita confiança. O projecto propõe que se constitua um Secretariado, de estrutura leve e mais docilmente sujeito à vigilância dos Estados, que chame a si os novos problemas da integração: coordenação de políticas económicas, defesa e segurança, etc..

Também Chirac defende que deve preparar-se um texto destinado a ser consagrado como a primeira Constituição europeia, após a realização dos Tratados.

Como se vê, tende a generalizar-se hoje a admissão da constituição europeia; só que, ao fazê-lo, nem todos os proponentes envolvem os mesmos ingredientes no conteúdo da sua proposta.

O Primeiro Ministro francês, embora seja líder de um partido oposto ao de Chirac, manifesta nas questões europeias a mesma rejeição firme do federalismo, declara que a França não aceita vir a ter um estatuto semelhante ao dos Laender e esclarece que a integração deverá continuar a processa-se no quadro de uma União de Estados-Nações. Nesta visão, é indispensável que se mantenha o carácter "sul generis" da construção europeia, comportando um elemento federativo e um elemento intergovernamental.

Para concluir:

Creio que a federalização vai prosseguir, mas este processo tem os seus limites. É possível que, para não deixar que a união monetária sucumba e para evitar a saída de Estados membros inconformados com a sua situação, os Governos venham a decidir introduzir elementos de federalismo fiscal e financeiro – mas apenas *um certo grau* de federalismo fiscal e financeiro. Também pode acontecer que se disponham a avançar em áreas da política externa e da defesa.

Não prevejo, porém, que, salvo o caso dos países tradicionalmente federalistas, como a Itália, a Bélgica, a Holanda e o Luxemburgo (e como parece ser agora a Alemanha), os países se disponham a aceitar fórmulas de integração supressoras da qualidade estatal.

A Grã-Bretanha e a França, tão afastadas uma da outra em outros aspectos da integração europeia, parecem unidas na posição de defesa dos poderes soberanos nacionais. E é pena que em Portugal, um dos países com mais vincada coesão nacional e com maior profundidade histórica, mas de dimensão reduzida dentro da Europa, não se tenha ainda promovido, pelo menos a nível dos orgãos políticos, uma discussão aprofundada destas questões vitais, na qual se procure determinar até que ponto poderá avançar-se sem se comprometer a essência do Estado.

Neste momento, existem três posições quanto à evolução europeia e quanto à integração. Há os euro-cépticos, que não acreditam no supranacional, pretendendo uma regressão no processo integrativo, ou, pelo menos, que não se ultrapassem as fórmulas de integração negativa; há os europeístas moderados, que aceitam muito do que se tem processado na integração, mas que se preocupam com que se evite transpor a linha de perda da "estatal idade"; e há os federalistas, que defendem a tranferência de poderes em áreas fulcrais da soberania para uma entidade central estabelecida a nível europeu, muito embora reconheçam a importância da subsidiariedade e não promovam necessariamente a fórmula federal clássica. Como vimos, o Chanceler Schroeder assume posições eurocépticas pontuais, como a defesa do recuo da política agrícola para dentro das fronteiras dos países, mas basicamente adopta uma postura federalista, na medida em que, em termos de política geral, formula um convite para a federação em sentido próprio, à escala da Europa.

O alargamento, presentemente em negociação avançada, não deixará de ser um pretexto para cooperações reforçadas. Estas em certos casos serão bem vindas; mas noutros poderão reflectir a presença de um directório das maiores potências, compreensivelmente inquietante para os países que não as acompanham, ou que são relegados para um papel de figurantes. As tão apregoadas vanguardas das iniciativas franco-alemãs não são muito estimulantes para os países a quem não convenha ou não interesse prosseguir fórmulas de cooperação reforçada. Mas como também sabem que "being left out in the cold" está longe de ser a solução mais confortável, defrontar-se-ão com sérios dilemas.

Os resultados institucionais de Nice parecem apontar para aquele

Da Moeda Única em Diante: As Visões a Longo Prazo da Integração 21

tipo de directório – os grandes (grupo a que a Espanha habilmente conseguiu colar-se) foram os ganhadores, quase triplicando o número de votos no Conselho (a Espanha mais do que triplicando), ao passo que os médios viram pouco mais do que duplicada a sua ponderação no total. Houve quem dissesse, perante o visível apagamento da Comissão e o alheamento a que continua votado o Parlamento Europeu nestas questões, que Nice marcou um regresso à presença dominante dos elementos estatais e da influência dos Estados, só que já não será a "Europe des Nations", como no tempo do General De Gaulle, mas agora, ironicamente, a "Europe des Grandes Nations"...

Havendo, na construção europeia legitimidades distintas, a dos povos, com expressão no Parlamento Europeu, a dos Estados, reflectida no Conselho, seria lógico que o último, à semelhança, aliás, do que se passa com as câmaras altas dos Parlamentos nacionais bicamerais, reflectisse mais de perto a igualdade dos Estados, ao mesmo tempo que se acolheria no Parlamento Europeu, como, aliás, já hoje sucede, uma repartição de forças ajustada (tendencialmente) à dimensão populacional.

O regime consagrado na versão inicial do Tratado de Roma para as decisões sobre questões importantes em que não se exija unanimidade não era, é certo, o de um voto por cada Estado; mas a ponderação estabelecida procurava assegurar uma sobrerepresentação a favor dos Estados médios e pequenos. Nice veio alterar este equilíbrio, com vantagem para os grandes, que fizeram das suas exigências a contrapartida da perda do segundo comissário (o que parece supor, aliás, a embaraçosa confissão de que os membros da Comissão representam interesses nacionais...).

Desde Maastricht, as opiniões públicas estão a revelar dificuldade em acompanhar o processo de integração. Dir-se-ia que a classe política, ao promover as revisões dos Tratados, acaba por chegar a soluções demasiado avançadas em relação ao sentimento da opinião, e daí as reacções de desconfiança ou cepticismo nos casos, que são raros, em que ao eleitorado é dada a oportunidade de uma expressão directa na aprovação daquelas revisões. Veja-se o resultado tangencial do referendo francês sobre Maastricht, a rejeição do Tratado da União Europeia no primeiro referendo dinamarquês, e a surpreendente recusa irlandesa quanto a Nice. E também, mas aqui não propriamente em relação a um tratado, a recente negação da Dinamarca quanto a entrar para a moeda única.

Por seu turno, a Suíça, que chegou a apresentar-se oficialmente como candidata, não só afastou há alguns anos, por referendo, o Tratado que instituiu o Espaço Económico Europeu, como mais recentemente se opôs, também através de referendo, a que se desde já encetassem conversações com vista à possibilidade de uma adesão futura à União Europeia.

Penso que deverá haver muito cuidado por parte dos proponentes de alterações futuras dos Tratados europeus quanto ao conteúdo dos seus projectos, porque os povos não parecem sentir-se confortáveis quanto a diversos aspectos da evolução em curso. Não se trata, como alguns aventam, de uma questão de ignorância da população acerca das realidades da integração europeia. A opinião pública está cada vez mais informada, é cada vez exigente quanto a saber o que se passa. Entre os factores de discordância, para além de específicos aspectos, que variam de país para país, poderá estar a resistência, nem sempre explícita, à perda da "estatalidade". A opinião pública, que manteve, durante muitos anos, uma atitude de alheamento ou "indiferença benévola", despertou a partir das discussões à volta dos referendos de Maastricht e deixou de poder ser ignorada. É importante que se dê a devida atenção a este novo elemento na prossecução dos debates em torno dos projectos de integração europeia.

A COOPERAÇÃO REFORÇADA
APÓS O TRATADO DE NICE.
ALGUNS ALINHAVOS CRÍTICOS

MARIA JOÃO PALMA*

SUMÁRIO: 1. Considerações Introdutórias; 2. A Cooperação Reforçada à luz das alterações introduzidas pelo Tratado de Nice; 3. Considerações de *iure condendo*; 4. Conclusões finais.

1. Considerações Introdutórias

O mecanismo da Cooperação Reforçada, introduzido no Tratado da União Europeia (adiante, TUE) pela revisão efectuada pelo *Tratado de Amesterdão*[1], que entrou em vigor em Maio de 1999, surge, alegadamente, para fazer face às inevitáveis assimetrias que os futuros alargamentos implicarão no âmbito da União Europeia[2].

---

* Assistente da Faculdade de Direito de Lisboa.

[1] Sobre o Tratado de Amesterdão, *vide*, *inter alia*, os estudos coordenados por Yves Lejeune – *Le Traité d´Amsterdam. Espoirs et déceptions*, Bruylant, Bruxelles, 1998. Entre nós, PAULO DE PITTA E CUNHA – "O Tratado de Amesterdão", *in Revista da Ordem dos Advogados*, Lisboa, ano 58, Dez. 1998, p. 1081 e MARIA JOÃO PALMA – *Desenvolvimentos Recentes na União Europeia: o Tratado de Amesterdão*, ed. AAFDL, 1998.

[2] Esta é aquela que comummente costuma ser adiantada como explicação para a instituição do mecanismo da Cooperação Reforçada. Note-se, todavia, que esta não é, quanto a nós, a verdadeira razão para o seu estabelecimento, já que o problema das velocidades diferenciadas que os alargamentos, necessariamente, acarretam pode ser contornado, como, de resto, tem sido até aqui, pelo estabelecimento de **períodos de transição,** variáveis (ou seja, acomodáveis) consoante os países e/ou as matérias em causa, uma vez que os Tratados não pré-definem quaisquer regras *standard* nesta matéria que devam ou tenham de ser aplicáveis a todos os futuros aderentes. Na verdade, o que se pretende é *flexibilizar os caminhos da integração* sejam ou não os caminhos dos futuros Estados-Membros.

No fundo pretendeu-se, de certa forma, instituir um procedimento que regulasse quaisquer fenómenos de *"integração diferenciada"*[3] de molde a que as inevitáveis manifestações de uma *"Europa a várias velocidades"* não mais surgissem à margem de regras previamente estabelecidas pelo Tratado, tal como sucedeu com os *opting out* do Reino Unido e da Dinamarca no que se refere à passagem à terceira fase da União Económica e Monetária, introduzidos no Tratado pela via de Protocolos anexos[4-5].

Este mecanismo veio permitir que, no âmbito e relativamente às respectivas matérias do primeiro pilar – pilar comunitário, que reúne as três comunidades – e do pilar da Cooperação Policial e Judiciária em matéria Penal (CPJP), alguns Estados-Membros **em número não inferior a 8**, pudessem avançar mais do que outros, aprovando actos/acções no âmbito desses pilares que apenas a estes fossem aplicáveis[6]. A adesão dos que ficam de fora é prevista e regulada, estabelecendo-se, em termos algo criticáveis (*infra*), os parâmetros para tal.

Os princípios gerais comuns a ambos os pilares foram fixados nos artigos 43.º a 45.º do TUE[7], onde se estabeleceu que a Cooperação Refor-

---

[3] Integração ou Cooperação diferenciada. A preferência por uma ou outra expressão reflectirá o pilar escolhido como *"ambiente de trabalho"* ao exercício da Cooperação (*infra*).

[4] Até ao Tratado de Amesterdão, o Direito Comunitário Originário não previa qualquer forma de Cooperação em um plano geral. Apenas, de modo marginal, o Acto Único Europeu previu no artigo 8.º C do Tratado de Roma que fosse considerada a amplitude do esforço pedido às economias comparativamente menos desenvolvidas e, ainda, nos artigos 130.º L e 130.º T introduziram-se aspectos pontuais de Cooperação relacionados com programas complementares de investigação e tecnologia e com medidas de protecção do ambiente. Assim, PAULO DE PITTA E CUNHA – "As Cooperações Reforçadas na União Europeia", *in A Integração Europeia no dobrar do Século,* Almedina, Lisboa, 2003, p. 55.

[5] PAULO DE PITTA E CUNHA refere a larga tradição de Cooperação exterior à União relembrando o caso do Sistema Monetário Europeu originário que nasceu fora do Tratado de Roma; o Tratado de *Schengen*, concluído como acordo internacional separado e certos projectos comuns a apenas alguns Estados-Membros, de que são exemplo *Aibus e Ariane*. Lembra, também, formas de Cooperação nos campos da política de defesa, como é o caso da União da Europa Ocidental e do *Eurocorps*, promovido pela França e pela Alemanha – *idem*, p. 56.

[6] A Cooperação Reforçada veio permitir, assim, a aprovação, por exemplo, de um Regulamento ou de uma Directiva aplicáveis a um número restrito de Estados-Membros (*direito de aplicação selectiva*), o que põe, ainda que, desejavelmente a título temporário, em causa a uniformidade da aplicação do direito comunitário (*vide*, Maria João Palma, *op. cit.*, p. 14).

[7] Dêem-se como exemplo o respeito pelos objectivos dos Tratados e o respeito pelo adquirido comunitário.

çada apenas deverá ser accionada em **último recurso** quando não seja possível alcançar os objectivos previstos nos Tratados mediante a aplicação dos processos neles previstos[8].

Tais normas gerais seriam, depois, articuladas com os artigos específicos para cada pilar: o artigo 11.º do Tratado da Comunidade Europeia (TCE) para o pilar comunitário e o artigo 40.º do TUE para o pilar da CPJP. Relativamente ao primeiro pilar, o artigo 11.º estabelecia, *inter alia,* que a Cooperação Reforçada **não poderia incidir nos domínios da competência exclusiva da Comunidade**[9], **nem constituir uma discriminação ou uma restrição ao comércio entre os Estados-Membros, nem provocar qualquer distorção das condições de concorrência entre estes**[10].

2. A Cooperação Reforçada à luz das alterações introduzidas pelo Tratado de Nice

De um modo genérico, poderemos verificar que as principais alterações introduzidas ao nível da Cooperação Reforçada pela revisão operada pelo Tratado de Nice[11], que entrou em vigor em Fevereiro de 2003[12],

---

[8] Na medida em que a Cooperação Reforçada constitui um procedimento decisório especial, enveredar por este significa colocar de lado os procedimentos decisórios estabelecidos nos Tratados e respectiva distribuição de poderes interinstitucional. A Cooperação Reforçada determina, sublinhe-se, uma forma de afectação do equilíbrio institucional pré--estabelecido. Por tal facto, deverá ser, efectivamente, vista como uma medida de *ultima ratio.*

[9] Assim, só fará sentido, no âmbito do primeiro pilar, apelar à Cooperação Reforçada em sede de **competências concorrentes**. Nesse domínio impõe-se, como é sabido, a fundamentação do exercício da competência por parte da Comunidade à luz do **princípio da subsidiariedade**. Nessa medida, o normativo em causa deveria fazer uma referência expressa a tal fundamentação uma vez que se trata de um mecanismo meramente procedimental, ou seja, pressupõe que a questão da competência se encontra definida (*infra*).

[10] Discutivelmente, com o Tratado de Nice, estes requisitos passariam para o artigo 43.º do TUE. Não nos parece que tenha sido a melhor opção: sendo o artigo 43.º do TUE de aplicação comum aos três pilares e os requisitos "*em trânsito*" de aplicação específica ao primeiro pilar, teria sido preferível tê-los mantido no normativo de origem.

[11] Sobre o Tratado de Nice, *vide*, Jim Cloos – "Nice: une étape obligée", *in Revue du Marché commun et de l'Union européenne,* n.º 444, janvier 2001, p. 5; Stéphane Rodrigues – "Le Traité de Nice et les Coopérations renforcées au sein de l'Union européenne", *in Revue du Marché commun et de l'Union européenne*, n.º 444, janvier 2001, p. 11; Daniel Vignes – "Nice, Une vue apaisée. Réponse à deux questions", *in Revue du Marché commun et de l'Union européenne*, n.º 445, février 2001. p. 81 e Jean Touscoz

26   *Maria João Palma*

apontam no sentido de uma suavização dos requisitos de accionamento do instituto. Note-se que, até ao presente, as disposições relativas à Cooperação Reforçada **nunca foram accionadas** o que explicará as tentativas que se empreenderam no sentido de a flexibilizar. Este foi, de resto, um dos assuntos, para além dos *"três legados de Amesterdão"* – o número de Comissários, a ponderação de votos no Conselho e a extensão da regra da maioria qualificada – que viria a ser inscrito na agenda da CIG, no Conselho Europeu de Santa Maria da Feira, em Junho de 2000[13].

Omitidos os retoques de pormenor e/ou os rearranjos sistemáticos, as alterações introduzidas podem sumariar-se da seguinte forma:

1. Em primeiro lugar, o **âmbito de aplicação** deste mecanismo foi alargado ao pilar da Política Externa e de Segurança Comum (PESC), (*vide* o novo artigo 27.° A do TUE e seguintes)[14];

– "Un large débat. L´avenir de l´Europe après la Conférence Intergouvernementale de Nice (CIG – 2000), *in Revue du Marché commun et de l´Union européenne*, n.° 447, avril 2001, p. 225.

[12] A assinatura do Tratado ocorreu a 26 de Fevereiro de 2001 (JOCE de 10.3.2001, C 80/1). A entrada em vigor ocorreria mais tarde do que o previsto, em 1 de Fevereiro de 2003, em virtude de um primeiro referendo negativo da Irlanda, em 7 de Junho de 2001, resultado invertido pela realização de um segundo referendo, em 19 de Outubro de 2002.

[13] O Tratado de Amesterdão introduziria o, criticável, *"hábito"* de pré-agendar os conteúdos da revisão futura (*vide* o *Protocolo relativo às Instituições na perspectiva do Alargamento da União Europeia*) . Se, por um lado, consideramos condenável a prática de pré-determinar a data das revisões, as quais deveriam ocorrer, apenas, quando o devir histórico assim o ditasse e não por imposições artificiais, pior nos parece que sejam inclusivamente pré-fixadas as matérias a rever: uma revisão deve permitir chamar à colação um leque de questões tão amplo quanto possível. É certo que tais Protocolos/Declarações não têm efeitos vinculativos e que os Estados-Membros acabam por incluir outros pontos na agenda (*supra* o que sucedeu com a Cooperação Reforçada, em Santa Maria da Feira). Mas, para além desse potencial efeito limitativo da revisão futura – durante a CIG 2000 perdeu-se muito tempo a discutir se aquela deveria ser *minimalista* (albergando apenas os três legados de Amesterdão) *ou maximalista*, tal técnica tem, também, reflexos sob a revisão terminada ao funcionar como uma *"confissão de obra inacabada"*. Lamentavelmente é assim que termina o Tratado de Nice (*vide* a *Declaração respeitante ao futuro da União a incluir na acta final da Conferência*), remetendo para 2004 questões nevrálgicas, *maxime*, o *estabelecimento e controlo de uma limitação mais precisa das competências entre a União Europeia e os Estados-Membros*. Após quase 50 anos de história, uma questão desta importância é assumidamente deixada por tratar ... ?

[14] A explicação para a exclusão inicial da aplicação da Cooperação Reforçada ao pilar PESC prende-se com o facto de se tratar do pilar que mais de perto está interligado à soberania dos Estados-Membros. A contrapartida para a presente inclusão seria a manutenção do direito de veto neste pilar (*infra*).

A *Cooperação Reforçada após o Tratado de Nice*   27

2. Em segundo lugar, desapareceu a possibilidade de os Estados--Membros poderem opor-se à Cooperação Reforçada através de **veto** no âmbito do primeiro pilar e do pilar da CPJP[15]. Tal possibilidade é salvaguardada, contudo, no novo domínio agora abrangido i.e., a PESC (*vide* o novo artigo 27.° C do TUE, *in fine*[16]), deixando transparecer o facto de se tratar do pilar que mais de perto se identifica com o núcleo duro da soberania dos Estados-Membros;

3. Em terceiro lugar, é agora indicado que o Conselho deverá dar início a uma Cooperação Reforçada apenas quando tenha estabelecido **num prazo razoável** que os seus objectivos não podem ser atingidos através dos normais procedimentos decisórios (*vide* o novo artigo 43.° A, do TUE)[17];

4. Em quarto lugar, e trata-se de uma alteração que, enfatize-se, surge, de certa forma, encapuçada, a Cooperação Reforçada só é possível quando envolva **no mínimo 8 Estados-Membros** (artigo 43.°, alínea g) do TUE). Aparentemente parece que tudo permanece como estava, só que, note-se, a versão anterior referia *"a maioria"* dos Estados-Membros, que era, efectivamente, composta de 8 Estados-Membros. Com a nova redacção, e tendo em conta as futuras revisões do Tratado que poderão fazer com que, muito em breve, a União passe a ter 25 Estados-Membros, 8 serão apenas 8 e não a maioria;

5. Relativamente ao **financiamento,** agora é expressamente referido que as despesas com a execução de uma Cooperação Reforçada ficam a cargo dos Estados-Membros participantes, salvo decisão em contrário do Conselho por unanimidade (artigo 44.°-A, do TUE);

6. No âmbito do pilar CPJP, no que se refere ao processo de **instauração** de uma Cooperação Reforçada foram, em paralelo com o que se verifica no primeiro pilar desde a introdução deste mecanismo e reflectindo uma tendência para uma aproximação do pilar CPJP ao primeiro pilar[18],

---

[15] Este direito de veto era accionável ao abrigo de uma fórmula muito próxima dos Acordos de Luxemburgo (*vide*, Maria João Palma, *op. cit*, p. 18 e segs.) possibilitando-se, também aqui, que um Estado-membro, invocando importantes e expressas razões de política nacional pudesse impedir a aprovação de Cooperações Reforçadas ao precipitar a questão para o mais alto nível do Conselho – reunido ao nível dos Chefes de Estado e de Governo – para que este decidisse por unanimidade.

[16] Este artigo remete para o n.° 2, segundo e terceiro parágrafos, do artigo 23.° do TUE, onde podemos encontrar a fórmula dos Acordos de Luxemburgo.

[17] Pena é que a precisão faça apelo a um conceito indeterminado ao invés de um prazo temporalmente definido.

[18] Recorde-se, a este propósito, a passagem de algumas matérias do segundo para o primeiro pilar (asilos, vistos, droga e imigração) por altura do *Tratado de Amesterdão*,

dados **maiores poderes à Comissão** que deixa de ter de dar apenas um mero parecer para passar a ser o órgão ao qual os Estados-Membros deverão dirigir os **pedidos** de instituição de Cooperações Reforçadas, cabendo-lhe, depois, se assim o entender, apresentar ao Conselho uma proposta para esse efeito (artigo 40.º A, do TUE); estes poderão, então, submeter ao Conselho um pedido no sentido de obter autorização para a Cooperação em questão[19].

No que concerne ao pilar da PESC, reflexo do cariz intergovernamental do pilar em causa, os Estados-Membros apresentam **directamente o pedido ao Conselho**, sendo o pedido enviado à Comissão para **parecer.** O pedido de Cooperação Reforçada é, também, enviado para **informação** ao Parlamento Europeu não sendo solicitado, a este, todavia, qualquer tipo de parecer (artigo 27.º C, do TUE);

7. Ainda no que se refere à Cooperação Reforçada no âmbito do primeiro pilar, quando estejam em causa matérias que devessem ser decididas em sede de **co-decisão**[20] exige-se, agora, que o **Parlamento Europeu** dê o seu **parecer favorável** (artigo 11.º, n.º 2 do TCE)[21];

8. Relativamente à **PESC** são apenas abrangidas Cooperações Reforçadas que incidam na **execução de acções comuns ou posições comuns,**

---

sintomática de uma progressiva *"comunitarização"* das matérias albergadas no seio deste segundo pilar.

[19] Note-se que esta possibilidade é inexistente em sede do primeiro pilar (*vide* o artigo 11.º do TCE), em sintonia com o facto de, aí, a Comissão ter um peso mais significativo.

[20] O procedimento decisório de co-decisão foi introduzido com a revisão efectuada pelo *Tratado de Maastricht,* que entrou em vigor em Novembro de 1993, tendo por objectivo reforçar os poderes legislativos do Parlamento Europeu. No âmbito deste procedimento, o Parlamento não se limita a dar apenas um parecer, tal como sucede no âmbito de outros procedimentos, nomeadamente, no procedimento comum e no procedimento de cooperação – o primeiro previsto *ab initio* na versão originária do Tratado de Roma, o segundo introduzido pela revisão operada pelo *Acto Único Europeu,* em vigor em 1986; em sede de co-decisão, o Parlamento Europeu assume as funções de verdadeiro **co-autor** do acto aprovado. O *Tratado de Amesterdão* viria a alargar o leque de matérias abrangidas por este procedimento, tendo permanecido, todavia, por aplicar em sede de algumas matérias de grande importância, *maxime,* no que se refere à *União Económica e Monetária.*

[21] Na medida em que a Cooperação Reforçada leva a que sejam contornadas as regras previstas nos normais procedimentos decisórios e, tendo em consideração que o processo de co-decisão é um procedimento no qual o Parlamento Europeu assume as vestes de co-autor do acto, a necessidade de obtenção de parecer no caso *supra* referido aparece como uma forma de **reequilibrar as regras do equilíbrio institucional** que norteiam a divisão de poderes entre os vários órgãos comunitários.

A Cooperação Reforçada após o Tratado de Nice   29

ficando de fora as estratégias comuns[22] decididas pelo Conselho Europeu. São expressamente afastadas as questões que tenham implicações militares ou do domínio da defesa (artigo 27.° B, do TUE);

9. No que se refere ao procedimento previsto para permitir a **participação dos outros Estados-Membros,** no âmbito do primeiro pilar continua a ser a **Comissão** a decidir sobre a questão (artigo 11.° A, do TCE). Por sua vez, no âmbito do pilar CPJP é ao **Conselho** que cabe tal decisão (artigo 40.° B, do TUE) não tendo, curiosamente, ocorrido, aqui, qualquer aproximação ao primeiro pilar, como seria de supor, à imagem do que se verificou, por exemplo, com a supressão do direito de veto. No âmbito da PESC é o **Conselho** que decide (artigo 27.° E, do TUE), o que denota, mais uma vez, o cariz marcadamente intergovernamental do pilar em causa.

Em suma, podemos destacar como principais **alterações** os seguintes pontos:

1. Alargamento do âmbito do instituto com a extensão ao pilar PESC que doravante se assume, na sua plenitude, como um *mecanismo transversal*, i.e., aplicável aos três pilares;

2. Aproximação ao nível procedimental dos requisitos de accionamento do mecanismo do pilar CPJP ao primeiro pilar, o que deixa antever, porventura, uma futura comunitarização do pilar CPJP na sua totalidade;

3. Flexibilização do procedimento decisório com a supressão do poder de veto (com excepção do pilar PESC).

Todavia, como principais **deficiências** que permanecem podemos salientar as seguintes:

1. Manutenção dos requisitos substanciais, cumulativos e de difícil preenchimento;

2. Ausência de referência ao princípio da subsidiariedade;

3. Ausência de qualquer tipo de suporte para os *outsiders* de molde a acelerar as respectivas condições para poderem aderir ao aprovado em sede de Cooperação Reforçada (binómio Cooperação Reforçada/Solidariedade Reforçada, *infra*).

---

[22] As estratégias comuns são adoptadas pelo Conselho Europeu e especificam os objectivos e a duração de medidas no seio da PESC. As acções comuns são adoptadas pelo Conselho no desenvolvimento das estratégias comuns definidas pelo Conselho Europeu e incidem sobre situações específicas em que se considere necessária uma acção operacional por parte da União.

3. Considerações de *iure condendo*

Em primeiro lugar, caberia repensar a enumeração dos requisitos substanciais plasmada no artigo 43.º do TUE. Se, por um lado, há requisitos de aplicação específica ao primeiro pilar (v.g., alínea d) *in fine,* e) e f)) cuja localização sistemática seria, como vimos *supra,* mais coerente no âmbito de um normativo posicionado no TCE, por outro lado, temos, efectivamente, alguma dificuldade em conceber como é que um acto que pretenda estabelecer um regime apenas aplicável a alguns Estados-Membros não constitui *uma discriminação ou não provoque uma distorção das condições de concorrência entre os Estados-Membros* (f).

Por outro lado, e no que se refere à Cooperação Reforçada em sede do primeiro pilar, deveria ser feita uma exigência em termos de verificação da fundamentação do exercício da competência à luz do princípio da subsidiariedade. A alínea d) do artigo 43.º do TUE determina que a Cooperação Reforçada **não poderá incidir em domínios da competência exclusiva** da Comunidade. *À contrario,* tal significa que a Cooperação Reforçada só poderá ser accionada em domínios da **competência concorrente,** i.e., partilhada entre a Comunidade e os Estados-Membros.

No domínio das competências concorrentes, a Comunidade apenas intervém de acordo com o **princípio da subsidiariedade – artigo 5.º, 2.º parágrafo do TCE –** se, e na medida em que os objectivos da acção encarada não possam ser suficientemente realizados pelos Estados-Membros. Ou seja, existe aqui uma **preferência pela acção dos Estados-Membros** que só é posta em causa mediante um **resultado negativo de um duplo teste** que indique que os Estados-Membros não tem os meios necessários e suficientes para levar a cabo determinada acção.

A exigência de fundamentação de acordo com o referido princípio tornaria claro que a Cooperação Reforçada, muito embora seja um processo decisório *sui generis*, obedece aos princípios nucleares do Ordenamento Comunitário. Enfatize-se que não se trata apenas de relembrar o óbvio. A ser assim, então, também a afirmação contida na alínea d) que determina que a Cooperação Reforçada deverá permanecer nos limites das competência atribuídas à União seria desnecessária. O que parece dever impor-se é um **rigor absoluto** quando se trata de traçar os limites que devem nortear um mecanismo que é, em si mesmo, **um desvio** à concepção que se tinha até, então, do Ordenamento Comunitário, i.e., um Ordenamento onde imperava a **unidade e a uniformidade** na aplicação do direito. Nessa medida, é de toda a conveniência traçar os limites a que tais desvios deverão estar sujeitos, frisando que a Cooperação Reforçada é accionável no

A Cooperação Reforçada após o Tratado de Nice

âmbito da União Europeia e dos princípios seus alicerces e não à margem destes.

Sendo a Cooperação Reforçada um mecanismo meramente procedimental[23], pressupõe-se que a questão da competência se encontra **pré-definida**. Ou seja, em concreto, e uma vez que se trata de uma competência concorrencial, cabe ter pré-estabelecida a questão de saber se a actuação comunitária deverá prevalecer face à nacional, ou seja, o teste da subsidiariedade deverá ter sido previamente efectuado.

Assim, à semelhança de um qualquer Regulamento ou uma Directiva que, em sede de matérias concorrenciais, são fundamentados à luz do princípio da subsidiariedade, também o deverão ser os actos aprovados ao abrigo da Cooperação Reforçada, não devendo ser o facto de se aplicarem apenas a um número restrito de Estados-Membros que deverá determinar um outro tipo de solução.

A Cooperação Reforçada visa permitir uma aproximação mais estreita ao nível dos Estados-Membros mais integracionistas, não devendo, de modo algum, ser mais do que isso, ou seja, a *subversão do jogo de repartição de competências entre a CE e os Estados-Membros.*

Por fim, na sequência do proposto pela Grécia no Conselho Europeu de Santa Maria da Feira, em Junho de 2000, deveria ser consagrada uma **forma de apoio** para aqueles que ficam, *ab initio*, à margem dos actos/acções aprovados, estabelecendo-se um **binómio Cooperação Reforçada/ /Solidariedade Reforçada.**

Na medida em que a Cooperação Reforçada vem por em causa a unidade e a uniformidade da aplicação do Direito Comunitário, dois princípios basilares do ordenamento comunitário, deverá ser instituída uma forma de apoiar os *outsiders* sob pena de se cristalizarem e/ou aprofundarem cada vez mais as diferenças entre os vários Estados-Membros.

Sendo impossível prever quais os actos/acções que irão ser aprovados ao abrigo da Cooperação Reforçada, os quais poderão surgir no âmbito de qualquer um dos pilares, como vimos *supra*, e quais os Estados-Membros que irão ficar de fora, e respectivas dificuldades é muito difícil estabelecer, com pormenor, que tipo de mecanismo de apoio deverá ser previsto, parecendo-nos que a melhor solução será aquela que considerar cada caso *per si.*

Assim sendo, deveria ser introduzido um novo artigo contendo uma **cláusula geral de solidariedade** com uma redacção impositiva que, em

---

[23] A Cooperação Reforçada encerra um método decisório, não é uma norma que atribua competência.

concreto, exprimisse tal necessidade e que não se ficasse por *vagas afirmações* tais como as introduzidas pela revisão efectuada pelo Tratado de Nice, como sejam, a previsão de que a **participação** do maior número de Estados-Membros deverá ser **incentivada** (artigo 43.º B), ou a previsão de **disposições específicas necessárias** para os que ficam de fora no momento em que venham a considerar entrar (*vide* o artigo 27.º E do TUE para a PESC, o artigo 40.º B do TUE para a CPJP e 11.º A do TCE no caso do primeiro pilar), isto porque estas disposições específicas referem-se **apenas** ao momento em que os não participantes decidem aderir, o que significa que bem ou mal, mas, de qualquer forma, por si mesmos, se posicionaram numa condição apta à adesão. Tal não se tem como medida de apoio suficiente. Deverá ser prevista uma cláusula de solidariedade que apoie os *outsiders,* independentemente de por si mesmos passarem a mais tarde estar em condições de aderir ao acto aprovado, sendo que caberá a cada acto e/ou decisão adoptado para a execução da Cooperação Refor-çada prever, em termos específicos, quais as medidas que deverão ser desenvolvidas[24].

Os custos de tal apoio deveriam ser incluídos nas despesas decorrentes da execução de uma Cooperação Reforçada (artigo 44.º A), ou seja, ficariam a cargo dos Estados-Membros participantes, o que se tem como legítimo na medida em que lhes vai ser permitido fazer algo que não seria, i.e., caminhar de modo diferenciado, facto que lhes irá trazer vantagens de que não beneficiariam *prima facie*, devendo, por isso, impender sobre eles o **ónus** de **acomodar** a situação dos *ousiders*.

3. Conclusões finais

A Cooperação Reforçada encerra em si mesmo um paradoxo pois permite *integrar desintegrando* e, nessa medida, é extremamente difícil decidir apoiá-la ou refutá-la[25].

Em sede de conclusões, parece-nos, contudo, propositado relembrar o convite cativante contido no TCE, num dos seus artigos iniciais, o artigo 2.º, de acordo com o qual "*A Comunidade tem como missão ... promover,*

---

[24] Por exemplo, períodos de estágio a assegurar a técnicos dos Estados-Membros não participantes pelos Estados participantes de modo a assegurar formação específica aos não participantes.

[25] Uma resenha das tensões contraditórias em torno da Cooperação Reforçada pode ser encontrada em Paulo de Pitta e Cunha, *op. cit.*, p. 59.

em toda a comunidade, o desenvolvimento harmonioso, equilibrado e sustentável das actividades económicas, um elevado nível de emprego e de protecção social, a igualdade entre homens e mulheres, um crescimento sustentável e não inflacionista, um alto grau de competitividade e de convergência dos comportamentos das economias, um elevado nível de protecção e de melhoria da qualidade do ambiente, o aumento do nível e da qualidade de vida, a coesão económica e social e a solidariedade entre os Estados-Membros"[26].

O convite foi feito ... espera-se que a Cooperação Reforçada não seja utilizada para mudar a rota da, para todos os envolvidos, viagem de destino desejavelmente previsível[27].

---

[26] O sublinhado é nosso.

[27] A 16 de Abril de 2003, assinam os respectivos Tratados de Adesão, em Atenas, o Chipre, a Eslovénia, a Eslováquia, a República Checa, Malta, a Hungria, a Polónia, a Letónia e a Lituânia, os quais entrarão em vigor em Maio de 2004.

UMA PERSPECTIVA CONSTITUCIONAL
DA REFORMA DO CONTENCIOSO ADMINISTRATIVO

JORGE MIRANDA* **

SUMÁRIO: I. O QUADRO CONSTITUCIONAL. A) *Os meios contenciosos*. B) *Os tribunais administrativos*. II. A REFORMA DO CONTENCIOSO ADMINISTRATIVO.

O Direito Administrativo não se reduz a um mero Direito constitucional concretizado, sem desenvolvimento próprio e sem autonomia científico--cultural. Tanto se encontram normas constitucionais logo projectadas em normas administrativas como se verificam desfasamentos consideráveis, apenas a longo prazo corrigidos. Toda a gente agora o reconhece.

Em contrapartida, está ultrapassado há muito o célebre asserto de OTTO MAYER, segundo o qual, enquanto o Direito constitucional muda, o Direito administrativo permanece. Bem pelo contrário, sempre se produziram, e cada vez mais nas últimas décadas, influxos das Constituições sobre a legislação, a jurisprudência e a prática administrativas. E, quando se passa de uma ordem constitucional material a outra, passa-se igualmente de um Direito administrativo a outro[1].

Sendo assim em geral, perante as normas sobre estrutura da Administração, sobre competências, sobre procedimentos ou sobre polícia, não menos esses influxos deixam de se produzir sobre as normas adjectivas, sobre o contencioso administrativo. A unidade ou a coerência básica do

---

* Professor Catedrático das Faculdades de Direito da Universidade de Lisboa e da Universidade Católica.

** O presente trabalho foi escrito em 2002, não tomando, pois, em consideração, as alterações à reforma em contencioso administrativo feitos pela Lei n.º 4-A/2003, de 19 de Fevereiro.

[1] Cfr. JORGE MIRANDA, *A Administração Pública nas Constituições Portuguesas*, in *O Direito*, 1988, págs. 607 e segs.

sistema jurídico, assente nos princípios constitucionais, acaba sempre por se impor.

Não é o mesmo, em Portugal, o Direito administrativo antes e depois de 1974 ou 1976. E, no tocante ao contencioso, se pode sugerir-se que antes daquelas datas era o Direito administrativo que ia à frente, a seguir é o Direito constitucional que tem impulsionado as principais mudanças do Direito administrativo[2].

Tal o objecto do presente escrito – localizado na confluência do Direito constitucional e do Direito administrativo – em que, primeiro, se examinarão os meios de defesa dos cidadãos diante da Administração e os instrumentos orgânico-institucionais aparelhados para lhes dar resposta, os tribunais administrativos; e em que, numa segunda parte, se apreciarão alguns dos pontos com incidências jurídico-constitucionais da recentíssima reforma do nosso regime de contencioso.

I
O QUADRO CONSTITUCIONAL

A) *Os meios contenciosos*

1. Se as Constituições de 1822 e de 1826 – anteriores à recepção do sistema administrativo de tipo francês – naturalmente ignoraram, por completo, o contencioso administrativo, também as de 1838 e de 1911 e os Actos Adicionais à Carta omitiram quaisquer normas que, por via directa ou indirecta, lhe aludissem.

Compreende-se este silêncio, por três ordens de razões: 1ª) pelo carácter embrionário do sistema e por uma história atribulada de hesitações e variações relativas ao modelo de contencioso a adoptar[3]; 2ª pelo peso ainda pequeno da Administração na vida colectiva, com menor risco de ofensa a direitos dos cidadãos; 3.°) pela preocupação dominante do cons-

---

[2] Cfr. VIEIRA DE ANDRADE, *As transformações do contencioso administrativo na Terceira República Portuguesa*, in *Legislação* 18, 1997, págs. 97-98; ou JORGE MIRANDA, *Os parâmetros constitucionais da reforma do contencioso administrativo*, in *Cadernos de Justiça Administrativa*, n.° 24, Novembro-Dezembro de 2000, pág. 4.

[3] Cfr., por todos, MARCELLO CAETANO, *Manual de Direito Administrativo*, II, 9ª ed., Lisboa, 1972, págs. 1277 e segs.; RUI MACHETE, *Contencioso administrativo*, in *Dicionário Jurídico da Administração Pública*, II, págs. 766 e segs.; MARIA DA GLÓRIA GARCIA, *Do Conselho de Estado ao actual Supremo Tribunal Administrativo*, Lisboa, 1998; VIEIRA DE ANDRADE, *A Justiça Administrativa (Lições)*, 2ª ed., Coimbra, 1999, págs. 43 e segs.

titucionalismo liberal com as garantias da liberdade física e da segurança pessoal.

Seria a Constituição de 1933, apesar da sua índole autoritária, a conferir-lhe relevância, timidamente no seu texto inicial a propósito do actos do Governo respeitantes à situação dos funcionários (art. 108.º, depois 109.º, n.º 4), e, com clareza, no texto subsequente à sua última revisão, a de 1971, através da inclusão, entre os direitos, liberdades e garantias, de um direito de recurso contencioso contra actos administrativos definitivos e executórios arguidos de ilegalidade (art. 8.º, n.º 21).

2. O aditamento de 1971 – de iniciativa do Governo presidido por MARCELLO CAETANO – elevava a garantia institucional uma figura já presente na legislação ordinária, mas comportava algumas consequências significativas devido à sua formulação.

Como notou a Câmara Corporativa – em parecer relatado por AFONSO QUEIRÓ[4] – não se ia ao ponto de consagrar genericamente como direito fundamental um "direito de agir" em tribunal para tutela do próprio direito, à semelhança do que sucedia no contencioso civil (art. 2.º do Código de Processo Civil). Todavia, com ele tornavam-se inconstitucionais certas disposições legais que limitavam os vícios ou ilegalidades que podiam ser invocados em recurso contencioso contra determinados actos administrativos.

A Câmara Corporativa pretendeu, aliás, ir mais longe do que o Governo, preconizando que, no novo preceito, se englobassem quer os recursos contenciosos de anulação quer os recursos "de mérito" e os recursos de plena jurisdição (acções, na técnica das nossas leis), referentes a actos administrativos em que se não tratasse apenas de averiguar em que medida eles eram juridicamente incorrectos ou não tinham sido praticados de acordo com uma norma mas também de decidir em que medida ofendiam os direitos subjectivos dos administrados, "terminando o tribunal eventualmente por condenar a Administração a uma prestação ou mesmo por se substituir a ela, rectificando ou reformando esses actos". Seria preferível, pois, que se dissesse: "Haver recurso contencioso em caso de lesão de direitos ou interesses legítimos por actos da Administração pública".

Esta ideia não seria acolhida pela Assembleia Nacional, nem receberia a adesão de importante parte da doutrina[5]; e, mesmo depois da ruptura

---

[4] Actas da Câmara Corporativa, X legislatura, n.º 67, de 16 de Março de 1971, págs. 630 e 631.

[5] Cfr. ANDRÉ GONÇALVES PEREIRA, *A garantia do recurso contencioso no texto constitucional de 1971*, in *Estudos de Direito Público em homenagem ao Professor Marcello Caetano*, obra colectiva, Lisboa, 1973, págs. 243 e segs.

de regime, seria necessário aguardar quase vinte anos para fazer vencimento.

A Lei Constitucional n.° 3/74, de 14 de Maio, reporia transitoriamente a vigência da Constituição de 1933 naquilo que não contrariasse os princípios expressos no Programa do Movimento das Forças Armadas (art. 1.°, n.° 1)[6] e, assim, a norma introduzida em 1971 iria subsistir até à entrada em vigor da Constituição de 1976, desempenhando, por vezes, em face de certas arbitrariedades revolucionárias, um papel que deve ser realçado.

3. A problemática seria retomada na Assembleia Constituinte. E, se bem que não tivesse ocupado quase nenhum espaço nos debates (por menor amadurecimento entre os Deputados e por sobrelevarem questões mais prementes), abrir-se-iam novos horizontes de tutela dos direitos dos cidadãos.

Por um lado, com base em três projectos de Constituição[7], seria reiterado[8] o direito dos interessados de recurso contencioso, com fundamento em ilegalidade, contra quaisquer actos administrativos definitivos e executórios (art. 269.°, n.° 2 do texto que, a final, seria aprovado).

Por outro lado, e como novidade no cotejo das Constituições anteriores, estabelecer-se-ia, mais amplamente, um direito geral de acesso aos tribunais (art. 20.°, n.° 1)[9-10] e a função jurisdicional seria definida, a par

---

[6] V. JORGE MIRANDA, *A Revolução de 25 de Abril e o Direito Constitucional*, Lisboa, 1975, págs. 81 e segs., *maxime* 87.

[7] Os projectos foram os de Deputados do Centro Democrático Social (art. 13.°, n.° 28), do Partido Comunista Português (art. 59.°, n.° 3) e do Partido Social-Democrata (art. 146.°, n.° 2). Nos dois primeiros, a localização era na parte de direitos fundamentais, falando-se no projecto do CDS em "actos definitivos", e não em "actos definitivos e executórios" e no do PCP em "actos ilegais que violem os direitos e liberdades". Mas seria o projecto do PSD, com localização no título de Administração Pública, a fonte imediata do preceito constitucional.

V. os projectos no *Diário da Assembleia Constituinte*, suplemento ao n.° 13, de 27 de Julho de 1975, e na nossa colectânea *Fontes e Trabalhos Preparatórios da Constituição*, Lisboa, 1978.

[8] Segundo proposta da 5ª Comissão da Assembleia. V. as actas desta comissão em JORGE MIRANDA, *A organização do poder político e a 5ª Comissão da Assembleia Constituinte*, in *Perspectivas Constitucionais*, III, obra colectiva, Coimbra, 1998, págs. 567 e segs. No plenário não haveria discussão: v. *Diário da Assembleia Constituinte*, n.° 112, de 11 de Fevereiro de 1976, págs. 3690.

[9] Igualmente a partir de três projectos de Constituição: o do Centro Democrático Social, em que se visavam os direitos ou interesses legítimos dos cidadãos (art. 13.°, n.° 2); o do Partido Socialista, voltado para os direitos e liberdades constitucionalmente reconhe-

Uma Perspectiva Constitucional da Reforma do Contencioso Administrativo   39

de elementos objectivos, também por referência à defesa dos direitos e interesses legalmente protegidos dos cidadãos (art. 206.°, 1ª parte)[11]. Tudo outrossim em conexão (por força do art. 16.°, n.° 2) com a Declaração Universal dos Direitos do Homem, que atribui a todas as pessoas direito a recurso efectivo para os tribunais competentes contra os actos que violem os direitos fundamentais reconhecidos pela Constituição ou pela lei (art. 8.°); e (por força do art. 16.°, n.° 1), a partir de 1978, em conexão com a Convenção Europeia dos Direitos do Homem, que consagra o direito a decisão em prazo razoável (arts. 6.° e 13.°).

Enfim, em plano próximo, inserir-se-ia, entre os direitos, liberdades e garantias, o direito de acção popular nos termos da lei (art. 49.°, n.° 2)[12].

4. Na primeira revisão constitucional, que decorreria entre 1981 e 1982, dois pontos estiveram em foco: a admissibilidade de recurso contra actos administrativos sob forma de lei; e a admissibilidade de recurso com fundamento, não em ilegalidade, mas em violação de direitos ou lesão de interesses legalmente protegidos[13]. E também chegou a ser suscitado o problema da dispensa da natureza definitiva e executória dos actos.

Dar-se-ia resposta favorável à primeira questão; não à segunda; no entanto, em compensação, acolher-se-ia recurso contencioso para obter o reconhecimento de um direito ou interesse legalmente protegido[14].

E sublinhar-se-ia, de uma parte, que ficava explicitado o que importava por imperativo do Estado de Direito: a substância dos actos, e não a

---

cidos (art. 15.°, n.° 1); e o do Partido Popular Democrático, que tinha em vista os direitos e liberdades fundamentais violados ou seriamente ameaçados pelos poderes públicos ou pelos particulares (art. 14.°, n.° 1).

Cfr. ainda o art. 23.°, n.° 1 do nosso projecto pessoal de Constituição (*Um projecto de Constituição*, Braga, 1975): "Sempre que os actos dos órgãos e agentes do Estado ou de quaisquer outras entidades ou pessoas violem os direitos fundamentais, poderão os lesados impugná-los em tribunal como inválidos e ineficazes".

[10] V. a aprovação pelo Plenário in *Diário*, n.° 42, de 3 de Setembro de 1975, págs. 1196-1197.

[11] V. *Diário*, n.° 96, de 16 de Dezembro de 1975, págs. 3110 e segs.

[12] Antecedente: art. 26.° da Constituição de 1838, prevendo acção popular por suborno, peita, peculato ou concussão.

[13] V. art. 269.°, n.°s 2 e 3 da Constituição, no projecto de Deputados do Partido Comunista Português, e o debate na comissão eventual de revisão, in *Diário da Assembleia da República*, 2ª legislatura, 2ª sessão legislativa, 2ª série, suplemento ao n.° 64, págs. 1232(21) e segs. e 3.° suplemento ao n.° 106, págs. 1998(66) e segs.

[14] V. *Diário*, 2ª legislatura, 2ª sessão legislativa, 1ª série, de 22 de Julho de 1982, págs. 5268, 5269 e 5303-5304.

forma externa da sua aprovação ou publicação[15]; e, de outra parte, que a ultrapassagem do carácter anulatório do recurso significava, numa Administração cada vez mais prestativa, que um campo – que era cada vez maior – de desprotecção dos cidadãos perante o Estado e a Administração passava a ser coberto[16].

No seguimento da revisão seriam elaborados um Estatuto dos Tribunais Administrativos e Fiscais (Decreto-lei n.° 129/84, de 27 de Abril) e uma Lei de Processo nos Tribunais Administrativos (Decreto-lei n.° 267/85, de 16 de Julho), substituindo quase toda a velha legislação anterior à Constituição.

5. Na revisão de 1987-1989[17] prosseguir-se-ia no aperfeiçoamento dos meios contenciosos, acentuando a finalidade da tutela dos direitos e interesses legalmente protegidos dos administrados e afastando (por envolver demasiada formalização, menos favorável a essa tutela) os dois requisitos de definitividade e de executoriedade dos actos impugnados (art. 268.°, n.° 4).

Mas, mais importante do que isso, adoptar-se-ia uma fórmula genérica de tutela jurisdicional (art. 268.°, n.° 5). E, conforme se salientou na altura, não se tratava de algo de subsidiário, mas de uma tutela plena e efectiva; e, assim, ao lado da jurisdição sobre os actos, passaria a haver uma jurisdição administrativa sobre as relações jurídico-administrativas propriamente ditas[18].

Ao mesmo tempo, o preceito sobre acção popular (o art. 52.°, n.° 3, na numeração vinda de 1982) ficaria a versar também – ou, porventura, desde logo – sobre interesses difusos[19]. Aqui a solução não foi tão líquida

---

[15] Deputado Jorge Miranda, *ibidem*, págs. 5303-5304. Esta solução já a tínhamos propugnado, antes da revisão constitucional, nos projectos de lei n.° 2/I, de 1976 e 132/II, de 1980 (v. este em *Diário*, 2ª legislatura, 1ª sessão legislativa, 2ª série, n.° 28).

[16] Deputado VITAL MOREIRA, *ibidem*, pág. 5269.

[17] Trabalhando sobre os projectos de revisão de Deputados do Centro Democrático Social, do Partido Comunista Português e do Partido Social-Democrata.

[18] Deputado RUI MACHETE, in *Diário da Assembleia da República*, 5ª legislatura, 2ª sessão legislativa, 2ª série, n.° 94-RC, acta n.° 92 da comissão eventual, pág. 2739.

Para a totalidade do debate sobre o contencioso administrativo, v., na comissão, *ibidem*, 1 sessão legislativa, 2ª série, n.° 55C, acta n.° 53, págs. 1739 e segs. e 1744 e segs., e n.° 92, acta n.° 90, págs. 2738 e segs.; e no Plenário, 1ªsessão legislativa, n.° 85, de 22 de Maio de 1989, págs. 4184 e 4186 e segs.

[19] A alteração proveio do projecto de Deputados do Partido Comunista Português: v. o debate in *Diário da Assembleia da República*, 5ª legislatura, 1ª sessão legislativa,

Uma Perspectiva Constitucional da Reforma do Contencioso Administrativo   41

quanto pareceria *prima facie*: porque são objectivos bem distintos a defesa do interesse público – razão de ser, sempre, de acção popular – e a defesa daqueles interesses, e porque a disposição situa-se num capítulo de direitos, liberdades e garantias de participação política e os interesses difusos não dizem respeito só aos titulares desses direitos, os cidadãos.

Finalmente, discutir-se-ia ainda, conquanto sem conclusão positiva, acerca da impugnação directa de regulamentos que afectassem direitos ou interesses dos administrados[20].

6. Por último, na revisão constitucional de 1996-1997, acolher-se-ia o conceito abrangente e mais exigente de "tutela jurisdicional efectiva" – em correlação com a nova epígrafe do art. 20.º – e nela englobar-se-iam a determinação para a prática de actos administrativos legalmente devidos e a adopção de medidas cautelares adequadas (art. 268.º, n.º 4), bem como o direito de impugnação das normas administrativas com eficácia externa lesivas dos direitos ou interesses legalmente protegidos dos cidadãos (art. 268.º, n.º 5)[21].

Do mesmo passo, e corrigindo de certa sorte o que se havia feito em 1989, especificou-se no âmbito da acção popular verdadeira e própria a defesa dos bens do Estado, das regiões autónomas e das autarquias locais[22] e dividiu-se o preceito constitucional em duas alíneas correspondentes às suas diferentes funções [art. 52.º, n.º 3, alíneas *a*) e *b*)].

7. Como se verifica, a linha evolutiva do tratamento constitucional do contencioso administrativo desde 1976 aponta para uma dupla orientação: de alargamento de meios, rompendo com as divisas estreitas do tradicional recurso contencioso, e, conexamente, de acentuar da vertente subjectivista.

2ª série, n.º 17-RC, acta n.º 15, pág. 504; n.º 55-RC, acta n.º 53, págs. 1706 e segs.; n.º 67-RC, acta n.º 65, págs. 2101 e segs.; e 2ª sessão legislativa, 1ª série, n.º 74, de 3 de Maio de 1989, págs. 3535 e segs.

[20] Art. 268.º, n.º 6 segundo o projecto de Deputados do Partido Comunista Português.

[21] Quanto ao art. 268.º, n.º 4, com base em projecto de revisão dos Deputados Cláudio Monteiro, Manuel Jorge Goes e Maria do Rosário Carneiro e, quanto ao art. 268.º, n.º 5, com base em projectos dos Deputados do Partido Socialista. A menção de "tutela efectiva" veio também do projecto daqueles Deputados.

V. o debate no Plenário da Assembleia (porque o ocorrido na comissão eventual ainda não consta de publicação oficial), in *Diário*, 7ª legislatura, 2ª sessão legislativa, 1ª série, n.º 104, de 30 de Julho de 1997, págs. 3952 e segs.

[22] Com base em projecto de Deputados do Partido Comunista Português.

Observe-se, porém, que, no fundo, não se fez senão aproveitar e explorar as virtualidades contidas nos arts. 20.º e 205.º (depois 202.º) da Lei Fundamental. Pois se o princípio geral consiste na garantia do acesso a tribunal para defesa dos direitos dos cidadãos, nem sequer seria necessário que se constitucionalizassem os modos ou os processos para sua efectivação e até, no limite, nem sequer seria necessária a norma sobre o contencioso no título de Administração pública. A lei[23] sempre poderia e deveria densificar e concretizar o princípio.

Muito menos poderia entender-se, à face do texto inicial da Constituição (ou da Constituição de 1933 após 1971), que, por só se aludir a recurso contencioso contra actos administrativos ilegais, estaria vedado ao legislador ordinário introduzir outros meios ou ultrapassar o mero cunho objectivista nele patente. Bem pelo contrário, esse meio era apenas um *minus* que tinha de ser respeitado como garantia institucional que era; mas o legislador poderia ir sempre mais longe, quer frente aos actos administrativos quer em relação a outras formas de agir da Administração.

E tudo ainda por outra razão, decisiva. O direito de recurso contencioso, ou hoje o de acesso à justiça administrativa através das modalidades enunciadas no art. 268.º, n.º 4, deve considerar-se um direito fundamental e a Constituição prescreve, no art. 16.º, n.º 1, que os direitos nela consagrados não excluem quaisquer outros constantes das leis e das regras aplicáveis de direito internacional. É, com se sabe, a cláusula aberta ou de não tipicidade dos direitos fundamentais, decorrente de um sentido valorativo material, e não simplesmente formal, de fundamentalidade[24].

Mais do que isso: trata-se de um direito de natureza análoga à dos direitos, liberdades e garantias do título I da parte I, com tudo quanto isso envolve (art. 17.º) de regime reforçado, desde a vinculatividade imediata e a reserva de lei (art. 18.º) à insusceptibilidade de suspensão a não ser em estado de sítio ou de emergência (art. 19.º) e à reserva relativa de competência legislativa da Assembleia da República [art. 165.º, n.º 1, alínea *s*), 2ª parte][25].

Não obstante, tendo em conta o peso acumulado de certas tradições escolares, de certo conservadorismo jurisprudencial e de certos resquícios autoritários na Administração pública, andou bem o legislador das sucessi-

---

[23] Assim como a jurisprudência dos tribunais administrativos, à semelhança do que fez o Tribunal Europeu dos Direitos do Homem sobre os arts. 6.º e 13.º da Convenção Europeia.

[24] Cfr. *Manual de Direito Constitucional*, IV, 3ª ed., Coimbra, 2000, págs. 162 e segs.

[25] *Ibidem*, págs. 149 e segs.

Uma Perspectiva Constitucional da Reforma do Contencioso Administrativo 43

vas revisões constitucionais ao procurar preencher o conteúdo da garantia, sem o espartilhar. Andou bem e andou bem outrossim o legislador da reforma do contencioso de 2002 ao procurar retirar daí toda as consequências lógicas.

8. O ênfase posto na vertente subjectivista não significa o apagamento ou a completa secundarização da vertente objectivista. Subscrevemos, sem hesitar, as preocupações, a este respeito, por exemplo, de VIEIRA DE ANDRADE[26] e de SÉRVULO CORREIA[27].

Não tanto pelo legado histórico quanto por evidente necesidade de controlos no interior da Administração – segmentada em múltiplas entidades, algumas com larga autonomia – um contencioso objectivista continua imprescindível. Basta pensar nas autarquias locais [sujeitas agora apenas a tutela de legalidade (art. 242.°)], nas associações públicas e nas universidades.

Ora, a Lei Fundamental não esquece essa tonalidade, ao conferir aos tribunais [também (art. 202.°, n.° 2)] a incumbência de repressão das violações da legalidade democrática (o que excede a aplicação de medidas penais) e ao colocar o Ministério Público ao serviço da defesa dessa legalidade (art. 219.°, n.° 1) – sendo certo que o próprio Estado se funda na legalidade democrática (art. 3.°, n.° 2) e sendo certo que a esta se acham subordinados todos os órgãos e agentes do Estado (art. 266.°, n.° 2).

Se noutras épocas o pendor objectivista do contencioso terá impedido ou evitado o florescimento de elementos subjectivistas, agora nada justificaria que se caísse num extremo oposto de irrelevância da garantia da legalidade. Não é por o art. 268.°, n.° 4, dentro do seu contexto sistemático, recortar direitos de tutela dos administrados que fica tolhida a possibilidade ou necessidade de elementos objectivistas. Por conseguinte, em vez de exclusão, inclusão e complementaridade de meios para optimização de resultados[28] – como decorre de vários preceitos da nova lei de processo atributivos de legitimidade activa ao Ministério Público [arts. 9.°, n.° 2, 40.°, n.° 2, alínea c), 55.°, n.° 1, alínea b), 68.°, n.° 1, alínea c), 73.°, n.°s 3 e 4).

9. Seria interessante uma indagação de Direito comparado, à luz da

---

[26] *Op. cit.*, pág. 61.

[27] *O recurso contencioso no projecto de reforma: tópicos esparsos*, in *Cadernos de Justiça Administrativa*, n.° 20, Março-Abril de 2000, pág. 15.

[28] Assim também, RUI MEDEIROS, *Brevíssimos tópicos para uma reforma do contencioso da responsabilidade*, *ibidem*, n.° 16, Julho-Agosto de 1999, pág. 17.

44   *Jorge Miranda*

variedade de sistemas administrativos. Não parece ser esta a altura para a fazer.

Cingimo-nos a citar como próximos dos nossos actuais arts. 20.º e 268.º, n.º 4 da Constituição, o art. 113.º da Constituição italiana, o art. 19.º, n.º 3 da Constituição alemã, o art. 5.º-XXXV da Constituição brasileira, o art. 111.º, n.º 3 da Constituição de São Tomé e Príncipe, o art. 241.º, alínea *e*) da Constituição caboverdiana, o art. 63.º da Constituição da Polónia.

B) *Os tribunais administrativos*

10. A tradição portuguesa, mantida até à Constituição de 1933, foi sempre de considerar que tribunais verdadeiros e próprios eram os tribunais judiciais ou tribunais comuns de jurisdição ordinária, os quais formavam o Poder Judicial ou Judiciário, um dos Poderes do Estado (arts. 176.º e segs. da Constituição de 1822, 118.º e segs. da Carta Constitucional, 123.º e segs. da Constituição de 1838 e 56.º e segs. da Constituição de 1911).

As quatro Constituições liberais chegaram a prever outros tribunais além dos judiciais – os juízos arbitrais (art. 194.º da Constituição de 1822, art. 127.º da Carta, art. 123.º, § 3.º, da Constituição de 1838), os tribunais especiais para a liberdade de imprensa (art. 8.º da Constituição de 1822) e o Tribunal de Contas (art. 135.º da Constituição de 1838). Mas para elas o conceito de tribunal ligava-se essencialmente aos tribunais judiciais. Nem talvez pudesse deixar de ser doutro modo, numa altura em que as necessidades de jurisdição, ou de jurisdição especializada, eram relativamente pequenas e em que os órgãos jurisdicionalizados que iam surgindo em alguns sectores da Administração tinham um desenvolvimento balbuciante e esferas de competência restritas[29].

11. O art. 115.º (depois 116.º) da Constituição de 1933, ao substituir a expressão "Poder Judicial" pela expressão "Função Judicial", abriu caminho, paradoxalmente, a um conceito mais amplo e também mais rigoroso. Dizendo "a função judicial é exercida por tribunais ordinários e especiais", explicitava que todos os órgãos incumbidos do desempenho de deter-

---

[29] Sobre os tribunais nas Constituições liberais, v. LOPES PRAÇA, *Estudos sobre a Carta Constitucional*, 2ª parte, I, Lisboa, 1879, págs. 307 e segs.; MARNOCO E SOUSA, *Direito Político – Poderes do Estado*, Coimbra, 1910, págs. 769 e segs., e *Constituição Política da República Portuguesa – Comentário*, Coimbra, 1913, págs. 566 e segs.

minada função do Estado materialmente definida – a função judicial ou jurisdicional – eram tribunais, mesmo quando não estavam subordinados ao Supremo Tribunal de Justiça e não podiam, só por esta razão, ser chamados tribunais judiciais.

Havia a distinção entre tribunais ordinários e tribunais especiais, mas esta distinção, como resultava dos arts. 118.° e 113.°, apenas se reportava a certas garantias – a inamovibilidade e a vitaliciedade – que eram conferidas aos juízes dos primeiros e não aos juízes dos segundos tribunais, sem se lhe poder conferir mais fundo significado constitucional. Todos os demais preceitos da Constituição relativos a tribunais – no texto de 1971, arts. 93.°, alínea b), 1ª parte, 118.°, 120.°, 121.° e 123.° – eram aplicáveis tanto aos tribunais ordinários como aos tribunais especiais[30].

Tribunais ordinários eram os tribunais judiciais enumerados na 2ª parte do art. 116.°: o Supremo Tribunal de Justiça e tribunais de 1ª e 2ª instâncias. Por exclusão de partes, todos os outros eram tribunais especiais, por mais arbitrário que fosse integrá-los todos na mesma categoria. Eram tribunais especiais, nomeadamente os tribunais não judiciais, explicita ou implicitamente admitidos no próprio texto da Constituição – tribunais administrativos (arts. 8.°, n.° 21, após 1971, e 109.°, n.° 4), de trabalho (art. 38.°) e de Contas (art. 91.°, n.° 3) – e os tribunais criados directamente por lei – tribunais fiscais, aduaneiros, militares, de géneros alimentícios, de trabalho, etc.

A doutrina da época discutia o problema da qualificação dos tribunais administrativos – se deviam enquadrar-se no âmbito dos órgãos da função judicial ou se deviam, diferentemente, recortar-se entre os órgãos da Administração ou do poder administrativo. Durante largos anos tinha prevalecido esta última tese, apoiada nas concepções do sistema administrativo de tipo francês transplantado para Portugal no século XIX; todavia, ela encontrava cada vez maior resistência quer na escola de Coimbra quer na de Lisboa.

O entendimento dominante, cujo mais alto expoente era MARCELLO CAETANO, abonava-se em duas razões principais: 1ª) a separação histórica entre Poder Judicial e Poder executivo ou administrativo, vinda desde a

---

[30] Cfr. PAULO CUNHA, parecer subsidiário da secção de justiça da Câmara Corporativa sobre o art. 116.° da Constituição (in *Diário da Assembleia Nacional*, 1945, suplemento ao n.° 176, págs. 642(14) e 642(15); CASTRO MENDES, *Direito Processual Civil*, policopiado, Lisboa, 1971-1972, I, págs. 238 e segs.; MARCELO CAETANO, *Manual de Ciência Política e Direito Constitucional*, II, 6ª ed., 1972, págs. 663 e segs.; FRANCISCO JOSÉ VELOZO, *No Campo da Justiça: intromissões do Poder Executivo*, in *Scientia Juridica*, 1972, págs. 260 e 279 e segs.

Revolução francesa e as reformas napoleónicas; e 2ª) a necessidade de os órgãos competentes para anularem os actos administrativos ilegais pertencerem à Administração, por só assim a Administração activa estar disposta a executar as suas decisões. Além disso, sublinhava-se a unidade do processo administrativo, de tal sorte que os tribunais do contencioso administrativo não eram senão órgãos administrativos para os quais se "recorria" de decisões ou deliberações doutros órgãos do mesmo Poder[31].

Ao invés, outros Autores sustentavam que os tribunais administrativos eram verdadeiros tribunais, órgãos da função judicial em sentido substancial, porquanto: 1.º) a actividade específica dos tribunais administrativos – resolver litígios suscitados pela actividade administrativa – era claramente jurisdicional; 2.º) se separação havia a fazer era entre órgãos de administração activa e órgãos de contencioso, encarregados estes de garantir a legalidade dos actos daquele; 3.º) a especialidade dos tribunais administrativos não ficava prejudicada por não pertencerem ao Poder administrativo, só o ficaria se a sua competência passasse para os tribunais judiciais comuns; 4.º) a admitir-se a noção orgânico-formal de função judicial, haveria na Constituição dois conceitos de tribunal, um genérico, válido para todos os tribunais, e outro restrito aos tribunais judiciais[32].

Era esta segunda tese a que eu próprio perfilhava[33].

12. Logo após a revolução de 25 de Abril de 1974, a lei constitucional provisória, a Lei n.º 3/74, de 14 de Maio, veio dispor no n.º 1 do seu art. 18.º: "As funções jurisdicionais serão exercidas exclusivamente por tribunais integrados no Poder Judicial."

Qual o alcance deste preceito? Afigura-se que tinha de ser unicamente este: que todos os órgãos jurisdicionais eram considerados tribunais e que entre todos os tribunais existia a unidade decorrente de exercerem

---

[31] MARCELLO CAETANO adoptava uma interpretação muito particular da noção de função judicial dada pelo art. 116.º da Constituição: não em sentido material, mas sim em sentido orgânico-formal – ou seja, a função judicial como função dos tribunais judiciais. V., por último, *Manual* ..., cit., págs. 663 e segs., e *Manual de Direito Administrativo*, I, 10ª ed., 1973, págs. 36 e segs., e II, 9ª ed., 1972, págs. 1184 e segs.

[32] Cfr. JOSÉ CARLOS MOREIRA, *O Princípio da Legalidade na Administração*, in *Boletim da Faculdade de Direito da Universidade de Coimbra*, vol. XXV, 1949, págs. 398-399, nota; MIGUEL GALVÃO TELES, *Direito Constitucional Português Vigente – Sumários Desenvolvidos*, policopiados, 1971, pág. 61; RUI MACHETE, *Contencioso Administrativo*, in *Dicionário Jurídico da Administração Pública*, II, págs. 775 e segs.

[33] V. *Ciência Política e Direito Constitucional*, policopiado, Lisboa, 1972-73, II, págs. 385 e segs.

Uma Perspectiva Constitucional da Reforma do Contencioso Administrativo   47

todos a mesma função do Estado ou integrarem o mesmo aparelho de poder.

Corroborava-se, assim, a melhor interpretação do art. 116.º da Constituição de 1933. Só os tribunais exerciam a função jurisdicional ou judicial; nenhum outro órgão se soberania a devia poder exercer; havia um nexo indissolúvel entre tribunais e função judicial; os tribunais existiam para exercê-la e ela apenas podia ser exercida através deles; a função jurisdicional, por natureza, exigia órgãos com características precisas, os tribunais. Ia-se, pois, do elemento material – a função jurisdicional – para o elemento orgânico – os tribunais.

Porém, a nova regra de 1974 não era a mera reprodução da velha regra de 1933. Não se limitava a prescrever que a função jurisdicional incumbia aos tribunais; prescrevia ainda que os tribunais tinham de estar integrados no "Poder Judicial". Não bastava que um órgão se denominasse tribunal ou revestisse mesmo certas características de tribunal; urgia que esse órgão possuísse as características específicas do "Poder Judicial" ou fizesse parte do sistema de órgãos em que este consistia.

O sentido útil do art. 18.º não se esgotava no domínio conceitual, ultrapassava-o para se projectar no domínio das reformas legislativas a empreender. Se a função judicial não competia senão aos tribunais e se os tribunais desempenhavam a mesma função e pertenciam, salvo os militares, ao mesmo Poder, então era patente não já a homogeneidade dos actos que praticavam, mas desde logo a unidade fundamental que os ligava. Tomado como aparelho de órgãos estatais, o Poder Judicial era unitário e, mais do que unitário, uno.

Donde, uma importante consequência: que todos os tribunais a partir de então poderiam ou deveriam ser tribunais judiciais. Ou, doutro ângulo: que todos os tribunais deveriam encontrar-se, pelo menos, nas mesmas condições em que se encontravam os tribunais ordinários, os tribunais comuns de jurisdição ordinária da Constituição de 1933; e que os seus juízes deveriam ter a plenitude das garantias da magistratura, sem embargo de eventuais especializações.

13. O art. 18.º da Lei n.º 3/74 viria a ser, conquanto só até certo ponto, a principal fonte inspiradora do título da Constituição de 1976 dedicado aos tribunais.

A leitura dos arts. 205.º e 206.º (hoje 202.º) da Lei Fundamental reforça a ideia de base da Lei n.º 3/74: consiste na reserva de competência jurisdicional dos tribunais, ou seja, na impossibilidade de outros órgãos – do Estado, das regiões autónomas e do poder local, políticos, legislativos ou administrativos – exercerem tal competência. A função de administrar a justiça incumbe aos tribunais e os tribunais são os órgãos de soberania com competência para tal função[34]. Não se fala em "poder judicial", porque também não se fala, simetricamente, em "poder legislativo" ou em "poder executivo"[35-36].

Embora em três dos projectos de Constituição se mencionassem os tribunais administrativos[37], eles não apareciam no texto vindo de comissão competente da Assembleia Constituinte. Foi durante o debate no Plenário que eles foram considerados, em nome da necessidade de não se levantarem graves problemas aos tribunais existentes[38], e apenas a título facultativo.

"Poderá haver tribunais administrativos e fiscais", como ficou dizendo o art. 212.º, n.º 3 significava, porém, três coisas: que eram, de qualquer modo, sempre tribunais, e não órgãos de diferente natureza; que não eram tribunais judiciais especializados, o que seria até redundante em face do art. 213.º; e que, portanto, constituíam uma ordem de jurisdição não sujeita ao Supremo Tribunal de Justiça. E como o princípio da unidade da magistratura só era declarado no respeitante aos tribunais judiciais (art. 220.º), isso implicava ou, pelo menos, consentia um estatuto e uma carreira próprios dos respectivos magistrados.

---

[34] Veja-se a explicitação feita durante o debate na Assembleia Constituinte, in *Diário da Assembleia Constituinte*, n.º 96, pág. 3109, e n.º 97, pág. 3138.

[35] CASTRO MENDES, *Artigo 206.º (Função Jurisdicional)*, in *Estudos sobre a Constituição*, obra colectiva, I, Lisboa, 1977, pág. 396.

[36] Sobre os tribunais na Constituição, cfr. CUNHA RODRIGUES, *A Constituição e os tribunais*, Lisboa, 1977; MARCELO REBELO DE SOUSA, *Orgânica judicial, responsabilidade dos juízes e Tribunal Constitucional*, Lisboa, 1992; GOMES CANOTILHO e VITAL MOREIRA, *Constituição da República Portuguesa Anotada*, 3ª ed., Coimbra, 1993, págs. 790 e segs.; GOMES CANOTILHO, *Direito Constitucional e Teoria da Constituição*, Coimbra, 5ª ed., Coimbra, 2002, págs. 651 e segs. E ainda LABORINHO LÚCIO, *O poder judicial na transição*, in *Portugal – O sistema político e constitucional – 1974-1987*, obra colectiva, Lisboa, 1989, págs. 737 e segs.; e PEDRO COUTINHO MAGALHÃES, *Democratização e independência judicial em Portugal*, in *Análise Social*, n.º 130, 1995, págs. 51 e segs.; JORGE MIRANDA, *Tribunais, juízes e Constituição*, in *Revista da Ordem dos Advogados*, 1999, págs. 5 e segs.

[37] No projecto do Centro Democrático Social como tribunais especiais (art. 123.º), no do Partido Comunista Português como tribunais especializados (art. 93.º, n.º 3) e no do Partido Popular Democrático como tribunais não comuns (art. 136.º, n.º 2) a par de uma secção de contencioso administrativo no Supremo Tribunal de Justiça (art. 136.º, n.º 4).

[38] V. *Diário*, n.º 97, pág. 3143.

14. As revisões constitucionais de 1982 e de 1989 não deixaram de se ocupar de matérias atinentes ou com repercussão sobre os tribunais administrativos.

No de 1982, admitir-se-ia a constituição de tribunais de conflitos (art. 212.°, hoje 209.°, n.° 3) e cometer-se-ia à lei a definição de regras relativas aos juízes dos tribunais não judiciais, com salvaguarda das garantias previstas na Constituição (art. 22.°, n.° 2, hoje 217.°, n.° 3).

Com a segunda revisão constitucional, fixar-se-ia a existência necessária dos tribunais administrativos e fiscais, incluindo um Supremo Tribunal Administrativo [art. 211.°, hoje 209.°, n.° 1, alínea *b*) e art. 214.°, hoje 212.°, n.° 1]; definir-se-ia a sua jurisdição por referência aos litígios emergentes das relações jurídicas administrativas e fiscais (art. 214.°, hoje 212.°, n.° 3); e criar-se-ia um órgão com competência relativamente à situação e à acção disciplinar quanto aos juízes dos tribunais administrativos e fiscais (art. 219.°, hoje 217.°, n.° 2) – o qual viria a ser o Conselho Superior dos Tribunais Administrativos e Fiscais.

Sobre o sentido da norma definidora da jurisdição administrativa – sobre se implicava ou não uma reserva absoluta – viriam a pronunciar-se a jurisprudência do Tribunal Constitucional e a doutrina numa linha razoável e aberta. Os tribunais administrativos hão-de ser, por regra, os tribunais de contencioso administrativo, mas sem se vedarem derrogações em nome de outros interesses ou valores constitucionalmente atendíveis, asism como, em contrapartida, poderão, porventura, ser-lhes adicionadas competências vizinhas ou conexas[39-40].

A revisão de 1997, embora sem tocar em especial nos tribunais administrativos, viria estipular regras, de carácter geral, com incidência sobre eles: previsão de procedimentos judiciais caracterizados pela prioridade e pela celeridade para tutela dos direitos, liberdades e garantias pessoais (novo art. 20.°, n.° 5), fundamentação das decisões dos tribunais que não sejam de mero expediente (at. 205.°, n.° 1) e possibilidade de incompatibilidades legais, para além dos descritos na Constituição, com a função de juiz (art. 216.°, n.° 5).

---

[39] Neste sentido, por todos, VIEIRA DE ANDRADE, *Âmbito e limites da jurisdição administrativa*, in *Cadernos de Justiça Administrativa*, n.° 22, Julho-Agosto de 2000, págs. 10 e segs.; mais mitigadamente, FREITAS DO AMARAL e MÁRIO AROSO DE ALMEIDA, *Grandes linhas da reforma do contencioso administrativo*, Coimbra, 2002, págs. 23 e segs.

[40] Cf., muito recentemente, o acórdão n.° 207/2002, de 21 de Maio, do Tribunal Constitucional, in *Diário da República*, 1ª Série-A, n.° 144, de 25 de Junho de 2002.

Hoje, a despeito de deficientíssima sistematização dos títulos V e VI da parte III do texto constitucional, dominam as normas aplicáveis a todos os tribunais: arts. 203.º a 208.º e 216.º, bem como art. 165.º, n.º 1, alínea *p*). E mesmo as normas aparentemente exclusivas dos tribunais judiciais (arts. 215.º, 217.º, n.º 1, e 218.º) têm equivalentes em relação à magistratura dos outros tribunais (art. 217.º, n.ºs 2 e 3). É natural que isto aconteça.

15. Integrado o contencioso administrativo na esfera dos tribunais e na realização do princípio da tutela jurisdicional efectiva, necessariamente fica ele sujeito aos princípios ou subprincípios constitucionais em que este se desenvolve e em conexão com os direitos fundamentais em que se reflecte[41].

Assim, no plano objectivo, o contencioso administrativo há-de estar sujeito:

- Ao princípio do contraditório (art. 32.º, n.º 5, *in fine*, formulado a propósito do processo penal, embora extensivo, por paridade de razão, a todas as demais formas de processo);
- Ao princípio do juiz natural ou legal – nenhuma causa pode ser subtraída ao tribunal cuja competência esteja fixada em lei anterior (art. 32.º, n.º 9);
- Ao princípio da independência dos tribunais e dos juízes (arts. 203.º e 216.º);
- Ao princípio da fundamentação das decisões que não sejam de mero expediente (art. 205.º, n.º 1, e ainda art. 282.º, n.º 4);
- À obrigatoriedade e à executoriedade das decisões e à sua prevalência sobre as de quaisquer outras autoridades (art. 205.º, n.ºs 2 e 3);
- Ao respeito pelo caso julgado (art. 282.º, n.º 3).

E também:

- À adequada protecção do segredo de justiça (art. 20.º, n.º 3);
- À publicidade das audiências dos tribunais (art. 206.º).

Como correlativos direitos fundamentais instrumentais, exigem-se:

- O direito ao juiz natural (art. 32.º, n.º 9, de novo);
- O direito ao patrocínio judiciário (art. 20.º, n.º 2, 2ª parte, e art. 32.º, n.º 3, 1ª parte);

---

[41] Cfr. JORGE MIRANDA, *Manual* ..., IV, cit., págs. 256 e segs., e autores citados.

Uma Perspectiva Constitucional da Reforma do Contencioso Administrativo 51

– O direito a um processo equitativo (art. 20.°, n.° 4, 2ª parte);
– O direito a uma decisão em prazo razoável (art. 20.°, n.° 4, 1ª parte);
– O direito à execução de sentença (art. 205.°, n.° 3, também de novo), mesmo contra o Estado;
– Como direito social, por outra parte, o direito a que a justiça não seja denegada por insuficiência de meios económicos (art. 20.°, n.° 1, 3ª parte).

II
A REFORMA DO CONTENCIOSO ADMINISTRATIVO

16. É perante o quadro constitucional acabado de descrever que acaba de se realizar a reforma do contencioso administrativo, com a aprovação de um novo estatuto dos tribunais administrativos e fiscais e de uma nova lei de processo destinados a revogar os atrás referidos diplomas de 1984 e 1985.

E, antes de passar ao exame sumário de alguns dos aspectos dessa reforma, quero salientar como nota muito positiva o constar de duas leis aprovadas pela Assembleia da República (as Leis n.°s 13 e 15/2002, de 19 e 22 de Fevereiro); e não por decretos-leis autorizados como tinha sucedido com os diplomas de 1984 e 1985 e como sucedeu com outras importantíssimas leis feitas após a entrada em vigor da Constituição – desde as alterações ao Código Civil de 1977 aos Códigos penal, de processo penal, das sociedades comerciais ou do procedimento administrativo.

A despeito da evidente tecnicidade das matérias, o Parlamento pôde aqui desincumbir-se satisfatoriamente da tarefa legiferante[42], e não há nenhum motivo para que não o faça em ocasiões similares, coadjuvado por assessores técnicos ou (aproveitando o protocolo celebrado com o Conselho de Reitores) com o apoio de pareceres, estudos e debates universitários. Foi, de resto, isso que justamente se verificou neste caso, através de uma série de colóquios que o Ministro da Justiça da altura, António Costa, promoveu em todas as Faculdades de Direito públicas e também na da Universidade Católica.

---

[42] Cfr. os pareceres da Comissão de Assuntos Constitucionais, Direitos, Liberdades e Garantias, in *Diário da Assembleia da República*, VIII legislatura, 3ª sessão legislativa, II série-A, n.° 12, págs. 187 e segs. e 196 e segs.

A única dúvida poderia referir-se à circunstância de, aquando da demissão do 14.º Governo, as propostas de lei só estarem aprovadas na generalidade na Assembleia da República. Mas, a meu ver, apenas uma leitura muito literalista do art. 167.º, n.º 6 da Constituição a fundamentaria. Tendo ocorrido antes desse evento a aprovação na generalidade, já a Assembleia da República havia assumido como seu o conteúdo fundamental da proposta; ou, quando muito, tudo não passaria de mera irregularidade, e não de invalidade.

17. Em intervenção proferida num dos colóquios, o que se efectuou na Faculdade de Direito da Universidade do Porto, aduzi algumas críticas à reforma em projecto[43]. Verifico, com satisfação, que todas foram tidas em conta.

Vou referir-me às soluções adoptadas e a mais alguns pontos, com implicações constitucionais, que considero significativos processos

18. O art. 23.º do anteprojecto de lei de processo restringia a legitimidade para propor acção popular a cidadãos no gozo de direitos políticos – esquecendo que quando estivessem em causa interesses difusos, o exercício de acção popular (de acção impropriamente chamada popular, repito) não equivalia ao exercício de um direito político.

O art. 9.º, n.º 2 da lei de processo agora aprovada concede esse direito a qualquer pessoa, embora deva entender-se que, nas hipóteses da alínea b) do n.º 3 do art. 52.º da Constituição só têm legitimidade cidadãos portugueses ou cidadãos não portugueses eleitores também dos órgãos do Estado, das regiões autónomas e do poder local. E, claro está, por força do art. 212.º, n.º 3 da Constituição e do art. 4.º, n.º 1, alínea l) do estatuto dos tribunais administrativos e fiscais, trata-se de infracções cometidas por entidades públicas (pois, quando se trate de infracções cometidas por entidades privadas, competentes são os tribunais judiciais).

Por outro lado, confirma-se na linha do art. 822.º do Código Administrativo, o direito de qualquer eleitor, no gozo dos seus direitos civis e políticos, de impugnar as deliberações tomadas pelos órgãos das autarquias locais sediadas na circunscrição onde se encontre recenseado (art. 55.º, n.º 2)[44]. E esta, sim, é acção popular verdadeira e própria. Só poderá perguntar-se por que razão se não previu o mesmo relativamente a deliberações de órgãos das regiões autónomas e se direito análogo não deveria

---

[43] V. *Os parâmetros constitucionais* ..., cit., *loc.cit.*, págs. 5 e segs.

[44] Que, todavia, *incorrectamente* fala em *permitir*.

ser consagrado a respeito de membros de pessoas colectivas públicas de tipo corporacional quanto a actos dos seus órgãos.

Outra nota positiva vem ainda a ser o alargamento da legitimidade, para além das partes envolvidas na relação contratual, a qualquer das entidades mencionadas no n.º 2 do art. 9.º, quando se trate de pedidos relativos à validade de contratos submetidos à jurisdição dos tribunais administrativos [art. 40.º, n.º 1 da lei de processo e art. 4.º, n.º 1, alíneas *e)* e *f)* do estatuto dos tribunais administrativos e fiscais] e quando se trate de pedir a condenação à prática de um acto administrativo legalmente devido [art. 68.º, n.º 1, alínea *d)* da lei de processo].

Haverá agora que compaginar com a reforma as disposições dos arts. 12.º e segs, da Lei n.º 83/95, de 31 de Agosto; provavelmente, na parte em que se referem à acção popular administrativa (não à civil) poderão ter-se por revogadas.

19. Para efeito de declaração de ilegalidade, o art. 65.º do mesmo anteprojecto distinguia entre normas provenientes de órgãos das autarquias locais, das pessoas colectivas de utilidade pública administrativa ou de concessionárias e normas emanadas de órgãos do Estado ou de outras pessoas colectivas públicas, exigindo-se, quanto a estas, a recusa de aplicação em três casos concretos. Era ainda um vestígio do passado.

O art. 73.º, n.º 1 da lei de processo deixa de fazer tal discriminação em favor dos regulamentos da Administração Central, exigindo sempre, perante qualquer norma, a recusa de aplicação em três casos e, assim pondo também o regime em sintonia com o homólogo regime de passagem da fiscalização concreta à fiscalização abstracta de inconstitucionalidade do art. 281.º, n.º 3 da Constituição.

Do mesmo modo, no tocante à declaração de ilegalidade com força obrigatória geral, eram diferentes os momentos de produção dos seus efeitos: desde a data da emissão da norma, se ela tivesse sido emitida por órgão de autarquia local, de pessoa colectiva de utilidade pública administrativa ou de concessionário; e a partir do trânsito em julgado da decisão nos restantes casos. Era também uma distinção não autorizada pelo art. 268, n.º 5 da Constituição e incongruente com o regime da declaração de inconstitucionalidade do art. 282.º, n.º 1[45].

Tal como era demasiado complicado o n.º 2 do art. 63.º do anteprojecto ao permitir uma conformação quer mais restritiva quer ampliativa

---

[45] Neste sentido, PAULO OTERO, *A impugnação de normas no anteprojecto de Código de Processo nos Tribunais Administrativos*, in *Cadernos de Justiça Administrativa*, n.º 22, Julho-Agosto de 2000, págs. 46 e segs.

dos efeitos da decisão. Não seria mais simples acolher em geral a eficácia *ex tunc* da decisão, sem prejuízo da eventual sujeição, quando necessário, aos critérios limitativos do art. 282.°, n.° 4 da Lei Fundamental?

O art. 76.° da nova lei aceitou a crítica e consagrou normas similares às da Constituição. Consagrou ainda, e bem, não só a ressalva dos casos julgados como a garantia de subsistência dos actos administrativos que, entretanto, se tivessem tornado inimpugnáveis.

Só falta a previsão da ilegalidade superveniente.

20. Por outra parte, na linha de uma sugestão mais antiga de João Caupers[46] e de outra mais recente de Paulo Otero[47], a nova lei de processo nos tribunais administrativos institui a figura da declaração de ilegalidade por omissão (art. 77.°).

Na Constituição de 1933, após 1945, dispunha-se que, quando a lei não fosse exequível por si mesma, o Governo expediria os respectivos decretos dentro do prazo de seis meses a contar da sua publicação, se nela não fosse determinado outro prazo (art. 109.°, § 7.°, na versão final)[48]. Preceito praticamente sem efectividade, não foi retomado na Constituição actual. Mas o problema de falta de regulamento concretizador da lei – e não só no concernente aos regulamentos da Administração central a dimanar pelo Governo – não deixa de se pôr com grande frequência e afectando, não raro, direitos dos administrados. Merece, por isso, ser saudado o novo meio processual, e saudado igualmente por equivaler não só a mais uma comprovação da bondade da figura homóloga da verificação de inconstitucionalidade por omissão como a sugerir a abertura desta ao controlo concreto[49].

Como não podia deixar de ser, por imperativo de separação de poderes, a decisão que venha a ser tomada, é sempre meramente declarativa, trate-se de inconstitucionalidade ou de ilegalidade. A nova lei de processo avança, contudo, um pouco no cotejo com o regime do art. 283.° da Lei Fundamental: 1.°) dando legitimidade para desencadear o processo quer ao Ministério Público quer aos titulares de interesses difusos quer a qualquer pessoa que alegue um prejuízo resultante da situação de omissão; 2.°) conferindo ao tribunal o poder de fixar um prazo, não inferior a seis meses, para que a omissão seja suprida.

---

[46] *Um dever de regulamentar?*, in *Legislação*, n.° 18, Janeiro-Março de 1997, págs. 19 e 20.

[47] *A impugnação ...*, cit., *loc.cit.*, pág. 48.

[48] Sobre este preceito, v. Jorge Miranda, *Decreto*, Coimbra, 1974, págs. 60 e segs.

[49] Como temos preconizado: v. *Manual ...*, VI, Coimbra, 2001, pág. 294.

Resta saber o que ocorrerá se a cominação não for acatada. Pelo menos, porém, poderá haver lugar a responsabilidade civil da Administração.

21. O art. 4.º, n.º 1, alínea *c*) do estatuto inclui inclui na jurisdição administrativa a fiscalização da legalidade de actos materialmente administrativos praticados por quaisquer órgãos do Estado ou das regiões autónomas, ainda que não pertençam à Administração pública.

Eis um manifesto progresso, por assim se abarcarem actos de órgãos constitucionais estranhos ao aparelho administrativo como os de tribunais e, porventura, se os praticarem, do Presidente da República e da Assembleia da República. A única estranheza concerne a exclusão feita quanto aos actos materialmente administrativos do presidente do Supremo Tribunal de Justiça [art. 4.º, n.º 3, alínea *b*)].

Mas, por se falar em fiscalização de *legalidade* e não também de *constitucionalidade* (directa), significará isso que a fiscalização desta lhes está, doravante, vedada e devolvida, designadamente, para o Tribunal Constitucional? E, por conseguinte, significará isso que fica infirmada a tese daqueles que sustentam que actos sob forma de lei embora materialmente administrativos, quando inconstitucionais, só devem ser apreciados pelos tribunais administrativos[50] ou que podem ser apreciadas tanto por estes como pelo Tribunal Constitucional sem exclusão de qualquer dos dois tipos de controlo[51]?

Não nos parece. Em primeiro lugar, porque à luz da jurisprudência constante da Comissão Constitucional e do Tribunal Constitucional sobre um conceito *funcional* de norma[52], actos sob forma não legislativa que fossem arguidos de inconstitucionalidade ficariam isentos de qualquer fiscalização contenciosa. E, em segundo lugar, porque a legalidade a que se refere aquela disposição do estatuto dos tribunais administrativos e fiscais pode ser entendida (e tem-no sido correntemente) em sentido lato, envolvendo quer ilegalidades *proprio sensu* quer inconstitucionalidades.

---

[50] É a tese que tenho defendido: v., por último, *Manual* ..., V, 2ª ed., Coimbra, 2000, pág. 252.

[51] Assim, NUNO PIÇARRA, *A reserva de administração*, Lisboa, 1990 (sep. de *O Di .reito*), pág. 36, nota; BERNARDO AYALA, *O (défice) de controlo judicial da margem de livre decisão administrativa*, Lisboa, 1995, pág. 50; JOSÉ F. F. TAVARES, *O recurso contencioso do acto administrativo independentemente da sua forma*, in *Colectânea de estudos em homenagem a Francisco Lucas Pires*, obra colectiva, Lisboa, 1999, págs. 129 e segs.

[52] Cfr. os pareceres e acórdãos citados em *Manual* ..., V, págs. 143 e 144.

56 *Jorge Miranda*

Tão pouco, porém, seria correcto extrair daqui a consagração de um conceito material de norma jurídica (ou de lei) dentro do Direito positivo português. A questão continua em aberto ou imprejudicada.

22. Fenómeno recente entre nós e paralelo aos que se dão noutros países vem a ser o do aparecimento de autoridades administrativas independentes em vastos campos, desde a Comissão Nacional de Eleições à Alta Autoridade para a Comunicação Social ou à Comissão de Acesso aos Documentos Administrativos, e, a partir de 1997, elas ficaram referidas, em termos genéricos, na Constituição (art. 267.°, n.° 3).

São múltiplos os problemas que suscitam. Mas, conforme venho defendendo desde um colóquio sobre a matéria realizado na Assembleia da República há alguns anos, uma coisa é certa: independentes elas são-no apenas frente ao Governo, não frente aos tribunais e, enquanto órgãos administrativos (mesmo se fora da Administração activa) os seus actos são sindicáveis e, portanto, abrangidos pela alínea *c*) do n.° 1 do art. 4.° do estatuto. Os únicos que são fiscalizáveis por outro órgão, o Tribunal Constitucional – por o contencioso eleitoral radicar neste – são os actos da Comissão Nacional de Eleições (art. 102.°-B da lei orgânica do Tribunal).

23. O art. 212.°, n.° 3 da Constituição, ao definir a jurisdição administrativa, alude a *acções* e a *recursos contenciosos*. A nova lei de processo abandona estes termos, optando por contrapor *acção administrativa comum* a *acção administrativa especial* (arts. 37.° e segs. e 46.° e segs.).

Não há aqui nenhum problema de inconstitucionalidade, porque tudo se reduz, quanto ao recurso contencioso, a um simples *nomen juris* e porque, antes da reforma, já era possível e necessário qualificá-lo como uma autêntica acção[53].

24. O n.° 5 do art. 20.° da Constituição, aditado em 1997, estipula que, para tutela efectiva e em tempo útil contra ameaças ou violações de direitos, liberdades e garantias pessoais, a lei assegura procedimentos judiciais caracterizados pela prioridade e pela celeridade. É uma norma não exequível por si mesma, longe de plena concretização.

Dando-lhe, porém, exequibilidade na parte que lhe cabe, a nova lei de processo prevê o decretamento provisório de providência cautelar,

---

[53] V. *Manual* ..., IV, pág. 267, aderindo a VASCO PEREIRA DA SILVA, *O recurso directo de anulação – uma acção chamada recurso*, Lisboa, 1987, ou *Em busca do acto administrativo perdido*, Lisboa, 1995, págs. 120 e segs.

Uma Perspectiva Constitucional da Reforma do Contencioso Administrativo 57

quando ela se destine a tutelar direitos, liberdades e garantias que, de outro modo, não possam ser exercidos em tempo útil ou quando o interessado entenda haver especial urgência (art. 131.º).

E prevê a intimação para protecção de direitos, liberdades e garantias a requerer quando a célere emissão de uma decisão de mérito que imponha à Administração a adopção de uma conduta positiva ou negativa se revele indispensável para assegurar o exercício, em tempo útil, de um direito, liberdade e garantia, por não ser possível ou suficiente, nas circunstâncias do caso, o decretamento provisório de providência cautelar (arts. 109.º a 111.º)[54]. Quando o interessado pretenda a emissão de um acto administrativo estritamente vinculado, designadamente de execução de um acto administrativo já praticado, o tribunal emite sentença que produza os efeitos do acto devido (art. 109.º, n.º 3), e aqui chegamos ao limite das duas funções, a administratia e a jurisdicional.

A intimação também pode ser dirigida contra particulares, designadamente concessionários, nomeadamente para suprir a omissão, por parte da Administração, das providências adequadas a prevenir ou reprimir condutas lesivas dos direitos, liberdades e garantias do interessado (art. 109.º, n.º 2). É impossível não vislumbrar uma conexão com a regra da vinculatividade das entidades privadas constante do art. 18.º, n.º 1 da Constituição.

A Constituição fala em direitos, liberdades e garantias *pessoais*, a lei em direitos, liberdades e garantias sem mais – o que representa um alargamento da tutela, mas conforme com a cláusula aberta atrás citada.

Devemos congratularmo-nos com estas normas.

25. Segundo o anteprojecto de estatutos dos tribunais administrativos e fiscais, ficava excluída da sua jurisdição a responsabilidade por danos decorrentes do exercício da função política e da função legislativa [2ª parte das alíneas *a*) e *b*) do art. 5.º], havendo, portanto, que entender, à face do art. 211.º, n.º 1, 2ª parte da Constituição que essa jurisdição caberia aos tribunais judiciais. Divergi dessa solução, por tudo recomendar que viesse a entrar na jurisdição dos mesmos tribunais – os tribunais administrativos – quaisquer acções de efectivação de responsabilidade por acções ou omissões de entidades públicas, independentemente da função do Estado donde viessem.

---

[54] Cfr., outrossim, a concretização do art. 20.º, n.º 5 na lei do Tribunal Constitucional, após 1998 [arts. 39.º, n.º 1, alínea *h*), e 79.º-B, n.º 3].

O art. 4.º, n.º 1, alínea *g*) do estatuto aprovado pela Lei n.º 13/2002 vai ao encontro desta ideia, dizendo expressamente que compete aos tribunais de jurisdição administrativa a apreciação dos litígios que tenham por objecto responsabilidade civil extracontratual das pessoas colectivas de direito público, incluindo poderes resultantes do exercício da função política e legislativa, nos termos da lei, bem como a resultante do funcionamento da administração da justiça. É de aplaudir a decisão do legislador.

Apenas a locução "nos termos da lei" parece revelar uma excessiva prudência, visto que o art. 22.º da Constituição é directamente aplicável (art. 18.º, n.º 1) e só, porventura, não seria exequível quanto às formas jurisdicionais de efectivação[55]. Esperemos que os trabalhos encetados há dois anos para elaboração de lei adequada à sua densificação – em falta desde 1976! – sejam retomados o mais depressa possível.

O que não se compreende – tal como o que se preceitua acerca dos actos administrativos do presidente do Supremo Tribunal de Justiça – a não ser numa óptica serôdia de compartimentação rígida de tribunais administrativos e fiscais, é ficar excluída da jurisdição administrativa a apreciação das acções de responsabilidade por erros judiciais cometidos por tribunais pertencentes a outras ordens de jurisdição, bem como das correspodentes acções de regresso [art. 4.º, n.º 3, alínea *a*) do estatuto]. Pois não é o erro judiciário – e, desde logo, o penal (art. 29.º, n.º 6) – o caso mais grave de mau funcionamento da justiça? Pois não se aplica o art. 22.º da Constituição a todas as funções e a todos os órgãos do Estado?

26. Segundo o art. 89.º do Anteprojecto do mesmo Estatuto, o Conselho Superior dos Tribunais Administrativos e Fiscais, presidido pelo Presidente do Supremo Tribunal Administrativo, era composto por seis juízes eleitos pelos seus pares e por seis juristas designados pela Assembleia da República por maioria de dois terços dos Deputados presentes desde que superior à maioria absoluta dos Deputados em efectividade de funções (art. 89.º).

Não haveria, pois, vogais designados pelo Presidente da República e não se consagrava o princípio da representação proporcional na escolha dos juízes. E, por isso, era patente o contraste, como também frisei, com os critérios de composição do órgão homólogo, para os juízes dos tribunais judiciais, o chamado Conselho Superior da Magistratura, em que, por força directa da Constituição (art. 218.º), se incluem dois vogais designados pelo Presidente da República e em que os juízes são eleitos de harmonia

---

[55] V. *Manual* ..., IV, cit., pág. 289.

Uma Perspectiva Constitucional da Reforma do Contencioso Administrativo   59

com o princípio da representação proporcional. A incoerência redundava em inconstitucionalidade.

Nem se alegasse, para contrabater, que o Presidente da República não podia ter senão poderes contemplados na Constituição, porque só não poderia receber aqueles que contendessem com poderes, explícitos ou implícitos, de outros órgãos e porque já várias outras leis importantes (como a do Tribunal Constitucional e a lei de defesa nacional) lhe conferiam poderes significativos[56].

Agora, o Estatuto, arrepiando caminho, prevê dois vogais nomeados pelo Presidente da República, quatro eleitos pela Assembleia da República (pressuposta a maioria agravada constitucionalmente requerida) e quatro juízes eleitos pelos seus pares, de harmonia com o princípio da representação proporcional (art. 75.°, n.° 1).

No Conselho Superior da Magistratura há oito membros de designação dos juízes e nove de designação do Presidente da República e do Parlamento – ou seja, há uma maioria de vogais designados por estes dois órgãos políticos. No Conselho Superior dos Tribunais Administrativos e Fiscais há cinco membros de designação dos juízes e seis de designação do Presidente da República e do Parlamento. Também aqui se respeita agora a paridade de ambos os Conselhos, corolário da paridade das duas categorias de juízes.

27. Ainda outro reparo que fiz ao anteprojecto referia-se aos recursos das decisões do Conselho Superior dos Tribunais Administrativos e Fiscais para a Secção do Contencioso Administrativo do Supremo Tribunal Administrativo (art. 98.°), sem se excluir a presença aí do seu presidente (art. 197.°) – outrossim presidente daquele Conselho – ao contrário do que se verifica no Conselho Superior da Magistratura desde a Lei n.° 143/99, de 31 de Agosto.

O Estatuto agora aprovado, acolhendo a crítica, estabelece (art. 16.°, n.° 4) que, quando estiver em causa a impugnação de deliberações do Conselho Superior dos Tribunais Administrativos e Fiscais ou de decisão do seu presidente, a sessão de julgamento realizar-se-á sem a presença do presidente e será presidida pelo mais antigo dos vice-presidentes que não sejam membros do Conselho ou pelo juiz mais antigo que se encontrar presente.

Em contrapartida, não se dá seguimento à minha sugestão de atribuir ao Tribunal Constitucional a apreciação dos recursos tanto de actos deste

---

[56] V. o problema in *Manual* ..., V, cit., pág. 59.

Conselho quanto de actos do Conselho Superior da Magistratura – com o que, além de se evitar todos os problemas de funcionamento do Supremo Tribunal Administrativo, se reforçaria a dignidade de órgãos constitucionais de ambos os Conselhos e dos seus membros. Nem se esqueça que o Tribunal Constitucional já hoje conhece dos recursos de actos da Comissão Nacional de Eleições (art. 102.°-B da respectiva lei) e, embora noutro plano, de certos actos da própria Assembleia da República e das assembleias legislativas regionais [art. 223.°, n.° 2, alíneas *g*) e *h*) da Constituição].

28. Resta sublinhar, a concluir, que, apesar de tudo, ainda não se conseguiu – no plano da Constituição – atingir uma total coerência no tratamento dos juízes dos tribunais administrativos e fiscais.

Continuam, apesar de tudo, a receber algum tratamento diferenciado, e algo diminuído em confronto com o dos juízes dos tribunais judiciais, como decorre da autonomização de um preceito sobre estes (art. 215.°) e de outro sobre o Conselho Superior da Magistratura (art. 218.°) – nome, aliás, abusivo – e, por outro lado, de a composição do Conselho Superior dos Tribunais Administrativos e Fiscais não constar do texto constitucional.

Já na Assembleia Constituinte pus em causa tal diferenciação, em nome de um duplo princípio de unidade do sistema de tribunais (sem prejuízo de especialização) e da respectiva magistratura. E em projectos pessoais de revisão, em 1980 e 1996, formulei textos alternativos e propugnei pela existência de um único Conselho, que deveria chamar-se (como antes de 1976) Conselho Superior Judiciário[57].

Quando houver nova revisão constitucional, a questão deverá ser retomada. Só com essa completa integração das duas magistraturas, banindo resquícios de outra época, se terá chegado ao fim do percurso de judicialização dos tribunais administrativos empreendido desde a Lei n.° 3/74, de 14 de Maio.

Mas, para que não haja dúvidas, esclareço que não defendo essa revisão para já, nem a médio prazo – *primo*, porque o essencial agora é pôr em prática as leis de contencioso recém-aprovadas, criando condições para que os tribunais administrativos e os seus juízes possam desempenhar cabalmente as suas funções; *secundo*, porque, em geral, nada justifica

---

[57] V. *Um projecto de revisão constitucional*, Coimbra, 1980, págs. 156 e segs., e *Ideias para uma revisão constitucional em 1996*, Lisboa, 1996, págs. 43 e segs.

desencadear em 2002 nova revisão, meses depois da última, quando o País se defronta com tantos problemas e quando, bem mais importante do que isso é a preparação da revisão dos tratados da União Europeia. O lugar político e jurídico de Portugal na Europa e no mundo é por aqui que passa, e não por qualquer novo entretenimento autista da classe política à volta de alterações à Constituição.

DOGMÁTICA DE DIREITOS FUNDAMENTAIS
E DIREITO PRIVADO

José Joaquim Gomes Canotilho*

SUMÁRIO: §§ 1.º Dogmática dos direitos fundamentais no âmbito do direito privado; §§ 2.º O enquadramento teorético das restrições a os direitos, liberdades e garantias pessoais; §§ 3.º Aproximação conceitual; §§ 4.º A querela das teorias: a teoria externa e teoria interna. 1. O argumento da contradição lógica; 2. O argumento de ideais irrealistas; 3. O argumento de ideais extrajurídicos; 4. O argumento da vinculação comunitarista; 5. O argumento da liberdade constituída; 6. O argumento do "pensamento espacial"; 7. O argumento da hierarquia de normas; 8. O argumento da deslealdade; 9. O argumento da força legitimadora; 10. O argumento de inflação de pretensões subjectivas; 11. O argumento da força vinculativa. Conclusão.

NOTA DE RECORDAÇÃO

O Mestre que é homenageado neste livro não foi meu Mestre. Talvez por isso, as palavras de recordação são mais próximas e mais longínquas.

Conheci pessoalmente o Professor Inocêncio Galvão Telles quando ele foi Ministro da Educação. Na qualidade de membro da Comissão Central da Queima da Fitas de Coimbra (ano de 1964), cumpri a obrigação de cortesia tradicional de apresentar cumprimentos ao Chefe de Estado e ao Ministro da Educação. Se bem me recordo, a recepção por parte dos dois governantes foi cordial e a Comissão Central da Queima das Fitas convidou-os a estar presentes nas festas da Academia de Coimbra. O "grelo vermelho" na pasta indiciava claramente que eu representava a tribo dos juristas. Não se esqueceu de me perguntar pelo meu destino profissional: advogado, juiz, professor? Tal como hoje, o quartanista de direito de Coimbra tinha uma vaga noção do problema do emprego. Certe-

---

* Professor Catedrático da Faculdade de Direito da Universidade de Coimbra

zas ou quase certezas não as havia. Havia, sim, duas grandes probabilidades: ir para a guerra colonial e conseguir uma realização profissional sem concorrências perversas. No meu caso pessoal, as probabilidades converteram-se em certezas. Recordei isto mesmo ao Professor Inocêncio Galvão Telles durante um júri de provas de Mestrado na Universidade Lusíada. A esta distância, compreenderá a minha falta de memória, disse. As minhas fitas desbotaram também faz muito tempo. É bom homenagear os Mestres pelo que eles nos ensinaram, pois aqui não há pouco ou muito tempo. Há apenas um gesto de gratidão. E permita-se-nos uma confissão. A revisita de problemas de direito civil é um refúgio de um publicista triste. Os "rambos da destruição maciça" andam por aí a declinar *"vae victis"* num completo atropelo à esforçada e lentamente estruturada ordem jurídica internacional. O "cruzadismo petrolífero" está longe da ordem dos sujeitos livres e intersubjectivamente iguais. Se o direito internacional só perde, nada nos diz que o direito civil não venha também a perder na voragem mercantil dos "senhores da guerra".

§§ 1.°

Dogmática dos direitos fundamentais no âmbito do direito privado

É crescente o número de trabalhos dedicados às relações entre o direito constitucional e o direito civil. Por vezes, os estudos denotam logo a matriz constitucionalista ou civilista dos seus autores. Com efeito, uns falam com arrogância de "civilização do direito constitucional" e outros respondem com igual sobranceria com a "constitucionalização do direito civil". Num tom mais sereno, abordam-se aqui questões onde convergem importantes problemas dogmáticos do direito constitucional e do direito civil. Haja em vista o problema da eficácia dos direitos fundamentais na ordem jurídica privada (*Drittwirkung*), o problema da "privatização" de funções e procedimentos públicos, o problema da renúncia a direitos fundamentais, o problema da responsabilidade patrimonial dos entes públicos. Poderemos afirmar, com relativa segurança, que, hoje, um dos temas mais nobres da dogmática jurídica diz respeito às imbricações complexas da irradiação dos direitos fundamentais constitucionalmente protegidos (*Drittwirkung*) e do dever de protecção de direitos fundamentais por parte do poder público em relação a terceiros (*Schutzpflicht*) na ordem jurídico--privada dos contratos.

No presente estudo, pretendemos abordar apenas algumas das dimensões da dogmática constitucional dos direitos fundamentais no âmbito do direito privado[1]. Mais concretamente, pretende-se esclarecer esta intriga: pode a **dogmática das restrições** dos direitos fundamentais constitucionalmente protegidos ser transferida para o problema dos limites aos chamados "direitos civis"? De uma forma porventura mais incisiva e com um objecto já mais delimitado: a dogmática das restrições aos direitos, liberdades e garantias pessoais e a dogmática das restrições aos direitos civis de personalidade apresentam pressupostos comuns? No caso afirmativo, quais? Basta olhar para os casos mais acintosos do chamado "direito à caricatura" como manifestação do direito de liberdade de criação artística e cultural para se verificar que o problema das "ingerências" e das "restrições" toca o âmbito de protecção normativo-constitucional da liberdade de expressão e o âmbito de protecção jurídica dos direitos de personalidade. Os casos a que se faz alusão são hoje exemplos académicos de jurisprudência constitucional, civil e penal. Põem em causa a unidade da ordem jurídica e pressupõem uma apuradíssima dogmática do recorte jurídico dos chamados *Tatbestände* (pressupostos). Explicitemo-los, aproveitando a sua divulgação em recentes trabalhos universitários[2] publicados em Portugal. No caso conhecido como "*Strauss-Karikatur*" ou "*Kopullierendes Schwein*" (o caricaturista Hachfel representa a figura de um "porco a fazer cópula" facilmente identificado com o então Presidente do Governo da Baviera Franz-Joseph-Strauss. Num outro caso, discutido nos quadrantes culturais norte-americanos – o caso *Hastler-Magazine vs Falwell* – o Pastor Baptista Jerry Falwell, líder da organização Maioria Moral, é representado numa caricatura, contando as suas primeiras experiências sexuais, num bordel, praticando incesto com a própria mãe. Não interessa agora discutir todas as complexas questões envolvidas nestes casos, desde a distinção entre esfera pública e esfera privada até às dimensões específicas da caricatura no plano da liberdade de expressão e de liberdade de criação artística. Interessa-nos tão somente fazer a pergunta: o recorte jurídico--constitucional do âmbito de protecção dos direitos de personalidade (nos quais se inclui os direitos ao nome, à imagem, à intimidade da vida privada) e o recorte jurídico-civil de direitos de pessoais (onde se incluem também os direitos ao nome, a tutela geral da personalidade, o direito à imagem, o

---

[1] Cfr., principalmente, DIETER FLOREN, *Grundrechtsdogmatik im Vertragsrecht. Spezifische Mechanismus Grundrechtsschutzes gegenüber der gerichtlichen Anwendung von Zivilvertragsrecht*, Berlin, 1999.

[2] Cfr., M. COSTA ANDRADE, *Liberdade de Imprensa e Inviolabilidade Pessoal. Uma perspectiva jurídico-constitucional*, Coimbra, 1996, pag. 396; JÓNATAS MACHADO, *Liberdade de Expressão. Dimensões Constitucionais da Esfera Pública no Sistema Social*, Coimbra, 2002, p. 826.

direito à reserva sobre a intimidade da da vida privada) obedecem aos mesmos esquemas jurídico-dogmáticos? Por outras palavras: a delimitação do âmbito de protecção abstracto e do âmbito de protecção efectivo das normas do art. 26.º da Constituição (direitos pessoais) e dos arts. 70.º, 72.º, 79.º e 80.º do Código Civil (direitos de personalidade) obedece aos mesmos critérios metódicos e metodológicos? Ainda por outras palavras: os *Tatbestände* dos direitos constitucionais pessoais – direito ao nome, direito à imagem, direito à reserva da intimidade – são iguais aos *Tatbestände* dos direitos de personalidade protegidos pelo Código Civil (direito ao bom nome, direito à imagem, direito à reserva sobre a intimidade da vida privada)?

§§ 2.º

**O enquadramento teorético das restrições a
os direitos, liberdades e garantias pessoais**

Vamos trabalhar com as restrições aos **direitos, liberdades e garantias pessoais** consagradas na Constituição e com os **direitos de personalidade** positivados no Código Civil. O conceito de restrição reconduz-se, nuns e noutros direitos, a uma afectação desvantajosa de direitos ou liberdades juridicamente protegidos[3]. Mas qual é a verdadeira natureza destas restrições? Uma significativa parte da doutrina – quer civilística quer constitucionalística – adere à chamada **teoria interna** ou **teoria dos limites imanentes** para justificar os pontos de partida na problemática das restrições (ou ingerências) de direitos. Curiosamente, um dos autores mais citados neste contexto é Wolfgang Siebert. Numa obra clássica, que serviu de paradigma aos estudos sobre limites de direitos privados, exercício abusivo de direitos e *exceptio doli*[4] escreveu:

> *"Ao mesmo tempo deve dizer-se que esta doutrina permite incluir a
> ideia de dever e de comunidade e o sacrifício da utilidade privada no con-*

---

[3] Cfr. a recente tese de J. REIS NOVAIS, *As Restrições de Direitos não expressamente autorizadas pela Constituição*, Coimbra, 2003, p. 247 ss.

[4] Vide WOLFGANG SIEBERT, *Verwirkung und Unzulässigkeit der Rechtsausübung. Eine rechtsvergleirchender Beitrag zur Lehre von der Schranken der Private Rechte und zur exceptio doli unter besonderer Berüksichtigung der gewerblichen Rechtsschutzes*, Hamburg, 1934. Cfr., entre nós, o enquadramento doutrinal destes institutos em MENEZES CORDEIRO, *Da Boa Fé*, p. 719; *Tratado de Direito Civil*, I, p. 198 ss. Cfr. também, J. BAPTISTA MACHADO, "Tutela da confiança e *venire contra factum proprium*", 1985 in *Obra Dispersa*, 1991, p. 345; COUTINHO DE ABREU, *Do Abuso do Direito*, 1985.

teúdo do direito, podendo assim ser utilizada como uma peça importante para conferir imediata aplicação à construção do direito nacional-socialista"

Noutro importante artigo[5] esclarece:

> *"Todas as exigências da comunidade não são, pois, limites externos, mas limites naturalmente insitos no direito."*

Como facilmente se intui, a teoria dos limites imanentes surge, quer no âmbito do direito civil quer no âmbito do direito público, sobrecarregada com "vínculos comunitários" tipicamente tributários do ideário nacional--socialista. Há muito, porém, [6]que a defesa de uma teoria dos limites imanentes pode libertar-se deste "colete de forças" para se ancorar na ideia de intencionalidade e materialidade própria do direito.

Outra teoria – a **teoria externa ou teoria de intervenção e de limites** – procura dissociar direitos e restrições. Não deixa de ser significativo que o *"maitre penseur"* mais convocado em defesa desta teoria seja também um proeminente constitucionalista nacional-socialista[7]. Num célebre artigo[8], escreveu as seguintes palavras, sistematicamente repetidas:

> *"Estes direitos de liberdade são, em termos de princípio, ilimitados, isto é, o seu conteúdo e a sua extensão residem completamente na vontade do indivíduo. Qualquer normação legal, qualquer intervenção das autoridades, qualquer intervenção estatal deve ser, por princípio, limitada, mensurável, calculável, e qualquer controlo estatal deve ser, por sua vez, susceptível de ser controlado."*

Perante semelhantes formulações – uma de claro recorte idealístico-objectivo e outra de inspiração jusnaturalista-iluminista –, talvez seja de procurar algumas raízes para as teorias das restrições aos direitos. O ponto de união das preocupações constitucionalistas e civilísticas poderemos já descortiná-lo na formulação constitucional dos direitos individuais nas

---

[5] Vide W. SIEBERT, "Wom Wesen der Rechtsmissbrauch", in G. Dahm, *Grundfragen der neuen Rechtsmissbrauch*, Berlin, 1935.

[6] Cfr., entre nós, A. CASTANHEIRA NEVES**,** *Questão de Facto. Questão de Direito*, p. 524 ss; MENEZES CORDEIRO, *Da Boa Fé no Direito Civil*, p. 670 ss; *Tratado de Direito Civil*, I, p. 191 ss; J. CARLOS VIEIRA DE ANDRADE, *Os Direitos Fundamentais na Constituição da República Portuguesa de 1976*, 1ª ed., 1983.

[7] Referimo-nos a Carl Schmitt.

[8] Cfr. CARL SCHMITT, "Inhalt und Bedeutung der zweiten Hauptteils der Reichverfassung", incluído no Tratado de G. Anschütz/ R. Thoma, *Handbuch des Deutschen Staatsrechts*, 2 vols., Tübingen, 1932, p. 576.

Constituições oitocentistas. Se compararmos, por exemplo, o art. 4.º da **Déclaration des Droits de L'Homme et du Citoyen**, de 1789[9], e o art. 2.º da Constituição Portuguesa de 1822[10], verifica-se que os direitos originários e naturais se confrontavam com os **limites dos direitos dos outros** (**Déclaration**) ou com os **limites das leis** (Const. de 1822). Um autor[11] profundamente influente na elaboração dos textos constitucionais não deixou de observar com perspicácia esta reciprocidade – os direitos e a liberdade limitam o poder e afirmam-se sem limites. O problema das restrições aos direitos – restrições resultantes dos direitos dos outros e restrições impostas por leis – tinha sólidas raízes filosóficas nas teorias kantiana e lockeana. Por um lado, na construção kantiana, a limitação de direitos assentava na ideia de que a "liberdade interna" dos homens transportava limites que resultavam do imperativo categórico, e, em último termo, da lei fundamental da razão prática ("Age de tal modo que a máxima da tua vontade possa valer sempre ao mesmo tempo como princípio de legislação universal"). Numa perspectiva contratualista, também John Locke justificava a limitação da liberdade natural pela necessidade da paz comunitária[12].

§§ 3.º
Aproximação conceitual

A melhor forma de confrontarmos a dogmática das restrições dos direitos, liberdades e garantias pessoais consagrados na Constituição e dos direitos de personalidade garantidos no Código Civil é a de, à partida, fazermos uma aproximação conceitual tendente a permitir um lastro dogmático comum.

---

[9] "La liberté consiste a pouvoir faire tout ce que ne nuit pas à autre; ainsi, le exercice des droits naturels de chaque homme n'a de bornes que celles qui assurent aux autres membres de la societé la puissance de ces mêmes droits. Ces bornes ne peuvent être determinés que pour la loi».

[10] "A liberdade consiste na faculdade que compete a cada um de fazer tudo o que a lei não proíbe. A conservação desta liberdade depende da exacta observância das leis".

[11] Cfr. E. SIEYES, Reconnaissance et Exposition Raisonnée des Droits de L'Homme et du Citoyen, 20-21 Jul. 1789.

[12] Cfr., precisamente, J. LOCKE, *Two Treatises on Government*, §87: "Man being born with a title to perfect freedom and uncontrolled enjoyment of all rights and privileges of the law of the nature, equally with another man, or number of men in the world, hath by nature a power ... to preserve his property, that is, his life, liberty and estate, against the injuries and attempts of other men".

Dogmática de Direitos Fundamentais e Direito Privado

a) *O conceito de intervenção restritiva*

Em primeiro lugar, impõe-se uma breve suspensão reflexiva em torno do conceito de **restrição**. A dogmática constitucional dá sobretudo relevo às restrições feitas através da lei no âmbito de protecção de um direito, liberdade e garantia (leis restritivas). No entanto, a noção de restrição mais operacional para o tratamento combinado de ingerências jurídico-constitucionais e jurídico-civis é a que a doutrina constitucional qualifica de **intervenções restritivas**, ou seja, as cargas coactivas impostas, concreta e individualmente, ao titular de um direito fundamental através de um acto dos poderes públicos (ex.: sentença jurisdicional privativa de liberdade, acto expropriativo da propriedade, proibição de uma manifestação pela autoridade administrativa)[13].

À semelhança do que acontece com as intervenções restritivas jurídico--públicas, pode também recortar-se um conceito de **intervenção restritiva privada** (*Privateingriff, Eingriff Privater*)[14]. O conceito de intervenção restritiva teria, assim, operacionalidade prática, para abranger os actos, actividades ou comportamentos (públicos ou privados), que produzem uma redução ou encurtamento do âmbito de protecção de um direito. Se tivermos presente os dois exemplos citados da caricatura, poderíamos dizer que a ingerência sobre o direito ao nome, o direito à imagem e o direito à intimidade da vida privada pode qualificar-se como intervenção restritiva privada. Isto não significa, note-se, que estejamos a tomar partido a favor de um dos sujeitos em litígio, pois o simples reconhecimento de uma intervenção restritiva pode não dizer nada quanto ao resultado da ponderação ou balanceamento entre os direitos conflituantes em presença. Além disso, *prima facie*, pode também nada revelar quanto à licitude ou ilicitude da ingerência restritiva. Impõe-se aqui uma nova suspensão em torno de dois conceitos básicos: **âmbito de protecção de um direito** e **âmbito de garantia efectiva**.

b) *Âmbito de protecção e âmbito de garantia efectiva*

É hoje comum, na literatura juspublicistica, a distinção entre âmbito

---

[13] Cfr., por todos, STERN/SACHS, *Staatsrecht*, III/2, p. 146 ss. Note-se que o conceito de restrição sugerido aponta para um conceito de ingerência não reconduzível ao conceito clássico assente na ideia de acto jurídico, imperativo e finalístico.

[14] Cfr. CANARIS, "Grundrecht und Privatrecht", in ACP (1985), p. 9 ss; D. Floren, *Grundrechtsdogmatik*, cit., pag. 64 ss.

de protecção (*Schutzbereich*) e âmbito de garantia efectiva (*Garantiebereich*). Não há, com efeito, identidade entre o chamado âmbito ou domínio de bens protegidos por um direito fundamental ("âmbito de protecção", "âmbito normativo") e o chamado "âmbito efectivamente garantido"[15]. O âmbito de protecção significa que um bem é protegido, mas nesse âmbito podem intervir medidas desvantajosas de entes públicos ou de entes privados, que, mesmo sendo lícitos, carecem de justificação e de limites. O âmbito de garantia efectivo é o domínio dentro do qual qualquer ingerência, pública ou privada, é ilícita[16].

Poderá concordar-se sobre este ponto: uma coisa é o âmbito de protecção do "direito à caricatura" como forma de expressão da liberdade artística e da liberdade de expressão, e, outra coisa, é o âmbito efectivamente garantido por estes direitos àquela forma de expressão. Do mesmo modo, uma coisa é o âmbito de protecção dos bens protegidos pelos direitos constitucionais pessoais ou pelos direitos civis de personalidade, e, outra coisa, é o âmbito efectivamente garantido destes direitos depois de eventuais intervenções restritivas legítimas ou de balanceamento de direitos conflituantes.

Esta distinção entre os dois âmbitos apresenta operacionalidade jurídico-dogmática quer na hermenêutica jurídico-constitucional quer na hermenêutica jurídico-civil. Com efeito, ela permite estruturar, em ambos os casos, o procedimento metódico inicial:

(1) em primeiro lugar, analisa-se se existe uma intervenção restritiva dos poderes públicos ou de sujeitos privados no âmbito de protecção de um direito pessoal e constitucional ou de um direito de personalidade civil;

(2) em segundo lugar, investiga-se se a intervenção restritiva obedece às exigências formais e materiais legitimadoras da intervenção restritiva (ex.: fundamento legal, direito concorrente, proporcionalidade da intervenção).

Os dois momentos, embora logicamente conectados, transportam dimensões funcionais diferentes: em (1) investiga-se a existência restritiva e em (2) os pressupostos legitimadores desta intervenção. Daqui resulta que entre o âmbito de protecção e a intervenção restritiva existe uma ligação estreita que se torna ainda mais patente quando se discute a relação entre os *Tatbestände* dos direitos e as respectivas restrições. Mas não só: o modo de articulação da intervenção restritiva com os pressupostos dos

---

[15] Cfr., por exemplo, K. Stern, *Staatsrecht*, III/2, p. 31 ss.
[16] Ver D. Floren, *Grundrechtsdogmatik*, cit., p. 63 ss.

Dogmática de Direitos Fundamentais e Direito Privado

direitos fundamentais revela também o modo como se determina o **âmbito de garantia efectivo de um direito**. Se partirmos das premissas da chamada **teoria externa**, o âmbito da garantia efectivo é o âmbito de protecção definitivo depois de estabelecidas as restrições. Se elegermos a **teoria interna**, o âmbito de garantia efectivo é o que resulta depois de um cuidadoso recorte dos limites que *a priori* (limites imanentes) subtraem ao âmbito de protecção determinados acções, posições, comportamentos. O problema está em que nos casos de colisões entre direitos não é facil delimitar o âmbito de protecção e o âmbito de garantia efectivo, pela simples razão de que a intervenção restritiva surge associada ao próprio exercício de um direito. E isto quer na dogmática civil quer na dogmática constitucional dos direitos fundamentais pessoais. Tornemos mais concretas as considerações precedentes ilustrando-as com os *leading cases* da "Strauss-Karikatur" e do "Hustler Magazine vs Falwell". Qual é o âmbito de protecção dos direitos de personalidade aqui em causa, designadamente do direito ao nome (Cód. Civil, art. 72.°), do direito à imagem (Cód. Civil, art. 79.°), do direito à reserva sobre a intimidade da vida privada (Cód. Civil, art. 80.°) e, de um modo geral, do direito geral de personalidade (Cód. Civil, art. 70.°)? Qual é o âmbito de protecção dos direitos fundamentais pessoais consagrados no art. 26.° da Constituição, designadamente o direito ao nome, o direito à imagem e o direito à reserva da vida privada? E qual o âmbito de garantia efectivo dos mesmos direitos quando estão em colisão com uma das formas mais intensas e robustas de liberdade de criação artística e de liberdade de expressão como é o direito à caricatura?[17] E qual é o âmbito de garantia efectivo quer dos direitos de personalidade quer dos direitos de liberdade de criação artística e de expressão aqui em confronto? Interessa-nos não tanto as soluções a que a jurisprudência da Alemanha e dos Estados Unidos chegaram nos casos concretamente discutidos, mas antes a abordagem dogmática das relações entre o *Tatbestand* de um direito e restrição (intervenção restritiva) do mesmo direito. Vêm aqui convergir as complexas questões de **uso e abuso do direito** e a interminável discussão em torno dos chamados **limites imanentes** dos direitos. Em termos teóricos, o que está em causa é saber: (1) se devemos lidar com uma **teoria restritiva** ou uma **teoria alargada do Tatbestand**; (2) se devemos escolher uma **teoria externa** ou uma **teoria interna** na compreensão das restrições. Estes dois problemas estão relacionados mas não se confundem.

---

[17] Cfr. COSTA ANDRADE, *Liberdade de Imprensa*, cit. pag. 306; JÓNATAS MACHADO, *Liberdade de Expressão*, cit., p. 824.

§§ 4.°
A querela das teorias:
a teoria externa e a teoria interna

A questão da articulação de direitos e limites de direitos é, como vimos, há muito conhecida no domínio do direito constitucional (cfr. §§ 1.°). E não menos conhecida é no âmbito do direito civil. Num campo como noutro, as teses em confronto reconduzem-se às duas leituras estruturais. A **teoria interna** parte das seguintes premissas:

(1) os direitos e os respectivos limites são imanentes a qualquer posição jurídica;
(2) o conteúdo definitivo de um direito é, precisamente, o conteúdo que resulta desta compreensão do direito "nascido" com limites; logo
(3) o âmbito de protecção de um direito é o âmbito de garantia efectivo desse direito.

Por sua vez, a **teoria externa** propõe o seguinte esquema:

(1) os direitos e as restrições são dimensões separadas;
(2) as restrições são sempre "desvantagens" impostas externamente aos direitos;
(3) o âmbito de protecção de um direito é mais extenso do que a garantia efectiva, porque aos direitos sem restrições são apostos limites que diminuem o âmbito inicial de protecção.

A moderna teoria do direito tem revisitado o problema da radical alternatividade das teorias externa e interna das restrições para demonstrar a insustentabilidade de teorias puras quando na grelha analítica introduzimos duas outras dimensões metódicas: (1) a distinção entre **princípios** e **regras** no campo dos direitos fundamentais; (2) a indispensabilidade da **ponderação de direitos e de bens**, irreconduzível à fixação de padrões teóricos abstractos. De qualquer forma, a "revisita" das teorias é feita com grande rigor analítico, valendo a pena passá-las em revista. Numa importante monografia sobre o tema[18], os argumentos esgrimidos são nada mais nada menos do que catorze, que na exposição subsequente reduziremos a onze:

---

[18] Referimo-nos à obra de MARTIN BOROWSKI, *Grundrechte als Prinzipien. Die Unterscheidung von prima-facie Position und definitiver Position als fundamentaler Konstruktionsgrundsatz der Grundrechte*, Baden-Baden, 1998, p. 190 ss.

1. O argumento da contradição lógica
2. O argumento de ideais irrealisticos
3. O argumento de ideias (ideais) extrajurídicos
4. O argumento da vinculação comunitarista
5. O argumento da liberdade "constituída"
6. O argumento do pensamento "espacial"
7. O argumento da hierarquia de normas
8. O argumento da deslealdade
9. O argumento da falsa força legitimante
10. O argumento da inflação de pretensões
11. O argumento da falsa vinculação dos direitos fundamentais
12. O argumento da racionalidade
13. O argumento da liberdade como liberdade negativa
14. O argumento da vinculação demasiado forte dos direitos fundamentais.

Esta panóplia retórica-argumentativa surge, muitas vezes, de forma difusa, quer na literatura civilística quer na literatura constitucionalística. E, como irá ver-se, nem todos os argumentos possuem a mesma robustez metódica e discursiva.

1. **O argumento da contradição lógica**

É um argumento reiteradamente esgrimido pelos defensores da teoria interna e recorre a formulações incisivas e sonantes: "O direito cessa onde o abuso começa", não pode haver "uso abusivo" de um direito[19]. O argumento, formulado no plano lógico, será este: um e o mesmo acto não pode ser simultaneamente conforme ao direito e contrário ao direito. Noutro enunciado: por um lado, proclama-se o direito ilimitado; por outro lado, declara-se inadmissível o exercício do mesmo direito.

O problema, como o demonstram os "casos-base" das caricaturas, não se reconduz apenas a uma questão de contradição lógica. O que é que se protege e até onde se protege o direito à caricatura? O que é que deve ser "retirado" à caricatura para não ofender os direitos de personalidade das pessoas visadas ou os direitos fundamentais pessoais? O que é que, em termos definitivos, cabe neste mesmo direito?

---

[19] As fórmulas remontam a PLANIOL-RIPERT, apud BOROWSKI, ob. cit.

A compreensão das dificuldades leva os defensores da "teoria principialista" dos direitos a propor uma nova visão das coisas. Contra o "purismo" da teoria externa não é possível dizer que a caricatura, pornográfica e acintosamente dirigida a pessoas identificáveis, é uma expressão de um *"free speech"* robusto e desinibido, enquadrável no âmbito de protecção da liberdade de criação artística e de liberdade de expressão, e, *a posteriori*, **restringir** esse âmbito de protecção dizendo que afinal caricaturas daquele tipo não cabem no mesmo âmbito de protecção.

Por sua vez, a "teoria interna" surge logo eriçada de dificuldades, pois vê-se forçada a recortar um *Tatbestand* restrito do direito à caricatura, expulsando eventualmente desse direito caricaturas pornográficas pessoais, a fim de definir depois um âmbito de protecção coincidente com o **âmbito de garantia efectivo**.

A teoria principialista dos direitos parece-nos aqui em condições de oferecer uma visão das coisas menos radical mas não menos metodicamente rigorosa. Vejamos porquê. Contra a teoria externa radical, a contradição lógica reconduz-se a isto:

*"O conteúdo **prima facie** de um direito é simultaneamente um **definitivo** não direito"*

No entanto, pode ser possível afirmar que um direito jurídico-estruturalmente considerado, *prima facie*, como direito, tenha de ceder, em virtude da ponderação ou balanceamento exigido pela protecção de outros bens com ele coincidentes. O direito *prima facie* não obtem radicação como direito definitivo. O âmbito de protecção não coincide com o âmbito de garantia efectivo. A ponderação segundo o "peso" dos direitos nas circunstâncias concretas evitará assim a contradição lógica anteriormente referida da teoria externa se a proposição for a seguinte:

*"O conteúdo, **prima facie**, de um direito pode não ser o seu conteúdo **definitivo** quando, em virtude de um juízo de ponderação concreto, houver necessidade de o restringir conferindo maior peso a outros bens ou direitos."*

A teoria interna, como se viu, restringe o *Tatbestand* do direito para identificar âmbito de protecção e âmbito de garantia efectivo. A formulação lógica é nem mais nem menos esta:

*"se o conteúdo **x** é o conteúdo verdadeiro deste direito então exige-se para **x** as efeitos jurídicos desse direito"*

O ponto de partida é fatal à teoria interna: dá como demonstrado o que é preciso demonstrar. Qual é o conteúdo verdadeiro do direito à caricatura? A seguinte proposição demonstra a *petitio principi*:

> *"se o conteúdo verdadeiro da caricatura é a caricatura sem pornografia então a caricatura sem pornografia tem os efeitos jurídicos do direito à caricatura".*

A favor da teoria interna pode argumentar-se com os casos em que a inclusão, no âmbito de protecção de um direito, como eventual candidato positivo, de um comportamento em radical oposição ao sentimento jurídico geral, não é apenas uma contradição lógica mas uma insustentável proposição axiológica. Vejamos o caso da morte no palco como expressão do "climax" da criação artística

> *"a morte no palco do artista é, **prima facie**, a expressão da liberdade de criação artística, mas o homicídio é um crime não enquadrável no mesmo direito"*

Trata-se, como se vê, da contradição lógica atrás assinalada ("o conteúdo, *prima facie*, de um direito é simultaneamente um definitivo não direito"), mas a que se acrescenta a questionabilidade da aceitação de um postulado ético-axiologicamente em dissonância radical com a consciência jurídica geral da comunidade.

2. O argumento de ideais irrealistas

O argumento é este: a teoria externa está fora de realidade. A aceitação de um direito sem limites não existe num sistema jurídico real. *"O homem não está só no mundo e não pode actuar em nenhuma parte sem limites." "Tudo vale apenas dentro de certos limites".*

A teoria externa, nos seus resultados finais, não aponta para soluções irrealísticas. Parte da ideia de "direitos ilimitados *prima facie*" mas não afirma que, na realidade, haja direitos ilimitados. Neste sentido, o esquema básico da teoria externa – direito sem restrições, *prima facie*, e direitos com restrições em **definitivo** – corresponde apenas a um esquema explicativo-regulativo das próprias restrições. O pensamento de Locke e de Kant, atrás referidos, apontam precisamente neste sentido.

3. O argumento de ideais extrajurídicos

Uma coisa é o direito vigente e outra coisa são ideais de valor jurídico-
-político, ou melhor, político-jurídico. Por estas palavras e por outras
semelhantes pretende-se que os simples "dever-ser" ético jurídicos não são
normas da ordem jurídica. A ambiguidade da colocação do problema nos
termos assinalados radica em que, levada até às últimas consequências,
significaria que as normas jurídicas não poderiam conter "ideais jurídicos".
Mesmo na interpretação jurídico-dogmática do BGB (art. 242.°) feita por
Siebert dizia-se que as ideias de direito justo poder-se-iam converter em
conteúdo do direito. Nesse caso, já não era uma lei ético-social oriunda de
um poder externo criador de rupturas na ordem jurídica, mas um factor
constitutivo integrado na própria ordem jurídica. Subsistem aqui, como é
bom de ver, dimensões positivistas dirigidas contra a invocação de validade
de princípios jurídicos ou de ideias de "direito" fora do sistema de direito
politicamente implantado.

Martin Borowski[20] regista esta problemática dizendo que a colocação de Siebert (feita, como se disse, na época nacional-socialista e por um
autor incorporado no pensamento nacional-socialista) é um problema de
dogmática jurídica do direito civil mas não um argumento relevante contra
a teoria externa. A nosso ver, é um problema de teoria do direito[21] que se
pode retomar a partir da ideia de direitos fundamentais como princípios[22].

4. O argumento da vinculação comunitarista

É um dos argumentos mais intrigantes e facilmente reversíveis. Literalmente formulado, reconduzir-se-ia ao seguinte: a teoria externa é uma
teoria normativa de posições individualistas que desprezam as dimensões
comunitárias. A invocação da dimensão comunitária é, muitas vezes, uma
outra forma de dizer que os limites e deveres pertencem à essência do
direito. Esta invocação é, por sua vez, uma fonte de equívocos. Poderia
significar, desde logo, que os adeptos da teoria interna ("limites imanentes") são todos defensores de uma compreensão não liberal ou até antilibe-
ral das liberdades e direitos pessoais. Isto não corresponde à verdade,
assumindo-se muitos autores defensores da teoria interna como antropolo-

---

[20] Cfr. M. Borowski, *Grundrechte als Prinzipien*, cit. p. 193.

[21] Ver as considerações de Castanheira Neves, *Questão de Facto – Questão de Direito*, cit., p. 526.

[22] O autor em referência sugere essa ideia. Cfr. Ob. e autor cit., p. 193.

Dogmática de Direitos Fundamentais e Direito Privado

gicamente próximos de posições personalistas e não supra-individualistas ou transpersonalistas[23]. Por outras palavras: a compreensão não liberal dos direitos pessoais de liberdade não é um pressuposto necessário da teoria interna. Num sentido diametralmente oposto, a defesa de uma teoria externa equivaleria automaticamente a posições individualistas em que a liberdade negativa surgiria como um "valor em si" rebelde à convocação de dimensões comunitárias legitimadoras de restrições a esta liberdade. Também este modo de ver as coisas é tendencialmente redutor. Quer numa óptica juscivilistica quer numa perspectiva dogmática jusconstitucionalista a teoria externa não pretende dizer mais do que isto: primeiro nascem os direitos e as normas garantidoras destes direitos e depois estabelecem-se normas restritivas destes direitos. A regra do direito e a excepção da restrição, eis o esquema básico deste pensamento. Dizer-se que a propriedade é, no direito civil, um direito absoluto com as dimensões de *jus utendi*, *fruendi* e *abutendi* não significa que ele não esteja sujeito a fortes restrições comunitárias como o demonstra a problemática do *jus aedificandi*[24]. Afirmar-se que o direito constitucional da propriedade é um direito análogo aos direitos, liberdades e garantias, não implica necessariamente que ele não tenha, logo a nível constitucional, vinculações comunitárias razoavelmente intensas.

5. O argumento da liberdade constituída

O **esquema direito-restrição** transportaria uma valoração (expressa ou implícita) da actividade legislativa conformadora dos direitos. O legislador identificar-se-ia com o agente da restrição e, daí, passar-se-ia facilmente para a ideia do legislador como "inimigo" dos direitos. Este argumento reduz, em primeiro lugar, o sentido da conformação legislativa, pois a intervenção do legislador não é necessariamente restritiva. Pode ser "concretizadora", "clarificadora", "densificadora", "constitutiva" de direitos e não apenas restritiva[25]. Além disso, a tradicional ideia de que "só a lei

---

[23] Cfr. o estudo destas posições em A. Cabral Moncada, *Filosofia do Direito*, Coimbra, 1963.

No plano da dogmática dos direitos fundamentais, cfr, J. Carlos Vieira de Andrade, *Os direitos fundamentais na Constituição de 1976*, 2ª ed., 2001, p. 275 ss.

[24] Cfr. a discussão em F. Alves Correia, *O Plano Urbanístico e o Princípio da Igualdade*, Coimbra, 1963.

[25] R. Alexy, *Theorie der Grundrechte*, p. 302, explica convincentemente estas várias dimensões da lei.

pode restringir direitos, liberdades e garantias" exprime a ideia contrária, precisamente a de que, na senda da tradição liberal (lei como instrumento da defesa da liberdade e da propriedade), ainda se confia ao legislador (e só a ele!) a tarefa ineliminável de restrição de direitos para a defesa de outros direitos. Se concretizarmos estas ideias com os nossos "Casos-Base" verificaremos que a lei que restringe a liberdade de expressão e de criação artística, na forma de direito à caricatura, para defesa de direitos de personalidade (direito à honra, direito ao bom nome, direito à intimidade), é certamente uma lei restritiva de um direito, mas é, simultaneamente, uma lei protectora de outros direitos. A teoria dos direitos *prima facie* com que hoje trabalha a teoria externa deixa imperturbada esta relação de colisão precisamente porque com a ideia de *direitos prima facie* e de **direitos definitivos** permite reconstruir a tarefa do legislador com uma tarefa de ponderação (optimizadora, harmonizadora) irreconduzível a uma caricatura de "legislador limitador" inimigo dos direitos.

6. O argumento do "pensamento espacial"

A teoria externa seria, segundo os seus críticos, uma teoria de **espaços dos direitos** (e das restrições). De certo modo, o modelo direito-restrição seria uma espécie de "geometria dos direitos fundamentais" em que os direitos ocupariam um "espaço" ("âmbito de protecção") que depois seria reduzido em consequência da intervenção de leis restritivas ("espaço da garantia efectivo")

A crítica do "argumento espacial" pode formular-se do mesmo modo no plano juspublicístico e no plano juscivílistico. A teoria externa parece lidar com a ideia de um "espaço", uma "coutada", onde se localizaria o direito, e seria a "invasão" deste espaço que poderíamos designar como restrição. No fundo, tratar-se-ia de reduzir o "espaço" de um direito. Se a lógica da teoria externa fosse apenas uma lógica espacial o argumento teria toda a razão de ser. Não se compreenderia que, por exemplo, o direito ao nome, o direito à tutela de personalidade, o direito à intimidade fossem lugares, geometricamente variáveis, ao sabor de restrições ou de limites. Em termos hermenêuticas e metódicos, a concretização dos direitos constitucionais pessoais ou dos direitos civis de personalidade pressupõe, é certo, a delimitação de um **programa normativo** que, muitas vezes, parece ser reconduzível a um "espaço de estatuição" acoplado a um "espaço de realidade". Trata-se de uma linguagem metafórica, que outra coisa não diz nem pode dizer senão a de que na metódica das restrições e

Dogmática de Direitos Fundamentais e Direito Privado 79

intervenções restritivas é necessário lidar com "âmbitos" de protecção e "âmbitos" de garantia cuja delimitação é teleologicamente orientada.

De resto, quando se fala em *Tatbestand* alargado ou de *Tatbestand* restrito a ideia é também a de circunscrever os direitos, ampliando-os ou restringindo-os, sem que isso se associe necessariamente a teorias externas ou internas.

7. O argumento da hierarquia de normas

Vale a pena formular primeiro argumento:

"a restrição por leis ordinárias de direitos constitucionais pessoais formalmente garantidos equivale a dizer que leis ordinárias se sobrepõm a normas constitucionais"

A teoria externa transportaria, pois, este pecado congénito: garante de forma directa, ao nível hierarquicamente superior da Constituição, determinados direitos, e, depois, tolera restrições a esses direitos ao nível hierarquicamente inferior das leis. É um argumento que, à primeira vista, não parece trazer inquietações às restrições ou intervenções restritivas aos direitos civis de personalidade. Sendo, como são, direitos consagrados por leis ordinárias (os Códigos), a restrição destes direitos por outras leis posteriores de igual hierarquia corresponderia nada mais nada menos do que à revogação de lei anterior por lei posterior.

A argumentação baseada na hierarquia das normas revela-se notoriamente redutora. Em primeiro lugar, é indiscutível que a fundamentalização e constitucionalização de alguns direitos positivados nos Códigos, como são[26] alguns dos direitos de personalidade (direito ao bom nome, direito à imagem, direito à tutela da personalidade), pretendeu furtar estes direitos à livre disponibilidade dos legisladores ordinários. A intervenção, porém, destes legisladores é ditada, muitas vezes, não pela "inimizade" em relação aos direitos em causa, mas sim pela "amizade" que todos lhe merecem. Como já se observou anteriormente, o legislador "concretizador", "harmonizador", "ponderador", procura concordância, densificação e ponderação "optimizadoras" de direitos, não raro em rotas de colisão uns com os outros.

O argumento da hierarquia das normas poderia, de resto, transferir--se para as intervenções restritivas decretadas por órgãos da administração

---

[26] Ou eram, porque, como se sabe alguns destes direitos, foram constitucionalmente positivados. Cfr., CRP art. 26.º.

ou por órgãos da administração da justiça subordinados à lei e à Constituição. Também aqui direitos garantidos pela Constituição e pela lei vêm a sofrer intervenções restritivas (ex.: uma pena de prisão limitativa do direito de liberdade pessoal de deslocação, uma instrução administrativa proibitiva do registo de nomes de cidadãos portugueses em língua estrangeira), mas nem por isso se pode afirmar existir uma inversão de hierarquias normativo-funcionais.

Finalmente, esquece-se que a dimensão básica de muitos direitos é a "abertura material" e o seu "peso principial", inevitavelmente postuladores de tarefas de concordância e de ponderação assentes não em esquemas dicotómicos superior/inferior, constitucional/ordinário, mas em metódicas concretamente concretizadoras das dimensões materiais dos direitos em causa. A doutrina de direito civil (e também do direito penal, mas esta não está aqui em causa) tem demonstrado aqui uma preocupação prático-metodológica bastante mais razoável do que a doutrina juspublicista. Nos exemplos do direito à caricatura, em que é patente a colisão entre direitos de personalidade e direitos de liberdade de expressão e de criação artística, a questão central não é a de saber se os direitos em causa têm carácter "constitucional" ou simplesmente "ordinário", mas sim como decidir em que medida é que nas relações intersubjectivas de pessoas iguais os direitos se "conformam", se "conciliam", se "limitam" e se "realizam".

8. O argumento da deslealdade

Em termos retóricos, o argumento formula-se com toda a linearidade:

"Promete-se muito e acaba-se dando pouco"

A teoria externa criaria, de facto, ilusões, pois, à partida, afirma que determinados comportamentos, actos ou situações ainda são expressão ou manifestações de direitos e, à chegada, acaba por confessar que esses mesmos comportamentos, situações ou actos não são, afinal, direitos. Criam-se esperanças, desfazem-se esperanças, e tudo em nome de uma lógica de direitos ilimitados originários e de limites externos colocados posteriormente. Esta argumentação dirige-se quer quanto ao modelo teórico da chamada *"Aussentheorie"* (teoria externa) quer quanto à concepção dos direitos pessoais (ou de personalidade) como **direitos de defesa** resistentes a agressões externas. A perspectiva, já várias vezes sugerida, de direitos *prima facie,* que poderão não lograr estabilização subjectiva em termos **definitivos,** pretende responder já à criação de falsas expectativas. Só que a questão não se resolve, como os casos das caricaturas demonstram, com o manejo das técnicas teóricas e metódicas mais cautelosas – a teoria interna e a teoria do *Tatbestand* restrito. Mais uma vez: até onde vai o direito à caricatura e onde começa a defesa dos direitos de personalidade? A teoria externa e a teoria da *fattispecie* alargada respondem: depende dos direitos em colisão e do respectivo peso destes direitos nas condições concretas

9. O argumento da força legitimadora

Este argumento tem algumas afinidades com os últimos argumentos acabados de discutir, mas acentua, sobretudo, a debilidade de um direito com largo espectro de irradiação mas posteriormente reduzido a um círculo delimitado de domínio subjectivo. Que força legitimadora tem um direito sobre o qual, desde o início, paira a ameaça de redução a zero? A teoria interna e a teoria restritiva do *Tatbestand* apresentam aqui uma clara vantagem legitimante – a afirmação da existência de um direito é para valer, já que não se concebem dúvidas sobre a consistência de um direito depois de afinados (determinados) os limites imanentes e de recortadas com rigor as suas *facti specii*.

O argumento prova de mais e prova de menos. Prova de menos, ao afirmar que um direito eventualmente sujeito a restrições e intervenções restritivas mais ou menos significativas perde por completo a sua força legitimadora. Prova de mais, pois sugere que a exclusão do âmbito do direito de determinados comportamentos, actos ou situações, impede casos de conflitos e torna supérfluas tarefas de ponderação. Veja-se os "Casos--Base" da caricatura. A expulsão do âmbito do direito à caricatura de dimensões pornográficas individualmente identificáveis evitará a árdua tarefa de concordância, ponderação e teste de proporcionalidade? Quer localizemos o problema em sede de metódica constitucional quer utilizemos a metodologia corrente no âmbito juscivilistico, cremos que as respostas serão razoavelmente idênticas.

10. O argumento de inflação de pretensões subjectivas

Em curtas palavras, insiste-se no mote anterior:

> *"Insistir nos direitos e ocultar os limites origina escaladas crescentes de pretensões"*

A nosso ver, o argumento tem mais a ver com a questão do alargamento dos pressupostos (*Tatbestände*) do que com a teoria externa. Esta, na sua tese inicial, afirma tão somente que, primeiro, nascem os direitos, e que, depois, se introduzem restrições. Não afirma que os direitos são, na realidade, ilimitados, desprezando os direitos dos outros ou as vinculações comunitárias. Acresce que a objecção da "inflação de direitos" se dirige geralmente contra a "multiplicação" artificial de direitos que, em si, nada tem a ver com a teoria externa. Defender como direito pessoal (de autonomia, de personalidade, de liberdade) o "direito ao não uso do cinto de segurança" nada tem a ver com a teoria externa. Invocar o "direito ao lugar na Universidade" contra a existência de prescrições e em nome do livre desenvolvimento da personalidade não toca na essência da dogmática de restrições de que estamos a falar. Deve, porém, reconhecer-se que a conexão frequentemente estabelecida entre "teoria externa" e "teoria alargada dos pressupostos de facto" permite, mais facilmente, a fuga para "acções constitucionais de defesa de direitos" do que uma teoria interna articulada com uma teoria restritiva dos pressupostos de facto.

11. O argumento da força vinculativa

Toca-se num argumento em que as dogmáticas do direito constitucional e do direito civil parecem afastar-se. Reduzido ao seu núcleo discursivo, o argumento é o seguinte: a teria externa é obrigada, hoje, a recorrer à concepção principial dos direitos, sob pena de muitas das críticas que lhe são dirigidas continuarem a ter pertinência e a minar a sua operacionalidade prática.

Como já foi acentuado, a teoria principialista dos direitos –os direitos como princípios – permite distinguir entre **direitos *prima facie*** e **direitos definitivos** e relativizar a aparente rigidez dos "direitos originários" sem limites. O preço a pagar pode ser elevado. Se, por um lado, os direitos como princípios alicerçam uma metódica de concretização aberta à ponderação e balanceamento segundo o peso específico dos direitos nas circunstâncias concretas, por outro lado, isto é feito à custa da relativização da força vinculativa dos próprios direitos. A doutrina civilista desenvolvida em torno dos direitos de personalidade parece não desconhecer o problema de colisões e a necessidade de ponderação, mas não cede à tentação de abandonar a qualificação como regras das normas do Código Civil, positivadoras destes direitos, a favor de uma estrutura principialística, eventualmente mais flexível mas também menos "forte" em termos

Dogmática de Direitos Fundamentais e Direito Privado

de vinculatividade jurídica. Além disso, a acentuação principialista dos direitos desloca para os tribunais a garantia do direito que deveria ser obtida logo nível da mediação concretizadora do legislador democrático. Cremos que não é procedente uma radicalização de princípios e regras. Se voltarmos aos "casos-teste" das caricaturas facilmente verificaremos que não é pelo facto de considerarmos o direito à imagem e ao bom nome como **direitos-princípios constitucionais** ou como **direitos-regras civilísticos** que as soluções serão substancialmente diferentes. Num caso e noutro avulta a intencionalidade material destes direitos carecidos de uma incontornável tarefa de ponderação. Com esta diferença: enquanto a teoria dos direitos como princípios ergue a ponderação a esquema metódico básico, pois os princípios "pesam-se" sem recorrer à lógica do "tudo ou nada", "de ou um ou outro", de "direito superior-direito inferior", as regras reclamam, em toda a sua radicalidade, aplicação ou não aplicação. Mas, o que vale a dogmática civilística insistir na ideia fixa de regras quando os direitos de personalidade são "pesados" e "ponderados" no caso de conflito com outros direitos? A maior **racionalidade** da metódica aplicativa das **regras**, que, por vezes, também é invocada, não conduz, como se vê, a soluções muito diferentes, podendo talvez invocar que o recorte mais fino dos pressupostos de facto e de direito tornará a fundamentação de restrições e de resultados obtidos mais previsível embora não necessariamente mais justa.

CONCLUSÃO

O bosquejo que acabámos de fazer permite-nos chegar a uma conclusão que se adivinhava desde o início. As dogmáticas das restrições de direitos desenvolvidas a nível do direito constitucional e a nível de direito cível não podiam chegar a soluções materiais muito diferentes nos quadros da mesma ordem jurídica livremente constituída e no quadro da mesma ordem axiológico-jurídica. Se alguma diferença hoje existe, talvez seja a de que a teoria externa e a teoria do *Tatbestand* alargado permitem adaptar-se melhora os desafios da **inclusividade** e da **multiculturalidade** com que hoje se defronta a justiça constitucional do que a teoria interna e a teoria do *Tatbestand* restrito, sedimentadas em sociedades civis tendencialmente mais homogéneas. Não há muito tempo, o ilustre juspublicista alemão Peter Häberle falava do "nosso Islão Europeu". Como se passarão as coisas na ordem jurídica civil?

FISCALIZAÇÃO DA CONSTITUCIONALIDADE E GARANTIA DOS DIREITOS FUNDAMENTAIS: APONTAMENTO SOBRE OS PASSOS DE UMA EVOLUÇÃO SUBJECTIVISTA

CARLOS BLANCO DE MORAIS* **

SUMÁRIO: 1. A luta pela juridicidade dos direitos e liberdades fundamentais. 2. As metamorfoses do sistema de garantia jurisdicional dos direitos e liberdades fundamentais. 2.1. *A dimensão subjectiva da tutela jurisdicional dos direitos fundamentais; 2.2. Dimensão interna da tutela jurisdicional. 2.2.1. Tutela subjectiva máxima; 2.2.2. Tutela subjectiva média; 2.2.3. Tutela subjectiva mínima. 2.3. Nótula sobre a dimensão internacional da tutela jurisdicional dos direitos fundamentais da pessoa humana.* 3. Algumas considerações sobre a tutela dos direitos liberdades e garantias no ordenamento português através dos institutos de controlo da constitucionalidade das normas. 3.1. *A defesa de "direitos fundamentais absolutos" no contexto da nova querela sobre a fiscalização da constitucionalidade das normas pela Administração. 3.1.1. Equação do problema da desaplicação de leis inconstitucionais pela Administração Pública; 3.1.2. A inadmissibilidade da fiscalização da constitucionalidade das leis pela administração como regra geral 3.1.3. Excepções relativas à regra anteriormente formulada: – fundamentos restritos de uma desaplicação admissível; 3.1.4. Apreciação de uma excepção em particular: a tutela administrativa difusa do núcleo de direitos absolutos ofendidos por leis inconstitucionais. 3.2. Dúvidas sobre a existência de uma "dimensão de amparo" no controlo jurisdicional concreto da constitucionalidade das normas.* 4. Observações finais.

---

* Professor associado da Faculdade de Direito de Lisboa, Professor do Departamento de Direito da Universidade Lusíada

** O presente texto constitui o desenvolvimento de uma comunicação proferida no ano de 2002 na Faculdade de Direito da Universidade de S. Paulo.

1. A luta pela juridicidade dos direitos e liberdades fundamentais

1. A ideia moderna de Constituição nasceu como imperativo de limitação do poder político de um Estado que até então era absoluto, pelo Direito. Limitação que decorria, em primeiro lugar, do princípio de separação de poderes e, em segundo lugar, através das declarações de direitos fundamentais que procuravam, com um sentido predominantemente negativo, facultar às pessoas o poder de agirem sem restrições, nos limites da lei, bem como de resistirem ou reagirem contra intromissões abusivas do Estado.

Nestes termos, desde os alvores do movimento constitucionalista, os direitos fundamentais, como estatuto dos cidadãos nas suas relações com o poder, constituíram uma componente essencial da Constituição em sentido material.

2. A juridicidade dos direitos fundamentais encontra-se, antes de mais, dependente do grau de protecção que lhe é concedido pelo sistema jurídico.

Na ordem constitucional portuguesa alguns factores retirados do regime de determinados direitos permite proceder à graduação dos direitos fundamentais em dois patamares[1].

De um lado, teremos os direitos, liberdades e garantias, como direitos de primeiro grau, em consequência do seu regime de aplicação directa e de vinculação de entidades públicas e privadas; da reserva de lei que envolve a respectiva disciplina; e da necessidade de a sua restrição se processar mediante lei geral e abstracta, não retroactiva, respeitadora do núcleo do direito tributário do principio da proporcionalidade.

De outro, os direitos económicos sociais e culturais, como direitos de segundo escalão contidos em normas programáticas as quais, na qualidade de directrizes dirigidas ao legislador, se encontram sujeitas à reserva do possível e conferem ampla discricionariedade ao decisor normativo para a sua concretização.

Tal como sublinham alguns autores[2], os mais elevados standards de protecção de direitos fundamentais passam, essencialmente, pela respectiva positivação em constituições rígidas, bem como pela sua garantia através de um sistema de Justiça Constitucional.

---

[1] Cfr. CARLOS BLANCO DE MORAIS "Direito Constitucional II – Relatório" – Lisboa – 2001 – p. 170 e seg.

[2] GIANCARLO ROLLA-Eleonora CECHERINI "The Developemment of Human Rights Ammong Cultural Diversity and Communities Rights" – V World Congress "Constitucionalism and Universalism" – 1999-policopiado – p. 2.

Fiscalização da Constitucionalidade e Garantia dos Direitos Fundamentais   87

Sem prejuízo de nos poder ser imputado algum reducionismo analítico consideramos que existem diferentes perspectivas de encarar os direitos fundamentais, antes e depois da criação dos sistemas jurisdicionais de fiscalização da constitucionalidade. Há, pois, um AC/DC, no dominio da jurisdicidade dos mesmos direitos.

3. Para os Estados Unidos da América que há cerca de dois séculos introduziram um sistema judicialista de fiscalização da constitucionalidade, verificou-se que, desde cedo, embora com importantes hiatos, a Constituição assumiu uma efectiva normatividade, seja no seu todo, seja em particular, na garantia dos direitos fundamentais dos cidadãos.

Isto, porque, a violação de direitos civis e políticos pelo legislador pôde ser invocada pelos particulares em tribunal, no contexto de um processo de fiscalização concreta da constitucionalidade.

Ao invés, na Europa, quer a omnipotência parlamentar de assembleia do jacobinismo revolucionário, quer o precário equlíbrio de legitimidades nas monarquias dualistas, criaram um sistema de fiscalização político que perdurou até ao século XX e retardou a juridicidade da Constituição, em geral, e a dos direitos fundamentais, em particular.

A fiscalização política da constitucionalidade criou, a bem da verdade, a ideia de uma Constituição tranformada em ídolo de pés de barro; numa lei reverenciada, mas cujas violações eram, muitas vezes ignoradas e desculpadas em razão dos equilíbrios políticos do momento; numa lei que, pese o facto de ser superior, carecia de um aparelho judicial que assegurasse essa sua supremacia, algo nominal.

Ora, os direitos fundamentais, não deixaram de se ressentir deste défice garantístico.

A sua violação por condutas do poder político, deixava a consequente reparação à mercê da boa vontade dos órgão políticos e dos seus juízos de oportunidade.

Observe-se, aliás, que a própria conceptualização dos direitos fundamentais não era esboçada de modo a permitir o reforço das suas garantias.

Quando o Direito Constitucional foi estudado como disciplina autónoma, na Universidade de Paris, por mestres italianos como Pellegrino Rossi, a sua teorização assumia um cunho mais filosófico do que jurídico.

E no universo germânico e italiano, a noção de *"direito subjectivo público"* de Von Gerber e Jellinek[3], foi marcada por uma ideia de outorga estatocrática, já que se defendia que a titularidade dos referidos direitos

---

[3] Cfr. em geral G. JELLINEK "Sistema di Diritti Pubblici Subbietivi"-Milano-1912.

fundamentais decorreria, apenas, do facto de os respectivos titulares serem súbditos de um Estado.

4. No Século XX, com a introdução do sistema de Justiça Constitucional na Europa (em Portugal através da fiscalização difusa e na Áustria através da fiscalização concentrada), completou-se, em diversas fases, a quadratura do círculo do Direito Constitucional.

Com a fiscalização jurisdicional da constitucionalidade abandonou-se um método histórico-político e empírico-sociológico que concebia a Constituição como"jogo estratégico" da política e como um estatuto institucional do poder, distante, magestático e nominal.

A Constituição passou a ser concebida com um complexo de princípios e normas jurídicas carentes de um método jurídico-dogmático próprio, método esse que não era o da Ciência Política, mas sim, o da Ciência do Direito.

Método, por isso mesmo, inseparável da criação de um sistema jurisdicional próprio, susceptível de permitir que a Constituição passasse a ser concebida como Direito efectivamente hierarquizado, normativo, relacional, garantido por órgãos independentes e imparciais.

Daí que a tutela subjectiva dos direitos fundamentais concebidos como posições jurídicas activas tituladas pelos cidadãos, só começasse a ganhar sentido com o controlo concreto da constitucionalidade e através de outros institutos de fiscalização accionados por esses mesmos cidadãos, tendo em vista a defesa dos mencionados direitos e interesses juridicamente protegidos.

A luta pela normatividade plena dos direitos fundamentais encontra-se, assim, soldada à própria luta do Direito Constitucional pela sua autonomia jurídica, a qual resulta ser inseparável da obtenção de uma garantia jurisdicional própria e efectiva dos princípios e das normas constitucionais.

2. As metamorfoses do sistema de garantia jurisdicional dos direitos e liberdades fundamentais

2.1. *A dimensão subjectiva da tutela jurisdicional dos direitos fundamentais*

5. Encontra-se adquirido pela grande maioria dos ordenamentos democráticos que a nova requesta na longa luta por uma tutela jurisdicional efectiva e plena dos direitos fundamentais de primeiro grau, ou seja,

Fiscalização da Constitucionalidade e Garantia dos Direitos Fundamentais 89

dos direitos, liberdades e garantias, passou a residir no aperfeiçoamento e na adequação de meios processuais destinados a garantir as posições jurídicas subjectivas dos cidadãos, em face dos poderes públicos.

Na realidade, são muito distintos os meios processuais contenciosos reconhecidos aos particulares para assegurarem a garantia dos seus direitos.

No plano interno, enquanto, por exemplo, em França, o exclusivismo da fiscalização preventiva deixa a iniciativa do controlo de leis violadoras de liberdades públicas nas mãos de titulares de órgãos do Estado, já na Alemanha, os particulares lesados por normas podem suscitar a sua inconstitucionalidade em fiscalização concreta, ou mesmo, interpor um recurso directo de inconstitucionalidade, que abrange não só actos normativos, mas também actos da Administração e sentenças.

No plano externo, enquanto o Reino Unido (que não dispõe de sistema de fiscalização da constitucionalidade), incorporou apenas no ano de 1998 a Convenção Europeia dos Direitos do Homem, já na maioria dos restantes Estados europeus, há muito que a mesma Convenção servia de parâmetro da respectiva jurisdição interna (bem como de referência normativa para a submissão dos mesmos Estados, à jurisdição do Tribunal Europeu dos Direitos do Homem-TEDH).

Vejamos, pois, num quadro jurídico comparado, a dimensão interna e internacional da progressão dos institutos jurisdicionais de tutela dos direitos fundamentais.

2.2. *Dimensão interna da tutela jurisdicional*

6. Relativamente aos Estados servidos por constituições rígidas, importa subdistinguir os modelos que consagram *uma tutela subjectiva máxima dos direitos fundamentais; uma tutela subjectiva média; e uma tutela subjectiva mínima.*

2.2.1. *Tutela subjectiva máxima*

7. Ocorre em ordenamentos como o alemão, o espanhol, o austríaco e o brasileiro, nos quais, a par da fiscalização concreta ou incidental da constitucionalidade, se admite, igualmente, recursos directos de constitucionalidade.

8. Dentro deste nível, haverá que posicionar a Alemanha num escalão superior.

Neste sistema, o caracter concentrado da fiscalização concreta é compensado com um recurso directo de constitucionalidade, susceptível de sindicar toda a espécie de actos de natureza pública, desde as leis às sentenças, as quais podem ser declaradas nulas pelo Tribunal Constitucional.

A jurisprudência Constitucional defende-se contra o uso extemporâneo deste mecanismo de tutela, adoptando uma posição restringente, quer no enfoque da natureza residual do instituto em relação a outros meios contenciosos de tutela, quer no destaque da natureza pessoal, actual e imediata do direito fundamental ofendido.

A Constituição Austríaca, desde 1975, seguiu a alemã no que respeita ao alargamento deste meio de tutela: ele deixou de ter por objecto apenas os actos administrativos lesivos de direitos fundamentais, para passar a abranger, também, leis e regulamentos que, em termos imediatos, violem os referidos direitos.

Já o ordenamento espanhol circunscreve o objecto do recurso de amparo a actos jurídico-públicos que não tenham valor de lei, o que, mesmo assim, não impediu o uso abundante do instituto.

9. Uma referência especial deve ser feita ao Brasil que, pese o facto de não acolher expressamente a figura da queixa constitucional, ou recurso directo de constitucionalidade para a tutela específica de direitos fundamentais, prevê o instituto próximo da *arguição de descumprimento de preceito fundamental*.

Pese a sua ambiguidade e dependência absoluta de regulação legal, este instituto, permitiria que se suscitasse a título preventivo, ou sucessivo, perante o Supremo Tribunal Federal, a eventual violação por acto público, de disposições constitucionais tidas como fundamentais, incluindo-se nelas os direitos e garantias fundamentais.

Contudo, a dimensão subjectiva da tutela destes direitos parece estar algo ausente deste processo, já que a legitimidade para o accionar foi negada aos particulares, residindo, ao invés, nos mesmos sujeitos que têm legitimidade para interpor uma acção directa de inconstitucionalidade, o que torna o instituto algo redundante

Já a fiscalização concreta, que assume caracter difuso, permite a qualquer particular, por via de excepção, questionar mediante a interposição de recurso de uma decisão judicial comum, a constitucionalidade de uma norma ofensiva dos seus direitos fundamentais que tenha sido aplicada por um dado tribunal a um processo-pretexto onde o mesmo seja parte, o que "democratiza", de algum modo, a iniciativa, o conhecimento e a decisão de inconstitucionalidade.

Fiscalização da Constitucionalidade e Garantia dos Direitos Fundamentais 91

E a par deste processo, existem outros através dos quais os cidadãos podem requerer a tutela específica de certos direitos fundamentais: é o caso do "habeas corpus" (relativamente à garantia da liberdade de movimentos); do mandado de segurança individual (que protege direitos "líquidos e certos" não amparados pelo habeas corpus); e do mandado de segurança colectivo (que garante não só certos direitos corporativos, mas também alguns interesses difusos).

O ordenamento vai mais longe ainda, consagrando mecanismos imperativos de controlo jurisdicional de omissões administrativas lesivas de direitos e liberdade constitucionais e certos direitos políticos: é o caso do mandado de injunção para obviar às omissões regulamentares, o qual, contudo, tem tido uma efectividade muito pouco expressiva.

2.2.2. Tutela subjectiva média

10. *Portugal* e a *Itália* configuram-se como os Estados cujos ordenamentos se ajustam ao nível de tutela em epígrafe, que se caracteriza pela instituição de uma fiscalização concreta, desacompanhada de recurso directo de inconstitucionalidade.

De entre as duas ordens constitucionais, a portuguesa é a que, em abstracto, oferece uma maior panóplia de garantias de ordem subjectiva, por três razões fundamentais.

i) A fiscalização concreta em Portugal é difusa, dispersando por uma pluralidade de tribunais, a decisão de inconstitucionalidade sobre qualquer tipo de normas; já em Itália, a fiscalização concreta circunscreve-se à lei ou a actos com força de lei e encontra-se concentrada no Tribunal Constitucional, limitando-se o tribunal "a quo" a suspender o processo-pretexto e a remeter-lhe os autos para decisão.

ii) Na mesma fiscalização concreta, existe sempre, no ordenamento português, a possibilidade para reclamar para o Tribunal Constitucional de decisão do tribunal "a quo" que não admita a interposição de recurso de constitucionalidade para a primeira jurisdição; já em Itália, o juiz do tribunal "a quo", no caso de ser suscitada por uma Parte, a inconstitucionalidade de uma lei, pode decidir não suspender o processo e não remeter os autos para o Tribunal Constitucional, se considerar que o pedido é manifestamente infundado.

Trata-se, neste caso, de uma decisão inapelável, funcionando o juiz comum como um "porteiro" do Tribunal Constitucional.

iii) Pese o facto de inexistir recurso directo de constitucionalidade na ordem constitucional portuguesa, esta prevê, por via lateral, um expediente para o particular se defender em relação a leis singulares, nomeadamente as que ofendam os seus direitos e interesses legalmente protegidos.

Assim, do n.º 4 do art. 268.º da Constituição da República (CRP) decorre que, se uma lei ou um regulamento individual e concreto, ou ainda um acto com forma legal cujo conteúdo material seja em tudo idêntico a um acto administrativo, violarem os direitos e interesses de um cidadão, este poderá impugná-lo junto da jurisdição administrativa, como se de um acto administrativo se tratasse, sendo desconsiderada a referida forma.

11. Importa, contudo precisar que a simples consagração de um controlo concreto difuso não é sinónimo de maior densidade subjectiva na tutela dos direitos fundamentais pela Justiça Constitucional.

Na ordem constitucional portuguesa parece registar-se, presentemente, um consenso relativo em torno da natureza compósita, quer subjectiva, quer objectiva da fiscalização concreta.

Na generalidade, a preponderância formal de factores objectivos é, nomeadamente, fornecida pelo poder-dever de *controlo oficioso exercido pelo juiz,* o qual decorre da impossibilidade de, nos feitos submetidos a julgamento, os juízes poderem aplicar normas inconstitucionais (art. 204.º da CRP); pelo *recurso obrigatório do Ministério Público para o Tribunal Constitucional nos casos previstos nos n.ºs 3 e 5 do* art. 280.º *da CRP; pela irrenunciabilidade do direito a recorrer* (art. 73.º da Lei do Tribunal Constitucional – LTC); e pela circunstância de a intervenção da Justiça Constitucional em sede de controlo concreto se processar independentemente da violação de direitos ou da lesão de interesses das pessoas

Na especialidade, os processos inerentes à interposição de recursos *de decisões positivas de inconstitucionalidade e legalidade* (alíneas a) do n.º 1 e a) e b) do n.º 2 do art. 280.º) *e de decisões negativas que apliquem normas já anteriormente julgadas inconstitucionais ou ilegais* (n.º 5 do mesmo artigo) são dominados pelo recurso obrigatório do Ministério Público para o Tribunal Constitucional.

Recurso esse, totalmente centrado na tutela de fins objectivos de natureza pública que emergem, respectivamente, da defesa da presunção da validade das normas e da defesa da unidade jurisprudencial da Justiça Constitucional.

Contudo surge como manifestamente evidente que o tipo de recurso que consome a esmagadora maioria dos processos de fiscalização con-

Fiscalização da Constitucionalidade e Garantia dos Direitos Fundamentais   93

creta, *o recurso de decisão negativa de inconstitucionalidade ou ilegalidade* (alínea b) do n.º 1 e alínea d) do n.º 2 do art. 280.ºda CRP) ostenta uma *clara preponderância subjectivista*[4].

Corresponde, na verdade, o mesmo recurso, a processos *"de parte"*. São as partes, ou o Ministério Público actuando como recorrente ou recorrido num dado processo jurisdicional que suscitam a invalidade de uma norma aplicável à questão de fundo julgada no mesmo processo e que recorrem para o Tribunal Constitucional no caso de essa aplicação ser decidida por um tribunal comum.

O protagonismo do Ministério Público, mostra-se, aqui, diminuído, dado que a jurisprudência do Tribunal Constitucional restringiu a sua legitimidade para poder recorrer facultativamente, à necessidade de o mesmo possuir interesse processual, como parte, no referido processo (Ac. n.º 57/99)

E as partes, sobretudo os particulares, só recorrem da aplicação de uma norma que estimem como inválida, na medida em que essa aplicação seja contrária aos seus interesses processuais, não o fazendo, seguramente, por razões desinteressadas, "filantrópicas" ou contrárias aos mesmos interesses.

Neste sentido, o recurso das decisões negativas de constitucionalidade ou legalidade revela-se como o instituto de controlo que mais aproxima a Constituição do cidadão comum o qual, convocando-o em juízo em defesa da sua esfera subjectiva num determinado processo, dispõe também, à luz do princípio do dispositivo, de alguma maleabilidade para influir limitadamente no respectivo curso.

Isto, porque pode desistir do recurso que interpôs (n.º 1 do art. 78-B da LTC) e pode aceder directamente ao Tribunal Constitucional, "saltando as instâncias", caso renuncie ao recurso ordinário, ou decida não o interpor (N.º 4 do art. 70.º LTC).

2.2.3. *Tutela subjectiva mínima*

12. Trata-se, do caso típico do ordenamento francês que evolui lentamente de uma fiscalização híbrida, para um sistema jurisdicional de fiscalização das leis, em via exclusivamente preventiva.

Tentativas feitas em 1989 e 1993 para a criação de um sistema de fiscalização concreta, à alemã, através da faculdade de os tribunais proce-

---

[4] Cfr. JORGE MIRANDA "Manual de Direito Constitucional" – Coimbra – VI-2001 – op. cit.p. 55.

derem, mediante excepção deduzida pelas partes, a um reenvio prejudicial para o Conselho Constitucional, não passou no Parlamento.

Ainda assim, os tribunais administrativos (à semelhança do que decorre nos sistemas já examinados) são competentes para anular actos da Administração que violem os direitos fundamentais, incluindo os que decorrem do preâmbulo da Constituição.

2.3. *Nótula sobre a dimensão internacional da tutela jurisdicional dos direitos fundamentais da pessoa humana*

13. No período anterior à Segunda Guerra Mundial, o indivíduo era, sobretudo, objecto de normas jurídicas internacionais. E o Estado era no plano externo, o verdadeiro titular dos direitos individuais correspondentes, direitos que se configuravam, de certa forma, como beneficiários de um regime indirecto de protecção.

A verdadeira internacionalização da protecção dos direitos das pessoas ocorreu depois desse conflito criando-se, gradualmente, um verdadeiro fenómeno em favor da sua globalização, em termos tais que, como alguém afirmou, "os direitos fundamentais já não são um assunto puramente interno do Estado".

Sobre esta força expansiva dos direitos fundamentais, que levou Bobbio a consagrar o Século XX, como o seu Século (por ter sido aquele onde foram mais garantidos, mas também aquele em que se registaram as violações mais atrozes) importaria que fossem feitos dois breves registos.

i) Verifica-se, tal como assinalou Ridola[5], uma heteropoiése expansiva da protecção internacional dos direitos fundamentais, desde que foi aprovada a Declaração Universal dos Direitos do Homem.

Os Estados, ou conferem valor constitucional à mesma declaração (como sucede em Portugal); ou vinculam-se a outras convenções de carácter multilateral geral (como é o Caso dos Pactos da ONU de 1966, a Convenção do Genocídio de 1948, e a Convenção de Roma que criou 1998, o Tribunal Penal Internacional); ou aderem a tratados de natureza regional, como a Convenção Europeia dos Direitos do Homem.

Embora as Constituições dos Estados continuem a ser, por regra, o vértice fundacional das ordens jurídicas, o facto é que existe uma circula-

---

5 PAOLO RIDOLA "Le Garanzie dei Diritti di Libertá" – "in AAVV "Garanzie Costituzionali e Diritti Fondamentali" – Dir. L. LANFRANCHI – Roma-1997 – p. 305.

ção de modelos jurídico-internacionais de matriz ocidental que influenciam no campo dos direitos fundamentais, não apenas as mesmas constituições, como também a legislação ordinária, situação que tem sido paradigmática nas novas constituições latinoamericanas e do Centro e Leste Europeu.

ii) O fenómeno da criação de blocos regionais, no plano do Direito Internacional, constitui um poderoso factor de circulação de paradigmas normativos e de reforço da tutela jurisdicional internacional dos Direitos do Homem.

Diversamente do que sucede com o Pacto dos Direitos Civis e Políticos de 1966, o que é, desde 1994, garantido politicamente por um comité, já no âmbito do Conselho da Europa, opera o Tribunal Europeu dos Direitos do Homem que, no respeito pela Convenção, tem competência para profe-rir sentenças declarativas e reparadoras, sempre que os Estados infrinjam direitos fundamentais.

Ora neste mesmo Tribunal, a tendência tem sido a da subjectivização da tutela dos direitos, já que com a entrada em vigor, em 1998, do 11.º Protocolo, permitiu-se não só uma aceleração processual, mas o acesso directo das pessoas, individuais e colectivas, ao Tribunal.

E o facto é que, desde então, são já vários os casos em que o estado português tem sido condenado a pagar indemnizações a particulares, mormente em razão da morosidade no seu sistema de Justiça.

3. Algumas considerações sobre a tutela dos direitos liberdades e garantias no ordenamento português através dos institutos de controlo da constitucionalidade das normas

3.1. *A defesa de "direitos fundamentais absolutos" no contexto da nova querela sobre a fiscalização da constitucionalidade das normas pela Administração*

3.1.1. *Equação do problema da desaplicação de leis inconstitucionais pela Administração Pública*

14. O tema em epígrafe, prende-se à problematização da faculdade de atribuição de poderes à Administração Pública para que esta proceda à suspensão, desaplicação ou rejeição de leis, com fundamento na sua inconstitucionalidade.

No que respeita ao tema que nos ocupa, interessará saber se esse controlo administrativo da constitucionalidade é admissível no que concerne à garantia dos direitos fundamentais dos cidadãos, em geral, ou de certos direitos qualificados, em particular.

De facto, semelhante tipo de *tutela não jurisdicional,* a ser admitida, não assumiria natureza subjectiva pese o seu carácter potencialmente difuso, já que, embora possa ter o seu impulso material e indirecto num recurso hierárquico proposto por um particular, nada impede que esse mesmo impulso possa residir exclusivamente na vontade da Administração.

15. Tirando o *universo jurídico alemão,* onde o debate sobre a questão do controlo administrativo da constitucionalidade das leis permanece ainda vivo, o facto é que, na maioria esmagadora dos ordenamentos jurídicos ocidentais, a questão é escassamente tratada no plano da doutrina e firmemente rejeitada pela pouca jurisprudência constitucional vertida sobre a matéria[6].

Em *França* a discussão é praticamente desconhecida, devendo-se esse facto à introdução tarda de um sistema concentrado de fiscalização da constitucionalidade, sendo de notar que se o controlo concreto não é reconhecido, em regra, aos tribunais comuns, por maioria de razão não poderia ser atribuído à Administração.

O mesmo sucede em *Espanha,* onde a doutrina e a jurisprudência parecem aferradas ao dogma do monopólio jurisdicional da fiscalização da constitucionalidade.

Já em *Itália,* a questão foi hipotetizada antes da entrada em vigor da Constituição de 1947[7], tendo mesmo prosseguido já depois da consolidação do sistema jurisdicional concentrado.

Pese a existência de uma corrente minoritária que persiste em defender a legitimidade da rejeição de normas constitucionais pela administração[8], prevalece como claramente dominante a que exclui essa possibilidade[9], com base em argumentos de vária ordem, entre os quais o de que,

---

[6] Cfr. para uma descrição mais pormenorizada sobre os ordenamentos estrangeiros, RUI MEDEIROS "A Decisão de Inconstitucionalidade" – Lisboa-1999 – p. 149 e Seg; e ANDRÉ SALGADO DE MATOS "A Fiscalização Administrativa da Constitucionalidade" – Tese de Mestrado inédita (policopiada) – 2001 – p. 65 e seg.

[7] Cfr. CARLO ESPOSITO "La Validitá delle Leggi" – Milano-1934 – p. 8 e Seg.

[8] Cfr. de entre outros ZAGREBELSKI "La Giustizia Costituzionale" – Bologna-1988 – p. 270 e Seg.

[9] Cfr. considerando esta posição como maioritária, ANDREA PUGLIOTTO "Illegitimitá Conseguenziale Dichiarata da un Ministro" – Giurisprudenza Costituionale" – p. 881. Nessa

Fiscalização da Constitucionalidade e Garantia dos Direitos Fundamentais   97

de acordo com o art.136.°, a eficácia das leis se manteria até à declaração da sua inconstitucionalidade pelo Tribunal Constitucional. Mais recentemente a discussão esbateu-se, com a consolidação da posição maioritária.

16. Na ordem jurídica portuguesa, alguns autores defenderam episodicamente, até 1976, a faculdade de certos órgãos administrativos recusarem a aplicação de normas inconstitucionais[10], sem prejuízo de dominar o entendimento, segundo o qual, a regra geral era o do acatamento por parte da Administração das normas legais feridas de inconstitucionalidade, salvo casos excepcionais, como o da inexistência[11].

Com o pontificado da ordem constitucional de 1976, *continua a imperar na jurisprudência[12] e na doutrina, um entendimento maioritário favorável à regra geral da inadmissibilidade da recusa de aplicação de leis inconstitucionais pela Administração*, salvo situações muito particulares ou exepcionais as quais certos juspublicitas reconduzem à inexistência[13], à violação de direitos fundamentais ditos *"absolutos"*[14] e ao poder administrativo de resusa de um sentido interpretativo desconforme à constituição[15].

Ressalvados certos antecedentes doutrinários de carácter precursor[16], a defesa elaborada de uma competência administrativa mais alargada de desaplicação de leis inconstitucionais, embora limitada em razão dos sujeitos competentes para o controlo ou do objecto específico do mesmo controlo, constitui uma elaboração recente de expoentes da doutrina, que

---

corrente maioritária contam-se juspublicistas como Modugno, Mortati, Paladin e de algum modo, Crisafulli. Cfr. também Sentença do Tribunal Constitucional n.° 41 de 1990.

[10] Durante a vigência da Constituição de 1911, vide J. M. TELLO MAGALHÃES COLLAÇO "A Desobediência dos Funcionários Administrativos e a sua Responsabilidade Criminal" – Coimbra-1917 – p. 32e Seg.

[11] Neste sentido, o próprio MARCELLO CAETANO "A Constituição de 1933-Estudo de Direito Político" – Coimbra-1957 – p. 150 e Seg.

[12] Cfr. na jurisprudência constitucional, em sentido contrário à fiscalização administrativa, Ac. 304/85 de 10 de Abril.

[13] No que concerne à inexistência, por todos MARCELO REBELO DE SOUSA "O Valor Jurídico do Acto Inconstitucional" – Lisboa-1988 – p. 156.

[14] JORGE MIRANDA "Manual" – II-Coimbra – Ed. 1996 – p. 232 e seg; PAULO OTERO "Ensaio sobre o Caso Julgado Inconstitucional" – Lisboa-1993 – p. 149.

[15] GOMES CANOTILHO e VITAL MOREIRA "Constituição da República Portuguesa – Anotada" – Coimbra-1993 – p. 922.

[16] J. C. VIEIRA DE ANDRADE "Os Direitos Fundamentais na Constituição Portuguesa de 1976" – Coimbra-1976 – p. 262 seg.

98 Carlos Blanco de Morais

não ocultam a influência que sobre eles teve o contributo da doutrina alemã sobre a matéria.

3.1.2. A inadmissibilidade da fiscalização da constitucionalidade das leis pela administração como regra geral

17. Os principais argumentos contrários à admissibilidade da fiscalização da constitucionalidade das leis pela Administração, como regra geral, residem no alcance dos princípios constitucionais *da tipicidade da lei, da hierarquia das normas, da competência no contexto do axioma da separação de poderes e da segurança jurídica.*

18. *O primeiro argumento é de ordem formal e centra-se na violação do princípio da tipicidade da lei.*

Se a desaplicação se reconduz a uma forma de suspensão, *como admitir, à luz do n.º 6 do art. 112.º da CRP, que um acto administrativo suspenda a eficácia de uma lei, por razões de constitucionalidade ou outra qualquer razão?*

Semelhante hipótese seria rotundamente inconstitucional, pois o referido preceito, que consagra o princípio da tipicidade da lei, proíbe expressamente qualquer acto de natureza não legal de suspender um acto legislativo, mesmo que a lei o habilite (valendo por maioria de razão o mesmo argumento, para as situações nas quais nem sequer a lei opera essa autorização).

19. *O segundo argumento reconduz-se ao império da hierarquia das normas, como critério negacionista do poder de controlo da constitucionalidade das leis pela Administração.*

No n.º 2 do art. 266.º da CRP determina-se que os órgãos da Administração *"estão subordinados à Constituição e à lei".*

Semelhante enunciação do pontificado da constitucionalidade e da legalidade sobre os órgãos administrativos, não significa, todavia, que estes últimos possam, em caso de conflito entre os dois parâmetros normativos que os vinculam, dispor da competência para dar aplicação preferencial à norma de maior valor hierárquico (a Constituição), desaplicando a de menor escalão (a lei).

E não podem, porque existem critérios explícitos e implícitos na Constituição que disciplinam o modo como as normas constitucionais e legais exprimem o seu poder vinculante sobre os actos da Administração.

Fiscalização da Constitucionalidade e Garantia dos Direitos Fundamentais   99

São eles, o da *lógica gradualística dos patamares normativos* e o da *subsidiariedade aplicativa das normas de maior hierarquia.*

O ordenamento não consente *"saltos na hierarquia"* já que tal representaria a inutilidade dos escalões e a subversão dos critérios estruturantes das relações de subordinação: a Administração Pública, titular de uma função subordinada à Constituição e à lei, arrogar-se-ía sem credencial habilitante a escolher qual das normas parâmetro deveria aplicar.

A relação de subordinação da Administração à lei, imposta pelo n.º 2 do art. 266.º da CRP, ficaria desrespeitada pelo poder subordinado, o qual poderia a todo o tempo estimar que não deveria observância ao parâmetro legal, por entender que o mesmo seria contrário ao parâmetro de hierarquia superior.

Só que, não se colhe qual a credencial habilitante que permitiria a um órgão titular de uma função constituída de carácter secundário, como a função administrativa, questionar a validade de outra função constituída de carácter primário ou dominante, que a Constituição erige como seu parâmetro necessário.

A lateralização do princípio da legalidade em benefício do princípio da constitucionalidade implicaria um sério atentado à lógica gradualistica do ordenamento que teria como consequência, um desafio pelo poder Executivo ao primado do legislativo e, como tal, ao princípio da Legalidade Democrática consagrado no n.º 2 do art. 3.º da CRP, como fundamento do próprio Estado de Direito.

Daí que o Tribunal Constitucional, na sua jurisprudência contrária à fiscalização da constitucionalidade de normas pela Administração, tenha apelado à melhor doutrina a qual enfatiza que essa competência de controlo implicaria *"a subversão do princípio da hierarquia das fontes de Direito – que, em termos rigorosos, reclama que cada acto de criação do Direito se conforme com aquele que na respectiva hierarquia o precede"*[17].

A aplicação da Constituição teria lugar pela Administração apenas quando aquela se lhe referisse imediatamente[18].

E os órgãos administrativos estão, de acordo com o art. 3.º, conjugado com o art. 120.º do Código do Procedimento Administrativo (CPA) sujeitos à legalidade ordinária, a qual é, segundo o Supremo Tribunal Administrativo *"aferida pela lei em vigor à data da sua prática"*[19].

---

[17] Cfr. Acs. n.ºs 25/85 e 304/85, que convocam um entendimento de MARIO ESTEVES DE OLIVEIRA in "Direito Administrativo" – Coimbra-I-1984-(Reimpressão) – p. 85.

[18] Ac. doT.C. n.º 25/85.

[19] Ac. do STA de 2-12-1993

100 Carlos Blanco de Morais

Esta imediação necessária de lei ordinária, para a prática de qualquer acto administrativo, (e que confirma inequivocamente a lógica gradualística do ordenamento), é tida como uma autentica regra geral:

i) Tanto pela Justiça Constitucional, quando afirma que o princípio da legalidade pressupõe a lei como *"um prius de toda a actividade administrativa"* passando a ser tendencialmente toda ela *"aplicação ou execução da lei"*[20];

ii) Como pela Justiça Administrativa que considera que *"Em obediência ao princípio da legalidade, a Administração está obrigada em conformidade a cumprir as leis em vigor, enquanto não forem alteradas, corrigidas e revogadas ou não forem declaradas inconstitucionais, com força obrigatória geral pelo Tribunal Constitucional"*[21].

Excepções à imediação de lei apenas ocorrem quando se estiver perante certas normas constitucionais exequíveis por si próprias e portadoras de um estatuto especial de aplicação directa que, como tal, dispensem a existência de lei ordinária.

Nesse caso, por ausência de lei ou por intromissão abusiva de lei o acto administrativo pode fundar-se directamente na Constituição como componente de um "bloco de legalidade".

20. Em terceiro lugar destaca-se o argumento da *ausência de norma constitucional atributiva de competência de fiscalização da Lei Fundamental à Administração, situando-o no contexto do princípio da separação de poderes.*

No Direito Público a competência dos órgãos não se presume[22], pelo que deve encontrar-se expressa, ou objectivamente implícita numa dada norma jurídica, a qual, nos termos do n.º 1 do art. 29.º do CPA, reveste natureza legal ou regulamentar.

Contrariamente ao que sucede com os tribunais judiciais, relativamente aos quais o art. 204.º da CRP atribui um poder-dever de desaplicação de normas inconstitucionais, *a Constituição da República não contém qualquer norma que cometa idêntica competência à Administração*, verificando-se igualmente que nenhuma lei ordinária confere semelhante responsabilidade aos órgãos administrativos.

Tão pouco se torna possível retirar linearmente de qualquer princípio jurídico, uma regra atributiva de competência de fiscalização da constitu-

---

[20] Ac. do TC n.º 461/87.
[21] Ac. do STA de 28-10-1997.
[22] Cfr. JORGE MIRANDA "Orgãos do Estado" – DJAP-VI-1994 – p. 254.

Fiscalização da Constitucionalidade e Garantia dos Direitos Fundamentais 101

cionalidade das leis, a órgãos administrativos cuja actividade se define precisamente pelo dever de acatamento ás mesmas leis, já que a função constitucional que desenvolvem consiste na respectiva execução.

Com efeito, se a competência de fiscalização não resulta da norma, é porque não é por esta permitida e, em Direito Público, tudo o que não é permitido deve ter-se como proibido.

A fiscalização da constitucionalidade das leis constitui um instituto de garantia da Constituição que supõe, sucessivamente, uma actividade de confronto entre uma norma legal-parâmetro e uma norma legal-objecto; a formulação de um juízo sobre a compatibilidade da segunda em relação à primeira; e a prolação de uma decisão sobre a legitimidade jurídica da referida norma objecto, como consequência do mesmo juízo, da qual decorrem necessariamente efeitos jurídicos.

Semelhante actividade reveste *natureza jurisdicional,* já que se reconduz a uma função interventiva destinada a resolver uma questão de Direito, derivada de um conflito entre duas normas. Conflito ocorrido entre uma decisão emanada de um poder subordinante e uma decisão de um poder subordinado, cuja composição se processa através da utilização de métodos jurídicos e a formulação de um juízo necessariamente pautado pela imparcialidade[23].

Ora, a actividade jurisdicional em geral, e dentro desta, a função de controlo da constitucionalidade das leis, em particular, encontram-se reservadas aos tribunais.

Como bem sublinha a este propósito o Tribunal Constitucional no Acórdão n.º 16/96, a função jurisdicional encontra-se *reservada aos tribunais* pelo n.º 1 do actual art. 205.º da CRP, o qual refere que os mesmos órgãos de soberania se definem em razão da sua *"competência para administrar a Justiça em nome do povo".*

Essa *reserva compreende a actividade de controlo da constituciona-lidade,* dispondo o art. 204.º da CRP que *"Nos feitos submetidos a julga-mento não podem os tribunais aplicar normas que infrinjam o disposto na Constituição ou os princípios nela consagrados",* ungindo o art. 280.º o processo de fiscalização concreta, como tramitação adequada para o exercício dessa faculdade de desaplicação judicial.

Trata-se, ademais, de uma reserva absoluta de jurisdição pois a Cons-tituição não comete competência para o exercício da função jurisdicional

---

[23] Cfr. sobre a fiscalização como actividade jurisdicional EDUARDO GARCIA DE ENTERRIA em AAVV "Temas Básicos de Derecho Constitucional" – Dir. MANUEL ARA-GÓN REYES Madrid-2001, p. 19 e Seg.

a mais nenhum órgão soberano, para lá dos tribunais, importando atentar no facto de o art. 110.º da Constituição determinar que a competência dos órgãos de soberania é a definida na Constituição.

O facto de não ser consagrada em favor da Administração uma disposição análoga ao art. 204.º, permite que este preceito opere *"a contrario sensu"*, como regra confirmativa de uma reserva total de jurisdição no controlo de constitucionalidade.

Tão pouco se pode retirar implicitamente uma norma excepcional de competência de controlo em favor da Administração, a partir do *"princípio da constitucionalidade"* enunciado no n.º 2 do art. 266.º da CRP.

Isto porque a pretensa excepção à regra geral de uma reserva jurisdicional titulada pelos tribunais *traduzir-se-ía numa derrogação constitucional, a qual deveria operar mediante disposições de conteúdo mais denso e particular do que a disposição geral derrogada, e não através de disposições ainda menos densas e de conteúdo ainda mais geral, como seria o caso de um princípio*[24].

Sendo uma reserva absoluta, depreende-se que o Governo, na sua qualidade de órgão de soberania (que o art. 182.º da Constituição erige a órgão superior da Administração Pública), não se encontra autorizado a exercer competências de controlo de constitucionalidade ao abrigo da função administrativa de que é titular.

Ora, se tal proibição vale para um órgão de soberania, *por maioria de razão* ele não poderia deixar de valer para *os órgãos administrativos independentes desprovidos desse estatuto soberano, bem como, muito particularmente, para todos os órgãos da administração central submetidos à hierarquia governamental, e ainda para os órgãos da administração indirecta e autónoma, sujeitos aos vínculos de superintendência e tutela do mesmo Governo.*

21. Observe-se, finalmente, um quarto e último argumento de ordem material, estribado na salvaguarda do *princípio da segurança jurídica no exercício da actividade administrativa e na tutela dos direitos dos administrados.*

Trata-se de um princípio-pressuposto do Direito já que tem por escopo garantir *"a durabilidade, certeza e coerência da ordem jurídica, permitindo aos membros da colectividade organizarem a sua vida individual, relacional e colectiva, mediante o imperativo da previsibilidade ou*

---

[24] Cfr. sobre os pressupostos da figura da derrogação JORGE MIRANDA "Manual (...)" – II – 2000 – p. 137 e Seg.

Fiscalização da Constitucionalidade e Garantia dos Direitos Fundamentais 103

calculabilidade normativa de expectativas de comportamento e consequencialidade nas respectivas acções".

Ora, considera-se que o reconhecimento e uma competência de desaplicação de normas legais pela administração com fundamento na sua inconstitucionalidade *levantaria problemas críticos em termos de segurança jurídica.*

Problemas que se projectam a três níveis: *o da lesão dos princípios da unidade de acção e da eficácia administrativas; o da quebra da confiança dos particulares; e o da fractura do corolário da presunção da constitucionalidade das leis.*

Não é todavia esta, a sede própria para o seu desenvolvimento.

3.1.3. *Excepções relativas à regra anteriormente formulada: – fundamentos restritos de uma desaplicação admissível*

22. A regra geral da proibição de desaplicação de leis inconstitucionais, tal como foi fundamentada nos parágrafos precedentes, à luz de qua-tro princípios constitucionais medulares da ordem jurídica vigente pode, ainda assim, comportar quatro excepções que importará, com brevidade, examinar.

A primeira consiste na faculdade de o operador administrativo recusar a aplicação de uma *lei inexistente.*

A segunda hipótese de desaplicação administrativa de lei inconstitucional surge como efeito da *interpretação conforme à Constituição*, a qual a Administração se encontra de algum modo habilitada a fazer, como condição do imperativo constitucional da boa execução das leis.

A terceira excepção reside na *incongruência manifesta do texto legal.*

O quarto fundamento excepcional de desaplicação administrativa verte sobre *leis que violem rotundamente direitos fundamentais definidos como "absolutos" ou "intangíveis", consagrados em normas constitucionais preceptivas e exequíveis por si próprias.*

3.1.4. *Apreciação de uma excepção em particular: a tutela administrativa difusa do núcleo de direitos absolutos ofendidos por leis inconstitucionais*

23. Parece pacífico o entendimento, segundo o qual, do n.º 1 do art. 18.º da CRP, resulta a vinculação da Administração, na qualidade de instância pública, aos direitos, liberdades e garantias, previstos na Consti-

tuição (bem como a outros de carácter extravagante, à luz do n.° 1 do art. 16.°), detendo os preceitos que os consagram, uma faculdade de aplicação directa pela Administração.

Resta saber se essa *aplicação directa* da norma constitucional pode ser interpretada como *aplicação preferencial* sobre uma lei que, no entender da Administração, colida com a mencionada norma.

Estimamos, *a título de questão prévia,* que o problema da aplicação directa só se coloca, verdadeiramente, em caso de estarmos perante direitos, liberdades e garantias contidos em *normas constitucionais exequíveis por si próprias,* dado que, se a própria Constituição exigir complementação legal necessária, a norma não é susceptível ser directamente concretizada pelo operador administrativo[25].

Mas, como regra geral relativamente à hipótese de preferência das normas preceptivas e exequíveis por si próprias sobre a lei, consideramos que a resposta é negativa.

Aplicação directa significa a possibilidade de invocação imediata do preceito constitucional pelo operador administrativo, em caso de inexistência de lei ordinária interposta[26], ou conjuntamente com norma legal existente que também seja eventualmente aplicável[27].

24. A Constituição determina, aqui, uma *excepção ao princípio da imediação legislativa entre a Constituição e o acto da Administração,* decorrente da incidência dos princípios da legalidade e da hierarquia das normas (cfr. supra §), permitindo que o referido acto, inclusivamente na ausência de lei, se possa fundar directamente na norma constitucional, conferindo-lhe aplicação.

Todavia, não consagra uma imposição ou autorização de preferência do acto administrativo de execução, sobre lei inconstitucional antitética.

Ainda assim, admitimos que no universo dos direitos liberdades e garantias insertos em normas preceptivas exequíveis por si mesmas[28],

---

[25] Cfr. JORGE MIRANDA Manual (...)" – IV –, p. 313

[26] Neste sentido, ANDRÉ SALGADO MATOS, ult. Loc. cit, p. 213 e seg.; diversamente, no sentido da preferência aplicativa da norma constitucional, GOMES CANOTILHO e VITAL MOREIRA, ult. loc. cit, p. p. 145 e seg.

[27] JORGE MIRANDA, ult. loc. cit,p. 312.

[28] PAULO OTERO ("O Poder de Substituição (...)" II – cit, p. 534) defende a desaplicação de leis inconstitucionais por actos da Administração, quando esta última aplicar direc-tamente direitos fundamentais contidos em normas constitucionais perceptivas, exequíveis por si mesmas.

Pela nossa parte, admitimos essa possibilidade de inexecução legal, apenas para

Fiscalização da Constitucionalidade e Garantia dos Direitos Fundamentais 105

existem alguns que podem, na base de uma interpretação sistemática da Lei Fundamental(resultante da conjugação do n.º 6 do art. 19.º com o n.º 1 do art. 18.º da CRP), ser tidos como fazendo parte do núcleo intangível do sistema de direitos fundamentais.

Trata-se de direitos indisponíveis à suspenção, relativamente imunes à restrição (a qual poderá ocorrer, a título implícito, apenas em casos excepcionais de colisão entre direitos e interesses de igual valor) e defendidos, através de limites de carácter implícito, contra o próprio poder de *"dupla revisão"*.

É o caso do núcleo do direito à vida, à integridade pessoal, à identidade pessoal, à capacidade civil, à cidadania, à não retroactividade da lei penal incriminadora, à defesa dos arguidos, à liberdade de consciência e à liberdade de religião.

25. A hierarquia substancial destes direitos sobre os restantes e a *"pretensão absoluta de aplicação"*[29] (a qual decorre do modo como o texto da Constituição determina a necessidade do seu cumprimento), fundamentam a possibilidade de a Administração proceder à sua aplicação preferencial sobre a lei, cuja presença a Constituição tem como subsidiária no mesmo âmbito material, mesmo quando proceda a restrições implicitas com fundamento em colisão de direitos.

A especial imperatividade emergente do conteúdo especialmente qualificado da norma constitucional que consagra um direito absoluto, aliada ao seu carácter auto-exequível, justificam o desbancamento pelo operador administrativo, de lei contrária que ostensivamente contrarie o seu sentido.

3.2. Dúvidas sobre a existência de uma *"dimensão de amparo"* no controlo jurisdicional concreto da constitucionalidade das normas

26. De acordo com a Constituição e a Lei do Tribunal Constitucional, este órgão aprecia a validade de normas aplicadas por decisões judiciais, cuja inconstitucionalidade é suscitada durante o processo.

---

alguns desses direitos, os chamados "absolutos", aproximando-nos da posição de JORGE MIRANDA, (ult. loc cit, p. 319), quanto a este ponto em concreto.

[29] Assim, ANDRÉ SALGADO MATOS, ult. loc. cit, p. 253, embora ampliando o domínio dos direitos susceptíveis de beneficiarem do regime de preferência.

Não tem, todavia, a mesma, competência para conhecer a inconstucionalidade das próprias decisões judiciais.

Neste ponto específico, o Tribunal Constitucional, acompanhado pela doutrina[30], tem reiterado uma jurisprudência uniforme, a qual não concede a possibilidade de apreciar vícios próprios de constitucionalidade que inquinem as sentenças recorridas (Ac. n.º 612/94).

Esta aparente "zona branca" em termos de garantia jurisdicional da constitucionalidade de actos jurídico-públicos problematiza a oportunidade da introdução do instituto da queixa constitucional ou do recurso directo de constitucionalidade, no ordenamento português, como passo decisivo para que este alcance os níveis mais elevados de tutela jurisdicional subjectiva dos direitos fundamentais, tal como existem na Alemanha, Áustria ou Espanha.

Ora, de entre os actos jurídicos carentes de controlo de validade destacar-se-iam as sentenças judiciais, com particular relevo para as dos tribunais de revista e superiores.

27. De acordo com alguns sectores da doutrina portuguesa seria desnecessário consagrar o referido recurso directo contra decisões dos tribunais, pois o *"problema encontra-se muito atenuado pela jurisprudência do Tribunal Constitucional relativamente à fiscalização concreta"*[31].

Esta afirmação consagra uma prognose optimista, de que o Tribunal Constitucional em fiscalização concreta, e especialmente no que respeita ao recurso das decisões negativas de inconstitucionalidade (o qual, como vimos, é um recurso de parte com forte recorte subjectivista), logra preencher algumas das funções tradicionais de amparo, sendo desnecessário instituir o recurso directo.

Mas o facto é que não se vislumbra qualquer meio processual eficaz de defesa dos direitos dos cidadãos vulnerados por sentenças judiciais que enfermem de inconstitucionalidade, em razão de vícios próprios e que transitem em julgado em estado de ilegitimidade jurídica.

28. Admite-se que existe, algum espaço para levar ao conhecimento do Tribunal Constitucional, não propriamente sentenças inconstitucionais, mas recursos de decisões que apliquem normas interpretadas e aplicadas jurisdicionalmente num sentido inconstitucional; normas integrativas de

---

[30] Por todos JORGE MIRANDA "Manual de Direito Constitucional" – VI-Coimbra-2001 – p. 201

[31] JORGE MIRANDA "Manual (...)" VI – op. cit, p. 158-159.

lacunas; e normas de criação de jurisprudencial e aplicadas na decisão recorrida

Esta perspectiva parece ser acolhida por outros autores que, em artigos recentes elaborados sobre a matéria, salientam que "(...) *a jurisprudência do Tribunal Constitucionl tem permitido, ainda que de forma lateral e mitigada, alcançar alguns dos efeitos do recurso de amparo, designadamente quando admite a sindicabilidade de normas com uma dada interpretação, a interpretação acolhida na decisão recorrida"*[32].

E prosseguem, dizendo que " *a questão de constitucionalidade tanto pode respeitar a uma norma (ou a uma parte dela) como também à interpretação ou sentido com que foi tomada no caso concreto e aplicada (ou desaplicada) na decisão recorrida, ou mesmo a uma norma construída pelo juiz recorrido a partir da interpretação ou integração de várias normas textuais (desde que estas sejam devidamente identificadas)"*.

É um facto que o Tribunal Constitucional deu passos importantes no sentido de julgar a inconstitucionalidade de normas interpretadas num sentido inconstitucional pelo "tribunal a quo", ou mesmo normas inconstitucionais criadas jurisdicionalmente "in casu".

E fá-lo, mesmo quando existem dúvidas, sobre se a questão de constitucionalidade invocada respeita efectivamente à norma ou concerne, ao invés, à própria decisão, ocorrendo esta situação sobretudo quando se sindica a aplicação feita a uma norma pela decisão recorrida, de acordo com uma interpretação contrária à Constituição, admitindo a doutrina que, nesta sede, *"as situações possam ser dificilmente distinguíveis"*[33].

29. Em qualquer caso, se o Tribunal Constitucional estimar que aquilo que está em causa, em termos de constitucionalidade, é uma "norma construída" pelo tribunal recorrido justifica-se que julgue o recurso interposto da decisão que lhe deu aplicação.

E, na realidade, se estiver em causa, no incidente suscitado, a violação de direitos fundamentais, o Tribunal Constitucional realiza uma tarefa de *"quase amparo"* cuja competência a doutrina lhe tem crescentemente

---

[32] VITAL MOREIRA "O Tribunal Constitucional Português: a fiscalização concreta no quadro de um sistema misto de justiça constitucional" – "Sub Júdice" – n.ºs 20/21-2001 – p 109.

[33] ARMINDO RIBEIRO MENDES ("Órgãos de Justiça Constitucional – I Conferência da Justiça Constitucional da Iberoamérica Portugal e Espanha" – Sep. Documentação e Direito Comparado – n.º 71/72-1997 – p. 745) citando jurisprudência (AC. 106/92, 612/94 e 342/95).

vindo a reconhecer[34], sem prejuízo de dever ser destacado que este poder cognitivo do Tribunal não se circunscreve ao universo de garantia dos direitos fundamentais, já que pode alcançar qualquer matéria.

Uma norma construída pelo tribunal recorrido é um *critério de decisão* cuja génese deriva, por via interpretativa, de um conjunto de normas positivas, explicita ou implicitamente aplicadas com um determinado sentido, pelo mesmo tribunal, não se confundindo com a própria decisão judicial que é fundamentada nesse critério normativo.

A ser assim, e se essa "norma de génese jurisdicional" violar regras constitucionais de competência bem como direitos, liberdades e garantias, justifica-se por acréscimo de razão, em razão da essencialidade dos valores e interesses tutelados, que o Tribunal Constitucional, sem entrar na apreciação da validade da própria decisão, possa conhecer da constitucionalidade da norma "ideal"que a parametriza.

Julga-se, até que, no respeito de uma interpretação prudente insusceptível de abalar a presente orientação jurisprudencial, importaria que o Tribunal Constitucional desse um passo mais firme e menos tímido, no sentido da admissão de recursos de decisões que apliquem uma *norma implícita* de construção jurisdicional, que se mostre violadora de direitos, liberdades e garantias.

Norma que não seja necessariamente invocada na decisão recorrida, mas relativamente à qual seja possível demonstrar que, como critério de decisão ideal, não pôde deixar de estar presente para fundamentar a mesma decisão.

Norma ou "solução normativa" que não se reconduz necessariamente um preceito, mas pode resultar de uma relação de sentido derivada da conjugação de diversos preceitos.

Cumprirá, pois, ao Tribunal Constitucional, através de um juízo de bom senso, distinguir inconstitucionalidades intrínsecas às sentenças e só a elas (excluindo pretensas normas forjadas nas alegações de parte), e inconstitucionalidades inerentes a soluções normativas criadas por via interpretativa na sentença recorrida que violem ostensivamente direitos fundamentais.

Uma maior flexibilidade no atendimento destas situações fronteiriças, num sentido favorável ao amparo, quebraria esse privilégio chocante que envolve um respeito sacro, ao caso julgado inconstitucional fundado numa norma "ideal" ilegítima de criação judicial; e evitaria a introdução apressada de um recurso directo de inconstitucionalidade que

---

[34] JORGE MIRANDA ult. loc cit, e VITAL MOREIRA, ult. loc cit, p. 109.

Fiscalização da Constitucionalidade e Garantia dos Direitos Fundamentais 109

subsidiarizaria a fiscalização concreta e congestionaria o Tribunal Constitucional.

30. O exposto não prejudica o facto de, a estimar-se futuramente a procedência da inclusão de uma dimensão de "amparo" no sistema de controlo da constitucionalidade, a mesma possa começar a ser assegurada restritivamente através de um alargamento do objecto do controlo da fiscalização concreta, a sentenças inconstitucionais transitadas em julgado, violadoras do conteúdo essencial de direitos liberdades e garantias e proferidas por instâncias superiores ou de revisão.

Seria, seguramente, uma solução mais prudente do que a introdução de um regime de queixa constitucional, alargada a qualquer tipo de norma, acto administrativo ou sentença, já que a tutela da constitucionalidade das normas opera perfeitamente em sede de fiscalização concreta, sendo a fiscalização da constitucionalidade de actos administrativos violadores do núcleo de direitos fundamentais é assegurada pelos tribunais administrativos.

4. Observações finais

31. Sobre a tendência, interna e internacional, descrita, em matéria da evolução subjectivista da tutela jurisdicional dos direitos fundamentais, rematar-se-ia, numa breve síntese, com três pontos de reflexão.

O primeiro concerne ao facto de, nos ordenamentos internos, não ser possível, sem mais, configurar um modelo ideal e, ainda menos, extrair o corolário de que, quanto maior o "quantum"de procedimentos subjectivos de tutela jurisdicional de direitos fundamentais, de actos jurídicos sujeitos a essa tutela e de sanções ou providências cautelares destinadas a afectar os mesmos actos, mais perfeito será o sistema.

É certo que o reforço processual da tutela subjectiva da garantia dos direitos fundamentais prossegue um valor essencial do Estado de Direito, o qual consiste na realização concreta desse mesmo Direito através de processos jurisdicionais colocados ao alcance dos próprios cidadãos.

Com essa mesma tutela, caem, e bem, as últimas e incompreensíveis imunidades de certos actos públicos, com especial relevo para a lei.

Contudo o uso incontinente de certos institutos, como o recurso directo de constitucionalidade, na Alemanha e sobretudo em Espanha, pode não só gerar apelos à sua revisibilidade, mas também não aconselhar a sua transponibilidade, sem mais, para outros ordenamentos, como o português e o italiano.

Em Espanha os recursos de amparo entopem o Tribunal Constitucional, subindo de 6000 em 1996 para 27000 em 1997, matando a fiscalização concreta e obrigando muitos autores a exigir a sua reforma.

Daí que em Itália o discurso final de Livio Paladin, desaparecido no ano de 2000, tenha sido de cepticismo diante do instituto.

Na ordem jurídica portuguesa, se é certo que a fiscalização concreta difusa tem, como assinala Jorge Miranda, mitigado a necessidade da introdução do instituto, continua a fazer-se sentir a necessidade de alargar a garantia da Justiça Constitucional a certas zonas deficitárias em termos de tutela, como a das decisões dos tribunais que violem direitos fundamentais.

Antes de se avaliar, no Direito Comparado, a relação "custo-benefício" relativa à introdução do recurso directo, talvez valesse a pena estimular o Tribunal Constitucional a alargar a noção de norma que pode ser objecto de fiscalização em controlo concreto. E a sindicar mais ousadamente regras jurídicas ideais, implícitas e pressupostas, de criação jurisdicional, permitindo, assim, diminuir a blindagem de sentenças inconstitucionais, as quais, por vezes, dificilmente se distinguem das normas que aplicam.

Em segundo lugar, não podemos deixar de encarar, com alguma reserva, as teses favoráveis à multiplicação de institutos cautelares que paralisam a eficácia de actos públicos, tendo em vista a tutela de direitos de conteúdo excessivamente indeterminado, direitos sociais contidos e normas programáticas e interesses difusos.

Uma marcha nesse sentido, aliada a uma eventual politização da Justiça, poderia levar à prolação de decisões de mérito travestidas de juízos de legitimidade e à dissolução do interesse geral, presente na restrição legítima ao exercício de certos direitos, no mar encapelado e anómico de novos direitos, pretensos direitos e meras expectativas jurídicas.

Em terceiro lugar, a globalização dos direitos fundamentais e dos seus mecanismos jurisdicionais de tutela, constituindo um factor positivo no plano do reforço da sua garantia, pode pecar por sobreponibilidade e excesso.

A Carta Europeia dos Direitos constitui um instrumento desnecessário e redundante, que só pode ser explicada como uma tentativa de criar a Constituição de uma Federação Europeia através de uma declaração de direitos.

O Estado português, por exemplo, ficará sujeito a uma cumulação de regras internacionais sobre direitos fundamentais (Declaração Universal, Pactos da ONU, CEDH, e a Carta, quando esta tiver força jurídica). Cumulação que deverá ser solucionada, em caso de antinomia entre as suas normas, através de complexos critérios de hierarquia, competência e especialidade que, indesejavelmente, complicam ao invés de simplificar a tutela jurisdicional das posições subjectivas dos cidadãos.

Por outro lado, como bem sublinhou o Secretário do Tribunal Constitucional espanhol, Jimenez Campo, numa conferência em Siena realizada no ano de 2000 (texto inédito), os tribunais internacionais, como é o caso do TEDH, decidem com frequência na base de princípios indeterminados e com grande distância, para não falar em desconhecimento, dos factos que envolvem um dado litígio.

Enquanto que, mesmo nas jurisdições constitucionais, que são tribunais de normas, os factos não são todavia irrelevantes na avaliação das situações e na motivação das decisões, nas jurisdições internacionais o parâmetro, para além do seu caracter vago, surge com frequência desligado do seu objecto.

Importaria, deste modo, introduzia mecanismos que, no âmbito do reforço de uma tutela subjectiva, permitam a aproximação dos tribunais internacionais apreciações mais fiáveis em matéria de facto.

POR UMA LEITURA FECHADA E INTEGRADA DA CLÁUSULA ABERTA DOS DIREITOS FUNDAMENTAIS [1]

ISABEL MOREIRA*

SUMÁRIO: §1.º NOTA PRÉVIA INTRODUTÓRIA: I. Identificação e justificação do objecto a investigar. §2.º PRELIMINARES: I. Nota sucinta de Direito Comparado: o IX Aditamento à Constituição dos Estados Unidos; II. Conclusões gerais acerca da primeira e cimeira cláusula aberta. §3.º A CLÁUSULA ABERTA NO SISTEMA CONSTITUCIONAL PORTUGUÊS: I. Memória do instituto; II. Constituição de 1976. A introdução da cláusula aberta: um peculiar processo de redacção e votação; III. Os direitos abrangidos pela Cláusula aberta e o respectivo regime; IV. Os direitos recebidos pela cláusula aberta. Sequência; V. Critério operativo para a identificação dos direitos extraconstitucionais análogos aos direitos, liberdades e garantias e consequências regimentais.§4.º CONCLUSÕES SUMÁRIAS.

§ 1.º
Nota prévia Introdutória

I. IDENTIFICAÇÃO E JUSTIFICAÇÃO DO OBJECTO A INVESTIGAR

1. O seminário de mestrado no âmbito do qual se desenvolveu este trabalho tem um tema amplíssimo: *lei, reserva de lei e reserva de administração.*

---

[1] Este estudo corresponde ao Relatório, aqui ligeiramente abreviado, da parte escolar do Curso de Mestrado em Ciências jurídico-políticas, na disciplina de Direito Constitucional. A Regência coube ao Senhor Professor Doutor Carlos Blanco de Morais, a quem agradeço a orientação e permanente disponibilidade.

* Assistente Estagiária da Faculdade de Direito da Universidade de Lisboa.

114 Isabel Moreira

2. Os *caminhos* da investigação levaram a que se optasse por um tópico específico: o da cláusula aberta dos direitos fundamentais.

A escolha residiu no facto de parecer que tal tema tem tido tratamentos dispersos ou, quando globais, ser discutível que o mesmos ilustrem correctamente a *intenção* da norma constitucional em causa.

Por outro lado, novas teses foram surgindo, tendo-se concluído que o tópico escolhido é o mais *dilemático*, por isso o mais oportuno para uma tentativa de sistematização inovadora e criativa.

§ 2.º
Preliminares

I. NOTA SUCINTA DE DIREITO COMPARADO: O IX ADITAMENTO À CONSTITUIÇÃO DOS ESTADOS UNIDOS

3. O *IX Aditamento à Constituição dos Estados Unidos (1791) é a* referência primeira e cimeira que encontramos, nas constituições modernas, no que toca ao tema em análise. Estamos perante a primeira cláusula aberta, cujo significado dogmático e jurisprudencial é imprescindível apreender, pois, enquanto experiência primeira, o IX Aditamento foi a fonte inspiradora das poucas constituições que enveredaram pela via da consagração de uma cláusula aberta.

Com efeito, se em muitas constituições se consagra o direito ao livre desenvolvimento da personalidade, que tem um sentido próprio, o qual há-se ser apurado em cada constituição que sirva de referente – que pode ser o de reforçar todos os direitos pessoais activos ou o de limitar a "margem de intervenção do Estado e da sociedade na esfera individual, depreciando a *força* e o poder de um conjunto de valores constitucionais que (...), "até à consagração de um tal direito", ou cláusula, "poderiam mais facilmente ditar limitações a certos daqueles direitos activos"[2] –, são poucas as leis fundamentais que consagram uma cláusula aberta ou de não tipicidade dos direitos fundamentais[3-4].

---

[2] Cfr. Marcelo Rebelo de Sousa/José de Melo Alexandrino, *Constituição da República Portuguesa Comentada*, Lisboa 2000, p.111.

[3] É o caso, cingindo-nos ao espaço jurídico-cultural em que nos inserimos – e, por isso, não nos detendo na Constituição Colombiana, Ucraniana, ou nas de escassos países de leste –, das Constituições de alguns países de língua portuguesa, como a de Angola (artigo 21.º, n.º 1), a da Guiné-Bissau (artigo 29.º, n.º 1), a de Cabo-Verde (artigo16.º) ou

Por uma Leitura Fechada e Integrada da Cláusula Aberta 115

4. Detenhamo-nos, pois, no IX Aditamento à Constituição Americana: "the enumeration in the Constitution, of certain rights, shall not be construed to deny or disparage others retained by the people". Apesar desta enunciação, o IX aditamento já tem sido referido como uma "piada", no sentido em que o mesmo é invocado quando não há qualquer outro fundamento para uma determinada pretensão[5]. A ideia é, pois, a de que, no seu sentido literal imediato, o IX Aditamento tem uma aplicabilidade ínfima[6].

Qual é, então, a *ratio* que presidiu à aprovação do IX Aditamento? JOHN HART ELY explica-a da seguinte forma: receou-se que a inclusão na Constituição de uma lista de direitos fosse interpretada como implicando que o poder federal não estaria, de facto, limitado pelas autoridades mencionadas no Artigo I, Secção 8, da Constituição, mas antes incluindo tudo até ao limite dos direitos estatuídos nos primeiros oito aditamentos. O IX Aditamento terá sido, pois, anexado ao "Bill of Rights" apenas e tão-só para negar aquela inferência; para reiterar que o governo americano era um governo com poucos direitos e claramente definidos. Numa palavra, interpretando o Autor, dir-se-ia que o IX Aditamento *nasceu* por força de uma preocupação de separação de poderes; pretendeu ser, pois, uma norma de "competência", apesar do seu enunciado linguístico. Mas, como o próprio Autor reconhece, seria estranho que a *ratio* imputada ao IX Aditamento fosse só a referida. Isto porque, ao mesmo tempo, foi aprovado o X

---

a da República Democrática de Timor Leste, casos que não espantam, conhecida que é a influência da Constituição Portuguesa de 1976 na redacção daqueloutras. Crê-se que a concisão e a incisão que se pretende conferir a este trabalho não justificam um excurso descritivo dos exemplos apontados, na medida em que os mesmos não optimizariam as conclusões a que se irá chegando.

[4] Poder-se-ia referir ainda a Constituição italiana, mas, como nota BLANCO DE MORAIS, "na doutrina italiana (...) existe uma atitude de algum cepticismo em relação à caracterização do artigo 2.º da Constituição transalpina, como uma cláusula aberta, pelo menos no sentido de a mesma permitir a qualificação das posições jurídicas activas "*não dedutíveis dos direitos e princípios constituicionalizados*", como direitos fundamentais. Mais se tem entendido que um alargamento acrítico de direitos fundamentais, por via legal ou convencional, gera os riscos de os mesmos colidirem com os direitos estabelecidos na Constituição, depreciando a sua esfera garantística". Cfr. *Direito Constitucional II, Relatório*, suplemento da RFDUL, Lisboa, 2001, p. 175 e bibliografia citada.

[5] Cfr. JOHN HART ELY, *Democracy and Distrust, A Theory of judicial Review*, United States, 1980, p. 34.

[6] Confirmando esta ideia, no sentido de que na prática forense não se socorre do sentido literal do IX Aditamento, cfr. EUGENE W. HICKOK, JR., *The Bill of Rights, original meaning and current understanding*, USA, 6ª reimp., 1999, p. 419.

Aditamento que expressa claramente o que se tinha referido como implícito no IX Aditamento.

Na verdade, aquele aditamento prescreve que os poderes não delegados ao poder federal pela Constituição, nem excluídos, por isso, aos poderes federais, são poderes reservados dos Estados federais. Ora, se a conclusão acima exposta acerca da *intenção* da cláusula aberta fosse absolutamente certa, teríamos de admitir, em face do X Aditamento, que estaríamos perante uma redundância[7].

Depois de analisar as posições possíveis acerca do significado do IX Aditamento – notando-se nas mesmas algumas "confusões" doutrinárias, como a fusão da questão dos poderes não enumerados e da dos direitos não enumerados –, bem como os documentos que podem servir para contar a sua *história*, que são poucos, a conclusão possível de JOHN HART ELY, em face da linguagem empregue, é a de que a aprovação o IX Aditamento teve a intenção de assinalar a existência de direitos constitucionais federais para além daqueles que estão especificamente enumerados na Constituição[8-9].

II. CONCLUSÕES GERAIS ACERCA DA PRIMEIRA E CIMEIRA CLÁUSULA ABERTA

5. É de notar que na análise expendida no ponto anterior não há qualquer referência a direitos *recebidos* pelo IX Aditamento de origem legal. Essa questão nem sequer se põe. A discussão doutrinária anda à volta da derivação, ou não, da cláusula aberta, de mais poderes para este ou aquele nível de poder, incluindo o jurisprudencial, bem como da questão – inevitavelmente conexa com a dos poderes – da existência de direitos constitucionais implícitos. Como se vê – melhor, se verá mais à frente –, a cláusula aberta americana nada tem que ver com a portuguesa,

---

[7] Cfr. *Democracy...*, cit. p. 35.

[8] Cfr. JOHN HART ELY, *Democracy...*, cit. p. 38.

[9] No sentido de que o IX Aditamento da Constituição dos EUA, no seu início, "tinha por objectivo "acolher" e dotar de relevância operativa direitos fundamentais já existentes no ordenamento jurídico anterior à Constituição, sem procurar tutelar futuros direitos fundamentais a criar ou, utilizando a nossa terminologia, "direitos novos", cfr. PAULO OTERO, *Direitos Históricos e não Tipicidade Pretérita dos Direitos Fundamentais*, in *"Ab Uno Ad Omnes"*, obra colectiva, Coimbra, 1998, p. 1069, debruçando-se, portanto, apenas sobre a eficácia temporal do princípio da não tipicidade dos direitos fundamentais, e não da sua eventual relevância em termos de separação de poderes.

Por uma Leitura Fechada e Integrada da Cláusula Aberta 117

consagrada no artigo 16.°, n.° 1, da CRP. Os caminhos de um ponto de partida nominal semelhante seguem trilhos que se não encontram.

6. Em termos jurisprudenciais, encontramos demonstrações claras das duas linhas mestras que vão ditando a aplicação da cláusula aberta americana. Alguns casos, no que toca às fontes dos direitos de personalidade, dão conta – independentemente do sentido das decisões em causa – de que há direitos, nas suas diversas manifestações[10], que foram considerados implícitos na *liberdade* protegida pelos V e XIV Aditamentos.

Também foram "recortados" a partir do IX Aditamento, concebido, em pouquíssimos casos (como no *Griswold v. Connecticut*[11]), como uma regra contra construções confinadas ou "apertadas"[12].

Neste conjunto de situações, e perscrutando os variadíssimos exemplos de que LAURENCE H. TRIBE nos dá conta acerca das fontes que o Supremo Tribunal considerou na enunciação de direitos de personalidade, duas conclusões sólidas há a retirar: em primeiro lugar, o IX Aditamento é preterido por outros, na grande maioria dos casos, na descoberta de direitos de personalidade; em segundo lugar, seja qual for a fonte dos direitos de personalidade não enumerados constitucionalmente, ela é *sempre* constitucional. Confirma-se a ideia expressa mais atrás de que nunca se põe a questão de um eventual reconhecimento de direitos fundamentais em fontes infraconstitucionais. É, por outras palavras "uma norma constitucional de construção para proteger direitos residuais que existem devido ao facto de o governo federal ter apenas poderes limitados".[13]

A primeira cláusula aberta é, afinal, uma cláusula confinada às fronteiras da Constituição e, inevitavelmente, cunhada por uma preocupação de separação de poderes.

---

[10] Por exemplo, direito ao aborto, ou, num caso bem glosado, a questão de saber se a Constituição, perante a criminalização, pelo Estado da Georgia, de actos de sodomia praticados por adultos, com consentimento, dentro de casa, confere um direito fundamental aos homossexuais de praticarem sodomia (neste caso há claramente uma questão de poderes – estaduais v. federais – e de direitos não enumerados) – cfr. *Bowers v. Hardwick*, in LAURENCE H. TRIBE, *American Constitutional Law*, 2ª ed., N.Y., 1988 p. 1429 e ss..

[11] Sobre este caso, cfr. EUGENE W. HICKOK, JR., *The Bill of Rights*,..., cit., p.420. Em termos sucintos, o Supremo Tribunal, recorrendo ao IX Aditamento, considerou, em 1965, que uma lei do Estado de Connecticut que criminalizava o uso de contraceptivos não poderia, constitucionalmente, ser aplicada a casados. Estava em causa o direito à privacidade na relação matrimonial.

[12] Cfr. as referências em LAURENCE H. TRIBE, *American*..., cit. p. 1309 e ss. e 774 e ss..

[13] Cfr. EUGENE W. HICKOK, JR., *The Bill of Rights*,..., cit., p. 419.

§ 3.º
A cláusula aberta no sistema constitucional português

I. *MEMÓRIA* DO INSTITUTO

7. A cláusula aberta em matéria de direitos fundamentais foi inscrita na história constitucional portuguesa na *Constituição de 1911*. No seu artigo 4.º determinava-se que "A especificação das garantias e direitos expressos na Constituição não exclui outras garantias e direitos não enumerados, mas resultantes da forma de governo que ela estabelece e dos princípios que consigna ou constam doutras leis".

Pouca bibliografia existe acerca desta cláusula, o que parece indicar que a mesma não teve grande protagonismo durante a vigência da Constituição de 1911. Se a bibliografia e a importância prática da cláusula aberta foi exígua, cinja-se a respectiva análise ao contributo de MARNOCO E SOUZA, o qual sistematiza o instituto da seguinte forma: "Segundo o artigo que estamos analysando estas novas garantias podem resultar: 1.º da forma de Governo que a Constituição estabelece; 2.º dos principios que ella consigna; 3.º dos princípios que constam de outras leis". Na opinião do Autor, "comprehendem-se perfeitamente as duas primeiras fontes das novas garantias e direitos individuaes. Assim o direito de eleger o congresso por suffragio directo é uma garantia da primeira categoria. A independencia do poder judicial é uma garantia da segunda categoria, e tão importante que o projecto da Constituição a mencionava expressamente". Porém, mais à frente, conclui que "Não se comprehendem facilmente as garantias da terceira categoria, tanto mais que o artigo 78.º da Constituição brasileira[14] que serviu de fonte a este não as menciona. As garantias que constam de outras leis são garantias ordinarias, mas não constitucionaes. Todas as leis consignam um certo numero de garantias a favor do individuo, quer se tratce de leis civis, quer se tracte de leis penaes, quer se tracte de leis fiscaes, quer se tracte de leis de processo. Não se podem considerar estas garantias constitucionaes, pois são estabelecidas por leis ordinarias. De duas uma: ou as garantias que constam de outras leis constituem materia constitucional, mas neste caso cahe-se no absurdo de considerar como contitucionaes garantias estabelecidas pelas leis ordinarias, tornando-se difícil a reforma destas leis, ou taes garantias não constituem materia constitucinal e neste caso não se pode explicar a referencia que este artigo

---

[14] Está em causa a Constituição brasileira de 1891, a qual foi, de facto, a fonte *directa* do artigo 4.º da Constituição de 1911.

Por uma Leitura Fechada e Integrada da Cláusula Aberta 119

lhes faz, pois a Constituição deve occupar-se unicamente de garantias constitucionaes. Era melhor não ter feito o accrescentamento que se fez ao artigo da Constituição brazileira. Em todo o caso, só as garantias que derivam da forma de governo que a Constitituição estabelece e dos principios que ella consigna, é que não podem ser revogadas pelas leis ordinarias"[15].

8. A interpretação citada do artigo 4.º da Constituição de 1911 permite duas conclusões fundamentais: em primeiro lugar, parece claro que a cláusula aberta foi entendida como uma afirmação de tipo sistemático. Explicando melhor, o artigo 3.º da Constituição de 1911 – que se ocupa dos direitos e garantias individuais – trata fundamentalmente dos clássicos direitos e garantias individuais – como a liberdade (nas suas diversas manifestações, *v. g. liberdade religiosa* e *liberdade de expressão de pensamento político*), a igualdade, as garantias do processo criminal, o direito de propriedade, a inviolabilidade do sigilo da correspondência ou o direito de resistência. Fora deste catálogo ficam, pelo menos enquanto *direitos e garantias individuais*, por exemplo, os hoje chamados direitos de participação política. Daí que na óptica de MARNOCO E SOUZA o artigo 4.º sirva exactamente para, no âmbito da Constituição, sublinhar que a enumeração do artigo 3.º obedece a uma perspectiva de *natureza* de direitos e garantias, mas que tal *especificação,* teleologicamente fundada, não exclui outras garantias e direitos não enumerados no artigo 3.º, precisamente por força do critério que preside ao preceito. O Autor adverte, pois, que a Constituição, através do artigo 4.º, admite outros direitos, *mas* (conjunção que parece sintomática de uma intenção limitativa) apenas os que resultem da forma de governo – por isso o direito de eleger o congresso por sufrágio directo mencionado – ou dos princípios constitucionais – por isso a garantia da independência do poder judicial mencionada. Esta é a primeira conclusão a retirar da análise do Autor citado.

Noutro plano, é cristalino que estamos perante uma concepção de Constituição fechada, vértice da pirâmide normativa, hierarquicamente incontestável. O terceiro segmento do artigo 4.º da Constituição de 1911 não sugere a MARNOCO E SOUZA qualquer raciocínio apoiado em critérios hoje discutidos, como o da "analogia procedimental" ou o da "essencialidade material dos direitos extraconstitucionais". Não: no âmbito da concepção enunciada, a ideia de apelar a direitos provenientes de princípios consignados noutras leis é um *atentado* dogmático em dois planos: à rigidez

---

[15] Cfr. *Constituição Politica da Republica Portugêsa. Commentario.* Coimbra, 1913, pp. 204 e 205.

Isabel Moreira

e à legitimidade constitucional, se se pretender conferir natureza constitucional aos pretensos direitos extravagantes; à logicidade da norma constitucional, se tais direitos forem afinal direitos consignados em leis ordinárias e com a força destas[16].

9. Não se encontrou jurisprudência ou mais doutrina referente à Constituição de 1911 que pudesse contribuir para o estudo do mencionado artigo 4.°. Concretamente, não se verificou qualquer contestação à análise de MARNOCO E SOUZA, nem tão pouco enunciação de direitos infraconstitucionais. *A conclusão só pode ser a de que a operatividade desta "cláusula aberta", em termos de reconhecimento de direitos extraconstitucionais, foi nula, ou, pelo menos, irrisória.*

10. *A Constituição de 1933* também consagrou uma cláusula aberta. Resta saber se o objectivo de tal cláusula era o de consagrar "um princípio de *não tipicidade* dos direitos fundamentais, no sentido da possível existência (da não exclusão) de outros direitos *não-enumerados* (...) "constantes da constituição ou das leis (artigo 8.°, § 1.°)"[17], ou se, estando em causa uma Constituição que suporta um regime autoritário, e ser ponto assente que o que caracterizou a Constituição de 1933, no que toca aos direitos, liberdades e garantias individuais, "foi o facto de alguns dos direitos mais significativos ficarem submetidos ao regime que viesse a ser estabelecido por "leis especiais", ao ponto de se afirmar que "os direitos fundamentais moviam-se no âmbito da lei, em vez de a lei se mover no âmbito dos direitos fundamentais"[18], também o mencionado artigo 8.°, § 1.° *escondia* uma intenção limitativa.

11. Na verdade, o artigo 8.°, § 1.° da Constituição de 1933 estatuía que "a especificação destes direitos e garantias não exclui quaisquer outros

---

[16] Esta concepção é, aliás, bem próxima da de KELSEN, para o qual – referindo-se ao IX Aditamento da Constituição americana – o princípio da cláusula aberta, ainda que tenha origem jusnaturalista, só pode ter consequências e uma compreensão positivista, no sentido em que o mesmo permite apenas descobrir direitos no texto constitucional, pois este pode indirecta ou implicitamente fundamentá-los. Cfr. HENRIQUE MOTA, *Le Principe de la "Lliste Oouverte" en Matiere de Droits Fondamentaux*, in "La Justice Constitutionnelle au Portugal", Paris, 1989, p. 179.

[17] Cfr. VIEIRA DE ANDRADE, *Os Direitos Fundamentais na Constituição Portuguesa de 1976*, 2ªed., Coimbra, 2001, p. 72.

[18] Cfr. J.J. GOMES CANOTILHO, *Direito Constitucional e Teoria da Constituição*, 5ª ed., Coimbra, 2002, p. 183.

Por uma Leitura Fechada e Integrada da Cláusula Aberta

constantes da Constituição ou das leis, entendendo-se que os cidadãos deverão sempre fazer uso deles sem ofensa dos direitos de terceiros nem lesão dos interesses da sociedade ou dos princípios da moral", notando-se, desde logo, a possibilidade de uma operatividade prática do preceito livremente limitada a partir de conceitos indeterminados, sendo de destacar o de *lesão dos interesses da sociedade.*

Por outro lado, é evidente que no âmbito de uma Constituição em que os direitos fundamentais tinham o estatuto efectivo acima referido, uma cláusula aberta não fugiria, efectivamente, à mesma caracterização. Trata--se de uma conclusão clara, numa perspectiva de interpretação assente na unidade da Lei Fundamental em causa. A Constituição de 1933 é uma constituição *semântica*, pois formaliza "a situação do poder político existente em benefício exclusivo dos detentores de facto desse mesmo poder"[19].

Assim como a proclamação da liberdade de expressão do pensamento, de ensino, de reunião e associação efectuada pelo artigo 8.º é desmaterializada pelas *leis especiais* a que se refere o § 1.º do mesmo artigo, também a admissão de direitos extravagantes é desvirtuada, na medida em que a redacção do artigo 8.º, § 1.º da Constituição de 1933 permite que o *regime* supere a pessoa.

Numa palavra, a cláusula aberta da Constituição de 1933 não é, verdadeiramente, uma cláusula aberta. É, tal como o crivo (artigo 8.º, § 2.º) que permitia que direitos mais significativos ficassem submetidos ao regime que viesse a ser estabelecido por "leis especiais", mais um expediente – tecnicamente notável, como, de resto, todo o texto de 1933 – de protecção do Regime. A técnica consiste em não negar à partida direitos, antes admitindo-os com a máxima amplitude, mesmo que extraconstitucionais. Isso permite que todos "venham ao de cima", para depois ser possível conferir-lhes tratamento *adequado* com o conjunto de instrumentos constitucionais subliminares, seja ele o previsto no artigo 8.º, § 2.º, seja, para o que nos interessa, o emprego de conceitos indeterminados a concretizar pelos detentores, de facto, de um poder autoritário[20].

---

[19] Cfr. JORGE MIRANDA, *Manual de Direito Constitucional*, II, 4ª ed., Coimbra, 2000, p. 23.

[20] No sentido de que a cláusula aberta consagrada no artigo 8-1 da Constituição teve uma aplicação autoritária, cfr. HENRIQUE MOTA, *Le Principe...*, cit., p. 181, em nota.

II. CONSTITUIÇÃO DE 1976. A INTRODUÇÃO DA CLÁUSULA ABERTA: UM PECULIAR PROCESSO DE REDACÇÃO E VOTAÇÃO

12. Aquando da redacção dos preceitos relativos a direitos fundamentais da CRP, a ideia de se não considerar o seu elenco constitucional como taxativo encontrou duas hipóteses: de um lado, os projectos do MDP/CDE, do PCP e do PPD, no sentido da consagração de uma cláusula aberta; diferentemente, o projecto do CDS apontava para a criação de uma cláusula geral, hoje já consagrada, de livre desenvolvimento da personalidade[21].

Já sabemos que a primeira hipótese foi a que vingou, sendo certo que a mesma deu lugar a um importante debate no Plenário, do qual nos dá conta o Diário da Assembleia Constituinte (*DAC*).

A Comissão dos direitos e deveres fundamentais redigiu um articulado que excluiu uma cláusula prevista no artigo 14.° do projecto do PPD – a abertura aos direitos *decorrentes da inviolabilidade da pessoa humana* – bem como a referência aos *deveres* proposta pelo PCP[22]. Por outro lado, a redacção final proposta pela Comissão contrapunha claramente os direitos, liberdades e garantias e direitos sociais, no sentido de só existir abertura quanto aos primeiros (o que, de resto, ia ao encontro do projecto do PPD).

O artigo 16.°, n.° 1, foi aprovado sem qualquer debate[23]. O PPD insistiu, porém, no aditamento por si proposto através de intervenções importantes dos Deputado Costa Andrade, Mota Pinto, Barbosa de Melo e Freitas do Amaral (que se lhes associou). Dos argumentos expendidos refira-se, em síntese, e respectivamente: a ideia de que o aditamento garantiria uma ampla tutela da personalidade em face da evolução e do progresso[24]; a perspectiva da inviolabilidade da pessoa humana enquanto valor e imperativo, e não mero texto[25]; o aditamento proposto como visando uma declaração aberta à evolução da experiência colectiva e um sistema de protecção para a totalidade das pessoas[26]; o postulado de que os direitos são anteriores e inerentes à pessoa humana e de que a inviola-

---

[21] Cfr. DAC, n.° 16, (suplemento).
[22] Cfr. HENRIQUE MOTA, *Le Principe...*, cit. p. 188.
[23] Cfr. DAC, n.° 35, pp. 941 e 942.
[24] Cfr. DAC, n.° 35, pp. 941 a 944.
[25] Cfr. DAC, n.° 35, p. 944.
[26] Cfr. DAC, n.° 35, p. 944.

Por uma Leitura Fechada e Integrada da Cláusula Aberta   123

bilidade da pessoa humana, enquanto princípio geral de direito, é fonte de direito[27].

A estes argumentos respondeu, isolado, o Deputado Vital Moreira, afirmando que o que estava essencialmente em causa era a determinação das fontes jurídicas dos direitos, liberdades e garantias, não sendo, do ponto de vista técnico, adequado a adição de um elemento – a inviolabilidade da pessoa humana – que é uma fonte material, logo de estrutura e qualidade díspar das fontes a que o deputado se referia, para além de se estar a permitir a todos os aplicadores do Direito definir quais são esses direitos, liberdades e garantias[28].

O aditamento proposto foi recusado, extraindo-se das intervenções justificativas da rejeição uma clara divergência relativamente à concepção da inviolabilidade da pessoa humana protagonizada pelo CDS e pelo PPD. O PS, claramente, pela vozes do Deputados António Reis e José Luís Nunes, alinhou numa perspectiva, respectivamente, de que a inviolabilidade da pessoa humana é valorizada, respeitada ou, se se quiser, realizada, numa sociedade socialista em que o poder pertence às classes trabalhadoras, numa sociedade sem classes, de que a alegada "sociedade socialista" seria uma etapa transitória; noutro registo, o argumento para a rejeição do aditamento proposto residiria no facto de a inviolabilidade da pessoa humana, no sentido em que aponta para um homem livre e sujeito inato de direitos, já estava cunhada no artigo 1.º da Constituição[29-30-31].

13. Feito o excurso breve pelas concepções que se degladiaram em torno da redacção do n.º 1 do artigo 16.º da CRP, vale a pena sublinhar o *pecado original* da cláusula aberta. Na verdade o conteúdo do preceito, tal como, de resto, o do n.º 2 do mesmo artigo, votado com uma redacção que

---

[27] Cfr. DAC, n.º 35, 944.

[28] Cfr. DAC, n.º 35, p. 944.

[29] Cfr. DAC, n.º 35, pp. 624 e 953.

[30] Cfr., no sentido de que a não inclusão de uma referência à inviolabilidade da pessoa humana na cláusula aberta não significa uma indiferença relativamente à mesma por parte do princípio da não tipicidade dos direitos, desde logo por força do artigo 1.º, e respectiva função, HENRIQUE MOTA, *Le Principe...*, cit. p. 190.

[31] A inclusão no artigo 16, n.º 1, da cláusula geral da inviolabilidade da pessoa humana mereceu nova discussão na revisão constitucional de 1982, tendo sido, mais uma vez, recusada. Das várias intervenções no debate é de destacar a do Deputado Nunes de Almeida, a qual vai no sentido de alertar para os perigos sistémicos da introdução de novos direitos na Lei Fundamental, derivados do recíproco condicionamento dos direitos. Cfr. *DAR*, 2ª, 3.º supl. ao n.º 108, de 8 de Outubro de 1981, p. 109.

referia apenas *direitos, liberdades e garantias*, acabou, "sem qualquer explicação"[32], por substituir *direitos, liberdades e garantias, por direitos fundamentais.* A propósito desta obscura transformação – que permitiu abrir o *apetite* à dogmática –, não resulta claro do *DAC* se a mesma foi, sequer, votada em plenário. Não cabe, neste ponto, desenvolver o problema dos direitos abrangidos pela cláusula aberta, mas fique a nota de que discussão sobre essa matéria não seria certamente tão alargada, se o preceito com o conteúdo inicialmente votado se tivesse mantido incólume.

III. OS *DIREITOS* ABRANGIDOS PELA CLÁUSULA ABERTA E O RESPECTIVO REGIME.

A) *Preliminares*

14. Pressuposto dos direitos abrangidos pela cláusula aberta é, certamente, o *fundamento* do próprio instituto, pois só através da sua identificação é que se pode, legitimamente, encetar uma interpretação correcta da norma constitucional em análise, do ponto de vista dos elementos que devem presidir à mesma.

Ora, ultrapassada a análise das "querelas" doutrinárias que a este respeito se debateram aquando da aprovação do artigo 16.º, n.º 1, da CRP, hoje não se deixa de enunciar, dogmaticamente, a *ratio* da cláusula aberta. Em primeiro lugar, tem-se como certo que a matéria dos direitos fundamentais, entre nós, assenta – se perscrutarmos uma valor unificador do sistema constitucional – na *dignidade da pessoa humana.* Se, em termos genéticos, a *história* dos direitos fundamentais, melhor, a *história* da Constituição de 1976 não permite clamar, sem valores concorrentes, a afirmação expendida, o legado político vencedor na caminhada para a estabilização da CRP está derradeiramente cunhado no primeiro dos artigos do texto fundamental, nos termos do qual, Portugal é, em *primeiro lugar* – por imposição da sequência linguística não inocente da cláusula –, uma "República soberana, baseada na dignidade da pessoa humana" e "na vontade popular e empenhada na construção de uma sociedade livre, justa e solidária".

Temos, pois, como vértice piramidal do sistema constitucional um princípio: o da dignidade da pessoa humana. A partir daqui, toda a Cons-

---

[32] Cfr. HENRIQUE MOTA, *Le Principe...,* cit. p. 188.

Por uma Leitura Fechada e Integrada da Cláusula Aberta   125

tituição, em especial a "Constituição dos direitos fundamentais", permita-se a expressão, terá de ser *lida* através da mesma "lente": o princípio da dignidade da pessoa humana. Temos, pois, neste ponto, um elemento unificador do sistema constitucional. Nessa medida, não pode ter-se por incorrecta a afirmação de que a cláusula aberta tem, antes de mais, por fundamento o princípio da dignidade da pessoa humana[33].

É o princípio da dignidade da pessoa humana que, crê-se, alimenta uma interpretação do n.º 1 do artigo 16.º da CRP no sentido de se tratar "de uma manifestação simétrica do princípio do carácter restritivo das restrições de direitos, liberdades e garantias, do princípio da *liberdade*, contraposto ao princípio da *competência* – liberdade das pessoas contraposta a prefixação normativa dos poderes do Estado e dos seus órgãos. A realização de cada homem ou mulher não se cinge a este ou àquele acervo de direitos declarados em certo momento"[34].

15. Em sede ainda de *preliminares*, a generosa extensão do texto constitucional não deve, nem se compadece, com um discurso intuitivamente superlativo no que toca à matéria dos direitos fundamentais e, especificamente, à temática da cláusula aberta. A premissa é, naturalmente, uma nota pessoal, mas, crê-se, inteiramente justificada. Como irá ficando claro, há *generosidades* interpretativas com resultados não queridos, em face da extensa, complexa e interactiva *lista* constitucional de preceitos relativos a direitos fundamentais. Nada se acrescenta sem custos. O recíproco condicionamento dos direitos fundamentais leva a que a enunciação entusiástica de novos direitos permita a restrição de outros[35].

Se, logo em 1976, se consagrou um catálogo vasto e heterogéneo de direitos fundamentais, as revisões constitucionais "alargaram, intensiva e extensivamente, o catálogo dos direitos fundamentais". Nada de errado há nesse facto. "Não há *um fim da história* em matéria de direitos fundamentais. Pelo contrário, a dignidade da pessoa humana, concreta, situada na

---

[33] Cfr. HENRIQUE MOTA, *Le Principe...*, cit. pp. 189 e 191.

[34] Cfr. JORGE MIRANDA, *Manual de Direito Constitucional*, IV, 3ª ed., Coimbra, 2000, pp. 164 e 165.

[35] Cfr. apenas para efeito da afirmação expendida, JOSÉ ALBERTO DE MELO ALEXANDRINO, *Estatuto Constitucional da Actividade de Televisão*, Coimbra, 1998, p. 66, onde se propõe uma regra segundo a qual "a maior extensão dos catálogo de direitos e liberdades fundamentais reconhecidos por uma constituição (não questionando tratar-se de uma constituição justa), determinará forçosamente, embora em termos variáveis, o estreitamente atribuído a cada direito e a cada liberdade".

história, postula a adaptação do catálogo constitucional aos novos tipos de perigo para a dignidade humana"[36], independentemente da crítica que, aqui e ali, se possa fazer ao legislador constitucional. Ora, a cláusula aberta é também credora do fenómeno descrito de alargamento dos direitos fundamentais. Mas, na linha da visão não superlativa atrás fundamentada, crê--se ser importante ter presente, como pressuposto de análise do problema, que a cláusula aberta "não constitui a única via para alargar o âmbito material dos direitos fundamentais em Portugal. A jurisiprudência tem seguido, com frequência, um outro caminho, optando por lançar mão da teoria dos direitos fundamentais implícitos".

Terá sido o caso, entre outros, "antes da revisão de 1997", da "afirmação do direito a uma decisão da causa num prazo razoável (em vez da invocação do artigo 6.º da CEDH), (...)" sendo certo que se não pode ignorar, depois da revisão de 1997, "a enorme força expansiva do direito ao desenvolvimento da personalidade"[37-38-39]. Este caminho merece aqui adesão, na óptica do que se vem traçando.

---

[36] Cfr. RUI MEDEIROS, *O Estado de Direitos Fundamentais Português: Alcance, Limites e Desafios*, Lisboa, 2002, (no prelo), p. 3.

[37] Cfr. RUI MEDEIROS, *O Estado de Direitos Fundamentais...*, cit., p. 5. O Autor acrescenta que a teoria dos poderes implícitos, a que a jurisprudência constitucional adere, merece aplauso na medida em que encontra apoios firmes nos postulados gerais da interpretação; é coerente com a "complexidade estrutural dos direitos fundamentais"; dispensa a "dilucidação das angústias problemáticas em torno do critério da fundamentalidade subjacente à cláusula aberta"; passa a ser indiferente, para o efeito, a existência ou não de lei ou de norma de Direito Internacional concretizadora; e não coloca – em face da sua inserção no bloco de constitucionalidade – "a difícil e complexa questão do regime aplicável aos direitos fundamentais a que se refere a cláusula aberta". Cfr. pp. 5 e 6.

[38] Pense-se, por exemplo, como se fez referência noutra sede (Cfr. ISABEL MOREIRA, *Esboço de uma Problematização Tópica acerca das Tradicionais Fronteiras Dogmáticas entre Direitos, Liberdades e Garantias e Direitos Económicos, Sociais e Culturais*, relatório de mestrado subordinado ao tema direitos, liberdades e garantias, sob a Regência do Senhor Professor Doutor Marcelo Rebelo de Sousa, Lisboa, 2001, (inédito), p.40), nas reclamações crescentes a que se tem assistido na sociedade hodierna, com apelo a direitos, liberdades e garantias clássicos, como o da integridade física, o da identidade pessoal, o da liberdade ou o da família, casamento e filiação e sustentadas nos princípios unificadores do sistema, que são os da dignidade da pessoa humana, da liberdade, da igualdade e da solidariedade. Essas reclamações prendem-se, por exemplo, com a protecção de uniões conjugais não matrimonializadas – uma vez que o artigo 36.º da CRP (família, casamento e filiação) distingue claramente o direito de constituir família e o de contrair casamento. Por outro lado, se era difícil sustentar o reconhecimento e protecção estadual das uniões homossexuais no artigo citado, e a luta por tal aspiração ancorar-se, tradicionalmente, no

Por uma Leitura Fechada e Integrada da Cláusula Aberta   127

16. Finalmente, é para nós talvez um dos pontos prévios mais importantes para a compreensão da cláusula aberta dos direitos fundamentais a não confusão – que muitas vezes ocorre – entre este instituto específico e os vários *lugares* constitucionais que nos dão conta de uma geral *abertura do sistema*.

Na verdade, desde logo, ainda está por provar que a cláusula aberta tenha tido, na sua feitura, uma intenção de abertura, em face dos *medos* recíprocos dos blocos doutrinários no verdadeiro teatro de guerra ideológico que foi o processo constituinte de 1975. Já se viu que a cláusula aberta nos Estados Unidos não tem uma função de recepção de novos direitos, sendo de acrescentar que nos países culturalmente vizinhos não encontramos o instituto em análise; que as constituições portuguesas de 1911 e de 1933 também não a tinham; que o significado e alcance do texto originário do actual artigo 16, n.º 1, da CRP ficou longe de merecer entendimento pacífico. Este é só o primeiro problema. A dita cláusula aberta portuguesa, com uma tradição histórica de não recepção de direitos extravagantes, teve, em 1975, pela primeira vez, uma intenção de abertura? Fica, como se imagina, apenas a pergunta.

17. Mas, lançada a provocação, volte-se à separação de águas a que se pretende tentar proceder: *uma coisa é o instituto específico da cláusula aberta, outra é a abertura do sistema que já existe*, e porventura de forma mais feliz, através de outros institutos, princípios, preceitos ou técnicas de interpretação. Começando pela última referência, já aqui se mencionou a importância do emprego, em face da riqueza constitucional em matéria de direitos fundamentais, da *técnica dos direitos implícitos*. Não se repetirá o mais atrás sublinhado, interessando apenas acrescentar que desde logo por aqui encontramos uma das vertentes da abertura do sistema. Em

---

princípio (que não é direito) da igualdade, a consagração explícita, na revisão de 1997, do direito de todos ao desenvolvimento da personalidade (artigo 26.º) parece abrir uma porta bem mais ampla à consagração, reconhecimento e protecção das uniões homossexuais, na medida em que está em causa a autonomia de orientação sexual.

[39] Cfr. SÉRVULO CORREIA, *Direitos Fundamentais*, Sumários, Lisboa, 2002, pp. 39 e 40, onde realça o "papel fulcral do DF ao desenvolvimento da personalidade". Nas suas palavras, "a realização individual" é um "processo dinâmico que se não imobiliza em face de cada catálogo de DF histórica e institucionalmente situado". A relação entre o direito ao desenvolvimento da personalidade e os demais direitos fundamentais funciona como "relação entre *lex generalis* e *lex speciales*. O direito ao desenvolvimento da personalidade como direito principal de liberdade para todas as áreas (ainda) não especificamente protegidas".

128   *Isabel Moreira*

segundo lugar, para além e antes da cláusula aberta, não se pode deixar de mencionar o *princípio da dignidade da pessoa humana* cunhado, como já se referiu, no artigo 1.º da CRP como um elemento de abertura do sistema: é evidente que deste princípio decorre a não tipicidade dos direitos fundamentais, sem que para tal seja convocável a dilemática cláusula aberta. Também o artigo 2.º da CRP, consagrando a cláusula geral do *Estado de direito democrático* faz parte do complexo que gera a abertura do sistema, mais uma vez não se confundindo os direitos e os princípios que por via interpretativa se vêem retirando daquela com qualquer fenómeno de recepção. Na mesma linha, *o artigo 17.º da CRP* cumpre, *de per si*, uma função de abertura, para já não falar do *artigo 8.º da Lei Fundamental*, o qual estabelece um elenco de fontes de direito internacional público (e a forma de relacionamento entre as normas de direito internacional e as de direito interno), as quais incorporam, não raras vezes, direitos fundamentais. E esses direitos fundamentais podem derivar das *normas e princípios de direito internacional geral ou comum* – sendo certo que a maioria da doutrina refere-se, a este propósito uma cláusula de incorporação automática (artigo 8.º, n.º 1, da CRP) –; de convenções internacionais, que o n.º 2 do artigo 8.º sujeita a uma cláusula geral de recepção plena; ou *das normas emanadas dos órgãos competentes das organizações internacionais de que Portugal seja parte* (artigo 8.º, n.º 3, da CRP), estando aqui em causa, fundamentalmente, as fontes de direito comunitário, concretamente os regulamentos, as directivas regulamentares *self executing* e as decisões de conteúdo normativo[40]. Por último, crê-se que o *artigo 7.º da CRP – Relações Internacionais –,* sobretudo depois da revisão constitucional de 1997, também cumpre a sublinhada abertura do sistema, na medida em que a nova referência aos *direitos dos povos* e ao reconhecimento do *direito dos povos ao desenvolvimento* deve ser entendida, a par dos outras referencias constitucionais, como uma abertura do sistema, em termos de direitos fundamentais, à ideia – plena de consequências, nomeadamente no que se refere ao direito ao ambiente como condição de desenvolvimento de todos, e por isso de cada um – de universalidade, tão brilhantemente explanada, no debate de 1997, por LUÍS SÁ e por PEDRO ROSETA[41], este último, especificamente, no que se refere à percepção de que o artigo 7.º da CRP cumpre uma função de abertura. Naturalmente, como já se mencionou, concorre para a abertura do sistema o *direito ao desenvolvimento da personalidade,*

---

[40] Crf., sobre o artigo 8.º da CRP, ALEXANDRE SOUSA PINHEIRO/ MÁRIO JOÃO DE BRITO FERNANDES, *Comentário à IV Revisão Constitucional*, Lisboa, 1999, p. 51 e ss.

[41] Cfr. *DAR*, 1ª série, n.º 94, de 16 de Junho de 1997.

introduzido no artigo 26.º da CRP em 1997, cujo significado já foi, mais atrás, delineado.

18. Em conclusão, dir-se-ia que o sistema de direitos fundamentais português é um sistema aberto, mas não por força da cláusula aberta, perspectivada isoladamente: depois, e só depois, de provada a enorme potencialidade dos elementos que concorrem para a caracterização do sistema como aberto, estar-se-á em condições de atribuir um sentido próprio à cláusula aberta dos direitos fundamentais. Crê-se ser já de adiantar que, *em face de fontes constitucionais de abertura a novos direitos, a cláusula aberta de não tipicidade de direitos fundamentais, no que se refere à eventual recepção de direitos de fonte infraconstitucional, é, naturalmente, um instituto subsidiário.*

B) *Natureza dos direitos* recebidos *pela cláusula aberta: a duplicidade do Tribunal Constitucional (TC)*

19. Lendo a redacção conferida ao n.º 1 do artigo 16.º da CRP, pergunta-se, inevitavelmente, se a previsão, ou melhor, a não exclusão de direitos fundamentais constantes "das leis e das regras aplicáveis de direito internacional", significa o reconhecimento da sua natureza constitucional e, se sim, que natureza específica têm, questão que acarreta, naturalmente, consequências regimentais.

Como dá conta BLANCO DE MORAIS, a jurisprudência constitucional já assumiu orientações contraditórias: a 2ª Secção do TC considerou já – por exemplo no Ac. n.º 174/87, de 20 de Maio – que os direitos extraconstitucionais não assumem natureza constitucional, beneficiando de uma parte do regime consagrado nos artigos 18.º e 19.º da Constituição. Por isso, a restrição e a suspensão de direitos fundamentais extraconstitucionais deverá fazer-se com respeito pelo princípio da proporcionalidade; aplica-se aos mesmos direitos o preceituado no artigo 18.º da CRP; e a sua violação legitima a apresentação de queixas ao Provedor de Justiça. Por seu turno, a 1ª Secção do TC contribuiu para o esclarecimento do artigo 16.º, n.º 1, da CRP, reconhecendo a relevância constitucional dos direitos fundamentais extraconstitucionais, a partir da sua analogicidade com os direitos fundamentais constitucionais, beneficiando, portanto, do seu regime material e formal[42].

---

[42] Cfr. CARLOS BLANCO DE MORAIS, *Direito Constitucional II...,* cit., p. 175 e ss.

Por outro lado, sintomático da nebulosidade desta matéria é, como nota ainda BLANCO DE MORAIS, a recusa, por parte do TC, quando considera a natureza constitucional dos direitos extraconstitucionais, em qualificar o modo como se determina essa natureza: se por recepção, se de modo equivalente. De qualquer maneira, em coerência com as posições descritas, a 2ª secção considerou que os direitos fundamentais criados por lei podem ser restringidos ou extintos por lei ordinária, enquanto a 1ª Secção entendeu que, embora sem excluir a extinção por via legal, a natureza materialmente constitucional dos direitos em causa determina que a sua extinção seja motivada de forma particularmente exigente, não admitindo a sua supressão ou restrição livre[43].

IV. OS DIREITOS RECEBIDOS PELA CLÁUSULA ABERTA. SEQUÊNCIA

20. A questão a esclarecer neste ponto é a que se prende com a recepção, ou, não, por parte da cláusula aberta, quer de direitos, liberdades e garantias, quer de direitos sociais. Alguns argumentos apontam para uma conclusão *intuitivamente* restritiva, no sentido de se considerar que só está em causa a abertura ao primeiro tipo de direitos referido, isto apesar de uma parte não negligenciável da doutrina se pronunciar a favor da recepção, pela cláusula aberta, de direitos sociais. É o caso de PAULO OTERO, que sustenta que "a cláusula aberta não se circunscreve a uma categoria de direitos fundamentais, antes se mostra susceptível de acolher as duas categorias consagradas pela Constituição: os direitos, liberdades e garantias e, por outro lado, os direitos económicos, sociais e culturais"[44]. Também JORGE MIRANDA admite esta extensão, referindo que, "porque vivemos, não num Estado *liberal*, mas sim num Estado *social* de Direito, os direitos económicos, sociais e culturais (ou os direitos que neles se compreendam) podem e devem ser dilatados ou acrescentados para além dos que se encontram declarados em certo momento histórico – precisamente à medida que a solidariedade, a promoção das pessoas, a consciência da necessidade de correcção de desigualdades (como se queira) vão crescendo e penetrando na vida jurídica. E porque esses direitos (ou grande parte deles) emergem como instrumentais aos direitos, liberdades e garantias, não há então que temer pela liberdade: desde que não se perca, em nenhum caso,

---

[43] Cfr. CARLOS BLANCO DE MORAIS, *Direito Constitucional II...*, cit. p. 176.

[44] Cfr. *Direitos históricos...*, cit., parecendo que a conclusão deriva apenas da literalidade do artigo 16.º da CRP.

o ponto firme representado pelos direitos, liberdades e garantias assegurados pela Constituição, quanto mais solidariedade mais segurança, e quanto mais condições de liberdade mais adesão à liberdade"[45].

21. Diga-se, quanto à posição assumida por JORGE MIRANDA, que se está absolutamente de acordo com a ligação sugerida entre direitos de liberdade e direitos sociais (permita-se as expressões abreviadas). De facto, crê-se que a continuidade entre uns e outros é cada vez maior, ao ponto de se poder afirmar que da efectivação da direitos sociais depende, fortemente, um real exercício dos direitos de liberdade. Simplesmente, apesar destas asserções, e da afirmação da necessária consequencialidade do facto de vivermos num "Estado Social de Direito", não parece que daqui resulte, sem mais, a abertura do artigo 16.º da CRP a direitos sociais. Há, com efeito, muitos outros factores que não podem ser ignorados que apontam, tal como se referiu mais atrás, *intuitivamente* para uma visão restritiva da cláusula aberta, sem que ela ponha em causa os postulados a que se aderiu. Os factores que se referirão de seguida prendem-se com uma interpretação da Constituição que tem em conta a sua sistemática, os regimes que prescreve para uns e outros direitos, a sua potencialidade e a natureza das suas normas. Apesar da tal intuitiva leitura restritiva – que se não admite como *inimiga* dos direitos sociais –, não se deixa de abrir, não a porta, mas a janela, a uma específica compreensão da eventual recepção pela cláusula aberta do princípio do não retrocesso social.

22. Elenque-se, pois, os factores que condicionam uma leitura *aberta* do artigo 16, n.º 1, da CRP:

a) Em primeiro lugar, no processo de redacção e votação atrás descrito não deixa de impressionar que o conteúdo do preceito se tenha man-

---

[45] Cfr. *Manual de Direito Constitucional*, IV, 2.ª ed., Coimbra, 1998, p. 166. Não querendo alongar o texto em citações, no mesmo sentido, cfr., entre outros, HENRIQUE MOTA, *"La Justice...*, cit. p. 200, sendo de salientar que o Autor, por princípio, considera, em abstracto, esta extensão *anormal* (cfr. p. 200), uma vez que a *ratio* do princípio de uma cláusula aberta não tem qualquer razão de ser senão a de aplicá-la aos *direitos do homem* (cfr. p. 199). Apesar desta posição de princípio, HENRIQUE MOTA não vê como escapar à *anormal*, insista-se, redacção do artigo 16.º, n.º 1, da CRP. Trata-se, pois, de uma posição que o Autor assume com desgosto, permita-se a expressão. Cfr. ainda, no sentido da recepção pelo artigo 16.º, n.º 1, da CRP de direitos sociais, CASALTA NABAIS, *Os Direitos fundamentais na Constituição Portuguesa,* separata do BMJ, n.º 400, Lisboa, 1990, p. 10, posição reafirmada em *O Dever Fundamental de Pagar Impostos,* Coimbra, 1998, p. 118; JORGE BACELAR GOUVEIA, *Os Direitos Fundamentais Atípicos*, Lisboa, 1995, pp. 362 e 363.

tido, ao longo da discussão parlamentar, com a expressão *direitos, liberdades e garantias,* resultando a transformação da mesma para *direitos fundamentais* de uma alteração em comissão que é difícil discernir se chegou a ser votada em plenário. De resto, os projectos apresentados e a querela em torno da introdução no preceito, ou não, do princípio da inviolabilidade da pessoa humana têm uma conexão muito mais evidente, sobretudo à data do processo constituinte, com direitos de liberdade do que com direitos sociais. A clivagem entre um e outro grupo de direitos era, num ambiente ideológico, já subliminarmente aflorado, muito mais forte do que o é agora.

b) De qualquer maneira, está-se ciente de que o argumento não vale por si só. Na verdade, sempre se poderia dizer que a revisão constitucional de 1982 manteve a indiferenciação entre *blocos* de direitos. Nenhuma das outras revisões constitucionais, por seu turno, mudaram este facto, pelo que se estabilizou a literalidade do artigo 16.º da CRP.

c) Mas, se essa literalidade permite, com efeito, conclusões variadas, há outros elementos que apontam para a restrição da operacionalidade da cláusula aberta aos direitos de liberdade. Um deles é de tipo sistemático: o artigo 16.º precede o preceito que se refere ao regime dos direitos, liberdades e garantias, sem que essa precedência possa ser considerada, liminarmente, indiferente. Isto porque, admitindo-se a opção restritiva, a sequencialidade dos preceitos é sistemática e materialmente muito mais compreensível. O artigo 17.º prescreve que o regime dos direitos, liberdades e garantias aplica-se aos enunciados no título II *e aos direitos fundamentais de natureza análoga*. Ora, se tais direitos fundamentais, pela função do preceito, são, naturalmente, direitos de liberdade, é ponto assente que os direitos de natureza análoga podem buscar-se em fontes infraconstitucionais. Esta asserção não pode deixar de sugerir que a sequencialidade atrás referida não é inocente. Primeiro temos um preceito que reconhece a existência de direitos fundamentais extraconstitucionais e, logo a seguir, temos um outro que explica qual o regime dos direitos análogos – que podem ser extraconstitucionais –, necessariamente a direitos, liberdades e garantias.

d) Os argumentos até agora expendidos são sugestivos, mas ainda presos a questões de literalidade e de sistematicidade. Mas há um argumento relativo à *natureza* dos preceitos constitucionais: na verdade, os preceitos consagradores de direitos sociais caracterizam-se pela sua especial indeterminação, enquanto reveladores de normas-tarefa, de conteúdo finalístico e conexas com as funções do Estado, o que, em linhas gerais, não se passa com os preceitos relativos a direitos de liberdade. Esta diferença justifica, precisamente, o regime de uns e de outros direitos. A maior vaguidade dos preceitos consagradores de direitos sociais impede a sua aplicabilidade directa, a sua invocação imediata na falta de lei concretizadora, ao contrário dos direitos de liberdade, os quais, mais estreita e imediatamente ligados ao princípio da dignidade da pessoa humana e com uma determinabilidade constitucional superior, têm o regime específico previsto no artigo 18.° da CRP. Enquanto será porventura justificável, a partir de um critério de analogia material e de um critério de analogia procedimental, no sentido que o direito infraconstitucional, "na formulação do Acórdão do Tribunal Constitucional n.° 150/85, esteja tão radicado na consciência jurídica colectiva, como elemento *fundamental* do ordenamento, que dele se possa dizer que verdadeiramente passou a integrar o *bloco de constitucionalidade*"[46], reconhecer um direito que, excepcionalmente, porque reunidos aqueles pressupostos, deve ser tido por análogo aos direitos de liberdade, a mesma operação, no que toca a direitos sociais, arrisca-se a ser *contra-natura*: os direitos sociais inftraconstitucionais – como o direito ao rendimento mínimo garantido – não têm, em termos de estrutura normativa, nada de *análogo* aos direitos sociais constitucionais. Estes últimos encontram-se em preceitos já caracterizados como mais vagos e imprecisos do que os que consagram direitos de liberdade, precisamente porque o seu conjunto corresponde a um projecto de realização social – havendo abertura a um princípio de efectivação dos mesmos sob reserva do possível – que não pode deixar de ter no legislador o protagonista principal.

Cabe ao legislador, democraticamente eleito, avaliar o *status quo* e o *devir* social e optar, livremente, por prosseguir objectivos sociais, nomeadamente através da criação de direitos concretos e específicos. Mas cabe-lhe também avaliar a eficácia da medida e, legitimamente, mantê-la, revogá-la, ou substitui-la. Se se admite que direitos sociais infraconstitucionais possam ser recebidos pela constituição, estar-se-á a dar valor constitucional ou quase constitucional a direitos muito mais precisos do que os direitos sociais originariamente constitucionais, correndo-se o risco de se dar um duro golpe na liberdade de conformação do legislador, o qual arrisca-se a ficar prisioneiro das suas opções concretas. Já se disse que nem todas as *generosidades* interpretativas são benéficas. Num plano estritamente político, a vingar a tese exposta, poderemos ter um legislador *contido* em matéria de direitos sociais.

e) Noutro plano, já se referiu aqui a vastidão singular dos direitos fundamentais na CRP, sendo certo que as sucessivas revisões constitu-

---

[46] Cfr. RUI MEDEIROS, *O Estado de Direitos Fundamentais...*, cit., p. 7.

cionais alargaram ainda mais o catálogo. Custa a crer, sob pena de os direitos fundamentais serem realidades altamente instáveis e *fáceis* de aparecerem com a essa qualidade, que o legislador constituinte originário, bem como o derivado, não tenha senão querido tomar uma posição de princípio, no sentido de não se poder afirmar, à partida – mesmo em face de um catálogo tão extenso, tão heterogéneo e tão rico –, que tudo *foi dito* em matéria de direitos fundamentais. É, crê-se, um postulado que resulta do reconhecimento de que, excepcionalmente, o direito internacional e o direito ordinário podem *surpreender.* Mas, estando em causa direitos unificados no valor da dignidade da pessoa humana e reconhecidos pela sua fundamentalidade, o catálogo constitucional, não só pela sua riqueza – já aludida –, mas sobretudo pela sua *juventude* não deixa margem crível para que exista um leque significativo de *direitos fundamentais* que *pulula* inovadoramente em fontes infraconstitucionais. Apetece dizer que os direitos fundamentais são *para levar a sério.* Se se aplica este raciocínio – decerto contestável – a direitos de liberdade, por maioria de razão, no que toca a direitos sociais, ele é ainda mais eloquente. Estamos em crer que eventuais lacunas em matéria de direitos fundamentais dificilmente deixarão de encontrar solução na CRP, através da aplicação da técnica dos direitos fundamentais implícitos.

f) Apesar de uma leitura intuitivamente restritiva da cláusula aberta, não se deixa de reconhecer que a letra do preceito em causa permite outras conclusões. Estamos num campo em que é problemático delinear conclusões rígidas. Nesse sentido, não pode deixar de ser referida uma nova *tese* a este propósito que não deixa de temperar o que intuitivamente se afirmou. Referimo-nos à proposta a este respeito apresentada por Rui Medeiros, aquando da realização do colóquio sobre os 25 anos da justiça constitucional, que teve lugar no dia 27 de Novembro de 2001. O Autor, depois de realçar a bondade da aplicação por parte do Tribunal Constitucional (TC) da teoria dos direitos fundamentais implícitos[47], considera não existir fundamento material suficiente para construir uma proibição de retrocesso social à margem da cláusula aberta. Pelo contrário, na sua opinião, para além do argumento literal, há que não esquecer que a proibição de retrocesso social surge associada à concretização de normas constitucionais que consagram direitos sociais, sendo, assim, instrumental à tutela desses direitos. Por isso, nunca vingaria a crítica no sentido de faltar à proibição de retrocesso social uma dimensão subjectiva.

---

[47] Cfr. Rui Medeiros, *O Estado de Direitos Fundamentais...*, cit., p. 5.

Por uma Leitura Fechada e Integrada da Cláusula Aberta   135

A tese exposta atrai, sobretudo na medida em que a mesma vai ao encontro de uma posição favorável à liberdade de conformação do legislador, e *contida* no que toca à enunciação de direitos extraconstitucionais em face da riqueza do texto fundamental. Com efeito, a sujeição ao funcionamento da cláusula aberta dos direitos derivados a prestações inevitavelmente limita a complicada equiparação entre Constituição e lei, ao mesmo tempo que conserva *em melhor estado* a liberdade de conformação do legislador legitimado democraticamente, na medida em que, como já se referiu (e citou), a aplicação da cláusula aberta exige que os direitos legais apresentem uma analogia procedimental com os direitos fundamentais consagrados constitucionalmente, sendo certo que é imperioso que o direito legal esteja fortemente radicado na consciência jurídica colectiva, ao ponto de podermos afirmar que o mesmo integra o bloco de constitucionalidade. A partir daqui, "à semelhança do que sucede com os direitos fundamentais consagrados constitucionalmente, os direitos derivados podem ser inclusivamente objecto de restrições (pense-se, por exemplo, no retrocesso na protecção do direito à habitação para reforço do direito de propriedade)"[48].

g) Finalmente, crê-se que a utilidade da cláusula aberta está ainda em se não excluir aqueles direitos que *escapam*, por temporalidade ou por competência *lato sensu*, aos constituintes e aos constituídos devidos: nesse sentido, a cláusula aberta dirigir-se-á, primacialmente, aos direitos pretéritos e aos direitos com fonte internacional.

h) *Concluindo este ponto, crê-se que ficou a clara e fundamentada uma interpretação do n.º 1 do artigo 16.º da CRP no sentido de este se referir prima facie a direitos de liberdade, não se negando a possibilidade da recepção do princípio do não retrocesso social, apenas e só se a mesma for considerada nos termos restritivos apontados*[49].

---

[48] Cfr. RUI MEDEIROS, *O Estado de Direitos Fundamentais...*, cit., p. 9.

[49] Apesar de o TC se salientar por uma prudência na revelação de direitos extraconstitucionais, no sentido de restringir a aplicação da cláusula aberta a direitos análogos a direitos, liberdades e garantias (cfr. Ac. n.º 109/85), postura que se aplaude, não falta doutrina que estende a aplicação da cláusula aberta a direitos sociais. Cfr., por exemplo, GOMES CANOTILHO/VITAL MOREIRA, *Constituição da República Portuguesa anotada*, 3.ª ed., Coimbra, 1993, p. 140.

V. CRITÉRIO OPERATIVO PARA A IDENTIFICAÇÃO DOS DIREITOS EXTRACONSTITUCIONAIS ANÁLOGOS AOS DIREITOS, LIBERDADES E GARANTIAS E CONSEQUÊNCIAS REGIMENTAIS

23. Apesar de, mais atrás, a propósito de outro tópico, se ter implicitamente aderido aos critérios operativos para a identificação dos direitos extraconstitucionais análogos aos direitos, liberdades e garantias da analogia material e da analogia procedimental, nos termos atrás descritos, não se pode ignorar que não estamos perante uma matéria doutrinariamente *assente*.

24. O critério que cada um acolhe é indissociável da pré-compreensão global acerca do preceito constitucional. Assim, quem deixe a "porta escancarada" a todo o tipo de direitos, naturalmente, não será particularmente rígido na equiparação de direitos extraconstitucionais a direitos fundamentais, (nem tão-pouco na elencagem das fontes infraconstitucionais convocáveis – questão que se abordará em especial mais à frente). Já quem adopte uma visão de cautela, não admitindo a abertura a direitos sociais, mais facilmente exigirá uma particular e indubitável analogia com os direitos, liberdades e garantias[50-51].

Aqui, depois de se fundamentar uma abertura contida da cláusula aberta, nos termos atrás descritos – e, assim, tomada que está tal posição, centramo-nos apenas no critério operativo para a identificação dos direitos extraconstitucionais análogos aos direitos, liberdades e garantias –, opta-se pelos critérios antes enunciados da analogia material e procedimental. São critérios não distantes de outras formulações, como a de BLANCO DE MORAIS – no sentido de os direitos extravagantes deverem ter "uma

---

[50] O TC, pronunciando-se muito embora acerca do direito de propriedade privada e, por isso, de um direito análogo constitucional, "deixa passar" um critério muito cauteloso de analogia, quando alude a faculdades inerentes ao direito de propriedade do solo que "não são essenciais à realização do homem como pessoa" para exclui-las da aplicação do regime dos direitos análogos (Cfr. Ac. n.° 517/99, de 22/09/99, http://www.tribunalconstitucional.pt.).

[51] JORGE MIRANDA, por exemplo, que admite a abertura do n.° 1 do artigo 16.° da CRP a direitos sociais, adopta como critério de identificação de direitos fundamentais extraconstitucionais, o seguinte: terão tal qualidade "apenas aqueles que, pela sua finalidade ou pela sua *fundamentalidade*, pela conjugação com direitos fundamentais formais, pela natureza *análoga* à destes, ou pela sua decorrência imediata de princípios constitucionais, se situem ao nível da Constituição material". Cfr. *Manual*..., IV, cit. p. 168.

Por uma Leitura Fechada e Integrada da Cláusula Aberta 137

natureza rigorosamente análoga a direitos constitucionalizados, e dentro destes", que "ostentem", "pela sua essencialidade axiológica, o mais elevado regime de protecção"[52]; a de MARCELO REBELO DE SOUSA/JOSÉ DE MELO ALEXANDRINO – no sentido de ser necessário estarmos perante posições jurídicas extraconstitucionais com uma ligação forte ao princípio da dignidade humana[53] –; ou a de VIEIRA DE ANDRADE – para quem a analogia de natureza deve respeitar dois elementos: tratar-se de uma posição subjectiva e individual ou de uma garantia que possa ser referida de modo imediato e essencial à ideia de dignidade da pessoa humana, isto é, que integre a matéria constitucional dos direitos fundamentais; e poder essa posição subjectiva ou garantia ser *determinada* a um nível que deva ser considerado *materialmente constitucional*"[54-55].

25. Depois de delimitado o campo que se explorará a partir de uma tomada de posição, refira-se, no que toca já à questão regimental, que a posição maioritária na doutrina portuguesa defende a extensão parcial do regime dos direitos liberdades e garantias aos direitos fundamentais recebidos pela cláusula aberta, desde que enquadrados nos direitos fundamentais de natureza análoga. Atenta-se, assim, na ligação do artigo 16.° ao artigo 17.° da CRP. J.J. GOMES CANOTILHO E VITAL MOREIRA, na anotação ao artigo 16, n.° 1, da CRP, consideram, ao se debruçarem especificamente

---

[52] Cfr. *Direito Constitucional...*, cit. p. 179.

[53] Cfr. *Constituição da República Portuguesa Comentada*, Lisboa, 2000, p. 95.

[54] Cfr. *Os Direitos Fundamentais...*, cit. p. 193.

[55] Noutro sentido, cfr. o critério do *objecto* de GOMES CANOTILHO/VITAL MOREIRA, segundo o qual a analogia diz respeito a "direitos negativos ou direitos dos trabalhadores a acções concretas e determianadas" (*Constituição da República Portuguesa anotada*, 3.ª ed., Coimbra, 1993, p. 142). A propósito deste critério, SÉRVULO CORREIA adverte que o mesmo não parece revestir-se da imprescindível densidade, na medida em que o Autor sublinha que "o reconhecimento abstracto da admissibilidade de DF materialmente mas não formalmente fundamentais pressupõe a existência de um *critério de essencialidade material*. O exame dos preceitos de mais transcendente fundamentação axiológica da Constituição – os arts. 1.° e 2.° – mostra-nos que os DF se caracterizam por uma função primacial: a de proteger e garantir directamente e por via principal bens jurídicos da esfera individual indispensáveis à salvaguarda da dignidade humana de todas as pessoas ou de pessoas pertencentes a certas categorias abertas de socialidade. O juízo de indispensabilidade terá de ser extraído, em cada momento, da visão do Homem proporcionada pelo exercício da razão discursiva, ou seja, daquelas situações subjectiváveis e passíveis de protecção constitucional que o sentimento jurídico colectivo considera em cada momento como base jurídica de um nível de dignidade para a vida humana". Cfr. *Direitos Fundamentais...*, cit., pp. 54 e 55.

138   *Isabel Moreira*

sobre o regime aplicável aos direitos análogos fora da Constituição, que, mesmo depois da supressão do vocábulo *lei* no artigo 17.º CRP, "havendo direitos fundamentais fora da Constituição, nada impede que aqueles que detenham natureza análoga aos direitos, liberdades e garantias constitucionais possam beneficiar do respectivo regime constitucional, *naquilo que não seja incompatível com a sua qualidade infraconstitucional*". O que aqui se defende é a aplicação do regime dos direitos liberdades e garantias com as necessárias adaptações, o que permite que se afirme, desde logo, a aplicação dos princípios da aplicabilidade directa, da vinculação das entidades públicas e privadas, da necessidade e proporcionalidade das restrições. Na expressão destes Autores, as leis que estabelecem novos direitos são, de alguma maneira, "leis reforçadas[56], visto que não podem ser livremente derrogadas por outras leis". Podendo ser restringidas fora dos casos *expressamente previstos* na CRP – o que exclui a aplicação do artigo 18.º, n.º 2, da CRP – gozam de uma *proibição de retrocesso,* "não podendo ser restringidos, e muito menos revogados, de forma arbitrária, mas apenas quando tal se justifique e de forma proporcionada".

Do que vem sendo citado retira-se uma implícita recusa da aplicação do regime orgânico aos direitos, liberdades e garantias análogos. Este seria apenas aplicáveis nos casos em que as leis ampliam o âmbito de protecção de um direitos constitucional ou que concretizam um direito constitucional quando a CRP remete para a lei a sua delimitação[57].

26. JORGE MIRANDA não tem tido sempre a mesma posição relativamente à cláusula aberta. Na 2.ª edição do seu manual[58], o Autor considera que é de admitir, com a cláusula aberta, a existência de direitos funda-

---

[56] Cfr., em sentido crítico, BLANCOS DE MORAIS, *Direito Constitucional...*, cit. p. 179, onde afirma que não procede esta tese do *carácter reforçado* de que uma lei revestiria em razão do seu objecto material. Nas suas palavras "de acordo como o n.º 3 do artigo 112.º da CRP: – uma lei ou um decreto-lei que determine um rendimento mínimo cidadãos carenciados não é lei orgânica (o exemplo dado decorre, naturalmente, da consideração, por parte dos Autores criticados, de que os direitos sociais são recebidos pela cláusula aberta, mas o raciocínio sempre valeria para outros casos de criação de direitos por um acto legislativo); – a sua aprovação não exige uma maioria de dois terços; – e a Constituição não a erige a pressuposto de outras leis e nem sequer determina que outros actos legislativos a devam respeitar, pelo que se não reúnem os fundamentos para que lhe seja atribuído valor reforçado.

[57] Cfr. J.J. GOMES CANOTILHO/VITAL MOREIRA, *Constituição...*, cit, p. 143.

[58] Como aliás, também, em *A Constituição de 1976 – formação, estrutura, princípios fundamentais*, Lisboa, 1978.

mentais de natureza análoga aos direitos liberdades e garantias apenas previstos na lei, ou em fontes de direito internacional. "Desde que sejam direitos fundamentais para efeito do artigo 16.°, também o podem ser para efeito do artigo 17.°", não admitindo, porém, a aplicação a esses direitos do regime orgânico. O Autor afirma que não se compreenderia que um direito criado por lei não pudesse ser extinto por outra lei, desde que com uma motivação particularmente exigente e proporcionada em relação ao interesse público invocado para o justificar. Mas considera que enquanto subsistir, o direito deve beneficiar do regime dos direitos liberdades e garantias, na medida em que este não permite restrições injustificadas ou desproporcionadas[59].

Claro que o entendimento aqui expresso articula-se com o que se refere especificamente ao artigo 17.° da CRP: aos direitos de natureza análoga constantes do título I da parte I – incindíveis de princípios gerais com imediata projecção nos direitos, liberdades e garantias – aplicam-se todas as regras constitucionais pertinentes; aos demais direitos – e portanto também (até por maioria de razão) aos direitos análogos extraconstitucionais – aplica-se apenas o regime material, conclusão alicerçada no argumento da localização sistemática do artigo 17.° (direito constitucional substantivo e a preceder o regime desse tipo) e no da redundância que se verificaria na cisão entre o 165/b e alíneas como as e), n), t) u) ou v). Seria, enfim, inaceitável que direitos fundamentais criados por lei tivessem de ser regulados pela AR, quando lei, nos termos do artigo 112, n.° 1, da CRP, abarca a lei formal, o decreto-lei e os decretos-legislativos regionais[60].

27. Confesse-se alguma dificuldade em seguir, neste ponto, o entendimento de JORGE MIRANDA: em primeiro lugar, quando o Autor afirma que não se compreenderia que um direito criado por lei não pudesse ser extinto por outra lei mas que, enquanto subsistir, o direito deve beneficiar do regime dos direitos liberdades e garantias, na medida em que este não permite restrições injustificadas ou desproporcionadas, crê-se que cai numa contradição lógica, em termos de protecção do direito em causa. É que, a seguir-se o raciocínio em causa, não se vê a utilidade prática de uma protecção do direito legal *enquanto ele subsistir*, na medida em que se o legislador não quisesse respeitar a lei por e simplesmente revogava-a, sendo certo que a "motivação particularmente exigente e proporcionada

---

[59] Cfr. JORGE MIRANDA, *Manual de Direito Constitucional*, IV, 2.ª ed., Coimbra, 1998, pp. 156 e 157.

[60] Cfr. JORGE MIRANDA, *Manual...*, IV, 2.ª ed., pp. 144 e 155.

em relação ao interesse público invocado para o justificar" dificilmente seria sindicável pelo TC, refém de um controlo meramente negativo da proporcionalidade de um acto legislativo.

Quanto à exclusão do regime orgânico, acompanhamos a crítica de que o argumento atrás indicado, para além de formal, "provaria demais: veja-se que várias outras alíneas desse artigo (165.°) (alíneas a), c) e d)) e até (...) do artigo 164.° se referem seguramente a direitos, liberdades e garantias e estão autonomizadas"[61].

No que se refere a ser inaceitável que direitos fundamentais criados por lei tivessem de ser regulados pela AR, quando lei, nos termos do 112/1 CRP, abarca a lei formal, o decreto-lei e os decretos-legislativos regionais, crê-se ser importante precisar que se se tratar de um direito pretérito, consagrado, por exemplo, em decreto-lei, nada há de *estranho* no facto de a sua alteração ou revogação caber na reserva relativa da AR.

28. Em todo o caso, na 3.ª edição do seu manual, JORGE MIRANDA vem a considerar que se um direito é criado por lei, tratando-se de um direito *fundamental,* "por reflectir o sentido próprio da Constituição material, e como a sua formulação representa mais um passo na realização desta, torna-se inadmissível ou extremamente difícil de conceber que ele possa depois vir a ser suprimido, salvo, porventura, situação excepcional ou revisão constitucional[62].

Por outro lado, como já era defendido na 2.ª edição do manual, quando o artigo 16.°, n.° 1, da CRP se refere a "lei" – acto legislativo ou acto equiparável, seja qual for o nome, à sombra de leis constitucionais anteriores[63] –, terá de ser lei da AR quando a criação de um novo direito se repercutir, directa ou indirectamente, em alguns dos direitos, liberdades e garantias do título II da parte I da CRP.

---

[61] Cfr. VIEIRA DE ANDRADE, *Os Direitos Fundamentais*..., cit. p. 195, em nota.

[62] JORGE MIRANDA, *Manual*..., IV, 3.ª ed., Coimbra, 2000, p. 169, posição reafirmada, praticamente *ipsis verbis*, em *A Abertura Constitucional a Novos Direitos Fundamentais*, in "Estudos em homenagem ao Professor Doutor Manuel Gomes da Silva", Coimbra, 2001, p. 565.

[63] Contra, JORGE BACELAR GOUVEIA, *Os Direitos Fundamentais Atípicos*, Lisboa, 1995, p. 337, onde afirma que a designação, no artigo 16..°, da fonte lei no plural e não no singular, torna inevitável (?!) observá-la com um sentido mais abrangente por forma a acolher, por exemplo, um regulamento; PAULO OTERO, *Direitos Históricos*..., cit., pp. 1075 e ss., onde admite que o artigo 16, n.° 1, da CRP abrange quaisquer fontes infraconstitucionais, como os regulamentos do Governo emitidos ao abrigo do artigo 199.°/g da CRP.

Por uma Leitura Fechada e Integrada da Cláusula Aberta 141

29. Num sentido bem diferente, CASALTA NABAIS, apoiando-se na jurisprudência do TC, preconiza uma extensão parcial do regime dos direitos, liberdades e garantias, que abrangeria apenas o seu regime material. Quanto à extinção de um direito extraconstitucional análogo aos direitos, liberdades e garantias, o Autor admite-a na medida em que o direito legal não tenha sido constitucionalizado por uma revisão constitucional ocorrida ou passado o período ordinário de revisão sem que a mesma tivesse tido lugar. Esses direitos não beneficiariam do requisito de as restrições terem de estar expressamente previstas na CRP, nem do regime orgânico do 165/b da CRP[64].

30. Uma terceira via doutrinária admite, pressupondo um critério *apertado* de identificação de direitos, liberdades e garantias extraconstitucionais, a extensão total do regime constitucional destes direitos. Por exemplo, CAPELO DE SOUSA preconiza – analisando os direitos de personalidade – que todo o regime dos direitos, liberdades e garantias – donde também o da reserva de competência da AR – deve ser aplicado aos direitos fundamentais extraconstitucionais análogos[65]. VIEIRA DE ANDRADE, por seu turno, explica que, em face do artigo 17.º da CRP, o regime dos direitos, liberdades e garantias é aplicável aos direitos de natureza análoga, incluindo, por força do artigo 16.º, n.º 1 da CRP, os que estejam contidos em leis ordinárias ou em tratados internacionais. A partir daqui, o Autor considera que o artigo 17.º da CRP estende todo o regime material e também o regime orgânico-formal dos direitos, liberdades e garantias. Nas suas palavras, não parece que "haja razões para concluir que o artigo 17.º não se refere, em princípio, à globalidade do regime, e pelo contrário, entendemos que a analogia substancial com os direitos, liberdades e garantias justifica que também os direitos abrangidos gozem dos diversos aspectos desse regime, incluindo as garantias da irrevisibilidade e da protecção resultante da reserva de lei formal"[66]. VIEIRA DE ANDRADE considera, portanto, não existir qualquer obstáculo à aplicação do regime, em toda a sua amplitude,

---

[64] CASALTA NABAIS, *Os Direitos Fundamentais na Jurisprudência do Tribunal Constitucional*, Separata do BFDUC, 1990, pp. 12 e 13.

[65] CAPELO DE SOUSA, *A Constituição e os Direitos de Personalidade*, in ESC, II, Lisboa, 1978, pp. 195 e 196.

[66] VIEIRA DE ANDRADE, *Os Direitos Fundamentais...*, cit. p. 194. Contra, SÉRVULO CORREIA, o qual considera, no que se refere a direitos análogos não formais, que a aplicação do regime em causa "não pode ser "global" visto que, não se tratando de preceitos inscritos no texto constitucional, não incidem sobre eles, por natureza, os limites da revisão constitucional". Cfr. *Direitos Fundamentais...*, cit., p. 62.

aos direitos análogos com assento constitucional, mas considera também que não é de rejeitar a aplicação desse mesmo regime, "ainda que com as necessárias adaptações", aos direitos análogos extraconstitucionais; quanto à reserva parlamentar[67], lembra que não é uma novidade que um preceito constante de um decreto-lei não possa ser modificado ou revogado por outro decreto-lei – *v. g.* o Código Civil –; quanto aos limites às leis restritivas (artigo 18.° da CRP) e à decorrente subordinação do legislador a normas legais, nada há que estranhar, em face da "realidade normativa" do fenómeno das leis reforçadas e da recondução dos direitos positivados em lei à CRP material; no que toca à necessidade de autorização constitucional expressa para a restrição (artigo 18, n.° 2, da CRP), também essa regra regimental será aplicável, se entendida como se referindo a valores consagrados na CRP[68]. Também HENRIQUE MOTA é de opinião que se aplica aos direitos fundamentais extraconstitucionais análogos aos direitos liberdades e garantias o regime dos direitos liberdades e garantias, incluindo a sua dimensão de reserva orgânica. Da mesma maneira, a regra do carácter restritivo das restrições é de aplicar integralmente, uma vez que o legislador, por força do artigo 16.°, n.° 1, da CRP está vinculado a respeitar os direitos fundamentais extraconstitucionais, sob pena de inconstitucionalidade – o que pressupõe a aplicação do princípio da constitucionalidade e não o do não retrocesso normativo. Só admite, em suma, as restrições decorrentes do próprio direito positivado em fonte infraconstitucional e as admissíveis no quadro do regime das restrições[69-70].

---

[67] Para SÉRVULO CORREIA, a aplicação do regime orgânico "é uma exigência especiosa, difícil de aplicar por força da interpenetração entre aspectos subjectivos e objectivos da regulação legislativa de um mesmo aspecto da vida social e geradora de enorme incerteza quanto aos limites da reserva parlamentar da alínea b) do n.° 1 do artigo 165.° CRP. (...)" Na opinião do Autor, a estabilidade que se pretende não é a dos preceitos legislativos em si mesmos mas "daquilo que de fulcral haja no seu conteúdo", o que sempre estaria assegurado pelo regime material. Cfr. *Direitos Fundamentais...*, cit., p. 62.

[68] VIEIRA DE ANDRADE, *Os Direitos Fundamentais...*, 2.ª ed., pp. 195 e 196, reiterando a posição já assumida em *Os Direitos Fundamentais na Constituição Portuguesa de 1976*, 1.ª ed., (reimpressão),Coimbra, 1998, p. 80.

[69] HENRIQUE MOTA, *Biomedicina e Novos Direitos do Homem*, Lisboa, 1998, pp. 233 e ss.

[70] Refira-se, ainda, a mais ilimitada das posições no que se refere à cláusula aberta: JORGE BACELAR GOUVEIA considera que os direitos extraconstitucionais, ou, na sua terminologia, *direitos atípicos,* devem beneficiar de um regime totalmente idêntico ao dos direitos fundamentais constitucionais. Por um lado, "tendo os direitos fundamentais acolhidos pelo artigo 16/1 da CRP valor constitucional, em decorrência de uma abertura do sistema de direitos fundamentais que confessa a sua imperfeição para captar tipologica-

Por uma Leitura Fechada e Integrada da Cláusula Aberta 143

31. Finalmente, uma visão *minimalista* quanto a este ponto é protagonizada por BLANCO DE MORAIS, considerando o Autor que, "num plano jurídico-positivo, a solução deve passar pela aceitação de que o n.º 1 do artigo 16.º constitui uma cláusula de recepção constitucional que se limita a outorgar materialidade constitucional a direitos extravagantes de natureza rigorosamente análoga a direitos constitucionalizados, e dentro destes, apenas os que, pela sua essencialidade axiológica, ostentem o mais elevado regime de protecção, e que são os direitos, liberdades e garantias". Daqui decorre, na opinião do Autor, "uma extensão limitada aos mesmos do regime do art. 18.º e do art. 19.º da CRP, no que respeita à eficácia directa e à protecção dos mesmos direitos (mormente em matéria de restrições, no que respeita aos limites configurados na segunda parte do n.º 2 e ao n.º 3 do artigo 18.º). Direitos que, em razão da sua natureza formalmente legislativa, podem ser extintos a todo o tempo, observado o princípio constitucional da protecção da confiança"[71].

MARCELO REBELO DE SOUSA e JOSÉ DE MELO ALEXANDRINO, por seu turno, referem que "o aparecimento de novos direitos poderá descobrir-se em leis parlamentares, em normas de direito internacional e em normas costumeiras", admitindo-se, relativamente a direitos pretéritos, e "só nesse caso", que se possam descobrir em decretos-leis. Adiantam que "se deve

---

mente, no texto constitucional, todos os direitos fundamentais constitucionalmente relevantes, não se compreenderia que depois no regime a que ficassem adstritos se introduzissem especialidades enfraquecedoras desse estatuto"(cfr. *Os Direitos Fundamentais...*, cit., pp. 432 e 433). Por outro lado, o Autor considera que a uma idêntica dignidade substancial de direitos não pode corresponder um regime diferenciado, ao que acresce a omissão, no texto constitucional, de qualquer norma que determine o regime aplicável aos direitos fundamentais extraconstitucionais, a qual deve ser entendida como uma inequívoca intenção de não diferenciar regimentalmente os direitos em causa. Não esquece o Autor, porém (em nota), aquela norma que apresenta como excepção – pouco importante? – e que está ínsita no artigo 17 CRP (*Os direitos fundamentais...*, cit., p. 433). Na verdade, uma vez que o Autor aqui citado admite que os direitos fundamentais extraconstitucionais podem ter como fonte qualquer acto infraconstitucional normativo, temos que um direito criado por um regulamento municipal só pode ser regulamentado posteriormente, ou concretizado, por lei formal ou por decreto-lei autorizado. Em termos igualmente, a nosso ver, indefensáveis, além de omisso em fundamentação, cfr. PAULO FERREIRA DA CUNHA, *Teoria da Constituição, II*, Lisboa, 2000, pp. 259 e ss., que, sem hesitações, considera que o artigo 16/1 da CRP acolhe direitos fundamentais sejam eles legais, internacionais, "naturais não positivados", e que, para o que nos interessa, se se tratar de direitos do tipo dos direitos, liberdades e garantias, usufruirão do respectivo regime. O Autor não faz, sequer, apelo ao artigo 17.º da CRP.

[71] Cfr. CARLOS BLANCO DE MORAIS, *Direito Constitucional II...*, cit. p. 179.

combater vivamente a ideia de que é saudável e normal a criação irrestrita de direitos fundamentais", pois "a verdade é que cada novo direito funcionará sempre como um limite aos direitos já estabelecidos, e nem aos Parlamentos se pode consentir liberdade excessiva ou desproporcionada nesse domínio"[72].

32. Não pode deixar de merecer referência uma tese, sem paralelo, a este respeito, protagonizada por PAULO OTERO[73] acerca de direitos fundamentais consuetudinários e de direitos fundamentais de matriz histórica. Apesar de ser razoavelmente pacífico na doutrina que, se um novo direito criado por lei colide com direitos fundamentais expressamente inscritos na CRP, a norma consagradora desse direito não pode prevalecer e deve ser julgada inconstitucional pelos tribunais[74], o Autor procura saber "em que medida a projecção pretérita do princípio da não tipicidade em matéria de direitos fundamentais poderá funcionar como cláusula de salvaguarda de direitos históricos e, deste modo, a Constituição abrir as portas a verdadeiras derrogações ou compressões vindas do passado ao alcance de certas normas ou princípios constitucionais do presente"[75].

Em primeiro lugar, PAULO OTERO sustenta que o "sentido interpretativo do termo "leis" expresso no artigo 16.°, n.° 1, da Constituição identifica-se com o conceito de norma jurídica, compreendendo a cláusula aberta em matéria de direitos fundamentais também os direitos que tenham como fonte normas consuetudinárias"[76] e regulamentares.

Quanto à fonte regulamentar, os vários argumentos que o Autor congrega nesta conclusão partem de um postulado: o de que fora dos domínios da reserva de lei a Constituição permite o exercício de uma competência regulamentar fundada na Constituição. A este respeito chama à colação teses bem conhecidas[77], no sentido de que, na ausência de uma prévia intervenção legislativa em espaços situados fora da reserva de lei, o Governo está habilitado, nos termos do disposto na alínea g) do artigo 199.°

---

[72] Cfr. MARCELO REBELO DE SOUSA/ JOSÉ DE MELO ALEXANDRINO, *Constituição*, cit., Lisboa, 2000, p. 93.

[73] Cfr. *Direitos Históricos...*, cit.

[74] Por todos, cfr. JORGE MIRANDA, *Manual...*, IV, cit. p. 167.

[75] Cfr. PAULO OTERO, *Direitos Históricos...*, cit. p. 1065.

[76] Cfr. *Direitos Históricos...*, cit. p. 1078.

[77] É a tese, tal como Paulo Otero indica, de AFONSO RODRIGUES QUEIRÓ – cfr. *Teoria dos Regulamentos,* in "Revista de Direito e Estudos Sociais", 1980, p. 11 e ss. – e de SÉRVULO CORREIA – cfr. *Legalidade e Autonomia Contratual nos Contratos Administrativos*, 1987, p. 208 e ss.

da CRP[78], a emitir regulamentos rigorosamente independentes. A partir daqui, traçando uma sequência argumentativa logicamente incontestável, o Autor admite a criação de direitos fundamentais por qualquer fonte infraconstitucional.

Simplesmente, se a sequência argumentativa é logicamente incontestável, o postulado inicial peca por defeito. É que, se, de facto, há uma tese minoritária[79] a favor de regulamentos rigorosamente independentes, essa tese nunca foi invocada, pelo menos pelos Autores que PAULO OTERO identifica, no sentido de se admitir a criação *ex novo* de direitos fundamentais – e muito menos, especificamente, de direitos de liberdade –, nem tão pouco para funcionar o poder regulamentar como uma técnica informal de revisão constitucional; isto é, se Autores como SÉRVULO CORREIA chamam a atenção para a *realização* da Constituição pelo poder regulamentar, fazem-no no sentido da prossecução dos objectivos de diversa índole que a CRP traça, mas jamais dão às normas que procedem à referida "realização constitucional" valor constitucional. Por isso, não parece que se possa indicar como postulado, a partir do qual toda uma argumentação é tecida, a tese favorável à admissibilidade de regulamentos rigorosamente independentes.

Já no que toca à inclusão, na cláusula aberta em matéria de direitos fundamentais, no vocábulo *"leis"*, também dos direitos que tenham como fonte normas consuetudinárias, PAULO OTERO alega que "é chocante que se entenda que o costume interno não pode ser fonte de direitos fundamentais para efeitos do princípio de não tipicidade e se admita, por sua vez, que o costume internacional, enquanto fonte das "regras aplicáveis de direito internacional" (CRP, artigo16.°, n.° 1), possa já habilitar a relevância de direitos fundamentais extraconstitucionais"[80].

33. Salvo o devido respeito, não se crê que a asserção criticada seja, de alguma forma, "chocante". Em primeiro lugar há uma diferença abissal entre a relevância do costume *no* direito internacional e *no* direito interno. Independentemente da discussão doutrinária acerca do papel costume do

---

[78] Cfr. *Direitos Históricos...*, cit. p. 1076.

[79] Especificamente no que se refere à regulamentação de direitos, liberdades e garantias, dentro de certos limites, cfr. VIEIRA DE ANDRADE, *Autonomia Regulamentar e Reserva de Lei: Algumas Reflexões Acerca da Admissibilidade de Regulamentos das Autarquias Locais em Matéria de Direitos, Liberdades e Garantias*. Coimbra. Separata do número especial do Boletim da Faculdade de Coimbra – "Estudos em homenagem ao Prof. Doutor Afonso Rodrigues Queiró".

[80] Cfr. *Direitos Históricos...*, cit. p. 1080.

interno como fonte de direito, não pode deixar de se *situar* a questão nos direitos fundamentais. Na verdade, o poder constituinte, originário e derivado, teve oportunidade de perscrutar as eventuais normas costumeiras consagradoras de direitos fundamentais e positivá-las, ou não, no texto constitucional. Sobretudo no que se refere a direitos de liberdade – cujo regime implica as máximas cautelas em termos de segurança jurídica –, não parece crível que poder constituinte originário e derivado elaborassem, mantivessem e aumentassem, uma lista – com a extensão já sobejamente referida – de direitos fundamentais, deixando de fora verdadeiros direitos fundamentais – que não são uma realidade qualquer... – de fonte costumeira presente e até, na óptica de PAULO OTERO, pretérita, ainda que contrários à CRP.

Mas como se disse mais atrás, acresce que, independentemente da discussão doutrinária acerca da relevância do costume interno no leque das fontes de direito, ninguém negará que o costume internacional tem um papel muito mais importante, nesse ramo do Direito, do que no direito interno. É que no Direito Internacional, por força da sua especificidade, "desde a sua origem o papel do costume é notável". Aqui, estamos perante uma fonte formal de direito. "Na ordem internacional, diversamente da evolução verificada nos direitos nacionais, o recuo do costume não é um movimento irreversível, nem do ponto de vista quantitativo, nem do ponto de vista qualitativo". O Costume continua a ser uma fonte directa primária e autónoma do direito positivo[81]. Daí que não seja "chocante" interpretar o vocábulo "leis" no sentido em que este é empregue em toda a CRP e, ao mesmo tempo, admitir como fonte de direitos atípicos o costume internacional.

34. Finalmente, PAULO OTERO, mais uma vez partindo de uma premissa – que dá por assente em face de uma comparação literal entre a cláusula aberta actual e a de 1911 –, aqui a de que o artigo 16.º não estabelece condições materiais limitativas das fontes de direitos atípicos, admite que aquele preceito possibilita a relevância constitucional de direitos fundamentais decorrentes de normas legais ou consuetudinárias *contra constitutionem* objecto de uma longa e pacífica aplicação. O Autor, *contorna* o artigo 290.º da CRP considerando que, "segundo decisão própria da Constituição instrumental, os preceitos legais sobre direitos fundamentais têm a sua validade material mais dependente da Declaração Universal do que da própria Constituição em sentido instrumental", donde que

---

[81] Cfr. NGUYEN QUOC DINH/PATRIVK DAILLIER/ ALAIN PELLET, *Direito Internacional Público,* 4ª ed., Lisboa, 1999, pp. 292 e 293.

Por uma Leitura Fechada e Integrada da Cláusula Aberta   147

"a não desconformidade de um preceito legal sobre direitos fundamentais em relação ao texto da Constituição instrumental não impede que o mesmo seja considerado inconstitucional, desde que materialmente conforme com a Declaração Universal" e "a desconformidade material de um preceito legal sobre direitos fundamentais à luz da Constituição instrumental não impossibilita que aquele produza efeitos, desde que seja conforme com a Declaração Universal"[82].

Claro que daqui decorre que nem todo o direito ordinário anterior à CRP que seja materialmente contrário ao seu texto em sentido instrumental cessou a vigência[83] e que o artigo 16.º pode conferir-lhes relevância. PAULO OTERO acrescenta que o artigo 282.º, n.ºs 3 e 4 é, também, uma habilitação constitucional à produção de efeitos por parte de uma norma inconstitucional[84], funcionando como mais uma limitação à aplicação literal do artigo 290.º da CRP. Em suma, o Autor conclui que o n.º 1 do artigo 16.º da CRP é uma cláusula de ampliação pretérita das fontes do sistema constitucional, havendo que ter em conta a aplicação pacífica das respectivas normas e, concretamente, em analogia com o artigo 282, n.ºs 3 e 4, de normas de direito ordinário contrárias à Constituição.

35. Não alongando mais a apreciação da tese de PAULO OTERO, talvez a mais criativa a respeito da cláusula aberta, conclua-se no sentido de que, para além das objecções que à mesma se foi traçando, se acompanha a crítica de JORGE MIRANDA, no sentido de não parecer admissível a convivência de duas ideias de direito dentro do mesmo país; de se não poder extrapolar as regras contidas no artigo 282, n.ºs 3 e 4 – "regras correctivas e de âmbito bem circunscrito, senão excepcional – para uma derrogação do artigo 290.º, n.º 2, a título permanente"[85].

36. Depois de passadas em revista as principais posições que têm sido manifestadas acerca da aplicabilidade do regime orgânico dos direitos, liberdades e garantias aos direitos extraconstitucionais de natureza análoga aos direitos, liberdades e garantias, dir-se-ia que *não há dúvidas de que o artigo 16, n.º 1, da CRP permite, na sua textualidade, inter-*

---

[82] Cfr. *Direitos Históricos*..., cit. p. 1083.

[83] Apesar de uma norma que trata *especificamente* dessa questão – decorrente do artigo 290.º da CRP – prescrever *expressamente* o contrário e não se cingir, também *expressamente*, à Constituição instrumental... .

[84] Cfr. *Direitos Históricos*..., cit. p. 1084.

[85] Cfr. *Manual*..., IV, cit. p. 171.

148   *Isabel Moreira*

pretações variadas. Já se referiu, por exemplo, não ser de refutar liminarmente o acolhimento, por aquele preceito, de direitos sociais, tendo-se tomado posição acerca desse problema específico mais acima.

37. Por outro lado, admite-se que a exiguidade do preceito permite a consideração de todas as soluções de regime que foram expostas, propositadamente de forma estanque. Crê-se, porém, que *a única fonte infraconstitucional admissível como consagradora de direitos extravagantes é, à parte dos direitos pretéritos formalizados em decreto-lei e dos direitos de origem internacional, a lei em sentido formal*. Rejeita-se assim, liminarmente, teses já expostas segundo as quais podemos encontrar direitos fundamentais, inclusivamente direitos análogos a direitos liberdades e garantais, em qualquer fonte normativa infra-estadual, o que acarreta a *diabólica* consequência de um direito daquela natureza poder ser criado por um regulamento municipal, mas só merecer regulamentação posterior de autoria parlamentar, ou governamental, mediante lei habilitante. Esta tese, como outras que lhe são próximas, nem sequer abordam o papel que a *decisão constituinte* – originária ou não – assume na criação de direitos.

38. Reafirme-se neste *lugar* que *mesmo a criação de direitos análogos a direitos, liberdades e garantias por lei da AR afigura-se-nos difícil de conceber*, perante a extensão do sistema constitucional e, também, perante a sua juventude. *Uma vez que se preconiza uma visão muito limitativa da cláusula aberta*, apoiada na prática – acrescente-se – pela desnecessidade, em face dos vários mecanismos referidos de abertura do sistema, *admite-se a aplicação do regime orgânico aos direitos fundamentais extraconstitucionais análogos aos direitos, liberdades e garantias*. Adere-se, pois, à tese segundo a qual não haverá qualquer razão para se não considerar aplicável o regime orgânico, regime esse que só faz sentido, insista-se, a partir de um entendimento "não-maximalista" que identifique como direitos fundamentais de natureza análoga "as posições jurídicas constitucionais cujo (...) conteúdo tenha um mínimo de determinabilidade constitucional (...) ou as que correspondam a prestações jurídicas vinculadas, ou ainda, as que, pela respectiva estrutura, coorrespondam a direitos *negativos* ou de *defesa* (...), desde que, num caso como no outro, tais posições apresentem ligação ao princípio da dignidade da pessoa humana"[86].

---

[86] Cfr. Marcelo Rebelo de Sousa/ José de Melo Alexandrino, *Constituição...*, cit. pp. 94 e 95.

Por uma Leitura Fechada e Integrada da Cláusula Aberta

39. A partir do momento em que se adopta uma visão restritiva da cláusula aberta – quanto aos direitos pela mesma recebidos; quanto ao critério da respectiva identificação; quanto às fontes infraconstitucionais que se crê admissível convocar –, *não se encontra razão alguma para negar aos direitos extraconstitucionais análogos aos direitos de liberdade a aplicação da globalidade do regime dos direitos, liberdades e garantias.* O artigo 17.º em nada limita essa extensão, pelo que, as conclusões restritivas a que se foi chegando resultaram, precisamente, da constatação deste regime[87]. É que crê-se vivamente que *os problemas dogmáticos que uma matéria jurídico-constitucional possa levantar devem, se possível, procurar linhas de solução a partir do respectivo regime.* No fundo, acaba-se com o princípio. *Se não se encontra*, nem se adere às teses que o fazem, *fundamento constitucional para restringir teleologicamente a letra do artigo 17.º, então só pode estar em causa a aplicação ampla referida, incluindo a garantia de irrevisibilidade prevista na alínea d) do artigo 288.º da CRP*, entendida "como proibição de *introdução* no texto constitucional de um preceito que diminua o alcance do conteúdo essencial dos direitos fundamentais legais ou internacionais *análogos* aos direitos, liberdades e garantias, em termos de os fazer desaparecer ou de os desfigurar"[88].

Ora, é por o regime ser tão gravoso, ao ponto – para além da garantia de irrevisibilidade – de se aceitar, em matéria de restrições (artigo 18.º da CRP), a vinculação do legislador a normas legais, porque elas, pertencendo à *constituição material*, têm uma autoridade maior do que as leis ordinárias, que os direitos em causa só podem ser os que ultrapassem todos os requisitos restritivos que se foi adoptando. Esta é, crê-se, a melhor

---

[87] Não pode deixar de ser referida a interessante tese de HENRIQUE MOTA, na medida em que, tal como aqui se faz, o Autor, a partir do artigo 17.º, o qual – conforme sublinha – não restringe a aplicação do regime em causa a determinadas *fontes* infraconstitucionais de direitos de liberdade, considera que as fontes mencionadas no artigo 16.º são meramente indicativas. Parte, portanto, também, da ligação consequente entre o artigo 16.º e o artigo 17.º da CRP. Simplesmente, estamos em crer que o raciocínio pode ser invertido, na medida em que não haveria porque o artigo 17.º mencionar as referidas fontes, uma vez que, atenta a sua ligação sistemática e lógica com o artigo 16.º – em que Autor tanto insiste – essa tarefa já está feita por este último. Por outro lado, em coerência com a premissa de HENRIQUE MOTA fundada no artigo 17.º, se é certo que o Autor, ao contrário do que aqui se protagoniza, aceita a recepção, por parte da cláusula aberta, de direitos sociais, ainda que o considere, como já se referiu uma "anormalidade", a que se rende, chega inevitavelmente à conclusão de que quanto aos direitos sociais – uma vez que não se integram na previsão do artigo 17.º da CRP – o elenco das fontes consignado no artigo 16.º é, então sim, restritivo. Cfr. *Le Principe...,* cit. pp. 196 e 197.

[88] Cfr. VIEIRA DE ANDRADE, *Os Direitos Fundamentais...,* 2.ª ed., cit., p. 196.

forma de interpretação do *problema:* a partir do regime. Esse regime não *assusta* e passa a ser perfeitamente justificável e razoável, precisamente porque o mesmo, salvo melhor opinião, impõe uma leitura *apertada* da cláusula aberta em todos os níveis que se foi delineando.

40. Falta abordar o problema por outra perspectiva: admitindo que a cláusula aberta se refere quer a direitos, liberdades e garantias, quer a direitos sociais (aplicando-se quanto a estes o regime geral dos direitos dessa natureza) – nos termos restritivos atrás sublinhados –, *falta saber que regime aplicar aos primeiros, que não tenham natureza análoga aos direitos de liberdade.* É que na verdade o artigo 16.º é mais amplo do que o artigo 17.º, uma vez que apenas este último restringe a sua estatuição a direitos de natureza análoga, enquanto o artigo 16, n.º 1, se refere a direitos fundamentais *tout court*. Crê-se que o regime a aplicável aos direitos, liberdades e garantias não análogos recebidos pelo artigo 16.º deve assentar no respeito pelos princípios da segurança jurídica, da protecção das expectativas e da proporcionalidade, exigindo-se uma reforçada fundamentação das leis revogatórias de direitos não análogos.

41. Por último, e arriscando uma hipótese de direito a constituir, *há dados que parecem tornar aceitável a meditação sobre a redundância do artigo 17.º da CRP.* Naturalmente que se finda este trabalho com uma hipótese académica, mas que parece digna de ser ensaiada, se não vejamos: JORGE MIRANDA[89] adianta cerca de trinta e três exemplos de direitos recebidos pela cláusula aberta – o que aqui releva como facto, independentemente de se considerar que alguns deles estão implícitos na Constituição e que outros são recebidos pelo artigo 8.º da CRP – e cerca de quarenta direitos análogos recebidos pelo artigo 17 da CRP.

Fica claro que o artigo 16.º é mais amplo, em termos de enunciação possível de direitos, do que o artigo 17.º, pois, para além dos eventuais direitos sociais, abarca quer direitos de natureza análoga aos direitos, liberdades e garantias, quer direitos, liberdades e garantias de natureza não análoga. Numa palavra, o artigo 16, n.º 1, poderia, talvez, em tese, absorver o artigo 17.º da CRP, ficando a questão do regime a cargo da jurisprudência com apoio nos elementos que sejam razoavelmente seguros na doutrina.

---

[89] Cfr. *Manual de Direito Constitucional*, IV,..., cit., pp. 172 e 173 e 151 a 153.

§ 4.º
Conclusões sumárias

1. A primeira cláusula aberta – IX Aditamento à Constituição dos Estados Unidos – é uma cláusula confinada às fronteiras da Constituição e cunhada por uma preocupação de separação de poderes.

2. No que toca ao sistema português, a cláusula aberta em matéria de direitos fundamentais foi inscrita na história constitucional na Constituição de 1911. A sua operatividade, em termos de reconhecimento de direitos extraconstitucionais, foi nula, ou, pelo menos, irrisória.

3. A cláusula aberta da Constituição de 1933 não é, verdadeiramente, uma cláusula aberta. É, tal como o crivo que permitia que direitos mais significativos ficassem submetidos ao regime que viesse a ser estabelecido por "leis especiais", mais um expediente de protecção do Regime.

4. No que se refere à Constituição de 1976, o artigo 16.º, n.º 1, foi aprovado sem qualquer debate. O conteúdo do preceito, votado com uma redacção que referia apenas *direitos, liberdades e garantias*, acabou, sem qualquer explicação, por ver substituído tal expressão por *direitos fundamentais*. Não é líquido que esta transformação tenha sido votada em plenário.

5. A cláusula aberta tem, antes de mais, por fundamento o princípio da dignidade da pessoa humana.

6. A generosa extensão do texto constitucional não deve, nem se compadece, com um discurso superlativo no que toca à matéria dos direitos fundamentais e, especificamente, à temática da cláusula aberta. O recíproco condicionamento dos direitos fundamentais leva a que a enunciação entusiástica de novos direitos permita a restrição de outros.

7. Um dos pontos prévios mais importantes para a compreensão da cláusula aberta dos direitos fundamentais é a não confusão entre este instituto específico e os vários *lugares* constitucionais que nos dão conta de uma geral abertura do sistema.

8. Só são recebidos pela cláusula aberta direitos, liberdades e garantias, admitindo-se o temperamento desta posição em face da tese que aceita

em termos muito restritivos a recepção do princípio do não retrocesso, na medida em que a mesma vai ao encontro de uma posição favorável à liberdade de conformação do legislador, e contida no que toca à enunciação de direitos extra-constitucionais em face da riqueza do texto fundamental.

9. Uma das finalidades da cláusula aberta está em se não excluir aqueles direitos que *escapam*, por temporalidade ou por competência *lato sensu*, aos constituintes e aos constituídos devidos: no que a este ponto se refere, a cláusula aberta dirigir-se-á, primacialmente, aos direitos pretéritos e aos direitos com fonte internacional.

10. Adopta-se como critério operativo para a identificação dos direitos extraconstitucionais o da analogia material e procedimental.

11. A única fonte infraconstitucional admissível como consagradora de direitos extravagantes é, à parte dos direitos pretéritos formalizados em decreto-lei e dos direitos de origem internacional, a lei em sentido formal.

12. Mesmo a criação de direitos análogos a direitos, liberdades e garantias por lei da AR afigura-se-nos difícil de conceber, perante a extensão do sistema constitucional e, também, perante a sua juventude.

13. Uma vez que se preconiza uma visão muito limitativa da cláusula aberta, admite-se a aplicação do regime orgânico aos direitos fundamentais extraconstitucionais análogos aos direitos, liberdades e garantias.

14. A adopção de uma visão restritiva da cláusula aberta – quanto aos direitos pela mesma recebidos; quanto ao critério da respectiva identificação; quanto às fontes infraconstitucionais que se crê admissível convocar – leva a que se não negue a aplicação da globalidade do regime dos direitos, liberdades e garantias aos direitos extraconstitucionais a eles análogos.

15. O artigo 17.° da CRP em nada limita essa extensão: os problemas dogmáticos que uma matéria jurídico-constitucional possa levantar devem, se possível, procurar linhas de solução a partir do respectivo regime. Não havendo fundamento constitucional para restringir teleologicamente a letra do artigo 17.°, então só pode estar em causa a aplicação ampla referida, incluindo a garantia de irrevisibilidade prevista na alínea d) do artigo 288.° da CRP.

16. É por o regime ser tão gravoso, ao ponto de se aceitar, em matéria de restrições, a vinculação do legislador a normas legais, que os direitos em causa só podem ser os que ultrapassem todos os requisitos restritivos que se foi adoptando.

17. Há dados que parecem tornar aceitável a meditação sobre a redundância do artigo 17.º da CRP.

TRANSMISSÃO DA SIDA
E RESPONSABILIDADE PENAL

MARIA FERNANDA PALMA*

1. A transmissão do vírus da SIDA por via sexual ou através de outros meios – uso de seringas infectadas ou plasma contaminado – revela o carácter instável do conceito de homicídio introduzindo interrogações onde parecia existirem certezas.

Com efeito, admitindo-se que a contaminação com o vírus da SIDA provoca uma deficiência do sistema imunitário que permite o aparecimento de várias doenças graves que conduzem, irreversivelmente, à morte, é desde logo questionável se este tipo de processo causal em cadeia (sucessão de infecções) geralmente demorado e baseado em relações consentidas corresponde ao tipo de causalidade e de domínio sobre o corpo da vítima subjacente ao homicídio, em que geralmente se concebe uma conduta imediatamente causal e sem possibilidade de defesa pela vítima. Na realidade, o paradoxo destes casos resulta de a morte da vítima não ser directa consequência da contaminação, mas ser inevitável consequência da incapacidade do organismo resistir às doenças contraídas, como se a contaminação traçasse um destino irreversível para o organismo mas não actuasse de modo causal relativamente à morte.

O facto de a possibilidade de morte da vítima após a contaminação depender de um processo natural não comandado directamente pelo agente suscita uma analogia entre estes casos e todos aqueles em que uma remota acção inaugura um caminho irreversível sem, no entanto, se poder afirmar dela que é mais do que mera *conditio sine qua non* do resultado. A pessoa que é ligeiramente ferida e contrai tétano ou a pessoa que é exposta a uma radiação e desenvolve um cancro configuram casos em que a afirmação da causalidade é duvidosa devido à falta de conexão directa e à pouca

---

* Professora Associada da Faculdade de Direito de Lisboa, Juíza do Tribunal Constitucional.

previsibilidade do resultado. No caso da SIDA, também não há conexão directa, mas a conexão com a morte da vítima é inevitável. É igualmente verdade que há uma probabilidade de intensidade não muito elevada de a conduta apta para contagiar (a relação sexual ou até o contacto com o sangue da vítima de seringa infectada) ser efectivamente danosa, concretizando a contaminação. Por outro lado, como se disse, pode haver, também, uma "certa responsabilidade" da vítima nos casos de relações sexuais voluntárias na sua própria colocação em perigo.

Deste modo, a incerteza quanto à contaminação e os outros factores referidos retiram ao acto transmissor o imediato significado de homicídio, apesar de a contaminação conduzir ao desencadeamento de um processo causal com um percurso natural, mas irreversivelmente mortal.

Por outro lado, como também se referiu, o contexto social da conduta, nomeadamente o relacionamento sexual ou a troca de seringas num meio de toxicodependência, associa o acto transmissor a uma mera lógica de risco consentido, aos riscos gerais da vida. A "inevitabilidade" da morte após um longo processo adequa-se à vulnerabilidade da vida humana. Por seu turno, os novos conhecimentos médicos sobre a doença sugerem uma cronicidade que adia a morte para um futuro cada vez mais longínquo. O alargamento, através de medicamentos, da duração da vida, permite-nos questionar se a probabilidade de morrer devido à doença (e não devido a outras circunstâncias) não estará altamente enfraquecida, em função da possibilidade de interferência de outros factores durante o hiato temporal entre a conduta e o evento. E, finalmente, o eventual consentimento da vítima no relacionamento sexual leva-nos a perguntar se, de alguma forma, não há um domínio do processo causal pela própria vítima que o desvia do seu ponto originário – o comportamento do indivíduo infectado.

Está, assim, manifestamente em causa que seja linear a caracterização do acto transmissor como matar uma pessoa, ainda que o autor aja com dolo. Com efeito, mesmo o dolo de homicídio não bastará para suprir as debilidades da caracterização causal da conduta, porque não há, em geral, crime doloso onde o processo causal não for reconhecido como relevante ou dominado pelo agente, tendo de existir uma congruência entre o tipo subjectivo e o tipo objectivo.

2. Este é, por conseguinte, o primeiro grande problema que os casos mais frequentes de transmissão do vírus da SIDA colocam ao Direito Penal e à Ética. Trata-se, como se disse, de delimitar, na nossa sociedade, as fronteiras do homicídio, o significado de matar uma pessoa, dolosa ou negligentemente, perante a inevitabilidade da morte e ainda, por vezes, um certo tipo de comportamento da vítima. É ainda homicídio introduzir um factor da morte num indivíduo, a médio ou a longo prazo, mesmo que a duração desse prazo diminua as probabilidades de a morte ocorrer em virtude desse mesmo factor? Alheando-nos dos casos de SIDA, perguntar--se-á se a provocação de uma hipotética alteração genética num feto, que predisponha, após o nascimento, a criança a contrair uma doença fatal, constitui ainda um homicídio?

Quando analisamos este problema, é o aspecto causal da acção de matar que está em discussão. O que desde logo nos intriga nestas situações é não estarmos suficientemente preparados, do ponto de vista ético, para definir o conteúdo objectivo do "não matarás".

Por outro lado, é a relatividade inevitável da causalidade que nos surpreende. Matar não pode ser suscitar qualquer condição de morte futura, como, por exemplo absurdo, dar vida a um ser mortal ou mesmo determinar uma causa futura de morte por manipulação do código genético ou por transmissão de uma doença fatal durante a gravidez.

E, além disso, qual é o significado do comportamento da vítima? Trata-se de um consentimento relevante?

Matar não tem um significado naturalisticamente causal, mas sim um significado valorativo. Pressupondo a causalidade, matar exige um domínio específico sobre o processo causal que permita considerar causal a acção de uma pessoa e atribuir-lhe responsabilidade por ela.

Estará nessas condições a transmissão do vírus da SIDA por via sexual, ou por contaminação de seringas?

Em suma, impõe-se responder à questão do significado do processo causal desencadeado pela SIDA relativamente ao conceito típico de homicídio.

3. A tendência maioritária da doutrina penal é considerar que a imputação objectiva se justifica nestes casos de transmissão da SIDA. Schünemann resolve o problema através do conceito de autoria e do domínio do facto[1]. O agente infectado tem um superior domínio do facto, através do conhecimento privilegiado de que dispõe. Um tal conhecimento torna-o, na transmissão da SIDA através de relações sexuais, uma espécie de autor mediato, relativamente ao comportamento sexual do parceiro-vítima, essencial para que a contaminação se verifique. Mas Schünemann admite, ainda assim, que a imputação objectiva seja excluída nos casos de contac-

---

[1] SCHÜNEMANN, BERND, "Problemas juridico-penales relacionados con el SIDA", em *Problemas juridico-penales del SIDA*, org. Mir Puig, 1993, p. 11 e ss.

tos aventureiros com indivíduos pertencentes a grupos de risco ou de troca de seringas num meio de toxicodependentes.

Nessas situações, há uma predisposição da vítima para a lesão (auto-lesão) ao procurar a fonte do perigo – o agente infectado. O superior conhecimento do agente, aí, está limitado pela elevada previsibilidade que a vítima tem do contágio. Schünemann defende a impunidade em casos excepcionais, mas que outros autores generalizam, em face da propaganda do sexo seguro e dos conhecimentos normais sobre sexualidade e SIDA.

Porém, a posição que transfere para a vítima a necessidade de auto-protecção, tratando o agente como mera fonte de perigo, não colhe unanimidade nem se pode considerar maioritária na doutrina penal. Com efeito, ela poria em causa princípios de auto-responsabilização relativamente a pessoas que têm um concreto conhecimento e domínio da situação em que se encontram.

Frisch[2], concordando com uma sentença do BGH que se afastou da tese da impunidade destes casos, afirma: "Na verdade, haveria um afastamento de princípios elementares da responsabilidade pela evitação do perigo se o peso da protecção perante certos perigos se transferisse de quem causa o perigo para quem é sujeito ao perigo". Nestas situações, porém, há uma questão prévia que não é fácil ultrapassar para concluir pela imputação objectiva – não é proibido o relacionamento sexual dos agentes infectados com a SIDA e nem sequer existe um dever legalmente consagrado de comunicação e de informação sobre tal estado infeccioso.

4. No caso português, é claro que a SIDA não é uma doença de comunicação obrigatória[3]. Poder-se-á, então, vir a imputar a responsabilidade pela infecção de terceiros a agentes integrados num *milieu* de sexo profissional e reconhecidamente pertencentes a uma categoria de risco, quando se integram, aparentemente, num espaço não tutelado pelo direito tanto a sua actividade como a comunicação da sua doença?

A negação da referida transferência de responsabilidade para a vítima pressupõe, de algum modo, o controlo legal dessa actividade ou do próprio relacionamento sexual do agente infectado com a SIDA. Neste momento, porém, é difícil concluir que haja na legislação portuguesa um

---

[2] FRISCH, WOLFGANG, "Riskanter Geschechtsverkehr eines HIV-Infizierten als Straftat?", em *Juristische Schule*, 1990, 5, p. 369.

[3] Cf. Lei n.º 2036 de 1949 e Portaria n.º 1071/98, em *DR*, I Série, n.º 801, de 31 de Dezembro. No primeiro diploma, existem disposições no sentido de proibir actos de que possa resultar o contágio às pessoas infectadas com certas doenças (Base IV).

verdadeiro dever jurídico de prestar informação sobre a situação de saúde de quem exerça actividades de prostituição.

Todavia, o dilema é complexo: por um lado, é difícil reconhecer um verdadeiro dever jurídico de informar sobre a infecção com o H.I.V. que justificaria a imputação objectiva porque seria compatível com uma responsabilidade não partilhada do agente pelos efeitos do seu relacionamento sexual com a vítima e permitiria valorar como verdadeiro domínio do facto, em termos sociais, o seu comportamento; por outro lado, negar a imputação objectiva, aceitando, nesses casos de contactos de risco, a impunidade dos comportamentos seria admitir uma clareira de irresponsabilidade dos agentes e de desprotecção das vítimas. E tal clareira abrangeria, necessariamente, todos os terceiros (médicos, familiares, colegas, etc.) que sabendo do estado de saúde do agente colaborassem, silenciosamente – nada fazendo, nada impedindo –, no "suicídio" ou "autolesão" dos "clientes" em busca de contactos aventureiros.

Seria uma lógica de autonomia, aliada a uma lógica de silêncio e de morte.

É um tipo de situação em que a própria demissão do legislador é conspirativa, pois, a pretexto de uma não regulamentação dos modos de relacionamento sexual, se permite que circule uma não informação concreta sobre quem é portador da doença que, em última análise, cria um grupo alargado de potenciais vítimas – todas as que, embora não procurando elas próprias os contactos aventureiros, venham, devido a relações sexuais até mesmo estáveis com outras pessoas (também sem conhecimento concreto do facto de terem sido infectadas), a ser contagiadas sem que a ninguém possa ser atribuída a responsabilidade.

5. Estaremos, na realidade, perante uma ideia pérfida de adequação social que "branqueia" práticas homicidas? E, em face desta desregulação legal, não deverá o Direito Penal reconhecer, pura e simplesmente, que não há vontade incriminadora relativamente aos agentes infectados nos casos de comportamentos sexualmente aventureiros da vítima?

A interpretação que esta situação coloca ao Direito tem duas respostas: uma *de jure condito* e outra *de jure condendo*. No plano do direito vigente, não é possível deixar de imputar objectivamente o comportamento homicida aos que actuem, eles próprios, como fonte de perigo para outros, não os informando de que são portadores da doença mas detendo um conhecimento exacto sobre o seu estado, enquanto os parceiros sexuais apenas podem contar em abstracto com tal perigo. Numa perspectiva de direito a constituir, impõe-se a criação de deveres legais de informação às

160   *Maria Fernanda Palma*

vítimas e de comunicação de tal doença às autoridades para todos os que tenham actividades profissionais de relacionamento sexual ou em que especificamente se verifique um acentuado perigo de contágio[4]. É necessária a intervenção da lei nesse espaço desregulado, não para proteger a credibilidade do negócio da prostituição, mas para proteger a sociedade. Onde não há informação nem protecção deve passar a existir regulação e controlo. Só assim será possível sustentar, indiscutivelmente, posições de garante de terceiros e cortar pela raiz a conspiração de silêncio que a sociedade e o Direito instauraram em redor da transmissão da SIDA.

6. A questão da qualificação como homicídio destas condutas depende ainda da avaliação da chamada imputação subjectiva, nomeadamente das possibilidades de afirmação do dolo de homicídio.

Verificar-se-á, verdadeiramente, dolo de homicídio nestes casos, em que o agente transmissor só pode representar uma probabilidade estatística de pouca intensidade de o contágio se verificar? O contexto do relacionamento sexual não será apto a propiciar uma confiança na não produção do resultado típico ou, para usar a fórmula do artigo 14.º, n.º 3, do Código Penal, uma não conformação com a realização do facto típico?

Há quanto a esta questão uma diversidade de respostas na doutrina. O ponto decisivo para uma solução não é, porém, a probabilidade estatística. Com efeito, as representações comuns sobre a perigosidade das relações sexuais de um parceiro infectado com SIDA são muito elevadas e superam a perspectiva oferecida pelas estatísticas.

Assim, a baixa probabilidade estatística não pode relevar decisivamente para efeitos de dolo. Ela não é adequada às representações comuns e ao temor de contágio que existe na sociedade, não fornecendo, por isso, uma base sólida para indiciar a não conformação com a produção do resultado. As estatísticas não são coincidentes com as expectativas comuns e torna-se, por isso, duvidoso que o agente disponha de um saber científico

---

[4] Note-se que o Tribunal Constitucional italiano considerou inconstitucional a omissão legislativa quanto à exigência de testes de SIDA aos enfermeiros que tivessem tido contactos sexuais com pessoa infectada. Tratou-se da sentença de 23 de Maio de 1994 que declarou inconstitucional uma norma do programa de prevenção e luta contra o SIDA, na parte em que não previa exames de despistagem da seropositividade HIV relativamente ao exercício de actividades que comportam riscos para a saúde de terceiros (publicada em *Raccolta Uficiale delle Sentenze e Ordenanze della Corte Costituzionale*, vol. CXI, 1994, p. 639). Sobre tal sentença ver ainda Nicola Recchie, in *Giurisprudenza Costituzionale*, Ano XL, 1995, Fasc. 1, p. 559. Fazendo referência a esta sentença, cf. Acórdão do Tribunal Constitucional n.º 368/2002, *DR*, II Série, de 25 de Outubro de 2002.

e que não sejam as expectativas comuns com que se confronta na decisão de agir.

Por outro lado, sempre se entendeu que a existência inequívoca de dolo directo em situações de risco mínimo, mas ainda risco proibido, não impediria a qualificação do crime como doloso, demonstrando-se a relativa autonomia da intensidade da causalidade em face da intensidade do dolo. Assim, por exemplo, quem dispara a uma distância enorme, com uma probabilidade mínima de acertar, mas esperando acertar na vítima, realiza um homicídio doloso. Nesse tipo de casos, apenas poderá estar em questão a verificação de dolo eventual, por se admitir que o agente confiaria na não produção do resultado. Mas não estando em causa qualquer verdadeira adequação social do relacionamento sexual do agente com SIDA que não revela tal facto ao seu parceiro sexual e existindo efectiva imputação objectiva do resultado ao comportamento do agente, ter-se-á de concluir que o dolo se verifica em princípio, apesar de não existir uma elevada probabilidade estatística de contaminação.

Um outro aspecto a considerar é o contexto social em que a contaminação é produzida. Poderá ele ser critério de afastamento do dolo? Aqui também não pode ser dada, inequivocamente, uma resposta negativa. O relacionamento sexual ou se verifica num contexto amoroso e não é racional que o agente não se confronte com as resistências que as convicções sociais comuns suscitam e que não as tenha de superar na sua decisão, fazendo prevalecer o interesse na ocultação à vítima da situação sobre o perigo, ou se verifica num contexto puramente profissional e aí a minimização do risco não é, em princípio, factor determinante da acção, porque o agente não nutre qualquer especial afecto pela vítima.

Por outras palavras, quando estivermos perante o acto de transmissão em contexto amoroso, embora ele possa ser explicado e compreendido segundo uma lógica específica não é inequívoco que esteja excluído o dolo de homicídio, dado o natural confronto do agente com o risco da vítima e a eventual sobreposição de certos interesses emocionais à não contaminação da vítima. A lógica do desejo amoroso é, por vezes, egoísta e possessiva e pode tornar-se homicida. Não poderemos excluir, no entanto, que o agente aja perturbado emocionalmente e se desvie da ponderação objectiva da situação, de modo a criar uma convicção de que nada sucederá, não revelando uma atitude indiferente para com a vítima, mas uma lógica de decisão afectivamente perturbada.

Não deveremos, certamente, resolver todos os casos da mesma maneira, nem pressupor que há dolo ou não há dolo, em geral, nestas situações. A única conclusão possível é que o contexto social não altera em si mesmo a caracterização do acto, sendo necessário confrontar o concreto comportamento do agente com o resultado da sua acção e a base da sua decisão de agir.

7. A configuração da transmissão da SIDA como homicídio, através de condutas cujo contexto causal ou subjectivo não é o tradicional no homicídio, pode, dadas as dificuldades assinaladas bem como as dificuldades de prova, conduzir a uma situação em que, na prática, tais comportamentos ficariam impunes. A eficácia preventiva do Direito Penal poderá ser duvidosa se apenas se puderem relacionar tais condutas com o homicídio. Haverá, assim, que procurar uma tutela eficaz, independentemente da possibilidade de qualificar actos de transmissão da SIDA como homicídios.

Para além destas condutas de transmissão da SIDA, também a contaminação dos produtos do sangue através de actividades profissionais que exigiriam uma especial cautela torna necessário cobrir, desde logo, uma área de provocação da contaminação, independentemente da verificação da morte e sobretudo a partir do momento da criação do perigo.

Os sistemas penais europeus têm-se confrontado com a necessidade dessa antecipação de tutela, procurando resolver o problema com recurso a tipos incriminadores que prescindem do resultado, como o envenenamento ou as ofensas corporais perigosas, ou pela criação de tipos específicos de transmissão ou propagação de doença.

A questão que se coloca, desde logo, é a de saber qual o ponto ideal de antecipação da tutela penal. Isto é, qual será a fase do perigo que justifica a incriminação: a mera realização de uma conduta susceptível de causar a contaminação, embora possa não se provar que a contaminação ocorreu, apenas a contaminação efectiva ou tão só a contaminação apta a desencadear o processo irreversível da SIDA?

Por outro lado, na perspec-tiva da imputação subjectiva, coloca-se o problema de saber se a antecipação da tutela exigirá um dolo referido ao perigo em abstracto, sem conexão com a representação da possibilidade ou probabilidade de dano, ou se se deverá configurar um intenso dolo de perigo (dolo directo ou necessário), excluindo a área limítrofe do dolo eventual em que, inevitavelmente, se cairá na referência da vontade ao perigo do perigo.

Que função deverá ter, efectivamente, a antecipação da tutela? Tratar-se-á, fundamentalmente, de uma norma subsidiária capaz de abarcar condutas em que as dificuldades de prova obstariam ao enquadramento no homicídio ou deverá abranger-se uma área intermédia entre o homicídio e as ofensas corporais, entre o dolo e a negligência, de gravidade específica, em que a intensidade do perigo justifica que os deveres de protecção das vítimas pelos agentes sejam mais intensos do que os vulgares deveres de cuidado?

As opções referidas, tanto no plano da tipicidade objectiva como no da tipicidade subjectiva, necessitam de ser reflectidas pelo legislador penal, correndo-se o risco, perante o não enfrentamento da questão, de uma confusão ética dos destinatários das normas. É o que sucederá quando os julgadores realizarem interpretações dos tipos de crimes de perigo que não tenham em conta as finalidades da antecipação da tutela, fazendo recuar porventura em excesso essa tutela ou elevando a conduta puramente negligente à categoria de dolosa, enfraquecendo assim a fronteira da delimitação da censura do dolo em face da negligência ou tornando-a desfasada do sentido enraizado nas representações comuns sobre a acção.

As respostas a estas questões pelo Código Penal português não são também muito claras.

O crime de propagação de doença contagiosa (artigo 283.° do Código Penal), que mais directamente traduz as necessidades apontadas, revela duas intenções fundamentais: dar expressão jurídico-penal a actividades que podem ser particularmente perigosas e referir à concreta criação do perigo para a vida ou para a integridade física a incriminação.

Em suma: trata-se de um crime de perigo concreto, doloso, em que o legislador modelou a incriminação em função do tipo de actividade e do perigo criado. O perigo, que é elemento do tipo (resultado), pode ter sido criado a título de dolo ou de negligência, distinguindo-se um crime doloso de perigo concreto de um crime doloso quanto à acção e negligente quanto ao resultado. A estas modalidades típicas acresce um tipo globalmente negligente (quanto à acção e quanto ao resultado).

De alguma forma, tais modalidades típicas revelam uma moderação na antecipação da tutela pela exigência da verificação de uma causalidade de perigo concreto, mas o facto de se admitirem formas negligentes quanto ao resultado e à própria acção alarga a incriminação a formas comportamentais que, em geral, não poderiam ser consideradas negligentes por não serem senão formalmente crimes de resultado.

Esta solução, acentuando o resultado-perigo e distinguindo variações quanto à causalidade dolosa ou negligente não consegue evitar totalmente a problemática da prova, apesar de ela ser simplificada se se entender que o "de modo a criar perigo para a vida e integridade física" significa apenas uma susceptibilidade de dano pouco controlável, associada logo à colocação do corpo das vítimas em contacto directo com o vírus, de modo a poder contrair a infecção e mesmo que ela não tenha sido efectivamente contraída, que isso não seja provado ou que as vítimas até já estejam contaminadas.

Na primeira concepção do perigo, a concretização exigida é mínima, ultrapassando-se as essenciais dificuldades de uma prova da causalidade – o perigo para a vida ou integridade física é reduzido à criação efectiva das condições adequadas para a contaminação e sua subsequente disseminação. Na segunda perspectiva, há um elemento concretizador mais acentuado – o evento-perigo é a efectiva contaminação das vítimas, o facto de elas se tornarem portadoras do vírus.

O princípio da legalidade impõe esta última interpretação, na medida em que só se verifica a propagação (e não mera possibilidade de propagação) quando as vítimas contraírem a doença. A propagação pressupõe uma actividade de multiplicação da enfermidade (atingindo-se uma multiplicidade de vítimas ou pelo menos mais do que uma).

A contracção da doença pela vítima é, segundo o sentido das palavras, elemento essencial do tipo e não apenas uma circunstância agravante. Se as vítimas apenas foram postas em contacto com o agente da doença mas não a chegaram a contrair, não se pode falar de propagação mas, quando muito, de tentativa, se a propagação for dolosa.

Poder-se-ia, na realidade, ter antecipado a tutela do crime consumado doloso até à situação que corresponde, na actual configuração, à tentativa, mas isso com a contrapartida de afastar a sua realização a título de negligência.

Uma vez que se pretendeu admitir como conduta típica de propagação, para além da realização global por negligência (artigo 283.°, n.° 3), uma simbiose de dolo quanto à conduta perigosa e negligência quanto à criação do perigo (artigo 283.°, n.° 2), o que na realidade não é mais do que uma espécie de negligência grosseira ou até mesmo uma fórmula para abranger todos os casos limítrofes do dolo, então não é concebível uma antecipação generalizada da tutela.

8. A limitação de uma norma como o artigo 283.°, n.° 1, do Código Penal a condutas muito específicas de agentes com certo desempenho profissional não satisfaz, obviamente, a necessidade de um tipo incriminador de perigo subsidiário do homicídio para os casos mais correntes de transmissão da SIDA.

A única solução alternativa é a aplicação do artigo 144.°, alíneas c) ou d). A moldura penal mais grave do artigo 144.°, alíneas c) ou d), relativamente à do artigo 283.°, n.° 2, levanta de novo, porém, o problema de saber se o legislador não teria representado, nos chamados crimes de perigo comum (em que a pena varia entre 1 e 8 anos de prisão), um evento de perigo menos concreto.

A diferença da medida da pena pode, porém, justificar-se pela existência, nas ofensas corporais, de um elemento de agressão directa ao corpo da vítima através de uma conduta violenta, não devendo este elemento sistemático ser bastante para concluir por uma menor concretização do evento--perigo no artigo 283.º do Código Penal, em que se prevê que o agente pratique, geralmente, actividades neutras sem relação directa com a vítima e em que o dolo se associa a uma inconsideração grave e não a um efectivo propósito (que já deverá consubstanciar dolo de dano).

O recurso ao crime de ofensas corporais perigosas suscita também as mesmas dificuldades relacionadas com a prova do nexo de causalidade e a prova do dolo, tendo apenas a vantagem de afastar as dificuldades de uma caracterização como homicídio de várias condutas de transmissão do vírus da SIDA, nomeadamente por ser difícil estabelecer a relação directa com a morte da vítima.

Em qualquer caso, a morte da vítima agravará a responsabilidade penal quer se trate de agravação pelo resultado em sede de crime de perigo comum ou em sede de ofensas corporais (artigos 285.º e 145.º, respectivamente)[5].

9. O conjunto de condutas susceptíveis de pôr em causa a vida e a integridade física através da transmissão da SIDA não se limita aos contextos de relacionamento sexual directo, de troca de seringas ou até mesmo ao quadro de uma disseminação, geralmente ligada à utilização de produtos de sangue que contenham o HIV. Há todo um grupo de comportamentos reveladores do poder de controlo sobre as causas da transmissão[6], em que a característica dominante é a passividade, isto é, a omissão. Há, na verdade, uma problemática específica da omissão em conexão com a transmissão de SIDA, sendo necessário averiguar até que ponto se justifica a intervenção penal.

Poderemos distinguir, sem pretensão de exaustividade, três tipos de situações: a omissão dos agentes contaminados quer quanto à prestação da informação quer quanto à obtenção de informação para si próprios, a

---

[5] Em todos estes casos a ocorrência posterior da morte levanta delicados problemas processuais e relacionados com a prescrição, (sobre isso, cf. Acórdão do Tribunal Constitucional n.º 483/2002, *DR*, II Série, de 10 de Janeiro de 2003).

[6] Utilizando, aqui, a expressão de Schünemann em "Problemas juridico-penales relacionados con el SIDA", *cit.*, p. 54 ss.

omissão dos agentes detentores de informação sobre a contaminação de certas pessoas que poderão infectar terceiros e a omissão das autoridades ou dos detentores de poder institucional relativamente a medidas ou informações susceptíveis de evitar a contaminação das vítimas. Estes grupos de casos suscitam soluções específicas, estando envolvidos em contextos sociais diversos.

10. Na omissão dos próprios agentes contaminados relativamente a pessoas que com eles contactem de forma a poderem ser também contaminadas, há, em princípio, domínio das causas de contágio e, por isso, omissão relevante. A possibilidade de o agente ser imediata fonte de perigo para outrem dispensa a identificação de um específico dever de agir, sendo aqui praticamente equiparável a omissão à acção.

Neste grupo incluem-se tanto os casos de contacto sexual (que são um misto de acção e omissão) como os casos de pura omissão factual em que o agente não informa quem lhe presta certo tratamento susceptível de contágio ou ele próprio, como enfermeiro ou médico, não toma precauções para evitar transmitir a doença de que seja portador, situação em que nos encontraremos de novo perante uma conduta mista de omissão e acção. Poderão, nestes casos, verificar-se situações de negligência se o agente, tendo razões para representar que foi contaminado, não averiguar ele próprio a sua situação e, nesse estado de mera dúvida, não tomar qualquer precaução para evitar o contágio.

Haverá, assim, um dever jurídico de realizar o teste da SIDA, como suporte desta omissão, apesar de ele não ser expressamente previsto na lei como obrigatório?

A solução preferível é, de facto, que haja uma obrigatoriedade legal do teste relativamente a pessoas que exerçam certas profissões que criem risco típico de transmissão, desde que não haja a possibilidade de uma prevenção generalizada de contágio através de procedimentos específicos.

Em todo o caso, a falta de obtenção de informação pelos testes do agente que tenha razões sérias para admitir que está contagiado (por ter mantido relacionamento sexual com pessoa infectada, por exemplo) e que, mesmo assim, realiza condutas aptas a transmitir o vírus da SIDA pode ser caracterizada como negligência, desde que o perigo não seja muito genérico. E, neste tipo de situações, não há propriamente razões para distinguir as acções das omissões, desde que seja patente uma violação do dever de cuidado fundada no extravasamento da esfera de risco do agente e na inaceitável interferência causal nos bens jurídicos da vítima.

Transmissão da SIDA e Responsabilidade Penal   167

11. Na omissão de informação da vítima por parte de quem, como terceiro, tem um conhecimento privilegiado sobre a situação do agente, há uma difícil questão subjacente – a da fundamentação da posição de garante do terceiro. Existe ou deve existir uma tal posição de garante em certos casos?

A resposta que se impõe, neste momento, é que só existirá tal posição de garante quando o agente tiver assumido uma posição de protecção da vítima ou tenha a mesma função relativamente ao agente (situação das pessoas que sejam responsáveis por inimputáveis) – isto é, quando o agente por razões legais, institucionais ou contratuais tiver uma posição de garante ou pelo menos quando tiver assumido um controlo exclusivo da situação. Assim sucederá, por exemplo, quando o médico do doente é simultaneamente médico da mulher, é o único a conhecer a doença e sabe também que o marido não informa a mulher.

Na maioria das situações em que um terceiro tem conhecimento, e até exclusivo, da doença do agente, podendo evitar a contaminação se informar a vítima, há obstáculos legais relativamente a tal informação, a começar, desde logo, pelo segredo médico[7]. Nestes casos, todavia, não se poderá concluir que o valor do segredo prevalecerá sobre o valor da vida, sendo, em geral, justificada a sua violação por direito de necessidade. Mas também não se pode concluir que há um dever de violar o segredo e, consequentemente, uma omissão relevante, senão em casos muito específicos, como se referiu.

12. Mais complexa é ainda a questão da omissão de terceiros que ocupem posições de autoridade.

Deverá a polícia intervir num meio de prostituição em que há indivíduos contaminados a fim de evitar os contágios com os clientes? Deverão os dirigentes de certas instituições de saúde informar a polícia, por exemplo, de que uma pessoa que exerce a prostituição está contaminada com a SIDA? Existirá aqui, por força das funções que exercem, uma verdadeira posição de garante destes agentes?

A este tipo de situações não se pode dar uma resposta generalizada que permita concluir que haverá homicídios ou ofensas corporais por omissão sistematicamente. A prevenção da contaminação não pode ser concebida sobretudo a partir da intervenção policial, mas sim através da prevenção dos riscos pelas vítimas, na medida em que elas sejam capazes de se defender. O esclarecimento, promovido pelo Estado, da população e

---

[7] Cf. artigo 195.º do C. Penal.

de certos grupos em especial sobre o nível de contaminação de grupos de risco e sobre os modos de a evitar são os meios adequados de intervenção. De qualquer modo, o controlo da situação nesses grupos através de meios institucionalizados (controlo legal da actividade de prostituição, realização de testes de SIDA, distribuição de seringas a toxicodependentes, etc.) é uma exigência de uma política contra a difusão da doença.

A ausência ou pelo menos o fraco empenhamento da sociedade nessa política não pode ter como alternativa o recurso aos mecanismos da responsabilidade penal.

13. Finalmente, a questão específica da responsabilidade por omissão de medidas adequadas ao controlo da qualidade do sangue forma um outro núcleo problemático de eventual responsabilidade penal. Não há também aqui uma questão tradicional de responsabilidade penal. Em geral, estas situações foram desencadeadas, em diversos países, no contexto de estratégias políticas baseadas na informação científica disponível e nas opções tomadas em matéria de segurança e controlo de riscos.

Tais estratégias e opções revelaram-se, em muitos casos, fonte de consequências catastróficas. Os casos de hemofílicos contagiados através de produtos do sangue ocorreram em vários países, entre os quais Portugal.

Em geral, a crítica às opções políticas deu lugar à responsabilização penal dos detentores de posições de autoridade e decisão, concretizada ou não, mas sempre através de processos criminais altamente mediáticos. Em certos casos concretos, fizeram-se acusações de terem existido opções conscientes dos riscos baseadas no lucro económico de certas empresas que comercializam os produtos do sangue, que conduziram à ausência de uma adequada eliminação de factores de risco. Em situações desse tipo, se efectivamente se verificaram, haveria comportamentos criminosos pelo menos de propagação da SIDA.

Fora desse contexto, a mera estratégia de redução ao mínimo das opções de segurança não revelará, geralmente, responsabilidade penal a título de dolo, no sentido tradicional. A própria negligência, que pode ser indiciada por comportamentos pouco exaustivos quanto à protecção dos produtos do sangue, não tem de redundar numa directa responsabilidade penal, onde os agentes inseridos numa máquina de decisão administrativa pressionante para o tratamento massificado das situações decidiram com inércia e burocraticamente.

A sociedade alivia-se do seu sistema projectando na figura de autoridades administrativas ou políticas a responsabilidade penal, fora dos seus padrões clássicos, quando o verdadeiro problema é político: a economia da saúde e a progressiva consideração do indivíduo como um elemento irrelevante na lei dos grandes números.

O Direito Penal não pode ser, porém, o recurso pacificador dos fracassos políticos e nem sequer instrumento directo de julgamento de políticas de efeitos lesivos para bens essenciais da pessoa. O dolo e a negligência, a causalidade e a justificação não deverão ser mitigados ou formalizados para que o Direito Penal resolva problemas de responsabilidade política. A intervenção penal, nestes últimos casos, bem como toda a problemática do homicídio referida têm subjacente a necessidade de uma orientação política de construção ética da responsabilidade individual-ética de respeito e, por vezes, de responsabilidade pela vida alheia, como critério de justificação da liberdade e critério essencial de justiça.

O CRIME DE VIOLAÇÃO DE SEGREDO DE JUSTIÇA
E A POSIÇÃO DO ASSISTENTE
NO PROCEDIMENTO PENAL RESPECTIVO

PAULO SARAGOÇA DA MATTA*

SUMÁRIO: i – Enunciação e delimitação da questão; ii – Cenário legal; iii – Titularidade dos bens jurídicos protegidos; iv – O processo penal relativo ao crime do art. 371.º C.P.; v – Perspectiva prática e análise crítica da questão;

I. ENUNCIAÇÃO E DELIMITAÇÃO DA QUESTÃO

O art. 371.º do Código Penal, sob a epígrafe *"Violação de segredo de Justiça"*, prevê e pune a actuação daquele que *"ilegitimamente der conhecimento, no todo ou em parte, do teor de acto de processo penal que se encontre coberto por segredo de justiça, ou a cujo decurso não for permitida a assistência do público em geral"*. Verificada a previsão típica, o respectivo agente *"é punido com pena de prisão até 2 anos ou com pena de multa até 240 dias, salvo se outra pena for cominada para o caso pela lei do processo"*.

Paralelamente ao *crime base* acabado de enunciar, prevê o art. 371.º n.º 2 do C.P. que, *"se o facto descrito no número anterior respeitar: a) a processo por contra-ordenação, até à decisão da autoridade administrativa; ou b) a processo disciplinar, enquanto se mantiver legalmente o segredo; o agente é punido com pena de prisão até 6 meses ou com pena de multa até 60 dias"*.

---

* Mestre em Ciências Jurídico-Criminais, Assistente da Faculdade de Direito de Lisboa.

Temos assim, na nossa compreensão, um crime base de violação de segredo de justiça previsto e punido no art. 371.º n.º 1, e um crime *"atenuado"* de violação de segredo de justiça, p. e p. no n.º 2 do mesmo artigo. Em face do desenho legal do tipo em análise, claro resulta estarmos em face de um *crime público*, i.e., de um crime cuja prática (*rectius,* cuja *detecção*), impõe a instauração oficiosa da investigação da respectiva existência e autoria, mercê do princípio da legalidade a que, em boa hora, o legislador em Portugal adstringiu o titular da acção penal. Não carece, pois, o Ministério Público de queixa de quem quer que seja, nem de participação de qualquer entidade, pública ou privada, para instaurar o procedimento criminal relativo à investigação da prática de um crime de violação de segredo de justiça.

Paralelamente, é conhecida a existência e os contornos da figura jurídica do *Assistente* em processo penal, peculiaridade do nosso sistema processual penal, enunciada e circunscrita nos arts. 68.º e ss. do Código de Processo Penal (CPP). De acordo com a Lei, os Assistentes em processo penal[1] *"têm a posição de colaboradores do Ministério Público, a cuja*

---

[1] MANUEL CAVALEIRO DE FERREIRA, num enquadramento legal distinto do actual, aludia aos Assistentes dizendo tratar-se *"dos ofendidos, ou de quem os possa representar ou substituir"* (*in* Curso de Processo Penal, Volume I, Editorial Danúbio, Lisboa, 1986, p. 126). Mais actualmente, GERMANO MARQUES DA SILVA aborda o estatuto jurídico-processual do Assistente no seu *Curso de Processo Penal*, Volume I, Editorial Verbo, 1993, pp. 239 e ss. A p. 242 define este autor o Assistente como *"o sujeito processual que intervém no processo como colaborador do Ministério Público na promoção da justa aplicação da lei ao caso e legitimado em virtude da sua qualidade de ofendido ou de especiais relações com o ofendido pelo crime ou da natureza deste"*. Já no Código de Processo Penal Anotado, SIMAS SANTOS, LEAL-HENRIQUES E BORGES DE PINHO circunscrevem a figura do Assistente do modo seguinte: *"A assistência em processo penal tem sido encarada como o instituto pelo qual determinada pessoa se integra no procedimento através de um técnico de direito, surgindo a auxiliar, subsidiariamente, a actuação do M.º P.º. Sem deterem o poder de exercício autónomo da acção (em princípio), mas com possibilidades de exercitarem alguns poderes próprios (…) os assistentes surgem no direito moderno como uma instituição rica de potencialidades no caminho da procura da verdade e da administração da justiça penal. Daí que o nosso actual legislador os tenha colocado na posição de colaboradores do M.º P.º, a cuja actividade subordinam a sua intervenção no processo. (…) No fundo são pessoas que, afectadas pelo delito, têm a possibilidade de acorrer ao processo em colaboração com o Estado dando o seu contributo no sentido da efectivação e concretização da responsabilidade criminal; isto é, pessoas a quem a lei permite que ajudem os tribunais na descoberta da verdade e, quando for caso disso, na sustentação da acusação que conduza à punição do agente criminoso"* (*in* Código de Processo Penal Anotado, 1.º Volume, Rei dos Livros, Lisboa, 1996, anotação ao art. 68.º, p. 316).

actividade subordinam a sua intervenção no processo", salvo se se estiver em face de crimes particulares, nos quais o *papel principal* cabe indiscutivelmente ao Assistente (erecto em acusador particular), sendo nesse caso o Ministério Público a assumir as vestes de *colaborador* daquele, numa posição de subordinação da acção penal pública à acção penal privada.

Tal posição estrutural do Assistente é resultado do reconhecimento da importância do contributo dos particulares no exercício da judicatura penal, e, do mesmo passo, modo de envolvimento da comunidade, *maxime* da vítima – como teremos oportunidade de abaixo melhor demonstrar –, no desenrolar do *íter* processual que visa aferir e castigar a prática de (alguns) crimes, em especial dos crimes mais graves (de um ponto de vista político-criminal), e daqueles em que a danosidade social emergente da respectiva prática é mais sensível – essa, pelo menos, a justificação mais cabal para um normativo como aquele que consta da alínea e) do n.º 1 do art. 68.º do CPP.

Ora, a preocupação subjacente às linhas que se escrevem assenta na constatação de que, na praxe forense, se colhem alguns preocupantes exemplos de decisões judiciais de duvidosa legalidade, e de ainda mais duvidosa constitucionalidade, no que concerne à admissibilidade e reconhecimento da posição dos Assistentes nos processos criminais cujo objecto último consiste na aferição da prática de uma *violação de segredo de justiça*. Isto na medida em que tais decisões judiciais sustentam, e decidem, que o crime de violação de segredo de justiça não admite a constituição de Assistentes.

Por outras palavras, nos processos criminais cujo objecto seja a investigação e (eventual) censura da prática de crimes de violação de segredo de justiça, entendem os Tribunais, com inaudita, para não dizer espantosa, unanimidade, ser impossível a constituição de um qualquer particular como Assistente. Consequência imediata de semelhante entendimento é a impossibilidade, *rectius*, inadmissibilidade, de "*controle*" particular[2-3] sobre a existência, marcha, sobrevivência e resultado do procedimento...

---

[2] Expressão esta a entender *cum grano salis*, posto que assistente em determinado procedimento criminal até pode ser uma entidade pública, e não um "*particular*" no sentido rigoroso do termo.

[3] Note-se que, não sendo Assistente, o particular que desencadeie um procedimento criminal por violação do segredo de justiça não só não será, em regra, notificado do arquivamento do procedimento, como não poderá, em qualquer caso, requerer a abertura de instrução, com o que se demonstra que o procedimento pode findar sem o conhecimento e fora do poder de sindicância desse "*interessado*".

Para uma apreciação crítica de tal cenário legal-jurisprudencial, analisar-se-á, sumariamente, a estrutura do *bem jurídico* do crime de violação de segredo de justiça; passar-se-á em seguida a uma breve apresentação daquelas características fundamentais da figura do Assistente no processo penal português cuja ponderação se impõe para ajuizar sobre o problema vertente; e alinhar-se-ão, a final, argumentos que permitam aferir da constitucionalidade e legalidade do entendimento jurisprudencial atrás referido.

A probidade do raciocínio que nos norteia sairia, contudo, viciada se não confessássemos, desde já, o pré entendimento com que partimos: diga--se, portanto, entendermos ser claro e inequívoco não existirem razões dogmáticas, nem político-criminais, nem processuais, que respaldem o entendimento jurisprudencial enunciado. Mais se confesse admitir-se mesmo a existência, subliminar e silenciosa, de um *pacto de regime* institucional direccionado a, convenientemente, excluir os particulares do funcionamento e marcha da máquina penal, não fosse a sua incómoda presença pôr a nu as fragilidades do sistema, e, *qui çá*, gerar mesmo a descredibilidade da sociedade no sistema estrutural em que assenta a justiça penal portuguesa.

Se assim será, ou não, fica ao kantiano arbítrio do leitor decidir, conquanto se nos afigure evidente que numa lógica sofística de alinhamento de argumentos a questão está claramente ganha pelos detractores do *entendimento* oficial.

II. CENÁRIO LEGAL

O crime de violação de segredo de justiça encerra o capítulo do CP que elenca os *crimes contra a administração da justiça*. A redacção actual, que remonta à revisão do código operada no ano de 1995, encontra-se já compatibilizada com a norma definidora do que seja segredo de justiça, i.e. com o art. 86.º do CPP[4].

A descrição típica constante do art. 371.º do CP assenta hoje nos seguintes elementos:

– Conduta material: *dar conhecimento*;

---

[4] Art. 86.º n.º 1 CPP – "*1. O processo penal é, sob pena de nulidade, público, a partir da decisão instrutória ou, se a instrução não tiver lugar, do momento em que já não pode ser requerida. O processo é público a partir do recebimento do requerimento a que se refere o artigo 287.º, n.º 1, alínea a), se a instrução for requerida apenas pelo arguido e este, no requerimento, não declarar que se opõe à publicidade. 2. (...)*".

– Do *"teor de acto de processo penal que se encontre coberto por segredo de justiça, ou a cujo decurso não for permitida a assistência do público em geral"*;
– Actuação essa que surge *"ilegitimamente"*.

Convém, pois, tentar esboçar os contornos do *bem jurídico* tutelado pelo tipo em questão. Para tanto é mister perspectivar o fim e função do segredo de justiça no âmbito do processo penal, e, bem assim, a própria estrutura do processo penal em vigor em Portugal, o qual, amiúde, é definido como um sistema estruturalmente acusatório, mitigado com laivos de inquisitoriedade[5].

Ora, como consideração liminar na abordagem do bem jurídico tutelado pelo tipo, cabe analisar o que significa para estes efeitos o segredo. A tal propósito escreve Medina de Seiça que *"se a própria ideia de segredo leva implicada a existência de temas ou coisas reservadas a um número restrito de pessoas e, por conseguinte, excluídas do livre acesso de todos os não titulados (…), importa precisar o sentido do ocultamento bem como o círculo dos destinatários por ele abrangidos"*[6].

Tal linha de pensamento, que se enquadra numa corrente de origem transalpina, assume na sua base uma distinção entre *segredo de justiça interno* e *segredo de justiça externo*.

Este último é entendido como o segredo em relação aos actos ou fases processuais cujo conhecimento se encontra vedado à generalidade das pessoas, àqueles que são alheios à relação debatida no seio do processo penal, sendo que do círculo de *"iniciados"* os actos, ou parte deles, são conhecidos. No dizer do mesmo autor, *"trata-se, como se vê, de uma proibição de divulgação ou publicação do conteúdo de matéria processual reservada"*[7]. Já o segredo interno *"implica que mesmo as pessoas envolvidas na relação processual (…) não podem tomar conhecimento de determinados actos"*[8].

---

[5] Neste sentido escreve GERMANO MARQUES DA SILVA que *"O CPP não consagra, porém, uma estrutura acusatória pura."* (*op. cit.*, pp. 37 e s.). Igual posição assume A. MEDINA DE SEIÇA, *Comentário Conimbricense ao Código Penal*, Tomo III, Coimbra Editora, Coimbra, 2001, anotação ao art. 371.º, pág. 643. Já JOSÉ DA COSTA PIMENTA, em sentido paralelo, afirma: *"Em resumo, o nosso processo penal vigente é de natureza materialmente acusatória com princípio de investigação ou pretensão de alcance da verdade material"* (*in* Introdução ao processo penal, Livraria Almedina, Coimbra, s.d., p. 61).

[6] A. MEDINA DE SEIÇA, *op. cit.*, pág. 644.

[7] *Idem, ibidem.*

[8] *Idem, ibidem.*

Nos sistemas processuais penais de matriz inquisitória, a proibição de divulgação do conhecimento (i.e., a obrigatoriedade de segredo) é absoluta... o Arguido, verdadeiro *objecto* do processo, nada conhece, nada controla, nada promove. Já nos sistemas de raiz acusatória as proibições são restritas, senão mesmo tendencialmente inexistentes, de modo a garantir ao Arguido um conhecimento do teor da acusação e das provas recolhidas, e mesmo contando com a respectiva participação no *íter* probatório, sob pena de se considerarem anuladas ou esvaziadas de conteúdo as garantias de defesa do visado. Daí ter-se seguido a abordagem enunciada no *Capítulo I in fine*, pois a finalidade da criação do segredo, e do seu âmbito, influencia (melhor: determina, ou circunscreve), o bem jurídico tutelado pelo crime em análise.

No sistema processual penal português o segredo mantém-se até ao Despacho que receba o requerimento de abertura de instrução, ou até ao momento em que a instrução já não possa ser requerida. Existe, contudo, uma *nuance*: se o requerimento de abertura de instrução for apresentado pelo Arguido, e este se opuser à publicidade, o processo mantém-se secreto durante a própria instrução.

Assim sendo, pode afirmar-se que a fase de inquérito é, por princípio, por regra e por força do regime consagrado nos vários números do art. 86.º, do art. 88.º e do art. 89.º, *maxime* do art. 89.º n.º 2 (e é-o sempre na prática, posto que o titular da acção penal é avesso a abdicar ou a restringir o uso de tal "*arma*" auxiliar da investigação), secreta. Deduzida a Acusação, de duas uma: ou ninguém requer abertura de instrução, caso em que, esgotado o prazo para tal requerimento, o processo se torna, por inércia, público; ou é requerida abertura de instrução, situação em que cabe distinguir consoante a autoria de tal requerimento: sendo o requerimento de abertura de instrução apresentado pelo Arguido, que requer a manutenção do sigilo, o processo mantém-se secreto até à decisão instrutória; sendo o requerimento de abertura de instrução requerido pelo Assistente, ou pelo Arguido que nada diz quanto à manutenção do segredo de justiça, o processo torna-se público mesmo durante a fase instrutória. A partir da decisão instrutória (de *pronúncia* ou de *não pronúncia*), i.e., mandado arquivar o processo, ou ordenada a respectiva remessa para julgamento, o processo torna-se público "*sob pena de nulidade*".

O quadro visto apresenta todavia algumas especialidades e excepções, das quais nos permitimos destacar as seguintes:

a) a publicidade nunca abrange os dados relativos à reserva da vida privada que não constituam meios de prova (art. 86.º n.º 3 do CPP);

b) a autoridade judiciária que presida a cada uma das fases, de inquérito e de instrução, pode excepcionalmente dar conhecimento de determinados actos, documentos ou diligências a determinadas pessoas, se verificados os condicionalismos referidos na lei (art. 86.° n.°s 5, 6, 7 e 8 do CPP);

c) o segredo de justiça não prejudica a prestação de esclarecimentos públicos (art. 86.° n.° 9 do CPP):

> i) "*quando necessários ao restabelecimento da verdade e sem prejuízo para a investigação, a pedido de pessoas publicamente postas em causa*";
>
> ii) "*excepcionalmente, nomeadamente em casos de especial repercussão pública, quando e na medida do estritamente necessário para a reposição da verdade sobre factos publicamente divulgados, para garantir a segurança de pessoas e bens e para evitar perturbação da tranquilidade pública*".

Em face do exposto, e tentando fazer aqui uso da bipartição entre segredo de justiça interno e externo a que atrás se aludiu, dir-se-á que na fase de inquérito impera um *segredo de justiça interno* (apenas conhecem os autos o Ministério Público, os órgãos de polícia criminal, os funcionários judiciais e o juiz de instrução criminal competente, sendo o processo totalmente desconhecido do Arguido e do Assistente, para já não referir as partes civis); enquanto que na fase de instrução vale, quando vale, um *segredo de justiça externo* (têm também acesso aos autos, além dos sujeitos e entidades atrás referidos, o Arguido e o Assistente). A fase de julgamento, até à prolação da decisão em primeira instância, é pública sob pena de nulidade, com a única especialidade constante do art. 86.° n.° 2 al. b) em conjugação com o art. 88.°, ambos do CPP (meios de comunicação social).

Confrontados com semelhante cenário, caberá perguntar da *ratio legis* do sistema instituído, por ser esse, assim se crê, o modo mais directo de aceder aos "*interesses*" que motivaram o legislador a estabelecer o segredo e a dotar a respectiva protecção da força penal, que o mesmo é dizer que esta é a melhor via de descoberta dos *bens jurídicos* tutelados com a incriminação da violação do segredo de justiça.

Logo numa primeira leitura resulta evidente que o sistema português de segredo de justiça penal constitui "*instrumento da funcionalidade da máquina judiciária, entendida aqui a funcionalidade como o máximo aproveitamento de material probatório em ordem à obtenção de uma (por vezes, mitificada) verdade material*"[9]. Precisamente por isso se preocupou

---

[9] A. MEDINA DE SEIÇA, *op. cit.*, p. 643.

o legislador com o estabelecimento de uma progressiva redução do âmbito e intensidade do segredo. Se quisermos criar uma regra, diremos que *a força do segredo é inversamente proporcional à marcha do processo*.

Mas não só! Se é certo que boa parte do segredo visa facilitar o caminho da investigação e garantir a fidedignidade e eficácia da justiça final[10], não menos certo é ter sido preocupação clara do regime instituído garantir, com a existência do segredo, igualmente (sublinhe-se desde já, *igualmente*), os interesses do visado no procedimento criminal[11-12].

Só assim se entende que possa o Arguido manter o processo secreto até à prolação da decisão instrutória, i.e., bem para além da dedução da Acusação, sendo manifesto que tal situação resulta do facto de o legislador, ao estatuir o que estatui, ter pensado nas consequências que para o Arguido advêm do facto de o ser (i.e., da existência de um procedimento contra si direccionado).

---

[10] Precisamente no sentido do texto, confira-se o Parecer do Conselho Consultivo da Procuradoria-Geral da República n.º 121/80, de 23/07/1981, onde se lê que o tipo penal da violação do segredo de justiça *"visa proteger o interesse do Estado numa justiça isenta e independente, poupada a intromissões de terceiros, a especulações sensacionalistas ou a influências que perturbem a serenidade dos investigadores e dos julgadores, o interesse de evitar que o arguido, pelo conhecimento antecipado do facto e das provas, actue de forma a perturbar o inquérito, senão mesmo a subtrair-se à acção da Justiça (...)."* (*in Pareceres*, VII, 62 e *in BMJ* n.º 309 – Out. 1991, pp. 121 e ss., sob o título *"Segredo de Justiça, Liberdade de informação e protecção da vida privada"*, constando a citação transcrita de pp. 130 e s.).

[11] SIMAS SANTOS, LEAL HENRIQUES E DAVID BORGES DE PINHO, em anotação ao artigo 86.º do CPP, escrevem – *"O fundamento da consagração do segredo de justiça (...) pretende preservar a vida privada do arguido (que se presume inocente até haver condenação transitada) de agressões desnecessárias que poderiam afrontar a sua dignidade pessoal (repare-se que mesmo um arquivamento dos autos não evitaria uma repercussão negativa na sua esfera pessoal)..."* (*in* Código de Processo Penal – Volume I, Rei dos Livros, Lisboa, 1996, p. 385).

[12] Muito aproximada das considerações referidas nas notas anteriores é a afirmação seguinte de SIMAS SANTOS E LEAL HENRIQUES: *"Este artigo visa proteger o interesse do Estado numa justiça isenta e independente, poupada a intromissões de terceiros, a especulações sensacionalistas ou a influências que perturbem a serenidade dos investigadores e dos julgadores, o interesse de evitar que o arguido, pelo conhecimento antecipado do facto e das provas, actue de forma a perturbar o processo, senão mesmo a subtrair-se à acção da Justiça, o interesse do próprio arguido em não ver publicamente revelados os factos que podem vir a não ser provados..."* (*in* Código Penal Anotado – Volume II, 2ª Ed., Rei dos Livros, Lisboa, s.d., p. 1173, em anotação ao artigo 371.º do CP, citando o Ministério Público de Coimbra).

Assim, igualmente, se justifica o disposto no art. 86.° n.°s 3 e 9... a reserva da vida privada a que alude aquele primeiro normativo só pode respeitar ao Arguido e/ou às vítimas no processo penal em que a violação do segredo de justiça surgiria com a *divulgação* da informação (Queixosos, Denunciantes, Assistentes, Partes Civis); e os esclarecimentos *ad hoc*, podendo respeitar a quem quer que seja, aplicar-se-ão igualmente, e sobremaneira, ao mesmo Arguido.

Ou seja, apesar do entendimento que se respiga de alguma jurisprudência constitucional portuguesa, no sentido de que a titularidade da posição de arguido em processo sancionatório em nada constitui uma pecha ou *diminutio* do visado pelo procedimento, o certo é que é o próprio legislador a criar um duplo sistema protector para aqueles que se vêem como arguidos: por um lado, garantindo que o teor da investigação não se torne público mal esta se inicia, ou sequer quando ainda não passou um grau de certeza suficientemente indiciado (decisão instrutória); por outro lado, instituindo válvulas de escape que permitam, entre outros, ao Arguido defender a sua integridade física e moral, à custa do próprio segredo de justiça[13].

Por outras palavras, é patente e manifesto que o segredo de justiça, além de constituir um instrumento ao serviço da investigação contra os visados (assegurando que os mesmos desconhecem a existência, sentido e conteúdo dos autos) – e apesar de a fortaleza do segredo ficar logo diminuída com a constituição de Arguido nos autos, por definição –, constitui ainda e simultaneamente uma protecção dos visados contra a curiosidade pública. O segredo que garante a liberdade de movimentos ao investigador é exactamente o mesmo que protege a honra, consideração e imagem do Arguido. E assim é não *"por acaso"*, mas por expressa determinação da Lei, e em resultado de clara intencionalidade do espírito legislativo, posto que de outro modo o processo criminal seria público, sob pena de nulidade, a partir da prolação da acusação.

Mas a análise não pode ainda quedar-se por aqui. É que a própria degradação do segredo, de interno em apenas externo, conforme se passa do inquérito para a instrução, não resulta de qualquer intenção de tutela de

---

[13] Cfr. Parecer do Conselho Consultivo da Procuradoria-Geral da República n.° 121/80, *cit.*, onde se lê, em acréscimo: *"o interesse do próprio arguido em não ver publicamente revelados os factos que podem vir a não ser provados sem que com isso se evitem graves prejuízos para a sua reputação e dignidade; enfim, os interesses de outras partes no processo, designadamente os presumíveis ofendidos, na não revelação de certos factos prejudiciais à sua reputação e consideração social, como nos crimes contra a honestidade"*.

interesses do Estado, titular do monopólio da justiça penal. Bem pelo contrário, se assim fosse, o segredo pura e simplesmente desapareceria findo o inquérito. Mas não. O segredo pode manter-se na fase instrutória, a requerimento do Arguido, por ser o próprio a querer resguardar-se e porque, tendo ele já acesso aos autos, está garantido um correcto exercício do direito de defesa. Por outras palavras, se o exercício do direito de defesa se encontra comprimido pela tutela dos interesses da investigação em sede de inquérito, tal exercício é já livre (quase totalmente), na instrução, ficando a existência do segredo fundada, principalmente e de modo quase exclusivo, no interesse do Arguido na não divulgação pública do conteúdo dos autos e respectivas diligências[14].

Em suma, até ao momento, no argumentário expendido, tudo depõe no sentido de uma total equiparação de interesses tutelados pelo segredo: *pari passu* tutela a Lei o interesse do Estado na fidedignidade da investigação e o interesse do Arguido na tutela da sua integridade.

E nem sequer se afirme, procurando infirmar-se o que atrás se defende, que *a tutela da reserva da vida privada e da honra das pessoas não participa dos fundamentos justificadores da existência do segredo de justiça nem com eles se confunde*[15]. Com efeito, apenas artificiosamente, e de um modo totalmente despegado da realidade, se pode dizer que "*o segredo de justiça estende-se a actos processuais que em nada contendem com os valores da intimidade e da honra*" e que "*o eventual assentimento do particular nessa lesão não exclui a punição por violação de segredo de justiça*"[16].

Com efeito, não só os actos processuais contendem com valores como a intimidade e a honra (o que tão patentemente se nos afigura que nem sequer nos justifica arrazoar nesse sentido), como obviamente que o assentimento do particular não exclui qualquer punição, na medida em que, e enquanto, existir outro bem jurídico tutelado pelo segredo que não dependa do desejo (*rectius*, da protecção do interesse), do particular. Aliás, caberia perguntar, em resposta a tal argumento, se uma situação de violação de segredo de justiça num processo em fase instrutória, e como tal

---

[14] E não se olvide que a luta histórica pelo desaparecimento do segredo da investigação se estribou fortemente, na passagem dos regimes inquisitórios para os acusatórios, no facto de ser patente que o segredo reduz brutalmente a existência e eficácia da presunção de inocência e das garantias de defesa. Daí ser compreensível que em instrução o segredo apenas se mantenha por desejo expresso do titular do direito de defesa, e apenas nos casos em que tal fase processual dependa da sua vontade.

[15] A. MEDINA DE SEIÇA, *idem*, p. 646.

[16] A. MEDINA DE SEIÇA, *idem, ibidem*.

O *Crime de Violação de Segredo de Justiça* 181

por exclusivo requerimento do Arguido, levaria à punição do infractor caso o Arguido desse o seu assentimento à *devassa*. Com o juízo expendido, o sem razão do argumento que ora se combate fica demonstrado à saciedade.

Mas ainda outros interesses são alinhados pela doutrina como tuteláveis pela imposição do segredo de justiça, a saber, a *liberdade e tranquilidade do julgamento e a isenção e imparcialidade do julgador*. Também aqui parece ser clara a razão que assiste a quem sustenta semelhante entendimento. São múltiplos, e alguns deles graves, os exemplos de julgamentos profundamente influenciados pela *vox populi*. Ademais, é da natureza humana, e do próprio Direito, que os cidadãos analisem os casos penais como se de novelas se tratasse, sendo que, em países com uma idiossincrasia latina, como é o caso, o povo não só comenta como profere sentenças maniqueístas totalmente infundadas, estribadas na boa ou má imagem ganha pelos actores processuais, quantas vezes acabando por atacar a própria Justiça, conforme for maior ou menor o apreço em que o Arguido é tido. Aliás, a questão é de tal forma relevante que o legislador, correctamente, estabelece regras de excepção à competência do Tribunal caso esteja perigada a serenidade e segurança que envolvem o julgamento.

Ao entendimento defendido no texto opõe-se alguma doutrina alegando que a actividade dos julgadores é precisamente revestida de publicidade, termos em que *"não se percebe como a divulgação do que, por norma, ocorre com publicidade pode diminuir a liberdade do julgador. Por outro lado, é sabido da experiência histórica que a publicidade dos assuntos da justiça penal constitui um dos mais eficazes mecanismos de imparcialidade da justiça – o secretismo é, por natureza, reino favorável à manipulação e ao arbítrio"*[17].

Ora, ressalvado o devido respeito, nenhum desses argumentos colhe, além de que o primeiro deles se afigura, aliás, ilógico e anacrónico. Com efeito, o segredo de justiça *"pleno"*, no sistema legal em vigor, abrange apenas, como visto, a fase de inquérito e, eventualmente, a de instrução, precisamente fases excluídas da *"publicidade"*, termos em que os *"julgadores"* (nessas fases) não estão, e por definição não poderão estar, habituados a ela. Ademais, é patente e óbvio que as *luzes da ribalta* tolhem ou diminuem o entendimento, liberdade e espontaneidade de todo o ser humano, mesmo do mais *habituado* às *"câmaras e microfones"*.

Mas mais inaceitável ainda é apelar para a experiência histórica da bondade da publicidade em sede de justiça penal. Estará por certo a pensar-

---

[17] A. Medina de Seiça, *idem, ibidem*.

-se em momentos de poder autoritário em que um déspota, singular ou colectivo, se servia do segredo para eliminar adversários políticos. Ora, tal cenário é, no Portugal contemporâneo – e é neste e não noutro que vigora o CPP/1987 –, totalmente *"de cinema"*, estando completamente impossibilitado mercê das estruturas democráticas e constitucionais em vigor. Ao invés, já a experiência histórica em democracia demonstra que a ribalta perturba a serenidade e imparcialidade do julgamento[18].

Há ainda quem remeta para o *princípio da presunção de inocência* a razão de ser da incriminação da violação do segredo de justiça, dado que aquela seria lesada com a divulgação pública de que o Arguido estava a ser objecto de uma investigação. A tal entendimento se opõe frontalmente alguma doutrina, alinhando argumentos em vários sentidos: é que se por um lado o segredo interno de justiça em nada contribui para a tutela da presunção de inocência, já o segredo externo, a ser decorrência da necessidade de tutela de tal presunção, implicaria que se mantivesse o segredo desde o início ao fim do procedimento, e não apenas nas fases iniciais[19].

---

[18] Daí que algumas exemplares condenações penais tenham sido mera transposição para o texto do acórdão dos *saberes* e *dizeres* populares veiculados pela comunicação social, tendo levado mesmo à criação de uma certa fama por parte de algumas cúrias de condenarem *com prova, sem prova e contra prova*, como se dizia no *Ancien Régime* francês. Paralelamente, também algumas absolvições *famosas* foram discutidas à exaustão na comunicação social, com situações totalmente incompreensíveis por parte de técnicos e de cidadãos leigos, que não alcançam como pode haver um corruptor condenado e um corrupto absolvido. Tudo exemplos silenciosos do sem razão dos argumentos expendidos em desabono da tese por nós defendida.

[19] Criticando precisamente a doutrina que vê na tutela da presunção de inocência a razão de ser da incriminação da violação de segredo de justiça, surge A. MEDINA DE SEIÇA, quando escreve: *"Assim, não julgamos que a presunção de inocência do arguido por si mesma justifique o segredo de justiça. Nem o segredo interno, que, como se assinalou, comporta para os destinatários, neste caso arguido, a impossibilidade de aceder ao conteúdo de certas diligências processuais. Pelo contrário – tal ocultamento implicará uma diminuição efectiva das garantias de defesa do arguido em nada contribuindo para que a sua inocência saia reforçada, E não serve igualmente para fundamentar o próprio segredo externo, ou seja, a impossibilidade de a comunidade em geral ter acesso ao conteúdo do processado. Com efeito, aceitar que a divulgação dos termos de um processo implica uma limitação à presunção de inocência deveria estender a reserva a todas as fases processuais, incluindo as de audiência e julgamento. Por outro lado, um correcto esclarecimento sobre o processo pode contribuir de forma mais perfeita para o reforço daquela presunção do que a especulação e o mistério em que os casos tantas vezes se movem."* (*op. cit.*, pp. 645 e s.).

O *Crime de Violação de Segredo de Justiça*

Ora, também aqui parece infundado o criticismo. É que não só a tutela da presunção de inocência, nas fases liminares do processo, depende do segredo[20], como o juízo de certeza sobre a prática dos factos, e respectivo modo e circunstâncias, é muito maior após a Acusação e a Pronúncia, momentos esses em que o Arguido já conhece internamente aquilo de que é acusado. Além do mais, o próprio argumento prova mais do que interessa a quem o utiliza, posto que então o princípio do esclarecimento público necessário a evitar a especulação e o mistério deveria levar a uma inexistência de segredo reportada à data do início dos autos.

A indagação até ao momento feita permite, pois, encontrar um grande binómio de bens jurídicos tutelados pelo crime de violação de segredo de justiça: de um lado o interesse do Estado na eficácia da investigação em inquérito e na liberdade, tranquilidade, isenção e imparcialidade, quer da investigação, quer do julgamento da lide; de outro lado, o interesse do Arguido em não ver a sua integridade violada (presunção de inocência, honra, consideração, etc.), com a simples divulgação da existência de um procedimento criminal contra si direccionado.

Finda a instrução, os motivos existentes para a manutenção do segredo já não são intensos ao ponto de justificarem a estrutura rígida que existira nas fases pregressas do procedimento. Mas permanecem ainda assim os interesses do Estado e do Arguido, respectivamente, na isenção, tranquilidade e imparcialidade do julgamento, e na veracidade do divulgado ao público acerca dos autos e na possibilidade que tem que lhe ser garantida de conhecer o teor dos autos, pelo menos ao mesmo tempo que o público em geral (e não depois deste). Daí que alguma reserva seja ainda imposta pela Lei após a data em que o processo se torna por regra público, tal como resulta do disposto nos arts. 87.º, 88.º e 90.º do CPP.

III. TITULARIDADE DOS BENS JURÍDICOS PROTEGIDOS

Em face do exposto, e no que concerne aos *interesses* que a incriminação da violação do segredo de justiça visa tutelar, cabe pois identificar

---

[20] Como é que é admissível exigir-se que o Arguido se defenda de uma *acusação* de cujos contornos e teor só tem conhecimento pela *vox populi* ou pelos meios de comunicação social? Poderia mesmo chegar-se ao ridículo de estar a defender-se de factos que efectivamente nem constavam do processo, mas que publicamente já o estigmatizavam. Mais: se optasse por nada dizer em público, logo seria brindado com a convicção popular segundo a qual *quem cala consente...* ora, nada de mais arredado dos princípios que norteiam o processo penal justo, como é evidente.

múltiplas realidades agrupadas num grande binómio, desde logo da titularidade de ambas as *"partes"*[21] no processo, a saber:

1. O interesse do Estado:

- numa justiça efectiva, i.e., que impeça que os investigados acedam, antes do tempo devido, aos fins e métodos da investigação e às provas carreadas para os autos, assim perturbando a descoberta da verdade e até eventualmente se subtraindo ao controle da justiça;
- numa justiça independente, isenta de intromissões ilegítimas, imune à pressão da curiosidade pública e do espectáculo mediático;
- numa justiça *capaz* e *justa*, ou seja, que garanta real e suficientemente a serenidade devida aos investigadores e aplicadores da lei;

2. O interesse do Arguido:

- em não ver postos publicamente a nu factos que podem vir a ser julgados não provados, com a concomitante violação da sua presunção de inocência e da sua honra e consideração, o que sucede desde logo com a criação de uma *vox populi* que lhe impute a prática (social) do facto apesar da não demonstração judicial de qualquer ilícito;
- em não perder o controle do conteúdo dos autos, deixando sair *para fora* do processo o respectivo teor, porque sem segredo a própria estratégia defensiva poderá ver-se tão perigada como a estratégia investigatória do acusador;
- em não perder o controle do conteúdo dos autos, posto que se estes passam a ser devassáveis por quem quer, a respectiva fidedignidade e integridade podem mesmo tornar-se duvidosas.

A estrutura apresentada, além da escora justificadora legal e dogmática que se apresentou, tem ainda o benefício de conseguir explicar cabalmente a operatividade do tipo penal do art. 371.º em todas as fases processuais do processo penal (e dos demais processos sancionatórios), adaptando--se às diversas configurações que esse mesmo segredo vai assumindo no decurso da marcha do processo. E essa mais valia torna-se ainda mais

---

[21] Acerca do nosso entendimento sobre a posição processual do Ministério Público no processo penal, que consideramos ser um processo, apesar de tudo, *"com partes"*, confira-se o nosso *"O Direito ao recurso ou o duplo grau de jurisdição como imposição constitucional e as garantias de defesa dos arguidos no processo penal português"*, *in Revista Jurídica*, n.º 22, Março 1998, AAFDL, pp. 323 e ss., em especial pp. 334-340.

O *Crime de Violação de Segredo de Justiça* 185

notória quando confrontada com a radical incapacidade explicativa da necessidade e âmbito de tutela do segredo ao longo de tais mutações[22] que fere aqueles que vêem no tipo do art. 371.º, exclusivamente, a tutela da "*funcionalidade da administração da justiça*"[23].

IV. O PROCEDIMENTO PENAL RELATIVO AO CRIME DO art. 371.º do C.P.

Ao crime de violação de segredo de justiça aplicam-se as mesmas formas de processo penal que a lei prevê em geral para qualquer outro tipo de crime.

Com efeito, sendo os limites máximos da pena em abstracto aplicável ao agente a pena de prisão até dois anos ou a pena de multa até 240 dias, e sendo este um crime susceptível de ser detectado por autoridade judiciária ou entidade policial aquando da respectiva prática em flagrante

---

[22] Incapacidade explicativa essa que leva à confissão de que "*a delimitação do bem jurídico traçada até ao momento não responde cabalmente, porém, a todas as dificuldades de regime que a trama normativa suscita*" (A. MEDINA DE SEIÇA, *op. cit.*, p. 647), e a uma fuga à questão, afirmando que tais dificuldades não se prendem com razões dogmáticas do direito penal, mas com opções do legislador do processo penal (*idem, ibidem*). Assim é quando o referido autor, em sequência do atrás citado, afirma: "*Em primeiro lugar, não fornece um critério fechado para a demarcação do âmbito do segredo, quer interno quer externo, apenas um princípio de delimitação temporal, ao restringir-se a reserva às fases da investigação, com exclusão, pois, da audiência. Todavia, tal definição já não pertence ao legislador penal mas sim ao legislador do processo (...) Em segundo lugar, e este o ponto que queríamos sublinhar, a leitura avançada deixa na sombra a circunstância de a norma tipificadora do crime (...) não punir apenas quem der conhecimento do 'teor de acto de processo penal que se encontre coberto por segredo de justiça' (revelação de segredo em sentido estrito), mas, ainda, quem divulgar o teor de acto a cujo decurso não for permitida a assistência do público em geral, os quais podem ocorrer num momento, designadamente, a audiência, em que o processo já está sob a égide da publicidade (revelação de segredo de justiça em sentido amplo). Como é patente, estas últimas situações de reserva nem sempre se prendem com a estrita operacionalidade ou funcionalidade da administração da justiça, antes decorrem da protecção de outros interesses, como sejam 'a dignidade das pessoas, a moral pública' (cf. art. 87.º, n.º 2, do CPP), cuja concretização a lei confia ao juiz que preside ao acto. Ao reconduzir essas condutas ao âmbito do tipo de violação do segredo de justiça, o legislador penal fez, por razões essencialmente de economia legislativa, um alargamento do sentido do segredo de justiça*". Tudo quanto permite concluir pelo desacerto das conclusões que nas linhas *supra* se refutam.

[23] A. Medina de Seiça, *op. cit.*, pp. 646 e s.

delito, é admissível o processamento dos autos respectivos sob a forma de processo comum ou sob qualquer das formas de processo especial (sumário – art. 381.º; abreviado – art. 391.º-A; ou sumaríssimo – art. 392.º), conquanto verificados os requisitos especiais previstos acerca do entendimento que dos autos faça o Ministério Público.

Paralelamente, sendo o crime previsto e punido no art. 371.º do CP um crime público, nenhuma especialidade seria aqui digna de nota no que concerne ao elenco básico de sujeitos processuais susceptíveis de intervenção no procedimento: o Tribunal, o Ministério Público, o Arguido... e, dir-se-ia também, o Assistente, não fosse esta afirmação contender precisamente com o objecto da análise que se empreende nas presentes linhas. No que concerne à acção cível enxertada em processo penal, também nenhuma especialidade é detectável: são admissíveis partes civis (autor e réu), no seio do processo cujo objecto seja o art. 371.º do CP.

Por outro lado, no que respeita a medidas de coacção e de garantia patrimonial, no que concerne a métodos de obtenção e conservação de prova e respectiva valoração, e no que tange à marcha do processo, tudo no procedimento cujo objecto seja a prática do crime de violação de segredo de justiça se mantém *dentro do padrão*.

Resta assim por apresentar o debate prático da questão enunciada no início do presente escrito: é ou não admissível a constituição como Assistentes, no processo criminal relativo à prática do crime de violação de segredo de justiça, dos *"particulares que sejam ofendidos"* pela prática de tal crime? *Rectius,* dos particulares que sejam Arguidos ou visados no procedimento em que se tenha verificado a violação do segredo de justiça?

É quanto passa a debater-se especificamente no capítulo seguinte.

V. PERSPECTIVA PRÁTICA E ANÁLISE CRÍTICA DA QUESTÃO

A questão problemática em apreço põe-se paradigmaticamente nos termos seguintes:

> – *AA, arguido num processo criminal em sede de inquérito, depara-*
> *-se – correctamente – com a impossibilidade legal de aceder aos*
> *autos em que é investigado, por força do escrupuloso e pontual*
> *cumprimento da lei por parte dos funcionários das secretarias dos*
> *serviços do Ministério Público à guarda de quem os autos se*
> *encontram.*
> – *Assim que, por via de regra, conheça apenas o NUIPC do processo*
> *de que é Arguido, tendo, na melhor das hipóteses, i.e., nos casos*

em que tenha já prestado declarações (como arguido detido ou em liberdade), um conhecimento intuitivo do que deverá ser a matéria em investigação... todavia, e espantosamente, seja através de "amigos" seus ouvidos na qualidade de testemunhas, seja através da comunicação social, vê o teor dos ditos autos, supostamente "secretos", ser constantemente objecto de divulgação pública, senão mesmo a nível de meios de comunicação social...

A situação torna-se ainda mais clamorosa nos casos de justiça ditos "*mediáticos*", em que o escândalo das sucessivas violações do segredo de justiça assume então foros de *ridículo* público da justiça processual penal, com peças processuais e elementos probatórios constantes dos autos a serem objecto de publicação parcial ou integral, às vezes até por fotocópia ou fotografia, na imprensa diária[24].

– Em face de tal status quo insustentável, o dito AA, decide-se a apresentar denúncia às autoridades judiciárias criminais... ao fim e ao cabo, é intolerável que os autos só sejam secretos para o respectivo Arguido.

– Apresentada a denúncia criminal, e no mesmo acto ou em requerimento subsequente, AA. apresenta aos autos, abertos por iniciativa sua, um requerimento de constituição como Assistente. Invariavelmente é-lhe notificado um Despacho do Juiz de Instrução competente, negando-lhe a dita constituição por "falta de legitimidade"!

Esta a questão problemática que cumpre dilucidar, para o que necessariamente se convocarão os esclarecimentos e notas preliminares que se foram deixando nos capítulos precedentes. Assim:

---

[24] Exemplo de um dos mais escandalosos casos vindos ao conhecimento da opinião pública passou-se numa lide simultaneamente penal e disciplinar em que era Arguido um conhecido Advogado lisboeta: em ambos os processos sancionatórios, um jornal semanário de grande difusão dava-se ao luxo de semanalmente publicar, por regra na primeira página do periódico em questão, cópia fotográfica dos Despachos e peças processuais que integravam ambos os autos, e, como tal, abrangidas pelo segredo de justiça. Dessas peças processuais e despachos, os mandatários judiciais constituídos nos autos eram notificados cerca de uma semana ou dez dias após a publicação e divulgação das mesmas através da imprensa. O mais curioso foi o facto de nunca ter havido conhecimento público da instauração oficiosa de qualquer procedimento criminal destinado a investigar a autoria e contornos de tal *prática* jornalística.

É entendimento generalizado da jurisprudência que a falta de legitimidade do particular para se constituir como Assistente no procedimento criminal que visa indagar e censurar a prática de um crime de violação de segredo de justiça resulta das seguintes considerações:

a) *"o ofendido, nos termos do art. 68.° n.° 1 do CPP, não é qualquer pessoa prejudicada com o crime, mas somente o titular do interesse que constitui objecto jurídico imediato desse crime"*;

b) *"para se apurar quem é o titular dos interesses que a lei especialmente quis proteger haverá que atender à norma incriminadora"*;

c) *"o crime de violação de segredo de Justiça encontra-se inserido no Título V – Dos crimes contra o Estado, Capítulo III – Dos crimes contra a realização da Justiça, e visa-se, com essa incriminação, acautelar essencial e predominantemente o interesse do Estado"*;

d) *"nos crimes contra o Estado, e salvo disposição expressa em contrário, ninguém poderá constituir-se assistente, uma vez que o interesse imediato protegido é o interesse público"*;

e) *"e a ser assim, um particular, individualmente considerado, carece de legitimidade para se constituir assistente"*.

Ora, tal linha de *fundamentação* seguida quase que unanimemente nos Despachos (por nós conhecidos), de indeferimento de constituições como Assistente requeridas nas circunstâncias vistas, e bem assim os argumentos expendidos em respectivo abono, além de resultarem inequivocamente redutores, não colhem sequer no sentido pretendido nas decisões que os convocam, padecendo, consequentemente, de fragilidade e insuficiência, e, o que mais é, de ilegalidade. Senão vejamos:

i. Os interesses que a lei especialmente quis proteger com a incriminação – O art. 68.° n.° 1 do CPP não define em momento algum quem seja *titular dos interesses que a lei especialmente quis proteger com a incriminação*, razão pela qual caberá, antes de tudo o mais, hermeneuticamente descortinar qual o sentido com que tal norma há-de valer, para o que se deverá iniciar por uma indagação intra-legal, i.e., no seio do Código de Processo Penal e no seio do Código Penal, e passar, seguidamente, até para auto-controlo da admissibilidade da interpretação feita, à conferência jus-constitucional do acerto do resultado obtido.

As normas relevantes para a abordagem e decisão desta questão são, por um lado, os artigos 68.°, n.° 1 e 86.° do CPP e o artigo 371.° do CP, e, por outro lado, os artigos 1.°, 26.°, 32.° n.°s 1, 2 e 7 e 202.° e 203.° da CRP.

Ora, a indagação intra-legal de quais sejam os *interesses que a lei especialmente quis proteger com a incriminação* mais não é do que a determinação do bem jurídico tutelado com a incriminação do art. 371.° do CP, o que, conforme visto *retro* no Capítulo III, leva à linear conclusão de que são vários e multifacetados os bens jurídicos protegidos com a incriminação.

Conforme já atrás referido, é óbvio, inequívoco e indiscutível que a consagração do segredo de Justiça visa proteger o interesse do Estado na administração da Justiça, *rectius*, na *garantia da boa administração da justiça...* mas se assim é, não menos verdade é que a respectiva consagração não visa só, nem visa primordialmente como aqui se demonstrará, proteger tal interesse.

É que, a par de tal interesse (*garantir o interesse da imparcialidade, tranquilidade, liberdade e isenção do poder judicial, evitando julgamentos feitos pela comunicação social e a manipulação da opinião pública – que potencialmente, senão mesmo efectivamente, constitui fonte de inadmissível pressão sobre o julgador*), e mantendo a mesma dignidade e relevância penal, processual penal e constitucional, a tipificação da violação do segredo de Justiça visa outrossim:

a. Salvaguardar os direitos de defesa do Arguido, o princípio constitucional da respectiva presunção de inocência, o seu bom-nome, reputação e privacidade; e,

b. Tutelar os valores pessoais do ofendido pela prática da infracção.

Ou seja: não é apenas *um* o bem jurídico tutelado pela tipificação legal do crime de violação do segredo de justiça (e nem sequer é admissível defender-se que tal tipo protege mais do que um bem jurídico, mas pretender-se de seguida sustentar a existência de uma hierarquia entre bens jurídicos tutelados por esse tipo).

E assim sendo, como inequivocamente nos parece ser, está também logo indiciado quem seja o titular dos ditos bens jurídicos: o Estado, o que ninguém pode escamotear, e o Cidadão que veja os seus bens jurídicos pessoais ofendidos pelo conhecimento público ilegítimo do conteúdo de determinados autos ou de certa diligência processual[25].

---

[25] ARTUR RODRIGUES DA COSTA, escreve: "*O segredo de Justiça visa fundamentalmente garantir o bom êxito da investigação de crimes, permitindo-se o seu deslindamento e a descoberta dos seus autores (...). Visa ainda garantir o interesse da boa administração da justiça e da imparcialidade do poder judicial, evitando julgamentos feitos pela comunicação social (os trial by newspaper), a manipulação ou simples condiciona-*

Ou seja, afigura-se-nos claro que o disposto no art. 371.º do CP não tem por escopo uma exclusiva protecção da máquina judiciária estatal (seja ela penal, civil, administrativa, tributária, militar, etc.). Bem ao invés, protege também interesses não encabeçados pelo Estado enquanto titular do *ius imperii*[26]. Interesses esses, sempre se diga, que na ordem jurídico-constitucional instituída em Portugal merecem tanta protecção e salvaguarda quanto o merecem os interesses públicos na boa administração da justiça e na reserva e efectividade com que esta se exerce e é aplicada.

Mas é admissível, ainda assim, que se discuta sobre se tal protecção de interesses "*não estatais*" é *concomitante* ou *equivalente* à protecção dada aos interesses do Estado, i.e., se a protecção daqueles interesses não é apenas *reflexa* ou *indirecta* em face da protecção destes últimos. Ora, quanto a isto é nosso parecer ser ainda mais inequívoco e indiscutível que todos os interesses em presença, e enunciados *retro* no *Capítulo III*, são merecedores da mesma protecção, e protecção do mesmo *tipo*, nos mesmos *moldes* e com os mesmos *contornos*, por parte da Lei.

Jocandi causa, apetece lançar mão do velho brocardo latino segundo o qual *in claris non fit interpretatio...* i.e., se nenhum elemento literal nem

---

mento da opinião pública, a pressão sobre o tribunal que tem de julgar a causa e sobre os próprios intervenientes no processo. Concomitantemente, tem como escopo salvaguardar o princípio constitucional da presunção de inocência do arguido, o seu bom-nome, reputação e privacidade (...). Em relação ao ofendido, tem em mira, igualmente, defender os mesmos valores, com excepção, naturalmente, do princípio da presunção de inocência." (Segredo de Justiça e Comunicação social, in Revista do Ministério Público, ano 17.º Out.º-Dez.º 1996, n.º 68, pp. 49 e ss., constando o trecho transcrito de pp. 55). Cfr., do mesmo autor, O que nos vem da velha Europa, in RMP, ano 14 Janeiro – Março, 1993, n.º 53, pp. 187.

[26] Em sentido idêntico ao defendido no texto pode conferir-se múltipla doutrina nacional e estrangeira, da qual se salienta, sem preocupação de exaustividade: Cunha Rodrigues, Justiça e Comunicação, in Boletim da Faculdade de Direito de Coimbra, vol. LXVIII, Coimbra, 1992, pp. 111 a 133; Agostinho Eiras, Segredo de Justiça e Controlo de Dados Pessoais Informatizados, Coimbra Editora, Colecção Argumentum, 1992, pp. 21 e ss.; Assembleia da República, Subcomissão de Comunicação Social, Liberdade de Informação – Segredo de Justiça, Colóquio Parlamentar, Assembleia da República, Lisboa, 1992; CAVALEIRO DE FERREIRA, Curso de Processo Penal 3.º Volume, Lisboa, 1955, pp. 155 e s.; Germano Marques da Silva, Curso de Processo Penal 3.º Volume, Ed. Verbo, Lisboa, 1994, pp. 88 ss.; ROGER MERLE E ANDRE VITU, Traité de Droit Criminel, Vol. I, Editions Cujas, 3ª Ed. 1979, pp. 394 ss.; DENIS BARRELET, La liberté de l'information, Berne, 1972, p. 127; ANGELO JANNUZZI E UMBERTO FERRANTE, I reati nella stampa (rasegna di giurisprudenza), Milano, Giuffré Ed., p. 144; Aldo Loiodice, Contributo allo studio sulla libertà d'informazione, Nápoles, 1969, pp. 327 e ss.

O *Crime de Violação de Segredo de Justiça* 191

teleológico levanta a dúvida sobre a *"susceptibilidade de protecção"* dos bens jurídicos encabeçados pelos *"particulares"* tutelados pelo art. 371.°, a que propósito, e com que argumentos, vem defender-se que a protecção destes últimos é meramente *reflexa* ou *indirecta*? De onde emerge tal *"refracção"* ou *"mediatividade"* de tutela, uma vez que da letra e do espírito do 371.° do CP, em si mesmo considerado, nenhuma *"diferença"* ou *"desigualdade"* se colhe quanto à tutela dos vários bens jurídicos por si compreendidos?

Ou seja, apenas um preconceito (e um preconceito com um *"quê"* de autoritário, influenciado por entendimentos da justiça próprios de um Estado musculado, sempre se diga), acerca da *"preponderância"* ou *majestas* do Estado pode justificar que se defenda que a letra e a tutela dada pelo 371.° do CP aos diversos bens jurídicos que em si se abrigam não é *igual* relativamente a todos eles.

Mas ainda com outra perplexidade somos confrontados: como é que do facto de o art. 68.° do CPP utilizar a expressão *"especialmente"*, se pode pretender concluir que tem de existir *"univocidade"* ou *"singularidade"* de interesse protegido? Será que a expressão *"interesses que a lei especialmente quis proteger"* implica necessariamente que seja apenas *"um"* o interesse tutelado pelo tipo do art. 371.° do CP, ou *"um"* o sujeito titular do interesse? Obviamente que não! Mas se a resposta é obviamente negativa, que o mesmo é dizer que a ninguém repugna a pluralidade de interesses protegidos em cada tipo, qual a razão que impele de imediato à necessidade de encontrar hierarquias entre os bens jurídicos por tal tipo protegidos? Será a hierarquização entre o interesse do Estado na boa administração da justiça e o interesse do particular na preservação da sua presunção de inocência e da sua honra e consideração algo imanente, decorrente da natureza das coisas, que *"salta aos olhos"* de quem quer que seja? Não nos parece que assim seja, nem nos parece que da Lei tal resulte.

O que a Lei quis dizer, e claramente o disse, é algo bem mais simples: é que toda a norma penal protege, por definição, um sem número de interesses, os quais, em última instância, visam sempre e em todo o caso proteger o Estado, a Colectividade, o Bem Comum, a Paz, o Progresso, etc. Ora, o *"especialmente"* utilizado no art. 68.° do CPP serve precisamente para seleccionar, de entre todos os interesses ou fins tutelados (sempre) pela lei penal, e em especial pelos tipos que *in concreto* estiverem a ser objecto de análise em cada raciocínio de aferição da legitimidade para a constituição como assistente, aqueles que *primariamente* o tipo visou acautelar... apenas nesse sentido é admissível a utilização jurisprudencial da expressão *"protecção imediata"*, *"protecção directa"*, etc.

Mas entre os interesses englobados no grupo que *"em especial"* foram tutelados pelo tipo não cabe presumir hierarquias, e muito menos *"pseudo-hierarquias"*, supostamente estribadas em argumentos de *inserção sistemática do tipo* e quejandos... muito menos quando tais argumentos, como se passará seguidamente a demonstrar, nada permitem concluir inequivocamente, além de implicarem uma interpretação inconstitucional, ou pelo menos desconforme com a Constituição, como também procuraremos demonstrar.

Ou seja: nada no tipo do art. 371.º do CP permite hierarquizar os *bens jurídicos* nele tutelados, pelo que o advérbio *"especialmente"* utilizado pelo art. 68.º do CPP não poderá, por qualquer argumento *literal,* ser densificado. Como visto, apenas teleologicamente se atinge o respectivo significado, e o mesmo não autoriza por si só excluir do seio do art. 371.º a protecção dos bens jurídicos encabeçados pelo Arguido (e mesmo pelo Assistente) no seio do processo em que a violação do segredo de justiça aconteceu.

Em suma, e como primeiras conclusões:

– nada na dogmática, na teleologia ou nos valores impõe univocidade ou singularidade de bens jurídicos tutelados por cada tipo penal;
– havendo pluralidade de bens jurídicos tutelados pelos tipos penais, como amiúde há (e sucede precisamente no art. 371.º do CP), nenhuma *"hierarquia"* entre os mesmos, nem entre os respectivos titulares, há que assumir *a priori*, muito menos hierarquias *questionáveis*.

Tudo quanto continua a apreciar-se seguidamente, desta feita ainda noutra perspectiva.

ii. A inserção sistemática do art. 371.º do Código Penal – Quanto à inserção sistemática da norma incriminadora em análise, obviamente que a mesma tem de ser atendida. Não pode é, em boa justiça, erigir-se tal argumento na *ratio decidendi* primeira da questão, nem, muito menos, ultrapassar argumentos substanciais muitíssimo mais densos e relevantes, e que depõem em sentido diverso.

É que não só o argumento sistemático não é, para nós, o critério hermenêutico *primeiro* numa judiciosa interpretação e aplicação da Lei, como é mesmo de repudiar quando, com uma interpretação teleológica das normas, se atingem conclusões opostas àquelas que são normalmente sustentadas nas decisões que asseveram a falta de legitimidade dos particulares para se constituírem como Assistentes nos procedimentos penais relativos a crimes de violação de segredo de justiça.

O Crime de Violação de Segredo de Justiça

Também aqui as normas relevantes para a abordagem e decisão desta questão são as atrás referidas.

Aceitando que não é apenas *um* o bem jurídico tutelado pela tipificação legal do crime de violação do segredo de justiça, cabe apreciar da existência de razões que legitimem a pressuposição de uma hierarquia *natural* entre os bens jurídicos tutelados por esse tipo, *maxime* uma hierarquia em que pontifique o interesse público na boa aplicação da Justiça, com o que se relegaria a tutela dos demais bens jurídicos para uma (suposta e inconcebível) *"segunda linha"* da protecção típica.

Antes de mais, para aferir da relevância do argumento da inserção sistemática na selecção dos bens jurídicos tuteláveis pelos tipos penais, utilizem-se exemplos tirados de outras partes do ordenamento penal, onde se encontram tipos que inequivocamente tutelam mais do que um bem jurídico. Tome-se inicialmente um insuspeito exemplo retirado do Título dos crimes contra as pessoas, da Parte II do Código Penal.

No art. 140.° do CP, prevê-se e pune-se o *crime de aborto*, i.e., um *crime contra a vida intra-uterina* (para utilizar a terminologia constante do *Livro II, Título I, Capítulo II do Código Penal*). É unanimemente aceite que o tipo penal constante do respectivo n.° 1 visa tutelar, pelo menos, três bens jurídicos distintos e inconfundíveis: a *vida intra-uterina*; a *vida e a integridade física da mulher grávida*; a *liberdade / auto-determinação da mulher grávida*.

Também inequívoco é que o art. 140.° n.° 1 do CP se insere no *capítulo dos crimes contra a vida intra-uterina da Parte II do Código Penal*, capítulo esse subsequente àquele em que se arrolam os *crimes contra a vida*, e anterior, e totalmente distinto, daquele em que se elencam os *crimes contra a integridade física*.

Ora, seguindo a mesma linha de raciocínio jurisprudencial e doutrinal atrás criticada, seria admissível negar a constituição como assistente, num procedimento criminal relativo à prática de um crime de aborto, da *titular do bem jurídico integridade física*, para tanto afirmando que tal bem jurídico é apenas mediatamente protegido pelo art. 140.° n.° 1, posto que *"em primeira linha"* aquilo que se protege nessa norma penal é a vida intra-uterina, e, quanto muito, a vida da mulher grávida. I.e.: seria aceitável pretender que a mulher grávida cuja integridade física foi violada não pudesse constituir-se como Assistente no dito procedimento criminal, posto que a protecção dada pelo tipo do 140.° do CP à integridade física é meramente mediata ou reflexa, dado que o seu acento tónico e primeiro é posto na tutela da vida. Ora, sem prejuízo de exercícios académicos em provas do curso de licenciatura, obviamente que tal juízo não pode colher. Na prática, e com bom senso, ninguém decidiria de tal modo...

Mais: onde no art. 140.º n.º 1 existe qualquer alusão à *tutela da vida e integridade física da mulher grávida*? Em parte alguma, é claro, mas correctamente a jurisprudência tem aceite a admissibilidade da constituição de assistente por parte da mulher grávida em semelhantes casos.

Outro exemplo se poderia retirar do direito penal avulso, v.g. o *crime de abuso de informação privilegiada*, previsto e punido no art. 378.º do Código dos Valores Mobiliários. É também linearmente aceite que os bens jurídicos tutelados por tal tipo são vários, e de titularidade diversa. Seria admissível recusar aos particulares *"prejudicados"* com a realização da operação assente em informação privilegiada a constituição como assistentes no respectivo procedimento criminal, com o argumento de que os seus interesses apenas indirectamente são tutelados, posto que em primeira linha são bens jurídicos *"do Estado"* ou da colectividade (na transparência e fidedignidade do funcionamento do mercado, da bolsa de valores, etc.), aqueles que *"especialmente"* a lei quis proteger? É que também aqui se poderia esgrimir com a *separação sistemática* dos tipos penais que tutelam o mercado de valores mobiliários, posto que o crime de *insider trading* está autonomizado em relação à *manipulação do mercado*, este sim um crime em que *"directamente"* se tutela, *"na mesma linha"*, interesses gerais do mercado e interesses individuais dos investidores.

Outro exemplo ainda, e bem mais próximo da situação que aqui se analisa, é a do *crime de violação de segredo fiscal* que vinha previsto no art. 27.º do Decreto-Lei n.º 20-A/90[27]. Tal tipo penal era amiúde objecto de decisão pelos Juízes de Instrução Criminal no sentido de negarem aos particulares, cujos dados fiscais eram ilicitamente publicitados, a legitimidade para se constituírem assistentes no procedimento criminal pela violação de segredo fiscal havida. Igual posição era amiúde sustentada pela Procuradoria da República.

---

[27] Art. 27.º do Decreto-Lei n.º 20-A/90, de 15 de Julho: *"1. O dever geral de sigilo sobre a situação tributária dos contribuintes é inviolável, determinando a lei os casos em que a divulgação do segredo é legítima. 2. Quem, sem justa causa e sem consentimento de quem de direito, dolosamente, revelar ou se aproveitar de segredo fiscal de que tenha conhecimento no exercício das suas funções ou por causa delas será punido, se aquela revelação ou aproveitamento puder causar prejuízo ao Estado ou a terceiros, com multa até 400 dias".*

Em boa hora, contudo, o Tribunal da Relação de Lisboa[28] veio a inverter semelhante insustentável entendimento, afirmando expressamente que "*a tutela do sigilo fiscal se fundamenta, além do mais, não só da confiança dos contribuintes, como também da intimidade da vida privada*" (*sic*). E o Tribunal vai ainda mais longe, quando expressamente refere que o "*consentimento de quem de direito*" referido no tipo incriminador do art. 27.º n.º 1 do RJIFNA alude, precisamente, aos particulares "*a favor de quem se encontra constitucionalmente garantido o direito à reserva da intimidade da vida privada no art. 26.º n.º 1 da Constituição da República Portuguesa*"; tudo, aliás, porque tal tipo tutela também a "*quebra de confiança ou a infidelidade*", bem jurídico este que, como atrás temos vindo a defender, subjaz também ao art. 371.º do CP.

---

[28] Acórdão TRL de 16/10/2001, 5ª Secção, Processo 7357/2001, não publicado. O Despacho do Tribunal de Instrução Criminal de Lisboa infirmado pela indicada decisão da Relação de Lisboa, rezava assim: "*resulta do disposto no art. 68.º al. a) do CPP que têm legitimidade para se constituírem assistentes no processo penal, além das pessoas a quem as leis especiais conferirem esse direito, 'os ofendidos, considerando-se como tais os titulares dos interesses que a lei especialmente quis proteger com a incriminação'. É pacificamente entendido na doutrina e na jurisprudência que, salva a excepção referida na alínea e) do referido art. 68.º do CPP, não é qualquer pessoa, mesmo que prejudicada com o cometimento de um crime, que tem legitimidade para se constituir assistente em processo penal, mas apenas o titular do interesse jurídico imediato, protegido com a incriminação. Tanto assim é que o art. 74.º n.º 1 do CPP, prevê a situação de apresentação de pedido de indemnização civil, mesmo por quem não possa constituir-se assistente. Assim, a noção de assistente parte de um conceito restritivo ou típico de ofendido e retira-se do tipo preenchido pela imputada conduta criminosa, pelo que decisivo para a admissão como Assistente é ser-se titular do interesse jurídico especialmente protegido com a incriminação. Na sequência da denúncia apresentada pelos ora requerentes (...) irá ser investigada a eventual prática de crime de violação de segredo fiscal p. e p. no art. 27.º RJIFNA. Dispõe o art. 1.º do DL n.º 20-A/90, de 15 de Janeiro, que 'O Regulamento Jurídico das Infracções Fiscais Não Aduaneiras aplica-se às infracções às normas reguladoras dos impostos e demais prestações tributárias', e nos termos do n.º 2 do mesmo diploma legal esclarece-se que '... constitui infracção fiscal todo o facto típico ilícito e culposo declarado punível por lei fiscal anterior'. Os requerentes, embora naturalmente afectados pelo delito denunciado não são os titulares do bem jurídico protegido pelo tipo de crime em causa atenta a natureza fiscal do mesmo, pelo que o seu titular é necessariamente o Estado, enquanto Administração Fiscal, interessado na preservação dos dados relativos à situação tributária dos cidadãos como forma de alcançar os seus objectivos fiscais e em manifestação da confiança pressuposta na detenção de tais informações e não qualquer particular, ainda que mediata ou indirectamente haja sofrido danos com o crime pela divulgação da sua situação tributária. Assim, os requerentes não dispõem de legitimidade para se constituírem assistentes em processo penal pelo crime em investigação. (...)*".

Para que serve então o argumento sistemático? Serve, obviamente, de crivo reforçador e confirmativo de um juízo dogmática e teleologicamente concordante, mas não como critério único e exclusivo de apreciação, e muito menos como *ratio decidendi* contra dados substanciais em sentido inverso.

Nestes termos, cabe recuperar as conclusões atingidas no *Capítulo III*, e aferir se razões dogmáticas, legais e constitucionais, autorizam ou aconselham a consideração de uma hierarquia entre os diversos bens jurídicos protegidos pelo art. 371.° do CP. Ou seja, ver se existem ou não razões ponderosas que imponham concluir que, apesar da inserção sistemática do art. 371.° do CP, o mesmo protege, na mesma linha, os interesses do Estado e dos Cidadãos cujos interesses foram violados pela divulgação ilícita de dados secretos do processo.

Em suma, e como segundas conclusões:

– O argumento sistemático é, inequivocamente, um elemento a utilizar na actividade hermenêutica, mas não é o único nem sequer o mais relevante;
– Mesmo que o recurso ao argumento sistemático pudesse, em alguns casos (o que aqui não sucede), afastar a protecção *primária* de determinado bem jurídico, caberia então aferir da compatibilidade de tal resultado hermenêutico com princípios e imperativos de ordem constitucional;
– Semelhante juízo, quando realizado no caso vertente, permitiria concluir que o art. 371.°, apesar da respectiva inserção sistemática, concede igual tutela e protecção a todos os bens jurídicos que sob a sua alçada se acolhem.

Tudo quanto passa, a final, a fazer-se.

iii. A perspectivação global da questão – Ponderação do problema à luz da Constituição da República – Como visto, uma correcta interpretação sistemática permite concluir que o artigo 371.° do CP não só tutela os *interesses do Estado*, mas também os *interesses do Arguido e do Ofendido*, abrangidos, além do mais, pelo teor do artigo 86.° n.°s 1 e 5 do CPP.

E se é certo que a boa administração da Justiça é um fim ou interesse constitucionalmente protegido (precisamente por isso se pode admitir a incriminação das violações do segredo de Justiça, pois tal segredo é um *"bem jurídico"* protegido pela Constituição, e este é um princípio fundamental que se julga ser, cada vez mais, de manter); não menos certo é que

O Crime de Violação de Segredo de Justiça

o direito de defesa, a presunção de inocência, a honra, a consideração e a privacidade dos ofendidos e dos arguidos encontram igual tutela a nível constitucional.

Ademais, a própria *confiança* dos cidadãos na capacidade e eficiência da máquina estatal para garantir o segredo dos procedimentos criminais (segredo esse que, a não se manter em certos casos, mas a ser utilizado como obstáculo da máquina contra o Arguido, funcionaria então como meio expresso de oficialmente serem estabelecidas desigualdades entre cidadãos e atropelos ao direito de defesa dos arguidos em procedimento sancionatório), constitui outro bem jurídico tutelado pelo tipo e encabeçado, obviamente, pelos *"particulares"*.

Ora, se ambos os valores atrás referidos mereceram igual referência e preocupação do legislador constituinte, não se encontra motivo para negar efectiva paridade de dignidade constitucional de ambos os fins ou interesses subjacentes à incriminação constante do artigo 371.° do CP, sob pena de, com interpretação diversa, se gerar situação de inconstitucionalidade flagrante.

E assim tanto mais será se os *"ofendidos"* pelo crime de violação de segredo de justiça forem os arguidos no processo criminal em que a violação de segredo foi originariamente perpetrada. É que aí outros interesses constitucionais vêm impor uma tutela do *"ofendido"* ao abrigo do tipo penal de violação de segredo de justiça, designadamente, a tutela dos direitos de defesa do arguido e o princípio da presunção de inocência deste, previstos no artigo 32.° n.°s 1 e 2 da CRP, respectivamente.

Em suma, uma interpretação do disposto nos artigos 371.° do CP e 68.° e 86.° do CPP conforme aos artigos 1.°, 26.°, 32.° n.°s 1, 2 e 7 e 202.° e 203.° da CRP, impõe o reconhecimento de um triplo fundamento para a incriminação da violação do segredo de Justiça. Infelizmente, não é assim que a questão é perspectivada pela jurisdição constitucional nacional, com o que obviamente não podemos deixar de discordar.

Entre outros casos similares, o Tribunal Constitucional teve oportunidade de abordar especificamente a questão em apreço (*legitimidade do arguido no processo criminal em que o segredo de justiça foi violado para se constituir como assistente no processo criminal para investigação da prática do crime de violação de segredo de justiça*), no seu Acórdão n.° 579/2001[29].

---

[29] Acórdão n.° 579/2001, de 18/12/2002, proferido no Processo n.° 543/2000, da 2ª Secção, de que foi Relator o Senhor Juiz Conselheiro Dr. Bravo Serra. O dito Acórdão foi tirado, contudo, com uma declaração de voto de um dos Juízes Conselheiros.

198   *Paulo Saragoça da Matta*

Tal aresto foi proferido sobre um Acórdão do Tribunal da Relação de Lisboa que, por seu turno, recusou provimento a um recurso que havia sido interposto de um Despacho do Tribunal de Instrução Criminal de Lisboa que negara a legitimidade para se constituir como assistente no processo criminal para averiguação da prática de uma violação de segredo de justiça ao indivíduo que ocupava a posição de arguido num processo-crime em que supostamente (*rectius*, efectivamente – posto que era *in casu* gritante a verificação do ilícito em causa), a violação de segredo de justiça se havia verificado.

Nesse caso, e inicialmente, o particular que visava constituir-se como Assistente num processo-crime por violação de segredo de justiça instaurado por participação criminal por si próprio apresentada, alegou que "*o crime de violação de segredo de justiça, a par de visar proteger o interesse do Estado na administração da justiça e de garantir o interesse da imparcialidade do poder judicial, visava ainda salvaguardar os princípios constitucionais da tutela dos direitos de defesa do arguido, a sua presunção de inocência, os seus bom-nome, reputação e privacidade, e a tutela dos valores pessoais do ofendido, pelo que, se 'os ofendidos' no crime de violação de segredo de justiça forem os arguidos no processo criminal originário (em que a violação de segredo foi perpetrada), ... o interesse constitucional da tutela dos direitos de defesa do arguido e o princípio da presunção de inocência (...) impõem uma tutela do 'ofendido' ao abrigo do tipo penal de violação de segredo de justiça*"[30].

Negando-lhe a respectiva pretensão, assim sustentando o Despacho de primeira instância do JIC de Lisboa, o Tribunal da Relação veio a considerar, em última análise, que, "*compulsado o artigo 371.° CP, verificar-se-á, de imediato, que a lesão de direitos e interesses particulares não faz parte do tipo legal*"[31], termos em que faleciam as pretensões do Recorrente.

---

[30] Cfr. Alegações do Requerente de constituição como Assistente no Recurso que interpôs para o Tribunal da Relação de Lisboa do Despacho do Tribunal de Instrução Criminal de Lisboa que lhe indeferira a sua pretensão.

[31] Lê-se no douto Acórdão do TRL referido o seguinte: "*A questão que nos é posta no presente recurso consiste em saber se o recorrente, queixoso em processo por crime de violação de segredo de justiça (art. 371.° CP), tem legitimidade para se constituir assistente no dito processo. (...) Importa, por conseguinte, apurar aqui qual seja o objecto jurídico imediato da infracção, sem esquecer, por outro lado, que a própria lei ressalva a existência de lesados 'que não podem constituir-se assistentes' (cfr. artigo 74.° n.° 1 CPP). Compulsado o artigo 371.° CP, verificar-se-á, de imediato, que a lesão de direitos e interesses particulares não faz parte do tipo legal. Há manifesto equívoco na tese do recorrente, ao opor à recorrida que ela é redutora por defender que o 'único' bem jurí-*

O Crime de Violação de Segredo de Justiça

E foi precisamente dessa decisão que foi interposto Recurso para o Tribunal Constitucional[32]. Nesta instância, o particular Recorrente reiterou

---

dico tutelado pela tipificação legal é o interesse do Estado na boa administração da Justiça. Efectivamente, o que a tese ora impugnada sustenta é que, com a incriminação, directa ou imediatamente apenas se visou proteger aquele dito interesse, todos os demais visados estando prosseguidos indirecta ou mediatamente. Assim, a especialidade, de que fala o citado artigo 68.°-1-a CPP, não implica hierarquização dos vários interesses protegidos pela incriminação, mas tão só a indispensável harmonização entre eles próprios, e com os demais também garantidos constitucionalmente. A argumentação expendida pelo Recorrente tem cabimento, grosso modu, em relação à generalidade das infracções tipificadas na lei penal. O que releva, contudo, é que o legislador pretendeu consagrar, e indubitavelmente consagrou, limites à intervenção no processo criminal por parte dos cidadãos, de acordo com a reserva que faz, para o M.°P.° da titularidade da acção penal (cfr. art.s 48.° CPP e 219-1 CRP). Nesta ordem de ideias resulta bem patente que uma das formas mais decisivas de que o legislador se serviu, para realizar a necessária distinção entre as infracções (para o efeito do que ora nos ocupa) é justamente a sua arrumação sistemática no Código Penal. Afloramento e comprovação inequívocos da existência desses limites achamo-los no preceituado no art. 74.°-1 CPP (que pela sua importância mencionámos introdutoriamente), ao afirmar que há lesados – com a infracção – que não podem constituir-se assistentes. Ora, é precisamente por a acção penal ser – também por imposição constitucional – pública, consoante é comummente aceite, que aos interesses tutelados pela norma, alegadamente paralelos e de igual valor, se vem juntar um outro, com idêntica dignidade, de acordo com a qual: 1 – as restrições à actuação do M.°P.°, e a intervenção no processo por parte de particulares, hão-de ter carácter excepcional (e como tal estão reconhecidas; cfr. art. 48.° CPP). 2 – o princípio é o de que, contrariamente ao sustentado, os lesados apenas dispõem de recurso à acção cível enxertada ou não no processo penal (art.s 71.° e ss. CPP). Em conformidade, não pode falar-se de interpretação inconstitucional por banda da tese recorrida, já que é mister, como o próprio Recorrente reconhece, proceder à harmonização de todos os interesses presentes, mas sem olvidar que entre estes figuram outros que não apenas os tutelados, directa ou indirectamente, pela previsão do art. 371.° CP. Concluindo, tudo se traduz afinal no reconhecimento de que certos interesses do Estado (e este da 'realização da justiça' é dos mais salientes, por pôr em causa o próprio Estado – vid. Epígrafe do Título V, e a do seu Capítulo III, a que pertence o aludido artigo 371.° CP), 'prevalecem' sobre os interesses dos eventuais lesados particulares, na medida em que estes últimos se acham prosseguidos (apenas) indirectamente pela norma penal, estando assim limitados ao recurso à acção civil." (sublinhados no original).

[32] O *histórico* deste recurso foi, aliás, bem atribulado, com o Relator a proferir decisão sumária pela qual negou provimento ao recurso (com o fundamento de a questão ter já sido objecto de conhecimento por parte do TC, o que obviamente não era o caso), com o Recorrente a reclamar de tal decisão para a Conferência (posto que a questão nunca havia sido tratada pelo TC), e com esta a determinar, por via do Acórdão n.° 36/2001, o prosseguimento dos autos, em favor da pretensão do Recorrente e contra o que havia sido erroneamente decidido pelo Juiz Conselheiro Relator.

200 Paulo Saragoça da Matta

todos os argumentos anteriormente expendidos em abono do seu Recurso inicial para a Relação de Lisboa[33], mantendo o Ministério Público, igualmente, a sua alegação no recurso anterior, i.e., sustentando a improcedência do recurso[34].

---

[33] Eram as seguintes as Conclusões apresentadas pelo Recorrente: "*A. Entende o Recorrente que o artigo 68.° n.° 1 al. a) do CPP (articulado com o tipo penal da violação de segredo de justiça p. e p. pelo art. 371.° do CP), na aplicação que do mesmo foi feita na decisão recorrida, é inconstitucional. B. Inconstitucional porque violadora das normas e princípios que tutelam os direitos fundamentais de presunção de inocência do arguido, as garantias de defesa do Arguido (art. 32.° da CRP), os direitos fundamentais e valores pessoais do Ofendido (art. 26.° da CRP) e o direito de acesso ao direito e tutela jurisdicional efectiva (art. 20.° da CRP). C. O Assistente nos crimes públicos tem essencialmente uma função de colaborador e de controle sobre o Acusador, constituindo a sua intervenção em sede penal uma manifestação do Princípio do Estado de Direito Democrático e participativo dos cidadãos. D. Entende o Recorrente que, em sede de interpretação e aplicação do normativo constante do artigo 68.° n.° 1 al. a) do CPP (para efeitos de constituição como Assistente em sede de investigação criminal por violação de segredo de justiça), tal normativo não poderá ser objecto de interpretação de tal modo restritiva que não reconheça legitimidade ao Ofendido para se constituir como Assistente (se for o Arguido no processo em relação ao qual se verificou a violação), sob pena de tal interpretação acarretar uma desconformidade com a Constituição. E. É certo que a consagração do segredo de Justiça visa proteger o interesse do Estado na administração da Justiça (garantir a boa administração da justiça)... F. A par de tal interesse (mantendo a mesma dignidade e relevância penal e constitucional), a incriminação da violação do segredo de Justiça visa também garantir o interesse da imparcialidade do poder judicial (cfr. art. 203.° da CRP). G. Tal norma incriminadora visa ainda salvaguardar os princípios constitucionais da tutela dos direitos de defesa do arguido e da sua presunção de inocência, o seu bom-nome, reputação e privacidade; e a tutela dos valores pessoais do ofendido pela prática da infracção; ou seja, tutela-se igualmente os particulares, v.g. o arguido e o ofendido (cfr. art. 26.° e 32.° da CRP). H. Os interesses protegidos pela norma incriminadora em causa são triplos, e paralelos (i.e., a tutela dos interesses dos particulares não surge "indirectamente", pois, quer por força da interpretação sistemática, quer por força de um imperativo constitucional, os bens jurídicos referidos são protegidos em "1ª linha" pela incriminação). I. Defender-se que o bem jurídico protegido em primeira linha pela incriminação da violação de segredo de justiça, para efeitos de constituição como Assistente, é apenas e exclusivamente o interesse Estadual na administração da justiça, constitui interpretação e aplicação restrita do art. 68.° n.° 1 al. a) do CPP, atentatória dos direitos fundamentais apontados pelas disposições constitucionais referidas. J. Com efeito, se é certo que a boa administração da Justiça é um fim ou interesse constitucionalmente protegido (por isso se pode admitir a incriminação das violações do segredo de Justiça, pois tal segredo é um "bem jurídico" constitucionalmente protegido), não menos certo é que a presunção de inocência, o bom-nome, reputação e a privacidade dos ofendidos encontra igual tutela constitucional. K. Mas mais, se os "ofendidos" no crime de violação de segredo de justiça, forem os arguidos no processo*

O Crime de Violação de Segredo de Justiça

criminal originário (em que a violação de segredo foi perpetrada), o interesse constitucional da tutela dos direitos de defesa do arguido e o princípio da presunção de inocência (artigo 32.° n.°s 1 e 2 da CRP), impõem uma tutela do "ofendido" ao abrigo do tipo penal de violação de segredo de justiça. **L.** Ou seja, uma interpretação conforme aos arts. 1.°, 26.°, 32.° n.°s 1, 2 e 7 e 202.° e 203.° da CRP do disposto nos art.s 68.° n.° 1 al. a) do CPP e 371.° do CP, impõe o reconhecimento de um triplo fundamento para a incriminação da violação do segredo de Justiça, e consequente legitimidade do Ofendido – Arguido no processo "violado" – para se constituir como Assistente. **M.** Outra interpretação da norma constante do artigo 68.° do CPP – sobre a noção de ofendido titular do interesse que a lei especialmente quis proteger com a incriminação – e do artigo 371.° do CP – sobre qual o interesse protegido por este tipo penal –, constitui interpretação restritiva dos direitos, liberdades e garantias dos cidadãos em geral e, maxime, dos cidadãos-arguidos (titulares dos direitos fundamentais superiormente tutelados pelas normas constitucionais indicadas). **N.** A interpretação restritiva sustentada pelas Instâncias configura uma forma de restrição inconstitucional dos direitos fundamentais dos cidadãos, porque manifestamente desproporcionada face à salvaguarda de outros direitos ou interesses constitucionais protegidos – art. 18.° n.° 2 da CRP. **O.** A interpretação restritiva sustentada põe em causa a extensão e alcance do conteúdo essencial dos preceitos constitucionais referidos – cfr. artigo 18.° n.° 3 da CRP (i.e., não se aceita tal aplicação do artigos 68.° n.° 1 do CPP e artigo 371.° do CP porque violadora do conteúdo de direitos fundamentais, tais como do direito de defesa do arguido, do princípio constitucional da presunção de inocência e dos direitos pessoais do Ofendido como seja o direito ao bom-nome, reputação e privacidade). **P.** A interpretação e aplicação defendida pelas instâncias recorridas restringe de modo inadmissível o direito fundamental ao acesso ao Direito e aos Tribunais por parte do Ofendido – cfr. 20.° da CRP. **Q.** Com efeito, ao ser recusado o reconhecimento da legitimidade para a constituição como Assistente ao particular Ofendido pela prática de crime de violação de segredo de justiça, este vê restringidos de modo inadmissível os seus direitos de intervenção processual (seja no sentido de colaborador com o M.° P.°, seja no sentido de controlo da actividade deste). **R.** O sentido da interpretação e aplicação normativa recorrida deixa o Ofendido (Arguido) – que presencia a violação de segredo e justiça, que vê prejudicados os seus direitos de defesa em sede penal, que vê ser posto em causa o seu direito fundamental à presunção de inocência e os demais direitos e valores pessoais protegidos constitucionalmente –, sem qualquer direito de acção jurisdicional, não lhe sendo permitido intervir, colaborar ou mesmo controlar o exercício da acção penal por parte do titular público de tal direito de acção. **S.** Termos em que se conclui (sob pena de inconstitucionalidade da interpretação e aplicação do artigo 68.° n.° 1 al. a) do CPP), que a disposição normativa adjectiva constante do artigo 68.° n.° 1 al. a) do CPP é inconstitucional por não reconhecer legitimidade ao Ofendido pelo crime de violação de segredo e justiça – p. e p. pelo art. 371.° do CP – para se constituir como Assistente, quando tal Ofendido seja o Arguido no processo em relação ao qual se verificou a violação de segredo".

[34] Por seu turno, as Conclusões do M.° P.° rezavam assim: "1.° – Não é inconsti-

O Tribunal Constitucional circunscreveu do seguinte modo, e até aqui bem, a questão problemática que lhe competia decidir: *"Está, no vertente recurso, em causa saber se a alínea a) do n.° 1 do art. 68.° do CPP, conjugadamente com o art. 371.° do CP é, ou não, desconforme com a Lei Fundamental, interpretadas que sejam aquelas disposições por forma a não permitir que o arguido num processo em que se indicia ter sido violado o segredo de justiça se constitua como assistente nos autos que têm por objecto a apreciação da indiciada violação. Desta arte, deparamo--nos, no caso em apreço, com um conjunto de normas, sendo, uma, de índole substantiva, e, outra, de índole procedimental, sustentando o recorrente a desconformidade constitucional de ambas. A primeira, no passo em que não deve ser defendido que o bem jurídico essencial ou primordialmente protegido pela incriminação – in casu a tipificação da violação do segredo de justiça – é o interesse do Estado na boa administração da justiça. A segunda, por um lado – e ao se concluir pela justeza da perspectiva seguida pelo impugnante, ou seja, a de, em primeira linha, os bens jurídicos protegidos pela incriminação deverem também ser considerados como incluindo a protecção da privacidade, do bom nome e reputação e a presunção de inocência do arguido indiciado no crime de violação de segredo de justiça –, no ponto em que se não deve deixar de admitir aquele arguido a intervir como assistente nos autos em que se averigua aquela violação; e, por outro, na medida em que uma interpretação mais restritiva do preceito ínsito na alínea a) do n.° 1 do art. 68.° do CPP sobre a noção de titulares dos interesses que a lei especialmente quis proteger com a incriminação, se afigura como restritiva dos direitos, liberdades e garantias dos cidadãos, em especial dos arguidos, no tipo de crime em questão".*

---

tucional a norma procedimental constante do artigo 68.° n.° 1, alínea a) do CPP, interpretada em termos de a legitimidade do assistente depender da titularidade pelo requerente de um interesse directa e imediatamente tutelado pela norma incriminadora em causa. 2.° – Não viola os princípios da legalidade, da necessidade e da proporcionalidade a interpretação normativa do tipo legal de violação do segredo de justiça, plasmado no art. 371.° do CP, que se traduz em considerar como bem jurídico directa e imediatamente titulado através de tal norma incriminadora o interesse público na boa realização ou administração da justiça. 3.° – Na verdade, o legislador penal goza de uma ampla discricionariedade legislativa na construção dos diferentes tipos penais e na determinação dos bens ou valores jurídicos através deles essencialmente tutelados, só afrontado os referidos princípios constitucionais as soluções legislativas que se revelem manifesta e ostensivamente violadoras de tais princípios" (sic!).

O *Crime de Violação de Segredo de Justiça* 203

Mas se *bem* foi identificado o problema, *menos bem* foi a questão resolvida, como passa a demonstrar-se, *pari passu* com a análise da fundamentação do aresto constitucional em apreço:

1.º Argumento do TC – o art. 68.º n.º 1 do CPP estatui que apenas aos *titulares dos interesses imediata ou directamente protegidos pela incriminação* é consentido constituírem-se como Assistentes. Tal interpretação não se afigura inconstitucional, posto que o 32.º n.º 7 da CRP consagra *"que o ofendido tem o direito de intervir no processo"*, mas *"o que é certo é que as formas ou meios de intervenção são (...) remetidos para a lei ordinária"*. Ou seja: a remissão da Constituição para a Lei leva a que seja o legislador ordinário quem tem liberdade total de conformação na escolha dos modos e vias de intervenção dos ofendidos no processo penal, pelo que ele determinará, livremente, se o ofendido pode constituir-se assistente ou não, ou apenas intervir por outra qualquer via, v.g. dando conhecimento do sucedido ao titular da acção penal, deduzindo pedidos indemnizatórios, etc.

Por isso, *"é de considerar como não feridente* (!) *da Lei Fundamental uma norma (ainda que alcançada por interpretação), que unicamente atenda, para efeitos de permissão na constituição do ofendido como assistente, à circunstância de aqueles direitos ou interesses serem a razão directa e imediata (ou seja o leit motiv situado em primeira linha) que levou o legislador à tipificação da infracção criminal"* (*sic!*)[35].

Apreciação do 1.º Argumento – no caso vertente, nunca o então Recorrente questionou o facto de o art. 32.º n.º 7 da CRP remeter para a lei ordinária o processo de determinação e circunscrição do *"direito"* do ofendido de intervir no processo criminal. Ademais, precisamente por ser um dado prévio e inquestionável, é que também na nossa apreciação da questão, feita até aqui, não questionámos da legitimidade do legislador ordinário para circunscrever o *"modo"* de o ofendido participar no exercício da justiça penal. Já erróneo, contudo, é o entendimento expresso no

---

[35] Em abono do sustentado, o T.C. apela ainda para o por si decidido no Acórdão n.º 647/98, *in DR*, IIª Série, 3/03/1999, relativo à mesma questão aqui discutida, mas relativamente ao crime de desobediência. Sempre se diga, de passagem, que a improcedência dos argumentos do TC relativamente ao caso aqui em apreço se verifica igualmente, com *nuances*, no que concerne ao crime de desobediência em apreço neste outro aresto. Esse não é, todavia, o objecto da presente análise, pelo que se não entra na discussão substancial dessa outra problemática.

acórdão segundo o qual tal *"liberdade"* do legislador ordinário é totalmente incontrolada. É que, por definição, nenhuma liberdade, nem sequer nenhum *poder*, do legislador ordinário é ilimitada, sendo necessariamente conformada e limitada por todo o remanescente acervo de princípios, direitos, liberdades e garantias emergentes da Constituição material.

Ou seja, a primeira linha da fundamentação do aresto em análise não só é falha, na medida em que inicia por discutir algo totalmente pacífico e que ninguém se lembraria de questionar, como é ela própria ilógica e juridicamente incorrecta, quando (na sanha de ir o mais longe possível no esmagamento das pretensões do particular), diz aquilo que nunca poderia ter dito: que quando o legislador constituinte remete para a lei ordinária, o legislador ordinário faz aquilo que bem lhe aprouver! Claramente que assim não é!... O legislador ordinário faz aquilo que lhe aprouver, no respeito de todas as demais limitações emergentes da Constituição e das demais leis. Obviamente que, nesta parte, o TC *maius dixit quam voluit!*

Mas a insuficiência fundamentadora do aresto em análise não se queda pelo exposto! É que, além do manifesto lapso já censurado, o Acórdão em apreço nada diz sobre aquilo que constituía obviamente o objecto fundamental da questão. I.e., limita-se o TC a dizer que é de considerar como conforme com a Lei Fundamental *"uma norma (…) que unicamente atenda, para efeitos de permissão na constituição do ofendido como assistente, à circunstância de aqueles direitos ou interesses serem a razão directa e imediata (ou seja o leit motiv situado em primeira linha) que levou o legislador à tipificação da infracção criminal"*, sem tecer uma única consideração que seja no sentido de demonstrar precisamente que, no caso do art. 371.º do CP, o *leit motiv* (para usar o mesmo tipo de discurso), da incriminação é *"em primeira linha"*, *"directamente"*, *"imediatamente"* e *"exclusivamente"* o interesse encabeçado pelo Estado, em detrimento dos interesses dos particulares.

Ou seja: está-se, obviamente e ressalvado o devido respeito, perante uma *conversa de surdos*, em que o Recorrente questionava a razão de ser de a instância ter entendido que o *"seu"* interesse era só *mediatamente*, *indirectamente*, *paralelamente* tutelado pelo 371.º CP, e o TC vem *"explicar"* que assim é *"porque sim"*... nem uma única palavra, contudo, permite alcançar, intuir ou adivinhar as razões insondáveis pelas quais o TC considera que o *leit motiv* do art. 371.º do CP é aquele, e não outro... e até ao final do acórdão, não ficará a saber-se! Duvidamos, pois, que o Recorrente, no caso em apreço, tenha percebido as razões pelas quais o TC entende que no art. 371.º a tutela dada ao interesse do Estado é *directa* enquanto que a tutela dada aos interesses do privado é *indirecta*.

O *Crime de Violação de Segredo de Justiça* 205

Tudo o que nos permite concluir que a *fundamentação* em apreço não constitui fundamentação alguma, mas mero discurso totalmente desviado do fim primeiro por que deve nortear-se toda e qualquer decisão judicial, a saber, a *efectiva comunicação das razões de ser da decisão...*[36].

2.° Argumento do TC – "*uma tese da qual decorresse que o Diploma Básico impunha a obrigatoriedade da constituição como assistente em todos os processos criminais em que se averigúem ilícitos criminais nos quais, indirecta, mediata ou reflexamente, podem ser atingidos bens, direitos ou interesses pessoais (não sendo estes, porém, aqueles que, primordialmente, foram os tidos em conta para a tipificação incriminadora), designadamente porque, assim, o ofendido deixava de colaborar e controlar o exercício da acção penal, não deixaria de ser perspectivada como tendo por base uma óptica de acordo com a qual isso representaria uma certa modelação 'privatizadora' – ou, outros dirão, 'participativa' – da acção penal, acção esta que aquele Diploma Básico quis que fosse prosseguida e cometida por uma entidade estadual pública própria, o Ministério Público (cfr. art. 219.° n.° 1 da CRP).*" (*sic*).

Apreciação do 2.° Argumento – Este segundo argumento padece, como resulta patente, dos mesmos vícios atrás assacados ao primeiro argumento. Com efeito, parte o aresto em análise do "*pressuposto*" (falso, posto que o recorrente nunca o disse), de que, *na tese do recorrente*, a CRP impunha a constituição como assistente dos particulares titulares de direitos *indirecta, mediata ou reflexamente* tutelados pelos tipos penais. Ora, o recorrente nunca o disse, tal como também nós, nos Capítulos anteriores deste escrito, nunca o dissemos. Bem pelo contrário, o TC é que parece não ter *lido* a linha argumentativa do então Recorrente, apesar de ter "*transcrito*" *ipsis verbis* as respectivas Conclusões.

Com efeito, ao invés do que pretende a mais alta jurisdição nacional em matéria de constitucionalidade, a tese do Recorrente era, no dito recurso, totalmente diversa daquela que o TC decidiu conhecer. O que o Recorrente, e bem, sustentava, é que a CRP impunha a admissibilidade da constituição de assistente daqueles particulares que eram titulares de interesses protegidos pelo 371.° do CP tão directamente e tão imediatamente como protegidos eram por esse tipo os interesses do Estado. Isso e apenas isso,

---

[36] Ou, para utilizar, e adaptar, uma célebre expressão de Figueiredo Dias acerca do sistema de recursos emergente do CPP 1987 na sua versão originária, não estamos perante nenhuma fundamentação, mas sim perante uma "*macaqueação*" de fundamentação.

mas não aquilo que o TC, no aresto referido, resolveu (*incompreensivelmente*), "*entender*" como sendo aquilo que era dito pelo Recorrente.

Mais: porquê é que, uma vez mais nesta sede, o TC afirma que os interesses dos particulares invocados pelo Recorrente não eram "*aqueles que, primordialmente, foram os tidos em conta para a tipificação incriminadora*"? Gostaria por certo o Recorrente de o ter sabido, e gostaria igualmente a doutrina nacional de compreendê-lo! O certo é que o TC o não disse, nem sequer indiciariamente, pelo que também aqui teremos que aceitar o "*porque sim constitucional*" como razão justificadora de tudo aquilo que não consegue fundamentar-se.

Por último, sempre se diga não se perceber *onde, como, quando* e *porquê* é que o TC entende que a admissão do particular como Assistente, no caso em apreço, gerava qualquer "*privatização*" da justiça criminal. Aqui o argumentário seguido pelo TC torna-se ainda mais iniciático. Então a admissão do particular a ser assistente no crime do 371.º do CP *empurraria* o M.ºP.º para fora do processo? Perdia, sequer, o M.ºP.º o *papel principal*? Ficava perigada a estrutura democrática do Estado? Em quê é que a admissão do particular como assistente implicava qualquer afastamento, violação ou ferimento do princípio constitucional da natureza pública da acção penal? Não se entende, e, s.d.r., não se crê sequer que seja entendível!

3.º Argumento do TC – "*De outra banda, não se pode olvidar que nem por isso estão totalmente vedados aos titulares daqueles interesses formas ou possibilidades de intervenção processual com vista à respectiva prossecução, nos moldes acima exemplificados*".

Apreciação do 3.º Argumento – Este terceiro argumento utilizado no aresto em apreço é tão interessante como os anteriores. Se nos anteriores momentos o TC esgrimia argumentos sem invocar a respectiva *ratio* e significado (i.e., sem esclarecer precisamente os fundamentos do juízo expendido, antes dando por concedido aquilo que deveria ser objecto primeiro da análise), aqui vem tentar deslocar o problema para uma sede totalmente desviada daquela em que o problema deve pôr-se. Ou seja, o que o TC vem dizer ao Recorrente, e comunicar à comunidade jurídica nacional, é que na dilucidação do problema em apreço deve ponderar-se também um outro dado: a existência ou não de "*outras vias*" para os particulares tentarem prosseguir e tutelar os seus interesses.

Ora, semelhante argumento, crê-se, é totalmente imponderável nesta sede, tal como o deveria ter sido aquando da prolação do acórdão. O que se pede à doutrina, e o que no caso em apreço se pediu, legitimamente, à jurisprudência, é que *razoe com honestidade e critério científico*, e não *à tort et à détort*, como se *Dizer Direito* fosse um *jogo do gato e do rato*, em que cada um tenta ver se consegue *"dizer não"* aos desejos dos outros, e mesmo, se possível, fugir a justificar aos outros a razão de ser das suas próprias decisões.

Pergunte-se: o facto de o particular poder assumir qualquer outra veste processual no processo criminal em que se afere da existência ou não de uma violação de segredo de justiça é argumento a ponderar quando temos de decidir se aquele mesmo particular é ou não titular, substancialmente, de um direito que, sendo violado, o legitima a constituir-se como Assistente? O facto de poder constituir-se parte civil, afasta que nos importemos com responder à pergunta sobre se pode constituir-se assistente? Obviamente que não! O que aliás, de tão patente se afigura, não nos autoriza maior crítica.

Em suma: até aqui nenhum dos *argumentos* utilizados pelo TC serve verdadeiramente para *sustentar* o entendimento que perfilha... mais, dir-se-ia nem sequer se conseguir alcançar onde deseja o TC chegar com semelhante raciocínio, dado que o mesmo, como visto, não só não afasta a procedibilidade dos argumentos contrários ao decidido, como nem sequer tem *potencialidade justificadora e comunicacional abstracta para permitir a um terceiro e imparcial intérprete a compreensão dos verdadeiros e efectivos motivos que levaram o TC a decidir como decidiu*[37].

4.º Argumento do TC – "*... o legislador ordinário dispõe de uma ampla margem de liberdade conformativa para estabelecer quais as condutas que devem ser tidas como constitutivas de um ilícito criminal, o que não deixa de implicar a liberdade de ponderação dos bens ou interesses que, em primeira linha, se quiseram proteger com o gizar da infracção (...). Mesmo que seja certo que os direitos à privacidade, bom nome e reputação e o direito a não serem coarctados os direitos de defesa e de presunção de inocência dos arguidos, reclamam, em nome da respectiva defesa, a consagração da previsão de ilícitos respeitantes às condutas que os ofendem – pois que só pela incriminação, que não seria então postergada*

---

[37] Com todo o devido respeito, dir-se-ia mesmo mais: a conclusão, e a fundamentação apresentada em respectivo abono, não é *suficiente*, nem deixa de o ser, é, puramente, inexistente! Aliás, prova de que o próprio Acórdão reconhece a sua falibilidade argumentativa, é o facto de afirmar: "*Há, desta sorte, que concluir que a interpretação normativa levada a efeito pelo aresto sob sindicância quanto à alínea a) do n.º 1 do art. 68.º do CPP se não mostra constitucionalmente insolvente. A conclusão a que se chegou, todavia, não é, por si, suficiente para a dilucidação do problema*"...

pelo princípio da necessidade das respectivas penas, se atingiria a sua eficaz protecção – então, o que se não pode passar em claro é que, na legislação ordinária, como sabido é, tais incriminações se encontram consagradas. O que vale por dizer que a defesa e protecção daqueles direitos, mesmo a ser reclamada constitucionalmente – pois só assim teria eficácia – através de uma criminalização, está assegurada. Seria, aliás, legítima a interrogação no sentido de saber se, e em primeiro lugar, a Constituição impõe uma criminalização de condutas atentatórias de determinados direitos ou interesses pessoais e fundamentais, antes se 'contentando' com a inequívoca possibilidade de os mesmos, no ordenamento jurídico ordinário, encontrarem adequada tutela por outros meios que não só o resultante de criminalização (…). Mas se isto é assim, e porque se não põe em causa que é lícito ao legislador consagrar (…) a existência de ilícitos que visem imediata e directamente ou em primeira linha outros interesses que não os acima indicados, mesmo que estes últimos se vejam, de modo mediato ou reflexo, 'tocados', também lhe é lícito modelar a incriminação por forma a não atender aos segundos como aqueles que ditaram a finalidade da mencionada incriminação (isto é, não se lhe impõe que, aquando da consagração desses ilícitos, tenha, necessariamente, de considerar os interesses 'de ordem pessoal' postados no mesmo plano, em paralelismo ou paridade com os de 'ordem não pessoal'). Uma tal modelação por parte do legislador, consequentemente, não se apresenta como afrontadora dos princípios da necessidade e da proporcionalidade, antes se apresentando (tendo em atenção que os interesses de 'ordem pessoal' do ofendido encontram tutela, quer através de incriminação das condutas que os lesem, quer através da instituição de mecanismos de ordem processual que não afastam a intervenção desse ofendido) como uma forma de compatibilização e harmonização de interesses: – os de carácter meramente ou primordialmente público e os de ordem particular."

Apreciação do 4.° Argumento – o quarto argumento utilizado pelo TC acaba por ser um *tutti frutti* das considerações avulsas até então expendidas no aresto em apreço, a saber:

a) inicia por reiterar que o legislador ordinário *"tem ampla margem conformativa para estabelecer quais as condutas que devem ser tidas como constitutivas de um ilícito criminal"*, o que, além de em abstracto ser uma verdade *indiscutível*, ninguém no recurso interposto havia questionado, nem constitui argumento de quem quer que seja no debate da questão vertente;

b) Afirma depois que os *direitos à privacidade, ao bom-nome e à reputação e o direito a não serem coarctados os direitos de defesa e de presunção de inocência têm tutela criminal em sede de lei ordinária*, indo ainda mais longe quando admite que tal nem sequer era exigível pela Constituição da República – ora, quanto a isto, não pode deixar de dizer--se que não só a tutela criminal dos bens referidos decorre obviamente do Texto Fundamental, o que é aliás indiscutível, como, em acréscimo, deve dizer-se que tal argumento nada traz nem nada tira à questão fundamental em discussão, i.e., que o arguido no processo criminal em que se verificou uma violação de segredo de justiça, tem um interesse tão especial como o Estado a legitimar a respectiva intervenção como Assistente no processo criminal aberto para efeitos de averiguação da prática da violação de segredo. Ademais, o TC entra, neste particular do aresto em análise, em flagrante confusão sobre as realidades em presença: com efeito, não poderá ser o facto de existirem, entre outros, os art. 180.° e 181.° do CP, os diversos n.°s do art. 32.° da CRP, e um sem número de outros tipos penais, que tornam *"desnecessária"* a protecção que para o titular do interesse advém do 371.° do CP[38].

"Conclusão" do TC – Estribado na fundamentação atrás transcrita e criticada, vem o aresto que nos tem norteado a concluir: *"Não se vê, deste modo, em como é que uma solução como a decorrente da interpretação normativa levada a efeito pelo aresto sub iudicio poderia conduzir à postergação dos direitos de defesa do arguido – no processo em que se indicia a prática, por outrem, de comportamentos subsumíveis à violação do segredo de justiça – ou a uma restrição desnecessária ou desproporcionada dos respectivos direitos, liberdades e garantias (viu-se já que se trata de uma compatibilização ou harmonização de interesses e não de uma restrição) que, de todo, não são 'tocados' na sua extensão e conteúdo essencial, designadamente não sendo coarctado o direito de acesso aos tribunais, aqui se incluindo o denominado 'direito de acção judicial' (como se expôs acima, o ofendido continua a ter ao seu dispor, para além de algumas formas de intervenção no processo instaurado pelo crime de violação de segredo de justiça, meios para desencadear 'acção criminal' com vista à defesa dos seus direitos ao bom nome, reputação, privacidade e lesão do princípio da presunção de inocência). Em face do exposto, nega-se provimento ao recurso, condenando-se o impugnante nas custas processuais, fixando a taxa de justiça em quinze unidades de conta".*

---

[38] Com efeito, tal argumento colhe tanto como colheria pretender-se que é desnecessária a tutela da honra, na medida em que já existe um tipo a tutelar a vida e a integridade física; são, com efeito, questões totalmente diferentes, que confundidas não podem ser, como é óbvio.

Ora, conforme decorre logicamente do que já atrás se disse, afigura--se-nos totalmente improcedente o juízo conclusivo do Tribunal Constitucional. Com efeito, não só as premissas do raciocínio judicial se encontravam erroneamente configuradas, como também os pontos integradores do silogismo final são totalmente desprovidos de valia dogmática para a decisão da questão.

Com efeito, dizer-se que no acórdão do TRL que negou legitimidade ao Recorrente para se constituir como assistente no processo de investigação da prática de uma violação de segredo de justiça tudo "*se trata de uma compatibilização ou harmonização de interesses e não de uma restrição*", é um puro e simples jogo de palavras... *compatibilização ou harmonização*, aliás, implicava que algo de cada uma das realidades em presença sobrevivia: mas no caso vertente, apenas *um* dos valores sobrevive (o valor Estatal tutelado pelo 371.º do CP), sendo os demais (os encabeçados pelos particulares), totalmente trucidados, porque alegadamente apenas tutelados "*reflexa ou mediatamente*" – apesar de o TC nunca sequer ter tentado demonstrar que assim era!

Por outro lado, diz-se no Acórdão em análise que o particular cujo direito a constituir-se assistente foi negado mantém um *direito de acção judicial*, querendo com isso o TC referir que o mesmo pode apresentar denúncia criminal pela prática dos crimes que tutelam os "*seus direitos ao bom-nome, reputação, privacidade e lesão do princípio da presunção de inocência*". Ora, se é certo que o bom-nome, a reputação e a privacidade encontram tutela penal específica, nomeadamente nos arts. 180.º, 181.º, 182.º, 183.º e 190.º a 194.º do CP, desconhece-se qual seja o tipo penal em que o TC está a pensar para tutela do princípio da presunção de inocência... sempre se diga, porém, que a ser o tipo p. e p. no art. 365.º, i.e. o crime de *Denúncia Caluniosa*, é entendimento unânime dos tribunais portugueses que o particular ilicitamente "*denunciado*" não tem legitimidade para se constituir assistente no processo-crime respectivo... Não se percebe, pois, onde pretende o TC chegar com a alusão vista ao *crime que tutela a violação ao princípio da presunção de inocência*.

Mas não só! É que mesmo sendo verídico que o bom-nome, a reputação e a privacidade encontram tutela penal específica, nomeadamente nos arts. 180.º, 181.º, 182.º, 183.º e 190.º a 194.º do CP, tal em nada briga com a questão de saber se, em termos de *dever-ser*, o art. 371.º, e os imperativos constitucionais atrás citados, impõem ou não seja reconhecido ao Particular "*ofendido*", que não *lesado* – como erroneamente o TC põe a questão –, o direito a participar no procedimento criminal em que se investiga a violação de segredo.

O *Crime de Violação de Segredo de Justiça* 211

Também totalmente improcedente é a *"tese"*, indirectamente assumida no aresto do TC mas directamente sufragada no Acórdão do TRL que antecedeu o recurso de constitucionalidade visto, que pretende que o facto de o particular ter sempre a possibilidade de, enquanto parte civil, deduzir acção de indemnização (*enxertada ou autónoma*), contra os responsáveis pelos danos causados pela violação de segredo de justiça, demonstra que o particular já tem tutela suficiente... aliás, tal tese é tão criativa como aquela que pretende retirar do art. 74.º do CPP a consagração legal de que o legislador *"quis"* que os *"ofendidos de 2ª linha"* não fossem Assistentes mas apenas demandantes cíveis.

Com efeito, toda esta plêiade de argumentos cruzados e baralhados mais não constitui do que uma magistral confusão entre estatutos, papéis e funções dos diversos sujeitos e intervenientes no processo, realidades que a doutrina tão paulatina e rigorosamente se havia dedicado a distinguir. Vejamos: o facto de alguém ter, ou não ter, a possibilidade de, enquanto parte civil, deduzir um pedido cível indemnizatório contra quem quer que seja, nada tem que ver com a questão arrazoada nos arestos referidos; os pressupostos dos pedidos são diferentes; as partes são, ou podem ser, diferentes; a causa de pedir é distinta; a natureza da lide e da sua previsão normativa nada tem que ver uma com a outra. Pergunta-se: o facto de a mesma pessoa ter dois direitos distintos, a realidades distintas, por diversos fundamentos, leva, em algum caso conhecido, a que o ordenamento jurídico oficiosamente declare a extinção de um dos direitos? A resposta possível é sempre uma e única: não! Não se percebe, pois, de onde parte, nem o que pretendem, os arestos referidos com semelhantes juízos.

Em suma, entende-se ser pobre, porque na prática inexistente, e desajustada, porque a que existe não releva para a discussão da questão, a fundamentação do Acórdão do Tribunal Constitucional que atrás deixámos relatada.

Testemunho do irrazoável da dita fundamentação, e ao mesmo tempo porta-voz da perplexidade da comunidade jurídica, é o voto de vencido com que o Acórdão referido foi tirado, no qual o respectivo Autor, discreta mas certeiramente, refere que não quereria que a sua dúvida ficasse silenciada, e que deveria continuar a reflectir-se *"sobre tudo isto"*... que dúvida, pergunte-se? A dúvida que no parágrafo anterior o Autor havia posto sob a forma afirmativa, e que seguidamente se transcreve: *"O arguido, vendo publicamente postos em causa o bom-nome, honra e a reputação, com a violação do segredo de justiça, é também titular dos interesses protegidos – interesses de 'ordem pessoal' – pela incriminação dessa viola-*

ção, e não haveria que distinguir, entre esses, os interesses imediatos ou directos e os mediatos ou indirectos (a norma aliás não parece consentir tal distinção, mas é nela que se baseia o acórdão)"... Q.E.D.!

iv. A estatística e a prática – Deixámos para o fim, de caso pensado, a apresentação dos (bem parcos), dados estatísticos relativos ao crime de violação de segredo de justiça, e, bem assim, uma consideração prática que, destituída de todo e qualquer valor dogmático, permite contudo tomar o pulso à situação vivida nos Tribunais e aferir da *justiça* da solução defendida nas linhas anteriores, com o que, do mesmo passo, se poderá aferir de quão próxima, ou distante, se encontra por vezes a Justiça portuguesa da realidade.

Quanto aos dados estatísticos, refira-se que no ano de 1999 foram registados pelas *"polícia judiciária, de segurança pública e guarda nacional republicana"* 10 procedimentos criminais pela prática de crimes de violação de segredo de justiça, num universo de 3.318 crimes registados como sendo contra o Estado[39]. Já no ano de 2000 não foi efectuado nenhum registo pela prática de tal crime, não obstante os crimes contra o Estado montarem, neste último ano, no número total de 3.104 crimes. Se a tal dado acrescentarmos (por conhecimento próprio), que, durante o ano de 1999, pelo menos 4 dos ditos 10 procedimentos criminais foram instaurados precisamente por participação do(s) Arguido(s) nos processos criminais em que a violação de segredo de justiça ocorreu, conclui-se, linearmente (mesmo que não de modo científico), que cerca de 40% dos procedimentos surgem por actuação dos particulares e não por exercício oficioso dos poderes do *titular da acção penal*. Não obstante a falta de base científica para o juízo referido, e a temeridade do juízo subsequente, sempre se dirá ser nossa forte convicção que tais 40% estarão, na realidade, viciados por defeito, posto que uma estatística rigorosa sobre a existência e origem dos processos por violação de segredo de justiça demonstraria, por certo, que os mesmos são desencadeados pelos arguidos *"ofendidos"* com a violação havida em mais de 80% ou 90% dos casos.

E é, precisamente, estribados em tal convicção, não integralmente documentada, que entendemos dever apresentar uma última nota prática. Com a mesma pretende-se recordar que os interesses do Estado na boa aplicação da justiça são, nos autos em que as violações de segredo de justiça ocorrem, tão determinantes ou tão pouco, que, normalmente, em

---

[39] Cfr. *Estatísticas da Justiça, Criminalidade Registada – Estatísticas Oficiais, 2000*, GPLP-Ministério da Justiça, MJ, Lisboa, 2001.

vez de se encontrar nos mesmos uma promoção oficiosa que dê início ao processo de violação de segredo de justiça, o que determina a existência deste é em regra a denúncia efectuada pelos ali Arguidos, aqui Ofendidos. I.e., a própria prática demonstra que, tendencialmente, os interesses "*nucleares*" tutelados pelo 371.º do CP são tão "*particulares*" como "*estatais*", pois que é por regra o "*particular individualmente considerado*" (ou seja, aquele que efectivamente se sente titular de tais interesses), que desencadeia os procedimentos por violação de segredo de justiça, e não o representante dos interesses do Estado, supostamente o *único* titular do interesse "*especialmente*" protegido com a incriminação.

Com o que se pode afirmar que a constituição deste particular como Assistente, além de resultar de imperativo constitucional e legal, e de colher também arrimo dogmático, tem ainda suporte na própria prática (ou omissão) do *Ministério Público*, quando pragmática e estatisticamente perspectivada a questão.

O ACORDO COM VISTA À PRÁTICA DE GENOCÍDIO. O CONCEITO, OS REQUISITOS E O FUNDAMENTO DA PUNIÇÃO DO «CONTRATO CRIMINAL»

IVO MIGUEL BARROSO* **

SUMÁRIO: Introdução. PRIMEIRA PARTE. ESTRUTURA TÍPICA DO ACORDO COM VISTA À PRÁTICA DE GENOCÍDIO. § 1.ª Preliminares. 1. Filiação na teoria jurídico-penal – crimes plurissubjectivos ou de participação necessária § 2.ª Fontes. 1. Fontes internacionais 1.1 Julgamentos de Nuremberga. Primeira expressão em Direito Penal Internacional da "*conspiracy*", com vista a iniciar uma guerra de agressão 1.2 Convenção para a Prevenção e Repressão do Crime de Genocídio 2. Fonte nacional § 3.ª O bem jurídico protegido. 1.1 Um crime de perigo abstracto § 4.ª Conceito de conspiração. 1. Generalidades. Noção de conspiração 1.1 Exemplos de conspirações 2. Distinções conceptuais em relação ao acordo com vista à prática de genocídio. 2.1 Figuras próximas 2.1.1 Conspiração, proposta, provocação, constando na Parte Geral 2.2 Figuras afins 2.2.1 Punição de actos preparatórios 2.2.2 Situações de compartição criminosa 2.2.3 Teoria antíqua do "*complot*" § 5.ª Tipo objectivo. 1. Sujeitos. Requisito quantitativo 3. A acção típica 3.1 "*Acordo*", "*acordar*" 3.3 Os meios de chegar a acordo 3.3.1 A possibilidade de acordo tácito 4. Os requisitos do acordo 4.2 O conteúdo do acordo. "*com vista à prática de genocídio*" 4.2.1 O acordo implica necessariamente a realização de actos executivos de genocídio? 4.2.2. A abrangência típica do acordo condicionado § 6.ª Tipo subjectivo 1. A não coincidência total entre os tipos subjectivos do acordo e do genocídio. 2. O dolo na conspiração 2.1.1 A possibilidade de dolo eventual § 7.ª Problemas específicos em outros passos na Teoria da Infracção Criminal. 1. Consumação. 2. Desistência 3. Participação na acção de conspiração

---

* Assistente-estagiário da Faculdade de Direito da Universidade de Lisboa.
** Agradeço a minha Mãe, MARIA DO SAMEIRO BARROSO, a colaboração dada no Anexo III, de que é co-autora.

216   *Ivo Miguel Barroso*

4. Relação de concurso 5. Moldura penal. SEGUNDA PARTE. ENQUA-DRAMENTO TEORÉTICO-CONSTRUTIVO. § 1.ª Os obstáculos à incriminação e a sua superação § 2.ª A fundamentação material da proibição. 1. A gravidade do crime de genocídio 2. A intolerabilidade dos crimes contra a humanidade 3. Perspectiva filosófica. O Mal 4. Memória histórica. Lastro histórico jusinternacional 5. A afirmação preventiva de um princípio de autolimitação estatal ou para-estatal 6. A salvaguarda da dignidade da pessoa humana, no *"crime dos crimes"* 7. A violação dos limites últimos da justiça § 3.ª Proposta *"de jure condendo"* de incriminação de actos preparatórios, com vista à prática de genocídio. Conclusões. **ANEXOS**. ANEXO I. EXEMPLOS DE GENOCÍDIO. 1. Genocídio dos Hebreus no Egipto. 2. Genocídio dos Arménios no Império Otomano. 3. Genocídio nazi. 3.3 Os passos iniciais. 3.5 O extermínio dos judeus. 3.5.1 Os campos de concentração e os campos de extermínio. 3.5.2 A "vida" quotidiana 4. Genocídio no Ruanda ANEXO II. GENOCÍDIO 1. Origem contemporânea. 2. Fontes. 2.1 Fontes internacionais 2.2 Fontes nacionais. 2.3 Comparação entre as fontes. 3. Carácter *"iuris cogentis"* 4. A admissibilidade da protecção da Humanidade como bem jurídico 4.4 O bem jurídico protegido pela incriminação do genocídio 5. Tipo legal de crime 5.1 Tipo objectivo de ilícito 5.1.1 Sujeito passivo. Grupos protegidos 5.3.1 Elemento subjectivo especial de ilicitude. *"Com intenção de destruir..."* 5.3.2 Dificuldade de prova. Caso ALCINDO MONTEIRO e outros 6. Especificidades comparticipativas ANEXO III. *TO-DESFUGE*, DE PAUL CELAN. 2. *Todesfuge*. 3. Tradução. *Fuga* de morte 4. PAUL CELAN – O coração em cinza.

INTRODUÇÃO

O genocídio é o *"crime dos crimes"*[1-2], *"a negação do direito à*

---

[1] ABREVIATURAS:

ABREVIATURAS DE ACTOS NORMATIVOS E JURISPRUDENCIAIS: **CC**=*Código Civil (Português)* – aprovado pelo Decreto-Lei n.º 47344, de 25 de Novembro de 1966, com alterações posteriores; **C.P.**=*Código Penal (Português)* – aprovado pelo Decreto-Lei n.º 48/95, com alterações posteriores; **CPRCG**=Convenção para a Prevenção e Repressão do Crime de Genocídio, adoptada em 1948 (entrou em vigor em 1951); **ER**=Estatuto de Roma; **ETCR**=Estatuto do Tribunal Criminal Internacional *"ad hoc"* para o Ruanda (criado pela Resolução n.º 955, de 8 de Novembro de 1994, do Conselho de Segurança da ONU, após a violenta guerra inter-étnica entre Hutus e Tutsis); **ETCJ**=Estatuto do Tribunal Criminal Internacional para julgar as Pessoas Responsáveis por Violações Graves ao Direito Internacional Humanitário Cometidas no Território da ex-Jugoslávia desde 1991 (a criação do Tribunal foi aprovada pela Resolução do Conselho de Segurança n.º 808, de 23 de

existência de grupos humanos inteiros"; "*tal negação do direito à existência comove a consciência humana, causa grandes perdas à humanidade, na forma de contribuições culturais e de outro tipo representadas por esses grupos humanos e é contrária à lei moral e ao espírito e aos objectivos das Nações Unidas e é condenado por todo o mundo civilizado*" (as afirmações estão contida na Resolução ONU n.° 96 (I), de 11 de Dezembro de 1946).

O acordo com vista ao genocídio é um tema de intersecção entre os crimes contra a Humanidade e a comparticipação criminosa.

Com efeito, a planificação comum, o "*complot*" de pessoas com vista à comissão de um de determinado crime pertence a um universo constituído por comportamentos impunes.

Fevereiro de 1993, nos termos que constavam do anexo do Relatório do Conselho de Segurança das Nações Unidas; a Resolução n.° 827, de 25 de Março de 1993, adoptou o Estatuto do Tribunal); em Portugal, a Resolução foi tornada pública através do Aviso do Ministério dos Negócios Estrangeiros n.° 100/ 95, publicado no *Diário da República, n.°* 109/95, Série A, de 11 de Maio de 1995. **R96**=Resolução da ONU n.° 96 (I), de 11 de Dezembro de 1946. Abreviaturas de Órgãos e de Instituições: **AAFDL**=Associação Académica da Faculdade de Direito de Lisboa; **CEJ**=Centro de Estudos Judiciários; **FCG**=Fundação Calouste Gulbenkian; **ONU**=Organização das Nações Unidas; **PGR**=Procuradoria- -Geral da República; **TC**=Tribunal Constitucional (português); **TCIR**=Tribunal Criminal Internacional "*ad hoc*" para o Ruanda; **TCIJ**=Tribunal Criminal Internacional "*ad hoc*" para a ex-Jugoslávia; **TPI**=Tribunal Penal Internacional. Abreviaturas de Publicações Periódicas, Revistas, Enciclopédias, Colectâneas, Obras Colectivas e Recolhas de Jurisprudência: **AA.VV.**=Autores vários (obra colectiva); ***ADPCP**=Anuario de Derecho penal y Ciencias penales*; ***ATC**=Acórdãos do Tribunal Constitucional*; ***BFDUC**=Boletim da Faculdade de Direito da Universidade de Coimbra*; ***BMJ**=Boletim do Ministério da Justiça*; ***DJ**=Revista Direito e Justiça*; ***ED**=Enciclopedia dell'Diritto*; ***EHCR**, I=Estudos em Homenagem a Cunha Rodrigues*, vol. 1, Homenagens pessoais. Penal. Processo Penal. Organização Judiciária, org. de Jorge de Figueiredo Dias, Ireneu Cabral Barreto, Teresa Pizarro Beleza, Eduardo Paz Ferreira, Coimbra Ed., 2001; ***OD**=O Direito*; ***RDPSP**=Revue de Droit Public et de la Science Politique (en France et à l'étranger)*; ***RFDUL**=Revista da Faculdade de Direito da Universidade de Lisboa*; ***RICR**=Revue Internationale de la Croux-Rouge*; ***RIDP**=Revue Internationale de Droit Pénal*; ***RIDPP**= Rivista Italiana di Diritto e Procedura Penale*; ***RJ**=Revista Jurídica*, da Associação Académica da Faculdade de Direito de Lisboa; ***RLJ**=Revista de Legislação e de Jurisprudência*; ***RMP**=Revista do Ministério Público*; ***RPCC**=Revista Portuguesa de Ciência Criminal*. Outras Abreviaturas: **al.**=alínea; ***apud**=segundo*; **D.L.**=Decreto-Lei; **ed.**=edição; **ed. lit.**=editor literário; *et al.*=*et alii* ***ID.**=*o mesmo autor; **int.**=introdução; ***max.**=maxime*; **t.**=tomo; **trad.**=tradução.

 ² Sentença "*Kambanda*" do Tribunal Criminal Internacional "*ad hoc*" para o Ruanda (fonte: *site* da Internet www.ictr.org/English/cases/).

Incriminar o mero acordo conspiratório é uma excepção ao princípio *"cogitationes poenam nemo patitur"*, mediante a criação de crimes especiais na Parte Especial, por via de uma extensão de punibilidade correlativamente aos princípios gerais.

Neste ponto, o Legislador preocupou-se em dar um conteúdo material às figuras reguladas, renunciando a utilizar o conceito de participação criminosa (em sentido amplo). Existe, pois, um *"nomen juris"* próprio[3], um conceito material de conspiração, com inspiração noutros ordenamentos jurídicos.

O acordo é uma conduta desunida, dada a fraccionabilidade do *"iter criminis"*, antecipando a coloração do facto criminoso. A conspiração vive como potência, não como resultado; ela é imaterial. O acordo, no seu núcleo originário, comprimido, é uma fusão de algo secreto e impuro, destinado a expandir-se, agilizando-se, abandonando, desse modo, a forma estilizada que habitara inicialmente.

Enunciando as questões juridicamente relevantes, importa saber:

– qual a genealogia do tipo[4];
– qual a estrutura típica do acordo, qual o âmbito de aplicação, quais as actividades proibidas;
– quais os requisitos para o acordo ser punível;
– quais as especificidades do tipo;
– quais os obstáculos dogmáticos à positivação do acordo;
– quais as razões que presidem à incriminação do acordo e, em caso afirmativo, indagar se são admissíveis correlativamente aos princípios do Direito Penal, nomeadamente em relação à sua vocação para a protecção de bens jurídicos. Será a excepção a um princípio de Direito Penal liberal, consubstanciado na antecipação parcial do momento consumativo criminal, compensada pela estrutura finalística do acordo?

---

[3] JUAQUÍN CUELLO CONTRERAS, *La Conspiración para cometer el delito: interpretación del art. 4, I, CP (los actos preparatorios de la participación)*, Bosch, Barcelona, 1978, pg. 19.

[4] Genealogia, segundo MICHEL FOUCAULT, consiste numa história, mas não numa história do passado; a genealogia é uma história do presente, respeitante às condições de emergência dos seus objectos como existem agora; é, pois, uma história específica: desvenda as origens modernas e a contingência de instituições e ideias grandiosas e veneradas (PETER FITZPATRICK, *A criação do sujeito de Direito nas genealogias de Michel Foucault*, trad. de MARIA TERESA BELEZA, in *RMP*, ano 8.°, n.° 30, Abr.-Jun. de 1987, pg. 12).

PRIMEIRA PARTE
ESTRUTURA TÍPICA DO ACORDO COM VISTA
À PRÁTICA DE GENOCÍDIO

O método a utilizar é o de analisar a letra da lei, os elementos históricos, a experiência do direito estrangeiro, pressupostos metodológicos de co-implicação entre o tipo e os seus elementos (HASSEMER) (a orientação metodológica e a pré-compreensão hermenêutica sugerem claramente o primado dos sentidos imanentes ao próprio tipo; é o próprio tipo a produzir que é condição necessária para a sua compreensão)[5-6].

A partir deste postulado, só é possível compreender o sentido da expressão *"acordo"* recorrendo a um manual de Direito Penal ou a um comentário.

---

[5] O princípio hermenêutico é o de que *"a compreensão e alcance a adscrever aos singulares elementos da factualidade típica hão-de estar em consonância com a densidade axiológica e teleológica das pertinentes incriminações. Nomeadamente, com os bens jurídicos a proteger e com as manifestações de danosidade social a prevenir. Terá de ser assim por obediência ao moderno pensamento hermenêutico segundo o qual «só em função do tipo» podem os singulares elementos da factualidade (...) ganhar sentido normativo."* (JORGE DE FIGUEIREDO DIAS / MANUEL DA COSTA ANDRADE, *Sobre os crimes de fraude na obtenção de subsídio ou subvenção e de desvio de subvenção, subsídio ou crédito bonificado* in *RPCC*, ano 4, fasc. 4, 3.°, Jul.-Set. de 1994, pg. 355).

[6] Como refere HASSEMER *"Não são apenas os elementos que constróem o tipo, pois também o tipo constrói os elementos. É o tipo que os converte em algo, que os encontra e isto no verdadeiro sentido da palavra"*.

Nas relações entre o tipo e as suas partes depara-se-nos algo como uma função no sentido de que o tipo só é compreensível a partir das suas partes e estas, por sua vez, só o são a partir do tipo.

Há uma relação de implicação, co-criação e codeterminação de sentidos entre o tipo e os elementos que os integram. O que define estes elementos é a sua função hermenêutica no contexto do tipo: em rigor, eles são esta função (HASSEMER *apud* MANUEL DA COSTA ANDRADE, *Consentimento e Acordo em Direito Penal (Contributo para a fundamentação de um paradigma dualista)*, Coimbra Ed., 1991, pgs. 245-246).

Para o jurista, está acima de toda a dúvida que os elementos constitutivos do tipo só podem ser compreendidos linguisticamente a partir do tipo, sendo igualmente certo que ele só chega a saber o que o tipo diz a partir do que os elementos constitutivos dizem (HASSEMER *apud* MANUEL DA COSTA ANDRADE, *Consentimento e Acordo...*, pg. 246).

§ 1.ª
Preliminares

1. Filiação na teoria jurídico-penal – crimes plurissubjectivos ou de participação necessária

Numerosos tipos do Código Penal pressupõem para a construção do tipo a colaboração de vários sujeitos. Assim, exigem a participação de mais de uma pessoa, por convergência de contributos entre os vários agentes de forma a preencher o tipo de ilícito, para a realização integral do tipo de ilícito[7]. Sujeito colectivo é o que é constituído por uma pluralidade de pessoas; sem este o crime não se pode verificar[8].

Os tipos de crime mencionados pertencem a uma categoria de crimes caracterizada em função do agente[9], designada como de participação imprópria ou necessária, *fattispecie* plurissubjectiva ou pluripessoal, que se contrapõe à *fattispecie* monossubjectiva (ou concurso eventual[10]).

1.1 A bipartição mais conhecida dos crimes plurissubjectivos é, desde FREUDENTHAL, entre dois grandes grupos[11], consoante o efeito oposto ou recíproco:

– os crimes unilaterais ou de convergência;
– os crimes de encontro.

O acordo com vista à prática de genocídio é um crime unilateral ou de convergência, caracterizado, pois, pela actuação conjunta ou acessória

---

[7] FREDERICO DE LACERDA DA COSTA PINTO, *O ilícito de mera ordenação social e a erosão do princípio da subsidiariedade* in *Direito Penal Económico e Europeu: Textos Doutrinários. Volume I. Problemas Gerais*, EDUARDO CORREIA et al., Coimbra Ed., 1998, pg. 240-241 (= in *RPCC*, 7, 1997, pgs. 7-100).

[8] JOSE ORTEGA COSTALES, *Teoria de la parte especial del Derecho Penal*, Salamanca, 1988, pg. 46.

[9] TERESA PIZARRO BELEZA, *Direito Penal*, 2.º volume, AAFDL, 1999, pg. 113.

[10] Neste, o tipo legal de crime pode ser preenchido individualmente, por qualquer sujeito, em princípio, ganhando especificidades se houver interacção de vários sujeitos comparticipantes (ALFONSO REYS ECHANDÍA, *Tipicidad*, sexta ed., Temis, Bogotá, Colombia, 1989, pg. 169).

[11] HANS WELZEL, *Derecho Penal. Parte General*, trad. de Carlos Fontán Balestra, Buenos Aires, 1956, pg. 128; HANS-HEINRICH JESCHECK, *Tratado de Derecho Penal. Parte General*, vol. secondo, trad. e notas de S. MIR PUIG e F. MUÑOZ CONDE, Bosch, Barcelona, 1981 (original: *Lehrbuch des Strafrechts*, 3.ª ed., Berlim, 1978), pgs. 968-971.

O Acordo com vista à Prática de Genocídio

de várias pessoas dirigida a uma meta comum; o encontro das diversas actuações de vontade tem um **efeito constitutivo** do tipo[12-13].

§ 2.ª
Fontes

A protecção penal da Comunidade Internacional, *rectius*, da Humanidade, pode conceber-se numa dupla perspectiva: i) numa primeira, rigorosamente inovadora e integralmente internacional, é a que elabora normas punitivas pela Comunidade em seu nome, com ou sem o beneplácito dos Estados; ii) numa segunda, tradicional, desenvolve-se no interior dos próprios Estados, mercê de normas originariamente de Direito interno, mas projectadas para o exterior, por se referirem a interesses comunitários.

1. Fontes internacionais

1.1. *Julgamentos de Nuremberga. Primeira expressão em Direito Penal Internacional da* "conspiracy", *com vista a iniciar uma guerra de agressão*

Após o termo da II Guerra Mundial, os Aliados pretenderam punir os criminosos nazis, mesmo sem regra escrita de direito internacional.

Foi elaborado um relatório intitulado "*The Nazi Conspiracy*", com vários volumes, pelo Governo dos EUA.

Os crimes não eram, "*per se*", justiciáveis perante o direito internacional. Contudo, através um elemento de aproximação, os juristas americanos, promotores de soluções repressivas, descobriram, na noção anglo--saxónica de "*conspiracy*" ou "*plan concerté*", no "*complot*", um fio condutor[14].

---

[12] REINHART MAURACH / Karl HEINZ GÖSSEL / HEINZ ZIPF, *Derecho penal. Parte General*, 2, trad. de JORGE BOFILL GANZSCH, Astrea, Buenos Aires, 1995, pgs. 401-402.

[13] Mais acertado seria a descrição de intervenção necessária, segundo MAURACH / / GÖSSEL / ZIPF, *Derecho Penal...*, pg. 380.

Entre nós, em relação ao motim, v. AMÉRICO TAIPA DE CARVALHO, *Artigo 302.°* in *Comentário Conimbricense do Código Penal. Parte Especial*, tomo II, Artigos 202.° a 307.°, dirigido por JORGE DE FIGUEIREDO DIAS, Coimbra Ed., 1999, pg. 1191.

[14] Cfr. C. GRYNFOGEL, *Un concept juridique en quête d'identité: le Crime contre l'Humanité* in *RIDP*, vol. 63, 3.° e 4.° sem. de 1992, pg. 1032.

O Estatuto do Tribunal de Nuremberga referia-se a *"Dirigentes, organizadores, instigadores ou cúmplices que participaram na elaboração ou execução de um plano concertado ou conspiração para cometer qualquer um dos crimes acima mencionados são responsáveis por todos os actos realizados por quaisquer pessoas na execução desse plano"*. A al. a) do art. 6.º, referente aos *"crimes contra a paz"*, preceituava: *"nomeadamente, planeamento, preparação, desencadeamento ou prosseguimento de uma guerra de agressão, ou uma guerra em violação aos tratados internacionais, acordos ou garantias, ou participação num plano concertado ou numa conspiração para levar a cabo qualquer um dos actos anteriores"*.

As definições jurisprudenciais fizeram referência, de modo mais ou menos implícito, a um *complot*, ou a um plano concertado[15], com vista a iniciar ou de conduzir uma guerra de agressão, à noção própria do Direito britânico de *"conspiracy"*, ideia estrangeira ao Direito alemão e ao Direito francês.

ROBERT JACKSON, procurador no julgamento de Nuremberga, representante dos Estados Unidos na última fase da Comissão das Nações Unidas relativa aos Crimes de Guerra, escrevia, em relatório de 1945:

"A razão que determina que o programa de extermínio dos judeus e a destruição dos direitos das minorias seja considerado uma preocupação internacional é o facto de tal programa fazer parte de um plano para levar a cabo uma guerra ilícita."[16].

O *"complot"* justifica a perseguição e permite o conhecimento de *"todo o sistema da guerra totalitária nazi, os métodos de guerra empregados por Hitler, contrários às leis e aos costumes da guerra"*: são os meios destinados a servir os fins implícitos no *"plano totalitário nazi"*[17].

A criminalidade nazi não consistiu apenas em simples actos individuais de crueldade que, justapostos uns aos outros, fariam, conjuntamente, uma criminalidade de guerra *"extraordinária"*. Pelo contrário, os referidos actos inscreviam-se, de forma extremamente lógica, num vasto plano concertado e pendiam, cada um ao seu modo global, rumo a um objectivo único e expresso abertamente, de servidão da Europa[18].

1.1.1 Das vinte acusações proferidas em Nuremberga, apenas duas – as relativas aos arguidos VON SCHIRACH e STREICHER – não continham a

---

[15] GRYNFOGEL, *Un concept juridique...*, pg. 1033.

[16] *Apud* MARIA LEONOR ASSUNÇÃO, *Apontamento sobre o Crime contra a Humanidade* in *EHCR*, I, separata, pg. 84.

[17] GRYNFOGEL, *Un concept juridique...*, pg. 1033.

[18] GRYNFOGEL, *Un concept juridique...*, pg. 1033.

imputação cumulativa de crimes contra a humanidade e crimes de guerra, muito embora se acusasse por crime de conspiração.

1.1.2 No Julgamento do Tribunal Militar Internacional de Tóquio, cujo Estatuto seguiu de perto o do Tribunal de Nuremberga[19], todos os réus, à excepção de MATSUI e de SHIGEMITSU, foram condenados responsabilizados por conluio.

1.2. Convenção para a Prevenção e Repressão do Crime de Genocídio

A CPRCG foi o primeiro instrumento jurídico vinculativo, de carácter universal, de protecção dos direitos do homem, marcando o início da etapa da "internacionalização" daqueles[20].

A fonte internacional consta da al. b) do art. 3.º da CPRCG, que refere:

"Serão punidos os seguintes actos:

(...)

b) O acordo com vista a cometer genocídio".

Nos trabalhos preparatórios da CPRCG, as controvérsias começaram na discussão da *"conspiração para cometer genocídio"*, pela dificuldade de encontrar um termo homólogo ao inglês de *"conspiracy"*:

O principal problema que o artigo referente ao acordo enfrentou foi a intenção de harmonização das legislações internas dos possíveis Estados, sendo esta a razão para que não se consideraram como puníveis os actos preparatórios do crime de genocídio[21].

Nos debates do Comité *"ad hoc"*, o representante francês inicialmente considerou que era um conceito estrangeiro ao Direito francês. O representante dos EUA explicou que, no Direito anglo-saxónico, a conspiração era um crime consistente no acordo de duas ou mais pessoas para perseguir um propósito ilegal. O representante da Venezuela considerou que, em castelhano, a palavra *"conspiración"* correspondia à *"asociación"* com o objectivo de cometer um crime. O representante polaco observou

---

[19] V. FRANCIS BIDDLE, *Le Proces de Nuremberg* in *RIDP*, 1951, n.º 1, pgs. 1-19.

[20] MARIA JOSÉ MORAIS PIRES, *As Reservas à Convenção Europeia dos Direitos do Homem*, Almedina, Coimbra, 1997, pg. 58.

[21] CASILDA RUEDA FERNÁNDEZ, *Delitos de Derecho Internacional. Tipificación y Repressión Internacional*, Bosch, Barcelona, 2001, pg. 70.

que, no Direito anglo-saxónico, a palavra *"complicity"* se estendia apenas a *"aiding and abeting"* e que o crime de conspiração não envolve cumplicidade. A Polónia interpelou o Secretário Geral para separar a cumplicidade da conspiração.

No sexto debate do Comité, o representante dos EUA, MAKTOS, afirmou que *"conspiracy"* tinha um significado preciso no Direito anglo-saxónico: significava que o acordo entre duas ou mais pessoas para cometer um acto ilegal. O representante RAAFAT, do Egipto, notou que a noção de conspiração tinha sido introduzida no Direito egípcio e que significava a conivência de várias pessoas para cometer um crime, quer fosse bem ou mal sucedido.

O elemento histórico sugere que a razão da inclusão do tipo correspondente ao acordo foi a de assegurar, devido à natureza grave do crime de genocídio em vista à natureza perigosa do crime de genocídio, que o mero acordo para cometer genocídio deveria ser punível, ainda que não sucedesse nenhum acto preparatório. Durante o debate, o Secretariado avisou que, no intuito de cumprir a Resolução n.º 96 (I), da Assembleia Geral, a Convenção deveria ter em conta os imperativos de prevenção do crime de genocídio:

"Esta prevenção poderá envolver certos actos puníveis que não constituam eles próprios genocídio, por exemplo, certos actos preparatórios, um acordo ou a conspiração com vista a cometer genocídio, ou propaganda sistemática incitando a tal".

No final, admitiu-se o princípio da sanção do acordo criminal prévio à acção genocida, ainda que com a abstenção da França, da Bélgica e dos Países Baixos.

1.3 Posteriormente, a incriminação do acordo com vista à prática do genocídio constou também dos estatutos dos Tribunais Criminais Internacionais *"ad hoc"* para a ex-Jugoslávia e para o Ruanda (v. anexo II, para maior desenvolvimento).

1.4 O acordo foi ainda previsto truncadamente na al. d) do n.º 3 do art. 25.º do Estatuto de Roma[22].

---

[22] A al. d) n.º 3 do art. 25.º do ER, sob epígrafe *"Responsabilidade criminal individual"*, preceitua:

"3. Nos termos do presente Estatuto, será considerado criminalmente responsável o poderá ser punido pela prática de um crime da competência do Tribunal quem:

(...)

Esta disposição recolhe com aparente autonomia o confuso pressuposto de quem contribui de modo intencional e por qualquer meio, à *"comissão ou tentativa de comissão do crime por um grupo de pessoas que tenham uma finalidade comum."*.

Segundo PATRICIA LAURENZO COPPELLO[23], tudo parece indicar que se pretenderia incluir um caso de conspiração punível, finalidade que resultou truncada pela exigência expressa de que o grupo comece pelo menos a fase executiva do facto. Este limite temporal impede a sua configuração como acto preparatório e reduz seriamente as possibilidades de encontrar alguma especificidade relativamente às formas normais de cumplicidade (cfr. art. 23.º do ER).

No entanto, nos termos do n.º 3 do art. 22.º, nada do disposto no ER afecta a tipificação de uma conduta como crime internacional.

2. Fonte nacional

A fonte nacional consta do n.º 3 do art. 239.º do Código Penal, introduzida com a Reforma de 1995. É pois, internamente, uma neocriminalização, devida a compromissos internacionais:

Nos trabalhos preparatórios da aludida Reforma, o Professor FIGUEIREDO DIAS propôs a adição de dois números ao texto apresentado, em virtude de compromis-sos internacionais recentemente firmados:

n.º 2 – *"Quem pública e directamente incitar a genocídio será punido com pena de prisão de 2 a 8 anos."*

n.º 3 – *"O mero acordo de três ou mais pessoas no cometimento de genocídio é punido com pena de prisão de 1 a 5 anos."*

A Comissão concordou desde logo na consagração da nova alínea e) e dos dois novos números, embora o n.º 3 tenha visto a sua redacção alterada no seguinte sentido:

---

d) Contribuir de alguma outra forma para a prática ou tentativa de prática do crime por um conjunto de pessoas que tenha um objectivo comum. Esta contribuição deverá ser intencional e ocorrer:

i) Como o propósito de levar a cabo a actividade ou o objectivo criminal do grupo, quando um ou outro impliquem a prática de um crime da competência do Tribunal; ou

ii) Com o conhecimento de que o grupo tem a intenção de cometer o crime".

[23] PATRICIA LAURENZO COPPELLO, *Hacia la Corte Penal Internacional* in *Crímines contra la humanidad y genocidio*, XII Seminario «Duque de Ahumada», obra colectiva, Ministerio del Interior, Imprenta Nacional del Boletín Oficial del Estado, s.l., 2001, pg. 43.

"3 – O acordo com vista à prática de genocídio é punido com pena de prisão de 1 a 5 anos."

A alusão a um mero acordo proporcionava uma ideia de simplificação de meios[24].

§ 3.ª
O bem jurídico protegido

1. Um crime de perigo abstracto

O n.º 3 do art. 239.º é uma incriminação de perigo abstracto ou presumido. Com efeito, a lei estabelece a perigosidade da acção, mediante uma presunção inilidível, *"juris et de jure"*, sendo um mecanismo mais rígido do que o dos crimes de resultado[25-26].

O legislador considera – e, consequentemente, generaliza – que as regras de experiência ensinam que certas condutas, em regra, põem sempre em perigo certos e determinados bens[27].

O perigo constitui um mero motivo da incriminação, renunciando o legislador a concebê-lo como resultado da acção.

O perigo está fora do tipo legal, ele não faz parte do ilícito-típico. O perigo não é elemento do tipo, mas tão-só uma motivação do legislador[28]; um mero fundamento legal da incriminação. O perigo é um mero fundamento

---

[24] *Código Penal. Actas e Projecto da Comissão de Revisão*, Rei dos Livros, Lisboa, 1993, pg. 284.

[25] JOÃO CURADO NEVES, *Comportamento Lícito Alternativo e Concurso de Riscos. Contributo para uma teoria da imputação objectiva em Direito Penal*, AAFDL, 1989, pg. 372.

[26] HANS-HEINRICH JESCHECK, *Tratado de Derecho Penal. Parte General*, vol. primero, trad. e notas de S. MIR PUIG e F. MUÑOZ CONDE, Bosch, Barcelona, 1981 (original: *Lehrbuch des Strafrechts*, 3.ª ed., Berlim, 1978), pg. 357; MANUEL DA COSTA ANDRADE, *Consentimento e Acordo...*, pg. 396; RUI CARLOS PEREIRA, *O Dolo de Perigo (Contributo para uma Dogmática da Imputação Subjectiva nos Crimes de Perigo Concreto)*, Lex, Lisboa, 1995, pg. 25.

Um exemplo de crime de perigo abstracto fornecido por RUI PEREIRA (*O Dolo de Perigo*, pg. 25) é o do *"Incitamento à guerra"*.

[27] FARIA COSTA, *O Perigo em Direito Penal (Contributo para a sua fundamentação e compreensão dogmáticas)*, reimpressão, Coimbra Ed., 2000, pg. 601 (nota).

[28] FARIA COSTA, *O Perigo...*, pgs. 620-621; *ID.*, *Artigo 272.º* in *Comentário Conimbricense do Código Penal. Parte Especial*, tomo II, Artigos 202.º a 307.º, dirigido por JORGE DE FIGUEIREDO DIAS, Coimbra Ed., 1999, pg. 868.

legal da incriminação; não individualizado em qualquer vítima ou ofendido possível, ou em qualquer bem[29].

O crime consuma-se (formalmente) apesar de, em concreto, não se verificar qualquer perigo[30]. Para que o tipo legal esteja preenchido, não é necessário que em concreto se verifique aquele perigo[31]; basta que se conclua, a nível abstracto, que o acordo é uma conduta passível de lesão do bem jurídico-criminal protegido, dada a probabilidade de lesão do bem protegido pelo genocídio.

O acordo é um crime de perigo abstracto, *"porque não pressupõe nem o dano nem o perigo de um dos concretos bens jurídicos protegidos pela incriminação, mas apenas a perigosidade da acção para as espécies de bens jurídicos protegidos, abstraindo de algumas das circunstâncias necessárias para causar um perigo para um desses bens"*[32].

Existe uma punição do âmbito pré-delitual (*"Volfeld"*), originando uma antecipação da punibilidade[33].

Os crimes de perigo abstracto atingiram, sobretudo depois da II Guerra Mundial, uma importância sem precedente, nos planos dogmático e político-criminal[34]. Segundo a sugestiva afirmação de Lancker, estes crimes estenderam-se como uma «mancha de óleo», convertendo-se em «filhos predilectos do legislador»[35].

1.2 O bem jurídico constitui um ponto de partida da ideia que preside à formação do tipo, sendo a base da estrutura e interpretação do mesmo.

Mediante a inclusão no art. 239.º, relativo ao genocídio, **o bem jurídico concretamente protegido** pelo n.º 3 coincidirá com o bem jurídico do n.º 1? (ou seja, em termos genéricos, a ajustar subsequentemente, com a protecção do grupo humano, independentemente da raça, da religião ou de qualquer particularidade étnica[36]).

---

[29] Teresa Pizarro Beleza, *Direito Penal*, 2.º vol., pg. 117.

[30] Helena Moniz, *O Crime de Falsificação de Documentos. Da Falsificação Intelectual e da falsidade em Documento*, reimpressão, Coimbra Ed., 1999, pg. 26.

[31] V. Teresa Pizarro Beleza, *Direito Penal*, 2.º volume, pg. 117.

[32] Cfr. Ac. do Tribunal Constitucional n.º 426/91, de 6 de Novembro de 1991, in *ATC*, 20.º vol., 1991, pgs. 423, 432 (cfr. também pg. 431).

[33] Helena Moniz, *O Crime de Falsificação...*, pg. 27.

[34] Ac. do TC n.º 426/91, de 6 de Novembro, pg. 433.

[35] *Apud* Ac. do TC n.º 426/91, de 6 de Novembro, pg. 433.

[36] Maria Luisa Fernández Gálvez, *Propuesta de veredicto sobre la violencia sexual de las mujeres* in *El genocidio bosnio. Documentos para un análisis*, Los Libros de la Catarata, Madrid, 1997, pg. 228.

228 *Ivo Miguel Barroso*

Temos vários tipos de resposta, sumariadas do modo exposto de seguida.

1.2.1 A maioria da Doutrina não prescinde da fundamentação do Direito Penal na sua função protectora de bens jurídicos; não se reclama a lesão em concreto de um bem jurídico, insistindo, assim, na protecção do bem jurídico principal como operador da legitimação. O que a lei se propõe prevenir com esta incriminação é o perigo de se vir a executar o genocídio. A lei antecipa a matéria proibida, de modo a assegurar uma área avançada de tutela[37].

O legislador consagra uma regra especial, em que basta a decisão de cometer genocídio[38], sendo uma tutela antecipada do bem jurídico[39-40].

---

[37] FIGUEIREDO DIAS / COSTA ANDRADE, *Sobre os crimes de fraude...*, pg. 364.

[38] MARIA JOÃO ANTUNES, *Artigo 239.º* in *Comentário Conimbricense do Código Penal. Parte Especial*, tomo II, Artigos 202.º a 307.º, dirigido por JORGE DE FIGUEIREDO DIAS, Coimbra Ed., 1999, pg. 574.

[39] MARIA JOÃO ANTUNES, *Artigo 239.º*, pg. 574; RUI PEREIRA, *O Dolo de Perigo*, pgs. 68, 70; HELENA MONIZ, *Artigo 271.º...*, pgs. 858, 860; RUI PATRÍCIO, *Erro sobre regras legais, regulamentares ou técnicas nos crimes de perigo comum no actual direito português. (Um caso de infracção de regras de construção e algumas interrogações no nosso sistema penal)*, AAFDL, 2000, pgs. 234 ss..

A antecipação da tutela penal dos bens jurídicos pressupõe a maior gravidade dos comportamentos típicos; a existência dos crimes de perigo (RUI PEREIRA, *O Dolo de Perigo*, pgs. 60-61) é exigida pela complexidade crescente da vida moderna, explicável à luz de um direito penal que visa a protecção de bens jurídicos, assegurando as condições de livre desenvolvimento individual (RUI PEREIRA, *O Dolo de Perigo*, pg. 68). Manifesta--se ainda a função do Direito Penal protectora de bens jurídicos (isto é, do livre desenvol-vimento dos seus titulares) (RUI PEREIRA, *O Dolo de Perigo*, pg. 70).

Quando o bem já está perdido, não há nada a proteger, pelo que é inútil a manu-tenção da norma (SAMSON *apud* CURADO NEVES, *Comportamento Lícito Alternativo...*, pg. 282).

RUI PATRÍCIO questiona o carácter intolerável ou insuportável do perigo (RUI PATRÍCIO, *Erro sobre regras legais...*, pg. 247).

Criticamente, v. FARIA COSTA, *O Perigo...*, pg. 625.

[40] Em relação ao específico bem jurídico protegido pelo tipo de **associações crimi-nosas**, FIGUEIREDO DIAS considera que o bem jurídico protegido é a tutela da paz pública, no sentido do asseguramento do mínimo de condições sócio-existenciais sem o qual se torna problemática a possibilidade, socialmente funcional, de um ser-com-os-outros actuante e sem entraves. O art. 299.º coenvolve um crime de perigo abstracto, todavia assente num substrato irrenunciável: a altíssima perigosidade desta espécie de associações, derivada do forte poder de ameaça da organização e dos mútuos estímulos e contra-estímulos de natureza criminosa que aquela cria nos seus membros (FIGUEIREDO DIAS, *As*

O Tribunal Constitucional, no Ac. n.° 426/91, de 6 de Novembro, considerou que *"Os crimes de perigo abstracto não violam, in totum, o princípio da necessidade das penas e das medidas abstractas de segurança, consagrado no artigo 18.°, n.° 2, da Constituição – a sua compatibilidade com este princípio depende, decisivamente, da razoabilidade da antecipação da tutela penal"*[41].

1.2.2 Alguma doutrina, nomeadamente italiana, tem criticado os crimes de perigo abstracto, por violação do princípio de que o Direito Penal existe só para a protecção dos bens jurídicos, o que exigiria a efectiva lesão (ou perigo de lesão) de bens jurídicos; o Estado estaria a punir um simples não acatamento da lei, o que não seria admissível no Direito Criminal.

Daqui resultaria a ilegitimidade dos crimes de perigo abstracto, por inexistência de um bem jurídico.

1.2.3 Uma *"media via"* é seguida, entre nós, por FARIA COSTA[42], que nota que são um caso paradigmático da ausência em Direito Penal, consubstanciando o sustentáculo da incriminação na relação de cuidado-de-perigo.

A construção deste Autor baseia-se em vários argumentos, enunciados de seguida:

«Associações Criminosas» no *Código Penal Português de 1982 (arts. 287.° e 288.°),* Coimbra Ed., 1988, pgs. 26-27; ID., *Artigo 299.°* in *Comentário Conimbricense do Código Penal. Parte Especial*, tomo II, Artigos 202.° a 307.°, dirigido por JORGE DE FIGUEIREDO DIAS, Coimbra Ed., 1999, pg. 1157).

Poder-se-ia dizer que sempre se poderá encontrar um bem jurídico que sustente formalmente o mais extremo dos tipos legais de perigo abstracto, como os bens jurídico-penais da paz pública ou da segurança, que desempenham um papel agregador de referências vinculantes (cfr. FARIA COSTA, *O Perigo...*, pg. 625).

Na crítica de FARIA COSTA, por serem meros significantes de uma vaguíssima referência axiológica, são desprovidos de conteúdo. Aqueles valores nunca serão significados axiologicamente relevantes, porquanto também nunca ascenderão à dignidade de nódulos normativos susceptíveis de congregarem um sentido de desvalor (objectivo) que o ilícito-típico tem de comportar (FARIA COSTA, *O Perigo...*, pg. 625).

Diversamente de FIGUEIREDO DIAS, RUDOLPHI considera que não existe um bem jurídico autónomo, o tipo tem apenas uma função preventiva: a de reprimir as agressões aos bens jurídicos tutelados nos singulares tipos da Parte Especial, sendo uma antecipação generalizada da tutela penal para o estádio preparatório.

[41] Ac. do TC n.° 426/91, de 6 de Novembro, pgs. 424, 433.

[42] FARIA COSTA, *O Perigo...*, pgs. 620 ss., 632-634.

I. As razões de prescindir do bem jurídico

É votado ao insucesso o propósito de pretender fundamentar os crimes de perigo abstracto, com um ainda mais afastado e recôndito grau de ofensividade[43]; é impossível dominar conceitualmente a ofensividade, quando nos afastamos para lá da ofensividade de segundo grau (colocar, concretamente em perigo). A legitimidade dos crimes de perigo abstracto não pode ser encontrada num desvirtuado e então já inócuo princípio da ofensividade[44], com um ainda mais afastado e recôndito grau[45-46].

Outro argumento é o de que técnica definidora dos crimes de perigo abstracto muda radicalmente de registo quando cotejada com a técnica dos crimes de perigo concreto.

II. A relevância da ausência em Direito Penal

Ao sancionar-se penalmente um comportamento dentro destes parâmetros de valoração somos confrontados com a inexistência de uma qualquer «ofensividade» relativamente a um concreto bem jurídico[47]. Na lógica de protecção de bens jurídicos, pouco conta se se construir tipos legais em que o bem jurídico (concreto) está ausente[48]. Os crimes de perigo abstracto são o exemplo mais acabado da relevância da **ausência** em Direito Penal. O perigo não é elemento do tipo, que está, por conse-

---

[43] FARIA COSTA, *O Perigo...*, pg. 630.

[44] FARIA COSTA, *O Perigo...*, pg. 631.

[45] FARIA COSTA, *O Perigo...*, pg. 630.

[46] A ofensa a um bem jurídico é a pedra de toque que pode legitimar a intervenção do detentor do *"jus puniendi"* (Estado), enquanto entidade susceptível de cominar males eticamente legitimados (FARIA COSTA, *O Perigo...*, pg. 626). O homem, ao abrir-se para com o outro, porque também só dessa forma é que se pode rever como pessoa, vive e sedimenta um conjunto de valores, de bens axiologicamente relevantes e cristalizados na história e pela história, que permitem a existência do próprio ser comunitário (FARIA COSTA, *O Perigo...*, pg. 626). O imponderável do ser-aí-diferente individual só tem sentido se os «outros» estiverem dentro precisamente desse escrínio que o ser-aí-individual representa. Todavia, isso só é possível se os valores despertados pelas relações intersubjectivas não forem ofendidos.

Donde decorre que a ofensa a um desses valores essenciais seja uma ofensa a um pressuposto da própria afirmação do ser-aí-diferente individual ou comunitário (FARIA COSTA, *O Perigo...*, pg. 626).

Os valores expressos em mediação e dentro da textura normativa da ordem penal são o elo de ligação único e imprescindível que une imorredoiramente o «eu» ao «outro».

[47] FARIA COSTA, *O Perigo...*, pg. 624.

[48] FARIA COSTA, *O Perigo...*, pg. 621 (nota).

O Acordo com vista à Prática de Genocídio

guinte, ausente, é ainda através da sua presença-ausência que vai determinar a qualificação[49-50].

O bem jurídico (concreto) está ausente[51].

Não existe um bem jurídico concreto e definível a cimentar a relação de cuidado, sendo, por isso, independentemente da existência de um concreto e identificável bem jurídico.

III. O apelo às determinantes históricas

A "ausência" é preenchida com o apelo às determinantes históricas que compõem o real social. Os segmentos matriciais construtores da comunidade jurídico-penal são eles mesmos determinados pela história que os envolve e o seu aparecimento no campo da específica discursividade jurídico-penal está dependente de variáveis[52].

IV. A relação de cuidado-de-perigo

O legislador age para preservar a tensão primitiva da relação de cuidado-de-perigo, sem ter no horizonte qualquer bem jurídico[53].

Não existindo um bem jurídico concreto e definível a cimentar a relação de cuidado, é a relação de cuidado-de-perigo, mesmo sem a recorrência imediata do bem jurídico, que é ainda o suporte material suficiente para legitimar a incriminação de condutas violadoras dessa relação originária[54].

Qual o fundamento último e limite intransponível que legitima a incriminação? Segundo FARIA COSTA[55], é a relação de cuidado-de-perigo. Esta esteia-se, ainda e sempre, naquela primitiva relação de cuidado que legitima o próprio Estado. O desvalor radicaliza-se no desvalor do próprio cuidado-de-perigo: independentemente da existência de um concreto e identificável bem jurídico. *"a relação de cuidado-de-perigo é ainda o valor – o bem jurídico –, a determinante axiológica"*[56-57].

---

[49] FARIA COSTA, *O Perigo...*, pg. 622.

[50] Nesta perspectiva, o perigo, enquanto elemento oculto e que não é sequer chamado ao mundo da imediata discursividade dogmático-penal, influencia, decisivamente, toda a compreensão dos crimes de perigo abstracto (FARIA COSTA, *O Perigo...*, pg. 622).

[51] FARIA COSTA, *O Perigo...*, pg. 621 (nota).

[52] FARIA COSTA, *O Perigo...*, pg. 623.

[53] FARIA COSTA, *O Perigo...*, pg. 623.

[54] FARIA COSTA, *O Perigo...*, pg. 634.

[55] FARIA COSTA, *O Perigo...*, pg. 633.

[56] FARIA COSTA, *O Perigo...*, pg. 634 (nota).

[57] A relação de cuidado-de-perigo, mesmo sem a recorrência imediata do bem

V. A limitação pelo princípio da legalidade

O poder incriminador do Estado encontra-se mais "solto", sem limites "materiais", a não ser os decorrentes dos princípios da legalidade (estrita) e da irretroactividade da lei penal[58].

1.2.4 Apesar da exposição brilhante de FARIA COSTA, prescindindo por completo do bem jurídico concreto, cremos que a incriminação não é imune ao bem jurídico protegido.

A antecipação da tutela penal dos bens jurídicos pressupõe a maior gravidade dos comportamentos típicos. Assim, na sua maioria, as incriminações de perigo serão bens jurídicos não meramente simbólicos[59].

Mesmo o Professor FARIA COSTA[60] refere que a relação de cuidado--de-perigo é-o relativamente aos bens essencialíssimos do viver comunitário[61].

O princípio da culpa colocaria em cheque os crimes de perigo abstracto. No caso, por exemplo, do n.º 1 do art. 23.º do Decreto-Lei n.º 430/83, o TC considerou que as actividades de tráfico aí incriminadas *"possuem uma ressonância ética só comparável, em intensidade, às «incriminações clássicas» às quais está associada ao próprio crime"*[62].

Parafraseando este Acórdão, *mutatis mutandis*, poder-se-ia defender que a condenação do acordo *"está indelevelmente inscrita na consciência ética das sociedades contemporâneas"*[63].

Não é possível abstrair a punibilidade do acordo da ideia de protecção das condições comunitárias e pessoais indispensáveis ao livre desenvolvimento e realização da personalidade ética do homem.

O contacto com o bem jurídico é mais longínquo, mas não é obnubilado.

Da perspectiva de FARIA COSTA retiramos elementos úteis, como o apelo à historicidade.

---

jurídico, é ainda suporte material suficiente para legitimar a incriminação de condutas violadoras dessa relação originária (FARIA COSTA, *O Perigo*..., pg. 634).

O cuidado-de-perigo como bem jurídico ele mesmo, como fim em si mesmo, não meio de preservação de bens, é o fundamento último e limite intransponível que legitima a incriminação (FARIA COSTA, *O Perigo*..., pg. 633).

[58] FARIA COSTA, *O Perigo*..., pg. 632.

[59] RUI PATRÍCIO, *Erro sobre regras legais*..., pg. 243.

[60] FARIA COSTA, *O Perigo*..., pg. 634.

[61] FARIA COSTA, *O Perigo*..., pg. 634.

[62] Ac. do TC n.º 426/91, de 6 de Novembro, pg. 436.

[63] Ac. do TC n.º 426/91, de 6 de Novembro, pg. 436.

1.3 Tem sido questionada a legitimidade constitucional dos crimes de perigo abstracto, devido à fricção com o princípio da culpa.

Em resposta, tem sido referido que o Legislador opera uma rígida definição das condutas proibidas; de acordo com o princípio da legalidade: têm de respeitar o princípio da determinabilidade do tipo (FIGUEIREDO DIAS).

Seguindo a opinião de FARIA COSTA, a aparente défice de legitimidade é contrabalançado pela extraordinária minúcia que o legislador põe na descrição das condutas proibidas[64]. A legitimidade não é tocada.

§ 4.ª
Conceito de conspiração

1. Generalidades. Noção de conspiração

Partindo das estruturas linguísticas do n.° 3 do art. 239.° do Código Penal, não custa estabelecer a ligação com o fenómeno jurídico da conspiração.

Analiticamente, a conspiração consiste na união de vontades para atentar contra o ordenamento jurídico, no *"processo em que vários sujeitos se encontram e, do intercâmbio de ideias e de propósitos, nasce uma decisão firme e precisa de executar o criem, quer dizer, de fazer algo juntos que de outra maneira não fariam"*[65]

O crime é decisão de todos os conspiradores. Não é uma corrupção, no sentido de não ser algo estranho à personalidade; segundo a opinião de JUAQUÍN CUELLO CONTRERAS, é *"uma influência psicológica mútua entre todos e cada um dos membros do dito acordo de conspiração."*[66].

Mas a comissão do crime não é apenas o produto das diferentes personalidades consideradas individualmente. Do ponto de vista psicológico, não há "solidariedade" alguma entre os diversos sujeitos – cada um realiza o seu próprio interesse[67-68-69].

---

[64] FARIA COSTA, *O Perigo*..., pg. 645.

[65] JUAQUÍN CUELLO CONTRERAS, *La Conspiración*..., pg. 14.

[66] JUAQUÍN CUELLO CONTRERAS, *La Conspiración*..., pg. 16.

[67] JUAQUÍN CUELLO CONTRERAS, *La Conspiración*..., pg. 16.

[68] O Direito Penal dos EUA define a conspiração, na *Ordinance of Conspirators* e na Jurisprudência, do seguinte modo:

"combinação de duas ou mais pessoas para realizar um acto que é ilícito em si mesmo, ou para executar um acto legal, servindo-se dele de modo ilícito.".

[69] O acordo é totalmente livre, baseado numa relação de confiança (JUAQUIN CUELLO CONTRERAS, *La Conspiración*..., pg. 48).

A conspiração não é desconhecida de alguns Códigos penais de ordenamentos da família romano-germânica, como os ordenamentos alemão e espanhol[70]. Noutros ordenamentos da família de direitos mencionada, a conspiração é punível apenas quando esteja presente o propósito de cometer determinados crimes, considerados como extremamente graves, *v. g.*, minando a segurança do Estado. Contudo, a punição do *"complot"* derroga o princípio de que uma pessoa não pode ser punida pela mera intenção ou pelos actos preparatórios comedidos.

Diversamente, a incriminação da conspiração tem uma larga tradição que remonta à Idade Média. Contemporaneamente, a *"conspiracy"* é própria dos sistemas de *"Common Law"*, sendo uma forma específica de participação criminal, punível em si mesma.

1.1. *Exemplos de conspirações*

Temos conspirações em vários domínios.

1.1.1 No universo da **Mitologia grega**, existem várias conspirações que não chegaram ao seu fim principal, mencionadas no *Dicionário de Mitologia Grega*, de PIERRE GRIMAL:

I. Uma colonia de gregos de Melos, que se instalara na região sob o comando de NINFEU, cresceu rapidamente e tornou-se poderosa. Os habitantes de Criasso ficaram preocupados e decidiram aniquilar os seus incómodos vizinhos. Projectaram convidar todos os gregos para uma festa e matá-los quando estivessem todos juntos, mas CÁFENE, uma jovem da cidade de Criasso, na Cária, estava enamorada de NINFEU e revelou-lhe o plano. Quando os cários foram convidar os gregos, estes aceitaram, mas disseram que o costume da sua terra exigia que as suas mulheres fossem também convidadas para o banquete. E assim se fez. Os homens foram para a festa desarmados, mas as mulheres levavam cada uma sua espada escondida debaixo da roupa. Durante o banquete, dado o sinal, os cários atiraram-se aos gregos, mas estes anteciparam-se e mataram-nos a todos. Arrasaram a cidade de Criasso[71].

---

[70] A punição da conspiração no ordenamento jurídico espanhol remonta ao Código Penal espanhol de 1882 referia:

"La conjuración para un delito consiste en la resolución tomada entre dos o más personas para cometerlo. No hay conjuración en la mera proposición para cometer um delito que alguna persona haga a otra u otras, cuando no es antecipada por éstas."

[71] PIERRE GRIMAL, *Dicionário de Mitologia Grega*, tradução de VICTOR JABOUILLE, Difel, Lisboa, 1992, pgs. 68-69.

II. Durante uma guerra da Messénia, os lacedemónios, que não participavam numa expedição, foram reduzidos à escravatura, passando a constituir a classe dos hilotas. Todos os cidadãos nascidos por essa altura foram destituídos dos seus direitos políticos e receberam o nome de Parténios. Mas eles não se resignaram com tal sorte e escolheram para chefe da revolta um deles, chamado FALANTO. Conceberam um plano de acção e conspiraram contra os Espartanos. A sublevação deveria eclodir durante a festa espartana das Jacíntias e FALANTO deveria dar o sinal colocando uma coifa na cabeça. Os Espartanos, porém, aperceberam-se dos planos da conjuração e o arauto impediu FALANTO de colocar a coifa na cabeça. A conspiração foi assim desmascarada e os Parténios fugiram sob o comando de FALANTO, indo fundar a colónia de Tarento[72].

III. MÂNDRON, rei dos Bébrices, reinava na cidade então chamada Pitúsias. Na ausência do rei, colonos focenses que ele aí recebera foram massacrados pelos habitantes, que tinham organizado contra eles uma conspiração. Mas LÂMPSACE, a filha do rei, conseguiu preveni-los a tempo, em segredo, de tal modo que os colonos mataram todos os indígenas e apoderaram-se da cidade[73].

IV. Quando HÉRACLES, regressado da ilha de Gérion, atravessou o Sul da Gália, Lígis e os Lígures, seus companheiros, atacaram o herói. As flechas acabaram por lhe faltar. Prestes a ser vencido pelos adversários, HÉRACLES dirigiu uma prece a seu pai, ZEUS, que lhe enviou uma chuva de pedras, com as quais o semi-deus não teve qualquer dificuldade em rechaçar os inimigos[74].

V. Na *Odisseia*, de HOMERO, é referida a conspiração com vista a matar TELÉMACO. Os pretendentes decidiram preparar uma armadilha a TELÉMACO, para o momento em que regressasse de procurar ULISSES.

MEDONTE, um dos pretendentes, revelou o plano a PENÉLOPE (sendo, por isso, mais tarde, poupado por ULISSES)[75].

VI. Outras conspirações foram coroadas com êxito.

A tomada de Tróia tem na sua base a conspiração dos Argivos. Desistindo de tomar Tróia pela força, pensaram em construir um enorme cavalo de

---

[72] PIERRE GRIMAL, *Dicionário*..., pg. 165.
[73] PIERRE GRIMAL, *Dicionário*..., pg. 266.
[74] PIERRE GRIMAL, *Dicionário*..., pg. 283.
[75] PIERRE GRIMAL, *Dicionário*..., pg. 294.

236   *Ivo Miguel Barroso*

madeira, contendo um número considerável de soldados. Havia que persuadir os Troianos a introduzir este cavalo na cidade. Para o conseguir, a armada levantou âncora e foi esconder-se secretamente atrás da ilha de Ténedo.

SÍNON ficou em terra: era o espião que os Gregos haviam deixado em Tróia, quando fingiram partir e levantar o cerco. SÍNON deveria avisá-los do momento em que os Troianos tivessem introduzido o cavalo de madeira na cidade. SÍNON foi feito prisioneiro por pastores troianos.

Seguiu-se a discussão entre os Troianos em relação ao destino do Cavalo, a morte de LAOCOONTE, a entrada do Cavalo na cidade (com os Gregos no bojo do cavalo), a festa troiana, a saída dos Gregos, na noite profunda, e a pilhagem da cidade (episódios narrados por VIRGÍLIO, no livro II da *Eneida*[76]).

VII. O assassínio de AGAMÉMNON, Rei de Micenas, chefe da expedição que levou os Argivos a Tróia (daí o epíteto que HOMERO lhe confere: *"pastor de povos"*), foi antecedido de uma conspiração.

"Clitemnestra começou a conspirar em conluio com Egisto para matar Agamémnon e Cassandra."[77].

CLITEMNESTRA e EGISTO tinham motivos para delinquir, devido à **culpa hereditária** (ou herdada)[78] de AGAMÉMNON (sendo descendente de SÍSIFO

---

[76] Esta obra inspirou também HECTOR BERLIOZ, na ópera *Os Troianos*.

[77] ROBERT GRAVES, *Os mitos gregos*, 2.º volume, tradução de Fernanda Branco, Publicações Dom Quixote, Lisboa, 1990, pg. 136.

[78] a) A **culpa herdada** serve para manter a crença de que os deuses não deixam ficar impune qualquer falta cometida; assim, tornou-se necessário desembaraçar a acção dos deuses do tempo-limite fixado pela morte. Para além deste tempo-limite, podia dizer-se que o pecado pleno de sucesso seria punido nos descendentes do pecador (JOSÉ DAMASCENO CAMPOS, *A sanção no pensamento grego* in *BFDUC*, suplemento XIII, 1961, pg. 60 (pgs. 1-83)), que floresceu na doutrina arcaica característica, sendo aquele o ensino de HESÍODO, SÓLON, THEOGNIS, ÉSQUILO e HERÓDOTO.

A cultura da herança assenta num sentimento de culpa gerado por desejos reprimidos, a que o grego da época dá forma concreta dizendo que devia ter estado em contacto com miasmas ou que o seu «complexo de culpa» tinha sido herdado da ofensa religiosa dum seu antepassado (JOSÉ DAMASCENO CAMPOS, *A sanção...*, pg. 66).

b) V. o excelente estudo de JOSÉ DAMASCENO CAMPOS, nomeadamente no que se refere à evolução do conceito de culpa:

b1) Em HOMERO, não existiu o conceito de culpa, mas tudo o que nele ocorre não passa uma mera *"cultura de vergonha"* (JOSÉ DAMASCENO CAMPOS, *A sanção...*, pg. 64). Os actos dos homens são mero produto da intervenção, física ou psíquica, de elementos estranhos a si próprios. A *"Ilíada"* é, por excelência, o *"Poema da Força"*.

b2) Na *"Odisseia"*, aparece uma nova cultura – a cultura da culpa – que passa a

O *Acordo com vista à Prática de Genocídio* 237

e de ATREU) e devido à culpa pessoal: i) por ter desposado CLITEMNESTRA após matar o seu marido (segundo algumas versões); ii) por ter sacrificado a filha IFIGÉNIA, de modo a aplacar a ira de ARTÉMIS e partir para a Guerra de Tróia; iii) por ter chefiado a expedição de Tróia,

A peça sumaria os pecados de AGAMÉMNON para justificar o seu desaparecimento. AGAMÉMNON "*pode evitar o derramamento de sangue de Ifigénia, e de muito mais sangue inocente, apenas se desistir da guerra e da sua vingança sobre Páris. (...) Contudo, a necessidade obriga-o a der-*

---

desenvolver-se no decorrer da Idade Arcaica, sob a forma de culpa cósmica, culpa herdada e, finalmente, culpa pessoal.

Este desenvolvimento não se verificou linearmente, numa perfeita sucessão cronológica. É verdade que há um constante e progressivo desenvolvimento destas noções no sentido de se atingir a culpa pessoal, a auto-determinação humana; mas durante muitos anos as três formas de culpa referidas e por vezes o determinismo contido no fenómeno da «intervenção psíquica» coexistiram no tempo e no espaço. Verificou-se frequentes retrocessos no caminho do pensamento racionalista grego, afectando seriamente, deste modo, a libertação do homem das forças cósmicas, da culpa herdada, do arbítrio dos deuses.

b3) Como passou o homem, do determinismo homérico, alheio a culpa e dominado pela vergonha, para a cultura da culpa que passa a dominar a Idade Arcaica e floresce na Idade Clássica?

Na Grécia continental, a Idade Arcaica foi uma época de extrema insegurança pessoa. Os estados, muito pequenos e muito povoados, começaram a lutar contra a miséria e empobrecimento que as invasões dóricas deixaram, quando novas lutas surgiram. No século VII, as classes estavam arruinadas por uma grande crise económica.

Neste estado social, anormal e convulsivo, imperava a injustiça. Se o homem gritava desesperadamente por justiça social e esta lhe não aparecia, como não encontrava nenhuma saída racional para o estado de desespero em que vive, apelava para as forças cósmicas e cria que aí encontrará a justiça por que anseia.

Não é na sociedade em geral que é possível encontrar uma explicação mais completa e plausível para o evoluir do pensamento grego, mas na sua organização familiar. A família era a pedra angular da estrutura social arcaica, a primeira unidade organizada, o primeiro domínio da lei. A sua organização era patriarcal, a sua lei era a do poder do pai. O pai tinha sobre os seus filhos uma autoridade ilimitada. Em relação ao pai, o filho tinha deveres, mas não direitos; este estado de coisas permaneceu em Atenas até ao século VI, quando SÓLON introduziu certas restrições.

Dois séculos depois das leis de SÓLON, a tradição da jurisdição familiar era ainda excepcionalmente forte; o filho dava ao pai a mesma obediência incontestável que na devida altura ele receberia dos seus próprios filhos.

Com aparecimento do movimento sofista, os jovens começaram por declarar que tinham um direito natural que lhes dava independência e individualidade. Quebrou-se os laços da família – surgiu o homem senhor de si mesmo. Desapareceu a culpa herdada, surgiu a **culpa pessoal**.

ramar mais sangue. Tem de aceitar as consequências da sua política"[79]. Assim, AGAMÉMNON irá provar a *"lei válida"* da *"aprendizagem pelo sofrimento"*:

"Foi Zeus que guiou os homens para os caminhos da prudência, estabelecendo como lei válida a aprendizagem pelo sofrimento. (...) isto é favor violento dos deuses que se sentam ao leme celeste.".

CLITEMNESTRA e EGISTO tornam-se amantes (embora, na peça, não pareça ser decisiva a influência de AFRODITE, a deusa do Amor (ao contrário de esposas de outros heróis que combateram em Tróia, como as DIOMEDES e de IDOMENEU, que foram infiéis)). Com efeito, *"O mito de Agamémnon, Egisto, Clitemnestra e Orestes sobreviveu numa forma dramática de tal forma estilizada que a sua origem quase se extinguiu."*[80] e porque os dramaturgos clássicos não eram prisioneiros da tradição[81].

Os conspiradores congeminam a morte de AGAMÉMNON, ausente, então, na Guerra de Tróia. A conspiração não é relatada na sua fase inicial. A peça nada refere acerca da resistência de CLITEMNESTRA. Pela interpretação que fazemos da obra, trata-se de um *"silêncio eloquente"*, dado que, segundo outras versões, CLITEMNESTRA, primeiro, é fiel ao marido, repelindo as investidas; depois sucumbe, seduzida por EGISTO, que primeiro planeara tornar-se seu amante e matar AGAMÉMNON quando regressasse de Tróia (para tal, afasta DEMÓDOCO).

A união de vontades, o acordo visa uma finalidade comum: a vingança e a tomada do poder em Micenas; cada um dos conspiradores o realiza, no seu interesse pessoal, prospectivando o crime principal projectado.

A espera assume, assim, um carácter preparatório do crime a executar. CLITEMNESTRA coloca um vigia para detectar a chegada de AGAMÉMNON, através de vários vigias ao longo da costa marítima: quando o primeiro detectasse as naus de AGAMÉMNON, correria a notícia para o seguinte, ao longo de uma transmissão de fachos, vigias que aguardavam o acender do fogo para fazer sinal ao próximo. Segundo outras versões, é EGISTO quem coloca à beira-mar sentinelas para esperarem os barcos e darem sinal quando AGAMÉMNON chegasse.

---

[79] H.D.F. KITTO, *A Tragédia Grega – Estudo literário*, I volume, tradução do Dr. JORGE MANUEL COUTINHO E CASTRO, Arsénio Amado, Coimbra, 1990, pg. 138.

[80] ROBERT GRAVES, *Os mitos gregos*, 2.º, pg. 138.

[81] Este ponto também se manifestará na execução do homicídio. Em versões mais antigas do mito, CLITEMNESTRA não executa o crime. O mito é, pois, metamorfoseado. A estratégia artística da obra literária valoriza CLITEMNESTRA, apesar de autora do crime, e diminui a figura de EGISTO, o homem cobarde que se oculta por detrás da espada de uma mulher.

Segundo outras versões ainda, temendo que chegasse inesperadamente, CLITEMNESTRA escreveu a AGAMÉMNON, pedindo que acendesse um sinal luminoso no Monte Ida quando Tróia caísse. Então – neste aspecto já coincidente com a versão que consta na peça –, CLITEMNESTRA mandou preparar uma série de faróis em cadeia, de forma a que o sinal dele chegasse à Argólida, através do cabo Hermeon, em Lemnos, e dos montes Actos, Messápio, Cíterion, Egisplancto e Aracneon. No telhado do palácio de Micenas, mandou colocar uma outra sentinela[82] (seguir-se-á a recepção a AGAMÉMNON; o discurso *"belo na aparência"* de CLITEMNESTRA; o diálogo; a *"hybris"* de AGAMÉMNON, ao pisar os tapetes vermelhos; a *"perplexidade de Cassandra"* e a sua narração do crime por meio de *"decretos píticos"*; CLITEMNESTRA, a vingadora de IFIGÉNIA; preparar-se-á o *"caos e a tirania"*; a lei da *"Dike"*).

O assassínio de AGAMÉMNON é absolutamente interpretado como uma **sanção**[83]. A justiça é apresentada como um destino inelutável, que pende sobre os homens como uma fatalidade sombria (JOSÉ DAMASCENO CAMPOS)[84]. *"A justiça, entretanto, brilha sob os tectos esfumado e honra as vidas puras"* (Agamémnon, verso 772).

O princípio sancional, baseado no homicídio, aparece como essência do direito e da justiça no drama antigo. A ideia de uma sanção é aplicada por uma instituição objectiva, totalmente liberta do velho e primitivo princípio da vingança de sangue, a qual domina, como princípio de auto--defesa, os grupos não libertos ainda da comunidade de sangue, e como executora da qual vemos, não o tribunal, mas o consanguíneo mais próximo do assassinado[85].

CLITEMNESTRA justifica, em *"Agamémnon"*, a morte do esposo, como um acto vindicativo devido ao sacrifício de sua filha, IFIGÉNIA. A *"Dike"* dos trágicos é uma deusa vingativa e punidora, que aparece em relação com as Fúrias[86].

A peça termina com o prenúncio da vingança de ORESTES, que se concretizará nas *Coéforas*, com o assassínio de CLITEMNESTRA e de EGISTO, configurando também uma sanção (o julgamento sucederá em tribunal onde intervêm os deuses, na terceira parte da trilogia, nas *Euménides*).

---

[82] ROBERT GRAVES, *Os mitos gregos*, 2.º, pg. 136.
[83] JOSÉ DAMASCENO CAMPOS, *A sanção...*, pg. 25.
[84] JOSÉ DAMASCENO CAMPOS, *A sanção...*, pg. 26.
[85] JOSÉ DAMASCENO CAMPOS, *A sanção...*, pg. 25-26.
[86] JOSÉ DAMASCENO CAMPOS, *A sanção...*, pg. 24.

240   *Ivo Miguel Barroso*

1.1.2 Temos também conspirações na *Bíblia*.

No **Antigo Testamento**, no segundo livro de SAMUEL, ABSALÃO conspira intrigas contra o pai, o rei DAVID; ABSALÃO explora os descontentamentos das tribos de Israel em relação à justiça de DAVID, pretendendo que o tribunal do rei só teria ouvidos para as gentes de Judá. Ele explora igualmente a oposição latente entre as tribos do Norte e de Judá[87]. ABSALÃO une à sua causa AITOFEL, o conselheiro de DAVID, e uma multidão de partidários cada vez mais numerosa. ABSALÃO chega mesmo a seduzir alguns Judeus de Hebron, que lhe dão uma ajuda preciosa para a preparação e realização do "golpe de Estado". A ameaça tem uma amplitude tal que DAVID se vê obrigado a fugir com o pequeno resto de fiéis (família e guarda pessoal, composta por mercenários cereteus, peleteus e gatitas[88]. ABSALÃO entra com os seus partidários em Jerusalém (2 Samuel, 16: 15). Mais tarde, ABSALÃO será vencido e perecerá, contra a indicação de DAVID (2 Samuel, 18: 1-18).

No seu livro profético, JEREMIAS escreve:

"Por isso, assim fala o Senhor contra os homens de Analot, que conspiraram contra a minha vida" (Jeremias 11: 21).

O Autor refere-se também a outra conjura contra a sua vida:

"Eles disseram: «Vinde e tramemos uma conspiração contra Jeremias, porque não perecerá a lei por falta de sacerdote, nem o conselho por falta de sábio, nem a palavra divina por falta de profeta! Vinde, firamo-lo com a língua, e não façamos caso das suas palavras." (Jeremias, 18: 18).

1.1.2.1 Os Salmos contêm várias referências a conspirações:

I. No Salmo 31.°, lê-se: *"o terror envolveu-me, / porque conspiraram contra mim / e decidiram tirar-me a vida."* (Salmos, 31[89]: 14).

II. *"Livra-me da conspiração dos malvados, / do tumulto dos que praticam a iniquidade. // (...) Decidem-se pelas más obras, / e conspiram*

---

[87] Depois disto, ABSALÃO *"adquiriu para si um carro, cavalos e cinquenta homens para o escoltarem. Levantava-se cedo e colocava-se à beira do caminho"* (v. 2 Samuel, 15: 1-6), agradando ao povo.

[88] *Bíblia 2000 – Rute e Samuel*, vol. 4, coord. da edição em língua portuguesa por JOSÉ AUGUSTO RAMOS, trad. de NUNO SIMÕES RODRIGUES, Publicações Alfa, Lisboa, 1997, pg. 124 (original: *Bible 2000 – Rute & Samuel*, obra colectiva, sendo responsável editorial CHRISTIAN RIEHL, Éditions du Signe, 1997).

[89] Seguimos a numeração hebraica (a maioria dos Salmos tem uma numeração dupla, que adveio de um desfasamento entre o texto hebraico, por um lado, e as versões gregas e latinas, por outro).

às ocultas, para armar ciladas, / dizendo: «Quem é que vai reparar?» / */ Projectam o crime / e levam ao fim os seus planos ocultos; / o íntimo do* *coração do homem é insondável.*" (Salmos, 64: 3, 6-7).

III. O Salmo 59.°, intitulado *"Oração contra os ímpios"*, refere:

"(...) / Livra-me do que pratica o mal, / e salva-me do homem sangui- *nário. / Vê como armam ciladas à minha vida, / ó Senhor, conspiram con-* *tra mim os poderosos, / sem que eu tenha cometido nenhuma transgressão.* */ Sem que eu tenha culpa, agitam-se e preparam-se. / (...) / As suas* *palavras ferem como espadas, / e dizem a gritar, em tom feroz: / «Quem é* *que nos vai ouvir?» / (...) / Regressam pela tarde, ladrando como cães, / e* *dão voltas pela cidade. // Vagueiam à busca de comida / e, se não se* *fartam, rondam toda a noite. / Eu, porém, cantarei o teu poder, / desde o* *amanhecer celebrarei a tua bondade / porque foste o meu amparo, / e o* *meu refúgio no dia da tribulação.*" (Salmos, 59: 3-5, 8, 15-17).

IV. *"Feliz o homem que não segue o conselho dos ímpios, / nem se* *detém no caminho dos pecadores, / nem toma parte na reunião dos liber-* *tinos"* (Salmos, 1: 1).

V. *"Não convivo com homens que adoram ídolos, / nem me associo* *com os traidores. / Detesto a reunião dos malfeitores, / e não tomo assento* *com os ímpios.*" (Salmos, 26: 4-5).

1.1.2.2 Também no **Novo Testamento** se refere conspirações, desde logo, a conspiração conducente ao aprisionamento e à morte de Jesus Cristo.

Outra conspiração é a conjura dos Judeus contra Paulo: *"(...) os* *judeus reuniram-se e juraram, sob pena de anátema, não comer nem beber* *enquanto não matassem Paulo. Eram mais de quarenta os que tinham feito* *essa conjura. Foram ter com os sumos sacerdotes e com os anciãos e dis-* *seram-lhes: «Jurámos, sob pena de anátema, não comer nada enquanto* *não matarmos Paulo. Agora, de acordo com o Sinédrio, ide solicitar ao* *tribuno que o mande comparecer diante de vós, sob o pretexto de exa-* *minardes o seu caso profundamente. E nós estamos prontos a suprimi-lo* *durante o trajecto». Mas o filho da irmã de Paulo teve conhecimento da* *cilada. Correu à fortaleza, entrou, e preveniu Paulo.*" (Actos dos Após-tolos, 23: 12-16).

1.1.3 Um tipo particular de conspiração é o planeado com vista à morte de um determinado dirigente político, por exemplo, as conspirações na **política romana**, nomeadamente motivadas pelo esquema de sucessão dinástica.

I. SUETÓNIO, em *Os Doze Césares*, narra a conspiração que antecedeu o assassínio de CAIO JÚLIO CÉSAR (também presente na peça de SHAKESPEARE, *Julius Caesar*, enaltecendo a figura de BRUTO, argumento do filme, de excelente qualidade, de MANCKIEWICZ):

"*(...) espalhou-se o rumor, por vários lados, de que ele iria a Alexandria ou a Tróia (...). Dizia-se também que na próxima sessão do Senado, o quindecênviro Lúcio Cota proporia que fosse dado a César o título de rei, visto estar escrito nos livros do destino que os partos só por um rei podiam ser vencidos.*

LXXX. Para não serem forçados a votar esta lei é que os conjurados se deram pressa de executar o seu projecto. Até então só houvera reuniões parciais, dois ou três conjurados as mais das vezes; tiveram então uma assembleia geral.

(...)

A conspiração englobou mais de sessenta cidadãos, à frente dos quais estavam Caio Cássio Marco e Décimo Bruto. Os conjurados hesitaram, primeiro, entre assassiná-lo no Campo de Marte, no momento em que, durante as eleições, ele chamasse as tribos à votação, precipitando-o uns do alto da ponte, enquanto outros o esperariam em baixo para o degolar, ou atacá-lo na Via sacra, ou ainda à entrada do teatro. Mas quando ficou assente que o Senador se reunisse nos idos de Março na cúria de Pompeu |POMPEIO|, acordaram em preferir esta data e esse local."[90-91].

II. JÚLIA organizou um plano de revolta contra o pai, o Imperador AUGUSTO (*CAIUS OCTAVIUS CAESAR AUGUSTUS*), em 2 d.C.. O plano foi descoberto; consequentemente JÚLIA foi exilada.

III. Com alguma verosimilhança, o exílio de OVÍDIO ter-se-á devido ao seu conhecimento da tentativa de golpe para liquidar TIBÉRIO e para impor AUGUSTO AGRIPA PÓSTUMO como Imperador (OVÍDIO não alertara LÍVIA)[92].

---

[90] SUETÓNIO, *Os Doze Césares*, Tradução e Notas de JOÃO GASPAR SIMÕES, Presença, 1963, pgs. 53-55.

[91] Em relação à morte, SUETÓNIO refere: "*Ora, de entre tantas feridas, segundo o médico Antíscio, nenhuma era mortal a não ser a do peito, a segunda punhalada.*" (SUETÓNIO, *Os Doze Césares*, pg. 57).

[92] SEOMARA DA VEIGA FERREIRA, *Memórias de Agripina*, Presença, Lisboa, 1993, pg. 44.

IV. *SCRIBONIUS LIBO DRUSUS* conspirou assassinar, DRUSO e TIBÉRIO (*TIBERIUS CLAUDIUS NERUS*), em 16 d.C..

V. SEJANO (*LUCIUS AELIUS SEJANO*), que era Prefeito do Pretório desde 15 d.C., encabeçou uma conjura contra o Imperador. TIBÉRIO (*TIBERIUS CLAUDIUS NERO*), em 32 d.C.. A conspiração foi descoberta. TIBÉRIO, dissimulando, enviou-lhe uma carta, conferindo-lhe a *Tribunitia Potestas*, o que teoricamente o tornaria o herdeiro oficial do Imperador. Contudo, de repente, SEJANO ouviu palavras de acusação de traição e de assassínio e o pedido ao Senado de enviar um cônsul e uma guarda armada a Capri para proteger TIBÉRIO no seu regresso a Roma, pois receava ser assassinado; TIBÉRIO pediu a prisão de SEJANO. SEJANO foi conduzido à prisão subterrânea do Fórum, o *Tullianum*, sendo morto cruelmente; a sua família foi morta igualmente com crueldade[93].

VI. CALÍGULA (*CAIUS CALIGULA*, depois *CAIUS CAESAR AUGUSTUS GERMANICUS*[94]) foi alvo de várias conspirações. Uma ocorreu em 39 d.C.; descoberta, terminou com a morte de *GAETULICUS* e de *MARCUS AEMILIUS LEPIDUS* (também as irmãs de CALÍGULA, implicadas com menor gravidade, sofrem a pena da *relegatio* para a ilha de Ponza (*Pontia*); SÉNECA também participava no *complot*, mas conseguiu ficar incólume[95].

Outra conspiração tentada decorreu em 40 d.C.. A repressão por parte do Imperador foi cruel. Dois jovens de família senatorial foram presos e submetidos à tortura; houve também aplicação de penas com abuso de poder[96].

Finalmente, foi uma outra conspiração, em 41 d.C., que conduziu à morte do Imperador CALÍGULA, incapaz de se harmonizar com as forças políticas e morais do Império e de criar os mecanismos necessários e um compromisso de relacionamento, a par do cometimento de excentricidades atrozes e de abusos de poder. A conspiração foi urdida nomeadamente por um dos velhos oficiais superiores do exército, *CASSIUS CHAEREA*, indignado com o amesquinhamento com que CALÍGULA o tratava, dando a entender que ele era um invertido, perante os outros soldados, recebendo também as palavras de ordem para o render do corpo da guarda (*"Príapo"* e *"Vénus"*)[97]. *CHAEREA* aderiu a uma conspiração.

---

[93] SEOMARA DA VEIGA FERREIRA, *Memórias de Agripina*, pg. 122 (Romance histórico que segue Tácito e Suetónio).

[94] A alcunha *"Calígula"* provinha de *"caliga"*, uma espécie de sandália guarnecida de cravos.

[95] V. SEOMARA DA VEIGA FERREIRA, *Memórias de Agripina*, pgs. 166, 170-171.

[96] SEOMARA DA VEIGA FERREIRA, *Memórias de Agripina*, pg. 182.

[97] SEOMARA DA VEIGA FERREIRA, *Memórias de Agripina*, pg. 183.

Quando CALÍGULA resolveu partir para o Oriente, assinou a sua sentença de morte, pois os conjurados sabiam-no, apesar de tudo, mais protegido no seio dos seus exércitos em campanha do que em Roma. Desconfiado, o Imperador começou a atacar em todas as direcções, ordenando a morte de várias pessoas suspeitas.

Na véspera do assassínio, CALÍGULA estava a assistir aos *Ludi Palatini* (instaurados por LÍVIA em memória de AUGUSTO); foi representada uma peça teatral, *Cynyras e Myrrha*, uma história de incesto. Depois, em *Laureolus*, os actores, para tornarem a representação mais realista, encheram o palco de sangue no acto final. *"Os amigos de CALÍGULA convenceram-no a andar um pouco, pois o exercício fazia-lhe bem e auxiliaria a digestão. Ele aceitou o alvitre. Alcançaram uma das galerias que dava acesso ao imenso e frio criptopórtico de passagem para o palácio imperial."*[98]. CLÁUDIO foi afastado por *CORNELIUS SABINUS* e pelos centuriões da guarda, que eram cúmplices. *"O Prefeito tinha afastado também do trajecto do Imperador os outros acompanhantes do camarote imperial. O pretexto invocado fora a segurança da sagrada família do* Princeps. *Todos acederam: uns porque se encontravam inocentes, os outros como Annius Vicinianus, porque participavam na conjura e sabiam o que se iria passar...*

«No instante em que todo o vasto corredor se achava vazio de público, Sabinus perguntou ao Imperador qual a senha para a mudança da guarda. Caio respondeu: «Júpiter». Era o sinal, a palavra de ordem. Chaerea que se achava atrás de Caio ergueu a espada e assentou-lhe um vibrante golpe entre as espáduas e gritou ao mesmo tempo (...). Com o pescoço sangrando, junto à clavícula, pelo poderoso golpe, Caio caiu sobre um dos joelhos, espantado, aterrorizado, a boca aberta mas sem que saísse um grito. Nesse momento Sabinus espetou-lhe a sua arma no peito, enquanto Cassius lhe quebrou o maxilar com outra estocada. Então" CALÍGULA *"rolou pelos degraus, pelas lajes do subterrâneo, urrando, em agonia. Os dois tribunos e os centuriões crivaram-no de golpes. Caio ainda disse: «Estou vivo! Ainda estou vivo!» Por pouco tempo. Recebeu trinta golpes."*[99] (os acontecimentos são narrados por FLÁVIO JOSEFO[100]) (vários dos assassinos foram punidos, como CHAEREA; outros foram amnistiados).

VII. Em 48 d.C., MESSALINA conspirou com *CAIUS SILIUS*, seu

---

[98] SEOMARA DA VEIGA FERREIRA, *Memórias de Agripina*, pg. 190.
[99] SEOMARA DA VEIGA FERREIRA, *Memórias de Agripina*, pg. 191.
[100] FLÁVIO JOSEFO, *Antiguidades Judaicas*, livro XIX.

amante, matar Tibério Cláudio (que desposara Messalina em terceiras núpcias) e tornar o seu amante Imperador.

Valéria Messalina planeava casar com *Silius*; garantindo um herdeiro, Británico, que seria adoptado pelo amante, ela poderia continuar a sua vida outorgando ao amante a chefia do Estado[101]. *"Por alturas de Agosto, quando se procedia ao censo, Messalina resolvera já a questão propondo ao marido a autorização de um casamento simulado porque «os Caldeus me vieram informar que o meu marido seria assassinado brevemente». A profecia aterrorizou Cláudio. Messalina pretendia que o marido a libertasse legalmente do matrimónio para se consociar com o amante, justificando assim a profecia, «pois será ele o atingido e não tu»."*[102]. Na sua versão, enganaria o destino e supostamente protegeria Cláudio, ausente em Óstia. *Caius Silius* também se precavera pois não arriscaria a casar com ela a não ser que Cláudio morresse. Preparava-se um golpe de Estado; *Silius*, filho do cônsul que se opusera no Senado a que a cidadania romana fosse dada aos Gauleses, tinha com ele uma facção do Senado e alguns oficiais do exército.

Houve uma conspiração de reacção, de Pallas, Agripina (*a Jovem*), sobrinha de Cláudio e Narciso, que elaborou um relatório pormenorizado sobre a Imperatriz – os seus crimes, os seus adultérios, os seus vícios, a sua traição[103]. Cláudio foi avisado, assinando as ordens de prisão para Silius, seus colaboradores e ainda para os oficiais suspeitos.

Messalina casara com *Silius*, numa festa pública dionisíaca. Foram então presos; o tribunal constituiu-se durante a noite; as bacantes foram mortas, assim como outros; Messalina, pedindo em vão misericórdia a Cláudio, devido à acção de afastamento por parte da facção dos conspiradores vencedores, foi assassinada.

VIII. Durante o tempo do Imperador Cláudio, *Furius Camillus Scribonianus*, possivelmente com outros senadores e cavaleiros, tentou levantar o exército e declarar-se defensor do Povo Romano. Contudo, os soldados mantiveram-se fiéis ao seu juramento. *Scribonianus* suicidou-se[104].

IX. Agripina (a Jovem) foi exilada sob acusação de fazer um golpe de Estado, em colaboração com *Rubelius Plautus*, um descendente de Augusto.

---

[101] Seomara da Veiga Ferreira, *Memórias de Agripina*, pg. 225.

[102] Seomara da Veiga Ferreira, *Memórias de Agripina*, pg. 225.

[103] Seomara da Veiga Ferreira, *Memórias de Agripina*, pg. 225.

[104] Seomara da Veiga Ferreira, *Memórias de Agripina*, pg. 207.

CLÁUDIO CÉSAR NERO pretendia ver-se livre de AGRIPINA; em 58 d.C., esta recusou as propostas do filho e um projecto de reforma fiscal que NERO pretendia aprovar no Senado; o Senado rejeitou. Igualmente ligou--se à facção de oposição do Senado contra SÉNECA e a política Imperial. AGRIPINA, tendo o apoio dos exércitos da Germânia, opôs-se frontalmente à política orientalizante, de despotismo helenístico, do filho. O Imperador afastou de Itália *FAUSTUS CORNELIUS SULLA FELIX*, primo de *RUBELLIUS PLAUTUS*, para Marselha, pois NERO receava uma nova conspiração. A morte de AGRIPINA, em 59 d.C., assassinada por um centurião romano, foi justificada com a conspiração que estaria a organizar[105].

X. NERO sofreu outras conspirações posteriores. A conspiração de PISÃO, narrada nos *Anais* de TÁCITO, fracassou por influência do pretor MARCO COCEIO NERVA[106-107].

NERO cairá, na sequência do levantamento de SÉRVIO SULPÍCIO GALBA.

XI. Igualmente, o assassínio deste último, quando Imperador, foi antecedido de conspiração[108].

XII. Em relação à morte de TITO FLÁVIO DOMICIANO, SUETÓNIO refere:

"Odiado e temido por todos, sucumbiu, por fim, a uma conspiração dos seus amigos, dos seus libertos íntimos e até de sua mulher."[109]. *"Os conjurados não sabiam como nem quando o atacariam, se à mesa ou no banho. Estêvão, (...) acusado de desvios fraudulentos, ofereceu-lhes os seus conselhos e a sua ajuda. Para afastar suspeitas, durante bastantes dias trouxe ao peito o braço esquerdo, como se estivesse doente; e, na hora combinada, introduziu no meio das ligaduras um punhal. Anunciando que estava a par de uma conspiração, conseguiu ser introduzido junto do imperador, e enquanto Domiciano lia, estupefacto, a memória que ele acabava de lhe entregar, espetou-lhe um punhal no baixo ventre. O imperador, ferido, debatia-se, quando (...) Clodiano, Máximo (...),*

---

[105] SEOMARA DA VEIGA FERREIRA, *Memórias de Agripina*, pg. 361.

[106] Que, mais tarde, entre 96 e 98, será Imperador.

[107] Na sequência da descoberta, em 65 d.C., MARCO ANEU LUCANO, autor do poema épico *Bellum civile. Farsalia*, entre POMPEIO e CÉSAR, CAIO PETRÓNIO, autor de *Satyricon*, e o filósofo SÉNECA, por envolvimento na conspiração, cometeram suicídio, obrigados, directa ou indirectamente.

[108] SUETÓNIO, *Os Doze Césares*, biografia de MARCO SÁLVIO OTÃO, pg. 323.

[109] SUETÓNIO, *Os Doze Césares*, biografia de TITO FLÁVIO DOMICIANO, pg. 383.

Satúrio (...) e alguns gladiadores caíram sobre ele e lhe vibraram sete punhaladas. O jovem escravo (...) que assistiu ao crime contava que Domiciano, ao receber o primeiro golpe, lhe pedira um punhal escondido à cabeceira da cama, e que chamasse os criados, mas ele só encontrara a bainha do punhal e vira, além disso, todas as portas fechadas (...)"[110].

1.1.4 Em caso de **conspiração política**, o ensinamento de BUDA era o seguinte:

"Pode acontecer que haja uma conjuração contra um bom rei, que governe o seu país segundo o ensino justo ou talvez que inimigos estrangeiros ataquem o país. Nesse caso, o rei deve tomar três decisões.

«Ele deve decidir: «Em primeiro lugar, os conspiradores ou os inimigos estrangeiros ameaçam a boa ordem e o bem-estar da nossa nação. Devo proteger o meu povo e o meu país mesmo com a força armada.»

«Em segundo lugar, vou tentar encontrar uma forma de os vencer sem recorrer ao uso das armas.»

«Em terceiro lugar, tentarei capturá-los vivos, sem os matar e, se possível, desarmá-los.» Adoptando estas três resoluções, o rei procederá com grande sabedoria, depois de ter distribuído os postos necessários e dado as instruções. Procedendo desta forma, o país e os seus soldados serão encorajados pela sabedoria do rei e pela sua honestidade como a sua bondade. Se for necessário apelar aos soldados, eles compreenderão completamente a razão da guerra e a sua natureza. Então, eles irão para o campo de batalha com coragem e lealdade, e respeitarão a sabedoria benevolente e sábia do rei. Uma guerra assim não trará apenas a vitória, mas engrandecerá a virtude da nação."[111].

1.1.4.1 NICOLAU MAQUIAVEL refere que, contra quem é reputado, com dificuldade se conjura, *"com dificuldade se trata de atacá-lo, porque se sabe que é excelente e reverenciado pelos seus. (...). Porque um príncipe deve ter dois medos: um interior, pelo que respeita aos súbditos; outro exterior, pelo que toca aos potentados externos. (...) e sempre as coisas se manterão firmes, quando estejam firmes as externas, a menos que tenham sido perturbados por uma conjura (...)".*

---

[110] SUETÓNIO, *Os Doze Césares*, biografia de TITO FLÁVIO DOMICIANO, pgs. 387-388.

[111] *L'enseignment de Bouddha, deo Bukkyo Dendo Kyokaï, apud Bíblia 2000 – Rute e Samuel*, vol. 4, coord. da edição em língua portuguesa por JOSÉ AUGUSTO RAMOS, trad. de NUNO SIMÕES RODRIGUES, Publicações Alfa, Lisboa, 1997, pg. 125 (original: *Bible 2000 – Rute & Samuel*, obra colectiva, sendo responsável editorial CHRISTIAN RIEHL, Éditions du Signe, 1997).

Nicolau Maquiavel escreve também:

"*Mas, no que toca aos súbditos, quando não se alterem as coisas externas, deve-se temer que conspirem secretamente: contra o que príncipe se assegura assas, fugindo a ser odiado ou desprezado, e mantendo o povo satisfeito com ele: o que é necessário que consiga (...). E um dos mais poderosos remédios que tem um príncipe contra as conjuras, está em não ser odiado do grande número: porque quem conspira sempre crê que com a morte do príncipe satisfará o povo; mas quando crê ofender este, não cobra ânimo para tomar semelhante partido, porque as dificuldades que se põem então do lado dos conjurados são infinitas. E por excelência se vê haverem sido muitas as conjuras, e poucas as que chegaram a bom termo. Porque quem conspira não pode estar só, nem tomar companhia senão daqueles que creia que estão descontentes. E logo que a um descontente se descubra o que vai no ânimo de um conjurado dá-se matéria sobeja para que se contente, porque manifestamente pode esperar daí todas as comodidades: de tal modo que, vendo firme o ganho se tudo denunciar, e duvidosa e plena de perigos a aventura dos conspiradores, impõe-se para que mantenha a fé jurada, que ou seja amigo raro, ou que seja de todo inimigo obstinado do príncipe. E para reduzir a coisa a termos breves, direi que do lado dos conjurados, apenas está o medo, o ciúme, o receio de uma punição que os aterra; mas que, da parte do príncipe, está a majestade do principado, estão as leis, a barreira dos amigos e do Estado, para o defenderem; de tal modo que, juntando a tudo isto a benevolência do povo, é impossível que alguém seja tão temerário que se entregue a conspirar. Porque, de ordinário, onde um conspirador tem de temer antes de ter praticado o mal, deve, neste caso, temer ainda depois, uma vez consumado o golpe, desde que tem o povo por inimigo, e não pode, por isso, esperar qualquer refúgio.*"[112].

O Autor conclui que "*um príncipe deve ter as conjuras em pouca monta, quando o povo lhe seja favorável; mas que, quando este lhe seja hostil e o tenha em ódio, deve temer tudo e todos.*"[113-114].

---

[112] Nicolau Maquiavel, *O Príncipe*, 5.ª ed., trad. de Carlos E. de Soveral, Guimarães Editores, Lisboa, 1994, pgs. 88-89.

[113] Nicolau Maquiavel, *O Príncipe*, pg. 90.

[114] O legado maquiavélico influencia ainda hoje as concepções de Ciência Política e de Relações Internacionais. A corrente que se opõe à corrente realista é a kantiana ou universalista (ou, ainda, idealista, na expressão dada pelos realistas) (uma *media via* é sustentada pelos grocianos ou internacionalistas). Seguindo os ensinamentos de José Adelino Maltez (*Curso de Relações Internacionais*, Principia, Cascais, 2002, pgs. 195-201), os realistas opõem-se aos kantianos do seguinte modo:

Realistas	Kantianos
Os realistas observavam a realidade da anarquia internacional.	Possibilidade de o mundo internacional ser configurado como uma comunidade que exige uma república universal.
Pessimismo antropológico: o homem é naturalmente mal; o bem está no poder.	Optimismo antropológico: o homem naturalmente bom; o mal está no poder.
Os únicos actores com direito de intervenção nas relações internacionais são os Estados (perspectiva estatocêntrica)	Os indivíduos são o elemento principal da cena internacional.
A política internacional é uma espécie de estado de natureza em que cada Estado se assume como lobo.	A política orienta-se por ideais de justiça.
O conflito dos Estados equivale a uma espécie de jogo de soma zero: o interesse de cada Estado pressupõe a exclusão dos interesses de todos os outros.	Há laços transnacionais que unem todos os seres humanos.
A chave da actividade internacional é a guerra.	Promoção da cooperação.
A soberania é a marca do Estado; não está limitada nem pela moral nem pelo Direito; apenas pode se pode autolimitar.	Há imperativos morais e jurídicos que limitam a acção dos Estados.
Mais conservadores e empíricos; exageram no cepticismo (pessimismo antropológico) (*supra*).	Utopistas, consideram que o pensamento pode modificar a conduta humana.
A política é a arte do possível; é a luta pela conquista e pela manutenção do poder.	A política é a procura do melhor regime.
Fatalismo: o poder político é o resultado da diferenciação entre governantes e governados (lei inevitável) (influência de HOBBES).	O homem tem capacidade para aprender, para se mudar a si mesmo e para controlar a respectiva conduta (influência de ROUSSEAU).
Ética da responsabilidade; tradição da *razão de Estad*o.	Ética da convicção.

Ainda se poderia acrescentar a este quadro os grocianos ou internacionalistas; em relação ao primeiro aspecto, os grocianos insistiam na necessidade de ordem (concepção de uma sociedade de Estados (sociedade internacional)); têm uma concepção sintética acerca dos actores das relações internacionais: os Estados são membros imediatos da sociedade internacional; os indivíduos apenas participam por intermédio dos Estados de que são cidadãos; há intercâmbios económicos e sociais entre os Estados; a vida internacional não é conflito nem cooperação, mas um jogo que se revela, ao mesmo tempo, distributivo e produtivo; a acção dos Estados está condicionada por regras comuns e por instituições.

Pela nossa parte, rejeitamos as concepções maquiavélicas, pois *"o maquiavelismo apenas tem razão a curto prazo, porque quem, sendo insolentemente autêntico, fingir ser aquilo que na verdade é, vivendo como pensa, sem pensar como vai vivendo, virá à tona de água, quando passar a turvação, mostrando que aquilo que é também pode parecer, mostrando que aquilo que é também pode parecer"* (JOSÉ ADELINO MALTEZ, *Curso...*, pg. 36).

Aderimos, sem reservas, de corpo e alma, às concepções kantianas, bem como a um pensamento de cariz humanista e personalista.

Consideramos que o poder político deve respeitar os bens jurídicos impostergáveis dos cidadãos, consubstanciados nos direitos fundamentais, que, na parte em que assumam o carácter de *"regra"*, são intangíveis, ou que, na parte em que assumam o carácter de princípio, obrigam à tarefa ponderativa.

A diferença entre princípios jurídicos e regras jurídicos é de natureza lógica; os dois conjuntos de padrões apontam para decisões particulares acerca da obrigação jurídica em circunstâncias específicas, mas distinguem-se quanto à natureza da orientação que oferecem. As regras são aplicáveis à maneira do tudo-ou-nada (RONALD DWORKIN, *Levando os direitos a sério*, trad. de Nelson Boeira, Martins Fontes, São Paulo, 2002 (original: *Taking Rights Seriously*, Harvard University Press, 1977), pg. 39); os princípios apontam para, ou contam a favor de uma decisão, ou afirmam uma razão que pode ser afastada, mas que os tribunais levam em conta, enquanto factor de inclinação num ou outro sentido; os princípios distinguem-se das regras por terem a dimensão da ponderabilidade, ao constituírem exigências de optimização, permitem o balanceamento de valores e interesses (não obedecem, como as regras, à lógica do tudo ou nada), consoante o seu peso e a ponderação de outros princípios eventualmente conflituantes; os princípios coexistem; as regras excluem-se (GOMES CANOTILHO, *Direito Constitucional e Teoria da Constituição*, 4.ª ed., Almedina, Coimbra, 2000, pg. 1125); a convivência dos princípios é conflitual (ZAGREBELSKY); a convivência de regras é antinómica.

Na esteira do Professor JORGE MIRANDA, aderimos também às concepções de o Estado não poder viver à margem do Direito (JORGE MIRANDA, *Teoria do Estado e da Constituição*, Coimbra Ed., 2002, pg. 315). A autoridade está tão propensa a infringir as normas jurídicas como a liberdade humana individual, pelo que o poder deve estar limitado pelo Direito (JORGE MIRANDA, *Teoria do Estado...*, pg. 316).

A função de autovinculação, através da Constituição, pode ser concebida de vários modos:

a) A autovinculação positiva alicerça o compromisso na exigência de actos positivos (por exemplo, a cláusula da protecção ambiental) (GOMES CANOTILHO, *Direito Constitucional...*, pg. 1385).

b) A autovinculação negativa assenta o compromisso em omissões e proibições. Por exemplo, os direitos de liberdade clássicos "proíbem" ou impõem omissões de actos de poder (*v. g.*, no âmbito da liberdade de consciência, na liberdade de expressão) (GOMES

O Acordo com vista à Prática de Genocídio 251

1.1.5 Encontramos igualmente conspirações noutros domínios.

I. Na **música operática**, existem também conspirações, por exemplo, na ópera verdiana:

i) Na ópera *"Macbeth"*[115], inspirada na peça homónima de SHAKESPEARE[116], LADY MACBETH instiga o marido, MACBETH, a assassinar o Rei DUNCAN, na sequência das profecias das bruxas que lhe auguravam o trono (mais tarde, o casal também conspira, manda assassinar BANQUO e tenta assassinar o seu filho, no intuito de afastar a profecia das Bruxas que davam BANQUO como "pai de reis").

ii) Na ópera *"Un Ballo in Maschera"*[117], vários nobres conspiram o assassínio do Rei RICCARDO; finalmente decidem-se pela sua morte; tiram

---

CANOTILHO, *Direito Constitucional*..., pg. 1385). Os catálogos de direitos estabelecidos em Constituições rígidas protegem contra o abuso do legislador (GUSTAVO ZAGREBELSKY, *Il diritto mite*, Eunaudi, Turim, 1992, pg. 63).

No que tange aos direitos, liberdades e garantias, são impostergáveis as noções de actualidade (v. GOMES CANOTILHO, *Constituição dirigente e vinculação do legislador. Contributo para a compreensão das normas constitucionais programáticas*, 2.ª ed., Coimbra Ed., 2001, pgs. 317-318) e de aplicabilidade directa (a norma concernente à aplicabilidade directa forma uma conjunção de normas com a segunda norma (vinculação de entidades públicas) e com a terceira norma (vinculação de entidades privadas), nos termos do n.º 1 do art. 18.º da Constituição).

As normas da Constituição têm uma especial força de execução, sendo esta tanto maior quanto tais normas forem dotadas de uma auto-suficiência aplicativa imediata nas relações materiais (PAULO OTERO, *O Poder de Substituição em Direito Administrativo. Enquadramento dogmático-constitucional*, vol. II, Lex, Lisboa, 1995, pg. 532).

Os preceitos constitucionais respeitantes aos direitos, liberdades e garantias são directamente aplicáveis, por via directa da Constituição, não através da *auctoritas interpositio* do legislador. Mais especialmente ainda, perante normas sobre direitos fundamentais exequíveis por si mesmas, a sua eficácia operativa é independente de qualquer prévia intervenção da lei (PAULO OTERO, *O Poder de Substituição*..., II, pg. 532). De qualquer modo, a aplicabilidade directa traduz uma especial força operativa dos preceitos constitucionais sobre direitos fundamentais, expressão do primado do "Estado de direitos fundamentais" dentro do Estado de Direito democrático.

[115] *"Ópera em quatro actos"*, música de GIUSEPPE VERDI, *libretto* de FRANCESCO MARIA PIAVE / ANDREA MAFFEI (na interpretação de ENZO MASCHERINI, MARIA CALLAS, Orquestra e Coro do Teatro *alla Scala*, sob a direcção de VICTOR DE SABATA).

[116] Existe também um filme inspirado na peça, realizado e protagonizado por ORSON WELLS.

[117] *"Ópera em quatro actos"*, música de GIUSEPPE VERDI, *"libretto"* de ANTONIO SOMMA (na interpretação de MARIA CALLAS, GIUSEPPE DI STEFANO e TITO GOBBI, com Orquestra e Coro do Teatro *alla Scala*, sob a direcção de ANTONINO VOTTO).

à sorte quem assassinará o Rei, durante o baile; a sorte recai sobre RENATO, marido de AMÉLIA, pela qual o Rei nutria paixão.

iii) Na ópera "*I Vespri Siciliani*", os sicilianos autóctones conspiram assassinar os soldados franceses, durante a ocupação da Sicília.

iv) Na ópera "*Attila*"[118], repete-se o cenário conspirativo, desta feita dos autóctones romanos em relação à invasão dos Hunos, chefiados por ÁTILA.

II. Na ópera "*Samson et Dalila*" ("*Sansão e Dalila*"), de CAMILLE SAINT-SAËNS, com "*libretto*" de FERDINAND LEMAIRE[119], inspirada no excerto do livro dos *Juízes* (16: 4-31), é narrada a conspiração dos filisteus, entre DALILA e o Grande Sacerdote de Dagon.

DALILA decidira a traição a SANSÃO: "*(...) Voici l'heure de la vengeance / qui doit satisfaire nos dieux! / Amour! viens aider ma faiblesse!/ / Verse le poison dans son sein! / Fais que, vaincu par mon adresse, / / Samson soi enchaîné demain! / (...) Contre l'amour sa force est vaine; / / et lui, le fort parmi les forts, / lui, qui d'un peuple rompt la chaîne, / / succombera sous mes efforts!*" (primeira cena do segundo acto).

Na segunda cena do segundo acto, DALILA reafirma ao Grande Sacerdote: "*(...) Samson, malgré lui-même, / combat et lutte en vain; / je sais combien il m'aime, / et mon coeur ne craint rien. / C'est en vain qu'il me brave; / il est fort aux combats, / mais il est mon esclave / et tremble dans mes bras.*".

O Grande Sacerdote retorque: "*Sers nous de ta puissance! / Prêtre-nous ton appui! / Que surpris, sans défense, / il succombe aujourd'hui! / / Vends-moi ton esclave Samson! / Et, pour te payer sa rançon, / je ne ferai point de promesses; / tu peux choisir dans mes richesses*". DALILA responde: "*Qu'importe à Dalila ton or? / Et que pourrait tout un trésor, / / si, je ne rêvais de la vengeance? / Toi-même, malgré ta science, / je t'ai trompé par cet amour. / Samson sut vous dompter un jour; / mais il n'a pu me vaincre encore, / car, autant que toi, je l'abhorre!*"[120]; o Grande

---

[118] "*Drama lírico num prólogo e três actos*", música de GIUSEPPE VERDI, *libretto* de TEMISTOCLE SOLERA (na interpretação de SAMUEL RAMEY, CHERYL STUDER, NEIL SCHICOFF, com Orquestra e Coro do Teatro *alla Scala*, sob a direcção de RICCARDO MUTI).

[119] Ópera em três actos; na interpretação de RITA GORR, JOHN VICKERS, ERNEST BLANC, com a Orquestra do Teatro Nacional da Ópera de Paris, sob a direcção de GEORGES PRÊTRE.

[120] Um pouco diverso é o pormenor do dinheiro, na Bíblia: "*(...) Sansão apaixonou-se por uma mulher que habitava no vale de Sorec, chamada Dalila. Os príncipes dos filisteus foram ter com ela e disseram-lhe: «Tenta seduzi-lo e descobre por que razão é tão grande a sua força, e de que modo poderemos ser mais fortes e prendê-lo para o dominar. Se o conseguires, nós te daremos, cada um, mil e cem siclos de prata.»*" (Juízes, 16: 4-5).

Sacerdote – "*J'aurais dû deviner ta haine et ton dessein ! / Mon cœur en t'écoutant tressaille d'allégresse. / Mais sur son cœur déjà n'aurais-tu pas en vain / mesuré ta puissance, essayé ton adresse?*"; DALILA – " *Oui!... dèjá par trois déguisant mon projet, / j'ai voulu de sa force éclaircir le secret. / J'allumai cet amour, espérant qu'à sa flamme / je lirais l'inconnu dans le fond de son âme / Mais, par trois fois aussi déjouant mon espoir, / / il ne s'est point livré, ne m'a rien laissé voir. / En vain d'un fol amour j'imitai les tendresses, / espérant amollir son cœur par mes caresses ! / / J'ai vu ce fier captif enlacé dans mes bras, / s'arracher de ma couche et courir aux combats. / Aujourd'hui cependant il subit ma puissance, / car je l'ai vu pâlir, trembler en ma présence, / et je sais qu'à cette heure, abandonnant les siens, / il revient en ces lieux resserrer nos liens. / Pour ce dernier combat j'ai préparé mes armes: / Samson ne pourra pas résister à mes larmes.*". O Grande Sacerdote – "*Que Dagon, notre Dieu, daigne étendre son bras! / Tu combats pour sa gloire et par lui tu vaincras*"; DALILA – "*Il faut, pour assouvir ma haine, / il faut que mon pouvoir l'enchaîne! / Je veux que, vaincu par l'amour, / il courbe le front à son tour!(...)*". O Grande Sacerdote – "*En toi est mon espérance, / à toi l'honneur de la vengeance ! à toi (...)*"; DALILA – "*À moi l'honneur de la vengeance ! / À moi l'honneur ! à moi ! (...)*". Ambos selam o pacto cantando "*Unamo-nos*": "*Unissons-nous toux doux! / Unissons-nous tous deux! / Mort! Mort ! Mort! Mort! / Mort au chef des Hébreux!*".

DALILA urde para SANSÃO uma burla amorosa, uma iníqua e pérfida rede de traição, conseguida, em particular, devido à sua voz[121].

Após a sua perda, SANSÃO, já cego, lamentará ter dado o seu amor a uma mulher tão perversa: "*j'ai profané l'amour, / en le donnant à cette femme.*" (v. também o final, em que SANSÃO, com a ajuda de DEUS, derruba os pilares entre os quais estava situado, matando, segundo o livro dos Juízes, mais filisteus do que em toda a sua vida).

III. Com base na conspiração de GOMES FREIRE DE ANDRADE, RAUL BRANDÃO escreveu *A Conspiração de 1817*, publicado, em 1914. A 2.ª edição foi intitulada *A Conspiração de Gomes Freire*, sendo publicada em 1917.

---

[121] Na sexta cena do primeiro acto, um velho hebreu havia prevenido SANSÃO: "*Détourne-toi, mon fils, de son chémin! / Évite et crains cette fille étrangère! / (...) Ferme l'oreille à sa voix mensongère, / et du serpent évite le venin.*".

A voz de DALILA é sempre enganadora para SANSÃO, nomeadamente na *aria* da terceira cena do segundo acto: "*Mon coeur s'ouvre à ta voix comme s'ouvrent les fleurs / aux blaisers de l'aurore!*".

IV. JORGE LUIS BORGES, no último poema da obra *Os Conjurados*, escreve:

"Os conjurados

No centro da Europa estão a conspirar.
O facto data de 1291.
Trata-se de homens de diversas estirpes, que professam diversas religiões e que falam em diversas línguas.
Tomaram a estranha resolução de ser razoáveis.
Resolveram esquecer as suas divergências e acentuar as suas afinidades.

Foram soldados da Confederação e depois mercenários, porque eram pobres e tinham o hábito da guerra e não ignoravam que todas as empresas do homem são igualmente vãs.

Foram Winfelried, que crava no peito as lanças inimigas para que os seus companheiros avancem.

São um cirurgião, um pastor ou um procurador, mas são também Paracelso e Amiel e Jung e Paul Klee.

No centro da Europa, nas terras altas da Europa, cresce uma torre de razão e de firme fé.

Os cantões são agora vinte e dois. O de Genebra, o último, é uma das minhas pátrias.

Amanhã serão todo o planeta.

Talvez o que digo não seja verdadeiro; oxalá seja profético."[122-123].

2. Distinções conceptuais em relação ao acordo com vista à prática de genocídio

2.1. *Figuras próximas*

Existem figuras próximas da conspiração a conjura e o conluio:

---

[122] JORGE LUIS BORGES, *Os Conjurados* in *Obras Completas*, III, 1975-1985, Círculo de Leitores, Lisboa, 1998, pg. 527 (pgs. 477-527).

[123] Noutro plano, MEFISTÓFELES, refere, na peça *Fausto*, II, verso 11550: "*Conjurados connosco estão / Os elementos destruidores.*" (JOHANN WOLFGANG GOETHE, *Fausto*, trad., int., glossário de João Barrento, imagens de Ilda David, Círculo de Leitores, Mem Martins, 1999, pg. 543 (cfr. também *Fausto*, trad. de AGOSTINHO D'ORNELAS, cuidada por PAULO QUINTELA, Relógio d'Água, Lisboa, 1987)).

Conspiração e conjuração são praticamente sinónimos nos crimes contra a segurança do Estado (art. 173.° do Código Penal de 1852/1886 (cfr. também art. 143.°)). No Projecto de EDUARDO CORREIA, a conjura e a conjuração estavam previstas nos artigos 360.°[124] e 374.°[125].

Como refere CAVALEIRO DE FERREIRA, o concerto criminoso da conjuração é mais do que a intenção colectiva ou acordo sobre o propósito criminoso, pois é também sobre o planeamento da execução, sobre o projecto da execução. À conjuração segue-se um grau ulterior, perdendo aquela a autonomia como facto punível[126].

Conceito similar é o do conluio (art. 300.° do Código Penal de 1852/1886, do Código de Justiça Militar de 1925)[127].

2.1.1. *Conspiração, proposta e provocação, constando na Parte Geral*

No Direito alemão, existe uma excepção do princípio segundo o qual ninguém sofre uma pena por causa da simples decisão criminosa: o caso em que é punido quem se declara disposto, aceita a prontificação de outrem ou instiga alguém a isso (§ 30 StGB)[128-129].

---

[124] O artigo 360.° (Conjura) referia:

"Todo o português ou estrangeiro residente em Portugal que conjurar contra a segurança exterior do Estado, concertando com outra ou outras pessoas cometer qualquer dos crimes declarados nos artigos 352.°, 353.° e 354.°, será punido, se a conjuração for seguida de algum acto preparatório de execução, com prisão de dois a seis anos. Se não for seguida de algum acto preparatório de execução, será punido com prisão de seis meses a dois anos. Esta pena será também aplicável quando, havendo algum acto preparatório de execução, existirem atenuantes de excepcional importância." (Actas... Parte Especial, pg. 360).

[125] O artigo 374.° (Conjuração) preceituava:

"A conjuração ou conspiração para a perpetração de um determinado facto descrito nos artigos 371.°, 372.° e 373.° (...) será punida, se a pena mais grave não for estabelecida por outra disposição legal, com a pena de um a cinco anos quando seguida de algum acto preparatório de execução, ou com a pena de prisão de três meses a dois anos se não se seguir algum acto preparatório." (Actas... Parte Especial, pg. 380).

[126] MANUEL CAVALEIRO DE FERREIRA, *Direito Penal Português. Parte Geral*, II.

[127] MANUEL CAVALEIRO DE FERREIRA, *Direito Penal Português. Parte Geral*, II, U.C.P., Editorial Verbo, 1981, pg. 20.

[128] O § 30 StGB (*"Versuch der Beteiligung"*) refere:

"(1) Wer einen anderen zu bestimmen versucht, ein Verbrechen zu begehen oder ihm anzustiften, wird nach den Vorschriften über den Versuch des Verbrechens bestraft (...)

(2) Ebenso wird bestraft, wer sich bereit erklärt, wer das Erbieten eines anderen

Todas as formas em epígrafe suscitam ou despertam algo que possa suscitar o desejo do crime; e encontram-se temporalmente no mesmo nível no grau de progressão criminal.

O perigo é distinto na conspiração, na proposta e na provocação.

A proposta e a conspiração são dois graus no curso da resolução manifestada. A diferença da proposta[130] em relação à conspiração é a de que o *"plus"* desta exigir a resolução dos agentes, ou seja, que haja vários e que tenham decidido em comum:

Na proposta, existe um sujeito decidido, que manifesta a outros a sua resolução, sem que seja necessário que os receptores da proposta se mostrem resolvidos[131], sendo, pois, um fenómeno tendencialmente mais próximo do começo de execução.

Na proposta ou oferta (antigo *"parágrafo de Duchesne"*[132]), é determinante do merecimento de pena o fortalecimento e a afirmação da resolução criminal do presumido autor, que fica vinculado ao assunto mediante a vinculação espiritual com os demais intervenientes[133].

A provocação, em alguns Códigos Penais, consta também da Parte Geral.

A *"tentativa de instigação"* implica que quem incita presta a sua contribuição ao facto, de modo que a punibilidade do comportamento não vem determinada por meras resoluções e atitudes morais (a acção deve consistir em imediatamente determinar outro à comissão de um crime grave. Requere-se que a declaração haja chegado pelo menos ao destinatário, pois, se faltar, não alcança o mínimo de perigosidade que é neces-

---

annimmt oder wer mit einem anderen verabredet, ein Verbrechen zu begehen oder zu ihm anzustiften."

[129] O anterior parágrafo 49.º a) do StBG era qualificado por DREHER como o *"enfant terrible"* entre as disposições da Parte Geral.

[130] No Direito norte-americano, na conspiração, diversa da *"solicitação"* (*"proposta"*), o acto criminal parece-se com o acto criminal da solicitação, mas vai mais longe, por envolver um acordo entre duas ou mais pessoas para cometer um acto ilícito (MILLER). Na conspiração, o acto pode ficar consideravelmente longe do grau de proximidade da consumação.

[131] LUIS JIMENEZ DE ASÚA, *Tratado de Derecho Penal*, t. VII, El delito y su exteriorizacion, 3.ª ed., Losada, Buenos Aires, VII, pg. 269.

[132] DUCHESNE havia oferecido os seus préstimos para matar BISMARCK. O *"parágrafo Duchesne"* foi introduzido pela Lei de 26 de Fevereiro de 1876, tendo apenas o objectivo proteger as personalidades políticas particularmente expostas. A sua *"ratio"* não era uma necessidade geral de pensar a instigação frustrada, mas a de proteger personalidades.

[133] JESCHECK, *Tratado...*, II, pg. 981.

O Acordo com vista à Prática de Genocídio

sário para que o facto seja punido; o autor deve ter o duplo dolo do instigador: deve querer determinar a comissão de um crime grave ao sujeito e,
ao mesmo tempo, produzir a execução do facto principal[134].

A "tentativa de instigação" foi única figura admitida pelo Projecto
Alternativo (*Alternativ-Enwurf*)[135], de 1966; as restantes figuras foram
excluídas, por serem consideradas constitucionalmente objectáveis.

2.1.3.1 No **Projecto da Parte Geral**, de 1963, da autoria de EDUARDO
CORREIA, na esteira do Código Penal alemão, o art. 31.º estatuía a punibilidade de certos comportamentos referenciados:

*"Quem tenta determinar outrem à prática de um crime será punível
com a pena correspondente à tentativa desse crime. Da mesma forma será
punível quem aceita a oferta de outrem, ou com outra pessoa se concerta,
para cometer um crime, ou quem se declara disposto a cometê-lo."*[136].

Segundo EDUARDO CORREIA, *"a punição da autoria moral e da
cumplicidade supõe a acessoriedade, isto é, supõe que outrem realize uma
actividade executiva. Simplesmente, do ponto de vista político-criminal,
nem sempre esta ideia conduz a resultados satisfatórios. Em particular,
tem-se posto o problema de saber se não deve ser punível aquele que
insiste com veemência na formação da vontade criminosa de outrem,
mesmo quando este não chega a praticar qualquer acto de execução; e a
resposta afirmativa tem-se imposto cada vez mais – até porque o acto de
execução pode não chegar a ter lugar por força de razões puramente
exteriores"*[137].

*"as razões que impõem ou justificam a punibilidade destes casos
valerão integralmente para a hipótese inversa – aquela em que alguém se
declara disposto a cometer um crime (caso «Duchesne», que deu origem
à consagração legislativa da hipótese no Código alemão) –, como valerão
para as hipóteses em que alguém aceita a oferta de outrem, ou com outra
pessoa se concerta para cometer um crime. Serão estas, de certa forma,
aplicações válidas do pensamento que preside à chamada «Schuldteilnah-
metheorie»"*[138].

Os Conselheiros OSÓRIO e GUARDADO LOPES deram o seu acordo ao
preceito.

---

[134] V. JESCHECK, *Tratado...*, II, pg. 983.
[135] Elaborado por jovens professores de Direito Penal.
[136] *Actas...*, Parte Geral, pg. 206.
[137] *Actas...*, Parte Geral, pgs. 206-207.
[138] *Actas...*, Parte Geral, pg. 207.

Segundo o Conselheiro Osório, não parecia ter dignidade punitiva a simples declaração de que se está disposto a cometer um crime, sendo necessário o compromisso, propondo a seguinte redacção para a segunda parte do preceito:

«Da mesma forma será punível quem se oferece para cometer um crime, quem aceita esse oferecimento e quem com outrem se concerta para a prática dele.»[139]

Maia Gonçalves propôs a seguinte redacção:

"Será punível com a pena correspondente à tentativa todo aquele que:
(...)
c) Com outrem se concerta para cometer um ou vários crimes.".

O Professor Gomes da Silva teceu uma severa crítica, manifestando a sua *"fundamental oposição"*. *"Na verdade, (...) quem forma uma vontade criminosa não é punível, visto que cogitationes poenam nemo patitur, tratando-se aí (...) de um acto preparatório. Logo, não se compreende que a formação de tal vontade não seja punível mas já o seja quem contribui ou determina a formação dessa vontade"*[140].

A criminalização deve ir além das hipóteses de provocação pública ao crime, pois seria *"alargar o campo do direito penal para além do facto tangível, palpável"*[141]; *"uma incriminação como a do Projecto arrastará para a punição muitos casos que não têm dignidade punitiva."*[142].

Eduardo Correia rejeitou as objecções de Gomes da Silva:

"Não há aqui nada que possa assemelhar-se a uma punição da nuda cogitatio, *visto que aquele que vai ser punido é sempre alguém que, por actos externos, revelou a sua intenção de cometer um crime e criou assim um sério perigo para bens protegidos pelo direito penal. Outra coisa significaria (...) esquecer que o problema da punibilidade se põe em relação ao que determina ou tenta determinar e não em relação ao determinado."*[143]

---

[139] *Actas...*, Parte Geral, pg. 208.
[140] *Actas...*, Parte Geral, pg. 207.
[141] *Actas...*, Parte Geral, pg. 207.
[142] *Actas...*, Parte Geral, pg. 207.
[143] *Actas...*, Parte Geral, pg. 209.

2.2. Figuras afins

2.2.1. Punição de actos preparatórios

Quando o sujeito leva a cabo a totalidade dos actos executivos e se produz o resultado criminoso, o tipo é plenamente realizado e chega-se à consumação.

A lei pode, contudo, antecipar a tutela penal, por uma norma legal, de maneira a que seja punível não só o crime consumado. O art. 21.º do Código Penal[144] ressalva a existência de disposição expressa.

Nas formas de crime, lidamos actos jurídico-penalmente relevantes, mas inconsumados; nesta categoria, cabem a tentativa e os actos preparatórios, sendo estes, em princípio, impunes (art. 21.º)[145-146].

---

[144] Art. 20.º do Projecto EDUARDO CORREIA, "no pórtico do capítulo".

[145] FARIA COSTA, O círculo e a circunferência: em redor do direito penal da comunicação in Estudos Comemorativos do 150.º Aniversário do Tribunal da Boa-Hora, Ministério da Justiça, 1995, pg. 47.

[146] A maior parte dos penalistas europeus do século XIX considerava que os actos preparatórios deveriam ser, em geral, impunes, pois não supunham uma infracção de normas jurídicas (as proibições, nos crimes de acção dolosos) e também pelo seu carácter equívoco: considerados em si mesmos, poderiam estar orientados para a comissão de algum crime ou ser condutas perfeitamente lícitas.

Apenas havia discrepâncias por parte dos representantes da Escola positiva italiana, de acordo com os quais os actos preparatórios deveriam ser castigados quando revelassem a perigosidade do delinquente. As suas ideias não encontraram eco nas legislações do séc. XIX, pela sua difícil conciliação com os princípios básicos do Direito Penal liberal (sendo a segurança jurídica uma das suas exigências fundamentais). Contudo, a punição foi incluída na tendência dos regimes modernos totalitários do século XX, castigando, em maior ou menor medida, os actos preparatórios:

i) O Código Penal russo de 1926 castigava de um modo geral os actos preparatórios, quando manifestassem a perigosidade do delinquente.

ii) O Projecto de Código Penal de 1936 da Alemanha ampliava o conceito de tentativa, tentando substituí-lo por "empreendimento".

Também na reforma de 1944 do Código Penal espanhol se ampliou o âmbito de punição dos actos preparatórios, nos termos do art. 4.º, à conspiração, à proposta e à provocação.

Sobre a história da punição de actos preparatórios, v., nomeadamente, JOSÉ CEREZO MIR, Derecho Penal. Parte general – Lecciones, Lecciones 26-40, 2.ª ed., Universidad Nacional de Educación a Distancia, Madrid, 2000, pgs. 158-159.

Existem excepções ao mencionado princípio de impunibilidade (*v. g.*, artigos 271.°[147], 274.°, 275.°[148], 300.°, 301.°, 344.° do Código Penal), em que a criminalização visa censurar condutas preparatórias de determinadas infracções, dada a gravidade criminal de que se revestem[149].

---

[147] O artigo 271.°, sob epígrafe "*Actos preparatórios*", refere:

"*1. Quem preparar a execução dos actos referidos nos artigos 262.°, 263.°, 268.°, n.° 1, 269.°, n.° 1 ou 270.°, fabricando, importando, adquirindo para si ou para outra pessoa, fornecendo, expondo à venda ou retendo:*

a) Formas, cunhos, clichés, prensas de cunhar, punções, negativos, fotografias ou outros instrumentos que, pela sua natureza, são utilizáveis para realizar crimes; ou

b) Papel que é igual ou susceptível de se confundir com aquele tipo que é particularmente fabricado para evitar imitações ou utilizado no fabrico de moeda, título de crédito ou valor selado;

é punido com pena de prisão até 1 ano ou com pena de multa até 120 dias.

(...)

3. Não é punível pelos números anteriores quem voluntariamente:

a) Abandonar a execução do acto preparado e prevenir o perigo, por ele causado, de que outra pessoa continue a preparar o acto ou o execute, ou se esforçar seriamente nesse sentido, ou impedir a consumação; e

b) Destruir ou inutilizar os meios ou objectos referidos no número anterior, ou der à autoridade pública conhecimento deles ou a ela os entregar.".

[148] O art. 275.°, sob epígrafe "*Substâncias explosivas ou análogas a armas*", preceitua:

"*1. Quem importar, fabricar ou obtiver por transformação, guardar, comprar, vender, ceder ou adquirir a qualquer título, transportar, distribuir, deter, usar ou trouxer consigo arma classificada como material de guerra, arma proibida de fogo ou destinada a projectar substâncias tóxicas, asfixiantes, radioactivas ou corrosivas, ou engenho ou substância explosiva, radioactiva ou própria para a fabricação de gases tóxicos ou asfixiantes, fora das condições legais ou em contrário das prescrições da autoridade competente, é punido com pena de prisão de 2 a 5 anos.*

(...)

3. Se as condutas referidas no n.° 1 disserem respeito a engenho ou substância capaz de produzir explosão nuclear, o agente é punido com pena de prisão de 2 a 8 anos.

4. Quem detiver ou trouxer consigo mecanismo de propulsão, câmara, tambor ou cano de qualquer arma proibida, silenciador ou outro aparelho de fim análogo, mira telescópica ou munições, destinados a serem montados nessas armas ou por ela disparadas, se desacompanhados destas, é punido com pena de prisão até 1 ano ou com pena de multa até 240 dias."

[149] A punição de actos preparatórios é justificável para certo tipo de crime (por exemplo, nos crimes mais graves contra o Estado).

No entanto, "*deve ser rodeada de restrições e garantias adequadas a impedir uma incriminação demasiadamente lata*" (*Actas...*, Parte Especial, pg. 361), o que não sucedia com o art. 172.° do Código Penal anterior, que se aplicava a todos os actos preparatórios

Os actos preparatórios são antecedidos por actos internos do sujeito; distingue-se: i) a tentação criminal, ii) a deliberação interna entre os motivos favoráveis e desfavoráveis, iii) a resolução de vontade de realizar a acção típica[150].

Os actos meramente internos são impunes, devido ao princípio "*cogitationes poenam nemo patitur*"; não se deve sofrer a pena pelo mero pensamento.

Não obstante, a conspiração não é um mero acto interno do sujeito, pois pertence à fase de comunicativa, como se demonstrará.

2.2.1.1 Podem ser adoptadas duas posições acerca da relação entre a conspiração e os actos preparatórios: a inclusão ou a exclusão da conspiração, da proposta e da provocação correlativamente à categoria dos actos preparatórios[151], ou seja, a adopção de uma concepção unicitária ou de uma concepção dualista (ou diferenciadora).

---

de todos os crimes contra a segurança exterior ou interior do Estado, sem qualquer especificação ou limite (*Actas*..., Parte Especial, pg. 361).

Assim, "*a punição dos actos preparatórios deve ser tida como medida excepcional*" (*Actas*..., Parte Especial, pg. 362); "*só se justifica em relação aos crimes mais graves e quando houver já um plano de crime e uma intenção definida*" (*Actas*..., Parte Especial, pg. 362).

Segundo FARIA COSTA, a punibilidade dos actos preparatórios deve-se à essencialidade de certos bens jurídicos, para suportar a natureza ou a própria compreensão do estado de direito, bem como à existência de um plano e de uma intenção definida.

Segundo MARIA FERNANDA PALMA (*A Justificação por Legítima Defesa como Problema de Delimitação de Direitos*, vol. I, AAFDL, 1990, pg. 321), há algo de mais específico. Nos casos previstos, verifica-se uma associação típica exclusiva dos actos preparatórios descritos ou apenas concebíveis, ao plano de execução de um ou vários crimes. A inerência típica de tais actos preparatórios a um plano criminoso, associada à essen-cialidade dos bens em causa, enfraquece as razões de segurança jurídica, que delimitam a incriminação, e dá voz às solicitações preventivas (MARIA FERNANDA PALMA, *A Justificação*..., I, pg. 322).

Em certos casos, existe já uma apetência para a autonomização do sentido valorativo daqueles actos e para uma apreciação do efeito-valor por eles realizado, independentemente da execução do crime a que estão ligados; o referido processo não corresponde à protecção de um valor objectivamente autónomo daquele que, em última instância, se pretende prevenir, pois a construção de um bem jurídico autónomo assenta numa certa imagem de danosidade social, dada a normal instrumentalização criminosa das consequências ou produtos daqueles actos (MARIA FERNANDA PALMA, *A Justificação*..., I, pg. 323).

[150] JOSÉ CEREZO MIR, *Derecho Penal*..., pg. 158.

[151] V. GONZALO RODRÍGUEZ MOURULLO, *La punición de los actos preparatorios* in *Anuario de Derecho Penal y Ciencias Penales*, tomo XI, fasc. II, Mai.-Ago. de 1968, pgs. 278-279 (do mesmo Autor, em língua francesa, *La punition des actes preparaioires dans le droit pénal espagnol* in *RIDP*, 1969, pgs. 77-120).

I. A concepção tradicional opinava no sentido de enquadrar a conspiração nos actos preparatórios. A criminalização seria uma excepção ao princípio da impunidade da *"nuda cogitatio"*, pois a questão mudaria na conspiração, em que a resolução se transcende para o exterior[152].

Não se falaria da punibilidade de ideias, mas da sanção lógica de um "acto preparatório" da infracção[153].

Outro argumento seria o de que uma nova categoria complicaria inutilmente a teoria do *"iter criminis"*.

II. Diversamente, JÍMENEZ DE ASÚA refere que, de nenhuma forma, se pode dizer que sejam actos preparatórios, pois estes são externos e materiais, não meramente verbais. São, por isso, *"casos de resolução manifestada"*.

Também ORTEGA COSTALES[154] distingue, na teoria do *"iter criminis"* várias fases:

– a fase interna;
– a fase comunicativa: conspiração, proposta, provocação;
– a fase dos actos preparatórios;
– a fase executiva: tentativa, consumação.

A conspiração é um caso de antecipação da tutela penal mediante a incriminação de uma fase do *"iter criminis"* anterior à dos actos preparatórios.

Contudo, o art. 21.º é aplicável *"a fortiori"*, por argumento de maioria de razão, para fundamentar a não punição, em geral, do *"acordo simples"*, não seguido de actos de execução.

---

[152] FEDERICO PUIG PEÑA, *Conspiración* in *Nueva Enciclopedia Jurídica*, CARLOS-E. MASCAREÑAS (ed. lit.), tomo V, Francisco Seix, Barcelona, 1953, pg. 206.

[153] PUIG PEÑA, *Conspiración*, pg. 206.

[154] ORTEGA COSTALES, *Teoria de la Parte Especial...*, pg. 99.

2.2.2. *Situações de comparticipação criminosa*

I. Outras figuras afins são as de comparticipação criminosa[155-156], previstas na Parte Geral (artigos 26.°[157] e 27.° do Código Penal).

---

[155] As situações concursais são de não fácil apreensão. CAVALEIRO DE FERREIRA refere que *"A disciplina jurídica da comparticipação criminosa corresponde a uma realidade multímoda, de difícil enquadramento para abranger todas as modalidades que pode apre-sentar. Esta dificuldade é posta em realce pela doutrina e reflecte-se na multiplicidade de sistemas legislativos e classificações doutrinárias que se esforçam por disciplinar e explicar o fenómeno da criminalidade colectiva."* (*Direito Penal Português, Parte Geral*, II, U.C.P., Editorial Verbo, pg. 76).

KANTOROWICZ referencia que *"a teoria da participação é o capítulo mais obscuro e equívoco da Ciência do Direito penal alemão"* (*apud* CLAUS ROXIN, *Autoría y Dominio del Hecho en Derecho Penal*, Traducción de la septima edición alamana por Juaquín Cuello Contreras y José Luis Serrano González de Murillo, Marcial Pons, Madrid, 2000, pg. 19, e *apud* JUAQUÍN CUELLO CONTRERAS, *La Conspiración...*, pg. 18).

"As construções jurídicas complicaram-na desgraçadamente tanto que (...) constitui um dos capítulos mais difíceis de toda a dogmática jurídico-penal" (WILHELM SAUER, *Derecho Penal (Parte General)*, traducción directa del alemán por Juan del Rosal y José Cerezo, Bosch, Barcelona, pg. 300).

Este problema foi também classificado por HEINBERGER como *"um trabalho de Sísifo"* ou mesmo por RADBRUCH e por VON DOHNANYI como um problema *"privado de esperança"*, do qual derivaria uma *"piedosa incerteza jurídica"* (HEINBERGER de novo) (*apud* SERGIO SEMINARA, *Tecniche normative e concorso di persone nel reato*, Giuffrè, Milão, 1987, pg. 180).

[156] Já o Direito Romano, para punir os diferentes protagonistas, multiplicou as distinções nominais: *"auctores"*, *"socii"*, *"fautores"*, *"consui"*, *"adjutores"*, *"ministri"* (ROGER MERLE / ANDRÉ VITU, *Traité de Droit Criminel. Problèmes généraux de la science criminelle. Droit pénal général*, tome I, Quatrième éd., Ed. Cuias, pg. 607).

Partindo de uma visão descritiva fenoménica, a comparticipação criminosa, do ponto de vista naturalístico, consiste na união de várias pessoas, cujas forças são coordenadas pelo objectivo de realizar um evento vedado pela lei penal (PIETRO NUVOLONE, *Il Sistema del Diritto Penale*, Cedam, Pádua, 1975, pg. 371).

[157] Existem vários **sistemas de autoria**: o sistema de autor unitário, o conceito extensivo de autor, as teorias do merecimento da pena, as teorias da perigosidade e o conceito restritivo. O conceito restritivo de autor espelha uma concepção substancial de crime, ao contrário do conceito extensivo, que espelha uma concepção formal, apoiada nas características exteriores da acção e da sua conformidade ao aspecto formal da *fattispecie* legal (UGO PIOLETTI, *Manuale di Diritto Penale. Parte Generale*, Seconda Edizione, CEDEJ, Napoli, 1969, pg. 358); o conceito restritivo retém prevalentemente a eficiência causal da acção (ID., *ib.*).

O conceito restritivo tem várias bifurcações: as teorias objectivo-formais, as teorias subjectivas, as teorias objectivo-materiais, as teorias mistas e a teoria do domínio do facto.

Várias espécies da teoria do domínio do facto foram defendidas desde o Finalismo;

O suporte de algumas destas figuras é a conspiração, consubstanciadora do plano prévio à execução da acção criminosa, sendo a antecâmara de um elemento subjectivo, que perfaz uma das peças essenciais de várias figuras com-participativas. O plano reveste-se da característica de fonte e de funda-mento da punibilidade.

As figuras incriminadas da conspiração, do "*complot*", se não se reconduzirem à co-autoria, dado não terem que ver directamente com a teoria da comparticipação, serão crimes autónomos, "*sui generis*"[158], como já defendia EDUARDO CORREIA.

II. A comparticipação criminosa pertence à *fattispecie* **monossubjectiva** (eventual): é uma tipicidade acessória, integrativa, diversa da *fattispecie* plurissubjectiva (necessária), de que o n.° 3 do art. 239.° é exemplo.

Explicando a primeira, no sistema penal de origem demo-liberal, em que pontifica o princípio da legalidade, é necessário normas que confiram relevância penal ao comportamento não integrado "*a priori*" na *fattispecie* descrita na Parte Especial.

As normas incriminadoras da Parte Especial só valem para as formas de autoria singular (e na forma consumada), sendo as demais figuras do sistema comparticipativo criadas por alargamento da Parte Geral[159].

A Parte Geral contém disposições que sancionam formas imperfeitas, pressupostos em que falta algum dos elementos exigidos pelo tipo. Elas são normas integrativas, dispositivos amplificadores do tipo; representam um complemento específico ("*integratività*") para cada norma incriminadora da Parte Especial; esculpindo a actividade lesiva inscrita na norma primária.

DELL'ANDRO explica este fenómeno através da teoria da "*fattispecie plurisoggettiva eventuale*"[160]: a conduta do participante que não cumpre

---

como macro-conceito, o conceito de domínio do facto tem múltiplas variantes e múltiplos critérios de definição. Posição de realce é a concepção de CLAUS ROXIN, considerando ser o autor a figura central do acontecimento, subdivida no domínio da acção, no domínio da vontade e no domínio funcional; sendo um conceito aberto, face à "*resistência do objecto*", existem vazios abertos à valoração judicial.

[158] Ou agravantes (EDUARDO CORREIA, *Direito Criminal*, vol. II, com a colaboração de FIGUEIREDO DIAS, reimpressão, Almedina, Coimbra, 2000, pg. 254).

[159] FREDERICO DE LACERDA DA COSTA PINTO, *A relevância da desistência em situações de comparticipação. Um Estudo sobre a validade e limites da solução consagrada no artigo 25.° do Código Penal de 1982*, Almedina, Coimbra, 1992, pg. 246.

[160] Art. 110.° do Código Penal italiano.

O Acordo com vista à Prática de Genocídio

os requisitos da Parte Especial é, de algum modo, atípica; mas deixa de o ser se contemplada à luz da tipicidade plurissubjectiva eventual; a conduta é, deste modo, típica, de modo parcial e reflexo[161]; a atipicidade não é integral[162]. Existe, contudo, um fenómeno integrativo destas disposições da Parte Geral, operando uma extensão da responsabilidade.

Ao contrário, no n.° 3 do art. 239.°, a conduta dos agentes está descrita desde logo no tipo penal, não havendo qualquer extensão da tipicidade comparticipativa.

III. Outra figura afim é a do acordo na co-autoria (§ 25, 2 do StGB[163] e art. 26.°, 3.ª proposição[164], uma formulação infeliz[165], segundo MARIA DA CONCEIÇÃO VALDÁGUA[166])[167].

---

[161] *Apud* ENRIQUE PEÑARANDA RAMOS, *La Participación en el Delito y el principio de acessoriedad*, Tecnos, Madrid, 1990, pgs. 308-309. V. HENRIQUE SALINAS MONTEIRO, *A comparticipação em crimes especiais no Código Penal*, Universidade Católica Editora, Lisboa, 1999, pgs. 135-138, 198-199, 213-214, 326-328.

[162] A instigação e cumplicidade são **normas acessórias**: têm de ser combinadas com a norma da Parte Especial.

[163] O § 25, 2 do StGB refere: *"(...) Se vários cometem o facto punível conjuntamente, cada um é punido como autor (co-autor)."*

[164] Cfr. o art. 27.° do Anteprojecto EDUARDO CORREIA (*Actas....*, Parte Geral, pg. 194).

[165] Sobre o acordo, plano comum de execução, na co-autoria, *Actas....*, Parte Geral, pg. 199; MARIA DA CONCEIÇÃO S. VALDÁGUA, *Início da tentativa do Co-autor. Contributo para a Teoria da Imputação do Facto na Co-Autoria*, 2.ª ed., Lex, Lisboa, 1993, pgs. 122--123.

[166] MARIA DA CONCEIÇÃO VALDÁGUA, *Início...*, pg. 123.

[167] O acordo, a decisão conjunta, tomada previamente, projecta-se, na sua luz, no tipo subjectivo (PÉREZ ALONSO admite que é possível diversidade de dolo entre os diversos co-autores (ESTEBAN JUAN PÉREZ ALONSO, *La coautoría y la complicidad (necesaria) en derecho penal*, Editorial Comares, Granada, 1998,, pg. 286)). Como refere KÜPER, *"a componente subjectiva vincula os actos individuais"*, *"a justaposição converte-se numa integração ou coordenação"* (KÜPER *apud* ESTEBAN JUAN PÉREZ ALONSO, *La coautoría...*, pg. 282).

Sem acordo, ainda que objectivamente os agentes tenham causado o resultado final, *"na sua materialidade externa"*, não há co-autoria, mas actuações paralelas (MARIA DA CONCEIÇÃO VALDÁGUA, *Início...*, pg. 125). Por exemplo, A e B, sem acordo, deitam doses de veneno, que, só juntas, matam a vítima; cada um apenas pode ser punido por tentativa de homicídio, em autoria paralela).

CLAUS ROXIN analisa questões particulares do acordo, como a do excesso do co-autor, a do *"error in persona"* de um co-autor (em que o *Bundesgerichtshof* considera existir co-autoria e em que CLAUS ROXIN rejeita), a da co-autoria em virtude de *"operatividade*

IV. O n.º 3 do art. 239.º é um tipo autónomo, dotado de um conteúdo material. A definição de *"acordo com vista a cometer o genocídio"* impede a aplicação, sem mais, do conceito técnico-jurídico de co-autoria, porque a verificação do acordo, como acto preparatório, é suficiente para o preenchimento do tipo; e, ainda que haja progressão criminal, não se pode afirmar, desde logo, que haja uma co-autoria antecipada.

V. A teoria do acordo prévio foi gizada pelo Tribunal Supremo de Espanha; aplicada à co-autoria, permitiu um alargamento da punibilidade dos sujeitos que haviam dado o seu acordo prévio, qualquer que fosse o papel na fase executiva[168].

---

ulterior causal" (em que o Autor rejeita a co-autoria), os casos em que está excluída a culpa de um interveniente (em que CLAUS ROXIN rejeita a co-autoria) (v. CLAUS ROXIN, *Autoría...*, pgs. 316 ss.).

[168] O Tribunal Supremo de Espanha utilizou recorrentemente a **teoria do acordo prévio**: são co-autores todos os que actuem unidos pelo acordo, com independência da objectiva intervenção material do facto. Em sentença de 10 de Dezembro de 1983, o referido Tribunal referiu que são requisitos comuns à participação plural, assumindo um vínculo de solidariedade (VICTOR MANUEL AMAYA GARCÍA, *Coautoria y cumplicidad: Estudio Historico y Jurisprudencial*, Dykinson, Madrid, 1993, pg. 269), perfazendo o delito uma totalidade pela qual responderiam todos os delinquentes:

– o *"pactum sceleris"*, a maquinação (deliberada, com tempo ou acidentalmente);
– a *"conscientia sceleris"*, conhecimento da ilicitude do acto criminal;
– a realização pessoal da dinâmica comissiva (*apud* VICTOR MANUEL AMAYA GARCÍA, *Coautoria...*, pg. 150).

Igualmente nesse sentido, v. as Sentenças de 2 de Outubro de 1987 (VICTOR MANUEL AMAYA GARCÍA, *Coautoria...*, pg. 156) e de 11 de Janeiro de 1991 (VICTOR MANUEL AMAYA GARCÍA, *Coautoria...*, pgs. 164-165).

Assim, o Tribunal Supremo castigou, por exemplo, *"como autores do num. 1 do art. 14 o mero vigilante de um crime de roubo; o que permanece ao volante do automóvel que espera à porta da entidade financeira, enquanto outros delinquentes se apoderam, mediante intimidação, do dinheiro, e outros participantes que não tenham tomado parte directa na execução do facto.".*

A *"Corte Suprema de Justicia"*, da Colômbia, tem utilizado uma teoria semelhante, desde a Sentença de 10 de Maio de 1991, na qual defendeu que, se vários indivíduos penetram num local para se apoderarem de bens imóveis, permanecendo um deles na via pública, a seis metros do local, distraindo e interferindo com a visibilidade de uma possível testemunha, serão co-autores.

2.2.3. *Teoria antíqua do complot*

No espaço germânico, mediante o recurso a dados de jurisprudência baixo-medieval italiana e do disposto do art. 148.° da *"Constitutio Criminalis Carolina"* de 1532[169], foi elaborada a teoria do *"complot"*, mais tarde reafirmada por concepções do século XVII, como a de MATHEU E SANZ, bem como por concepções de finais do século XVIII e de inícios do século XIX, integradas nas doutrinas causais da participação[170]:

A definição de *complot* então era a de duas ou mais pessoas se concertarem para cometer um crime, por motivo de um interesse colectivo, e se obrigarem à sua execução colectiva, mediante o acordo de um apoio recíproco; ou seja, um acordo ou pacto selado por uma pluralidade de pessoas para a comissão de um crime, em virtude do qual todas se converteriam em co-autores do crime executado, sem importar a contribuição, mais ou menos próxima, de maior ou menor eficácia, que a cada um lhe devesse corresponder no concerto[171].

Segundo KÖSTLIN, o *"complot"* exige a intervenção de todos os conspiradores na «execução colectiva» do crime, porque se acredita na *"seriedade"* da intenção de cada indivíduo, mas também permite que a execução seja assumida tão-só, em conformidade com o plano traçado, por algum ou alguns deles[172]. Tratar-se-ia de uma instigação recíproca incompleta.

FEUERBACH refere que o *complot* é uma instigação recíproca[173], havendo a responsabilidade dos conspiradores como autores do facto; todos causam mutuamente a resolução de cometer o crime, já que a decisão de cada um é determinada pela *"expectativa contratualmente fundada de assistência e de cooperação por parte dos demais"*[174] (diversamente, segundo STÜBEL, o interesse geral ou colectivo dos conspiradores constitui um dos

---

[169] RENÉ DAVID / CAMILLE JAUFFRET-SPINOSI, *Les grands systèms de droit contemporain*, 11.ª ed., Dalloz, Paris, 2002, pg. 47.

[170] PEÑARANDA RAMOS, *La Participación*..., pgs. 133-134.

[171] PEÑARANDA RAMOS, *La Participación*..., pg. 134.

[172] PEÑARANDA RAMOS, *La Participación*..., pg. 140.

[173] Criticando esta posição dogmática, a instigação pressupõe causar a resolução numa pessoa não decidida a executar o crime. A inexistência deste causar no outro não pode suprir-se. Assim, é mais uma ficção ou presunção do que uma explicação adequada à realidade controversa do *"complot"*. As manifestações sobre uma instigação recíproca são defeituosas, pois o substrato fáctico é indemonstrável ou internamente inexacto. Há casos raros em que preencha o tipo objectivo e subjectivo da instigação: qual seria o agente que determinou quem?

[174] *Apud* PEÑARANDA RAMOS, *La Participación*..., pg. 136.

pilares em que se baseia a expectativa de apoio mútuo entre os sujeitos do *complot*).

Se vários de associam para a comissão do crime, todos são delinquentes principais e merecedores de pena[175].

Perspectivando as formas de intervenção psíquica ou moral no crime de uma perspectiva jurídico-civil, a teoria mencionada pretendia abarcar como autores todos os participantes espirituais do *"complot"*, desenhando uma **analogia** entre o *"complot"* e os contratos civis de sociedade e de mandato, atentas a determinar se o executor do crime havia executado por sua própria vontade (ou no seu interesse) ou em representação de um interesse e da vontade alheios[176]: os vários sujeitos que pactuam estariam em plano de igualdade para a prossecução dos seus propósitos comuns (excluindo, assim, os casos de cumplicidade previamente acordada)[177]. De acordo com BERNER, seria formada uma vontade global, a partir de um sujeito global, constituído pela colectividade dos comparsas, como resultado de uma instigação recíproca dos seus integrantes, pelo qual todos teriam de responder solidariamente[178]. Segundo KÖSTIN, o *complot* consiste no acordo entre os vários sujeitos para a execução colectiva do crime, dentro do pressuposto de que tenha a qualidade de autor. Dado o reconhecimento recíproco das intenções, seria constituída uma vontade global, causando um resultado também global, em virtude do qual todos responderiam solidariamente.

Um exemplo de *"complot"*, fornecido por KÖSTLIN, é o de um facto que só pode ser realizado por uma única pessoa; todos sorteiam entre si quem há-de fazê-lo.

2.2.4 Uma outra figura afim é a dos **crimes de empreendimento**; empreender um facto significa tanto a sua tentativa como a sua consumação[179].

---

[175] PEÑARANDA RAMOS, *La Participación...*, pg. 141.

[176] PEÑARANDA RAMOS, *La Participación...*, pg. 134.

[177] PEÑARANDA RAMOS, *La Participación...*, pg. 135.

[178] BERNER *apud* PEÑARANDA RAMOS, *La Participación...*, pg. 140.

[179] Como exemplos, temos os seguintes: arts. 327.º (*"Atentado contra o Presidente da República"* (cujos actos preparatórios são punidos (art. 344.º)); art. 325.º (*"Alteração violenta do Estado de Direito"*, com a expressão *"tentar destruir"*) (cujos actos preparatórios são igualmente punidos (art. 344.º).

Outros exemplos constam da Lei n.º 34/87, de 16 de Julho, relativa aos Crimes de Responsabilidade dos Titulares de Cargos Públicos. O art. 7.º (*"Traição à Pátria"*) refere:

"O titular de cargo político que, com flagrante desvio ou abuso das suas funções

2.2.5 Figura afim é também a de um tipo particular de **circunstância agravante**. O crime ter sido pactuado por duas ou mais pessoas constituía uma circunstância, nos termos do n.° 7 do art. 34.° do Código Penal de 1852/1886[180].

Hoje é também um índice de maior perigosidade, pois facilita o empreendimento criminoso (*v.g.*, 190.°. n.° 3[181], art. 204.°, n.° 2, al. g)[182] do Código Penal (o bando[183])[184]; bem como o conluio com terceiros (art.

---

ou com grave violação dos inerentes deveres, ainda que por meio não violento nem de ameaça de violência, tentar separar da Mãe-Pátria, ou entregar a país estrangeiro, ou submeter a soberania estrangeira (...).". O art. 8.°, sob epígrafe "Atentado contra a Constituição da República", consigna:

"O titular de cargo público que no exercício das suas funções atente contra a Constituição da República, visando alterá-la ou suspendê-la por forma violenta ou por recuso a meios que não os democráticos nela previstos, será punido com prisão de cinco a quinze anos, ou de dois a oito anos, se o efeito se não tiver seguido.".

Finalmente o art. 9.° ("*Atentado contra o Estado de direito*") refere:

"O titular de cargo político que, com flagrante desvio ou abuso das suas funções ou com grave violação dos inerentes deveres, ainda que por meio não violento nem de ameaça de violência, tentar destruir, alterar ou subverter o Estado de direito constitucionalmente estabelecido, nomeadamente os direitos, liberdades e garantias estabelecidos na Constituição da República, na Declaração Universal dos Direitos do Homem e na Convenção Europeia dos Direitos do Homem, será punido com prisão de dois a oito anos, ou de um a quatro anos, se o efeito se não tiver seguido.".

Sobre os crimes de empreendimento, entre nós, v. Jorge Carlos de Almeida Fonseca, *Crimes de Empreendimento e Tentativa. Um estudo com particular incidência sobre o direito penal português*, Almedina, Coimbra, 1986.

[180] Com efeito, assim se diminuía a probabilidade de defesa e se dava à actividade uma maior probabilidade de êxito, reflectindo-se na gravidade da ofensa e, portanto, na ilicitude, como na altura explicava Eduardo Correia (*Direito Criminal...*, II, pg. 370).

[181] O n.° 3 do artigo 190.° ("*Violação de domicílio*") refere:

"3. Se o crime previsto no número 1 for cometido de noite ou em lugar ermo, por meio de violência ou ameaça de violência, com uso de arma ou por meio de arrombamento, escalamento ou chave falsa, ou por mais de três pessoas, o agente é punido com pena de prisão até 3 anos ou com pena de multa.".

[182] O n.° 2, al. g), do artigo 204.°, sob epígrafe "*Furto qualificado*", preceitua:

"2. Quem furtar coisa móvel alheia:

(...)

g) como membro de bando destinado à prática reiterada de crimes contra o património, com a colaboração de pelo menos outro membro do bando;

é punido com pena de prisão de 2 a 8 anos."

[183] No campo do Direito Penal secundário, v. o art. 24.°, al. j), do Decreto-Lei n.° 15/93, de 22 de Janeiro, relativo ao tráfico e consumo de estupefacientes e de substâncias psicotrópicas. Sob epígrafe "*Agravação*", o mencionado preceito consigna o seguinte:

104.º, n.º 1, alíneas a) e g), da Lei n.º 15/2001, de 5 de Junho, que estabelece o Regime Geral das Infracções Tributárias[185]).

2.2.6 O paradigma dualista distintivo entre **acordo excludente da tipicidade** (*v. g.*, crime de violação de domicílio) e **consentimento**, foi

---

"*As penas previstas nos artigos 21.º, 22.º e 23.º são aumentadas de um terço nos seus limites mínimo e máximo se:*
(...)
j) O agente actuar como membro de bando destinado à prática reiterada dos crimes previstos noa artigos 21.º e 22.º, com a colaboração de, pelo mesmo, outro membro do bando".
O art. 97.º, al. c), "*in fine*", da Lei n.º 15/2001, de 5 de Junho (Regime Geral das Infracções Tributárias), preceitua, sob epígrafe "*Qualificação*":
"*Os crimes previstos nos artigos anteriores são punidos com pena de prisão até cinco anos ou com pena de multa até 600 dias, quando se verifique qualquer das seguintes circunstâncias:*
(...)
c) Tiverem sido cometidos (...) por duas ou mais pessoas".
As acções efectuadas pelo bando são particularmente perigosas, planeadas com grande astúcia e dissimulação (WINFRIED HASSEMER, *(...) A Segurança Pública no Estado de Direito*, AAFDL, 1995, pg. 94). Sobre o bando, v. TERESA PIZARRO BELEZA, *Os crimes contra a propriedade após a revisão do Código Penal de 1995 (sumários desenvolvidos)* in *A tutela penal do património após a revisão do Código Penal*, TERESA PIZARRO BELEZA / FREDERICO DE LACERDA DA COSTA PINTO, A.A.F.D.L., 1998, pg. 60; FREDERICO DE LACERDA DA COSTA PINTO, *Aspectos da tutela penal do património após a revisão do Código Penal* in *A tutela penal do património após a revisão do Código Penal*, TERESA PIZARRO BELEZA / FREDERICO LACERDA DA COSTA PINTO, AAFDL, 1998, pg. 28 (também *Aspectos da Tutela Penal do Património após a revisão do Código Penal* in *Jornadas de Direito Criminal. Revisão do Código Penal. Alterações ao Sistema Sancionatório e Parte Especial*, vol. II, CEJ, Lisboa, 1998, pgs. 489 ss. (463-499)).
[184] Cfr. também, no que tange ao homicídio qualificado, o n.º 2, al. g), do artigo 132.º ("*Homicídio qualificado*"), cuja qualificação como elemento pertence à meramente à ilicitude ou à culpa (ou misto) é controvertida. O referida disposição estatui:
"*2. É susceptível de revelar a especial censurabilidade ou perversidade a que se refere o número anterior, entre outras, a circunstância de o agente:*
(...)
g) Praticar o facto juntamente com, pelo menos, mais duas pessoas (...)".
[185] O n.º 1 do art. 104.º da Lei n.º 15/2001, qualifica a fraude fiscal (art. 103.º) em caso de "conluio": i) se "*O agente se tiver conluiado com terceiros que estejam sujeitos a obrigações acessórias para efeitos de fiscalização tributária*" (al. a) do n.º 1); ii) ou se "*O agente se tiver conluiado com terceiros com os quais esteja em situação de relações especiais*" (al. g) do mesmo preceito).

desenvolvido, entre nós, por MANUEL DA COSTA ANDRADE[186], salientando a existência de duas espécies de bens jurídico-penais, duas formas de danosidade social, dois modelos de tutela penal:

– O acordo que exclui a tipicidade, por exemplo, do crime de introdução em casa alheia[187]; implicando condutas com uma expressividade ético-social unívoca, susceptível de fundamentar um juízo de danosidade social e, nessa medida, apontar um sentido à valoração jurídica.

– O consentimento, como causa de justificação, produz o recuo da ilicitude e da punibilidade, por respeito pela autonomia individual[188-189].

O acordo afasta a tipicidade, ao passo que o consentimento derime a ilicitude.

2.2.7 O ponto comum entre o acordo e o **incitamento ao genocídio**[190] (art. 239.º, n.º 2 do Código Penal[191]) é de o objecto ser também o

---

[186] MANUEL DA COSTA ANDRADE, *Consentimento e Acordo*....

[187] O agente não penetra na casa do ofendido contra a sua vontade (GEERDS *apud* MANUEL DA COSTA ANDRADE, *Consentimento e Acordo*..., 146), dada a estrutura axiológico--teleológica, normativa e dogmático-jurídica, da figura do acordo.

O acordo esclarecido e livre em relação a bens relacionados com a liberdade, a autorização da intervenção de terceiro é emanação e parte integrante da realização e actualização do correspondente valor do direito (MANUEL DA COSTA ANDRADE, *Consentimento e Acordo*..., 508).

O acordo mediatiza, se livre e esclarecido, aquela comunicação ideal que se identifica com o bem jurídico protegido: uma expressão da liberdade pessoa que só na interssubjectividade encontra a forma autêntica de actualização (MANUEL DA COSTA ANDRADE, *Consentimento e Acordo*..., 517). O acordo assegura a continuidade entre a autonomia pessoa e o bem jurídico protegido e, reflexamente, a congruência entre a mesma autonomia e o programa sistémico-social de tutela penal. O que exclui os coeficientes de conflitualidade próprios do consentimento. E retira todo o fundamento e pertinência a conceitos – como ofendido, renúncia, lesão,... – nucleares no discurso do consentimento (MANUEL DA COSTA ANDRADE, *Consentimento e Acordo*..., 517).

[188] MANUEL DA COSTA ANDRADE, *Consentimento e Acordo*..., pg. 362.

[189] Sobre o consentimento e causas de justificação, v., a este propósito, MANUEL DA COSTA ANDRADE, *Consentimento e Acordo*..., pgs. 228 ss..

[190] Não é instigação, pois falta o facto principal típico e ilícito.

[191] Também previsto na CPRCG e no ER (art. 25.º, n.º 3, al. e)).

genocídio. Contudo, a estrutura da acção típica é diversa da do acordo[192], para além de não ser um crime de participação necessária.

2.2.8 Outra figura com que pode ser cotejada é a do **terrorismo** (art. 300.º [193]) e das organizações terroristas (art. 301.º do Código Penal)[194]. (note-se ainda que o n.º 5 do art. 300.º pune a prática de actos preparatórios da constituição de grupo, organização ou associação terrorista[195]).

2.2.9 Há alguma sobreposição entre a doutrina dos crimes de organização e a doutrina da comparticipação[196].

O tipo de crime da **associação criminosa** está contido no art. 299.º do Código Penal[197], com aflorações particulares noutros diplomas[198].

---

[192] O tipo objectivo de ilícito consiste em incitar publicamente; indicia uma amplitude excessiva.

Incitar *"directamente"* limita a primeira característica, ou seja, de forma clara e inequívoca (sob pena de inconstitucionalidade, por violação do art. 37.º da Constituição (liberdade de expressão)).

[193] O art. 300.º (Organizações terroristas) estatui:

"1. Quem promover ou fundar grupo, organização ou associação terrorista, a eles aderir ou os apoiar é punido com pena de prisão de 5 a 15 anos.

2. Considera-se grupo, organização ou associação terrorista todo o agrupamento de 2 ou mais pessoas que, actuando concertadamente, visem prejudicar a integridade ou a independência nacionais, impedir, alterar ou subverter o funcionamento das instituições do Estado previstas na Constituição, forçar a autoridade pública a praticar um acto, a abster-se de o praticar ou a tolerar que se pratique, ou ainda intimidar certas pessoas, grupo de pessoas ou a população em geral mediante a prática de crimes:

a) Contra a vida, a integridade física ou a liberdade das pessoas

(...)

3. Quem chefiar ou dirigir grupo, organização ou associação terrorista é punido com pena de prisão de 10 a 15 anos.".

[194] Sobre os artigos 300.º e 301.º, v. os comentários de FIGUEIREDO DIAS, *Artigo 300.º* in *Comentário Conimbricense do Código Penal. Parte Especial*, tomo II, Artigos 202.º a 307.º, dirigido por JORGE DE FIGUEIREDO DIAS, Coimbra Ed., 1999, pgs. 1175-1182; *ID.*, *Artigo 301.º* in *Comentário Conimbricense do Código Penal. Parte Especial*, tomo II, Artigos 202.º a 307.º, dirigido por JORGE DE FIGUEIREDO DIAS, Coimbra Ed., 1999, pgs. 1183-1187.

[195] O n.º 5 do art. 300.º dispõe:

"Quem praticar actos preparatórios da constituição de grupo, organização ou associação terrorista é punido com pena de prisão de 1 a 8 anos".

[196] FIGUEIREDO DIAS, *As «Associações Criminosas»...*, pg. 9.

[197] O artigo 299.º refere:

O Acordo com vista à Prática de Genocídio   273

"1. Quem promover ou fundar grupo, organização ou associação cuja finalidade ou actividade seja dirigida à prática de crimes é punido com pena de prisão de 1 a 5 anos.

2. Na mesma pena incorre quem fizer parte de tais grupos, organizações ou associações ou quem os apoiar, nomeadamente fornecendo armas, munições, instrumentos de crime, guarda ou locais para as reuniões, ou qualquer auxílio para que se recrutem novos membros.

3. Quem chefiar ou dirigir os grupos, organizações ou associações referidos nos números anteriores é punido com pena de prisão de 2 a 8 anos.

4. (...)".

V. o art. 395.º do Projecto EDUARDO CORREIA. Sobre o crime de associações secretas ou ilícitas, v. *Actas... Parte Especial*, pgs. 395-396.

[198] *V. g.*, o art. 5.º da Lei n.º 64/78, de 6 de Outubro, que preceitua:

"1. Os que tiverem organizado ou desempenhado cargos directivos ou funções de responsabilidade em organização declarada extinta por perfilhar a ideologia fascista serão punidos com pena de prisão de dois a oito anos.

2. Em igual pena serão condenados os membros de organização declarada extinta que tenham tomado parte em acções violentas enquadráveis no âmbito do artigo 3.º.

3. Os membros de organização declarada extinta que, após a extinção, ajam com desacatamento da decisão declaratória, ainda que no âmbito de nova organização similar, serão punidos com a pena de dois a oito anos de prisão, agravada quando se trate de organizadores, dirigentes ou responsáveis.

4. Aquele que, não sendo membro de qualquer organização declarada extinta, tiver participado na sua actividade ilícita será punido com pena de prisão até dois anos.".

Também é relevante o artigo 28.º da Lei n.º 15/93, alterado pela Lei n.º 45/96, de 3 de Setembro; sob epígrafe *"Associações criminosas"*, aquela disposição consigna o seguinte:

"1. Quem promover, fundar ou financiar grupo, organização ou associação de duas ou mais pessoas que, actuando concertadamente, vise praticar alguns dos crimes previstos nos artigos 21.º e 22.º é punido com pena de prisão de 10 a 25 anos.

2. Quem prestar colaboração, directa ou indirecta, aderir ou apoiar o grupo, organização ou associação referidos no número anterior é punido com pena de prisão de 5 a 15 anos.

3. Incorre na pena de 12 a 25 anos de prisão quem chefiar ou dirigir grupo, organização ou associação referidos no n.º 1.

4. Se o grupo, organização ou associação tiver como finalidade ou actividade a conversão, transferência, dissimulação ou receptação de bens ou produtos dos crimes previstos nos artigos 21.º e 22.º, o agente é punido:

a) Nos casos dos ns. 1 e 3, com pena de prisão de 2 a 10 anos;

b) No caso do n.º 2, com pena de prisão de 1 a 8 anos.".

O Regime Geral das Infracções Tributárias, aprovado pela Lei n.º 15/2001, também

Os crimes de associações criminosas são historicamente assentes em componentes político-ideológicas estranhas à teoria da comparticipação[199]. Estão em dissonância com o regime da Parte Geral do Código Penal. São mecanismos que, conjuntamente com a conspiração, em certo sentido, em abstracto, estão direccionados para a mesma finalidade – a de proporcionar segurança às potenciais vítimas do crime concreto.

Ambos os tipos adiantam as barreiras de protecção penal. A essência de ambos é a «cooperação» com fins criminais. Tem de haver um grupo unido e organizado para o propósito comum.

Contudo, a mera pertença não é suficiente para haver uma organização criminosa.

No que respeita ao conteúdo material, na associação, predomina o aspecto institucional, a perenidade, aparecendo os sujeitos relacionados através de um tecido associativo complexo de que todos se servem (*"fundadores"*, *"promotores"*, *"quem fizer parte"*, *"quem chefiar"*). A associação será algo tendencialmente mais estável do que a conspiração, será mais organizada.

Na conspiração, predomina o aspecto subjectivo, a decisão pessoal e íntima que une um conspirador ao outro; a conspiração implica um acordo em virtude do qual os sujeitos intervêm, fazendo nascer em todos e dada um o propósito firme e decidido de fazer algo – o cometer do crime – que, de outra maneira, não se atreveriam a realizar[200]. Na associação, os membros componentes não têm de encontrar-se numa situação relação de dependência mútua.

Segundo JUAQUÍN CUELLO CONTRERAS, formalmente considerada, a conspiração (referida na Parte Geral) não é definitiva, mas uma etapa prévia de participação no crime; diversamente, a associação é um crime autónomo.

Os sujeitos que intervêm na conspiração planeiam a comissão de um crime. A associação representa a criação de uma maquinaria, ou a participação na mesma, que tem por objecto o crime, não havendo conexão técnico-jurídica prévia entre os que participam no crime de associação e aqueles que o façam nos crimes (não necessários em concreto).

---

consagra a punibilidade da associação criminosa no art. 89.º, com uma redacção decalcada, quase *"ipsis verbis"*, da do art. 299.º do Código Penal.

[199] FREDERICO DE LACERDA DA COSTA PINTO, *A relevância da desistência*..., pg. 10.

[200] JUAQUÍN CUELLO CONTRERAS, *La Conspiración*..., pg. 76.

Segundo PUIG PEÑA, na associação, o desígnio criminoso é mais amplo do que na conspiração[201]. Este é, em nosso entender, um critério distintivo também tendencial[202].

§ 5.ª

Tipo objectivo

1. Sujeitos. Requisito quantitativo

Na análise do tipo legal de crime[203], o requisito quantitativo é o de dois ou mais sujeitos.

A proposta inicial do Professor FIGUEIREDO DIAS mencionava *"três ou mais pessoas"*[204-205].

Os Trabalhos Preparatórios da Reforma do Código Penal de 1995 demonstram que não há obstáculo a considerar teoricamente que bastam dois sujeitos para haver preenchimento do tipo. Não obstante, na prática, o tipo de genocídio requererá um número consideravelmente amplo de sujeitos.

2. O acordo é um crime formal. Segundo a sentença MUSEMA do TCIR, tanto na família romano-germânica como na família de *"Common Law"*, a conspiração é uma infracção formal (*"inchoate offence"*), que é punível em virtude do acto criminal como tal, não como consequência ou resultado do acto. O crime é punível, ainda que não se produza o resultado,

---

[201] PUIG PEÑA, *Conspiración*, pg. 209.

[202] Na expressão de JUAQUÍN CUELLO CONTRERAS (*La Conspiración...*, pg. 76), ao passo que a associação é um estado (*"antiestado"*), a conspiração é uma comunidade.

[203] No tipo legal de crime (*Tatbestand*), o legislador descreve aquelas expressões da vida humana que em seu critério encarnam a negação dos bens jurídico-criminais, que violam os bens ou interesses jurídico-criminais (EDUARDO CORREIA, *A teoria do concurso em Direito Criminal. I – Unidade e Pluralidade de infracções. II – Caso julgado e poderes de cognição do juiz*, Almedina, Coimbra, 1996 (reimpressão), pg. 86). Neles vasa a lei, como em moldes, os seus juízos valorativos, neles formula de maneira típica a antijuridicidade, a ilicitude criminal (EDUARDO CORREIA, *A Teoria...*, pg. 87).

[204] V. *Código Penal. Actas...*, 1993, pg. 284.

[205] Em relação ao tipo legal de crime de rixa (art. 151.º do Código Penal), discute-se o número de pessoas necessário, havendo quem entenda ser suficiente duas; outros entendem ser necessário mais (FREDERICO ISASCA, *Da participação em Rixa (o art. 151.º do novo Código Penal)*, reimpressão, AAFDL, 1999 (1985), pgs. 47-48).

No n.º 1 do art. 299.º, avulta o grupo, a organização ou a associação.

276 *Ivo Miguel Barroso*

isto é, a *"substantive offence"*, o crime principal, isto é, se o genocídio não for perpetrado.

3. A acção típica

3.1. *"Acordo", "acordar"*

A determinação é missão do Direito. O indivíduo deve ter a possibilidade de conhecer desde o início o que está proibido penalmente[206]. Importa recortar filologicamente o significado exacto das palavras: *"Acordar"*, sendo um verbo transitivo, tem como significado *"resolver", "decidir", "determinar"*; sendo um verbo intransitivo, significa *"chegar a um acordo", "concordar"*; não acordar, dissentir. *"Acordo"* significa conformidade, **unidade de opinião**, perfeito acordo.

Juridicamente, o concerto é o perfeito consenso de vontades, afastando-se as meras conversações prévias e as discussões comuns acerca da possibilidade de cometer um facto; a falta de clareza do crime projectado[207] afasta a existência de um *"acordo"*.

3.2 Tendo em conta o lastro histórico-valorativo do direito anglo-saxónico, averiguando o objecto comum da conspiração, esta não é meramente a concorrência de vontades, mas a concorrência resultante de um acordo. *"Conspire is nothing; agreement is the thing"* (Lord CAMPBELL). As partes têm de *"put their heads together to do it"*[208].

Etimologicamente, *"conspiracy"* significa um esforço conjunto; duas pessoas não podem esforçar-se conjuntamente, a menos que se ponham em acordo.

Não basta uma troca de impressões; é necessário que se tome a deliberação de executar o crime[209].

---

[206] ALBIN ESER / BJÖRN BURKHARDT – *Derecho Penal. Cuestiones fundamentales de la Teoría del Delito sobre la base de casos de sentencias*, traducción de Silvina Bacigalupo y Manuel Cancio Meliá, Colex, 1995, pg. 53. *"No entanto, não se deve extremar o mandato de determinação, pois, de contrário, as leis tornar-se-iam excessivamente rígidas e casuísticas e não se poderiam adequar à evolução da vida, acompanhando a mudança das situações ou as características especiais do caso concreto."*, referem ESER / / BURKHARDT (*Derecho Penal...*, pg. 53).

[207] MAURACH / GÖSSEL / ZIPF, *Derecho Penal...*, pg. 473.

[208] GRANVILLE WILLIAMS, *Criminal Law. The General Part*, Second Ed., Stevens & Sons Limited, London, 1961, pg. 667.

[209] CEREZO MIR, *Derecho Penal...*, pg. 161.

3.3. *Os meios de chegar a acordo*

O acordo não necessita de ser submetido a formalidades específicas: os conspiradores podem chegar a acordo por correspondência do correio ou por via de um terceiro. Mas tem de haver algum tipo de comunicação.

Os conspiradores não necessitam de se ter encontrado ou comunicado uns com os outros; basta uma pessoa que o faça inicialmente[210].

3.3.1. *A possibilidade de acordo tácito*

Aplica-se possibilidade de acordo tácito que vige para a co-autoria?

Numa primeira opinião, perfilhada por GRANVILLE WILLIAMS [211], não seria necessário que o acordo fosse oral: seria possível por formas tácitas, tal como na co-autoria[212].

Diversamente, numa interpretação exigente do tipo, não seria possível o acordo tácito. Nos Trabalhos Preparatórios da revisão do Código Penal de 1995, eliminou-se a expressão *"mero acordo"*, que proporcionava uma ideia de simplificação de meios[213]; daí a sua substituição. Por exemplo, se o agente ouve a conversa, será um mero cúmplice.

Se os agentes não se ajudam, é difícil falar de um objecto criminal comum.

Consideramos, com o Professor GRANVILLE WILLIAMS, que um mero conhecimento e consentimento mental para um crime a ser cometido por outros não faz de um homem conspirador; mas uma ligeira participação no plano é suficiente[214].

4. Os requisitos do acordo

Nos elementos pessoais, exige-se uma pluralidade de pessoas, que, quando se encontrem no mesmo local, se reunirão; os agentes celebram,

---

[210] GRANVILLE WILLIAMS, *Criminal Law...*, pg. 666.
[211] GRANVILLE WILLIAMS, *Criminal Law...*, pg. 668.
[212] MAURACH / GÖSSEL / ZIPF, *Derecho Penal...*, pg. 380.
[213] *Código Penal. Actas...*, 1993, pg. 284.
[214] GRANVILLE WILLIAMS, *Criminal Law...*, pg. 668.

uma reunião, em princípio, privada[215], embora não incluída no domínio protegido, no *Tatbestand* do n.º 1 do art. 45.º da Constituição, pois prossegue uma finalidade ilícita. Com efeito, o n.º 1 do art. 1.º, do Decreto-Lei n.º 406/74, de 29 de Agosto, postula limites (em sentido técnico-jurídico) ao exercício da liberdade de reunião, garantindo-o, enunciando na ordem que interessa analisar neste momento, *"para fins não contrários à lei"*, *"aos direitos das pessoas singulares ou colectivas"* (bem como à *moral"* *"e à ordem e à tranquilidade públicas."*). Não é possível haver reuniões cujos fins sejam contrários à lei penal. Não seria lícito fazer em reunião o que é ilícito fazer individualmente[216].

Note-se, porém, que, no n.º 3 do art. 239.º do Código Penal, não se incrimina a reunião, em si mesma – o encontro e a discussão entre os agentes –, mas o resultado desse encontro, consubstanciado no *"acordo"*[217]. Só nesse momento se atinge o núcleo típico da incriminação.

4.1 Por outro lado, não é incriminada meramente a concorrência de vontades, mas a concorrência resultante de um acordo[218].

A natureza do acordo exigido é susceptível de algumas dúvidas. Poder-se-ia supor que o acordo necessário para a conspiração é o mesmo do necessário a um contrato; é um encontro de vontades (*"meeting of minds"*), resultante de proposta e de aceitação. Este tipo de acordo é suficiente. Mas a questão é se a palavra *"acordo"* poderá ter um significado diverso do sentido do contrato do Direito Civil.

Segundo alguns Autores anglo-saxónicos, não existiria diferença.

---

[215] Diferentemente das reuniões públicas (*rectius*, das reuniões em lugar aberto ao público (em lugar separado materialmente do exterior) e em lugar público), as reuniões privadas são nomeadamente aquelas que se realizam num domicílio particular ou de uma pessoa para os moradores do domicílio e para os seus amigos ou conhecidos, de modo a que os participantes na reunião sejam identificáveis (DOMINGO PÉREZ CASTAÑO, *Regimen Juridico del Derecho de Reunión y Manifestación*, Ministero del Interior, s.l., 1997, pg. 58).

[216] Neste sentido, em relação à liberdade de associação, MARIA LEONOR BELEZA / MIGUEL TEIXEIRA DE SOUSA, *Direito de associação e associações* in *Estudos sobre a Constituição*, vol. III, coord. de JORGE MIRANDA, pg. 176.

[217] Diversamente, no ordenamento jurídico espanhol, as referidas reuniões eram tipificadas como infracção criminal especificada, embora objecto de crítica aguda por parte da Doutrina. Nos termos do art. 513.º do Código Penal, *"Son punibles las reuniones o manifestaciones ilícitas, y tienen tal consideración:*
1.º Las que se celebren con el fin de cometer algún delito.").

[218] GRANVILLE WILLIAMS, *Criminal Law...*, pg. 667.

Contudo, dever-se-á entender, com outros Autores, que se não aplicam inteiramente as regras de celebração de contratos do Direito Civil. Segundo J. C. SMITH / BRIAN HOGAN, não é necessário *"um acordo no sentido estrito da lei dos contratos"*; contudo, *"as partes têm de, pelo menos, ter chegado a uma decisão para perpetrar o objecto contrário ao Direito"*[219].

A conspiração pressupõe usualmente um pensar e um repensar, um intercâmbio de pareceres ou de critérios distintos para a comissão do crime; e um chegar a acordo conforme o mesmo, normalmente acerca da sua forma de realização, ocasião, lugar, pessoas que devem intervir[220]. Contudo, não é imprescindível que os conspiradores tenham amadurecido o plano em detalhe[221].

Por outro lado, não se exige que a forma de um *"contrato criminal"* contenha detalhadamente todas as estipulações da realização do tipo criminal; basta um conhecimento geral[222]. Assim, um plano divergente quanto aos detalhes, mas existindo coincidência no essencial, não põe em causa o concerto criminoso. Tal como na co-autoria, alcançando a fase executiva, não é necessário que os meios ou instrumentos particulares tenham sido acordados[223].

A pessoa que se junta posteriormente à conspiração, sendo *"anexada"*, é *"contaminada"* desde o momento da entrada[224].

4.1.1 Aplicando a teoria do acordo na comparticipação (na autoria plenária, na cumplicidade e, em particular, a co-autoria)[225].

A conexão de vontades é designada por *"convenção de ilicitude"*[226].

---

[219] J. C. SMITH / BRIAN HOGAN, *Criminal Law*, 7.ª ed., pg. 293.

[220] PUIG PEÑA, *Conspiración*, pg. 207.

[221] GRANVILLE WILLIAMS, *Criminal Law...*, pg. 664. Tal como no acordo de comparticipação – acordo "complexo", compreendendo o acordo *"simples"*, seguido dos actos materiais da fase executiva –, o acordo *"simples"* pode ser fruto de uma maquinação deliberada e com tempo ou pode produzir-se de forma instantânea ou acidental.

[222] Em relação à co-autoria, v. ESTEBAN JUAN PÉREZ ALONSO, *La coautoría...*, pg. 286.

[223] GRANVILLE WILLIAMS, *Criminal Law...*, pg. 664.

[224] GRANVILLE WILLIAMS, *Criminal Law...*, pg. 664.

[225] O elemento subjectivo consistente no acordo de vontades implica: i) *"Pactum sceleris"* ou *"societas sceleris"*: concerto de vontades ou acordo prévio para levar a cabo a consecução da empresa comum. ii) A *"conscientia scaeleris"* consiste na consciência da ilicitude do acto convencionado ou pactuado; *"animus adjuvandi"* consiste no propósito de coadjuvar ou cooperar com os demais para a perpetração do acto.

[226] MAURACH / GÖSSEL / ZIPF, *Derecho Penal...*, pg. 381.

A conexão de vontades como elemento subjectivo de co-autoria exige simultaneamente vontade de participação no domínio colectivo do facto, a vontade de domínio

4.1.2 Analogamente ao que sucede com a punição da conjuração, exige-se que a conjuração se destine à perpetração de um determinado facto, não bastando, portanto, os simples projectos abstractos e genéricos[227], limitando o tipo de crime às proporções razoáveis. É necessário, pois, que os sujeitos resolvam executá-lo[228] ou que estejam de acordo em levá-lo à prática.

4.2. *O conteúdo do acordo* "com vista à prática de genocídio"

A expressão *"acordo com vista à prática de genocídio"* (art. 239.º, n.º 3) significa que o acordo é tendente ao genocídio. O Legislador define o âmbito dogmático de protecção da norma. O acordo deve incluir a *"estipulação"* daquele tipo legal de crime. Existe uma relação de dependência estreita entre a conspiração e o genocídio, o crime objecto da conspiração. Assim, há uma remissão para o tipo objectivo de ilícito do genocídio (v. anexo II).

---

comum do facto pela comunidade de pessoas; requer, em princípio, um plano e uma resolução criminosa comuns a todos os co-autores que formam parte do ente colectivo (MAURACH / GÖSSEL / ZIPF, *Derecho Penal...*, pg. 379), e, ademais, como vontade de participação, uma actuação conjunta querida em virtude da qual cada co-autor particular efectue a sua contribuição objectiva ao serviço da realização do plano comum. Ambos os elementos, a vontade de domínio do facto pela colectividade de pessoas e a vontade de participação nela, recebem o nome de conexão de vontades (MAURACH / GÖSSEL / ZIPF, *Derecho Penal...*, pg. 379).

Os elementos subjectivos do domínio colectivo do facto significam o ter nas mãos o curso do acontecer típico dos actos individuais necessários à lesão do bem jurídico (MAURACH / GÖSSEL / ZIPF, *Derecho Penal...*, pg. 373).

O alcance da conexão de vontades é o de ater o carácter comum da lesão a um bem jurídico, que deverá ser provocada pela via da divisão de trabalho (MAURACH / GÖSSEL / /ZIPF, *Derecho Penal...*, pg. 379).

O compartipante que assume, nos termos do plano comum, desempenhar um papel essencial para a realização do projectado delito, fica, a partir da decisão conjunta, titula do domínio (negativo) do facto; mas enquanto não iniciar, pelo menos, o exercício desse domínio de facto que lhe cabe, não pode ser considerado co-autor de uma tentativa (MARIA DA CONCEIÇÃO VALDÁGUA, *Início...*, pg. 44).

[227] *Actas das Sessões da Comissão Revisora do Código Penal. Parte Especial*, AAFDL, s. d. (= in *BMJ*, 1979), pg. 380.

[228] Art. 4.º do anterior Código Penal espanhol.

4.2.1. *O acordo engloba necessariamente a realização de actos executivos de genocídio?*

O acordo engloba necessariamente a realização de actos executivos no genocídio? Qual o conceito de autor na conspiração, tendente à repartição de papéis entre os sujeitos? Terá de haver uma estrutura rígida, abarcando somente responsabilidade a título de autoria, ou flexível, abarcando também responsabilidade a título de participação?

I. Certos Autores, como LETZGUS e RODRÍGUEZ MOURULLO, configurando a conspiração como uma co-autoria antecipada, afirmam o compromisso de co-autoria no acordo de conspiração, ou seja, exigem que todos os conspiradores ajam como co-autores.

II. Outros Autores não subscrevem a exigência de realização de actos executivos. Os conjurados conspiram em mistério, para cometer os crimes; tomam a resolução para cometer o crime.

Existe a possibilidade de algum ou alguns dos conspiradores não ter intenção de ser co-autor no crime principal, de ser cúmplice durante a execução ou de não ter título de intervenção.

Segundo JUAQUÍN CUELLO CONTRERAS[229], os conspiradores não têm de realizar actos executivos. Não há a necessidade de o conspirador ser um autor presumido do crime principal. É suficiente o papel como **artífice do plano colectivo** e, sobretudo, o apoio de um género ou de outro, raiando toda a acção principal.

Na conspiração, o único facto real que existe é a tomada de acordo, seguida da tomada de decisão.

Segundo o Autor, esta é a única forma de evitar a distorção não só da conspiração, mas da própria estrutura das figuras de participação, que exigem sempre uma conduta principal de referência, que irá permitir apreciar o desvalor das mesmas, em virtude do princípio da acessoriedade limitada[230].

---

[229] JUAQUÍN CUELLO CONTRERAS, *La Conspiración...*, pgs. 40-41, 94, 125-126.

[230] Rejeitando um sistema dual, no qual a participação seria um tipo autónomo (MAURACH / GÖSSEL / ZIPF, *Derecho Penal...*, pg. 286), a responsabilidade do participante está subordinada ao facto cometido pelo autor. O sistema de acessoriedade consiste numa relação de dependência ao facto principal do autor (poderá haver autor sem participante, mas não participante sem autor), até certo ponto. WELZEL refere: *"Não existe nenhuma instigação ou cumplicidade "em si", mas somente uma instigação ou cumplicidade para o facto"* (WELZEL, *Derecho Penal...*, pg. 118.).

A razão para *"a impunidade ampla da tentativa de participação reside, em primeiro*

A determinação dos sujeitos do crime principal é um elemento essencial da conspiração; aquela é uma característica peculiar do acordo de conspiração. Do mesmo modo que nenhum dos conspiradores pode não intervir com actos executivos do crime projectado, o acordo de conspiração deve designar as pessoas, os conspiradores que irão tomar parte na execução, como co-autores, ou que serão cúmplices.

---

lugar, em que a perigosidade criminal da participação só se demonstra, regra geral, quando conduz a um facto principal materializado; em segundo lugar, em que – particularmente na cumplicidade – a punição da mera tentativa de participação cria o perigo de uma pura punição de pensamentos." (WELZEL, *Derecho Penal...*, pg. 120).

De acordo com RODRIGUEZ DEVESA / ALFONSO GOMEZ (Derecho Penal..., pg. 807), *"A natureza acessória da participação é uma necessidade conceptual. (...) A participação implica uma conduta física, a do autor, que realiza o que Beling denominava o núcleo do crime, e outra ou outras condutas periféricas".*

Como toda a relação de dependência, a **acessoriedade** é susceptível de graduação (ENRIQUE PEÑARANDA RAMOS, *La Participación...*, pg. 253): i) a acessoriedade mínima exige que a conduta do autor seja meramente típica, contraditória com o ordenamento jurídico-penal do Estado; ii) a acessoriedade limitada requer que o autor tenha praticado uma conduta típica, ilícita; iii) a acessoriedade extrema requer uma conduta principal típica, ilícita e culposa; iv) a acessoriedade hiperextrema, ou hiperacessoriedade, exige, para além da culpa, a punibilidade, dependendo também de qualidades especiais do autor, incluindo as circunstâncias agravante ou atenuantes: só existiria participação num facto punível alheio (MARIO SALAZAR MARÍN, *Autor y Partícipe en el Injusto Penal (Hacia una nueva estructura del delito)*, Temis, Santa Fe de Bogotá, Colombia, 1992, pg. 128).

Segundo MARIA FERNANDA PALMA, *"o artigo 29.º rejeita, de modo indiscutível, a acessoriedade máxima, não fazendo depender a punibilidade (ou o grau de punição) dos participantes num crime da culpa dos autores"* (A Justificação..., I, pg. 236).

A acessoriedade limitada, o sistema geralmente adoptado, visa colmatar largos vazios de punibilidade. A culpa constitui-se como um princípio *"pessoal e intransferível a outros autores ou participantes"* (MARIO SALAZAR MARÍN, *Autor...*, pg. 128). A versão do princípio da acessoriedade limitada é a que melhor se adapta ao nosso ordenamento jurídico. Designadamente *"impede a conclusão, a todos os títulos insatisfatória, de ter de punir quem participe num facto justificado."* (EMILIO OCTAVIO DE TOLEDO Y UBIETO / / HUERTA SUSANA TOCILDO, *Derecho Penal. Parte General. Teoría Jurídica del Delito*, 2.ª ed., corregida y aumentada, Rafael Castellanos, Madrid, pg. 509).

A vantagem, segundo MIGUEL DÍAZ Y GARCÍA CONLLEDO, é da melhor determinação do tipo, produzida fundamentalmente graças ao princípio da acessoriedade limitada, havendo uma maior segurança jurídica (MIGUEL DÍAZ Y GARCÍA CONLLEDO, *La Autoría en Derecho Penal*, PPU, Barcelona, 1991, pg. 485).

Em suma, em virtude dos princípios da acessoriedade limitada e da exterioridade, para ser operante a extensão da tipicidade comparticipativa, deve haver um começo de execução por parte do autor material, um facto principal típico e ilícito.

Na conspiração, o único facto real é a tomada de acordo, seguida da tomada de decisão[231].

Assim, sintetizando, não é necessário que todos os conspiradores tomem parte na execução do crime[232]. Nem todos os autores têm de ser necessariamente co-autores do crime projectado; podem ser cúmplices ou não ter papel algum, caso em que respondem como instigadores[233] (ou, acrescentamos à formulação, também como cúmplices (*infra*)).

III. Posição intermédia é a de referir que não é suficiente a participação na resolução, exigindo-se como mínimo a participação de algum modo, como autor ou cúmplice material, na execução do crime.

IV. Averiguando o critério mais idóneo para indagar quem pode ser autor de conspiração, em nossa opinião, o *"acordo com vista ao genocídio"* expressa o núcleo da conspiração. Todos e cada um influem na decisão dos demais.

Desde modo, não há razão para interpretar a expressão *"com vista a cometer"* no sentido de todos terem necessariamente de realizar executivos do crime de genocídio. Nem todos os conspiradores deverão ser necessariamente autores do crime genocidário. Pode mesmo nenhum deles executar o genocídio.

Assim, seguindo o entendimento de JUAQUÍN CUELLO CONTRERAS, o acordo de conspiração deve designar as pessoas, os conspiradores, o seu papel na execução[234]. Esta determinação dos sujeitos do crime principal é um elemento essencial da conspiração; é uma característica peculiar do acordo de conspiração.

O conspirador não tem de estar destinado a realizar actos executivos de genocídio.

Contudo, a mera intenção de colaboração deve ser contemplada no *"pactum sceleris"*.

4.2.2. *A abrangência típica do acordo condicionado*

Imaginemos um exemplo de acordo condicionado ou conspiração condicionada:

---

[231] JUAQUÍN CUELLO CONTRERAS, *La Conspiración*..., pg. 125.
[232] GRANVILLE WILLIAMS, *Criminal Law*..., pg. 668.
[233] JUAQUÍN CUELLO CONTRERAS, *La Conspiración*..., pg. 125.
[234] JUAQUÍN CUELLO CONTRERAS, *La Conspiración*..., pg. 126.

Os conspiradores A e B fazem depender a comissão do crime acordado de que C ponha à sua disposição um meio de transporte para o fazer. É uma decisão que não permite ser levada a cabo imediatamente, mas requer que ocorra algo, representado por uma condição[235]. Por exemplo, os agentes pactuam perpetrar genocídio, no momento propício, se chegarem ao poder, ganhando as eleições; ou, noutro exemplo, existe discussão quanto à data.

Os diversos tipos de condição podem ser:

– de natureza objectiva;
– de natureza subjectiva.

Qual a solução do acordo condicionado?

Como nota preliminar, dir-se-á que os critérios de Direito Civil não podem ser plenamente utilizados para a obtenção de um conceito de conspiração.

I. Uma primeira posição sublinharia a inadmissibilidade do acordo. Com efeito, a referência a *"mero acordo"* foi eliminada na Reforma de 1995[236], o que constituiria um argumento contra a admissibilidade.

II. JUAQUÍN CUELLO CONTRERAS perfilha uma **solução casuística**, ou seja, de acordo com cada caso particular[237].

Tomando em conta o princípio do aumento do risco (como foi delineado para a negligência, para a participação (segundo alguma doutrina na cumplicidade) ou para a tentativa), para existir imputação do resultado, a conduta deve ir além do risco permitido:

Aplicando o esquema à conspiração condicionada, a decisão, o acordo dos conspiradores, dirigido à comissão do crime projectado, implica um perigo de execução. Neste sentido, o acordo de conspiração implica já um certo **aumento do risco de produção da lesão do bem jurídico** do crime principal, ainda que apenas se trate de um resultado hipotético.

Contudo, quando o acordo aparece condicionado, introduz-se um facto de insegurança na produção do resultado lesivo, que pode chegar a ser juridicamente relevante.

---

[235] JUAQUÍN CUELLO CONTRERAS, *La Conspiración...*, pg. 146.
[236] *Código Penal. Actas...*, 1993, pg. 284.
[237] JUAQUÍN CUELLO CONTRERAS, *La Conspiración...*, pgs. 147-149.

Assim, se o cumprimento da condição é tão provável e de tão fácil verificação que nada parece duvidar da sua realização, não haverá inconveniente em admitir que estamos perante uma conspiração, que não afecta a execução.

Diversamente sucederá quando, pelo contrário, o cumprimento da condição dependa de factores e de circunstâncias que apareçam como muito improváveis de ocorrer no caso; nestes casos, a condição – e, com ela, a execução do que foi conspirado – aparece como utópica, irrealizável, contra-pesando e anulando o aumento de perigo de produção do resultado que representa a conspiração. Não se tratará, então, de um acordo punível, dada a ausência do principal critério de imputação nestes casos, que é o do aumento do perigo de execução do crime principal[238].

Temos, assim, duas possibilidades:

a) Colocando um terceiro na posição dos conspiradores, com conhecimento objectivo, a acção principal condicionada poderia ser executada, sendo muito provável; haverá, então, conspiração;

b) Se o terceiro representa como pouco provável, sendo quase impossível, não há conspiração.

É indiferente que a conspiração esteja condicionada objectivamente ou que dependa da conduta a realizar por um terceiro, alheio à conspiração, ou que se exija a verificação de condições por parte dos conspiradores. O relevante é que objectivamente se verifique a possibilidade de superar o obstáculo representado pela condição. Será uma conspiração consumada, no primeiro caso; será inexistente, no segundo[239].

III. Outra solução seria a de admitir sempre a conspiração.

Segundo a Sentença do *Bundesgerichtshof*, de 3 de Dezembro de 1958, trata-se de uma circunstância objectiva, independente da vontade dos conspiradores; em todos estes casos há um autêntico acordo de conspiração, dado que o perigo de produção do resultado é sempre o mesmo, isto é, dependente do azar de que se cumpra ou não a condição.

Uma outra via conducente ao mesmo resultado seria a da aplicação analógica (pois estamos no tipo objectivo do acordo) das regras relativas ao dolo condicionado (relativas ao tipo subjectivo).

---

[238] Juaquín Cuello Contreras, *La Conspiración...*, pg. 148.
[239] Juaquín Cuello Contreras, *La Conspiración...*, pg. 149.

286   *Ivo Miguel Barroso*

Com efeito, vontade condicionada de realizar a acção contém três possibilidades[240]:

1) o estado de indecisão;
2) a decisão baseada em factos hipotéticos;
3) a decisão com reserva de desistência.

1) O primeiro não é dolo, pois para este é precisa uma decisão definitiva da vontade. O estado de indecisão não constitui acordo; os agentes ainda não sabem o que hão-de fazer.

2) Na segunda, adopta-se a resolução de cometer o facto, mas faz depender a sua realização de condições situadas fora do seu alcance; actua também com dolo.

3) A terceira, já na fase de execução, não exclui o dolo.

Com base na aplicação analógica das regras relativas à decisão baseada em factos hipotéticos, das regras relativas ao dolo condicionado não dependente da vontade dos agentes, a existência de acordo não seria afastada.

IV. Em nosso entender, devido à letra da lei positivar "*o acordo*" e não "*o mero acordo*" (*supra*), concordamos com as observações de JUAQUÍN CUELLO CONTRERAS, perfilhando, pois, uma solução casuística, balizada pela averiguação concreta do aumento do risco para o bem jurídico principal protegido.

§ 6.º
Tipo subjectivo

1. A não coincidência total entre os tipos subjectivos do acordo e do genocídio

O tipo subjectivo do acordo não é inteiramente coincidente com o do genocídio. Com efeito, a distinção entre crimes de perigo e crimes de dano contém uma diferenciação de tipos subjectivos: segundo os critérios de ilicitude objectiva, o dano e o perigo são duas formas autónomas de "lesão social", pelo que a posição dos agentes em relação a eles há-de comportar uma diferente "representação" ou "disposição"[241].

---

[240] JESCHECK, *Tratado...*, I, pg. 408.
[241] RUI PEREIRA, *O Dolo de Perigo*, pg. 71.

O Acordo com vista à Prática de Genocídio

O dolo de perigo é distinto e autónomo do dolo de dano.

Estes crimes têm uma estrutura subjectiva assente no conhecimento da acção perigosa, independentemente do conhecimento das características próprias e da perigosidade inerente à acção perigosa[242].

No que concerne ao tipo de responsabilidade, este é necessariamente um tipo doloso, nos termos do art. 13.º do Código Penal.

2. O dolo na conspiração

O acordo desempenha o seu papel dualmente: como elemento objectivo e como elemento subjectivo. O dolo no acordo corresponde, assim, ao conhecimento e vontade de realizar o tipo, abarcando os elementos tanto objectivos como subjectivos[243].

Existe uma analogia com o acordo na comparticipação, em especial, com o acordo na co-autoria, sobretudo no tocante aos elementos subjectivos do domínio colectivo, no âmbito das teorias do domínio do facto[244].

2.1 Qual a relação entre o dolo do acordo e o dolo do crime principal? Existirá um dolo de conspiração *"proprio sensu"*, independente e autónomo do dolo do crime principal?

Temos que considerar três opiniões:

1) A da desconsideração do dolo do crime principal; só se exige conhecimento e vontade de conspirar, sem considerar o crime principal;

2) A da exigência de duplo dolo, ou seja, do dolo de conspiração e do dolo do crime principal; o dolo deve abarcar o dolo de o autor principal consumar o crime, como forma preparatória de participação (LETZGUS refere que, tal como na instigação, o instigador deve ter duplo dolo);

---

[242] PAULO SÉRGIO PINTO DE ALBUQUERQUE, *Os crimes de perigo comum e conta a Segurança das Comunicações em face da Revisão do Código Penal* in *Jornadas de Direito Criminal. Revisão do Código Penal. Alterações ao Sistema Sancionatório e Parte Especial*, vol. II, CEJ, Lisboa, 1998, pg. 268 (pgs. 253-315) (v., do mesmo Autor, *O conceito de perigo nos crimes de perigo concreto* in DJ, vol. VI, 1992, pgs. 351-364).

[243] Elementos do dolo são i) o elemento intelectual ou cognitivo: o conhecimento dos elementos objectivos do tipo legal de crime (conhecimento dos elementos descritivos e normativos); ii) o elemento volitivo (o conteúdo da vontade).

[244] V. VICTOR MANUEL AMAYA GARCÍA, *Coautoria...*, pgs. 156, 268-269. Sobre o elemento subjectivo da co-autoria, v., nomeadamente, CLAUS ROXIN, *Autoría y Dominio del Hecho en Derecho Penal*, Traducción de la septima edición alemana por JUAQUÍN CUELLO CONTRERAS y JOSÉ LUIS SERRANO GONZÁLEZ DE MURILLO, Marcial Pons, Madrid, 2000, pgs. 316 ss.; MAURACH / GÖSSEL / ZIPF, *Derecho Penal...*, pgs. 378-383.

3) A da manifestação antecipada do dolo do crime principal; não existe um dolo específico de conspiração, mas uma manifestação antecipada do dolo do crime projectado, dentro das características especiais do crime genocidário principal. O dolo da conspiração seria absorvido pelo dolo do crime principal.

A primeira posição não faz sentido, pois a conspiração refere-se a um determinado facto, que é o facto principal futuro, que os conspiradores almejam, mediante a emissão de um juízo de prognose.

A segunda opinião é também criticável, pois seria um dolo referido a um acontecimento futuro. Ora, não há "*dolus subsequens*"; correr-se-ia o risco de distorção na transição para o crime principal.

Assim, a terceira é a maneira de ver mais acertada. Segundo JUAQUÍN CUELLO CONTRERAS, na conspiração, tudo é subjectivo. Há uma acção típica, descrita no n.° 3 do art. 239.°, constituída pela manifestação de um desejo, de uma intenção, e a repercussão da dita exteriorização na vontade de outros[245-246]. A manifestação de vontade e a decisão subsequente que provoca – o resultado da conspiração – estão dirigidas à realização do crime principal projectado, de tal modo que aquela manifestação de vontade, na forma de acordo, há-de abarcar todos os elementos do crime, ou seja, o conteúdo do dolo de conspiração abarca todos os elementos essenciais do crime principal, que hão-de estar suficientemente concretizados[247].

Assim, o dolo de conspiração é formado pelo conteúdo do dolo do crime principal e pela consciência por parte de todos e cada um dos participantes de que é o desejo comum de atentar contra o bem jurídico protegido no tipo legal de crime principal o que se acabou de decidir. O acordo de conspiração é essencial no momento da decisão do ilícito do crime projectado de todos e cada um dos conspiradores. Este é o núcleo da conspiração[248].

O dolo do crime principal é relevante no crime de conspiração.

Não tem sentido falar num dolo especifico de conspiração, no sentido de exigir que quem haja decidido pelo ilícito do crime projectado não tem sentido[249].

---

[245] JUAQUÍN CUELLO CONTRERAS, *La Conspiración*..., pg. 135.

[246] É uma influência psicológica mútua entre todos e cada um dos membros do acordo de conspiração.

[247] JUAQUÍN CUELLO CONTRERAS, *La Conspiración*..., pg. 135.

[248] JUAQUÍN CUELLO CONTRERAS, *La Conspiración*..., pg. 135.

[249] JUAQUÍN CUELLO CONTRERAS, *La Conspiración*..., pg. 136.

Não se deve confundir a conspiração com o dolo do *"iter criminis"*. Na conspiração, exige-se o mesmo dolo que na execução; a única diferença é a de que o dolo do crime principal se originou e se exteriorizou num momento anterior ao da execução.

2.1.1. *A possibilidade de dolo eventual*

Será que é admissível o dolo[250-251] eventual[252] na conspiração?

---

[250] A classificação tradicional distingue entre dolo directo, dolo necessário e dolo eventual. Esta classificação não diz apenas respeito ao elemento volitivo (TERESA PIZARRO BELEZA, *Direito Penal*, 2.º vol., pg. 202).

[251] O acordo de conspiração pode abarcar o dolo do crime principal de forma directa (primeiro grau), com o *"recurso industrioso do pensamento"* (na expressão de ÉSQUILO, em *Agamémnon*). É o caso usual: os celebrantes do acordo especificam o crime principal minuciosamente, como decorrência do objectivo final do acordo de conspiração, em que os conspiradores planeiam o delito principal minuciosamente, como objectivo final do seu acordo de conspiração (JUAQUÍN CUELLO CONTRERAS, *La Conspiración...*, pg. 137).

[252] O n.º 3 do art. 14.º do Código Penal refere: *"Quando a realização de um facto que preenche um tipo de crime for representada como consequência possível da conduta, há dolo se o agente actuar conformando-se com aquela realização."*.

Sobre a distinção entre **dolo eventual e negligência consciente**, existem as teorias da vontade e as da representação (ESER / BURKHARDT, *Derecho Penal...*, pgs. 157 ss.):

a) As teorias da vontade têm como denominador comum o conhecimento e vontade de realização do facto típico, tendo as seguintes variantes:

a1) A teoria do consentimento, propugnada pela Jurisprudência alemã: no elemento cognoscitivo, o agente deve considerar ser possível a realização do facto típico; no elemento volitivo, é necessário que aceite juridicamente essa realização.

a2) A teoria da vontade, propugnada pela maioria da Doutrina alemã: o autor deve crer ser seriamente possível e deve-se conformar com a produção do facto típico.

a3) A teoria da indiferença, tendo como subvariantes a teoria de ENGISCH (a indiferença como exigência adicional) e as teorias unificadoras.

b) As teorias da representação têm como denominador comum o critério decisivo de delimitação ser unicamente o elemento cognoscitivo. Têm as seguintes variantes:

b1) Teoria da probabilidade. Existem duas versões:

b1') uma primeira versão lida com um conceito de probabilidade comparativo: se a ocorrência do facto é mais provável do que a sua não realização, existirá dolo eventual; no caso contrário, existirá negligência;

b1'') uma segunda versão considera que o agente deve considerar mais provável a produção do resultado; a probabilidade deve ser algo mais do que uma mera possibilidade, mas algo menos do que uma probabilidade elevada.

b2) Teoria da probabilidade: existe dolo eventual quando o agente tem, ao menos, uma consciência incerta sobre a realização do facto.

b3) Teoria normativa do risco (esta teoria é, por vezes, autonomizada). O agente deve partir não só de um perigo concreto para o bem jurídico, mas também de um perigo relevante para o Direito Penal. São considerados três factores relevantes: o grau de probabilidade de lesão para o bem jurídico, o alcance do bem jurídico afectado e a utilidade social do comportamento perigoso. Assim, é necessário o reconhecimento tanto de um risco não permitido, como de um risco não controlado.

Existe ainda a teoria das diferenças estruturais entre dolo e negligência, própria da Escola Finalista. ARMIN KAUFMANN parte da acção final como protótipo do dolo (a vontade activa); KINDHAÜSER parte do conceito teleológico de acção, considerando o erro sobre a capacidade preventiva do sujeito e a evitabilidade do resultado.

Outras formulações são as de STRATENWERTH (a consideração como sério do risco do resultado) e de ROXIN (a decisão pela lesão de bens jurídicos).

MARIA FERNANDA PALMA prefere não demonstrar *"uma distinção qualitativa entre graus de culpa (...), mas, pelo contrário, (...) confundir a essência normativa do dolo (a consciência de ilicitude) com a essência do próprio juízo de culpa."*. Analisando os casos da menina da barraca de tiro, dos mendigos russos (*"Bettlerfall"*) (*Distinção entre Dolo Eventual e Negligência Consciente em Direito Penal. Justificação de um critério da "vontade"*, Lisboa, 1981, pgs. 185 ss.), das correias de couro (*"Lederrimanfall"*) ou do cinturão; de um caso da Jurisprudência inglesa citado por KENNY, é então defendida a relevância de um elemento volitivo no dolo (*Distinção entre Dolo Eventual...*, pg. 199), rejeitando a autonomização do critério emocional do dolo. Por outro lado, *"As ideias de intenção ou de acção final (...) só devem definir o dolo como "conceitos abertos""* (*Distinção entre Dolo Eventual...*, pg. 201). Numa lógica de aproximação ao caso concreto e da *"vinculação da distinção a dados pré-jurídicos"*, é necessário partir de casos diferenciados:

1 e 2 – Casos de desproporção manifesta entre a motivação da acção e o resultado típico (ou inversamente ou casos de falta de relação directa (causal) entre o risco para o bem jurídico e a motivação da conduta (ou inversamente). Nestes casos de falta ou não de estrutura intencional, a lógica do risco é ultrapassada pela lógica do desejo (casos *"Lacman"* e da jurisprudência inglesa (citado por KENNY)).

3 – Casos de incerteza quanto à relação entre o risco e a motivação (a situação externo-objectiva não pode desfazer as dúvidas sobre o carácter intencional do comportamento do agente).

4 – Casos de tipos de crimes, a cuja descrição pertence uma certa qualidade o ofendido. Nestes casos, na conduta intencional, não há a separação entre o estado cognitivo e a volição (apenas podem ser desunidos para efeitos analíticos).

5 – Casos do direito penal secundário.

V., entre nós, os trabalhos de MARIA FERNANDA PALMA, nomeadamente *Distinção entre Dolo Eventual e Negligência Consciente em Direito Penal. Justificação de um critério da "vontade"*, Lisboa, 1981; ID., *Dolo Eventual e culpa em Direito Penal*, in *Problemas Fundamentais de Direito Penal. Colóquio Internacional de Homenagem a Claus*

Poder-se-ia pensar que seria possível o dolo eventual, aplicando a norma da Parte Geral (art. 14.°, n.° 3), como complemento da Parte Especial.

Contudo, não parece que a lei se conforme que os conspiradores se tenham decidido pela possível lesão do bem jurídico – exige-se um *"plus"*, devido à contundência da redacção: a decisão da execução deve ser tomada como definitiva e firmemente querida pelos conspiradores.

JUAQUÍN CUELLO CONTRERAS prescinde da modalidade do dolo eventual, pois, dada a configuração deste, na qual falta a consciência certa e segura de que o resultado do crime principal se venha a produzir, não se encaixa no dolo de conspiração[253].

Seguindo de perto a opinião de RUI PEREIRA[254], o art. 14.° constitui uma norma interpretativa da Parte Especial, no sentido de que todos os crimes dolosos nesta tipificados podem ser praticados através de qualquer das modalidades de comportamento assinaladas como dolosas por essa norma.

Qualquer crime doloso da Parte Especial pode expressar uma ou algumas daquelas formas de conduta, não sendo, no entanto, indispensável que todas essas formas correspondam às possibilidades de preenchimento de todos os tipos de crime: depende da descrição da conduta típica a admissibilidade das diversas modalidades de dolo.

No relacionamento entre a Parte Geral e a Parte Especial, a primeira opera uma condensação de princípios racionais de determinação da responsabilidade. A Parte Geral deve conter uma orientação sistemática válida para a Parte Especial[255-256].

Não se pode afirmar que qualquer crime doloso, sem excepção, admita a possibilidade de preenchimento do respectivo tipo subjectivo através de todas as modalidades de dolo, enunciadas na Parte Geral.

Roxin, Lisboa, 17 e 18 de Março de 2000, coord. de Maria da Conceição Valdágua, Universidade Lusíada Editora, Lisboa, 2002, pgs. 47-67; ID., *A Vontade do Dolo Eventual* in *Estudos em Homenagem à Professora Isabel de Magalhães Collaço*, vol. II, Almedina, Coimbra, 2002, pgs. 795-833.

[253] JUAQUÍN CUELLO CONTRERAS, *La Conspiración*..., pg. 138.

[254] RUI PEREIRA, *O Dolo de Perigo*, pgs. 83-97.

[255] RUI PEREIRA, *O Dolo de Perigo*, pg. 83.

[256] A inexistência de uma rígida submissão da Parte Especial à Parte Geral é patenteada pelo facto de, na sua Parte Especial, o Código Penal introduzir figuras e regimes que rompem com os genericamente previstos na Parte Geral (RUI PEREIRA, *O Dolo de Perigo*, pg. 84) (por exemplo, no erro sobre a idade de ofendida em crimes sexuais, não se aplica os art. 16.° e 17.°).

O art. 14.º carreia uma pretensão disciplinadora da interpretação da Parte Especial, na qualidade de afloramento do princípio da culpa[257], impondo ao intérprete uma determinada metodologia, no âmbito da subsunção de comportamentos aos tipos de crime[258].

O conceito legal de dolo implica, como norma orientadora do intérprete, que qualquer crime doloso previsto na Parte Especial expresse, pelo menos, alguma ou algumas das formas de conduta nele previstas. O que não exige, porém, é que todas elas correspondam, simultaneamente, às possibilidades de comissão de todos os crimes, cuja concreta configuração depende da descrição da conduta típica (e, designadamente, da inclusão no seu âmbito de elementos subjectivos especiais da ilicitude)[259].

Ora, o sentido redacção do n.º 3 do art. 239.º, ao preceituar "*o acordo*", requer que este seja tomado como definitiva e firmemente querido pelos conspiradores.

Em conclusão, prescinde-se da modalidade do dolo eventual, na qual falta a consciência certa e segura de que o resultado do crime principal se venha a produzir.

§ 7.ª
Problemas específicos em outros passos da teoria da infracção criminal

Relativamente à **ilicitude**, a dimensão dogmática desta, segundo alguns Autores, só ganha verdadeira ressonância a acuidade na parte especial dos códigos penais, pois é aí que ela se confronta com as reais tensões jurídicas impostas pela natureza do bem jurídico-penal que se quer proteger[260]. É acentuado, no caso do acordo, o desvalor da acção.

Correlativamente à **culpa**, o indivíduo é corruptível[261-262]. O acordo

---

[257] Rui Pereira, *O Dolo de Perigo*, pg. 86.

[258] Rui Pereira, *O Dolo de Perigo*, pg. 87.

[259] Rui Pereira, *O Dolo de Perigo*, pg. 132.

[260] Introdução do Decreto-Lei n.º 400/92, de 23 de Setembro, considerando 14.

[261] Sobre a culpa, entre nós, v. Figueiredo Dias, capítulo décimo de *O Problema da Consciência da Ilicitude em Direito Penal*, 5.ª ed., Coimbra Ed., 2000, e *Liberdade. Culpa. Direito Penal*, 2.ª ed., Coimbra Ed., 1995.

[262] Na síntese de Figueiredo Dias, em *Liberdade. Culpa. Direito Penal*, no posfácio da segunda edição (pg. 259), o homem tem de se decidir a si e sobre si, sem que possa furtar-se a tal decisão: neste sentido o homem dá-se a si mesmo, através do que Max Müller chama a «opção fundamental», a sua própria conformação.

é um comportamento prenhe de sanção valorativa, com suficiência ofensiva, sendo uma perversidade valorada pela ordem jurídica, que se expressa no *"dolose agere"*[263]. A culpa advém da cogitação minuciosa do crime de genocídio.

1. Consumação

Relativamente à **consumação**, quando a conjura e os actos preparatórios são incriminados (fases anteriores ao crime consumado), são elas próprias crimes consumados[264-265].

O tipo legal de crime basta-se com a simples consumação **formal**, que se verifica antes da consumação material. O crime consuma-se com o preenchimento de todos os elementos que constituem aquele tipo; explicando melhor, ocorre quando os autores hajam realizado todas as características do tipo (objectivo e subjectivo), ou seja, quando se chega ao acordo unânime de vontades dos conspiradores sobre a execução do crime principal[266]. Este acordo constitui o resultado da conspiração.

O problema da perfeição da declaração de vontade criminosa é o de saber quando se consuma.

Quanto dois sujeitos estão no mesmo local, não existe problema: o crime consuma-se no momento em que selem o pacto genocida. Quando estão em sítios díspares, a solução é a de considerar que a perfeição tem lugar, não no momento em que cada um dos concertados se decide que execute o crime, mas no momento em que os conjurados têm conhecimento da aceitação da realização do plano criminal pelos restantes (situação análoga à que ocorre no Direito Civil, com a perfeição do contrato entre ausentes)[267].

Deste modo se permite afirmar que a consumação da conspiração se produz num momento anterior ao momento do crime principal. Embora

---

[263] Cfr. FARIA COSTA, *O Perigo...*, pg. 476.

[264] MANUEL CAVALEIRO DE FERREIRA, *Lições de Direito Penal. Parte Geral. I. A Lei Penal e a Teoria do Crime no Código Penal de 1982*, Editorial Verbo, 4.ª ed., 1996, pg. 426.

[265] Segundo FREDERICO DE LACERDA DA COSTA PINTO, o conceito de consumação tem sempre uma natureza formal, por imposição do princípio da tipicidade, identificada com a plena realização de todos os elementos constitutivos de um tipo descrito na lei. Pode acontecer que esse tipo inclua ou não a identificação de um evento danoso que se pretende evitar.

[266] JUAQUÍN CUELLO CONTRERAS, *La Conspiración...*, pg. 185.

[267] PUIG PEÑA, *Conspiración*, pg. 208.

294 Ivo Miguel Barroso

teoricamente ao acordo se possa seguir a prática do genocídio, na prática, devido a normalmente ser um crime pensado, o acordo é realizado num momento mais distante relativamente ao crime principal de referência.

2. Desistência

Em caso de intervenção de várias pessoas no facto, a **desistência**[268], sendo uma causa pessoal de levantamento da pena, só deixa sem castigo o interveniente que desistiu, não os demais, que merecem a punibilidade.

A desistência relevante do crime apresenta especificidades, devido à estrutura do crime, sobretudo no que toca à desistência exclusiva da conspiração. É o problema da dissociação do concerto criminoso[269].

Alguns Autores negam a possibilidade de desistência. Consumado e esgotado no momento da unanimidade do acordo e da firmeza da resolução, este acto seria suficiente para a imposição de uma pena aos conspiradores; o que depois sucedesse seria irrelevante.

Não obstante, este resultado não seria satisfatório – seria mesmo funesto –, do ponto de vista político-criminal[270], pois o conspirador-autor e o conspirador-instigador não encontrariam estímulo suficiente para evitar a produção do resultado final. Quem sabe que vai ser condenado é indiferente ao facto de ser numa pena máxima de vinte e cinco (art. 239.º, n.º 1, do Código Penal) ou numa pena máxima de apenas cinco anos (art. 239.º, n.º 3).

Os resultados satisfatórios de Política criminal são os de colocar o centro de gravidade na possibilidade de o desistente poder continuar a actuar, até naturalmente ao momento de consumação do crime principal proposto.

As soluções adoptadas divergem:

Segundo alguns, basta adoptar uma resolução contrária àquela que ligou ao empreendimento (FERRER LAMA). Bastando para ser punido por um dos factos incriminados na Parte Geral (como a conspiração) uma resolução para o cometimento de um crime, não sendo necessária a sua execução, de igual forma não deveria a lei exigir senão apenas uma dife-

---

[268] Ao contrário, não existe tentativa de conspiração, que chocaria com a própria natureza desta, de consumação instantânea (JUAQUÍN CUELLO CONTRERAS, *La Conspiración...*, pg. 141).

[269] V. FREDERICO DE LACERDA DA COSTA PINTO, *A relevância da desistência...*, pgs. 73-75.

[270] V. JUAQUÍN CUELLO CONTRERAS, *La Conspiración...*, pg. 195.

O *Acordo com vista à Prática de Genocídio* 295

rente resolução, de sentido contrário à primeira, para reconhecer a impunidade do desistente, não obstante a execução do facto projectado pelos outros intervenientes[271].

Outros argumentam desfavoravelmente, pois o propósito de dissolução do pacto criminoso não era realizado, a não ser que, pelo menos, tal decisão de renunciar ao envolvimento no facto fosse comunicada aos demais agentes, de modo a tentar-se, assim, frustrar a execução do delito projectado (PUIG PEÑA, JUAQUÍN CUELLO CONTRERAS).

a) Primeiro, o agente deve renunciar ao desempenho do papel do acordo de conspiração.

Se não se lhe for reservado nenhum papel no desenvolvimento do tipo, será necessária a exteriorização da sua renúncia ao autor principal, única maneira de evitar a produção do resultado.

b) Alguns Autores, identificando os factos em causa com uma particular forma de perigosidade pelo envolvimento de diversas pessoas, defendem a presença adicional de outro(s) requisito(s), havendo variantes:

b1) A necessidade de comunicar aos restantes conspiradores, com o objecto de iniciar um novo intento de produção do resultado principal[272].

b2) É necessário, pelo menos, a constância da resolução aos demais conjurados, ou a realização de actos concludentes (*"facta concludentia"*), demonstrativos de forma inequívoca da sua mudança de vontade[273].

b3) Identificando os factos em causa com uma particular forma de perigosidade pelo envolvimento de diversas pessoas, alguns Autores chegam à exigência de o desistente anular ou tornar ineficaz o contributo que prestou.

b4) Alguns cumulam a última exigência com o esforçar-se na medida do possível para evitar a execução do facto planeado. Entre nós, este resultado seria coadjuvado por o art. 25.°, relativo à desistência em caso de comparticipação criminosa, aplicável nesta sede por analogia[274], prescrever o esforço sério (para além de o art. 25 e do n.° 1 do art. 24.°[275]

---

[271] *Apud* FREDERICO DE LACERDA DA COSTA PINTO, *A relevância da desistência...*, pg. 74.

[272] JUAQUÍN CUELLO CONTRERAS, *La Conspiración...*, pg. 209.

[273] PUIG PEÑA, *Conspiración*, pg. 210.

[274] Um sector doutrinal, minoritário na Doutrina alemã (JAKOBS, MAURACH, SCHMITT), defende que a analogia não é proibida na Parte Geral.

[275] Dada a equiparação funcional dos conceitos nos art. 24.° e 25.°, inculcando um sentido não só formal mas também material, reportado à efectiva lesão do bem jurídico em perigo (FREDERICO DE LACERDA DA COSTA PINTO, *A relevância da desistência...*, pg. 46).

exigirem a não consumação do *"resultado não compreendido no tipo de crime"*[276], que se reporta, em geral, aos crimes de consumação antecipada, como são os perigos de perigo[277]).

FREDERICO DE LACERDA DA COSTA PINTO não concorda com a exigência referida em b4)[278]. Admitindo que a posição mais moderada (que se basta com uma mudança de atitude ou uma resolução contrária à anterior) não satisfaz – por ser previsivelmente nulo o seu efeito desmotivador sobre os demais intervenientes, em nada contrariando, então, a perigosidade decorrente dos factos praticados –, contudo as condições traçadas constituem uma severa limitação às possibilidades de uma dissociação relevante do facto projectado: a dissociação de um facto que consiste numa forma antecipada de intervenção penal, que supõe ainda uma ulterior progressão lesiva, distante, portanto, da lesão efectiva dos bens jurídicos tutelados e da própria tentativa[279]. Deve existir de um nexo relacional entre o contributo lesivo e a intensidade da exigência que condiciona a dissociação relevante do agente.

Por outro lado, o art. 25.º não se pode aplicar senão nos limites da sua literalidade e da sua amplitude material[280]. Assim, em situações de

---

[276] A consumação material, esteja ou não descrita no tipo de ilícito, ocorre com a afirmação de uma lesão irreversível do bem jurídico protegido (FREDERICO DE LACERDA DA COSTA PINTO, *A relevância da desistência...*, pg. 48).

[277] Bem como aos crimes de intenção e aos crimes de empreendimento.

Em todos estes casos, utilizando uma expressão de FINCKE, o *"centro da ilicitude"* encontra-se fora da descrição legal do crime e é por referência a ele que se deve ponderar a utilidade político-criminal da desistência (FREDERICO DE LACERDA DA COSTA PINTO, *A relevância da desistência...*, pg. 51). Daí a criação de um *"centro de ilicitude imaginado"*, através de uma formulação genérica, válida para qualquer tipo da Parte Especial (FINCKE *apud* FREDERICO DE LACERDA DA COSTA PINTO, *A relevância da desistência...*, pg. 52).

Segundo FIGUEIREDO DIAS, é o resultado que interessa à valoração do ilícito, por ser directamente atinente aos bens jurídicos e à função de protecção da norma.

Exige-se, pois, em concreto, uma actividade interpretativa referenciada ao bem jurídico de cuja tutela é expressão, devendo esse resultado a evitar não estar já valorado no tipo de ilícito, caso em que já fará então parte do tipo e é evitado pelo impedimento da consumação, embora possa ou não integrar a descrição do tipo de garantia. Fundamental é que a acção dos agentes tenha apenas produzido o "máximo de perigosidade concreta" tolerável pelo legislador, no quadro das valorações da norma em causa, de forma a não tornar inútil, do ponto de vista de tutela dos bens jurídicos ameaçados, o retrocesso da agressão (FREDERICO DE LACERDA DA COSTA PINTO, *A relevância da desistência...*, pg. 46).

[278] FREDERICO DE LACERDA DA COSTA PINTO, *A relevância da desistência...*, pg. 75.

[279] FREDERICO DE LACERDA DA COSTA PINTO, *A relevância da desistência...*, pg. 75.

[280] FREDERICO DE LACERDA DA COSTA PINTO, *A relevância da desistência...*, pg. 39.

O Acordo com vista à Prática de Genocídio   297

envolvimento em actos preparatórios, mesmo se excepcionalmente puníveis (solução aplicável, pois, "*a fortiori*", ao caso do acordo com vista à prática de genocídio), não é de invocar, pelo menos por aplicação directa, o regime do artigo 25.°[281]; o envolvimento de outros agentes para além do autor não gera situações típicas de comparticipação, pois estas exclusivamente moldadas sobre a existência de uma execução[282].

3. Participação na acção de conspiração

Sendo um crime de comparticipação necessária, como refere FIGUEIREDO DIAS[283], os problemas em matéria de modalidades de autoria são simplificados[284]. O que se verifica são autorias singulares (art. 26.°, 1.ª proposição), não casos de co-autoria, previstos na Parte Geral, no art. 26.°, 3.ª proposição[285], pois, embora se assemelhe naturalisticamente ao fenómeno da co-autoria, a conduta de cada agente não se subsume ao preceito da Parte Geral, não cabe no "*Tatbestand*".

Os problemas existem em relação à participação eventual de outros agentes em crimes de participação necessária[286]. O "*acordo com vista à prática de genocídio*" abarca as formas distintas de participação?

3.1 Uma opinião afirmativa consideraria que, formalmente, não há obstáculos à indignação formulada: aplicar-se-iam as normas da Parte Geral, pelo que haveria a participação na formação do acordo.

Nos actos preparatórios, cabem perfeitamente formas participativas, já que são crimes autónomos, "*sui generis*", de estrutura legal igual a qualquer outro tipo da Parte Especial.

A Doutrina alemã tende a admitir a participação nos actos preparatórios, a possibilidade de punibilidade como participante (BAUMANN / / WEBER, WOLTER).

---

[281] FREDERICO DE LACERDA DA COSTA PINTO, *A relevância da desistência*..., pg. 39.

[282] FREDERICO DE LACERDA DA COSTA PINTO, *A relevância da desistência*..., pg. 39.

[283] FIGUEIREDO DIAS, *As «Associações Criminosas»*..., pg. 65.

[284] JOSÉ DE OLIVEIRA ASCENSÃO admite poder haver co-autoria e autoria mediata (*Direito Penal I. Sumários*, AAFDL, 1996-97, pg. 171)

[285] Também para o crime de rixa, FREDERICO ISASCA, *Da participação em Rixa*..., pg. 80.

[286] Ou seja, outros agentes que participem por outro título, como instigadores ou cúmplices, embora não nomeados expressamente como essenciais à incriminação (CAVALEIRO DE FERREIRA, *Lições*..., pg. 500).

A comparticipação é determinada pela estrutura subjectiva dos tipos legais.

Nada obsta às formas de comparticipação dos crimes de perigo abstracto, nomeadamente de actos preparatórios punidos autonomamente[287]. Na perspectiva de ser um crime plurissubjectivo, entre nós, a instigação é possível, no caso da participação em rixa[288-289].

Não existe inconveniente dogmático para admitir a participação na conspiração.

3.2 Uma opinião em sentido negativo consideraria os argumentos referidos de seguida:

3.2.1 Sendo um crime de participação necessária, o acordo seria uma norma especial, que afastaria a aplicabilidade das normas gerais. Nos crimes de convergência, todos os colaboradores convergentes são puníveis só como autores e não como participantes[290]. A possível participação nos crimes de convergência encontra-se fora da relação típica de convergência[291].

Não cabe distinguir autor e participante, nos casos que preparam a execução, pois tanto prepara quem realizará a conduta principal, como quem o ajuda; não há diferentes modalidades.

3.2.2 Segundo o argumento da inexistência de preceitos sancionadores, existiria a impossibilidade de participação, dado que o legislador teria feito a escolha do tipo, sendo uma presunção inilidível de não aplicação da Parte Geral, (pois esta não tem de se projectar totalmente na Parte Especial).

3.2.3 De acordo com um terceiro argumento, valeria a aplicabilidade do princípio da excepcionalidade da punição dos actos preparatórios.

Segundo a opinião de FREDERICO DE LACERDA DA COSTA PINTO[292] em relação a actos preparatórios, a excepcional punibilidade dos actos preparatórios circunscreve-se ao seu autor.

---

[287] PAULO PINTO DE ALBUQUERQUE, *Os crimes de perigo...*, pg. 279.

[288] FREDERICO ISASCA, *Da participação em Rixa...*, pg. 80.

[289] Em relação ao crime do art. 299.º, v. FIGUEIREDO DIAS, *As «Associações Criminosas»...*, pg. 66.

[290] MAURACH / GÖSSEL / ZIPF, *Derecho Penal...*, pg. 402.

[291] MAURACH / GÖSSEL / ZIPF, *Derecho Penal...*, pg. 402.

[292] FREDERICO DE LACERDA DA COSTA PINTO, *A relevância da desistência...*, pgs. 286-287, 39.

O Acordo com vista à Prática de Genocídio

Os alargamentos de punibilidade consistentes na punição excepcional de actos preparatórios, sendo soluções pontuais detectáveis na Parte Especial, só valem nos estritos limites deste contexto punitivo, ou seja, para o autor que preenche directamente tais normas.

A responsabilidade de outros comparticipantes, concretamente cúmplices e instigadores, significaria uma nova extensão injustificada sobre outros sucessivos alargamentos da punibilidade, pois a conduta não é por si lesiva dos bens jurídicos tutelados pelo sistema penal[293].

Não se pode reconhecer qualquer efeito de genérico alargamento das figuras comparticipativas da Parte Geral, pois isso equivale a atribuir a tais ampliações excepcionais um significado que não têm na sua origem e a sobrepô-las à modelação típica das normas gerais que delimitam a comparticipação criminosa.

Ao que acresce, ainda, não estarem os actos preparatórios rigorosamente tipificados na Parte Geral ou na Parte Especial do Código, o que gera uma severa imprecisão interpretativa destas normas contendente com as exigências da tipicidade, particularmente potenciada tratando-se de condu-tas de participação[294].

3.2.4 Um argumento a considerar é o da falta de facto principal. RODRÍGUEZ MOURULLO nega a cumplicidade na conspiração, pois, ao contrário daquela, falta a execução do facto.

Não cabe participação, devido à distância do crime principal; só o autor da conduta é penalmente relevante, sendo a conduta do participante juridicamente irrelevante. O Legislador não distingue entre autor e participante na Parte Especial.

Este resultado seria coadjuvado pelo princípio da intervenção mínima do Direito Penal (art. 18.°, n.° 2, da Constituição).

3.2.5 Utilizando o n.° 2 do art. 239.°, se se incrimina o incitamento ao genocídio, "*a contrario*" excluir-se-ia a possibilidade de participação, a título de extensão da tipicidade.

3.2.6 Segundo JUAQUÍN CUELLO CONTRERAS, a conspiração encontra--se entre os tipos que exigem algo de especial entre os factores dirigidos à lesão do bem jurídico.

---

[293] FREDERICO DE LACERDA DA COSTA PINTO, *A relevância da desistência*..., pg. 286.
[294] FREDERICO DE LACERDA DA COSTA PINTO, *A relevância da desistência*..., pgs. 286-287.

A conspiração é um acordo totalmente livre entre várias pessoas, que há-de produzir como resultado uma resolução unânime de execução do crime, em virtude da influência mútua operada[295]. Chega-se a acordo porque cada um se sente apoiado por todos e cada um deles. Se em algum a vontade decai, decai também a vontade dos restantes; o plano não será prosseguido.

Cada um é peça indispensável do plano tota; daí a impossibilidade de admitir a instigação[296].

Em relação à cumplicidade, não se pode dizer que toda a ajuda prestada por terceiros haja sido causal para a lesão do bem jurídico protegido, nem que haja aumentado o risco de produção da mesma[297]. Assim, não se pode afirmar a cumplicidade na conspiração que tenha sido causal para o resultado a que esta se dirige, nem que haja contribuído para a produção da lesão.

A impunidade da cumplicidade na conspiração baseia-se na noção de conspiração que adopta (acordo baseado apenas na influência mútua entre os participantes do mesmo).

3.3 Seguimos o entendimento de que as regras gerais sobre comparticipação são supletivas – são aplicáveis quando compatíveis com a índole daquele tipo de participação necessária. Embora compaginada com os limites típicos e valorativos do sistema de comparticipação[298], a possibilidade de aplicabilidade das regras gerais da comparticipação eventual ou facultativa aos crimes de participação necessária é um problema a resolver na Parte Especial. A aplicabilidade tem lugar quando não seja afastada pela regulamentação específica de cada crime de participação necessária, em razão da similar matéria de facto.

Com efeito, a especificidade das incriminações afasta frequentemente a aplicação de normas directamente previstas para a comparticipação, as quais só são aplicáveis quando compatíveis com a estrutura e natureza do crime. São apenas aplicáveis, enquanto integrem o conteúdo da própria incriminação, como supletivas[299].

---

[295] JUAQUÍN CUELLO CONTRERAS, *La Conspiración*..., pg. 48.

[296] JUAQUÍN CUELLO CONTRERAS, *La Conspiración*..., pg. 48.

[297] JUAQUÍN CUELLO CONTRERAS, *La Conspiración*..., pg. 50.

[298] FREDERICO DE LACERDA DA COSTA PINTO, *A relevância da desistência*..., pg. 159.

[299] CAVALEIRO DE FERREIRA, *Lições*..., pg. 500.

O facto de terem de ser vários os agentes é um elemento típico limitativo da aplicação, sem mais, da regras da Parte Geral.

Contudo, a Parte Geral cumpre uma função de apoio, perante o carácter fragmentário dos tipos individualizados no Direito Penal Especial[300]. Mais: a *"função correctora"* da Parte Geral, para suprir lacunas da Parte Especial[301], não deixa de ser aplicável:

Os participantes são criminalmente responsáveis por contribuírem para o facto ilícito praticado pelo autor, contrariando, assim, não as proibições implícitas nas normas da Parte Especial, que tutelam bens jurídicos violados pela conduta do autor, mas sim aquelas decorrentes dos artigos 26.º, *"in fine"*, e 27.º, n.º 1[302]:

A responsabilidade dos participantes está dependente dos requisitos tipificados na lei quanto à sua própria conduta, por um lado, e de certas características do facto principal, por outro[303].

3.3.1 Cabe instigação à conspiração?

Como foi referido, JUAQUÍN CUELLO CONTRERAS não admite a instigação, atendendo à ideia de conspiração como instigação mútua[304].

Diremos que, em alguns casos, haverá uma absorção da conduta de instigação pela conduta de autoria; estão abrangidos. Por exemplo, o agente, instigando outros, também participa no acordo; é punível como autor (1.ª proposição do art. 26.º do Código Penal, que prevalece sobre a instigação (4.ª proposição do art. 26.º), mediante uma relação de subsidiariedade implícita). Já não assim noutros casos, em que, por exemplo, instiga e se afasta do local.

No primeiro caso, como conduta dolosa, a tipicidade da instigação pode estender-se a todos os elementos do tipo de crime da Parte Especial. A conduta mencionada corresponde à ideia de determinar outra pessoa à prática de um facto ilícito perigosidade (FREDERICO DE LACERDA DA COSTA PINTO[305]), do incremento do risco *"ex ante"*, de que a acção elimine as

---

[300] FREDERICO DE LACERDA DA COSTA PINTO, *A relevância da desistência...*, pg. 53.

[301] FREDERICO DE LACERDA DA COSTA PINTO, *A relevância da desistência...*, pg. 246.

[302] FREDERICO DE LACERDA DA COSTA PINTO, *A relevância da desistência...*, pg. 284.

[303] FREDERICO DE LACERDA DA COSTA PINTO, *A relevância da desistência...*, pg. 284.

[304] JUAQUÍN CUELLO CONTRERAS *La Conspiración...*, pg. 48.

[305] FREDERICO DE LACERDA DA COSTA PINTO, *A relevância da desistência...*, pg. 284.

[306] M.ª DEL CARMEN GOMÉZ RIVERO, *La inducción a cometer el delito*, tirant lo blanch, Valencia, 1995, pg. 176.

302   *Ivo Miguel Barroso*

inibições do autor, determinando a sua adopção e posterior execução de uma resolução criminosa[306-307].

Existe ainda a possibilidade de preenchimento do tipo legal de incitamento (art. 239.º, n.º 2), se o agente o fizer *"pública e directamente"*.

3.3.2 Resta averiguar a possibilidade de cumplicidade[308].

A cumplicidade, tanto na forma material como na psíquica, é possível, atendendo à interpretação do tipo da conspiração, como acordo livre e voluntário para lesionar o bem jurídico.

---

[307] A **instigação** constitui uma motivação dolosa de outro ao facto de cometer dolosamente um crime.

Segundo SCHULZ, o instigador deveria possuir o domínio do plano; contrariamente a MAURACH / GÖSSEL / ZIPF (*Derecho Penal...*, pg. 436), que argumentam que, com o domínio do plano, seria possível extrair um elemento essencial fundante da co-autoria.

No complexo global da instigação, os elementos objectivos da instigação são: "determinar", exigindo exige uma influência dirigente sobre a conduta, que proporciona a quem não se encontra resolvido a cometer o crime, a decisão de fazê-lo; determinar pressupõe a concreção do facto; instigar uma determinada lesão típica de um bem jurídico; a exortação genérica de cometer crimes não é suficiente; tal como não é o mero apelo a instintos criminais, nem o chamado "cuidar do seu próprio benefício".

Só é possível falar em determinação quando a acção de instigação haja provocado a resolução criminosa do instigado. O instigador deve haver dado o tempo necessário para adopção e realização da dita resolução. A acção de instigação não necessita de ter sido a única condição para a resolução do autor, nem se exige que a acção se deva exercer face a um agente originariamente indiferente ou mesmo contrário. Objecto idóneo da instigação é também aquele que, no início, se encontrava propenso ao facto e que só esperava o impulso decisivo; existe instigação quando aquele que se oferecia para executar o facto recebe a promessa da recompensa exigida, pois só nesse momento se intensifica a tendência latente à resolução criminosa (MAURACH / GÖSSEL / ZIPF, *Derecho Penal...*, pg. 438).

Não é objecto idóneo o autor que, antes da aparição do agente que irá instigar, se encontrava decidido a causar a lesão típica concreta do bem jurídico, com todos os elementos objectivos e subjectivos (o *"omnimodo facturus"*); nestes casos, decai a responsabilidade por instigação.

Mas já existe responsabilidade jurídico-penal por instigação quando o instigador incrementa relevantemente a resolução criminosa do autor ou a modifica materialmente.

Sobre a tipicidade objectiva da instigação, v., nomeadamente, M.ª DEL CARMEN GOMÉZ RIVERO, *La inducción...*, pg. 172.

[308] O art. 25.º, al. c), do ER preceitua:

"Nos termos do presente Estatuto, será considerado criminalmente responsável e poderá ser punido pela prática de um crime da competência do Tribunal quem:

(...)

c) Com o propósito de facilitar a prática desse crime, for cúmplice ou encobridor,

O cúmplice presta, dolosamente e por qualquer forma, auxílio material ou moral à prática por outrem de um facto doloso; o referido participante tem total liberdade dos meios.

Por exemplo, no primeiro caso, oferece a casa para os conspiradores se reunirem; ou aceita levar algum dos conspiradores e não adere ao acordo.

No segundo caso, o reforço da decisão criminosa, a estabilização desta, segundo CLAUS ROXIN, é causal, pois oferece um motivo adicional para cometer o crime ou lhe dissipa as últimas dúvidas respeitantes à decisão criminosa.

Os fundamentos da participação[309] coadjuvam estas asserções.

4. Relação de concurso

Iniciada progressão criminal, no desenrolar da **dinâmica comissiva**, rumo ao crime principal de genocídio, a conspiração pode ter vários desfechos:

1) a não execução do crime principal, isso é não ser executado qualquer acto executivo de genocídio;

2) a tentativa do crime genocidário (principal) (artigos 22.º, 26.º do Código Penal);

3) a consumação do crime genocidário.

Com a consumação, o crime realiza-se completamente; o *"iter criminis"* finda.

Nestes dois últimos, ocorre a transformação dos conspiradores em comparticipantes. Do ponto de vista dos sujeitos, existe uma mudança de papéis: as mesmas condutas, que não poderiam ser encaradas como de autoria ou de participação, passam a converter-se em acções comparticipativas. Pode existir:

---

ou colaborar de algum modo na prática ou na tentativa de prática do crime, nomeadamente pelo fornecimento dos meios para a sua prática".

[309] *a*) Teoria da corrupção ou da culpa, teoria da participação na culpa (*"Sculdteilnahmetheorie"*);

b) Teoria da participação no ilícito (*"Unrechtsteilnahmetheorie"*);

c) Teoria da solidariedade com o ilícito alheio;

d) Teorias da causalidade:

d1) Teoria pura da causalidade (*"Die reine Verursachungstheorie"*);

d2) Teoria da causalidade orientada para a acessoriedade;

d3) Teoria do ataque acessório ao bem jurídico.

– co-autoria dos vários intervenientes no acordo;
– a prática de um facto principal por um ou vários agentes e, por parte de outro ou outros, participação (instigação[310] ou cumplicidade[311]).

Os crimes contra a humanidade em sentido lato e o genocídio em particular patenteiam particularidades na aplicabilidade dos títulos comparticipativos, nomeadamente no que tange à responsabilidade dos concretos agentes executantes e ao título comparticipativo dos chefes que encabeçam a cadeia hierárquica (v. anexo II).

O crime de conspiração consuma-se independentemente da prática de qualquer crime visado (*supra*).

Nos últimos casos referidos, a conspiração desenrola-se com normalidade; o crime planeado, progredindo no "*iter criminis*", existe uma relação de concurso com o crime genocidário principal. Se alguns não celebraram previamente o acordo ou, por hipótese, têm um acidente que os impede de executar o crime, ou se algum desiste voluntariamente da execução, em

---

[310] No complexo global da instigação, como se referiu, o instigador leva o autor a decidir-se pela comissão de um crime; essa instigação é essencial, é uma causa essencial para que o autor se decida a cometer um crime (TERESA PIZARRO BELEZA, *Direito Penal*, 2.º vol., pg. 419). Há casos excluídos da instigação (v. MAURACH / GÖSSEL / ZIPF, *Derecho Penal*..., pg. 438), por exemplo, se o agente estava resolvido a cometer o genocídio.

[311] Ao contrário do instigador, o **cúmplice** não tem uma actuação decisiva para que o autor se decida a cometer o crime. O cúmplice apenas fortalece a decisão do autor.

A cumplicidade material consiste na ajuda para a execução do crime; ao passo que a cumplicidade moral implica apoio psíquico. O conselho técnico para o autor para facilitar a execução do crime é um dos casos de cumplicidade (M.ª CARMEN LÓPEZ PEREGRIN, *La complicidad en el Delito*, Tirant lo blanch, Valencia, 1997, pg. 311).

Sobre a cumplicidade, v. a monografia de LÓPEZ PEREGRIN, *La complicidad en el Delito*.

Sobre o grau de influência da cumplicidade, existem várias teorias:

a) A teoria causalista, de JESCHECK, perfilhada, entre nós, por FREDERICO DE LACERDA DA COSTA PINTO (mais antigas, as teorias da cumplicidade como contribuição causal (MEZGER e a causalidade concreta).

b) Outras tentam dar a definição da cumplicidade à margem da causalidade: a Jurisprudência alemã e a fórmula do "*Förderung*"; existe ainda a teoria do favorecimento;

c) Um sector minoritário da teoria tradicional nega a exigência de causalidade: (HAUPT, ZIMMERL e H. MAYER);

d) Outras formulações são a de cumplicidade como crime de perigo (SCHAFFSTEIN e SALAMON); a cumplicidade como crime de perigo abstracto (HERZBERG); a cumplicidade como crime de perigo abstracto-concreto (VOGLER).

O Acordo com vista à Prática de Genocídio

relação a eles não há esse concurso[312] (por exemplo, na Solução Final do regime nacional-socialista, apenas um grupo pequeno de pessoas da hierarquia militar estava a par do genocídio[313]).

Importa saber se o concurso é aparente (impuro) ou efectivo. Utilizaremos a metodologia, desenvolvida, entre nós, por EDUARDO CORREIA[314].

4.1. *Concurso efectivo – Direito anglo-saxónico*

A considerar-se que estamos em presença de objectos, valores e formas de lesão diferentes, o concurso seria efectivo (pluralidade de crimes), devendo entrar no cômputo do ilícito por recurso ao n.º 1 do art. 30.º do Código Penal.

Na redacção do n.º 3 do art. 239.º, a medida da pena inculcaria a punibilidade imediata.

No sistema de *"Common Law"*, o agente pode, em princípio, ser acusado de ambas as conspirações e da *"substantive offence"*, em particular se o objectivo da conspiração se estende para além das *"offences"* de facto cometidas.

4.1.1 A dificuldade real desta opinião é a seguinte: apenas se se considerasse que o bem jurídico protegido seria diverso, aparentaria ser uma teoria defensável.

4.2. *Concurso aparente*

Se a conspiração é bem sucedida e se o crime principal é consumado, o agente é apenas condenado pelo crime principal, não pela conspiração.

---

[312] PUIG PEÑA, *Conspiración*, pg. 209.

[313] Poucas pessoas no interior do partido nazi tinham sido preparadas em vista da adopção da política de extermínio. O extermínio era quase sempre obra das tropas SS, com autoria mediata de HITLER e de HIMMLER, contra os protestos das autoridades civis e militares (HANNAH ARENDT, *Compreensão e Política e Outros Ensaios. 1930-1954*, trad. de MIGUEL SERRAS PEREIRA, Relógio d'Água, Antropos, Lisboa, 2001).

[314] A unidade ou pluralidade de significações, de valores jurídico-criminais negados por um certo comportamento humano fornece o princípio à luz do qual é possível determinar o número de crimes a que tal comportamento dá lugar. A resposta não pode encontrar-se sem previamente fixar qual seja a fonte de conhecimento dos valores específicos, em cuja tutela residem os fins da reacção jurídico-criminal, e à luz dos quais certas condutas humanas e os respectivos sujeitos se deixam classificar como criminosos (EDUARDO CORREIA, *A Teoria...*, pg. 84).

306   *Ivo Miguel Barroso*

Estando o objectivo do crime principal atingido, não há razão para punir o agente pela mera resolução criminal, ou mesmo pelos actos preparatórios. O agente apenas pode ser acusado de conspiração que haja sido perpetrada pelos seus co-conspiradores, sem intenção da sua participação directa[315].

O Direito Continental distingue dois tipos de *"actus reus"*, qualificando dois níveis de *"complot"* ou conspiração, em sentido amplo, seguindo um nível crescente gravidade. O primeiro dos níveis diz respeito à mera conspiração (o *"complot"* simples); o segundo nível diz respeito à conspiração seguida de actos materiais (o *"complot"* seguido de actos materiais)[316].

4.2.1 A posição do sistema de *"Common Law"* tem sido criticada, lembrando que o que importa não é que a prova haja sido usada duas vezes, mas que a natureza do crime de conspiração é puramente preventiva, incompleta, auxiliar, relativamente ao crime principal, e não tendo verdadeira independência racional se existir o crime completo; assim, a punição não tem justificação.

No acórdão MUSEMA, o TCIR considerou que seria de adoptar a definição de conspiração mais favorável ao arguido; por isso, não o condenando o arguido por genocídio e, simultaneamente, por conspiração com vista ao genocídio, com base nos mesmos actos.

Os trabalhos preparatórios da CPRCG demonstram que o crime de conspiração foi incluído para punir actos que, em si, não constituíam genocídio. Nenhum objectivo seria alcançado se se condenasse o arguido, que já era responsável por genocídio, por conspiração com vista ao genocídio, com base nos mesmos actos[317].

Não há concurso real, pois a valoração é feita com base nos mesmos actos[318].

---

[315] Acórdão MUSEMA, do TCIR, pg. 11 (fonte: *site* da Internet www.ictr.org/ENGLISH//cases/).

[316] Ambas as formas de *"complot"* exigem três elementos comuns:
1 – Um acordo para o acto (resolução de agir);
2 – O concerto de vontades;
3 – O objectivo comum de praticar o crime principal.

[317] Acórdão MUSEMA, do TCIR, pg. 11.

[318] Assim, com base no princípio da proibição da dupla valoração, a jurisprudência MUSEMA do TCIR considera o agente *"guilty of Genocide"* e *"Not Guilty of Conspiracy to commit Genocide"*.

4.3 Em nosso entender, existe um caso de concurso aparente ou impuro, que é um limite ao concurso de infracções propriamente dito[319]. A afirmação do concurso puro e efectivo de crimes está condicionada sempre pela exclusão prévia da existência de um facto anterior não punível (*"Straflose Vor-und Nachtat"*) ou de um crime progressivo (acompanhando a ideia da Doutrina italiana de progressão da actividade criminosa).

Ora, sucede que, por vezes, a punibilidade de diversas condutas parece *prima facie* existir e, todavia, vem a apurar-se que só uma ou algumas delas são efectivamente objecto de punição, por isso que os preceitos violados estão numa relação de hierarquia tal que da eficácia dum resulta a impossibilidade da aplicação cumulativa do outro ou outras[320]. É o caso, por exemplo de acções preparatórias em si mesmo puníveis e dos crimes de perigo, cujos preceitos incriminadores têm a sua eficácia dependente de que os respectivos crimes tentados ou consumados, crimes de dano, não tenham tido lugar[321]. A relação é *"minus ad maius"*.

O resultado hermenêutico pode ser o mesmo quer pelo estabelecimento de uma relação de subsidiariedade quer pelo estabelecimento de uma relação de consumpção[322].

4.3.1 Temos, desde logo, a via da **subsidiariedade** implícita ou material[323].

Considerando haver estádios diversos de agressão a um bem jurídico, o tipo do n.° 1 do art. 239.° é caracterizado por uma fase mais grave de lesão do bem jurídico (dado que são fases diferentes de agressão de um certo bem jurídico): há uma transição por uma fase menos grave: onde está o mais está o menos; e, portanto, contém-na e, nessa medida, consome-a[324].

A incriminação do acordo deve recuar perante a incriminação do genocídio, através de várias vias, referidas de seguida.

I. A relação entre crime de perigo e crime de dano é de subsidiariedade implícita ou material[325].

---

[319] V. TERESA PIZARRO BELEZA, *Direito Penal*, 2.° vol., pg. 537.

[320] EDUARDO CORREIA, *A Teoria...*, pgs. 25-26.

[321] EDUARDO CORREIA, *A Teoria...*, pg. 26.

[322] Apenas não pode ser aplicável a relação de especialidade.

[323] Relação de hierarquia entre dois preceitos dada a qual um deles (o subsidiário) deixa de ter aplicação quando em concorrência com outro (o primário) (TERESA PIZARRO BELEZA, *Direito Penal*, 2.° vol., pg. 457).

[324] EDUARDO CORREIA, *A Teoria...*, pg. 147.

[325] Assim, TERESA PIZARRO BELEZA, *Direito Penal*, Vol. I, 2.ª edição, revista e

Em relação ao crime de associação criminosa, FREDERICO DE LACERDA DA COSTA PINTO sustentou haver uma relação subsidiária perigo-dano dos factores de perigo (tendo como pressuposto uma interpretação abrangente das regras de concurso). Salvo factores autónomos de perigo (nestes casos, concurso efectivo), a ideia facto acessório – facto principal conduz a uma relação de subsidiariedade.

II. Poder-se-á recorrer a uma analogia com a relação crime na forma tentada – crime na forma consumada, ou seja, entre a forma transitiva imperfeita do crime para o crime perfeito, na forma consumada[326]. A punição da tentativa cede, por subsidiariedade implícita, face à consumação[327].

4.3.2 Outra possibilidade é a da **consumpção**[328]. Nos casos consumptivos, *"o afastamento da aplicabilidade da norma consumpta só pode averiguar-se em concreto; não respeita à interpretação, mas à aplicação das normas no caso concreto."*.

I. PUIG PEÑA[329] e JUAQUÍN CUELLO CONTRERAS[330] consideram que se trata de uma forma natural de transição. Se o crime planeado começa a ser executado com fidelidade, implica a consumpção da conduta de conspiração, na forma de comissão mais avançada do começo de execução.

A relação de consumpção implica que uma norma consome já a protecção de outra[331]. A norma do n.º 1 do art. 239.º do Código Penal consome a protecção que a norma do n.º 3 do mesmo preceito visa; a primeira, a *"lex consumens"*, tem de ser eficaz[332].

---

actualizada, AAFDL, 1998, pgs. 457-458. Diferentemente, CAVALEIRO DE FERREIRA considera que existe uma relação de consumpção.

[326] A tentativa é um tipo dependente (*Actas...*, Parte Geral, pg. 179).

[327] JOHANNES WESSELS, *Direito Penal. Parte Geral (Aspectos Fundamentais)*, tradução de JUAREZ TAVARES, Sérgio Antonio Fabris Editor, Porto Alegre, 1976, pg. 180.

[328] Para que a consumpção possa ter lugar, é sempre necessário investigar cuidadosamente se o círculo de bens jurídicos, cujo perigo de lesão uma determinada norma prevê, coincide com aquele cujo dano uma outra proíbe (EDUARDO CORREIA, *A Teoria...*, pgs. 139, 133; CAVALEIRO DE FERREIRA, *Lições...*, pg. 532).

Há consumpção quando o conteúdo de ilícito e de culpa de uma acção típica abarca outro facto ou tipo, de modo a que a valoração global do ilícito do ponto de vista dos ilícitos abarca o acontecimento global. A conduta de conspiração é absorvida pela forma comissiva mais perfeita do começo de execução.

[329] PUIG PEÑA, *Conspiración*, pg. 209.

[330] JUAQUÍN CUELLO CONTRERAS, *La Conspiración...*, pg. 184.

[331] EDUARDO CORREIA, *A Teoria...*, pg. 131.

[332] EDUARDO CORREIA, *A Teoria...*, pg. 344.

O *Acordo com vista à Prática de Genocídio*

II. Por outro lado, haveria consumpção, mediante a relação entre um crime formal e um crime material: excluídas, por força da relação de consumpção, são as disposições que punem actividades que consumam materialmente aquelas ofensas já formalmente havidas como consumadas e punidas.

III. Segundo uma perspectiva diversa da mencionada (em 4.3.2. I.), seria ainda um caso de consumpção, por relação entre crime de perigo – crime de dano, que exclui as disposições de se pôr em perigo a lesão de bens jurídicos por aquelas que punem a sua lesão efectiva[333].

A eficácia das disposições consome naturalmente a daquelas que visam punir a verificação efectiva e concreta desse perigo de lesão ou dessa lesão de bens jurídicos[334].

5. Moldura penal

O preceito secundário consta do n.° 3 do art. 239.°: a pena é de 1 a 5 anos. Este limite máximo é preferível a um limite de dez anos (com variação de nove anos em relação ao limite mínimo), pois dá melhor cumprimento ao princípio da proporcionalidade da sanção em relação ao facto e dá cumprimento ao princípio da legalidade das penas, tornando-a mais previsível[335].

5.1 Na comparação com a medida da pena do genocídio, a moldura do acordo é menor, dado que a lesão de um bem jurídico é punida com uma maior amplitude do que a mera colocação em perigo[336].

O genocídio é um crime de censura exemplar; tem a mais elevada das escalas penais (nos termos do n.° 1 do art. 239.°, a pena é de 10 a 25 anos).

I. A lógica da prevenção em sede de medida legal da pena, levada até às últimas consequências, poderia conduzir ao absurdo como afirmar que, havendo poucos genocídios em Portugal, logo dever-se-ia punir este crime com pena de prisão até 3 anos. *"Na realidade, não se pode estabelecer*

---

[333] EDUARDO CORREIA, *A Teoria...*, pg. 130.

[334] EDUARDO CORREIA, *A Teoria...*, pg. 138.

[335] TERESA PIZARRO BELEZA, *Os crimes contra a propriedade...*, 1998, pg. 63.

[336] WOLFGANG NAUCKE, *Introdução à parte especial do Direito Penal*, tradução e notas de AUGUSTO SILVA DIAS, AAFDL, 1989 (versão original de 1987), pg. 26.

uma relação concludente entre a gravidade das penas e a frequência dos crimes"[337].

II. Por outro lado, a moldura penal de 12 a 25 anos é excessivamente ampla. *"Não sai aqui gravemente ferida a* previsibilidade *de pena, constitucionalmente exigível nos termos do princípio da legalidade em matéria penal?"*[338]. É necessário um equilíbrio das escalas penais[339].

III. É ainda discutível a equivalência identitária de penas entre o crime de genocídio e o crime de homicídio qualificado (artigos 239.º, n.º 1, 132.º, n.º 1).

5.2 O incitamento (art. 239.º, n.º 2) é punível com pena de 2 a 8 anos, moldura penal mais ampla, nos limites mínimo e máximo, do que a do n.º 3 do art. 239.º, dada a maior gravidade daquele tipo-de-ilícito.

6. Num plano diverso, correlativo às especificidades dos crimes contra a Humanidade no **processo penal** português, a competência de investigação dos crimes contra a paz e a humanidade é reservada à Polícia Judiciária, nos termos do n.º 2, al. d), do art. 5.º do Decreto-Lei n.º 275-A/2000.

Cabe ao Departamento Central de Investigação e Acção Penal do Ministério Público coordenar a direcção da investigação dos crimes contra a paz e a humanidade.

Existe um alargamento da legitimidade para a constituição de assistente (*v.g.*, art. 68.º, n.º 1, al. e), do Código de Processo Penal)[340].

O tipo não exige que os agentes sejam arguidos no processo; esta eventual omissão não pode paralisar o tipo, sendo apenas um problema concernente ao Direito probatório (tal como no crime de associação criminosa).

---

[337] Teresa Pizarro Beleza, *A revisão da Parte Especial na reforma do Código Penal: legitimação, privatização, «individualismo»* in *Jornadas sobre a revisão do Código Penal*, org. de Maria Fernanda Palma e Teresa Pizarro Beleza, AAFDL, 1998, pg. 91.

[338] Teresa Pizarro Beleza, *A revisão da Parte Especial...*, pg. 105.

[339] Teresa Pizarro Beleza, *A revisão da Parte Especial...*, pg. 101.

[340] V. Maria João Antunes, *Artigo 239.º*, pg. 574.

SEGUNDA PARTE
ENQUADRAMENTO TEORÉTICO-CONSTRUTIVO

§ 1.ª
Os obstáculos à incriminação e a sua superação

1. A colocação da questão, em termos de dúvida metódica, formula-se do seguinte modo:

Sendo o sistema vocacionado para o aspecto objectivo do comportamento, será admissível a incriminação do acordo, excepcionando os princípios gerais do Direito Penal? Como salvar uma categoria que se baseia no aspecto subjectivo?

2. A descoberta da natureza da incriminação insere-se numa realidade cultural (embora metodologicamente se parta dos textos legais (documentos a nível de fontes)[341]).

As **premissas** de que partimos são de natureza objectiva e de natureza subjectiva.

A nível objectivo, são características do direito positivo e condição essencial de tudo o que é humano a temporalidade e a historicidade[342-343]. Estas duas determinações são convertíveis uma na outra. Toda a realidade

---

[341] FARIA COSTA, *A Caução de Bem Viver. Um Subsídio para o estudo da evolução da Prevenção Criminal*, Coimbra, 1980, pg. 41.

[342] L. CABRAL DE MONCADA, *Filosofia do Direito e do Estado*, vol. 2.º, Doutrina e Crítica, reimpressão, Coimbra Ed., 1995, pg.120.

[343] Como refere JOÃO BAPTISTA MACHADO, *"em último termo, a Verdade, se, por um lado, é indesligável da história do homem, é, por outro lado, transcendente a esta história enquanto história que acontece (...) – por isso que exige a transcensão* ad infinitum *do homem tal como é em cada momento histórico e exige, portanto, a transcensão do homem enquanto ser histórico. E é assim que a própria lógica do pragmatismo filosófico conduz à negação do mesmo pragmatismo, na medida em que se reconheça (do ponto de vista do pragmatismo) que da estratégia de sobrevivência da forma de vida "homem" fazem parte postulados e ideadores universais que transcendem o homem histórico."* (JOÃO BAPTISTA MACHADO, *Introdução do Direito e ao Discurso Legitimador*, Almedina, Coimbra, 1996, pgs. 277-278).

sensível ou não-sensível (corpo, alma ou cultura) nos é dada no tempo. A historicidade é a efectivação mais completa da temporalidade. É uma herança e não um espaço cósmico temporal independente de nós[344].

A temporalidade é uma categoria essencial para o pensamento jurídico, mormente jurídico-penal[345].

A nível subjectivo, *"A própria forma de descrever a realidade observada implica uma escolha, uma valoração"*[346].

Existe uma *"inserção social do sujeito pensante, que investiga e teoriza"*. Neste sentido, a primeira exigência de um trabalho sério e "objectivo" de investigação é o reconhecimento e a consciência da *inevitável* subjectividade. Não tanto para a poder controlar completamente, mas para ser capaz de um permanente questionamento da nossa capacidade de *ver* e *entender*[347]. O poder do conhecimento pode ser exercido, mas com a consciência de cientista e de respeito da verdade.

Neste ponto, a vinculação do Direito à realidade é sublinhada pela Escola Finalista, mediante a afirmação da existência de estruturas lógico-objectivas.

3. As fases anteriores à tentativa são, em geral, impunes. Em particular, a razão correlativamente aos actos preparatórios é a de que têm um conteúdo criminoso insuficiente e pela escassa captabilidade real. O maior centro de ilicitude reside na execução; aquelas não constituem a realização do facto típico (*"Tatbestandsverwirklichung"*).

Frequentemente as pessoas desenvolvem actividades preparatórias sem terem ainda uma decisão firme; esta decisão vai-se formando e vai-se desenvolvendo à medida que se faz a própria preparação[348].

Daí a afirmação do princípio da materialidade do facto: sem facto material ou prescindindo dele, ter-se-ia um direito penal totalitário ou eti-

---

[344] CABRAL DE MONCADA, *Filosofia do Direito e do Estado*, vol. 2.º, pg. 120. Só o homem tem história, porque só o homem é portador do espírito, sabe de si, e nessas condições faz a cultura. Os outros seres reais têm cronologia, mas não têm história (CABRAL DE MONCADA, *Filosofia do Direito e do Estado*, vol. 2.º, pgs. 120-121).

[345] FARIA COSTA, *O Perigo...*, pg. 86.

[346] TERESA PIZARRO BELEZA, *Mulheres, Direito e Crime ou a Perplexidade de Cassandra*, AAFDL, 1993 (reimpressão), pg. 404.

[347] TERESA PIZARRO BELEZA, *Mulheres, Direito e Crime...*, pgs. 423-424.

[348] TERESA PIZARRO BELEZA, *Direito Penal. § 12. A Tentativa*, actualização das Lições de Direito Penal, 2.º volume, 2000 (fonte: *site* da Internet fd.unl.), pg. 10.

O *Acordo com vista à Prática de Genocídio* 313

cizante, da constate ou da perigosidade social do autor, da "*nuda cogitatio*", da atitude interior, da suspeição[349].

Não se poderia, assim, incriminar o acordo como mero encontro de vontades, o preliminar do preliminar, a fase de idealização da actividade criminosa.

3.1 No entanto, a título introdutório, diga-se que, influenciada pela visão liberal, a aplicação rigorosa da lei baseada num estudo dogmático elaborado e sofisticado é um processo de garantia, de uma maneira essencialmente formal, tendo uma função sobretudo legitimadora[350].

TERESA PIZARRO BELEZA anota o perigo teórico do fascínio que o estudo da dogmática pode exercer nos juristas, obnubilando a realidade do funcionamento do sistema penal e a enorme riqueza de outras perspectivas[351].

Não está em causa a punição da "*nuda cogitatio*", mas de uma manifestação conjuntamente revelada e acordada.

Tendo como suporte o bem jurídico protegido pelo genocídio, o acordo supera o teste da dignidade e da carência de tutela penal[352], pois protege um bem jurídico de eminente dignidade de tutela ("*Schutzwurdigkeit*")[353], mediante um juízo qualificado de intolerabilidade social, assente na valoração ético-social de uma conduta, na perspectiva da sua criminalização e punibilidade[354]; ao que acresce a legitimação positiva da carência de tutela penal[355].

---

[349] FERRANDO MANTOVANI, *Sobre a exigência perene da codificação* in *RPCC*, ano 5, 2.º, Abr.-Jun. de 1995, pg. 149.

[350] TERESA PIZARRO BELEZA, *A Moderna Criminologia e a Aplicação do Direito Penal* in *RJ*, n.º 8, Out.-Dez. de 1986, pg. 57.

[351] TERESA PIZARRO BELEZA, *A Moderna Criminologia...*, pg. 57.

[352] Sobre a contraposição entre dignidade penal e carência de tutela penal (desenvolvidos na Doutrina alemã, nomeadamente por HASSEMER), v., entre nós, nomeadamente, o estudo de MANUEL DA COSTA ANDRADE, *A «Dignidade Penal» e a «Carência de Tutela Penal» como Referências de uma Doutrina Teleológico-racional do Crime* in *RPCC*, ano 2, 2.º, Abr.-Jun. de 1992, pg. 176 (pgs. 173-205).

[353] MANUEL DA COSTA ANDRADE, *A «Dignidade Penal»...*, pg. 184.

[354] MANUEL DA COSTA ANDRADE, *A «Dignidade Penal»...*, pg. 184; FIGUEIREDO DIAS / COSTA ANDRADE, *Sobre os crimes de fraude...*, pg. 341.

[355] V. as formulações de HASSEMER, de GALLAS (*apud* MARIA DA CONCEIÇÃO FERREIRA DA CUNHA, *«Constituição e Crime». Uma perspectiva da criminalização e da descriminalização*, Universidade Católica Editora, Porto, 1995, pg. 222), de ZIPF (*apud* MARIA DA CONCEIÇÃO FERREIRA DA CUNHA, *«Constituição e Crime»...*, pg. 223).

O bem jurídico pela incriminação do genocídio é de *"jus cogens"*, senão mesmo Direito Natural[356]. Não é menos importante – bem pelo contrário – do que a incriminação de actos preparatórios de crimes contra a segurança do Estado (cfr., *v.g.*, artigos 344.°, 300.°, números 2 e 5).

4. Poder-se-ia arguir que seria um **Direito Penal simbólico**, sem consequências, nomeadamente não aumentando a prevenção.

Em primeiro lugar, respondemos que não é por desempenhar também uma função simbólica que não deve pertencer ou Direito Penal.

Para além da sua própria aplicação e eficácia no sentido restrito, "técnico" dos termos, o Direito tem uma função simbólica, "declaratória", *ideológica*, fundamental; esta função torna-se *educativa* das atitudes, expectativas e comportamentos sociais[357]. Como declaração de princípio, vinca-se a importância que para o legislador terá tido uma determinada matéria[358].

Assim, o Direito Penal alarga a protecção dos bens jurídicos até à fase comunicativa, mais recuada, no crime dos crimes.

5. Por outro lado, nem por ser simbólico se pode considerar que a conspiração não aumenta a prevenção. Pelo contrário, a conspiração representa um **perigo de execução do facto**.

O crime origina-se e exterioriza-se num momento anterior à execução[359]. A *"combination of minds"* dispensa a necessidade de um perigo mais próximo. o efeito da conspiração é um aumento do risco de que o crime irá ser cometido[360].

"Ao Direito Penal só interessam estes actos enquanto manifestam uma possibilidade mais ou menos remota de uma crime virá a ser executado"[361].

---

[356] Jean-Louis Clergerie, *La notion de Crime contre l'humanité* in *RDP*, 1996-5, pg. 1257.

[357] Teresa Pizarro Beleza, *Mulheres, Direito e Crime...*, pgs. 395, 218; *ID., A revisão da Parte Especial...*, pg. 91.

[358] Criticamente, Paulo de Sousa Mendes, *Vale a pena o direito penal do ambiente?*, AAFDL, 2000, pgs. 32-33; cfr. Pedro Duro, "Adamah *protege* adamah*: os artigos 278.° a 280.° do Código Penal*" in *OD*, ano 133, II, Abr.-Jun. de 2001, pgs. 374-375.

[359] Juaquín Cuello Contreras, *La Conspiración...*, pg. 16.

[360] No dizer do reflexo da *"law in action"* anglo-saxónica, por intermédio de J. C. Smith / Brian Hogan, *"the confederecy of several persons to effect any injurious object creates such a new and additional power to cause injury as requires criminal restraint"* (J.C. Smith / Brian Hogan, *Criminal Law*, pg. 303).

[361] Juaquín Cuello Contreras, *La Conspiración...*, pg. 13.

O *Acordo com vista à Prática de Genocídio*

Pretende-se assim evitar a execução do facto projectado.

Neste sentido, há uma necessidade político-criminal[362], pois se receia que uma intervenção posterior do *"iter criminis"* possa já não ser eficaz, dada a função motivadora do Direito Penal, distinta de qualquer ramo de Direito. De outro modo, cair-se-ia no absurdo de pensar que se teria de exigir um princípio de execução, quando pode ser extirpado de raiz[363].

Tal como outros *"inchoate crimes"*, a incriminação do acordo permite a **prevenção** contra os criminosos, em situações em que já houve uma intenção fixa para cometer o crime[364].

"A reprovação ético-jurídica do crime é um meio de prevenção geral", segundo o Professor José Beleza dos Santos[365].

O sujeito deve conformar no futuro as suas decisões volitivas e, por conseguinte, o seu comportamento, com as exigências legais.

A conspiração pode ser um forte motivo para delinquir. A punição actua como contra-reacção inibidora[366].

Ou um pouco mais mitigadamente, com os crimes de perigo abstracto, de algum modo se reforça a "prevenção", mas apenas na exacta medida da sua proibição: mais correctamente, alarga-se o campo da punibilidade[367], ou seja, existe um aumento de protecção ao preciso bem jurídico protegido pela incriminação do genocídio.

A necessidade de retribuir surge num plano secundário, pois não de se deu início à execução do facto principal.

6. Na perspectiva da visão crítica da excepção aos princípios gerais da não punição dos actos preparatórios, em sentido negativo, Hans Welzel[368] considerava que a punição da conspiração se tratava de um critério muito discutível de um *"direito penal do sentir"*, que punia não só manifestações de vontade, mas manifestações do *"sentir"* dirigidas a acções futuras[369].

---

[362] Rodríguez Mourullo, *La punición de los actos preparatorios*, pg. 301.

[363] Silvela *apud* Rodríguez Mourullo, *La punición de los actos preparatorios*, pg. 301.

[364] Granville Williams, *Criminal Law...*, pg. 710.

[365] In *Inimputabilidade...*, pg. 15 (*apud* Teresa Pizarro Beleza, *Direito Penal*, 2.º vol., pg. 289).

[366] Juaquín Cuello Contreras, *La Conspiración...*, pg. 13.

[367] Faria Costa, *O Perigo...*, pgs. 574-575.

[368] Hans Welzel, *Derecho Penal...*, pgs. 131, 190.

[369] Johann Wolfgang Goethe refere que, com a imaginação, poderia ter cometido todos os crimes do mundo.

A malícia consuma-se recém no acto (William Shakespeare, *Othello*, II, 1.).

Segundo Carrara, os acordos não representam sempre certa a intenção de executar o crime, e, ainda que haja tal intenção, não são começo de execução do crime pensado, deliberado, instigado ou acordado.

Um Direito Penal da vontade é dificilmente de enquadrável de modo satisfatório no quadro lógico de um sistema penal[370].

Segundo Jimenez de Asúa, as incriminações da proposta e da conspiração são o barómetro que indica o grau de liberalismo ou de reacção de que goza ou de que sofre o país em que se contêm estas disposições.

6.1 O argumento do *"direito penal do sentir"* não é insuperável. Segundo Fräenkel, existe uma necessidade, exigida pela política criminal e pela justiça, de sancionar certas acções anteriores à tentativa do facto punível; baseia-se em **representações valorativas** que nos são dadas; em última análise, no sentir jurídico[371].

Em relação à protecção de bens jurídicos, as suas exigências do Direito Penal são limitadas à protecção de específicos bens jurídicos, mas participam de todo o modo do dever-ser ético-social[372].

6.2 Por outro lado, militam os argumentos utilizados a favor da incriminação na Parte Geral. O merecimento da pena do facto obedece às **vinculações conspiracionais** que surgem ao implicar outras pessoas na resolução de delinquir[373]. O merecimento da pena do facto obedece à vinculação conspiracional da resolução criminal[374].

Como o facto principal não foi cometido na realidade, o desvalor do facto limita-se ao ilícito da acção, que permanece no âmbito do espiritual, aparecendo o objectivo unicamente através da expressão da intenção criminal ou do acordo com esta[375].

É uma **acessoriedade hipotética**, na expressão de Jescheck, isto é, uma dependência da punibilidade com respeito ao crime proposto, cuja consumação devem querer todos os intervenientes.

O que é importante não é a situação real, mas um aspecto abstracto, espiritual – a representação[376].

---

[370] Rodríguez Mourullo, *La punición de los actos preparatorios*, pg. 292.

[371] *Apud* Rodríguez Mourullo, *La punición de los actos preparatorios*, pg. 291.

[372] Figueiredo Dias, *Liberdade. Culpa. Direito Penal*, pg. 260.

[373] Jescheck, *Tratado...*, II, pg. 980.

[374] Jescheck, *Tratado...*, II, pg. 981.

[375] Jescheck, *Tratado...*, II, pg. 981.

[376] Jescheck, *Tratado...*, II, pg. 982.

7. Relativamente a outras objecções, LANGE tecia uma, com assento constitucional, de violação do princípio da igualdade: tratar-se-ia como iguais casos – condutas preparatórias descritas no par. 49 a) e a tentativa – que são essencialmente desiguais; o que implicaria uma transgressão do princípio constitucional da determinação do tipo.

A este tipo de objecções à criminalização, contrapõem-se as razões de política criminal. Se são estas que levam à quase unânime impunidade dos actos preparatórios, a inversa também é verdadeira, pois a punibilidade, em casos contados, dos actos preparatórios encontra o seu fundamento num qualquer sentido político-criminal, segundo FARIA COSTA, em "*Tentativa e Dolo Eventual*"[377].

Excepcionalmente, o Direito positivo tipifica como crime consumado certas condutas pertencentes ao "*iter criminis*", que não lesionam directamente o bem jurídico. São tipos de protecção antecipada – sancionam condutas que não produzem a lesão do bem jurídico. Não é necessária a efectiva lesão do bem jurídico para o preenchimento do tipo (a criminalização das organizações terroristas invoca o valor da segurança[378]).

7.1 Um outro argumento negativo seria o de que conspirador perde o domínio do facto; isto é, desencadeia-se um acontecimento sobre o qual não tem um absoluto poder de controlo.

Este argumento é desmontado por LANGE, referindo que também o cúmplice não tem o domínio do facto, sendo punível com atenuação da medida da pena.

---

[377] FARIA COSTA, *Tentativa e Dolo Eventual (ou da relevância da negação em Direito Penal)*, separata do número especial do *BFDUC, Estudos em Homenagem ao Prof. Doutor Eduardo Correia, 1984*, reimpressão, Coimbra, 1996, pg. 47. "*Dir-se-á, então, que perante tais situações o sistema reencontra a sua plenitude punitiva, mas plenitude reencontrada através de uma via não primária. Isto é, são, uma vez mais, razões de política criminal que, combatendo, anulando, os outros motivos, também de política criminal, que levavam à ideia de que os actos preparatórios não devem ser punidos, fazem que os chamados actos preparatórios devam ser punidos*" (FARIA COSTA, *Tentativa e Dolo Eventual...*, pg. 47).

[378] O considerando 32 da Introdução do Decreto-Lei n.º 400/92, de 23 de Setembro refere: "*Este tipo de criminalidade tem de ser combatido pela lei de forma severa, mas, nestes casos, a lei penal, só por si, tem pouquíssimo efeito preventivo. A seu lado tem de existir uma consciencialização da comunidade no sentido de ser ela, em primeira instância, o crivo inibidor daquela criminalidade*".

8. A **justificação da** *"Law of conspiracy"* é a de que, com frequência, os actos, da qual a conspiração é inferida, evidenciam uma intenção de cometer o crime.

Colocando a claro a conspiração, a justificação prática é a vantagem de dispensar a dificuldade de requerer a proximidade com a tentativa[379]. No espírito pragmático anglo-saxónico, a conspiração e o incitamento são actos condenados por lei, por serem suficientemente próximos da tentativa, sem necessidade de entrar na teoria nebulosa da proximidade da tentativa[380], ampliando o âmbito e a elasticidade da *"offence"*.

A vantagem subsidiária é a da prova.

8.1 A conspiração, os actos preparatórios, a tentativa e a consumação correspondem a uma unidade de sentido que não vale por si e em si mas encontra o seu fecho normativamente harmónico na relevância conjunta com o valor do resultado[381].

Existe uma fraccionabilidade, uma quebra da unidade do *"iter criminis"*.

9. A punição do acordo insere-se na opção legislativa de incriminação de um **mecanismo complexo de repressão genocídio**, composto pela incriminação também pela criminalização do incitamento[382]. Entre a panóplia sancionatória de que o Estado dispõe, não é de afastar a criminalização[383-384].

---

[379] GRANVILLE WILLIAMS, *Criminal Law...*, pg. 710.

[380] GRANVILLE WILLIAMS, *Criminal Law...*, pg. 672.

[381] Cfr. FARIA COSTA, *A Caução de Bem Viver...*, pg. 48.

[382] ANNE-MARIE LA ROSA / SANTIAGO VILLALPANDO, *Le Crime de Génocide revisité...* in *Génocide(s)*, dir. de KATIA BOUSTANY / DANIEL DORMOY, Bruylant, Bruxelles, 1999, pg. 92.

[383] Seguindo o pensamento de FIGUEIREDO DIAS, o legislador não é completamente livre nas decisões de criminalização. Estas decisões, seguindo quase sempre muito de perto a evolução histórica da sociedade para a qual são tomadas, revelam-se estreitamente condicionadas pelos dados da estrutura social, por substratos directamente políticos, pelos interesses dos grupos sociais e pelas representações axiológicas neles prevalentes em certo momento histórico.

[384] *"O juízo sobre a necessidade de lançar mão desta ou daquela reacção penal cabe, em primeira linha, ao legislador, reconhecendo-se-lhe uma larga margem de discricionariedade. A limitação da liberdade de conformação legislativa, neste domínio, só pode ocorrer quando a sanção se apresente como manifestamente excessiva (...)"* (Ac. do TC n.º 606/99, pg. 317).

A *"liberdade de conformação política do legislador"*, expressão enunciada nos

O *Acordo com vista à Prática de Genocídio* 319

10. O Legislador deve ser cauteloso na criminalização do acordo; a incriminação é rodeada de precauções, de cautelas particulares, tal como na incriminação de actos preparatórios[385], devendo *"ser tida como medida excepcional"*[386].

Segundo FIGUEIREDO DIAS[387], é necessário uma efectiva resolução criminosa: esta constitui o passo inicial do *"iter criminis"* e sem ela nem sequer poderemos saber se estamos perante um acto preparatório. Só se justifica numa se os actos apontarem já indubitavelmente para a realização do tipo; num plano interno, é necessário haver um plano do crime e uma intenção definida.

10.1 A **pontualidade da incriminação da conspiração** concretiza a ideia anterior. Por outras palavras, a incriminação da conspiração só é admissível pontualmente, quando tenda a um crime grave (como defendia CARRARA). Uma incriminação genérica da punição antecipada não é, entre nós, admissível; a incriminação é possível pontualmente, para ser uma excepção tolerável. Se, todavia, se elevasse a regra geral, seria susceptível de ser uma disposição criticável[388].

---

anos 50 pelo *"Bundesverfassungsgericht"*, designa os espaços de actuação livre, não constitucionalmente vinculada, da função legislativa.

A expressão *"discricionariedade legislativa"* era inadequada, porque não correspondia à intensidade e natureza da vinculação do legislador à constituição (MARIA LÚCIA AMARAL PINTO CORREIA, *Responsabilidade do Estado e dever de indemnizar do Legislador*, Coimbra Ed., 1998, pg. 382 (nota)). A adopção do termo *"Gestaltungsfreiheit"* – liberdade de conformação – decorreu assim da consciência nítida de que era necessário apor limites ao processo de transposição de conceitos de direito administrativo para o direito constitucional e estabelecer uma inevitável distância entre o conteúdo do princípio da legalidade e o conteúdo do princípio da constitucionalidade (MARIA LÚCIA AMARAL PINTO CORREIA, *Responsabilidade do Estado...*, pg. 382 (nota)).

No quadro das escolhas permitidas pelos parâmetros constitucionais, o legislador ordinário escolhe livremente, conforma politicamente a ordem do direito, de modo a actualizar e cumprir os valores já fixados pela instância constituinte (MARIA LÚCIA AMARAL PINTO CORREIA, *Responsabilidade do Estado...*, pg. 292).

A Constituição, como qualquer direito histórico, necessita da «actualização» do seu âmbito normativo» e essa tarefa de actualização pertence, em primeira linha, ao legislador, democraticamente legitimado (GOMES CANOTILHO, *Constituição dirigente...*, pg. 62).

[385] V. *Actas... Parte Especial*, pgs. 361-362.

[386] *Actas... Parte Especial*, pg. 362.

[387] FIGUEIREDO DIAS, *Direito Penal. Sumários e notas das Lições*, Universidade de Coimbra, Coimbra, 1976; D. As «Associações Criminosas»..., pgs. 81-82.

[388] RODRÍGUEZ MOURULLO, *La punición de los actos preparatorios*, pg. 300.

320 *Ivo Miguel Barroso*

Consequentemente, o lugar da conspiração não deve ser a Parte Geral, mas a Parte Especial. A conspiração não deve figurar naquela; basta a previsão específica na Parte Especial, nomeadamente no n.º 3 do art. 239.º dada a intensidade particular do crime de genocídio.

§ 2.ª
A fundamentação material da proibição

A nível de Direito interno, os trabalhos preparatórios demonstram que a introdução do n.º 3 do art. 239.º foi imposta pela assunção de compromissos internacionais.

Poder-se-ia referir que o Estado Português foi "obrigado" pela necessidade a introduzir a incriminação no Direito Interno.

Esse raciocínio apenas parcialmente corresponderia à realidade. Em primeiro lugar, existe um momento de heterovinculação, mas que é precedido por um momento de autovinculação. Em segundo lugar, não seria adequado a um país como Portugal não ratificar a CPRCG, que assegura a protecção contra um dos crimes mais gravosos do planeta.

Contudo, falta averiguar se a incriminação é conforme ao espírito e à normatividade axiológica da nossa ordem jurídica, ou seja, inquirir, num duplo sentido, a respeito da legitimidade e da legitimação do tipo de crime plasmado no n.º 3 do art. 239.º:

– *Legitimidade*, pois se pretende constituir a ordem jurídica segundo princípios justos, o que confere a esta ordem uma indispensável bondade material intrínseca; obtendo validade como ordem justa e aceitação, por parte da colectividade, justificando o próprio acto cosmogónico de segregação, pela ordem jurídica universal, da incriminação constante do acordo.

– Por outro lado, está também presente a *legitimação*, por ser vinculante; justifica o poder de "mando", de "autoridade" dos titulares do poder, confere legitimação ao exercício da "coacção física legítima"[389].

Sobre a perspectiva de ser um crime de perigo abstracto, remetemos para o que se referiu a propósito do bem jurídico protegido pela incrimi-

---

[389] Para uma distinção entre legitimidade e legitimação – noções, não obstante, articuláveis – v., entre nós, Gomes Canotilho, *Direito Constitucional...*, pgs. 1377-1378 (v. também pgs. 66, 98, 112, 231).

O *Acordo com vista à Prática de Genocídio*

nação (*supra*). Não colhe, por isso, o argumento da ausência de protecção de um bem jurídico. A punição da conspiração com vista ao genocídio é uma incriminação que efectiva, e para o futuro, a protecção do bem jurídico, pois, se nenhum povo está livre de ser vítima, igualmente nenhum povo pode ser despojado de ajuda ou de protecção do Direito Internacional.

1. A gravidade do crime de genocídio

O que se pretende é uma estrutura de domínio tendente à aniquilação de outros, conjecturando o domínio, preparando uma estrutura de domínio letal (por exemplo, o genocídio nazi).

Na Constituição Alemã, estabelece-se, no n.º 1 do art. 26.º[390], uma obrigação constitucional expressa de criminalização do atentado à convivência pacífica dos povos, assim como a proibição de uma guerra de agressão, sendo um caso de imposição expressa de criminalização[391-392].

Mas mesmo em Estados que não contenham preceito constitucional, os factos são punidos por atentarem contra valores de primordial importância, não sendo necessária uma imposição expressa de criminalização[393].

---

[390] O n.º 1 do art. 26.º da Constituição alemã refere: "*São inconstitucionais e sujeitos a sanções penais os actos que, pela sua natureza ou intenção, venham a perturbar a existência pacífica dos povos, em especial aqueles que preparem para uma guerra de agressão*.".

[391] Foi determinado sob a pressão dos acontecimentos da II Guerra Mundial, querendo-se proibir acções de preparação de guerra, servindo a imposição de punição para reforçar esta ideia (MÜLLER-DIETZ *apud* MARIA DA CONCEIÇÃO FERREIRA DA CUNHA, *«Constituição e Crime»*..., pg. 312).

[392] Também se revela noutro plano: o da fiscalização pelos tribunais da constitucionalidade das leis e da legalidade dos actos praticados pela Administração:
"*Entre as razões que levaram a Lei Fundamental a instituir um controlo de toda a actividade estadual pelos Tribunais Constitucionais e pelos Tribunais Administrativos, a experiência da ditadura nacional-socialista não foi menor. O desrespeito total pelos direitos de liberdade, o terror e a desumanidade deste regime, impuseram o reconhecimento da necessidade de estabelecer de antemão uma barreira a todo e qualquer abuso em que de futuro o poder político viesse a incorrer. E entendeu-se que a actividade legislativa não devia constituir excepção – pois que também o legislador democrático não está livre do perigo de colocar considerações jurídicas atrás dos objectivos políticos*" (OTTO BACHOF *apud* MARIA DA CONCEIÇÃO FERREIRA DA CUNHA, *«Constituição e Crime»*..., pg. 349).
Há inúmeros casos na história de defesa do desrespeito por esta necessidade de protecção de valores básicos, no período do regime nacional-socialista.

[393] MARIA DA CONCEIÇÃO FERREIRA DA CUNHA, *«Constituição e Crime»*..., pg. 312.

2. A intolerabilidade dos crimes contra a humanidade

Outro baluarte da incriminação é a ideia de intolerabilidade, impressivamente analisada por MARIA LEONOR ASSUNÇÃO, *"entendida como radical inaceitabilidade da concepção de homem emergente da ideologia nacional-socialista que, transposta para o plano do político, se traduziu na realização metódica de um plano, racionalmente concebido, para a destruição de grupos de seres humanos"*[394].

O genocídio é um crime contra a humanidade, ou seja, um crime **contra o estatuto fundamental do ser humano**.

O acordo é um acto que realiza uma intolerável ofensa de valores, cuja importância é comunitariamente conhecida; aquele tem uma estrutura valo-rativa própria que se exacerba ao limite do tolerável e do impunível no genocídio[395].

3. Perspectiva filosófica. O Mal

O genocídio é um crime quase impensável, que raia os limites do mal[396].

---

[394] MARIA LEONOR ASSUNÇÃO, *Apontamento*..., pg. 88.

[395] Certa doutrina alemã indica como directamente aplicáveis aos indivíduos também aqueles (preceitos relativos aos) deveres fundamentais cuja violação normativa (*rectius*, legal) é inaceitável, dado, pela sua natureza, serem *deveres do homem* eticamente fundados e, pela sua origem extra-estadual, terem um conteúdo obrigatório que não pode reconduzir-se à vontade do estado manifestada nesse sentido através do legislador. Este entendimento merece a crítica de JOSÉ CASALTA NABAIS, que considera não ser um verdadeiro dever constitucional (v., daquele Autor. *O Dever Fundamental de Pagar Impostos, Almedina*, Coimbra, 1998, pgs. 153-154).

[396] Em HOMERO, o Mal é imputado aos deuses e ao mito das jarras de ZEUS:

"Este é o destino que os deuses designaram para os pobres mortais. Aos pés de Zeus, existem duas jarras, que contém os presentes que ele nos dá. Numa, estão os males; noutra, a fortuna. Quando Zeus, que se delicia com os seus trovões, mistura os seus presentes para os dar aos homens, ora tira o mal ou o bem. Mas, quando dá tira da jarra da desgraça, conduz o homem à degradação e a fome condu-lo pela terra, onde vagueia sem honra para os deuses e para homem." (HOMERO, *Ilíada*, canto XXIV, verso 527) (tradução nossa a partir de versões portuguesa e inglesa (HOMERO, *The Iliad*, trad. e int. de Martin Hammond, Penguin Books, 1987; *ID.*, *A Ilíada*, 2.ª ed., Europa-América, Mem Martins, 1988)). *"Zeus é o distribuidor dos bens e dos males. Homero, na Ilíada, conta que na porta do seu palácio, existem duas jarras, uma contendo os bens, e outra os males. Normalmente, Zeus tira o conteúdo alternadamente de uma e de outra para cada um de nós. Mas, por vezes, retira exclusivamente de uma delas e o destino que daí resulta é ou*

O princípio que se ergue do fundo da natureza e pelo qual o homem se separa de Deus é a ipseidade que nele existe, mas que se torna espírito pela sua unidade com o princípio ideal[397].

O conceito de Mal, segundo FRANZ BAADER, consiste numa perversão positiva e numa inversão dos princípios; o Mal seria explicado através de profundas analogias físicas, nomeadamente com a doença. Daí a negação do Mal como antagonismo positivo e a redução ao "*malum metahysicum*", ou ao conceito negativo de imperfeição da criatura[398].

Contudo, o Mal, enquanto Mal, só pode ter origem na criatura, na medida em que só nesta a luz e a obscuridade, ou seja, ambos os princípios, podem ser unificados. O fundo-essencial originário não pode nunca ser em si mesmo mau, pois não há nele nenhuma dualidade dos princípios[399].

Segundo SCHELLING[400], o Mal e o Bem não configuram uma oposição originária e muito menos uma dualidade. Há dualidade onde duas essências se opõem efectivamente. O Mal, porém, não é uma essência, mas uma **não-essência**, que só em oposição se torna uma realidade (não é uma essência em si mesmo). Também, justamente, a identidade absoluta – o espírito do Amor – é anterior ao Mal, pois este somente em oposição a ele se pode manifestar. Por isso, o Mal também não pode ser concebido a partir da identidade absoluta, mas está, de toda a eternidade, fechado a ela e excluído dela.

A possibilidade universal do Mal reside no facto de o homem, em vez de utilizar a sua ipseidade como base ou como instrumento, a elevar à

---

inteiramente bom ou, e é o que mais se verifica, inteiramente mau." (PIERRE GRIMAL, *Dicionário*..., pg. 469).

FRIEDRICH SCHILLER escreve:

"*Gefährlich ist's den Leu zu wecken, / Verderblich ist des Tigers Zahn, / Jedoch der schrecklichste der Schrecken, / Das is der Mensch in seinem Wahn.*" ("*Perigoso é acordar o leão, / Perniciosos os dentes do tigre. / Porém, o mais temível horror / é o homem na sua ilusão.*" (poema "*Canção do Sino*" ("*Das Lied vor der Glocke*") (tradução de MARIA DO SAMEIRO BARROSO).

[397] F.W.J. SCHELLING, *Investigações Filosóficas sobre a Essência da Liberdade Humana e os Assuntos com ela Relacionados*, tradução, Edições 70, Lisboa, 1993, pg. 70.

[398] LEIBNIZ refere que era impossível que Deus compartilhasse todas as perfeições com o homem, sem o fazer Deus.

Segundo PLATÃO, o Mal provém da antiga natureza, porque todo o Mal deseja regressar ao Caos, quer dizer, àquela situação em que o centro originário não estava ainda subordinado à luz; o Mal é um **borbulhar do centro da nostalgia**, privada ainda de entendimento.

[399] SCHELLING, *Investigações Filosóficas*..., pg. 82.

[400] SCHELLING, *Investigações Filosóficas*..., pg. 124.

324   *Ivo Miguel Barroso*

posição dominante e à vontade geral e transformar em meio o espiritual que existe em si mesmo[401].

Porque o início do pecado é de tal ordem que o homem transita do ser autêntico para o não-ser, da verdade para a mentira, da luz para a escuridão, para se tornar ele próprio um fundo criador, com o poder do centro que tem em si próprio, dominar todas as coisas[402].

Do Mal resulta o apetite do egoísmo, que se torna cada vez mais mesquinho e empobrecido, mas, por isso mesmo, mais desejoso, faminto e envenenado, à medida que se afasta do todo e da unidade. No Mal existe uma contradição que se consome e se nega a si mesma constantemente, na medida em que aspira a ser criatura enquanto nega a união que é própria do ser-criatura e em que, na arrogância de tudo ser, cai no não-ser. Acima de tudo, o pecado manifesto não nos enche de pena, como a fraqueza ou a incapacidade, mas de susto e de terror, um sentimento que só se explica pelo facto de aquele ambicionar despedaçar o Verbo, atentar contra o fundo da criação e profanar o mistério[404]. O falso e o impuro do Mal são encerrados eternamente na obscuridade.

3.1 Relembre-se o pensamento de HANNAH ARENDT, ao ouvir as palavras proferidas por EICHMANN, utilizando todas as frases feitas que são dispensáveis em orações fúnebres[405]. Porque, no cadafalso, a memória lhe deu um último tom eufórico. Ele esquecia-se da sua própria morte. Como se, diante da morte, se resumisse a lição do longo estudo arendtiano efectuado sobre a maldade humana *"– a lição da terrível, da indizível, da impensável banalidade do mal."*.

4. Memória histórica. Lastro histórico jusinternacional

A descoberta e a assunção do sentido da historicidade permite a compreensão material de um ordenamento jurídico aberto; os processos de

---

[401] SCHELLING, *Investigações Filosóficas...*, pg. 100.

[402] SCHELLING, *Investigações Filosóficas...*, pgs. 101-102.

[403] SCHELLING, *Investigações Filosóficas...*, pg. 102.

[404] EICHMANN declarou com insistência que acreditava em Deus, à maneira nazi, mas não era cristão; não acreditava numa vida após a morte. *"Em pouco tempo, meus senhores, nós voltaremos. É o destino de todos os homens. Viva a Alemanha, viva a Argentina, viva a Áustria, Não as esquecerei."* (*apud* HANNAH ARENDT, (...) *Eichmann à Jérusalem*, éd. établie sus la direction de PIERRE BOURRETZ, trad. de ANNE GUÉRIN (1966), ver. por MICHELLE-IRÈNE BRUDNY-DE-LAUNAY (1991), pour folio histoire révisée pour la présente édition par MARTINE LEIBOVICI, Gallimard, s.l., 2002, pg. 1262).

O *Acordo com vista à Prática de Genocídio* 325

transição dos elementos passam da realidade circundante para a ordenamento jurídico-penal[405].

O Direito Penal, enquanto ordenamento jurídico matricialmente ligado à realidade social, é um lugar privilegiado para um correcto entendimento desta fenomenologia[406].

As determinantes históricas[407] que compõem o real social são relevantes na composição dos crimes de perigo abstracto, dos segmentos matriciais construtores da comunidade jurídico-penal; o seu aparecimento no campo da específica discursividade jurídico-penal está dependente de variáveis[408].

O agir comunicacional só é possível porque se opera em um campo axiologicamente denso e historicamente definível[409].

Na lição da História, como refere FRIEDRICH MÜLLER, todas as experiências totalitárias têm implicado sistemáticas violações das garantias formais e processuais e limitações dos "deveres de transparência" e das possibilidades de actuação das instâncias de controle das decisões dos poderes públicos – o que, ao desrespeitar a exigência de "despersonalizar" o exercício do poder, promove o arbítrio e, ao cercear garantias fundamentais dos particulares, concorre para uma insustentável "*des-racionalização*" da concreta realização do direito"[410].

O fundamento é, pois, também associado à **memória histórica**, ao lastro histórico internacional, relações geradoras de um Direito Penal de raízes éticas[411].

A punição da "*conspiracy*" (ou, na versão francesa, da "*entente en vue de commettre le génocide*"), com recurso ao Direito anglo-saxónico, surgiu num contexto histórico específico[412-413], no final da II Guerra Mundial (conspiração com vista a iniciar uma guerra de agressão)[414].

---

[405] FARIA COSTA, *O Perigo...*, pg. 176.

[406] FARIA COSTA, *O Perigo...*, pg. 177.

[407] FARIA COSTA, *O Perigo...*, pg. 623.

[408] FARIA COSTA, *O Perigo...*, pg. 623.

[409] FARIA COSTA, *O Perigo...*, pg. 627.

[410] FERNANDO JOSÉ BRONZE, *A Metodonomologia entre a Semelhança e a Diferença (Reflexão Problematizante dos pólos da radical matriz analógica do discurso jurídico)*, Coimbra Ed., 1994, pg. 99.

[411] FARIA COSTA, *O Perigo...*, pg. 466.

[412] O TIJ considera que a "*Convenção (...) revela a intenção de as Nações Unidas condenarem e de reprimirem o genocídio como um crime contra o Direito das gentes, que implica a recusa do direito à existência de grupos humanos inteiros, recusa que é conforme à consciência humana*".

[413] Por exemplo, em relação à actividade do regime nacional-socialista, não se tra-

É legítimo incriminar o acordo. Contudo, este é um juízo revisível; o acordo é ou poderá ser uma incriminação sucedânea de não se conseguir prevenir os desvarios político-estatais (no Estatuto de Roma, o acordo não é incriminado, devido a uma ausência "atabalhoada" (*supra*)).

Poder-se-á atingir-se os mesmos fins de Política Legislativa, mediante a incriminação de actos preparatórios de genocídio (mantendo crime de incitamento ao genocídio).

5. A afirmação preventiva de um princípio de auto-limitação do poder estatal ou para-estatal

Na génese social e doutrinal do fenómeno genocidário, este nasce fora do Estado, mas transporta-se normalmente para o seu seio[415]. Este tipo de **criminalidade governativa**[416] é uma ordem pública assassina, na fórmula de M. ARONEAU, um alegado "*acto de soberania nacional*".

---

tava de uma "*actividade legítima do Estado nas suas próprias fronteiras*", mas da "*preparação de agressões internacionais, na sinistra intenção, abertamente expressa pelos nazis, de se servirem do Estado alemão como um instrumento de dominação dos outros países*" (ROBERT JACKSON *apud* GRYNFOGEL, *Un concept juridique...*, pg. 1034).

[414] V., *supra*, o relatório americano "*The Nazi Conspiracy*" e a defesa por ROBERT JACKSON da incriminação.

[415] Nas falas entre o rei Afonso IV e os seus Conselheiros, no Acto II da tragédia "*A Castro*", de ANTÓNIO FERREIRA (salientado por FARIA COSTA, *Aspectos Fundamentais da Problemática da Responsabilidade Objectiva no Direito Penal Português*, Coimbra, 1981, pg. 7), refere-se:

"*Conselheiro: O bem comum, Senhor, tem tais larguezas*
com que justifica obras duvidosas".

[416] A criminalidade governativa consiste nos factos criminosos, incluindo violações de direitos fundamentais, escutas, uso ilegítimo de violência, cometidos pelos governantes, entendendo estes como todos os titulares de cargos públicos de natureza genericamente executiva (LUIS MARÍA DÍEZ-PICAZO, *La criminalidad de los gobernantes*, Crítica, Barcelona, 1996, pg. 11).

Em regimes ditatoriais, a criminalidade governativa é irrelevante, pois, nestes casos, "*não pressupõe um verdadeiro problema nem jurídico nem político. Tal não só é devido à ausência de meios adequados para sancionar os governantes, mas também, sobretudo, ao facto de que o respeito da legalidade por parte daqueles não constitui um valor a salvaguardar.*" (LUIS MARÍA DÍEZ-PICAZO, *La criminalidad de los gobernantes*, pg. 17).

Deste modo, nos regimes ditatoriais, "*Apesar de haver formalmente mecanismos especificamente destinados a combater os comportamentos ilícitos, o significado destes é completamente distinto do império da lei próprio do constitucionalismo.*" (LUIS MARÍA

O auxílio da Criminologia é útil, nomeadamente o da teoria culturalista da Escola de Chicago (Sellin e o "conflito de culturas"[417]), o da teoria de Gabriel Tarde sobre a ligação do crime às leis de imitação[418] (*v. g.*, o caso do genocídio ruandês). Em particular, a Criminologia crítica[419] opera uma redefinição criminológica do objecto do crime, sublinhada por T. Platt, tendo por objecto o estudo do próprio Estado como instituição criminógena[420].

Como refere Castanheira Neves[421], a ideologia é a absolutização do relativo; o político, por sua vez, absolutiza a heteronomia institucional (o social, com as suas estruturas colectivas e de colectivismo).

Não se pode admitir a violência colectiva e o genocídio, especialmente quando são organizados pelo poder político.

O combate ao genocídio pressupõe a limitação dos poderes estaduais. O n.º 3 do art. 239.º visa a prevenção da delinquência do Estado[422] ou, mais rigorosamente, da delinquência estatal ou para-estatal (a par de outros, como os previstos na Lei n.º 34/87, de 16 de Julho[423]).

Díez-Picazo, *La criminalidad de los gobernantes*, pgs. 18-19). Nos regimes ditatoriais, "*as proclamações formais sempre antepõem a consecussão de um objectivo supremo (...) à observância da legalidade. Esta tem apenas, na melhor das hipóteses, um puro valor instrumental.*" (Id., *ib.*).

[417] V. Teresa Pizarro Beleza, *Direito Penal*, 2.º vol., pg. 248.

[418] V. Teresa Pizarro Beleza, *Direito Penal*, 2.º vol., pgs. 233-234.

[419] V. Teresa Pizarro Beleza, *Direito Penal*, 2.º vol., pgs. 260-262.

[420] "*(...) Precisamos duma definição de crime que espelhe a realidade dum sistema legal que assenta no poder e no privilégio. (...) Uma definição de índole socialista, perspectivada em função dos Direitos do Homem, permite-nos estudar o imperialismo, o racismo, o capitalismo (...). O Estado e o aparelho jurídico, em vez de dirigirem a nossa investigação, devem, pelo contrário, converter-se em tópicos centrais da investigação, como instituições criminógenas, implicadas em corrupção, fraude, genocídio.*" (T. Plaat *apud* Jorge de Figueiredo Dias / Manuel da Costa Andrade, *Criminologia. O Homem Delinquente e a Sociedade Criminógena*, 2.ª reimpressão, Coimbra Ed., 1997, pg. 60).

[421] A. Castanheira Neves, *Dignidade da pessoa humana e direitos do Homem* in *Digesta. Escritos acerca do Direito, do pensamento jurídico, da sua metodologia e outros*, vol. 2.º, Coimbra Ed., 1995, pg. 426.

[422] Ferrando Mantovani, *Sobre a exigência perene...*, pg. 147.

[423] Nomeadamente o citado crime de empreendimento do "*Atentado ao Estado de direito*" (art. 34.º da Lei n.º 34/87, de 16 de Julho (relativa aos Crimes da Responsabilidade dos Titulares de Cargos Políticos)), bem como o crime da suspensão ou restrição ilícitas de direitos, liberdades e garantias, consignado no art. 15.º do referido diploma:

"*O titular de cargo político que, com flagrante desvio das suas funções ou com grave violação dos inerentes deveres, suspender o exercício de direitos, liberdades e garantias não susceptíveis de suspensão, ou sem recurso legítimo aos estados de sítio ou*

A prevenção do genocídio implica que se possa prever o genocídio, as causas, origens e detecção de situações genocidárias ou pré-genocidárias (Trabalhos Preparatórios da Resolução da ONU n.º 96, de 11 de Dezembro de 1946).

Com isto não pretendemos que o fundamento dos crimes seja a auto--limitação do poder estatal; afirmamos, sim, que desse modo se congrega um meio de prevenção qualificada[424].

6. A salvaguarda da dignidade da pessoa humana, no *"crime dos crimes"*

A perspectiva da auto-limitação do Estado, ainda que preventiva, não é suficiente. Há que afirmar uma assumida **dimensão ética**, exterior aos órgãos de poder que se lhe encontram submetidos, fundada, em última instância, no conjunto de valores emergentes da essência do homem, destinatário desse poder[425].

Para além dos fundamentos histórico e preventivo, existe um fundamento filosófico: o princípio da dignidade da pessoa humana, princípio antrópico que acolhe a ideia pré-moderna e moderna da *"dignitas hominis"*, ou seja, do indivíduo conformador de si próprio e da sua vida, segundo o seu próprio projecto individual[426-427].

---

de emergência, ou impedir ou restringir aquele exercício, com violação grave das regras de execução do estado declarado, será condenado a prisão de dois a oito anos, se ao facto não corresponder pena mais grave por força de outra disposição legal.".

[424] *V. g.*, os poemas de BELTOLT BRECHT, que glosam o Estado nazi: *"Os medos do regime (...) 3. Mas também os próprios camisas-castanhas / Receiam o homem cujo braço não se ergue voando / E assustam-se diante de quem / Lhes deseje os bons-dias. / (...) / / Levados pelo medo / Assaltam casas e rebuscam nas retretes / E é o medo / Que os faz queimar bibliotecas inteiras. Assim / O medo domina não só os dominados, mas também/ / Os dominadores.". "São estas as cidades onde aos berros / Gritámos "Heil" aos destruidores do mundo."* (trad. de PAULO QUINTELA in *Obras Completas*, FCG, IV, Lisboa, 1999, pg. 461).

[425] MARIA LEONOR ASSUNÇÃO, *Apontamento...*, pg. 97(nota).

[426] J. J. GOMES CANOTILHO, *Direito Constitucional...*, pg. 225.

[427] *a)* O mito com que abre *"De Dignitate Hominis"* revela que cada ser é o que é por sua natureza, excepto o homem. O homem é uma excepção no ser, não existe limite intransponível para a sua acção; em vez de receber a sua vida já pronta da ordem das coisas, ele tem o poder de lhe dar forma: tal a sua grandeza e a sua dignidade:

"Tu, pelo contrário, não constrangido por nenhuma limitação, determiná-la-ás por ti, segundo o teu arbítrio, a cujo poder de entreguei. Coloquei-te no meio do mundo para

que daí possas olhar melhor tudo o que há no mundo. Não te fizemos celeste nem terreno, nem mortal nem imortal, a fim de que tu, árbitro e soberano artífice de ti mesmo, te plasmasses e te informasses, na forma que tivesses seguramente escolhido. Poderás degenerar até aos seres que são as bestas, poderás regenerar-te até às realidades superiores que são divinas, por decisão do teu ânimo" (GIOVANNI PICO DELLA MIRANDOLA, *Discurso sobre a Dignidade do Homem*, trad. de Margarida de Lurdes Sirgado Ganho, Edições 70, Lisboa, 1989, pg. 53).

Segundo JORGE MIRANDA, não se afigura exactamente o mesmo falar em «dignidade da pessoa humana» e em «dignidade humana». Aquela expressão realça o homem concreto e individual; esta, a humanidade, entendida ou como qualidade comum a todos os homens ou como conjunto que os engloba e ultrapassa (JORGE MIRANDA, *O artigo 1.° e o artigo 2.° da Constituição* in *Estudos Sobre a Constituição*, II, obra colectiva, coord. de JORGE MIRANDA, Petrony, Lisboa, 1978, pg. 15).

Da participação do homem na razão, deriva a dignidade incomparável de «fim-de-si-mesmo». A pessoa humana é um *"Selbtzweck"*, e não pode nunca ser tratada como coisa nem como meio, mas só simplesmente como fim (L. CABRAL DE MONCADA, *Filosofia do Direito e do Estado*, vol. 1.°, Parte Histórica, 2.ª ed., reimpressão, Coimbra Ed., 1995, pgs. 259-260). Fim-de-si-mesmo só pode ser a pessoa do homem: a personalidade é o mais alto fim do Estado, a pessoa humana e a personalidade dos indivíduos futuros e das gerações vindouras. Numa visão universalista, é para as pessoas que o Estado verdadeiramente existe, numa série intérmina de todas as gerações. Tudo na vida humana está apontado ao futuro (CABRAL DE MONCADA, *Filosofia do Direito e do Estado*, vol. 2.°, pg. 322).

KANT distinguia entre a liberdade (*"Freiheit"*) e o arbítrio (*"Willkür"*), tendo a primeira tem valor racional e moral, sendo o segundo um mero facto empírico destituído de valor (o fazer cada um aquilo que lhe apetece).

O fim do Direito é o de permitir sempre uma maior liberdade de cada um e de todos, à custa da esfera do seu arbítrio.

A partir de KANT, os filósofos recuaram por referência a ele – por preocupação de coerência e de desespero. Porque todos eles, à excepção de KARL JASPERS, abandonaram mais tarde ou mais cedo o conceito kantiano fundamental da liberdade (e da dignidade do homem). O sacrifícios desta ideias teve por resultado criar uma estranha melancolia que tem caracterizado a filosofia (HANNAH ARENDT, *Compreensão*..., pgs. 94-95).

Da dignidade do homem, ou seja, do facto de ele ser um valor em si mesmo e não simplesmente um meio para os fins dos outros, retira mais recentemente KARL LARENZ, na linha de KANT, que todo o ser humano tem, face a qualquer outro, um direito a ser respeitado por ele como pessoa e a não ser lesado no seu existir e na sua esfera própria, bem como é obrigado a respeitar o outro de modo análogo.

b) O princípio da dignidade de cada homem (ser livre e responsável), é um princípio que regula e dá fundamento às normas jurídicas que lhe são conferidas (VIEIRA DE ANDRADE, *Os direitos fundamentais*..., pg. 46). O valor da dignidade da pessoa humana corresponde a uma potencialidade característica do ser humano, que se vai actualizando nas ordens jurídicas concretas (VIEIRA DE ANDRADE, *Os direitos fundamentais...*, pg.106).

Como autonomia ética do homem, é um valor absoluto. É uma ordem de valores cultural e não uma ordem de valores natural (VIEIRA DE ANDRADE, *Os direitos fundamentais...*, pg. 107).

A dignidade da pessoa humana é oriunda em parte do pensamento católico, designa as características intrínsecas da pessoa como ser dotado de inteligência e de vontade, que se autodetermina

Existem vários conceitos: o conceito axiológico de DÜRIG; o conceito sociológico de dignidade de NIKLAS LUHMANN; o conceito "comunicacional" ou "relacional" de dignidade de HASSO HOFMANN (v. NUNO MANUEL PINTO OLIVEIRA, *O direito geral de personalidade e a "solução do dissentimento". Ensaio sobre um caso de "constitucionalização" do Direito Civil*, Coimbra Ed., 2002, pgs. 105 ss.).

A Constituição afasta e repudia qualquer tipo de interpretação transpersonalista do conceito. Em cada homem e mulher, estão presentes as faculdades da humanidade; todo e qualquer homem, toda e qualquer mulher é irredutível e insubstituível (JORGE MIRANDA, *O Artigo 1.º...*, pgs. 15-16).

A generalidade dos direitos pessoais são atributos essenciais da dignidade dos homens concretos (VIEIRA DE ANDRADE, *Os direitos fundamentais...*, pg. 98). A pessoa humana fundamenta e confere unidade aos direitos fundamentais, pois estes são explicitações do princípio da dignidade da pessoa humana.

A dignidade da pessoa humana pode ser analisada de acordo com cinco perspectivas: i) função legitimadora: o Direito Positivo está subordinado ao Direito Supra-Positivo (JORGE BACELAR GOUVEIA, *O Estado de Excepção...*, II, pg. 1492); ii) função positivadora: consagração de direitos fundamentais, na ausência ou mesmo contra as normas de Direito positivo; o princípio da dignidade da pessoa humana pode ser uma fonte directa de direitos fundamentais (JORGE BACELAR GOUVEIA, *O Estado de Excepção...*, II, pg. 1493); iii) função integradora: a dignidade da pessoa humana tem um papel subsidiário da complementação dos catálogos constitucionais de direitos fundamentais; iv) função interpretativa: no plano da determinação das regras das fontes, como critério interpretativo auxiliar, perante hipóteses de incerteza hermenêutica; v) função prospectiva: forçando ao desenvolvimento da ordem jurídica, permitindo a sua progressiva concretização.

Sobre o princípio da dignidade da pessoa humana, v., nomeadamente, entre nós, FRANCISCO MANUEL FONSECA DE AGUILLAR, *O Princípio da Dignidade da Pessoa Humana e a determinação da filiação em sede de procriação medicamente assistida* in *RDFUL*, vol. XLI, n.º 2, 2000, pgs. 655-713; GOMES CANOTILHO, *Direito Constitucional e Teoria da Constituição*, 4.ª ed., Almedina, Coimbra, 2000, pgs. 225-226; SÉRVULO CORREIA, *Direitos Fundamentais. Sumários*, AAFDL, 2002, nomeadamente pgs. 45, 54; JORGE BACELAR GOUVEIA, *O Estado de Excepção...*, II, pgs. 1481 ss., 1492 ss.; JOÃO CARLOS SIMÕES LOUREIRO, *O procedimento administrativo entre a eficiência e a garantia dos*

O Acordo com vista à Prática de Genocídio   331

A radical humanidade existente em cada homem leva a nossa ordem jurídica a reconhecer que todos e cada um de nós temos uma personalidade física e moral igualmente tutelada na sua essência[428].

A dignidade é um bem jurídico essencial[429], devendo ser *"levada a sério"*[430], devendo o Direito contribuir para dignidade de todas as pessoas[431].

A ideia de humanidade (*"humanitas"*) enquanto repositório dos caracteres que qualquer homem tem em comum com todos os homens e que desde logo lhe assegura a sua dignidade (*"dignitas"*, *"Menschenswürde"*), não prejudica, antes se incorpora, na noção de individualidade (*"Individualitas"*, *"Individualität"*), que, em função de características próprias, permite distinguir cada um dos homens e atribuir-lhes originalidade e irrepetibilidade[432].

A criminalização do genocídio é uma conquista irreversível da Humanidade no caminho para a dignidade de todas as pessoas[434-435].

---

particulares (algumas considerações), Boletim da Faculdade de Direito, Universidade de Coimbra, Coimbra Ed., 1995, pgs. 175-176; JÓNATAS E. M. MACHADO, *Liberdade de Expressão. Dimensões Constitucionais da Esfera Pública no Sistema Social*, Coimbra Ed., 2002, pgs. 357 ss.; ANTÓNIO M. BARBOSA DE MELO, *A Dignidade Humana e a Comunicação Social* in *Os direitos da pessoa e a comunicação social. Seminário. Janeiro de 1995*, FCG, Lisboa, 1996, pgs. 19-21; JORGE MIRANDA, *O artigo 1.º...*, pgs. 9-18 (9-41); ID., *"Manual de Direito Constitucional. Direitos Fundamentais"*, tomo IV, 3.ª ed., revista e actualizada, Coimbra Ed., 2000, pgs. 180 ss.; JOSÉ CARLOS VIEIRA DE ANDRADE, *Os direitos fundamentais na Constituição Portuguesa de 1976*, 2.ª ed., Coimbra, Almedina, 2001 (nomeadamente, pgs. 15, 17, 34, 45-47, 91, 96-97, 296-298).

[428] RADINBRANATH CAPÊLO DE SOUSA, *O Direito Geral de Personalidade*, Coimbra Ed., 1995, pg. 181 (sem prejuízo da tutela da identidade familiar, racial, linguística, política, religiosa e cultural, que não é incompatível, bem pelo contrário, com o princípio da igualdade e da proibição da discriminação do art. 13.º da Constituição (RADINBRANATH CAPÊLO DE SOUSA, *O Direito Geral...*, pg. 249 (nota)).

[429] Neste sentido, TERESA PIZARRO BELEZA, *Mulheres, Direito e Crime...*, pg. 557.

[430] Utilizando a expressão do filósofo do Direito RONALD DWORKIN, *Levando os direitos a sério* (trad. de Nelson Boeira, Martins Fontes, São Paulo, 2002 (original: *Taking Rights Seriously*, Harvard Univesity Press, 1977)).

[431] TERESA PIZARRO BELEZA, *Mulheres, Direito e Crime...*, pg. 559.

[432] HUBSMANN *apud* RADINBRANATH CAPÊLO DE SOUSA, *O Direito Geral...*, pg. 112. O homem, embora individualizado, não é um ser isolado mas em permanente relação com os outros homens, com o mundo e consigo mesmo, assumindo aí especial relevo o mundo de valores a que ele aderiu, a ponto de lhe estruturar, moldar e significantizar a pessoalidade (*"Personalität"*).

[433] Cfr. TERESA PIZARRO BELEZA, *Mulheres, Direito e Crime...*, pg. 552.

[434] Sem prejuízo dos direitos de quarta geração, caracterizados pelo seu carácter

"*Os catálogos de direitos humanos são normalmente o reverso de violações ou atentados a bens ou qualidades humanas de algum modo tidos como fundamentais, com as óbvias variações históricas e geográficas*"[435].

Os seres humanos podem ser ameaçados e aniquilados quando os governos recusam a admitir a dignidade da pessoa humana e o respeito pelo direito dos povos à identidade cultural.

O genocídio é um crime contra a humanidade, no sentido de "crime contra o **estatuto do ser humano**" ou contra a própria **essência da humanidade**, segundo HANNAH ARENDT[436] (*supra*).

O objectivo último dos governos totalitários, para além de confiscar um poder global, é o de dominar completamente o homem. Os campos de concentração são laboratórios de uma experiência de dominação social[437].

Depois das experiências históricas de aniquilação do ser humano (o nazismo[438] – o mito biológico do III Reich, da Comunidade do sangue e da raça, como forma de suprapersonalismo, o estalinismo, o polpotismo –, a dignidade da pessoa humana significa o reconhecimento do "*homo noumenon*", ou seja, do indivíduo como limite e fundamento do domínio político da República[439].

O princípio da dignidade da pessoa humana justifica também a criminalização, não da decisão individual, mas da decisão concertada de atentar contra os alicerces básicos do género humano.

As sociedades democráticas, cuja essência reside no princípio da liberdade, ligado à existência de respeito pela dignidade humana, não se baseiam num monismo axiológico, mas promovem mesmo a diversidade

---

poligonal ou multidimensional, como o direito dos povos à paz e ao desenvolvimento (JOSÉ CASALTA NABAIS, *O Dever Fundamental...*, pg. 49 (nota)).

[435] TERESA PIZARRO BELEZA, *Sem Sombra de Pecado. O Repensar dos Crimes Sexuais na Revisão do Código Penal*, separata de *Jornadas de Direito Criminal. Revisão do Código Penal*, Lisboa, 1996, pg. 24.

[436] HANNAH ARENDT, *Eichmann à Jérusalem*, pg. 1277.

[437] HANNAH ARENDT, *Compreensão...*, pgs. 156-157.

[438] Sobre a Alemanha do nacional-socialismo e a ideia de povo na base de critérios biológicos mitigados historicamente, v., entre nós, JÓNATAS E. M. MACHADO, *Liberdade de Expressão...*, pgs. 96-98; JORGE MIRANDA, *Teoria do Estado...*, pgs. 197-198, 296; JORGE REIS NOVAIS, *Contributo para uma Teoria do Estado de Direito. do Estado de Direito liberal ao Estado social e democrático de Direito*, Coimbra, 1987, pgs. 150-167 (sobre os sistemas constitucionais fascistas e fascizantes, v. JORGE MIRANDA, *Teoria do Estado...*, pgs. 194 ss.).

[439] GOMES CANOTILHO, *Direito Constitucional...*, pg. 225.

ética como algo de intrinsecamente valioso; aquelas são sociedades plura-
listas e, necessariamente, compromissórias[440].

6.1 Proíbe-se, em particular, as organizações políticas e sociais, entidades publicas que são destinatárias dos direitos, liberdades e garantias
(art. 18.°, n.° 1, 2.° inciso, da Constituição), de tratarem a pessoa de modo
a que ela não possa representar a contingência do seu corpo como momento de uma própria, autónoma e responsável individualidade.

O Preâmbulo da Declaração Universal dos Direitos do Homem
cimenta esta ideia (com reflexos na ordem constitucional portuguesa (art.
16.°, n.° 2, da Constituição)), na vertente da função interpretativa do princípio da dignidade da pessoa humana[441], uma esfera constitutiva da República Portuguesa (art. 1.° da Constituição[442])[443].

---

[440] MARIA DA CONCEIÇÃO FERREIRA DA CUNHA, *«Constituição e Crime»*..., pgs. 136-
-137.

[441] V. JORGE BACELAR GOUVEIA, *O Estado de Excepção...*, II, pg. 1493.

[442] *"Portugal é uma república soberana, baseada na dignidade da pessoa
humana (...)"*.

[443] Por exemplo, a consideração de, no genocídio nazi, os presos não serem homens,
mas *"Häftlinge"* contradiz o princípio, da dignidade da pessoa humana. Atendendo ao
princípio metodológico *"Entia non sunt multiplicanda"*, de GUILHERME DE OCKHAM,
segundo o qual não precisamos de fazer apelo para explicações complicadas quando temos
à mão de semear qualquer explicação mais simples.

Basta que reconheçamos a utilidade humana da protecção dos grupos, conotáveis da
humanidade como um todo, para termos descoberto, do mesmo passo, a razão primitiva da
inclusão no catálogo de bens jurídicos (cfr. PAULO DE SOUSA MENDES, *Vale a pena o
direito penal...*, pg. 100). Que expressão mais acabada da negação da dignidade da pessoa
humana do que o genocídio? A relação de respeito recíproca constitui a relação jurídica
fundamental, a base de toda a convivência numa comunidade jurídica e de toda a relação
jurídica em particular.

"Mesmo a própria indução *dita humanidade não pode esquecer o homem, cada
homem concreto, de carne, sangue e sonhos, cada* eu *nas suas* circunstâncias, *esse verdadeiro centro do mundo, esse fim em si mesmo, esse ser que nunca se repete."* (JOSÉ ADE-
LINO MALTEZ, *Curso...*, pg. 39). A violência cometida para com o membro mais ínfimo da
espécie humana afecta toda a humanidade; a liberdade de um homem é uma parcela da
liberdade universal: não se pode atingir uma sem comprometer, simultaneamente, a outra
(VICTOR SCHOELGER, defensor da abolição da escravatura). O *cosmos* da comunidade
mundial está imanente no próprio *microcosmos* do indivíduo (JOSÉ ADELINO MALTEZ,
Curso..., pg. 67). Porque cada ser humano reflecte o universo enquanto um todo, conforme
nos ensinam os estóicos e LEIBNIZ. Por dentro da mais pequena célula desse todo, ao lado
da dimensão individual, existe uma dimensão social, que tem de ser entendida de forma
ampla (JOSÉ ADELINO MALTEZ, *Curso...*, pg. 67) (avançando mais, cada indivíduo dá vida

A **intangibilidade** da dignidade da pessoa humana, como norma fundamental de todo o sistema de valores da Constituição, a par dos direitos fundamentais, é o único **ponto fechado** na caracterização material do Estado de Direito[444]. A criminalização do acordo é uma decorrência do princípio da dignidade da pessoa humana, uma dignidade projectada e realizada para e com os outros, para a diversidade e no seu respeito, solução que, como um corte do nó-górdio, resolve o problema da atribuição ao Todo e do perigo de exclusionismos.

7. A violação dos limites últimos da justiça

O princípio do Estado de Direito determina que o Direito Penal se deve orientar para o ideal de Estado justo[445].

A base antropológica dos direitos do homem **proíbe a aniquilação dos direitos de outros homens**, designadamente quando essa aniquilação equivale à **violação dos limites últimos de justiça**[446], ínsita, nomeadamente, à proibição constitucional (art. 13.°, n.° 2, da Constituição)[447].

A criminalização do acordo assume, assim, a função de negação da negação, ou de neutralização da negação, preenchendo um espaço de decisão valorativa, com base normativa e com guarida jusconstitucional.

A igualdade é o centro de gravidade da natureza humana[448].

O genocídio é uma ruptura qualificada do princípio da igualdade. Segundo n.° 1 o art. 13.° da Constituição, todos *"têm a mesma dignidade*

---

a uma pluralidade de pertenças, a uma pluralidade de grupos, a uma rede de poderes, na qual, por articulações horizontais e verticais, se estabelecem as instituições, os valores e as essências fazendo. Essências que só se realizam quando se enraízam nas existências, objectividades sociais que só estão vivas quando se radicam no húmus das subjectividades. A ideia de obra ou de instituição apenas se torna permanecente quando é objecto das adesões individuais, das comunhões de pessoas, das regras vivificadas, das formas de poder institucionalizadas (JOSÉ ADELINO MALTEZ, *Curso...*, pg. 34)).

Cada indivíduo deve interessar-se pelo inocente oprimido, sob pena de ser vítima, por sua vez, quando vier um mais forte do que ele para o subjugar (VICTOR SCHOELGER).

[444] JORGE REIS NOVAIS, *Contributo...*, pgs. 227-228.

[445] JESCHECK, *Tratado...*, I, pg. 34.

[446] GOMES CANOTILHO, *Direito Constitucional...*, pg. 410.

[447] A injunção de igualdade, ou de não discriminação, está contida, como princípio geral dos direitos fundamentais, no art. 13.° da Constituição, sendo reafirmado noutros lugares (v. TERESA PIZARRO BELEZA, *Mulheres, Direito e Crime...*, pgs. 110 ss., 129 ss.).

[448] RADINBRANATH CAPÊLO DE SOUSA, *O Direito Geral...*, pg. 289.

social" e uma mesma dignidade interior, natural ou íntima, constituindo ambas a dignidade da pessoa humana referida no art. 1.°[449].

§ 3.ª
**Proposta *"de jure condendo"* de incriminação
de actos preparatórios *"proprio sensu"*,
com vista à prática de genocídio**

Os crimes de perigo abstracto são fabricados através de uma ideia de realização vinculada. De uma estrita e rigorosa realização vinculada[450]. Os crimes de perigos abstracto são dogmaticamente aceitáveis – e jurídico-constitucionalmente inobjectáveis – se e na medida em que for neles respeitado o princípio da determinabilidade do tipo e afastada qualquer presunção de culpa[451].

Tendo em conta experiências anteriores, como a do genocídio nazi – com a preparação de campos de concentração – ou como a do genocídio no Ruanda – com a preparação de listas de pessoas para serem eliminadas, com a distribuição de armas a civis, com a formação de milícias –, torna-se necessário repensar a criminalização, expandindo-a para os actos preparatórios.

Exige-se, pois, que os actos preparatórios o sejam «de um determinado facto», de modo a que o agente só seja punido quanto tiver praticado actos importantes, idóneos e relevantes de uma intenção definida. Estas limitações são a garantia de que a punição não se afasta da razoabilidade e da justiça.

Assim se adensa a proibição, definindo especifica e taxativamente quais o legislador considera criminalmente puníveis[452].

Existem diferentes técnicas de criminalização dos actos preparatórios: i) por vezes, as acções são descritas e limitadas as formas por que são punidas as acções de preparação dos crimes: fabrico, importação,..., forne-

---

[449] RADINBRANATH CAPÊLO DE SOUSA, *O Direito Geral...,*. 288.

[450] FARIA COSTA, *Artigo 272.°*, pg. 884.

[451] FIGUEIREDO DIAS, *Para uma dogmática do Direito Penal Secundário. Um contributo para a Reforma do Direito Penal Económico e Social Português* in *Direito Penal Económico e Europeu: Textos Doutrinários. Volume I. Problemas Gerais*, EDUARDO CORREIA *et al.*, Coimbra Ed., 1998 (pgs. 35-74) (publicado originariamente na *RLJ*, ano 116.°, 1983-84, 1 117.°, 1985-85), pg. 65).

[452] Cfr. FARIA COSTA, *Artigo 272.°*, pg. 885.

cendo um catálogo de actos preparatórios extremamente pormenorizado e densificado (artigos 331.º, 344.º, 274.º, 275.º, 272.º); ii) noutros, predominam as preparações não tipicizadas, como poderia suceder na incriminação de actos pré-executivos do genocídio[453].

CONCLUSÕES

1. O acordo é um crime plurissubjectivo, com carácter unilateral ou de convergência.

2. O acordo é uma incriminação que consta de fontes tanto no plano internacional, a partir do segundo pós-guerra, como no plano nacional.

3. A dogmática do acordo é desenvolvida no Direito anglo-saxónico, embora também presente em alguns ordenamentos da família romano-germânica.

4. O acordo é um crime de perigo abstracto.

5. Como tal, embora o contacto seja mais distante, o bem jurídico protegido não é obnubilado nem imune ao bem jurídico concretamente protegido com a incriminação do genocídio.

6. O acordo tem como figuras afins a conjura, o conluio e a conspiração (esta figurando na Parte Geral).

7. O acordo difere dos actos preparatórios, pois pertence a uma fase anterior – a fase comunicativa.

8. O acordo difere de outras figuras, como as seguintes situações de compartipação criminosa (*fattispecie* monossubjectiva, eventual, em virtude da tipicidade acessória da Parte Geral), a circunstância agravante do pacto prévio do crime, a figura histórica do "*complot*", o acordo prévio, o acordo que exclui o preenchimento do tipo e o consentimento, o crime de incitamento ao genocídio, o crime de associação criminosa.

9. O tipo objectivo é preenchido por dois ou mais sujeitos.

10. O acordo é um crime formal.

11. A acção típica consiste na concertação de esforços e de vontades.

12. O acordo tácito é possível.

---

[453] Em matéria de crimes contra a Humanidade, é relevante o art. 275.º do Código Penal, sob epígrafe "*Substâncias explosivas ou análogas a armas*" (alterado pela Lei n.º 98/2001), no seu n.º 1, na parte em que refere: "*Quem (...) trouxer consigo arma classificada como material de guerra*".

Na alteração de 2001, a nível do preceito secundário, os limites mudaram, variando agora entre 2 e 5 anos, ao invés do limite máximo da pena até 3 anos ou com pena de multa.

O *Acordo com vista à Prática de Genocídio* 337

13. O «*contrato criminal*» tem de convergir no essencial, nomeadamente na resolução da prática concreta e na resolução de execução ou de levar à prática o genocídio.

14. Não se exige que o acordo seja minuciosamente detalhado.

15. O acordo não exige que os agentes realizem actos executivos de genocídio.

16. Uma decisão baseada em factos hipotéticos (acordo condicionado) poderá afastar o preenchimento do tipo, se casuisticamente se averiguar que é carácter improvável, colocando um terceiro na perspectiva dos agentes, não ultrapassando, pois, o risco permitido.

17. Sendo um crime de perigo, o tipo subjectivo não coincide inteiramente com o do genocídio.

18. O dolo presente no acordo é uma manifestação antecipada do dolo do crime principal.

19. Na configuração do dolo no acordo, prescinde-se da modalidade do dolo eventual, uma vez que o crime doloso da Parte Especial não tem de se expressar sempre de acordo com a norma da Parte Geral, o n.º 3 do art. 14.º do Código Penal.

20. O acordo, tal como o genocídio, contém ainda um elemento subjectivo especial de ilicitude (*"com intenção de destruir..."*), concretamente uma tendência interna excessiva, sem correspondência com o tipo objectivo.

21. A justificação por legítima defesa da conspiração não é concebível, devido à presença do elemento subjectivo especial de ilicitude.

22. A consumação ocorre quando os conjurados, estando no mesmo local, cheguem a um acordo unânime. Estando em sítios diversos, a perfeição da declaração tem lugar aquando do conhecimento pelos restantes concertados.

23. A desistência aproveita ao agente, devendo este adoptar uma resolução contrária e comunicá-la aos restantes comparsas.

24. A participação na acção de conspiração é possível, pois as regras de tipicidade integrativa constantes na Parte Geral, sendo supletivas e supridoras das lacunas da Parte Especial, são compatíveis com os crimes de participação necessária e ajustadas aos limites típicos e valorativos do sistema de comparticipação.

25. Determinados comportamentos no acordo são susceptíveis de preencher quer a tipicidade objectiva da instigação quer a tipicidade subjectiva da cumplicidade.

26. Na dinâmica da progressão criminal, o crime principal pode ser executado ou não.

27. Nos casos de tentativa ou de consumação do crime de genocídio,

existe uma relação de concurso aparente com o crime de acordo, por via da subsidiariedade (crime de perigo – crime de dano) ou por via da consumpção ("acto preparatório" – facto consumado, crime formal – crime material).

28. A moldura penal do n.º 3 do art. 239.º é menor do que as do genocídio (n.º 1 do art. 239.º) e do incitamento (n.º 2 do art. 239.º).

29. O argumento da impunibilidade das fases anteriores à tentativa cede ante a consideração do bem jurídico protegido.

30. A incriminação assume um valor simbólico, declaratório, recuando até à fase comunicativa.

31. A conspiração representa um perigo de execução do facto, pelo que há uma necessidade criminal de "prevenção", no sentido de alargamento da punibilidade.

32. A incriminação não visa a punição de um "Direito Penal do sentir", manifestando-se, ao invés, os mecanismos da vinculação conspiracional e da acessoriedade hipotética.

33. A punição do acordo esteia-se também em razões de política criminal, inserindo-se num mecanismo complexo de repressão.

34. A conspiração deve ser incriminada pontualmente, apenas em crimes graves, como o do genocídio, não com carácter geral.

35. O fundamento material da incriminação leva em conta estarmos em presença de um crime de gravidade extrema, intolerável, ao negar a dignidade do Homem e ao ferir os fundamentos da existência comunitária.

36. O lastro histórico jusinternacional, as determinantes históricas permitem compreender a estrutura deste crime de perigo abstracto.

37. Afirma-se preventivamente um princípio de auto-limitação do poder estatal ou para-estatal.

38. A incriminação baseia-se, em última análise, na dimensão exterior, no princípio da dignidade da pessoa humana, na medida em que o genocídio atenta contra o estatuto do ser humano, contra a essência da humanidade.

39. O genocídio viola os limites últimos da justiça, constituindo uma ruptura qualificada do princípio da igualdade.

40. "*De jure condendo*", propomos a densificação pelo Legislador de actos preparatórios com vista à prática de genocídio.

ANEXOS

ANEXO I
EXEMPLOS DE GENOCÍDIO

1) Genocídio dos Hebreus no Egipto

Um exemplo de genocídio figura no *Êxodo* (1: 8-22)[454-455]:
"Subiu, então, ao trono do Egipto, um novo rei que não conhecera José. E ele disse ao seu povo: «Reparai, os filhos de Israel constituem um povo mais numeroso e poderoso do que nós. Temos de proceder astuciosamente contra eles, a fim de impedirmos que se desenvolvam ainda mais e, no caso de sobrevir uma guerra, se aliem aos nossos inimigos para os destruírem, saindo, depois, desta terra». Nomearam, então, capatazes para os oprimirem com trabalhos penosos. E, assim, construíram as cidades de Pitom e Ramsés, que eram depósitos à ordem do Faraó. Todavia, quanto mais os oprimiam, mais se multiplicavam e aumentavam; e os egípcios começaram a odiar os filhos de Israel. Os egípcios impuseram a mais implacável servidão aos filhos de Israel. Faziam-lhes passar uma vida amarga, submetendo-os a violentos trabalhos de barro e tijolos, e a toda a espécie de serviços agrícolas; e, cruelmente, impunham-lhes todas estas tarefas. O rei do Egipto chamou, também, as parteiras dos hebreus, cujos nomes eram Séfora e Fua, e disse-lhes: «Quando assistirdes aos partos das mulheres dos hebreus, observareis a criança: se for rapaz, matai-o; se for rapariga, deixai-a viver». Mas as parteiras, que temiam a Deus, não cumpriram a ordem do rei do Egipto, e deixaram viver os rapazes. O rei

---

[454] A cena pode ser visualmente imaginada, através do filme "*Os Dez Mandamentos*". (produçáo de Jollywood).

[455] Outros exemplos de genocídio na Bíblia são narrados no *Deutoronómio* (capítulo 2, nomeadamente 1-3, 15-17, 34), nos *Números* (capítulo 31), no primeiro livro de *Samuel* (capítulo 15: 3-9) (embora os historiadores manifestem dúvidas acerca da veracidade e da intensidade de vários relatos). No último exemplo, é descrita a campanha contra os amalecitas, a que se seguirá a transgressão de SAUL aos olhos de DEUS.

340 *Ivo Miguel Barroso*

mandou-as chamar novamente e disse-lhes: «Porque procedestes dessa maneira deixando viver os rapazes?» Responderam ao Faraó: «Porque as mulheres dos hebreus não são como as dos egípcios: elas são vigorosas, dão à luz mesmo antes de chegar a parteira». Deus recompensou as parteiras e o povo continuava a multiplicar-se e a aumentar. Porque as parteiras temeram a Deus, Ele protegeu as suas famílias.

Então o Faraó deu a seguinte ordem a todo o seu povo: «Lançareis ao rio todos os indivíduos do sexo masculino que nasceram aos hebreus e deixareis viver todas as raparigas.".

2) Genocídio dos Arménios no Império Otomano

O genocídio dos Arménios é o primeiro do século XX[456].

O Ittihad, pequeno grupo de homens que fazem parte do comité central deste partido ou dele próximo, planeia eliminar a maioria dos Arménios do Império Otomano e extirpar definitivamente os que vivem nas províncias orientais.

A I Guerra Mundial – ou a *"Grande Guerra"*, como então era chamada –, fornece a oportunidade de recorrer ao genocídio para resolver a questão arménia. As comunicações civis estão em parte interrompidas e as informações circulam mal.

O Ittihad recorre a uma organização especial de cobertura: o Techkilât- -i Mahsoussé (prova da premeditação do crime a vontade de camuflar quem o acompanha[457] e da vontade de decapitar a comunidade arménia).

As primeiras medidas genocidárias são tomadas entre Novembro de 1914 e Março de 1915.

Entre Abril e Maio de 1915, Zeiton é o banco de ensaio do genocídio arménio, mediante a deportação, dizimando pela fome e pela exposição ao abandono.

Uma lista negra de 300 a 600 nomes circula no programa de deportação.

Na noite de 24 para 25 de Abril de 1915, é executada uma vasta operação, montada pelo Prefeito de polícia de Constantinopla, para prender todas as personalidades arménias de Constantinopla, prende redactores e jornalistas do jornal *"Azatamart"*, intelectuais (escritores, poetas e jornalistas; médicos, advogados), num total de 270 pessoas, presas no domicílio.

---

[456] Sobre o genocídio dos Arménios, v. YVES TERNON, *Les Arméniens. Histoire d'un génocide*, Éditions du Seuil, s.l., 1996 (reimpressão).

[457] YVES TERNON, *Les Arméniens...*, pg. 226.

Exemplos de Genocídio   341

O Ministro do Interior justifica a medida; vai dizendo que não há prova do "*complot*" arménio e que em breve serão libertados.

As autoridades acusam os Arménios de espionagem e de traição; iniciam a deportação colectiva das cidades e vilas suspeitas.

Em 30 de Maio, o Conselho de Ministros publica um decreto geral de deportação, veiculando uma aparência humanitária, prevendo medidas de protecção das pessoas e bens, sendo completado por regulamentos de reinstalação dos Arménios.

Na prática, as autoridades fecham escolas arménias, suprimem a imprensa arménia.

A deportação fazia, pois, parte de um plano geral de exterminação[458].

O plano, executado com precisão, é supervisionado pelo Ministro do Interior, que passará pela eliminação dos chefes políticos e dos notáveis; por perseguições, prisões, execuções em massa de homens; pela destruição de vilas vizinhas.

Entre Maio e Julho, serão atingidos os Arménios das "*vilayet*" orientais; a partir daí, a captura será no resto do Império.

A população arménia é reagrupada: os homens válidos são separados, enviados em pequenos grupos para as cidades e mortos. Mulheres, velhos e crianças são organizados em comboios que tomam a rota da deportação.

As rotas de deportação estão cheias de cadáveres. O centro operacional do genocídio é em Erzeroum.

Numa estimativa, dos 1 800 000 Arménios no Império Otomano, 600 000 foram assassinados no local, 600 000 no decurso da deportação, num total de 1 200 000 vítimas de genocídio.

Cerca de 200 000 Arménios refugiaram-se no Cáucaso; 150 000 escaparam à deportação (Arménios de Constantinopla e de Esmirna). No total, desaparecem 800 000, num universo de 1 200 000 vítimas. É um povo inteiro que perece.

3) Genocídio nazi

3.1 Não há história mais difícil de contar em toda a história da humanidade do que esta, revelando a monstruosa igualdade na inocência[459-460].

---

[458] YVES TERNON, *Les Arméniens...*, pg. 251.

[459] HANNAH ARENDT, *Compreensão...*, pg. 118.

[460] Sobre o genocídio nazi, a literatura é inúmera. V., nomeadamente, AA.VV., *Die*

342 *Ivo Miguel Barroso*

O III Reich, segundo os nazis, deveria durar mil anos.

Os poemas de BRECHT referem-se ao sistema totalitário implantado pelo regime nazi[461].

---

nationalsozialischten Konzentrationslager, org. de ULRICH HERBERT / KARIN ORTH / CHRISTOPH DIECKMANN, 2 vols., Fischer Taschenbuch Verlag, Francoforte sobre o Meno, 2002; HANNAH ARENDT, *Compreensão e Política e Outros Ensaios. 1930-1954*, trad. de MIGUEL SERRAS PEREIRA, Relógio d'Água, Antropos, Lisboa, 2001; ID., *Les Origines du totalitarisme (...)*, éd. établie sus la direction de PIERRE BOURRETZ, trad. de MICHELINE PONTEAU, MARTINE LEIRIS, JEAN-LOUP BOURGET, ROBERT DAVREAU, PATRICK LÉVY, Gallimard, s.l., 2002,; ID., *Eichmann à Jérusalem*, éd. établie sus la direction de PIERRE BOURRETZ, trad. de ANNE GUÉRIN (1966), ver. por MICHELLE-IRÈNE BRUDNY-DE-LAUNAY (1991), pour folio histoire révisée pour la présente édition par MARTINE LEIBOVICI, Gallimard, s.l., 2002; PIERRE AYÇOBERRY *et al.*, *L'Allemagne de Hitler. 1933-1945*, Éditions du Seuil, s.l., 1991; DAVID BANKIER, *Los Alemanes y el Genocidio Judío. Consciencia, Memoria y Represión* in *El genocidio ante la historia y la naturaleza humana*, BEATRIZ GUREVICH / CARLOS ESCUDÉ *et al.*, Universidad Toccuato Di Tella, Grupo Editor Latinoamericano, Buenos Aires, 1994, pgs. 141 ss.; ZYGMUNT BAUMAN, *Racismo, Antirracismo y Progreso Moral* in *El genocidio ante la historia y la naturaleza humana*, BEATRIZ GUREVICH / CARLOS ESCUDÉ *et al.*, Universidad Toccuato Di Tella, Grupo Editor Latinoamericano, Buenos Aires, 1994, pgs. 47 ss.; *ID.*, *Modernidade e Holocausto*, trad. de Modernity and the Holocaust, Oxford, 1996, Jorge Zahar Editor, Rio de Janeiro, 1998; M.A. BOISSARIE, *Rapport General sur la repression des crimes nazis contre l'humanité et sur la protection des libertés démocratiques* in *RIDP*, 1948, n.° 1, pgs. 201-207 (= *Rapport General sur la repression des crimes nazis contre l'humanité et sur la protection des libertés démocratiques* in *RIDP*, 1948, n.° 2, pgs. 11-26); BURRIN PHILIPPE, *Fascisme, nazisme, autoritarisme*, Éditions du Seuil, s.l., 2000; CLAUDE BERTIN, (ed.), *Os Criminosos de Guerra. Eichmann. Tóquio*, Amigos do Livro, Camarate, s.d.; INGA CLENDINNEN, *Um Olhar sobre o Holocausto*, trad. de Ana Mata, Prefácio, Lisboa, 1999 (original: *Reading the Holocaust*, Cambridge University Press); ÉDUARD CONTE / CORNELIA ESSNER, *La Quête de la Race. Un anthropologie du Nazisme*, Hachette, 1995; DANIEL FEIERSTEIN, *Seis estudios sobre genocidio. Analisis de las relaciones sociales: otredad, exlcusión y exterminio*, Eudeba, Buenos Aires, 2000; RAUL HILBERG, *Die Vernichtung der europäischen Juden*, 3 vols., Geschicht Fischer, Francoforte sobre o Meno, 1990; EUGEN KOGON, *L'État SS. Le système des camps de concentracion allemands*, Éditions de la Jeune Parque, Manchecourt, s.l., 1993 (original *Der SS Staat. Das System der deutschen Konzentrazionslager*, Francoforte sobre o Meno, 1946); ROBERT JAN VAN PELT / DEBORÁH DWORK, *Auschwitz. Von 1270 bis heute*, Pendo, s.l., 2000 (original: *Auschwitz. 1270 to the Present*, Nova Iorque, 1996); MARCEL RUBY, *O Livro da Deportação. A vida e a morte nos 18 campos de concentração e de extermínio*, trad. de ANTÓNIO MOREIRA e de MARIA DA PIEDADE MOREIRA, Notícias, Lisboa, 1998 (original: *Le Livre de la Déportation*); PATRICK WAGNER, *Hitlers Kriminalisten. Die deutsche Kriminalpolizei und der Nationalsozialismus. Zwischen 1920 und 1960*, Beck, Munique, 2002.

[461] *"Dificuldade da governação*

1. Os ministros proclamam incessantemente ao povo / Quão difícil é governar. Sem

HITLER usou a propaganda moderna. Os nazis tinham as suas próprias ideias, precisavam de técnicas e de especialistas técnicos[462].

HEINRICH HIMMLER foi o homem ao qual alguns historiadores atribuem a decisão do genocídio hebraico e que, desde 1929, esteve à frente das SS.

As ideias sobre a criação biológica de uma nova raça derivaram de LANZ VON LIEBENFELS.

O objectivo final de HITLER foi o da criação de uma nova elite ariana e do seu domínio mundial, a nova humanidade.

HITLER e os seus homens de confiança decidiram que a Solução Final para a Questão Judaica seria a da exterminação, numa Europa reestruturada de acordo com as definições raciais: não uma mera deportação da Alemanha, mas uma eliminação.

---

os ministros / o Trigo crescia pra dentro da terra em vez de pra cima. / Nem uma pedrinha de carvão sairia da mina / Se o Führer não fosse tão sábio. / Sem o Ministro da propaganda / Nenhuma mulher se deixaria engravidar. Sem o Ministro da Guerra / Nunca viria uma guerra. Mais: seria muito duvidoso que, / Sem o beneplácito do Führer, o Sol nascesse / / De manhã, e se nascesse, então / Seria no sítio errado."

"3. Se a governação fosse fácil / Não eram precisos espíritos luminosos como o Führer".

"4. Ou acaso será / Que a governança seja tão difícil / Por se ter de aprender a explorar e a vigarizar?" (trad. de PAULO QUINTELA in *Obras Completas*, FCG, IV, Lisboa, 1999, pg. 457).

"O Governo como artista
1. Na construção de palácios e estádios / Gasta-se muito dinheiro. O governo assemelha-se muito a um jovem artista / Que não receia a fome se se trata / De tornar célebre o seu nome. É verdade / Que a fome, que o governo não receia. / É a fome dos outros, quer dizer / A do povo" (trad. de PAULO QUINTELA in *Obras Completas*, FCG, IV, Lisboa, 1999, pg. 467).

"(...) 5. Em face da poderosa força do regime / Dos seus acampamentos e caves de tortura / Dos seus polícias bem nutridos / Dos seus juízes intimidados ou subornados / Dos seus ficheiros com as listas de suspeitos / Que enchem edifícios inteiros até ao telhado / Deveria supor-se que ele não teria que recear / A palavra franca dum homem simples." (trad. de PAULO QUINTELA in *Obras Completas*, FCG, IV, Lisboa, 1999, pg. 462).

"Necessidade da propaganda
(...) 2. Quando o regime num só dia / Mandou abater mil pessoas, sem / Instrução nem sentença judicial, / O Ministro da Propaganda louvou a infinita paciência do Führer / Por ter esperado tanto com a matança / E ter cumulado os patifes de bens e postos de honra / Num discurso tão magistral que nesse dia / Não só os parentes das vítimas / Mas até os próprios carrascos choraram." (trad. de PAULO QUINTELA in *Obras Completas*, FCG, IV, Lisboa, 1999, pg. 458).

[462] HANNAH ARENDT, *Compreensão...*, pg.123.

As etapas do programa foram "cientificamente" fixadas.

"*A consecução da finalidade mitificada do povo alemão, (...) determinada pela origem, o sangue, a hereditariedade e o passado, tornada destino a cumprir, não só autoriza como impõe ao Estado, centralizador e catalizador de tal destino, a eliminação sistemática de todos os elementos da população que constituem obstáculos à sua realização última*"[463], para a conservação da raça na sua pureza (HITLER).

3.2 MARCEL RUBY[464] divide em três políticas nos campos de concentração:

- entre 1933-1939: políticas de exclusão;
- entre 1939-1945: destruição dos inimigos nazis;
- entre 1942-1945: alguns campos mudaram de finalidade, passando a fornecer mão-de-obra escrava à economia de guerra.

Visou-se a eliminação física dos seres cuja nocividade se funda na sua improdutividade, nos custos inúteis a suportar pelo erário público, nos riscos de contaminação da descendência, ou seja, dos velhos, dos doentes incuráveis, dos portadores de anomalia psíquica, grave e irreversível, ou de doença venérea – as vidas indignas de serem vividas.

3.3. *Os passos iniciais*

A primeira etapa do "*complot*" foi iniciada pela Alemanha em 1933, traduzindo-se concretamente em perseguições, deportações e assassínios.

Mediante as leis de excepção, caracterizadas pela falta de generalidade, os Judeus são progressivamente privados dos seus direitos.

Primeiro, houve que definir quem era judeu.

Em Setembro de 1933, é publicado durante o congresso anual do partido nazi, o decreto intitulado "*Para a protecção do sangue e da honra alemães*", determinando que são declaradas judias as pessoas que têm dois avós judeus, que são elas próprias de confissão judaica ou têm um cônjuge judeu, assim como todas as pessoas que tenham três avós judeus. São consideradas como "*parcialmente judias*" ("*Mischlinge*" ou mestiços) as pessoas que tenham um avô judeu, ou que tenham dois avós judeus que não

---

[463] MARIA LEONOR ASSUNÇÃO, *Apontamento...*, pgs.88-89.
[464] MARCEL RUBY, *O Livro da Deportação...*, pg. 88.

Exemplos de Genocídio

sejam de confissão judaica e não tenham cônjuges judeus. São interditados os casamentos mistos de arianos e judeus (4 de Novembro de 1933), o concubinato misto (23 de Novembro de 1933), as relações sexuais mistas.

A segregação exprime-se também mediante medidas discriminatórias no plano profissional: reforma de funcionários judeus (7 de Abril, 11 de Abril e 8 de Agosto de 1933), expulsão da função pública (30 de Junho de 1933), da imprensa e do espectáculo (4 de Outubro e 19 de Dezembro de 1933), da medicina (2 de Abril de 1933, 13 de Dezembro de 1935 e 25 de Julho de 1938), da farmácia (26 de Março de 1933 e 3 de Abril de 1936), do comércio (18 de Março de 1936), da indústria (23 de Novembro de 1938), da função veterinária (3 de Abril de 1936) ou camponesa (3 de Outubro e 29 de Setembro de 1939) (com venda forçada dos bens dos camponeses judeus), do exército (26 de Junho de 1936)[465].

É imposto um "*numerus clausus*" à entrada dos estudantes nas escolas e nas universidades (22 de Abril de 1933).

Os judeus têm então bilhetes de identidade especiais, passaportes especiais. Os bens judeus e os capitais judeus devem ser declarados; são primeiro congelados e depois liquidados (3 de Dezembro de 1938, 16 de Janeiro e 21 de Fevereiro de 1939); é-lhes aplicado um imposto especial de 1000 milhões de marcos por terem provocado "*a justa cólera do povo alemão*".

3.4 Entre 1939 e 1941, é executado programa de FRANZ STANDL, de eutanásia para alemães com deficiências físicas ou mentais.

Os passos do programa consistem na elaboração de listas secretas, transporte secreto das vítimas dos autocarros fechados com as cortinas corridas, recepção, causando a morte, através de gás ou de injecções, mais de 80 000 alemães com deficiências físicas ou mentais.

3.5. O extermínio dos judeus

"*Os homens não sabem que tudo é possível*"[466]. Assim sintetiza DAVID ROUSSET, sobrevivente do campo de Buchenwald, o horror do genocídio.

---

[465] Informações recolhidas em MARCEL RUBY, *O Livro da Deportação...*, pg. 21.

[466] DAVID ROUSSET, *L'Univers concentrationnaire*, 1946, pg. 81 (*apud* HANNAH ARENDT, *Les Origines du totalitarisme (...)*, pg. 609).

A singularidade do extermínio dos judeus é a de que visa um grupo específico de seres humanos, incluindo os velhos, as crianças, mesmo as de tenra idade. É um crime de massacre organizado.

Grupos humanos encurralados, viajavam, de um a dez dias, em condições miseráveis, sem água, comida ou instalações sanitárias; depois, separavam as pessoas individualmente das famílias e amigos, atirando-os para o meio de estranhos, despindo-os de todos os haveres, roupa, cabelo; passavam fome; mais tarde, tinham direito à panela da sopa comunal.

Uma Carta de JACOB SCHULMANN, rabi da Sinagoga de Grabow, em Lodz, em 19 de Janeiro de 1942, refere:

"Infelizmente, para nosso maior infortúnio, sabemos já tudo o que se passa. Falei com uma testemunha que escapou. Ela contou-me tudo. Eles estão a ser exterminados, em Chelmno, próximo de Dombie, e são todos encerrados na floresta de Rzuszow. Os judeus são mortos de duas maneiras: por fuzilamento ou pelo gás. Isto acabou de acontecer a milhares de judeus de Lodz.

Não creias que isto é escrito por um louco.".

Cerca de mais de meio milhão dos judeus polacos terá morrido dentro dos guetos, a maior parte de fome. Os fornecimentos de comida eram dolosamente inadequados.

3.5.1. *Os campos de concentração e os campos de extermínio*

I. Os campos em análise são, na expressão de HANNAH ARENDT[467], as *"fábricas da morte"*.

Logo em 20 de Março de 1933, abre o campo de Dachau.

Foram construídas fábricas com o único fim de exterminar judeus pelo gás, nomeadamente em Chelmno, em Balzec e em Sobidór. São, ao todo, doze campos de concentração e seis campos de extermínio. Estes são uma inovação nas guerras contemporâneas: não se trata de campos de prisioneiros de guerra ou de campos de represálias, mas de campos que permitem reduzir seres humanos à escravidão, de os explorar antes de os destruir[468].

Ao passo que os campos de concentração são *"campos de morte lenta"*, nos campos de extermínio, a morte é imediata.

---

[467] *Compreensão...*, pg. 119.
[468] MARCEL RUBY, *O Livro da Deportação...*, pg. 409.

Exemplos de Genocídio

II. Em Auschwitz, o portão de entrada tem a seguinte inscrição gravada "*Arbeit macht frei*" ("*O trabalho liberta*") (tal como noutros campos, como Flossembürg e Sachsenhasen)[469].

RUDOLPH HOESS, que faz toda a sua carreira nos campos de concentração, toma o comando do pequeno campo de Auschwitz; constrói a sua fábrica em Auschwitz-Birkenau, como complemento de Auschwitz I. Irá transformá-lo num campo mais eficiente de todos os campos da morte.

Auschwitz tem um vasto complexo concentracionário:

– Auschwitz I, o campo central ("*Stammlager*"), campo de concentração;
– Auschwitz II-Birkenau, o campo de extermínio ("*Vernichtunglager*");
– Auschwitz III, o campo de trabalho.

III. Existe uma selecção imediata à chegada de um comboio; separam os maridos (e os filhos) das mulheres; existe um selecção dos médicos SS dos aptos para o trabalho; alguns, em Auschwitz II-Birkenau, como mulheres com crianças pequenas, homens de aparência doentia ou delicada, são directamente conduzidos para as câmaras de gás.

Constitui uma nota relevante o isolamento absurdo que separa os campos do mundo exterior, como se os seus ocupantes já não fizessem parte do mundo dos vivos[470], dificilmente comparável com o isolamento das prisões, dos guetos ou dos campos de trabalho forçados[471].

A partir do momento em que um indivíduo era detido, considerava-se que ninguém mais no exterior ouvira falar dele: como que desaparecera da face da terra. Eram dadas ordens proibindo que fossem fornecidas informações sobre o local de detenção sobre os prisioneiros; os terceiros deveriam ser deixados à incerteza quanto ao destino; as famílias não podiam ser informadas. Todos os documentos de identificação – se existissem – eram destruídos.

Em Dachau, os deportados ordinários tinham de usar tamancos; tinham o crânio rapado; as categorias superiores poderiam usar sapatos de cabedal e cabelo comprido[472].

---

[469] No campo de Buchenwald, no pórtico de ferro forjado da entrada do campo, constava a inscrição "*Jedem des seine*" ("*A cada um o seu dever*").

[470] HANNAH ARENDT, *Compreensão...*, pg. 155.

[471] HANNAH ARENDT, *Compreensão...*, pg.156.

[472] Os SS distribuíam com parcimónia uma carta de cabelos (MARCEL RUBY, *O Livro da Deportação...*, pg. 99).

IV. Dentro dos campos, era bem clara a distinção entre "guarda" e "prisioneiro": os judeus eram, para os nazis, *"os inimigos por trás do arame"*, num ódio activo e no desejo de os degradar.

Os oficiais superiores falavam só uma vez e em voz baixa; ao passo que o resto das patentes alemãs e os seus imitadores *"Kapos"* gritavam, falavam alto ou ladravam as suas ordens. O assunto não era o da inteligibilidade. Muitos dos seus ouvintes não compreendiam o alemão abastardado dos campos, muito menos esta gritaria, que inspirava o terror.

Muitos comentadores notam que, para assassinar as suas vítimas, os nazis tiveram primeiro que assassinar a língua alemã, associada como estava à alta cultura, ao racionalismo e ao pensamento filosófico. Uma nova forma degradada de alemão veio a aparecer, primeiro na própria Alemanha, depois nos campos, onde encontrou a sua expressão mais brutal. Os detidos não eram homens, mas *"Häftlinge"* (*"prisioneiros"*); quando comiam, o verbo era *"fressen"* (o verbo *"comer"*, usado para os animais); os cadáveres eram *"Figuren"*[473].

V. PRIMO LEVI refere: *"Eles levar-nos-ão até o nosso nome: e se queremos conservá-lo, deveremos encontrar em nós a força para o fazer, para que além do nosso nome, algo de nós, do que nós éramos, subsista."*

PRIMO LEVI foi dos poucos que aguentou a sua integridade, pelos seus hábitos de ver, analisar, identificar – por ser um fiel químico, devido ao treino científico.

Existem marginalmente casos de resistência, nomeadamente em algumas fábricas, produzindo peças defeituosas. A mais viável e efectiva resistência ocorre na mente, com a determinação, não para aumentar o desespero, mas para sobreviver[474].

3.5.2. A *"vida"* quotidiana

O programa diário dos deportados em Dachau e em Buchenwald consistia em despertar às 4 horas; neste último campo, o despertar é feito com os berros e chibatadas dos *"Kapos"*[475] (em Flossembürg, às 4h30, o vigilante da noite, entrando no dormitório grita *"Kaffe-holer, raus!"*), tendo o tempo cronometrado até à hora de deitar, às 21 horas.

---

[473] Já anteriormente a 1939, no campo de Buchenwald, os SS designavam os deportados por *"Kopf"* (cabeças) ou *"Stück"* (pedaços).

[474] CLENDINNEN, *Um Olhar...*, pg. 77.

[475] MARCEL RUBY, *O Livro da Deportação...*, pg. 83.

Exemplos de Genocídio

A arbitrariedade era não era acidental, mas desenhada para destruir o ser privado e social. Mesmo a malícia trivial, como o espalhar de um boato falso, era desenhada para aumentar a angústia e exaurir as mentes ainda capazes de esperança[477].

Havia o prazer de manipular as vítimas psicologicamente, ao mesmo tempo que lhes negavam a humanidade. *"Aqui não há porquês"* (*"Hier is keine Warum"*).

O suicídio podia ser negado. Aos guardas tinha sido ordenado que atirassem a matar sobre qualquer prisioneiro que corresse para a cerca electrificada antes que pudesse tocar nos fios[477].

Uma infracção mínima poderia fazer privar da magra ração[478]. As camas eram nichos de andares.

3.5.2.1 O *"muçulmanismo"* constituía, em Auschwitz, a última forma de subalimentação, aquela que precedia a morte. Na descrição de BEILIN, médico que testemunhou no julgamento de EICHMANN, *"Os movimentos tornavam-se lentos. os rostos adquiriam um aspecto de máscara, os reflexos já não funcionavam, faziam as necessidades sem se dar conta. Nem mesmo se voltavam na cama por vontade própria. Jaziam sem se mexerem e assim transformavam-se em muçulmanos"*; o detido aparentava-se com um muçulmano em oração. Os prisioneiros neste estado *"(...) eram simplesmente esqueletos de rostos cinzentos, porque tinham perdido o equilíbrio"*[479]. Um murro de um SS ou de um vigilante ou uma cacetada na cabeça bastavam para acabar com qualquer um, segundo o relato de PRIMO LEVI.

Os prisioneiros eram amontoados à noite em barracões (em Gross--Rosen, caberiam apenas 300 pessoas; foram amontoados 1300 e até 1500[480]. A subalimentação sistemática esgotava os organismos, a farda em farrapos; as intempéries, as doenças, a falta de sono... Era um mundo que

---

[476] CLENDINNEN, *Um Olhar...*, pg. 60.

[477] CLENDINNEN, *Um Olhar...*, pg. 77.

[478] Além das torturas concentracionárias, havia sevícias muito cruéis (a permanência num quarto fechado, sem se poder sentar); as bastonadas, em que o homem devia contar os golpes em voz alta e, se não conseguisse fazê-lo ou se enganasse, recomeçavam tudo do zero (MARCEL RUBY, *O Livro da Deportação...*, pg. 101); a pancada vexatória (por exemplo, em Gross-Rosen, um deportado, MARC KLEIN, refere que ficou com cinco costelas partidas por não ter corrido suficientemente depressa para a faxina do café (MARCEL RUBY, *O Livro da Deportação...*, pg. 145).

[479] CLAUDE BERTIN *et al.*, *Os Criminosos de Guerra...*, pgs. 152-153.

[480] MARCEL RUBY, *O Livro da Deportação...*, pg. 146.

destruía as personalidades. As referências morais desapareciam. O medo era a companhia omnipresente do deportado[481].

O assassínio era praticado sem escrúpulos pelos SS, munidos de bastões, pretendendo abater com duas ou três pancadas[482]. Certas execuções eram públicas.

3.5.3 No Leste, os fuzilamentos eram um segredo conhecido; mas os responsáveis nazis pretendiam ocultar os centros de extermínio e as câmaras de gás.

Em Auschwitz-Birkenau, foi usado o ácido cianídrico, «*Zyklon-B*»[483]. O primeiro gaseamento tem lugar em 3 de Setembro de 1941.

As casas dos "*Bunkers*" 1 e 2 não tinham janelas, contrastando com portas estranhamente robustas.

É particularmente chocante o procedimento de condução para as câmaras de gás:

Os SS estavam mais afáveis e corteses, conduzindo as vítimas sem gritos, incitamentos, armas, empurrados para a frente, sem palavras ofensivas. O cenário continha de vestuários, com cabides numerados para pendurar a roupa. "*Lembrem-se do vosso número*"; havia sinais em várias línguas avisando os benefícios da higiene. No tecto, podiam ver-se saídas dos chuveiros, que estavam cimentadas e nunca distribuíam água.

Já sem roupa, os guardas empurravam os que estavam ainda do lado de fora; as portas eram fechadas hermeticamente[484].

Depois dos quinze minutos necessários para o «*Zyklon B*» actuar nas câmaras de morte, decorriam ainda cerca de trinta minutos antes de as portas serem abertas.

Os corpos estavam amontoados, apertados uns contra os outros; vinha o pânico, ficando os mais fortes em cima, esmagando os outros; havia a tentação de correr para a porta. Depois vinha a morte.

Os cabelos da mulheres eram então cortados, os dentes de ouro eram arrancados dos cadáveres; só depois eram levados para os fornos[485]. Os corpos eram depois removidos, para dar lugar à chacina seguinte.

---

[481] MARCEL RUBY, *O Livro da Deportação*..., pg. 410.
[482] MARCEL RUBY, *O Livro da Deportação*..., pg. 148.
[483] O monóxido de carbono era usado em Treblinka.
[484] MARCEL RUBY, *O Livro da Deportação*..., pg. 314.
[485] CLAUDE BERTIN *et al.*, *Os Criminosos de Guerra*..., pg. 151.

3.5.3.1 Depois, cuidava-se da destruição física de todas as evidências. Existiam em Auschwitz quinze fornos crematórios que funcionavam a pleno rendimento e podiam incinerar até 10 000 corpos por dia.

Existe, assim, um problema de prova, na documentação e na precisão do número de vítimas.

3.5.2.2 As tarefas eram efectuadas não sem auxílio de prisioneiros judeus. *"Sonderkommando"*, o Esquadrão Especial em Auschwitz, era o nome dado a um grupo de prisioneiros, quase todos judeus, que fornecia mão-de-obra para manter a funcionar as câmaras de gás ou arrastando-as para as valas de execução, para posterior execução.

A maior parte do trabalho em Auschwitz, incluindo a coerção, o castigo dos prisioneiros e o desvio ou a retenção das rações de fome, era efectuado por prisioneiros.

Em Treblinka, o trabalho era feito por milhares de judeus de várias nacionalidades, sob a direcção de oitenta guardas ucranianos e quarenta SS, dos quais apenas vinte estavam de serviço a qualquer hora.

Os homens eram escolhidos pelo seu aspecto físico ou por qualquer pequena infracção disciplinar.

Era um *"acordo profano"*: comida e cessação da pancadaria em troca de um extenuante trabalho degradante[486]. PRIMO LEVI chamou-lhes os *"corvos dos crematórios"*.

Os componentes do *"Sonderkommando"* não estavam autorizados a contactar com o resto do grupo. Estavam também condenados à morte: a prática dos SS era a de matar e substituir todos os membros de um esquadrão ao fim de alguns meses, para manter o segredo (era regra da SS executar os homens da Brigadas Especiais). Poucos sobreviveram: dois, quatro, cinquenta, sessenta entre mil, por exemplo.

3.5.2.3 Na Primavera de 1944, Auschwitz atingiu o seu zénite, com a entrada e saída de comboios entre o campo auxiliar de Birkenau e a Hungria. Os quatro crematórios trabalhavam sobre pressão; rapidamente os fornos ficaram inutilizáveis devido ao uso excessivo e contínuo que lhes era dado; apenas o crematório 3 continuava a funcionar[487]. Os gaseamentos ocorriam a um ritmo superior.

---

[486] CLENDINNEN, *Um Olhar...*, pg. 89.
[487] MARCEL RUBY, *O Livro da Deportação...*, pg. 318.

Este período de extermínio intensivo permitiu aos SS gasear, a partir de 16 de Maio de 1944, a maioria dos 438 000 judeus arrebanhados na Hungria, que haviam chegado em 148 comboios.

A maioria dos deportados não entrou no campo; foi conduzida directamente para a câmara de gás. Alguns detidos foram enviados para outros campos.

O último comboio chegou ao campo em 3 de Novembro.

Em 26 de Novembro de 1944, HIMMLER ordenou a destruição das câmaras de gás e dos crematórios, esperando dissimular os extermínios em massa. Apenas o crematório 5 continuou a funcionar até ao fim; em 20 de Janeiro de 1945, os alemães dinamitaram-no antes de partirem. A última execução ocorreu em 6 de Janeiro. Foram queimados todos os arquivos e, em primeiro lugar, os registos do serviço de entradas (que teriam permitido descobrir a dimensão do massacre) em 17 de Janeiro, começou a evacuação geral para outros campos.

As tropas soviéticas chegaram em 25 de Janeiro.

3.6 Quando os resistentes são os culpados, ocorrem os processos de transferência de culpa. A estratégia do nazismo foi a do uso da responsabilidade colectiva, uma das formas mais primitivas de sanção (PIAGET); os processos de individualização são relativamente recentes, como demonstrou MICHEL FOUCAULT.

As práticas genocidas não culminam com a sua realização material (o aniquilamento), mas realizam-se no âmbito simbólico e ideológico. Não resulta suficiente para os fins genocidas eliminar materialmente (aniquilar), mas é também importante fechar os tipos de relações sociais que os corpos encarnavam, gerando outros modos de articulação social entre os homens[488].

A negação da identidade das vítimas inculca um vazio, que justificaria a necessidade da sua perseguição[489].

A construção da negatividade de certos grupos vincula-se com a sua inadmissibilidade para uma determinada ordem social[490]. Há que desmontar esta construção negativa e recuperar a identidade social das vítimas[491].

---

[488] DANIEL FEIERSTEIN, *Seis estudios sobre genocidio. Analisis de las relaciones sociales: otredad, exlcusión y exterminio*, Eudeba, Buenos Aires, 2000, pg. 113.

[489] DANIEL FEIERSTEIN, *Seis estudios sobre genocidio...*, pg. 117.

[490] DANIEL FEIERSTEIN, *Seis estudios sobre genocidio...*, pg. 118.

[491] DANIEL FEIERSTEIN, *Seis estudios sobre genocidio...*, pg. 118.

Exemplos de Genocídio   353

3.7 Os observadores manifestam uma incompreensão aterrada.

O princípio nihilista do *"tudo é permitido"* é substituído por *"tudo é possível"*, segundo HANNAH ARENDT.

"Era realmente como se o abismo se abrisse diante de nós, porque tínhamos imaginado que tudo o resto acabaria por se poder arranjar (...). Mas aquilo, não. Era uma coisa que não devia ter acontecido nunca. (...) Auschwitz não devia ter acontecido. Passou-se em Auschwitz qualquer coisa com que continuamos a não poder reconciliar-nos. Nenhum de nós"[492].

Auschwitz é considerado o mais gigantesco empreendimento criminoso da História.

Segundo HABERMAS, em Auschwitz tocou-se em algo que representa a camada mais funda da solidariedade entre todos os que têm face humana; Auschwitz mudou o fundamento para a continuidade das condições de vida na História. Auschwitz é uma palavra que não concerne apenas ao mundo hebraico ou à sua história política, nem muito menos à história de um povo (ou dois), mas põe toda a ciência do homem, e o direito nesta, em face de um facto de importância essencial para a compreensão do seu próprio objecto. Auschwitz não é um facto histórico como tantos outros, mas um evento da autoconsciência humana, uma sombra que pesa sobre a consideração que o homem pode ter de si próprio (GUSTAVO ZAGREBELSKY)[493].

Sobressai irrealidade que preside à experiência[494], a lógica demente.

Os tenebrosos matadouros humanos são o *"inferno organizado"*, no sentido mais literal[495]: a vida é minuciosamente e sistematicamente organizada em vista dos maiores tormentos possíveis. As referências morais desaparecem. O medo é companhia omnipresente[496]. Não existe o homem, mas o número.

Segundo MARIA LEONOR ASSUNÇÃO, o conceito de homem na sua irredutível humanidade, cede passo à ideia de raça e às exigências da sua conservação extrapoladas dos processos naturais de selecção das espécies.

O homem é apenas corpo, veículo enigmático, *"fatalidade biológica"*. No campo de extermínio, a vida não possui valor em si mesma.

LORD WRIGHT, Presidente da Comissão das Nações Unidas para os

---

[492] HANNAH ARENDT, *Compreensão*, pg. 28.

[493] GUSTAVO ZAGREBELSKY, *Il diritto mite*, Eunaudi, Turim, 1992, pg. 142.

[494] HANNAH ARENDT, *Compreensão...*, pgs. 157-158.

[495] HANNAH ARENDT, *Les Origines du totalitarisme*, pg. 983.

[496] MARCEL RUBY, *O Livro da Deportação...*, pg. 410.

crimes de guerra, considera que foi um retrocesso civilizacional, uma reminiscência do tempo da barbárie[497].

3.7.1 Na perspectiva de MICHEL FOUCAULT, o extermínio nazi articula-se não só com um sentido bio-político, mas também como mecanismo anátomo-político, como forma de regular o tipo, as formas e os ritmos dos movimentos de cada corpo, findando com a apropriação autónoma do corpo pelo sujeito.

Impressiona o absurdo ideológico, o aspecto mecânico da execução e o programa minucioso, o cientificismo utilizado[498].

Os campos de concentração totalitários aumentam em número à medida que a oposição política diminuía (os campos de concentração não são invenção dos movimentos totalitários[499]).

Os campos nazis são *"a sociedade mais **totalitária** jamais realizada"*[500], o ideal social exemplar da dominação total em geral[501]; a mais central e importante instituição do poder de organização totalitária[502] (é de salientar a insistência nos segredo da existência de centros de extermínio e do uso de câmaras de gás, segredos rigorosamente guardados).

3.8 Na perspectiva de HANNAH ARENDT, o genocídio foi praticado com **ausência de necessidade militar**. Pelo contrário, sabia-se que, em período crítico de mão-de-obra, se eliminava uma parte considerável de trabalhadores. As outras medidas contra os judeus podiam ter algum sentido e beneficiavam de uma maneira ou de outra os seus autores; as câmaras de gás não beneficiavam ninguém[503].

As deportações, durante um período de penúria aguda de comboios, o estabelecimento de fábricas dispendiosas, o recurso a mão-de-obra, em detrimento do esforço bélico, o efeito desmoralizador de tais medidas sobre as tropas alemãs, bem como sobre as populações dos territórios ocupados – tudo isso intervinha de maneira desastrosa na condução da guerra na frente de Leste[504].

---

[497] *Apud* MARIA LEONOR ASSUNÇÃO, *Apontamento*..., pg. 87.

[498] As SS sofreram também uma restrição, tendo de se limitar a uma quota determinada de morte (HANNAH ARENDT, *Compreensão*..., pg. 154).

[499] HANNAH ARENDT, *Les Origines du totalitarisme*, pg. 786.

[500] DAVID ROUSSET *apud* HANNAH ARENDT, *Les Origines du totalitarisme*, pg. 783.

[501] HANNAH ARENDT, *Les Origines du totalitarisme*, pg. 783.

[502] HANNAH ARENDT, *Les Origines du totalitarisme*, pgs. 785, 787.

[503] HANNAH ARENDT, *Compreensão*..., pg. 151.

[504] HANNAH ARENDT, *Compreensão*..., pg. 151.

Exemplos de Genocídio

O gabinete de Himmler emitia sem parar directivas fazendo saber aos comandos militares e aos responsáveis da hierarquia nazi que nenhuma consideração económica ou militar devia entravar o programa de extermínio[505] (extermínio de seres humanos que, para todos os fins úteis, já são "mortos").

3.9 Auschwitz é um evento bivalente – mostra em que é que não se deveria ter acontecido, segundo o que representamos de ser, mas mostra que aconteceu[506].

Auschwitz tem implicações nas concepções dos direitos fundamentais. Será que são possíveis os direitos, que são a coroação do valor do homem[507]?

Como explica Gustavo Zagrebelsky, qualquer grande concepção constitucional pressupõe de facto uma determinada «visão do homem» (o *"Menschenbild"*, referido pela dogmática jurídica alemã). Isto vale também para os direitos. Através da construção desta visão, qualquer ciência do direito constitucional entra em sintonia com as características espirituais gerais da sua época. Poder-se-á dizer que talvez a imagem do homem que a ciência constitucional faz sua seja o ponto de contacto mais determinante entre o direito em geral e o clima cultural[508].

O argumento irrefutável decisivo contra as visões acriticamente optimistas são as grandes tragédias de que o homem e apenas o homem com a sua livre vontade deu causa. Esta tragédia, no nosso século, compendia-se em Auschwitz.

Devemos ver a outra parte do ensinamento: o erro de querer fundar sobre uma acrítica ideia ética positiva do homem o reconhecimento dos direitos que constituem a armadura do próprio «domínio da sua vontade»[509]. A situação hodierna dos direitos humanos deve ser avaliada, enfim, no quadro de uma dúvida acerca do fundamento de todas as teorias acríticas dos direitos do homem, pelo menos daquelas em função dos direitos-vontade. Este é um ponto que qualquer teoria consciente das suas bases não se pode acantonar e deve ser considerada fora do apriorismo ideológico[510].

---

[505] *Apud* Hannah Arendt, *Compreensão*..., pg. 151.
[506] Gustavo Zagrebelsky, *Il diritto mite*, pg. 142.
[507] Gustavo Zagrebelsky, *Il diritto mite*, pg. 142.
[508] Gustavo Zagrebelsky, *Il diritto mite*, pg. 141.
[509] Gustavo Zagrebelsky, *Il diritto mite*, pg. 142.
[510] Gustavo Zagrebelsky, *Il diritto mite*, pg. 140.

356 Ivo Miguel Barroso

Em face de tudo o que ocorreu, não nos podemos fazer menos de desconfiados, não para negar os direitos, mas para procurar uma defesa em relação a aspectos mais agressivos. Em última análise, os princípios objectivos de justiça servem este escopo. Eles constringem a vontade exigente de realização, seja essa individual ou colectiva, a confrontar-se, a moderar-se, mesmo a ceder: em todo o caso para aceitar não ser a exclusiva força constitutiva do direito e de tornar-se essa mesma objecto de um possível juízo de validade[511].

3.10 Se são avançadas interrogações acerca da possibilidade para o homem se conservar a estima de si mesmo e assim é levantada a pergunta de se pode também crer na sua qualidade mais propriamente humana[512], será que Auschwitz colocará em causa a crença em Deus?

3.10.1 Numa primeira opinião, seria a de considerar "*morta a ideia de um Deus bom, omnipotente e ao menos parcialmente inteligível*", destruída a mesma ideia do homem e do seu valor. Colocar em discussão Deus não poderia deixar indemne o homem, e vice-versa, segundo o que impõem as palavras do Deus bíblico: «façamos o homem à nossa imagem e semelhança» (Génesis, 1: 26)[513].

3.10.2 Com o devido respeito, não concordamos (*vide, supra*, a referência ao pensamento de SCHELLING), dada a existência de livre arbítrio do homem.
Como refere o Eclesiástico, os pecados são do homem e não de Deus: "*Não digas: «Foi o Senhor que me fez pecar», / porque Ele não faz aquilo que detesta. / Não digas: «Foi Ele quem me seduziu», / porque Ele não necessita dos pecadores. / O Senhor aborrece toda a abominação, / e os que o temem não se entregam a tais coisas. / Desde o princípio, Ele criou o homem, / e entregou-o ao seu próprio juízo. / Se quiseres, observarás os mandamentos; / ser-lhes fiel será questão da tua boa vontade. / / Ele pôs diante de ti o fogo e a água; / estende a mão para o que quiseres./ / Diante do homem estão a vida e a morte; / o que ele escolher, isso lhe será dado, / pois é grande a sabedoria do Senhor. / Ele é forte e poderoso e vê todas as coisas. / Os olhos do Senhor estão sobre os que o temem, / / Ele conhece as acções de cada homem. / A ninguém Ele deu ordem para fazer o mal, / e a ninguém deu permissão de pecar*" (Eclesiástico, 15: 11-20).

---

[511] GUSTAVO ZAGREBELSKY, *Il diritto mite*, pg. 143.
[512] GUSTAVO ZAGREBELSKY, *Il diritto mite*, pg. 142.
[513] GUSTAVO ZAGREBELSKY, *Il diritto mite*, pg. 142.

3.11 Devemos também lembrar o silêncio daqueles que viveram, mas não falaram[514].

"Senti-me mais perto dos mortos que dos vivos, senti-me culpado por ser um homem, porque os homens haviam construído Auschwitz e Auschwitz engoliu milhões de seres humanos." (PRIMO LEVI).

3.11.1 A escritora NELLY SACHS[515] descreve em vários poemas o sentimento dos sobreviventes. O poema *"Oh as chaminés"*, com epígrafe do livro de JOB[516], refere:

"OH AS CHAMINÉS / Sobre as moradas da morte engenhosamente inventadas, / Quando o corpo de Israel desfeito em fumo partiu / Pelo ar – / / Como limpa-chaminés uma estrela o recebeu / Que se fez negra / Ou era um raio de sol? // Oh as chaminés! / Vias da liberdade para o pó de Jeremias e de Job – / Quem vos inventou e compôs pedra sobre pedra / De fumo o caminho dos fugitivos? // Oh as moradas da morte, / De arranjo convidativo / Para o hospedeiro, outrora hóspede – / Ó dedos, / Pondo a soleira de entrada / Como uma faca entre vida e morte – // Ó vós chaminés, / Ó vós dedos, / E o corpo de Israel em fumo pelo ar!"[517].

No poema *"Números"*, NELLY SACHS escreve:

"QUANDO AS VOSSAS FORMAS se afundaram em cinza / nos mares da noite, / onde a Eternidade pra as marés / lança vida e morte – // ergueram-se números – / (marcados a fogo outrora nos braços / pra que ninguém fugisse ao martírio) // ergueram-se meteoros de números, / gritados pra os espaços / em que anos-luz como setas se estendem / e os planetas / nascem das matérias / mágicas da dor – // números – com as suas raízes / extraídas de cérebros assassinos / e já calculados / na órbita de veias azuis / da revolução celeste"[518].

4) Genocídio no Ruanda

O genocídio do Ruanda em 1994 resulta longinquamente de um conflito de décadas entre duas tribos principais: os Hutus e os Tutsis[519].

---

[514] CLENDINNEN, *Um Olhar...*, pg. 42.

[515] NELLY SACHS viria a ganhar o Prémio Nobel.

[516] *"E quando esta minha pelo estiver desfeita, / eu verei Deus sem a minha carne."* (Job).

[517] In *Poemas de Nelly Sachs*, Antologia, versão portuguesa e tradução de PAULO QUINTELA, Portugália, Lisboa, 1967, pg. 6.

[518] *Poemas de Nelly Sachs*, pg. 64.

[519] V. JACK DAVID ELLEN, *Rwanda and Burundi: When Two Tribes Go to War* in

358 Ivo Miguel Barroso

Os casos analisados pelo TCIR consistem em conspirações múltiplas e sucessivas, envolvendo os poderes estaduais e locais[520], em numerosas reuniões entre eles, ou com outros, em que instigaram, prepararam e organizaram o genocídio[521].

O Partido MRND (*Mouvement Républicain National pour la Démocratie et le Développement*) foi fundado pelo Presidente HABYARIMANA, em 1975.

Desde 1990, HABYARIMANA e vários dos seus associados delinearam uma estratégia de incitamento e de medo contra a minoria Tutsi, como um meio de reconstruir a solidariedade entre os Hutu e manterem-se no poder. Os componentes do plano consistiam nas seguintes actividades:

– a difusão de mensagens que incitavam à violência;
– o treino e distribuição de armas a milícias;
– a preparação das listas de pessoas para serem eliminadas.

Em 1992, numa reunião, BAJOSORA instruiu "*staffes*" de Generais para estabelecer listas de pessoas identificadas como os "*inimigos e os seus cúmplices*". O G-2 (Serviços Secretos do Ruanda) estabeleceram as listas de pessoas, sob a supervisão de ANATOLE NSENGIYUMVA. As listas eram actualizadas regularmente.

From culture to ethnicity to Conflict, The University of Michigan Press, Michigan, 1999; LAURENT / LYDIE ELLA MEYE ZANG, *Conflits intraétatiques et Génocide. Défaillances de l'État et du Système International au Rwanda* in *Génocide(s)*, dir. de Katia Boustany / Daniel Dormoy, Bruylant, Bruxelles, 1999, pgs. 466 ss..

As acusações, bem como os acórdãos proferidos pelo TCIR, contêm uma descrição dos acontecimentos. Consultámos os seguintes casos, no *site* do TCIR: AKAYESU (...English/ /cases/ Akayesu/judgement/ak81002e.html), BAGAMBIKI, BAGILISHEMA (...English/cases/ /Baglishema/judgement/3.htm), BAGOSORA, BARAYAGWIZA, BICAMUMPAKA, BIKINDI, BIZIMUNGU, GA-CUMSITSI, IMANISHIMMWE, KABILIGI, KAJELIJELLI, KAMBANDA, KAMUHANDA, KANYABASHI, KAREMERA, KARERA, KAYISEHEMA, MPAMBARA, MUGENZI, MUHIMANA, MUSABYIMANA, MUSEMA, NAHIMANA, NDAYAMBAJE, NDINDABAHIZI, NDINDILIYIMANA, NGEZE, NGIRUM-PTATSE, NIYITEGEKA, NSABIMANA, NSENGIYUMVA, NSHAMIHIGO, NTABAMUKE, NTAGERURA, NTAHOBALI, NTAKIRUTIMANA (G.), NTAKIRUTIMANA (E.), NZABIRINDA, NZIRORERA, RUGGIU (...English/cases/Ruggiu/judgement/rug 010600.htm), RUKUNDO, RUTAGANDA (...cases/ Rutaganda/judgement/2.htm), RUTAGANIRA, RUZINDANA, RWAMAKUBA, SAGAHUTU, SEMANZA, SEROMBA, SERUSHAGO (...cases/Serushago/judgement/os1.htm), SIKUBWABO, ZIGIRANYIRAZO.

[520] V. a sentença KAMBANDA, do TCIR, pg. 11.

[521] V. sentença INANISHIMWE do TCIR, pg. 4 (fonte: *site* da Internet www.ictr.org/ English/cases/).

A maioria dos partidos políticos criara uma juventude partidária. Os membros do MNDR eram conhecidos como *"Interhawe"*; os do CDR eram conhecidos como os *"Impuzamugambi"*.

Numerosos jovens do MRND receberam treino militar e armas, transformando-se de um movimento de jovens em milícias. A razão da criação desta milícia era a de a usar no momento adequado para executar o plano do MRND de exterminar os Tutsis.

Em 21 de Setembro de 1992, um excerto de um comunicado à imprensa revelou uma lista de nomes descritos como inimigos e como traidores da nação, caracterizando os Tutsis como inimigo e dos membros da posição com seus cúmplices.

Em 1993, foi criada uma companhia – a RTLM S.A. –, fazendo funcionar uma estação de rádio. Esta estação começou a transmitir em 8 de Julho de 1993.

A RTLM recebeu apoio logístico da Rádio Ruanda, bem como do Presidente Habyarimana, sendo a estação ligada ao Gabinete do Presi-dente, possibilitando que, no caso de perda de poder, a operação continuasse[522].

Até Abril de 1994, esta Rádio transmitiu mensagens, incentivando a eliminar todos os Tutsis, os Hutus moderados, os nacionais belgas; emitiu frases como: *"go work"*, *"go clean"*, *"to each his own Belgian"*, *"the graves are not yet full"*, *"the revolution of 1959 is not over and it must be carried through to its conclusion"*[523].

Entre Julho de 1993 e Abril de 1994, as difusões da RTLM ecoaram, descrevendo os Tutsis, utilizando expressões de desprezo: *"inimigos"*, *"traidores"* que mereciam morrer.

Para alcançar o objectivo de eliminar o inimigo, desde 1993 (e mesmo antes), os chefes do MRND, em colaboração com outros oficiais da FAR, decidiram fornecer treino militar aos membros mais devotados à causa extremista – os grupos de milícias.

O clímax foi atingido com o genocídio de 1994, com os massacres.

Aliada ao incitamento de violência étnica e de exterminação dos Tutsis e dos seus *"cúmplices"*, esteve a organização e o treino das juventudes partidárias dos partidos políticos, particularmente o *Interahamwe*, na preparação e na difusão de listas de pessoas a serem eliminadas, na distribuição de armas a civis: por todo o país.

---

[522] TCIR, caso Barayagwiza, pg. 19 (fonte: *site* da Internet www.ictr.org/English/cases/).

[523] TCIR, caso Barayagwiza, pg. 19.

360   *Ivo Miguel Barroso*

Entre 8 e 13 de Abril, foi constituído um novo Governo. Logo de início, ninguém incluiu Tutsis nas conversações. JEAN KAMBANDA era o Primeiro-Ministro do Governo Provisório.

A violência étnica e política dos inícios de 90 era caracterizada pelo uso de elementos da estratégia que atingiu a sua finalidade com o genocídio de Abril de 1994.

Executando o plano, organizaram e ordenaram os massacres perpetrados contra a população Tutsi e Hutus moderados; e, simultaneamente, auxiliaram e participaram neles[524-525].

ANEXO II
Genocídio

1. Origem contemporânea

O genocídio tem origens remotas.

A origem contemporânea é uma resposta do Direito aos crimes praticados durante a II Guerra Mundial (Declaração de St. James, de 13 de Janeiro de 1942, Declaração de Moscovo de 30 de Outubro de 1943, assinadas pelos representantes dos Governos dos Estados Aliados), pois, no dizer de NOVALIS, *"O direito acabará com a barbárie."*

---

[524] TCIR, caso BARAYAGWIZA, pg. 14.

[525] Outros casos conhecidos são os do Cambodja e o de Timor Leste:

i) *"Os Khmers Vermelhos governaram o Cambodja, anos durante os quais milhões de cambodjanos foram vítimas de crimes contra a humanidade, incluindo tortura e assassinatos políticos. Contudo esta solução deu azo a vários motivos de preocupação porque a lei do Cambodja está longe da lei e dos padrões internacionais."* *"Em Agosto de 2001, o rei do Cambodja promulgou uma lei aprovada pelo parlamento que permitia a apresentação de acções judiciais contra alguns dos ex-dirigentes do Governo do Estado Democrático da Kampuchea (Khmers Vermelhos) perante painéis mistos, compostos de juízes nacionais e internacionais."* (Amnistia Internacional, *Relatório 2002*, trad. portuguesa, Lisboa, pg. 34).

ii) Em Timor Leste, em 2001, *"Até ao final do ano, mais de 32 acusações formais, que incluíam acusações de crimes contra a humanidade, foram emitidos pela Unidade de Crimes Graves da UNTAET, responsável pela investigação e formulação de acusações em casos relativos à violência de 1999. (...) As audiências do primeiro caso de crimes contra a humanidade começaram em Julho. O julgamento, terminado em Dezembro, considerou culpados 10 réus que foram condenados a penas de prisão de até 33 anos e quatro meses."* (Amnistia Internacional, *Relatório 2002*, pg. 126).

Deve-se ao jurista polaco RAFAEL LEMKIN, conselheiro do Ministro da Guerra dos EUA, a invenção do termo *genocídio*, fenómeno até aí não criminalizado.

LEMKIN dotou de um conteúdo conceptual preciso genocídio, expondo a teoria do genocídio, política criminal do genocídio, no capítulo nono da obra *Axis Rule in Occupied Europe*:

Tratava-se de um novo crime, com uma distinta intenção criminal, distinto objecto, com uma distinta forma de comissão, com distintas consequências.

Na sua forma extensa, era definido como o «homicídio encaminhado à supressão de grupos humanos».

O hitlerismo visava a exterminação, sendo um crime contra a humanidade, um crime contra a pessoa humana.

"Genocídio" advém da palavra grega *"genos"* (raça, clã) e da palavra latina *"cide"*, assassínio (*"caedes"*, de matar).

É uma expressão preferível a *"desnacionalização"* – que não veicula a destruição biológica; pode ser confundida com privação de cidadania[526] –, a *"germanização"* e a *"italienização"*, que não veiculam aniquilação física e apenas aplicáveis em casos especiais de identificação do agressor.

2. Fontes

2.1. *Fontes internacionais*

2.1.1 Como origem dos crimes contra a humanidade, em geral, temos o Estatuto a al. c) do art. 6.º do Estatuto do Tribunal de Nuremberga[527], que enumera entre os *"crimes contra a humanidade"*:

"Os seguintes actos, ou qualquer um deles, são abrangidos pela jurisdição deste Tribunal e implicam uma responsabilidade individual:

(...)

"c) Crimes contra a humanidade, ou seja, o assassínio, extermínio, escravização, deportação e outros actos desumanos cometidos contra qualquer população civil antes ou durante a guerra, ou perseguições com

---

[526] RAPHAEL LEMKIN, *Genocide*, pg. 360.

[527] A criação do Tribunal Militar de Nuremberga foi prevista no Acordo de Londres, de 8 de Agosto de 1945, celebrado entre a França, o Reino Unido, a União Soviética e os Estados Unidos. Em anexo, constava o Estatuto do Tribunal de Nuremberga (Carta do Tribunal Militar anexa ao Acordo para a Acusação e Punição dos Principais Criminosos de Guerra do Eixo Europeu).

base em motivos políticos, raciais ou religiosos na prática ou em conexão com qualquer crime que caiba no âmbito de jurisdição deste Tribunal, violando ou não o Direito interno do país onde foi praticado".

Também em 1946, é criado o Tribunal Militar Internacional para o Extremo Oriente, que ficou conhecido como o Tribunal Militar Internacional de Tóquio. Este Estatuto adoptou praticamente a Carta do Tribunal de Nuremberga; o art. 5.º, n.º 1, al. c), daquele, segue o mencionado art. 6.º, al. c), desta.

A categoria foi objecto, desde 1945, de uma actividade legislativa importante, que permitiu a ampliação e a determinação do seu conteúdo.

2.1.2 A Convenção Internacional para a Prevenção e Punição do Genocídio, de 9 de Dezembro de 1948 (CPRCG)[528], aprovada após resolução da Assembleia Geral, de 1946, refere, no art. 1.º, que a criminalização do genocídio é um dever de incriminação para os Estados Contratantes[529]. O genocídio é, segundo o Direito Internacional, directamente punível e sujeito a perseguição de acordo com o princípio da universalidade[530].

A definição cristalizou-se nesta definição, mantendo-se intacta em instrumentos posteriores.

O artigo 2.º define o genocídio[531-532].

---

[528] A versão final da CPRCG foi adoptada por unanimidade pela Assembleia Geral das Nações Unidas e aberta à assinatura em 9 de Dezembro de 1948.

[529] *"As Partes Contratantes confirmam que o genocídio, seja cometido em tempo de paz ou em tempo de guerra, é um crime do direito dos povos, que desde já se comprometem a prevenir e a punir."*

[530] JESCHECK, *Evolução, estado actual e perspectivas futuras do Direito Penal Internacional* in *DJ*, vol. II, 1987-88, pg. 67.

[531] *"Na presente Convenção, estende-se por genocídio os actos abaixo indicados, cometidos com a intenção de destruir, no todo ou em parte, um grupo nacional, étnico racial ou religioso, tais como:*

a) Assassínio de membros do grupo;

b) Atentado grave à integridade física e mental de membros do grupo;

c) Submissão deliberada do grupo a condições de existência que acarretarão a sua destruição física, total ou parcial;

d) Medidas destinadas a impedir os nascimentos no seio do grupo;

e) Transferência forçada das crianças do grupo para outro grupo."

[532] Foram vários feitos estudos sobre o genocídio. Um deles foi realizado pela Subcomissão de Prevenção de Discriminações e Protecção das Minorias, foi aprovado pela Resolução n.º 1420 (XLVI), de 6 de Junho de 1969, do Conselho Económico e Social.

Genocídio 363

O genocídio acresce ao lastro iniciado com o Estatuto do Tribunal de Nuremberga, através da CPRCG, de 1948. Diferentemente dos crimes contra a humanidade enumerados na al. c) do art. 6.º do Estatuto do Tribunal de Nuremberga, que só eram punidos *"na sequência"* ou *"em ligação"* com crimes contra a paz e crimes de guerra, o crime de genocídio constitui uma infracção autónoma quer seja cometido em tempo de paz ou em tempo de guerra.

O texto convencional refere-se à prevenção e à sanção do genocídio como crime internacional do Estado, assim como a pena das pessoas que hajam cometido actos de genocídio ou que hajam participado neste nas formas determinadas.

2.1.3 O ETCJ[533-534-535] e o ETCR[536-537-538], consagradores das pri-

---

[533] O artigo 4.º (Genocídio) dispõe o seguinte:

"1. O Tribunal terá competência para julgar as pessoas que tenham cometido genocídio, tal como definido no n.º 2 do presente artigo, ou qualquer dos actos mencionados no n.º 3 do presente artigo.

2. Considera-se genocídio os actos a seguir referidos, cometidos com a intenção de destruir, no todo ou em parte, um grupo nacional, étnico racial ou religioso enquanto tal:

a) Homicídio de membros do grupo;

b) Atentado grave à integridade física e mental de membros do grupo;

c) Submissão deliberada do grupo a condições de existência que conduzam à sua destruição física, total ou parcial;

d) Imposição de medidas destinadas a impedir os nascimentos no seio do grupo;

e) Transferência forçada das crianças do grupo para outro grupo.".

[534] Sobre o genocídio bósnio, v. AA.VV., *El genocidio bosnio. Documentos para un análisis*, Los Libros de la Catarata, Madrid, 1997; ELISABETH BÄUMELIN-BILL, *Acusaciones de genocidio* in *El genocidio bosnio. Documentos para un análisis*, Los Libros de la Catarata, Madrid, 1997, pgs. 97-112; DONNES Y DONNES de Barcelona (grupo de mulheres da Bósnia-Herzegovina); *La violación como arma de limpieza étnica* in *El genocidio bosnio. Documentos para un análisis*, Los Libros de la Catarata, Madrid, 1997, pgs. 153--164; MARIA LUISA FERNÁNDEZ GÁLVEZ, *Propuesta de veredicto sobre la violencia sexual de las mujeres* in *El genocidio bosnio. Documentos para un análisis*, Los Libros de la Catarata, Madrid, 1997, pgs. 222-230; JUAN JOSÉ QUINTANA, *Les violations du droit international humanitaire et leur répression: le Tribunal Pénal International pour l'ex-Yougoslavie* in *RICR*, n.º 806, Mar.-Abr. de 1994, pgs. 247-263; PHILIPPE KOULISCHER, *La comunidad internacional y el genocidio de los musulmanes bosnios El genocidio bosnio. Documentos para un análisis*, Los Libros de la Catarata, Madrid, 1997, pgs. 27-39; FERNANDO PIGNATELLI Y MECA, *Los asuntos de Yugoslavia y Ruanda* in *Crímines contra la humanidad y genocidio*, XII Seminario «Duque de Ahumada», obra colectiva, Ministerio del Interior, Imprenta Nacional del Boletín Oficial del Estado, s.l., 2001, pgs. 69-116.

[535] Em 27 de Junho de 2001, o antigo presidente SLODOBAN MILOSEVIC foi posto

sob custódia do Tribunal Penal Internacional para a ex-Jugoslávia, o que marcou o primeiro passo para acabar com a impunidade de que gozavam as figuras políticas mais importantes, suspeitas de ser responsáveis pelas violações maciças da lei internacional durante o conflito na ex-Jugoslávia.

O ex-Presidente tinha sido acusado pelo TCIJ, em 24 de Maio, juntamente com outros quatro antigos responsáveis governamentais, de crimes contra a humanidade e de violação das leis de guerra, cometidos no Kosovo por forças que comandavam, cujos procedimentos apoiaram e incentivaram. SLODOBAN MILOSEVIC também foi acusado de graves violações das Convenções de Genebra e das leis de guerra na Croácia e na Bósnia-Herzegovina; as acusações referentes à Bósnia também incluem a de genocídio (fonte: Amnistia Internacional, *Relatório 2002*, pg. 34).

[536] Em ambos os casos, o Conselho de Segurança actuou ao abrigo do Capítulo VII da Carta das Nações Unidas (em caso de "*ameaça para a paz, ruptura da paz ou acto de agressão*", o Conselho de Segurança pode adoptar as medidas necessárias para manter ou restaurar a paz e a segurança internacionais). As decisões destes dois Tribunais vinculam directamente os Estados. Contudo, o Conselho de Segurança não dispõe de uma competência genérica para criar um Tribunal Internacional em matéria penal, segundo a opinião dominante. Apenas pode adoptar medidas como a criação dos aludidos tribunais "*ad hoc*", medida não especificada, perante situações concretas de conflito, para prosseguir os interesses de segurança (PEDRO CAEIRO, *Claros e escuros de um auto-retrato: breve anotação à Jurisprudência dos Tribunais Penais Internacionais para a antiga Jugoslávia e para o Ruanda sobre a própria legitimação* in *RPCC*, ano 12, n.° 4, Out.-Dez. de 2002, pg. 574).

Sobre os tribunais internacionais "*ad hoc*" para a antiga Jugoslávia e para o Ruanda, v. PAULA ESCARAMEIA, *Reflexões sobre Temas de Direito Internacional Público. Timor, a ONU e o Tribunal Penal Internacional*, Instituto Superior de Ciências Sociais e Políticas, Lisboa, 2001, pg. 257; ALICIA GIL GIL, *El Genocidio y Otros Crímines Internacionales*, Valencia, 1999, pgs. 45 ss.; FERNANDO PIGNATELLI Y MECA, *Los asuntos de Yugoslavia y Ruanda* in *Crímines contra la humanidad y genocidio*, XII Seminario «Duque de Ahumada», obra colectiva, Ministerio del Interior, Imprenta Nacional del Boletín Oficial del Estado, s.l., 2001, pgs. 69-116.

Sobre o interessante ponto de vista da legitimação dos Tribunais "*ad hoc*", v. PEDRO CAEIRO, *Claros e escuros de um auto-retrato...*, pgs. 573-601.

Especificamente sobre o TCIJ, v., entre nós, WLADIMIR BRITO, *Tribunais Penais Internacionais – Da Arbitragem aos Tribunais Internacionais* ad hoc, in *RMP*, ano 21, Jan.-Mar. de 2000, n.° 89, pgs. 38-52 (pgs. 25-55).

[537] No caso do Ruanda, este Estado, na altura, fazia parte do Conselho de Segurança e votou contra a resolução de criação do Tribunal. Especificamente sobre o TCIR, v. CECILE APTEL, *À propos du Tribunal pénal international pour le Rwanda* in *RICR*, n.° 827, Set.-Out. de 1997, pgs. 721-730; WLADIMIR BRITO, *Tribunais Penais Internacionais – Da*

Arbitragem aos Tribunais Internacionais ad hoc, in *RMP*, ano 21, Jan.-Mar. de 2000, n.º 89, pgs. 52-54.

Em 2001, os julgamentos dos principais suspeitos de genocídio continuaram no TCIR, em Arusha, na Tanzânia. 52 suspeitos foram detidos, aguardando julgamento, no final de 2001. Um foi absolvido e libertado em Junho. Sete julgamentos em curso, envolvendo 17 acusados, três dos quais tinham sido começado a ser julgados em 2000, ainda não tinham terminado no fim do ano 2001. Os tribunais de recurso do TCIR rejeitaram apelos de três prisioneiros em Junho. Um apelo estava presente no final do ano. Em Dezembro, seis pessoas condenadas por genocídio foram transferidas para o Mali para cumprirem as suas penas.

A Suíça, os Países Baixos, a Bélgica, o Senegal, o Mali, a Tanzânia e o Quénia prenderam 10 suspeitos e levaram sete deles a julgamento perante o TCIR. As autoridades italianas recusaram-se a implementar um mandato do TCIR, em Julho, no qual se pedia a detenção de um padre católico romano que alegadamente participara no genocídio, com base em que de acordo com a legislação italiana não havia bases legais para proceder à detenção.

Em Março, o Gabinete das Nações Unidas para os Serviços Internacionais de Supervisão apontou uma série de abusos, de entre eles, uma partilha monetária entre os advogados de defesa e os seus clientes. Em Maio, o Procurador Geral demitiu sete procuradores por *"incompetência profissional"*. Dois investigadores das equipas de defesa foram indiciados por crimes relacionados com o genocídio em Maio e Dezembro e os contratos de três foram terminados em Julho e Agosto, por suspeita de envolvimento no genocídio.

No início de 2001, o governo liderado pela Frente Patriótica Ruandesa (RPF) concordou em cooperar com as investigações do TCIR de crimes contra a humanidade alegadamente cometidos por membros da RPF em 1994 (fonte: Amnistia Internacional, *Relatório 2002*, 2002).

[538] Fora da competência do TCIR, no Ruanda, em 2001, *"(...) Pelo menos 120 pessoas foram condenadas à morte por crimes cometidos durante o genocídio de 1994, alguns após julgamentos injustos; nenhuma execução ocorreu. Estima-se que 110.000 pessoas continuaram detidas, 95% destas acusadas de terem tomado parte no genocídio de 1994. (...) O julgamento de suspeitos de genocídio continuou no Tribunal Criminal Internacional para o Ruanda (TCIR) na Tanzânia. (...)"* (fonte: Amnistia Internacional, *Relatório 2002*, pgs. 122-124).

Em relação aos julgamentos pelo crime de genocídio, aproximadamente 1300 pessoas foram julgadas durante o ano em ligação como o genocídio de 1994. No final de 2001, o Tribunal especializado criado em Agosto de 1996, tinha julgado menos de seis por cento das pessoas detidas por crimes relacionados com o genocídio. Em muitos casos, os

366   *Ivo Miguel Barroso*

meiras jurisdições penais internacionais de âmbito universal, igualmente positivam o crime de genocídio.

É de ter em conta ainda o recente Tribunal criado para julgar os crimes contra a Humanidade, na Serra Leoa[539].

2.1.4 No Estatuto de Roma[540-541-542-543-544], o acordo em relação à

---

julgamentos não obedeceram às normas internacionais de justiça. Pelo menos, 120 pessoas foram condenadas à morte. Não houve execuções judiciais.

A redução no número de julgamentos resultou em parte dos fundos escassos e da falta de independência judicial.

O Procurador Geral em Burare recusou a libertação de oito pessoas absolvias em Dezembro de 2000, incluindo ZACHARIE BANYANGIRIKI, um antigo parlamentar, baseando-se na ideia de que *"novos factos"* tinham aparecido. Não se tem conhecimento de que os oito prisioneiros tenham apresentado recurso aos tribunais. O Procurador Geral ignorou os protestos do Tribunal Distrital de Recurso e do Supremo Tribunal do Ruanda. ZACHARIE BANYANGIRIKI morreu na prisão em Novembro. Os outros sete detidos permaneciam ainda na prisão no final do ano.

[539] Em Novembro de 2000, voltou a ser estabelecido um tribunal internacional *"ad hoc"*, para a Serra Leoa, proposto pelo Secretário-Geral da ONU, um pouco diverso dos anteriores, devido a basear-se numa legislação mista, em parte nacional e em parte internacional, e devido à composição, também mista. Os juízes e os funcionários forenses foram cidadãos de Serra Leoa e de outros países; a lei a aplicar incluiu a legislação internacional e a da Serra Leoa (o carácter do modelo misto do tribunal foi o sugerido também para os casos do Cambodja; o referido carácter é análogo ao dos casos do Kosovo e de Timor Leste) (Amnistia Internacional, *Relatório 2002*, pg. 34).

[540] Após terem fracassado os Comités da Assembleia Geral para a elaboração de um Estatuto, em 1951 e 1953, houve uma tentativa, sem sucesso, da ideia de um Tribunal Penal Internacional, aquando da adopção da *"Convenção sobre Supressão e Punição do Crime de Apartheid"*, de 1973.

Em 1989, Trindade e Tobago, no âmbito da Assembleia Geral da ONU, relançou o processo de criação do Tribunal Penal Internacional. A 6.ª Comissão solicitou à Comissão de Direito Internacional a elaboração de um projecto de estatuto de um Tribunal Penal Internacional.

Para discutir o projecto, foi criado um Comité *"Ad Hoc"* que, em 1995, foi substituído por um Comité Preparatório da Conferência dos Plenipotenciários.

Entre 1994 e 1998, a Comunidade internacional elaborou um Estatuto que é, em termos substantivos, um Código Penal e o Estatuto de um Tribunal (PAULA ESCARAMEIA, *Reflexões sobre Temas...*, pgs. 258, 268).

Em 17 de Julho de 1998, por 120 votos a favor, 21 abstenções e 7 votos contra, foi adoptado o Estatuto do Tribunal Criminal Internacional, em Roma, no encerramento da *"Conferência Diplomática de Plenipotenciários das Nações Unidas para a Criação de um Tribunal Criminal Internacional"*.

"Foi o culminar de muitos anos de preparação na Comissão de Direito Interna-

cional (CDI) e na 6.ª Comissão da Assembleia Geral (Comissão Jurídica)" (PAULA ESCA-RAMEIA, *Reflexões sobre Temas...,* pg. 256).

Portugal assinou o Estatuto em 7 de Outubro de 1998 (esta convenção internacional é, pois, cojecto de uma recepção condicionada nos termos do n.º 2 do art. 8.º da Constituição) (cfr. também o n.º 7 do art. 7.º da Constituição, após a 5.ª revisão constitucional).

A Resolução da Assembleia da República n.º 3/2002 aprova, para ratificação, o Estatuto de Roma do Tribunal Penal Internacional, aberto à assinatura dos Estados em Roma, em 17 de Julho de 1998, cuja versão autêntica em língua inglesa e tradução em língua portuguesa seguem em anexo (art. 1.º). O artigo 2.º preceitua uma declaração interpretativa, que refere o seguinte:

"1 – Portugal manifesta a sua intenção de exercer o poder de jurisdição sobre pessoas encontradas em território nacional indiciadas pelos crimes previstos no n.º 1 do artigo 5.º do Estatuto, com observância da sua tradição penal, de acordo com as suas regras constitucionais e demais legislação penal interna.

2 – Portugal declara, nos termos e para os efeitos do n.º 2 do artigo 87.º do Estatuto, que os pedidos de cooperação e os documentos comprovativos que os instruam devem ser redigidos em língua portuguesa ou acompanhados de uma tradução nesta língua.".

[541] Sobre o Tribunal Penal Internacional, na Doutrina portuguesa, v. MARIA LEONOR MACHADO ESTEVES DE CAMPOS E ASSUNÇÃO, *O Tribunal Penal Internacional Permanente e o Mito de Sísifo* in *RPCC,* ano 8, fasc. 1.º, Jan.-Mar. de 1998, pgs. 27-36; ID, *De como o Estatuto do Tribunal Internacional certifica um novo Modelo de Direito Penal –* in *Timor e o Direito. Intervenções nas mesas-redondas de 8, 9, 10, 11 e 12 de Novembro de 1999 realizadas na faculdade de Direito da Universidade de Lisboa,* org. de JORGE MIRANDA, AAFDL, 2000, pgs. 175-188; WLADIMIR BRITO, *Tribunal Penal Internacional: Uma Garantia Jurisdicional para a Protecção dos Direitos da Pessoa* in *BFDUC,* vol. LXXVI, 2000, pgs. 81-128; PEDRO CAEIRO, " *"Ut Puras Servaret Manus". Alegações contra a assunção, pelo Estado Português da obrigação de entrega ao Tribunal Penal Internacional de um cidadão que possa ter de cumprir uma pena de prisão perpétua"* in *RPCC,* ano 11, fasc. 1.º, Jan.-Mar. de 2001, Coimbra Ed., pgs. 39-65; MAFALDA CARMONA, *Conflitos armados não internacionais – em especial, o problema dos crimes de guerra* in *RFDUL,* vol. XLII, n.º 1, 2001, pgs. 463-465 (pgs. 361-477); PAULA ESCARAMEIA, *Quando o mundo das soberanias se transforma no mundo das pessoas: o Estatuto do Tribunal Penal Internacional e as Constituições nacionais* in *Thémis,* ano II, n.º 3, 2001, pgs. 143--182; *ID., Reflexões sobre Temas de Direito Internacional Público. Timor, a ONU e o Tribunal Penal Internacional,* Instituto Superior de Ciências Sociais e Políticas, Lisboa, 2001, pgs. 255-296; JORGE BACELAR GOUVEIA, *Reflexões sobre a 5.ª revisão da Constituição portuguesa* in *Nos Vinte e Cinco Anos da Constituição da República Portuguesa,* AAFDL, 2001, pgs. 634-640 (= in *Constituição da República Portuguesa e Legislação Complementar. Actualizada com a 5.ª lei de revisão,* JORGE BACELAR GOUVEIA, Âncora, Lisboa, 2001); AUGUSTO MEIREIS, *O Tribunal Penal Internacional* in *Lusíada,* 1998, n.º 2,

pgs. 313-325; João Manuel da Silva Miguel, *O Tribunal Penal Internacional: o após Roma e as consequências da ratificação* in *RMP*, ano 22, Abr.-Jun. de 2001, n.º 86, pgs. 27-42; Jorge Miranda, *Curso de Direito Internacional Público*, Principia, Cascais, 2002, pgs. 325-329; Maria Fernanda Palma, *Timor: um problema de direito internacional penal* in *RMP*, ano 21, Jan.-Mar. de 2000, n.º 81, pgs. 21-22 (pgs. 11-24); ID., *Tribunal Penal Internacional e Constituição Penal* in *RPCC*, ano 11, fasc. 1.º, Jan.-Mar. de 2001, Coimbra Ed., pgs. 7-38 (*ID., Tribunal Penal Internacional e Constituição Penal* in *Casos e Materiais de Direito Penal* (Maria Fernanda Palma *et al.*), 2.ª ed., Almedina, Coimbra, 2002, pgs. 261-288); Ana Luísa Riquito, *"Do Pirata ao General: Velhos e Novos Hostes Humani Generis (Do Princípio da Jurisdição Universal, em Direito Internacional Penal)"*, in *BFDUC*, vol. LXXVI, 2000, *max.* pgs. 554-566 (pgs. 519-573); Almiro Rodrigues, *A Justiça Penal Internacional na Transição de Séculos* in *Lusíada*, II série, n.º 1, Jan.-Jun. de 2003, pgs. 40-45, 67 ss. (pgs. 33-72); Anabela Miranda Rodrigues, *O Tribunal Penal Internacional e a prisão perpétua – que futuro?* in *DJ*, vol. XV, t. 1, 2001, pgs. 11-20.

[542] O art. 9.º do ER remete para futuro acordo por maioria qualificada a definição dos elementos constitutivos dos crimes.

A preparação deste documento levanta uma série de dúvidas e reticências, que relevavam de um conjunto de considerações:

Argumentos contra a feitura de tal documento eram os seguintes:

– O documento seria desnecessário, por, não havendo nos tribunais *ad hoc* para a ex-Jugoslávia e para o Ruanda, tal não ter impedido o seu funcionamento.

– A feitura de tal documento poderia atrasar a entrada em funcionamento do tribunal; poder-se-ia ainda desvirtuar o sentido dos artigos do Estatuto relativos a tais crimes.

– O Tribunal poderia alcançar soluções mais justas e adequadas aos casos concretos se os juízes se pudessem mover numa quadro normativo menos apertado, com recurso à sua experiência.

A favor do documento, argumentou-se outras razões:

– O documento acrescenta uma maior rigor na definição dos tipos penais, o que se traduz numa melhor e mais exigente concretização do princípio *"nullum crimen sine lege"*.

– Segundo Maria Fernanda Palma, a definição de elementos deve ser interpretada como uma explicitação do acordo quanto aos critérios de responsabilidade previstos em geral no direito internacional penal e que, em parte, o Estatuto prevê nos artigos 22.º a 33.º. A definição de elementos deve obedecer aos critérios estabelecidos para a lei aplicável (art. 21.º, n.º 1, al. c), do Estatuto), isto é, estar de acordo com os princípios gerais derivados das leis nacionais ou sistemas legais do mundo.

– O documento pode ainda fornecer uma base de apoio mais sólida ou, pelo menos,

Genocídio 369

mais transparente, às decisões do tribunal, e contribuir para que os juízes fiquem menos expostos a críticas relativamente às suas opções.

– A elaboração do documento pode originar uma maior reflexão e uma mais intensa investigação acerca dos aspectos essenciais do Estatuto.

543 Correlativamente às consequências da ratificação do Estatuto e da articulação com o ordenamento jurídico português, com a previsão de crimes no Código Penal, proceder-se-ia à integração no direito interno de normas e de princípios de direito internacional de carácter humanitário, muitas vezes decorrentes directamente de convenções internacionais regularmente ratificadas.

Como nota JOÃO MANUEL DA SILVA MIGUEL, o ordenamento jurídico português não fica indiferente à ratificação do Estatuto.

Em duas situações o Estatuto parece dirigir recomendações:

– No art. 70.º, n.º 4, al. a), preceitua-se que *"cada Estado parte tornará extensivas as normas penais de direito interno que punem as infracções contra a realização da justiça"* às infracções contra a administração da justiça a que se refere esse preceito, cometidas no seu território ou por um dos seus nacionais.

– No que respeita à cooperação judiciária, o Estatuto preceitua no artigo 83.º que os Estado Partes deverão assegurar-se de que o seu direito interno prevê procedimentos que permitam responder a todas as formas de cooperação internacional.

Noutras situações, embora o Estatuto não o refira expressamente, há necessidade de intervenções legislativas compatibilizadoras (JOÃO MANUEL DA SILVA MIGUEL):

Atendendo ao princípio da complementaridade e, por outro lado, à atribuição de poderes ao Tribunal para apreciar a sua própria competência, rejeitando a competência própria dos Estados que não têm vontade ou capacidade de instaurar inquérito ou de proceder criminalmente por crimes relevando da competência do Tribunal, há necessidade de conformidade do direito positivo português com as normas do Estatuto:

Nos modelos seguidos internacionalmente, existem três vias possíveis:

1. Produção de norma legislativa que, por mera remissão para o Estatuto, integraria no direito interno as previsões típicas nele previstas;

2. Produção de norma interna, reproduzindo ou seguindo de muito perto as normas do Estatuto. A vantagem desta solução é a certeza jurídica;

3. Reprodução das normas do Estatuto em adequada harmonização com outras obrigações assumidas noutros instrumentos de direito internacional. A vantagem desta solução é a "economia de esforços", pelo tratamento num único documento de diversas vinculações.

Nos termos do n.º 2 do art. 8.º da Constituição, a recepção do Direito Internacional Convencional é automática.

Segundo JOÃO MANUEL DA SILVA MIGUEL, existe ainda outra perspectiva:

Na análise comparativa entre os tipos penais em apreço, dever-se-á surpreender, na

inclusão do crime de genocídio foi praticamente pacífica, *relativamente simples*, foi tendo sido praticamente transcrita a definição constante da Convenção sobre a Prevenção e Punição do Crime de Genocídio, de 1948. Como refere ANDREAS ZIMMERMAN, foi o crime menos problemático de ser incluído no art. 5.°, definido no art. 6.°[545], o que demonstra um consenso generalizado em torno da incriminação de genocídio[546].

---

sua essencialidade, quais os bens jurídicos protegidos e qual a forma de compatibilizar o Código Penal com o Estatuto. A compatibilidade não se pretende como um fim em si mesma, mas como um meio para que quaisquer factos que, sendo normalmente da competência das jurisdições portuguesas, não viessem a ser por estas conhecidos por falta de norma incriminadora e viessem a ser apreciados pelo Tribunal, agindo em nome do princípio da complementaridade (JOÃO MANUEL SILVA MIGUEL, *O Tribunal Penal Internacional...*, pg. 38).

[544] Um problema concreto foi colocado em relação à medida da pena, pois, nos termos do art. 77.° do ER, a prisão perpétua é admissível "*se o elevado grau da ilicitude do facto e as condições pessoais do condenado o justificarem*"; sendo, todavia, revisível, analogamente ao sistema alemão. O art. 120.° proíbe a formulação de reservas.

A admissibilidade constitucional desta opção jusinternacional foi admitida, entre nós, por MARIA FERNANDA PALMA, por JOSÉ SOUTO DE MOURA e por PAULA ESCARAMEIA, com vários argumentos. Diversamente, ANABELA MIRANDA RODRIGUES, JORGE BACELAR GOUVEIA e PEDRO CAEIRO opinaram contra.

A revisão constitucional extraordinária de 2001 recebeu a jurisdição do Tribunal Penal Internacional, a fim de permitir a ratificação por Portugal, que ocorreu, sendo publicada em Janeiro de 2002 (*Diário da República*, I-A, n.° 15, 18 de Janeiro de 2002).

[545] O artigo 6.°, sob epígrafe "*Crime de genocídio*", refere:

"*Para os efeitos do presente Estatuto, entende-se por «genocídio» qualquer um dos actos que a seguir se enumeram, praticado com intenção de destruir, no todo ou em parte, um grupo nacional, étnico, rácico ou religioso, enquanto tal:*

a) Homicídio de membros do grupo;

b) Ofensas graves à integridade física ou mental de membros do grupo;

c) Sujeição do grupo a condições de vida pensadas para provocar a sua destruição física, total ou parcial;

d) Imposição de medidas destinadas a impedir nascimentos no seio do grupo;

e) Transferência, à força, de crianças do grupo para outro grupo.".

[546] O artigo 5.°, sob epígrafe "*Crimes da competência do Tribunal*", preceitua:

"*1. A competência do Tribunal restringir-se-á aos crimes mais graves, que afectam a comunidade internacional no seu conjunto. Nos termos do presente Estatuto, o Tribunal terá competência para julgar os seguintes crimes:*

a) O crime de genocídio;

(...)".

2.2. Fontes nacionais

Após a evolução histórica da consagração do genocídio até à redacção originária do Código Penal de 1982[547], a Reforma de 1995 modificou o preceito[548], configurando a redacção actual:

[547] O art. 347.° do Projecto de EDUARDO CORREIA, sob epígrafe "*Incitação ao ódio*", referia:

"*Quem, por maneira idónea, perturbar a paz pública ou ofender a dignidade humana alheia, incitando ao ódio ou a medidas de violência ou arbitrárias contra uma parte da população, injuriando-a, difamando-a gravemente ou fazendo-a por maldade objecto de desprezo ou de segregação, será punido com prisão de três meses a três anos.*"

Na 19.ª sessão da Comissão Revisora do Código Penal (*Actas.... Parte Especial*, pgs. 339-340), segundo EDUARDO CORREIA, "*prevê-se a punição da incitação ao ódio contida por forma idónea a perturbar a paz pública ou a ofender a dignidade humana alheia. Este crime – louvor nos seja! – não é muito frequente entre nós, ao contrário de muitos outros países onde, num passado próximo ou ainda hoje, a qualidade de judeu ou de preto pode ser suficiente para expor um homem ou um grupo à cólera e ao ódio da população. Aliás esta é mais uma razão para que este tipo de crime fique previsto. Valerá como consagração jurídico-criminal das concepções integracionistas.*" (*Actas.... Parte Especial*, pg. 340).

FIGUEIREDO DIAS sugeriu que a cláusula de idoneidade se referisse exclusivamente à perturbação da paz pública; o tipo de crime seria concebido, quanto à ofensa da dignidade humana, como crime de resultado.

EDUARDO CORREIA considerou que o tipo de crime se deveria manter como crime de perigo em toda a sua extensão; devendo considerar-se igualmente dignos de punição os casos em que, apesar de não ter havido ofensa da dignidade humana alheia, a conduta foi, no entanto, idónea para criar esta ofensa (*Actas.... Parte Especial*, pg. 340).

O tipo de crime não tinha, pois, correspondente no Projecto de EDUARDO CORREIA (Projecto da Parte Especial do Código Penal de 1966). Contudo, constava da Proposta de Lei n.° 221/I, tendo desembocado, como consagração legislativa, no art. 189.° do Código Penal de 1982.

A redacção originária do artigo 189.° (Genocídio e discriminação racial) do Código Penal de 1982 referia:

"*1. Quem, com intenção de destruir, no todo ou em parte uma comunidade ou um grupo nacional, étnico, racial, religioso ou social, praticar alguns dos actos seguintes:*

a) Homicídio de membros da comunidade ou do grupo;

b) Ofensa grave à integridade física ou psíquica de membros da comunidade ou do grupo;

c) Sujeição da comunidade ou do grupo a condições da existência ou a tratamentos desumanos, susceptíveis de virem a provocar a destruição da comunidade ou do grupo;

Art. 239.º
(Genocídio)

"*1 – Quem, com intenção de destruir, no todo ou em parte, grupo nacional, étnico, racial ou religioso, como tal, praticar:*
a) Homicídio de membros do grupo;
b) Ofensa à integridade física grave de membros do grupo;
c) Sujeição do grupo a condições de existência ou a tratamentos cruéis, degradantes ou desumanos, susceptíveis de virem a provocar a sua destruição, total ou parcial;
d) Transferência por meios violentos de crianças do grupo para outro grupo; ou
e) Impedimento da procriação ou dos nascimentos do grupo".

---

d) Transferência violenta de crianças para outra comunidade ou outro grupo; será punido com prisão de 10 a 25 anos.
(...)".

[548] No início da análise do Título relativo aos crimes contra a paz e a humanidade, o Professor FIGUEIREDO DIAS justificou, com breves palavras, a razão da Reforma:

"*O Projecto que se apresenta é muito próximo do Anteprojecto de 1987 e nesse sentido é pouco inovador.*

Os crimes em apreço são basicamente de origem convencional e as alterações têm também subjacente essa matriz fundamental.

Reserva importante deve fazer-se, no entanto, neste domínio: as convenções internacionais não obrigam o Estado português a transmutá-las em direito interno, mas sim, o que é muito diferente, a punir de forma adequada os crimes a que elas aludem.

É neste contexto que o presente projecto foi elaborado.

(...)

18. Genocídio

Quem, com, intenção de destruir, no todo ou em parte, determinado grupo nacional, étnico, racial, religioso (ou social), praticar alguns dos actos seguintes:

a) Homicídio de membros do grupo;
b) Ofensa à integridade física grave de membros do grupo;
c) Sujeição do grupo a condições de violência ou a tratamentos cruéis, degradantes ou desumanos, susceptíveis de virem a provocar a sua destruição, total ou parcial;
d) Transferência por meios violentos de crianças do grupo para outro grupo; ou
e) Impedimento da procriação ou dos nascimentos do grupo,
será punido com pena de prisão de 10 a 25 anos."

O projecto segue o Anteprojecto de 1987, onde se aditava a alínea e).

2.3. Comparação entre as fontes

Comparando as tipificações, temos o seguinte quadro:

	CÓDIGO PENAL	ESTATUTO DE ROMA	OUTRAS FONTES
Inserção sistemática	Capítulo II (Dos Crimes contra a Humanidade) do título III (Dos Crimes contra a Paz e a Humanidade)	Capítulo II (Competência, admissibilidade e Direito aplicável) (os *"Crimes contra a Humanidade"* são autonomizados no art. 7.º)	Inclusão do tipo de crime entre outras disposições reguladoras, nomeadamente a CPRCG
Preceitos	Art. 239.º – Genocídio	Art. 6.º (e art. 5.º, n.º 1, al. a))	Art. 2.º, 1.º, 3.º, al. a), da CPRCG (cfr. ainda Preâmbulo) art. 4.º do ETCJ; art. 3.º do ETCR
Proémio	1 – Quem, com intenção de destruir, no todo ou em parte, grupo nacional, étnico, racial ou religioso, como tal, praticar:	Para os efeitos do presente Estatuto, entende-se por "genocídio", qualquer um dos actos que a seguir se enumeram, praticado com intenção de destruir, no todo ou em parte, um grupo nacional, étnico, racial ou religioso, enquanto tal;	Art. 2.º da CPRCG: Na presente Convenção, estende-se por genocídio os actos abaixo indicados, cometidos com a intenção de destruir, no todo ou em parte, um grupo nacional, étnico racial ou religioso, tais como: (art. 2.º, art. 4.º do ETCJ)
Genocídio físico	a) Homicídio de membros do grupo;	a) Homicídio de membros do grupo;	a) Homicidio de membros do grupo
Genocídio biológico	b) Ofensa à integridade física grave de membros do grupo;	b) Ofensas graves à integridade física ou mental de membros do grupo;	b) Atentado grave à integridade física e mental de membros do grupo;
Genocídio biológico	c) Sujeição do grupo a condições de existência ou a tratamentos cruéis, degradantes ou desumanos, susceptíveis de virem a	c) Sujeição intencional do grupo a condições de vida pensadas para provocar a sua destruição física, total ou parcial;	c) Submissão deliberada do grupo a condições de existência que acarretarão a sua destruição

	provocar a sua destruição, total ou parcial;		física, total ou parcial;
Genocídio biológico	d) Transferência por meios violentos de crianças do grupo para outro grupo; ou	e) Transferência, à força, de crianças do grupo para outro grupo.	e) Transferência forçada das crianças do grupo para outro grupo.
Genocídio biológico	e) Impedimento da procriação ou dos nascimentos do grupo;	d) Imposição de medidas destinadas a impedir nascimentos no seio do grupo;	d) Medidas destinadas a impedir os nascimentos no seio do grupo;

3. Carácter *"iuris cogentis"*

A proibição do genocídio tem carácter *"iuris cogentis"*[549].

3.1 Durante a Segunda Guerra Mundial, não faltaram acordos, expressos ou tácitos, entre Estados referentes à deportação de milhares dos seus próprios cidadãos para serem exterminados por outro; não faltaram acordos autorizando e dando assistência a um genocídio:

A Alemanha obteve o acordo da Roménia, da Bulgária e, a partir de Março de 1944, da Hungria, quanto a deportações e subsequente massacre de cidadãos de etnia judaica.

Estes acordos eram uma tentativa de derrogação às proibições impostas pelas normas costumeiras referentes à tutela da vida, liberdade e integridade física dos indivíduos em geral, e das minorias em particular (quanto ao genocídio e quanto à deportação (*"crimes contra a humanidade"*)).

A este respeito, há uma nota diplomática do Embaixador dos EUA na Suíça ao Secretário de Estado norte-americano.

3.2 A não privação arbitrária da vida e o consequente crime de genocídio foi reafirmado mais tarde, por Cartas dos Tribunais Internacionais, pela Assembleia Geral das Nações Unidas e pela Convenção do Genocídio, o que confirma o carácter costumeiro e claramente *"iuris cogentis"*[550].

---

[549] Assim, EDUARDO CORREIA BAPTISTA, "Ius Cogens *em Direito Internacional*", Lex, Lisboa, 1997, pg. 237.

[550] EDUARDO CORREIA BAPTISTA, "Ius Cogens...", pg. 406.

A CPRCG sublinha o mero carácter declarativo, pois a proibição se inscreve no campo normativo do *"ius cogens"*, aceite e reconhecida pela comunidade internacional no seu conjunto, sem admitir contrário.

Os princípios que estão na base da CPRCG são reconhecidos pelas "nações civilizadas" como vinculativos para os Estados, para além de qualquer norma convencional.

3.3 O Tribunal Internacional de Justiça, no Parecer sobre as Reservas à Convenção contra o Genocídio, de 28 de Maio de 1951, reconheceu a referida asserção, ao atribuir carácter universal à condenação do genocídio[551-552].

Com efeito, o reconhecimento de normas imperativas universais foi expresso no Parecer sobre a CPRCG; recorde-se o objecto da Convenção era o de condenar e reprimir o genocídio como *"crime de droit des gens"*, pois o crime implicaria recusar o direito à existência de grupos de pessoas, o que seria contrário à moral e ao espírito e fins das Nações Unidas. A Convenção não revestia, pois, a natureza contratual de um conjunto de direitos e obrigações, antes se caracterizaria como um acordo de aceitação de determinados princípios gerais de conduta[553-554].

---

[551] Maria José Morais Pires, *As Reservas...*, pg. 56.

[552] Segundo Nguyen Quoc Dihn, os princípios não são os referidos no art. 38.° do Estatuto do TIJ, mas sim os princípios gerais de direito costumeiro em vigor ou em formação, que foram "positivados" na Convenção de 1948.

[553] Oppenheim *apud* Maria José Morais Pires, *As Reservas...*, pg. 55.

[554] O mencionado Parecer do TIJ teve origem nas objecções apresentadas pela Guatemala e o Equador às reservas formuladas pela União Soviética e por outros países do bloco de Leste. As reservas apostas pela União Soviética eram relativas ao art. IX, concernente à competência do TIJ, e ao art. XII, que continha uma disposição territorial.

O Equador e a Guatemala transmitiram as suas objecções ao Secretário-Geral da ONU. Estas objecções levaram o Secretário-Geral a remeter o assunto para a Assembleia Geral, a qual solicitou ao TIJ um parecer sobre as reservas à CPRCG, e à Comissão de Direito Internacional o estudo da questão das reservas às convenções multilaterais em geral.

O TIJ considerou o seguinte:

i) foi afastada a teoria tradicional do consentimento unânime dos Estados como regra universal. Embora tivesse um valor de princípio, não seria aplicável a todas as convenções, designadamente às celebradas no âmbito das Nações Unidas, cujo carácter universal pressupõe uma larga participação de Estados membros e não membros.

ii) a regra da unanimidade era apenas uma prática administrativa;

No caso *"Barcelona Traction"*, o TIJ reconheceu certas obrigações de cada Estado em face de todos os Estados, por exemplo, a proibição do genocídio.

4. A admissibilidade da protecção da Humanidade como bem jurídico

Para compreender o bem jurídico[555] protegido pela incriminação do genocídio, teremos de primeiramente pesquisar no plano extrajurídico,

---

iii) o modo de adopção da CPRCG, através de uma série de votos maioritários sucessivos, facilita a conclusão, embora implique a formulação de reservas para alguns Estados, nomeadamente os minoritários na votação. Contudo, *"in casu"*, a votação do texto final havia sido unânime, por cinquenta e seis Estados, embora o articulado tivesse sido objecto de sucessivos votos minoritários.

iv) A CPRCG não incluía nenhuma cláusula de reservas, pelo que importava considerar a interpretação da vontade da Assembleia Geral e das partes. Assim, os trabalhos preparatórios demonstraram que foi decidido não inserir uma cláusula de reservas na Convenção, mas a faculdade de formular reservas foi tida em conta (*apud* MARIA JOSÉ MORAIS PIRES, *As Reservas...*, pg. 57).

Foram tidas em conta as características especiais da CPRCG, pois a eliminação da totalidade ou de parte de um grupo racial, étnico ou religioso constitui uma tal atrocidade que as suas normas se impõem não só pelo seu carácter universal como pela elementar preservação do direito à vida dos membros dos seus grupos e devem vincular todos os Estados da Comunidade internacional (MARIA JOSÉ MORAIS PIRES, *As Reservas...*, pg. 58).

O TIJ instituiu assim uma nova concepção de admissibilidade das reservas, segundo a qual a regra da compatibilidade com *"o objecto e o fim do tratado"* constitui, na falta de disposição expressa, a única condição de validade das reservas (MARIA JOSÉ MORAIS PIRES, *As Reservas...*, pg. 61) (v. MARIA JOSÉ MORAIS PIRES, *As Reservas...*, pgs. 55 ss.).

[555] A lei penal, como lei restritiva de direitos, liberdades e garantias, expressamente prevista na Constituição (art. 27.º, n.º 2), poderá intervir apenas para tutelar (e limitando-se ao necessário para tal tutela) outros valores com relevo constitucional) (18.º, n.º 2, da Constituição).

Na feliz expressão de CLAUS ROXIN (*Problemas Fundamentais de Direito Penal*, trad. de ANA PAULA NATSCHERADETZ, de ANA ISABEL DE FIGUEIREDO e de MARIA FERNANDA PALMA, Vega, 2001, pg. 29), deve utilizar-se o Direito Penal para proteger os bens jurídicos essenciais e assegurar os objectivos das prestações necessárias para a existência, apenas onde não bastem para a sua prossecução meios menos gravosos.

A expressão *"bem jurídico"* não foi utilizada por BIRNBAUM. A noção de **bem jurídico** triunfou sobre conceitos alternativos e concorrentes (como o direito subjectivo ou interesse) (MANUEL DA COSTA ANDRADE, *Consentimento e Acordo...*, pg. 134).

Segundo HONIG, os objectos ou dados da vida ou do mundo real só podem ser convertidos em bens por referência a uma consciência valoradora ou a um sujeito que afirme a qualidade valiosa de tais realidades. O conceito de bem jurídico só deve entender-

-se com síntese categorial, através da qual o pensamento se esforça por compreender em fórmulas curtas o sentido e o fim dos diversos preceitos criminais.

O bem jurídico opera a normativização e a positivação do objecto do crime e, por outro lado, converteu o sistema jurídico em instância que determina os objectos a tratar (COSTA ANDRADE, *Consentimento e Acordo...*, pg. 37).

Existem várias definições de bens jurídicos, referidas no trabalho de MARIA DA CONCEIÇÃO FERREIRA DA CUNHA («*Constituição e Crime*». *Uma perspectiva da criminalização e da descriminalização*, Univ. Católica Editora, Porto, 1995, pgs. 82-83):

- bens vitais imprescindíveis para a convivência humana em sociedade, merecedores de protecção através do poder coactivo do Estado representado pela pena (JESCHECK);
- pressupostos incindíveis para a existência em comum, que se concretizam numa série de situações valiosas, devendo o Estado moderno assegurar ainda, se necessário com os meios do Direito Penal, o cumprimento das prestações públicas de que depende o indivíduo no âmbito da assistência social por parte do Estado (ROXIN);
- realidades ou posições finais (*Zwecksetzung*), úteis para o desenvolvimento dos indivíduos, no quadro de um sistema social, ou úteis para o próprio desenvolvimento do sistema;
- situações valiosas que podem ser alteradas pela acção humana (JÄGER);
- conjuntos funcionais de valor para a nossa sociedade orientada constitucionalmente (RUDOLPHI);
- aqueles objectos de que o homem necessita para a sua livre auto-realização (MARX);
- unidade de aspectos ônticos e axiológicos através da qual se exprime o interesse, da pessoa ou da comunidade, na manutenção ou integridade de um certo estado, as condições indispensáveis ao livre desenvolvimento e realização da personalidade ética do homem (FIGUEIREDO DIAS, *Liberdade. Culpa. Direito Penal...*, pg. 17).

Têm surgido visões críticas, como a de JAKOBS – referindo que o Direito Penal visar proteger bens jurídicos é substituído pela função de estabilização contrafáctica das expectativas geradas pela violação de uma norma incriminadora. A função do Direito Penal é manter padrões de acção que organizam as expectativas sociais sobre o comportamento alheio –, bem como a de TERESA PIZARRO BELEZA (*A Moderna Criminologia...*, pgs. 47-48).

Segundo esta Autora, o bem jurídico desempenhou uma função histórica relevante, ao limitar os comportamentos susceptíveis de serem incriminados. Hoje, ou não cumpre a sua função inicial ou, excepto na referência axiológica à Constituição, é uma noção que não adianta muito: é petição de princípio, advinda de uma pré-compreensão. É difícil um catálogo definido. A "*compatibilidade axiológica*" é o máximo a que poderemos chegar. É uma *"definição puramente formal, contingente"* (Teresa Pizarro Beleza, *A Moderna Criminologia...*, pg. 48).

Quando em Direito Penal se discute a ideia de bem jurídico como limitadora dos factos a incriminar, usa-se normalmente uma linguagem que pressupõe consensos muito amplos quando ao que sejam os interesses fundamentais dos membros de uma sociedade e uma semelhança de "poder de negociação", ou de "poder de afirmação", quando ao que sejam esses interesses e a sua hierarquização (Teresa Pizarro Beleza, *Mulheres, Direito e Crime...*, pg. 379).

Esta perspectiva ignora os profundos desequilíbrios de poder discursivo; a definição do que sejam os bens jurídicos fundamentais está estreitamente ligada às forças dominantes da sociedade (Teresa Pizarro Beleza, *Direito Penal*, I, pg. 47)

Na própria definição e hierarquização dos bens jurídicos, os juristas parecem ter-se "apropriado" do poder definitório dos pressupostos de formalização dos conflitos sociais (Teresa Pizarro Beleza, *Mulheres, Direito e Crime...*, pg. 379).

A possibilidade de intervenção jurídico-penal só é possível se determinadas actuações forem conceptualizadas como prejudiciais (Teresa Pizarro Beleza, *Mulheres, Direito e Crime...*, pgs. 379-380, 395).

Influenciada pelo estudo da Criminologia em geral e da Sociologia Criminal norte-americana em particular, Teresa Pizarro Beleza refere que *"a definição legal e simbólica de comportamentos desviados (desviantes) é profundamente contingente, em termos de tempo e lugar. (...) o que hoje horroriza podia ontem ser tolerado ou apreciado e vice-versa"* (Teresa Pizarro Beleza, *A Moderna Criminologia...*, pg. 45). A definição varia histórica e geograficamente, de país para país, de sistema para sistema (Teresa Pizarro Beleza, *Direito Penal*, I, pg. 47). O *"comportamento desviante"* muda naturalmente no tempo e no espaço (Teresa Pizarro Beleza, *Direito Penal*, 2.º volume, pg. 247).

Há alguma relação com o grau de gravidade. O Direito Penal deve tentar proteger os bens jurídicos essenciais (Teresa Pizarro Beleza, *Mulheres, Direito e Crime...*, pg. 557).

O conceito de bem jurídico tem importância no concurso de crimes; por exemplo, no caso de prática de genocídio mediante cem homicídios, existe um concurso real entre o genocídio e os cem homicídios (neste sentido, a opinião defendida por Teresa Pizarro Beleza e por Maria João Antunes, *Artigo 239.º*).

Sobre o conceito de bem jurídico, v., nomeadamente, entre nós, Manuel da Costa Andrade, *Consentimento e Acordo em Direito Penal (Contributo para a fundamentação de um paradigma dualista)*, Coimbra Ed., 1991, pgs. 51 ss.; Jorge de Figueiredo Dias, *Temas Básicos da Doutrina Penal*, Coimbra Ed., 2001, pgs. 46 ss.., 173 ss.; Karl Prelhaz Natscheradetz, *O Direito Penal Sexual: Conteúdo e Limites*, Almedina, Coimbra, 1985, pgs. 189 ss.; Faria Costa, *O Perigo...*, pgs. 182 ss.; Anabela Miranda Rodrigues, *A Determinação da Medida da Pena Privativa de liberdade (Os critérios da culpa e da prevenção)*, Coimbra Ed., 1995, pgs. 359 ss..

no intuito de recebermos o necessitado húmus construtivo, segregador de um pensamento humanista, pois o bem jurídico concretamente analisado é algo *"comprimido como uma estrela de fusão"*[556].

LÚCIO ANEU SÉNECA referia que *"A primeira coisa que a filosofia nos garante é o senso comum, a humanidade, o espírito de comunidade, coisas de cuja prática nos afastará uma vida demasiado diferente"*[557].

São sugestivas, na Literatura, as frases de JOHN DONNE: *"Nenhum homem é uma ilha isolada; cada homem é uma partícula do continente, uma parte da terra; (...) a morte de qualquer homem diminui-me, porque sou parte do género humano. E por isso não perguntes por quem os sinos dobram; eles dobram por ti"*[558] (v. também o *"Alegria da Morte"*, de D.H. LAWRENCE[559])[560-561].

---

[556] Expressão com que um musicólogo (BASIL LAME) qualifica o primeiro andamento da quinta Sinfonia – uma das *"glórias da Humanidade"* – de LUDWIG VON BEETHOVEN.

[557] LÚCIO ANEU SÉNECA, *Cartas a Lucílio*, Tradução, Prefácio e Notas de J.A. Segurado e Campos, FCG, Lisboa, 1991, pg. 11.

[558] *Apud* ERNEST HEMINGWAY, *Por Quem os Sinos Dobram*, trad. de Monteiro Lobato, Libros do Brasil, Lisboa, 2001, epígrafe de abertura (original: *For Whom the Bell Tolls*), pg. 5 (*apud* também MANUEL DA COSTA ANDRADE, *A vítima e o problema criminal* in *BFDUC*, suplemento XXI, 1980, pg. 198).

[559] *"(...) / Mas da morte, ó morte, / também eu sei tanto de ti / que o meu saber está dentro de mim, sem ser positivamente. // (...) / Sinto-me abrir ao escuro sol da morte / em alguma coisa florida e cumprida, e com um estranho e doce perfume. // Os homens impedem-se uns aos outros de ser homens, / mas nos grandes espaços da morte / os ventos do "depois" beijam-me em <u>flores de humanidade</u>".* (Trad. de PAULO QUINTELA in *Obras Completas*, FCG, IV, Lisboa, 1999, pg. 364 (sublinhado nosso)).

[560] ERICH FROMM, em *Über den Ungehorsam*, refere: *"É indubitável que nunca como hoje está tão difundido no mundo o conhecimento das grandes ideias da humanidade. Nunca, contudo, foi a sua influência também tão diminuta. Os pensamentos de Platão e Aristóteles, dos Profetas e de Cristo, de Espinoza e de Kant são hoje conhecidos por milhões de pessoas cultas na Europa e na América. Eles são ensinados em inúmeras Escolas, sobre alguns deles fazem-se prédicas em todo o mundo nas Igrejas de todas as confissões. E isto se verifica simultaneamente num mundo em que se presta obediência aos princípios de um egoísmo sem limites, se cultiva um nacionalismo histérico e se repara um tresloucado genocídio. Como é possível explicar semelhante contradição?"* (*apud* J. A. SEGURADO E CAMPOS, *Introdução* in *Cartas a Lucílio*, LÚCIO ANEU SÉNECA, Tradução, Prefácio e Notas de J. A. SEGURADO E CAMPOS, FCG, Lisboa, 1991, pgs. XX-XXI).

[561] Confronte-se mesmo a frase em tom irónico de ALMADA NEGREIROS: *"As frases que hão-de salvar a humanidade já estão todas escritas, continua a faltar uma coisa: salvar mesmo a humanidade".*

4.1 Primeiro houve homens; só depois houve humanidade. A humanidade era apenas um conceito ou ideal e jamais uma realidade[564]. Primeiro, nos homens, esteve presente o sentimento moral, conceito abstracto, ideal político ou religioso[563]. Os grupos estabeleceram relações entre si; daí a existência de laços indefectíveis no relacionamento entre aqueles.

A evolução da consciência universal leva a que a humanidade ultrapasse as barreiras do espaço e da natureza e os muros até então infranqueáveis da história e da cultura[564]. A consequência política mais imediata desta nova situação história, na qual a humanidade começa realmente a ocupar o seu lugar – que antes era atribuído à natureza ou à história –, é a de que uma parte da responsabilidade efectiva dos membros de cada comunidade nacional é transplantável internacionalmente[565].

A Constituição refere que Portugal se rege nas relações internacionais pelos princípios *"da cooperação com todos os outros povos para a emancipação e o progresso da humanidade."* (art. 7.°, n.° 1, da Constituição) (bem como pelo princípio do respeito dos direitos do homem dos direitos dos povos)[566].

A abstracção da comunidade mundial é expressa pela unidade universal do convívio humano, na expressão da Encíclica *"Pacem in Terris"*. Neste texto, estabelece-se uma hierarquia, desde os bens comuns das várias comunidades políticas ao bem comum universal da comunidade internacional. Esta deve ter poderes públicos para resolver problemas de conteúdo económico, político ou cultural[567].

Com efeito, o mundo, essa sociedade internacional do género humano é, umas vezes, qualificado como *"sociedade internacional"*, expressão que

---

[562] KANT concebia a humanidade como uma possível consequência final da história. A humanidade, para KANT, era o estado ideal *"num futuro remoto"*, em que a dignidade do homem coincidiria com a condição do homem na terra. Para HEGEL, a humanidade manifesta-se no *"espírito do mundo"*.

[563] CABRAL DE MONCADA, *Filosofia...*, 2.° vol., pg. 225.

[564] Cfr. HANNAH ARENDT, *Les Origines du totalitarisme*, pg. 869.

[565] HANNAH ARENDT, *Les Origines du totalitarisme*, pg. 869.

[566] A nossa Constituição também vincula Portugal a preconizar *"o estabelecimento de um sistema de segurança colectiva, com vista à criação de uma ordem internacional capaz de assegurar a paz e a justiça nas relações entre os povos."* (art. 7.°, n.° 2, *"in fine"*).

[567] O Papa PAULO VI, na *Constituição Pastoral sobre a Igreja no Mundo Contemporâneo*, de 7 de Dezembro de 1965, na secção II do capítulo V, refere-se também à edificação da comunidade internacional, exigindo que a comunidade das nações, em nome do bem comum universal, dê esse passo, a partir das instituições internacionais, mundiais ou regionais existentes, consideradas como os primeiros passos para lançar os fundamentos de toda a comunidade humana.

envolve menor coesão, embora, noutras, seja referido como *"comunidade internacional"* (tendo em conta a distinção do sociólogo FERDINAND TÖNNIES entre *"Gesellschaft"* e *"Gemeinschaft"*[568]).

O passo seguinte – criação de um Estado Mundial – não é uma utopia (que, literalmente, significa *"nenhures"*, *"lugar algum"*): para casos críticos, seguindo o pensamento de JOSÉ ADELINO MALTEZ, já temos um Estado Mundial:

São muitas as organizações interestaduais que assumem apenas carácter funcional, ou de fins específicos, económicos, militares ou de segurança, sociais, culturais, humanitários, técnicos e científicos; estas organizações nasceram a partir do Congresso de Viena, de 1815, com a Comissão Central para a Navegação do Reno, a que se seguiu a do Danúbio, em 1856.

Depois, surgiram as organizações interestaduais que regulam as telecomunicações, como o telégrafo (1865) e os caminhos-de-ferro (1890)[569]; surge também a Convenção Postal Internacional, relativa às comunicações pelo correio.

Temos também a União Internacional das Telecomunicações, relativamente à gestão do espectro rádio-eléctrico; a regulação da navegação aérea.

Noutro plano, temos ainda: i) a protecção internacional do ambiente, bem como a protecção do património cultural e arquitectónico; ii) no Direito do Mar, a Convenção das Nações Unidas sobre o Direito do Mar, de 1982 (de Montego Bay), entrada em vigor em Novembro de 1993,

---

[568] Para este sociólogo alemão do século XIX, a organização interna de qualquer agregado humano haveria de reflectir uma de duas formas possíveis: a comunidade ou a sociedade. Publicada em 1877, a sua obra de referência, *Comunidade e Sociedade*, foi mais tarde, aproveitada para explicar as relações entre organizações mais complexas como os Estados. Nas relações de tipo societário, são mais fortes as pulsões centrífugas e os Estados permanecem separados apesar de tudo quanto fazem para se unir; nas relações de tipo comunitário, prevalecem os interesses comuns e, por consequência, os Estados estão unidos apesar de quanto os separa. As sociedades funcionam na base de critérios de coordenação de autoridade, tratando-se de Estados são coordenação de soberanias (por exemplo, assim acontece nas organizações internacionais clássicas ou intergovernamentais. Já nas comunidades, encontramos relações de infra e de supra-ordenação que se estabelecem a partir da aceitação pelos Estados da limitação de parcelas da sua soberania em favor de centros comuns de autoridade e de decisão (assim, MARIA LUÍSA DUARTE, *Direito da União Europeia e das Comunidades Europeias*, vol. I, tomo 1, Instituições e Órgãos. Procedimentos de Decisão, Lex, Lisboa, 2001, pg. 76) (v. também JOSÉ ADELINO MALTEZ, *Curso...*, pg. 63).

[569] Na mesma senda, as da metereologia (1873), dos pesos e medidas (1875) e da propriedade industrial (1883) (JOSÉ ADELINO MALTEZ, *Curso...*, pg. 171).

382   *Ivo Miguel Barroso*

nomeadamente a Parte relativa à Área[570]; iii) o Tratado de 1979 sobre as actividades dos Estados na Lua e noutros corpos celestes.

---

[570] Em 1967, ARVID PARDO havia apresentado uma proposta de afectação dos fundos oceânicos para além das jurisdições universais, a um regime internacional orientado pela regulação do acesso aos recursos, pela regulação expressa do uso do espaço comum e da aplicação de critérios de justiça distributiva ao aproveitamento de recursos (concretizada nas imposições em benefício de toda a Humanidade, de salvaguarda dos direitos das gerações futuras e de tratamento preferencial dos países em desenvolvimento). A Parte XI da Convenção das Nações Unidas de 1982 sobre o Direito do Mar consagrou a expressão *"património comum da humanidade"* (*"A Área e seus recursos são património comum da Humanidade"* (art. 136.°), princípio irrevisível (art. 311.°, n.° 6)), atribuindo a titularidade da Área e respectivos recursos à própria Humanidade no seu conjunto (nos termos do n.° 2 do art. 137.°, a Autoridade Internacional dos Fundos Marinhos actua em nome da Humanidade em gera (v. artigos 156.° ss.). As actividades na Área devem ser realizadas "em benefício da Humanidade em geral", não se limita aos Estados costeiros, que tenham uma situação geográfica mais favorável; abrange ainda povos não independentes (art. 140.°, n.° 1). O património comum da Humanidade é baseado em quatro princípios: o da não apropriação comum individual dos recursos, o princípio da igualdade de acesso, o princípio da utilização óptima e racional e o princípio da festão internacional (PAULO OTERO, *A Alta Autoridade dos Fundos Marinhos. Análise Estrutural e Natureza Jurídica*, AAFDL, 1988, pg. 42). (A Parte XI acolhe a regulação supra-nacional, centralizada (pondo de lado a regulação pelo mercado, descentralizada, segundo JOSÉ MANUEL PUREZA (*Institucionalizar o Património Comum da Humanidade: Um Dilema para o Direito Internacional in Revista Portuguesa de Instituições Internacionais e Comunitárias*, n.° 2, ISCSPI, Lisboa, 2.° semestre de 1996, pg. 125). Os Estados são vinculados a conformarem-se com as disposições da Parte XI (art. 138.°), tendo obrigação de zelas pelo cumprimento e sendo responsabilizados por danos (art. 139.°)). Segundo RENÉ-JEAN DUPUY, está em causa a humanidade transpacial – o universalismo –, bem como a humanidade transtemporal. A Comunidade internacional é meramente gestora.

V. o estudo de PAULO OTERO, *A Alta Autoridade dos Fundos Marinhos...*, pgs. 53-64, 82-88, em que analisa a natureza do património comum da humanidade, várias concepções, nomeadamente a da constituição de um fideicomisso (*"trust"*) a favor das gerações futuras.

O conceito de humanidade não se identifica com o conjunto de Estados existentes, transcende esse substrato jurídico, apresentando-se, verdadeiramente, como conceito de natureza política, abrangendo, nos termos da citada Convenção, os povos, segundo um juízo político das Nações Unidas de reconhecimento do seu estatuto internacional – povos independentes, autónomos, ou em libertação (art. 140.°, n.° 1) (PAULO OTERO, *Alta Autoridade dos Fundos Marinhos...*, pg. 83).

É uma ficção jurídica atribuir a titularidade da Área e dos seus recursos à humanidade (esta não pode ser titular de um direito de propriedade colectiva, nomeadamente por não ter personalidade jurídica (PAULO OTERO, *A Alta Autoridade dos Fundos Marinhos...*, pgs. 60-62). Quem exerce uma titularidade onerada é a Autoridade, funcionando o

O Estado de Direito a nível universal, apesar de existir, é, todavia, limitado nas funções – pois funciona eficientemente na prossecução de pequenas atribuições[571]. Com efeito, a precisão dos pontos é a melhor aliada da supraestadualidade, ao nível da integração política[572]. *"há sinais*

---

património comum da humanidade como substrato territorial e fideicomisso da Autoridade.

Analisando mais detidamente, a configuração da humanidade como conceito político levanta o problema da sua insusceptibilidade de agir pessoal e directamente e a inerente necessidade de se fazer representar. O conjunto de todos os Estados não pode representar uma realidade que a transcende. A Convenção apesar de reconhecer uma mera existência ao conceito político de humanidade, resolveu ficcionar a sua representação jurídica na Autoridade Internacional dos Fundos Marinhos. Esta ficção jurídica tem muito de político: ela visa traduzir a ideia de que não são os Estados os únicos titulares da representação da humanidade; esta última não se esgota naqueles e, por isso mesmo, a instituição da Autoridade tem o valor simbólico de realizar em concreto os ideais de uma nova ordem internacional (PAULO OTERO, *Alta Autoridade dos Fundos Marinhos...*, pg. 85). Para uma análise estrutural da Alta Autoridade, bem como para a explicitação da sua natureza, v. PAULO OTERO, *Alta Autoridade dos Fundos Marinhos...*, pgs. 75 ss..

Em relação a terceiros Estados, todas as normas e princípios de *jus cogens* impõem-se de forma imperativa a todos os Estados, mesmo àqueles que não se encontram vinculados à Convenção. Com efeito, as regras de *jus cogens* do Direito da Área têm a sua fonte na resolução n.º 2749 (XXV), de 187 de Dezembro de 1970, da Assembleia Geral das Nações Unidas e não propriamente na Convenção das Nações Unidas sobre Direito do Mar, de 1982 (PAULO OTERO, *Alta Autoridade dos Fundos Marinhos...*, pg. 181). Assim, todos os Estados, independentemente da sua vinculação à referida Convenção, devem conformar o seu direito interno nomeadamente aos seguintes princípios: o leito, o solo e o subsolo do mar, situados além da jurisdição dos Estados, constituem uma zona insusceptível da apropriação ou do exercício de quaisquer direitos soberanos por parte dos Estados; ii) a referida zona constitui património comum da humanidade, devendo ser explorada no interesse de toda a humanidade; iii) o património comum da humanidade não pode ser afectado a fins bélicos, podendo apenas ser utilizado com intuitos pacíficos, observados os limites referidos (PAULO OTERO, *Alta Autoridade dos Fundos Marinhos...*, pg. 182).

[571] JOÃO PINTO RIBEIRO (n. 1590 – m. 1649) propugna a procura de uma república maior, a caminho de outras repúblicas maiores, sem o exclusivismo soberanista e o geometrismo estadualista, piramidal e centralista, como foi timbre dos absolutismos e dos jacobinismos (*apud* JOSÉ ADELINO MALTEZ, *Curso...*, pg. 33).

[572] As organizações interestaduais que funcionam com atribuições limitadas no seu objecto, devido a esse factor limitador, têm revelado uma maior mais eficácia concretizadora. Com efeito, para além das mencionadas organizações interestaduais, ou intergovernamentais, existe outra espécie de organizações que tem uma marca supra-estadual, visando uma governação global, umas com vocação mundial (como a ONU) e outras de vocação regional (caso da União Europeia; *v. g.*, o facto de o segundo pilar estruturante da União Europeia em sentido amplo obedecer primacialmente ao método de cooperação

e sementes de integração internacional, com a criação de novos pólos de poder supra-domésticos, polidos e civilizados, para onde os indivíduos podem transferir expectativas e lealdades, gerando uma rede de pluralidade de pertenças, uma constelação de massas de actividade"[573].

Por outro lado, existem já alguns princípios universais[574], um dos quais o da proibição do genocídio.

4.3 Parafraseando STUART MILL, em particular na II Guerra Mundial, *"A humanidade tornou-se rapidamente inábil para conceber a diversidade, quando por tanto tempo se desacostumou de a ver"*[575]. O que se passou em Auschwitz continua a acontecer e a tocar todos nós[576].

Perante a situação no segundo pós-guerra, emergiu uma entidade política una – o novo conceito de *"crimes contra a humanidade"*, formulado pelo juiz ROBERT H. JACKSON no processo de Nuremberga, veiculando a primeira e mais importante ideia do Direito Internacional[577].

Houve uma profunda e espalhada mudança de mentalidades na sociedade internacional em favor da universalização da ideia dos direitos do homem[578].

---

política, não ao método integrativo, no âmbito da *"dualidade metodológica da construção europeia"* (v., entre nós, MARIA LUÍSA DUARTE, *Direito da União Europeia...*, vol. I, tomo I, pgs. 72-77; FAUSTO DE QUADROS / FERNANDO LOUREIRO BASTOS, *União Europeia* in *Dicionário Jurídico da Administração Pública*, vol. VII, Lisboa, 1996, pgs. 543-545 (pgs. 543-569).

[573] JOSÉ ADELINO MALTEZ, *Curso...*, pg. 32.

[574] Embora nem sempre de aplicação efectiva.

Em relação às democracias políticas, em 27 de Junho de 1986, a propósito da Nicarágua, o Tribunal Internacional de Justiça estabeleceu o princípio das eleições periódicas e honestas, que passou a ser regra consuensualmente aceites por todos os Estados do Mundo. Evoluiu-se para uma Declaração Universal sobre a Democracia, na sequência de uma reunião da União Interparlamentar, de 1995, em que se reconheceu que a democracia é um ideal universalmente reconhecido, baseado em valores comuns às pessoas de todas as partes do mundo, independentemente das diferenças culturais, políticas ou económicas, baseando-se em dois princípios nucleares: a participação e a responsabilidade. Estes sinais foram confirmados pela Declaração do Milénio da Assembleia Geral da ONU, de 8 de Setembro de 2000, em que se consagrou o princípio da promoção da democracia e do fortalecimento do Estado de Direito (JOSÉ ADELINO MALTEZ, *Curso...*, pg. 58).

[575] STUART MILL, *Ensaio sobre a liberdade*, trad. revista e prefaciada por ORLANDO VITORINO, Arcádia, Lisboa, 1973, pg. 177 (original *"On Liberty"*).

[576] RICCARCO MORELLO, *"Paul Celan:* Todesfuge" (fonte: Internet), pg. 4.

[577] HANNAH ARENDT, *Les Origines du totalitarisme*, pg. 870.

[578] JOSÉ CARLOS VIEIRA DE ANDRADE, *Os Direitos Fundamentais...*, pg. 30.

O *"crime contra a humanidade"* é, na expressão de ALBERT DE LA PRADELLE, *"uma revolução no Direito Penal Internacional"*.

A ideia de Humanidade, uma vez desembaraçada de toda a sua carga sentimental, comporta uma consequência de peso no plano político: de uma maneira ou de outra, devemos assumir a responsabilidade de todos os crimes competidos pelos homens, e os povos devem assumir a responsabilidade do mal cometido por outros povos.

De um ponto de vista político, a ideia de humanidade – uma humanidade que não exclui de si nenhum povo e a nenhum atribui o monopólio da sua falta – é a única garantia que podemos ter a fim de evitar que as *"raças superiores"*, alternadamente, se sintam obrigadas a exterminar as *"raças inferiores indignas de sobreviverem"*, refere HANNAH ARENDT[579]; pois os crimes contra a humanidade são um género de especialidade dos regimes totalitários[580].

O conceito de direitos do homem não pode ser encontrado se não se referir à própria condição humana, que depende da pertença a uma comunidade humana, o direito de não depender de uma dignidade humana inata[581-582-583]. Nos crimes contra a Humanidade, nega-se a identidade do outro[584].

---

[579] HANNAH ARENDT, *Compreensão...*, pgs. 74-75.

[580] HANNAH ARENDT, *Les Origines du totalitarisme*, pg. 870.

[581] HANNAH ARENDT, *Les Origines du totalitarisme*, pg. 873.

[582] Intrínseca à condição humana é a condição de ser livre. A liberdade faz parte da essência da pessoa humana; onde não há liberdade não há humanidade (FIGUEIREDO DIAS, *Liberdade...*).

[583] Uma ideia aproximativa é da analogia entre as discriminações raciais e sexistas (TERESA PIZARRO BELEZA, *Mulheres, Direito e Crime...*, pgs. 129 ss.).

A ideia de TERESA PIZARRO BELEZA é da de que o processo histórico que deu origem ao momento actual, de que faz parte a invenção da raça (*Mulheres, Direito e Crime...*, pg. 133). Não é nos nossos genes que reside a diferença. *"Os Códigos de sentido de que foram investidas tais variáveis biológicas são fenómenos culturais, só historicamente apreensíveis, de que fazem parte essencial os processos de absorção pelo senso comum das categorias (...)"* (TERESA PIZARRO BELEZA, *Mulheres, Direito e Crime...*, pgs. 134-135 (ênfase original). Quais os agentes destas lucubrações deste processo histórico de discriminação? Por um lado, a prática social (*ID.*, pg. 404); por outro, o *"discurso científico-político de alteridade, da segregação discursiva autoritária do OUTRO, do diferente, daquilo que não-é"* (*ID.*, pg. 136 (ênfase original)). O Direito pode ser – como se demonstra pelas leis de Nuremberga – um dos campos da diferença, *"enquanto lei, justiça, prática"* (TERESA PIZARRO BELEZA, *Mulheres, Direito e Crime...*, pg. 404).

A raça é uma noção formal, extrínseca, mais subjectiva do que objectiva – é algo

Os crimes contra a paz e a humanidade são uma *"inovação no nosso ordenamento jurídico de enorme ressonância doutrinal e que assume uma qualificação de ponta na necessidade de se tipificar determinadas condutas que violam valores que a comunidade internacional reconhece como essenciais ao seu desenvolvimento"*[585].

A criação de tribunais internacionais para julgamento de crimes contra a humanidade demonstra a mudança de mentalidades na sociedade internacional em favor da universalização da ideia de direitos do homem, não havendo dúvidas de que o indivíduo é, enquanto titular de direitos humanos, sujeito de direito internacional comum[586].

Na sistematização do Código Penal português, na Parte Especial, o genocídio vem incluído no Títulos III; dentro deste, insere-se no Capítulo II,

---

aposto à realidade natural. Sexo e raça são criações discursivas (*Mulheres, Direito e Crime...*, pg. 549).

No entanto, traz consequências importantes: o sexo e a raça têm efeitos reais na esfera pessoal, social e política, como refere TERESA PIZARRO BELEZA, em *Mulheres, Direito e Crime...*, pg. 549).

JOÃO BAPTISTA MACHADO (*Introdução...*, pg. 347) considera que, em todo o discurso sobre is próprio, o homem tem que simultaneamente "pensar a diferença". *"se se trata de um pressuposto originário da própria "humanidade" do homem, se está em causa uma das próprias condições transcendentais da possibilidade de o homem ser homem pela integração numa "comunidade comunicativa" e de se pensar como diferente em relação à natureza, então o mesmo homem já não pode considerar esse pressuposto como objecto do seu "poder de disposição" sem negar a sua própria identidade – e, portanto, sem incoerência. Ao pensar-se como diferente, implicitamente pensa e aceita os pressupostos originários (transcendentais) dessa diferença; ao discorrer sobre esses pressupostos, não os pode recusar (nem sequer questionar com sentido) sem negar aquela diferença."* (JOÃO BAPTISTA MACHADO, *Introdução...*, pg. 347).

[584] Segundo MARIA DA CONCEIÇÃO FERREIRA DA CUNHA, o núcleo duro do Direito Penal é sempre composto por aqueles bens que mais directamente contendem com a dignidade humana – de uma ou outra forma, sob novas roupagens, ameaçados com novos instrumentos, os casos considerados mais dignos de tutela, em relação aos quais se reclama mais insistentemente protecção, indo até à forma de prevenção mais motivadora-dissuasora, são os que afectam a vida, a integridade física, a liberdade do homem e, assim, atingem a sua dignidade de forma mais directa e mais drástica. E isto, mesmo quando estão em causa bens colectivos, bens de cariz social – pois estes atingem o homem enquanto ser social, naqueles bens que são também mais essenciais à sua realização (digna) em comunidade (MARIA DA CONCEIÇÃO FERREIRA DA CUNHA, *«Constituição e Crime»...*, pgs. 407-408).

[585] Introdução do Decreto-Lei n.° 400/92, de 23 de Setembro, 20.

[586] VIEIRA DE ANDRADE, *Os Direitos Fundamentais...*, pg. 30.

Genocídio 387

respeitante aos *"Crimes contra a Humanidade"*[587]. Refira-se, todavia, que pode ainda existir uma bifurcação do substrato protegido; no Estatuto de Roma, o genocídio figura no art. 6.°, ao passo que os *"crimes contra a Humanidade"* figuram como noção autónoma, no art. 7.°, sendo actos cometidos no quadro de um ataque, generalizado ou sistemático, contra qualquer população civil, havendo conhecimento desse ataque (art. 7.°, n.° 1, do ER)[588].

---

[587] A reforma do Código Penal de 1995 reorganizou na Parte Especial a sua sistemática. Os crimes conta interesses individuais – pessoais ou patrimoniais – têm agora precedência sobre os crimes contra interesses colectivos. Segundo o critério de TERESA PIZARRO BELEZA (*A revisão da Parte Especial...*, pg. 99), a rearrumação da Parte Especial parece ser o retrato sistemático de um individualismo algo exacerbado. A bondade da rearrumação é parcial: apenas se reporta à precedência dos crimes individuais sobre os crimes contra o Estado. Diversamente, os crimes contra a Humanidade deveriam constar em primeiro lugar da Parte Especial do Código Penal. Sobre as razões que presidiram à colocação dos crimes contra as pessoas em primeiro lugar, v. *Actas...*, Parte Especial, pgs. 12-13. Na altura, todavia, não existia o actual capítulo de Crimes contra a Humanidade (existia apenas o Título III (*"Dos Crimes contra valores e interesse da Comunidade Social ou da Vida em Sociedade"*), cujo capítulo I era intitulado *"Dos Crimes contra os Fundamentos Ético-Sociais da Vida Social"*).

[588] Nos crimes contra a humanidade, existe, por vezes, uma maior amplitude de factos incriminados, nomeadamente nos factos previstos nas alíneas d), i) e k) do artigo 7.° do ER.

Descrevem-se os **actos** desumanos como **análogos** aos outros identificados, desde que causem grande sofrimento ou grave lesão para o corpo ou para a saúde física ou psíquica.

Segundo MARIA FERNANDA PALMA, a definição *"outros actos desumanos de carácter semelhante que intencionalmente causem grande sofrimento ou grave perigo para o corpo ou para a saúde mental ou física"* não é um exemplo manifesto de uma técnica de tipificação insuficiente, pois há uma delimitação de conduta em termos causais, como é comum nos tipos legais de crime, sobretudo nos crimes de forma livre.

Segundo WLADIMIR BRITO, os factos análogos constituem as incriminações de um verdadeiro Direito Penal Universal, não dependente de convenções e latentemente vigente. A sua concretização dos estatutos dos tribunais é apenas um instrumento de autolimitação processual da comunidade internacional no sentido de adequar às necessidades concretas a sua intervenção.

Ainda segundo este Autor, não há qualquer retroactividade na aplicação deste Direito a situações análogas àquelas que a comunidade internacional manifestou vontade e capacidade punitivas (ou, segundo HART, deveremos reconhecer que o Direito Internacional será legitimamente retroactivo em nome de uma posição moral, se como tal se autodefinir, e na medida em que a comunidade internacional assuma a preponderância da justiça e da protecção dos direitos humanos relativamente a um valor formal de segurança).

4.4. *O bem jurídico protegido pela incriminação do genocídio*

I. O genocídio é, por excelência, um crime contra a Humanidade, interpretado em sentido amplo. O preâmbulo da CPRCG reconhece que em todos os períodos da História, o genocídio infligiu grandes perdas para a humanidade.

O bem jurídico protegido consiste na existência do grupo ou grupos humanos, qualquer que seja a sua raça, religião (lembre-se os versos de WALT WHITMAN: *"Os nascimentos trouxeram-nos riqueza e diversidade, / / E outros nascimentos nos trarão riqueza e diversidade."*[589]).

O genocídio atenta contra a diversidade humana enquanto tal, isto é, contra uma característica do *"estatuto do ser humano"*[590] (qualificado pelo procurador FRANÇOIS DE MENTHON), sem o qual as palavras *"género humano"* ou *"humanidade"* não teriam sentido[591].

Só o direito do homem corresponde à unicidade do crime contra a humanidade. É o **único direito** que pode ser garantido pelo concerto entre as nações e por si mesmo[592].

A negação da humanidade simbolizada nos crimes contra a Humanidade não é mais suportada pela Humanidade, que se sente chamada à responsabilidade da defesa do seu valor[593]. A referida negação é intolerável porque, ao negar a humanidade do homem, a sua essência, fere irremissivelmente os fundamentos da existência comunitária[594].

II. O substrato ideológico deste bem jurídico é o conhecimento do pluralismo universal das religiões, de grupos, de raças ou de etnias e o nível de igualdade em que todas se encontram[595] e ainda o interesse que a comunidade internacional tem na sua subsistência (*vide* a opinião de MUÑOZ CONDE[596] e da generalidade da Doutrina[597]).

---

[589] *"Births have brought us richness and variety, / And other births will bring us richness and variety"* (fonte: *Song of Myself* in *Leaves of Grass*, introdução e notas de JEROME LOVING, Oxford University Press, 1998, poema XLIV).

[590] HANNAH ARENDT, *Eichmann à Jérusalem*, pg. 1277.

[591] HANNAH ARENDT, *Eichmann à Jérusalem*, pg. 1277.

[592] HANNAH ARENDT, *Les Origines du totalitarisme*, pg. 871.

[593] ANABELA MIRANDA RODRIGUES, *O Tribunal Penal Internacional e a prisão perpétua – que futuro?* in *DJ*, vol. XV, t. 1, 2001, pg. 12.

[594] MARIA LEONOR ASSUNÇÃO, *Apontamento...*, pg. 98.

[595] FRANCISCO MUÑOZ CONDE, *Derecho Penal. Parte Especial*, 12.ª ed., tirant lo blanch, Valencia, 1999, pg. 724.

[596] MUÑOZ CONDE, *Derecho Penal...*, pg. 724.

[597] MARIA JOÃO ANTUNES, *Artigo 239.º*, pg. 570.

De acordo com GONZÁLEZ REUS, o bem protegido é o direito de qualquer grupo humano à sua existência, com independência das suas características nacionais, étnicas, raciais ou religiosas. Daí a colocação sistemática, no Código Penal espanhol, nos crimes contra a comunidade internacional, no âmbito das relações entre Estados, expondo assim o infractor às reacções dos outros.

Segundo ORTEGA COSTALES, o genocídio é um crime que atenta contra a humanidade, interferindo com a sobrevivência de grupos que licitamente pretendem conservar a sua identidade. Em segundo lugar, atenta contra os próprios grupos[598].

Para VIVES ANTÓN, o bem jurídico é a convivência internacional, plasmada numa série de regras universalmente aceites, concebidos não só como convivência entre Estados, mas também como coexistência pacífica dos diversos grupos humanos, hajam ou não alcançado o nível de organização e independência política que permita qualificá-los como Estados.

O bem jurídico é o da defesa da convivência pacífica dos homens, da manutenção ou da promoção daquele mínimo de homogeneidade dos seus valores fundamentais, objecto de consenso ético que é condição essencial de sobrevivência e de desenvolvimento de uma comunidade política organizada[599].

5. Tipo legal de crime

O tipo legal de crime de genocídio[600] consiste em requerer o elemento subjectivo especial, exterminar um grupo protegido, ao passo que

---

[598] ORTEGA COSTALES, *Teoria de la Parte Especial...*, pg. 136.

[599] MÁRIO ROMANO *apud* MARIA LEONOR ASSUNÇÃO, *Apontamento...*, pg. 43.

[600] Sobre o crime de genocídio, para além da biliografia citada a propósito dos casos históricos de genocídio e das fontes incriminadoras, v., entre muitos, AA.VV., *Génocide(s)*, dir. de KATIA BOUSTANY / DANIEL DORMOY, Bruylant, Bruxelles, 1999; AA.VV., *El genocidio ante la historia y la naturaleza humana*, dir. de BEATRIZ GUREVICH / CARLOS ESCUDÉ, Universidad Toccuato Di Tella, Grupo Editor Latinoamericano, Buenos Aires, 1994; MARIA JOÃO ANTUNES, *Artigo 239.°* in *Comentário Conimbricense do Código Penal. Parte Especial*, tomo II, Artigos 202.° a 307.°, dirigido por JORGE DE FIGUEIREDO DIAS, Coimbra Ed., 1999, pgs. 570-574; HANNAH ARENDT, *Les Origines du totalitarisme (...)*, éd. établie sus la direction de PIERRE BOURRETZ, trad. de MICHELINE PONTEAU, MARTINE LEIRIS, JEAN-LOUP BOURGET, ROBERT DAVREAU, PATRICK LÉVY, Gallimard, s.l., 2002,; ID., *Eichmann à Jérusalem*, éd. établie sus la direction de PIERRE BOURRETZ, trad. de ANNE GUÉRIN (1966), ver. por MICHELLE-IRÈNE BRUDNY-DE-LAUNAY (1991), pour folio histoire révisée pour la présente édition par MARTINE LEIBOVICI, Gallimard, s.l., 2002; DANIEL FEIERS-

crimes contra a humanidade requerem que a população civil seja atingida como parte de um ataque generalizado ou constante (art. 7.º do ER)[601].

O desvalor reside na intenção de eliminar sistematicamente um grupo humano, seja qual for o elo que o una e que o identifique[602].

5.1. *Tipo objectivo de ilícito*

A infracção é autónoma, podendo ser cometida em tempo de paz ou em tempo de guerra.

TEIN, *Seis estudios sobre genocidio...*; MARÍA LUISA MAQUEDA ABREU, *Mesa redonda. Tipologia penal en los crímines contra la humanidad y el genocidio* in *Crímines contra la humanidad y genocidio*, XII Seminario «Duque de Ahumada», obra colectiva, Ministerio del Interior, Imprenta Nacional del Boletín Oficial del Estado, s.l., 2001, pgs. 155-167; ROBERTO GARRETÓN MERINO, *La Protección de los derechos humanos y los crímines de lesa humanidad y el genocidio. La responsabilidad del individuo* in *Crímines contra la humanidad y genocidio*, XII Seminario «Duque de Ahumada», obra colectiva, Ministerio del Interior, Imprenta Nacional del Boletín Oficial del Estado, s.l., 2001, pgs. 17-33; ALICIA GIL GIL, *El Genocidio y Otros Crímines Internacionales*, Valencia, 1999; GIOVANNI GRASSO, *Genocidio* in *Digesto delle discipline penalistiche*, V, Utet, 1991, pgs. 399-410; RAPHAEL LEMKIN, *Genocide. A new international crime. Punishment and prevention* in *RIDP*, 1951, pgs. 360-370; ID, *Le Genocide* in *RIDP*, 1951, pgs. 371-386; EVARISTO LÓPEZ DE LA VIESCA, *El delito de genocidio. Consideraciones penales y criminológicas*, Edersa, Madrid, 1999; JOSÉ LUIS RODRÍGUEZ-VILLASANTE Y PRIETO, *Mesa redonda. Tipologia penal en los crímines contra la humanidad y el genocidio* in *Crímines contra la humanidad y genocidio*, XII Seminario «Duque de Ahumada», obra colectiva, Ministerio del Interior, Imprenta Nacional del Boletín Oficial del Estado, s.l., 2001, pgs. 169-190; CASILDA RUEDA FERNÁNDEZ, *Delitos de Derecho Internacional. Tipificación y Repressión Internacional*, Bosch, Barcelona, 2001, pgs. 65-72, 149-156; WILLIAM SCHABAS, Comentário ao art. 6.º do Estatuto de Roma in *Comentary on the Statute of the International Criminal Court. Observeres' Notes, Article by Article*, OTTO TRIFFTERER (ed. lit.), Nomos Verlangsgesellchaft, Baden-Baden, 1999; JOSÉ RAMÓN SERRANO PIEDECASAS, *Mesa redonda. Tipologia penal en los crímines contra la humanidad y el genocidio* in *Crímines contra la humanidad y genocidio*, XII Seminario «Duque de Ahumada», obra colectiva, Ministerio del Interior, Imprenta Nacional del Boletín Oficial del Estado, s.l., 2001, pgs. 191-206.

[601] Contudo, segundo o entendimento de R. J. RUMMEL, a categoria *democídio* abrange o massacre de civis, prisioneiros de guerra, refugiados em trânsito e mortos em campos de concentração, uma forma de violência colectiva que abrange o genocídio, o politicídio (massacre de adversários políticos) e o mero assassínio de massas (*apud* JOSÉ ADELINO MALTEZ, *Curso...*, pg. 158).

[602] CARLOTA PIZARRO DE ALMEIDA, *Um Exemplo de Jurisprudência Penal Internacional: o Caso Pinochet* in *Casos e Materiais de Direito Penal* (MARIA FERNANDA PALMA *et al.*), 2.ª ed., Almedina, Coimbra, 2002, pg. 294.

O agente é pessoa singular (art. 25.°, n.° 1, do ER), maior de 18 anos (art. 26.°, n.° 1, do ER).
A qualidade de oficial é irrelevante (art. 27.° do ER), ou seja, existe o afastamento expresso dos privilégios e imunidades inerentes às funções oficiais do arguido.
Os sujeitos activos têm carácter misto, podendo ser governantes, funcionários.

5.1.1. *Sujeito passivo. Grupos protegidos*

I. A vítima ou sujeito passivo do genocídio, segundo a sentença MUSEMA do TCIR, é o membro de um grupo seleccionado como tal, o que, em última instância, significa que o que a vítima do crime de genocídio é o próprio grupo, não a pessoa individualmente considerada[603].
O facto deve visar um grupo nacional, étnico, racial ou religioso, o que deixa fora do tipo acções contra uma só pessoa[604].
Um grupo étnico é aquele cujos membros partilham uma língua ou cultura comuns; ou um grupo que se distingue, enquanto tal (auto-identificação); ou um grupo identificado como tal por outros, incluindo os autores do crime (identificação por outrem)[605-606].

II. Segundo JOSÉ JOAQUIM ALMEIDA LOPES[607], como a lei não dá uma definição de grupo religioso, temos de enquadrar esta expressão no seu contexto, tendo em conta os demais grupos. Por esta razão, grupo religioso não tem de ser necessariamente uma comunidade ou confissão religiosa reconhecida e registada no Registo de Confissões Religiosas existente no

---

[603] Ac. KAYISHEMA RUZINDANA, do TCIR, www.ictr.org/ENGLISH/cases/Musema/judegement/3.htm, pg. 7.

[604] Diversamente, alguns Autores, como GLASER e VERHOEVEN, referem que um acto cometido contra um indivíduo pode ser qualificado como genocídio, sempre que medeia a intenção expressa de destruição do grupo a que o indivíduo pertence. O número de vítimas determina a dificuldade de sustentar que, com uma vítima singular, pode levar à destruição de todo um grupo.

[605] Ac. RUZINDANA do TCIR, pg. 3.

[606] Por exemplo, os planos de *"limpeza étnica"* de MILOSEVIC serão enquadráveis no genocídio? Os actos dirigem-se a grupos determinados, pelo que os órgãos da ONU têm entendido que é uma situação próxima do genocídio, bem como do ódio e da discriminação racial.

[607] JOSÉ JOAQUIM ALMEIDA LOPES, *Os Crimes contra a Liberdade Religiosa no Direito Penal Português* in *Lusíada*, n.° 2, 1998, pg. 511.

392   *Ivo Miguel Barroso*

Ministério da Justiça, de acordo com o Decreto n.º 216/72, de 27 de Junho. A lei emprega a expressão grupo religioso em sentido amplo, para designar um conjunto de pessoas que segue uma determinada doutrina religiosa diferente das restantes, que tem a sua hierarquia e o seu regime de vida religiosa. Não é necessário que o grupo tenha 500 fiéis[608].

III. A expressão *"enquanto tal"* significa que os actos devem ser cometidos contra uma ou mais pessoas, devido a tal pessoa ou pessoas serem membros de um grupo específico e ainda devido à sua pertença ao grupo. A pessoa é eliminada não tanto em razão da sua identidade individual quanto em razão de ser membro de um dado grupo seleccionado como tal.

IV. O conceito actualmente omite exclui **outros conceitos de genocídio**, omitindo os subgéneros de genocídio de grupo social ou político.

A lei não adopta uma concepção ampla de genocídio, que abrangeria os outros subtipos, como o genocídio social. Em relação a este, nos trabalhos preparatórios da revisão do Código Penal[609], no corpo do n.º 1, foi eliminada a referência entre parêntesis *"(ou social)"*.

Não se incluem como grupos protegidos a classe social ou profissional, a situação médica, o sexo e a idade, ou a cultura[610] pois, embora existam exemplos de genocídio baseados em alguns destes critérios (como a destruição da classe média e profissional em Kampuchea ou como o extermínio dos deficientes físicos ou dos homossexuais pelos nazis), estes não constituem grupos facilmente identificáveis devido à sua falta de permanência e estabilidade, pelo que se impôs um critério restritivo, com o fim de impedir uma extensão excessiva da noção de genocídio[611].

---

[608] José Joaquim Almeida Lopes, *Os Crimes contra a Liberdade Religiosa...*, pg. 511.

[609] *Código Penal. Actas...*, 1993, pg. 284.

[610] O genocídio cultural dirige-se contra as liberdades de educação de informação, bem como contra a honra. É cometido através da destruição de instituições ou de formas pelas quais o corpo humano encontra a sua expressão; por exemplo, a proibição de utilizar um idioma próprio ou de aceder a uma biblioteca. O genocídio cultural não foi conservado, embora tivesse sido incluído no projecto redigido pelo Conselho Económico e Social.

Sobre o genocídio cultural, v. Issiaka-Prosper Lalèyê, *Comment meurent les cultures. Interrogations Philosophico-anthropoliques sur le concept de génocide culturel* in *Génocide(s)*, dir. de Katia Boustany / Daniel Dormoy, Bruylant, Bruxelles, 1999, pgs. 265 ss..

[611] *Apud* Antonio Blanc Altemir, *La Violación de los Derechos Humanos Fundamentales como Crimen Internacional*, Bosch, Barcelona, 1990, pg. 196.

V. O **genocídio político** consiste no extermínio de grupos humanos devido à sua pertença a um grupo ou a um partido político.

Nos trabalhos preparatórios da CPRCG, suscitou-se uma viva controvérsia acerca da inclusão de grupos políticos, cuja inclusão encontrou uma oposição irredutível por parte da União Soviética e da Polónia, que foi apoiada por muitos outros Estados. Após um prolongado debate, a Sexta Comissão deliberou não incluir os ditos grupos, aceitando os argumentos formulados contra a sua admissão, que foram de diversa índole.

A protecção dos grupos políticos contra procedimentos desumanos foi defendida, entre outros, pelo Reino Unido, pelos Países Baixos e pelos Estados Unidos, que recordaram o grande número de adversários que os nazis tinham exterminado por razões políticas. O representante da França alegou que, se, no passado, os crimes de genocídio haviam sido cometidos por motivos raciais ou religiosos, era evidente que, no futuro, seriam cometidos principalmente por motivos políticos, pois numa era de ideologia, exterminar-se-ia por motivos ideológicos.

O texto original, em 1982, referia-se também *"grupo político"*. A revisão de 1995 autonomizou o crime de genocídio, que anteriormente surgia associado à discriminação racial, mas reduziu o alcance da figura[612].

O "caso Pinochet" é considerado um caso de *"genocídio político"*, com o objectivo de eliminar ou de intimidar os adversários do regime[613].

Nos trabalhos preparatórios do ER, Portugal tentou que fossem também incluídos casos de destruição de um grupo por questões políticas, visando situações como as do Camboja (segundo o testemunho de PAULA ESCARAMEIA[614]). A inclusão não foi feita, mas conseguiu-se que situações destas estejam largamente cobertas pelos crimes contra a Humanidade.

Propomos também, *"de jure condendo"*, a inclusão do genocídio político.

VI. A destruição deve ser feita, **no todo ou em parte**. Daqui retiram-se duas consequências: a incriminação não se estende a todos os actos de violência racialmente motivada; não se exige que a destruição de todo o grupo, mas apenas de uma porção substancial dele[615].

VII. No que respeita ao tipo objectivo de ilícito, os actos previstos nas alíneas agrupam-se em dois géneros:

---

[612] CARLOTA PIZARRO DE ALMEIDA, *Um Exemplo de Jurisprudência Penal*, pg. 302.

[613] V. MUÑOZ CONDE, *Derecho Penal...*, pgs. 724-725.

[614] Em conferência proferida na Universidade Católica Portuguesa (Lisboa), em Dezembro de 2001.

[615] WILLIAM SCHABAS, Comentário ao art. 6.º do Estatuto de Roma, pg. 110.

– **genocídio físico**, composto por actos que levam à destruição, no todo ou em parte, do grupo nacional, racial ou religioso: a morte do grupo (al. a) do n.º 1 do art. 239.º do Código Penal);
– **genocídio biológico**: actos que, embora não destruindo directamente, preparam a destruição a longo prazo do grupo nacional, étnico, racial ou religioso[616] (alíneas b), c), d) e e) do n.º 1 do art. 239.º)[617].

VIII. Os **actos de genocídio** constam das várias **alíneas** do n.º 1 do art. 239.º e do art. 6.º do ER (desenvolvidas nos *"Elementos dos Crimes"*[618]).

– Homicídio de membros do grupo[619]

Segundo a sentença AKAYESU, do TCIR, *"killing"*, em geral, poderia incluir tanto o homicídio doloso como o homicídio negligente. Porém, no contexto, é excluído o homicídio negligente[620].

– Ofensa à integridade física grave de membros do grupo[621]

---

[616] MANUEL COBO DEL ROSAL *et al.*, *Curso de Derecho Penal. Parte especial. II*, dir. de MANUEL COBO DEL ROSAL, Marcial Pons, Madrid, 1997, pg. 969.

[617] MUÑOZ CONDE segue outra sistematização, incluindo as alíneas b) e c) no conceito de genocídio físico.

[618] Relativamente ao último elemento de cada crime, refere-se:
– A expressão *"no contexto de"* incluirá os actos de uma série que comece a verificar-se;
– A expressão *"manifesta"* é uma qualificação objectiva (trad. de CARLOTA PIZARRO DE ALMEIDA / JOSÉ MANUEL VILALONGA / RUI PATRÍCIO *Estatuto de Roma do Tribunal Penal Internacional*, Almedina, Coimbra, 2002, pgs. 119-121).

[619] Segundo os *"Elementos dos Crimes"* referentes ao Estatuto de Roma, o Genocídio através de homicídio envolve o seguinte:
"1. O autor matou duas ou mais pessoas.
2. Essa pessoa ou pessoas pertencia a um grupo nacional étnico, ou religioso determinado.
3. O autor teve a intenção de destruir, total ou parcialmente, esse grupo nacional, étnico, racial ou religioso, enquanto tal.
4. A conduta verificou-se no âmbito de uma actuação concertada contra esse grupo ou podia por si só causar essa destruição".

[620] WILLIAM SCHABAS, Comentário ao art. 6.º do Estatuto de Roma, pg. 112.

[621] Segundo os *"Elementos dos Crimes"* referidos acima:
"1. O autor causou lesão grave da integridade física ou mental de uma ou mais pessoas.
2. Essa pessoa ou pessoas pertencia a um grupo nacional étnico, ou religioso determinado.
3. O autor teve a intenção de destruir, total ou parcialmente, esse grupo nacional, étnico, racial ou religioso, enquanto tal.
4. A conduta verificou-se no âmbito de uma actuação concertada contra esse grupo ou podia por si só causar essa destruição".

Genocídio 395

– Sujeição do grupo a condições de existência ou a tratamentos cruéis, degradantes ou desumanos, susceptíveis de virem a provocar a sua destruição, total ou parcial[622].

Esta sujeição pode incluir a privação deliberada de condições indispensáveis de sobrevivência, como alimentos ou serviços médicos, ou expulsão sistemática dos lares.

– Transferência por meios violentos de crianças do grupo para um outro grupo[623]

– Impedimento da procriação ou dos nascimentos no grupo[624].

---

[622] Os *"Elementos dos Crimes"* anexos ao Estatuto de Roma referem:

"1. O autor submeteu intencionalmente uma ou mais pessoas a certas condições de existência.

2. Essa pessoa ou pessoas pertencia a um grupo nacional étnico, ou religioso determinado.

3. O autor teve a intenção de destruir, total ou parcialmente, esse grupo nacional, étnico, racial ou religioso, enquanto tal.

4. As condições de existência tinham o propósito de provocar a destruição física, total ou parcial, desse grupo.

5. A conduta verificou-se no âmbito de uma actuação concertada contra esse grupo ou podia por si só causar essa destruição".

[623] Os *"Elementos dos Crimes"* preceituam:

"1. O autor transferiu à força uma ou mais pessoas.

2. Essa pessoa ou pessoas pertenciam a um grupo nacional étnico, ou religioso determinado.

3. O autor tinha a intenção de destruir, total ou parcialmente, esse grupo nacional, étnico, racial ou religioso, enquanto tal.

4. A transferência ocorreu de um desses grupos para outro grupo.

5. As crianças transferidas eram menores de 18 anos.

6. O autor sabia ou podia saber que as crianças transferidas eram menores de 18 anos.

7. A conduta verificou-se no âmbito de uma actuação concertada contra esse grupo ou podia por si só causar essa destruição".

[626] Os *"Elementos dos Crimes"* relativos ao Estatuto de Roma referem:

"1. O autor impôs certas medidas contra uma ou mais pessoas.

2. Essa pessoa ou pessoas pertencia a um grupo nacional étnico, ou religioso determinado.

3. O autor tinha a intenção de destruir, total ou parcialmente, esse grupo nacional, étnico, racial ou religioso, enquanto tal.

4. As medidas impostas foram destinadas a impedir nascimentos no seio do grupo.

5. A conduta verificou-se no âmbito de uma actuação concertada contra esse grupo ou podia por si só causar essa destruição".

A conduta consiste em transferir uma ou mais pessoas. O termo "*forcibly*" não é restrito à força física podendo incluir ameaça de coacção, como a causada pelo medo de violência, detenção, opressão psicológica ou abuso de poder, contra tal pessoa ou pessoas ou quaisquer outras, ou tirando vantagem de um ambiente opressivo.

Propugnamos, "*de jure condendo*", a inclusão dos actos do uso de violação.

Por exemplo, na ex-Jugoslávia, o sistema de violência contra a liberdade sexual de mulheres muçulmanas foi um dos meios de execução da política de limpeza étnica, de intimidação ou de humilhação a um determinado grupo[625].

Os actos de violação provocam nascimentos indesejados e a extinção, por meios brutais, de um grupo "na sua originalidade"[626]. Obrigar as mulheres a ter os filhos é um objectivo mais amplo da política demográfica.

São particularmente significativos os depoimentos de mulheres violadas[627]. Com efeito, os actos de violação consubstanciam uma forma de tortura para cerca de metade da população; as consequências físicas e psicológicas para as mulheres são devastadoras, revelando um conteúdo de ilicitude agravado, em virtude de ser feito também com o objectivo de humilhar as mulheres, determinando um sentimento de submissão e de terror[628].

Por outro lado, a violação, produz um efeito de estigmatização das mulheres, consegue romper e dividir uma sociedade.

---

[625] CASILDA RUEDA FERNÁNDEZ, *Delitos de Derecho Internacional...*, pg. 184.

[626] Nos trabalhos da Comissão Preparatória, constituída nas Nações Unidas para preparar, entre outros textos, os "*elementos dos crimes*", considerou-se a inclusão, na tipificação do genocídio, de actos de tortura, de violação, de violência sexual, de depuração étnica ou de tratamentos desumanos ou degradantes (JOSÉ LUIS RODRÍGUEZ-VILLASANTE Y PRIETO, *Mesa redonda. Tipologia penal en los crímines contra la humanidad y el genocidio* in *Crímines contra la humanidad y genocidio*, XII Seminario «Duque de Ahumada», obra colectiva, Ministerio del Interior, Imprenta Nacional del Boletín Oficial del Estado, s.l., 2001, pg. 182).

No art. 607.º do Código Penal espanhol, a destruição inclui as agressões sexuais.

[627] Testemunhos reunidos pela associação DONNES Y DONNES de Barcelona (grupo de mulheres da Bósnia-Herzegovina), *La violación como arma de limpieza étnica* in *El genocidio bosnio. Documentos para un análisis*, Los Libros de la Catarata, Madrid, 1997, pgs. 153-164.

[628] DONNES Y DONNES, *La violación como arma de limpieza étnica*, pgs. 159-160.

Genocídio 397

IX. No que tange à **relação entre os actos**, o resultado final dos actos preparatórios da Comissão Revisora de 1993[629] é o de que não é suficiente a prática de um só acto: torna-se necessário mais de um acto, independentemente de se encontrar previsto em diversas alíneas O tipo é preenchido, se os outros actos praticados pelo agente integrarem a mesma alínea, não se exigindo que o agente pratique actos de diferente espécie[630].

Contudo, não bastando um homicídio de um membro de grupo (alínea a)), é suficiente a transferência de crianças de grupo para outro grupo (alínea d))[631].

5.2 Em relação ao tipo subjectivo, o autor pretende o resultado almejado. Uma das componentes do conhecimento dos elementos do tipo é a do grupo-alvo (*"Targeted Group"*).

No caso da al. e), o tipo subjectivo abrange o conhecimento pelo autor de que as crianças têm idade inferior a dezoito anos. MUÑOZ CONDE exige a presença de dolo directo.

5.3 As causas de exclusão da ilicitude, as proposições permissivas, e as causas de exclusão de culpa apresentam particularidades no Estatuto de Roma, dado que o sistema anglo-saxónico as une, sob o signo de causas de justificação da ilicitude e da culpa (art. 31.º do ER).

Será é possível a justificação do genocídio por legítima defesa[632]?

---

[629] Nos trabalhos preparatórios de 1993, o Professor FIGUEIREDO DIAS entendeu chamar a atenção para o entendimento que é dado, pelos anotadores, ao segmento final do n.º 1 (praticar alguns dos actos seguintes): não bastará a prática de um, tendo que ser mais do que um.

Esse entendimento seria, na opinião do Senhor PROCURADOR-GERAL DA REPÚBLICA, difícil de aceitar.

Com o apoio do Conselheiro SOUSA E BRITO, propôs que se utilizasse o singular (algum).

A Comissão aprovou a redacção para o n.º 1:

"Quem, com intenção.... praticar".

[630] *Código Penal. Actas...*, 1993, pg. 284.

[631] *Código Penal. Actas...*, 1993, pg. 284.

[632] O n.º 1, al. c), do art. 31.º do ER consagra o direito de legítima própria, de terceiro ou de defesa de propriedade, nos crimes de guerra:

"Agir em defesa própria ou de terceiro com razoabilidade ou, em caso de crimes de guerra, em defesa de um bem que seja essencial para a sua sobrevivência ou de terceiro ou de um bem que seja essencial à realização de uma missão militar, contra o uso iminente e ilegal da força, de forma proporcional ao grau de perigo para si, para terceiro ou para os bens protegidos. O facto de participar numa força que realize uma operação

Segundo MARIA FERNANDA PALMA[633], será difícil conceber a possibilidade de justificar por legítima defesa um genocídio ou um crime contra a humanidade, por força da intenção específica constante do tipo, havendo uma incompatibilidade com o elemento subjectivo especial de ilicitude.

5.3.1. Elemento subjectivo especial de ilicitude "com intenção de destruir..."

I. O requisito intencional para o crime de conspiração para cometer genocídio é, *ipso facto*, a intenção requerida para o crime de genocídio[634].

O problema mais delicado concerne, pois, à determinação do elemento subjectivo do tipo penal, isto é, a intenção de destruição do grupo vítima[635].

Embora o artigo 30.º do ER exija normalmente um elemento intencional, e reconhecendo que o conhecimento das circunstâncias se terá geralmente em conta ao provar a intenção de cometer genocídio, o requisito eventual de que haja um elemento intencional relativo a esta circunstância deverá ser decidido em concreto pelo tribunal (Introdução dos "*Elementos dos Crimes*" do artigo 6.º do ER).

II. A Parte Especial inclui diversas normas incriminadoras que comportam elementos subjectivos especiais da ilicitude (*v. g.*, artigos 243.º, n.º 3, 203.º, n.º 1, 210.º, 217.º, 382.º). Não existe uma referenciação directa destes elementos subjectivos na Parte Geral do Código Penal.

Correlativamente à "*intenção de destruir*", existem as maneiras de ver do designado "dolo específico" e do elemento subjectivo especial de ilicitude.

---

de defesa não será causa bastante de exclusão de responsabilidade criminal, nos termos desta alínea". A legítima defesa contra o património é afastada, em princípio, como causa de justificação, nos termos deste preceito.

[633] Em exposição oral sobre a criação do Tribunal Penal Internacional, na Faculdade de Direito da Universidade de Lisboa, em 15 de Fevereiro de 2001.

[634] Sentença MUSEMA, do TCIR, pg. 11.

[635] Por exemplo, em Março de 1997, KABILA ordenou massacres contra os refugiados ruandeses da etnia hutu que estavam em campos de refugiados do Zaire (ROBERTO GARRETÓN MERINO, *La Protección de los derechos humanos y los crímenes de lesa humanidad y el genocidio. La responsabilidad del individuo* in *Crímines contra la humanidad y genocidio*, XII Seminario «Duque de Ahumada», obra colectiva, Ministerio del Interior, Imprenta Nacional del Boletín Oficial del Estado, s.l., 2001, pg. 26).

Genocídio 399

– a primeira remete para o "dolo", um "dolo específico", "*dolus specialis*"[636] ou intenção específica;
– a segunda considera ser um "elemento subjectivo especial de ilicitude".

É esta última a maneira de ver mais acertada.

A descoberta dos elementos subjectivos do ilícito remonta a FISCHER: o pleno desenvolvimento da teoria dos elementos subjectivos deve-se a MEZGER. A teoria impôs-se na Alemanha. Com efeito, os elementos não são pertences à culpa[637].

Entre nós, TERESA PIZARRO BELEZA[638] refere que a expressão "dolo" é, por vezes, usada para abranger outros elementos que descrevem certas motivações, sendo referente a aspectos subjectivos dos tipos legais de crimes. Este uso é menos feliz, dado que, em rigor, não correspondem a determinadas finalidades ou objectivos que presidam a uma actividade[639].

Há um paralelismo entre o tipo objectivo e o tipo subjectivo: neste, o agente tem de conhecer todos os elementos do tipo objectivo.

Pelo contrário, naquelas situações, exige-se que o agente tenha uma determinada intenção que vai além do comportamento objectivamente tipificado, a não concretização de tal objectivo não impede a execução do crime. Não tem de acontecer em termos reais.

Diversamente, no elemento subjectivo especial de ilicitude, mesmo que o desejo não se projecte no mundo exterior, o tipo objectivo é preenchido[640].

---

[636] Para uma defesa do dolo específico, na Doutrina italiana, v. GELARDI, *Il Dolo Specifico*; entre nós, v. designadamente, EDUARDO CORREIA, *A Teoria...*, pgs. 141-143; CAVALEIRO DE FERREIRA, *Lições...*, pg. 299; M. MAIA GONÇALVES, *Código Penal Português. Anotado e Comentado e Legislação Complementar*, 13.ª ed., Almedina, Coimbra, 1999, anotação ao art. 239.°; HELENA MONIZ, *O Crime de Falsificação...*, pgs. 31-34.

A Jurisprudência do TCIR e do TCIJ postula também o entendimento da exigência de um "*dolus specialis*".

[637] V. HANS WELZEL, *Derecho Penal*, pgs. 151-154.

[638] TERESA PIZARRO BELEZA, *A revisão da Parte Especial...*, pg. 114; *ID.*, *Maus tratos conjugais: o art. 153.°, 3 do Código Penal*, AAFDL, 1989, pg. 25; *ID.*, *Mulheres, Direito e Crime*, pgs. 363-364.

[639] TERESA PIZARRO BELEZA, *Maus tratos conjugais...*, pg. 28.

[640] Por exemplo, no furto, a apropriação é mero objectivo, intuito, desejo da pessoa que subtrai. O autor do furto subtrai para se apropriar; é um elemento subjectivo que caracteriza a acção além dos elementos do tipo objectivo (TERESA PIZARRO BELEZA, *Os crimes contra a propriedade...*, 1998, pg. 73).

No mesmo sentido, MARIA FERNANDA PALMA / RUI CARLOS PEREIRA, *O Crime de*

III. Nem todos os elementos são parte constitutiva, do ponto de vista subjectivo, do ilícito; em parte, são elementos especiais da culpa; a ordenação pode ser difícil[641].

Há dois grupos especiais:

i) os elementos de atitude e da motivação;
ii) as tendências internas excessivas.

Estas últimas são o ponto que mais interessa para a matéria de Crimes contra a Humanidade: constituem estados intencionais que, considerados formalmente, se diferenciam do dolo, pois não têm nenhuma correspondência com o tipo objectivo (*v. g.*, "*com o propósito...*"). Estas têm como função caracterizar uma conduta especialmente perigosa ou reprovável, delimitando a protecção do bem jurídico[642].

IV. A existência dos elementos subjectivos especiais de ilicitude poderá limitar as possibilidades de preenchimento dos tipos subjectivos, através da condutas dolosas previstas no art. 14.º[643].

5.3.2. *Dificuldade de prova. Caso* ALCINDO MONTEIRO *e outros*

A intenção requerida não é acidental – é difícil de provar.
Por exemplo, veja-se o caso ALCINDO MONTEIRO e outros:

I. A matéria provada era a seguinte:
Os arguidos estão ligados ao movimento dos "*Skinheads*" em Portugal.
Este grupo de pessoas tem em comum o culto por determinadas ideias – nacionalismo e racismo – com as quais, de uma forma mais ou menos interiorizada, simpatizam. Exaltam o nacionalismo, o fascismo e o nazismo. SALAZAR e o seu regime são apontados como o modelo a seguir. A vertente racista está sempre presente. Apelam à superioridade da raça branca considerando a raça negra como raça inferior.

Burla no Código Penal de 1982-95 in RFDUL, vol. XXXV, Lex, 1994, pgs. 331-332 (321--333). Contudo, a intenção "intenção", utilizada na descrição do elemento subjectivo especial da ilicitude, deve ser interpretada em consonância com o disposto no n.º 1 do art. 14.º (MARIA FERNANDA PALMA / RUI CARLOS PEREIRA, *O Crime de Burla...*, pg. 332).

[641] ESER/BURKHARDT, *Derecho Penal...*, pg. 172.
[642] ESER/BURKHARDT, *Derecho Penal...*, pg. 172.
[643] RUI PEREIRA, *O Dolo de Perigo*, pg. 86.

Em termos gerais, de acordo com uma política a que chamam "racialismo" não admitem a mistura de raças; são contra a imigração para Portugal de indivíduos de raça negra, nomeadamente os originários das ex-colónias. Defendem a expulsão do território nacional de todos os indivíduos de raça negra e para atingirem esse fim e em nome da *"Nação"* e da *"superioridade da raça branca"* acham legítimas todas as agressões contra esse grupo de indivíduos.

"(...) detinham em seu poder diversa literatura, manuscritos, autocolantes e outros apontamentos alusivos aos ideais que todos os arguidos perfilam e destinados à difusão das suas ideias xenófobas e incitamento a actuações de violência colectiva":

"A nossa religião é a nossa raça – Orgulho Branco"; *"Poder branco"*, *"Imigração não obrigado"*; *"Portugal livre de pretos"*. Recorrem aos "modelos" militares como forma de identificação.

Imbuídos da comemoração do Dia da Raça, os arguidos, dirigindo-se a indivíduos de raça negra que por ali passavam, proferiram expressões como *"preto vai-te embora"*, *"preto cheiras mal"* e *"não tomas banho"*, atirando a alguns garrafas de cerveja.

Há uma confrontação com um grupo de indivíduos de raça negra; *"foram juntando no intuito de atacar o grupo de indivíduos de raça negra que estava à sua frente"*. Os indivíduos negros, em menor número, fogem; são perseguidos; alcançam alguns elementos do grupo, atingindo-os em diversas partes do corpo.

"assumem uma postura colectiva de exaltação, violência, perseguição e ataque a qualquer indivíduo de raça negra".

Causam ofensas à integridade física.

"Enquanto agrediam o ofendido, estes quinze arguidos iam gritando "Este é preto, mata-o!", (...) "Vai para a tua terra que isto aqui não é lugar para ti"".

Noutro ofendido, os arguidos rodeiam-no, formando um círculo à sua volta, e batem-lhe, de forma indiscriminada, com pontapés pelo corpo e zona abdominal, sendo o alvo primordial a cabeça do ofendido.

A par dos pontapés, o arguido N.M. agride ainda o ofendido com uma soqueira metálica.

Durante esta agressão, o arguido HUGO, enquanto batia, incentivava ainda os outros a sovar o arguido, gritando *"Mata o gajo, negro da merda!"*.

Sucedem-se mais agressões.

Noutro local, gritam *"Morte aos pretos"* e *"Portugal é nosso"*.

ALCINDO MONTEIRO é atingido de forma violenta. Três indivíduos depois voltam para trás e batem na cabeça do indivíduo inanimado.

Provou-se ainda que ALCINDO MONTEIRO *"foi morto unicamente pelo facto de ser negro"*.

Não se provou que os arguidos consideravam a raça negra como uma raça a eliminar.

II. A defesa arguiu, nomeadamente, as afirmações seguintes.

O 1.° arguido refere:

"Partir de um facto objectivo, como foi a morte do pobre Alcindo, para se chegar ao ponto de incriminar todos os arguidos, ampliando a factualidade – material e intencional – até se chegar à acusação de GENOCÍDIO, parece-nos despropositado por, nem os autos para isso terem matéria, nem a acusação ser precisa.

Parece-nos que esta acusação abre um precedente nos nossos Tribunais, um procedente negativo e quem sabe se não aparece como uma axa para a fogueira do racismo que tantos querem eliminar." (sic).

Nas alegações, é mencionado que não são descritos factos que seriam necessários para a subsunção do tipo legal de genocídio:

"O genocídio implica um propósito de irradicação de uma comunidade minoritária com existência separada num todo politicamente unificado" (sic).

"Ora não se diz, nem se poderia dizer que, em Portugal, os Africanos se organizem e vivam de modo distinto, social e culturalmente autónomo, numa comunidade lusíada, independentemente das diferenças sócio-económicas que aliás partilham com nacionais de outras origens étnicas, maxime caucasianas".

"O arguido é pessoa pacífica.

«No que respeita à sua selecção de amigos jamais estabeleceu distinção entre brancos, negros ou qualquer outra raça ou grupo étnico."

III. O Tribunal considera que *"Para a verificação do crime de genocídio, exige o art. 189.°, n.° 1, do C.P./82 (...):*

A *"intenção de destruir, no todo ou em parte, uma comunidade ou grupo (...) racial (...)".*

A palavra *"destruir"* só pode ter aqui o sentido de *"eliminar fisicamente".*

"Ora, da matéria de facto assente como provada não resulta que os arguidos intervenientes nas agressões as tenha praticado com a intenção de eliminar fisicamente todos os negros uma parte dos negros de Portugal.

«Antes se provou que os arguidos intervenientes nas agressões as praticaram com o fim de expulsarem do território nacional todos os indivíduos de raça negra; com o fim de, com a descrita actuação, contribuírem para a expulsão de Portugal daquele grupo racial.

«Assim, por não se verificar preenchido o particular dolo exigido pelo art. 189.º, n.º 1, do C.P./82, não há crime de genocídio."[644]

IV. Em nosso entender, o Tribunal diferencia o destruir do expulsar. É uma jurisprudência protectora para o arguido, cautelosa, minimalista. Considera que é necessário, quando há uma ofensa à integridade física, que não basta a expulsão.

Mas outras expressões da matéria de facto indiciam uma valoração diversa – expressões como *"Este é preto, mata-o"*.

A prova da factualidade não tem que ver com a *"intenção de des-truir"*. O tribunal faz, deste modo, eco da doutrina do dolo específico.

6. Especificidades comparticipativas

Os crimes contra a Humanidade em sentido lato apresentam especificidades comparticipativas.

Em particular, o genocídio é um crime tendencialmente estatal, perpetrado por um conjunto organizado de pessoas.

ROXIN[645], GIMBERNAT ORDEIG[646], KAI AMBOS[647-648] consideram que os quadros da comparticipação não explicam convenientemente o fenómeno genocidário. Os crimes de guerra, de Estado e de organizações não se podem compreender adequadamente sob os parâmetros do crime individual.

---

[644] Em relação ao homicídio qualificado, o tribunal considera algumas alíneas do n.º 2 do art. 132.º, nomeadamente a relativa ao ódio racial (al. d). *"E para os nossos costumes e tradição do nosso povo e da nossa história, matar um homem só porque ele é negro é na verdade particularmente censurável o chocante"*) e ao "meio insidioso" (al. f)). O tribunal considera ainda o crime de ofensas corporais com dolo de perigo. Houve uma situação co-autoral: *"o resultado combinado entre os arguidos (à excepção do que aconteceu com o Alcindo Monteiro (...)) é o de que os negros por quem passem fiquem agredidos e espancados (...)"*.

[645] CLAUS ROXIN, *Autoría...*, pgs. 269 ss..

[646] ENRIQUE GIMBERNAT ORDEIG, *Autor y Complice en Derecho Penal*, Universidad de Madrid, Facultad de Derecho, 1966.

[647] KAI AMBOS, *Responsabilidad penal individual en el Derecho penal supranacional. Un análisis jurisprudencial. De Nuremberg a la Haya* in *La Ley. Revista Penal*, n.º 7, Jan. de 2001, pgs. 5-24.

[648] V. também CHARLES GARRAWAY, *Superior orders and the International Criminal Court: Justice delivered or justice denied* in *RICR*, n.º 836, vol. 81, 1999, pgs. 785-794; GENEVIEVE DUFOUR, *La défense d'ordres supérieurs existe-t-elle vraiment?* in *RICR*, n.º 82, n.º 840, 2000, pgs. 969-992.

Com efeito, as figuras jurídicas de autoria, instigação e cumplicidade estão concebidas à medida dos factos individuais, não podem dar devida conta de sucessos colectivos, contemplados como fenómeno global[649].

6.1 Vejamos um interrogatório hipotético a um agente:

"Pergunta: Foram mortas pessoas no campo?
Resposta: Sim.
P. Foram asfixiadas com gás?
R. Sim.
P. Foram enterradas vivas?
R. Aconteceu algumas vezes.
P. As vítimas vinham de toda a Europa?
R. Penso que sim.
P. Participou pessoalmente na morte dessas pessoas?
R. De maneira nenhuma, eu era simplesmente tesoureiro do campo.
P. Que impressão lhe provocaram esses actos?
R. A princípio, era duro, mas acabámos por nos habituar.
P. Sabe que os russos o vão enforcar?
R. (entre soluços) Porquê? O que foi que eu fiz?"[650].

Os autores compreendiam, pois, o ilícito material, embora tal conduta fosse devida a *"obsessão ideológica"*[651].

Nos julgamentos de Nuremberga, não se encontrava nenhum caso em que alguém tivesse sido fuzilado por negar-se a cumprir ordens de fuzilamento.

6.1.1 Por exemplo, tomemos o caso de OTTO ADOLF EICHMANN[652]:
Resumidamente, em finais de 1939, este foi nomeado por HITLER para *"Conselheiro Especial"*. O seu cargo consistia em organizar a reunião e a deportação dos judeus da Alemanha e mais tarde dos países ocupados da Europa para campos de concentração, guetos e campos de trabalho escravo ou directamente para os centros de extermínio na Polónia.

---

[649] ROXIN, *Autoría...*, pg. 270.

[650] PM, domingo, 12 de Novembro de 1944, *apud* HANNAH ARENDT, *Compreensão...*, pg. 69.

[651] CLAUS ROXIN, *Autoría y Dominio...*, pg. 271.

[652] V. *Os Criminosos de Guerra. Eichmann. Tóquio*, org. de CLAUDE BERTIN, Amigos do Livro, Camarate, s.d..

Em Março de 1941, durante os preparativos da guerra contra a Rússia, EICHMANN foi encarregado de uma nova secção, ou de uma secção com nome diverso: em lugar de Emigração e Evacuação, é a de *"Assuntos judeus e Evacuação"*. Era o prenúncio de que o objectivo era a chamada *"Solução final"*: a deportação tinha como objectivo implícito o extermínio.

O *"Transportjuden"* era a especialidade de EICHMANN. A imensa maioria das vítimas estava condenada à morte[653].

EICHMANN foi mais tarde capturado na Argentina e levado em segredo para Israel[654]. Durante alguns meses, EICHMANN é interrogado. Foi o próprio autor do processo-crime – o Estado de Israel – que pagou o advogado de defesa, Dr. SEVATIUS, vindo da Alemanha).

Neste julgamento, EICHMANN alegou que fez com que os comboios andassem dentro dos seus horários, isolado das consequências das suas decisões: entregava massas humanas nos campos de extermínio.

De início, a acusação, incapaz de compreender um autor de morte em massa que jamais matara, a acusação tenta a prova de uma morte individual.

O procurador HAUSNER referiu, na sua exposição introdutória, que se tratava de um novo criminoso, um homem que exerceu o seu abominável mister sentado num gabinete. *"Ele nunca matou por suas próprias mãos, salvo numa ocasião"*[655].

EICHMANN afirmava: *"Eu posso simplesmente dizer que nunca matei fosse quem fosse."*.

No conto *Defesa e justificação de um ex-criminoso de guerra (das memórias de Herr Werner Stupnein, ex-oficial superior das SS)*, de JORGE DE SENA, inspirando-se na figura de ADOLF EICHMANN[656], o narrador refere, na primeira pessoa:

"Sempre fui rigoroso nos meus relatórios e nas minhas estatísticas. Acusaram-se de ter pessoalmente dirigido o assassínio de duas mil setecentas e cinquenta e quatro criaturas de ambos os sexos, várias idades e

---

[653] HANNAH ARENDT, *Eichmann à Jérusalem*, pgs. 1224-1225.

[654] Esta captura motivou protestos do arguido e de outros sectores; HANNAH ARENDT levantou dúvidas quanto à competência do tribunal considerando que Israel violou o princípio territorial (HANNAH ARENDT, *Eichmann à Jérusalem*, pg. 1273), preferindo o julgamento por um tribunal internacional especial, criado pelas Nações Unidas, representando a humanidade inteira, sendo acompanhada por vozes autorizadas. KARL JASPERS propôs que o Tribunal de Jerusalém se declarasse incompetente.

[655] A vítima chamava-se SALOMON TEITEL.

[656] O conto é datado de 7 de Maio de 1961.

406 Ivo Miguel Barroso

raças. É inteiramente falso. Eu nunca assassinei, *directa ou indirectamente, ninguém. Durante a minha administração* morreram, *em circunstâncias diversas, e de acordo com princípios administrativos que os inimigos do Reich não desconheciam e nunca condenaram abertamente, mil oitocentas e noventa e três criaturas do género humano. E eu nunca impedi que qualquer delas, em idade adulta, tivesse chicoteado um masoquista alemão que o solicitasse. Quanto às crianças, cumpre-me esclarecer que, entre morrerem inutilmente de fome ou dos azares da guerra – o seu natural destino – e serem utilizadas racionalmente nos prazeres legais de uma sociedade organizada e superior, parece-me que não há qualquer dilema." (sic)*[657].

EICHMANN era o chefe de serviços competente. Houve centenas, milhares de outros, na Alemanha nazi, que colaboraram no plano, mas isso não reduz em nada a culpabilidade de EICHMANN.

A sentença proferida por um colectivo de juízes, presidido pelo juiz LANDAU, considerou o seguinte:

– declarou o acusado culpado de crime contra o povo judeu durante o período de Agosto de 1941 a Maio de 1945;
– absolveu o réu de crime contra o povo judeu para o período terminado em Agosto de 1941 ;
– absolveu o réu da acusação de crime contra o povo judeu relativamente às medidas de esterilização de 1942 (por prova insuficiente);
– declarou-o culpado em relação ao quinto, sexto e sétimo pontos da acusação (crime contra a humanidade), bem como no que respeita aos nono, décimo, décimo primeiro e décimo segundo, pelo mesmo motivo; culpado do oitavo ponto da acusação (crime de guerra).

"Profundamente compenetrados do sentido da responsabilidade que pesa sobre nós, resolvemos que, com o fim de punir o réu e a título de exemplo, é conveniente infligir-lhe o máximo de castigo previsto na lei."
"Os crimes nos quais o acusado participou, tanto pela sua natureza como pela sua extensão, são aterradores e sem paralelo.". Rejeitando todas as circunstâncias atenuantes, o presidente LANDAU concluiu:

---

[657] JORGE DE SENA, *Defesa e justificação de um ex-criminoso de guerra (das memórias de Herr Werner Stupnein, ex-oficial superior das SS)* in *Antigas e novas andanças do demónio (Contos)*, 2.ª ed., Edições 70, Lisboa, 1981, pgs. 181-182 (pgs. 171-181).

"O Tribunal condena Adolf Eichmann à pena de morte, em face de crimes contra o povo judeu, de crimes contra a humanidade e de crimes de guerra dos quais foi declarado culpado. É esta a nossa sentença. (...)".

Foi interposto recurso, referindo que EICHMANN não agira por iniciativa própria mas na qualidade de roda minúscula de uma engrenagem complexa, cuja direcção era tomada pelos grandes chefes; que o seu papel se limitava a fixar o horário e a altura da partida dos judeus deportados para os vários campos; que actuou segundo as ordens superiores, ligado pelo dever de obediência e de respeito sagrado ao juramento; que não podia nem revoltar-se nem iludir a execução das ordens recebidas porque, aos rebeldes e aos sabotadores, estava reservada a mesma sorte: a forca e o patíbulo.

O Supremo Tribunal observou que poderia fazer-se justiça de todos estes argumentos:

"a ordem superior não é justificação para o delinquente, desde que o carácter criminoso do seu acto se manifeste com plena evidência aos olhos do seu autor". O Tribunal acrescentou um argumento suplementar:

"Se de acordo com a lei sobre a punição de nazis, se faz subir ao patíbulo aquele que tem na consciência uma centena de vidas humanas, não se poderia mandar em liberdade ou manter em detenção aquele que matou milhões. A partir do momento em que em 1950 o legislador israelita fixou a pena máxima, não poderia conceber criminoso maior que Eichmann, e se não queremos desvirtuar o pensamento do legislador, compete-nos infligir a Eichmann o máximo de pena prevista na lei, isto é, a pena de morte".

6.1.2 Quem comete o crime não se vê exonerado de responsabilidade porque, se não o tivesse feito, outro o teria feito[658].

EICHMANN não era só executor, mas também dele partiam ordens a subordinados.

O Tribunal de Jerusalém considerou que a proximidade de um ou outro, de entre estes muitos delinquentes, o que matou a vítima, não poderia influir em absoluto no alcance da responsabilidade. Não era adequado recorrer à aplicação dos conceitos comuns de autor e cúmplice.

Os juízes notaram a especial dificuldade de definir, em termos técnicos, quem auxiliou quem; e, para considerar que existe autoria, por vezes, nos crimes em massa, excluíram a aplicação das categorias normais da participação.

---

[658] CLAUS ROXIN, *Autoría...*, pg. 274.

Os crimes em análise eram de proporções gigantescas e de múltiplas ramificações, em que participam muitas pessoas em distintos postos da escala de comando (planificadores, organizadores e órgão executores de distinto raio).

6.2 Com efeito, na explicação de CLAUS ROXIN[659], no genocídio nazi, as decisões do *Führer* são executadas por uma burocracia desejosa de agradar ao seu chefe.

O executor concreto dos factos perde relevância. Predomina a fungibilidade do executor, o qual pode ser substituído, a todo o tempo, e sempre que necessário, por manipulação do autor mediato.

O domínio dos que controlam o sistema sobre a consumação dos factos que ordenaram é total, pois, ainda que algum subordinado resistisse a cumprir, seria imediatamente substituído por outro que o faria; o plano traçado não pode ser frustrado pela vontade do executor.

6.2.1 A medida de responsabilidade aumenta bem mais dos sujeitos que estão na cadeia de comando, pois são o que faz funcionar a máquina assassina. Uma autoridade superior competente para organizar o extermínio em massa de judeus domina a realização de um modo diverso do instigador comum. Não se trata do tradicional domínio da vontade da autoria mediata; o domínio não é sobre uma vontade concreta, mas sobre uma vontade indeterminada; qualquer que seja o executor, o resultado produzir-se-á.

Segundo CLAUS ROXIN, o domínio da vontade, o domínio de organização é uma forma autónoma de autoria mediata (estruturas organizadas de poder), abrangendo as decisões de crimes nazis e outras actividades criminais auspiciadas pelo Estado, pois a estrutura do domínio do facto é um conceito *"aberto"*[660-661-662].

---

[659] CLAUS ROXIN, *Autoría...*, pgs. 273 ss..

[660] CLAUS ROXIN, *Autoría...*, pgs. 279, 145-149.

[661] *a)* O conceito de domínio do facto aparece na ciência, no fim do século XIX, como um significado diverso do significado proposto mais tarde; foi utilizado por HEGLER, em 1915, como conceito jurídico-penal (*"Tatherrschaft"*) e por VON WEBER; este último Autor utilizou o conceito num sentido absolutamente subjectivo. O fundador da noção de domínio do facto, no sentido da dogmática posterior, foi LOBE (MAURACH / GÖSSEL / / ZIPF, *Derecho Penal...*, pg. 316).

As teorias do domínio do facto, foram várias, desde a Teoria ontológica de WELZEL (filiada na Escola Finalista), de MAURACH / GÖSSEL / ZIPF, de ROXIN, de KÜPER, de BLOY.

b) Na Jurisprudência do *Bundesgerichtshof*, houve uma progressiva infiltração dos

Uma organização rigidamente hierarquizada optou pela via criminosa, desligada, por completo, das normas de direito. Uma das formas de manifestação típicas consiste numa organização política, militar ou policial que se apoderou do próprio aparelho de Estado.

O fenómeno colectivo, em si mesmo dificilmente interpretável nos parâmetros do facto punível individual, utilizado pelos *"homens por detrás"* como conhecimento e consciência perfeitos, o que confere identidade própria a esta espécie de domínio.

A forma estrutural de domínio do facto que se analisa surge quase exclusivamente num Estado internamente consolidado. O Governo, num regime ditatorial, implanta uma maquinaria para eliminar grupos de pes-

---

critérios do domínio do facto (CLAUS ROXIN, *Autoría...*, pg. 676); a primeira sentença que invoca a teoria do domínio do facto é da Secção III, de 21 de Novembro de 1950 (CLAUS ROXIN, *Autoría...*, pg. 112.). Na delimitação entre a co-autoria e a cumplicidade, o referido Tribunal tem utilizado a teoria normativa da combinação, dominada por uma ideia que atende a uma *"consideração valorativa global"*, em que se consideram *"pontos de apoio essenciais"* para a delimitação o interesse no facto, a amplitude de participação no facto, o domínio do facto ou, ao menos, a vontade de domínio do facto. Os critérios centrais são o *"interesse"* e o *"domínio do facto"* (CLAUS ROXIN, *Autoría...*, pgs. 677-678).

A Jurisprudência do BGH tem utilizado a **teoria normativa da combinação**, na distinção entre co-autoria e cumplicidade, recorrendo aos critérios centrais do interesse e do domínio do facto; deste modo, tem considerado meras acções preparatórias e mesmo participação espiritual como suficientes para constituir co-autoria.

c) Assim, podemos constatar que a determinação do conteúdo do domínio do facto obedeceu a vários critérios (CLAUS ROXIN, *Autoría...*, pgs. 338 ss.):
– a influência determinante sobre o curso e sobre o resultado do facto;
– a capacidade de fazer continuar e de impedir;
– a possibilidade de dar o sucesso na intervenção;
– a poder sobre o facto;
– a subordinação da vontade;
– a *"vontade de domínio do facto"* e *"sentimento de autoria"*.

[662] CLAUS ROXIN unifica o *"macroconceito"* de domínio do facto (como refere MANUEL COBO DEL ROSAL, ROXIN é *"o artífice de quatro critérios (...) inspirados no macroconceito, já existente, mas de conteúdo raquítico e contraditório, de domínio do facto"* (Prólogo à obra de *Roxin Autoría y Dominio del Hecho en Derecho Penal*, Marcial Pons, Madrid, 2000, pg. 3).

O domínio do facto não consiste num conceito de autor ontológico. O conceito de acção final fornece apenas um ponto de partida (CLAUS ROXIN, *Autoría...*, pg. 350).

Do ponto de vista de CLAUS ROXIN, existem três possibilidades de empregar o conceito de domínio do facto:
– como conceito indeterminado (CLAUS ROXIN, *Autoría...*, pgs. 130 ss.);
– como conceito "fixo" (CLAUS ROXIN, *Autoría...*, pgs. 141 ss.);
– como conceito aberto.

soas. O *"sujeito de trás"* pode confiar que a ordem se cumpre, sem que tenha de conhecer o executor. Existe uma forma de domínio da vontade devido à fungibilidade e anonimato do executor directo, substituível em qualquer momento (embora não falte a liberdade, nem a responsabilidade, que responde com culpa). O *"sujeito de trás"* tem o domínio do facto.

A perda de proximidade ao facto é compensada pela medida de domínio organizativo, que aumenta segundo a ascensão na escala hierárquica do aparelho[663]. Por exemplo, a ordem dada pelo *"Führer"* por telefone a um comando.

A pluralidade de vítimas tão-pouco é decisiva para a autoria.

Não colhem, devido ao conhecimento, as teses da co-autoria (JESCHECK) (atendendo a um princípio de auto-responsabilidade absoluto)[664] e da instigação (HERZBERG)[665].

O executor converte-se também em autor, sem prejuízo do seu domínio da acção, ao mesmo tempo em instrumento do sujeito de trás[666].

6.2.2 A responsabilidade dos chefes militares foi expandida na al. a) do art. 28.° do ER, consagrando a responsabilidade pelo comando[667].

---

[663] CLAUS ROXIN, *Autoría...*, pg. 274.

[664] V. TERESA SERRA, *A Autoria Mediata através do domínio de um aparelho organizado de poder* in *RPCC*, 1995, pgs. 313 ss. (303 ss.).

[665] V. ROXIN, *Autoría...*, pgs. 725-728. Entre nós, v. TERESA SERRA, *A Autoria Mediata...*.

[666] ROXIN, *Autoría...*, pg. 275.

[667] A al. a) do art. 28.° preceitua:

"Para além de outras fontes de responsabilidade criminal previstas no presente Estatuto, por crimes da competência do Tribunal:

a) O chefe militar, ou a pessoa que actue efectivamente como chefe militar, será criminalmente responsável por crimes da competência do Tribunal que tenham sido cometidos por forças sob o seu comando e controlo efectivos ou sob a sua autoridade e controlo efectivos, conforme do caso, pelo facto de não exercer um controlo apropriado sobre essas forças quando:

i) Esse chefe militar ou essa pessoa tinha conhecimento ou, em virtude das circunstâncias do momento, deveria ter conhecimento de que essas forças estavam a cometer ou preparavam-se para cometer esses crimes; e

ii) Esse chefe militar ou essa pessoa não tenha adoptado todas as medidas necessárias e adequadas ao seu alcance para prevenir ou reprimir a sua prática, ou para levar o assunto ao conhecimento das autoridades competentes, para efeitos de inquérito e procedimento criminal."

Também os superiores hierárquicos são responsabilizados, nos termos da al. b) do art. 28.°:

"b) Nas relações entre superiores hierárquicos e subordinados, não referidos na

Todesfuge, de PAUL CELAN

7. Relativamente a outras condições de punibilidade, os crimes contra a Humanidade em sentido amplo são imprescritíveis. A imprescritibilidade do genocídio tem que ver historicamente com o facto de, no segundo pós-guerra, se ter declarado a sua imprescritibilidade, na CPRCG (v., hoje, o art. 30.° do ER). O crime é imprescritível, uma vez que, tal como os crimes contra a Humanidade, é um crime de poder; de outro modo, haveria a possibilidade de o Estado fazer furtar o agente à punição.

ANEXO III
Todesfuge, de PAUL CELAN[668]

1. PAUL PESSACH ANTSCHEL nasceu em 23 de Novembro de 1920, numa sociedade multilinguística, de variedade cultural acentuada. Este contacto pluralista do ponto de vista cultural será relevante para o desenvolvimento da sua carreira literária. Os pais eram judeus-alemães, pelo que a língua materna do Poeta era o alemão.

Deportados os progenitores para o campo de Michailovka, na Ucrânia, em Junho de 1942, o pai morre de tifo; a mãe morre meses mais tarde, presumivelmente executada. PAUL PESSACH ANTSCHEL passa algum tempo num campo de trabalho forçado em Tabaresti, na Valáquia, na Roménia; regressa posteriormente à sua terra natal, Czernowitz (Bucovina, na Roménia).

Em Abril de 1945, o escritor regressa definitivamente de Czernowitz para Bucareste; adoptando, após o termo da II Guerra Mundial, o nome de

---

alínea a), o superior hierárquico será criminalmente responsável pelos crimes da competência do Tribunal que tiverem sido cometidos por subordinados sob a sua autoridade e controlo efectivos, pelo facto de não ter exercido um controlo apropriado sobre esses subordinados, quando:

i) O superior hierárquico teve conhecimento ou não teve em consideração a informação que indicava claramente que os subordinados estavam a cometer ou se preparavam para cometer esses crimes;

ii) Esses crimes estavam relacionados com actividades sob a sua responsabilidade e controlo efectivos; e

iii) O superior hierárquico não adoptou todas as medidas necessárias e adequadas ao seu alcance para prevenir ou reprimir a sua prática, ou para levar o assunto ao conhecimento das autoridades competentes, para efeitos de inquérito e procedimento criminal."

[668] Tradução e comentários de MARIA DO SAMEIRO BARROSO e de IVO MIGUEL BARROSO.

412   *Ivo Miguel Barroso*

PAUL CELAN; desde 1948, ele passa, então, grande parte da vida, num exílio voluntário, na cidade de Paris.

A personalidade de PAUL CELAN é afectada profundamente pelos acontecimentos familiares e pessoais descritos. Passando a sofrer de depressão e de ataques recorrentes de paranóia, este facto terá contribuído para o suicídio de PAUL CELAN, em Abril de 1970, tendo-se atirado da ponte Mirabeau ao rio Sena.

2. *Todesfuge*

TODESFUGE

Schwarze Milch der Frühe wir trinken sie abends
wir trinken sie mittags und morgens wir trinken sie nachts
wir trinken und trinken
wir schaufeln ein Grab in den Lüften da liegt man nicht eng
Ein Mann wohnt im Haus der spielt mit den Schlangen der schreibt
der schreibt wenn es dunkelt nach Deutschland dein goldness Haar Mar-
garete
er schreibt es und tritt vor das Haus und es blitzen die Sterne er pfeit seine
Rüden herbei
er pfeift seine Juden hervor läßt schaufeln ein Grab in der Erde
er befiehlt uns spielt auf nun zum Tanz

Schwarze Milch der Frühe wir trinken dich nachts
wir trinken dich morgens und mittags wir trinken dich abends
wir trinken und trinken
Ein Mann wohnt im Haus der spielt mit den Schlangen der schreibt
der schreibt wenn es dunkelt nach Deutschland dein goldenes Haar Mar-
garete
Dein aschenes Haar Sulamith wir schlaufeln ein Grab in den Lüften da
liegt man nicht eng

Er ruft stecht tiefer ins Erdreich ihr einen ihr andern singet und spielt
er greift nach dem Eisen im Gurt er schwingts seine Augen sind blau
stecht tiefer die Spaten ihr einen ihr andern spielt weiter zum Tanz auf

Schwarze Milch der Frühe wir trinken dich nachts
wir trinken dich mittags und morgens wir trinken dich abends

Todesfuge, de Paul Celan   413

wir trinken und trinken
ein Mann wohnt im Haus dein goldenes Haar Margarete
dein aschenes Haar Sulamith er spielt mit den Schlangen

Er ruft spielt süßer den Tod der Tod ist ein Meister aus Deutschland
er ruft streicht dunkler die Geigen dann steigt ihr als Rauch in die Luft
dann habt ihr ein Grab in den Wolken da liegt man nicht eng

Schwarze Milch der Frühe wir trinken dich nachts
wir trinken dich mittags der Tod ist ein Meister aus Deutschland
wir trinken dich abends und morgens wir trinken und trinken
der Tod ist ein Meister aus Deutschland sein Auge ist blau
er trifft dich mit bleierner Kugel er trifft dich genau
ein Mann wohnt im Haus dein goldenes Haar Margarete
er hetzt seine Rüden auf uns er schenkt uns ein Grab in der Luft
er spielt mit den Schlangen und träumet der Tod ist ein Meister aus
Deutschland
dein goldenes Haar Margarete
dein aschenes Haar Sulamith

3. Tradução

FUGA DE MORTE[669]

Leite negro da madrugada bebemo-lo ao entardecer
bebemo-lo ao meio-dia e de manhã bebemo-lo à noite
bebemos e bebemos
cavamos um túmulo nos ares aí ninguém fica apertado[670]

---

[669] O genitivo de *Todesfuge* é enganador, como nota John Felstiner (*Paul Celan. Eine Biographie* (trad. alemã de Holger Fliessbach da obra *Paul Celan: Poet, Survivor, Jew*, New Haven, 1996), Verlag C.H. Beck, Munique, 1997. O título poder-se-ia traduzir como "*Fuga sobre o tema da morte*" (www.copernico.bo.it/subwww/webtodes/filehtml/tradtod.html).

[670] O passo "*da liegt man nicht eng*" poder-se-ia traduzir também por "*aí não se está apertado*" ou por "*aí não estamos apertados*".

A expressão alude à teoria do "*Lebensraum*" ("*espaço vital*"), conceito da autoria de Karl Haushofer (1869-1946), desenvolvendo as teses da geopolítica de Friedrich Ratzel (1844-1904). Professor da Universidade de Munique entre 1921 e 1939, mestre da geopolítica, Haushofer proclamou a necessidade de um espaço vital, considerando a exis-

414   Ivo Miguel Barroso

Na casa vive um homem[671] *que brinca com serpentes*[672] *e escreve*
escreve para a Alemanha quando anoitece os teus cabelos de oiro Marga-
rida[673]
escreve e vem para a fora de casa e relampejam[674] *as estrelas*
assobia pelos seus cães de fila[675]
assobia pelos seus judeus[676] *manda cavar um túmulo na terra*
ordena-nos tocai agora para a dança[677]

---

tência de uma injustiça na distribuição do mesmo, especialmente em benefício dos pequenos Estado (JOSÉ ADELINO MALTEZ, *Curso...*, pgs. 279-280). Um dos discípulos foi RUDOLF HESS, que viria a introduzir no nazismo a tese do *"espaço vital"* (ID., *ib.*).

A expressão *"da liegt man nicht eng"*, por oposição a *"ein Grab in die Luft"*, indica, primeiramente, a exiguidade do espaço, própria dos campos de concentração. É uma referência ao regime nacional-socialista, que precisa do espaço todo; o oiro dos cabelos de MARGARIDA afirmava-se negando o outro, destruindo até à cinza. Os judeus não têm espaço na terra.

[671] O homem vive na casa, protegido e cuidado, em oposição à vida brutal e desumana dos prisioneiros, no campo de concentração.

[672] A serpente é utilizada como símbolo do Mal nas culturais ocidentais; é uma alusão às runas dos SS.

[673] MARGARIDA é o símbolo da mulher alemã (*infra*).

[674] Referência à *Blitzkrieg* (guerra-relâmpago). HITLER e os seus colaboradores pretenderam seguir a teoria da estratégia indirecta do britânico BASIL LIDDEL HART: em vez de considerarem que a guerra só terminaria com a destruição das principais forças inimigas no campo de batalha (proposto nos modelos de KARL VON CLAUSEWITZ), trataram de propor a utilização conjunta da aviação e da cavalaria mecânica, visando a desmoralização do inimigo, mas sem o lançamento, no terreno de combate, das principais forças militares (JOSÉ ADELINO MALTEZ, *Curso...*, pg. 152). PAUL CELAN refere-se às *"estrelas humanas"*.

[675] *Rüden* são grandes cães, machos, de guerra ou de caça; refere-se à raça de grandes cães alemães (*Bluthünde*) das SS (outra possibilidade de tradução seria *"grandes cães de fila"* ou *"molossos"*). Segundo relatos de testemunhas, no caminho para a câmara de gás, quando certos prisioneiros tinham crises de pânico, os SS soltavam os seus cães para as despedaçar.

A ideia é a de o homem chamar para junto de si os cães.

[676] Existe uma rima imperfeita entre *Rüden* e *Juden*, bem como um um paralelismo entre *seine Rüden* e *seine Juden*, indicando um contraste entre os cães, chamados para junto do homem, e os judeus. Os judeus são sua pertença, sua propriedade (*"seine"*), tal como os cães; contudo, têm estatutos diferentes: os cães são chamados para ajudar homem, ao passo que os Judeus são chamados para serem destruídos.

[677] A leitura de PAUL CELAN é célere quando fala das atrocidades do homem, sugerindo a rapidez da execução (*Paul Celan. Ich hörte sagen. Gedicthe und Prose. Gelesen von Paul Celan*, Audio Books, Derhorvelag, 1997).

Leite negro da madrugada bebemos-te de noite
bebemos-te de manhã e ao meio-dia bebemos-te ao entardecer
bebemos e bebemos
Na casa vive um homem que brinca com serpentes e escreve
escreve para a Alemanha quando anoitece os teus cabelos de oiro Margarida
Os teus cabelos de cinza Sulamita cavamos um túmulo nos ares aí ninguém fica apertado

Ele grita penetrai mais fundo na terra cantai e tocai
agarra no ferro que traz à cintura balança-o os seus olhos são azuis
enterrai mais fundo as pás continuai a tocar e a dançar[678]

Leite negro da madrugada bebemos-te de noite
bebemos-te ao meio-dia e de manhã bebemos-te ao anoitecer
bebemos e bebemos
na casa vive um homem os teus cabelos de oiro Margarida
os teus cabelos de cinza Sulamita ele brinca com serpentes

Ele grita tocai mais docemente a morte a morte é um mestre da Alemanha
Grita arrancai sons mais graves aos violinos depois subireis em fumo
no ar[679]
Tereis então um túmulo nas nuvens aí ninguém fica apertado

Leite negro da madrugada bebemos-te de noite
bebemos-te ao meio-dia a morte é um mestre da Alemanha
bebemos-te ao anoitecer e de manhã bebemos e bebemos
a morte é um mestre da Alemanha o seu olhar é azul
atinge-te com uma bala de chumbo acerta-te em cheio
na casa vive um homem os teus cabelos de oiro Margarida
açula contra nós os seus cães de fila oferece-nos um túmulo no ar
brinca com serpentes e sonha –[680] a morte é um mestre da Alemanha
os teus cabelos de oiro Margarida
os teus cabelos de cinza Sulamita"

---

[678] Novamente a leitura de CELAN é mais célere quando se refere às atrocidades do homem, sugerindo a rapidez da execução.

[679] O acusativo "*in die Luft*" indica uma progressão no ar.

[680] A leitura do poema pelo Autor indica uma pausa grande neste momento, daí o acrescento do travessão.

416 Ivo Miguel Barroso

Poema publicado no livro *"Mohn und Gedächtnis"*[681] (*"Papoila e Memória"*).
Tradução nossa, cotejando com a leitura que PAUL CELAN faz do seu poema[882].

4. PAUL CELAN — o coração em cinza

4.1 O poema *"Todesfuge"*[683] é datado por Paul CELAN de 1945 (ano em que finda a II Guerra).

O escrito é emblemático do período histórico vivido, sendo a voz do genocídio nazi, e um dos que mais celebrizou PAUL CELAN (facto que lhe desagradou)[684]. (THEODOR W. ADORNO escreveu a frase controversa: *"Depois de Auschwitz, seria bárbaro escrever poesia."*; diversamente, PAUL CELAN considerava que, depois de Auschwitz, a lírica seria possível, ainda

---

[681] PAUL CELAN, *Paul Celan. Gedichte. In zwei Bänden*, Erster Band, Suhrkamp Verlag, Francoforte sobre o Meno, 1975, pgs. 41-42; *Sete Rosas Mais Tarde. Antologia Poética*, Selecção, tradução e introdução de JOÃO BARRENTO e Y. K. CENTENO, edição bilingue, 2.ª ed., Cotovia, Lisboa, pgs. 52-57; *Choix de poèmes. Réunis par l'auteur*, trad. de JEAN-PIERRE LEFEBRE, ed. bilingue, Gallimard, Paris, 1998, pgs. 53-57; *"Todesfuge"*, de PAUL CELAN, in *1000 Deutsche Gedichte und ihre Interpretationen*, MARCEL REICH-RANICKI, Insel Verlag, Achter Band, pgs. 375-377.

[682] *Paul Celan. Ich hörte sagen. Gedicthe und Prose. Gelesen von Paul Celan*, Audio Books, Derhorvelag, 1997.

[683] Sobre o poema *"Todesfuge"*, v. JOÃO BARRENTO, *Paul Celan: o Verbo e a Morte* in *Sete Rosas Mais Tarde. Antologia Poética*, Selecção, tradução e introdução de JOÃO BARRENTO e Y. K. CENTENO, edição bilingue, 2.ª ed., Cotovia, Lisboa, 1996; Y. K. CENTENO, *Paul Celan: o Sentido e o Tempo* in *Sete Rosas Mais Tarde. Antologia Poética*, Selecção, tradução e introdução de JOÃO BARRENTO e Y. K. CENTENO, edição bilingue, 2.ª ed., Cotovia, Lisboa, 1996; JOHN FELSTINER, *Paul Celan. Eine Biographie*, (trad. alemã de Holger Fliessbach da obra *Paul Celan: Poet, Survivor, Jew*, New Haven, 1996), Verlag C.H. Beck, Munique, 1997, pgs. 48-69; ERIC HORN, *Scharze Milch der Frühe* (LEO KOCH, *Unterrichtseinheit zu Paul Celan: «Todesfuge» für den DaF-Unterricht* (fonte: Internet)); PETER VON MATT, Comentário ao poema *"Todesfuge"*, de Paul Celan, in *1000 Deutsche Gedichte und ihre Interpretationen*, Marcel Reich-Ranicki, Insel Verlag, Achter Band, pgs. 378-380; RICCARDO MORELLO, *"Paul Celan:* Todesfuge" (fonte: Internet); ENZO TRAVERSO, *Paul Celan et la poésie de la destruction* (www.anti-ver.org/textes/Traverso97a6/body.html) (v. os *sites* da Internet, nomeadamente www.celan-projekt.de/verweis-milch.html; www2.vol.at/borschoren/1h/1h5.htm; www.raffiniert.ch/scelan.html, www.copernico.bo.it/subwww/webmetodes/filehtml/tradtod.html).

[684] Segundo informação de JOHN FELSTINER, existem mais de quinze traduções diversas deste poema, em língua inglesa.

que não esconda a realidade amarga: *"Conta aquilo que era amargo e te magoa."*). O poema realiza-se numa coabitação impiedosa com a realidade do Holocausto, excluindo um verdadeiro embelezamento ou um branqueamento dos acontecimentos. PAUL CELAN escreve *"Todesfuge"* em nome da vítima[685].

4.2 PAUL CELAN inicialmente intitulou o poema com o título *"Tango da Morte"* (traduzido para romeno com o título *"Tangoul mortii"*), nome dado a um tango composto por uma orquestra do campo de concentração às ordens de um tenente das SS (HITLER rejeitara o *"jazz"* como uma música decadente, aprovando, contudo, o tango[686]).

A musicalidade é cínica, expressando o genocídio ocorrido nos campos de concentração.

A composição do termo que intitula o poema sugere, segundo a indicação de PAUL CELAN, uma espécie de género musical fúnebre.

De acordo com a *fuga*, as vozes desta apresentam, por entradas sucessivas, um motivo melódico denominado «tema». Com efeito, adaptando o modelo a *"Todesfuge"*, a primeira voz, os judeus (versos 1 a 4 do poema), apresenta o tema, que se faz seguir de um contratema, a segunda voz, o homem na casa (versos 5 a 10), que constitui, simultaneamente, a sua réplica e o seu complemento.

Em termos musicais, logo que todas as vozes apresentam, cada uma, por sua vez, o tema, a exposição está concluída.

Inicia-se, então, uma segunda secção; o primeiro desenvolvimento (versos 11 a 19) é uma exploração mais livre do tema. O segundo desenvolvimento (versos 20 a 28) conduz até ao terceiro episódio, o *Stretto* («fechado») (versos 29 a 36), breve peroração que encadeia as entradas próximas até ao acorde final – a *coda* (versos 37 e 38)[687].

4.3 O oxímoro *"leite negro"* foi utilizada originalmente utilizado pela escritora ROSE SCHERZER-AUSLÄNDER, num poema intitulado *"Ins Leben"*[688],

---

[685] O sentimento de culpa pendeu usualmente sobre os sobreviventes do Holocausto (RICCARDO MORELLO, *Paul Celan...*, pg. 4).

[686] A música da orquestra do campo foi gravada.

[687] Fonte: www.copernico.bo.it/subwww/webtodes/filehtml/la_fuga.html.

[688] *"Nur aus der Trauer Mutterinnigkeit*
strömt mir das Vollmäß des Erlebens ein.
Sie spiest mich eine lange, trübe Zeit
mit schwarzer Milch und schwerem Wermutwein." (*apud* www.celan-projekt.de/verweis-milch.html, projecto dirigido por ERIC HORN).

em 1925; CELAN teve um encontro com esta poeta em 1939; após a libertação da Roménia, em 1944, AUSLÄNDER presidia a um círculo literário de língua alemã, de que CELAN era também frequentador; CELAN cedo pediu "emprestada" a expressão a AUSLÄNDER[689-690-691].

A cor do leite é, normalmente, branca; é, por isso, o símbolo da vida; *"Leite negro da madrugada"*[692] o negro é a não-cor, a destruição, a negação do substantivo *"leite"*[693]; expressão de um sentimento da morte, representa a falta completa de esperança. A letra da expressão contraria o ditado judaico de que, após um mal, a pessoa se poderia banhar no *"leite branco da madrugada"*[694-695], simbolizando, deste modo, a renovação pura de um ciclo novo. Diversamente, *"leite negro da madrugada"* indica o extermínio e a frieza presente as execuções. Os judeus à noite não sabem que irão ser torturados ou executados na manhã seguinte, seguindo um plano pormenorizadamente pensado[696].

4.4 A repetição fundamental do poema *"wir trinken und trinken"* sugere a continuidade, consubstanciando a compulsão para beber.

---

[689] PAUL CELAN havia utilizado a expressão *"Flocos negros"* (*"Schwarze Flocken"*) como título de um escrito, aquando da perda dos pais.

[690] Uma outra interpretação é a de que o poeta ALFRED MARGUL-SPERBER, também frequentador do círculo literário de AUSLÄNDER, conhecido de PAUL CELAN, no poema *"Ferner Gast"* utiliza a metáfora, relativa à sua mãe:
"Ihre Augen, unaussprechlich lind, / Sehn mich an mit fernem Sternenblinken; / Und sie flüstert: Willst du nicht, mein Kind, / Von der dunklen Milch des Friedes trinken?".

[691] Cfr. também o "livro da consolação", inserido nos capítulos 30 a 33 de Jeremias, na Bíblia (*"(...) Porque choras sobre a tua ferida? A tua chaga é incurável."* (Jeremias, 30:15)).
Nas *Lamentações*, refere-se: *"Quiseram exterminar-me como a um pássaro / aqueles que me odeiam sem razão. / Quiseram exterminar-me no fosso, lançando pedras sobre mim."* (Lamentações, 3: 52-53).

[692] A expressão *"sol negro"* foi utilizada por WILLIAM BLAKE e por HERBERTO HELDER.

[693] RICCARDO MORELLO, *Paul Celan...*, pg. 4.

[694] www.celan-projekt.de/verweis-milch.html, dirigido por ERIC HORN.

[695] Cfr. também o passo da Terceira Lamentação, da Bíblia:
"Zain: (...) / Ao pensar nisto, sem cessar, / a minha alma desfalece. / Isto, porém, guardo no meu coração; / por isso, mantenho a esperança. // Het: É que a misericórdia do Senhor não acaba, / não se esgota a sua compaixão. / Cada manhã ela se renova; / é grande a tua fidelidade." (Lamentações, 3: 20-23 (sublinhado nosso)).

[696] NELLY SACHS refere: *"JÁ HOJE exercitamos a morte de amanhã"* (NELLY SACHS, in *Poemas de Nelly Sachs*, Antologia, versão portuguesa e tradução de Paulo Quintela, Portugália, Lisboa, 1967, pg. 95).

O jogo do tempo é dado pelas expressões *"morgens"*, *"mittags"*, *"abends"* e *"nachts"*, que aparecem quatro vezes, sempre juntos (enunciados logo de início (versos 1-2) e repetidos adiante).

A expressão começa três vezes com *"nachts"*. Só na segunda estrofe o dia aparece por ordem cronológica, sequencial; a não ocorrência desta sucessão transmite a ideia de totalidade, ou seja, de a angústia se prolongar ininterruptamente ao longo de todo o dia, expressando o ritmo hetero-imposto nos campos de concentração.

4.5 A leitura atormentada que PAUL CELAN faz do seu poema demonstra que o diálogo é entre a vítima e o carrasco.

A relação entre alemães e judeus no campo de concentração pode ser esquematizada do modo que se refere de seguida[697].

Campo de concentração

Prisioneiros	Comandante do campo de concentração
wir = Juden	*er = ein Deutscher*
humilhado / perseguido	perseguidor
oprimidos	opressor
medo da morte	cinismo
impotência	poder
bebem leite negro	vive na casa
cavam um túmulo nos ares	brinca com serpentes
ordena-nos tocai agora para a dança	escreve para a Alemanha
penetrai mais fundo na terra	assobia pelos seus cães de fila
tocai mais docemente a morte	assobia pelos seus judeus
arrancai sons mais graves aos violinos	manda cavar um túmulo
subireis em fumo no ar	ordena[698]
Tende então um túmulo nas nuvens	agarra no ferro (...) balança-o
são atingidos em cheio com uma bala de chumbo	atinge
os teus cabelos de cinza Sulamita	os teus cabelos de oiro Margarida
Dependência, necessidade, sofrimento, morte	Poder, perversidade, cinismo, brutalidade

[697] Fonte: www2.vol.at/borgschoren/1h/1h5.htm.

[698] Dá ordens e comanda os judeus, através de formas verbais no imperativo.

420   *Ivo Miguel Barroso*

O homem representa o mal; PAUL CELAN deixa-o surgir por meio das palavras. Os destinos de ambos estão estreitamente ligados, num espaços fechado[699].

4.6 O poema oscila entre dois pólos de cores contrastantes:

i) os cabelos de oiro de MARGARIDA;

ii) a morte, simbolizada por *"os teus cabelos de cinza Sulamita"*.

Repare-se na contraposição entre nos versos 6 a 9, em que o homem que brinca com serpentes escreve *"os teus cabelos de oiro Margarida"* (verso 6) e assobia pelos judeus (verso 9).

Na estrofe seguinte (versos 14 a 16), existe a contraposição, desta feita com a junção da referência a *"cabelos de cinza Sulamita"*: o homem escreve de novo para a Alemanha os cabelos de oiro de Margarida. Estes são contrapostos à cinza Sulamita que é contida nos mesmos cabelos, mas associada à expressão sarcástica *"Aí ninguém fica apertado"*.

A repetição desta ideia ocorre nos versos 25-26.

4.6.1 O cabelo loiro, de MARGARIDA, é uma referência possível à personagem MARGARIDA (da primeira parte de *Fausto*, de JOHANN WOLFGANG GOETHE, expoente da cultura alemã). O homem escreve os cabelos de MARGARIDA *"para a Alemanha"*.

A morte ser *"um mestre da Alemanha"*, *"os seus olhos são azuis"* são expressões que reforçam a identificação com a cultura do homem. MARGARIDA simboliza o povo alemão, representando o lado idílico e gnóstico[700]

---

[699] RICCARDO MORELLO, *Paul Celan...*, pg. 3.

[700] Têm sido vários os **discursos metapolíticos**, analisados, em páginas brilhantes, por JOSÉ ADELINO MALTEZ (*Curso...*, pgs. 300-304):

Nos discursos em análise, existem os subtipos da filosofia da história, incluindo não só os cultores do próprio método profético, mas também as várias análises produzidas pelos messianismos.

É patente a ideia de crescente racionalidade de MAX WEBER, de TALCOTT PARSONS e de DANIEL BELL, levando à exigência de um transtempo e da consequente abertura à imaginação.

Segundo HUGH TREVOR-ROPER, a história não é meramente o que aconteceu: é o que aconteceu dentro do contexto do que poderia ter acontecido. Só podemos olhar confiantemente para o futuro, se olharmos o passado com suficiente imaginação.

As filosofias da história assumem um carácter poético: os factos são também **imagem**.

NIKOLAI BERDIAEV salienta que o tema da filosofia da história é constituído pelo destino do homem nesta vida terrestre, destino que se realiza na história dos povos, isto é, cumpre-se não apenas no macrocosmos objectivo, mas também no microcosmos subjectivo.

Também MARTIN BUDER assinala que o próprio narrar é acontecimento: ele tem a unção de uma acção sagrada... A narração é mais do que um reflexo; a essência sagrada que nela é testemunhada continua a viver nela.

Segundo FERNANDO PESSOA, o misticismo significa, essencialmente confiança na intuição, nessa operação mental pela qual se atingem os resultados da inteligência sem usar a inteligência (*"O mito é o nada que é tudo"*).

Assim, o misticismo, um ter um sentimento nítido de uma coisa que não se sabe o que é, dado que o místico onde não pode calcular, adivinha; onde não pode pôr à prova, profetiza, pelo que toda a matéria onde não pode haver ciência tem necessariamente que haver misticismo.

O método profético da análise histórica é o que cultiva a *"Geschichte"*, em vez da *"Histoire"*, o que não reduz a história à mera investigação científica e à simples interrogação objectiva, dado preferir enfrentar a globalidade, sem excluir o mito e a consequente imaginação, considerando que o verdadeiro historiador deve pesquisar o sentido essencial de um determinado grupo de homens, chame-se-lhe *missão* ou *objectivo permanente*.

O homem não é apenas animal intelectivo ou voluntarístico, é também um animal simbólico cuja imaginação constitui um dos elementos estruturantes da sociedade (JOSÉ ADELINO MALTEZ, *Curso...*, pg. 302).

O culto da filosofia da história tenta cumprir o plano exposto pelo Padre ANTÓNIO VIEIRA, para quem haveria que misturar o lume da profecia com o lume da razão, que seriam as duas fontes da verdade humana e divina. Isto é, procura desmistificar a história, mas não a desmistificando (EDGAR MORIN) (mesmo as boas intenções de certo racionalismo, calculista e utilitarista, e de quase todo o positivismo cientificista, fizeram com que muitos sectores ocidentais padecessem de um paroquialismo gnóstico, em que alguns continuaram a acreditar na superação do teológico e do metafísico).

A herança gnóstica manifesta-se em todos aqueles que consideram a história do mundo uma luta entre dois princípios (o bem e o mal), através de três idades: o passado, o presente e o futuro) ou de outras lógicas trinitárias:

- a idade de Revelação do Pai, a Idade de Revelação do Filho, a Idade do Espírito Santo;
- Deuses, Heróis e Homens (GIAMBATTISTA VICO);
- Idades Teológica, Metafísica e Científica (COMTE);
- Capitalismo, Socialismo, Comunismo (MARX).
- o tempo da opressão, o tempo da resistência e o tempo da libertação (concepções revolucionárias).

O gnosticismo exige um chefe: tanto um chefe individual como uma figura colectiva, um homem novo (por exemplo, o "homem novo" do Marxismo).

da ideologia propagandeada do arianismo germânico expansionista (nomeadamente com recurso a uma interpretação dos mitos germânicos[701] e à musica de RICHARD WAGNER[702]).

O tom de oiro dos cabelos contrasta visualmente com a presença da noite.

4.6.2 A segunda parte é a destruição – a cinza.

Na cultura judaica, SULAMITA é a amada de *O Cântico dos Cânticos* (cfr., nomeadamente, no primeiro versículo do capítulo sétimo desse livro), do Antigo Testamento, sendo, pois, símbolo daquela[703].

A cinza evoca a morte e a cremação, os judeus imolados no genocídio (Holocausto, *Sloah ("devastação", "aniquilamento")*, *"Solução Final"*, decidido pelo regime nacional-socialista, colocado em execução nos campos de concentração e de extermínio).

4.7 O homem executa um diálogo a negro com os prisioneiros. O disparo com uma bala de chumbo e a precisão com que acerta no sujeito enunciado na forma *"tu" ("dich")* demonstra a frieza científica com que o genocídio é executado.

Além de um chefe, qualquer concepção gnóstica exige uma irmandade de pessoas: os jesuítas, a maçonaria ou um partido vanguardista.

O gnosticismo tende a dividir, geograficamente, zonas dominadas pelo bem e pelo mal (para mais desenvolvimentos, v. JOSÉ ADELINO MALTEZ, *Curso...*, pgs. 300-304; cfr. também ID., *ib.*, pgs. 92-94, bem como a alternativa proposta, com inspiração no Padre TEILHARD DE CHARDIN, do pensamento complexo (ID, *ib.*, pgs. 94-104, 114)).

[701] A Alemanha carecia de uma mitologia que a pudesse motiva para uma auto-redenção. Em *A Montanha Mágica ("Die Zauberberg")*, THOMAS MANN denunciava a facilidade com que o ocultismo poderia ser usado para fins totalitários.

[702] RICHARD WAGNER, nas suas óperas, reavivou a tradição mística, procurando parâmetros de nacionalismo; WAGNER foi um mestre da palavra e da múscia, da razão e do instinto, um mago da memória alemã de Oitocentos, que conferia espírito, forma, som e unidade estética à psique nacional, o ponto alto da *Kultur* (JOEL COSTA, *Wagnerismo e Hitlerismo*, ciclo do programa *"Questões de Moral"*, emitido pela Rádio Difusão Portuguesa, Antena 2, pg. 6). Reclamar-se de wagneriano na Alemanha significava empenhamento numa causa transcendente, uma condição de serviço a um ideal superior da humanidade.

Apesar de a arte ter sido utilizada como meio de propaganda, para os fins do III Reich, poder-se-á dizer, como na cena final da ópera *Os Mestres Cantores de Nuremberga*: *"Ainda que o Sacro-Império Romano se desfaça em pó, restar-vos-á para sempre a sagrada arte alemã"* (JOEL COSTA, *Wagnerismo...*, pg. 30).

[703] A primeira revista judaico-alemã, de 1804, chamava-se *"Sulamith"* (RICCARDO MORELLO, *Paul Celan...*, pg. 5).

O enunciado não é completamente claro (utiliza-se *"dich"* e, logo a seguir, *"uns"*); o homem açula os seus cães de fila *"contra nós"* (*"auf uns"*) e oferecendo um túmulo nos ares; *"uns"* significa os judeus. Prevalece a morte que " *é um mestre da Alemanha"*.

4.8 A esta ideia se liga a insistência na ideia de túmulo no ar (*"ein Grab"*).

As expressões *"cavar um túmulo na terra"*; *"penetrai mais fundo na terra"*, *"tereis um túmulo nas nuvens"*, *"Depois subireis aos céus como um túmulo no ar"*, são referências concretas à cremação.

É possível extrair um outro sentido implícito, mais aterrador:

O homem "sonha" os cabelos de oiro; para tal, tem de praticar o genocídio (a cinza Sulamita), como que dizendo que, para viver, tem de matar o outro.

Há uma vertigem de morte, à qual a imagem *"túmulo no ar"* (*"ein Grab in der Luft"*) empresta uma ideia de exiguidade, expressa com a amargura trágica de não haver lugar para os judeus na terra.

4.9 Sobre o poema *"Todesfuge"*, escreve Y.K. CENTENO:

"Tinha dito de mais, quando de facto seria impossível dizer mais. O poema condensa o desabar de um mundo: o da esperança. Bebe-se leite amargo (negro, como fel), a morte é o Mestre que reina (vindo da Alemanha, é certo, mas conivente com outros (...), o que resta é um túmulo no ar (nem sequer aqui o repouso da terra) e o doloroso contraste dos cabelos, a marca da diferença que justifica o crime: o loiro de Margarete, o cinza de Sulamith, aquele evocando uma luz tão mortífera quanto a treva dos fornos crematórios evocada por este"[704].

---

[704] I. K. CENTENO, *Paul Celan: o Sentido e o Tempo* in *Sete Rosas Mais Tarde. Antologia Poética*, Selecção, tradução e introdução de João Barrento e Y. K. Centeno, edição bilingue, 2.ª ed., Cotovia, Lisboa, 1996, pg. XVI.

O FINANCIAMENTO DA REGULAÇÃO E SUPERVISÃO DO MERCADO DE VALORES MOBILIÁRIOS*

ANTÓNIO DE SOUSA FRANCO**
SÉRGIO GONÇALVES DO CABO***

SUMÁRIO: 1. Introdução 2. Fundamento e legitimação das receitas públicas coactivas. 3. O princípio da legalidade (tributária) e as receitas públicas coactivas. 4. Fundamento e legitimação das taxas. 5. A função sócio--económica das bolsas e a sua regulação. 6. O problema do financiamento da supervisão do mercado de valores mobiliários. 7. Idem: as taxas sobre operações fora de bolsa enquanto taxas orientadoras de comportamentos. 8. Idem: autofinanciamento da entidade de supervisão. 9. Idem: taxas de supervisão. 10. A taxa sobre operações de bolsa e sobre operações fora de bolsa: o teste da proporcionalidade.

1. Introdução

Estão pendentes nos tribunais portugueses diversos litígios relacionados com o modelo de financiamento da supervisão do mercado de valores mobiliários, onde se discute a constitucionalidade e a conformidade ao direito comunitário das taxas sobre operações fora de bolsa tal qual têm sido configuradas no nosso direito desde o Decreto-Lei n.º 8/74, de 14 de

---

* O presente trabalho resulta de um parecer jurídico elaborado pelos autores a pedido da Comissão do Mercado de Valores Mobiliários (CMVM), tendo a sua publicação – com diversas adaptações e com algumas actualizações bibliográficas – sido devidamente autorizada pelo respectivo Conselho Directivo.

** Doutor em Direito. Professor Catedrático da Faculdade de Direito da Universidade de Lisboa e da Universidade Católica Portuguesa.

*** Mestre em Direito. Assistente da Faculdade de Direito da Universidade de Lisboa.

426 António de Sousa Franco e Sérgio Gonçalves do Cabo

Janeiro[1]. Tais taxas são, no entanto, apenas um dos elementos desse modelo de financiamento, que foi delineado no Código do Mercado de Valores Mobiliários[2] e, posteriormente, no Código dos Valores Mobiliários[3] e no Estatuto da Comissão do Mercado de Valores Mobiliários[4], a partir do princípio da *justa repartição dos encargos públicos*. De facto, dificilmente se compreenderia à luz de um tal princípio uma solução de financiamento da regulação e supervisão do mercado de valores mobiliários assente em receitas tributárias gerais – os impostos. Como, de resto, tem salientado entre nós EDUARDO PAZ FERREIRA, *"se a tributação baseada na capacidade económica dos cidadãos se revela como a forma mais justa de financiar as despesas públicas quando elas se reduzem a um conjunto de gastos que iriam beneficiar toda a colectividade (...), já não é tão nítida a justiça de tal solução quando as receitas obtidas pelo Estado se destinam a satisfazer necessidades individuais ou de grupos de cidadãos que podem, por si próprios, assegurar pelo menos uma parcela dos custos desses serviços"[5].*

Com efeito, o tema do financiamento da supervisão do mercado de valores mobiliários convoca para debate questões fundamentais respeitantes à função sócio-económica das taxas no Estado Social de Direito, em especial no contexto das incumbências do Estado constitucionalmente

---

[1] Cfr. LUÍS BANDEIRA, *A evolução recente das "taxas fora de bolsa". O código dos valores mobiliários (1999)*, Cadernos do Mercado de Valores Mobiliários, n.º 7, Abril de 2000, pp. 460-482. O problema da sua conformidade com o direito comunitário tem sido suscitado à luz da Directiva 69/335/CEE do Conselho de 17 de Julho de 1969, relativa aos impostos indirectos que incidem sobre as reuniões de capitais, alterada pela Directiva 85/303/CEE do Conselho de 10 de Junho de 1985, e da jurisprudência do Tribunal de Justiça das Comunidades Europeias nos acórdãos PONENTE CARNI e CISPADANA COSTRUZIONI (processos apensos C-71/91 e C-178/91, Col. 1993 p. I-1915), FANTASK (Processo C-188/95, Col. 1997 p. I-6783), Modelo I (Processo C-56/98, Col. 1999 p. I-6427), MODELO II (Processo C-19/99, Col. 2000 p. I-7213) e SONAE (Processo C-206/99, Col. 2001, p. I-4679). Julgamos, de todo o modo, que a questão da tributação das operações sobre valores mobiliários foi expressamente salvaguardada pelo disposto nas alíneas a) e e) do n.º 1 do artigo 12.º da Directiva 69/335/CEE, qualquer que seja a posição tomada quanto à sua natureza jurídica (imposto ou taxa).

[2] Aprovado pelo n.º 142-A/91, de 10 de Abril.

[3] Aprovado pelo Decreto-Lei n.º 486/99, de 13 de Novembro.

[4] Cujo estatuto foi aprovado pelo Decreto-Lei n.º 473/99, de 8 de Novembro e alterado pelo Decreto-Lei n.º 232/2000, de 25 de Setembro.

[5] Cfr. EDUARDO PAZ FERREIRA, *Ainda a propósito da distinção entre impostos e taxas: o caso da taxa municipal devida pela realização de infra-estruturas urbanísticas*, Ciência e Técnica Fiscal, n.º 380, p. 71.

O *Financiamento da Regulação e Supervisão do Mercado de Valores Mobiliários*   427

consagradas em sede de protecção da poupança e de regulação dos mercados (artigos 61.º, n.º 1, 80.º, alínea a), 81.º alíneas c), e) e f), 86.º e 101.º da Constituição). Tais questões não são despiciendas à luz da jurisprudência do Tribunal Constitucional sobre a matéria, além de se afigurarem da maior relevância num contexto em que a independência das autoridades de regulação é sistematicamente associada à sua independência financeira[6].

Por outro lado, importa salientar que, além de se projectar no plano da justiça na repartição dos encargos públicos, o problema das taxas no financiamento das bolsas e da sua supervisão tem importantes implicações no plano da teoria da reserva de lei associada à criação de impostos, na exacta medida em que se associe ao conceito de taxas uma certa ideia de equivalência, traduzida na sua convolação em impostos sempre que lhes falte o elo de ligação entre o montante exigido e o custo ou valor da contraprestação, ideia essa que tem a sua raiz na doutrina germânica da equivalência económica (*Äquivalenzprinzip*), traduzida ou na cobertura do custo administrativo (*Kostendeckung*) ou no benefício gerado para o sujeito passivo (*Vorteilsausgleich*)[7].

Porém, a admissibilidade de taxas orientadoras de comportamentos (*Lenkungsgebühren*), associada à aceitação de taxas que, além das óbvias e necessárias finalidades financeiras, possam ter outras finalidades seleccionadas pelo legislador de entre o universo de fins possíveis das receitas coactivas, compatíveis com o princípio do Estado Social de Direito, pode pôr em causa uma leitura tão estrita do princípio da equivalência.

Acresce que, tal como resulta do artigo 7.º da Lei Geral Tributária, as taxas podem ser orientadas, quer na sua estrutura, quer no seu montante, por objectivos de favorecimento do emprego, da poupança e do investimento socialmente relevante, ou por objectivos de competitividade e internacionalização da economia e, em geral, por finalidades económicas, sociais, ambientais ou outras.

Esta abertura a fins extra-financeiros da parafiscalidade é algo que pode parecer inovador no direito financeiro e fiscal nacional[8], mas é bem conhecida em ordenamentos jurídicos estrangeiros, mesmo naqueles – como é o caso do direito alemão – onde até há bem pouco tempo se fazia

---

6 Assim, VITAL MOREIRA e FERNANDA MAÇÃS, *Autoridades Reguladoras Independentes – Estudo e Projecto de Lei-Quadro*, Coimbra Editora, 2003, pp. 297-298.

7 Cfr. Tipke/Lang, *Steuerrecht*, 15.ª edição, Verlag Dr. Otto Schmidt, Köln, 1996, p. 48.

8 Não o é, de facto, como demonstra EDUARDO PAZ FERREIRA, *Ainda a propósito da distinção entre impostos e taxas* ..., cit., pp. 78-80.

428 António de Sousa Franco e Sérgio Gonçalves do Cabo

corresponder a figura da taxa (*Gebühr*) à observância estrita de um princípio de equivalência económica. Porém, a jurisprudência mais recente do *BundesverfassungsGericht* tem vindo a reconhecer a admissibilidade constitucional de taxas orientadoras de comportamentos, nomeadamente tendo como princípio legitimador a protecção do ambiente (*Umweltschutz*), com fundamento no princípio da prossecução do interesse geral ou bem comum (*Gemeinwohlprinzip*), por oposição a uma aplicação pura do princípio da equivalência económica[9-10].

Assim, embora a taxa continue a ter como elemento distintivo essencial face ao imposto, a sua estrutura bilateral ou sinalagmática, como há muito vem sendo reconhecido entre nós pela jurisprudência do Supremo Tribunal Administrativo e do Tribunal Constitucional[11], o princípio da equivalência em Portugal foi sempre entendido como equivalência jurídica, o que permite a sua permeabilidade a objectivos de natureza extra-financeira, desde que adequadamente legitimados pela Constituição e pela lei[12]. ALBERTO XAVIER chama precisamente a atenção para este aspecto quando escreve que «*do ponto de vista económico, só casualmente se verificará uma equivalência precisa entre prestação e contra-prestação, entre o quan-*

---

[9] Cfr. TIPKE/LANG, *Steuerrecht*, cit., pp. 48-49.

[10] Sobre as taxas ambientais pode ver-se a Comunicação da Comissão "*Taxas e Impostos Ambientais no Mercado Interno*", JO C 224, de 23.7.97, pp. 6-19 e também CARLOS BAPTISTA LOBO, *Imposto Ambiental – Análise jurídico-financeira*, Revista Jurídica do Urbanismo e do Ambiente, n.º 2, Dezembro 1994, pp. 45-47

[11] Para um apanhado dessa jurisprudência cfr. EDUARDO PAZ FERREIRA, *Ainda a propósito da distinção entre impostos e taxas ...*, cit., pp. 74-77 e, por todos, o Acórdão do Tribunal Constitucional n.º 200/2001, proferido em 9 de Maio de 2001, no processo n.º 168/99, de que foi relator o Conselheiro PAULO MOTA PINTO (DR, II, de 27/6/2001, pp. 10613-10618).

[12] Neste sentido, referem J. G. XAVIER DE BASTO e ANTÓNIO DA GAMA LOBO XAVIER, *Ainda a distinção entre taxa e imposto: a inconstitucionalidade dos emolumentos notariais e registrais devidos pela constituição de sociedades e pelas modificações dos respectivos contratos*, RDES, ano XXXVI, Jan.-Set. 1994, p. 22 e p. 28 que "*a prática de taxas superiores ao custo dos serviços não altera a natureza da receita quando, por exemplo, a finalidade for a redução da procura*" e que "*o princípio da equivalência, correctamente entendido, não obsta a que essa finalidade seja prosseguida*". No mesmo sentido se pronuncia SALDANHA SANCHES na anotação ao Acórdão n.º 640/95 do Tribunal Constitucional, Fisco n.º 76/77, p. 121, referindo-se à utilização da taxa como "*indicador de escassez*", a qual seria mais elevada em períodos de maior procura. Também José Casalta Nabais, *Contratos Fiscais*, Coimbra Editora, 1994, p. 239, admite as taxas com funções extra-financeiras, afirmando que "*a subordinação das taxas ao princípio da proporcionalidade não impede que o montante da taxa seja superior à prestação realizada pela Administração*".

O Financiamento da Regulação e Supervisão do Mercado de Valores Mobiliários 429

titativo da taxa e o custo da actividade pública ou o benefício auferido pelo particular – aliás muitas vezes indetermináveis por não existir um mercado que os permita exprimir objectivamente»[13].

Nesta conformidade, na parte em que interfere no montante da taxa, o princípio da equivalência carece de alguma reavaliação ou reponderação perante taxas com objectivos extra-financeiros (*Lenkungsgebühren*)[14]. É neste contexto, atendendo à função sócio-económica e não só puramente financeira das taxas no Estado Social de Direito, em especial tendo em conta as incumbências do Estado constitucionalmente consagradas em sede de protecção da poupança e de regulação dos mercados (artigos 61.°, n.° 1, 80.°, alínea a), 81.° alíneas c), e), e f), 86.° e 101.° da Constituição) e a abertura com que a Lei Geral Tributária disciplinou as matérias dos fins, objectivos e limites da tributação, que deve ser entendida e equacionada a problemática do financiamento da regulação e supervisão do mercado de valores mobiliários, mas também a problemática do financiamento da regulação e supervisão em geral.

Nesta conformidade importa perguntar pelo fundamento e legitimação das receitas públicas coactivas para poder encarar o problema da admissibilidade constitucional de taxas que, tal como os impostos, podem assumir funções extra-financeiras legitimadoras de distorções ao princípio da equivalência, conquanto tais distorções se mantenham dentro de limites constitucionalmente admissíveis, isto é, não transformem a taxa numa receita de tipo sancionatório[15], e respeitem exigências próprias do princípio legitimador de tais distorções em termos compatíveis com o princípio da proporcionalidade[16].

---

[13] Cfr. ALBERTO XAVIER, *Manual de Direito Fiscal I* (reimpressão), Lisboa, 1981, pp. 43-44.

[14] A questão é aflorada por CASALTA NABAIS, *O Dever Fundamental de Pagar Impostos*, Almedina, 1997, pp. 266-268, em termos que não merecem inteiramente a nossa concordância, porquanto os problemas de proporcionalidade da taxa com fins extra-financeiros hão-de resolver-se pela ponderação dos interesses constitucionalmente protegidos e não no quadro restrito dos n.°s 2 e 3 do artigo 18.° da Constituição, como parece sugerir. Realmente, havendo legitimação constitucional para taxas extra-financeiras – e, é bom sublinhá-lo, é de taxas que se trata quando está em causa a contraprestação por utilidades divisíveis geradas por bens semi-públicos – é duvidoso que se possa falar de uma restrição a direitos, liberdades e garantias susceptível de desencadear a aplicação do artigo 18.° da Constituição. Ponto é que o fim extra-financeiro da taxa não ultrapasse os limites postulados pela *Verhältnismäßigkeit* – que subsiste enquanto vinculação do legislador no quadro do princípio do Estado de Direito e fora do quadro das restrições aos direitos, liberdades e garantias – e transforme a taxa numa receita de tipo sancionatório.

[15] SALDANHA SANCHES trata esta questão em termos próximos na anotação ao Acórdão

430   António de Sousa Franco e Sérgio Gonçalves do Cabo

O que acabamos de dizer vem sendo afirmado pela doutrina constitucional em matéria de aplicação do princípio da proporcionalidade em sentido amplo (*Übermaßverbot*), divisando nele os sub-princípios da conformidade ou adequação de meios (*Geeignetheit*), que exige eficácia ou susceptibilidade dos meios para atingir os fins (a taxa terá que ser um meio adequado, em abstracto, para atingir o fim extra-financeiro), da exigibilidade ou da necessidade (*Erforderlichkeit*), que implica a limitação, em concreto, dos sacrifícios ou desvantagens que a sua adopção implica (a taxa terá que corresponder, em concreto, à «menor ingerência possível» para atingir o fim extra-financeiro), e da proporcionalidade em sentido restrito (*Verhältnismaßigkeit*) que importa uma ponderação dos custos e benefícios face ao objectivo constitucional ou legalmente legitimado que se pretende atingir (a taxa terá que conter uma justa ponderação da «*carga coactiva*» que lhe é inerente)[17].

Significa isto que o princípio da proporcionalidade, não substituindo o princípio de equivalência nas taxas com funções financeiras, adquire especial importância no domínio das taxas com funções extra-financeiras.

2. Fundamento e legitimação das receitas públicas coactivas

É sabido que o financiamento das despesas públicas corresponde à

---

n.º 640/95 do Tribunal Constitucional, Fisco n.º 76/77, p. 121, embora acabe por concluir, a nosso ver discutivelmente, que as diferenças entre imposto e taxa "*implicam diferentes modos de legitimação*". De facto, o princípio do benefício ou o princípio da cobertura do custo administrativo não são os únicos modos de legitimação da taxa, além de que o princípio do benefício constitui o modo de legitimação de muitos impostos, como é o caso da contribuição autárquica ou do imposto sobre veículos. Neste sentido, concordamos com Eduardo Paz Ferreira, *Ainda a propósito da distinção entre impostos e taxas ...*, cit., p. 69, quando afirma, ligando a capacidade contributiva à figura da taxa, que "*se de facto é hoje maioritariamente aceite, como ideia social mais justa, a de que os cidadãos devem ser chamados a contribuir para os gastos públicos em função da sua situação de riqueza ou rendimento, é patente a contradição de tal princípio com a ideia de pagamentos que abstraiam da situação económica do cidadão, para se ligarem essencialmente à quantidade ou qualidade do serviço prestado*".

[16] Por exemplo, se o fundamento é a protecção do ambiente haverá limitar as distorções ao estritamente necessário para atingir a função extra-financeira da taxa à luz do princípio da proporcionalidade.

[17] Cfr. Gomes Canotilho, *Direito Constitucional e Teoria da Constituição*, 5.ª edição, Almenina, 2002, pp. 266-273 e, aplicando o princípio da proibição do excesso ao caso das taxas, Casalta Nabais, *Contratos Fiscais*, cit., pp. 238-239.

O Financiamento da Regulação e Supervisão do Mercado de Valores Mobiliários   431

afectação de meios financeiros à satisfação de necessidades colectivas[18] e que essa afectação pode resultar do exercício de poderes de autoridade (*ius imperii*)[19], os quais assentam sempre no respeito pelo princípio da constitucionalidade e pelo princípio da legalidade[20], inerentes ao princípio do Estado de Direito[21]. Tais receitas, assentes em formas de obtenção coactiva ou *ex lege*, têm como fundamento *"assegurar a comparticipação dos cidadãos na cobertura dos encargos públicos ou prosseguir outros fins públicos"*[22], a que corresponde um *"dever genérico de cobertura dos encargos públicos"*[23], assentando a sua legitimação nas tarefas constitucionalmente atribuídas ao Estado e nos princípios estruturantes da República Portuguesa[24], entre os quais se conta o *princípio da socialidade*[25].

Por isso, as receitas públicas coactivas (*öffentliche Abgaben*), também designadas por tributos (*Besteuer*)[26], *"representam uma forma de organizar*

---

[18] Cfr. ANTÓNIO DE SOUSA FRANCO, *Finanças Públicas e Direito Financeiro*, Vol. I, 4.ª ed., Coimbra, Almedina, 1996, pp. 3-6, e pp. 11 e segs.

[19] Não resultam do exercício de poderes de autoridade as *receitas patrimoniais* nem as *receitas creditícias*, embora estas últimas, tal como as primeiras, possam ter alguns aspectos do seu regime moldados por normas de direito público. Cfr. ANTÓNIO DE SOUSA Franco *Finanças Públicas e Direito Financeiro*, Vol. I, cit., pp. 300-301, e Vol. II, 4.ª ed., Coimbra, Almedina, 1996, pp. 51-57 e 80-128.

[20] Sobre o princípio da constitucionalidade cfr. GOMES CANOTILHO, *Direito Constitucional e Teoria da Constituição*, cit., pp. 245-248. Sobre o princípio da legalidade em geral cfr. GOMES CANOTILHO, *ob. cit.*, p. 256 e pp. 715-739. Sobre o princípio da legalidade como fundamento e limite das receitas públicas cfr. ANTÓNIO DE SOUSA FRANCO, *Finanças Públicas e Direito Financeiro*, Vol. II, pp. 48-49.

[21] cfr. Sobre o princípio do Estado de Direito e suas implicações cfr. GOMES CANOTILHO, *ob. cit.*, pp. 243-281.

[22] Cfr. ANTÓNIO DE SOUSA FRANCO, *Finanças Públicas e Direito Financeiro*, Vol. I, p. 301 e Vol. II pp. 58-61.

[23] Cfr. ANTÓNIO DE SOUSA FRANCO, *Finanças Públicas e Direito Financeiro*, Vol. II p. 58. Sobre os deveres fundamentais e sua relação com o *"Estado Fiscal"* v. José Casalta Nabais, *O Dever Fundamental de Pagar Impostos*, cit., pp. 185-221.

[24] Segundo GOMES CANOTILHO, *ob. cit.*, pp. 243-369, são princípios estruturantes da República Portuguesa, o princípio do Estado de Direito, o princípio Democrático, o princípio da Socialidade, o princípio da Unidade do Estado e os princípios da Integração Europeia e da Abertura ao Direito Internacional.

[25] Na expressão usada por GOMES CANOTILHO, *ob. cit.*, pp. 331 e segs.. Cfr. ainda J. BISCHOFF, E. HAUG-ADRION, K. DEHNER, *Staatsrecht und Steuerrecht*, 6.ª edição, Schäffer--Poeschel, Stuttgart, 2001, pp. 74-92.

[26] ALBERTO XAVIER fala igualmente em tributos, explicitando que estes se dividem em impostos e taxas, indicando que *"os caracteres comuns as estas espécies são de molde a proporcionar uma regulamentação jurídica dotada de fortes elementos de homogenei-*

a participação dos cidadãos na cobertura das necessidades públicas"[27] e assentam nos seguintes elementos essenciais[28]:

– *coacção ou obrigatoriedade* decorrente de um acto de autoridade fundado na Constituição ou na Lei, e não de um contrato ou de comportamentos livres do credor e do devedor[29];
– *função essencialmente financeira* (cobertura dos encargos públicos), organizando a participação dos cidadãos e outras entidades ou instituições na criação de receitas, com base princípio da capacidade contributiva e no princípio do benefício, em que se desdobra o princípio da justa repartição dos encargos públicos, *mas que não exclui finalidades não financeiras ou extra financeiras, desde que adequadamente legitimadas pela Constituição ou pela Lei*[30].

Não se pode esquecer e não será demais lembrá-lo, que o princípio da justa repartição dos encargos públicos constitui uma decorrência necessária do princípio da justiça, enquanto pressuposto material do Estado de Direito. Como refere GOMES CANOTILHO[31], *"o direito que informa a juridicidade estatal aponta para a ideia de justiça"* a qual importa *"equidade (fairness) na distribuição de direitos e deveres fundamentais e na determinação da divisão de benefícios da cooperação em sociedade (...)"*. A justiça enquanto elemento integrante da própria ideia de direito encontra concretização num conjunto de princípios materiais, entre os quais se conta

---

dade", e acrescentado que *"a especialidade do regime jurídico das taxas, face ao dos impostos, nem sempre é maior do que a de certas espécies fiscais relativamente aos modelos comuns"*, cfr. *Manual de Direito Fiscal I*, cit., pp. 20-21.

[27] Cfr. ANTÓNIO DE SOUSA FRANCO, *Finanças Públicas e Direito Financeiro*, Vol. II, p. 58.

[28] Cfr. ANTÓNIO DE SOUSA FRANCO, *Finanças Públicas e Direito Financeiro*, Vol. II, p. 59.

[29] ALBERTO XAVIER, *Manual de Direito Fiscal I*, cit., p. 39, prefere falar em origem legal para salientar que a prestação patrimonial inerente à obrigação tributária não decorre da vontade ou de um acto voluntário, *"mas de um mero facto a que a lei (...) atribui o efeito de a constituir"*.

[30] Cfr. TEIXEIRA RIBEIRO, *Lições de Finanças Públicas*, 5.ª edição, Coimbra Editora, 1995, pp. 258-260, que fala em impostos extra-fiscais, embora aceitando que *"nunca os impostos fiscais são exclusivamente fiscais, uma vez que o Estado, ao lançá-los, tem sempre em mira certa repartição dos encargos pelos contribuintes (...); nem nunca os impostos extrafiscais são exclusivamente extrafiscais uma vez que (...) as receitas dos próprios impostos só com outras finalidades que não a cobertura das despesas acabam sempre, mais cedo ou mais tarde, por ser nela aplicados"*.

[31] *Ob. cit.*, p. 245.

O *Financiamento da Regulação e Supervisão do Mercado de Valores Mobiliários*   433

a proibição do excesso, a protecção da confiança e a igualdade na sua tripla vertente de igualdade na criação e aplicação do direito, igualdade de oportunidades e igualdade perante os encargos públicos[32].

Com efeito e como também sucedia na Constituição de 1933 (art. 5.º), embora com outro enquadramento[33], a Constituição da República Portuguesa de 1976 consagra o princípio da igualdade dos cidadãos perante a lei (art. 13.º, n.º 1), afirmando que «*ninguém pode ser privilegiado, beneficiado, prejudicado, privado de qualquer direito ou isento de qualquer dever em razão de ascendência, sexo, raça, língua, território de origem, religião, convicções políticas ou ideológicas, instrução, situação económica ou condição social*» (art. 13.º, n.º 2 da Constituição). A igualdade é, pois e antes do mais, uma manifestação do princípio da justiça enquanto postulado de tratamento igual do que é igual (*justiça comutativa*) e de tratamento desigual do que é desigual (*justiça distributiva*). O princípio da igualdade implica a exigência de aplicação igual da lei e do direito pela Administração e pelos Tribunais, mas implica também que o legislador, no acto de criação do direito, não estabeleça desigualdades sem fundamento ou com fundamentos insuficientes ou arbitrários. Trata-se de uma das mais importantes dimensões do princípio da igualdade: a igualdade enquanto *proibição do arbítrio* ou enquanto *proibição das discriminações que não encontrem na realidade fundamento sério e bastante*[34].

«*A igualdade perante a lei, vinculando o próprio legislador, não reclama que todos sejam tratados, em quaisquer circunstâncias, por forma idêntica, mas sim que recebam tratamento semelhante os que se achem em condições semelhantes*». Esta passagem do Acórdão n.º 76/85 do TRIBUNAL CONSTITUCIONAL[35] reflecte um entendimento há muito cimentado na doutrina e na jurisprudência portuguesas quanto ao sentido a atribuir ao princípio da igualdade. Como se dizia no parecer n.º 14/78 da COMISSÃO CONSTITUCIONAL[36] «*(...) as diferenciações de tratamento de situações apa-*

---

[32] Cfr. GOMES CANOTILHO, *ob. cit.*, pp. 424-430.

[33] Cfr. JORGE MIRANDA, *Manual Direito Constitucional*, Tomo IV, 3.ª ed., Coimbra Editora, 2000, p. 229.

[34] Cfr. GOMES CANOTILHO, *ob. cit.*, pp. 424-430; JORGE MIRANDA, *Manual Direito Constitucional*, Tomo IV, cit., pp. 237-254; JOÃO MARTINS CLARO, *O Princípio da Igualdade*, in Nos Dez Anos da Constituição, Lisboa, INCM, 1987, pp. 31-38; MARIA DA GLÓRIA FERREIRA PINTO, *Princípio da Igualdade – Fórmula vazia ou carregada de sentido?*, BMJ, n.º 398 (1987), pp. 7 e ss.; MARTIM DE ALBUQUERQUE, *Da Igualdade – Introdução à Jurisprudência*, Almedina, 1993, pp. 72-79.

[35] DR, II, n.º 131, de 8/6/1985, p. 5365.

[36] *Pareceres da Comissão Constitucional*, 5.º Vol., p. 109.

434 António de Sousa Franco e Sérgio Gonçalves do Cabo

rentemente iguais hão-de justificar-se, no mínimo, por qualquer funda-mento material ou razão de ser que não se apresente arbitrária ou desra-zoável (...)», é que, tratar desigualmente situações similares porque não existe fundamento suficiente, justificado ou razoável para estabelecer qual-quer distinção implica discriminar e, por conseguinte, gerar desigualdades[37].

A igualdade na criação do direito é complementada pelas duas mani-festações do princípio da igualdade antes assinaladas: a igualdade de opor-tunidades e a igualdade perante os encargos públicos. Assim, a actuação financeira do Estado, quer do lado da despesa, quer do lado da receita im-posta por acto de autoridade, encontra-se constitucionalmente conformada pela obrigação de *"promover a justiça social, assegurar a igualdade de oportunidades e operar as necessárias correcções das desigualdades na distribuição da riqueza e do rendimento, nomeadamente através da política fiscal"* (artigo 81.º, alínea b) da Constituição), sendo a *"repartição justa do rendimento e da riqueza"* um objectivo constitucionalmente atri-buído ao sistema fiscal (artigo 103.º, n.º 1 da Constituição)[38] e a promoção do *"bem-estar e da qualidade de vida do povo e a igualdade real entre os portugueses, bem como a efectivação dos direitos económicos, sociais, culturais e ambientais, mediante a transformação e modernização das estruturas económicas e sociais"* uma das tarefas fundamentais do Estado (artigo 9.º, alínea d) da Constituição). Consequentemente, **a nossa Consti-tuição não estabelece uma hierarquia ou um quadro de prioridades entre a função financeira e a função não financeira do sistema fiscal.** Noutros termos, a Constituição impõe ao legislador uma configuração infra--constitucional do sistema fiscal que tenha em conta o fim da obtenção de

---

[37] Neste sentido, cfr. Pareceres da Comissão Constitucional n.º 1/76, de 14/12/1976, *Pareceres*, 1.º Vol., p. 11; n.º 8/79, de 27/5/1979, *Pareceres*, 7.º Vol., p. 356 e n.º 26/82, de 28/7/1982, *Pareceres*, 20.º Vol., p. 223; e Acórdãos do Tribunal Constitucional n.º 14/84, de 8/2/1984, DR, II, n.º 108, de 10/5/1984, p. 4189; n.º 44/84, de 22/5/1984, DR, II, n.º 159, de 11/7/1984, pp. 6156-6157; n.º 126/84, de 12/12/1984, DR, II, n.º 58 de 11/3/1985, p. 2304 e n.º 80/86, de 12/3/1986, DR, I, n.º 131, de 9/6/1986.

[38] Note-se que a noção constitucional de sistema fiscal (contida no n.º 1 do artigo 103.º da Constituição) é uma noção funcional ou finalística, cuja razão de ser abrange todas as espécies tributárias na medida em que as mesmas possam ser objecto de uma consideração integrada face aos resultados constitucionalmente desejados: a *satisfação das necessidades financeiras do Estado e de outras entidades públicas e a repartição justa do rendimento e da riqueza.* Atente-se aliás em que *"a satisfação das necessidades finan-ceiras do Estado e de outras entidades públicas"* corresponde ao fim imediato de todas e quaisquer receitas coactivas (tributos). Cfr. ALBERTO XAVIER, *Manual de Direito Fiscal I*, cit. pp. 35-55.

O Financiamento da Regulação e Supervisão do Mercado de Valores Mobiliários   435

receitas para fazer face aos encargos públicos, mas também o fim genérico da promoção da justiça social, entendida como redução das desigualdades na distribuição do rendimento e da riqueza.

O sistema fiscal, entendido aqui no seu sentido mais amplo como o conjunto de receitas coactivas desprovidas de carácter sancionatório[39], e por isso abrangendo quer os impostos quer outras figuras tributárias que se lhes assemelhem, como é o caso das taxas[40], pode comportar a assunção de finalidades extra-financeiras. Apesar das especialidades do regime constitucionalmente consagrado em matéria de impostos (cfr. artigos 103.º, n.º 2, 104.º e 165.º, alínea i) da Constituição), a verdade é que as taxas comungam, no nosso direito, como noutros[41], dos fundamentos e pressupostos legitimadores da tributação: decorrem de um acto de autoridade fundado na Constituição e na Lei, por isso são receitas coactivas e obrigatórias e não receitas sujeitas ao princípio da liberdade contratual, têm uma função essencialmente financeira, isto é, de obtenção de receitas para cobrir os encargos públicos, sem embargo de lhes poder estar associada uma função não financeira, embora dentro dos limites decorrentes do princípio da proporcionalidade ou da proibição do excesso, atendendo à estrutura bilateral da taxa e à sua relação com a criação de utilidades concretas, determinadas ou determináveis a favor do sujeito passivo.

---

[39] É evidente e não se ignora o sentido da maioria da doutrina e da jurisprudência do Tribunal Constitucional e do Supremo Tribunal Administrativo que opera com um conceito mais restrito de sistema fiscal como correspondendo ao conjunto dos impostos ou ao sistema de impostos, não incluindo as taxas ou quaisquer outros tributos (cfr. Acórdão n.º 497/89 do Tribunal Constitucional, Acórdãos do Tribunal Constitucional, 14.º Vol., pág. 227 e Acórdãos n.ºs 268/97 e 500/97 DR, II Série, de 22 de Maio de 1997, e DR, II Série, de 12 de Janeiro de 1998, respectivamente e Acórdãos do STA de 21/6/2000, 2.ª secção, proc.º n.º 23279 e de 29/3/2000, 2.ª secção, proc.º n.º 20227). Não obstante, pretendemos aqui sublinhar a situação do conjunto das receitas coactivas face aos seus fundamentos e finalidades extra-financeiras, sem nos atermos ao escopo mais restrito do âmbito da *reserva parlamentar* em que aquela doutrina e jurisprudência fundamentam a sua posição e com a qual, nesse sentido, obviamente, concordamos – cfr. ANTÓNIO DE SOUSA FRANCO, *Finanças Públicas e Direito Financeiro*, Vol. II, cit., pp. 48-94.

[40] Cfr. GOMES CANOTILHO e VITAL MOREIRA, *Constituição da República Portuguesa Anotada*, 3.ª ed., Coimbra, Coimbra Editora, 1993, p. 457.

[41] Cfr. AUGUSTO FANTOZZI, *Diritto Tributario*, Torino, UTET, 1994, pp. 53-56; F. JAVIER MARTIN FERNANDEZ, *Tasas Y Precios Publicos en el Decrecho Español*, Madrid, Marcial Pons, 1995; Louis Trotabas, Jean-Marie Cotteret, *Droit Fiscal*, 7e éd., Paris, Dalloz, 1992, pp. 17-18; Tipke/Lang, *Steuerrecht*, cit., pp. 48-49; Heinrich Wilhelm Kruse, *Lehrbuch des Steuerrechts*, I, München, Beck, 1991, pp. 40-41.

436 *António de Sousa Franco e Sérgio Gonçalves do Cabo*

É nesta linha de raciocínio que se inserem as normas da Lei Geral Tributária sobre fins, objectivos e limites da tributação, pressupostos e classificação dos tributos[42]. Como salienta LIMA GUERREIRO, na sua anotação ao artigo 3.° da Lei Geral Tributária[43], o legislador partiu de uma noção ampla de tributo, quer quanto aos fins quer quanto à titularidade, sendo certo que as taxas e demais contribuições financeiras a favor de entidades públicas foram identificadas como *"outras espécies tributárias criadas por lei (...) a favor de entidades públicas"*, de tal sorte que *"enquanto o regime especial das taxas não for aprovado, (...), as normas da Lei Geral Tributária são de aplicação às taxas, na medida em que não se revelem incompatíveis com a natureza destas, o que supõe uma adequada ponderação, caso a caso, de cada solução concreta, tendo em conta se os interesses que justificaram a criação da norma valem apenas para os impostos ou se estendem igualmente às taxas"*. Este *alargamento do objecto* da Lei Geral Tributária não foi inocente, atendendo, justamente, às dificuldades de qualificação das espécies tributárias compreendidas no universo da parafiscalidade em relação à qual as taxas, como bem nota LIMA GUERREIRO[44], não são uma figura heterogénea, e à pluralidade de taxas que a todo o momento vão sendo criadas, quer pelo Estado[45], quer

---

[42] Artigos 3.°, 4.°, 5.° e 7.° da Lei Geral Tributária, aprovada pelo Decreto-Lei n.° 398/98, de 17 de Dezembro.

[43] *Lei Geral Tributária Anotada*, Lisboa, Rei dos Livros, 2000, pp. 44-49.

[44] Cfr., *ob. cit.*, p. 45.

[45] É o caso da *"taxa de radiodifusão"* objecto de inúmeros arestos do Tribunal Constitucional (cfr., por último, o acórdão n.° 354/98, de 12/5/1998), das *"quotas dos sócios contribuintes para as casa do Povo"* (Acórdãos n.°s 82/84 e 372/89) e das *"contribuições de empregadores para a Segurança Social"* (Acórdãos n.°s 363/92 e 1203/96). Foi o caso das taxas cobradas pelos antigos organismos de coordenação económica, v. g. as *"taxas de peste suína, dos ruminantes e de comercialização"* (Acórdãos do Tribunal Constitucional n.°s 369/99, 370/99, 473/99 e 96/2000 e do STA de 13/12/2000, 2.ª secção, proc.° n.° 24931; de 17/3/1999, 2.ª secção, proc.° n.° 18836, de 13/1/1999, 2.ª secção, proc.° n.° 20259, de 7/10/1998, 2.ª secção, proc.° n.° 20989), as *"taxas do Instituto dos Produtos Florestais"*, primeiro consideradas conformes à Constituição (cfr. Acórdão do STA de 12/12/1990, 2.ª secção, proc.° n.° 12002) e depois julgadas inconstitucionais (Acórdão do Tribunal Constitucional n.° 248/93, de 18/3/1993 e Acórdão do STA de 22/2/1996, 2.ª secção, proc.° n.° 13577), as *"taxas a favor do Instituto do Azeite e Produtos Oleaginosos"* (Acórdãos do STA de 18/12/1986, 1.ª subsecção, proc.° n.° 21140; de 28/19/1986, pleno da secção, proc.° n.° 17965; de 24/7/1985, 2.ª secção, proc.° n.° 3231; de 28/3/1985, 2.ª subsecção, proc.° n.° 21202), e as *"taxas a favor da Comissão Reguladora dos Produtos Químicos e Farmacêuticos"* (Acórdãos do STA de 22/7/1986, 2.ª subsecção, proc.° n.° 19997; de 21/3/1985, 1.ª subsecção, proc.° n.° 21227).

O Financiamento da Regulação e Supervisão do Mercado de Valores Mobiliários 437

por outras pessoas colectivas públicas de base territorial[46-47]. Procurou-se pois, sem atingir a aprovação de um *"regime geral das taxas e outras contribuições financeiras"*, integrar o universo da parafiscalidade no tronco normativo do direito fiscal comum, sem prejuízo das especialidades de cada espécie tributária e, no tocante às taxas, da sua exclusão do âmbito do princípio da capacidade contributiva (artigo 4.° da Lei Geral Tributária) e do princípio da legalidade na sua vertente de reserva de lei formal ou reserva de Parlamento (artigo 8.°, n.° 1 da Lei Geral Tributária, que corresponde, como não poderia deixar de ser, à formulação dos artigos 103.°, n.° 2 e 165.°, alínea i) da Constituição). Porém, quanto ao mais, as taxas comungam dos fins, objectivos e limites da tributação. Não há pois que estranhar que, conquanto estruturalmente assentes na prestação de utilidades concretas, determinadas ou determináveis a favor do sujeito passivo[48] e materialmente assentes no princípio da equivalência jurídica[49], que não econó-

---

[46] É aqui especialmente relevante o universo de taxas criado pelas autarquias locais cujo controlo de constitucionalidade e de legalidade tem dado origem a uma abundantíssima jurisprudência do Supremo Tribunal Administrativo e do Tribunal Constitucional, de que se citam, a título de exemplo, as *"taxas de reposição de pavimentos"* (Acórdão do STA de 21/6/2000, 2.ª secção, proc.° n.° 23279), as *"taxas pela realização de infra-estruturas urbanísticas"* (Acórdão do Tribunal Constitucional n.° 410/2000, de 3/10/2000, proc.° n.° 364/99), as *"taxas pela instalação de publicidade em prédios urbanos"* (Acórdão do STA de 29/3/2000, 2.ª secção, proc.° n.° 20227 e Acórdãos do Tribunal Constitucional n.° 32/99, de 12/1/2000, proc.° n.° 104/99 e 63/99, de 2/2/1999, proc.° n.° 513/97) *"taxas pela publicidade em veículos"* (Acórdão do STA de 19/5/1999, 2.ª secção, proc.° n.° 22564 e Acórdão do STA de 20/1/1999, 2.ª secção, proc.° n.° 21005), *"taxas pela ocupação da via pública"* (Acórdão do Tribunal Constitucional n.° 515/2000, de 29/11/2000, proc.° n.° 46/2000) e as *"taxas pela ligação dos prédios à rede geral de esgotos"* (Acórdão do STA de 24/2/1988, 2.ª secção, proc.° n.° 4778). Sobre isto cfr. Saldanha Sanches, *Poderes Tributários dos Municípios e Legislação Ordinária*, Fiscalidade, Abril 2001, pp. 117-133.

[47] O conceito de parafiscalidade pode corresponder, como defende Alberto Xavier, *Manual de Direito Fiscal I*, cit., p. 65, ao conjunto de receitas de natureza jurídica indeterminada criadas a favor de pessoas colectivas autónomas de base institucional ou afectas a patrimónios autónomos do Estado, mas, ao contrário do que sustenta, pode não se verificar quanto a elas um fenómeno de *"desorçamentação"*, na exacta medida em que sejam contabilizadas no mapa V da lei do orçamento do Estado para cada ano, conforme é exigido pelo artigo 12.° da Lei de Enquadramento Orçamental (Lei n.° 6/91, de 20 de Fevereiro, entretanto substituída pela Lei n.° 91/2001, de 20 de Agosto, sendo o art.° 29.° correspondentemente aplicável).

[48] Cfr. Cardoso da Costa, *Curso de Direito Fiscal*, 2.ª edição, Coimbra, 1972, p. 11-12.

[49] Cfr. Alberto Xavier, *Manual de Direito Fiscal I*, cit., p. 44.

438   *António de Sousa Franco e Sérgio Gonçalves do Cabo*

mica[50], as taxas possam ter, além das óbvias e necessárias finalidades financeiras, outras finalidades seleccionadas pelo legislador de entre o universo de fins possíveis das receitas coactivas, compatíveis com o princípio do Estado Social de Direito[51].

3. O princípio da legalidade (tributária) e as receitas públicas coactivas

Chegados a este ponto do nosso raciocínio, cumpre apreciar a forma como o princípio da legalidade se manifesta no domínio das receitas coactivas. Note-se que princípio da legalidade, enquanto sub-princípio concretizador do princípio do Estado de Direito, não constituí um princípio legitimador da tributação ou dos tributos mas antes um requisito constitutivo, *"de natureza material, procedimental e formal (...) que visa dar resposta ao problema do conteúdo, extensão e modo de proceder da actividade do estado"*[52]. Assim, a legalidade no domínio das receitas coactivas assume todos os elementos de vinculação e controlo democrático inerentes à ideia de lei e ao conceito de lei no Estado de Direito[53], desde logo na dimensão de segurança jurídica e protecção da confiança[54], na dimensão da proibição

---

[50] Sobre o princípio da equivalência, contendo alguns elementos de direito comparado cfr. J. G. XAVIER DE BASTO e ANTÓNIO DA GAMA LOBO XAVIER, *Ainda a distinção entre taxa e imposto: a inconstitucionalidade dos emolumentos notariais e registrais devidos pela constituição de sociedades e pelas modificações dos respectivos contratos*, cit., 1994, pp. 13-31. Cfr. também as indicações de direito comparado fornecidas por EDUARDO PAZ FERREIRA, *Ainda a propósito da distinção entre impostos e taxas ...*, cit., pp. 63-75.

[51] Sobre o Estado Social de Direito, cfr. MARCELO REBELO DE SOUSA, *Direito Constitucional I*, Braga, 1979, pp. 297 e ss. e JORGE MIRANDA, *Manual de Direito Constitucional*, cit., Tomo I, 5ª ed., 1996, pp. 94-95.

[52] GOMES CANOTILHO, *ob. cit.*, p. 243.

[53] Cfr. JORGE MIRANDA, *Manual de Direito Constitucional*, cit., Tomo V, pp. 121 e segs. GOMES CANOTILHO, *ob. cit.*, pp. 707 e segs. A legalidade constitui uma expressão da legitimidade decisória ou, por outras palavras, o exercício do poder manifesta-se através de instrumentos jurídicos que hão-de assentar em modos de legitimação material e não apenas formal. Por isso a legalidade não se basta com um índice formal (há legalidade no Estado totalitário como a há no Estado democrático) antes requer uma referência a valores que assentam na ideia de democracia. Daí a relevância do princípio democrático como princípio estruturante no artigo 2.º da Constituição.

[54] Cfr. GOMES CANOTILHO, *ob. cit.*, pp. 257-266.

O Financiamento da Regulação e Supervisão do Mercado de Valores Mobiliários 439

do excesso[55] e da protecção jurídico-judiciária[56], apenas que tais elementos surgem associados no caso específico dos impostos, dada a sua natureza unilateral, às garantias da tipicidade e da reserva de lei formal ou reserva de parlamento, que integram o conceito mais exigente de legalidade tributária[57].

Porém e embora mantenham traços de especialidade face aos impostos, também as taxas, sendo receitas coactivas ou com origem legal, estão subordinadas às garantias da tipicidade e da reserva de lei formal ou reserva de parlamento quanto à definição do respectivo regime geral. Não se discute, por evidente, a subordinação das taxas ao princípio da legalidade nas vertentes de precedência e prevalência de lei (*nullum tributum sine lege*). O que se pretende demonstrar é que, mau grado a sua legitimação assentar na existência de uma contraprestação específica a favor do sujeito passivo, a garantia da tipicidade, inerente às relações jurídico-tributárias, em especial nas suas vertentes de exclusivismo e determinação[58-59], também faz parte da relação jurídica de taxa, na medida em a obrigação de pagamento da taxa não decorre de um acto voluntário do sujeito passivo, mas de um mero facto a que a lei atribui efeito constitutivo da dívida de taxa. Por outras palavras, a vontade do particular será mero pressuposto de facto do *Tatbestand* legal[60]. Assim, bem se compreende que, tal como na relação jurídica de imposto, também na relação jurídica de taxa o acto tributário ou acto de aplicação do direito, seja um acto totalmente vinculado,

---

[55] Cfr. GOMES CANOTILHO, *ob. cit.*, pp. 266-273.

[56] Cfr. GOMES CANOTILHO, *ob. cit.*, pp. 273-278.

[57] Sobre as especialidades do princípio da legalidade tributária cfr. ALBERTO XAVIER, *Conceito e Natureza do Acto Tributário*, Coimbra, Almedina, 1972, pp. 275 e segs. e *Manual de Direito Fiscal I*, cit., pp. 109 e segs.. A reserva de parlamento em matéria tributária constitui, a um tempo, um modo de legitimação, assente no princípio da auto-tributação e, a outro tempo, uma garantia de estabilidade na distribuição dos benefícios e encargos da vida em sociedade, assente no princípio da protecção da confiança.

[58] Cfr. ALBERTO XAVIER, *Manual de Direito Fiscal I*, cit., pp. 122-124.

[59] Que não excluem os tipos abertos, nem a utilização de conceitos indeterminados, conquanto tal não importe «*uma transferência da "criação da obrigação fiscal" para a "discricionariedade da administração"*» ou coloque «*nas mãos da administração um poder arbitrário de concretização*» (Acórdão do Tribunal Constitucional n.º 756/95, de 20 de Dezembro de 1995, ATC, 32.º Vol., p. 775 e DR, II, de 27/3/1996). Parecem-nos ser nesse sentido as considerações de ANA PAULA DOURADO, *O Princípio da Legalidade Fiscal na Constituição Portuguesa*, Perspectivas Constitucionais, Vol. II, Coimbra Editora, 1997, pp. 463-472.

[60] Neste sentido DIOGO LEITE CAMPOS e MÓNICA LEITE CAMPOS, *Direito Tributário*, 2.ª edição, Almedina, 2000, p. 68.

440 António de Sousa Franco e Sérgio Gonçalves do Cabo

sem qualquer margem de discricionariedade da Administração ou em que esta se encontra especialmente reduzida ou condicionada[61].

Por outro lado, tal como sucedia no âmbito da Constituição de 1933, a Constituição de 1976, na sequência da revisão constitucional de 1997 (artigo 109.°, n.° 2 da Lei Constitucional n.° 1/97), passou a sujeitar à reserva de parlamento o regime geral das taxas. Daí que o quadro constitucional de garantias associado aos impostos se tenha estendido às taxas, embora com as limitações decorrentes de a reserva de parlamento se conter nos limites de uma *reserva de densificação parcial*[62], na medida em que se confina ao estabelecimento do regime geral das taxas, podendo tal regime geral ser objecto de desenvolvimento ou densificação através de decreto-lei ou regulamento administrativo. Quer-nos parecer que tal desenvolvimento ou densificação traduzir-se-á na concreta fixação da base de incidência e taxa das concretas espécies tributárias de natureza bilateral e sinalagmática, resultantes do exercício de funções de administração prestadora ou constitutiva (*Leistungsverwaltung*), a criar, quer através de decreto-lei (do Governo), quer através de regulamento (v. g., municipal)[63].

De referir ainda que, no plano do procedimento e processo tributário, a relação jurídica de taxa não se afasta das restantes relações jurídico-tributárias, quer em virtude de lhe ser aplicável a Lei Geral Tributária (artigos 3.°, n.° 2 e 95.° n.°s 1 e 2 alínea a)), quer porque o contencioso das taxas segue o regime do Código de Procedimento e Processo Tributário (cfr. artigos 44.° n.° 1 alínea a), 97.°, n.° 1 alínea a) e 148.° n.° 1 alínea a))[64].

---

[61] Sobre o princípio da tipicidade e sobre a proibição de discricionariedade no direito tributário cfr. ALBERTO XAVIER, *Conceito e Natureza do Acto Tributário*, cit., pp. 309 e segs. e pp. 337 e segs., em especial pp. 387-395 e *Manual de Direito Fiscal I*, cit., pp. 125-132.

[62] Cfr. GOMES CANOTILHO, *ob. cit.*, pp. 722-723.

[63] Também ALBERTO XAVIER, *Manual de Direito Fiscal I*, cit., p. 134, perante norma semelhante da Constituição de 1933, sustentava que "*a Constituição não exige que a própria lei «determine» os princípio gerais em matéria de taxas, fixando-lhes directamente a incidência, as isenções, as taxas, as reclamações e os recursos. Aqui basta que a «lei» defina os «princípios gerais» a que as taxas se subordinam, cabendo à esfera regulamentar a concretização ou especificação dos aludidos princípios*".

[64] A confirmar o que acabamos de afirmar cfr. o artigo 29.° do Decreto-Lei n.° 473/99, de 8 de Novembro (alterado pelo Decreto-Lei n.° 232/2000, de 25 de Setembro), que manda aplicar à cobrança coerciva de taxas devidas à CMVM o processo de cobrança coerciva dos créditos do Estado, conferindo força executiva à certidão de dívida passada pela CMVM.

O *Financiamento da Regulação e Supervisão do Mercado de Valores Mobiliários* 441

Em conclusão, embora com as limitações decorrentes de a reserva de parlamento em matéria de taxas se conter dentro de uma *reserva de densificação parcial*, na medida em que se limita ao estabelecimento do regime geral das taxas, a verdade é que o princípio da legalidade tributária se estende à relação jurídica de taxa na vertente da proibição de discricionariedade administrativa, sendo certo que as questões de proporcionalidade ou equivalência da taxa, enquanto vinculações dirigidas ao legislador e à administração, se colocam no plano da constitucionalidade ou da conformidade do acto de criação da taxa com o princípio da proibição do excesso enquanto sub-princípio concretizador do princípio do Estado de Direito, como vem sendo realçado pela jurisprudência do Tribunal Constitucional[65].

Assim, **o problema da proporcionalidade ou equivalência da taxa não é um problema de respeito pelo princípio da legalidade, pois que não haverá taxa sem habilitação legal bastante** (*nullum tributum sine lege*), **mas antes um problema de constitucionalidade material e de respeito pelo princípio da proibição do excesso**, que se apresenta particularmente relevante em receitas coactivas legitimadas por contraprestações públicas.

4. Fundamento e legitimação das taxas

Este último aspecto conduz-nos a perguntar pelo fundamento e legitimação das taxas como modo de financiamento do Estado ou de outros entes públicos no Estado social de Direito. Com efeito, a passagem do Estado liberal para o Estado social de Direito[66], com a consequente evolução no plano dos fins do Estado (bem-estar económico e social, promoção da igualdade material, efectivação de direitos económicos sociais e culturais, reforço da protecção dos direitos fundamentais e das garantias dos particulares contra a «*administração agressiva*»), teve profundas consequências no plano do seu financiamento[67].

---

[65] Cfr., por último, o Acórdão do Tribunal Constitucional n.º 200/2001, de 9 de Maio de 2001, cit..

[66] Sobre isto, cfr., MARCELO REBELO DE SOUSA, *Direito Constitucional I*, pp. 297 e ss. e Jorge Miranda, *Manual de Direito Constitucional*, Tomo I, cit., pp. 94-95.

[67] Cfr. UTE SACKSOFSKY/JOACHIM WIELAND (hrsg.), *Vom Steuerstaat zum Gebührenstaat*, Nomos, Baden-Baden, 2000.

442 *António de Sousa Franco e Sérgio Gonçalves do Cabo*

Como refere EDUARDO PAZ FERREIRA[68], tal transição levou "*a que fosse preciso diversificar as fontes de financiamento do Estado*", por contraposição ao modelo do liberalismo político – em que foi forjada a reserva de lei formal como elemento essencial da legalidade tributária – em que o quadro de financiamento público assentava, basicamente, em impostos, "*ao mesmo tempo que se mudava profundamente o sentido tradicional de tributação, ao qual vão passar a aparecer associadas finalidades extra-financeiras de natureza económica e social*".

Com efeito e seguindo o mesmo autor, "*tal supremacia dos impostos no quadro do financiamento público explicava-se não só pela circunstância de permitir o controlo parlamentar sobre a medida do gasto público, mas também pelo facto de a generalidade das funções desempenhadas pelo Estado assegurarem a cobertura de necessidades indivisíveis, que não podiam ser imputadas isoladamente a cada contribuinte ou grupo de contribuintes*".

Ora, com o desenvolvimento do Estado social, a despesa pública, ao mesmo tempo que se encontra vinculada à promoção do bem-estar e da justiça social, gera frequentemente benefícios, em muitos casos divisíveis, para grupos certos e determinados de contribuintes. Nesses casos será discutível a opção do legislador por formas de tributação que onerem a generalidade dos contribuintes quando, perante utilidades divisíveis, se regista um benefício a favor certos e determinados sujeitos[69]. Sendo certo que o fundamento e legitimação da taxa, como contraprestação coactiva ou *ex lege*, assenta nas utilidades geradas para certos sujeitos em virtude da actuação pública independente da vontade desses sujeitos, não parece oferecer dúvida que tal representa um **limite à liberdade de conformação do legislador quando se trata de optar pelos modos de financiamento dos serviços públicos**. É que, efectivamente, no Estado intervencionista moderno, para que se atinjam os ideais de **justiça material e formal** inerentes ao conceito de Estado Social de Direito[70], **aos modos de financia-**

---

[68] *Ainda a propósito da distinção entre impostos e taxas* ..., cit., p. 71.

[69] Fazendo assentar a distinção entre taxa e imposto no critério da divisibilidade do serviço cfr. SOARES MARTINEZ, *Direito Fiscal*, 7.ª edição, Almedina, 1993, pp. 35-37 e DIOGO LEITE CAMPOS e MÓNICA LEITE CAMPOS, *ob. cit.*, p. 63. Veja-se aliás o acórdão n.º 497/89, do Tribunal Constitucional, de 13/7/1990 (DR, II, de 1/2/1990, p. 1138) onde se faz corresponder a reserva de competência legislativa do Parlamento à liberdade de opção política em matéria de criação de impostos "*que hão-de custear o financiamento, em geral, das despesas públicas*" e ser repartidos pela "*generalidade dos contribuintes*".

[70] Sobre o princípio da justiça cfr. JOHN RAWLS, *Uma Teoria da Justiça*, tradução do original de 1971 de CARLOS PINTO CORREIA, Editorial Presença, 1993, pp. 27-29 e sobre

O *Financiamento da Regulação e Supervisão do Mercado de Valores Mobiliários* 443

mento hão-de necessariamente corresponder modos de legitimação consentâneos com as utilidades geradas pela despesa pública.
Esta afirmação não é mais do que a reafirmação do princípio igualdade perante os encargos públicos (*égalité devant les charges publiques* ou *Lastengleichheit*[71]), o qual postula a repartição dos encargos públicos (que normalmente se traduzirão em actos de afectação do património dos particulares, quer pela via tributária, quer pela via de outros actos ablativos do direito de propriedade – v. g., expropriação ou nacionalização) com base em critérios de igualdade, os quais, no domínio tributário, não podem deixar de se traduzir numa correcta articulação entre princípio da capacidade contributiva e o princípio do benefício[72].

Assim, torna-se evidente que o legislador se encontra constitucionalmente vinculado, nas suas opções de afectação de meios financeiros à satisfação de necessidades colectivas, quando as mesmas se traduzam no exercício de poderes de autoridade (*ius imperii*), pelos modos de legitimação consentâneos com as utilidades geradas pela despesa pública. Desta feita, serão constitucionalmente ilegítimas, à luz do princípio da justa repartição dos encargos públicos, opções de financiamento de serviços gerais da administração fundadas na cobrança de taxas, sendo certo que estas apenas se encontram legitimadas como forma de financiar entidades estaduais ou infra-estaduais sempre que tais entidades prestem, por mandato legal ou constitucional, utilidades divisíveis, em benefício de um grupo certo e determinado de sujeitos passivos, independente da vontade desses sujeitos, pois que se trata de prosseguir missões de serviço público, fundadas no interesse geral e adequadamente legitimadas pela Constituição e pela lei. É claro que, onde faltem tais utilidades divisíveis ou quando estas se combinem com utilidades indivisíveis, renasce a legitimação para modos de financiamento baseados em tributos não causais[73], os quais podem

---

a articulação entre justiça e decisão financeira, cfr. JORGE COSTA SANTOS, *Bem-estar social e decisão financeira*, Almedina, 1993, pp. 121-156.

[71] Cfr., PIERRE DEVOLVÉ, *Le Principe d'Égalité devant les charges publiques*, Paris, 1969 e Ernst Forsthoff, *Traité de Droit Administratif Allemand*, Bruxelles, Bruylant, 1969, pp. 480 e ss..

[72] Sobre a capacidade contributiva como expressão da igualdade tributária e como limite dirigido ao legislador fiscal cfr. ALBERTO XAVIER, *Conceito e Natureza do Acto Tributário*, cit., pp. 278-280 e 314-316. Para uma articulação entre os princípios da generalidade e capacidade contributiva, cfr. ANTÓNIO DE SOUSA FRANCO, *Finanças Públicas e Direito Financeiro*, Vol. II, cit., pp. 176-187.

[73] Por oposição às taxas que serão tributos causais pois que fundados em relações sinalagmáticas.

444 António de Sousa Franco e Sérgio Gonçalves do Cabo

mesmo coexistir com tributos causais, como sucede no financiamento da justiça, em que, ao lado de transferências orçamentais, existem vários tipos de emolumentos que visam remunerar os serviços públicos de justiça, registos e notariado.

5. A função sócio-económica das bolsas e a sua regulação

A esta luz torna-se evidente que o problema do financiamento público da supervisão do mercado de valores mobiliários não é indiferente ao conjunto de utilidades geradas pela supervisão financeira, a qual constitui incumbência prioritária do Estado, constitucionalmente consagrada em sede de protecção da poupança e de regulação dos mercados (artigos 61.º, n.º 1, 80.º, alínea a), 81.º alíneas c), e) e f), 86.º e 101.º da Constituição); posto que o financiamento da supervisão financeira pela generalidade dos contribuintes acarretaria uma evidente injustiça na repartição dos encargos públicos, fazendo recair sobre a generalidade dos contribuintes o encargo de financiar uma actividade cujos benefícios se concentram num grupo certo e determinado de agentes: os investidores, os emitentes e os intermediários financeiros[74].

É certo que se poderá argumentar com a função sócio-económica das bolsas, afirmando que investidores são todos e qualquer um, pelo que faltaria a determinabilidade de um universo certo e específico de beneficiários. Porém, também é verdade que a função de captação da poupança está, nas sociedades desenvolvidas, como a nossa, institucionalizada em instituições de crédito e sociedades financeiras, e que é rara a situação do investidor isolado em mercados organizados e regulamentados, como são hoje as bolsas de valores, verificando-se antes a sua agregação em organismos de investimento colectivo em valores mobiliários, de que são expoente máximo os fundos de investimento mobiliário[75]. É sabido que a função sócio-económica das bolsas de valores é, a um tempo, a de facilitar aos empreendedores a captação de recursos financeiros para financiar as suas

---

[74] Para uma caracterização do mercado de valores mobiliários quanto aos diversos tipos de agentes nele envolvidos cfr. AMADEU JOSÉ FERREIRA, *Direito dos Valores Mobiliários*, Lisboa, AAFDL, 1997, pp. 7-22.

[75] Sobre o fenómeno dos fundos de investimento como modo de organização do investimento em valores mobiliários, redução do risco e aumento da liquidez e rendibilidade, cfr. MARIA JOÃO ROMÃO CARREIRO VAZ TOMÉ, *Fundos de Investimento Mobiliário Abertos*, Coimbra, Almedina, 1997 e ALEXANDRE BRANDÃO DA VEIGA, *Fundos de Investimento Mobiliário e Imobiliário*, Coimbra, Almedina, 1999.

O *Financiamento da Regulação e Supervisão do Mercado de Valores Mobiliários* 445

actividades empresariais e, a outro tempo, a de proporcionar aos aforradores modos de aplicação de poupança com alguma liquidez e rendibilidade, facilitando assim o envolvimento da generalidade dos agentes no processo produtivo-empresarial (*risk sharing*) e canalizando a poupança para quem dela necessita para investir.

É hoje claro, mercê de uma evolução histórica conhecida e que seria inútil neste contexto descrever, que a organização de semelhante processo de captação e aplicação de poupanças não pode deixar indiferente o Estado como entidade política que tem a seu cargo a prossecução do interesse geral que, no caso concreto do mercado de valores mobiliários, se traduz na garantia da segurança jurídica das transacções, na equidade e na estabilidade dos mercados, como modo de assegurar a protecção da poupança. Se a organização das bolsas é deixada à liberdade de iniciativa económica privada – obviamente dentro do respeito pela Constituição e pela Lei[76] –, a sua regulação e supervisão constitui claramente uma tarefa da colectividade, na exacta medida em que se pretende assegurar o desenvolvimento económico, o encontro entre a oferta e procura de aforradores e empreendedores, a transparência na formação dos preços, a igualdade no acesso a informação relevante, a segurança das transacções e a protecção da poupança (cfr. o artigo 101.º da Constituição).

6. O problema do financiamento da supervisão do mercado de valores mobiliários

É neste contexto que se coloca o problema do financiamento das funções públicas de regulação e supervisão do mercado de valores mobiliários. Está hoje demonstrado que, na medida em que contribui para o desenvolvimento económico, por assegurar a estabilidade das trocas e a

---

[76] Actualmente, em Portugal, a organização e gestão dos mercados de valores mobiliários é claramente uma tarefa a cargo do sector privado, encontrando-se o regime de organização e gestão dos mercados de valores mobiliários disciplinado no Decreto-Lei n.º 394/99, de 13 de Outubro, na sequência do qual foram criadas, em Fevereiro de 2000, a BVLP – Sociedade Gestora de Mercados Regulamentados, S. A., e a INTERBOLSA – Sociedade Gestora de Sistemas de Liquidação e de Sistemas Centralizados de Valores Mobiliários, S. A.. Foi igualmente criada a MTS – Portugal, Sociedade Gestora do Mercado Especial de Dívida Pública, S.A., que tem a seu cargo a organização e gestão novo mercado regulamentado destinado à negociação por grosso de valores mobiliários representativos de dívida pública portuguesa, cuja constituição foi autorizada pela Portaria do Ministro das Finanças n.º 1183/99, de 4 de Novembro.

446 *António de Sousa Franco e Sérgio Gonçalves do Cabo*

segurança das transacções, a regulação e supervisão do mercado de valores mobiliários constitui um bem semi-público[77] cuja utilidade se projecta

---

[77] Como se sabe, na sequência dos estudos dos economistas neo-clássicos, designadamente PARETO, MARSHALL e PIGOU (cfr. JOSEPH SCHUMPETER, *History of Economic Analysis*, London, George Allen & Unwin, 1954, pp. 833-440, 858-861 e 1069-1072; JOÃO LUMBRALES, *História do Pensamento Económico*, Coimbra, Coimbra Editora, 1988, pp. 181 e ss e 217 e ss. e JORGE COSTA SANTOS, *ob. cit.*, pp. 37 e ss.), e da moderna teoria das finanças públicas ou da economia pública (cfr. ANTÓNIO DE SOUSA FRANCO, *Finanças Públicas e Direito Financeiro*, Vol. I, 4.ª ed., cit., pp. 17 e ss.; RICHARD A. MUSGRAVE e PEGGY B. MUSGRAVE, *Public Finance in Theory and Practice*, 4th ed., McGraw-Hill, 1984, pp. 48 e ss.; ANTHONY B. ATKINSON e JOSEPH E. STIGLITZ, *Lectures on Public Economics*, McGraw-Hill, 1987, pp. 482 e ss. e Jorge Costa Santos, *ob. cit.*, pp. 61 e ss.), o funcionamento puro do mercado (sem interferências de qualquer ordem) não gera, por si só, eficiência na afectação dos recursos, nem bem-estar e justiça social. A racionalidade económica determina os comportamentos dos agentes em função da maximização do lucro (empresas) e da utilidade (famílias). Para satisfazer as necessidades económicas que fogem a esse paradigma de racionalidade, torna-se necessário organizar mecanismos de provisão pública dos bens aptos à satisfação dessas necessidades, e que não são produzidos pelo mercado. Tais bens assumem a natureza de **bens públicos ou colectivos**, isto é, bens que são produzidos fora do mercado, podem ser utilizados por todos em termos não exclusivos, e proporcionam utilidades indivisíveis, de satisfação passiva, em termos não emulativos (cfr. ANTÓNIO DE SOUSA FRANCO, *Finanças Públicas e Direito Financeiro*, Vol. I, 4.ª ed., cit., pp. 26-27 e 33-41), e opõem-se aos **bens semi-públicos**, que proporcionam utilidades exclusivas e divisíveis, de satisfação activa, cuja oferta é assegurada pela colectividade por razões ligadas à prossecução do interesse público e cujo financiamento fica a cargo dos beneficiários, e aos **bens individuais** que, por definição, são susceptíveis de consumo privado, em termos exclusivos, e são oferecidos e procurados no mercado mediante um preço concorrencial. São exemplos de bens públicos o farol, mas também a segurança, as comunicações, a qualidade de vida, o direito, a ordem social, etc.. Os bens públicos não podem ser oferecidos pelo mercado e é por isso que se fala em incapacidades ou insuficiências do mercado (*«market failures»*). Nesta conformidade, registamos uma primeira incapacidade do mercado no que se refere à provisão de bens essenciais à colectividade (a justiça, a segurança, a qualidade de vida, etc.). Uma segunda incapacidade regista-se nas situações de monopólio e oligopólio, que afectam a eficiência económica e a utilidade do consumidor; uma terceira na existência de custos sociais e exterioridades, que geram de novo ineficiência na afectação dos recursos; um quarta na incapacidade para cobrir riscos sociais (que daria origem aos sistemas de protecção social pública segurança social); e uma quinta que já se refere aos desequilíbrios macroeconómicos globais gerados pelo funcionamento puro da lógica da oferta e da procura em mercados de bens e mercados de factores, como ficou demonstrado pela crise dos anos 30. No caso do mercado de valores mobiliários, o conjunto de normas jurídicas destinadas a garantir a transparência na formação dos preços dos bens transaccionados e a protecção dos aforradores, na medida em que visam suprir incapacidades do mercado e salvaguardar o interesse geral, corres-

O *Financiamento da Regulação e Supervisão do Mercado de Valores Mobiliários*   447

na esfera concreta de todos quantos beneficiam da existência de mecanismos de negociação e transacção criados sob a direcção e controlo da entidade pública de supervisão.

As utilidades geradas pela supervisão projectam-se na esfera concreta de todos quantos beneficiam da regulamentação, fiscalização, supervisão e promoção dos mercados de valores mobiliários desenvolvida pela CMVM, mesmo quando as transmissões ocorrem fora dos mercados legalmente organizados, sendo certo que, neste último caso, o benefício auferido se configura como uma *exterioridade positiva* cuja compensação só pode ocorrer através da tributação. Com efeito, a interdependência social gera utilidades ou desutilidades externas que se podem traduzir em benefícios ou custos perante os quais *"pode suceder que a comunidade nada decida e os produtores da exterioridade tenham de resignar-se a vê-la aproveitada por outrém (um espectáculo que é observado de graça pelos vizinhos) como que os seus pacientes tenham de a suportar (o ruído de uma fábrica suportado pelos vizinhos). Ou pode suceder que o Estado ou a comunidade as tentem regular, estabelecendo regras gerais (é o caso das normas de Direito Civil em situações de vizinhança, por exemplo), regulações específicas (intervenção estadual) ou actuações estaduais (tributações do impositor do custo externo ou do beneficiário do proveito externo, despesa compensatória do paciente do custo externo ou do produtor do benefício externo). E porque deve o Estado ou a comunidade intervir? Porque pode suceder que sem a sua intervenção se não realizem as condições do óptimo social: se a fábrica que polui não for tributada, em compensação do custo externo da deterioração do ambiente que ocasiona à colectividade, produzirá a um nível que não é óptimo (...)"*[78].

---

pondem claramente a **bens públicos ou colectivos** mas que, além disso, satisfazem as necessidades e interesses de todos quantos se aproveitam das utilidades geradas pela intervenção do agente público, compreendendo pois um elemento de divisibilidade que lhes adiciona uma componente mista ou de utilização individual. Realmente, a actividade de regulação e supervisão do mercado de valores mobiliários compreende, além da produção normativa, um complexo de actividades de fiscalização, tendo em vista garantir a segurança das transacções, a integridade, transparência e equidade do mercado (cfr. artigos 358.º a 368.º do Código dos Valores Mobiliários). Todas essas actividades proporcionam aproveitamentos específicos a favor de sujeitos certos e determinados e, portanto, cabem amplamente naquilo a que TEIXEIRA RIBEIRO chama **bens semi-públicos** (cfr. *Lições de Finanças Públicas*, cit., p. 28).

[78] Cfr. ANTÓNIO DE SOUSA FRANCO, *Finanças Públicas* ..., Volume I, cit., p. 30. Persiste-se nesta designação das **externalities**, em vez do barbarismo "externalidades" tão frequentemente usado, como se **external** fosse palavra portuguesa.

No caso da supervisão financeira em geral, e das transacções realizadas fora de bolsa, em particular, justifica-se plenamente a *socialização das exterioridades*, impondo ao menos àqueles que directamente se aproveitam dos bens semi-públicos gerados pela actividade da CMVM, deles retirando utilidades concretas e determinadas, o pagamento de uma taxa como contrapartida daquele aproveitamento. Trata-se, em última análise de conjugar critérios de eficiência e óptimo social com critérios de justiça na repartição dos encargos públicos, os quais correspondem plenamente às exigências constitucionais em matéria de justiça ou igualdade material, a qual constitui uma heterovinculação da actividade financeira do Estado.

O respeito por tais critérios é aliás confirmado por uma análise de direito comparado, verificando-se que a generalidade das entidades de supervisão são financiadas, embora em diferentes proporções dos seus custos, por taxas. A autoridade de supervisão francesa, – *Commission des Opérations de Bourse* (COB) – é totalmente financiada por receitas geradas pelas taxas cobradas por serviços de supervisão de emitentes e da gestão de activos, pelo registo de ofertas públicas sobre instrumentos financeiros, por autorizações e registos de intermediários financeiros e pela aprovação da constituição de fundos de investimento[79]. O esquema de financiamento da *Comisión Nacional del Mercado de Valores* espanhola (CNMV), tal como o do *Bundesanstalt für Finanzdienstleistungsaufsicht* (BaFin), assenta no princípio de que o montante de receitas obtidas pela prestação de serviços de supervisão (financiados por taxas – cfr. artigo 24.º da <u>Ley 24/1988</u> de 28 de Julho, na redacção dada pela <u>Ley 37/1998</u> de 16 de Novembro e § 11 da *Wertpapierhandelsgesetz* (WpHG)) deve ser suficiente para cobrir as necessidades de supervisão (*Kostendeckungsprinzip*) sendo que, no caso alemão, 10% das despesas são financiada pelo orçamento federal[80]. Em Itália a *Commissione Nazionale per le Societa' e la Borsa* (CONSOB) é em parte financiada por um fundo específico incluído no Orçamento de Estado (definido anualmente e atribuído pelo Estado e que no ano 2000 ascendeu a 60 milhares de milhões de liras) e noutra parte por taxas que cobra directamente aos membros e participantes

---

[79] Cfr. em <u>www.cob.fr</u>. V. ainda Hubert de Vauplane, Jean-Pierre Bornet, *Droit des Marchés Financiers*, Paris, Litec, 1998, pp. 103-104.

[80] Cfr. para caso espanhol cfr. o relatório anual da CNMV (<u>www.cnmv.es</u>) e para caso alemão o relatório anual do *Bundesaufsichtsamt für den Wertpapierhandel* (BAWe) (<u>http://www.bafin.de/jahresbericht/jb01 wa.pdf</u>). Esta situação não foi alterada em virtude da integração do BAWe na recém criada *Bundesanstalt für Finanzdienstleistungsaufsicht* (BaFin) uma vez que a legislação relativa à supervisão não foi alterada, subsistindo assim o § 11 da *Wertpapierhandelsgesetz* (cfr. em <u>www.bafin.de</u>).

O Financiamento da Regulação e Supervisão do Mercado de Valores Mobiliários 449

do mercado pelos serviços que presta[81] (que no ano 2000 ascenderam a 78,9 milhares de milhões liras). Por sua vez, a entidade que supervisiona o mercado de capitais britânico, a *Financial Services Authority* (FSA), é financiada por receitas de serviços de supervisão que presta a outras entidades reguladoras (e. g. Investment Management Regulatory Organisation (IMRO), Personal Investment Authority (PIA), Securities and Futures Authority (SFA)) e por taxas que cobra às entidades que estão directamente sobre a sua supervisão[82].

7. Idem: as taxas sobre operações fora de bolsa enquanto taxas orientadoras de comportamentos

Fica pois confirmado, embora com diferentes *nuances* em função da realidade de cada país, que o financiamento das actividades de regulação, fiscalização, supervisão e promoção dos mercados de valores mobiliários, na medida em que se processa por afectação de recursos fundada em actos de autoridade e não pela oferta e procura livre em condições de mercado aberto e concorrencial, há-de ter por base modos de legitimação compatíveis com o princípio da justiça e com o princípio da igualdade na repartição dos encargos públicos. Não parece que a renúncia por parte do Estado à socialização das exterioridades geradas pela actividade da CMVM, nem o financiamento das suas actividades através dos impostos gerais sobre o rendimento, sobre o consumo, ou sobre o património, seja plenamente compatível com tais princípios, porquanto acabaria por onerar aqueles que não auferem quaisquer contrapartidas directas e imediatas da actividade da CMVM, deixando os beneficiários em situação de isenção socialmente injusta e constitucionalmente ilegítima. Daí que nos casos de transacções sobre valores mobiliários ocorridas fora de bolsa, ocorra como contrapartida específica e individualizada a utilização do sistema de registo e controlo dos valores mobiliários titulados ou escriturais, encontrando-se legitimada a cobrança de uma taxa, pois que assim se atinge plenamente a justiça na repartição dos encargos públicos.

Importa, neste particular, esclarecer que o princípio da *neutralidade da negociação*, a que alude a alínea a) do número 2 do artigo 211.°do Código dos Valores Mobiliários, constituindo um objectivo extra-financeiro

---

[81] Cfr. artigo 40 da Lei 724, de 23 de Dezembro de 1994 e relatório anual em www.consob.it.

[82] Cfr. relatório anual e regulamentos de taxas em www.fsa.gov.uk.

450 António de Sousa Franco e Sérgio Gonçalves do Cabo

da taxa, constitui um **limite** ao seu montante, quer porque este não pode ser demasiado baixo que **incentive** transacções fora de mercado regulamentado, quer porque não pode ser demasiado elevado que **penalize ou proíba** tais transacções. A neutralidade é aliás um objectivo constitucionalmente tutelado, na medida em que as transações realizadas em mercado regulamentado oferecem mais garantias no plano da protecção da poupança (artigo 101.º da Constituição), mormente por contribuírem para a redução do **risco sistémico** e por fomentarem a transparência, integridade e credibilidade do mercado.

Ademais, tendo em vista o objectivo constitucional de *"garantir a formação, a captação e a segurança das poupanças"*, a realização de transacções fora do mercado regulamentado, na medida em que reduz os benefícios ligados às economias de escala inerentes a um mercado de valores mobiliários com elevada profundidade e liquidez, acaba por se tornar prejudicial a todos quantos participam nesse mercado – no limite o efeito de **desvio das transacções** ou **desvio do tráfego jurídico** para mercados não regulamentados acabaria por destruir ou eliminar o próprio mercado regulamentado. Daí entendermos que tem plena justificação à luz dos artigos 61.º, n.º 1, 80.º, alínea a), 81.º, alíneas c), e) e f), 86.º e 101.º da Constituição, a existência de taxas com finalidades extra-financeiras no domínio das transacções realizadas fora de mercado regulamentado, as quais poderiam mesmo ser concebidas com **finalidades directoras ou orientadoras do tráfego jurídico para o mercado regulamentado**, o que legitimaria montantes mais elevados para transacções fora de mercado regulamentado, muito embora não tenha sido essa a opção do legislador ao fixar a neutralidade da negociação como objectivo extra-financeiro da taxa.

8. Idem: autofinanciamento da entidade de supervisão

Noutra perspectiva poderá dizer-se que a CMVM foi criada com um conjunto de receitas próprias que visam, para além de realizar os objectivos constitucionais em matéria de igualdade na repartição dos encargos públicos, garantir independência na regulação e supervisão do mercado de valores mobiliários[83], a qual constitui requisito indispensável à integridade

---

[83] Não se confunde a CMVM com as chamadas *"entidades administrativas independentes"*, cuja previsão constitucional foi introduzida pela revisão constitucional de 1997 (art.º 267.º, n.º 3 da Constituição), até porque é duvidoso que as tarefas de que está incumbida (cfr. artigo 4.º do Estatuto da CMVM, aprovado pelo Decreto-Lei n.º 473/99,

O Financiamento da Regulação e Supervisão do Mercado de Valores Mobiliários   451

e credibilidade do mercado[84] e sem a qual não seriam atingidos os demais objectivos de protecção da poupança inerentes ao mandato constitucional contido nos artigos 61.°, n.° 1, 80.°, alínea a), 81.° alíneas c), e) e f), 86.° e 101.° da Constituição. Com efeito, a configuração legal da CMVM, quer no anterior Código do Mercado de Valores Mobiliários (cfr. artigos 9.° a 46.°), quer no Decreto-Lei n.° 473/99, de 8 de Novembro, alterado pelo Decreto-Lei n.° 232/2000, de 25 de Setembro, teve sempre por base o **princípio do autofinanciamento**, traduzido na atribuição à CMVM de um conjunto de receitas próprias (cfr. artigo 26.° do Decreto-Lei n.° 473/99), que legitimam o regime de autonomia financeira e patrimonial a que está sujeita (cfr. artigo 6.° da Lei de Bases da Contabilidade Pública), e que permitiriam fazer face às suas despesas de funcionamento e de investimento:

- taxas devidas pelas entidades gestoras de mercados, de sistemas de liquidação e de sistemas centralizados de valores mobiliários;
- taxas devidas pela transmissão de valores mobiliários admitidos à negociação em mercado regulamentado e realizadas fora de mercado regulamentado;
- taxas devidas por operações sobre valores mobiliários, realizadas em mercados registados ou por entidades gestoras de fundos de investimento;
- taxas devidas pelos serviços de registo, de autorização e de outros serviços a cargo da CMVM, incluindo os serviços inerentes à manutenção do registo dos intermediários financeiros, bolsas de valores e outras entidades gestoras de mercados, entidades gestoras de sistemas de liquidação e de sistemas centralizados de valores mobiliários, instituições de investimento colectivo e outras entidades registadas na CMVM;
- custas dos processos de contra-ordenação;
- receitas provenientes das publicações obrigatórias ou de quaisquer outras publicações efectuadas no respectivo boletim;

---

de 8 de Novembro e alterado pelo Decreto-Lei n.° 232/2000, de 25 de Setembro) pudessem ser estruturadas de acordo com as exigências que a doutrina tem vindo a associar entidades administrativas independentes (cfr. artigos 2.°, n.° 2, 13.° e 15.° do Estatuto da CMVM). Cfr. Carlos Blanco de Morais, *As Autoridades Administrativas Independentes na Ordem Jurídica Portuguesa*, ROA, I, Ano 61, Janeiro 2001, pp. 101-154.

[84] Sobre o princípio da integridade e demais princípios do mercado de valores mobiliários, cfr. AMADEU JOSÉ FERREIRA, *Direito dos Valores Mobiliários*, cit., pp. 39-44.

452 António de Sousa Franco e Sérgio Gonçalves do Cabo

– produto da venda ou assinatura do boletim da CMVM e de quaisquer estudos, obras ou outras edições da sua responsabilidade;
– produto da alienação ou da cedência, a qualquer título, de direitos integrantes do seu património;
– receitas decorrentes de aplicações financeiras dos seus recursos;
– comparticipações, os subsídios e os donativos.

9. Idem: taxas de supervisão

A) *Preliminares*

Deste conjunto de receitas próprias apenas nos interessam para efeitos do presente estudo as **taxas devidas pela transmissão de valores mobiliários admitidos à negociação e realizadas fora de mercado regulamentado**, as quais, juntamente com as taxas devidas pelas entidades gestoras de mercados, de sistemas de liquidação e de sistemas centralizados de valores mobiliários, e com as taxas devidas por operações sobre valores mobiliários, realizadas em mercados registados ou por entidades gestoras de fundos de investimento, são denominadas por **taxas de supervisão**[85-86].

No direito anterior estas taxas encontravam a sua base legal nos artigos 407.º e 408.º do Código do Mercado de Valores Mobiliários que, por

---

[85] Cfr. a Portaria n.º 313-A/2000 (2.ª série), DR, II, n.º 50, de 29 de Fevereiro de 2000, p. 4136-(2), alterada pela Portaria n.º 1338/2000 (2.ª série), DR, II, n.º 205, de 5 de Setembro de 2000, pp. 14504-14505 e o Relatório e Contas de 2000 da Comissão do Mercado de Valores Mobiliários, DR, III, 5.º Suplemento de 19 de Junho de 2001, p. 12956-(240).

[86] Além das taxas de supervisão existe um outro conjunto de taxas denominado por **taxas de registo**, que visam remunerar um conjunto de serviços prestados pela CMVM, nomeadamente o registo de ofertas públicas, o registo de entidades, o registo de titulares de órgãos sociais e o registo de actividades e serviços. Cfr. Regulamento da CMVM n.º 35/2000, Taxas, de 14 de Dezembro de 2000. Em nosso entender, são também taxas de registo as devidas por publicações obrigatórias no boletim da CMVM. A CMVM beneficia ainda das receitas provenientes das custas dos processos de contra-ordenação (as coimas e o benefício económico apreendido nos processos de contra-ordenação constituem receita do Sistema de Indemnização aos Investidores – cfr. artigo 406.º, n.º 2 do Código dos Valores Mobiliários), de receitas patrimoniais (entre as quais se contam as receitas de publicações não obrigatórias e as resultantes de actividade editorial) e pode beneficiar de transferências de entidades públicas ou privadas.

O Financiamento da Regulação e Supervisão do Mercado de Valores Mobiliários   453

seu turno, retomava os modos de financiamento das bolsas constantes do Decreto-Lei n.º 8/74, de 14 de Janeiro[87].

Com efeito, não deixa de ser curioso verificar que a evolução no plano da *"desestatização, desgovernamentalização e liberalização"* de que se fala no n.º 8 do preâmbulo do Código do Mercado de Valores Mobiliários – aprovado pelo Decreto-Lei n.º 142-A/91, de 10 de Abril – não foi acompanhada de uma revisão dos modos de financiamento das bolsas, afectando-se apenas à CMVM, pessoa colectiva de direito público incumbida da regulamentação, supervisão, fiscalização e promoção dos mercados de valores mobiliários, uma percentagem das receitas das bolsas provenientes da taxa de operações de bolsa e a totalidade ou uma percentagem das taxas sobre operações fora de Bolsa (cfr. artigo 40.º, n.º 1, alíneas a) e b) do Código do Mercado de Valores Mobiliários).

Realmente, sendo as bolsas de valores estabelecimentos públicos até 1991[88], data em que foram transformadas em associações de direito privado sem fins lucrativos[89], o regime instituído pelos artigos 407.º e 408.º do Código do Mercado de Valores Mobiliários assentou numa partilha das actualmente denominadas taxas de supervisão, entre a CMVM e as Associações de Bolsa, o que mostra que tais taxas financiavam, simultaneamente, as bolsas e a sua supervisão.

B) *Natureza das taxas de operações de bolsa à luz do n.º 1 do artigo 407.º do Código do Mercado de Valores Mobiliários*

Não tendo a natureza de associações públicas[90] ou sequer de conces-

---

[87] Para uma descrição da evolução legislativa nesta matéria pode ver-se LUÍS BANDEIRA, *A evolução recente das "taxas fora de bolsa". O código dos valores mobiliários (1999)*, cit., pp. 449-487, embora não partilhemos das conclusões a que chega.

[88] Sobre o conceito de estabelecimento público cfr. Diogo Freitas do Amaral, *Curso de Direito Administrativo*, 2.ª edição, Coimbra, Almedina, 1994, pp. 352-353.

[89] Cfr. artigo 6.º do Decreto-Lei n.º 142-A/91, de 10 de Abril.

[90] As associações de bolsa, apesar de legalmente declaradas *"associações civis sem fins lucrativos"* (artigos 190.º e 198.º do Código do Mercado de Valores Mobiliários), resultam da transformação de pessoas colectivas públicas (as bolsas eram estabelecimentos públicos no quadro da Lei n.º 8/74), a qual se encontra disciplinada no artigo 6.º do Decreto-Lei n.º 142-A/91, de 10 de Abril, não gozam de liberdade na definição dos fins que pretendem prosseguir (liberdade de estipulação – as restrições à liberdade de estipulação têm sido admitidas no direito civil, embora não atinjam a liberdade de vinculação ou de celebração, que se afigura essencial como *"último refúgio da autonomia privada"*, cfr. OLIVEIRA ASCENSÃO, *Direito Civil – Teoria Geral*, Volume II, Coimbra, Coimbra Editora,

454 António de Sousa Franco e Sérgio Gonçalves do Cabo

sionário de serviços públicos[91], nem prosseguindo funções pública que lhes possam conferir a qualidade de sujeito activo de receitas públicas, **é duvidoso que a taxa de operações de bolsa possa ser vista como uma receita pública coactiva**, não apenas devido à natureza privada do estabelecimento onde se realizam as operações de bolsa e à natureza privada do seu titular, à regra de repercussão obrigatória contida no n.º 1 do artigo 407.º do Código do Mercado de Valores Mobiliários, mas também atendendo ao seu modo de formação (não é decisivo, para efeitos de qualificação, o facto de a taxa ser fixada pela CMVM – também ao abrigo do direito anterior as taxas de corretagem eram fixadas por portaria e nunca se sustentou a sua natureza coactiva, antes seriam preços administrativos) e ao facto de esta apenas poder constituir receita da CMVM em caso de aprovação da Portaria a que se refere o número 3 do artigo 407.º do Código do Mercado de Valores Mobiliários[92].

1999, pp. 77-82.), encontrando-se o seu objecto exclusivo integralmente definido na lei (artigo 201.º do Código do Mercado de Valores Mobiliários), e desenvolvem actividades e objectivos postos por lei a seu cargo que, apesar de poderem ser exercidos sem fins lucrativos, importam a prossecução de interesses colectivos que extravasam um fim altruísta sujeito à livre determinação privada. Não obstante, quer porque existe liberdade de vinculação ou de assunção, por contrato associativo de direito privado, daqueles fins públicos, quer porque, na definição do interesse público a prosseguir, o legislador claramente distinguiu a organização e gestão das bolsas, objecto de livre constituição privada, desde que respeitados os requisitos legais, e a supervisão e controlo, objecto de actuação pública através da CMVM, as associações de bolsa parecem não ter a natureza de associações públicas, muito embora haja obrigatoriedade de associação para os corretores que pretendam exercer a sua actividade profissional na bolsa (artigo 206.º, n.º 1, alínea a) do Código do Mercado de Valores Mobiliários), a qual não constitui, no entanto, requisito de acesso à profissão, como sucede no caso das ordens profissionais, mas mero requisito de acesso ao mercado de bolsa a contado.

[91] É hoje pacificamente admitido na doutrina que os concessionários de serviços públicos podem ser sujeitos activos em relações jurídico-tributárias. Cfr. ALBERTO XAVIER, *Manual*, cit., p. 41 e CASALTA NABAIS, *Direito Fiscal*, 2.ª edição, Almedina, 2003, pp. 16-17.

[92] Tal portaria viria a ser aprovada em 2 de Outubro de 1991 (Portaria n.º 1001/91), tendo sido consignado à CMVM, durante o ano de 1991, 35% do produto da cobrança da taxa de realização de operações de bolsa, sendo esta percentagem reduzida para 25% nos anos seguintes e de novo aumentada para 35% em 1995 (cfr. portaria n.º 905/95, de 18 de Julho), mantendo-se nesta percentagem até à entrada em vigor do Código dos Valores Mobiliários (cfr. portaria n.º 1020/98, de 9 de Dezembro e artigo 2.º do Decreto-Lei n.º 486/99, de 13 de Novembro). Esta afectação poderá ser vista como a imposição de uma taxa sobre as entidades gestoras das bolsas – as Associações de Bolsa – semelhante à que viria a ser criada em pela portaria 313-A/2000 (2.ª série), de 29 de Fevereiro.

O *Financiamento da Regulação e Supervisão do Mercado de Valores Mobiliários* 455

C) *Natureza das taxas de operações de bolsa à luz do artigo 211.°* *do Código dos Valores Mobiliários*

Esta situação seria profundamente alterada pelo artigo 211.° do Código dos Valores Mobiliários que deixou de associar a **taxa de operações de bolsa** à remuneração das bolsas de valores, entretanto transformadas em sociedades gestoras de mercados regulamentados (cfr. Decreto-Lei n.° 394/99, de 13 de Outubro, na sequência do qual foi criada, em Fevereiro de 2000, a BVLP – Sociedade Gestora de Mercados Regulamentados, S. A.), passando aquela taxa a estar associada à remuneração dos serviços de supervisão da CMVM em termos que permitem a sua qualificação, à luz do direito vigente, como receita pública coactiva[93].

D) *Taxas sobre operações fora de bolsa: evolução histórica*

Por outro lado, há que atentar na evolução histórica que levou ao aparecimento, em 1977, das taxas sobre operações fora de bolsa, pois que até essa data, apenas eram devidas taxas, a fixar em portaria do Ministro das Finanças *"por todas as operações de bolsa realizadas com intervenção de corretor"* (artigo 87.° do Decreto-Lei n.° 8/74) as quais constituíam receitas próprias das bolsas (artigo 22.°, n.° 1, alínea b) do Decreto-Lei n.° 8/74[94]). Com efeito pelo Decreto-Lei n.° 150/77, de 13 de Abril, foi estabelecido um regime de registo ou depósito **obrigatório** de acções, o qual exigia intervenção de notário ou de instituição de crédito nas transmissões fora de bolsa de acções registadas ou depositadas, consoante os casos (cfr. artigos 26.° e 27.°), prevendo-se a fixação de taxas devidas pela prática de tais actos (artigo 32.°), as quais viriam a ser fixadas na portaria n.° 430/77, de 16 de Julho, em termos que visam, a um tempo, compensar a Bolsa de Valores de Lisboa e, a outro tempo, remunerar a intervenção dos agentes executores da transmissão (os notários e as instituições de crédito)[95];

---

[93] As sociedades gestoras de mercados regulamentados passariam a ser remuneradas por comissões por serviços prestados em lugar das antigas taxas sobre operações que, como dizemos no texto, passaram a estar associadas à remuneração dos serviços de supervisão.

[94] As taxas de corretagem constituíam receita dos corretores, apesar de serem fixadas por portaria (art.° 88.° do Decreto-Lei n.° 8/74).

[95] Nos termos desta portaria, nas transmissões fora de bolsa em que haja intervenção de notário é cobrada *"uma importância igual à taxa de realização de operações de bolsa, a que se refere o artigo 87.° do Decreto-Lei n.° 8/74, a qual constituirá receita*

456 António de Sousa Franco e Sérgio Gonçalves do Cabo

sendo notória a ideia de igualização dos custos de transação em bolsa e fora de bolsa, que aliás levou a que esta forma de remuneração se mantivesse até hoje, se bem que com outros beneficiários[96].

Por razões que, de acordo com o seu preâmbulo, se prenderam com a necessidade de clarificar os termos em que o Decreto-Lei n.º 150/77, de 13 de Abril, se aplica à transmissão de obrigações sempre que não haja intervenção de corretor, foi aprovada, ao abrigo do artigo 141.º do Decreto-Lei n.º 8/74, a portaria 448/81, de 2 de Junho, que, nos considerandos, esclarece que *"as taxas e comissões estabelecidas representam, como é da sua natureza, a remuneração de serviços prestados e que a isenção para as transmissões entre vivos realizadas fora da Bolsa de títulos que não sejam acções, significa, para os que dessa isenção venham a beneficiar, a prestação de um serviço gratuito, o que não se justifica nas actuais condições de mercado"* e que *"se entende conveniente proceder claramente à uniformização de encargos das operações, sejam quais forem os títulos nelas envolvidos e sejam as transacções efectuadas na Bolsa ou fora dela"*. Trata-se, em virtude da base legal que invoca, de um **acto de natu-**

---

própria da Bolsa de Valores de Lisboa" e *"uma taxa igual à taxa de corretagem fixada nos termos estabelecidos no artigo 88.º do Decreto-Lei n.º 8/74, a qual constituirá receita do Cofre dos Notários, Conservadores e Funcionários de Justiça"*. Nas transmissões fora de bolsa em que haja intervenção de instituição de crédito é cobrada "uma importância igual à taxa de realização de operações de bolsa, a que se refere o artigo 87.º do Decreto-Lei n.º 8/74, a qual constituirá receita própria da Bolsa de Valores de Lisboa" e *"uma comissão igual à taxa de corretagem fixada nos termos estabelecidos no artigo 88.º do Decreto-Lei n.º 8/74, a qual constituirá receita da instituição de crédito depositária, que não poderá cobrar qualquer outra importância, excluída a de portes de correio"*. Prevê-se ainda na mesma portaria que *"as importâncias destinadas à Bolsa de Valores de Lisboa e cobradas pelos notários serão por estes enviadas mensalmente ao Cofre dos Notários, Conservadores e Funcionários de Justiça, que, também mensalmente e até ao dia 10 do mês seguinte, emitirão e enviarão àquela Bolsa um cheque pela totalidade da importância"* e que *"as importâncias destinadas à Bolsa de Valores de Lisboa e cobradas por cada uma das instituições de crédito serão enviadas àquela Bolsa por cheque, mensalmente e até ao dia 10 do mês seguinte"*.

[96] Em 1977 a taxa é concebida com finalidade igualizadora entre o mercado de bolsa e o mercado fora de bolsa, mas absorve os custos dos intermediários, em 1991, continua a ter finalidade igualizadora, mas é partilhada entre as Associações de Bolsa e a CMVM, deixando de absorver os custos dos intermediários, em 1999, passa a constituir única e exclusivamente uma receita da CMVM, não abrangendo os custos dos intermediários e deixando de constituir receita das Associações de Bolsa, que assim se passam a financiar por comissões incidentes sobre os agentes económicos que operam a transmissão de valores mobiliários.

O Financiamento da Regulação e Supervisão do Mercado de Valores Mobiliários   457

reza interpretativa (porventura dotado de excesso de forma), que se sobrepõe à portaria emitida ao abrigo do disposto no artigo 32.º do Decreto-Lei n.º 150/77, de 13 de Abril, sem contudo a revogar ou derrogar[97].

A concluir esta conturbada introdução no nosso ordenamento das taxas sobre operações fora de bolsa, foi aprovado o Decreto-Lei n.º 408/82, de 29 de Setembro, que vem reformular o regime de registo, depósito e transmissão de acções, sem contudo proceder à revogação expressa do Decreto-Lei n.º 150/77, o que gera dificuldades de concatenação entre os dois diplomas, especialmente no tocante à vigência de actos de regulamentação do Decreto-Lei n.º 150/77, que se manteriam em vigor no período de vigência do Decreto-Lei n.º 408/82, embora a sua aprovação tenha ocorrido ao abrigo do Decreto-Lei n.º 150/77 que, por não ter sido objecto de revogação expressa, sempre constituirá a base legal de tais actos de regulamentação, desde que estes não se encontrem em contradição com o Decreto-Lei n.º 408/82. Assim, as portarias n.º 430/77, de 16 de Julho e 448/81, de 2 de Junho, ter-se-ão mantido em vigor no nosso ordenamento até à aprovação do Código do Mercado de Valores Mobiliários pelo Decreto-Lei n.º 142-A/91 de 10 de Abril, e mesmo para além dele (cfr. artigo 13.º Decreto-Lei n.º 142-A/91 de 10 de Abril), ao abrigo do Decreto-Lei n.º 150/77, por não implicarem contradição com o novo regime de registo, depósito e transmissão de acções contido no Decreto-Lei n.º 408/82, de 29 de Setembro.

E) *Taxas de operações fora de bolsa à luz do artigo 408.º do Código do Mercado de Valores Mobiliários*

O Código do Mercado de Valores Mobiliários, por seu turno, veio manter o regime de tributação das transmissões de valores mobiliários fora

---

[97] Note-se que a portaria 448/81 não tem conteúdo inovador face à portaria 430/77, limitando-se a esclarecer que as taxas são devidas *"nas transmissões fora de bolsa, ..., de quaisquer valores mobiliários"* em que haja intervenção de notário ou de instituição de crédito. A questão que se poderia colocar não tem que ver com a base legal ao abrigo da qual foi editada a portaria 448/81 (o artigo 141.º do Decreto-Lei n.º 8/74), nem com o seu eventual efeito derrogatório face à portaria 430/77, mas sim com a violação *praeter legem* dos artigos 26.º e 27.º do Decreto-Lei n.º 150/77, na medida em que estes claramente não cobrem a transmissão de quaisquer valores mobiliários, mas tão só acções sujeitas ao regime de registo ou depósito obrigatório. Por outras palavras, a portaria 448/81 contém uma interpretação não consentida pelo Decreto-Lei n.º 150/77, o que importa violação de lei por falta de norma legal habilitante ou, noutros termos, por violação do princípio da legalidade na sua vertente de precedência de lei (*Vorbehalt des Gesetzes*).

458 António de Sousa Franco e Sérgio Gonçalves do Cabo

de bolsa (artigo 408.°), dando agora guarida à interpretação *praeter legem* da portaria 448/81, na medida em que passou a prever, ao invés do que decorria do Decreto-Lei n.° 150/77 e do Decreto-Lei n.° 408/82, que tais taxas passassem a incidir sobre todas as transmissões fora de bolsa "*de quaisquer valores mobiliários*", com consignação da receita a favor da CMVM, sendo certo que uma parte da receita assim obtida ou a totalidade poderia reverter a favor das Associações de Bolsa mediante portaria do Ministro das Finanças (cfr. n.° 2 do artigo 408.° do Código do Mercado de Valores Mobiliários)[98].

O artigo 408.° do Código do Mercado de Valores Mobiliários apenas seria concretizado em 1995, pela portaria n.° 904/95, de 18 de Julho, nos termos da qual são devidas taxas, a pagar pelo transmitente e pelo transmissário, nos montantes de 4‰, no caso de valores mobiliários admitidos à negociação em bolsa e de 0,5‰, no caso de valores mobiliários não admitidos à negociação em bolsa. Esta portaria seria revista em 1998[99] e em 1999[100], tendo a taxa sobre de valores mobiliários admitidos à negociação em bolsa sido sucessivamente reduzida para 2,5‰ e 1,5‰, e a taxa sobre valores mobiliários não admitidos à negociação em bolsa para 0,3‰ e 0,25‰, respectivamente.

Tudo visto e ponderado, e como antes dissemos, o Código do Mercado de Valores Mobiliários, aprovado pelo Decreto-Lei n.° 142-A/91, de 10 de Abril, não trouxe alterações de fundo ao regime de tributação das operações fora de bolsa, nem à sua racionalidade e legitimação. O que está em causa, desde 1977, é, fundamentalmente, estabelecer um esquema de remuneração do **sistema supervisionado de transmissão de valores mobiliários registados ou depositados**, em mercado ou fora dele, na medida em que transmitentes e transmissários são beneficiados, quer no

---

[98] Tal portaria viria a ser aprovada em 2 de Outubro de 1991 (Portaria n.° 1001/91), tendo sido consignado às Associações de Bolsa, durante o ano de 1991, 65% do produto da cobrança da taxa sobre operações fora de bolsa, sendo esta percentagem aumentada para 75% nos anos seguintes e de reduzida para 60% em 1995 (cfr. portaria n.° 905/95, de 18 de Julho), mantendo-se nesta percentagem até à entrada em vigor do Código dos Valores Mobiliários (cfr. portaria n.° 1020/98, de 9 de Dezembro e artigo 2.° do Decreto-Lei n.° 486/99, de 13 de Novembro). Sendo aquela taxa uma receita coactiva, esta afectação poderá ser vista como uma transferência ou subsídio público a favor das Associações de Bolsa.

[99] Portaria n.° 1183/98 (2.ª série), de 11 de Novembro de 1998, DR, II, n.° 271, de 23-11-1998, p. 16593.

[100] Portaria n.° 927/99 (2.ª série), de 19 de Agosto de 1999, DR, II, n.° 203, de 31-8-1999, p. 12966.

O *Financiamento da Regulação e Supervisão do Mercado de Valores Mobiliários*   459

plano da rapidez e segurança jurídica na execução das transacções, quer no plano do desenvolvimento do mercado e do aumento de liquidez que lhe está associado, quer ainda no plano concreto das operações de registo inerentes aos diversos actos de transmissão de valores mobiliários titulados, pela existência de um sistema organizado de registo e depósito de valores mobiliários, devidamente controlado e supervisionado, o qual não resultou da sua vontade ou da sua capacidade de auto-organização, mas antes de um conjunto de medidas de natureza legislativa e administrativa adoptadas pelo Estado, porque dotado de poderes de autoridade e incumbido de prosseguir o interesse geral que, no caso concreto, se traduz na supervisão, fiscalização e promoção dos mercados de valores mobiliários e envolve a mobilização de recursos financeiros públicos os quais não podem deixar de ser organizados com base no princípio da justiça na repartição dos encargos públicos.

F) *Taxas de operações fora de bolsa à luz do novo Código dos Valores Mobiliários*

Ora, toda esta realidade atinente ao financiamento da supervisão do mercado de valores mobiliários seria amplamente repensada e restruturada no âmbito da revisão do nosso direito dos valores mobiliários operada pelo Decreto-Lei n.º 486/99, de 13 de Novembro, o qual foi aprovado pelo Governo ao abrigo da autorização legislativa contida na Lei n.º 106/99, de 26 de Julho. Vejamos.

Nos termos da alínea e) do artigo 1.º da Lei n.º 106/99, de 26 de Julho, o Governo foi autorizado no âmbito dos mercados de valores mobiliários e de outros instrumentos financeiros a *"estabelecer o regime de taxas devidas pela realização de operações sobre valores mobiliários ou outros instrumentos financeiros e pelos serviços de supervisão"*, tendo o sentido e extensão da referida autorização sido precisado no artigo 13.º daquela lei quanto ao tipo de taxas[101], normas de incidência[102] e fundamento[103].

---

[101] Taxas de supervisão e taxas sobre serviços prestados, embora esta qualificação resulte da interpretação que fazemos da lei de autorização legislativa, concatenada com o artigo 211.º do Código dos Valores Mobiliários e com o artigo 26.º do Decreto-Lei n.º 473/99, de 8 de Novembro.

[102] Operações relativas a valores mobiliários e outros instrumentos financeiros admitidos à negociação em mercados regulamentados ou que sejam realizadas fora desses mercados e serviços de supervisão prestados aos investidores, às entidades emitentes, aos

A referida autorização legislativa seria depois objecto de concretização no artigo 211.° do Código dos Valores Mobiliários, aprovado pelo Decreto-Lei n.° 486/99, de 13 de Novembro, nos termos do qual as taxas devidas pela transmissão de valores mobiliários admitidos à negociação em mercado regulamentado e realizadas fora de mercado regulamentado visam "*a remuneração dos serviços prestados pela CMVM em relação aos valores mobiliários em causa e a criação de condições que assegurem a neutralidade da negociação dos valores mobiliários nesse mercado ou fora dele*". O mesmo artigo defere para portaria a fixação de tais taxas, tendo as mesmas sido fixadas pela portaria n.° 313-A/2000, de 29 de Fevereiro, alterada pela portaria n.° 1338/2000, de 5 de Setembro.

No que tange às taxas sobre operações fora de bolsa, agora crismadas de "*operações fora de mercados regulamentados*", o n.° 1 do artigo 3.° da portaria n.° 313-A/2000, de 29 de Fevereiro, alterada pela portaria n.° 1338/2000, de 5 de Setembro, fixa tais taxas sobre o valor de cada operação de aquisição ou de alienação de valores mobiliários admitidos à negociação em bolsa, o que importa uma redução da base tributável em relação às taxas fixadas pela portaria 904/95, que abrangiam a aquisição ou de alienação de valores mobiliários não admitidos à negociação em bolsa, sendo as mesmas devidas pelo alienante e pelo adquirente, na medida em que ambos beneficiam dos serviços de supervisão e da existência de sistemas organizados de transmissão de valores mobiliários escriturais ou titulados sob a direcção e controlo da CMVM. Ocorre pois uma contraprestação específica e tangível, legitimadora da tributação sob a forma de taxa.

10. A taxa sobre operações de bolsa e a taxa sobre operações fora de bolsa: o teste da proporcionalidade

A) *Preliminares*

Dilucidados os aspectos relativos ao fundamento e legitimação da tributação causal, bem como os que se prendem com a sua utilização como

---

intermediários financeiros, às entidades gestoras de mercados e de sistemas de liquidação ou a quaisquer outras entidades.

[103] A "*neutralidade da negociação, em mercado regulamentado ou fora dele, dos valores mobiliários e outros instrumentos financeiros admitidos à negociação*" no caso das taxas sobre operações realizadas em mercado regulamentado ou fora dele e "*a compensação pelos serviços de supervisão*".

O Financiamento da Regulação e Supervisão do Mercado de Valores Mobiliários 461

modo de financiamento da supervisão (*Aufsicht*) e regulação no mercado de valores mobiliários, cumpre agora analisar o quadro normativo das taxas de supervisão fixado pela portaria n.° 313-A/2000, de 29 de Fevereiro, alterada pela portaria n.° 1338/2000, de 5 de Setembro, sendo certo que, no que respeita às taxas sobre operações fora de mercado regulamentado, as considerações que se seguem são também aplicáveis, *mutatis mutandis*, à taxa sobre operações fora de bolsa prevista no artigo 408.° do Código do Mercado de Valores Mobiliários e regulamentada pela portaria 904/95, de 18 de Julho.

É claro que poderá assinalar-se uma diferença fundamental entre os dois quadros normativos: é que, ao invés do que sucedeu com a Lei n.° 44/90, de 11 de Agosto, que autorizou o Governo a legislar sobre o regime jurídico das infracções às normas reguladoras do mercado de valores mobiliários e sobre isenções fiscais a conceder no âmbito desse mercado, a Lei n.° 106/99, de 26 de Julho, contém uma autorização legislativa em matéria de "*taxas devidas pela realização de operações sobre valores mobiliários ou outros instrumentos financeiros e pelos serviços de supervisão*", pelo que uma eventual conclusão no sentido de que estas, na forma como foram fixadas no Código dos Valores Mobiliários e nos actos adoptados em sua execução, violariam o princípio da proporcionalidade, transmudando-se em impostos, sempre importaria respeito pelo princípio da legalidade tributária na sua vertente de reserva de parlamento, pois ocorreria no caso concreto credenciação parlamentar bastante.

Por outras palavras, a ultra-proporcionalidade da taxa face ao fim extra-financeiro que lhe está associado ("*a neutralidade da negociação*"), sempre estaria coberta por autorização parlamentar, pelo que seria irrelevante a violação manifesta do princípio da proporcionalidade ou que o valor da taxa fosse "*manifestamente desproporcionado*" ou "*completamente alheio ao custo do serviço prestado*"[104], pois que nenhumas consequências poderiam ser extraídas no plano da reserva de lei formal.

Ora, com o devido respeito por opinião contrária, não nos parece que semelhante raciocínio seja procedente, pois que, tendo as taxas em causa sido fixadas por regulamento administrativo, **a sua eventual qualificação como impostos sempre exigiria densificação por acto legislativo** da autorização parlamentar contida nos artigos 1.°, alínea e) e 13.° da Lei n.° 106/99, de 26 de Julho[105].

---

[104] Expressões usadas pelo Tribunal Constitucional, cfr. acórdãos n.°s 640/95 e 1108/96.

[105] Cfr., neste sentido, a jurisprudência do Tribunal Constitucional sobre taxas

462 António de Sousa Franco e Sérgio Gonçalves do Cabo

Com efeito, parece-nos evidente que o artigo 211.° do Código dos Valores Mobiliários não procedeu a qualquer densificação normativa das referidas disposições da Lei n.° 106/99, tendo-se limitado a uma *subdelegação legislativa* no Ministro das Finanças, a qual seria constitucionalmente ilícita (artigos 111.°, n.° 2 e 112.°, n.° 6 da Constituição)[106] caso se entendesse que as taxas em causa deveriam ser qualificadas como impostos pois nesse caso, e só nesse caso, o princípio da reserva de lei associado aos impostos não permitiria que as normas de incidência e taxa de tributos unilaterais fossem objecto de actos (regulamento) emitidos no exercício da função administrativa, vigorando aqui o princípio de reserva total de lei (*Totalvorbehalt*), no sentido de reserva da função legislativa ou reserva de acto legislativo[107].

Assim sendo, será irrelevante para a consideração do caso *sub iudicio* o facto de ter havido credenciação parlamentar para a criação de "*taxas devidas pela realização de operações sobre valores mobiliários ou outros instrumentos financeiros e pelos serviços de supervisão*", porquanto tais taxas foram criadas por portaria e não por decreto-lei autorizado[108].

Nesta conformidade, afigura-se necessário proceder à análise da proporcionalidade das taxas sobre operações fora de bolsa no âmbito do anterior e do actual Código dos Valores Mobiliários, pois que a concreta determinação da sua natureza jurídica continua a ser decisiva.

B) *Proporcionalidade das taxas sobre operações de bolsa e fora de bolsa no âmbito do anterior e do actual Código dos Valores Mobiliários*

a) *Taxas sobre operações de bolsa*

Assim, começar-se-á por recordar que as taxas sobre operações de bolsa (tal como as antigas taxas de corretagem)[108] sempre tiveram no nosso ordenamento uma função exclusivamente financeira, correspondendo à

---

moderadoras (Acórdãos do Tribunal Constitucional n.°s 24/83, DR, I, de 19/1/1984 e 92/85, DR, I, de 24/7/1985), as quais foram consideradas organicamente inconstitucionais por constarem de uma portaria e de um despacho em lugar de constarem de decreto-lei de desenvolvimento da Lei de Bases da Saúde.

[106] Assim, GOMES CANOTILHO, *ob. cit.*, pp. 715-716 e 743-745.

[107] Cfr. GOMES CANOTILHO, *ob. cit.*, p. 701-710 e Alberto Xavier, *Manual*, cit., pp. 109-134.

[108] Cfr. artigos 87.° e 88.° do Decreto-Lei n.° 8/74.

O Financiamento da Regulação e Supervisão do Mercado de Valores Mobiliários 463

forma normal de remuneração dos serviços prestados pelas bolsas de valores enquanto estabelecimentos públicos encarregues de realizar operações sobre valores mobiliários[109]. Essa função manteve-se com a privatização da organização e gestão das bolsas operada em 1991 pelo Código do Mercado de Valores Mobiliários, visto que o artigo 407.° prevê que as taxas de compra e venda pela realização de transações em bolsa constitui receita da própria bolsa, mau grado a possibilidade de parte da receita assim obtida poder ser objecto de transferência a favor da CMVM, transferência essa que tem a natureza de uma **taxa sobre a entidade gestora do mercado** de bolsa, como antes sustentámos, sendo certo que para nós **aquelas taxas de compra e venda pela realização de transações em bolsa não são receitas públicas coactivas**, mas antes preços tabelados ou fixados administrativamente sob proposta ou com audiência prévia das entidades gestoras da bolsa, que são o credor dessa receita, o que, com Aníbal Almeida[110], nos parece suficiente para distinguir um preço fixado administrativamente de uma taxa.

De todo o modo, refira-se que, como fizemos anteriormente, esta situação foi profundamente alterada pelo artigo 211.° do Código dos Valores Mobiliários, que deixou de associar a **taxa de operações de bolsa** à remuneração das bolsas de valores, para a afectar, com outra configuração, à remuneração dos serviços de supervisão prestados pela CMVM, em termos que permitem a sua qualificação, à luz do direito vigente, como receita pública coactiva ou receita de supervisão.

A sua fixação *ad valorem* não nos impressiona, pois além de representar o lastro histórico de uma taxa que antes foi preço fixado administrativamente, apresenta especial justificação atenta a natureza da contraprestação pública cujo custo e responsabilidade para o sujeito activo e valor para o sujeito passivo variam substancialmente em função do valor da cada operação de compra ou de venda de valores mobiliários:

– os recursos afectos pela entidade de supervisão à análise de cada operação de compra ou de venda variam substancialmente em função dos montantes envolvidos, atenta a sua responsabilidade na prevenção do risco sistémico e na garantia da segurança das transacções (cfr. artigo 363.° do Código dos Valores Mobiliários);

---

[109] Nos termos do artigo 22.°, n.° 1 do Decreto-Lei n.° 8/74, constituem receitas das bolsas, além das taxas sobre as operações, as taxas de admissão de valores à cotação oficial e outras receitas de natureza patrimonial e dotações orçamentais.

[110] Cfr. ANÍBAL ALMEIDA, *Estudos de Direito Tributário*, Coimbra, Almedina, 1996, p. 60.

464   *António de Sousa Franco e Sérgio Gonçalves do Cabo*

– as vantagens concretas e individuais para vendedor e comprador geradas pelos serviços de supervisão variam em função do valor envolvido pois as actividades de supervisão da CMVM (cfr. artigos 358.º a 368.º do Código dos Valores Mobiliários) representam a um tempo valor para o sujeito passivo e envolvem responsabilidade civil da entidade de supervisão em caso de erros ou falhas de supervisão[111].

Por outro lado, atentas as dificuldades inerentes ao estabelecimento de taxas específicas face ao princípio da proporcionalidade na sua tripla vertente de adequação, necessidade e proporcionalidade em sentido estrito[112], afigura-se que a sua fixação em função do valor envolvido nas diversas operações de compra ou de venda de valores mobiliários reflecte a necessária equivalência jurídica inerente a tributos bilaterais, mesmo quando estão em causa **taxas com funções exclusivamente financeiras**. Realmente, a afectação de recursos e a responsabilidade assumida pela entidade de supervisão representa um custo de provisão de um bem semi-público cujo financiamento não permite a sua fixação avulsa em função de critérios casuísticos, fixados operação a operação, antes exigindo a sua padronização em função dos custos e responsabilidades assumidos pela entidade pública e das utilidades geradas para os sujeitos passivos, as quais são de difícil determinação e quantificação por não se encontrarem sujeitas ao livre jogo da oferta e da procura (a supervisão do mercado de valores mobiliários corresponde a uma função, por essência, na titularidade do Estado), ou por não serem susceptíveis de avaliação tangível. Assim sendo, nada parece obstar a que a retribuição dos serviços de supervisão assente em taxas fixadas sobre o valor de cada operação (taxas *ad valorem*), conquanto tal não se venha a revelar manifestamente excessivo ou despropor-

---

[111] Cfr., entre outros, Fausto Quadros (coord.), *Responsabilidade Civil Extracontratual da Administração Pública*, Almedina, 1995 e Maria José Rangel de Mesquita, *Responsabilidade do Estado e demais Entidades Públicas: o Decreto-Lei n.º 48 051, de 21 de Novembro de 1967 e o Artigo 22.º da Constituição*, in Jorge Miranda (org.) Perspectivas Constitucionais, Vol. II, Coimbra Editora, 1997, pp. 359-393.

[112] Sobre o princípio da proporcionalidade cfr. ainda Vitalino Canas, *O princípio da proibição do excesso na Constituição: arqueologia e aplicações*, in Jorge Miranda (org.) Perspectivas Constitucionais, Vol. II, Coimbra Editora, 1997, pp. 323-357 e Anabela Leão, *Notas sobre o princípio da proporcionalidade ou da proibição do excesso*, in Estudos em Comemoração dos cinco anos (1995-2000) da Faculdade de Direito da Universidade do Porto, Coimbra Editora, 2001, pp. 999-1039.

O *Financiamento da Regulação e Supervisão do Mercado de Valores Mobiliários*   465

cionado, face aos interesses em causa, numa óptica de equivalência jurídica[113].

b) *Taxas sobre operações fora de bolsa*

Já as **taxas sobre operações fora de bolsa**, criadas em 1977 com a instituição de um sistema de registo ou depósito obrigatório de acções, para além de terem uma finalidade financeira (visam compensar a entidade gestora do mercado – a Bolsa de Valores de Lisboa – e remunerar a intervenção dos agentes executores da transmissão – os notários e as instituições de crédito)[114]; têm subjacente uma ideia de **igualização dos custos de transacção em bolsa e fora de bolsa**. Isto é, visam direccionar a negociação e transmissão de valores mobiliários para o mercado organizado, atentas as vantagens de uma tal situação em termos de liquidez, profundidade e equidade para todos quantos negoceiam em bolsa e para a segurança do tráfego jurídico em geral.

Nessa medida, o objectivo da "neutralidade da negociação" não pode deixar de ser entendido, como antes dissemos, como um objectivo extra--financeiro da taxa, o qual "*constitui um **limite** ao seu montante, quer porque este não pode ser demasiado baixo que **incentive** transacções fora de mercado regulamentado, quer porque não pode ser demasiado elevado que **penalize ou proíba** tais transacções*". Repita-se que a neutralidade é um objectivo constitucionalmente tutelado porquanto as transações realizadas em mercado regulamentado oferecem mais garantias no plano da protecção da poupança e do desenvolvimento económico (artigos 61.º, n.º 1, 80.º, alínea a), 81.º, alíneas c), e) e f), 86.º e 101.º da Constituição), o que legitima a existência de taxas com finalidades extra-financeiras (*Lenkungsgebühren*) no domínio das transacções realizadas fora de mercado regulamentado, as quais poderiam mesmo ter finalidades orientadoras do tráfego jurídico, reflectidas em montantes mais elevados, atentos os interesses constitucionalmente protegidos que visam prosseguir.

Tais taxas são admitidas no nosso ordenamento[115], quer porque a Constituição não estabelece qualquer ordem de preferência ou hierarquia entre os fins reditícios e os fins de intervenção económico-social das recei-

---

[113] Cfr. ALBERTO XAVIER, *Manual*, cit., pp. 44 e 54.

[114] V. supra n.º 9.

[115] Cfr. CASALTA NABAIS, *Jurisprudência do Tribunal Constitucional em Matéria Fiscal*, in Estudos sobre a Jurisprudência do Tribunal Constitucional, Editorial Notícias, 1993, pp. 260-263, e *Contratos Fiscais*, cit. p. 239.

tas coactivas, quer porque o controlo pelo princípio da proporcionalidade permite assegurar o respeito pelo princípio do Estado de Direito sem necessidade de intervenção da reserva de lei[116].

Ora, assim sendo, não pode deixar de se observar que a igualização ou neutralidade na negociação são objectivos extra-financeiros ou extra-fiscais que só podem ser atingidos se o montante da taxa for construído tendo como referência o custo efectivo das transacções em mercado regulamentado. Como é bem de ver, uma taxa sobre operações fora de bolsa, para além do fim financeiro, só pode atingir o fim extra-financeiro com base em critérios de adequação, necessidade ou proporcionalidade em sentido restrito, se igualizar o custo de transacção em mercados organizados, pois que se trata de atingir a unidade do mercado. De resto, como se demonstra em estudo elaborado pela CMVM[117], "*existe um diferencial de comissões cobradas pelos intermediários financeiros pelas operações realizadas em bolsa e fora de bolsa*" de tal sorte que "*as transacções efectuadas fora do mercado, podendo ser liquidadas através de qualquer sistema de liquidação, são presumivelmente mais baratas, ceteris paribus, do que as transacções efectuadas em bolsa*". Para tanto é produzido um quadro demonstrativo do diferencial das comissões cobradas pelos intermediários financeiros pelas operações realizadas em bolsa e fora de bolsa[118], nos termos do qual se demonstra que as comissões de corretagem fora de bolsa têm vindo a diminuir de forma acentuada e consistente desde 1996, o que favorece a negociação fora do mercado em prejuízo da negociação em mercado, com as consequentes desvantagens no plano da segurança jurídica, liquidez e equidade.

---

[116] Neste sentido, concordamos com CASALTA NABAIS, *Contratos Fiscais*, cit., p. 238, quando afirma que o princípio constitucional da proibição do excesso justifica a exclusão das taxas da reserva parlamentar obrigatória.

[117] "*Análise económica do diferencial de taxas de operações em mercado regulamentado e fora de mercado regulamentado*", CMVM, 1999.

[118] **Diferencial das comissões cobradas pelas operações realizadas em bolsa e fora de bolsa**

Período	Bolsa (a)	Fora de Bolsa (b)	(a) - (b)
1992	0,583	2,612	-2,029
1993	0,483	2,832	-2,349
1994	0,539	3,325	-2,786
1995	0,677	1,926	-1,249
1996	0,752	1,181	-0,429
1997	1,017	0,537	0,48
1998	1,259	0,260	0,999
1999 (Setembro)	1,024	0,220	0,804

Nota: Os dados não incluem o MEOG.

O Financiamento da Regulação e Supervisão do Mercado de Valores Mobiliários 467

Assim, bem se compreende que o autor da portaria n.º 313-A/2000, não pudesse deixar de ter em consideração esta realidade para atingir os objectivos da igualização ou neutralidade a que se encontra legal e constitucionalmente vinculado. Fica assim demonstrado que na fixação da taxa foi respeitado o princípio da proporcionalidade, atendendo aos fins prosseguidos, na sua tripla vertente:

- De conformidade ou adequação de meios (*Geeignetheit*), que exige eficácia ou susceptibilidade dos meios para atingir os fins (a taxa sobre operações de transmissão, fora de mercado regulamentado, de valores mobiliários cotados, é um meio adequado, em abstracto, para atingir a indiferença, em termos de custos, na escolha da negociação em mercado ou fora dele);
- De exigibilidade ou necessidade (*Erforderlichkeit*), que implica a limitação, em concreto, dos sacrifícios ou desvantagens (a taxa sobre operações de transmissão, fora de mercado regulamentado, de valores mobiliários cotados, corresponde, em concreto, à «menor ingerência possível» para atingir a *"neutralidade na negociação"*);
- De proporcionalidade em sentido restrito (*Verhältnismaßigkeit*), que importa uma ponderação dos custos e benefícios face ao objectivo constitucional ou legalmente legitimado que se pretende atingir (a taxa sobre operações de transmissão, fora de mercado regulamentado, de valores mobiliários cotados, incorpora a necessária ponderação custo/benefício).

Quanto se acaba de afirmar não é posto em causa pelo argumento de que uma taxa que tenha por critério a capacidade contributiva do sujeito passivo é um verdadeiro imposto[119].

---

[119] Cfr. PAULO DE PITTA E CUNHA, JOSÉ XAVIER DE BASTO e ANTÓNIO LOBO XAVIER, *Os conceitos de Taxa e Imposto a Propósito de Licenças Municipais*, Fisco, n.º 51/52, Fev./Mar. 1993, pp. 3-12 e ANTÓNIO LOBO XAVIER, *Em Torno das Taxas Cobradas nas Operações Fora de Bolsa*, in Problemas Societários e Fiscais do Mercado de Valores Mobiliários, Lisboa, 1992, pp. 119-129; este autor chega à conclusão de que tais taxas são impostos porque não tem em conta a sua função extra-financeira (afirma a págs. 128 que a *"taxa prevista no artigo 408.º do CMVM tem finalidades exclusivamente financeiras"*), aliás mais acentuada em 1991 do que actualmente, atendendo à intenção de canalização das operações para a bolsa por razões de protecção dos investidores (atendendo à situação do mercado de capitais português antes da entrada em vigor do Código do Mercado de Valores Mobiliários), e aos objectivos de relançamento e afirmação do mercado organizado de valores mobiliários em Portugal que, enquanto tais, são objectivos legítimos de política económica e social (artigos 81.º, alíneas c), e) e f), 86.º e 101.º da Constituição).

468 António de Sousa Franco e Sérgio Gonçalves do Cabo

Como é sabido, o princípio da capacidade contributiva (*Leistungsfähigkeit*) não é mais do que uma expressão do princípio da justiça distributiva, que se traduz num comando material dirigido ao legislador, nalguns casos com consagração constitucional expressa (artigo 53.° da Constituição Italiana, artigo 31.°, n.° 1 da Constituição Espanhola, artigo 28.° da Constituição Portuguesa de 1933), reconhecido pela doutrina como expressão no domínio tributário do princípio da igualdade[120]: **contribuintes com a mesma capacidade contributiva devem ser sujeitos ao mesmo sacrifício fiscal e contribuintes com diferente capacidade contributiva devem ser sujeitos a sacrifícios fiscais diferentes**.

Com efeito, o princípio da capacidade contributiva constitui um critério de repartição do sacrifício fiscal e por isso constitui expressão no domínio dos impostos do princípio da justiça na distribuição dos encargos públicos. Porém, como salienta CASALTA NABAIS[121], os tributos causais *"não caiem no âmbito de aplicação do princípio da capacidade contributiva (...), a menos que (e não obstante os respectivos nomes) não sejam minimamente susceptíveis de serem testados pelo princípio do benefício ou equivalência económica (ou, por outras palavras, pelo princípio da proporcionalidade) (...)"*.

No caso em apreço, as taxas sobre operações fora de bolsa ou fora de mercado regulamentado, por consistirem em taxas de aproveitamento de bens postos à disposição de sujeitos certos e determinados em virtude da existência de um mercado organizado de valores mobiliários, são correspectivas de serviços ou benefícios efectivamente auferidos pelos sujeitos passivos, apenas que ultrapassariam em montante o custo do serviço prestado.

Ora, tem sido admitido entre nós, quer pela doutrina, quer pela jurisprudência, que **o montante da taxa pode ultrapassar o custo efectivo do serviço**, quer pela óptica do custo de provisão suportado pelo agente económico público, quer pela óptica dos fins que se visam atingir, não só pela prestação do serviço, mas também pela cobrança de uma taxa cuja finalidade pode consistir na orientação de comportamentos (*Lenkungsfunktion*)[122].

---

[120] Cfr., por todos, ALBERTO XAVIER, *Conceito e Natureza do Acto Tributário*, cit., pp. 313-335, *Manual* ..., cit., pp. 107-108 e 120-121 e CASALTA NABAIS, *O Dever Fundamental de Pagar Impostos*, cit., pp. 435-524.

[121] *Contratos Fiscais*, cit., pp. 275-276.

[122] Cfr. J. M. CARDOSO DA COSTA, *O Enquadramento Constitucional do Direito dos Impostos em Portugal: A Jurisprudência do Tribunal Constitucional*, in Jorge Miranda (org.) Perspectivas Constitucionais, Vol. II, Coimbra Editora, 1997, pp. 400-405.

O Financiamento da Regulação e Supervisão do Mercado de Valores Mobiliários 469

Se até um preço, formado livremente em mercado, pode ultrapassar o custo (e frequentemente ultrapassa, pois de outra forma não haveria lucro ...), como se exigiria, com racionalidade e segundo a justiça, que a taxa fosse equivalente a um preço com prejuízo ou, na melhor das hipóteses, sem margem de lucro? Proporcionalidade não se pode considerar igual a equivalência ao custo embora, entre outros factores, o custo seja relevante para a apreciar, mas, sublinhe-se bem, só entre outros factores.

Isto mesmo foi admitido pelo Tribunal Constitucional na sua jurisprudência sobre *taxas moderadoras*[123], reconhecendo ampla margem de conformação ao legislador na determinação do sentido a atribuir ao conceito constitucional de gratuitidade do serviço nacional de saúde, em termos que visem a racionalização da utilização das prestações.

Por outro lado, na sua jurisprudência sobre *as portagens na ponte 25 de Abril*[124] o Tribunal Constitucional, após análise de toda a jurisprudência constitucional sobre o conceito de taxa (incluindo a jurisprudência expendida pela Comissão Constitucional no Parecer n.° 30/81), concluiu *"que o Tribunal Constitucional rejeita (...) o entendimento de que uma taxa cujo montante exceda o custo dos bens e serviços prestados ao utente se deve qualificar como imposto ou de que deve ter o tratamento constitucional do imposto"*. Mais acrescenta que *"quando se verifica a correspectividade ou o carácter sinalagmático entre a imposição e um serviço divisível prestado (...) não se está perante um imposto"*, passando depois a analisar o problema das taxas de valor manifestamente desproporcionado para concluir que, no caso daqueles autos, não ocorria uma situação de violação do princípio da proibição do arbítrio.

De todo o modo, a partir desta jurisprudência o Tribunal Constitucional Português passou a aceitar o princípio de que a criação de taxas pelo legislador ou pela administração (sob a forma de regulamento administrativo) deve respeitar o princípio da proibição do excesso. Esta jurisprudência teria continuidade, tendo muito recentemente sido reafirmada no acórdão sobre o *regime de emolumentos do Tribunal de Contas*[125] em termos que não suscitam qualquer dúvida quanto à relevância dos fins assumidos pelo legislador quando se trata de aferir, no plano jurisdicional, da proporcionalidade das taxas.

---

[123] Cfr. Acórdão do Tribunal Constitucional n.° 330/89, DR, II, de 22/6/1989.

[124] Acórdão do Tribunal Constitucional n.° 640/95, DR, II, de 20/1/1996.

[125] Acórdão do Tribunal Constitucional n.° 200/2001, de 9 de Maio de 2001, DR, II, de 27/6/2001, pp. 10613-10618, igualmente disponível em www.tribunalconstitucional.pt.

470 António de Sousa Franco e Sérgio Gonçalves do Cabo

Efectivamente, nesse acórdão o Tribunal Constitucional reafirma a sua jurisprudência contida no Acórdão n.º 484/00, de que "*o controlo judicial baseado no princípio da proporcionalidade não tem extensão e intensidade semelhantes consoante se trate de actos legislativos, de actos da administração ou de actos de jurisdição. Ao legislador (e, eventualmente, a certas entidades com competência regulamentar) é reconhecido um considerável espaço de conformação (liberdade de conformação) na ponderação dos bens quando edita uma nova regulação. Esta liberdade de conformação tem especial relevância ao discutir-se os requisitos da adequação dos meios e da proporcionalidade em sentido restrito. Isto justifica que perante o espaço de conformação do legislador, os tribunais se limitem a examinar se a regulação legislativa é manifestamente inadequada (...)*".

Por conseguinte, na aferição da constitucionalidade de taxas com objectivos extra-financeiros ou extra-fiscais, a avaliação a que importa proceder prende-se apenas com a questão de saber se ao prever a tributação (causal) das operações fora de bolsa, quer no quadro do anterior quer no quadro do actual Código dos Valores Mobiliários, o legislador se afastou dos parâmetros materiais de proporcionalidade, tendo excedido manifestamente os fins, constitucionalmente legítimos, que se propôs atingir.

Nesta conformidade, a capacidade contributiva nunca está em causa quando se trata de aferir da constitucionalidade das taxas, pois que estas não se pautam por critérios de sacrifício fiscal (cfr. artigo 4.º da Lei Geral Tributária), mas antes pelo princípio do benefício combinado com outros fins, quando estes possam ser objecto de selecção pelo legislador ou pela administração nos termos da Constituição ou da Lei. Como refere CASALTA NABAIS[126] a teoria do benefício ou da equivalência é actualmente "*invocável apenas como suporte dos tributos bilaterais*" e, acrescentamos nós, a legitimação de fins extra-financeiros é actualmente invocável apenas com suporte constitucional ou legal.

Nesta conformidade, entendemos que as taxas fixadas pela portaria n.º 904/95[127] e pela portaria n.º 313-A/2000[128] não são manifestamente

---

[126] *O Dever Fundamental de Pagar Impostos*, cit., p. 688.

[127] Alterada pela portaria n.º 1183/98 (2.ª série), de 11 de Novembro de 1998 (DR, II, n.º 271, de 23/11/1998, p. 16593) e pela portaria n.º 927/99 (2.ª série), de 19 de Agosto de 1999 (DR, II, n.º 203, de 31/8/1999, p. 12966), que vieram a reduzir, progressivamente, as taxas sobre operações fora de bolsa.

[128] Alterada pela Portaria n.º 1338/2000 (2.ª série), DR, II, n.º 205, de 5 de Setembro de 2000, pp. 14504-14505, ambas revogadas pela Portaria n.º 1303/2001, de 22 de Novembro (DR I-B, de 22/11/2001), entretanto alterada pela Portaria n.º 323/2002, de 27 de Março (DR I-B, de 27/3/2002).

O *Financiamento da Regulação e Supervisão do Mercado de Valores Mobiliários* 471

desproporcionadas face aos fins a que se encontram adstritas, nos termos da Constituição e da respectiva Lei habilitante, mesmo que se invoque a sua fixação *ad valorem*, pois atenta a unidade do mercado dificilmente seria concebível a tributação *ad valorem* para as operações em mercado regulamentado e a tributação específica para operações fora de mercado regulamentado sobre valores cotados ou não cotados. Noutros termos, ocorrendo em ambos os casos aproveitamento específico de vantagens concretas e individuais geradas pelos serviços de supervisão, não faria sentido operar com critérios diversos de tributação em função do mercado em que se realizam as operações, tanto mais que isso impediria a realização dos objectivos extra-financeiros de igualização ou de direccionamento das transacções realizadas fora de bolsa.

Assim sendo, cumpre analisar as consequências de entendimento contrário, isto é, importa saber quais as consequências que a ordem jurídica portuguesa associa a taxas manifestamente desproporcionais ou excessivas face à respectiva legitimação constitucional e legal. Nesta matéria a doutrina e a jurisprudência vêm entendendo que uma taxa desproporcional se converte *ex lege* em imposto. Ora, semelhante concepção não tem, a nosso ver, qualquer apoio na Constituição, pois que, em lado algum, a Constituição legitima uma *requalificação legitimadora da tributação* sob a forma unilateral, perante tributos cujo fundamento assenta numa contraprestação específica a favor do particular beneficiário da actividade administrativa.

Noutros termos, o sinalagma ou a correspectividade de prestações que tem vindo a ser assinalada como elemento estrutural definidor da taxa[129] não desaparece nem se extingue pelo facto de o montante da contraprestação a cargo do particular ser manifestamente excessivo ou desproporcionado. Noutros termos ainda, uma taxa desproporcional não deixa de ser um tributo bilateral ou causal (pois aí assenta a sua legitimação), nem o facto de ser requalificada como imposto resolve o problema da sua legitimação, pois a Constituição contém um conjunto de comandos materiais em matéria fiscal que, mesmo que estivesse resolvido o problema da reserva de lei formal, sempre impediriam tal requalificação[130].

Assim sendo, a violação do princípio da proporcionalidade não pode ter por efeito uma alteração ao nível da **qualificação** ou da **natureza jurídica** da espécie tributária julgada materialmente inconstitucional[131]. As

---

[129] Vide por último o acórdão n.º 200/2001 do Tribunal Constitucional, cit..

[130] Sobre os limites materiais da tributação cfr. CASALTA NABAIS, *O Dever Fundamental de Pagar Impostos*, cit., pp. 435 e segs..

[131] Compreende-se a fuga para a requalificação, pois que, nesse caso, nem haveria

consequências de uma tal inconstitucionalidade hão-de reflectir-se no plano patrimonial da entidade que indevidamente arrecadou receitas com base em taxas inconstitucionais e não no plano da qualificação da figura tributária. Tais consequências patrimoniais deverão ser aferidas, a nosso ver, pelas regras do **enriquecimento sem causa** que hão-de traduzir-se na repetição do indevido, na exacta medida em que tiver ocorrido tributação excessiva, manifesta ou desproporcionada[132].

Noutros termos, a consequência jurídico-patrimonial da violação do princípio da proibição do excesso em matéria de taxas há-de consistir na emergência de uma obrigação de restituição do indevido a cargo da entidade pública e na constituição de um correspondente crédito a favor do particular, nos termos correspondentemente aplicáveis ao enriquecimento sem causa, pois que a falta de proporcionalidade da prestação nos tributos causais não pode ter por efeito a sua justificação com base em princípios

---

que apreciar a inconstitucionalidade material, mas tão só a inconstitucionalidade orgânica por violação do princípio da reserva de lei em matéria de impostos. Porém, a nosso ver, uma tal requalificação será sempre ilegítima perante taxas onde seja possível detectar uma contraprestação específica ou uma utilidade divisível (não será esse o caso das chamadas "licenças fiscais" assentes em obstáculos artificialmente criados, cfr. Casalta Nabais, O Dever Fundamental de Pagar Impostos, cit., p. 263), porque implica ignorar o fundamento do tributo em causa, o qual assenta na existência de uma contraprestação que a desproporcionalidade não extingue. É evidente que quando tal fundamento não exista de todo, o que não é o caso das taxas que nos ocupam, porque assentes em contraprestações, tratar-se-á de um verdadeiro imposto orgânica e materialmente inconstitucional.

[132] Pode discutir-se se a repetição do indevido tem como fundamento o enriquecimento sem causa ou é consequência da invalidade do tributo. Afigura-se-nos que a questão se resolve no plano da causa entendida como "cobertura normativa" do tributo, pois a proporcionalidade obriga à revisão do montante da taxa por forma a fazer corresponder a contraprestação à sua causa entendida em termos de necessidade e proporcionalidade em sentido restrito. Assim, a invalidade opera no plano da causa do tributo enquanto as regras do enriquecimento sem causa operam no plano do *quantum* da obrigação de restituir. Para uma aplicação do princípio do enriquecimento sem causa no direito administrativo (com especial ênfase nos contratos administrativos), afirmando, a nosso ver correctamente, que, tal como o princípio da boa-fé, o princípio da proibição do enriquecimento sem causa constitui um princípio geral de direito, cfr. Alexandra Leitão, O Enriquecimento Sem Causa da Administração Pública, Lisboa, AAFDL, 1998. Sobre o enriquecimento sem causa no direito civil, além dos manuais de teoria geral do direito civil e de direito das obrigações, cfr. Diogo Leite Campos, A Subsidiariedade da Obrigação de Restituir o Enriquecimento, Coimbra, Almedina, 1974; Luis Menezes Leitão, O Enriquecimento Sem Causa no Direito Civil, Lisboa, CTF, 1996 e Júlio Manuel Vieira Gomes, O Conceito de Enriquecimento, O Enriquecimento Forçado e os Vários Paradigmas do Enriquecimento Sem Causa, Porto, UCP, 1998.

O *Financiamento da Regulação e Supervisão do Mercado de Valores Mobiliários* 473

que lhe são alheios (v. g. capacidade contributiva – cfr. artigo 4.º da Lei Geral Tributária), antes terá que obter uma resposta da ordem jurídica no quadro de legitimação próprio desse tipo de tributos[133]. Por outras palavras, a violação do princípio da proporcionalidade não é sanável pela transmutação da figura jurídica, antes exige ressarcimento adequado nos termos gerais de direito, operando-se a redução do montante da taxa em função do limite imposto pelo princípio da proporcionalidade, não se atingindo a situação extrema de restituição integral do indevido por anulação da liquidação, a qual redundaria numa situação de isenção ilegítima pois que, mau grado a desproporcionalidade, subsiste a prestação pública.

Nesta conformidade, reconhecendo-se a existência de uma prestação pública e de uma utilidade divisível a favor do sujeito passivo, a consequência nunca poderia ser a restituição integral do montante pago acrescido de juros indemnizatórios. Tal solução não respeitaria o princípio da proporcionalidade, nem as consequências que lhe estão associadas perante taxas materialmente inconstitucionais, pois que em lugar de repor a justiça acaba por conceder uma isenção a coberto de uma pretensa violação do princípio da reserva de lei, a qual só ocorre perante taxas sem contraprestação efectiva ou baseadas em contraprestação artificialmente criada para exigir um pagamento (as chamadas *"licenças fiscais"*). Ademais, as taxas em causa não só são estruturalmente tributos bilaterais, como respeitam, no plano material o princípio da proibição do excesso, atentas as finalidades extra-financeiras a que estão constitucional e legalmente adstritas.

---

[133] Nem será necessário, neste particular, invocar a aplicação do Código Civil às relações jurídico tributárias de taxa (vide artigos 1.º, n.º 1, 2.º, alínea d) e 3.º, n.º 2 da Lei Geral Tributária), pois que o princípio da repetição do indevido, mesmo que suscite problemas dogmáticos no âmbito do direito administrativo, não suscita quaisquer dificuldades no direito fiscal, na medida em que o direito à dedução, reembolso ou restituição do imposto encontra consagração na Lei Geral Tributária (artigo 30.º, n.º 1, alínea c)) e nos diversos códigos fiscais (cfr. artigo 96.º do CIRS, artigo 96.º, n.º 2 do CIRC e artigo 22.º, n.º 4 do CIVA), não oferecendo quaisquer dificuldades a sua aplicação à relação jurídica de taxa quando esta seja inconstitucional por violação do princípio da proporcionalidade, visto que a Lei Geral Tributária é subsidiariamente aplicável às taxas enquanto o regime especial destas não for aprovado, cfr. LIMA GUERREIRO, *Lei Geral Tributária Anotada*, cit., p. 48. Por outro lado, a repetição do indevido em direito fiscal é acompanhada do pagamento de juros indemnizatórios a favor do contribuinte (artigo 43.º da Lei Geral Tributária). E, enfim, a repetição do indevido existe em outros domínios do direito financeiro – como o direito das despesas, conforme abundante e continuada jurisprudência do Tribunal de Contas –, de tal modo que não repugna considerá-lo mesmo como princípio geral do direito financeiro, do qual o direito fiscal faz parte.

PARA UM CONCEITO DE CONTRATO PÚBLICO

Afonso D'Oliveira Martins*

SUMÁRIO: 1. Considerações gerais; 2. O ponto de partida: do conceito geral de contrato ao problema da diferença específica dos contratos públicos; 3. Contratos públicos, direito público e interesse público. O conceito proposto; 4. Contratos públicos e contratos da Administração Pública ou de participação pública; 5. Contratos públicos e contratos de interesse público; 6. Contratos públicos e contratos sujeitos a procedimento adjudicatório; 7. Contratos públicos e contratos com dotação pública; 8. Contratos públicos e contratos sujeitos a controlo público ou à jurisdição administrativa.

1. Considerações gerais

a) Nos estudos de Direito Administrativo português, o conceito de contrato que mais tem relevado tem sido o de *contrato administrativo*. E a tendência dominante na juspublicística portuguesa tem apontado para a defesa de uma contraposição simples entre *contratos administrativos* e *contratos de direito privado* (ou *contratos privados*) *das Administrações Públicas*.

Alguma doutrina tem, no entanto, chamado a atenção para a necessidade de reponderação, em termos mais ou menos profundos, do tema.

Neste sentido, é de referir, por um lado, uma posição doutrinária que tem posto em questão a *autonomia* do *conceito* de *contrato administrativo*, sustentando-se no argumento de que o regime jurídico aplicável a estes contratos é, em si mesmo, compatível com o *Direito contratual comum*, bem como no entendimento de que os *contratos privados da Administração*

---

* Doutor em Direito, Professor da Faculdade de Direito da Universidade Lusíada de Lisboa.

476   *Afonso D'Oliveira Martins*

foram sendo objecto de *publicização* e de que afinal todos os *contratos da Administração* devem ser encarados em termos idênticos[1].

Por outro lado, cabe destacar uma orientação que, sem pôr em causa a distinção conceptual e de regime entre *contratos administrativos* e *contratos privados da Administração*, mas procurando ir mais além, acaba também por reconhecer – mais ou menos explicitamente – a importância dogmático-jurídica de um outro conceito – o *conceito geral* de *contratos da Administração* –, valorizando para tanto a circunstância de existir um corpo de normas jurídicas (maxime, de direito público e, nomeadamente, relativas a princípios fundamentais da actividade administrativa ou a procedimentos de contratação pública) que são indistintamente aplicáveis a todos esses contratos, sejam eles *contratos administrativos* ou *contratos privados da Administração*[2].

Finalmente, outros autores, aceitando igualmente e mantendo a distinção entre *contratos administrativos* e *contratos privados da Administração*, cuidam ainda de referir um conceito de *contrato público* ou de *contrato de direito público*, defendendo que este se refere ao género de que o *contrato administrativo* é uma espécie[3]. E não tem sido esquecido,

---

[1] Assim, pondo em questão a tradicional dicotomia "contratos administrativos" / / "contratos de direito privado da Administração" e valorizando apenas, em alternativa, o conceito de contratos da Administração Pública Cfr. MARIA JOÃO ESTORNINHO, Requiem pelo Contrato Administrativo, Coimbra, 1990, págs. 183-184. Vd. também da mesma A.: Contratos da Administração Pública (esboço de Autonomização Curricular), Coimbra, 1999, págs. 65-66. Interrogativamente, mas inclinando-se no mesmo sentido Cfr. JOÃO CAUPERS, Introdução ao Direito Administrativo, 6ª ed., Lisboa, 2001, p. 223.

[2] Numa perspectiva tendencialmente valorizadora deste outro conceito, Cfr. SÉRVULO CORREIA, Legalidade e Autonomia Contratual nos Contratos Administrativos, Coimbra, 1987, págs. 354, 392 ss, 532 ss.; E. PAZ FERREIRA, Da Dívida Pública e das Garantias dos Credores do Estado, Coimbra, 1995, pág. 349. Limitadamente, referindo que os contratos administrativos pertencem à família dos *contratos da Administração* (sem se diluirem nesta categoria genérica) e que todos estes têm em comum a sujeição aos princípios gerais da actividade administrativa e a outras normas Cfr. por último: PEDRO GONÇALVES, O Contrato Administrativo – Uma instituição do Direito Administrativo do nosso tempo, Coimbra, 2003, págs. 10, 12, 29, 31, 35-36. Vd. também PAULO OTERO, Direito Administrativo (Relatório de uma disciplina ...), Lisboa, 1998, págs. 371 e 447-448; ALEXANDRA LEITÃO, A Protecção judicial dos Terceiros nos Contratos da Administração Pública, Coimbra, 2002.

[3] Neste sentido Cfr. FREITAS DO AMARAL, Curso de Direito Administrativo, vol II, Coimbra, 2001, págs. 498-499; E. PAZ FERREIRA, Da dívida pública e das garantias dos credores do Estado, Coimbra, 1995, págs. 468-474; J.M. SÉRVULO CORREIA, Contrato Administrativo, in Dicionário Jurídico da Administração Pública, vol. III, Lisboa, 1990, pág. 55. Antes, referindo a figura dos *contratos de direito público* como género de que o

na doutrina e também legalmente, um conceito de *contrato público* de origem juscomunitária, associado particularmente à figura dos *mercados públicos* e ao domínio do designado *Direito da Contratação Pública*[4].

b) Pela nossa parte, acolhendo um ponto de vista que favorece a abertura do campo científico do Direito Administrativo ao estudo de outras figuras contratuais para além da relativa aos *contratos administrativos*, entendemos ser particularmente de considerar um conceito de *contrato público*.

Este conceito de *contrato público*, por um lado, surge-nos como mais amplo do que o de *contrato administrativo*, reflectindo, por outro lado, a necessidade de se considerar que determinados contratos, para além de não serem *administrativos,* também não se confundem com os *contratos privados*. E temos em vista um conceito que não confundimos nem com o de *contratos das Administrações Públicas*, nem com o *conceito comunitário* de *contrato público*.

Na exposição que se segue – em síntese – procuramos precisar o sentido desse conceito, começando com uma referência àquilo que constitui o *género próximo* da figura dos *contratos públicos* e aos possíveis critérios de sua *diferenciação específica* e identificando em seguida o conceito que propomos e os termos em que este afirma a sua autonomia face a outros conceitos que podem tender a ser confundidos com aquele.

---

contrato administrativo seria espécie Cfr. Marcello Caetano, Manual de Direito Administrativo, vol. I, 10ª ed., (2ª reimp.), Coimbra, 1982, pág. 579. Diferentemente, Melo Machado (in Teoria Jurídica do Contrato Administrativo, Coimbra, 1937, p. 104) defendeu que as duas expressões "contrato administrativo" e "contrato de direito público" seriam sinónimas.

[4] Assim, por exemplo e por último Cfr. Miguel Catela, A noção de entidade adjudicante no Direito Comunitário Europeu da Contratação Pública, in Estudos em Homenagem de Cunha Rodrigues, vol. 2, Coimbra, 2001, págs. 884-885; Carlos A. Fernandes Cadilha, Contratos Públicos: do Decreto-Lei n.º 134/98, de 15 de Maio, à Reforma de Contencioso Administrativo. Uma Análise da Jurisprudência, in Scientia Iurídica, Tomo LI, n.º 292, Janeiro-Aril/2002, págs. 521 e segts.

Na legislação, é de referir, por exemplo, o artigo 9.º do DL 197/99, de 8/6 ou o anexo X do DL 223/2001, de 9/8.

478 *Afonso D'Oliveira Martins*

2. O ponto de partida: do conceito geral de contrato ao problema da diferença específica dos contratos públicos

a) Começando por identificar o *género próximo* dos *contratos públicos,* diremos logo que estes – todos eles, incluindo os *contratos administrativos* – representam, antes de mais, verdadeiros *contratos*.

Nesta ordem de considerações, o *conceito de contrato público* participa do *conceito geral de contrato:* de um conceito que, em todos os seus elementos fundamentais, tanto pode relevar para o *direito privado* (onde teve a sua matriz de origem) como para o *direito público*, ajustando-se a situações tanto da *vida jurídica privada*, como da *vida jurídica pública*, mesmo no quadro de especiais *vinculações legais* ou *normativas* ou mesmo que algum dos intervenientes surja numa posição de autoridade ou de especial supremacia, desde que exista espaço de *autonomia de vontade* para todos quantos agem[5].

---

[5] No sentido de que há uma noção básica do contrato que é a mesma para todos os ramos de Direito, incluindo para o Direito Administrativo Cfr., entre nós, por exemplo: A. MARQUES GUEDES, A Concessão, I, Coimbra, 1954, pág. 114-116; JOSÉ MANUEL SÉRVULO CORREIA, Legalidade e Autonomia Contratual nos Contratos Administrativos, Coimbra, 1987, págs. 343-344; MARCELLO CAETANO, Manual de Direito Administrativo, vol. I, 10ª ed. (2ª reimp.), Coimbra, 1982, pág. 576-577; MARCELO REBELO DE SOUSA, O concurso público na formação do contrato administrativo, Lisboa, 1994, págs. 14 e segts.; MELO MACHADO, Teoria, ob.cit., pág. 234. Na doutrina jusprivatista Vd. por último: CARLOS FERREIRA D'ALMEIDA, Contratos, vol. I, 2ª ed., 2003, pág. 27.

Na doutrina estrangeira, sobre a questão de saber se a noção de contrato é a mesma em direito civil e em direito administrativo, com referência às diferentes tendências doutrinais Cfr., por exemplo, A. LAUBADÈRE, F. MODERNE, P. DELVOLVÉ, Traité des Contrats Administratifs, I, 2ª ed., Paris, 1983, pags. 18 e segts. Vd.. também, entre tantos: H. MAURER, Droit Administratif Allemand, Paris, 1994, págs. 362-363; LAURENT RICHER, Droit des Contrats Administratifs, paris, 1995, pág. 7.

Recorde-se a este propósito que, por exemplo, PÉQUIGNOT (Théorie génèrale du contrat administratif, Montpellier, 1945, pág. 260 e segts.) defendia a necessidade de se formularem conceitos de contrato diferentes, consoante tivessemos em vista os contratos civis ou os contratos administrativos.

Questão diferente, que se colocou doutrinàriamente e que pressupõe que se parta de um *conceito único* ou *geral* de contrato, é a da admissibilidade do contrato em Direito público ou em Direito Administrativo. Sobre este ponto, para além das obras supracitadas, Cfr. ainda, entre nós, por exemplo: CASALTA NABAIS, Contratos Fiscais (Reflexões acerca da sua admissibilidade), Coimbra, 1994, pág. 17 e segts.; DIOGO FREITAS DO AMARAL, Curso, vol. II, ob.cit., págs. 504 e segts.; E. PAZ FERREIRA, Da Dívida Pública, ob.cit., pág. 318 e segts.; INOCÊNCIO GALVÃO TELLES, Manual dos Contratos em Geral, 4ª

Neste sentido, os *contratos públicos* – como quaisquer outros *contratos* – definem-se desde logo como *acordos de vontades imputáveis a dois ou mais sujeitos de direito, pelos quais estes assumem, de modo juridicamente vinculativo, posições distintas mas que se harmonizam entre si em vista da produção de um resultado jurídico unitário, implicando afinal a constituição, modificação ou a extinção de uma relação jurídica*[6].

b) Esta primeira referência conceptual genérica, na parte em que sublinha que estão em causa acordos de vontades intersubjectivos que envolvem várias partes que cruzam e harmonizam posições distintas, serve imediatamente para traçar a fronteira que separa a figura dos *contratos públicos* de todas as categorias possíveis de *actos* e *negócios públicos unilaterais*, sejam estes actos ou negócios de gestão pública ou de gestão privada[7]. E isto mesmo que estes apresentem um conteúdo que tenha sido previamente negociado com outro sujeito de direito ou ainda que a produção dos efeitos para que tendem dependa de aceitação de outrem.

A partir também do *conceito geral de contrato*, torna-se possível distinguir os *contratos públicos* dos *acordos interorgânicos* (ou *intrasubjectivos) públicos*, que não põem frente a frente dois ou mais sujeitos de direito autónomos entre si, mas antes dois orgãos de uma mesma pessoa colectiva pública.

Finalmente, a identificação de um tal *género próximo* torna inconfundível a figura dos *contratos públicos* com a dos *quase-contratos públicos*, que implicam uma relação obrigacional entre dois ou mais sujeitos de

---

ed., (refund. e actual.), Coimbra, 2002, págs. 57 e segts.; Pedro Gonçalves, O contrato administrativo, ob.cit., págs. 12 e segts..

[6] Para uma formulação do *conceito geral de contrato,* enquanto conceito que uniformemente releva tanto para o Direito privado como para o Direito público, Cfr. de entre uma bibliografia nacional vastíssima, onde se incluem as obras gerais de Teoria Geral do Direito Civil, de Direito das Obrigações e de Direito Administrativo, bem como tantas monografias sobre temas específicos de Direito contratual, destacamos: Inocêncio Galvão Telles, Manual, ob.cit., págs. 9 e segts.

[7] Na doutrina jusadministrativa discute-se em particular o problema da distinção entre contratos administrativos e actos administrativos e regulamentos administrativos. A questão da distinção entre contrato administrativo e acto administrativo teve mesmo particular relevância no contexto da discussão sobre a admissibiulidade da figura do contrato administrativo (Vd. bibliografia supra-citada). Em geral, Cfr. Sérvulo Correira, Legalidade, ob.cit., pág. 343 e segts.; Pedro Gonçalves, O Contrato Administrativo, ob.cit., págs. 41-45. Na doutrina estrangeira, sobre a distinção entre contrato, acto e regulamento administrativo Cfr., desde logo, A. Laubadère, F. Moderne, P. Delvolvé, Traité, ob.cit., I, págs. 53-125.

480 Afonso D'Oliveira Martins

direito, mas em que um deles fica *obrigado* independentemente do seu consentimento[8].

Noutra ordem de considerações, partindo-se do *conceito geral de contrato* e da referência nele feita à *vinculatividade jurídica* do acordo em que se sustenta e à *juridicidade* do resultado contratualmente previsto, temos que os contratos públicos não se confundem com os *acordos não jurídicos*. Estes, diferentemente do que se passa com os *contratos públicos* (e, em geral, com os verdadeiros contratos) não são juridicamente vinculativos para nenhuma das partes ou não são concebidos em vista de um resultado jurídico ou da produção de efeitos jurídicos[9].

Partindo do *conceito geral de contrato,* é desde logo – e como vimos – possível distinguir todas estas figuras dos *contratos públicos.* Mas, isto não pode servir para escamotear dificuldades de distinção prática que tantas vezes se suscitam, importando, para as resolver e como logo propõe INOCÊNCIO GALVÃO TELLES, "averiguar caso a caso, com fundamento nas disposições de Direito Positivo, se o acto se ajusta na realidade ao modelo contratual"[10]. E haverá que estar alerta para o que se deve qualificar como "falsos contratos" que não configuram senão actos unilaterais[11].

c) Para acharmos uma definição de *contrato público,* que apenas convenha a esta figura jurídica, importa – depois de identificado o *género próximo* – apurar a sua *diferença específica.*

O problema da *diferença específica dos contratos públicos*, apesar da escassez do debate doutrinal sobre ele[12], pode teóricamente ser resolvido

---

[8] Sobre a figura dos quase-contratos no domínio do Direito Administrativo (e com referência às figuras da *repetição do indevido*, da *gestão de negócios* e do *enriquecimento sem causa*) Cfr. FRANCK MODERNE, Les quasi-contrats administratifs, Paris, 1995. Vd., também, P. DELCUSY. Le quasi-contrat en droit administratif, Paris, 1931 e F. LAFAY, Le quasi-contrat en droit administratif, Nancy, 1991.

[9] Está aqui em questão, nomeadamente, a distinção dos *contratos* face aos *gentlemen's agreements* e, particularmente em Direito Administrativo, face à figura dos *acordos ou negócios informais das Administrações*. A este último propósito Cfr., entre nós, PEDRO GONÇALVES, O Contrato Administrativo, ob.cit., págs. 50-53.

[10] Cfr. Manual, ob.cit., pág. 57.

[11] A propósito Cfr. A. LAUBADÈRE, F. MODERNE, P. DELVOLVÉ, Traité, ob.cit., I, págs. 432 e segts. E, entre nós, Cfr. CASALTA NABAIS, Contratos Fiscais, ob.cit., págs. 86.

[12] O debate doutrinal na doutrina poruguesa tem respeitado antes ou sobretudo ao problema do critério (de diferenciação específica) do contrato administrativo. Na doutrina estrangeira, o debate tem sido desenvolvido com enquadramentos conceptuais e jurídicos muito diferentes.

Para um Conceito de Contrato Público 481

a partir de critérios muito distintos, considerados estes isoladamente ou combinados entre si.

Entre uma multiplicidade de critérios possíveis de diferenciação de tais contratos, poderá caber uma referência privilegiada aos seguintes:

(i) *critério dos sujeitos* (serão *contratos públicos* aqueles em que pelo menos uma das partes é uma entidade pública ou equiparada);

(ii) *critério do interesse* (serão *contratos públicos* aqueles que tendem à produção de um resultado que é antes de mais de interesse público ou no qual se conciliam interesses privados com interesses públicos prevalecentes ou se combinam distintos interesses públicos);

(iii) *critério do procedimento de formação* (serão *contratos públicos* aqueles que são adjudicados mediante um procedimento administrativo);

(iv) *critério dos meios* (serão *contratos públicos* aqueles que implicam a utilização de recursos financeiros públicos ou que envolvem outros meios públicos);

(v) *critério do regime* (serão *contratos públicos* aqueles que se submetem a uma disciplina de direito público);

(vi) *critério do controlo* (serão *contratos públicos* aqueles que se encontram submetidos a controlos públicos especiais ou cujo contencioso é atribuído à jurisdição dos tribunais administrativos).

Cabe então tomar posição a este propósito, elegendo o critério que nos parece decisivo e construindo a partir dele o respectivo conceito de *contrato público*. E, quanto aos critérios preteridos, partiremos deles para construir outros conceitos que, em nosso entender, não devem ser confundidos com o de *contrato público*. É disso que cuidaremos em seguida.

3. Contratos públicos, direito público e interesse público. O conceito proposto

Do nosso ponto de vista, o conceito de *contrato público* deve ser formulado mediante uma referência prioritária ao *regime jurídico* que se lhe aplica e aos interesses a que se vincula.

Considerando o regime aplicável, podemos logo destacar que os *contratos públicos* se definem por se encontrarem submetidos a uma *disciplina de direito público*.

Devemos, no entanto, precisar imediatamente que não entendemos que os contratos para se qualificarem como *públicos* necessitam de estar integralmente submetidos a um regime *exorbitante de direito comum* ou a uma *disciplina de direito público*. Em nosso juízo, nenhum contrato o estará desse modo, nem mesmo os *contratos administrativos* que – como veremos adiante – se encontram mais fortemente submetidos a uma disciplina juspublicística.

Os *contratos públicos*, em geral (e mesmo os *contratos administrativos*), sem perderem essa natureza, podem encontrar-se – encontram-se mesmo – sujeitos em vários aspectos, a uma disciplina de *Direito Contratual Comum*, aplicável a todos os contratos, sejam estes públicos ou privados, embora em contextos ou com sentidos interpretativos relativamente diferentes[13].

No aspecto em questão o que deve ser sublinhado é que os *contratos públicos* se distinguem por serem *significativamente relevantes para o direito público*.

Esta *relevância dos contratos públicos para o direito público* terá de ser *significativa* no sentido de que não basta a um contrato, para ser *contrato público*, que o direito público interfira de qualquer modo, ainda que só marginalmente ou apenas de modo pontual ou incidental, no seu regime jurídico. É que há *contratos* em que tal se verifica e não deixam de dever ser caracterizados como *privados*. E são cada vez em maior número os *contratos* que, sem deixarem de ser *privados*, se encontram, nalgum aspecto, submetidos a normas de *direito público* ou que são celebrados como fruto de uma *autonomia da vontade* das partes que logo se mostra, nalgum aspecto, sujeita a *vinculações* ou *limitações* de direito público, as quais passam a estar implicadas em tais contratos[14].

---

[13] A propósito do direito privado aplicável à actividade administrativa (i.a., aos *contratos administrativos*) e referindo a especificidade do seu sentido Cfr. em geral, FREITAS DO AMARAL, Curso, vol. II, ob.cit., p. 516; PROSPER WEIL e DOMINIQUE POUYAUD, Le Droit Administratif, 18ª ed., Paris, 2001, pág. 73. Vd. também MARIA JOÃO ESTORNINHO, A Fuga para o Direito Privado, Coimbra, 1996, pág. 349.

[14] A propósito deste fenómeno publicização do Direito contratual privado Cfr., designadamente: RUI DE ALARCÃO, Contrato, Democracia e Direito, in Estudos em Homenagem a Cunha Rodrigues, vol. 2, Coimbra, 2001, págs. 9 e segts.. Nas obras gerais de Direito das Obrigações Cfr., por exemplo: MÁRIO JULIO ALMEIDA COSTA, Das Obrigações, 8ª ed., Coimbra, 2000, págs. 181 e segts.; ANTUNES VARELA, Das Obrigações em geral, vol. I, 10ª ed., Coimbra, 2000, págs. 225 e segts.. Vd. a propósito também: E. PAZ FERREIRA, Da Dívida Pública, ob.cit., pág. 3000 e segts.; MARIA JOÃO ESTORNINHO, A Fuga para o Direito Privado, Coimbra, 1996, págs. 154-155.

A *relevância significativa de um contrato para o direito público*, enquanto condição de sua caracterização como *contrato público*, dá-se quando o direito público influencia esse contrato em todos ou alguns momentos ou aspectos vitais (como são os momentos da sua formação, execução, modificação ou extinção) e, quanto a estes, de modo particularmente intenso, representando tal um factor determinante da sua *identidade*. Sem essa influência juspublicística o contrato deixaria de ser o mesmo, convertendo-se numa realidade contratual de tipo diferente ou perdendo sentido.

Complementarmente, devemos também sublinhar que os contratos públicos, característicamente, surgem global e juridicamente vinculados a interesses públicos, devendo ter uma *causa-função*, assentar (pelo menos quanto a uma das partes) em *motivos* e dirigir-se à realização de *finalidades* que os refira decisivamente a um *interesse público* que o ordenamento jurídico lhes assinala.

Em síntese e partindo centralmente do critério em referência, podemos então definir os *contratos públicos* como aqueles *contratos que, característicamente, quanto a aspectos ou momentos principais e de modo significativo, se encontram submetidos a um regime de direito público, surgindo global e juridicamente vinculados a interesses públicos.*

b) Por contraposição, face a tudo o dissémos, não serão qualificáveis como públicos os contratos que em todos os momentos ou aspectos determinantes se encontram submetidos a um regime de direito privado. Também não merecerão tal qualificativo os contratos aos quais apenas pontual ou marginalmente e em momentos ou aspectos secundários se aplicam normas de direito público. E isto mesmo que alguma das partes seja uma entidade pública ou integre a Administração Pública.

De outro ponto de vista, entendemos também que não serão qualificáveis como *públicos* os contratos que se apresentam como sendo estritamente de *interesse privado*, mesmo que se submetam nalgum momento ou aspecto relevante (por determinação legal ou, quando possível, por vontade das partes) a normas que são originariamente de direito público. E também não serão públicos os contratos que só por vontade das partes, num contexto de *autonomia privada* ou de *liberdade contratual privada*, sem que o ordenamento jurídico o imponha, surjam associados à realização de um interesse público, bem como os que só reflexamente tenham incidência sobre determinados interesses públicos.

Tendo em vista que cuidamos de uma distinção classificatória que opõe *contratos públicos* a *contratos privados*, devemos então concluir que tais contratos serão ainda e afinal *contratos privados*.

c) Noutra ordem de considerações, será de referir que os *contratos públicos* – tal como acabamos de os definir – não se confundem com os *contratos administrativos*, sendo aqueles o género de que estes são uma espécie. E isto mesmo que se entenda que os *contratos administrativos*, por implicarem a constituição, modificação ou extinção de uma relação jurídica administrativa[15], acabam por se caracterizar pela sua sujeição a um regime de direito público.

Sem entrarmos agora em considerações mais aprofundadas sobre a figura do *contrato administrativo* e sobre o respectivo conceito, que constituirão objecto de outro estudo, podemos em todo caso salientar que a distinção entre *contratos administrativos* e outros *contratos públicos* deve assentar na consideração de que aqueles se encontram submetidos mais intensamente a uma disciplina juspublicística. Tal traduz-se imediatamente no reconhecimento à parte que surje como *entidade adjudicante* de uma posição jurídica especial que se exprime desde logo nalgum dos poderes previstos no artigo 180.º do Código de Procedimento Administrativo, bem como na sua vinculação ao cumprimento de especiais deveres, encargos ou sujeições estabelecidos em vista de um interesse público que é concebido pelo ordenamento jurídico como sendo de especial relevo. E tal característica específica traduz-se afinal na submissão dos contratos administrativos a um regime substantivo de direito público relativo aos momentos da sua execução, modificação e extinção. Isto, para além de ser de considerar que, por princípio, os *contratos administrativos* encontram-se submetidos a um regime especial de formação, que é de direito público.

Como última nota distiniva, embora com valor relativo, será de observar que os *contratos administrativos* – diferentemente do que se passa com muitos outros contratos públicos, mas não todos – surgem associados ao exercício pela entidade adjudicante da função administrativa ou de uma função de gestão de serviços públicos[16].

---

[15] Isto nos termos da definição legal contida no artigo 178.º, n.º 1 do Código de Procedimento Administrativo.

[16] A bibliografia sobre o conceito de contrato administrativo é vastíssima. Referindo apenas obras ou estudos monográficos que o tomam centralmente como objecto Cfr. J.M. Sérvulo Correia, Legalidade e Autonomia Contratual, ob. cit., págs. 343 e segts.; J. Casalta Nabais, Contratos Fiscais, ob. cit.; L. Solano Cabral Moncada, O Problema do Critério do Contrato Administrativos e os Novos Contratos-Programa, in Estudo de Direito Público, Coimbra, 2001, págs. 7 e segs. Mais recentemente entre nós: Maria João Estorninho, Requiem, ob.cit.,; Pedro Gonçalves, O Contrato Administrativo, ob.cit..

d) Como última nota, entendemos dever sublinhar que a posição conceptual que defendemos não implica a rejeição absoluta de importância de todos os demais critérios possíveis (e antes enunciados) de definição dos *contratos públicos*.

A utilização desses outros critérios – ainda que não sirva à definição da figura contratual em análise, porque dela apenas devem constar aspectos que convenham a todas as suas manifestações práticas possíveis – pode permitir esclarecimentos conceptuais ou aproximações ao conceito em questão.

Neste sentido, esses outros critérios – como a seguir desenvolveremos – permitem-nos construir conceitos como os de *contratos da Administração Pública* (ou com *participação pública*), *contratos de interesse público*, *contratos sujeitos a procedimento adjudicatório*, *contratos com dotação pública*, *contratos sujeitos a controlo público* ou *à jurisdição administrativa*.

Estes outros conceitos, em nosso entender e como veremos, não se confundem com o de *contrato público*, mas não será dispiciendo considerar que essas outras figuras implicadas em tais conceitos podem coincidir – e frequentemente coincidem – com a dos contratos públicos, merecendo em consequência este qualificativo. Em todo o caso, sempre será de sublinhar que nem todos os *contratos públicos* são *contratos da Administração Pública* (ou com participação pública), ou *sujeitos a procedimentos adjudicatórios*, ou *com dotação pública* ou *sujeitos a controlo público*. Por sua vez, tenha-se presente que estes contratos, e ainda os *contratos de interesse público*, não são sempre *contratos públicos*.

4. Contratos públicos e contratos da Administração Pública ou com participação pública

De acordo com um critério subjectivo de qualificação dos contratos, poderíamos – como boa parte da doutrina administrativa vem fazendo[17] – isolar uma categoria contratual que seria a dos *contratos da Administração Pública* ou *com participação pública*, correspondendo estes aos *contratos que têm como parte entidades públicas ou entes que integram a Administração Pública*[18].

---

[17] Vd. *supra*.

[18] Sobre os conceitos de Administração Pública e de entidade pública Cfr. o nosso:

Esta categoria contratual não pode, todavia, confundir-se com a dos *contratos públicos* porquanto, como já antes referimos, nem todos os *contratos da Administração Pública* ou *com participação pública* são *contratos públicos*. Há *contratos da Administração* que são *privados*. Para além disto, temos também que nem todos os *contratos públicos* são *contratos da Administração Pública* ou *contratos com participação pública*.

Neste sentido, tenha-se em atenção que, por um lado, entes integrados na *Administração Pública* ou *entidades públicas* podem celebrar e ser partes em *contratos não públicos ou privados*, que não se apresentam, característica e significativamente, submetidos a um regime ou a normas de direito público. É o que se passa, por exemplo, com os contratos pelos quais um desses entes ou uma dessas entidades se compromete a prestar a um outro sujeito de direito, a título oneroso, o resultado de uma sua actividade de natureza comercial ou industrial que é exercida em *concorrência* e que deve ser considerada como uma actividade de gestão privada[19].

Por outro lado, e no mesmo sentido da rejeição de uma confusão entre as duas figuras contratuais em referência, cabe salientar que é admissível a existência de *contratos públicos* em que nenhuma das partes surja vinculada organicamente à *Administração Pública* ou com a natureza de *entidade pública*. Neste sentido, é de referir a figura do *sub-contrato público*, ou seja, do contrato que tem como *base* ou é *derivado* (MESSINEO) de um *contrato público* antes celebrado e em vigor, e em que uma das partes é também parte neste contrato, pelo qual se constitui, modifica ou extingue uma relação jurídica que coexiste com a que constitui objecto do *contrato-base*, dependendo desta. Os *sub-contratos públicos*, apesar de serem celebrados por uma entidade privada – o contraente particular no *contrato-base* – e outra entidade privada, têm em regra a mesma natureza do *contrato-base*, isto é, de *contrato público*, surgindo submetidos, parcial mas significativamente, a um regime exorbitante do direito comum, de direito público e que se deve conciliar com o regime do *contrato-base*[20].

Constituição, Administração e Democracia, separata de Nos 25 Anos da Constituição da República Portuguesa de 1976, Lisboa, 2001. págs. 9 e segts.

[19] Mais concretamente, veja-se o caso de um contrato de venda por um estabelecimento público ou por uma empresa pública de carácter industrial ou comercial de um bem económico por si produzido. Deverá no entanto ter-se presente uma necessidade de rigor na qualificação dessas actividades como sendo de carácter industrial ou comercial e cuidar de saber se essa actividade não se encontra submetida a um regime de direito público. A propósito Cfr. por exemplo PROSPER WEIL e DOMINIQUE POUYAUD, Droit Administratif, ob.cit., p. 57-59 e 69.

[20] Sobre a figura do *sub-contrato*, em geral e em sentido próximo do referido Cfr.

Para um Conceito de Contrato Público 487

O que acabamos de referir não significa, todavia, que não se deva dar alguma atenção ao *elemento subjectivo* para se compreender a figura dos *contratos públicos*. Em particular, a referência a esse elemento servirá para não nos esquercermos que *frequentemente* uma das partes nos *contratos públicos* é uma entidade pública.

5. Contratos públicos e contratos de interesse público

Outra figura contratual que, apesar de próxima, não deve ser confundida com a dos *contratos públicos* é a dos *contratos de interesse público*.

Estes podem ser definidos como *contratos que, objectiva ou subjectivamente, tendem à produção de um resultado que é antes de mais de interesse público ou no qual se conciliam interesses privados com interesses públicos prevalecentes ou distintos interesses públicos*.

Os *contratos públicos* – como vimos – são *contratos de interesse público*, ou seja, são contratos que surgem juridicamente vinculados a interesses públicos, aceitando ambas as partes que devem contribuir para a sua realização e impondo o ordenamento jurídico que sejam função da realização do interesse público, devendo as partes conformar-se com isso.

A distinção está no entanto no seguinte: todos os *contratos públicos* são de *interesse público*, mas os *contratos de interesse público* podem ser tanto *contratos públicos,* como *contratos privados*.

Como exemplo de *contratos privados de interesse público* são de referir os casos de *contratos* celebrados entre particulares que contêm uma *cláusula de favorecimento do público em geral* (v.g. contrato de compra e venda de objectos de arte classificados pelos quais o adquirente aceita o encargo de os manter expostos ao público) ou de *contratos de sentido social* celebrados entre particulares mas em que uma das partes contrata

---

desde logo: INOCÊNCIO GALVÃO TELLES, Manual, ob.cit., págs. 460-462. Vd. também entre nós, monograficamente: PEDRO ROMANO MARTINEZ, O Subcontrato, Coimbra, 1989.

Sobre a possibilidade de existência de contratos administrativos em que as partes são entidades de direito privado e referindo os exemplos dos contratos de subconcessão ou de trespasse de uma concessão Cfr. entre nós: FREITAS DO AMARAL, Curso, vol II, ob.cit., pág. 557.

A propósito da natureza jurídica do contrato de sub-empreitada de obra pública, embora pondo a questão em termos de saber se é contrato privado ou administrativo, mas sem colocar o problema da sua qualificação como contrato público não administrativo Cfr. por último entre nós e por todos: JOSÉ LUÍS ESQUIVEL, O Contratos de Subempreitada de Obras Públicas, Coimbra, 2002, págs. 77 e segts.

tendo em vista apenas ou dominantemente fins de solidariedade social que representam o factor determinante da sua celebração (v.g. contrato celebrado com uma pessoa colectiva privada de utilidade pública, pelo qual se doam bens a afectar a determinadas actividades sociais da donatária ou pelo qual adquirem bens produzidos por tal entidade ou serviços por ela prestados não porque o adquirente verdadeiramente deles necessite mas como forma de financiar a actividade de solidariedade social da contraparte que é reputada de interesse público)[21]. E serão ainda de considerar, entre tantas outras hipóteses possíveis, os contratos celebrados entre agentes económicos privados com significativa repercussão na economia nacional regional ou local, mas que se sujeitam ao regime contratual geral, sem especialidades.

6. Contratos públicos e contratos sujeitos a procedimento adjudicatório

Os *contratos sujeitos a procedimento adjudicatório* podem ser definidos como *contratos adjudicados por inicativa de uma das partes mediante o cumprimento de uma sequência juridicamente ordenada de actos, trâmites e formalidades que culminam com a tomada de uma decisão unilateral de escolha do co-contratante baseada na posição entretanto por este assumida*[22].

Estes contratos apresentam-se como *contratos públicos* quando o respectivo procedimento de contratação é logo juridicamente concebido com vinculação a uma perspectiva de tutela do interesse público, submetendo-se a normas de direito público.

Neste caso, tais contratos cumprem as duas exigências fundamentais de sua qualificação como *contratos públicos*: encontram-se, quanto a um

---

[21] Sobre a figura dos contratos privados a favor de terceiro e, em particular, em benefício do interesse público Cfr. Artigo 445.° do Código Civil. A propósito, com exemplos Cfr. nomeadamente: INOCÊNCIO GALVÃO TELLES, Manual, ob. cit., pág. 496; ANTUNES VARELA, das Obrigações em Geral, vol. I, ob.cit., pág. 307-308.

[22] Sobre os conceitos de procedimento administrativo e de contratação Cfr. a propósito: FREITAS DO AMARAL, Curso, vol. II, ob.cit., pág. 288 e segts e 592 e segts.; FAUSTO DE QUADROS, J. M. FERREIRA D'ALMEIDA e LUÍS S. FÁBRICA, Procedimento Administrativo, in Dicionário Jurídico da Administração Pública, vol. VI, Lisboa, 1994, págs 470 e segts (e, em particular, págs. 524-536); MÁRIO ESTEVES DE OLIVEIRA e RODRIGO ESTEVES DE OLIVEIRA, Concursos e outros Procedimentos de Adjudicação Administrativa – Das Fontes às Garantias, Coimbra, 1998, págs. 1 e segts.

Para um Conceito de Contrato Público   489

momento fundamental para a sua (e afinal da sua) existência, que é o momento da sua celebração, significativamente submetidos a um regime que é de direito público e apresentam a marca distintiva do interesse público que os acompanhará em toda a sua vigência[23].

Todavia, importa salientar que nem todos os *contratos sujeitos a procedimento adjudicatório* representam verdadeiros *contratos públicos*.

Neste sentido, será de ter presente que determinados contratos qualificáveis como *contratos privados* podem surgir submetidos a um tal procedimento. E isso pode ocorrer quando esse é um *procedimento* organizado pelo ordenamento segundo uma lógica de *direito privado* (*procedimento adjudicatório de direito privado*)[24]. E pode ocorrer ainda quando um particular desencadeia uma iniciativa de contratação anunciando que deseja submeter o procedimento de contratação a um determinado regime originariamente definido em normas de direito público e vinculando-se a escolher o co-contratante ou a negociar o contrato nesses termos, embora perspectivando fazê-lo estritamente de acordo com uma lógica jusprivatista[25].

Noutra ordem de considerações, cabe destacar que os *contratos públicos* podem não ser *contratos sujeitos a procedimento especial de contratação*. Determinados contratos podem ser qualificados como *contratos públicos* apesar de, no essencial, serem celebrados nos termos gerais em que qualquer *contrato privado* o pode ser. E tal pode verificar-se, por exemplo, quanto a *contratos* que sejam legalmente *excepcionados* da aplicação de qualquer norma (internacional, comunitária ou nacional) definidora de um regime de contratação exorbitante do direito comum. Esses contratos apesar de beneficiarem dessa excepção poderão e deverão continuar a ser qualificados como *contratos públicos*, particularmente se, para além de serem de interesse público, se apresentarem, quanto a outros momentos ou aspectos determinantes (v.g. quanto à sua execução, modificação ou extinção), como significativamente submetidos a um regime de direito público.

Em síntese: as duas figuras contratuais em referência não se confundem porque há *contratos privados* que podem ser celebrados mediante

---

[23] A circunstância de se sujeitarem a um procedimento de direito público e serem função do interesse público, acompanhará os contratos em todos os seus momentos ulteriores.

[24] Sobre procedimentos adjudicatórios do direito privado Vfr. MÁRIO ESTEVES DE OLIVEIRA e RODRIGO ESTEVES DE OLIVEIRA, Concursos, ob. cit., p. 7.

[25] Tais contratos não se convertem em *contratos públicos* precisamente porque o respectivo procedimento adjudicatório tem uma lógica jusprivatista, mantendo-se vinculado a interesses privados.

490   *Afonso D'Oliveira Martins*

procedimento adjudicatório e porque há *contratos públicos* que não têm de ser celebrados mediante um procedimento adjudicatório.

Isto não impede, no entanto, que se sublinhe que, frequentemente, os *contratos públicos* nos surjem submetidos a um *procedimento de contratação pública*, sujeito a um regime exorbitante do direito comum. Mas aí ainda estamos a defini-los em razão do regime a que se submetem.

7. Contratos públicos e contratos com dotação pública

Referindo-nos à figura dos *contratos com dotação pública*, cabe logo salientar que estes se *caracterizam por o seu cumprimento ou a sua execução implicar a utilização de meios públicos, seja na forma de realização, directa ou indirecta, de despesa pública, seja porque para tanto têm de ser disponibilizados ou afectados bens patrimoniais públicos, sujeitando--se aos regime jurídico-públicos correspondentes (de realização de despesas públicas*[26] *e de utilização, fruição ou disposição do património público)*. Confrontando a figura dos *contratos públicos* com a dos *contratos com dotação pública*, é possível concluir que entre elas intercede uma relação de especial proximidade. E esta especial proximidade resulta de, frequentemente – digamos mesmo, na grande maioria dos casos –, os *contratos públicos* se apresentarem como *contratos com dotação de meios públicos*[27]. É que, normalmente, os *contratos públicos* têm um carácter oneroso para a entidade que os adjudica ou implicam a utilização de dinheiros ou bens públicos como contrapartida da prestação a que se obriga o co-contratante. Mas, a proximidade ou a coincidência circunstancial das duas figuras não deve implicar confusão conceptual.

Neste último sentido, devemos ter presente, por um lado, que os *contratos públicos* por definição, não têm necessáriamente de envolver, directa ou indirectamente, imediata ou mediatamente, a utilização de meios (financeiros ou patrimonais) públicos. E, por outro lado, podemos admitir a existência de *contratos privados* que envolvem tais meios.

Na primeira situação cabe uma referência ao caso dos *contratos públicos* que, estando submetidos a um regime de direito público, nos

---

[26] Cfr. entre outros, o Decreto-Lei n.º 197/99, de 8 de Junho.

[27] A propósito, indo mais longe, defendendo que a presença do elemento financeiro público conduz à caracterização de uma actividade como administrativa Cfr. C. DEBBASCH, *Finances Publiques et Droit Admnistratif*, in Mélanges Offertes à Louis Trotabas, Paris, 1970, págs. 111 e segts.

Para um Conceito de Contrato Público   491

termos do que antes enunciámos, implicam que uma entidade pública atribua a uma outra entidade uma vantagem (v.g. um direito), sem que tal implique empobrecimento financeiro público ou disponibilização de bens patrimoniais públicos, obrigando-se o beneficiário da vantagem, a realizar a título de contraprestação, por sua conta ou sobre bens próprios, determinada actividade de acordo com as indicações ou especificações impostas pela entidade pública e em vista do interesse público que a esta incumbe realizar[28].

Na segunda situação referida, que respeita à possibilidade de existência de *contratos* que não são públicos mas envolvem meios (financeiros ou patrimoniais) públicos, enquadram-se os casos dos *contratos* celebrados entre entidades privadas mas em que uma delas irá fazer uso de um financiamento subvencional público de que fora beneficiária, quando tais contratos não surjam sujeitos a uma disciplina exorbitante do direito comum.

8. Contratos públicos e contratos sujeitos a controlo público ou à jurisdição administrativa

a) Finalmente, cabe fazer referência aos contratos que se submetem a um regime de *controlo público* e aos que se submetem a uma *jurisdição especial* – dos tribunais administrativos –, à qual incumbe a resolução dos litígios emergentes das respectivas relações contratuais.

Confrontando a figura dos *contratos sujeitos a controlo público* com a dos *contratos públicos* concluimos imediatamente pela sua inconfundibilidade.

Não se confundem, essas figuras porquanto o universo de situações de *controlo público* sobre contratos é, em toda a sua variedade de meios e de formas, muito vasto, abrangendo não só os *contratos públicos* mas também os *contratos privados da Administração* e – cada vez mais significativamente – *contratos privados* celebrados entre estes privados.

---

[28] Podem ser indicados a propósito casos como os de tantos *contratos de concessão*, dos *contratos urbanização* (artigo 55.° do Regime Jurídico da Urbanização e Edificação, aprovado pelo DL 555/99, de 16/12 e alterado, e republicado em anexo, pelo DL 177/2001, de 4/6) ou de outros *contratos administrativos de atribuição*. A propósito Cfr. J. M. SÉRVULO CORREIA, Legalidade e Autonomia, ob.cit., págs, 421 e segts.; FREITAS DO AMARAL, Curso II, ob.cit., pág. 558. Serão ainda de considerar a propósito as situações relativas a *contratos públicos gratuitos* (lucrativos ou de liberalidade).

492 *Afonso D'Oliveira Martins*

Neste sentido, apontarão logo considerações sobre o controlo exercido pelo Tribunal de Contas sobre a actividade contratual, sendo de salientar a sua competência para "fiscalizar previamente a legalidade e o cabimento orçamental de (...) contratos de qualquer natureza que sejam geradores de despesa ou representativos de quaisquer encargos e responsabilidades, directos ou indirectos", para pessoas colectivas públicas territoriais e institucionais[29]. E deverá também ter-se em atenção que a um fenómeno de *publicização do Direito Contratual privado* tem andado associado um fenómeno de desenvolvimento de formas de controlo público sobre contratos privados destinadas a assegurar a sua conformidade com determinados interesses públicos[30].

b) Por sua vez, confrontando a figura dos *contratos públicos* com a dos *contratos sujeitos à jurisdição administrativa*, teremos de admitir que essa figuras podem ou não coincidir consoante a opção que, em cada ordenamento e em cada momento, prevalecer na legislação sobre contencioso administrativo e, em particular, conforme se distribua o contencioso contratual pelas jurisdições administrativa e comum.

Para confirmarmos esta grande variabilidade conclusiva, basta atentar na realidade recente do nosso Direito do Contencioso Administrativo.

Antes da *Reforma do Contencioso Administrativo de 2002*, no âmbito da *jurisdição administrativa* cabia apenas a apreciação de questões relativas a *contratos administrativos*. Neste contexto, a figura dos *contratos públicos* não coincidia com a dos *contratos sujeitos à jurisdição administrativa*.

Mas, com a *Reforma do Contencioso Administrativo de 2002*, passou a caber na *jurisdição administrativa* a apreciação de questões relativas a

---

[29] Cfr. artigos 5.º, n.º 1, al. c), 46.º, 47.º e 114.º, n.º 4 da Lei n.º 98/97, de 26 de Agosto.

A propósito Cfr. nomeadamente: JOSÉ TAVARES, Tribunal de Contas. Do visto em especial, Coimbra, 1998; MÁRIO E RODRIGO ESTEVES DE OLIVEIRA, Concursos, ob.cit., págs. 591 e segts. Em termos mais gerais: A.L. DE SOUSA FRANCO, O Controlo da Administração Pública em Portugal, Lisboa, 1993; E. PAZ FERREIRA, El Tribunal de Cuentas Portugués: uma institución en transición, Documentación Administrativa, 2000, págs. 318 e segts.; CARLOS MORENO, O sistema nacional de controlo financeiro, Lisboa, 1997; ID., Finanças Públicas. Gestão e controlo dos dinheiros públicos, 2ª ed., Lisboa, 2000; ALFREDO JOSÉ DE SOUSA, O controlo externo das finanças públicas: O Tribunal de Contas, Lisboa, 1996.

[30] Neste sentido, a propósito de tal fenómeno, Cfr. E. PAZ FERREIRA, Da Dívida Pública, ob.cit., pág. 472.

Para um Conceito de Contrato Público 493

"contratos a respeito dos quais haja lei específica que os submeta, ou que admita que sejam submetidos, a um procedimento pré-contratual regulado por normas de direito público", bem como a "contratos especificamente a respeito dos quais existam normas de direito público que regulem aspectos do respectivo regime substantivo" ou a "contratos que as partes tenham expressamente submetido a um regime substantivo de direito público"[31]. Neste caso, podemos dizer que as duas figuras – a dos *contratos sujeitos à jurisdição administrativa* e a dos *contratos públicos* – passaram a coincidir, sendo de sublinhar que a nova legislação de contencioso administrativo, valorizou uma figura contratual que no essencial se revê no conceito de *contrato público* que nós defendemos[32]. E isto abre perspectivas a este conceito, obrigando os administrativistas a dedicar outra atenção à figura dos contratos públicos.

---

[31] Cfr. artigo 4.º, n.º 1, al. e) e f) do novo Estatuto dos Tribunais Administrativos e Fiscais, aprovado pela Lei n.º 13/2002, de 19 de Fevereiro.

[32] Sobre o conceito de contrato sujeito à jurisdição dos tribunais administrativos na nova legislação sobre contencioso administrativo Cfr. designadamente: FREITAS DO AMARAL e MÁRIO AROSO DE ALMEIDA, Grandes Linhas da Reforma do Contencioso Administrativo, Coimbra, págs. 35 e segts.; MÁRIO AROSO DE ALMEIDA, O Novo Regime do Processo nos Tribunais Administrativos, Coimbra, 2003, págs. 89 e segts.; MARIA JOÃO ESTORNINHO, A Reforma de 2002 e o âmbito da jurisdição administrativa, in Cadernos de Justiça Administrativa, n.º 35, 2002, págs. 5 e segts.

OS INSTITUTOS PÚBLICOS
E A DESCENTRALIZAÇÃO ADMINISTRATIVA

ANA FERNANDA NEVES*

SUMÁRIO: Introdução. 1. Os institutos públicos. 1.1. *Os institutos públicos no quadro da Administração Pública;* 1.2. *Razão de ser;* 1.3. *Categorização;* 1.4. *Personalização jurídica e autonomia;* 1.5. *Poder regulamentar;* 1.6. *Os poderes de tutela e superintendência;* 1.7. *A fiscalização e o controlo parlamentar da Administração instrumental;* 1.8. *O regime de pessoal.* 2. A descentralização e a desconcentração administrativas; 3. Os institutos públicos como expressão de descentralização funcional. Conclusões.

INTRODUÇÃO

Os institutos públicos vêm marcando nos recentes anos a actualidade jurídica, política e económica. Este protagonismo é justificado pelo crescimento constante, desde 1986[1], do seu número; pela pulverização da sua configuração orgânica e de regime jurídico[2]; pela sua presença em

---

* Assistente da Faculdade de Direito da Universidade de Lisboa.

[1] Cfr. a análise da evolução da criação e reestruturação dos institutos públicos em Portugal, in "O universo dos institutos públicos em Portugal", de ARTUR GALVÃO TELES, RUI PESSOA DE AMORIM TOMÉ e VITAL MOREIRA, com a colaboração de Teresa de Sousa, e "Os institutos públicos e a organização administrativa", de RODRIGO ESTEVES DE OLIVEIRA e VITAL MOREIRA, in Relatório e Proposta de Lei-Quadro sobre os Institutos Públicos, Grupo de Trabalho para os Institutos Públicos presidido pelo Prof. VITAL MOREIRA, Ministério da Reforma do Estado e da Administração Pública, Lisboa, Setembro, 2001, respectivamente, pp. 71 e 72 e p. 15.

[2] "Em poucas áreas da Administração se revela uma tal 'imaginação organizatória'", no dizer de VITAL MOREIRA ("Estrutura e organização dos institutos públicos", Relatório Final do Grupo de Trabalho sobre os Institutos Públicos, p. 4), registando o mesmo, na nota justificativa do Projecto de lei-quadro da sua autoria, a "falta de consis-

importantes sectores da actividade administrativa, como os da saúde, da educação, da protecção social, da cultura, do equipamento social e da economia[3]; por consumirem uma significativa parte dos recursos financeiros, humanos e materiais do Estado[4]; e pela instrumentalização negativa a que andam associados.

Justifica-se uma intervenção legislativa que defina o regime estruturante dos institutos públicos, de racionalização e de conformação jurídica do exercício de uma parcela importante do poder administrativo.

Com vista a concretizar anterior decisão legiferante, em 2000, um Grupo de Trabalho, presidido por VITAL MOREIRA, foi encarregue, pelo então Ministro da Reforma do Estado e da Administração Pública[5], de "proceder à análise da situação existente ... e apresentar propostas programáticas, organizativas e legislativas". Os estudos e projecto de uma lei-quadro foram apresentados em Fevereiro de 2001. Encontram-se reunidos no Relatório e Proposta de Lei-quadro sobre os Institutos Públicos, publicado pelo Ministério da Reforma do Estado e da Administração Pública, em Setembro de 2001. Elaborada com base no "Projecto de lei-quadro dos institutos públicos", o Governo apresentou uma proposta de lei à Assembleia da República, a qual veio a caducar com a sua demissão.

---

tência na adopção desta figura, dando lugar a soluções institucionais diferentes perante situações aparentemente idênticas, dependendo isso de factores em grande medida conjunturais e aleatórios" (cfr. Projecto de lei-quadro, p. 387).

[3] Dos 330 institutos públicos inventariados em 31 de Dezembro de 2000, 262 situam-se em 6 dos ministérios correspondentes às áreas mencionadas no texto, num universo de então 18 Departamentos ministeriais. Cfr. "O universo dos institutos públicos em Portugal", cit., e "Regime laboral e estatuto e remunerações do pessoal dirigente", de RUI PESSOA DE AMORIM, in Relatório final do Grupo de Trabalho sobre os institutos públicos, cit., respectivamente, pp. 65 a 69 e 115 e 116.

[4] A este propósito Santamaria Pastor refere que o "abuso de personificações instrumentais na esfera estatal conduziu a uma situação em que o peso económico dos organismos autónomos é, em alguns casos, muito superior ao do próprio ministério de que dependem; ou em que as principais funções públicas não são exercidas pelos serviços centralizados destes mas por organismos autónomos" – Fundamentos de Derecho Administrativo I, 1991, p. 1191.

Um significativo peso dos institutos públicos no âmbito dos respectivos ministérios foi verificado pelo referido Grupo de Trabalho, entre nós, no Ministério da Cultura, no Ministério do Equipamento social, no Ministério da Ciência e da Tecnologia e no Ministério do Trabalho – cfr. "Regime laboral e estatuto e remunerações do pessoal dirigente", cit., pp. 116 e 185.

[5] Cfr. Despacho n.º 15 324/2000, de 11 de Julho, publicado no DR., II Série, n.º 172, de 27 do mesmo mês, pp. 12451 e 12452.

Os Institutos Públicos e a Descentralização Administrativa

A introdução de uma matriz única de regime jurídico, de uma "regulação geral e homogénea"[6] – que ponha termo à proliferação desorganizada de institutos públicos em Portugal e a figurinos de regime jurídico "à la carte" e, por outro lado, joeire os estão inventariados à luz dos requisitos justificativos da sua existência[7] – está sujeita e no futuro continuará sujeita a "tensões disfuncionais", entre as quais, uma "irreprimível tendência para lhe escapar", numa «sobrevivência» à lei de enquadramento[8].

A discussão e a emanação de um diploma disciplinador não abrangerá todas as pessoas colectivas públicas de substracto institucional. Excluídas estão as entidades públicas empresariais singularizadas num regime jurídico próprio[9]. Para certos institutos públicos – a saber, as universidades e escolas de ensino superior politécnico, os estabelecimentos de solidariedade e segurança social, os estabelecimentos do Serviço Nacional de Saúde, as regiões de turismo, o Banco de Portugal e os fundos

---

[6] MARTÍN GODINO REYES, El Contrato de Trabajo en la Administración Publica, 1996, p. 37.

[7] Cfr. artigo 8.º do Projecto de lei-quadro, in Relatório cit., p. 403, e artigo 7.º do decreto-lei autorizado que acompanhou a Proposta de Lei n.º 97/VIII apresentada pelo XIV Governo Constitucional.

[8] Entre as "tensões disfuncionais" que sobrevieram à Ley de Entidades Estatales Autónomas, de 26 de Dezembro de 1958, SANTAMARIA PASTOR destaca a "irreprimible tendencia al escapismo" – Fundamentos de Derecho Administrativo I, 1991, p. 1191.

Espera-se que daqui a uns anos não se tenha de responder, como MARTÍN GODINHO REYES, à pergunta sobre quais foram os resultados dos actuais intentos racionalizadores que "na verdade, pouco" foi feito – El Contrato de Trabajo en la Administración Publica, cit., pp. 38 e 40.

O sucesso da lei-quadro passa também por outras reformas no seu "meio envolvente", como a da "organização da Administração directa do Estado (organização ministerial e serviços integrados), do regime financeiro" – cfr. VITAL MOREIRA na nota justificativa que introduz o Projecto que elaborou, in Relatório cit., pp. 394 e 395.

[9] O qual consta do Decreto-Lei n.º 558/99, de 17 de Dezembro.

"Na verdade, no conceito que se foi desenvolvendo a noção de instituto público já deixou de abarcar as entidades empresariais públicas, mesmo se estas têm indubitavelmente uma natureza institucional (o seu substracto é um fundo público), e não uma natureza societária, como sucede com as sociedades de capitais públicos" – cfr. "Os institutos públicos e a organização administrativa", de Rodrigo Esteves de Oliveira e VITAL MOREIRA, Relatório final cit., pp. 47 e 48, o artigo 2.º, n.º 2, do Projecto de lei--quadro, e a respectiva anotação, pp. 396 e 397, assim como o artigo 2.º, n.º 3, do Projecto de decreto-lei autorizado, que acompanhou a Proposta de Lei referida no texto.

que funcionam junto dele[10] – admite-se a adopção de um regime especial, com fundamento e "na estrita medida necessária à sua especificidade"[11].

A abrangência da lei-quadro, dada por uma definição includente de instituto público, a previsão de limites à sua criação e persistência, com a obrigatoriedade de reavaliação cíclica confirmatória[12], serviriam à garantia da eficácia da conformação legal, a impedir futuras auto-exclusões da matriz de criação e de regime e à fossilização das respectivas estruturas quando avaliadas ineficazes[13].

Os institutos públicos são pessoas colectivas públicas, criadas para assegurar atribuições específicas do Estado ou de outra pessoa colectiva pública, perfilando-se como sujeitos de direito público dotados de autonomia administrativa e financeira, com o encargo de assegurar tais atribuições.

A descentralização administrativa postula a pluralidade de pessoas colectivas públicas e a repartição das tarefas administrativas pelos correspondentes distintos centros de poder (a entidade pública maior Estado e as entidades públicas infra-estaduais) e esta a autonomia necessária a satisfazê-las.

Estes três elementos sendo necessários, não são, em geral, tidos por suficientes para "mettre en échec la centralisation"[14]. O paradigma da

---

[10] O que abrange ainda um número significativo de institutos, se considerarmos o número dos estabelecimentos públicos que foram inventariados. Cfr. Relatório cit., pp. 66 a 69, 127 e segs., 317 e segs. e 339 e segs.

[11] Ao elenco do Projecto de lei-quadro acrescentou a Proposta de lei o Instituto Nacional de Estatística, os estabelecimentos das artes do espectáculo e as instituições públicas de investigação científica e desenvolvimento tecnológico. Com base na previsão dos diplomas que definam o regime de cada tipo é possível a criação em concreto dos institutos por ele abrangidos por simples decreto do Governo (cfr. artigo 47.º do Projecto de decreto-lei autorizado e artigos 49.º e 7.º, n.º 2, do Projecto de lei-quadro, in Relatório citado, pp. 440 a 442 e 402).

[12] Cfr. artigos 2.º, 8.º, 13.º, 52.º e ponto 4.2.1. da nota introdutória ao Projecto de lei-quadro, Relatório cit., pp. 396 e 397, 403 e 404, 408, 444 e 445 e pp. 391 e 392, respectivamente.

[13] A irracionalidade da criação, do imobilismo e eternização dos institutos públicos é registada, já em 1971, num relatório do Conselho de Estado francês, de que nos dá conta Etienne Fatôme, "A propos de l'établissement public culturel la création de nouvelles catégories", in Actualité Juridique de Droit Administratif, Número Spéciel, 2000, p. 157.

Sobre a referência a um movimento, localizado em Itália, França e Grã-Bretanha, de redução e racionalização do regime jurídico dos institutos públicos, que remonta aos anos 70, ver também Vital Moreira, Administração Autónoma e Associações Públicas, Coimbra, 1997, cit., p. 39, nota 21.

[14] Jean Rivero e Jean Waline, Droit Administratif, 14 édition, 1992, p. 269.

descentralização administrativa é figurado pela Administração autónoma (territorial e, menos consensualmente, associativa ou corporativa). Para saber se os institutos públicos partilham do *quid* descentralizador ou como se situam nos sistemas de organização administrativa, importa escalpelizar, primeiro, o seu conteúdo definitório. Pertinente é, assim, o acerto do conceito e dos traços essenciais do seu regime jurídico, o que inclui contextualizá-los na Administração Pública, conhecer os espaços da sua autonomia, as suas relações intersubjectivas e termos de responsabilidade pelas tarefas cuja realização lhes é entregue.

Apontados, ora como uma manifestação de descentralização, ainda que funcional ou técnica, ora como uma manifestação de desconcentração, mas personalizada, os institutos públicos surgem numa encruzilhada entre a descentralização e desconcentração administrativas, colocando, no fundo, a questão dos limites da função administrativa do Estado. Eis o que importa, num segundo momento, indagar.

1. Os institutos públicos

1.1. *Os institutos públicos no quadro da Administração Pública*

Como escreveu o Ministro e Secretário de Estado dos Negócios da Justiça, José Xavier Mouzinho da Silveira, no relatório que introduz os conhecidos Decretos n.ºs 22, 23 e 24, emanados em 16 de Maio de 1832, a "necessidade da administração nasce das relações[,] e das necessidades sociais"[15]. Trata-se de organizar as relações sociais, mantendo-as ou propiciando-as num elo e de prover às respectivas necessidades, resultantes dessa organização e da própria dinâmica social[16]. Se os sujeitos privados espontaneamente o fazem ou sempre o fizeram, com intuitos lucrativos ou outros, tal realização pela colectividade, através de entidades públicas, foi também uma constante histórica, ainda que, em muitos períodos, de forma esparsa, tímida ou deficitária.

À Administração que é pública prende-a o fio da "execução directa da vontade política, e por isso activa", sendo "o bem comum ... o seu objecto, e o fim dos seus cuidados (...). Os princípios directores da administração

---

[15] In Collecção de Decretos e Regulamentos, Série II, 1.º Semestre, p. 59.

[16] Ver Marcello Caetano, Manual de Direito Administrativo, Vol. I, Coimbra, 1982, pp. 2 a 5, e Fesas Vital, A situação dos funcionários. Sua natureza jurídica, in Estudos de Direito Público, II, Coimbra, Imprensa da Universidade, pp. 61 a 63.

têm na Lei o seu motor; têm além disso por motor moral as necessidades comuns, a equidade [;] e o interesse público da Sociedade"[17].

No século XIX, em Portugal, o predomínio cabe ainda à administração pública local, sob a vigilância da «Administração geral», erigida em torno do soberano[18]. No século XX, é a Administração pública estadual a protagonista[19].

Foi com o Estado que assumiu relevância a intervenção pública na satisfação das necessidades colectivas. Cresceu, progressivamente, segundo as suas modelações e concepções da Administração Pública, em extensão e intensidade: alargaram-se os seus fins e as suas atribuições; primeiro regulador garantísta, depois social prestativo e, numa terceira fase, regulador social, promotor, infra-estrutural. No compasso, foram os indivíduos ganhando novas e associadas categoria de direitos, liberdades individuais

---

[17] MOUZINHO DA SILVEIRA, Relatório introdutório citado, pp. 62 e 63.

[18] "No século XIX ainda a administração do Estado liberal se restringia a um âmbito bastante limitado e a actividade administrativa era considerada em princípio integrada na esfera própria dos poderes locais, sobretudo do município" (MARCELLO CAETANO, Manual de Direito Administrativo, cit., pp. 6 e 187); o "posicionamento teórico e prático no contexto da sociedade politicamente organizada" das autarquias locais diferenciava-se do "detido pela Administração Pública *stricto sensu* ou Poder Executivo, porquanto a sua acção se não limitava à reposição da paz e da ordem, antes se ampliava a uma intervenção social diversificada, desde logo à construção de vias de comunicação e outras infra--estruturas comunitárias" (MARIA DA GLÓRIA FERREIRA PINTO DIAS GARCIA, "Organização Administrativa", DJAP, Vol. VI, p. 240).

O "poder real estava presente na administração municipal, ao menos nos concelhos mais importantes, mediante os corregedores, os juizes de fora, além de outros magistrados especiais" (JOSÉ FERNANDO NUNES BARATA, "Organização Administrativa", in Polis, Enciclopédia Verbo da Sociedade e do Estado, n.º 4, pp. 850 e 851). O prefeito é pensado como o "delegado da autoridade do Rei" nas Províncias (Collecção de Regulamentos e Decretos, 16 de Maio de 1832, pp. 92 a 100, *maxime*, p. 92).

Ver ainda, sobre o assunto, OLIVEIRA LÍRIO, "Administração Local", in Dicionário Jurídico da Administração Pública, Vol. I, 1990, pp. 207 a 228; VITAL MOREIRA, Administração Autónoma, cit., pp. 29 e 30, 48, 49 e 52; José Fernando Nunes Barata, "Administração Central", igualmente in DJAP, Vol. I, pp. 190 a 192; AIRES DE JESUS FERREIRA PINTO, "Município", DJAP, Vol. VI, Lisboa, 1994, pp. 71 a 88; e Paulo Otero, "A Administração Local nas Cortes Constituintes de 1821-1822", in Revista de Direito e de Estudos Sociais, Abril-Junho, 1988, Ano XXX (III da 2.º Série), n.º 2, pp. 237 a 248.

[19] Já em 1915, FESAS VITAL (A situação dos funcionários. Sua natureza jurídica, Estudos de Direito Público, II, cit., pp. 9 e 10) se referia ao intervencionismo estatal no domínio económico-social, como fenómeno "geral e universal" que se verificava, em maior ou menor escala, em todos os países, "ainda nos que – comentava –, como a Inglaterra, mais confiam no esforço individual".

e direitos civis e políticos, direitos económicos, sociais e culturais e direitos promocionais e garantísticos, ditos de "terceira geração», como os direitos fundamentais ao ambiente, à qualidade de vida, de participação e diálogo com a Administração, de preservação do património genético[20].

Apesar do crescimento da Administração directa estadual, isto é, dos serviços e organismos integrados na pessoa colectiva Estado, sob a direcção hierárquica do Governo, a máquina administrativa não se revelou nem revela capaz de assumir sozinha ou assumir sozinha capazmente todas as múltiplas tarefas de que se vê incumbida, ademais atendendo à sua heterogeneidade e à complexidade e tecnicidade de muitas delas[21].

Com tanto que lhe é pedido, o Estado extravasa-se a si próprio[22] ou a sua manifestação directa e cria outras entidades públicas de substracto institucional, a quem pede que realizem melhor determinadas tarefas administrativas (a gestão de um serviço, de um estabelecimento ou de um património) e a quem atribui os poderes públicos necessários a realizá-las.

Desta feita, desenha-se uma Administração instrumental e especiali-

---

[20] "Em geral, o aumento do poder estadual de intervir, controlar e actuar no sentido da protecção do meio ambiente tem levado a um constante acréscimo do Estado. Uma vez que a terminologia ambiental é necessariamente flexível e abrangente (p. ex. 'prevenção de influências ambientais nocivas), este acréscimo do poder do Estado só muito imperfeitamente pode ser juridicamente limitado. Os novos poderes ou os cada vez mais fortes poderes de intervenção político-ambiental do Estado tendem, no seu todo, a pôr em perigo o equilíbrio entre a soberania estadual e a liberdade cívica" – Koepfler *apud* Ingo Von Münch, "A protecção do meio ambiente na Constituição", Revista Jurídica do Urbanismo e do Ambiente, n.º 1, Junho, 1994, pp. 44 e 45.

Ver também Vasco Pereira da Silva, Verde Cor de Direito, Lições de Direito do Ambiente, Lisboa, 2002, pp. 22 e 23.

[21] "Os institutos públicos e a organização administrativa", de Rodrigo Esteves de Oliveira e Vital Moreira, in Relatório final sobre os institutos públicos, cit., pp. 15 a 17; Vital Moreira, Administração Autónoma e Associações Públicas, Coimbra, 1997, p. 329; e João Baptista Machado, "Lições de introdução ao Direito Público", Obra Dispersa, Vol. II, Scientia Ivridica, Braga, 1993, pp. 206 e 207.

[22] "As pessoas colectivas de direito público são numerosas e as necessidades do Estado moderno têm levado à extensão dessa qualidade a uma grande variedade de substractos", numa espécie de "desdobramento da sua própria personalidade" (Marcello Caetano, Manual de Direito Administrativo, cit., respectivamente, pp. 185 e 252) ou de "desmembramentos, destacamentos ou prolongamentos da entidade matriz, a que permanecem agregados e de que são uma espécie de satélites" (cfr. Vital Moreira, Administração Autónoma e Associações Públicas, pp. 323 e 324, e Almeno de Sá, Administração do Estado, Administração Local e princípio da igualdade no âmbito do estatuto de funcionário, Separata do número especial do Boletim da Faculdade de Direito de Coimbra, Estudos em Homenagem ao Prof. Doutor António de Arruda Ferrer-Correia, 1985, p. 9).

502 Ana Fernanda Neves

zada, corporizada por pessoas colectivas públicas institucionais que prosseguem fins específicos que lhe são cometidos por outras pessoas colectivas públicas, a que devem a sua criação (em Portugal, pelo Estado, pelas Regiões Autónomas e mesmo por outro instituto público[23])[24] e às quais permanecem filiadas ou adstritas por relações de dependência orgânica e funcional[25].

Surgem assim centros de poder administrativo, "de promoção de interesses públicos" determinados[26], sujeitos de direito nascidos a partir de outros, em torno dos quais ficam a voltejar, como sua expressão indirecta e instrumental, e por ajuizamento dos quais sofrem modificações ou se extinguem.

A pluralidade de sujeitos assim nascidos junta-se à pluralidade dos sujeitos que correspondem ao reconhecimento pelo ordenamento jurídico de "entes exponenciais de comunidades territoriais" ou da organização de comunidades categoriais, portadores de interesses próprios públicos ou publicizados[27], que prosseguem seguindo as orientações e os objectivos que definem e por meio dos representantes que escolhem.

São, pois, várias as Administrações públicas ou várias as formas organizatórias da Administração Pública[28]. A par da Administração directa

---

[23] Há, pois, "institutos públicos fora do âmbito estadual" – DIOGO FREITAS DO AMARAL, Curso de Direito Administrativo, Vol. I, 1999, 2.ª edição, pp. 344 e 345; Paulo Otero, "Institutos públicos", cit., pp. 253 e 254; BAPTISTA MACHADO, Administração, Estado e Sociedade – Exercícios de Reflexão, Caderno II, UCP, Porto, 1980, p. 193; JOÃO CAUPERS, A Administração Periférica do Estado. Estudo de Ciência da Administração, 1994, p. 210, e artigo 50.° do Projecto de lei-quadro (Relatório cit., p. 442) e artigo 47.° da Proposta de Lei de enquadramento dos institutos públicos.

Resulta da Lei n.° 169/99, de 18.09, que as autarquias locais não têm, em Portugal, competência para criar institutos públicos, mas apenas empresas públicas municipais.

[24] Ao lado das pessoas colectivas de tipo institucional, temos as pessoas colectivas de população e território e as pessoas colectivas de tipo associativo. As primeiras e as terceiras são criadas para fins especiais, as segundas prosseguem, em regra, fins múltiplos – cfr. FREITAS DO AMARAL, Curso de Direito Administrativo, cit., p. 346, PAULO OTERO, "Institutos públicos", cit., p. 253, e JOSÉ FERNANDO NUNES BARATA, "Organização Administrativa", in Polis, Enciclopédia Verbo da Sociedade e do Estado, n.° 4, p. 847.

[25] Ver infra, ponto 1.6.

[26] JOÃO CAUPERS, A Administração Periférica do Estado, cit., p. 231.

[27] De facto, "o Estado não é o único titular de interesses públicos" – JOÃO CAUPERS, A Administração Periférica do Estado, cit., pp. 209, 210, 213 a 215, 231, maxime, p. 214.

[28] Como diz ALDO M. SANDULLI "non può parlasi più di una pubblica Amministrazione (...), bensì di una pluralità di pubbliche Amministrazioni" – Manuale di Diritto Amministrativo, XV edizione, 1989, p. 188.

estadual, da Administração autónoma territorial e da Administração autónoma associativa, os institutos públicos são uma dessas formas, correspondendo, no nosso ordenamento jurídico, em regra, à Administração indirecta (artigo 199.°, al. d), da CRP)[29].

As universidades e as escolas de ensino politécnico são institutos públicos cuja acomodação no seio da Administração indirecta não é líquida. VITAL MOREIRA refere que "terão deixado de ser instrumento de administração indirecta para passar a ser instrumento de administração autónoma", por força da situação de "autogoverno integral"[30].

De todo o modo, parece que a inserção das universidades na administração autónoma ainda não é plena ou é ainda frágil, sob o efeito de uma tradição que as apresenta como serviços da administração indirecta e porque realizam uma tarefa que é hoje uma tarefa do Estado, a do ensino superior, por cujo Orçamento são fundamentalmente financiadas[31].

Quanto às "entidades públicas independentes", tratam-se de institutos públicos não instrumentais, expressamente reconhecidos pela Constituição

---

[29] Cronologicamente, os institutos da Administração indirecta são de afirmação posterior às demais formas organizatórias.

Ver MARTÍN GODINO REYES, El contrato de trabajo en la Administración Publica, cit., pp. 34 e 35; ROGÉRIO EHARDAHT SOARES, "Administração Pública, Direito Administrativo e sujeito privado", in BFDUC, Vol. XXXVII, 1961, p. 129; e VITAL MOREIRA, Administração Autónoma e Associações Públicas, cit., pp. 30, 33, 317 e segs., *maxime*, p. 318 e p. 258: "Os primeiros entes públicos não territoriais correspondiam a substractos sociológicos, incluindo as ordens profissionais, as câmaras de comércio, as universidades, as caixas de previdência. Só mais tarde vieram fazer o seu aparecimento os entes públicos resultantes de simples desagregação e personalização de serviços e estabelecimentos públicos (explorações comerciais e industriais, escolas, hospitais, etc.)."

A figura dos institutos públicos não é nova, mas não tem em geral a idade de um século. Em Portugal, estas pessoas colectivas públicas datam dos anos 30 e conhecem a afirmação nos anos 60 e 70, para se reproduzirem nos anos 80 e 90.

[30] Cfr. "Estrutura e organização dos institutos públicos", de VITAL MOREIRA, Relatório cit., p. 6, e do mesmo autor, a anotação ao Projecto de lei-quadro, pp. 13 e 14; PAULO OTERO, "Institutos públicos", DJAP, Vol. V, Lisboa, 1993, pp. 267 e segs. e 257 e 258; MARCELO REBELO DE SOUSA, Lições de Direito Administrativo, Lisboa, 1994/95, pp. 373 a 375, e J. CASALTA NABAIS, "Considerações sobre a autonomia financeira das universidades portuguesas", in Estudos em Homenagem ao Prof. Doutor FERRER-CORREIA, III, Coimbra, 1991, pp. 359 e 360.

[31] Cfr. igualmente artigo 74.°, n.° 2, alínea d), artigo 75.° e artigo 76.° da Constituição e J. CASALTA NABAIS, Considerações sobre a autonomia financeira das universidades portuguesas", cit., pp. 353 e 354, com destaque para a nota 40, 360 e 366 e segs.; VITAL MOREIRA, Administração Autónoma e Associações Públicas, cit., p. 46; e ALFREDO MENDES DE ALMEIDA FERRÃO, Serviços Públicos no Direito Português, 1963, pp. 220 a 255.

504   *Ana Fernanda Neves*

(artigo 267.º, n.º 3), os quais, uma vez criados, têm uma existência orgânica e funcionalmente independente, o que se traduz, entre outros aspectos, no facto de não serem objecto de superintendência e tutela, na maior duração dos mandatos dos titulares dos órgãos directivos e em reforçada inamobilidade dos cargos. Integram a chamada Administração Independente[32].

1.2. *Razão de ser*

No início, a personalização jurídica (e a consequente autonomia) de serviços públicos estaduais foi advogada como uma alternativa à descentralização territorial, de cariz político: em 1895, MAURICE HAURIOU falou, pela primeira vez, em "descentralização por estabelecimentos públicos", defendendo-a em reacção à sua municipalização (dos serviços), mais à mercê do jogo político e, principalmente para Hauriou, das ideias socialistas[33]; ROYO VILLANOVA tece-a, igualmente, em 1915, como contraponto ao regionalismo político[34].

Em segundo lugar, constituiu uma forma de captar as liberalidades dos particulares, pela garantia da sua afectação a certos fins públicos, aqueles que fossem mais ao seu gosto, principalmente assistenciais e culturais[35].

Os institutos públicos surgem ainda como instrumentos de participação dos grupos de interesses, de cariz social ou institucional, com ligação às respectivas funções ou área de actividade[36].

---

[32] Cfr. Projecto de lei-quadro, cit., pp. 399 e 439 e 440, Administração Autónoma e Associações Públicas, cit., pp. 126 a 137, 346 a 348, e o artigo 45.º do Projecto de decreto-lei autorizado.

[33] Cfr. VITAL MOREIRA, Administração Autónoma e Associações Públicas, cit., pp. 148, 149 e 330, nota 123, SANTAMARIA PASTOR, Fundamentos de Derecho Administrativo, Vol., I, p. 1189, MAURICE HAURIOU, Teoria dell'istituzione e della fondazione, tradução italiana de vários textos, Milano, 1967, p. 135 ("La direttiva laicista é, d'altronde, palese in un gran numero di decisioni amministrative,... e direttive socialistiche si notano anche nelle deliberazioni di taluni consegli municipali") e JOÃO CAUPERS, A Administração Periférica do Estado, cit., pp. 234 e 235.

[34] Cfr. SANTAMARIA PASTOR, Fundamentos de Derecho Administrativo, cit., p. 1189, e VITAL MOREIRA, Administração Autónoma e Associações Públicas, cit., p. 330.

[35] AFONSO QUEIRÓ, "Descentralização", DJAP, Vol. III, 1990, p. 573; SANTAMARIA PASTOR, Fundamentos de Derecho Administrativo, cit., 191, p. 1188; JEAN RIVERO, Direito Administrativo, tradução de ROGÉRIO EHRARDT SOARES, Coimbra, 1981, pp. 529 e 538; e VITAL MOREIRA, Administração Autónoma e Associações Públicas, cit., p. 36.

[36] Tal tem expressão significativa em institutos que integram o Ministério do Trabalho e da Solidariedade, o Ministério da cultura e o Ministério do Ambiente e do Orde-

Os Institutos Públicos e a Descentralização Administrativa   505

São também criados como forma de organizar a satisfação, pelo poder público, das heterogéneas, aumentadas e novas ou «jovens» necessidades colectivas[37], acondicionando a publicização de domínios de actuação privada[38] e as tarefas do Estado social.

Se com o curso histórico, as três justificações últimas enunciadas não se perderam, as boas razões para a criação e existência de institutos públicos são a sua idoneidade como instrumento de uma melhor e mais actualizada realização de determinadas tarefas e finalidades públicas, por via da especialização e de intervenções desejadas ágeis propiciadas por uma alargada capacidade jurídica de acção[39].

Trata-se de repartir tarefas para racionalizar e de satisfazer o imperativo constitucional de composição equilibrada entre a eficiência e eficácia da acção administrativa (artigo 267.º, n.º 2, da CRP) e a subsidariedade (artigo 6.º, n.º 1, da CRP) da Administração indirecta do Estado[40], bem

---

namento do Território (agora das Cidades, Ordenamento do Território e Ambiente – cfr. "Os institutos públicos no Ministério do Trabalho e da Solidariedade", "Os institutos públicos do Ministério da Cultura", "Estrutura e organização dos institutos públicos" e "Regime laboral e estatuto e remunerações do pessoal dirigente dos institutos públicos", in Relatório final cit., respectivamente, pp. 1 a 26, pp. 1 a 15, pp. 4 a 6 e pp. 127 e segs.

Ver SANTAMARIA PASTOR, Fundamentos de Derecho Administrativo, cit., p. 1188, e VITAL MOREIRA, Administração Autónoma e Associações Públicas, cit., pp. 34 e 35.

[37] Veja-se o caso de Institutos como o Instituto do Ambiente (Resolução do Conselho de Ministros n.º 101/2001, de 10 de Agosto, que resultou da fusão da Direcção-Geral do Ambiente e do Instituto de Promoção Ambiental), o Instituto dos Resíduos (Decreto-Lei n.º 236/97, de 3 de Setembro) e o Instituto Português das Artes do Espectáculo (Decreto-Lei n.º 149/98, de 25 de Maio, alterado pelo Decreto-Lei n.º 402/98, de 17 de Dezembro e Decreto-Lei n.º 109/99, de 31 de Março).

[38] VITAL MOREIRA, Administração Autónoma e Associações Públicas, cit., pp. 30, 31, 38, 329, 330 e 336; e MARIA DA GLÓRIA FERREIRA PINTO DIAS GARCIA, in "Organização Administrativa", cit., p. 241.

[39] JOSÉ A. SILVA PENEDA destaca, inter alia, as ideias de diversificação dos "sistemas de administração" e inerente especialização ao serviço da eficiência e da necessidade de alargamento dos "canais de comunicação" entre a Administração e os particulares e dos núcleos e capacidade decisores – "Descentralização", in Polis, Enciclopédia Verbo da Sociedade e do Estado pp. 133 e 134.

Ver também AFONSO QUEIRÓ, "Descentralização", DJAP, Vol. III, cit. p. 573, ANSELMO DE SÁ, Administração do Estado, Administração Local e princípio da igualdade no âmbito do estatuto de funcionário, cit., pp. 17 e 20, e JOÃO BAPTISTA MACHADO, "Lições de introdução ao Direito Público", cit., p. 211.

[40] VITAL MOREIRA, Projecto de lei-quadro, anotação ao artigo 8.º, Relatório citado, pp. 403 e 404.

A Lei 31/1991, que aprovou o orçamento do Estado espanhol para 1992, no seu

506 Ana Fernanda Neves

como a exigência de proporcionalidade entre as vantagens que assegure efectivamente e os "recursos institucionais e financeiros envolvidos"[41].

Não deve criar-se um instituto público sem estar justificada a sua necessidade face a outras soluções organizativas, sem estar demonstrado que os objectivos pretendidos podem ser realizados com vantagem no contrabalanço dos recursos que reclama e sem terem sido elaborados "indicadores de rendimento a utilizar para medir o cumprimento daqueles objectivos e as obrigações dos respectivos dirigentes"[42]. E, da mesma maneira, devem ser reformulados ou extintos quando à luz exposta, tenham perdido justificação.

Os institutos públicos podem servir, ainda, o "estabelecimento de um sistema de direito administrativo que perfile de forma mais nítida os limites de responsabilidade do pessoal dirigente ou altos funcionários administrativos e a dos ministros" da tutela e consequentemente a efectiva responsabilização dos primeiros, não só quanto à legalidade da sua actuação, mas também quanto à gestão dos custos e pelos resultados dos serviços que dirigem[43].

---

artigo 103.º previu precisamente a supressão de entes institucionais "quando os seus fins possam ser assumidos pela Administração Central", anunciando o refluxo na criação de tais entes – Martín Godino Reyes, El contrato de trabajo en la Administración Publica, cit., p. 37, nota 57.

Podemos dizer que a acção administrativa é pautada, entre outros, por três princípios argumentativos: princípio da Administração directa do Estado, a preferência pela Administração local de base e a subsidariedade dos entes públicos instrumentais.

[41] VITAL MOREIRA, Projecto de lei-quadro, nota justificativa, em especial, no que respeita às "limitações à criação de institutos" e a anotação ao artigo 8.º do Projecto de lei-quadro, Relatório cit., pp. 391, 392, 403 e 404. Ver também o artigo 7.º do projecto do Decreto-Lei autorizado junto à Proposta de lei n.º 97/VIII de enquadramento dos institutos públicos.

Na Grã-Bretanha, a transformação de cada serviço em Agência pressupõe o equacionamento da sua necessidade e, portanto, a prévia exclusão da possibilidade da extinção do serviço (que se equaciona transformar), da hipótese da sua privatização ou da contratação a uma empresa privada das tarefas que assegura ("contracting out") – cfr. "La reforma de la Administración Central en Gran Bretaña: el programa Next Steps y la doctrina de la responsabilidad ministerial", de Laura Román Masedo, in Revista de Estudios Políticos, n.º 110, Octubre/Diciembre, 2000, p. 86.

[42] LAURA ROMÁN MASEDO, "La reforma de la Administración Central en Gran Bretaña: el programa Next Steps y la doctrina de la responsabilidad ministerial", cit., p. 86.

[43] A criação de «Agências» na Grã-Bretanha, a partir de 1988, na sequência do Relatório «Next Steps: Improving Management in Government» teve por principal objectivo a promoção de uma gestão eficiente e responsável dos dirigentes na Administração

1.3. *Categorização dos institutos públicos*

Com frequência se impõe o acerto da natureza de certo ente público na estrutura geral da Administração Pública e o da qualificação de determinado instituto entre os tipos e categorias que se distinguem, para além e independentemente da sua designação concreta.

O recorte da noção de instituto público e o consequente recorte qualificativo das suas espécies[44] oscila, primeiramente, entre a inclusão e a exclusão das empresas públicas[45].

Sem prejuízo da opção, a dualidade entre "institutos públicos administrativos" e "institutos públicos empresariais" acaba sempre por se fazer presente. Por um lado, porque as "empresas públicas não societárias não deixam de ter natureza institucional"[46], de ser pessoas colectivas públicas de substracto institucional. Por outro lado, porque o regime jurídico privatístico, pelo qual fundamentalmente se pautam, exerce uma força atractiva sobre os institutos públicos de carácter não empresarial, sendo criados ou admitidos institutos que, apesar de não o serem, são ditos de tipo empresarial ou institutos públicos administrativos equiparados a «entidades públicas empresariais». O Projecto de lei-quadro, de VITAL MOREIRA[47], afasta, num primeiro momento, do seu âmbito de aplicação as entidades públicas

---

– cfr. "La reforma de la Administración Central en Gran Bretaña: el programa *Next Steps* y la doctrina de la responsabilidad ministerial", cit., pp. 79 a 87.

Ver, igualmente, BAPTISTA MACHADO, Administração, Estado e Sociedade – Exercícios de Reflexão, cit., p. 36.

[44] Cfr. a definição de instituto público no artigo 2.º, n.º 1, do Projecto de lei--quadro, Relatório citado, pp. 396 e 397, e no artigo 2.º, n.º 1, do Projecto de decreto-lei autorizado junto à Proposta de Lei n.º 97/VIII referida e bem assim a caracterização das suas espécies ou tipologia em Freitas do Amaral, Curso de Direito Administrativo, cit., pp. 347 a 353 e 355, Paulo Otero, "Institutos públicos", cit., pp. 255 a 258; e Vital Moreira, Administração Autónoma e Associações Públicas, cit., pp. 340 e segs.

[45] VITAL MOREIRA, Administração Autónoma e Associações Públicas, cit., pp. 343 a 346 e anotação ao artigo 2.º e ao artigo 46.º do Projecto de lei-quadro, pp. 396 e 397 e 436 a 438; PAULO OTERO, "Institutos públicos", cit., p. 255; FREITAS DO AMARAL, Curso de Direito Administrativo, cit., p. 346, e "A função presidencial nas Pessoas Colectivas de Direito Público", in Estudos de Direito Público em Honra do Professor MARCELLO CAETANO, 1973, p. 21, Marcelo Rebelo de Sousa, Lições de Direito Administrativo, cit., pp. 355, 356, 358 a 360, JOÃO CAUPERS, Direito Administrativo. Guia de Estudo, 4.ª edição, 1999, pp. 293 a 295, e CARLOS ALBERTO FERNANDES CADILHA, "Organização Administrativa", in Contencioso Administrativo, 1989, pp. 23 a 25.

[46] VITAL MOREIRA, Administração Autónoma e Associações Públicas, cit., p. 346.

[47] Cfr. artigo 2.º, n.º 2, do Projecto de lei-quadro, pp. 396 e 397, e artigo 2.º, n.º 3, do Projecto de decreto-lei autorizado junto à Proposta de Lei n.º 97/VIII.

508 Ana Fernanda Neves

empresariais, por estarem sob a alçada de um regime próprio, vertido no diploma que define o regime das empresas públicas, numa arrumação afeiçoada à actividade que desenvolvem e ao seu posicionamento no comércio jurídico. No entanto, num segundo momento, prevê que alguns dos institutos públicos de natureza administrativa que disciplina fiquem sujeitos "a um regime jurídico equiparado ao das entidades públicas empresariais"[48], "quando se mostre que as suas atribuições não poderiam ser adequadamente desempenhadas por um instituto de regime comum"[49] – por a sua actividade principal consistir na "aquisição de bens ou serviços ao público, [n]a gestão e valorização de fundos ou [n]o desenvolvimento de actividades concorrentes com o sector privado" – e existir a disponibilidade de receitas próprias suficientes[50].

As estruturas orgânicas devem servir as necessidades e os interesses justificativos da sua criação, influindo a sua pertinência e adequação na

---

[48] Cfr. artigo 46.º, n.º 1, do Projecto de lei-quadro, cit., p. 436, e artigo 43.º, n.º 1, do Projecto de decreto-lei autorizado, citado.

[49] Cfr. artigo 46.º, n.º 4, do Projecto de lei-quadro, cit., p. 436, e artigo 43.º, n.º 4, do Projecto de decreto-lei autorizado, citado.

[50] Cfr. artigo 46.º, n.º 2, do Projecto de lei-quadro, cit., pp. 436 a 438, e artigo 43.º, n.º 2, do Projecto de decreto-lei autorizado, citado.

Como atentam JEAN RIVERO e JEAN WALINE, "faut-il relever l'existence d'établissements publics qui, bien qu'administratifs, exercent certaines activités se rattachant à l'exécution d'un service public industriel et commercial dans le cadre du droit privé (...) et d'autres, à l'inverse, qui, malgré leur caractère industriel et commercial, se voient confier «des missions à caractère administratif»" – Droit Administratif, 14.e édition, 1992, pp. 413 e 386.

O Conselho Consultivo da PGR, no Parecer n.º 32/94, embora tenha concluído que as atribuições do Instituto Nacional de Engenharia e Tecnologia Industrial (INETI) "correspondem a uma actividade administrativa típica de um serviço personalizado do Estado" adjectivou-o de "natureza empresarial" por desenvolver também, em certa medida, uma actividade empresarial ou seja, "uma actividade essencialmente económica [com fins lucrativos], não subtraída à actividade privada, e sujeita às normas e princípios de direito privado" – cfr. o Parecer publicado no DR. 2.ª Série, n.º 140, de 20 de Junho de 1995, pp. 6739 e segs., maxime, p. 6745.

No Parecer n.º 65/98, o mesmo Conselho Consultivo, tendo qualificado o Instituto de Emprego e Formação Profissional como serviço personalizado, relevou "a remissão ou envio da regulamentação da gestão económica, financeira e patrimonial do IEFP, incluindo a organização e execução da sua contabilidade, para as normas aplicáveis às empresas públicas, em tudo quanto não esteja especialmente previsto", para efeito de considerar os actos e contratos praticados ou celebrados pelo IEFP isentos, então, de fiscalização prévia pelo Tribunal de Contas – cfr. o Parecer publicado no DR., 2.ª Série, n.º 136, de 14 de Junho de 1999, pp. 8514 e segs., maxime, pp. 8516, 8518 e 8519.

Os Institutos Públicos e a Descentralização Administrativa

obtenção de resultados. Supõe-se assim que, para além dos requisitos ligados à valência da criação de um instituto público, relativos à sua "própria noção e racionalidade"[51], releve o limite constituído pela exigência de um nexo lógico entre o carácter e espécie de cada instituto criado e nomeado e os requisitos e condições que pressupõe, as suas "missões, modos de actuação e origem ou fonte dos seus recursos financeiros"[52].

Se a criação de um instituto público, em particular, de certo tipo e categoria, não corresponder senão ao recurso à solução mais fácil[53] e as qualificações não servirem senão o objectivo do "aligeiramento das regras de gestão"[54], "não podemos confiar plenamente na qualificação fixada no texto"[55].

A ser aceite como possível e legítimo que esse carácter e espécie sejam apenas determinados pelo regime jurídico, pela aplicação ou pela maior presença do Direito privado, *rectius*, pela subtracção a certos elementos do regime jurídico regra, o de Direito Administrativo, as qualificações tendem a perder significado.

Se se exigir uma correspondência de verdade substantiva entre a qualificação e o respectivo substracto, negando-se os efeitos pretendidos em termos de regime[56], impele-se à procura da eficácia de gestão pela

---

[51] Vital Moreira, Projecto de lei-quadro, Relatório citado, p. 398.

Cfr. artigos 4.º a 8.º do Projecto de lei-quadro, cit., pp. 398 a 405 e artigos 4.º a 7.º do Projecto de decreto-lei autorizado, citado.

[52] Etienne Fantôme, "La détermination du caractère des établissements publics. A propos de la décision du Conseil constitutionnel du 16 janvier 2001 «Loi relative à l'archéologie préventive»", in Actualité Juridique de Droit Administratif, n.º 3/2001, pp. 222 e 223.

Cfr. artigo 8.º, n.º 1, alíneas a) e c), do Projecto de lei-quadro, cit., pp. 403 e 404, e artigo 7.º, n.º 1, alíneas a) e c), do Projecto de decreto-lei autorizado, citado.

[53] Etienne Fantôme, "A propos de l'établissement public culturel la création de nouvelles catégories", in Actualité Juridique de Droit Administratif, Número Spécial, 2000, pp. 157 e 158.

[54] Etienne Fantôme, "La détermination du caractère des établissements publics", cit., p. 225.

[55] Jean Rivero, Direito Administrativo, tradução de Rogério Ehrardt Soares, Coimbra, 1981, p. 524.

[56] Assim, por exemplo, num caso noticiado por Jean Rivero e Jean Waline, o Tribunal de Conflitos, "en présence d'un organisme auquel un décret avait conféré la qualité d'établissement public à caractère industriel et commercial, a écarté cette qualification, et reconnu à l'établissement, au vu de sa mission et de ses modes d'action un caractère purement administratif" – Jean Rivero e Jean Waline, Droit Administratif, cit., p. 418.

510   *Ana Fernanda Neves*

adequação e aperfeiçoamento do regime jurídico que lhe é próprio, aquele que é ditado pela sua fiel caracterização.

O substrato do instituto público é "sempre uma instituição", mas ele abrange diferentes realidades, que foram sendo dispostas em categorias variáveis[57].

São vários os diplomas que se referem aos institutos "nas modalidades de serviços personalizados do Estado e de fundos públicos"[58], incluindo entre os primeiros os estabelecimentos públicos, no acolhimento da classificação de Marcello Caetano, segundo o qual quando a atribuição principal do instituto "é o desempenho de uma actividade operacional ou de prestações, mas sem carácter de empresa, estaremos perante o serviço personalizado propriamente dito"[59]. Este recorte significou já um avanço relativamente à anterior utilização da expressão instituto público como sinónimo de "serviço personalizado do Estado"[60].

Aos serviços personalizados referidos, Marcello Caetano juntou as fundações públicas e as empresas públicas, para os compreender no conceito de instituto público. O seu conteúdo foi desde então sendo burilado pela doutrina com reflexos na «linguagem» das leis.

A arrumação categorial que parece ter maior constância é aquela que, destacando as entidades públicas empresariais, divisa os serviços personalizados, as fundações públicas e os estabelecimentos públicos.

A expressão "serviço personalizado" traduz a situação de destacamento de um serviço, a de um serviço operativo que adquire personalidade

---

[57] Sobre esta evolução, ver Rodrigo Esteves de Oliveira e Vital Moreira, "Os institutos públicos e a organização administrativa", in Relatório citado, pp. 20 e segs.

[58] Entre muitos outros exemplos, cfr. os artigos 2.°, n.° 1, do Decreto-Lei n.° 184/89, de 2.06, e do Decreto-Lei n.° 427/89, de 7.12, e artigo 1.°, n.° 1, do Decreto-Lei n.° 215/97, de 18.08.

[59] Manual de Direito Administrativo, Vol. I, 1984, 10.ª edição, 3.ª reimpressão, pp. 189 e 372 e 373.

[60] Ver Marcello Caetano, Manual de Direito Administrativo, cit. ult., pp. 189, 190 e 372, e Manuel de Andrade, Teoria Geral da Relação Jurídica, Vol. I (Sujeitos e Objecto), Reimpressão, Coimbra, 1992, pp. 75 e 76.

Em 1963, Alfredo Mendes de Almeida Ferrão, dava conta das designações várias dadas aos "serviços públicos, não administrados directamente pelo Estado, destinados à satisfação de determinadas necessidades da Nação, de ordem cultural, económica e social", utilizando para nomeá-los a expressão "serviços personalizados do Estado" e deles fazendo um elenco que incluía desde as Universidades, o Aquário Vasco da Gama até ao Instituto Nacional de Investigação Industrial e ao Gabinete dos Estudos de Pesca" – cfr. Serviços Públicos no Direito Português, pp. 219 e 220.

jurídica. Dado o seu carácter ancilar, carece de sentido a personalização de serviços, por exemplo, de estudo e de apoio[61].

Distingue-se da "actividade operacional" a "actividade de prestações" (ao público), de carácter cultural e social (não no sentido de bens e serviços a serem transaccionados no mercado) e de forma individualizada; a estrutura que assegura esta actividade não surge como parte de um outro departamento de modo a figurar no seu organigrama. Esta realidade pode bem ser designada por estabelecimento público.

Coisa diversa é a actividade de gerir um património e de o fazer para assegurar determinada finalidade social de incumbência pública, revelando-se expressiva a designação da pessoa colectiva de natureza institucional que o gere como fundação pública[62].

1.4. *Personalização jurídica e autonomia*

A autonomia dos institutos é desde logo a "autonomia jurídico-

---

[61] De acordo com o artigo 6.º do Projecto de lei-quadro, "só podem ser criados para o desempenho de actividades administrativas de execução, gestão, prestação ou fomento", excluindo-se as "actividades que nos termos da Constituição devam ser desempenhadas por organismos da administração directa" e os "serviços de estudo e concepção ou serviços de coordenação, apoio e controlo de outros serviços administrativos" – cfr. pp. 400 e 401. A Proposta de lei de enquadramento suprimiu esta última previsão. A redacção peremptória do número 1 do artigo 5.º ("só podem ser criados") parece afastar a personificação de tais serviços, muito embora se possa colocar a questão de saber se não será de admitir que a função inspectiva seja assumida por um instituto público ou se não estará abrangida pelo n.º 2 do artigo.

[62] Neste sentido, segundo o artigo 53.º, n.º 2, do Projecto de Lei-quadro, a "designação de 'fundação' só pode ser utilizada quando se trate de institutos com finalidades de interesse social e dotados de um património cujos rendimentos constituam parte considerável das suas receitas" (Relatório citado, pp. 445 e 446). A esta previsão, que manteve, o artigo 51.º, n.º 2, do projecto de decreto-lei autorizado junto à Proposta de Lei n.º 97/VIII, introduz a possibilidade de excepções "devidamente fundamentadas".

Sobre o conceito de fundação pública, em particular, ver CARLOS BLANCO DE MORAIS, "Da relevância do Direito Público no Regime Jurídico das Fundações Privadas", in Estudos em Memória do Professor Doutor JOÃO DE CASTRO MENDES, pp. 562 a 565; VITAL MOREIRA, Administração Autónoma e Associações Públicas, cit., pp. 341 a 343; e MARCELLO CAETANO, Princípios Fundamentais do Direito Administrativo, Coimbra, 1996, Reimpressão da edição brasileira de 1977, 1.ª reimpressão portuguesa, pp. 58 a 60 (a fundação pública corresponde à individualização legal de um património no conjunto de bens de uma pessoa colectiva de direito público e a sua disposição organizativa em ordem à consecução de um fim administrativo).

-subjectiva"[63], a da sua individualidade jurídica; são sujeitos de direito público[64].

Mas não se consomem numa técnica de personalização jurídica (pública)[65].

Para além da susceptibilidade, que inere à personalidade jurídica, de serem titulares de direitos e obrigações, de poderes e deveres, têm uma ampla capacidade jurídica nos limites dos fins a realizar: agem por si e em nome próprio, exercendo, através dos respectivos órgãos, os poderes que lhes foram conferidos; "os actos que ... praticam, ao exercerem a competência que lhes é atribuída pelas leis, pelos regulamentos e pelos seus estatutos, são actos seus próprios (actos que devem ser imediatamente imputados a estes entes públicos menores)"[66]; têm capacidade jurídica contratual e processual, património próprio e respondem civilmente pela respectiva actuação[67].

A autonomia dos institutos públicos consubstancia, noutro sentido, o "espaço de liberdade" de actuação face ao ente público matriz, o qual pode assumir várias graduações e manifestações: assim, a autonomia administrativa, regulamentar, patrimonial e financeira[68].

Aos institutos públicos é central esta ideia de autonomia[69]. Por um lado – apesar da inexistência, relativamente aos mesmos, de uma "directa garantia constitucional de autonomia", à semelhança da que existe para as universidades[70], para as autarquias locais e associações públicas[71] –, não

---

[63] VITAL MOREIRA, Administração Autónoma e Associações Públicas, cit., p. 170

[64] FREITAS DO AMARAL, Curso de Direito Administrativo, cit., pp. 345, 587 a 589.

[65] Assente o sentido e os limites que decorrem da subsidariedade e da instrumentalidade dos institutos públicos, torna-se latente a ideia de instituição como obra que perdura no meio social.

[66] BAPTISTA MACHADO, "Lições de introdução ao Direito Público", cit., p. 222.

[67] Deste modo, a "acção proposta contra o Estado fundada em actos e omissões do pessoal ao serviço do Hospital, pessoa jurídica com vontade, órgãos e património próprios, sem se indicar comissão ou omissão em que o órgão de superintendência e tutela tenha claudicado, e por via disso provocado os danos, é manifestamente improcedente" – Acórdão do STA de 28 de Janeiro de 2003, Processo n.º 1685/02, in www.dgsi.pt, n.º Convencional JSTA0001772

[68] Sobre a noção de autonomia, ver VITAL MOREIRA, Administração Autónoma e Associações Públicas, cit., pp. 69 a 71, e GIOVANNI PALEOLOGO, "Organizzazione amministrativa", Enciclopedia del Diritto, Vol. XXXI, 1981, p. 143.

[69] Cfr. PAULO OTERO, "Os institutos públicos", cit., pp. 263 e 264, e J. CASALTA NABAIS, "Considerações sobre a autonomia financeira das universidades portuguesas", cit., p. 339.

[70] As universidades têm também uma directa garantia constitucional de existência

é justificável, à luz da descentralização organizatória, criar institutos públicos dotados de autonomia fictícia, como é o caso actual da autonomia financeira de muitos, ou dotados de autonomia esvaível por determinado grau de intervenção administrativa, que não corresponda à substância da administração indirecta (artigo 199.º, al. d), e artigo 267.º, n.º 2, da CRP).

Por outro lado, essa exigência de autonomia fundamenta-se na legitimidade dum Estado providência que, ao prover à integração existencial do cidadão, assume como tarefa pública não apenas a prestação regular e contínua dos serviços essenciais, mas também a necessidade de os prestar segundo critérios cada vez mais exigentes de qualidade e eficácia. A confiança do cidadão nas instituições organizatórias públicas alicerça-se na "autoridade geral do direito", mas também na utilidade e eficácia da sua acção.

A autonomia administrativa refere-se à capacidade de tomar "decisões externas", no âmbito das respectivas atribuições, e à capacidade de decidir quanto à sua organização e funcionamento, seja por via regulamentar ou através de decisões individuais, tudo a título próprio, «por sua conta e responsabilidade» e não, como acontece com os "órgãos hierarquicamente dependentes", através de manifestações de vontade imputáveis ao Estado ou à pessoa colectiva pública em que se inserem[72].

A autonomia financeira envolve o poder de gerar e gerir meios financeiros, bem como o poder de decidir quanto à aplicação, obtenção e afectação de receitas e quanto à realização das suas próprias despesas; compreende a responsabilidade pelo pagamento de débitos e bem assim o poder de elaborar o respectivo orçamento, relatório anual de gestão e de execução orçamental, as contas de exercício e outros instrumentos de prestação de contas. Não existe autonomia verdadeira e própria quando as receitas do instituto público não sejam mais do que, ou sejam fundamen-

---

e designação, assumindo o carácter de uma garantia institucional – PAULO OTERO, "Os institutos públicos", cit., pp. 257, 258 e pp. 267 a 270.

[71] Cfr. J. CASALTA NABAIS, "Considerações sobre a autonomia financeira das universidades portuguesas", cit., pp. 336 a 338, *maxime*, nota 11, e MARCELLO CAETANO, Manual de Direito Administrativo, Vol. I, 10.º edição, cit., p. 188, nota 1.

[72] Cremos que não faz, assim, sentido a crítica de J. CASALTA NABAIS à utilização da expressão «autonomia administrativa» fundada numa espécie de invocado esvaziamento significante advindo do facto de a capacidade de edição de actos administrativos também ser atribuída a "órgãos hierarquicamente dependentes" e, por outro lado, no prejuízo para a ligação originária da "ideia de autonomia" à «descentralização administrativa verdadeira», ligação que entende ser de preservar (CASALTA NABAIS, "Considerações sobre a autonomia financeira das universidades portuguesas", cit., pp. 349 a 351 e p. 365).

514   *Ana Fernanda Neves*

talmente, transferências financeiras estatais[73], facto que torna questionável a racionalidade da existência de um concreto instituto público[74].

Relativamente ao património, a autonomia pressupõe um acervo de bens e direitos próprios, afectos aos respectivos fins, e reporta-se à capacidade de o gerir, promovendo a sua frutificação ou utilização adequada, incluindo a sujeição às responsabilidades assumidas[75].

1.5. *Poder regulamentar*

A autonomia administrativa compreende, como visto, o poder de emanar regulamentos. Trata-se do poder dos institutos públicos elaborarem normas jurídicas no exercício da função administrativa, produzindo uma regulação geral e abstracta no quadro das atribuições prosseguidas e do seu escopo institucional[76].

Nesta "manifestação de autonomia administrativa"[77], há que distinguir o poder de produzir «normação corrente»[78] do poder de elaboração, modificação e revogação dos próprios estatutos. A *facultas statuendi* pres-

---

[73] O que actualmente não acontece com a maior parte dos institutos públicos segundo apurou o Grupo de Trabalho sobre os Institutos Públicos – "Regime financeiro e patrimonial dos institutos públicos", de EDUARDO SEQUEIRA, Relatório cit., pp. 207 a 223, *maxime*, pp. 210 a 215 e 222.

[74] Segundo JEAN RIVERO e JEAN WALINE, "dans ce cas, l'autonomie financière n'est qu'une façade" – Droit Administratif, cit., 1992, p. 417.

A existência de património próprio e de autonomia financeira "devem pertencer à própria noção e racionalidade" da figura dos institutos públicos – cfr. anotação ao artigo 4.º do Projecto de lei-quadro dos institutos públicos, Relatório cit., p. 398 e pp. 392 e 393 (nota introdutória).

Ver igualmente "Considerações sobre a autonomia financeira das universidades portuguesas", cit., pp. 371 a 373, 377 e segs., e MARCELLO CAETANO, Manual de Direito Administrativo, Vol. I, cit., p. 222.

[75] FREITAS DO AMARAL refere ser redundante a expressão "autonomia patrimonial" porque "se, certa entidade tem personalidade jurídica, tem fatalmente património próprio" – Curso de Direito Administrativo, cit., p. 378.

[76] A autonomia normativa pública caracteriza-se pela "funcionalidade em relação aos interesses públicos que lhe servem de objecto" – MÁRIO ELÍLIO BIGOTTE CHORÃO, "Autonomia", in Dicionário Jurídico da Administração Pública, Vol. I, Lisboa, 1990, p. 607.

[77] Na expressão de JORGE MIRANDA, "o poder regulamentário é a mais forte manifestação de autonomia administrativa" – "Regulamento", in Polis, Vol. 5, p. 271.

[78] CASALTA NABAIS, "Considerações sobre a autonomia financeira das universidades portuguesas", cit., pp. 343 e 344.

Os Institutos Públicos e a Descentralização Administrativa

supõe a existência de autonomia estatutária, a possibilidade do ente institucional definir, com carácter fundamental, a tessitura orgânica e competencial, o regime jurídico do seu funcionamento, designadamente, sob o ponto de vista patrimonial, financeiro, administrativo e aspectos do regime das relações intra-subjectivas e intersubjectivas, incluindo o regime de pessoal[79]. Esta autodeterminação normativa é reconhecida constitucionalmente às universidades públicas[80]. Mas idêntica garantia constitucional não existe para as entidades públicas menores institutos públicos[81-82].

Sem esta expressão de "autodeterminação" ou de "autonormação constituinte", mas como concretização do princípio constitucional de descentralização funcional ou de devolução de poderes, o poder regulamentar dos órgãos da Administração indirecta corresponde à distribuição racional do poder normativo derivado e secundário, ordenando-se ao "desenvolvimento e aplicação das leis"[83].

---

[79] Ver ALDO SANDULLI, Manuale di Diritto Amministrativo, XV edizione, Napoli, 1989, pp. 65 e 66.

Constituem, no Projecto de lei-quadro, objecto de definição estatutária, nos limites da lei-quadro e do respectivo diploma criador, as atribuições do instituto, os seus órgãos, composição, modo de designação dos seus membros, competência e funcionamento, o regime patrimonial e financeiro, o regime de pessoal e as formas de superintendência e tutela – cfr. artigo 9.º, n.º 3, pp. 404 e 405 do Relatório citado e artigo 8.º, n.º 3, do projecto de Decreto-Lei autorizado fruto à da Proposta de Lei n.º 97/VIII.

Sobre a autonormação estatutária com referência às universidades, ver Parecer do Conselho Consultivo da PGR n.º 324/2000, publicado no DR., n.º 126, de 31 de Maio de 2001, pp. 9286 e segs., *maxime*, pp. 9287 e 9288.

[80] Cfr. artigo 76.º, n.º 2, da CRP, e artigos 3.º, n.ºs 1 e 2, e 5.º, da Lei n.º 108/88, de 24.09.

[81] Na "falta [de] atribuição expressa de autonomia estatutária, pertence à lei definir ela mesma a organização das pessoas colectivas públicas, ou remeter tal definição, no todo ou em parte, para o ente respectivo (conferindo-lhe autonomia estatutária)" – VITAL MOREIRA, Administração Autónoma e Associações Públicas, cit., p. 180.

No artigo 9.º do Projecto de lei-quadro, VITAL MOREIRA estabelece a possibilidade de aprovação dos estatutos por decreto regulamentar (n.º 1) e, nos "casos de autonomia estatutária, nos termos da Constituição ou de lei especial", a possibilidade de elaboração dos estatutos pelo próprio instituto, "ainda que sujeitos a aprovação ou homologação governamental, a qual revestirá a forma de decreto governamental" (n.º 2) – Relatório citado, pp. 404 e 405.

[82] A aprovação dos estatutos por acto legislativo ou regulamentar que não deixe ao ente público titular de um poder normativo próprio e autónomo a possibilidade da sua modificação ou substituição põe em causa o seu carácter de fonte autónoma de normas jurídico-públicas – Afonso Queiró, Lições de Direito Administrativo, Vol. I, Coimbra, 1976, p. 395.

[83] Segundo VITAL MOREIRA "Os regulamentos do Governo e dos institutos públi-

516 *Ana Fernanda Neves*

A competência regulamentar dos órgãos dos institutos públicos é conferida pela própria lei, seja directamente, seja através da previsão legal de competência para elaborar os regulamentos previstos nos estatutos[84]. O princípio da legalidade em Estado de Direito é sempre o referente necessário do regulamento[85]. Os regulamentos versam sobre a organização e funcionamento dos "serviços indispensáveis à efectivação das suas atribuições"[86], complementando ou concretizando a regulação constante dos estatutos ou por remissão destes.

Da subordinação dos regulamentos elaborados no âmbito da Administração indirecta ao princípio da legalidade administrativa (artigo 266.°, n.° 2, da Constituição), quer na sua acepção de reserva de lei, quer na vertente de preferência de lei, decorrem especiais corolários. Em primeiro lugar, está excluída a intervenção normativa regulamentar nas matérias objecto de reserva de lei em sentido formal (lei, decreto-lei e decreto legislativo regional) e nas matérias objecto de reserva constitucional de competência legislativa, o que significa também dever de densificação dos critérios materiais da definição regulamentar (determinabilidade da lei). Em segundo lugar, pode ter havido o congelamento do grau hierárquico pela intervenção normativa, em "área concorrencial", de lei (formal), o que determina apenas a admissibilidade de actividade regulamentar executiva de lei prévia.

Quer nas hipóteses de reserva de lei quer nas de congelamento do grau hierárquico (e salvo deslegalização, admitida na segunda hipótese),

---

cos só podem ter hoje por justificação uma finalidade de desoneração de normas executivas ou demasiado técnicas (desconcentração normativa). Diferentemente, os regulamentos autónomos são um instrumento de autoregulação dos corpos autónomos (descentralização normativa), gozando de uma legitimidade democrática *a se* (tarefas próprias, responsabilidades próprias)" – Administração Autónoma e Associações Públicas, cit., p. 182 (também p. 177).

De acordo com o Projecto de lei-quadro do Autor, o poder regulamentar dos institutos públicos compreende a competência para "aprovar os regulamentos previstos nos estatutos e os que sejam necessários ao desempenho das atribuições do instituto" – artigo 18.°, n.° 1, al. f), do Projecto de Lei-quadro, in Relatório citado, p. 414.

Ver, ainda, AFONSO QUEIRÓ, Lições de Direito Administrativo, cit., pp. 396, 397, 431 e 432.

[84] Os quais podem não constar de diploma legislativo, como visto.

Ver o artigo 18.°, n.° 1, al. f), do Projecto de lei-quadro, Relatório cit., p. 414 e o artigo 17.°, n.° 1, al. f), da Proposta de Lei n.° 97/VIII.

[85] Cfr. JORGE MIRANDA, "Regulamento", in Polis, Vol. 5, p. 257, e Acórdão do STA de 31 de Outubro de 1995, Processo n.° 35694, in www.dgsi.pt./jsta.

[86] Cfr. artigo 32.° do Projecto de lei-quadro, Relatório citado, p. 424, e artigo 29.° da Proposta de Lei n.° 97/VIII.

Os Institutos Públicos e a Descentralização Administrativa 517

não pode a lei remeter para o regulamento a modificação ou a interpretação do respectivo regime jurídico (princípio da tipicidade da lei e da hierarquia normativa ou da proibição do regulamento delegado – artigo 112.º, n.º 6, da Constituição).

Se a Constituição consagra o princípio da legalidade administrativa já referido (artigo 266.º, n.º 2), estabelecendo a montante reservas constitucionais de lei e o princípio de tipicidade da lei, tal significa que a força dispositiva de certa categoria de regulamentos (saber se estamos ou não em presença de um regulamento independente ou de regulamento executivo de lei prévia) depende da sua credencial constitucional. Ora, nos termos da Constituição (artigo 199.º, alínea d), e artigo 267.º, n.º 2) a subordinação da actividade administrativa realizada no âmbito dos institutos públicos à lei é mediada pelos poderes de superintendência e de tutela do Governo. A actividade regulamentar é assim uma actividade derivada, secundária, no âmbito do funcionamento respectivo, e de concretização de lei prévia.

A formulação do artigo 18.º, n.º 1, al. f), do Projecto de lei-quadro dos institutos públicos, de Vital Moreira, parece apontar num sentido generoso. Confere-se ao conselho directivo, "no âmbito da orientação e gestão do instituto", a competência para aprovar, e não apenas para elaborar[87], "regulamentos previstos nos estatutos e os que sejam necessários ao desempenho das atribuições do instituto". Considerando o âmbito de incidência estatutária[88] e a ausência de limitação estabelecida naquela norma, apura-se um leque significativo de matérias passíveis de disciplina regulamentar. Quanto à segunda parte da norma, a mesma, para além de definir a competência subjectiva para a sua emissão, consubstancia uma ampla remissão normativa, circunscrevendo apenas finalisticamente os regulamentos a aprovar – são os que forem "necessários ao desempenho das atribuições do instituto" –, sem lhes fornecer "determinados conteúdos-

---

[87] Não se trata de regulamentos sujeitos a aprovação tutelar, prevista no Projecto de lei-quadro apenas para os "regulamentos internos" (artigo 39.º, n.º 2, al. b) do Projecto de lei-quadro, Relatório, p. 428; na expressão do artigo 18.º, n.º 1, al. f), a competência do conselho directivo, como referido, é a competência para aprovar e não apenas para elaborar os regulamentos que prevê – Relatório citado, p. 414).

De forma diferente, o artigo 17.º, n.º 1, al. f), do Projecto de decreto-lei autorizado junto à Proposta de lei n.º 97/VIII restringe a competência do conselho de direcção do instituto público à elaboração dos regulamentos em causa. O artigo 37.º, n.º 3, do mesmo Proposta submete todos os regulamentos à aprovação tutelar do Ministro da tutela.

[88] Cfr. o artigo 9.º, n.º 3, do Projecto de lei-quadro, pp. 404 e 405, e artigo 8.º do projecto junto à Proposta de Lei n.º 97/VIII.

518 Ana Fernanda Neves

-disciplinas", antes lhes deixando um espaço de primeira regulação[89]. Ou seja, abre-se a porta para a emanação de regulamentos independentes, numa "manifestação da autonomia" que lhe é conferida pela lei "para gerir e cuidar dos interesses que são postos a seu cargo"[90-91].

Os regulamentos relativos à organização e funcionamento dos institutos são apresentados tendencialmente como regulamentos internos. Não deve, porém, esquecer-se que se perdeu o dogma da impermeabilidade jurídica da actividade interna da pessoa jurídica e a incidência que sobre

---

[89] Ver, de JORGE MANUEL COUTINHO DE ABREU, Sobre os Regulamentos Administrativos e o Princípio da Legalidade, Coimbra, 1987, p. 78.

[90] ESTEVES DE OLIVEIRA, Direito Administrativo, Vol. I, Lisboa, 1980, p. 117.

[91] Na expressão de JORGE MANUEL COUTINHO DE ABREU, os regulamentos autónomos são "próprios das autarquias locais, dos institutos públicos e das associações públicas" (Sobre os Regulamentos Administrativos e o Princípio da Legalidade, cit., p. 47); são, segundo ESTEVES DE OLIVEIRA, "regulamentos *praeter legem*, antes de mais, os regulamentos autónomos emanados dos órgãos das autarquias locais e dos institutos públicos no âmbito das suas atribuições" (Direito Administrativo, cit., p. 114). Não coincidem com os "regulamentos da Administração autónoma, pois que incluem normas editadas por pessoas colectivas que integram a Administração indirecta e, por outro lado, excluem os regulamentos de execução da lei da competência dos órgãos autárquicos" (VIEIRA DE ANDRADE, "O ordenamento jurídico administrativo português", in Contencioso Administrativo, Breve Curso constituído por lições proferidas na Universidade do Minho por iniciativa da Associação Jurídica de Braga, Braga, 1986, p. 66, nota 59).

Os regulamentos independentes são emanados por órgãos administrativos, "no exercício da sua competência, para assegurar a realização das suas atribuições específicas, sem cuidar de desenvolver ou completar nenhuma lei em especial" (FREITAS DO AMARAL, Direito Administrativo, Vol. III, Lisboa, 1989, p. 20). Os regulamentos autónomos, observa VIEIRA DE ANDRADE, não se distinguem dos regulamentos independentes, a não ser quanto à entidade competente, o que justifica a sua reunião numa mesma categoria quando o critério de classificação não é esse, mas sim o da sua dependência em face da lei". O poder regulamentar autónomo não é "substancialmente diferente do poder regulamentar do Governo": não é um poder originário de reconhecimento necessário pela ordem jurídica, mas uma concessão da lei. Os regulamentos autónomos "encontram o seu fundamento e limite na necessidade de prossecução das atribuições próprias ou concedidas a esses entes públicos [não-estaduais] e, por essa razão, são concedidos como uma autonomia, isto é, um espaço próprio, limitado, dentro do qual é admissível que se não exija a estrita vinculação à lei e se dispense uma habilitação especifica por parte desta" ("O ordenamento jurídico administrativo português", cit. pp. 65 a 67).

AFONSO QUEIRÓ também se pronuncia no sentido de que os regulamentos autónomos carecem sempre de atribuição expressa do legislador (Lições de Direito Administrativo, cit., p. 431), ao invés de Esteves de Oliveira (Direito Administrativo, cit., p. 118).

Os Institutos Públicos e a Descentralização Administrativa   519

as relações jurídicas externas possam ter as suas normas, impondo o tratamento jurídico consequente[92]. As normas orgânicas são também, muitas
vezes, normas relacionais. Em face do exposto, é limitada a menção única,
no artigo 3.º, n.º 1, do Projecto de lei-quadro, aos regulamentos internos
no elenco dos normativos que constituem o regime jurídico dos institutos
públicos[93]. Não é acautelada a impropriedade com vem sendo utilizada a
figura: esta é usada de forma omnicompreensiva, espraiando-se a qualificação sobre regulamentos em que é infiel a designação ou levando-se a
regulamentos internos matérias que aí não têm o seu lugar. É o que se tem
verificado especialmente no que respeita às relações de trabalho[94-95].

Quanto às relações de trabalho na Administração Pública, há uma
reserva de lei, por imperativo constitucional, no que se refere aos direitos,
liberdades e garantias dos trabalhadores, às bases do regime e âmbito da
função pública e ao regime geral de punição das infracções disciplinares.
A relação jurídica de emprego público, seja sob a forma jus-administrativista, seja sob a forma jurídico-privada, está sujeita a uma reserva de lei
que abrange os aspectos estruturantes da respectiva relação de trabalho.
A isto acresce o congelamento do grau hierárquico normativo resultante da

---

[92] Releva JORGE MANUEL COUTINHO DE ABREU que, contendo o regulamento
"simultaneamente normas organizatórias internas e [normas] externas", são estas últimas
que "determinam o regime geral do diploma regulamentar que ambas contém" – Regulamentos Administrativos e o Princípio da legalidade, cit., p. 99.

[93] Cfr. Relatório citado, p. 397.

[94] A situação não parece ser acautelada pelo Projecto de lei-quadro e consequente
Proposta de Lei elaborada com base naquele: cfr. nota explicativa ao artigo 9.º do primeiro
(Relatório em referência, pp. 404 e 405).

[95] Constata-se que aspectos significativos do regime de trabalho constam de
regulamentos ditos internos, elaborados pelos órgãos competentes dos institutos públicos
e objecto de aprovação através de despacho do membro de governo que tem a respectiva
tutela. Esses regulamentos são, em regra, apenas objecto de publicidade interna, publicados nos chamados «locais de estilo», junto à porta de entrada dos conselhos de administração. São frequentes as queixas dos trabalhadores de desconhecimento das normas desses
regulamentos internos e/ou dos fundamentos normativos de actos praticados em matéria
de pessoal.

Como adverte FREITAS DO AMARAL, se são "os regulamentos aplicáveis aos funcionários na sua qualidade de cidadãos, sujeitos de uma relação jurídica de emprego com a
Administração, com o fim de disciplinar essa relação e os direitos ou os deveres recíprocos
que a integram, então esses regulamentos serão externos" – Direito Administrativo, Vol.
III, cit., p. 29. No mesmo sentido, ver ESTEVES DE OLIVEIRA, Direito Administrativo, cit.,
p. 128; e AFONSO QUEIRÓ, Lições de Direito Administrativo, cit., p. 417.

520   *Ana Fernanda Neves*

fixação de um regime jurídico uniforme da relação jurídica de emprego. A intervenção normativa regulamentar surge, nesta medida, *secundum legem*, exigindo-se a devida habilitação legal e a funcionalização do poder de conformação unilateral por parte da entidade patronal da prestação de trabalho.

A delimitação clara do que seja matéria de lei, matéria estatutária e matéria de regulamento interno importa a prevenir o perigo de uma hierarquia normativa invertida[96] e a evitar que a normação regulamentar sirva para ressuscitar os velhos dogmas das relações especiais de sujeição ou o da impermeabilidade jurídica das entidades públicas para-estaduais[97].

Estando em causa técnicas de remissão de leis para regulamentos, esta deve também ser compensada em Estado de Direito por garantias formais e procedimentais – utilização com propriedade da forma normativa adoptada, a aplicação do CPA em matéria de elaboração de regulamentos, com destaque para a participação dos interessados[98], adequada publicidade – e pelos limites materiais a que estão sujeitos em geral os regulamentos[99].

1.6. *Os poderes de tutela e superintendência*

A personalização jurídica e a autonomia dos institutos públicos não lhes permite desligarem-se dos entes públicos de onde promanam, como suas «personificações instrumentais»[100]. A entidade matriz faz-se presente

---

[96] Cfr. Despacho conjunto n.º 962/99, publicado no DR., II Série, n.º 259, de 6.11.99, por confronto com a norma do artigo 17.º, n.º 3, dos Estatutos anexos ao Decreto- -Lei n.º 331/98, de 3.11, e artigos 5.º e 15.º deste diploma, entretanto revogado pelo Decreto-Lei n.º 257/2002, de 22 de Novembro, com excepção do seu artigo 5.º.

[97] Ver JOSÉ MÁRIO FERREIRA DE ALMEIDA, "Regulamento administrativo", DJAP, Vol. VII, Lisboa, 1996, pp. 196 e 197.

[98] Cfr. artigos 114.º e segs. do CPA.
Sobre a importância da participação dos interessados na elaboração dos regulamentos, ver JOSÉ MARIA BAÑO LEON, Los limites constitucionales de la potestad regulamentaria (remision normativa y regulamento independiente en la Constitucion de 1978), Madrid, 1990, pp. 227 e 228.

[99] Limites consubstanciados pelo chamado «bloco de legalidade», constituído pelos "princípios axiológicos fundamentais", por outros princípios e regras constitucionais, com destaque para os que pautam a actividade administrativa, pelos princípios jurídico-internacionais fundamentais, pela lei ordinária e os princípios gerais de Direito Administrativo que não se reconduzam àqueles e pela hierarquia regulamentar – cfr. JORGE MIRANDA, "Regulamentos", cit., pp. 267 e 270.

[100] São "diferenciados e dependentes" na expressão do artigo 1.º da "Lei de organi-

Os Institutos Públicos e a Descentralização Administrativa 521

pela designação e exoneração dos titulares dos respectivos órgãos directivos e através de poderes de intervenção que podem dar lugar a uma relação de superintendência e a uma relação de tutela. A primeira consubstancia-se no poder da «entidade originária» guiar a sua actuação e definir os respectivos objectivos e prioridades, através de directivas e recomendações. O laço de superintendência releva, tal como o elemento da especialidade, no plano da estrutura dos institutos públicos.

A relação de tutela traduz-se no poder do Estado intervir, nos limites da previsão legislativa, na sua gestão, avaliando e controlando a legalidade ou o mérito da respectiva actuação e os seus resultados[101].

Estes poderes servem para preservar a unidade de acção administrativa (artigo 267.º, n.º 2, 2.ª parte, da CRP), garantir a execução do *indirizzo* político-institucional dominante, democraticamente legitimado, harmonizando "os interesses sectoriais e locais com o interesse geral"[102] e para assegurar a responsabilidade político-administrativa do Estado pela realização de fins e atribuições que são originariamente seus, assim como são instrumento de um controlo preventivo e sucessivo da legalidade[103].

Em matéria de poderes de orientação e tutela, do relatório do Grupo de Trabalho sobre os institutos públicos resulta que a previsão legislativa na matéria – necessária à operatividade de tais poderes – tem oscilado, em geral, entre a situação de excesso abstencionista, em que os institutos públicos são deixados à «rédea solta», que é o caso mais frequente, e as soluções de excesso intervencionista[104]. A primeira traduz-se na ausência

---

zação e funcionamento da administração geral do Estado" espanhola – cfr. "Os institutos e a organização administrativa", de Rodrigo Esteves de OLIVEIRA E VITAL MOREIRA, Relatório cit., pp. 21 a 24; e FREITAS DO AMARAL "A função presidencial nas Pessoas Colectivas de Direito Público", cit., p. 32. SANTAMARIA PASTOR, Fundamentos de Derecho Administrativo, cit., pp. 1183 e segs..

[101] Ver FREITAS DO AMARAL, Curso de Direito Administrativo, cit., pp. 717 e 699, e "A função presidencial nas Pessoas Colectivas de Direito Público", pp. 32 e 33; a anotação ao artigo 40.º do Projecto de lei-quadro, Relatório citado, pp. 430 e 431; ETIENNE FATÔME, "A propos de l'établissement public culturel la création de nouvelles catégories", in Actualité Juridique de Droit Administratif, Número Spéciel, 2000, p. 159; e Acórdão do STA de 6 de Junho de 2002, Processo n.º 39 533, N.º Convencional JSTA00057772.

[102] BAPTISTA MACHADO, Baptista Machado, "Lições de introdução ao Direito Público", cit., p. 224.

[103] BAPTISTA MACHADO, "Lições de introdução ao Direito Público", cit., p. 224.

[104] Ver "Os poderes de tutela e superintendência dos ministros sobre os institutos públicos", de RODRIGO ESTEVES DE OLIVEIRA e, do mesmo autor e de VITAL MOREIRA "Os institutos públicos e a organização administrativa", cit., respectivamente, pp. 101 a 112 e p. 28.

de superintendência ou de qualquer tutela e, quanto a esta, também na falta de especificação da mesma, o que equivale à sua inexistência. A segunda, pelo estabelecimento de poderes de controlo de tal forma alargados e intensos que prejudicam "a autonomia (e a responsabilidade) que é suposto" ser "inerente à criação de um instituto público"[105].

O estabelecimento da intervenção, no plano da superintendência e tutela, dos Ministros das Finanças e do responsável pela Administração Pública, sem prejudicar a autoridade e a responsabilidade do membro do governo responsável pelo departamento governamental em que se insere o instituto público, permite um melhor controlo das despesas públicas e das pertinentes políticas públicas e bem assim acautelar a coerência e a coesão das políticas em matéria de Administração Pública[106].

A autonomia e o poder-dever de orientação e controlo (artigo 199.º, al. d), e artigo 267.º, n.º 2, da CRP), sendo componentes da realidade dos institutos públicos, são duas forças em tensão. É sabido que o interesse público prosseguido pela entidade matriz e pelo ente instrumental são, num primeiro momento, uma e só realidade. Mas o enraizamento social da actividade promovida pelo segundo e, por vezes, do próprio no assegurar da mesma, vai redefinindo ou reajustando os respectivos papéis. O Estado, na sua qualidade de garante, fomenta, incentiva, estabelece o quadro normativo, fiscaliza o seu cumprimento e simultaneamente tem diante de si entidades com funções operativas, constitutivas e prestadoras, cujo domínio de responsabilidade da função surge cada vez com maior nitidez delimitado no confronto do Estado[107]. Daí a propriedade do conceito de relação jurídica ou inter-institucional; daí a faculdade de impugnação por parte da entidade tutelada dos actos em que se traduza o exercício dos poderes de tutela e de superintendência por parte da entidade tutelar[108]; e

---

[105] RODRIGO ESTEVES DE OLIVEIRA, "Os poderes de tutela e superintendência dos ministros sobre os institutos públicos", cit., p. 106.

[106] Cfr. artigos 39.º e 40.º do Projecto de lei-quadro, pp. 428 a 431.

[107] FREITAS DO AMARAL, Curso de Direito Administrativo, cit., pp. 353 a 357, e nota 23 supra.

Sobre o conceito de instituição, ver MAURICE HAURIOU, in Teoria della istituzione e della fondazione, Milano, 1967, pp. 12 e segs., *maxime*, pp. 12 a 14; sobre o conceito de interesse público primário e interesses públicos secundários, Rogério Soares, Interesse Público, Legalidade e Mérito, Coimbra, MCMLV, pp. 101 e segs..

[108] Ver JOÃO CAUPERS, A Administração Periférica do Estado, cit., pp. 289 e 354, e PIERRE MOOR, "La qualité pour agir des autorités et collectivités dans les recours de droit public et de droit administratif", ponto C.I, in www.unil.ch/droit/texte,.

Os Institutos Públicos e a Descentralização Administrativa 523

a legitimidade do discurso dos direitos fundamentais titulados por entes públicos institucionais e eventualmente oponíveis ao próprio Estado[109].

1.7. A fiscalização e o controlo parlamentar da Administração instrumental

Dada a importância da esfera de acção cometida aos institutos públicos, o facto de gerirem uma significativa parte dos recursos financeiros, humanos e materiais do Estado, o carácter muitas vezes formal e rarefeito dos poderes de superintendência e tutela e dado ainda que a autonomia financeira não deve significar desorçamentação ou gestão não controlada por parte da instituição representativa por excelência, justifica-se que o poder de controlo e fiscalização sobre os mesmos não seja um exclusivo do Governo, tornando-se imperativo uma relação de responsabilidade político-administrativa e financeira de cada instituto público com a Assembleia da República. Trata-se de uma competência e responsabilidade do Parlamento como órgão de fiscalização da execução do Orçamento e das contas do Estado em geral (artigo 162.º, alíneas a) e d), e arts. 105.º a 107.º da CRP)[110].

É questionável a suficiência de uma responsabilidade meramente indirecta dos titulares dos cargos de direcção dos institutos públicos por via da responsabilidade parlamentar do Governo e assim, designadamente, a necessidade de autorização ministerial para a comparência dos presidentes dos conselhos directivos perante quaisquer comissões parlamentares[111].

Relativamente à selecção dos titulares dos órgãos dirigentes, pergunta-se se não será de instituir, em nome da própria legitimidade que justifica cada instituto público, a necessidade de uma audição parlamentar prévia às nomeações dos membros do conselho directivo, pelo menos, do seu presidente, e não apenas a comunicação da respectiva escolha, sendo que a opção

---

[109] JOSÉ CARLOS VIEIRA DE ANDRADE, O Dever da Fundamentação Expressa de Actos Administrativos, Coimbra, 1991, pp. 91 a 93, e Os Direitos Fundamentais na Constituição de 1976, Coimbra, 1983, pp. 180 a 183.

[110] À criação de institutos como uma forma de "permitir uma certa fuga ao controlo financeiro e político do parlamento" se refere Paulo Otero, in "Institutos Públicos", cit., p. 274.

[111] Quer o artigo 42.º, n.º 2, do Projecto de lei-quadro (Relatório citado, p. 432), quer o artigo 40.º, n.º 2, do projecto de decreto-lei autorizado junto à Proposta de lei citada, elaborado com base naquele, prevêem a necessidade de autorização do Ministro da Tutela para a comparência dos presidentes do conselho de direcção "perante a comissão parlamentar competente".

524 — Ana Fernanda Neves

governamental pela mera publicação no Diário da República desimediatiza o controlo parlamentar[112].

Necessário se torna dar publicidade adequada às nomeações dos titulares dos demais cargos directivos e aos respectivos currículos académicos e profissionais e objectivar, segundo o mérito e a imparcialidade, critérios e graus de exigência no recrutamento e selecção para todos[113].

Na Grã-Bretanha, a grande discussão que gerou a criação de Agências (especialmente a partir de 1988, na sequência do Relatório Ibbs) prende--se com o seu impacte sobre a responsabilidade individual dos ministros em face do Parlamento. A consideração dos directores das Agências como responsáveis máximos pela gestão dos serviços de que cada uma está incumbida[114] e o pressuposto de uma separação asséptica entre as funções políticas governamentais, reflectem-se sobre a responsabilidade ministerial, circunscrevendo-a ou afectando a sua omincompreensividade.

A preocupação britânica é, assim, hoje, a de conciliar "as novas estruturas administrativas e a exigência constitucional de um Governo responsável", a de encontrar "um novo modelo de relacionamento entre Governo e Parlamento que conjugue as noções de cidadão e cliente", de "accountability to customers" com a de "accountability to citizens"[115].

---

[112] O artigo 16.º, n.º 4, do Projecto de lei-quadro prevê a transmissão pelo Ministro da Tutela à comissão parlamentar competente da Assembleia da República de "uma nota sobre o currículo académico e profissional dos nomeados" para o órgão conselho directivo, "acompanhada de uma justificação da respectiva escolha" (Relatório, pp. 411 e 412). O referido Projecto de decreto-lei autorizado prevê que a publicidade dessa nota e da fundamentação da nomeação seja feita no Diário da República (artigo 15.º, n.º 3).

[113] A adequada publicidade poderia, aqui sim, traduzir-se na publicação dos respectivos currículos académicos e profissionais, no Diário da República, de molde a tornar transparente, segundo o mérito e a imparcialidade, a respectiva escolha. Nesta medida, o despacho (extracto) n.º 17 194/2000, publicado no DR., n.º 195, de 24 de Agosto de 2000, e a nomeação em comissão de serviço, não publicitada, a que veio a dar lugar, não passam os testes de exigência na matéria.

[114] Segundo a ideia de que há-de responder efectivamente quem tem o domínio da função.

[115] Cfr. LAURA ROMÁN MASEDO, "La reforma de la Administración Central en Gran Bretaña: el programa *Next Steps* y la doctrina de la responsabilidad ministerial", cit., pp. 79 e segs., *maxime*, pp. 92 a 95.

As propostas do Relatório Ibbs ou «Next Steps» têm antecedente no Relatório Fulton, com a sua doutrina de "'hiving off' units from civil service departments to non-departmental bodies". Se após as eleições de 1979, "quangocide became a popular sport with a government committed to pruning bureaucracy and cutting back the public sector, and a few quangos bit the dust", já em 1983, "two recently key white Papers, 'Public

Os Institutos Públicos e a Descentralização Administrativa 525

Se entre nós a questão não se põe em termos de reforma constitu-cional, por virtude das relações de superintendência e de tutela que man-têm a responsabilidade máxima dos ministros pelo desempenho dos institutos públicos, da experiência britânica parece-nos ser de reter os bons frutos que são ditos ter trazido o crescendo da comparência dos dirigentes das Agências no Parlamento e a fixação, em documentos de referência amplamente publicitados, dos objectivos pretendidos e da responsabi-lidade dos mesmos, termos de um melhor controlo da gestão dos serviços prestados pela Administração e de uma maior transparência[116].

1.8. *O regime de pessoal*

O inventário das relações de trabalho no âmbito dos institutos públicos revelou que, em 31 de Dezembro de 2001, em 80% deles, num total de 324 analisados, o regime disciplinador das relações de trabalho era o regime jurídico da função pública, em 13%, o do contrato individual de trabalho e que em 7% os dois regimes coexistiam em relação a categorias diferentes de pessoal[117], se bem que a subsistência em alguns do regime jurídico da função pública seja transitória e seja de destacar que no quinquénio de 1995-2000 se verificou um aumento do recurso ao regime do contrato individual de trabalho[118].

O anteprojecto de lei-quadro estabelece o regime jurídico da função pública como o regime jurídico das relações de trabalho no âmbito dos institutos públicos, considerando que constitui, por força da Constituição,

---

Transport in London' (...) and 'Streamlining the Cities' (...) have proposed the transfer of important public services from elected local authorities to non-elected administrative agencies" – Carol Harlow and Richard Rawlings, Law and Administration, 1984, pp. 33 e 34.

[116] Cfr. LAURA ROMÁN MASEDO, "La reforma de la Administración Central en Gran Bretaña: el programa *Next Steps* y la doctrina de la responsabilidad ministerial", cit., p. 94.

[117] Cfr. "O universo dos institutos públicos em Portugal", Relatório final cit., pp. 81 a 83 e p. 64.

Para o conhecimento dos números parciais, nos serviços personalizados, nas funda-ções e estabelecimentos públicos, ver "Regime laboral e estatuto e remunerações do pes-soal dirigente", no mesmo local, pp. 115 e segs.

[118] "Regime laboral e estatuto e remunerações do pessoal dirigente", cit., pp. 118 a 203.

Cfr. artigo 33.° e artigo 45.° do Projecto de lei-quadro, Relatório citado, pp. 424 e 425 e 434 a 436.

526 *Ana Fernanda Neves*

o regime regra das relações de trabalho na Administração Pública[119]. A Proposta de lei elaborada com base naquele remeteu para os estatutos de cada instituto público a escolha do respectivo regime de trabalho, mas reteve a definição do ajustamento ou "enquadramento específico" da aplicação do regime do contrato individual de trabalho, a efectuar em "diploma próprio, que regulará, designadamente, ... as condições de exercício de funções por pessoal do regime da função pública em instituto público com o regime do contrato individual de trabalho; as especificidades do estatuto de pessoal e os mecanismos de participação dos trabalhadores"[120].

A opção pelo regime do contrato individual de trabalho confronta-se com o quadro de admissibilidade constitucional na matéria. Está em causa, em primeiro lugar, saber se o regime do contrato individual de trabalho pode ser estabelecido pelo legislador como o regime comum das relações de trabalho nos institutos públicos. A esta pergunta, entendemos, ser possível responder afirmativamente, mas com certos limites.

Com efeito, na Constituição, por um lado, o conceito de função pública coincide com a noção de relação jurídica de emprego público, não se circunscrevendo esta a uma relação de trabalho com um específico regime jus--administrativista[121]. Por outro, resulta da Constituição a existência de aspectos básicos de regime jus-publicista que sobrelevam à adopção de uma forma jurídico-administrativa ou de uma forma jurídico-privada, impondo-se à conformação legislativa de qualquer relação de trabalho subordinado na Administração Pública, como um mínimo denominador comum de regime, do qual não estão excluídos os trabalhadores em regime de Direito privado[122].

A adopção do regime do contrato individual de trabalho não pode, pois, juridicamente coabitar, sem mais, com as regras do mercado livre do

---

[119] No mesmo sentido, relativamente à Constituição Espanhola, o Acordão do TCE 99/1987 – cfr. MARTÍN GODINO REYES, El contrato de trabajo en la Administracion Publica, cit., pp. 321, e ver o Acordão in www.igsap.es.

[120] Cfr. artigo 31.° do projecto de decreto-lei autorizado anexo à Proposta de Lei n.° 97/VIII, citada.

[121] Sobre as razões desta afirmação, ver "A privatização das Relações de Trabalho na Administração Pública", in Os Caminhos da Privatização da Administração Pública, IV Colóquio Luso-Espanhol de Direito Administrativo, STVDIA IVRIDICA, 60, Colloquia – 7, BFDUC, Universidade de Coimbra, 2001, pp.163 a 192.

[122] No sentido da exclusão da noção de função pública dos trabalhadores em regime de direito privado, PAULO VEIGA E MOURA, Função Pública, Regime Jurídico, Direitos e Deveres dos Funcionários e Agentes, 1.° volume, 1999, p. 21.

JOÃO ALFAIA, enfatizando a natureza objectiva do conceito de função pública, refere que o pessoal empregado das pessoas colectivas de direito público, em regime de direito público ou em regime de direito privado, "todo ele exerce função pública", entendendo

trabalho, desde logo no que toca à admissão ou recrutamento e selecção dos respectivos trabalhadores. A relação de trabalho entre um instituto público e um seu trabalhador não é uma relação entre particulares, mas entre uma pessoa colectiva pública e um particular, condicionada pela natureza e actividade do sujeito empregador. O cerne da actuação da Administração não é o da "liberdade de princípio", apenas circunscrita negativamente e preservada pela "natureza limitada dos poderes de intervenção do Estado na restrição negativa" daquela esfera[123]. A perspectiva de princípio é o da competência e o da limitação positiva: pela subordinação à lei e ao Direito, à prossecução dos interesses públicos e pela vinculação imediata ao princípio da igualdade de tratamento[124]. Se tal não tolhe a admissão de autonomia privada da Administração[125], reacondiciona-a, sujeita-a a "maiores limitações do que aquelas que incidem sobre os particulares em situações semelhantes", entre as quais se incluem os princípios constitucionais da Administração Pública[126] e, tratando-se, da celebração de um contrato individual de trabalho, a sujeição aos princípios e as directrizes jurídico-constitucionais em matéria de emprego público[127].

Em particular, é de destacar que o princípio fundamental de igualdade de tratamento subjectiva-se na Constituição portuguesa num específico direito de todos ao acesso a um emprego na Administração Pública, qualquer que ele seja e independentemente do regime jurídico de trabalho. Mesmo o "espectacular processo de «contratualização» e privatização do emprego público em Itália"[128] nos mostra que o mesma não significa nem pode significar a patrimonialização da Administração Pública através de

---

que se "se pretende referir o núcleo essencial de tais agentes – o vinculado por relações jurídicas de emprego público disciplinadas pelo direito público – não se deve fazê-lo referindo a função pública". E, noutro passo, reserva a expressão relação jurídica de emprego público para aquela que é disciplinada pelo direito administrativo. Cfr. Conceitos Fundamentais do Funcionalismo Público, Vol. I, Coimbra, 1988, pp. 10, 11, 34 e 35.

[123] Cfr. Sérvulo Correia, Legalidade e Autonomia contratual nos contratos administrativos, Coimbra, 1987, pp.464 a 469.

[124] A que corresponde o direito das pessoas a obter do poder público, em igualdade de condições, igual tratamento – Martín Godino Reyes, El contrato de trabajo en la Administracion Publica, cit., pp. 316 a 318. Cfr. artigo 266.°, n.° 2, da CRP.

[125] Cfr. Sérvulo Correia, Legalidade e Autonomia contratual nos contratos administrativos, cit., pp. 531 e 532.

[126] Cfr. Sérvulo Correia, Legalidade e Autonomia contratual nos contratos administrativos, cit., p. 532.

[127] Com destaque para os artigos 266.° e 269.° da Constituição.

[128] Martín Godino Reyes, El contrato de trabajo en la Administración Publica, cit., pp. 321.

528 Ana Fernanda Neves

admissões não concursais, no sentido de que se efectuem sem concorrência ou selecção, sem publicidade e sem critério. O direito fundamental à igualdade no acesso a um emprego público postula a realização de um procedimento justo de recrutamento e selecção (leal e transparente e, portanto, confiável). Por outro lado, está em causa a imparcialidade e a capacidade funcional e prestativa da própria administração pública (bom desempenho da acção administrativa), a qual postula um procedimento apto a seleccionar e a bem seleccionar. A exigência constitucional de procedimento que realize estes valores jurídicos (artigo 47.°, n.ºs 1 e 2, e artigo 266.°, n.° 1 e 2), requer[129]:

a) ampla, adequada e atempada publicidade, seja dos empregos a prover, seja do sistema de avaliação e de eventuais critérios de colocação. A publicidade como destaca Marcelo Rebelo de Sousa é "sinónimo de generalidade e esta afirma-se como indeterminabilidade dos destinatários no momento da abertura do concurso, que o mesmo é dizer proibição de pré--determinação dos concorrentes por acção administrativa (...) [e] interdição de qualquer conduta da Administração Pública que represente ou signifique favorecer ou desfavorecer um ou vários concorrentes nas restantes fases do concurso público, de tal modo que o resultado seja, de facto, excluir a generalidade desde o início pretendida" (ou não)[130].

Não cumpre esta exigência a divulgação meramente interna à Administração ou interna ao instituto promotor do aviso do procedimento de recrutamento, assim como o privilegiamento de prévia ligação – como é o caso dos exercícios funcionais não laborais ao abrigo de acordos de actividade ocupacional, dos «estágios formativos» ou «estágios profissionais» e dos contratos de prestação de serviços –, a apresentação do sistema de avaliação pela mera enunciação dos métodos ou provas selectivas, a aceitação posterior ao termo do prazo de admissão de novos candidatos e a

---

[129] Ver artigo 45.° do Projecto de lei-quadro, Relatório referido, pp. 434 a 436, e artigo 31.° do projecto de decreto-lei anexo à Proposta de Lei n.° 97/VIII, citada, os quais seguem de perto o artigo 35.° do Decreto Legislativo 30 marzo 2001, "Norme generali sull'ordinamento del lavoro alle dipendenze delle amministrazioni publiche".

A proposta de Lei do XIV Governo Constitucional, na matéria, revela-se demasiado «rarefeita» (artigo 5.°).

O princípio do mérito é precisamente destacado pelo Comité de peritos encarregue pelo Primeiro-Ministro britânico, em 1995, de propor "Normas de Conduta na Vida Pública" – cfr. "Los siete principios de la vida pública (Informe Nolan)", in www.law.unican.es/administracion/ /ESTU/96nolan.htm, pp. 1 e 5.

[130] O Concurso Público na Formação do Contrato Administrativo, Lisboa, 1994, p. 66.

Os Institutos Públicos e a Descentralização Administrativa

adopção no curso procedimental de novos critérios de selecção ou de colocação funcional.

b) Os métodos e critérios de selecção assim como os requisitos de admissão (*v. g.*, de idade e habilitacionais) devem ser objectivos, isto é, justificados pelas características e responsabilidades do emprego a prover.

c) O júri encarregue do recrutamento e selecção deve ser composto por elementos habilitados na área de actividade em causa e bem assim para a condução do mesmo.

d) As decisões do júri devem ser clara e suficientemente fundamentadas.

*

Em segundo lugar, importa ter presente que o pessoal dos institutos públicos está abrangido no âmbito de aplicação dos Decreto-Lei n.º 184/89, de 2 de Junho, e Decreto-Lei n.º 427/89, de 7 de Dezembro, diplomas que contêm os princípios fundamentais em matéria de constituição, modificação e extinção da relação de emprego público, bases constitucionais para efeito do artigo 165.º, n.º 1, al. t), da CRP. Tal torna problemáticas as alterações do seu regime de trabalho que se têm verificado através de normas de decretos-leis que aprovam os estatutos dos institutos públicos e de despachos normativos que aprovam os respectivos regulamentos de pessoal[131].

Excepcionados ficaram apenas os institutos públicos existentes à data que estivessem "abrangidos", então, "pelo regime aplicável às empresas públicas ou de contrato individual de trabalho" (artigo 41.º, n.º 4, 1.ª parte, do Decreto-Lei n.º 184/89, de 2.06, e artigo 43.º, n.º 1, 1.ª parte). Ambas as normas se inserem no capítulo das «Disposições finais e transitórias». Não tem, pois, fundamento a pretensão de ver em tais normas a habilitação legal suficiente para adopção do regime do contrato individual de trabalho no âmbito de qualquer instituto público. Para além do referido, esta leitura seria esvaziante do âmbito de aplicação dos respectivos diplomas (respectivamente, artigo 2.º, n.º 2, e artigo 2.º, n.º 1) e, consequentemente, do princípio de tipicidade dos vínculos jurídicos do emprego público, postulado pela norma de autorização da alínea c) do n.º 1 do artigo 15.º da Lei n.º 114/88, de 30 de Dezembro (aquela que releva na análise da sua constitucionalidade sob o ponto de de vista orgânico – e não a da alínea b) do n.º 1 do mesmo artigo, como facilmente se percebe analisando as correspondências desse n.º 1 com os capítulos do Decreto-Lei n.º 184/89, de 2.06). Nesta medida, não procede a argumentação do Tribunal Constitucional no Acórdão 162/03 (in www.tribunalconstitucional.pt).

---

[131] Cfr. Acórdão do Tribunal Constitucional n.º 129/99, DR., II Série, n.º 155, de 6 de Julho de 1999, pp. 9673 a 9675.

530 Ana Fernanda Neves

*

Destaca-se, noutro plano, que a Constituição permite que a lei atribua ao Governo competência para a prática de actos respeitantes a funcionários e agentes de outras pessoas colectivas públicas, para além do Estado (artigo 199.º, alínea e)): habilita-o, desta feita, à prática de actos relativos ao pessoal dos institutos públicos, no exercício de uma competência dispositiva primária[132].

A superintendência e tutela do ente matriz (artigo 199.º, alínea d), da Constituição) não pode deixar de incluir, atendendo às "importantes repercussões – orçamentais, organizativas, de igual de acesso à 'função pública'..." –, a matéria do pessoal[133], designadamente pela apresentação anual de relatórios contendo informação fundamentada sobre o número de trabalhadores admitidos, a forma como o foram, a política retributiva e de gestão dos recursos humanos e bem assim a demonstração dos níveis e ganhos de produtividade obtidos (ou não). Por sua vez, o relatório anual a

---

[132] É o caso da aplicação das penas disciplinares de aposentação e demissão (artigo 17.º, n.º 4, do Decreto-Lei n.º 24/84, de 16.01). Sobre o assunto, ver Paulo Otero, "Procedimento disciplinar: início do prazo de prescrição e competência disciplinar sobre os funcionários da Administração indirecta", in O Direito, Ano 123.º, 1991, I (Janeiro-Março), pp. 193 e 194.

Quer o Projecto de lei-quadro de VITAL MOREIRA, quer a Proposta de Lei que foi elaborada com base naquele prevêem apenas a competência do Ministro da Tutela para "exercer acção disciplinar sobre os membros dos órgãos dirigentes" dos institutos e para "Ordenar inquéritos ou sindicâncias aos serviços do instituto" (cfr., respectivamente, artigo 39.º, n.º 7 – Relatório citado, pp. 429 e 430 –, e artigo 37.º, n.º 6).

[133] JULIÁN VALERO TORRIJOS, "Las bases del régimen jurídico del personal al servicio de la administración institucional. La opción de la LOFAGE", in @dministración, CiberRevista de Derecho Administrativo, Núm. 12 octubre-diciembre 1999, www.unican.es/administracion/ESTU/99007t.htm, pp. 4 e 5.

O artigo 37.º do projecto de decreto-lei anexo à Proposta de Lei n.º 97/VIII suprimiu a previsão específica de tutela do Ministro da Reforma do Estado e da Administração Pública, em matéria de pessoal: Segundo o n.º 5 do artigo 39.º do Projecto de lei-quadro, carece de autorização ou aprovação a "definição dos quadros de pessoal" e "outros actos respeitantes ao pessoal previstos na lei ou nos estatutos". A eliminação pode não ser significativa: a matéria do regime jurídico de trabalho nos institutos públicos é remetida pelo artigo 30.º, n.º 1, e artigo 31.º, n.º 3, do projecto de Decreto-Lei autorizado para diploma próprio e, em particular, os quadros de pessoal serão estabelecidos nos estatutos ou em diploma regulamentar (A modificação introduzida quanto aos quadros de pessoal é susceptível de tornar menos flexível as alterações que a vivência da instituição necessariamente impõe); acresce que os actos em matéria de pessoal sempre são susceptíveis de serem objecto de intervenção tutelar por força das alíneas d) do n.º 4 e do n.º 5 do artigo 37.º (Relatório em referência, pp. 428 e 431).

apresentar à Assembleia da República sobre o desempenho de cada instituto deve, naturalmente, conter aquela informação[134].

*

Para além da utilização menos adequada da figura do regulamento interno, que se vem observando, este, muitas das vezes, reproduz normas homólogas do regime postergado, o regime jurídico da função pública *stricto sensu*[135], redundando a «privatização» num conjunto de estatutos especiais de função pública; e continuam normas daquele a ser directamente invocadas para fundar a prática de actos em matéria de pessoal[136].

*

Mais se regista a existência de défices de juridicidade, de procedimentalização e participação dos próprios interessados, incluindo pelo afastamento dos princípios e garantias fundamentais que protegem quem se relaciona com a Administração (*v. g.*, participação na elaboração de diplomas que disciplinam aspectos do respectivo regime de trabalho e negociação colectiva; garantia do conhecimento da decisão de exclusão de procedimento relativo à celebração de contrato individual de trabalho[137]).

---

[134] O artigo 42.º, n.º 1, do Projecto de lei-quadro prevê a apresentação do relatório referido no texto, para além do envio por cada ministro responsável à Assembleia da República de um "relatório do exercício do poder de superintendência e tutela" (Relatório citado, p. 432).

O artigo 40.º, n.º 1, do projecto de decreto-lei anexo à Proposta de lei dispensa o Governo da apresentação dos relatórios ora referidos, imediatizando, no que toca à responsabilidade pelos resultados, a responsabilidade dos institutos perante o Parlamento, ao prever apenas a transmissão pelo Ministro da tutela dos relatórios de actividades e contas dos institutos e a possibilidade de prestarem esclarecimentos acerca da avaliação do seu desempenho (cfr. Proposta de Lei, cit., p. 15). Ou seja, foi suprimida a obrigatoriedade de apresentação pelo Governo do "relatório do exercício do poder de superintendência e tutela".

[135] Registando, precisamente, as "várias semelhanças (e remissões) com o estatuto da função pública" do regime jurídico de trabalho constante da Portaria n.º 66/90, de 27.01, aplicável ao pessoal do Instituto de Emprego e Formação Profissional que optou pelo regime do contrato individual de trabalho, ver a nota 5 do Parecer n.º 65/98, da PGR, publicada no DR., n.º 136, de 14.06.99, pp. 8514 a 8520, *maxime*, p. 8519.

[136] Ver o Parecer n.º 28/99, do Conselho Consultivo da Procuradoria Geral da República, publicado no DR., II Série, n.º 28, de 2.02.2000, pp. 2304 a 2311.

[137] Cfr. Censura dirigida ao Presidente do Instituto de Emprego e Formação Profissional, elaborada, na R-1447/98, no âmbito da actividade do Provedor de Justiça – Relatório do Provedor de Justiça relativo ao ano de 2001, Lisboa, 2003, pp. 455 a 457.

532 Ana Fernanda Neves

Relativamente aos institutos públicos em que coexistem o regime do contrato individual de trabalho com o regime jurídico da função pública, são detectáveis situações de «demissão» na gestão do pessoal que opta pela permanência no regime de função pública, designadamente, pela não aprovação ou aprovação tardia dos previstos quadros especiais transitórios de integração, pelo descurar do seu direito à carreira com a não realização de concursos de promoção e com a não aplicação actualizada de diplomas que importam mudança de situação funcional, como o posicionamento remuneratório[138].

A coexistência pode levantar dificuldades, só aparentes, do ponto de vista do princípio da igualdade, quanto à justificação das diferenças remuneratórias entre os trabalhadores do regime do contrato individual de trabalho e os do regime da função pública quando exercem as mesmas funções e a maior produtividade esperada dos primeiros não é acautelada, ou não é avaliada[139]. Importa, no entanto, ter presente que se "a distinção entre ambos os regimes [de função pública *stricto sensu* e laboral privado] é uma opção constitucionalmente legítima do legislador, também o será a diferença entre os elementos configuradores dos mesmos, não se justificando daí qualquer invocação de arbitrariedade" (como destaca o Tribunal Constitucional espanhol, na STC 99/1987, in www.igsap.map.es; ver também ponto 13 do Acórdão n.º 367/99, do Tribunal Constitucional Português, in www.tribunal.constitucional.pt) e que o sistema retributivo da função pública não se aplica sequer aos trabalhadores em regime de direito privado.

2. A descentralização e a desconcentração administrativas

A descentralização e a desconcentração administrativas constituem princípios estruturantes da Administração Pública em Portugal (artigo 267.º, n.º 2, e artigo 6.º, n.º 1, da CRP). A Administração Pública tem, segundo a nossa ordem constitucional, uma expressão de pluralidade – de número, de formas, de legitimidades e de tipos de intervenção do Estado (artigo 269.º, n.ºs 1 e 2, artigo 199.º, al. d), artigos 225.º, 227.º e 235.º e segs. da CRP).

---

[138] Cfr. artigo 17.º, n.º 3, dos Estatutos do Instituto Marítimo-Portuário, publicados em anexos ao Decreto-Lei n.º 331/98, de 3.11, e artigo 5.º, n.º 1, diploma que foi revogado pelo Decreto-Lei n.º 17.º do Decreto-Lei n.º 257/2002, de 22 de Novembro.

[139] Cfr. o artigo 21.º, n.º 3, dos Estatutos do Instituto Nacional de Aviação Civil, publicados em anexo ao Decreto-Lei n.º 133/98, de 15.05, segundo o qual "Os trabalhadores ao serviço do INAC deverão auferir retribuição igual quando no desempenho das mesmas funções, quer sejam ou não agentes civis do Estado".

Quer o termo descentralização quer o termo desconcentração implicam a ideia de afastamento do centro, de disseminação, dispersão; apelam à pluralidade de centros, no caso, de centros de poder administrativo. É sabido que a descentralização administrativa pode conviver com a desconcentração ou com a concentração, assim como a centralização pode coexistir com uma e outra[140]. A descentralização pressupõe a existência de entes dotados de personalidade jurídica ao lado e para além do pessoa colectiva Estado e a sua substantivização pelo encargo da prossecução de atribuições ou tarefas administrativas estaduais[141].

A existência de múltiplos sujeitos para a realização de tais tarefas só faz sentido se tiverem uma real individualidade, se puderem por si, dispondo dos necessários recursos, desenvoltura e liberdade de acção, levá-las a cabo. A descentralização pressupõe, pois, a autonomia[142].

O significado originário do termo autonomia é o da autonomia normativa, o de se poder dar as suas próprias «leis» ("o seu próprio ordenamento normativo"[143]) e de, de acordo com elas, se determinar. O vocábulo serve hoje a expressão de vários outros espaços de decisão, perdendo-se a sua redução purista[144]. Se a autonomia pode existir fora de um quadro relacional intersubjectivo, "quando os sujeitos da relação são pessoas colectivas públicas, não podem deixar de, enquanto sujeitos de direito, ter os seus próprios recursos financeiros, o seu próprio património, os seus próprios poderes de decisão, de gestão, etc."[145].

---

[140] FREITAS DO AMARAL, Curso de Direito Administrativo, cit., pp. 657 a 659, e MARCELO REBELO DE SOUSA, Lições de Direito Administrativo, cit., pp. 290 e 291.

[141] GOMES CANOTILHO E VITAL MOREIRA, Constituição da República Portuguesa Anotada, Coimbra, 1993, pp. 927 e 928, ponto V da anotação ao artigo 267.º, n.º 2, e Marcelo Rebelo de Sousa, Lições de Direito Administrativo cit., p. 354.

[142] Os "processos descentralizadores são a personalidade jurídica e a autonomia" (MARCELLO CAETANO, Manual de Direito Administrativo, cit., p. 249). "A descentralização só assume o seu completo sentido se traz consigo uma ideia de autonomia" (SÉRVULO CORREIA, Noções de Direito Administrativo, Vol. I, Lisboa, p. 126).

[143] Este "próprio poder normativo" pode traduzir-se na emissão de "estatutos, regulamentos, celebração de convenções normativas" – GOMES CANOTILHO e VITAL MOREIRA, Constituição da República Portuguesa, cit., p. 928, ponto V da anotação ao artigo 267.º, n.º 2, § 2.

[144] MASSIMO SEVERO GIANNINI, "Autonomia (Teoria generale e Diritto Pubblico)", in Enciclopedia del Diritto, Vol. IV, 1959, pp. 356, 361 e 362.

[145] MASSIMO SEVERO GIANNINI, "Autonomia (Teoria generale e Diritto Pubblico)", cit., p. 364.

534 *Ana Fernanda Neves*

Sendo a autonomia conatural ou consequente à qualidade de sujeitos de direito, descentralizar (de «des» + «centralizar»)[146] parece reclamar algo mais, a ideia de uma maior separação ou independência do «centro». Aquilo que vai mais além das formas de autonomia referidas é o poder do ente definir as suas próprias orientações e objectivos e de escolher os dirigentes dos respectivos órgãos, seus intérpretes e representantes[147]. Corresponde ao destaque dos critérios da autonomia dos interesses prosseguidos e da forma de designação daqueles que os dirigem[148].

Separação existe, verdadeiramente, quando se afirmam "centros de poder fora da área do poder estadual"[149], na Administração que não está "integrada na Administração do Estado", ou seja, na Administração autónoma[150]. A administração indirecta "é ainda administração do Estado em sentido próprio, prosseguindo fins públicos estaduais"[151], sujeita às respectivas "directivas ou instruções genéricas". Não tem *indirizzo* próprio, mas este é-lhe dado, devendo actuá-lo por si por conta dos interesses que lhe são confiados.

Por outro lado, deve notar-se que, relativamente a certos centros de poder administrativo, a autonomia não emerge do exterior, não é heterónoma, consequente à «entificação», mas é ela própria autónoma, ontologicamente reconhecida: é o caso das comunidades territoriais e das comunidades categoriais com os seus próprios interesses, colectivos, interesses públicos ou publicizados[152], cujo prosseguimento é deixado, por lei, ao seu cuidado, segundo o *indirizzo* que tracem e através dos órgãos da sua escolha. É uma forma de participação dos interessados e de representação dos seus interesses[153].

---

[146] Na expressão de JEAN RIBERO e JEAN WALINE, "écarter le pouvoir du centre" – Droit Administratif, cit., p. 267.

[147] MASSIMO SEVERO GIANNINI, "Autonomia (Teoria generale e Diritto Pubblico)", cit., pp. 364 a 366, e FRANCO BARTOLOMEI, "Autoadministrazione", pp. 333 e 334.

[148] JEAN-PIERRE DUBOIS, Le Controle Administratif sur les Etablissements Publics, Biliotheque de Droit Public, cit., pp. 24 e segs. e JOAQUIM THOMAZ LOBO D'ÁVILA, Estudos de Administração, Lisboa, Typographia Universal, 1874, pp. 69 e 70.

[149] Cfr. SÉRVULO CORREIA, "Devolução de poderes", DJAP, Vol. III, Lisboa, 1990, p. 656.

[150] BAPTISTA MACHADO, Administração, Estado e Sociedade, cit., p. 15.

[151] GOMES CANOTILHO e VITAL MOREIRA, Constituição da República Portuguesa, cit., p. 782.

[152] Ver nota 27 (supra).

[153] Daí notar JOAQUIM THOMAZ LOBO D'AVILA, em 1874, que se "o país não intervir e não se interessar na administração como na sua política, por delegados electivos seus, que tomem uma parte efectiva na direcção e gerência dos negócios, o sistema repre-

Os Institutos Públicos e a Descentralização Administrativa   535

O conceito de descentralização administração associa-se, assim, originariamente à ideia de autoadministração, de autodefinição pelos interessados do seu próprio destino e objectivos, o que não se verifica na maioria dos institutos (sendo antes característico das pessoas colectivas territoriais e das de base associativa)[154].

3. Os institutos públicos como expressão de descentralização funcional

Os institutos públicos são variamente referidos como um instrumento de descentralização funcional ou técnica, descentralização por serviços, descentralização imprópria ou de desconcentração personalizada, desconcentração institucional e devolução de poderes[155].

---

sentativo não corresponderá às suas condições, e não poderemos obter deles todas as vantagens que lhe são inerentes" e se – continua – o poder geral "não permitir que as localidades administrem os seus negócios, livres da ingerência exorbitante do governo, embora subordinada à sua fiscalização, não teremos obtido a verdadeira fórmula da monarquia representativa" – Estudos de Administração, cit., pp. IV e V.

[154] Cfr. SÉRVULO CORREIA, "Devolução de poderes", cit., p. 656, FREITAS DO AMARAL, Curso de Direito Administrativo, cit., pp. 692, 697, 698, 713 a 716; JOÃO CAUPERS, Direito Administrativo I. Guia de Estudo, 1999, 4.ª edição, pp. 87 a 94; J. CASALTA NABAIS, "Considerações sobre a autonomia financeira das universidades portuguesas", cit., pp. 336 a 338, *maxime*, nota 11, e 338 a 340, ANSELMO DE SÁ, Administração do Estado, Administração Local e princípio da igualdade no âmbito do estatuto de funcionário, cit., pp. 21 a 23; JOÃO BAPTISTA MACHADO, "Lições de Introdução ao Direito Público", cit., pp. 216 a 219; JOÃO LOURENÇO, "Contributo para uma análise do conceito de descentralização", Direito Administrativo, Revista de Actualidade e Crítica, Julho/Agosto, 1980, pp. 261 a 264 (a descentralização administrativa para JOÃO LOURENÇO "implica sempre a transferência de atribuições do Estado para outra pessoa colectiva de base necessariamente territorial", por ser esse o entendimento mais consentâneo com o espírito e a letra da Constituição de 1976, que, na versão originária do hoje artigo 199.°, al. d), estabelecia uma relação de direcção entre o Governo e a Administração indirecta e por a existência de mera tutela de legalidade ser mais conforme com o conceito de descentralização).

JOSÉ A. SILVA PENEDA reconduz os institutos públicos ao fenómeno da descentralização, singularizando como suas notas distintivas a autonomia ou independência institucional e o autogoverno; no entanto, a desconcentração toma-a como sinónimo de descentralização técnica ou por serviços ("Descentralização", in Polis, cit., pp. 131 e 132).

[155] JEAN RIVERO, Direito Administrativo, cit., pp. 358, 359 e 529; Vital Moreira, Administração Autónoma e Associações Públicas, cit., p. 326; RODRIGO ESTEVES DE OLIVEIRA, "Os institutos públicos nas áreas funcionais do equipamento social", Relatório cit., p. 285.

Para FREITAS DO AMARAL, os institutos públicos são uma forma de devolução de

536   *Ana Fernanda Neves*

Desta vária caracterização resulta que não são tidos nem como expressão de «descentralização pura» nem de «desconcentração pura» ou que não consubstanciam por inteiro, verdadeira e pro-priamente, uma manifestação de descentralização administrativa ou uma manifestação de desconcentração administrativa. Tirando a designação de devolução de poderes – nascida para acertar a terminologia que caracteriza a deslocação de poderes operada com os institutos públicos, à falta de consenso sobre a terminologia a utilizar e a polissemia de conceitos de descentralização[156] –, os institutos públicos são sempre contextualizados ou no sistema de descentralização ou no de desconcentração com a adjectivação da respectiva qualificação, como visto.

A guardar-se o estrito conceito de descentralização, consubstanciarão um outro fenómeno. O mesmo não pode, porém, ser reconduzido ao conceito de desconcentração *tout cour*, o qual respeita à deslocação de poderes dentro de uma mesma pessoa colectiva, seja por via da delegação, seja por via da criação de órgãos periféricos da Administração Central[157].

---

poderes, ou seja, de transferência de atribuições do Estado ou de outra pessoa colectiva territorial e de fins gerais para pessoas colectivas de fins singulares e institucionais, que as exercem em nome próprio, mas no interesse daquelas – Curso de Direito Administrativo, cit., pp. 337 a 339 e 713 a 716. No mesmo sentido, cfr. Sérvulo Correia, "Devolução de poderes", DJAP, Vol. III, Lisboa, 1990, p. 655.

J. CASALTA NABAIS advoga que as "diversas situações de desconcentração e de descentralização administrativas" sejam ordenadas pelo conceito de descentração (o equivalente português de "decentramento", reservando, no quadro de posicionamento daquelas, a expressão «desconcentração personalizada» para traduzir a descentração administrativa na administração pública indirecta – "Considerações sobre a autonomia financeira das universidades portuguesas", p. 337, nota 11.

O «decentramento» italiano parece aproximar-se da desconcentração administrativa – cfr. "Decentramento" e "Organizzazione amministrativa", de Giovanni Paleologo, in Enciclopedia del Diritto, respectivamente, Vol. XI e XXXI, pp. 804 e 805 e p. 143.

[156] O esforço terminológico e conceitual foi feito no Congresso Wiesbaden, realizado em 1959, pelo Instituto Internacional de Ciências Administrativas, como nos dá conta MARCELLO CAETANO, in Manual de Direito Administrativo, Vol. I, cit., na nota 2 da p. 248.

[157] "En réalité, il est extrêmement fâcheux d'utiliser le terme déconcentration à propos de rapports entre deux personnes juridiques distinctes ..." – JEAN PIERRE DUBOIS, Le Controle Administratif sur les Etablissements Publics, Biliotheque de Droit Public, sob a direcção de MARCEL WALINE, Paris, Librairie Générale de Droit et de Jurisprudence, 1982, p. 30.

Serão uma espécie de *tertium genus*, algo mais do que a desconcentração mas algo menos do que a descentralização. Nesta medida, ambos os termos e conceitos não servem a traduzir de forma bastante a realidade dos institutos públicos.

Na desconcentração há unidade subjectiva, o fenómeno é intra-subjectivo. Os institutos públicos colocam-se num quadro de inter-subjectividade, de "poliarquia", de afirmação autónoma responsabilizante. Acontece que esta maturidade subjectiva é perturbada pela menoridade face ao ente matriz ou de referência[158].

Há então que situar uma realidade que não sendo intra-subjectiva, não é verdadeiramente intersubjectiva ou de relacionamento paritário entre sujeitos de direito independentes, que oscila entre o princípio da descentralização e o princípio da superintendência[159] e ademais quando a Constituição não nomeia a existência de um *tertium genus*, mas apenas se refere a uma organização administrativa desconcentrada e a uma organização administrativa descentralizada.

Faz sentido enunciá-la com uma outra expressão como a de devolução de poderes, sem que a tal se oponha a nomeação constitucional

---

[158] Não há a paridade que pressupõe Charles Eisenmann quando fala de «semi-descentralização» – ver Centralisation et Décentralisation. Esquisse D'Une Théorie Générale, Paris, 1948, pp. 92, 93 e 97, "Os conceitos de descentralização e semi-descentralização administrativas segundo CHARLES EISENMANN", de ANTÓNIO CÂNDIDO DE OLIVEIRA, in *Scientia Ivridica*, Janeiro – Março, 1985, Tomo XXXIV, n.ºs 193-194, pp. 52, 56 a 59, e JOÃO LOURENÇO, "Contributo para uma análise do conceito de descentralização", cit., pp. 259 a 261.

Ver sobre a origem e evolução do conceito de desconcentração JOÃO CAUPERS, A Administração Periférica do Estado, cit., pp. 256 e segs. O Autor defende a reserva do termo descentralização para a Administração Autónoma e a utilização do termo desconcentração com referência ao quadro estadual, abrangendo quer a Administração directa quer a Administração indirecta (pp. 263 e 264), entendendo que deve ser minimizada a importância na matéria da personalidade jurídica. Como referimos acima (ponto 1.4), a criação de institutos públicos não deve redundar numa mera técnica de personalização jurídica. A «maioridade» do «ente menor» é importante à realização dos objectivos que os determinam e à responsabilização dos seus dirigentes.

[159] O "estatuto constitucional da administração indirecta encontra-se balizado por dois princípios cuja harmonização é passível de traduzir certas dificuldades, ainda que constitua um imperativo constitucional: o princípio da descentralização e o princípio da superintendência governamental" – cfr. PAULO OTERO, "Procedimento disciplinar: início do prazo de prescrição e competência disciplinar sobre os funcionários da Administração indirecta", cit.,, pp. 188 a 193, *maxime*, p. 189; e FREITAS DO AMARAL, "A função presidencial nas Pessoas Colectivas de Direito Público", cit., p. 37.

538 Ana Fernanda Neves

apenas à descentralização e à desconcentração. A mesma deve ser vista como a determinação da observância daqueles princípios na estruturação da Administração Pública, a qual é guardada ainda nas formas que os conjugam ou que são intermédias.

A preservar-se o uso de uma das duas expressões, ainda que subjectivadas, parece-me preferível dizer que os institutos públicos consubstanciam uma descentralização funcional ou técnica, conquanto esta revela a existência de sujeitos distintos, de intersubjectividade; por outro lado, mostra que a autonomia que lhe anda associada é ditada por razões de funcionalidade na gestão dos interesses públicos, "informada pelo princípio da especialização"[160].

O inventário dos institutos públicos realizado pelo Grupo de Trabalho acima mencionado mostrou a sua não dispersão territorial, concentrando-se as respectivas sedes maioritariamente na capital e nos concelhos limítrofes e sem que disponham de formas de desconcentração territorial, muitas vezes, contrariamente aos serviços da Administração directa de que constituem "destacamento". Nesta medida, foi concluído que os institutos públicos vem reproduzindo ou acentuando mesmo a centralização e a concentração administrativa do País[161], sem prejuízo de não ser a sede das instituições ou serviços que determina a sua natureza[162].

Sendo a descentralização funcional ou técnica que está aqui em causa, um princípio decorrente da própria eficácia ou agilidade da acção administrativa, ele conjuga-se num modelo de Administração poliárquica reinventada: a eficácia demanda a desburocratização, a aproximação dos serviços às populações e a participação dos interessados.

---

[160] "La création de tels établissements n'est affaire que de «répartition des compétences matérielles»" diz Jean-Pierre Dubois, reportando-se a CHARLES EISENMANN e, citando THÉRON, que, "l' établissement public «se définit par rapport à une activité" – Le Contrôle Administratif sur les Etablissements Publics, Bibliothèque de Droit Public", cit., pp. 26 e 27.

JOÃO BAPTISTA MACHADO, Administração, Estado e Sociedade, cit., p. 15.

Sobre a adopção entre nós da expressão descentralização institucional ou funcional, ver JOÃO CAUPERS, A Administração Periférica do Estado, cit., pp. 254 a 256.

[161] Cfr. "O universo dos institutos públicos em Portugal" e "Estrutura e organização dos institutos públicos", in Relatório cit., respectivamente, pp. 62, 72 a 75 e 88 a 90 e 98.

[162] CHARLES EISENMANN, Centralisation et Décentralisation, cit., p. 10.

CONCLUSÕES

I.1. A interpenetração entre sociedade e Administração Pública conduziu a uma «poliarquia institucional» ou a uma pluralidade de Administrações Públicas.

2. Os institutos públicos correspondem a uma forma organizatória da Administração Pública e a um instrumento da acção administrativa. São pessoas colectivas públicas, de substrato institucional, que realizam, por devolução, fins públicos específicos, que prosseguem, em nome próprio, intervindo nos limites das atribuições e poderes que lhe são expressamente cometidos.

3. Os limites à criação dos institutos públicos podem ser qualificados como negativos e positivos. Por um lado, temos os testes à racionalidade da sua criação – princípio da supletividade, princípio da proporcionalidade e princípio da unidade da acção do Estado – e, por outro lado, directivas estruturais da sua organização e funcionamento – princípios da eficácia e eficiência e princípios gerais da actividade administrativa.

4. O poder de controlo e fiscalização sobre os institutos públicos não é um exclusivo do Governo, mas é também uma competência e responsabilidade da Assembleia da República (artigo 162.º, alíneas a) e d), e arts. 105.º a 107.º da CRP).

Os institutos públicos não podem redundar numa desobrigação do Estado em relação às tarefas administrativas objecto de devolução, designadamente, pela falta de previsão legislativa de adequados poderes de superintendência e de tutela ou pela «demissão» do seu exercício pelos órgãos competentes.

5. A conformação das relações de trabalho pela forma e regime do contrato individual de trabalho não constitui uma «carta de alforria» em relação a um mínimo denominador comum de regime jus-publicísta, que se impõe por força da Constituição.

II – Os institutos públicos sendo mais do que uma forma de desconcentração de poderes não chegam a ser verdadeira expressão de descentralização administrativa. Daí a designação de devolução de poderes ou de descentralização técnica, descentralização de serviços ou funcional.

PRETEXTO, CONTEXTO E TEXTO DA INTIMAÇÃO PARA PROTECÇÃO DE DIREITOS, LIBERDADES E GARANTIAS* **

CARLA AMADO GOMES***

SUMÁRIO: **0.** Introdução; **1.** Modelos de defesa de direitos fundamentais: breve excurso; **2.** Intimação para protecção de direitos, liberdades e garantias: 2.1. O pretexto da solução legislativa actual; 2.2. O contexto do novo meio processual para defesa de direitos, liberdades e garantias; 2.3. O texto dos artigos 109.º a 111.º do Código de Processo nos Tribunais Administrativos: 2.3.1. Pressupostos processuais: 2.3.1.1. Competência do tribunal; 2.3.1.2. Prazo de apresentação do pedido; 2.3.2. Requisitos de admissibilidade do pedido: 2.3.2.1. O objecto; 2.3.2.2. A legitimidade das partes; 2.3.2.3. A subsidiariedade relativamente ao decretamento provisório de qualquer providência que vise a defesa de direitos, liberdades e garantias (artigo 131.º do CPTA); 2.3.3. Requisitos de provimento do pedido: a "indispensabilidade"; 2.3.4. Tramitação: 2.3.4.1. Celeridade; 2.3.4.2. Contraditório; 2.3.5. Efeitos da sentença; 2.3.6. Recurso da sentença; 2.4. A intimação em face de violações de direitos causadas por actos jurídicos comunitários: **3.** Considerações finais.

0. Os direitos fundamentais são "elementos constitutivos da legitimidade constitucional", constituem "elementos legitimativo-fundamentantes

---

* O título deste artigo é, obviamente, uma glosa a **La loi des 16-24 août 1790: Texte? Prétexte? Contexte?,** de Georges Vedel (publicado na *Revue Française de Droit Administratif*, 1990, n.º 6, pp. 12 segs).

** Agradeço ao Dr. Martins Claro a disponibilidade manifestada para a leitura e discussão de uma primeira versão deste trabalho, bem como as importantes sugestões formuladas.

*** Assistente da Faculdade de Direito da Universidade de Lisboa.

da própria ordem constitucional positiva"[1], traduzem o *estado dos direitos* no contexto do *Estado de Direito*. Tal fenómeno é patente na Constituição da República Portuguesa (=CRP), que baseia a República no princípio da dignidade da pessoa humana (artigo 1.°), que associa o princípio da juridicidade da acção do Estado à garantia de efectivação dos direitos e liberdades fundamentais (artigo 2.°), que incumbe ao Estado, a título de tarefa fundamental, a defesa e promoção dos direitos fundamentais [artigo 9.°/b), que consagra uma cláusula aberta de direitos fundamentais (artigo 16.°/1), enfim, que dedica a sua Parte I à enunciação dos direitos e deveres fundamentais dos cidadãos[2].

Se é verdade que a essência do Direito – e dos direitos – não depende da susceptibilidade da sua imposição coerciva e da sancionabilidade das condutas prevaricadoras[3], não é menos certo que a realização de um *Estado de direitos fundamentais*, num mundo não perfeito, depende de mecanismos adequados à sua tutela, plena e efectiva. A Lei Fundamental consagra, no âmbito dos princípios gerais aplicáveis em sede de direitos fundamentais, os direitos de resistência (defesa não institucionalizada)[4] e de acesso ao direito (artigos 21.° e 20.°, respectivamente). Na versão original da Constituição, o direito à tutela plena e efectiva dos direitos não se traduzia, no entanto e no plano dos direitos, liberdades e garantias (o *núcleo essencial* dos direitos fundamentais), num mecanismo especial de defesa destes. Só a partir de 1997 passou a constar do novo n.° 5 do artigo 20.° um comando dirigido ao legislador ordinário no sentido da criação de um meio processual especificamente orientado para a defesa de direitos, liberdades e garantias pessoais.

A abertura deixada ao legislador foi grande[5]; por isso, várias possibilidades de escolha do modelo concretizador do comando constitucional se perfilavam como possíveis. Desde a via da "queixa constitucional" (*recurso de amparo*, para os países hispânicos; *Verfassungsbeschwerde*, na matriz germânica), passando pela opção entre a jurisdição administrativa

---

[1] J. J. GOMES CANOTILHO, **Direito Constitucional e teoria da Constituição**, Coimbra, 1998, p. 348.

[2] Cfr. J. CASALTA NABAIS, **Os direitos fundamentais na Constituição portuguesa**, Lisboa, 1990.

[3] A. BAPTISTA MACHADO, **Introdução ao Direito e ao discurso legitimador**, Coimbra, 1993, p. 38.

[4] Sobre o direito de resistência, veja-se MARIA DA ASSUNÇÃO ESTEVES, **A constitucionalização do direito de resistência**, Lisboa, 1989.

[5] Falando numa "larga margem de escolha" deixada ao legislador ordinário, JORGE MIRANDA, **Manual de Direito Constitucional**, IV, 3ª edição, Coimbra, 2000, p. 368.

ou cível, sem recurso à instância constitucional, até à simples introdução de especialidades dentro dos meios existentes, em atenção à natureza do direito protegido.

Antes de examinarmos a solução plasmada na legislação portuguesa, como concretização do ditame inserido no n.º 5 do artigo 20.º da CRP, vamos empreender um breve excurso pelos modelos possíveis de protecção dos direitos, liberdades e garantias, enquanto direitos representativos da essência da pessoa como ser de liberdade em face do Estado, tendo por referência algumas soluções de direito comparado e o sistema português (**1.**). Passaremos então a analisar com mais detalhe o meio processual criado pelos artigos 109.º a 111.º do Código de Processo nos Tribunais Administrativos (=CPTA), recentemente aprovado pela Lei 15/2002, de 22 de Fevereiro[6] (**2.**). A final, faremos um balanço dos aspectos positivos e negativos que formos detectando, num plano puramente teorético e necessariamente lacunar, dada a inexistência – em virtude da juventude da lei – de testes jurisprudenciais às potencialidades do novo meio processual (**3.**).

1. A tutela de direitos fundamentais, *maxime* de direitos, liberdades e garantias[7], faz-se, normalmente, contra actos dos poderes públicos, ou seja, que traduzem o exercício de funções próprias do Estado, quer ao nível legislativo, quer executivo, quer judicial. Enquanto redutos de defesa do indivíduo em face do poder do Estado, os direitos, liberdades e garantias são simultaneamente objectivos de concretização e imperativos de respeito exigíveis às entidades públicas, *rectius*, a todas as entidades investidas em poderes de autoridade pública, ainda que sob forma privada (cfr. o artigo 18.º/1, 2ª parte, da CRP).

A tutela de direitos fundamentais pode assumir várias formas, havendo desde logo que distinguir entre meios jurisdicionais e meios não jurisdicionais de protecção: os primeiros implicam a criação de vias processuais aptas a defender posições jurídicas jusfundamentais, a título exclusivo ou complementar; os segundos visam assegurar tutela para posições jusfundamentais a partir de instâncias não judiciais.

---

[6] Com as alterações introduzidas pela Lei 4-A/03, de 19 de Fevereiro, que adiou a entrada em vigor do Código para 1 de Janeiro de 2004.

[7] Partindo da bipartição clássica entre direitos, liberdades e garantias e direitos económicos, sociais e culturais – que a nossa Constituição acolhe –, note-se que a tutela jurisdicional incide sobre os primeiros, em razão da não exequibilidade imediata dos segundos (dada a interdependência entre a concretização dos direitos económicos, sociais e culturais e os condicionalismos económico-financeiros).

Começando pelos meios não jurisdicionais de tutela de direitos, liberdades e garantias, estes ainda se podem subdividir entre meios institucionalizados no nosso sistema, o direito de petição, a queixa ao Provedor de Justiça, além dos meios de impugnação administrativa, e meios não institucionalizados o direito de resistência. Relativamente aos meios institucionalizados, pode ainda destrinçar-se entre meios de âmbito geral (*v.g.*, a queixa ao Provedor) e meios de âmbito específico (*v.g.*, os meios de resolução extrajudicial de conflitos de consumo, regulados pelo DL 149/99, de 4 de Maio[8]), consoante incidam sobre um conjunto indiscriminado de direitos ou sobre um tipo específico destes.

Os meios jurisdicionais contemplam diversas modalidades[9], que distinguiríamos como segue:

A. *Meios exclusivamente destinados à defesa de direitos fundamentais*:

A.1. Com ou sem intervenção do Tribunal Constitucional:
    A.1.1. Com intervenção do Tribunal Constitucional:
        A.1.1.1. Directa;
        A.1.1.2. Em via de recurso;
    A.1.2. Sem intervenção do Tribunal Constitucional:
        A.1.2.1. Junto da jurisdição comum;
        A.1.2.2. Junto da jurisdição administrativa;
A.2. Especiais ou gerais;

B. *Meios reflexa ou complementarmente destinados à defesa de direitos, liberdades e garantias*:

B.1. Com intervenção necessária do Tribunal Constitucional;
B.2. Com intervenção possível do Tribunal Constitucional;
B.3. Sem intervenção do Tribunal Constitucional.

A. O primeiro grupo, que abarca as soluções processuais especificamente criadas para defesa de direitos fundamentais, identifica-se com a

---

[8] Cfr. o nosso **Os novos *trabalhos* do Estado: a Administração Pública e a defesa do consumidor,** *in Revista da Faculdade de Direito da Universidade de Lisboa,* 2000/2, pp. 631 segs, 648.

[9] Sobre os meios jurisdicionais de defesa de direitos fundamentais, v. JORGE MIRANDA, **Manual...,** IV, *cit.,* pp. 256 segs, e G. PEREIRA DA FONSECA, **A defesa dos direitos (Princípio geral da tutela jurisdicional dos direitos fundamentais),** *in Boletim do Ministério da Justiça* 344 (1985), pp. 11 segs.

Pretexto, Contexto e Texto da Intimação para Protecção de Direitos   545

noção de recurso de amparo[10] (A.1.1.). Esta figura traduz-se essencialmente numa acção[11] destinada à condenação de uma entidade pública numa actuação ou omissão, em virtude da violação, passiva ou activa, actual ou iminente, de direitos fundamentais. O princípio da subsidiariedade exige, normalmente, que o lesado esgote as vias jurisdicionais ordinárias antes de recorrer à instância de controlo da constitucionalidade; há situações, porém, em que o recurso directo é admissível *v.g.*, o recurso contra sentenças violadoras de direitos fundamentais, ou excepcionalmente, de acordo com um critério forjado pelo Tribunal Constitucional alemão (critério da inexegibilidade), quando o recurso seja contrário a uma "jurisprudência ordinária recente, firme e unívoca"[12].

---

[10] Sobre o recurso de amparo, entre muitos, vejam-se: J. L. LAZZARINI, **El juicio de amparo**, *in Annuaire International de Justice Constitutionnelle (=AIJC)*, n.° 4, 2000, pp. 211 segs; os artigos coligidos no número especial de 1999 da *Revista Jurídica de Macau (=RJM)*, subordinada ao tema **O direito de amparo em Macau e em Direito Comparado;** I. BORRAJO INIESTA, I. DIEZ-PICAZO GIMENEZ & G. FERNANDEZ FARRERES, **El derecho a la tutela judicial y el recurso de amparo**, Madrid, 1995; F. RUBIO LLORENTE, **El recurso de amparo constitucional**, *in La jurisdicción constitucional en España*, Madrid, 1995, pp. 125 segs; P. CRUZ VILLALÓN, **Sobre el amparo**, *in Revista Española de Derecho Constitucional (=REDC)*, n.° 41, 1994, pp. 9 segs, em diálogo com L. DIEZ-PICAZO, **Dificultades prácticas y significado constitucional del recurso de amparo**, *in REDC*, n.° 40, 1994, pp. 9 segs; J. CASCAJO CASTRO & V. GIMENO SENDRA, **El recurso de amparo**, 2ª edição, Madrid, 1988, e J. TOMÉ GARCIA, **Protección procesal de los derechos humanos ante los tribunales ordinarios**, Madrid, 1987, *max.* pp. 139 segs.

[11] Apesar do nome tradicional ser *recurso de amparo*, em termos processuais rigorosos a denominação mais correcta será a de *acção de amparo*. Isto porque o lesado vai requerer ao tribunal a primeira definição do direito aplicável a uma situação de violação, iminente ou actual, positiva ou negativa, de uma posição subjectiva jusfundamental: "não se pretendendo, com o denominado recurso de Amparo, requerer a reapreciação de nenhuma decisão judicial anterior a um Tribunal hierarquicamente superior, posto que antes da interposição do recurso nenhuma decisão judicial foi proferida, o resultado lógico é o de que o amparo não é um recurso, mas sim uma acção" (WLADIMIR BRITO, **O amparo...**, *cit.*, p. 105 – note-se que este autor, sem embargo de dar notícia da querela doutrinal sobre a natureza do amparo, perfilha a tese do recurso, por analogia com o recurso de anulação administrativo, tese que foi definitivamente afastada por VASCO PEREIRA DA SILVA, no seu antológico **A natureza jurídica do recurso de anulação. Uma acção chamada recurso,** Coimbra, 1985).

A única situação em que se poderá falar de recurso de amparo *proprio sensu* é a de impugnação de uma sentença violadora de direitos fundamentais junto de um tribunal superior.

[12] P. HÄBERLE, **El recurso de amparo en el sistema germano-federal de jurisdicción constitucional**, *in RJM, cit.*, pp. 175 segs, 214.

O amparo, pressupondo a existência de um processo autónomo, com objecto específico e exigindo a intervenção de um tribunal superior com competência de revisão circunscrita à questão da violação do direito fundamental alegadamente lesado, não depende, na sua essência, da intervenção do Tribunal Constitucional (desde logo, em razão da diferente orgânica jurídico-constitucional dos Estados). Em ordenamentos jurídicos onde exista fiscalização concentrada da constitucionalidade, a tendência será para deferir ao Tribunal Constitucional a competência de garante supremo dos direitos que a Lei Fundamental consagra. Refira-se o exemplo da Alemanha, onde a *Verfassungsbeschwerde* contribui, a um tempo, para a uniformidade na aplicação do *Direito dos direitos* (e que, concomitantemente, incrementa a igualdade) e para a formação de uma consciência cívica, quer das entidades públicas destinatárias das decisões de amparo, quer dos particulares promotores daquelas[13]. Já Estados que não contemplem a existência de uma instância concentrada de controlo da constitucionalidade, tenderão a entregar o controlo último do amparo a tribunais superiores[14] (A.1.2.).

Nesta segunda modalidade de amparo, a competência para conhecer das violações de direitos fundamentais pode estar a cargo, quer da jurisdição comum – em países de influência anglo-saxónica[15], por força do magno princípio da *rule of law:* é o caso do mandado de segurança brasileiro, que constitui uma acção cível, de carácter sumário[16]–, quer da jurisdição admi-

---

[13] P. HÄBERLE (**El recurso de amparo...**, *cit.*, p. 182 e 205) fala de um *efeito educativo geral* do amparo alemão, promovido desde logo pela gratuitidade do recurso para o Tribunal Constitucional e pela desnecessidade de patrocínio judiciário, factos que fazem deste Tribunal um *Tribunal do povo*, e dos cidadãos verdadeiros *motores* de uma cultura cívica dos direitos fundamentais.

[14] É o caso, por exemplo, de Cabo Verde, que introduziu o recurso de amparo na Constituição de 1992, com intervenção final do Supremo Tribunal de Justiça – cfr. WLADIMIR BRITO, **O amparo...**, *cit.*, p. 96 – o que permite realizar um cruzamento entre a fiscalização difusa da constitucionalidade e a defesa dos direitos fundamentais através do amparo, uma vez que aquele tribunal é competente para ambas as funções (cfr. J. LOPES DA GRAÇA, **O «recurso de amparo» no sistema constitucional cabo-verdiano**, *in Direito & Cidadania (=D&C)*, n.° 2, 1997, pp. 199 segs).

[15] Adoptando, com mais ou menos adaptações, a lógica do *writ of mandamus,* conforme refere J. M. CARDOSO DA COSTA, **A tutela dos direitos fundamentais**, *in Documentação e Direito Comparado*, 1981/5, pp. 201 segs, 220. Sobre este *remedy* da *common law*, v. J. M. SÉRVULO CORREIA, **O controlo jurisdicional da Administração no Direito inglês**, Separata dos *Estudos em homenagem ao Prof. Marcello Caetano*, Lisboa, 1973, p. 14.

[16] Sobre o mandado de segurança (singular e colectivo), v. G. VAGLI, **O mandado de segurança e os institutos processuais afins no sistema jurídico brasileiro**, *in D&C,*

Pretexto, Contexto e Texto da Intimação para Protecção de Direitos 547

nistrativa – é o caso de Portugal, com a entrada em vigor do novo CPTA e dos artigos 109.° a 111.°, pese embora a existência, no nosso país, de uma instância de controlo concentrado da constitucionalidade.

Originalidade da Constituição brasileira de 1988 a que não pode deixar de se fazer referência, é o mandado de injunção contra "a falta de norma regulamentadora" dos "direitos e liberdades constitucionais e das prerrogativas inerentes à nacionalidade, à soberania e à cidadania" (artigo 5.°/LXXI). Trata-se de um meio processual que eleva ao máximo a protecção de direitos fundamentais, pois permite ao juiz substituir-se ao legislador na emissão de norma regulamentadora do exercício de um direito fundamental, embora com efeitos restritos ao caso concreto[17].

A existência de um processo jurisdicional específico de defesa de direitos fundamentais pode, de acordo com a opção do legislador, ter um âmbito mais ou menos alargado (A.2). Desde logo, cabe fazer referência ao mais conhecido antepassado do recurso de amparo, o *Habeas Corpus* (nascido no Reino Unido, em 1679, com o *Habeas Corpus Act*), medida destinada a salvaguardar o direito à integridade física (e, em última análise, à vida) perante os poderes Executivo e Judicial, contra detenções e prisões ilegais[18]. Nesta lógica se inclui o moderno *Habeas Data*, introduzido no ordenamento jurídico brasileiro pela Constituição de 1988 (artigo 5.°/LXXII), para defesa do direito à informação e rectificação de dados pessoais contidos em bases informáticas de entidades públicas[19], que se espalhou depois pelos ordenamentos jurídicos de vários Estados da América Latina[20].

Estes são exemplos de amparos especiais – leia-se: visam a tutela de um único direito ou de um feixe de faculdades derivadas de um mesmo

---

n.° 14, 2002, pp. 57 segs; o n.° 64 (2001) da *Revista do Advogado*, dedicado ao tema dos **50 anos da lei do mandado de segurança**; A. FERREIRA MACIEL, **Mandado de segurança. Direito líquido e certo**, *in D&C*, n.° 5, 1998, pp. 53 segs (com casos da jurisprudência); PAULO BONAVIDES, **Curso de Direito Constitucional**, 7ª edição, s/ local, 1997, p. 506.

[17] Cfr. PAULO BONAVIDES, **Curso...**, *cit.*, p. 505.

[18] Em Portugal, vejam-se os artigos 31.° da CRP, e 220.° e segs do Código do Processo Penal.

[19] Cfr. C. BORJA, **O mandado de injunção e o** *habeas data*, *in Revista Forense*, v. 306, 1989, pp. 43 segs; PAULO BONAVIDES, **Curso...**, *cit.*, p. 506; M. GONÇALVES FERREIRA FILHO, **Curso de Direito Constitucional**, 24ª edição, 1997, pp. 321, 322.

[20] Cfr. V. BAZÁN, **El habeas data, el derecho a la autodeterminación informativa y la superación del concepto preinformático de la intimidad**, *in Boletín Mexicano de Derecho Comparado*, n.° 94, 1999, pp. 13 segs; E. FALCÓN, *Habeas Data*, Buenos Aires, 1996.

direito. Normalmente, estas vias processuais especiais coexistem com o amparo geral, ou seja, o amparo cuja utilização é possível relativamente a um conjunto diversificado de direitos. Contudo, pode acontecer também que a protecção especializada de direitos fundamentais se reduza à existência deste tipo de meios de tutela – era a situação em Portugal, até à entrada em vigor do CPTA.

O amparo geral pode ainda, por seu turno, ter um âmbito amplo (incidir sobre uma categoria de direitos) ou restrito (ser aplicável a uma lista taxativa de direitos). O primeiro grupo pode ilustrar-se precisamente a partir do artigo 109.º do CPTA, que aponta para uma aplicação do amparo administrativo ao conjunto dos direitos, liberdades e garantias, sem distinções (adiante veremos se esta leitura textual deverá sofrer alguma correcção), enquanto o segundo é especialmente nítido no caso espanhol[21].

B. O segundo grupo, em que incluímos as situações de protecção reflexa dos direitos fundamentais, é constituído por um elenco de meios processuais não estruturalmente concebidos como vias de tutela de tais direitos mas que, indirectamente, podem servir esse desígnio. O critério de distinção que elegemos é o da necessidade de intervenção do Tribunal Constitucional, em razão da estreita ligação dos direitos fundamentais ao texto constitucional, onde normalmente se sediam. Ou seja, uma protecção, mesmo indirecta, dos direitos fundamentais, há-de passar tendencialmente pela compaginação entre a situação de alegada violação e o parâmetro da norma constitucional consagradora da posição jusfundamental, facto que convida – pelo menos em sistemas onde exista fiscalização concentrada da constitucionalidade a cargo do Tribunal Constitucional – ao controlo final exercido pela instância última de fiscalização da constitucionalidade. Neste tipo de controlo, realizado a partir dos mecanismos de fiscalização da constitucionalidade dos actos normativos, é imprescindível a existência de uma norma (ou de uma interpretação de uma norma) desconforme com o padrão constitucional de garantia. O que, evidentemente, amputa o âmbito de protecção, na medida em que é insusceptível de veicular, quer a sindicância de actos, materiais e jurídicos, praticados por entidades encarregadas da prossecução da função administrativa, quer o controlo de decisões judiciais.

Analisando a situação portuguesa anterior à entrada em vigor do CPTA, concluímos que a protecção de direitos fundamentais através de

---

[21] Cfr. a descrição de F. ALVES CORREIA, **A justiça constitucional**..., *cit.*, p. 265, nota 54.

Pretexto, Contexto e Texto da Intimação para Protecção de Direitos 549

mecanismos processuais estruturalmente criados para esse efeito se reduzia essencialmente ao processo de *Habeas Corpus*. No entanto, o sistema contemplava – e continua a contemplar – algumas vias, se não alternativas, pelo menos complementares ou reflexas de protecção de direitos fundamentais, e elas passam, justamente, pelo sistema de fiscalização da constitucionalidade. Senão, vejamos:

- o Provedor de Justiça (órgão a quem os particulares podem endereçar queixas sobre a desconformidade da actuação da Administração com a Constituição, designadamente com as normas atributivas de direitos fundamentais[22]) tem competência funcional para desencadear o controlo abstracto sucessivo de constitucionalidade de normas jurídicas violadoras de direitos fundamentais (artigo 281.º/2/d) da CRP), em nome do princípio da constitucionalidade. Há aqui uma *intervenção necessária* do Tribunal Constitucional, órgão a quem é solicitada a emissão de uma declaração de inconstitucionalidade com força obrigatória geral, que erradicará a norma do ordenamento jurídico, fazendo assim, em regra[23], cessar a causa, mediata ou imediata, das lesões subjectivas jusfundamentais;
- no âmbito do processo de fiscalização concreta da constitucionalidade, ocorrem também situações em que a desaplicação de uma norma pelo julgador, com fundamento na sua inconstitucionalidade, pode pôr em causa direitos fundamentais de uma das partes. Nestes casos, mais uma vez em nome do princípio da constitucionalidade e a título objectivo, o Ministério Público tem o dever de interpor recurso para o Tribunal Constitucional[24], a fim de que este possa controlar a justeza da desaplicação da norma (artigo 280.º/3

---

[22] Paulo Otero chega até a colocar a hipótese de criação de uma "acção popular constitucional" para defesa de direitos fundamentais, em nome do princípio da máxima efectividade daqueles direitos – **A acção popular: configuração e valor no actual Direito português**, *in Revista da Ordem dos Advogados*, 1999/III, pp. 871 segs, 879, nota 16.

[23] A ressalva prende-se com o facto de a declaração de inconstitucionalidade com força obrigatória geral poder ter efeitos *ex nunc*, de acordo com o artigo 282.º/4 da CRP, subsistindo assim a causa de algumas situações lesivas. Sobre a problemática da limitação de efeitos das decisões de inconstitucionalidade, v. Rui Medeiros, **A decisão de inconstitucionalidade**, Lisboa, 1999, pp. 673 segs, e Jorge Miranda, **Manual de Direito Constitucional**, VI, Coimbra, 2001, pp. 265 segs.

[24] Neste sentido, Jorge Miranda, **Manual...**, VI, *cit.*, pp. 210. Sediando o dever de recurso do Ministério Público numa presunção de não inconstitucionalidade das normas decorrente da promulgação do Presidente da República, Rui Medeiros, **A decisão...**, *cit.*, pp. 74 segs.

da CRP)[25]. Estamos em presença de uma segunda situação de *intervenção necessária* do Tribunal Constitucional (por força do texto constitucional) a qual, não tendo por objecto a defesa de direitos fundamentais, pode indirectamente contribuir para ela (embora o eventual juízo de inconstitucionalidade não revista aqui, naturalmente, os mesmos efeitos que na situação anterior);

– Os casos de *intervenção possível* do Tribunal Constitucional situam-se também no âmbito da fiscalização concreta da constitucionalidade, e prendem-se com a suscitação de incidentes de constitucionalidade pelas partes em processos judiciais. O recurso ao Tribunal Constitucional, após o esgotamento dos recursos ordinários (cfr. os artigos 70.º/2 e 72.º da Lei Orgânica do Tribunal Constitucional), é uma faculdade reconhecida à parte que tenha suscitado, durante o processo, a inconstitucionalidade de uma norma cuja aplicação haja ocorrido. No âmbito da relação jurídica administrativa, este incidente, desencadeado no decurso de uma acção para reconhecimento de direitos (nos termos do artigo 69.º da LPTA), é ainda a forma mais parecida com um amparo administrativo – sem o ser, naturalmente, dada a ausência de conformação estrutural específica.

Também no processo civil tem cabimento a hipótese de incidentes de inconstitucionalidade que sirvam a protecção de direitos fundamentais. Basta pensar nas acções declarativas de apreciação ou mesmo de condenação, eventualmente apoiadas por providências cautelares, nas quais se peça ao tribunal o reconhecimento de um determinado direito fundamental, alegadamente perturbado pela emergência, no ordenamento, de uma norma cuja inconstitucionalidade se suscite. Este exemplo, à semelhança do anterior, ilustra a hipótese de aproveitamento de uma via processual geral para, com o auxílio do sistema de fiscalização concreta da constitucionalidade, obter a tutela de um direito fundamental violado. A intervenção última do Tribunal Constitucional só acontece caso a parte vencida, e alegadamente lesada numa posição jusfundamental, apresente o recurso de constitucionalidade, após o esgotamento das vias ordinárias de recurso.

Por fim, existem situações em que, não se invocando qualquer inconstitucionalidade normativa, as vias processuais de utilização geral podem servir a finalidade de tutela de direitos fundamentais. Aqui, o *mal* não

---

[25] Convém precisar, no entanto, que este dever do Ministério Público surge apenas relativamente ao recurso da desaplicação de normas constantes de convenção internacional, acto legislativo ou decreto regulamentar.

Pretexto, Contexto e Texto da Intimação para Protecção de Direitos 551

estará na norma, mas na actuação em concreto, facto que arredará a possibilidade de suscitar o incidente de constitucionalidade. Isso não invalida, no entanto, que a interposição de acções, cíveis ou administrativas, possa concretizar formas de tutela complementar de direitos fundamentais. Estamos a pensar, por exemplo, em situações como a da realização de obras em terrenos particulares por entidades administrativas sem acto expropriativo prévio (requerendo a interposição de uma acção de condenação da Administração na retirada dos materiais e na reposição do *statu quo ante*, eventualmente antecedida ou acompanhada de um pedido de embargo de obra – junto da jurisdição administrativa –, em defesa do direito de propriedade[26]), ou a de alguém que não consegue dormir em razão das guitarradas nocturnas de um vizinho (apresentando uma acção de condenação do guitarrista na omissão da actuação perturbadora do seu repouso, eventualmente antecedida ou acompanhada de uma providência cautelar não especificada – junto da jurisdição cível –, em defesa do direito à integridade física e psíquica).

Depois deste brevíssimo olhar – sem quaisquer pretensões de exaustividade – por alguns modelos de protecção de direitos fundamentais, passemos então a analisar, com mais detalhe, o novo meio processual criado pelo CPTA: a intimação para protecção de direitos, liberdades e garantias.

2. O novo meio processual criado pelos artigos 109.º a 111.º do CPTA não surge do nada. Ele é o resultado de um processo de maturação, legislativa e doutrinal, sobre o tema da protecção jurisdicional específica de direitos fundamentais, que tem como *pretexto* a já longa aspiração à instituição de um recurso de amparo no ordenamento jurídico português. Tendo avançado nesse sentido, o legislador inseriu esta via de amparo no seio de uma reforma profunda dos meios de justiça cautelar administrativa. É a partir deste *contexto* que vamos tentar deslindar as potencialidades oferecidas pelo *texto* dos artigos 109.º a 111.º do CPTA.

2.1. Os antecedentes da nova figura processual criada pelo CPTA para protecção de direitos, liberdades e garantias remontam, pelo menos, à revisão constitucional de 1989, momento em que, pela primeira vez, se tentou introduzir na Lei Fundamental o recurso de amparo. Por um lado, preconizava-se a criação de uma acção constitucional de defesa contra

---

[26] Cuja natureza análoga aos direitos, liberdades e garantias, é inquestionável – J. J. Gomes Canotilho & Vital Moreira, **Constituição da República Portuguesa, Anotada**, 3ª edição, Coimbra, 1993, p. 326.

acções ou omissões dos poderes públicos violadoras de direitos, liberdades e garantias e, por outro lado, previa-se a instituição de um recurso constitucional de defesa contra decisões jurisdicionais violadoras daqueles direitos, ambos com intervenção do Tribunal Constitucional[27]. As tentativas goraram-se por impossibilidade de obtenção da necessária maioria de aprovação. E na revisão constitucional de 1997, idênticas propostas tiveram idêntica sorte[28].

De acordo com ALVES CORREIA, as quatro principais objecções à instituição de um recurso de amparo em Portugal, *maxime* se envolvendo o Tribunal Constitucional, são as seguintes: "**Em primeiro lugar**, a *dificuldade de harmonização* deste instituto com o sistema português de fiscalização da constitucionalidade de normas jurídicas, no qual o *recurso concreto de constitucionalidade*, sobretudo quando tem como base a suscitação, pela parte, *durante o processo*, da inconstitucionalidade da norma jurídica aplicável ao caso, desempenha um papel determinante na protecção dos direitos fundamentais dos cidadãos. **Em segundo lugar,** a existência no ordenamento jurídico português, de um conjunto de garantias constitucionais de tutela jurisdicional efectiva dos direitos ou interesses legalmente protegidos dos particulares em face da Administração, nas quais se incluem, nomeadamente, o reconhecimento desses direitos ou interesses, o recurso contencioso com fundamento em ilegalidade contra quaisquer actos administrativos, independentemente da sua forma, que lesem aqueles direitos ou interesses legalmente devidos, a adopção de medidas cautelares adequadas (entre as quais a «suspensão jurisdicional da eficácia do acto administrativo») e o reconhecimento aos cidadãos do direito de impugnação contenciosa de normas administrativas com eficácia externa lesivas dos seus direitos ou interesses legalmente protegidos (cfr. o artigo 268.°, n.°s 4 e 5, da Constituição), as quais se traduzem no reconhecimento aos

---

[27] Vejam-se os projectos do PCP (*DAR*-II, n.° 4-RC, de 28 de Março de 1988, p. 55), e dos deputados do PS Almeida Santos, Vera Jardim e António Vitorino (*DAR*-II, n.° 65-RC, de 10 de Janeiro de 1989, p. 2004).

[28] Cfr. os textos dos vários projectos de alteração do artigo 20.° da CRP no *DAR*-II, n.° 27, de 7 de Março de 1996, bem assim como as **Ideias para uma revisão constitucional,** de JORGE MIRANDA (Lisboa, 1996, p. 29), que preconizava a introdução de uma norma sobre recurso de amparo de decisões jurisdicionais para o Tribunal Constitucional (alteração ao artigo 280.°), e uma nova competência do juiz ordinário em caso de omissão legislativa que afectasse o exercício de qualquer direito fundamental, juiz que passaria a poder colocar a questão perante o Tribunal Constitucional (alteração ao artigo 283.°) – embora sem ir tão longe como o mandado de injunção brasileiro, figura inspiradora deste regime.

particulares de uma protecção jurisdicional administrativa sem lacunas – *princípio da plenitude da garantia jurisdicional administrativa*, permitindo--se-lhes o acesso à justiça para a defesa de direitos ou interesses legalmente protegidos sem se condicionar esse acesso à adopção de um acto administrativo – garantias essas que preenchem uma boa parte dos fins que justificariam a adopção do «recurso de amparo». **Em terceiro lugar**, o receio da «inundação» do Tribunal Constitucional português com grande número de «recursos», comprometendo-se, desse modo, a sua operacionalidade e eficácia. E, **por último**, o temor do surgimento de dificuldades de relacionamento ou mesmo de conflitos entre o Tribunal Constitucional e os restantes tribunais, sobretudo os Supremos Tribunais, nos casos em que o «recurso de amparo» tivesse como objectivo a própria decisão judicial, por ser ela própria violadora de um direito fundamental"[29] (realçados nossos).

O facto de o texto constitucional revisto não ter expressamente acolhido qualquer acção constitucional de defesa não significou, contudo, que as reivindicações daqueles que há muito propugnavam a criação de uma via processual específica para defesa de direitos fundamentais, ficassem, mais uma vez, por acolher. É que, se o consenso não chegou para plasmar na Constituição uma solução que implicasse necessariamente a intervenção do Tribunal Constitucional num processo destinado à garantia de direitos fundamentais, foi suficiente, não obstante, para que ao artigo 20.º da CRP fosse aditado um novo n.º 5, que convidava o legislador, no mínimo, a criar soluções específicas de tutela, célere e efectiva, de direitos, liberdades e garantias pessoais[30].

"Para defesa dos direitos, liberdades e garantias pessoais, a lei assegura aos cidadãos procedimentos judiciais caracterizados pela celeridade e prioridade, de modo a obter tutela efectiva e em tempo útil contra ameaças ou violações desses direitos", estatui o n.º 5 do artigo 20.º da CRP. Esta fórmula abre ao legislador duas vias possíveis, na opinião de JORGE MIRANDA[31]:

---

[29] F. ALVES CORREIA, **A justiça constitucional em Portugal e em Espanha – encontros e divergências**, *in RJM, cit.*, pp. 237 segs, 270, 271.

[30] Uma manifestação da inovação constitucional terá sido, desde logo, a introdução de pequenas alterações na Lei Orgânica do Tribunal Constitucional, através da Lei 13-A/98, de 26 de Fevereiro, nomeadamente das regras contidas no artigo 79.º B/3, permitindo ao relator conferir prioridade ao julgamento de processos que envolvam direitos, liberdades e garantias, bem assim como reduzir para metade os prazos de julgamento – JORGE MIRANDA, **Manual...**, IV, *cit.*, pp. 368, 369.

[31] JORGE MIRANDA, **Manual...**, IV, *cit.*, p. 368.

– a criação de processos de cognição sumária, a apresentar junto das jurisdições cível e administrativa;
– a instituição de uma acção de amparo constitucional a qual contemplasse, a título principal ou subsidiário, a intervenção do Tribunal Constitucional.

Olhando para o panorama processual português, quer o processo criminal (através do *habeas corpus*), quer o processo cível (através das acções declarativas de apreciação e condenação, acompanhadas por um amplo leque de providências cautelares, especificadas e não especificadas), já reuniam condições para assegurar tutela razoavelmente eficaz contra violações de direitos, liberdades e garantias. O contencioso administrativo, contudo, encontrava-se mais desprovido de vias de tutela célere (mais por retracção jurisdicional do que por real ausência de meios, ainda que *emprestados* do processo cível, diga-se de passagem), e essa situação era tanto mais grave quanto as mais graves violações de direitos, liberdades e garantias são tendencialmente perpetradas por entidades públicas. É nesse contexto que se explica a criação do novo meio processual de intimação para protecção de direitos, liberdades e garantias, de que nos ocuparemos de seguida.

2.2. A reforma da justiça cautelar administrativa de há muito vinha sendo reclamada pela doutrina nacional[32]. Às solicitações das situações da vida juntou-se a injunção constitucional – vide o novo texto do n.º 4 do artigo 268.º, saído da revisão constitucional de 1997 –, a qual obrigou o legislador a proceder a uma intervenção séria e coerente no sistema. Na verdade, a multiplicação de formas possíveis de actuação administrativa, jurídicas e materiais, acentuou a *solidão* da suspensão jurisdicional da eficácia (consagrada nos artigos 76.º e seguintes da LPTA), sobretudo em face da necessidade de providenciar tutela antecipatória e de fazer frente a acções e omissões materiais da Administração Pública.

Cabe também referir que a nova filosofia cautelar subjacente ao CPTA é paralela a uma nova conformação do contencioso administrativo,

---

[32] Um ponto da situação de défice do contencioso administrativo ao nível cautelar pré-reforma pode ver-se em CARLA AMADO GOMES, **Contributo para o estudo das operações materiais da Administração Pública e do seu controlo jurisdicional**, Coimbra, 1999, pp. 425 segs, e mais recentemente em ISABEL FONSECA, **Introdução ao estudo sistemático da tutela cautelar no processo administrativo**, Coimbra, 2002, pp. 303 segs.

nomeadamente à recepção plena da figura da acção declarativa de tipo condenatório[33]. De pouco serviria, de facto, reformar a justiça cautelar se a tutela principal permanecesse refém dos equívocos tradicionais, baseados numa anquilosada leitura do princípio da separação de poderes.

O modelo adoptado alia uma *tutela principal multifuncional* – veiculada, sobretudo, através da acção comum (artigos 37.° e segs do CPTA) –, a uma tutela cautelar não menos diversificada, com possibilidade de concessão de providências cautelares conservatórias e antecipatórias (cfr. o artigo 112.° do CPTA), além de abrir a porta a processos de cognição sumária, na linha do que vinha sendo reclamado por alguma doutrina. "Quando se puder concluir que, em certas matérias mais sensíveis, o direito à tutela judicial efectiva exige uma antecipação desse tipo – escrevia, em 1995/96, AROSO DE ALMEIDA – o caminho deverá passar pela eventual criação de condições para uma rápida e eficaz *tutela final*, mediante a instituição de processos especiais (sumários) de resolução final de conflitos. O que se poderá justificar nos domínios em que os problemas se coloquem com maior frequência ou em que as consequências, designadamente no que toca ao exercício de direitos fundamentais, tendam a ser mais gravosas"[34].

O Anteprojecto que esteve em discussão pública durante o ano de 2000 apontava já, ainda que não da melhor forma[35], para uma cláusula aberta de meios cautelares, bem assim como contemplava uma via processual especial de defesa de direitos, liberdades e garantias *pessoais*. Tratava-se de uma modalidade urgentíssima de tutela cautelar, cujo objecto de protecção justificava a ausência de prévio contraditório, explicava a impossibilidade de a Administração invocar razões de interesse público para não acatar o decretamento provisório da medida e implicava a impossibilidade de lançar mão de qualquer meio impugnatório que se lhe pudesse opor. Parece-nos ter interesse transcrever aqui os n.°s 1 e 3 do artigo 114.° do Anteprojecto, a fim de podermos estabelecer eventuais comparações entre a solução daquele e a que foi acolhida no CPTA:

---

[33] Uma visão panorâmica das linhas de força subjacentes à reforma do contencioso administrativo pode ver-se em D. FREITAS DO AMARAL & M. AROSO DE ALMEIDA, **Grandes linhas da reforma do contencioso administrativo**, Coimbra, 2002.

[34] M. AROSO DE ALMEIDA, **Medidas cautelares no ordenamento contencioso – breves notas**, *in Direito & Justiça*, 1997/II, pp. 139 segs, 156.

[35] Veja-se a apreciação que fizemos da secção dedicada à justiça cautelar em **À espera de Ulisses. Breve análise da Secção I do Capítulo VI do Anteprojecto de Código dos Tribunais Administrativos/II (As medidas cautelares)**, *in Revista do Ministério Público*, n.° 84, 2000, pp. 49 segs.

> *"1. Quando a providência se destinar a protecção de direitos, liberdades e garantias pessoais que de outro modo não possam exercer-se em tempo útil ou quando entenda haver especial urgência na adopção das medidas cautelares, pode o interessado pedir o decretamento provisório da providência.*
>
> *(...)*
>
> *3. Analisada a petição, o juiz ou relator, se reconhecer a possibilidade de lesão iminente e irreversível do direito, liberdade e garantia pessoal invocada, ou outra situação de especial urgência poderá, no prazo de 48 horas, colhidos os elementos a que tenha acesso imediato, sem quaisquer outras formalidades ou diligências, decretar provisoriamente a providência requerida ou a que julgue mais adequada."*

Em primeiro lugar, deve notar-se que o CPTA recuperou algo deste modelo no artigo 109.°, alargando, porém, o seu âmbito. Com efeito, enquanto o Anteprojecto se limitava a cumprir estritamente o comando constitucional – restringindo-se aos direitos, liberdades e garantias *pessoais* –, o CPTA não distingue dentro daquela categoria, pelo que tão-pouco o intérprete/aplicador deverá fazê-lo[36]. Contudo, uma dúvida pode ainda colocar-se, em face da cláusula de extensão de regime constante do artigo 17.° da CRP: estão também abrangidos os direitos fundamentais de natureza análoga a direitos, liberdades e garantias? Se sim, só os inseridos no texto constitucional (embora fora do catálogo), ou também os provenientes da lei e do Direito Internacional?

Tendemos a responder afirmativamente à primeira questão: por um lado, porque a abertura demonstrada pelo legislador ao afastar a limitação da natureza pessoal do direito revela a intenção de alargar o âmbito da providência; por outro lado, na medida em que a criação de um meio processual como a intimação reflecte a preocupação com a tutela especialmente célere de certos direitos que, pela sua natureza, espelham de forma mais sensível a relação do cidadão em face do Estado – e essa natureza *comunica-se* a outras posições jurídicas "de fora do catálogo"; por fim, e invocando novamente a natureza dos direitos, liberdades e garantias, ela reflecte a *situação estratégica* desta categoria de direitos no contexto do direito ao livre desenvolvimento da personalidade (cfr. o artigo 26.°/1 da CRP), para o qual contribuem também os direitos de natureza análoga.

---

[36] A desconformidade constitucional só tornaria a solução inconstitucional se o legislador tivesse diminuído o âmbito de protecção. Ora, o que aconteceu foi exactamente o contrário.

Pretexto, Contexto e Texto da Intimação para Protecção de Direitos 557

Já relativamente ao segundo problema, hesitamos em abranger no âmbito de aplicação da intimação direitos cuja sede não seja o texto constitucional. Os argumentos aqui são de natureza essencialmente prática: *primo*, as dúvidas que a qualificação poderá levantar ao julgador (sendo certo que, perante a vocação abrangente da nossa Lei Fundamental e em face das sucessivas revisões a que é sujeita, o mais natural é que um direito fundamental de natureza análoga de origem legal seja constitucionalizado – e nessa altura as dúvidas dissipam-se); *secundo*, o alcance desmesurado que a intimação poderia revestir, o qual tenderia, eventualmente, a reduzir a operacionalidade do meio, por "afogamento" dos tribunais; *tertio*, a extensão do catálogo constitucional, que esgota praticamente o elenco de direitos fundamentais histórica e socialmente susceptíveis de reconhecimento.

Em segundo lugar, a intimação para protecção de direitos, liberdades e garantias é hoje configurada como *um meio processual autónomo*[37] – sumário e por isso especialmente célere, de defesa daqueles direitos –, já *não como uma modalidade de aplicação de qualquer providência cautelar*, como resultava do artigo 114.° do Anteprojecto. A proximidade permaneceu, contudo, num ponto: o decretamento provisório de qualquer providência cautelar que vise a tutela especialmente célere de direitos, liberdades e garantias é subsidiário relativamente à intimação, solução que constitui um *filtro corrector* do vasto espectro da última (v. *infra*, 2.3.2.3.).

2.3. A intimação para protecção de direitos, liberdades e garantias encontra-se prevista nos artigos 109.° a 111.° do CPTA, sem embargo de outras disposições dispersas relevarem para a caracterização do seu regime. A nossa análise vai desenvolver-se da seguinte forma: em primeiro lugar, identificaremos os pressupostos processuais, essenciais à existência da lide; em segundo lugar, debruçar-nos-emos sobre as condições de admissibilidade, cujo preenchimento é indispensável para que o tribunal conheça do mérito do pedido; em terceiro lugar, a nossa atenção recairá sobre as condições de provimento do pedido, ou seja, a susceptibilidade de sobre a pretensão recair uma decisão favorável ao interessado; em quarto lugar, analisaremos brevemente os aspectos relativos à tramitação processual destas intimações e, em quinto lugar, faremos referência aos efeitos possíveis das decisões; finalmente, em sexto lugar, deixaremos uma nota sobre a possibilidade de recurso destas decisões.

---

[37] De resto, já havíamos defendido ser esta a melhor solução, em razão da sua autonomia material – cfr. CARLA AMADO GOMES, **À espera**..., *cit*., p. 84.

558 *Carla Amado Gomes*

2.3.1. Os pressupostos processuais são dois: a competência do tribunal e o prazo de apresentação do pedido:

2.3.1.1. Deve começar-se por referir, nesta sede, o artigo 4.°/1/a) do Estatuto dos Tribunais Administrativos e Fiscais (=ETAF)[38], que incumbe a jurisdição administrativa da apreciação de litígios que tenham por objecto "a tutela de direitos fundamentais". Em face da hierarquia de tribunais existente (tribunais administrativos de círculo, Tribunal Central Administrativo e Supremo Tribunal Administrativo), cabe então averiguar que tribunal, em concreto, toma conhecimento do pedido em primeira instância. De acordo com o artigo 44.°/1, 1ª parte, do ETAF, são os tribunais administrativos de círculo (uma vez que se não verificam as excepções a que alude a 2ª parte desta disposição).

Resta saber qual o tribunal administrativo de círculo territorialmente competente. As regras sobre a competência em termos territoriais encontram-se nos artigos 16.° e seguintes do CPTA e, para o que nos interessa aqui, no artigo 20.°/5, que determina que os processos de intimação que não sejam relativos a pedidos de intimação para prestação de informações, consulta de documentos e passagem de certidões, devem ser instaurados "no tribunal da área onde deva ter lugar o comportamento ou a omissão pretendidos".

A competência para o conhecimento de eventuais pedidos de recurso da decisão será analisada em 2.3.6..

2.3.1.2. A apresentação de um pedido de intimação para protecção de direitos, liberdades e garantias não está sujeita a qualquer prazo, facto que tem a ver com a configuração específica deste meio de defesa de direitos fundamentais na nossa ordem jurídica. Referimo-nos, mais precisamente, à impossibilidade de requerer a intimação contra normas contidas em actos legislativos ou contra decisões judiciais – soluções correntes noutros ordenamentos que consagram o amparo, e em que o legislador impõe prazo para a apresentação do pedido, em nome do princípio da segurança jurídica, na perspectiva da estabilidade das relações jurídicas. Além disso, há também normalmente um prazo para interposição do "recurso" de amparo junto do tribunal superior, que se conta a partir da data do trânsito em julgado da decisão da última instância ordinária de decisão – em obediência ao princípio da subsidiariedade, na vertente da exaustão dos recursos ordinários.

---

[38] Aprovado pela Lei 13/2002, de 19 de Fevereiro, com as alterações introduzidas pela Lei 4-A/03, de 19 de Fevereiro.

Em Portugal, por um lado, a circunscrição da intimação à "adopção de uma conduta positiva ou negativa" remete-nos para o universo das formas de actuação unilateral administrativa, isentando o particular do cumprimento de qualquer prazo processual determinante da caducidade do direito de acção – aliás, em coerência com a cominação de nulidade para actos administrativos atentatórios de direitos fundamentais, nos termos do disposto no artigo 133.°/2/d) do CPA. Por outro lado, como a configuração estrutural da intimação é alheia ao princípio da subsidiariedade na vertente da exaustão dos recursos ordinários, tão pouco daí pode derivar a exigência da observância de qualquer prazo de apresentação do pedido.

2.3.2. Os requisitos de admissibilidade do pedido de intimação que elegemos para análise são três: o objecto, a legitimidade das partes e o respeito pela subsidiariedade em face do artigo 131.° do CPTA. No entanto, não podemos deixar de referenciar, em geral, os requisitos constantes do artigo 89.°/1 do CPTA, que podem também objectar ao conhecimento do mérito do pedido, nomeadamente a ineptidão da petição, a falta de personalidade ou capacidade judiciária do autor, a ilegalidade da coligação, a litispendência ou caso julgado alíneas a), b) e) e i).

2.3.2.1. A intimação para protecção de direitos, liberdades e garantias tem por objecto a tutela dos direitos constantes do Título II da Parte I da CRP, bem como outros direitos fundamentais dispersos por outras secções da Lei Fundamental que revistam natureza análoga, nos termos do artigo 17.° da CRP (*supra*, 2.2.). A tutela em causa visa prevenir, com especial celeridade, qualquer atentado, por parte dos poderes públicos, ao exercício útil destes direitos, por acção ou omissão.

O objecto do pedido poderá ser um de três:

– a condenação da Administração – *rectius*, da entidade que prossiga a função administrativa – na emissão de um acto administrativo ou na cessação de efeitos deste;
– a condenação da Administração na adopção de uma conduta material, ou na abstenção de uma determinada conduta material; e
– a condenação da Administração na emissão de um regulamento de execução, ou na revogação substitutiva de um regulamento de execução ilegal, de modo a prevenir ou a fazer cessar a violação de um direito, liberdade ou garantia do(s) particular(es).

Na primeira situação, a decisão jurisdicional pode conformar mais ou menos intensamente o conteúdo da decisão administrativa, de acordo com a natureza mais predominantemente discricionária ou vinculada do poder em causa – podendo até chegar ao ponto de substituir a decisão administrativa, quando se tratar da emissão de um acto estritamente vinculado (artigo 109.°/3 do CPTA). É uma espécie de acção administrativa comum, mas com poderes de cognição sumária e de tramitação agilizada, em nome das especiais fragilidade e relevância do interesse protegido.

Na segunda situação, a conduta que se pretende ver adoptada pela Administração é de carácter material, o que torna a substituição mais difícil ao juiz. No entanto, a intensidade da conformação da decisão será sempre maior, na medida em que a operação material que se exige (ou a omissão dela) terá já uma qualquer base jurídica[39], que a Administração desacatou e que o tribunal se limita a reafirmar.

A primeira parte da terceira hipótese deve relacionar-se com a previsão do artigo 77.° do CPTA, que permite vencer a omissão administrativa na emissão de normas de execução de actos legislativos carentes de regulamentação[40]. Pense-se num Decreto-Lei que vise fazer face a uma situação de calamidade pública regional por ocorrência de fenómenos atmosféricos anormais, o qual remete para o órgão administrativo competente a elaboração das normas que fixem a tramitação concreta dos pedidos de atribuição de auxílio. Podem estar em causa os direitos à vida e à integridade física, e a intimação parece ter inteiro cabimento. Só o prazo de seis meses fixado no artigo 77.°/2 parece um pouco excessivo em situações deste tipo, facto que nos leva a defender o seu encurtamento pela decisão de intimação, à medida da urgência do caso concreto (mas, desde logo, pelo menos para metade, conforme prevê o artigo 110.°/3 do CPTA).

Já a segunda parte da hipótese coloca, seguramente, mais dúvidas, na medida em que a revogação por ilegalidade – tanto de actos como de regulamentos – não só tem sido tradicionalmente qualificada como uma faculdade de exercício discricionário pela Administração[41], como deve ter por

---

[39] Cfr. CARLA AMADO GOMES, **Contributo**..., *cit.*, pp. 243 segs.

[40] Um pouco à semelhança do mandado de injunção brasileiro, embora circunscrito a regulamentos de execução e sem poder de substituição por parte do juiz.

[41] Cfr. D. FREITAS DO AMARAL, **Direito Administrativo**, III, Lisboa, 1989, pp. 400 segs. O Autor alterou recentemente a sua posição, admitindo agora a existência de um dever de revogação dos actos administrativos ilegais, em nome do princípio da legalidade a que a Administração está constitucionalmente sujeita **Curso de Direito Administrativo**, II, Coimbra, 2001, pp. 463, 464. Também PAULO OTERO (**O poder de substituição em Direito Administrativo**, II, Lisboa, 1995, pp. 580 segs) se pronuncia no sentido da conformação da Administração com um dever de reposição da legalidade, que tanto se pode traduzir na revogação do acto, como na sua sanação, conversão ou ratificação.

contrapartida a emissão do regulamento substitutivo, para evitar lacunas no ordenamento jurídico-administrativo (artigo 119.°/1 do CPA, se o regulamento executar normas contidas em acto legislativo). Quer-nos parecer, no entanto, que se o CPTA permite a condenação da Administração no dever de emissão de "regulamentos devidos" e se admite a suspensão jurisdicional da eficácia de normas imediatamente exequíveis (cfr. o artigo 130.°) também, em nome da legalidade e em coerência, deveria possibilitar a condenação do órgão emitente na revogação/substituição de um regulamento de execução que, ilegalmente (e inconstitucionalmente) tolhe a concretização plena de direitos – *maxime*, direitos, liberdades e garantias – reconhecidos pela lei a que deve obediência.

E no caso de a Administração basear a sua conduta lesiva (jurídica ou material) da posição jurídica fundamental numa norma contida em lei? Pensamos que o carácter sumário da intimação não obsta a que seja deduzido incidente de inconstitucionalidade, ou que o juiz desaplique a norma para providenciar adequada tutela do direito, em nome do princípio da constitucionalidade. Imprescindível será então a intervenção do Tribunal Constitucional, em via de recurso, para ditar a última palavra sobre o caso, confirmando ou infirmando o juízo do tribunal ordinário[42]. Ponto é que ao recurso de constitucionalidade seja conferido efeito devolutivo[43], sob pena de se criarem disfuncionalidades e de se penalizar este tipo de casos no confronto com as situações em que o tribunal administrativo, por ausência de questões de compatibilidade constitucional, tem competência bastante para resolver, por si só (logo, com maior celeridade), o litígio[44].

---

[42] Facto que, naturalmente, tenderá a alongar a prolacção da decisão de intimação (ou a sua negação), embora a Lei Orgânica do Tribunal Constitucional contemple fórmulas de atenuação da demora neste tipo de processos – cfr. *supra*, nota 30.

[43] O efeito do recurso de constitucionalidade é fixado pelo tribunal *a quo* (artigo 76.°/3 da LOTC) e tem os mesmos efeitos que teria caso se tratasse de um recurso ordinário (artigo 78.°/1 da LOTC), ou seja, e como se verá em 2.3.6., o recurso da decisão de concessão da intimação (a interpor pela entidade que exerça funções materialmente administrativas) fundado na aplicação de norma inconstitucional deverá ter efeito devolutivo. Ainda que esse efeito lhe não fosse fixado, a LOTC dispõe de um *mecanismo de salvaguarda* no artigo 78.°/5, que prevê a possibilidade de o Tribunal Constitucional, oficiosamente e a título excepcional, determinar que o recurso tenha efeito meramente devolutivo (desde que não afecte a utilidade da decisão – neste caso, será precisamente para lhe preservar o efeito útil).

[44] A atenção para a necessidade de articulação do efeito do recurso de inconstitucionalidade com o efeito do recurso da decisão de concessão da intimação foi-nos despertada pelo Dr. Martins Claro, no âmbito da discussão da primeira versão deste trabalho.

2.3.2.2. A legitimidade de apresentação de um pedido de intimação para protecção de direitos, liberdades e garantias deve ser analisada de dois prismas: activo e passivo.

Quanto à legitimidade activa, ela depende fundamentalmente da relação entre o requerente e a posição subjectiva defendida. Ou seja, parte legítima para requerer a intimação é todo aquele que alegar e provar sumariamente a ameaça de lesão (ou início de lesão) de um direito, liberdade ou garantia através de uma acção ou omissão, jurídica ou material, de entidades prossecutoras de funções materialmente administrativas. Acrescente-se que a intimação pode ser requerida singularmente ou em coligação (cfr. o artigo 12.°/1/a) do CPTA), neste último caso sempre que esteja em causa a defesa, por cada autor, de uma posição subjectiva própria ofendida pela mesma acção ou omissão administrativa (como, por exemplo, no caso de omissão de regulamentação de um acto legislativo atributivo de direitos).

O requerente pode ser uma pessoa singular ou colectiva, em virtude da possibilidade aberta pelo artigo 12.°/2 da CRP. Imagine-se a violação da liberdade de iniciativa económica (direito fundamental de natureza análoga aos direitos, liberdades e garantias) de uma empresa privada por entidades investidas no desempenho de funções materialmente administrativas e logo se perceberá a potencialidade desta extensão[45]. Já quanto à possibilidade de a intimação ser utilizada por entidades públicas, tudo residirá em caracterizar a posição jusfundamental daquelas em face do "agressor", i. é, em saber se estão efectivamente a defender um direito (ou garantia) fundamental claramente delineado face à entidade pública cuja acção ou omissão lesa a sua esfera jurídica[46].

Esta é uma acção de carácter exclusivamente subjectivista, pelo que não é reconhecida ao Ministério Público legitimidade para intervir, pela via da acção pública[47]. Note-se que o âmbito da intimação é constituído

---

[45] Em Espanha, o Tribunal Constitucional tem admitido o recurso ao amparo para defesa de direitos de pessoas colectivas, desde que compatíveis com a sua natureza – cfr. G. JIMÉNEZ, **Libertades y derechos de las sociedades mercantiles susceptibles de amparo constitucional,** *in Persona & Derecho*, n.° 45, 2001, pp. 279 segs.

[46] Possibilidade aceite na Alemanha, sempre que as entidades públicas recorram ao amparo para defesa de direitos fundamentais próprios como, por exemplo, as Universidades relativamente à sua autonomia em face do Estado, conforme refere P. HÄBERLE, **El recurso...,** *cit.*, p. 210. Em Portugal, uma hipótese possível seria a de uma autarquia que pretende tutelar o seu direito de propriedade face à ocupação levada a cabo por uma empresa concessionária.

[47] Ao contrário, por exemplo, do que sucede no ordenamento espanhol, onde ao Ministério Público é reconhecida competência para intentar acções públicas de amparo (artigo 162/1/b) da Constituição espanhola).

Pretexto, Contexto e Texto da Intimação para Protecção de Direitos   563

por direitos estruturalmente individuais, de fruição particular, que não se confundem com direitos de fruição colectiva de bens inapropriáveis. Não há pois, tão-pouco, legitimidade popular para intentar pedidos de intimação.

Quanto à legitimidade passiva, o artigo 109.° indica como possíveis requeridos da intimação, quer a Administração (em sentido orgânico), no n.° 1, quer outras entidades que exerçam funções materialmente administrativas, designadamente concessionários (e não só), no n.° 2 – mas não entidades integrantes da Comunidade europeia[48]. Em casos de contornos simples, a legitimidade passiva restringir-se-á aos requeridos directos; contudo, em situações de maior complexidade, em que a ponderação de interesses possa não ser unívoca, pode haver lugar à identificação e citação de pessoas a quem a procedência do pedido de intimação cause dano – eventualmente em posições jurídicas de natureza similar à defendida pelo requerente. A citação e audição dos contra-interessados far-se-á, dessa feita, de acordo com o artigo 83.° do CPTA – aliás, toda a tramitação, nesses casos, se rege, não pelo artigo 110.° mas antes pelos artigos 78.° e seguintes do CPTA, com os prazos reduzidos para metade, nos termos do artigo 110.°/3 do CPTA.

2.3.2.3. Sem embargo da relevância dos requisitos mencionados *supra*, pensamos que a chave da questão da admissibilidade da intimação é a sua subsidiariedade relativamente à modalidade de decretamento provisório de *qualquer* providência cautelar, prevista no artigo 131.° do CPTA[49]. Com efeito, este é um requisito fundamental, não só para a compreensão da figura da intimação no contexto dos meios jurisdicionais disponíveis, em Portugal, para fazer face, directa ou indirectamente, à violação de direitos, liberdades e garantias, como para determinar o seu real âmbito de aplicação.

Diga-se, em primeiro lugar, que a subsidiariedade a que se refere o n.° 1 do artigo 109.° está em estreita ligação com a indispensabilidade a que o mesmo n.° 1 também alude. Diríamos que a subsidiariedade se

---

[48] Pensamos, por exemplo, na Comissão Europeia, cujas decisões podem lesar posições jurídicas individuais. Relativamente a estes actos, os particulares deverão utilizar as vias jurisdicionais previstas no Tratado de Roma, nomeadamente o recurso de anulação (artigos 230 segs). Na Alemanha, tem-se entendido que as condutas contra as quais é possível o amparo excluem também os actos das instituições comunitárias que possam lesar individualmente direitos fundamentais (cfr. P. Häberle, **El recurso...**, *cit.*, p. 211).

[49] Salvo a regulação provisória do pagamento de quantias, consagrada pelo artigo 133.° do CPTA.

perfila, negativamente, como um requisito de admissibilidade e, positivamente, como uma condição de provimento. Adiante (2.3.3.) explicaremos melhor esta segunda ideia.

Na sua qualidade de requisito negativo de admissibilidade, deve dizer-se, em segundo lugar, que a subsidiariedade é muito mais ampla do que a norma estatui. A possibilidade de utilização da intimação para protecção de direitos, liberdades e garantias não depende apenas da impossibilidade ou insuficiência do decretamento provisório de qualquer providência, antes tem também como pressuposto *a inexistência de qualquer outro meio processual especial* de defesa de direitos, liberdades e garantias determinados. Ou seja, da mesma forma que em processo civil vigora um princípio de adequação estrutural entre o interesse a defender e a via utilizada (cfr. o artigo 381.º/1 do CPC) – em nome dos princípios da tutela jurisdicional efectiva e da proporcionalidade –, o legislador processual administrativo não foi alheio a estas preocupações, nem ao nível da tutela cautelar geral, nem ao nível da tutela especial, *maxime* da intimação de que nos ocupamos.

Estabelecendo um nexo de subsidiariedade entre a intimação e o decretamento provisório de qualquer providência cautelar de vocação genérica (leia-se: susceptível de ser utilizada relativamente a qualquer tipo de direito), *por maioria de razão* se deve entender que *a intimação para protecção de direitos, liberdades e garantias em geral só será admissível se o direito que, em concreto, se encontra ameaçado, não puder ser tutelado com mais eficácia (leia-se: adequação e plenitude) por outra qualquer providência especificamente orientada para a sua defesa*[50].

É por isso que esta subsidiariedade deve ser amplamente entendida, reportando-se, além de ao decretamento provisório da providência (no qual se inclui a regulação provisória do pagamento de quantias), a qualquer providência de protecção sumária específica de direitos, liberdades e garantias – tais como, por exemplo, o *habeas corpus*, a intimação para prestação de informações, consulta de processos ou passagem de certidões[51], a impugnação urgente de actos de exclusão ou omissão de eleitores ou elegíveis nos cadernos ou listas eleitorais (as duas últimas suas *vizinhas* de

---

[50] Veja-se, por exemplo, a relação de subsidiariedade que a Constituição brasileira estabelece entre o mandado de segurança, e os *habeas corpus* e *habeas data* (artigo 5.º/LXIX).

[51] Consulte-se o texto de C. FERNANDES CADILHA, subordinado ao título **Intimações**, *in Cadernos de Justiça Administrativa (=CJA)*, n.º 16, 1999, pp. 62 segs, 63, 64 (ainda no âmbito da discussão pública do Anteprojecto de Reforma de 2000).

Código – cfr. os artigos 104.º segs, e 97.º segs, respectivamente), a acção constitucional de defesa de direitos dos militantes dos partidos políticos (cfr. os artigos 103.º-C/D/E da Lei Orgânica do Tribunal Constitucional)[52], e outros que constem ou venham a constar de leis especiais.

Em que consiste, então, esta subsidiariedade? Por outras palavras, quando é que a intimação prefere ao decretamento provisório da providência cautelar? O artigo 109.º responde com duas condições alternativas: a intimação deve ser usada sempre que a provisoriedade do juízo cautelar não seja *possível* ou *suficiente* para assegurar a tutela plena do direito. Não se trata, por isso, de uma questão de maior rapidez na concessão da providência – note-se que o prazo a que alude o n.º 3 do artigo 131.º e aquele a que se refere o n.º 1 do artigo 111.º (intimação com urgência especialíssima, dir-se-ia) é o mesmo: 48 horas –, mas antes da *aplicação do princípio da interferência mínima*[53] em sede cautelar (em sentido amplo). Isto é, estando em causa cognições sumárias motivadas pela urgência, o juízo provisório, revisível no próprio processo cautelar em curso, prefere ao juízo definitivo proferido na intimação, só eventualmente revisível em via de recurso (se o houver).

Possibilidade ou suficiência, são estas as características que o decretamento deve revestir para demonstrar a sua prevalência em face da intimação. Cabe ao juiz da intimação avaliar da impossibilidade ou insuficiência hipotéticas do decretamento provisório, alegadas pelo requerente, antes de admitir o pedido[54]. Esta avaliação tem que se feita em concreto, sendo difícil, sobretudo em razão da inexistência de jurisprudência, conce-

---

[52] Sobre esta via de defesa de direitos dos militantes partidários, v. CARLA AMADO GOMES, **Quem tem medo do Tribunal Constitucional? Breve análise dos artigos 103.º-C, 103.º-D e 103.º-E da Lei Orgânica do Tribunal Constitucional,** ainda inédito.

[53] Cfr. M. ÁNGELES JOVÉ, **Medidas cautelares innominadas en el proceso civil,** Barcelona, 1995, pp. 131 segs.

[54] Tendemos a considerar que a inadmissão de um pedido de intimação em face da preferência de um decretamento provisório leva, não à absolvição da instância do requerido, mas antes à convolação do processo (de sumário em cautelar). Da mesma maneira e atestando a bi-direccionalidade do nexo de subsidiariedade, insuflado pelo princípio da adequação estreitamente relacionado com a ideia de tutela jurisdicional efectiva, um pedido de decretamento provisório de qualquer providência de tutela urgentíssima de direitos, liberdades e garantias pode, se as circunstâncias o justificarem, ser convolado num processo sumário (de intimação), com base num argumento de maioria de razão que assenta na possibilidade aberta pelo artigo 121.º do CPTA (aplicável aos processos cautelares em geral).

ber exemplos a partir do nada[55] (uma vez que a realidade é sempre muito mais rica do que a imaginação...). Sem embargo da dificuldade, sempre teceríamos duas considerações, que são as seguintes:

1. Em primeiro lugar, as *impossibilidade* e *insuficiência* de tutela efectiva do direito através do decretamento provisório da providência devem avaliar-se, na perspectiva do juiz, do ponto de vista jurídico. Isto porque o que está em causa é a *antecipação legítima do juízo principal*[56], que é uma condição jurídica de exercício do poder jurisdicional (cautelar). O julgador tem, por isso, que se convencer de que, em face das condições concretas de exercício do direito alegadamente ameaçado, a opção pela tutela sumária é inevitável. Ou seja, e de acordo com o *princípio da interferência mínima*, sempre que o exercício válido do direito não estiver sujeito a qualquer prazo – leia:se: quando o requerente puder voltar a exercer o direito cuja efectividade está comprometida com um resultado equivalente (descontado o natural decurso do tempo) num momento ulterior –, a tutela cautelar prefere à sumária[57]. Caso o exercício do direito esteja sujeito a prazo – leia-se: sempre que o requerente, ainda que possa voltar a exercer o direito ulteriormente, não obtenha o mesmo resultado que no momento da apresentação do pedido –, então a tutela sumária prefere à tutela cautelar[58]. Em última análise, o que decide a questão da opção entre ambas as modalidades é a avaliação da repetibilidade de exercício útil do direito, pondo em equação os princípios da interferência mínima e da igualdade na reconstituição da situação actual hipotética;

---

[55] V., no entanto, a situação que serviu de base à nossa anotação subordinada ao título **Algumas cautelas são excessivas no contencioso administrativo**, *in CJA*, 2002, n.° 36, pp. 48 segs, bem assim como alguns exemplos avançados por ISABEL FONSECA, **O Código de Processo nos Tribunais Administrativos: o tempo, a Administração e o Juiz**, texto policopiado de uma aula dada pela autora no âmbito da Pós-Graduação sobre o Código de Processo nos Tribunais Administrativos promovida pela Faculdade de Direito da Universidade Católica no ano lectivo de 2002/2003, gentilmente cedido pela autora, ponto III. b).

[56] Neste sentido, ISABEL FONSECA, **O Código**..., *cit., loc. cit.*.

[57] Por exemplo, e aproveitando parcialmente o exemplo de ISABEL FONSECA (**O Código**..., *cit., loc. cit.*), a um estrangeiro destinatário de uma ordem de expulsão que requer a concessão de uma autorização de residência, uma vez obtida a suspensão da eficácia da ordem de expulsão (medida de carácter conservatório), basta-lhe o decretamento provisório da obrigação da Administração na emissão da autorização. O juiz pode assegurar a tutela efectiva do direito sem exceder o limite traçado pelo princípio da interferência mínima.

[58] Pense-se nos casos de manifestações comemorativas de uma data histórica, que o juiz não pode tutelar legitimamente senão de forma sumária (porque, a fazê-lo através de providência cautelar, ela consumiria o objecto do processo principal).

Pretexto, Contexto e Texto da Intimação para Protecção de Direitos   567

2. Em segundo lugar, as *impossibilidade* e *insuficiência* de tutela efectiva do direito através do decretamento provisório da providência avaliam-se, na perspectiva do requerente, do ponto de vista fáctico. O que se traduz em que, para o requerente, o importante é obter uma qualquer legitimação jurisdicional para exercer o seu direito, seja provisória ou definitiva, sendo certo que o seu interesse, na prática, fica acautelado quer através de uma decisão sumária, quer através de uma decisão provisória (decretamento provisório). Por outras palavras, o que releva, para quem requer – seja uma intimação, seja um decretamento provisório de qualquer providência cautelar – é o resultado fáctico, a possibilidade efectiva de exercício do direito em tempo útil, independentemente da legitimidade da cobertura jurisdicional deste exercício do ponto de vista do princípio da interferência mínima.

2.3.3. Dissemos no ponto anterior que a subsidiariedade se relacionava com um outro requisito – de procedibilidade do pedido – da intimação: a indispensabilidade. Mais: que a indispensabilidade de concessão da intimação seria a face positiva da subsidiariedade. Expliquemo-nos melhor.

Enquanto a subsidiariedade como condição de admissibilidade reveste um carácter formal, exclusivo, a subsidiariedade como condição de provimento tem natureza material e inclusiva. No primeiro caso, o requerente tem que demonstrar que não poderia ter lançado mão de outro meio para tutelar o exercício do direito; na segunda situação, ao requerente caberá provar (sumariamente) ao tribunal que só a procedência do pedido de intimação lhe proporcionará a plenitude de exercício do direito.

A indispensabilidade corresponde, assim, à *absoluta e incontornável necessidade da intimação para assegurar a possibilidade de exercer o direito*, e há-de ser avaliada em termos situacionais. Ou seja, o requerente não se pode limitar a alegar a dificuldade ou mesmo impossibilidade de exercer o direito: deve provar que, sob pena de perda irreversível de faculdades de exercício daquele ou mesmo de desaparecimento do direito no seu todo[59], a intimação visa garantir o exercício do direito no *tempo justo* (leia-se: pondo em equação o *tempo urgente* invocado pelo particular e o *tempo necessário* à Administração para realizar as ponderações subjacentes à conformação do conteúdo do direito). Os pedidos de intimação não podem servir para forçar a Administração – que tem por missão prosseguir o interesse público, no respeito pelas posições jurídicas subjectivas

---

[59] Confronte-se, aliás, o n.º 3 do artigo 131.º, que refere "a possibilidade de lesão iminente e irreversível do direito, liberdade ou garantia invocado".

dos cidadãos (artigo 266.°/1 da CRP) – a agir com desprezo pelo interesse geral em benefício de cidadãos isolados, antes devem constituir um reforço da protecção jurídica dos particulares num contexto de legalidade ao serviço do interesse dos membros da comunidade.

Ao cabo e ao resto, o que queremos dizer – e façamo-lo com clareza – é que *a concessão da intimação não pode ser desligada de toda e qualquer ponderação de interesses e valores, públicos e privados* (a que, aliás, o n.° 3 do artigo 110.° parece aludir implicitamente). Apesar de os preceitos que regulam a intimação não conterem qualquer alusão a critérios de decisão (à semelhança do artigo 120.°, em sede de providências cautelares), pensamos que os pedidos de intimação não devem ser decididos descontextualizadamente. O requisito de indispensabilidade constitui, em nossa opinião, a alusão a essa obrigação de ponderação, traduzindo-se, explicitamente, na absoluta necessidade da intimação para assegurar o exercício do direito em tempo útil e, implicitamente, no não sacrifício intolerável, nem de valores de interesse público, nem de direitos da mesma natureza de outras pessoas[60].

2.3.4. Passemos agora a analisar a tramitação destes pedidos, a partir de duas ideias que nos parecem caracterizá-los essencialmente: a celeridade e o contraditório (ou a ausência dele).

2.3.4.1. A intimação para protecção de direitos, liberdades e garantias é uma providência gerada na urgência[61]: o que se pede é sempre a "célere emissão de uma decisão de mérito que imponha à Administração a adopção de uma conduta positiva ou negativa" que vise salvaguardar eficazmente o exercício do direito. Foi na configuração deste meio processual que o legislador da reforma mais acusou a contaminação por uma "certa psicose da urgência", como já lhe chamou VIEIRA DE ANDRADE[62]. Com efeito, nos termos do CPTA, a urgência pode revestir quatro graus:

– a *urgência ordinária*, que dá ao requerido sete dias para responder ao pedido e ao juiz cinco dias para decidir, uma vez concluídas as diligências necessárias (artigo 110.°/2 do CPTA);

---

[60] Consideração implícita esta que pode levar o juiz a optar por uma tramitação menos simplificada e mais conforme à complexidade que a ponderação dos vários interesses em jogo exige – cfr. o n.° 3 do artigo 110.°.

[61] Cfr., desde logo, o artigo 36.°/1/d) e n.° 2 do CPTA.

[62] J. C. VIEIRA DE ANDRADE, **Tutela cautelar**, *in CJA*, n.° 34, 2002, pp. 45 segs, 46.

Pretexto, Contexto e Texto da Intimação para Protecção de Direitos

– a *urgência moderada*, que obriga a uma ponderação mais profunda dos interesses em confronto e que conduz à adopção de um processo mais complexo, previsto nos artigos 87.° e seguintes (indicação e citação de contra-interessados, possível intervenção do Ministério Público, despacho saneador, instrução, discussão da matéria de facto, julgamento), mas com os prazos reduzidos a metade[63] (artigo 110.°/3 do CPTA);
– a *urgência especial*, a qual, nos termos do artigo 111.°/2, pode justificar que o juiz encurte o prazo concedido ao requerido para apresentar a sua defesa de sete para quatro dias;
– a *urgência extraordinária*, com base no mesmo n.° 2 do artigo 111.°, que leva o juiz a optar pela realização de uma audiência oral no prazo de 48 horas, na qual decide o destino do pedido.

A urgência na tomada de decisão é acompanhada pela urgência na notificação do sentido da mesma – artigo 111.°/3[64].

2.3.4.2. Se a urgência justifica a aceleração da tramitação, reduzindo-a às diligências estritamente indispensáveis, o direito de acesso à justiça na vertente defensiva do princípio do contraditório (cfr. o artigo 20.°/4 da CRP), contrabalança essa necessidade de aligeiramento. Apesar de ter estabelecido prazos curtos e mesmo muito curtos – como se viu –, o legislador teve a preocupação de garantir sempre a audição do requerido, ainda que "por qualquer meio de comunicação que se revele adequado", conforme dispõe o artigo 111.°/2 do CPTA.

2.3.5. Os efeitos de uma decisão que ponha termo a um processo de intimação para protecção de direitos, liberdades e garantias são normalmente de tipo declarativo condenatório, ou seja, o tribunal dirige uma injunção ao requerido para que adopte uma determinada conduta, positiva ou negativa, com um sentido conformativo tão mais intenso quanto menor for a discricionaridade em jogo. No entanto, conforme já notou RUI MACHETE, o legislador abriu também a porta a decisões de tipo executivo

---

[63] Fica-nos a dúvida de saber porque terá o legislador optado pelo modelo da tramitação das acções como subsidiário, em vez de recorrer à tramitação das providências cautelares. Se é certo que a intimação tem a natureza de meio processual autónomo, o seu carácter urgente e de cognição sumária aproxima-a mais daquelas.

[64] O qual remete para as regras aplicáveis à notificação de requeridos em processos cautelares (artigos 122.°/1 e 125.°/2 do CPTA).

570   *Carla Amado Gomes*

(substitutivo), quando se tratar da injunção para a prática de acto administrativo estritamente vinculado[65] – vide o artigo 109.º/3 do CPTA.

A decisão condenatória deve prever a conduta precisa a adoptar pela entidade requerida, na pessoa do titular do órgão responsável, com eventual fixação de prazo de cumprimento, se for caso disso (artigo 109.º/4 do CPTA). Esta precisão tem que ser entendida com alguma precaução, na medida em que nem sempre o julgador se defrontará com a violação de direitos, liberdades e garantias em sede de vinculação estrita da Administração. Sempre que for confrontado com áreas em que a entidade administrativa goze de margem de livre apreciação e de margem de livre decisão, que importem a conformação da relação jurídica a partir de "valorações próprias do exercício da função administrativa", o julgador há-de limitar-se a "explicitar as vinculações a observar pela Administração" (cfr. o artigo 95.º/3 do CPTA). A sumariedade da decisão – sobretudo pela *superficialidade* cognitiva que implica – não deve acarretar o desrespeito do princípio da separação de poderes.

Como efeito acessório da decisão de intimação, pode o julgador impor ao titular do órgão da entidade requerida o pagamento de uma sanção compulsória em caso de incumprimento, nos termos do disposto no artigo 169.º, *ex vi* do artigo 109.º/5 do CPTA. Isto sem prejuízo, conforme prevê a última disposição citada, da responsabilidade civil, disciplinar e criminal que eventualmente seja apurada.

2.3.6. Um dos problemas do Anteprojecto de 2000 no campo das providências cautelares era o da não consagração da possibilidade de recurso, que se estendia à providência para defesa de direitos, liberdades e garantias (cfr. o artigo 134.º/1/e) do Anteprojecto). Esta impossibilidade, por nós então criticada[66], desapareceu no CPTA que, no artigo 142.º/1 estabelece a regra da recorribilidade das decisões de mérito, desde que o valor da causa o admita.

Assim, há que distinguir duas situações:

– no caso de a decisão ser favorável ao requerente, a possibilidade de recurso por parte da Administração depende do valor da causa, nos termos do artigo 142.º/1, em conjugação com os artigos 32.º, 33.º e 34.º do CPTA (em função da situação concreta);

---

[65] RUI MACHETE, **Execução de sentenças administrativas**, *in CJA* (número dedicado à reforma da justiça administrativa), n.º 34, 2002, pp. 54 segs, 63.

[66] CARLA AMADO GOMES, **À espera...**, *cit.*, pp. 89 segs.

Pretexto, Contexto e Texto da Intimação para Protecção de Direitos 571

– no caso de a decisão ser desfavorável ao requerente, a via de recurso está sempre aberta, independentemente do valor da causa, de acordo com o disposto no artigo 142.°/3/a) do CPTA.

O recurso das decisões de concessão da intimação (a interpor pela Administração) tem *efeito devolutivo*, à semelhança do que acontece com o recurso de concessão de providências cautelares (cfr. o artigo 143.°/2 do CPTA)[67], apelando ao espírito do instituto da intimação e a um argumento de maioria de razão. De facto, quer em função da sensibilidade dos direitos em causa, quer em virtude da urgência agravada que caracteriza a intimação – e que pressupõe um grau de tutela, em via de recurso, pelo menos tão grande como o que ocorre em sede de providências cautelares –, o efeito devolutivo impõe-se como única forma de salvaguardar a utilidade da decisão recorrida.

2.4. A crescente penetração do Direito Comunitário derivado nos ordenamentos dos Estados-membros leva-nos a reflectir, em especial, sobre a possibilidade de requerer uma intimação para protecção de direitos, liberdades e garantias contra actos normativos comunitários. Com efeito, a transformação das Administrações nacionais em estruturas de execução do Direito Comunitário[68], pode gerar situações em que a aplicação de uma norma comunitária, através de actos jurídicos ou materiais, entre em rota de colisão com direitos fundamentais dos particulares. E a adopção de uma Carta Europeia dos Direitos Fundamentais, no seguimento da introdução do artigo 6 no Tratado de Roma, só reforça a ideia dos direitos fundamentais como elementos estruturantes da democraticidade interna da União[69]. Sendo assim, se a urgência o exigir, poder-se-á lançar mão da intimação?

---

[67] Recorde-se que a letra da versão original da lei era contrária a esta interpretação, na medida em que o artigo 143.° do CPTA estabelecia a regra do efeito suspensivo no n.° 1, só admitindo a excepção para as providências cautelares – categoria em que a intimação, por força da sua autonomia funcional, se não insere. A Lei 4-A/03, de 19 de Fevereiro, colmatou esta lacuna no sentido por nós advogado.

[68] Cfr. PAULO OTERO, **A Administração Pública nacional como Administração comunitária: os efeitos internos da execução administrativa pelos Estados-membros da União europeia**, *in Estudos em homenagem à Professora Doutora Isabel Magalhães Collaço*, I, Coimbra, 2002, pp. 817 segs.

[69] Sobre as condições de aplicação da Carta dos Direitos Fundamentais da União europeia, vejam-se RUI MEDEIROS, **A Carta dos Direitos Fundamentais da União europeia, a Convenção europeia dos Direitos do Homem e o Estado português**, Lisboa,

O primeiro impulso é para a resposta positiva, uma vez que a tutela jurisdicional dos direitos, liberdades e garantias não deve recuar perante legislação comunitária, sob pena de criação de um espaço de *imunidade de actuação administrativa*[70]. Porém, não podemos esquecer-nos do princípio da lealdade comunitária (artigo 10 do Tratado de Roma), que vincula todos os Estados ao cumprimento das obrigações assumidas perante a Comunidade, designadamente à aplicação uniforme do Direito Comunitário, originário e derivado. Ora, intimar a Administração a adoptar uma conduta, positiva ou negativa, contrária ao disposto num regulamento comunitário, mesmo que apenas num caso, é pôr em causa o princípio da aplicação uniforme.

A solução há-de encontrar-se a partir da tentativa de compatibilização entre o princípio da legalidade (interna) – *rectius*, da constitucionalidade – e o princípio da lealdade (comunitária), veiculada pelo mecanismo processual da questão prejudicial. Por outras palavras, antes de decidir um pedido de intimação com os contornos descritos, o tribunal administrativo português terá que pedir ao tribunal comunitário competente que avalie da legalidade da norma comunitária que serve de base à actuação do órgão nacional, através da apresentação de uma questão prejudicial (cfr. os termos de colocação desta questão previstos no artigo 234 do Tratado de Roma[71])[72]. Caso a instância jurisdicional comunitária confirme a tese da

---

2001, os estudos de VITAL MOREIRA e J. C. VIEIRA DE ANDRADE, publicados na obra colectiva *Carta de Direitos Fundamentais da União europeia*, Coimbra, 2001, a págs. 75 segs (**A tutela dos direitos fundamentais na União europeia**) e 83 segs (**A Carta europeia dos Direitos Fundamentais e as Constituições nacionais**), respectivamente, e ainda MARIA LUÍSA DUARTE, **A carta dos Direitos Fundamentais da União europeia – natureza e meios de tutela,** in *Estudos em homenagem à Professora Doutora Isabel Magalhães Collaço,* I, Coimbra, 2002, pp. 723 segs.

[70] Realce-se, porém, que dada a vinculação da União aos direitos fundamentais – com base no artigo 6 do Tratado de Roma – , os casos de desconformidade da actuação das instituições comunitárias com aquele padrão ficam, em teoria, reduzidas.

[71] Cfr. ANA MARIA MARTINS, **Efeitos dos acórdãos prejudiciais do artigo 177.° do TR (CEE)**, Lisboa, 1988, pp. 24 segs.

[72] Para minorar o atraso que a intervenção do tribunal comunitário provoca no (urgente) desenvolvimento do processo nacional, E. GARCÍA DE ENTERRÍA propõe que o tribunal nacional siga os critérios estabelecidos pelo Tribunal de Justiça das Comunidades no Acórdão *CILFIT* (de 6 de Outubro de 1982, proc. 283/81, *Rec.* 1982, pp. 3415 segs), no qual expôs a sua teoria do acto claro (embora com adaptações, uma vez que neste acórdão se discutiam critérios de interpretação e não de validade). Ou seja, o tribunal nacional deverá eximir-se de colocar questões prejudiciais ao tribunal comunitário sempre que a validade da norma não lhe suscitar nenhuma dúvida razoável, sendo que a inexistência

Pretexto, Contexto e Texto da Intimação para Protecção de Direitos 573

ilegalidade do regulamento, o tribunal nacional tem base para mandar desaplicar o acto administrativo e conceder provimento à intimação sem ofender o princípio da solidariedade. Já na hipótese de a instância jurisdicional comunitária não considerar ilegal o regulamento, o tribunal nacional ficará impossibilitado de pôr em causa a actuação da Administração, só lhe restando, eventualmente, e caso se trate de um regulamento nacional de execução de um regulamento comunitário desconforme com a Lei Fundamental, desaplicá-lo com fundamento em inconstitucionalidade[73].

Nesta última situação, ficam por resolver duas questões, a saber: em primeiro lugar, *deve* o Tribunal Constitucional colocar nova questão prejudicial ao tribunal comunitário? Pensamos que não, uma vez que este já se pronunciou no sentido da legalidade do regulamento, facto que forçou o juiz administrativo a apelar à inconstitucionalidade como fundamento último de desaplicação. Em segundo lugar, deve o Tribunal Constitucional obedecer ao sentido da pronúncia do tribunal comunitário, "preferindo" a legalidade comunitária à constitucionalidade – e afastando, assim, a concessão da intimação –, ou deve permanecer fiel à Constituição e ignorar a sentença comunitária – abrindo caminho à concessão da intimação pelo juiz administrativo[74]? Tendemos a responder, em princípio, no sentido de aceitar a submissão do Tribunal Constitucional à decisão do tribunal comunitário[75], em virtude do princípio da lealdade comunitária a que o Estado

---

desta "dúvida razoável" deverá ser aferida em função das complexidades levantadas pelo Direito Comunitário – **Las medidas cautelares que puede adoptar el juez nacional contra el Derecho Comunitario: la sentencia ZÜCKERFABRIK del Tribunal de Justicia de las comunidades europeas de 21 de febrero de 1991**, *in La batalla por las medidas cautelares*, Madrid, 1993, p. 139 segs, 149 segs.

[73] Se se tratar de um acto administrativo de execução, a sindicância do Tribunal Constitucional está vedada, na medida em que, por um lado, a sua jurisdição abrange apenas actos normativos, não actos de conteúdo individual e, por outro lado, está limitada a actos normativos nacionais (não podendo fiscalizar a "constitucionalidade" do regulamento comunitário). O Tribunal Constitucional só pode pronunciar-se sobre a constitucionalidade de actos comunitários com mediação legislativa, ou seja, avaliando a constitucionalidade de actos normativos internos que transpõem ou concretizam actos comunitários e cujo conteúdo afronta disposições constitucionais.

[74] Para uma análise comparada da posição dos Tribunais Constitucionais europeus, divididos entre a lealdade às Constituições e a vinculação ao Direito Comunitário, J. ROBERT, **Constitutional and international protection of human rights: competing or complementary systems?**, *in Human Rights Law Journal*, 1994/1, 2, pp. 1 segs, 21 segs, e A. BENAZZO, **Diritti fondamentali, giudici costituzionali e integrazione europea**, *in Rivista di Diritto Pubblico e Comunitario*, 1998, pp. 835 segs.

[75] Afirmando-se claramente a favor desta solução, MARIA LUÍSA DUARTE, **O Tra-**

português, por si e todos os seus órgãos, se vinculou ao aderir à Comunidade (cfr. o artigo 7.º/6 da CRP).

Ressalvaríamos, contudo, a situação de a inconstitucionalidade derivar da desconformidade do regulamento comunitário face às normas atributivas dos direitos enunciados no artigo 19.º/6 da CRP (derradeiro *limite ao primado do Direito Comunitário*[76]) – situação em que o Tribunal Constitucional ficará desobrigado de acatar a pronúncia do tribunal comunitário. Isto porque a violação do direito fundamental constitucionalmente protegido pelo regulamento comunitário equivale, na prática, a uma derrogação da norma constitucional; ora, as normas atributivas dos direitos referidos no n.º 6 do artigo 19.º não podem ser suspensas, muito menos derrogadas, nem mesmo em estados de anormalidade constitucional.

3. No final desta brevíssima análise, caberia fazer um balanço da utilidade deste meio processual à luz da jurisprudência. No entanto, e em face da inexistência desta (dada a *juventude* da intimação), a avaliação terá que ser feita com base na apreciação meramente teórica das suas potencialidades. Nessa perspectiva, tendo em mente que o legislador concebeu este meio, na sequência de uma injunção constitucional, como um *simulacro* da acção de amparo constitucional, e retomando o elenco de razões sumariado por ALVES CORREIA como obstáculos à instituição daquele (*supra*, 2.1.), as nossas observações reduzem-se a quatro:

a) A intimação é plenamente compatível com o incidente de inconstitucionalidade, que pode ser nela enxertado, caso se verifiquem os pressupostos do segundo[77]. Mas mais: ela ocupa um espaço próprio – o de defesa

---

tado da União europeia e a garantia da Constituição (Notas de uma reflexão crítica), *in Estudos em homenagem ao Prof. Doutor J. Castro Mendes*, Lisboa, 1994, pp. 665 segs, 703; admitindo, com muitas dúvidas, um controlo de constitucionalidade submetido à "última palavra" do Tribunal de Justiça através do processo de questões prejudiciais, J. M. CARDOSO DA COSTA, **O Tribunal Constitucional português e o Tribunal de Justiças das Comunidades europeias**, *in Ab Uno Ad Omnes*, Coimbra, 1998, pp. 1363 segs, *max.* 1373 segs. Vejam-se também as reflexões de N. PIÇARRA, embora em momento anterior à entrada em vigor do Tratado da União – **O Tribunal de Justiça das Comunidades Europeias como juiz legal e o processo do artigo 177.º do Tratado CEE**, Lisboa, 1991, pp. 16 e 90 segs.

[76] Cfr. a teoria dos limites ao primado do Direito Comunitário, construída pelos Tribunais constitucionais italiano e alemão – A. BENAZZO, **Diritti fondamentali**..., *cit.*, pp. 840 segs.

[77] Mas tendo em atenção o espírito do mecanismo da intimação, ou seja, a tutela urgentíssima de direitos, liberdades e garantias. Nessa perspectiva, a concessão de efeito

Pretexto, Contexto e Texto da Intimação para Protecção de Direitos 575

contra condutas, activas ou omissivas, do Executivo –, independentemente da verificação de uma situação de inconstitucionalidade normativa. Nessa medida, é um *aliud* em face do recurso de inconstitucionalidade, e reveste uma utilidade inquestionável;

b) A intimação surge como uma via autónoma e especialmente célere de defesa de posições jusfundamentais perante entidades incumbidas do desempenho de tarefas materialmente administrativas. Difere, assim, pela sumariedade, quer da acção administrativa comum (artigos 37.º segs. do CPTA), quer da acção administrativa especial (artigos 46.º segs. do CPTA), quer mesmo das providências cautelares, cíveis e administrativas (artigos 112.º segs do CPTA). No entanto, a sua subsidiariedade relativamente ao decretamento provisório de qualquer providência cautelar possível nos termos do CPTA (além da natural subsidiariedade em face de outros processos especiais de defesa de direitos, liberdades e garantias) reduz muitíssimo o seu âmbito de aplicação, fazendo dela quase um remédio de *ultima ratio*. Ou seja, se antes da reforma a *utilidade efectiva* de um meio deste tipo era discutível (nos termos que resultam da exposição de ALVES CORREIA, cuja tradução prática não era, porém, e salvo o devido respeito, tão linear), em face do défice de meios de tutela condenatória da Administração (principal e cautelar), actualmente e por maioria de razão, mais discutível será a sua *utilidade real*, em razão da superabundância de vias processuais, principais e cautelares, de defesa dos interesses dos particulares perante a Administração Pública;

c) O receio da inundação do Tribunal Constitucional por acções de amparo é problema que, naturalmente, se não coloca[78]. O CPTA reduziu os poderes de cognição dos pedidos de intimação à jurisdição administrativa, donde a intervenção do Tribunal Constitucional só terá cabimento em situações de cruzamento entre este meio e o incidente de constitucionalidade, as quais, como vimos *supra* (2.3.2.1.), não sendo impossíveis, surgirão em proporção mínima (desde logo, em razão da *raridade* dos processos de intimação). Já quanto ao argumento da redução de eficácia do funcionamento das instâncias jurisdicionais administrativas – *maxime*, dos tribunais administrativos de círculo – por força da eventual avalanche de

---

devolutivo ao recurso de constitucionalidade é essencial à prevenção de disfuncionalidades, como notámos no texto (2.3.2.1.).

[78] A propósito das soluções legislativas que, na Alemanha, foram introduzidas para tentar minorar esse problema, v. J. RODRÍGUEZ ALVAREZ, **«Seleccionar lo importante» – La reciente reforma del trámite de admisión de la *Verfassungsbeschwerde*, *in REDC*, n.º 41, 1994, pp. 139 segs.

processos deste tipo, ele terá uma importância reduzida, dada a dificuldade real de utilização da intimação por força da subsidiariedade imposta pelo CPTA[79];

d) O não alargamento da intimação a decisões de instâncias jurisdicionais é talvez a maior razão de crítica da solução encontrada. É certo que, a avançar-se para tal extensão (não imposta pela Constituição, *rectius*, rejeitada pelo legislador da revisão constitucional de 1997[80]), não deveriam ser os tribunais administrativos os competentes para conhecer de tais recursos, nem a intimação o meio adequado para veicular tais pedidos. A competência seria fatalmente do Tribunal Constitucional e a previsão das condições de utilização de tal via jurisdicional teria que constar da Lei Orgânica daquele Tribunal, com todas as consequências (no plano dos possíveis atritos entre este Tribunal e os Supremos Tribunais) que tal hipótese acarretaria.

Nunca é tarde, contudo, para o legislador dar esse passo, e talvez devesse ter aproveitado "o balanço" do CPTA para o fazer, *carregando de sentido* a ideia de "tutela jurisdicional efectiva"[81]. Aguardemos os desenvolvimentos futuros, sendo certo que, pelo menos relativamente aos direitos, liberdades e garantias pessoais, o comando constitucional (artigo 20.º/5, recorde-se) sempre ficará algo amputado no seu âmbito de protecção em virtude desta "lacuna". É que, como lapidarmente escreve RUBIO LLORENTE, "a efectividade dos direitos exige não somente o controlo da constitucionalidade das leis mas também o controlo das decisões jurisdicionais que os apliquem"[82].

---

[79] O que não quer dizer que a avalanche não venha a ocorrer, por força da radical abertura das vias de tutela cautelar...

[80] Recorde-se que a acção constitucional de amparo contra sentenças inconstitucionais foi proposta pelo PCP e pelos Deputados do PS Almeida Santos, Vera Jardim e António Vitorino (cfr. as referências de publicação no *DAR supra,* nota 27), não tendo sido introduzida no texto constitucional por impossibilidade de reunir a maioria de aprovação de dois terços dos Deputados em efectividade de funções.

[81] Interpretando o artigo 20.º/5 à luz do elemento histórico atendendo à impossibilidade de reunir consenso em torno da solução do amparo contra decisões jurisdicionais inconstitucionais, torna-se difícil defender a inconstitucionalidade por omissão parcial do artigo 109.º do CPTA. Na ausência desta modalidade de amparo, restam sempre as sugestões de PAULO OTERO quanto à defesa contra este tipo de decisões – **Ensaio sobre o caso julgado inconstitucional**, Lisboa, 1993, pp. 139 segs, *max.* 148 segs.

[82] F. RUBIO LLORENTE, **Tendances actuelles de la juridiction constitutionnelle en Europe**, *in AIJC*, XII, 1996, pp. 11 segs, 29.

A intimação para protecção de direitos, liberdades e garantias, *bri-lharia* muito mais no sistema anterior, altamente deficitário em sede de acções condenatórias (não tanto por ausência de lei, mas sobretudo por retracção da jurisprudência). No contexto actual, este meio processual constitui *mais uma* modalidade de tutela célere daqueles direitos, uma espécie de *última carta na manga dos particulares* para situações em que nenhum outro remédio seja possível ou suficiente. Ainda que fadada para uma utilização pouco frequente (arriscaríamos mesmo: rara), a intimação é um contributo de vulto para o reforço do princípio da tutela jurisdicional efectiva no âmbito do contencioso administrativo. Muito ou pouco necessária em concreto – e num Estado que se pretende de Direito, a menor necessidade equivale a maior garantia –, importante é que exista.

Março de 2003

EXERCÍCIO DO DIREITO DE ACESSO
AOS DOCUMENTOS DETIDOS
PELA ADMINISTRAÇÃO PÚBLICA

JOSÉ RENATO GONÇALVES*

SUMÁRIO: 1. Legitimidade activa; 2. Posição dos requerentes de «dados pessoais» relativos a falecido; 3. Legitimidade passiva; 4. Pedido de acesso. Requisitos; 5. Formas ou vias de acesso. Limites; 6. Momento do acesso; 7. Custo do acesso; 8. «Responsável» pelo acesso e publicações; 9. Resposta da Administração ao pedido de acesso; 10. Informação a prestar ao requerente; 11. Direitos de queixa e de recurso.

Vejamos alguns aspectos relativos ao exercício do direito à informação (ou aos «documentos») na posse da Administração Pública, ou de outras entidades a que é aplicável o regime geral do acesso aos documentos administrativos, constante da Lei n.º 65/93, de 26 de Agosto[1].

Tentar-se-á determinar, em primeiro lugar, quem é titular do direito de acesso à informação administrativa, quem o pode exercer e quais as entidades sujeitas ao mesmo. Depois, enunciar-se-ão os requisitos do pedido de informação e as formas e momento desse acesso. Para além de

---

* Assistente da Faculdade de Direito da Universidade de Lisboa, Membro da Comissão de Acesso aos Documentos Administrativos.

[1] A Lei n.º 65/93, de 26 de Agosto, Lei do Acesso aos Documentos Administrativos (LADA), foi alterada pelas Leis n.º 8/95, de 29 de Março, e n.º 94/99, de 16 de Julho, perspectivando-se outra alteração para breve. Em geral sobre a transparência administrativa, diversidade de regimes aplicáveis ao acesso à informação na posse de entidades públicas ou equiparadas, conteúdo do direito geral à informação administrativa, protecção de dados pessoais (incluindo os dados pessoais informatizados), tutela dos segredos de empresa e regras aplicáveis ao acesso aos documentos das instituições da União Europeia, cfr. JOSÉ RENATO GONÇALVES, *Acesso à Informação das Entidades Públicas*, Coimbra, 2002, com indicações bibliográficas e recolha dos diplomas essenciais sobre o tema. Quando não se refira o contrário, as referências legais são feitas para a LADA.

580 José Renato Gonçalves

algumas notas sobre responsáveis pelo acesso, sobre publicações, sobre direitos de queixa e de recurso e sobre custos, analisar-se-á a resposta ao pedido por parte das entidades públicas (e equiparadas).

1. Legitimidade activa

Quanto à titularidade do direito de acesso à informação administrativa, há que distinguir se os documentos são «nominativos» ou não (os documentos nominativos são os que contêm «dados pessoais»). Não o sendo, «todos têm direito à informação» (art. 7.º/1 da LADA). Todos: qualquer pessoa, singular ou colectiva, «não pública», no sentido de dotada de poderes de autoridade [todavia, cfr. art. 20.º/1/d)]. Não se depararão, porém, obstáculos a que uma entidade pública, em igualdade de circunstâncias com outras entidades, possa dispor e exercer o direito de acesso.

Tratando-se de documentos «nominativos», em princípio só as pessoas a quem respeitam podem exercer o direito de acesso, bem como outras («terceiros») por aquelas autorizadas através de instrumento escrito. Fora destes casos, os documentos nominativos podem ainda ser comunicados a terceiros (i. e., pessoas a quem os dados «não digam respeito») que «demonstrem interesse directo, pessoal e legítimo» (art. 8.º).

Por regra, pode exercer qualquer direito quem é o seu titular. Havendo impossibilidade natural ou legal para o exercício do direito, ou vontade de não exercer por si o direito, está previsto e é admitido, embora com diversas particularidades, o exercício por outrem, com ou sem poderes de representação[2].

No caso do acesso a dados pessoais, é necessário ponderar a existência e relevância do «interesse directo, pessoal e legítimo» do requerente face às informações pedidas, respeitantes a outra(s) pessoa(s)[3].

---

[2] A lei prevê representantes para os casos de menoridade, de inabilitação e de interdição, e admite a representação voluntária. Não se deparam razões para que tudo isso seja afastado no exercício do direito de acesso à informação administrativa, sem prejuízo das precauções necessárias à protecção dos dados reservados, designadamente para salvaguarda da intimidade da vida privada. É admitida a representação, por exemplo, mediante a constituição de advogado pelo titular do direito de acesso. Também o advogado, como qualquer outra pessoa, dispõe do direito de acesso – sem embargo de outros direitos especiais de acesso à informação decorrentes do seu estatuto legal. No acesso a documentos nominativos (contendo dados «pessoais»), a posição de uma dada pessoa pode ser totalmente distinta das demais.

[3] Há que ter em conta os poderes de representação, no caso do acesso a dados pessoais de terceiro, quando se comprove o «interesse directo, pessoal e legítimo» apenas na

Exercício do Direito de Acesso aos Documentos Detidos pela Adm. Pública 581

2. Posição dos requerentes de «dados pessoais» relativos a falecido

Quando pedido o acesso a documentos contendo informações relativas a falecido, o requerente é normalmente considerado terceiro.

Esta qualificação é discutível[4], pelo menos quando estejam em causa os direitos referidos no art. 71.º do Código Civil. De acordo com este artigo, os direitos de personalidade gozam de protecção depois da morte do respectivo titular, tendo legitimidade para promover a sua defesa, entre outros, os ascendentes do falecido.

Tem-se entendido que tais direitos de defesa da personalidade são próprios e não alheios pois só as pessoas vivas são titulares de direitos[5]. Há quem considere, porém, que a protecção dos direitos de personalidade depois da morte constitui um desvio à regra do art. 68.º[6]. Ou que, especificamente quanto ao regime de acesso aos documentos administrativos, «...quem morreu também tem o direito a uma boa memória junto da própria família»[7].

A doutrina considera que no momento da morte ocorre uma transmissão das situações pessoais do falecido para as pessoas enunciadas no art. 71.º do Código Civil, ou, segundo outra óptica, que estas pessoas sucederiam ou ingressariam na posição antes ocupada pelo *de cuius*. Fala-se em sucessão obrigatória, insusceptível de ser aceite ou repudiada. Mas nem todos os autores admitem tal transmissão. Segundo OLIVEIRA ASCENSÃO, o objecto da sucessão restringe-se às situações jurídicas patrimoniais[8].

---

esfera do representado. É igualmente muito relevante a existência, ou não, de poderes de representação para o efeito quando o representante pretende aceder aos dados pessoais do representado. Se faltarem ou não forem suficientes os poderes de representação, estaremos perante uma situação de acesso a dados pessoais de terceiro e não do «próprio» por via do direito de representação. Estas particularidades não são despiciendas porque os dados pessoais integram as informações mais sigilosas, reservadas, íntimas, de uma pessoa, cuja revelação pode não ser desejada em caso algum pelo titular.

[4] Conforme se adverte na declaração de voto apresentada no Parecer da CADA n.º 73/99, de 24 de maio de 1999. Cfr. *5.º Relatório de Actividades (1999)*, pp. 239-245.

[5] Cfr. CASTRO MENDES, *Teoria Geral do Direito Civil*, Lisboa, 1978, I, p. 233. Em sentido convergente se pronunciaram, entre outros, os Profs. GALVÃO TELLES, *Direito das Sucessões. Noções Fundamentais*, 4.ª ed., Coimbra, 1980, n.º 15, MOTA PINTO, *Teoria Geral*, 2.ª ed., p. 201, e CARVALHO FERNANDES, *Teoria Geral*, Lisboa, 1983, I, p. 214.

[6] Cfr. PIRES DE LIMA / ANTUNES VARELA, *Código Civil Anotado*, I, Coimbra, 1987, *sub* art. 71.º Esta posição tem sido seguida pela CADA.

[7] Cfr. FERNANDO CONDESSO, "Acesso aos Documentos da Administração Hospitalar", *Encontro CADA/Saúde*, Lisboa, 18 de Março de 1998, p. 19.

[8] Cfr. OLIVEIRA ASCENSÃO, *Direito Civil. Sucessões*, 4.ª ed., Coimbra, 1989, n.º 18.

Se as pessoas elencadas no art. 71.º ingressam na posição do *de cuius*, não deverão ser qualificadas como terceiros face às informações sobre quem já faleceu, ao menos quanto ao exercício de direitos resultantes da sucessão. As informações do *de cuius* passam a «dizer respeito» aos seus sucessores a quem a lei atribui os meios de defesa dos interesses relacionados com o *de cuius*. Se após a morte as informações respeitam àquelas pessoas, elas deixam de poder ser qualificadas como verdadeiros terceiros, ficando então dispensadas da demonstração do interesse directo, pessoal e legítimo, exigido aos terceiros (art. 8.º/2 – anterior art. 7.º/2 – da LADA)[9].

Esta solução não será decerto admissível para quem rejeite a sucessão dos direitos pessoais. O art. 71.º do Código Civil atribuiria direitos de defesa distintos dos direitos pessoais do *de cuius*, porque estes se extinguiriam com a morte, que faz cessar a personalidade. Como tais direitos não se confundem com os direitos pessoais, as informações em causa poderiam merecer uma tutela especial de reserva da intimidade da vida privada, que se manteria depois da morte e seria assegurada pelo Estado, designadamente através da CADA.

A qualificação das pessoas referidas no art. 71.º como terceiros é clara para quem aceite a tese segundo a qual a protecção dos direitos de personalidade relativos ao *de cuius* corresponde a um desvio ao princípio da cessação da personalidade com a morte. Em defesa desta perspectiva pode evidenciar-se a falta de coincidência de interesses entre o *de cuius* e os seus sucessores, por existir um núcleo de direitos pessoais, entre os quais os de personalidade, que nunca se confundem com o(s) sucessor(es), não podendo por estes ser adquiridos. Ou seja, os dados da intimidade da vida privada do *de cuius* não dizem respeito aos seus «sucessores», embora lhes sejam atribuídos os respectivos meios de defesa (e vantagens em caso de ressarcimento de danos).

Para quem julgue que os direitos de personalidade são insusceptíveis de transmissão, a sua natureza será distinta e a titularidade dos documentos caberá às pessoas referidas no art. 71.º, porque da lei não resulta a atribuição desses direitos a outrem. Havendo ofensa de qualquer natureza «à memória do *de cuius*» os efeitos respectivos repercutem-se juridicamente nas pessoas referidas no art. 71.º do Código Civil. Qualquer indemnização devida passará a integrar o seu património, por terem sido essas pessoas as lesadas. Também o procedimento criminal por «ofensa à memória de pessoa falecida» (cfr. art. 185.º do Código Penal) depende de acusação particular,

---

[9] Sobre a posição dos requerentes de dados pessoais relativos a pessoas falecidas, cfr. J. RENATO GONÇALVES, *Acesso à Informação das Entidades Públicas*, cit., pp. 98-104.

que cabe ao cônjuge sobrevivo não separado, aos descendentes e aos ascendentes (art. 113.º/2 do mesmo diploma).

O parecer prévio da CADA sobre a verificação do «interesse directo, pessoal e legítimo» do requerente face a dados pessoais de terceiro encontrará justificação apenas nos casos em que as posições e interesses dos sujeitos («terceiro» interessado e falecido a quem dizem respeito) não coincidem, ou não se confundem. Dessa não coincidência de posições resulta divergência ou conflito de interesses, tendo então a intervenção da CADA por função dirimir ou clarificar esse «conflito» de interesses, entre quem pretende ter acesso à informação e a «pessoa» a quem os dados «respeitam».

3. Legitimidade passiva

Aqui não parece justificar-se tanto a distinção entre quem está sujeito a facultar o acesso à informação administrativa e quem tem legitimidade passiva para concretizar ou processar o exercício do direito.

A titularidade dos deveres e a prestação em concreto do acesso caberão à entidade que exerça funções administrativas ou disponha de poderes de autoridade e que tenha elaborado ou detenha «documentos administrativos» (art. 3.º da LADA).

O problema maior que se põe a este propósito consiste em saber quando é que uma entidade se encontra sujeita ao regime da LADA. Diversos organismos públicos, mesmo quando integram a Administração Central do Estado, têm defendido perante a CADA não lhes ser aplicável o regime de acesso aos documentos administrativos, quer nos casos em que se pronunciam na sequência de queixas apresentadas contra a recusa de acesso, quer quando inquiridos sobre a execução da LADA[10].

O problema amplia-se, provavelmente, com o acréscimo de autonomia das entidades requeridas face às pessoas colectivas públicas de população e território (Estado, Regiões Autónomas e autarquias locais), atingindo o cume com as entidades privadas[11].

---

[10] Trata-se de uma das respostas mais surpreendentes ao inquérito sobre a execução da LADA levado a cabo pela CADA em 1999-2000 (convicção dos dirigentes de diversos serviços e organismos públicos de que a LADA não é aplicável aos respectivos arquivos).

[11] São já numerosos os pareceres da CADA em que é analisada a sujeição ao regime da LADA. Entre outros, cfr. o parecer emitido em 7 de Junho de 2001 no Processo n.º 1224, relativo à CP – Caminhos de Ferro Portugueses, EP, o Parecer n.º 56/2000, de 16 de Março de 2000 (Procs. n.º 796 e 895), relativo à ADRAMA – Associação de Desenvolvimento da Região Autónoma da Madeira, ou o Parecer n.º 138/99, de 9 de Setembro de 1999 (Proc. n.º 634), relativo à RTP – Radiotelevisão Portuguesa.

O art. 3.°/1 refere os documentos «que têm origem ou são detidos», também, por «outras entidades» na medida, ou na parte, em que exerçam «poderes de autoridade, nos termos da lei». Entre essas «outras entidades» conta-se, portanto, pessoas não públicas.

Uma questão directamente relacionada com esta tem a ver com a delimitação precisa das áreas, «dentro» de uma dada entidade, em que é aplicável a LADA. Se uma entidade privada exerce certos «poderes de autoridade», a par de outros, só em relação àqueles primeiros haverá aplicação do regime de acesso aos documentos previsto na LADA. Num mesmo organismo, algumas funções ou alguns documentos poderão ficar sujeitos ao regime de acesso à informação administrativa, enquanto outros não. Trata-se de problema, em muitos casos, de difícil concretização[12].

4. Pedido de acesso. Requisitos

O pedido de acesso está sujeito à forma escrita (art. 13.° da LADA), que engloba, designadamente, os meios electrónicos[13]. Esta exigência compreende-se para efeitos de prova do pedido de acesso e, consequentemente, para o caso de o requerente pretender reagir perante uma eventual rejeição por parte da Administração. Em alguns ordenamentos jurídicos não é exigida forma especial para o requerimento de acesso, considerando--se admissível o pedido oral[14].

---

[12] Cfr., por exemplo, o Parecer n.° 56/2000, de 16 de Março de 2000 (Procs. n.° 796 e 895), cit. A ponderação pela CADA dos casos em que há sujeição de uma entidade ao regime da LADA terá «evoluído» com a «evolução» das questões postas em pedidos de parecer e em queixas.

[13] A utilização de documentos electrónicos e da assinatura digital rege-se pelo Decreto-Lei n.° 290-D/99, de 2 de Agosto. Em pareceres emitidos no decurso de 2000 e de 2001, a CADA entendeu que o correio electrónico constitui um meio adequado para a apresentação de um pedido de acesso a documentos.

[14] É o caso da França (art. 4.° da Lei n.° 78-753, de 17 de Julho de 1978) e da Finlândia, onde a comunicação da informação pedida pode ser efectuada oralmente (cfr. § 13.° e § 16.° da lei relativa à abertura das actividades governativas, de 1 de Janeiro de 2000, que veio substituir a lei respeitante ao acesso público aos documentos oficiais de 1951). Porém, a CADA francesa aconselha os requerentes a apresentar pedidos por escrito pelas razões indicadas no texto (prova e precisão do pedido). O Regulamento (CE) 1049/2001, do Parlamento Europeu e do Conselho, de 30 de Maio de 2001, exige a forma escrita dos requerimentos de acesso à informação na posse das instituições comunitárias (art. 6.°/1).

Exercício do Direito de Acesso aos Documentos Detidos pela Adm. Pública 585

A exigência da forma escrita permite delimitar com precisão o âmbito do pedido de acesso e a sua justificação, o que tem relevo não só para efeitos de eventual recurso de uma possível decisão administrativa restritiva do direito de acesso como igualmente para efeitos de demonstração de uma certa posição do requerente face aos dados pedidos («interesse directo, pessoal e legítimo»).

Essa precisão verbal fixada no requerimento escrito pode vir depois a ser determinante, porventura, no apuramento de responsabilidades pela utilização ou divulgação de dados reservados. Noutros casos, de acesso a documentos não nominativos, cujo acesso manifestamente não esteja prejudicado por qualquer tipo de restrição, a exigência da forma escrita afigura-se excessiva[15].

No requerimento devem constar elementos identificadores do interessado, incluindo o nome, a morada e a assinatura (não outros, como o número do cartão de contribuinte, o estado civil, etc., por vezes indevidamente exigidos em alguns serviços públicos, com invocação do preceituado no Código do Procedimento Administrativo), e «elementos essenciais à identificação dos documentos».

Em determinados ordenamentos jurídicos encontra-se expressamente afastada a exigência de identificação do requerente[16]. Tal evolução parece acertada e representa não somente uma simplificação e redução da burocratização como também o arredar (no regime de acesso geral à informação) do requisito tradicionalmente típico do acesso endoprocedimental, de alegação e demonstração (pelo requerente) de interesse directo face à informação pedida.

Se um contacto (*v. g.*, endereço de correio electrónico, e não necessariamente a morada) do interessado pode mostrar-se adequado quando a informação não é prestada imediatamente, o mesmo não será de entender, talvez, quanto à assinatura.

---

[15] Em debates públicos sobre o exercício do direito de acesso verifica-se ser muito corrente a comunicação por funcionários públicos de informações consideradas manifestamente não reservadas. Haverá uma percepção se não generalizada pelo menos significativa em alguns serviços públicos da desnecessidade daquela exigência de forma escrita. Porém, esta espécie de aversão à forma, devida também, porventura, a algum desconhecimento da lei, chega a atingir a áreas de informação reservadas. Por exemplo, não é rara mas poderá considerar-se preocupante a prestação de informações médicas a quem se identifique como familiar do doente, mesmo que a comunicação aconteça através do telefone.

[16] É a solução prevista no § 13.º da lei finlandesa relativa à abertura das actividades governativas, de 1 de Janeiro de 2000.

586 *José Renato Gonçalves*

É certo que a assinatura pode constar de uma mensagem electrónica, e pode ser confrontável com cópia de documento de identificação remetida pelo mesmo meio ou por telecópia ou certificada por entidade competente, mas não se vislumbra razão para a sua exigência legal no caso do acesso ter por objecto documentos não reservados («não nominativos»).

Pelo contrário, no acesso a documentos «nominativos», contendo «dados pessoais», todos os requisitos de forma referidos afiguram-se imprescindíveis, só sendo admissível e suficiente a utilização de comunicação electrónica quando exista assinatura («electrónica»), nos termos das regras específicas aplicáveis.

A lei exige a indicação suficiente, ao menos aproximada, do conteúdo dos documentos onde consta a informação pretendida. Essa indicação facilita a identificação dos documentos. Os serviços da Administração Pública devem ajudar o requerente a identificar os documentos ou as informações que pretende obter[17].

Para a identificação documental não chega referir «todas as circulares, todos os despachos normativos, todos os ofícios-circulares ou todas as ordens de serviço emitidos por todos os dirigentes dos serviços centrais de uma Direcção-Geral durante uma década», como já alguém pediu (e por mais de uma vez).

Se bastasse uma caracterização tão vaga dos documentos, os serviços da Administração poderiam ser, por assim dizer, forçados a fechar até que fosse fotocopiada toda essa massa documental.

Todavia, se é necessário dar uma indicação o mais aproximada possível dos documentos objecto do acesso, isso não significa, pelo menos em princípio, que a Administração possa impedir o exercício do direito alegando que o interessado não vai obter qualquer vantagem ou que não se justifica que um funcionário, ou mesmo um «não funcionário», passe largas horas a fio a fotocopiar documentos para que o Sr. *A* ou *B* possa constituir um arquivo pessoal dos livros *y* e *x* daquele serviço público[18].

Qualquer destas circunstâncias não justifica, pois, que a Administração passe a exigir a invocação e a demonstração de qualquer interesse

---

[17] O cit. § 13.º da lei finlandesa de abertura das entidades públicas prevê que o requerente seja ajudado a individualizar o documento ou documentos que quer conhecer com a ajuda de registos, índices ou ficheiros existentes nos serviços.

[18] Cfr. Pareceres n.º 67/98 e n.º 154/98, no *4.º Relatório de Actividades / 1998*, pp. 177 e seg. e 373 e segs., respectivamente.

Exercício do Direito de Acesso aos Documentos Detidos pela Adm. Pública   587

directo, pessoal ou legítimo por parte do requerente, quando a lei o não faz em geral quanto aos documentos não nominativos ou não reservados[19].

5. Formas ou vias de acesso. Limites

São três as formas ou vias de acesso previstas no art. 12.º da LADA:

– consulta gratuita, efectuada nos serviços que detêm os documentos;
– reprodução por fotocópia ou por qualquer meio técnico, designadamente visual ou sonoro;
– passagem de certidão pelos serviços da Administração.

Quem escolhe a forma ou via de acesso é o requerente e não a Administração[20].

Por vezes alguns serviços apontam uma das formas, a certidão, talvez por pouco conhecimento da lei ou até, porventura, com o fim de arrecadação de mais receitas, mas com prejuízo para o requerente dado tratar-se da via mais onerosa.

Quando no art. 15.º/1/a) se prevê que a Administração comunique o modo para ser efectuada a consulta refere-se à concretização de uma das vias de acesso, designadamente da consulta ou da reprodução, sobretudo no caso de poderem provocar danos ao documento ou ao funcionamento da Administração.

A Administração deve condicionar a reprodução se isso for necessário para preservar o documento, diligenciando para que sejam efectivamente evitados danos (art. 12.º/4). Nesse caso, o interessado pode «promover» a cópia manual ou a reprodução por «qualquer outro meio» que não prejudique a conservação do documento, a expensas suas e sob a direcção do serviço detentor[21].

---

[19] Uma questão relacionada com esta é a do abuso do direito de acesso, que aqui não se retoma. Cfr. J. RENATO GONÇALVES, *Acesso à Informação das Entidades Públicas*, cit., pp. 44-46.

[20] Certos ordenamentos jurídicos prevêem expressamente que o exercício do direito de acesso se deve processar pelo modo requerido – cfr., por exemplo, o § 16.º da lei finlandesa sobre a abertura das entidades públicas, anteriormente citada, ou o art. 10.º/1 do Regulamento (CE) 1049/2001 («segundo a preferência do requerente»).

[21] A preocupação com a preservação dos documentos encontra-se, como se compreende, na generalidade das leis de acesso à informação pública. Cfr., *v. g.*, o art.4.º da LADA francesa (Lei n.º 78-753, de 17 de Julho de 1978, com alterações posteriores em

Todavia, a Administração deve recusar a passagem de certidão se isso representar, por si, a constituição, alteração ou extinção de outros direitos (que não o do acesso à informação administrativa) e tais alterações substanciais não tiverem ocorrido, ou não resultarem das normas específicas aplicáveis ao caso.

Clarifiquemos. Referiu-se noutro lugar que o direito de acesso à informação administrativa visa a transparência das actividades administrativas, a publicidade dos actos das entidades que desempenham serviços públicos, de modo a permitir o seu acompanhamento por parte de quem o desejar, e não mais do que isso. Ou seja, a emissão de uma certidão nos termos do art. 12.º da LADA tem por função fundamental cumprir os princípios da abertura e transparência da Administração e não permitir outros efeitos afastados por outras regras.

Por exemplo, se a emissão de uma certidão tiver determinados pressupostos, como o pagamento de uma quantia monetária, não se pode retirar da LADA a obrigatoriedade de uma entidade a emitir enquanto aquela quantia e / ou quaisquer outros pressupostos não estiverem cumpridos.

Caso o aluno de uma escola sujeita ao regime da LADA, independentemente de ter frequentado e obtido aprovação em certas disciplinas ou num curso, não tenha pago as taxas a que está obrigado, também não poderá exigir a emissão de uma certidão das disciplinas ou do curso até que cumpra os seus deveres inerentes à contraprestação em causa. Havendo uma relação bilateral, sinalagmática, o cumprimento das obrigações de uma parte (prestação do serviço de ensino e sua certificação) depende do cumprimento das obrigações da outra parte (taxas, apresentação de certificados prévios exigidos para a frequência em causa)[22].

Nesses casos, a certidão pedida não se enquadra no âmbito do mero acesso a informação na posse da Administração. Estamos perante procedimentos que culminam com a emissão de uma certidão, obedecendo o seu

---

1979 e em 2000, como já foi indicado) e o art. 5.º/4 da lei grega n.º 2690/1999 relativa ao procedimento administrativo e a outras matérias, incluindo o acesso aos documentos na posse de entidades públicas.

[22] Sobre a noção e natureza «bilateral» das taxas, cfr., por exemplo, J. J. TEIXEIRA RIBEIRO, "Noção jurídica de Taxa", *Revista de Legislação e Jurisprudência*, ano 117, 1/2/1985; P. SOARES MARTÍNEZ, *Direito Fiscal*, 7.ª ed., Coimbra, 1993, pp. 35-37; ALBERTO XAVIER, *Manual de Direito Fiscal*, I, Lisboa, 1974, pp. 42-55; A. SOUSA FRANCO, *Finanças Públicas e Direito Financeiro*, II, 4.ª ed., Coimbra, 1992, pp. 63-71; J. L. SALDANHA SANCHES, *Manual de Direito Fiscal*, Lisboa, 2001, pp. 16 e ss.; N. SÁ GOMES, *Manual de Direito Fiscal*, I (reimp.), Lisboa, 1996, pp. 73-77.

Exercício do Direito de Acesso aos Documentos Detidos pela Adm. Pública   589

andamento a regras próprias. E, muitas vezes, perante uma relação jurídica sinalagmática, em que o cumprimento de uma das partes pode ser excepcionado até ao momento do cumprimento da contrapartida específica. Este entendimento, embora aceite pela Administração, não o foi pela CADA. Num projecto de parecer relativo ao Processo n.° 888 (de 10 de Maio de 2001), entendia-se que condicionar a entrega da certidão de habilitações pedida por um aluno ao pagamento das propinas de determinados anos «configura uma restrição abusiva de um direito material e formalmente constitucional que pode constituir o Estado e os seus órgãos e agentes em responsabilidade civil, de acordo com o art. 22.° da Constituição»[23].

Afigura-se de todo injustificado que o regime do acesso à informação pudesse distorcer e falsear as realidades ao ponto de permitir a constituição de direitos cujos pressupostos não estivessem preenchidos.

---

[23] Cfr. Pareceres n.° 104/2001 e n.° 105/2001, de 7 de Junho de 2001 (Processos n.° 888 e n.° 1468), ambos com uma declaração de voto na qual se distinguem as duas modalidades de certidão – no quadro do mero acesso à informação administrativa e no âmbito de uma relação jurídica de taxa (como se fez acima). No Processo n.° 888 a CADA reconheceu ao requerente direito a ser-lhe passada «certidão de habilitações com os respectivos conteúdos programáticos das cadeiras concluídas», apesar de não ter sido efectuado o pagamento das propinas. No Processo n.° 1468 o requerente já havia pago as propinas mas não o acréscimo («multa») pelo atraso no pagamento, tendo a solução dada pela CADA sido equivalente. Na Declaração de Voto apresentada em ambos os processos considera-se que a Comissão não deveria impor (ou propor) a um estabelecimento de ensino que certifique actos curriculares que podem ser juridicamente inválidos (ao ter deliberado que a análise da validade dos actos curriculares, «eventualmente praticados», é uma questão autónoma, face à sua certificação) e que a LADA não visa distorcer completamente, e sem nenhuma justificação, o conteúdo jurídico de figuras como a taxa, a ponto de fazer bulir a sua característica fundamental, a natureza sinalagmática (*vd.* nota seguinte). Ou seja, a certidão enquanto contrapartida do pagamento de uma taxa (propinas) não se confunde com a certidão via de acesso a informação administrativa, pelo que agira bem a escola ao condicionar a emissão da certidão de habilitações ao pagamento das propinas devidas pelo aluno. Este entendimento foi acolhido pela entidade requerida no Processo n.° 1468 (Universidade Técnica de Lisboa), para quem «o queixoso pretende exercer um direito sem cumprir o correspondente dever», tendo a situação que «ser analisada no seu contexto integral, nomeadamente o não pagamento de propinas e o carácter sinalagmático que as caracteriza», pois «a Administração tem deveres para com os cidadãos mas (...) os cidadãos têm igualmente deveres para com a Administração» e «o uso de um direito, não se compadece com o abuso que dele pretenda ser feito» (informação da Reitoria da Universidade Técnica dirigida à CADA na sequência da notificação do Parecer).

Isto não significa que a transparência ou abertura administrativa deva ceder nestes casos. Não existindo razões para a informação ficar reservada, haverá sujeição ao regime do acesso. Com uma particularidade decisiva: não ser utilizada a forma de certidão, ou outra, se a mesma repre-sentar uma alteração jurídica substancial injusta e não pretendida nem admitida pela lei[24].

6. Momento do acesso

O acesso pode ser requerido em qualquer altura, não sendo justificável o diferimento ou atraso com base no facto de os documentos se encontrarem depositados em arquivos (art. 7.º/3).

O seu diferimento ocorre em alguns casos: quando os documentos se encontram legalmente classificados por razões de segurança, enquanto

---

[24] Na declaração de voto junta ao Parecer n.º 104/2001, de 7 de Junho de 2001, cit., escreve-se o seguinte: «Para o exercício do acesso à informação administrativa, a lei previu diversas vias, umas mais expeditas (consulta, reprodução simples), outra mais solene (a certidão) – art. 12.º da LADA. Tais vias de acesso destinam-se à obtenção de informação administrativa, de qualquer informação certa; não para outros objectivos «específicos» que ultrapassem o mero acesso à informação. Assim, o acesso à informação por meio de certidão pode ficar condicionado se a emissão dessa certidão significar «mais do que um mero acesso à informação», i. e., se tiver efeitos constitutivos. Por exemplo, quando represente situações específicas como a fruição de determinado serviço e a aprovação em provas, contrapartidas individualizadas contra as quais é exigida uma taxa, ou então o preenchimento de certos requisitos necessários a uma certificação ou a um licenciamento, sendo estes contrapartida individualizada de uma taxa. Em geral, quando a certidão (ou outro meio de acesso) seja um título constitutivo de direitos individualizados para o seu beneficiário e esses direitos tenham como contrapartida o pagamento de qualquer prestação pecuniária não estaremos já no âmbito do direito à informação administrativa. Essas figuras já existiam antes de surgir este novo direito e nada obsta a que continuem hoje a subsistir autonomamente. Nesses casos, sem que haja, em princípio, qualquer reserva da informação pretendida, a emissão e entrega de certidão pressupõe o pagamento da contrapartida legalmente exigida em tais situações (a taxa), cujo montante não corresponderá, mesmo que aproximadamente, ao serviço burocrático da sua emissão, mas terá em conta toda a prestação individualizada (bem ou serviço) atribuída ao seu beneficiário. 3. Será então de afastar o expediente pelo qual alguém, invocando a LADA, quer obter certos efeitos jurídicos mediante a passagem de certidão que, nos termos das normas aplicáveis ao caso, é indevida e injusta. Indevida e injusta porque a certidão pedida de actos curriculares (a par da prestação do ensino) constitui a contrapartida directa e imediata do pagamento, não efectuado, das respectivas propinas. Como se pode impor a qualquer entidade, e com que fundamento, que tem de cumprir a sua prestação bilateral sem que, simultaneamente, possa exigir (também) o cumprimento da contraprestação devida pela outra parte?(...)».

durar essa classificação; quando os documentos constam de processos não concluídos ou são preparatórios de uma decisão, «até à tomada da decisão, ao arquivamento do processo ou ao decurso de um ano após a sua elaboração» (art. 7.º/4). Quanto ao acesso aos inquéritos e sindicâncias, tem lugar após o decurso do prazo para eventual procedimento disciplinar (art. 7.º/5).

A regra do diferimento de acesso em sede da LADA em nada contende com o disposto no Código do Procedimento Administrativo, no quadro dito endoprocedimental. Há lugar ao exercício imediato do direito de acesso quando cumpridas as regras procedimentais respectivas (cfr. arts. 61.º a 64.º do CPA).

A previsão do prazo de um ano, após a elaboração de qualquer documento ainda não conducente à tomada de uma decisão, para que a Administração Pública seja obrigada a facultá-lo a quem quer que pretenda exercer o acesso à informação é entendido normalmente como uma limitação temporal concedida para efeitos de «inércia» administrativa ou, melhor, para salvaguarda de um contexto de reflexão dos órgãos administrativos nos momentos que antecedem a tomada de decisão.

Assim a Administração Pública não ficaria pressionada a actuar «a quente», «em directo», frente aos microfones e sob os holofotes da televisão ou de outros meios de comunicação.

A margem de gestão da informação pelos dirigentes públicos é bem mais ampla com este mecanismo. Resta saber se não será excessivo e, além disso, pouco ou mesmo nada justificado.

Efectivamente, é duvidoso que o mecanismo do decurso de um ano após a elaboração de um documento seja adequado e comporte, por regra, vantagens. Pelo contrário, pode mesmo ser utilizado como subterfúgio pela Administração, se a ele recorrer com normalidade para retardar a prestação da informação.

Mais ainda, será contraproducente o acentuar dessa possibilidade de diferimento do acesso como regra geral, embora a coberto da letra da lei[25].

Esta disposição foi proclamada pela LADA francesa e prontamente seguida pelos ordenamentos que adoptaram o mesmo modelo.

Noutros ordenamentos jurídicos, é admitido o acesso à informação disponível antes da decisão desde que a Administração julgue que não contende com interesses protegidos.

---

[25] Por isso, parece-nos merecedor de crítica o acentuar da possibilidade de a Administração diferir o acesso à informação até ao decurso de um ano após a elaboração do documento, em particular no caso de documentos como actas de órgãos colegiais relativas a reuniões periódicas, entendimento seguido em alguns pareceres da CADA.

A regra não é a do segredo. Daí a prática, e a obrigatoriedade em alguns casos, de publicar (*v. g.*, pela internet) todos os documentos pedidos por alguém cuja divulgação não seja susceptível de levantar problemas[26]. É o que acontece, designadamente, em alguns países nórdicos e também na União Europeia, em determinadas áreas.

Nestes casos a regra geral é a da publicidade e não a do segredo, sem prejuízo de aí se acentuar, e tanto, a protecção de um espaço reservado para a reflexão (*space to think*) da Administração, quando da tomada de decisão[27].

Em todo o caso, a distinção em concreto das áreas de acesso e de restrição de informação pública entre as duas soluções referidas não é tanta dado que outras regras a vêm matizar ou mesmo contradizer.

Diversas normas impõem a discussão pública de projectos, programas e outras medidas, obrigando a Administração Pública à prestação de informação sobre os mesmos, o mesmo decorrendo de regras processuais e substantivas aplicáveis, por exemplo, às associações de defesa de certos interesses colectivos e difusos (ambiente, património cultural)[28].

Em conclusão, o mecanismo de diferimento do acesso até um ano, previsto no art. 7.º/4 da LADA, parece-nos inadequado e desnecessário

---

[26] Em Portugal, a Resolução do Conselho de Ministros n.º 95/99, de 29 de Julho, prevê a disponibilização na internet de informação detida pela Administração Pública (*DR*, I, n.º 198-B, de 25.8.1999).

[27] O debate sobre o âmbito desse espaço de reflexão na tomada de decisão administrativa foi um dos temas centrais do encontro promovido na Haia pelo Governo dos Países Baixos, em Fevereiro de 2001, com a presença de representantes dos quinze Estados-Membros das Comunidades Europeias e das instituições comunitárias, a propósito das «propostas» e «contrapropostas» de regulamento comunitário sobre o novo direito de acesso aos documentos do Parlamento Europeu, do Conselho e da Comissão, decorrente do artigo 255.º do Tratado CE, com as alterações introduzidas pelo Tratado de Amsterdão, que incumbia a Comissão de preparar uma proposta legislativa a ser adoptada pelo processo de co-decisão no prazo de dois anos a contar da entrada em vigor do tratado, i. e., até 1 de Maio de 2001. Cfr. J. RENATO GONÇALVES, *Acesso à Informação das Entidades Públicas*, cit., pp. 209-247.

[28] Por outro lado, as autoridades podem ter a iniciativa de promover o debate em torno de determinadas matérias, disponibilizando a (ou alguma) informação recolhida, ou então vêem-se obrigadas a isso por pressão dos meios de informação e/ou da opinião pública. Mas entramos aqui noutro campo, muito evidenciado pela sua projecção pública, graças à ressonância conseguida com a colaboração dos meios de comunicação, mas que extravasa o do direito à informação e fica completamente dependente da decisão discricionária dos órgãos da Administração Pública, que escolhem comunicar, provavelmente, o que mais convém, na altura que consideram mais adequada aos interesses e calendários que prosseguem.

Exercício do Direito de Acesso aos Documentos Detidos pela Adm. Pública   593

enquanto regra geral para assegurar o «normal» funcionamento da Administração Pública. Não sendo necessário, há que pôr o problema da sua desconformidade face à Constituição e sua consequente inaplicabilidade. Mas há que atender ainda ao seguinte.

Em matéria de liberdade de acesso à informação relativa ao ambiente, a LADA transpõe para a ordem jurídica interna a Directiva do Conselho 90/313/CEE, de 7 de Junho de 1990, *em fase de revisão*, cujo art. 3.º/2 não permite a exclusão do direito à informação na pendência de um procedimento administrativo.

Nesta parte a LADA não transpõe aquela Directiva *ainda em vigor*, ou não admite, por si, o acesso à informação na fase endoprocedimental, salvo se o documento tiver sido elaborado há mais de um ano.

Independentemente da técnica de remissão a que recorre a CADA no art. 7.º/4, parte final, na medida em que seja restringido o direito de acesso em matéria ambiental na dita fase endoprocedimental, haverá contradição com o Direito comunitário, logo «inaplicabilidade», salvo se ocorrer uma das excepções admitidas pela Directiva[29].

7. Custo do acesso

É gratuita a consulta documental no próprio serviço[30].

---

[29] Solução equiparável da ordem jurídica alemã, de uma disposição que excluía o direito à informação na pendência de procedimento administrativo, levou a Comissão a interpor uma acção por incumprimento das obrigações decorrentes da Directiva (C-217/97), ao abrigo do antigo art. 169.º (depois art. 226.º) do Tratado CE. O Tribunal de Justiça, por acórdão de 9 de Setembro de 1999, julgou essa acusação procedente. No que respeita ao efeito directo vertical das directivas, quanto às obrigações incondicionais e precisas em caso de lhe não ter sido dada execução adequada, cfr., por exemplo, J. Mota de Campos, *Direito Comunitário*, II (O Ordenamento Jurídico), 4.ª ed., Lisboa, 1994, pp. 290-305. Entretanto, a referida Directiva foi revogada, com efeitos a partir de 14 de Fevereiro de 2005, pela Directiva 2003/4/CE, do Parlamento Europeu e do Conselho, de 28 de Janeiro de 2003, relativa ao acesso às informações ambientais.

[30] Julgávamos tratar-se de regra «geral» nos diversos ordenamentos [cfr., por exemplo, art. 4.º/a) da LADA francesa e art. 12.º da lei belga da publicidade administrativa de 11 de Abril de 1994]. Mas não. Por exemplo, segundo a Tabela de Taxas e Licenças do Município de Penafiel (art. 5.º), na redacção resultante das alterações aprovadas em reuniões de 6 de Dezembro de 1999 e de 25 de Fevereiro de 2000, a consulta de um processo de loteamento encontra-se sujeita ao pagamento de uma taxa (no caso, 1.028 escudos, ou 5,13 euros). No parecer emitido no Processo n.º 1392, em 24 de Maio de 2001, a CADA considerou a referida disposição desconforme com a lei por contrariar o art. 12.º/1/a) da LADA.

594   *José Renato Gonçalves*

Já a reprodução por fotocópia ou por qualquer outro meio técnico está sujeita a pagamento pela pessoa que a solicitar do «encargo financeiro estritamente correspondente ao custo dos materiais usados e do serviço prestado» (art. 12.°/2 da LADA).

Este preceito é desenvolvido no artigo 3.° do Decreto-Lei n.° 134/94, de 20 de Maio, onde se estipula, em termos não rigorosamente coincidentes, que os encargos financeiros da reprodução de documentos «não podem ultrapassar o valor médio praticado no mercado por serviço correspondente», sendo objecto de despacho do Ministro das Finanças, ouvida a CADA.

No Despacho n.° 8617/2002, do Ministério das Finanças (publicado no Diário da República, II Série, n.° 99, de 29 de Abril de 2002), aplicável em geral à Administração Central do Estado, encontram-se fixadas as taxas correspondentes a cada tipo de reprodução (fotocópias em papel, reprodução em disquetes, em CD-RW e CD- R, em cassete áudio e vídeo, etc.)[31].

Justificadamente, os serviços e organismos públicos públicos incumbidos da reprodução dos documentos podem recusar fazê-lo em suporte fornecido pelos interessados sempre que este não tenha a qualidade adequada à boa conservação dos equipamentos empregues na reprodução ou em suporte indicado pelos interessados quando não disponham dos meios técnicos necessários para o efeito (n.° 5 e 6).

Embora nada se disponha expressamente quanto aos encargos com o envio de cópias requeridas, devem os mesmos ser assegurados pelo requerente em termos equiparáveis (sem ultrapassar o custo efectivo). Idêntica solução foi acolhida recentemente pelo ordenamento da União Europeia.

Algumas disposições do despacho levantam problemas de natureza muito diversa. Desde logo não foram previstas modalidades de reprodução que têm vindo a tornar-se mais comuns, como por exemplo a fotocópia a cores. Esta lacuna tornou-se patente com o novo Despacho n.° 8617/2002, cujo n.° 1/a) fixa os custos para «fotocópias a preto e branco» (a referida distinção não figurava no anterior Despacho – n.° 280/97: *DR*, II, n.° 200, de 30 de Agosto de 1997 –, resultando talvez, em parte, das observações emitidas pela CADA, quando ouvida para o efeito).

---

[31] A reprodução em fotocópias a cores, em cópias *ozalid*, e a de mapas e cartas geográficas será objecto de despacho autónomo (n.° 8 do Despacho n.° 8617/2002), enquanto se impõe aos serviços e organismos da Administração onde o acesso aos documentos administrativos se faça por meio de suportes não previstos no despacho que comuniquem o facto ao Ministério das Finanças, para efeitos de regulamentação (n.° 9). Por outro lado, os valores fixados no Despacho (no seu n.° 1) não se aplicam quando esteja em causa a reprodução de documentos com custos já estabelecidos em legislação própria.

Quanto à opção pelo fornecimento de reproduções de documentos, independentemente do seu número, contra o pagamento de montantes especialmente reduzidos ou, em alguns casos, mesmo isentos, sem que se demonstre claramente a respectiva necessidade, posição que se manteve com a nova regulamentação, parece-nos que deveria ser adequadamente ponderada quanto à sua justificação, porque exigirá um custo real excessivamente elevado para os serviços públicos. Idêntica ressalva poderá ser dirigida à prestação de informação com recurso a meios electrónicos, embora neste caso os custos sejam em geral negligenciáveis.

Tal como no Despacho n.° 280/97, anteriormente em vigor, o novo diploma prevê o pagamento de «custos de reprodução» inferiores com o acréscimo da quantidade de fotocópias pedidas (por cada fotocópia de uma folha A4, são cobrados 0,04 €, até 50 fotocópias, 0,03 €, se o número estiver compreendido entre 50 e 100, e 0,02 €, para mais do que 100 fotocópias).

Porém, o acréscimo da quantidade de fotocópias não representa, necessariamente, ou sequer tendencialmente, custos reais inferiores por exemplar.

Preferível seria incentivar o requerente a seleccionar a parte ou partes do(s) documento(s) a reproduzir, não por razões de menor transparência mas por economia de recursos. Por outro lado, e como é sabido, a cobrança de quantias pouco significativas não é financeiramente compensadora[32].

O n.° 7 do Despacho prevê o seguinte: «os cidadãos que, nos termos da lei, beneficiem de apoio judiciário ou que necessitem de reproduções de documentos necessários à sua obtenção ficam isentos do pagamento dos custos estabelecidos neste despacho». O n.° 4 do Despacho n.° 280/97, substituído pela nova regulamentação, era bem mais claro: «os cidadãos utentes que, nos termos da lei, beneficiem de apoio judiciário ficam isentos do pagamento dos custos estabelecidos neste despacho». Quando alguns beneficiários de apoio judiciário constataram o teor desta disposição,

---

[32] O Regulamento (CE) n.° 1049/2001 do Parlamento Europeu e do Conselho, de 30 de Maio de 2001, prevê no seu art. 10.°/1 que as cópias de menos de 20 páginas A4, bem como o acesso directo sob forma electrónica ou através de registo são gratuitos. Parece-nos uma solução positiva, ao mesmo tempo incentivadora do acesso e da transparência das entidades públicas e também, em alguma medida, desincentivadora de eventuais propensões para o abuso do recurso ao pedido de cópias. Cfr. J. RENATO GONÇALVES, *Acesso à Informação das Entidades Públicas*, cit., pp. 240 e ss.

«prontamente decidiram diligenciar» no sentido de fazer actuar o mecanismo[33].

Mais duvidoso será o significado da inovação introduzida em 2002: os cidadãos «que necessitem de reproduções de documentos necessários à sua obtenção» ficam isentos do pagamento dos custos estabelecidos no despacho. Quando é que os cidadãos necessitam «de reproduções de documentos necessários à sua obtenção»? Tratar-se-á dos casos em que as reproduções de documentos sejam necessárias à obtenção de outros documentos?

A conjugação desta isenção do pagamento de custos pelo acesso com o previsto no Código do Procedimento Administrativo para o caso de comprovada insuficiência económica, demonstrada nos termos da lei sobre o apoio judiciário, em que se admite que «a Administração isentará, total ou parcialmente, o interessado do pagamento das taxas ou despesas referidas no número anterior» (art. 11.°/2), põe-nos dúvidas sobre a amplitude dessa isenção.

No despacho aplicável ao direito geral de acesso prevê-se a isenção, enquanto no âmbito do procedimento administrativo os serviços da Administração têm competência para isentar, «total ou parcialmente», o interessado do pagamento das taxas ou despesas.

Apesar de as taxas e despesas aqui referidas não coincidirem, ao menos necessariamente, com as reproduções previstas no regime geral de acesso, é certo que uma (eventual) maior amplitude da isenção de taxas e despesas a qualquer pessoa que pretenda exercer o direito de acesso, comparativamente com o interessado no procedimento administrativo, não deixaria de ser anómala e desconforme aos princípios fundamentais do sistema.

Não parece admissível que uma pessoa sem interesse num procedimento possa ter condições de acesso à informação mais favoráveis do que um interessado.

Mais duas notas breves sobre o Despacho. Primeira: a flexibilidade, aparentemente sem quartel, do n.° 3 («os valores fixados no n.° 1 não se aplicam quando esteja em causa a reprodução de documentos com custos já estabelecidos em legislação própria»). Segunda: a perplexidade quanto ao alcance do n.° 2 («os valores fixados no número anterior constituem

---

[33] No *Relatório de Actividades de 1998* da CADA encontramos 19 pareceres em que foi requerente ou reclamante uma mesma pessoa, que, pela leitura dos referidos textos, verificamos dispor de apoio judiciário e a quem foi reconhecido o direito a obter, previsivelmente, largas centenas de milhares de fotocópias em numerosos organismos públicos sem ter de efectuar qualquer pagamento.

receita dos serviços e organismos que procedam à reprodução dos documentos»). Terá deixado de vigorar o princípio orçamental da não consignação das receitas?

Outras entidades públicas, além do Estado, não têm fixado o montante das taxas devidas pela reprodução (simples ou não autenticada) de documentos, o que poderá constituir um obstáculo sério ao exercício em concreto do direito de acesso, enquanto outras aproveitaram a oportunidade, parece, para fixar montantes injustificados[34].

De acordo com a lei, o montante a pagar pelo acesso não pode exceder o custo dos materiais utilizados e do serviço prestado. Um excelente indicador retira-se da comparação com os preços exigidos no mercado por serviços idênticos.

Como antes se apontou, o montante das taxas exigidas pelo acesso depende dos objectivos políticos a prosseguir, dos princípios subjacentes ao exercício do direito à informação. Se se tiver em vista facilitar e incentivar a transparência da Administração, o montante da taxa pela obtenção da informação deve ser «acessível», «moderadora» mas sem ultrapassar o custo respectivo. É essa a solução legal.

Se, pelo contrário, o objectivo for aproveitar a oportunidade para obter maior receita pública – como parece ter-se tornado quase obsessão em algumas áreas (mas, paradoxalmente, não em outras – daí numerosas distorções e contradições de sector para sector) – ou para dificultar o acesso e garantir a opacidade da Administração, especialmente onde haja interesse nisso, então o caminho será o do aumento das taxas (neste caso não já verdadeiramente «moderadoras» mas impeditivas de «ímpetos de desconfiança e de controlo» sobre algumas ou todas as entidades prestadoras de serviço público).

Quanto às certidões, o seu custo é em geral mais elevado, em alguns casos muito mais elevado, devendo debater-se a sua justificação e conformidade face às regras e princípios em vigor, ou à respectiva natureza.

---

[34] A Comissão de Acesso aos Documentos Administrativos apurou que numerosas entidades públicas, entre as quais autarquias locais, mas também outros organismos, exigem por cada fotocópia simples a preto e branco de uma folha A4 mais do que um, dois ou três euros. Determinadas entidades públicas chegam a cobrar mais de 2,5 € (500$00) por fotocópia de página A4 em papel normal e a preto e branco (cfr. Comissão de Acesso aos Documentos Admnistrativos, *Avaliação da Execução da LADA*, Lisboa, 2000). Devido às significativas disparidades entre taxas fixadas para o exercício do acesso em diferentes organismos públicos, previa-se uma intervenção no sentido de harmonizar tais práticas e assegurar o cumprimento dos princípios legais, o que até esta data não se concretizou.

Todavia, muitas vezes a taxa exigida por certas certidões é mais elevada do que o serviço burocrático necessário à sua elaboração precisamente por incorporar uma contrapartida pública mais vasta (por exemplo, utilização de um bem ou de um serviço públicos).

Como se referiu atrás, não estaremos já no quadro do mero acesso à informação administrativa quando a certidão represente a conclusão de um procedimento (e não o mero exercício do direito à informação) e/ou quando corresponda ao título de uma contrapartida individualizada prestada a troco do pagamento de uma taxa (*v. g.*, certidão de conclusão de um curso).

Por outro lado, em Portugal constata-se uma grande disparidade de taxas por certidões idênticas consoante os serviços públicos que as exigem, sem que pareça haver razões para tanto. Também quanto a este aspecto deveria ser ponderada e tentada uma harmonização das taxas em montantes conformes aos critérios de racionalidade económica.

Como salientou o Tribunal Constitucional, no Acórdão n.° 248/2000, de 12 de Abril, «as soluções a consagrar não poderão afectar o equilíbrio interno do sistema requerido pelo princípio da proporcionalidade (...). Na verdade, não são admissíveis, na perspectiva da Constituição, soluções acentuadamente discrepantes, para situações paralelas, desprovidas de fundamento objectivo e racional. Por outro lado, os condicionalismos impostos não podem também consubstanciar limitações que dada a sua onerosidade objectiva inviabilizem ou anulem o direito consagrado»[35].

Sublinhe-se, por fim, que os elevados custos de acesso limitam o exercício dos direitos de cidadania em jogo e constituem um sério obstáculo à competitividade dos agentes económicos, que certamente poderiam retirar maiores proveitos do acesso pronto ao vastíssimo acervo informativo na posse de entidades públicas, em muitos casos zelosamente guardado pela Administração Pública.

---

[34] O Acórdão do Tribunal Constitucional n.° 248/2000 foi publicado no *DR*, II, n.° 256, de 6 de Novembro de 2000. Cfr. Processo da CADA n.° 1747, cujo parecer foi emitido em 8 de Maio de 2002, onde se considera que na fixação dos valores a cobrar por fotocópias autenticadas ou certidões deve ser encontrado um montante razoável, de modo a não inibir o exercício de um direito fundamental por parte dos cidadãos. No caso analisado no referido processo, o montante exigido pela reprodução de documentos era completamente diverso consoante se tratasse de fotocópias simples (6.000 escudos, ou seja, 29,93 euros, de acordo com o Despacho Conjunto n.° 280/97) ou de certidões (221.447 escudos, ou seja, 1.104,57 euros, de acordo com o disposto no Código do Notariado, como pretendia a entidade requerida, Escola Secundária de Santa Maria da Feira).

Exercício do Direito de Acesso aos Documentos Detidos pela Adm. Pública   599

8. «Responsável» pelo acesso e publicações

O art. 14.º da LADA prevê a designação de «responsáveis» pela aplicação do regime de acesso à informação administrativa em cada departamento ministerial, secretaria regional, autarquia, instituto e associação pública. Isso tem sido cumprido em alguns casos, embora haja orga-nismos onde não foram designados ainda «responsáveis pelo acesso».

O objectivo central é o de promover o conhecimento da LADA nos diversos serviços públicos, para que não seja esquecida, e, quando necessário, esclarecer qual o sentido das normas relativas ao acesso documental e em que casos devem ser desencadeados os mecanismos adequados (por exemplo, pedido de parecer à CADA).

Esta solução, de serem designados «responsáveis» em matéria de acesso, destinada à boa execução do diploma, pode levantar dificuldades, pelo menos à primeira vista, no tocante à repartição de competências funcionais no seio do serviço público ou entidade em causa[36].

Sobre a Administração recai também a obrigação de publicar por forma adequada ou eficaz os documentos que enquadrem a actividade administrativa – é o caso de despachos internos, circulares e orientações – e os documentos que «comportem interpretação de direito positivo ou descrição de procedimento administrativo, mencionando, designadamente, o seu título, matéria, data, origem e local onde podem ser consultados» – art. 11.º/1[37].

---

[36] A competência para a tomada de decisão em matéria de acesso depende dos estatutos ou regimes orgânicos que vigorem em cada serviço ou entidade e não destes «responsáveis» designados *ad hoc* (a menos que as regras estatutárias assim o determinem). Em vez de «responsável» a lei poderia ter recorrido a outro termo para afastar este género de equívocos.

[37] A ideia geral é a de abertura face a toda a documentação não nominativa, especialmente a que enforma genericamente a actuação administrativa. Com cariz algo programático face à prática de muitos serviços públicos, o n.º 2 do art. 11.º estipula que a publicação e o anúncio de documentos que enquadrem a actividade administrativa ou comportem interpretação de direito positivo ou descrição de procedimento administrativo deve efectuar-se com a periodicidade máxima de seis meses e em moldes que incentivem o regular acesso dos interessados. Seria importante que a Administração cumprisse o dever de publicidade de procedimentos, para evitar as dificuldades muitas vezes sentidas quando se contacta os serviços públicos. Quanto à periodicidade fixada, afigura-se sobretudo indicativa. No caso de não existirem alterações significativas desses documentos, não haverá qualquer utilidade em tudo republicar. Ao invés, quando houver qualquer alteração, a mesma deve logo ser publicada.

9. Resposta da Administração ao pedido de acesso

A Administração deve responder ao requerente no prazo de 10 dias (art. 15.°) e, na comunicação de informações reservadas, devem ser tomadas as precauções necessárias no sentido de ser impedido o seu conhecimento por parte de quaisquer outras pessoas, além do titular (ou titulares) do direito à informação. Esses cuidados serão certamente maiores se utilizados meios electrónicos e se houver possibilidade de interferência ou devassa por outrem através do meio utilizado[38].

Se a resposta for positiva, a Administração comunica a data, o local e o modo para se efectuar a consulta ou para se obter a reprodução ou a certidão.

Quando a lei refere que a Administração comunica o modo para ser efectuada a consulta isso não significa que possa optar quanto às formas do acesso (*vd.* supra). Pode sim fixar um horário e um local e ainda o modo ou particularidades do acesso, por exemplo para reduzir o risco de extravio ou para evitar danos nos documentos ou para o funcionamento dos serviços.

Sendo negativa a resposta, a Administração deve fundamentar a recusa, total ou parcial, do acesso, nos termos do n.° 2 do art. 268.° da Constituição e da LADA.

Já foram apontadas as razões principais da recusa: primeiro, não ser aplicável, ao menos em determinado momento, o regime de acesso aos documentos administrativos (arts. 5.°, 6.°, 7.°/4 e 7), depois, sendo aplicável a LADA, temos as razões de protecção da vida privada dos titulares dos dados e de protecção do segredo empresarial (arts 8.° e 10.°/1), além de outras que encontrem esteio constitucional.

Em alguns casos o acesso é impedido imediatamente mas não em fase posterior:

- quando se encontre em curso um procedimento administrativo, quanto ao «andamento dos processos em que sejam directamente interessados» e às «resoluções definitivas que sobre eles forem tomadas», e tratando-se de documentos elaborados há menos de um ano (art. 7.°/4);

---

[38] Seria importante que a Administração cumprisse o prazo de resposta, sobretudo num País onde se diz correntemente que só as entidades não públicas têm de cumprir com rigor os prazos previstos por lei. Sublinhe-se, em todo o caso, que o prazo de resposta fixado pelo legislador português é dos mais curtos que encontramos no Direito Comparado, mesmo após a expansão do instituto ocorrida nos últimos anos.

Exercício do Direito de Acesso aos Documentos Detidos pela Adm. Pública 601

– enquanto determinadas informações se mantiverem legalmente classificadas por razões de segurança (art. 5.°)
– ou enquanto (determinadas informações) se encontrarem em segredo de justiça (art. 6.°).

A Administração pode ficar com dúvidas sobre a possibilidade de acesso à informação em causa e, por isso, solicita parecer da Comissão de Acesso aos Documentos Administrativos (CADA), enviando cópia do pedido ao requerente [art. 15.°/1/d) e 3].

As dúvidas são muito comuns quando se desconhece se estão em causa documentos nominativos, *i. e.*, contendo informações pessoais [«sobre pessoa singular, identificada ou identificável, que contenham apreciações, juízos de valor ou abrangidas pela reserva da intimidade da vida privada» – cfr. art. 4.°/1/c)]. A fronteira dos dados pessoais não é fácil de discernir, como se poderá comprovar consultando as situações concretas[39].

Quando for requerido o acesso a documento nominativo de terceiro, sem autorização escrita deste, o serviço solicita o parecer da CADA sobre a possibilidade de revelação do documento (art. 15.°/2). O requerente deve ser avisado pelo serviço em causa desse pedido de parecer.

Quando solicita parecer à CADA, a Administração facultará todas as informações e documentos que contribuam para o instruir convenientemente (art. 15.°/4).

Em vez de responder positiva ou negativamente, a Administração pode informar que não possui o documento [art. 15.°/1/c)]. A Administração não é obrigada a reconstituir os documentos (ou a promover a sua reforma – art. 367.° do Código Civil) por qualquer razão não existentes.

Todavia haverá que apurar se os documentos não se encontram nos arquivos mas lá deveriam encontrar-se, designadamente quando se souber que se encontram noutros organismos, públicos ou não.

A Administração deve informar, se for do seu conhecimento, qual a entidade que detém o documento ou remeter ela própria o requerimento a esta entidade, comunicando o facto ao interessado. Estas disposições têm em vista afastar eventuais subterfúgios no cumprimento do regime do arquivo aberto.

Por fim, a Administração pode nada fazer: não responder, pura e simplesmente. A falta de resposta representa uma recusa do requerimento

---

[39] Sobre os numerosos problemas que se põem a propósito das informações pessoais ou dos dados «nominativos», incluindo os relativos a dados pessoais informatizados, cfr. J. RENATO GONÇALVES, *Acesso à Informação das Entidades Públicas*, cit., pp. 61-128.

602 *José Renato Gonçalves*

de acesso e também permite que o interessado possa reagir dirigindo uma queixa à CADA (art. 16.°).

10. Informação a prestar ao requerente

Deve ser prestada toda a informação disponível que tenha sido requerida, de forma inteligível ou perceptível para «qualquer pessoa» e «em termos rigorosamente correspondentes aos do conteúdo do registo», «sem prejuízo da opção pela reprodução do documento» (art. 12.°/3).

A resposta da Administração está pois sujeita ao princípio da exactidão, devendo também os dados ser fornecidos por forma perceptível à generalidade das pessoas, i. e., sem códigos ou outros sinais de significado desconhecido para a generalidade das pessoas.

Do princípio da exactidão resulta, por exemplo, que a Administração não possa entregar um somatório e afirmar que não tem disponíveis as parcelas respectivas[40]. Mas também implica que só existe obrigação dos serviços públicos prestarem a informação de que realmente disponham nos seus arquivos[41].

No caso dos documentos pedidos conterem alguns dados reservados, a comunicação da Administração será parcial caso se possa retirar aqueles dados – a lei refere-se à expurgação de dados reservados (art. 7.°/6). Não sendo viável a expurgação dos dados reservados, haverá que encontrar outra solução que faculte o acesso sem pôr em perigo tais dados especialmente tutelados.

---

[40] No Parecer emitido em 4 de Abril de 2001 nos Processos n.° 1349, 1376-1380 (apensados) a CADA apreciou uma queixa apresentada por dois jornalistas de uma estação de televisão contra a Ministra da Saúde por ter recusado a entrega dos números desagregados relativos ao Programa de Promoção do Acesso, destinado à redução das listas de espera nos hospitais. O Ministério respondera que não dispunha dos dados desagregados por Administração Regional de Saúde, por hospital, por especialidade e por modalidade de intervenção, entre outros aspectos pedidos. Como seria possível o anúncio de números globais tão precisos, à unidade, prova dos «resultados políticos alcançados», e, depois, não se encontrarem disponíveis as parcelas constitutivas dos somatórios?

[41] Por exemplo, no Parecer emitido em 7 de Junho de 2001 no Processo n.° 1414 é considerada improcedente uma queixa por a requerente querer ter acesso a determinadas folhas em falta no relatório da fiscalização efectuada à sua exploração de bovinos e a Administração ter informado que tais folhas não constavam do processo (sendo incluídas apenas as preenchidas pelos técnicos, independentemente da sua numeração impressa), conforme certidão a emitir pelo serviço destinatário do processo, a remeter depois à interessada.

Exercício do Direito de Acesso aos Documentos Detidos pela Adm. Pública   603

Este instrumento deve ser utilizado quando o requerente não for o próprio titular dos dados reservados, nem possuir autorização deste ou demonstrar «interesse directo, pessoal e legítimo» (art. 8.°). Se se tiver comprovado o interesse directo, pessoal e legítimo do requerente em relação aos dados reservados, o acesso passa a ser irrestrito, naquele caso, quer aos documentos (informações) não nominativos quer aos documentos (informações) nominativos.

11. Direitos de queixa e de recurso

O interessado na informação administrativa pode apresentar queixa (antes designada reclamação) à CADA, no prazo de 20 dias, contra o indeferimento total ou parcial, expresso ou tácito, do direito de acesso por parte da Administração (art. 16.°/1, com a redacção introduzida pela Lei n.° 94/99, de 16 de Julho)[42].

---

[42] A contagem do prazo de 20 dias exclui sábados, domingos e feriados, nos termos do artigo 72.° do Código do Procedimento Administrativo, iniciando-se a partir da notificação expressa do indeferimento ou da falta de resposta da Administração (indeferimento tácito), que se presume ocorrer ao fim do 10.° dia após a recepção do requerimento. Estas regras resultam das alterações efectuadas na LADA pela Lei. n.° 94/99, de 16 de Julho, pelo que se deve atender aqui também às disposições relativas à aplicação das leis no tempo. Anteriormente, o prazo para reclamação era de 10 dias, o que se revelou exíguo, tanto mais que a sua ultrapassagem não teria por consequência o afastamento da possibilidade de exercício ulterior do direito de acesso aos documentos administrativos por parte de qualquer pessoa. A lei previa antes um prazo de 35 dias para considerar-se ocorrido o indeferimento tácito («se a Administração nada comunicar ao requerente no prazo de 35 dias, o pedido considera-se tacitamente indeferido» – anterior n.° 3 do art. 15.°), o qual seria demasiado extenso face ao prazo estipulado para a resposta ao requerimento de acesso, de 10 dias (art. 15.°/1), que se manteve. O legislador optou por não prever um prazo específico durante o qual, não havendo resposta, significaria neste caso, por presunção, a uma rejeição da pretensão do requerente. Esta opção não segue notoriamente as soluções adoptadas por exemplo no Código do Procedimento Administrativo e na Lei do Processo dos Tribunais Administrativos e, em geral, pela tradição da legislação administrativa portuguesa (cfr. FREITAS DO AMARAL e outros, *Código do Procedimento Administrativo Anotado*, cit., *sub* art. 109.° p. 171), tal como por outros ordenamentos jurídicos, incluindo o das Comunidades Europeias (cfr. arts. 230.° e 232.° do Tratado que institui a Comunidade Europeia, com as alterações introduzidas pelo Tratado de Amsterdão). Não se terá entendido ser merecedora de tratamento específico a ficção legal de produção de um acto negativo. Repare-se porém que a falta de estipulação desse tipo de prazo não traz desvantagens ao requerente que, ao invés, passa a poder recorrer mais rapidamente contra a falta de decisão, que se presume legalmente ser decisão negativa.

Em alternativa à apresentação de queixa, o interessado pode recorrer desde logo aos tribunais administrativos.

A CADA elabora um relatório e emite um parecer sobre a queixa apresentada comunicando-o aos interessados: em regra, o requerente e o serviço público em causa (art. 16.º/2).

Recebido o relatório ou parecer da CADA, a Administração comunicará ao interessado a sua decisão final, fundamentada, no prazo de 15 dias.

Daqui resulta a natureza não vinculativa daqueles actos da CADA: a Administração pode aceitar ou não as considerações efectuadas pela CADA. Há quem tenha defendido, a natureza vinculativa do parecer no caso de ser negativo[43].

O interessado no acesso aos documentos administrativos pode impugnar a decisão final da Administração, ou a falta de decisão, mediante recurso para os tribunais administrativos, aplicando-se com as devidas adaptações as regras do processo de intimação para consulta de documentos ou passagem de certidões (art. 17.º).

Anteriormente à Lei n.º 94/99, de 15 de Julho, este recurso para os tribunais administrativos tinha como requisito necessário a reclamação prévia para a CADA, no prazo de 10 dias, contra o indeferimento expresso ou tácito do requerimento de acesso a documentos ou de decisões limitadoras do exercício do direito de acesso[44].

---

[43] Cfr. FERNANDO CONDESSO, *Direito à Informação Administrativa*, cit.; AGOSTINHO CASTRO MARTINS, "A Comissão de Acesso aos Documentos Administrativos", no *4.º Relatório de Actividades 1998*. Porém, o quadro legal alterou-se entretanto.

[44] Por seu turno, a reclamação necessária para o recurso à via contenciosa fora introduzida (ou clarificada, segundo alguns) pela Lei n.º 8/95, de 29 de Março, cujo art. 2.º aditou um n.º 5 ao art. 15.º da Lei n.º 65/93, de 26 de Agosto (LADA), com o seguinte texto: «o recurso à via contenciosa fica dependente do cumprimento do disposto no número anterior e terá a tramitação prevista no artigo 17.º». O art. 17.º foi alterado passando a dispor que «da decisão final a que se refere o n.º 3 do artigo anterior pode o interessado recorrer judicialmente, nos termos da legislação...». Esta intervenção legislativa resultou de alguma polémica gerada no seio da CADA acerca da natureza imprescindível da reclamação prévia para depois ser admissível o recurso jurisdicional da recusa ou da limitação do exercício do direito de acesso aos documentos e registos administrativos. A LADA francesa, na qual se inspirou o legislador português, continua a impor a reclamação prévia para a CADA (francesa) em caso de recurso para os tribunais administrativos. Uma solução deste tipo tem a vantagem de moderar e filtrar o recurso aos tribunais, tornando mais célere a solução dos casos.

Esse regime foi alterado por aquela lei de maneira que a agora designada queixa para a CADA contra o indeferimento expresso, a falta de decisão ou a decisão limitadora do direito de acesso, a apresentar no prazo de 20 dias, passou a ser meramente facultativa. Significa isso que o interessado pode recorrer imediatamente aos tribunais administrativos contra a recusa de acesso à informação.

CONTRATO DE TRANSACÇÃO
NO DIREITO ADMINISTRATIVO E FISCAL[1]

JOÃO TABORDA DA GAMA*

"(o) conflito efectivo, como interacção, é um modo de interacção social REGRESSIVO E PARASITÁRIO.

[1] O presente trabalho corresponde à fusão de dois relatórios de Mestrado apresentados na Faculdade de Direito de Lisboa, no ano lectivo de 2000/2001: um intitulado *"A Propósito da Transacção Judicial no Contencioso Administrativo [de anulação]: primeiras ideias sobre o contrato de transacção celebrado pela Administração"*, na cadeira de Direito Administrativo, orientada pela Senhora Professora Doutora Maria João Estorninho, e outro – *"O Acordo Transaccional no Procedimento e Processo Tributários: notas sobre a relação entre legalidade, eficiência e justiça no Direito Fiscal"* – apresentado na cadeira de Direito Fiscal, orientada pelo Senhor Professor Doutor José Luís Saldanha Sanches. A ambos agradeço as críticas e sugestões feitas, bem como as palavras para que publicasse os relatórios. Agradeço ao Dr. Miguel Galvão Teles a disponibilidade constante para conversar sobre estes e tantos outros assuntos jurídicos e a sua compreensão em relação às exigências da vida académica. Naturalmente, pelos erros, omissões e pela opção e consequências da fusão dos trabalhos responde apenas o autor.

Os trabalhos mantiveram, com algumas alterações, a forma e o conteúdo com que foram apresentados e discutidos. A opção pela fusão dos dois trabalhos justifica-se pelo facto de ambos representarem pontos de vista complementares da mesma realidade – o contrato de transacção celebrado por entidades públicas – cujo tratamento unitário é fruto de uma assumida posição quanto à necessidade de abordagem integrada das formas de actuação administrativa, quer de âmbito geral (seja lá isso o que for...), quer de âmbito especial como é disso exemplo a actividade da administração tributária. Porém, sempre se diga que a fusão de dois trabalhos implica transformações na estrutura de ambos, bem como a preocupação com a continuidade do seu conteúdo e a uniformização dos seus aspectos formais. Foram esses os motivos principais das ligeiras correcções efectuadas. A bibliografia, legislação e jurisprudência consideradas respeitam a Agosto de 2001. Ao tema voltámos, entretanto, em breve comentário a um acórdão do STA, (JOÃO TABORDA DA GAMA, "Acordo transaccional parcial no procedimento tributário", *Fiscalidade* 12 (2003), pp. 81-92).

A inclusão deste trabalho nos *Estudos em Homenagem ao Professor Inocêncio Galvão Telles* foi influenciada pelo facto de ser a este Professor a quem se deve, entre tantas outras coisas, a elaboração do ante-projecto e a redacção do Capítulo do nosso Código Civil respeitante ao contrato de transacção.

* Assistente-estagiário da Faculdade de Direito da Universidade de Lisboa.

Regressivo: estrutura duelística (bipolarização), exclusão da inter-subjectividade comunicativa e, portanto, da Razoabilidade. Parasitário: monopolização dos recursos e das relações sociais (a formação de dois campos), sobre-imputação e excesso de reacção, escalada, círculo vicioso da agressividade. Estabilização das expectativas negativas (Não faço o que tu queres se tu não fizeres o que eu quero: posições simétricas; tudo o que lesa Alter é considerado proveitoso para Ego porque Ego supõe que Alter considera proveitoso para si tudo o que lesa Ego: círculo vicioso da expectativa negativa). Total desconfiança, puro arbítrio, instrumentalização do outro."

João Baptista Machado (1927-1991)

"There is no such uncertainty as a sure thing."

Robert Burns (1759-1796)

SUMÁRIO: INTRODUÇÃO: §1. Preliminares. §2. Objecto, escolha do tema e método 2.1. Delimitação negativa. 2.2. Delimitação positiva. 2.3. Escolha do tema. 2.4. Método. §3. Sequência; CAPÍTULO I – O CONCEITO DE TRANSACÇÃO: §1. Conceito (o último dos contratos). §2. Características. §3. Espécies. I.3.1 Transacção judicial e extrajudicial. I.3.2 Transacção total, parcial, quantitativa, novatória. §4. Figuras afins. I.4.1 Arbitragem. I.4.2 Desistência e confissão. I.4.3 Conciliação e mediação. §5. Notas jus – comparatísticas I.5.1 Alemanha. I.5.2 França. I.5.3 Espanha. I.5.4 Conclusões. §6 Transacção e outros direitos – brevíssima nota; CAPÍTULO II – ADMISSIBILIDADE E CONTEÚDO: §1. Da admissibilidade da transacção, em especial da transacção judicial. II.1.1Preliminares. II.1.2 Inadmissibilidade. II.1.2.1 Argumentação "lógica" – crítica. II.1.2.2 Argumentação "material" – crítica. II.1.2.3 Argumentação "processualista-positivista" – crítica. II.1.3 Admissibilidade. II.1.3.1 A autonomia contratual pública. II.1.3.2 O princípio da protecção jurídica. II.1.3.3 Igualdade. II.1.3.4 O interesse público e a eficiência. II.1.3.5 As leis, os factos e a "natureza das coisas". II.1.3.6 A coerência do sistema. §2. Âmbito e limites. II.2.1 1.° Plano: Mudança na continuidade: a desconsideração das especificidades transaccionais. II.2.2 2.° Plano: A transacção normativamente incongruente: um "final alternativo" da mesma história?; CAPÍTULO III – A TRANSACÇÃO NO DIREITO FISCAL, CONSIDERAÇÕES GERAIS: §1. Preliminares. §2. Transacção fiscal e alguns princípios fundamentais do ordenamento jurídico. III.2.1 Princípio da legalidade, discricionariedade e norma tributária. III.2.2 Indisponibilidade dos créditos tributários e contratos fiscais. III.2.4 Participação dos particulares no procedimento tributário. §3. Âmbitos e formas possíveis da transacção no direito fiscal – remissão. §4. Alguns momentos de possível relevância da transacção fiscal. III.4.1 Preliminares. III.4.2 Informação prévia vinculante. III.4.3 Procedimento de inspecção. III.4.4 Procedimentos anti-abuso. III.4.5 Revisão da matéria tributável fixada por métodos indirectos. III.4.6 Contencioso tributário; CAPÍTULO IV – NATUREZA JURÍDICA DA TRANSACÇÃO: §1. Preliminares. §2. Natureza contratual. IV.2.1 Preliminares. IV. 2.2 Classificação. §3. Natureza da transacção judicial. IV.3.1 Natureza processual. IV.3.2 Dupla natureza; CONCLUSÕES.

INTRODUÇÃO

§1.°
Preliminares

O discurso jus-científico em torno da transacção judicial é inevitavelmente pautado pelo provérbio *"mais vale um mau acordo do que uma boa demanda"*. A apreensão social de figuras jurídicas é por sua vez um dado incontornável do universo jurídico: ela espelha o lado funcional, utilitário (quase sensível) das mesmas e, *quiçá*, a sua verdadeira essência[2]. E é essa essencialidade que nos é mostrada, ou que vemos pelos outros, que não pode deixar de ser tida em conta na investigação. Assim, a transacção nunca deixará de ser, acima de tudo, um modo de "resolver problemas", de "a bem" as partes encontrarem uma solução para um litígio actual ou hipotético. Mas, a essa forma e função corresponderão certamente um conteúdo que as justificam e fundam, conteúdo cuja infinitude normativamente possível de configurações nada mais é do que o espectro abstracta e juridicamente possível de ocorrência de situações jurídicas administrativas e tributárias de forma concertada.

Mais: a transacção é um modo de alcançar a paz, a certeza e a segurança *possíveis*. Não só a Jurisprudência tem que decidir *hard cases*. A administração, que (também) tem o dever de decisão – e, no que diz respeito a uma certa parcela da decisão, tem-no sempre – não deve chegar a um *non liquet*. Mas, e alegar o contrário seria desconhecer a realidade complexíssima da aplicação administrativa da lei, quantas vezes as situações litigiosas no seio da administração não atingem graus de complicação labiríntica. Os titulares dos órgãos sucederam-se, passaram anos, o enquadramento jurídico mudou, bem como o nível de preços, a moeda e até –

---

[2] Sobre as essências em Direito, por todos, ADOLF REINACH, *I Fondamenti a priori del Diritto Civile*, Milão, (1990 (1913)).

pense-se numa situação que se prolongue há mais de dezoito anos – o sistema de fontes de Direito do ordenamento jurídico nacional, nomeadamente com a influência comunitária. E, não é novidade, quando não se sabe o que fazer, a *praxis* demonstra que a solução na grande maioria dos casos é ... nada fazer, agravando-se assim ainda mais os factores de incerteza e de caos[3]. Nestes casos, a transacção pode ter uma função de trazer a juridicidade perdida a uma situação jurídica administrativa que mais não servia os interesses das partes, os públicos e os privados. Na prática, é isto que muitas vezes sucede: a transacção funciona como uma "pílula do esquecimento" (das ilegalidades e de um passado conflituoso), a troco de uma nova regulamentação da situação jurídica. É certo que os efeitos amnésicos desta *Paketlösung* se devem conter nos limites da lei: mas não será aquela "lei" que durante anos as partes esqueceram e violaram, será uma "lei" constitucionalmente determinada e resultante do conflito de princípios como os da legalidade, eficiência e justiça. Em virtude desta função da transacção, a sua teorização deve ser cautelosa, para que ela se não transforme num instrumento ao serviço dos males que tenta obviar.

§ 2.º
Objecto, escolha do tema e método

A transacção constitui uma instituição jurídica complexa e plurifacetada, de cariz material e processual. O objecto de qualquer estudo deve ser moldado à função e objectivo que esse mesmo estudo persegue. A função e natureza de um relatório de mestrado não deve ser subvertida e a sua característica de antecâmara em relação a uma futura investigação – essa mais desenvolvida – impõem que a moldagem do objecto seja feita de um modo firme e claro, sem que se caia, porém, em delimitações totalmente artificiais que comprometam o fio argumentativo e a coerência do trabalho. Estando assim ciente da necessidade de delimitação e dos perigos que esta envolve, aponta-se, no que segue, coordenadas para a delimitação positiva e negativa do objecto do presente trabalho.

---

[3] Os quais não são resolvidos, antes pelo contrário, por um ordenamento jurídico caótico e desarticulado. Sobre esta específica situação no Direito Fiscal, alguns autores alemães falam de *Steuerchaos* (entre outros, JOACHIM LANG, "§4: Rechtsstaatliche Ordnung des Steuerrechts", *in Steuerrecht Tipke/Lang*[16ª], Colónia: Otto Scmidt, (1998), pp. 65 e ss., fazendo alusão a uma "*Unordnung der Besteuerung*" que é "*unbestimmt und unbestimmbar wie das Wetter*").

2.1. *Delimitação negativa*

Os presentes relatórios encontram-se integrados num seminário de mestrado sobre *"Contratação Pública"* e noutro sobre *"Direito Fiscal e Direito Internacional Fiscal"*. Impõe-se assim que se privilegie a vertente material do fenómeno da transacção. Por outro lado, os "ventos de mudança"[4] que sopram em torno da legislação do contencioso administrativo português são cada vez mais fortes, tornando arriscada e vã a construção de algo que possa ser "destruído" pela referida tempestade. Destarte, a vertente dinâmica da transacção judicial enquanto acto processual de cariz essencialmente contencioso será apenas referida e desenvolvida quando isso se mostre essencial à estrutura do trabalho. Pelas mesmas razões e, na mesma medida, omitir-se-á o tratamento do contencioso *da* transacção.

2.2. *Delimitação positiva*

Com efeito, averiguar a admissibilidade e limitação da celebração de determinado tipo de contratos entre a administração pública e os particulares impõe a questão de saber até que ponto no nosso ordenamento são admitidos, primeiro, contratos com conteúdo transaccional entre privados e entes públicos (os *Vergleichverträge* da *VwVfG*), por um lado, e, por outro, qual a relevância e autonomia do conceito de contratos processuais (*Prozessverträge*) num qualquer contencioso administrativo ou tributário. A delimitação do trabalho sofreu, no percurso da investigação, uma mutação: tendo partido da averiguação da admissibilidade da transacção judicial no contencioso de anulação, depressa se chegou à conclusão de que há outra problemática envolvida, de âmbito muito mais vasto (nomeadamente porque o problema se estende ao Direito Fiscal) e de pendor acentuadamente material, e que, feitas as contas, aí reside a verdadeira problemática da questão jurídica. Ter mantido o rumo teria sido, embora mais cómodo, irremediavelmente artificial. Esse ponto de partida, que se veio a demonstrar um não problemático ponto de chegada, era a ponta de um icebergue de perguntas e dúvidas cuja sede residia na autonomia contratual pública, ou, de um modo mais geral, nos limites do exercício do poder adminis-

---

[4] Na sugestiva expressão de Vasco Pereira da Silva utilizada para intitular uma reunião de estudos sobre a dinâmica (ou instabilidade...) do ordenamento processual administrativo em Portugal. Vasco Pereira da Silva, *Ventos de Mudança no Contencioso Administrativo*, Coimbra: Almedina, (2000).

612 *João Taborda da Gama*

trativo de forma convencional, por um lado, e por outro no artificialismo metodológico de certas concepções que, abordando o problema de um modo parcelar, esquecem a sua verdadeira sede.

2.3. *Escolha do tema*

O instituto jurídico que nos propomos abordar tem sido até agora, entre nós, pouco desenvolvido, à excepção de poucos autores[5] que incidentalmente o referem, apesar de se tratar de uma temática que se coloca cada vez mais em outros ramos do direito e no contencioso administrativo e tributário de outros países, merecendo aí algum tratamento doutrinário[6].

Com efeito, foi também determinante o interesse suscitado pelo tratamento que é dado à questão nos outros ordenamentos (em especial no alemão e no espanhol) e a inevitável tentação de auscultar o nosso ordenamento em busca de uma resposta à possibilidade – e os seus termos – de uma recepção da figura.

Foi incentivo, por último, o desafio de teorizar, ou pelo menos tentar enquadrar algo que na prática, apesar da *terra incognita* onde se situa, não deixa por isso de ser instrumento corrente de actuação da administração, contribuindo sempre para uma paz jurídica e aproximação da administração aos administrados, uma vez que representa uma solução que pode em muito contribuir para a tão querida maior celeridade processual; um instituto que surge "no" processo, mas que o ultrapassa largamente, revestindo-se de uma inquestionável "materialidade". Em suma, uma figura de justiça, da justiça das partes por elas e para elas escolhida.

---

[5] MARCELLO CAETANO, *Manual de Direito Administrativo*[10ª], vol. I, Coimbra: Almedina, (1991 (reimp. 1973)) p. 461; JOSÉ LEBRE DE FREITAS, *A Confissão no Direito Probatório – um estudo de direito positivo*, Coimbra: Coimbra, (1991), p. 597 n.9; JOSÉ M. SÉRVULO CORREIA, "A efectivação processual da responsabilidade civil extra-contratual da administração por actos de gestão pública", *in La Responsabilidad Patrimonial de los Poderes Públicos – 3.º Colóquio Hispano-Luso de Derecho Administrativo, Valladolid, 16-18 de Octubre 1997*, Madrid, (1999); JOSÉ CARLOS VIEIRA DE ANDRADE, *A Justiça Administrativa – Lições*[2ª], Coimbra: Alemdina, (1999), p.259.

[6] Refira-se que mesmo nos outros países a grande maioria dos estudos dedicados ao tema começam com uma referência à escassez de fontes doutrinais e jurisprudenciais que foquem a questão, agravando-se a situação quando em comparação com o Direito e Processo Civis.

2.4. *Método*

Em virtude da quase inexistência de tratamento específico da questão em Portugal, parece revestir utilidade a descrição do tratamento da transacção no direito administrativo e tributário de outras ordens jurídicas. Assim, e porque o Direito Comparado tem uma metodologia e mecânica próprias que escapam ao objecto do nosso estudo, optámos pela inclusão de breves notas jus-comparatísticas informativas sobre o estado da questão nos ordenamentos que, por um lado, maior proximidade têm com o nosso e que, por outro, maior desenvolvimento doutrinal e jurisprudencial dão à questão: Alemanha, Espanha e França[7].

Não será incluída uma parte histórica autónoma, pois a figura inexiste positivada ou estudada *qua tale* nos direitos Administrativo e Fiscal portugueses. Assim, toda a abordagem exclusivamente histórica seria ir para além do específico objecto que nos propomos tratar, que não se justificaria em trabalho académico desta índole. Os apontamentos de história incluídos serão os estritamente necessários para a fundamentação das teses defendidas, bem como os atinentes à evolução da figura no Direito Civil processual e material.

Recorrer-se-á ao processo civil, sua doutrina e método, pois se ele se relaciona directamente com o nosso tema algumas vezes, nas outras será chamado supletivamente a integrar a questão. Serão também tidas em conta as outras realidades processuais, nomeadamente a Penal e a Constitucional, pois tantas vezes a sua função e natureza, ao afastarem-se das do Processo Civil, se aproximam do Contencioso Administrativo e Tributário.

Por outro lado, e porque é nosso objectivo averiguar da natureza contratual da transacção administrativa e fiscal, não podemos passar ao lado do Direito das Obrigações e da Teoria Geral do Direito Civil. A transacção tem sido estudada com profundidade no Direito Privado, em especial no Direito Civil. Julga-se de extrema importância recorrer à elaboração dogmática do instituto nessa área, porque é inegável que se não pode estudar qualquer instituto jurídico sem (tentar) ter dele um ideia definida e precisa, no contexto da totalidade do sistema jurídico. Ora, é na elaboração milenária[8] do Direito Privado que reside a base de elaboração científica do ins-

---

[7] Em Itália não tem sido dada à questão atenção detalhada. A única obra especificamente dedicada ao tema que conhecemos é de GUICCIARDI, ENRICO GUICCIARDI, "Le transazioni degli enti pubblici", *ADP* I, n. 1 (1936), pp. 65-155 / 205-287, a qual, com mais de 75 anos, não reflecte a experiência jurídica daquele ordenamento de um modo actual.

[8] M. CAETANO, *Manual de Direito Administrativo*[10ª], vol. I (1991 (reimp. 1973)),

tituto, a qual não pode ainda hoje deixar de ser o ponto de partida. Tudo isto porque só depois de definido com a precisão possível o instituto se pode questionar até que ponto as soluções, a própria definição e as suas características estão aptos a ser objecto de uma recepção[9] pelo Direito Administrativo e Fiscal (material e processual). Depois da adopção, a adaptação[10].

Deste modo, recorrendo ao tratamento específico da questão em outros ordenamentos jurídicos, à teoria do Processo Civil, ao Direito das Obrigações e outros, procurar-se-á circunscrever o fenómeno da transacção administrativa e fiscal recorrendo ao envolvimento teórico que a questão comporta no processo e Direito Administrativo e Fiscal portugueses.

<h2 style="text-align:center">§ 3.º
Sequência</h2>

O presente trabalho comporta, para além da **Introdução**, quatro capítulos. No **Capítulo I**, descrever-se-á o conceito de transacção, as suas espécies e a distinção de algumas figuras afins. O **Capítulo II** será dedicado a analisar a admissibilidade da transacção nos nossos Direito e Contencioso administrativos e, em seguida, à tentativa de definir o seu âmbito e traçar os seus possíveis limites. No **Capítulo III** aplicar-se-ão as ideias anteriormente alcançadas ao Direito Fiscal, tendo em especial atenção as especificidades deste ramo quanto à sua admissibilidade e limites tentando--se, ao mesmo tempo, percorrer alguns procedimentos específicos que se revelem mais férteis à ocorrência de práticas transaccionais. Por último, no **Capítulo IV**, averiguaremos qual a natureza jurídica do instituto estudado. Seguem no fim algumas **conclusões**.

---

p. 64. V. também Marcelo Rebelo de Sousa, *Lições de Direito Administrativo*, vol. I, Lisboa: Lex, (1999), p. 64. Sobre a juventude como característica do Direito Administrativo, v. Domingos Fezas Vital, *Estudos de Direito Público – Do acto jurídico*, vol. I, Coimbra: Imprensa da Universidade, (1914), pp. 8-9; Diogo Freitas do Amaral, *Curso de Direito Administrativo*[2a, reimp.], vol. I, Coimbra: Almedina, (1995), pp. 149-150. Também, por contraposição ao Direito Civil, Mário Esteves de Oliveira, *Direito Administrativo*, vol. I, Coimbra: Almedina, (1980), p. 76.

[9] Sobre as relações entre Direito Administrativo e Direito Civil, v., Afonso Rodrigues Queiró, *Lições de Direito Administrativo*, vol. I, Coimbra: polic., (1976), pp. 184 e ss. Maria João Estorninho, *A Fuga para o Direito Privado: Contributo para o Estudo da Actividade de Direito Privado da Administração Pública*, Coimbra: Almedina, (1996), pp. 333 e ss.

[10] M. Esteves de Oliveira, *Direito Administrativo*, vol. I (1980), p. 76.

CAPÍTULO I
O conceito de transacção

§1.º
Conceito (o último dos contratos)

O legislador do nosso Código Civil dedicou à transacção os artigos 1248.º a 1250.º, capítulo XVI, do Título II, do Livro II. A transacção é desta maneira o último dos contratos em especial previstos no Livro das Obrigações. Define-a o legislador, no artigo 1248.º, como "*o contrato pelo qual as partes previnem ou terminam um litígio mediante recíprocas concessões*", seguindo assim a doutrina defendida nos trabalhos preparatórios pelo Professor INOCÊNCIO GALVÃO TELLES[11]. É uma regulamentação assumidamente[12] de continuidade em relação ao Código de Seabra[13] que definia, no artigo 1710.º, o contrato de transacção como "*o contrato pelo qual os transigentes previnem ou terminam uma contestação, cedendo um deles, ou ambos, de parte das suas pretensões, ou prometendo um ao outro alguma coisa em troca do reconhecimento do direito contestado*". Realce-se que deixa de haver previsão legal para as concessões unilaterais e que se substitui o termo *contestação* pelo de *litígio*.

Da actual definição legal resultam claros três elementos:

    a. a existência de uma situação controvertida;
    b. a vontade de prevenir ou terminar um litígio e
    c. as concessões recíprocas.

Vejamos cada um deles:

A *existência de uma controvérsia* entre as partes é um pressuposto da existência de uma transacção[14], seja uma controvérsia judicializada, seja uma controvérsia que possa vir dar origem a um litígio judicial. Num confronto dialógico, uma parte "há-de afirmar a juridicidade de certa pretensão, e a outra negá-la"[15].

---

[11] INOCÊNCIO GALVÃO TELLES, "Contratos Civis", *BMJ* 83 (1959), pp. 114-283. Em especial pp. 183, 184 e 281, 282.

[12] I. GALVÃO TELLES, "Contratos Civis", *BMJ* 83 (1959), p. 183.

[13] Que previa a transacção nos artigos 1710.º a 1721.º, Capítulo XV, Parte II, Livro II, Título II.

[14] FERNANDO PIRES DE LIMA / JOÃO ANTUNES VARELA, *Código Civil Anotado*, vol. II, Coimbra: Coimbra, (1986), p. 856.

[15] F. PIRES DE LIMA / J. ANTUNES VARELA, *Código Civil Anotado*, vol. II (1986), p. 856.

Durante o baixo Império Romano surge a concepção extensiva de transacção, segundo a qual bastava a existência de uma *res dubia* para que se pudesse transaccionar[16], tendo depois a doutrina debatido se a dúvida deveria ser objectiva ou subjectiva[17], e qual o objecto da dúvida: se a controvérsia ou a relação jurídica material. Esta concepção, que depois passa para o artigo 779.° do BGB (*"Vertrag, durch den der Streit oder die Ungewissheit über ein Rechtsverhältnis..."*), admitindo assim como transaccionais contratos que podiam não estar relacionados com litígios judiciais, presentes ou futuros.

Hoje em dia, no nosso Código Civil, para estarmos perante uma verdadeira transacção (a que a doutrina alemã chama, *et pour cause*, transacções puras – *reiner Vergleiche*), parece indiscutível a exigência de uma *res litis*. Mas uma litigiosidade que pode estar ou não judicializada, apenas um confronto de perspectivas (tantas vezes de interpretações) sobre uma situação jurídica. Como afirma FRANCISCO PELÁEZ, pode falar-se ainda de incerteza, mas a única incerteza que o nosso[18] ordenamento contempla é aquela que resulta da oposição de posições. E este facto merece ser realçado, pois pensamos poder afirmar, com algum realismo, que a incerteza que nos importa é aquela que resulta da simples existência de dois pontos de vista sobre o jurídico e, pode acrescentar-se, a incerteza acrescida que resulta da actual, mas também da eventual, submissão da resolução da questão a alguém que não as partes. Não deve assim esquecer-se que a espécie judicial da transacção comporta dois momentos de incerteza, um originário e um criado pela submissão do litígio ao Tribunal – e este facto terá, como veremos, a sua relevância também para o Direito Administrativo e Fiscal. Mas a incerteza é sempre eventual causa de um litígio judicial, até porque a intervenção judicial, que tem o seu expoente no caso julgado, tem também como função declarar certo o incerto[19].

Afirmar que a vontade de *prevenir ou terminar um litígio* é o fim[20]

---

[16] LOUIS BOYER, *La Notion de Transaction: contribution à l'étude des concepts de cause et d'acte déclaratif*, Paris: Sirey, (1947), pp. 17 e ss.

[17] Sobre estas posições ver, por todos, FRANCISCO J. PELÁEZ, *La Transacción – su eficacia procesal*, Barcelona: Bosch, (1987), pp. 12 e ss.

[18] F. J. PELÁEZ, *La Transacción – su eficacia procesal* (1987), p. 23, a propósito do ordenamento espanhol, mas que neste caso pode também ser para o português, em virtude da similitude dos ordenamentos positivos quanto a este requisito.

[19] O caso julgado tem até o poder de, como alguém disse, transformar um quadrado num círculo.

[20] Assim F. PIRES DE LIMA / J. ANTUNES VARELA, *Código Civil Anotado*, vol. II (1986), p. 856.

Contrato de Transacção no Direito Administrativo e Fiscal   617

da transacção é dizer algo, mas não dizer tudo. Quando uma parte desiste ou confessa, ou quando numa relação jurídica uma das partes envolvidas opta por não fazer valer judicialmente o seu direito, ou mesmo quando numa controvérsia uma parte "dá razão" às pretensões da outra, em todos estes casos o fim das partes pode ser prevenir ou terminar um litígio. Mas a transacção é mais do que isso. É também uma forma de regular juridicamente uma situação que nem sempre foi "pacífica", ou que se prevê que deixe de o ser. A prevenção ou termo do litígio não são, porém, algo de absolutamente separável desse mesmo fito, apesar de logicamente identificáveis os dois planos. O fim (ou será a causa-função?) da transacção é compôr uma controvérsia *de determinada maneira*, por forma a evitar um litígio judicial presente ou futuro. Dizer mais ou menos do que isto é, salvo o devido respeito, entrar em construções que esquecem o verdadeiro propósito das partes ao celebrarem transacções.

As *concessões recíprocas* são o objecto[21] da transacção. Historicamente[22], surgiram como característica da transacção apenas no Código de Justiniano e no Digesto, funcionando como elemento que diferenciava esta do *"pacto de non petendo"*. Posteriormente, foram acolhidas na maioria dos direitos positivos que receberam a sua influência, com a relevante excepção do *Code*, como veremos.

As partes devem, depois da transacção, ter uma posição relativa diferente daquela que resultaria do reconhecimento de apenas uma das pretensões. Na maior parte das vezes, isso traduzir-se-á numa nova posição relativa das partes na situação jurídica em crise, a qual pode muito bem ser uma posição relativa diferente de apenas uma das partes, pois as concessões podem envolver direitos diversos dos controvertidos[23]. Merece referência mais detalhada a causa da transacção, pela implicação directa que tem no campo jus-publicista a hetero-determinação (constitucional e infra-constitucional) dos fins, das causas, ou, se se quiser, das funções da actuação administrativa. Vejamos:

Sendo as concessões recíprocas o objecto da transacção, facilmente se vê que, tendo como base a situação jurídica controvertida, as partes querem mais, abdicando das suas posições iniciais em relação a ela. A tran-

---

21 F. Pires de Lima / J. Antunes Varela, *Código Civil Anotado*, vol. II (1986), pp. 856-7.

22 L. Boyer, *La Notion de Transaction: contribution à l'étude des concepts de cause et d'acte déclaratif* (1947), pp. 12-13.

23 V. neste sentido, artigo 1248.° n. 2 do Código Civil.

618   *João Taborda da Gama*

sacção parte – como *causa*[24] – da situação material controvertida, que é conceito facilmente identificável na transacção judicial, por corresponder, *grosso modo*, ao objecto do processo, mas de contornos mais indefinidos

---

[24] A referência ao conceito de causa do contrato de transacção é problemática, pelo menos tanto quanto a sua utilização e operatividade em todo o Direito. São expressivas as preocupações de OLIVEIRA ASCENSÃO (JOSÉ DE OLIVEIRA ASCENSÃO, *Teoria Geral do Direito Civil – acções e factos jurídicos*, vol. II, Lisboa: polic., (1999), p.264, "*A ambiguidade do termo, mesmo na linguagem jurídica, abre-nos à dificuldade do tema*") ou, entre outros, as de CASTRO MENDES (JOÃO DE CASTRO MENDES, *Teoria Geral do Direito Civil*, vol. II, Lisboa: AAFDL, (1995), p.265 "*O termo 'causa' tem de perigoso o poder referir-se a realidades distintas; levando por vezes, a confusões entre elas*") quanto à utilização da causa como conceito operativo, seja como "*id quod ens est quod est*" (causa formal), "*id ex quod aliquid fit*" (causa material), "*id a quo aliquid fit*" (causa eficiente) ou "*id propter quod aliquid fit*"(causa final). A essa preocupação não é por certo alheia a flutuação do contexto histórico-jurídico que a rodeia (sobre "as ideologias do contratualismo", ENZO ROPPO, *O Contrato*, Coimbra: Almedina, (1988) p. 28; CARLOS FERREIRA DE ALMEIDA, *Texto e Enunciado na Teoria do Negócio Jurídico*, vol. I, Coimbra: Almedina, (1992), n. 65-I)). Apesar disso, a maioria da doutrina a ela recorre, havendo no entanto quem advogue o seu pouco rendimento dogmático, como MENEZES CORDEIRO no direito privado (ANTÓNIO DE MENEZES CORDEIRO, *Direito das Obrigações*, vol. I, Lisboa: AAFDL, (1994 (1986)), p.523, afirmando que o direito civil português "*não confere qualquer autonomia ao conceito de causa como elemento ou requisito do contrato*") ou SÉRVULO CORREIA no direito público ("*Não vemos razões suficientes para introduzir o conceito de causa na dogmática administrativa portuguesa*", JOSÉ MANUEL SÉRVULO CORREIA, *Noções de Direito Administrativo*, vol. I, Lisboa: Danúbio, (1982), p.442.; e, mais tarde, de certo modo em JOSÉ MANUEL SÉRVULO CORREIA, *Legalidade e Autonomia Contratual nos Contratos Administrativos* (1987), p.620 n.448 "*O conceito de causa-função ou causa objectiva do contrato está muito longe de ser consensual. Usamo-lo contudo neste ponto da exposição por comodidade e sem considerarmos necessário proceder à demonstração do seu direito de existência no mundo da dogmática visto que não representa um elo indispensável no nosso raciocínio*"). No direito romano clássico o vocábulo causa era usado significando uma função genética obrigacional (*causa civilis obligandi);* a causa era atinente à obrigação e não ao contrato – dela decorria a eficácia jurídica da obrigação (MAX KÄSER, *Direito Privado Romano*, Lisboa: FCG, (1999 (trad. da ed. 1992)), p.61; J. OLIVEIRA ASCENSÃO, *Teoria Geral do Direito Civil – acções e factos jurídicos*, vol. II (1999), p. 265; PEDRO PAIS DE VASCONCELOS, *Contratos Atípicos*, Coimbra: Almedina, (1995), p.117; LUÍS CABRAL DE MONCADA, *Lições de Direito Civil* 4ª, Coimbra: Almedina, (1995 (póstuma, 1962)). Com o consensualismo jusracionalista, a causa é objectivada e, uma vez perdida a função genética obrigacional para o conceito de consenso, assume as vestes da *função enconómica do contrato*, encontrando rendimento dogmático no campo classificativo. A doutrina (por todos, J. OLIVEIRA ASCENSÃO, *Teoria Geral do Direito Civil – acções e factos jurídicos*, vol. II (1999), p.267) costuma, para melhor enquadramento sistemático da polissemia jurídica da causa, fazer referência aos vários entendimentos

Contrato de Transacção no Direito Administrativo e Fiscal

sobre ela formulados através da dicotomia causalistas vs. anticausalistas. Entre os anticausalistas (em Portugal, por todos, MANUEL DOMINGUES DE ANDRADE, *Teoria Geral da Relação Jurídica – facto jurídico, em especial negócio jurídico*, vol. II, Coimbra: Almedina, (1998 (reimp. 1953)), pp.343-349) não raras vezes se lança mão da ideia segundo a qual a vontade, por si, é fundamento suficiente para justificar a vinculação obrigacional. Ultrapassam desta forma a antiga juridicidade da causa, que sobreviverá dificilmente porquanto os novos campos por onde pode expandir o seu rendimento dogmático estarão já ocupados por outros conceitos gerais com amplitude suficiente para não permitirem novos inquilinos na arrumação dos vários institutos do universo jurídico. O consenso sobre a causa também não existe mesmo entre os causalistas. Entre estes, a controvérsia gravita em torno da posição que a causa deve assumir. Aqui se notam claramente teorias subjectivistas (assumindo na doutrina portuguesa a causa subjectiva, VASCO TABORDA FERREIRA, *Do Conceito de Causa nos Actos Jurídicos*, Lisboa, (1946), *maxime* pp. 163 e ss), objectivistas e mistas (cfr. INOCÊNCIO GALVÃO TELLES, *Manual dos Contratos em Geral* Reprint da 3ª, Lisboa: Lex, (1995 (1965)), p. 256. Sobre a relação entre o tipo e a causa, P. PAIS DE VASCONCELOS, *Contratos Atípicos* (1995), p.117 e ss. e RUI PINTO DUARTE, RUI PINTO DUARTE, *Tipicidade e Atipicidade dos Contratos*, Coimbra: Almedina, (2000), p.90). A causa subjectiva, produto oriundo da doutrina francesa (sobretudo com DOMAT e POTHIER, cfr. P. PAIS DE VASCONCELOS, *Contratos Atípicos* (1995), p.121), é entendida como o "motivo ou fim próximo" (M. D. ANDRADE, *Teoria Geral da Relação Jurídica – facto jurídico, em especial negócio jurídico*, vol. II, (1998 (reimp. 1953)), p.344), ou "motivo típico" (J. OLIVEIRA ASCENSÃO, *Teoria Geral do Direito Civil – acções e factos jurídicos*, vol. II (1999), p. 267; J. CASTRO MENDES, *Teoria Geral do Direito Civil*, vol. II (1995), p.265, referindo a causa *agens in ipso pacto vestio*), que determina o sujeito (agente) jurídico a agir. Não se confunda este motivo típico com o motivo atípico ou individual (sobre tudo isto C. FERREIRA DE ALMEIDA, *Texto e Enunciado na Teoria do Negócio Jurídico*, vol. I (1992), pp.503-4, n.131), magistralmente representado, na sua vertente mais radical, por BAPTISTA MACHADO a propósito dos efeitos da existência e subsistência de um conflito intersubjectivo: "*O conflito efectivo, como interacção, é um modelo de interacção social regressivo e parasitário. Regressivo: estrutura duelistica (bipolarização), exclusão da intersubjectividade comunicativa, e portanto, da razoabilidade. Parasitário: monopolização dos recursos e das relações sociais (formação de dois campos), sobre-imputação e excesso de reacção, escalada, círculo vicioso da agressividade. Estabilização das expectativas negativas (não faço aquilo que tu queres se tu não fizeres o que eu quero: posições simétricas; tudo o que lesa Alter é considerado proveitoso para Ego porque Ego supõe que Alter considera proveitoso para si tudo o que lesa Ego: círculo vicioso da expectativa negativa). Total desconfiança, puro arbítrio, instrumentalização do outro*" JOÃO BAPTISTA MACHADO, "Iniciação ao Mundo do Direito", *in Obra Dispersa*, Braga: Scientia Iuridica, (1993 (1988/89)), p. 489. A superação da subjectividade como traço da causa é iniciada pela teoria alemã da "afectação (atribuição) patrimonial" ("*Zuwendung*") que substitui a

na transacção preventiva, porquanto podem não estar formalmente delimitados. Partindo da situação controvertida, chega-se a um novo patamar de regulamentação da relação entre as partes, que resulta da flexibilidade demonstrada em relação a pretensões inicialmente apresentadas, as quais mais uma vez são identificáveis com maior facilidade na transacção judicial pois, como se disse, correspondem a pretensões formalmente deduzidas. Será *causa*, sem dúvida, a situação de litígio lesiva do interesse público. Mas nunca esquecendo que a própria *resolução do litígio* é, também ela, causa do negócio material que preencher o abstracto e aberto conteúdo do contrato de transacção. Numa palavra, a transacção tem como causa a vontade de prevenir ou terminar um litígio de um modo contratual. A causa desse novo *quid* material deve buscar-se no interesse público, ao qual não será alheia a própria paz jurídica que resulta da prevenção ou fim do litígio *tout court*.

---

causa subjectiva pela noção de fundamento ("*Grund*") económico-jurídico do agir. São também esses os trilhos seguidos pela doutrina italiana da causa objectiva (ALESSIO ZACCARIA, "Commentario Artt. 1343 (Causa illecita)", *in Commentario Breve al Codice Civile*[5a], Pádua: Cedam, (1997), p.1241; MARIA BRUNA CHITO, "Commentario Artt. 1343 (causa illecita)", *in Codice Civille* 3[a], Milão: Giuffrè, (1997), p. 1495, ao propugnar a adopção da causa como função económico social. As teorias eclécticas – do tipo fusionista – tentam reconduzir à figura da causa elementos subjectivos e objectivos, ou nas palavras de INOCÊNCIO GALVÃO TELLES, "a causa é só a função do acto, na sua existência ou na sua actuação sobre a psique do sujeito" (I. GALVÃO TELLES, *Manual dos Contratos em Geral*[Reprint da 3a] (1995 (1965)), p.256). Extravasaria o âmbito material deste trabalho e seria prematura a apresentação detalhada de uma qualquer posição que o autor entendesse formular sobre esta problemática, mas sempre se adiantará que, acompanhando OLIVEIRA ASCENSÃO (J. OLIVEIRA ASCENSÃO, *Teoria Geral do Direito Civil – acções e factos jurídicos*, vol. II (1999), p. 274: também P. PAIS DE VASCONCELOS, *Contratos Atípicos* (1995), p.126 e C. FERREIRA DE ALMEIDA, *Texto e Enunciado na Teoria do Negócio Jurídico*, vol. I (1992), p. 513-514), não parece que o conceito de causa seja dispensável. Importa tão-só situá-lo na perspectiva de função, *maxime* no direito público, para dele obter rendimento dogmático ao nível da configuração da estrutura do negócio, balizada pelos quadros mentais clássicos do agir público. No domínio do direito público, interessará frisar que a causa será sempre objectivada pelo interesse público (a função social do contrato será fruto de uma opção de gestão dos meios de agir do agente público), qual parâmetro volitivo-normativo abstracto e neutral, dependente do *casus* para a apreensão da sua elasticidade funcional. Quer isto dizer que a causa, mais que não seja por isso, será sempre uma causa normativa pelo lado do agente público. Ao agente público é a lei, *rectius*, a juridicidade, que lhe dá o meio de agir (função) para a prossecução do interesse público. A causa tem, por isso, uma função atributiva (senão mesmo genética) e limitativa (sem causa o agente público afastar-se-á inevitavelmente do interesse público, do poder de agir que o direito lhe confere.

Contrato de Transacção no Direito Administrativo e Fiscal

A própria "vontade" de terminar o litígio, que como se sabe raramente será preponderante, ou pelo menos, como já referimos, autonomizável da nova regulação que nasce acoplada ao fim do próprio litígio, é uma "vontade relevante" e que não pode ser desprezada. Na sempre sábia lição de BAPTISTA MACHADO, "cada uma das partes retém a sua preferência original mas reconhece também validade ao ponto de vista da outra e, por isso, predispõe-se a ir ao encontro dela para se chegar a uma solução aceitável por ambas. Abertura de espírito e transigência são pressupostos indispensáveis para um *compromisso* sério"[25].

§ 2.º
Características

Recorrendo à caracterização do contrato com base no Direito das Obrigações – na parte dedicada à "natureza jurídica" cuidaremos das características e denominações usualmente consagradas na teoria da contratação pública – pode ver-se que a transacção é um contrato *obrigacional*[26], *nominado*, *típico*[27], *sinalagmático*[28], *bivinculante*[29].

Será tendencialmente *oneroso*[30], podendo ser *gratuito* no caso de

---

[25] JOÃO BAPTISTA MACHADO, "Lições de Introdução ao Direito Público", *in Obra Dispersa*, (1993 (1980)), Braga: Scientia Iuridica, p. 315. V., também, pp. 313 e ss.

[26] Sobre os *Verpflichtungsverträge* em Direito Administrativo, v. *infra*.

[27] Sobre o conceito de contratos nominados e típicos v., por todos, P. PAIS DE VASCONCELOS, *Contratos Atípicos* (1995), pp. 207 e ss.; PEDRO PAIS DE VASCONCELOS, *Teoria Geral do Direito Civil*, vol. I, Lisboa: Lex, (1999), p. 279.

[28] A. MENEZES CORDEIRO, *Direito das Obrigações*, vol. I (1994 (1986)), pp. 422-423, característica que se relaciona com a reciprocidade das obrigações. Equiparando bilateralidade a sinalagmaticidade MÁRIO JÚLIO DE ALMEIDA COSTA, *Direito das Obrigações*[6a], Coimbra: Almedina, (1994), pp. 298 e ss., JOÃO ANTUNES VARELA, *Das Obrigações em Geral*[9a], Coimbra: Almedina, vol. I (1996), pp. 405 e ss., equiparação que pode ser sujeita a críticas, tendo em conta nomeadamente o contrato promessa unilateral, A. MENEZES CORDEIRO, *Direito das Obrigações*, vol. 1 (1994 (1986)), p. 424.

[29] Esta característica não se confunde com a anterior, pois aqui devemos levar em consideração a vinculatividade da parte à efectivação da obrigação. V. ainda A. MENEZES CORDEIRO, *Direito das Obrigações*, vol. 1 (1994 (1986)), p. 423.

[30] Porque "ambas as partes suportam esforços económicos, em simultâneo com vantagens correlativas" A. MENEZES CORDEIRO, *Direito das Obrigações*, vol. 1 (1994 (1986)), pp. 423-424. J. ANTUNES VARELA, *Das Obrigações em Geral*[9a], vol. I (1996), pp. 414 e ss.; M. J. ALMEIDA COSTA, *Direito das Obrigações*[6a] (1994) pp. 305 e ss., pondo em relevo a aferição da onerosidade pela intenção das partes. No sentido da avaliação desta caracte-

622 *João Taborda da Gama*

uma das partes suportar apenas sacrifícios, ou dele retirar apenas vantagens – pense-se no caso de uma das partes se obrigar numa doação, exemplo de escola dos contratos gratuitos[31], mas pode também ser apenas oneroso para uma das partes e gratuito para a outra.

A reciprocidade das concessões que é, como vimos, elemento deste tipo de contrato implica por si, em nosso entender, a *sinalagmaticidade* e *bivinculatividade*.

Será *bilateral* ou *plurilateral*[32], dependendo do grau de pluralidade subjectiva da situação jurídica que lhe serve de base ou, nos caso de bilateralidade inicial, se além da administração e de um particular intervierem mais particulares, ou outras pessoas colectivas públicas.

Quanto à relação com o seu objecto será *constitutivo*, mas muitas vezes *extintivo* e *modificativo* de obrigações preexistentes[33].

§ 3.º
Espécies

I.3.1. *Transacção judicial e extrajudicial*

Muito importante conceptualmente é a distinção entre transacção judicial e extrajudicial. Na doutrina portuguesa tem-se colocado a distinção no facto de o litígio se encontrar, ou não, judicializado, de estarmos, ou não, na pendência de uma acção – é por isso também a transacção extrajudicial muitas vezes apelidada de preventiva[34]. Ou seja, se ocorrer

---

rística pela função objectiva do acto, I. GALVÃO TELLES, *Manual dos Contratos em Geral*Reprint da 3ª (1995 (1965)), p. 402.

[31] A. MENEZES CORDEIRO, *Direito das Obrigações*, vol. 1 (1994 (1986)), p. 424, chamando porém a atenção para a doação onerosa.

[32] INOCÊNCIO GALVÃO TELLES, *Dos Contratos em Geral*, Coimbra: Coimbra, (1947), p. 15 apresenta esta categoria apenas como espelho do número de partes =I. GALVÃO TELLES, *Manual dos Contratos em Geral*Reprint da 3ª (1995 (1965)), pp.406-407. V., no entanto, as críticas de A. MENEZES CORDEIRO, *Direito das Obrigações*, vol. 1 (1994 (1986)), pp. 423, a uma concepção que imputa ao Autor citado.

[33] A. MENEZES CORDEIRO, *Direito das Obrigações*, vol. 1 (1994 (1986)), pp. 432-433, com alguma crítica, dando preferência aos efeitos constitutivos como prisma a adoptar na teorização geral do contrato. Uma opção de encadeamento expositivo e de perspectiva científica que, pensamos, em nada afecta o que se disse. V., no entanto, KARL LARENZ, *Lehrbuch des Schuldrecht*14ª, vol. I, Munique: C. H. Beck, (1987), p. 93.

[34] F. PIRES DE LIMA / J. ANTUNES VARELA, *Código Civil Anotado*, vol. II (1986), p. 856; MIGUEL TEIXEIRA DE SOUSA, *Estudos Sobre o Novo Processo Civil*, LIsboa: Lex,

Contrato de Transacção no Direito Administrativo e Fiscal

durante o lapso temporal entre a citação[35] da parte passiva (réu, entidade requerida, demandada, etc.) e o trânsito em julgado da sentença[36], considera-se *transacção judicial*. Antes (e depois, de certo modo) dos referidos momentos será *extrajudicial*. Dentro da transacção judicial podemos distinguir, então, uma transacção judicial própria[37], que é aquela em que há uma verdadeira participação do Tribunal, e uma imprópria, na qual a transacção surge no processo apenas indirectamente sob a forma e como causa da desistência da parte activa. Esta transacção "oculta" é a prática (de transacção) corrente nos litígios que opõem os particulares à administração.

Mas, se é assim, então por que razão utilizar uma locução de "espaço" para significar tempo? Por que não abandonar a terminologia judicial e extrajudicial[38], sendo que em rigor judicial seria apenas aquela que resulta de uma intervenção do juiz[39], tendo também em conta que não existe, em termos semânticos, coerência disjuntiva na utilização da terminologia preventiva *ou* judicial, por um lado, e extrajudicial, por outro. Seria mais correcto à terminologia preventiva opôr, por exemplo, extintiva. Ou chamar à transacção judicial que seja homologada transacção própria e à outra imprópria.

Mas, por se basear no direito vigente e, acima de tudo, ser terminologia assente[40], não vemos razão para, com as ressalvas feitas, não continuar a utilizá-la.

(1997), p. 207. V., também, a distinção em HEINZ THOMAS / HANS PUTZO, *Zivilprozessordnung*[18a], Munique: C. H. Beck (1993), p. 1199.

[35] M. TEIXEIRA DE SOUSA, *Estudos Sobre o Novo Processo Civil* (1997), p. 194.

[36] Discute-se se pode haver negócios processuais depois do proferimento da sentença e antes do trânsito em julgado desta. M. TEIXEIRA DE SOUSA, *Estudos Sobre o Novo Processo Civil* (1997), p. 196 e jurisprudência aí citada admitem que sim, se o negócio não reproduzir o conteúdo da sentença.

[37] Que, no nosso processo civil, pode ser por termo ou pro documento. (artigo 300.° do CPC)

[38] Como propõe, nomeadamente, F. J. PELÁEZ, *La Transacción – su eficacia procesal* (1987), pp. 61 e ss.

[39] Seria então apenas aquela que resulta da conciliação levada a cabo pelo juiz. V. artigos 300, 508.° n. 1 al. a), 509.° n. 1 e 652 n. 2, todos do CPC; M. TEIXEIRA DE SOUSA, *Estudos Sobre o Novo Processo Civil* (1997), p. 203.

[40] V., contudo, JOSÉ LEBRE DE FREITAS / JOÃO REDINHA / RUI PINTO, *Código de Processo Civil: Anotado*, vol. I, Coimbra: Coimbra (1999), p. 532 e ss., onde se faz referência a "transacção extrajudicial que tem lugar na pendência da acção" e se equipara a transacção regulada no Código Civil à transacção extrajudicial, o que é uma clara opção por terminologia diferente da tradicional. Merece contudo que se questione a opção de equiparação da figura regulada no Código Civil e a transacção extrajudicial: aquele código

624   *João Taborda da Gama*

I.3.2. *Transacção total, parcial, quantitativa, novatória*

Do resultado da comparação entre o objecto da transacção e o objecto do processo ou do litígio resulta a classificação da transacção em *total* – transacção que abrange ou coincide com o objecto do processo ou litígio – ou *parcial*, caso em que a transacção fica aquém do objecto do processo ou litígio. Esta relação pode ser em termos puramente numéricos e estamos perante uma transacção *quantitativa* (na maior parte dos casos por redução do pedido), cujo campo de aplicação será na maior parte das vezes[41] o processo tributário, o contencioso da responsabilidade e o da execução de sentenças, *maxime*, quando haja causa legítima de inexecução. Será *novatória*[42] quando haja lugar, pelas concessões recíprocas, "à constituição, modificação ou extinção de uma diferente situação subjectiva"[43].

§ 4.°
Figuras afins

I.4.1. *Arbitragem*

Facilmente se distingue[44] a submissão da resolução de um litígio a

---

regula os aspectos materiais do contrato de transacção que estejam no seu âmbito de aplicação, independentemente de tudo o resto.

[41] Mas não sempre, pois não é difícil pensarmos noutro tipo de situações jurídicas cujo litígio esteja no apurar-se de uma quantia concreta: uma qualquer prestação pecuniária de execução contratual, ou uma sanção por inexecução; por exemplo, matérias referentes a salários, subvenções e subsídios, etc.

[42] F. PIRES DE LIMA / J. ANTUNES VARELA, *Código Civil Anotado*, vol. II (1986), p. 857 utilizam a expressão *novativa*.

[43] M. TEIXEIRA DE SOUSA, *Estudos Sobre o Novo Processo Civil* (1997), p. 207.

[44] Sobre a distinção das figuras, AAVV, *Régler Autrement les Conflits – conciliation, transaction, arbitrage en matiére administrative* (Paris: Conseil d'État, 1993), pp. 12 e ss.; PIERRE DEVOLVÉ, "Rapport Géneral," in *Les Solutions Alternatives aux Litiges entre les Autorités Administratives et les Personnes Privées: Conciliation, Médiation et Arbitrage* (Lisboa: Conselho de Europa, 1999), pp. 14 e ss.. Sobre a arbitragem no Direito Administrativo v., entre tantos, ALEJANDRO HUERGO LORA, *La Resolución Extrajudicial de Conflictos en el Derecho Administrativo*, Bolonha: Publicaciones del Real Colegio de España, (2000), pp. 149 e ss.; AAVV, *Régler Autrement les Conflits – conciliation, transaction, arbitrage en matiére administrative* (Paris: Conseil d'État, 1993), pp. 22 e 83 e ss.; JEAN PIERRE JOUGELET, "Conciliation, Transaction et Arbitrage", *in Juris Classeur*, Paris, (1995), pp. 11 e ss.; DOMINIQUE POUYAUD, *La Nullité des Contrats Administratifs*, Paris: LGDJ, (1991), pp. 188 e ss.

um tribunal arbitral[45], da resolução do mesmo por transacção: é que, na arbitragem, o litígio é ainda resolvido por juizes (árbitros) mediante uma sentença (a sentença ou decisão arbitral) e não pelas partes. Porém, quer a transacção homologada, quer a decisão arbitral, fazem caso julgado[46]. Tal

---

[45] Para a análise do problema da arbitragem em geral deve começar-se pela referência ao artigo 209.º da CRP que dá cobertura à existência de juízes arbitrais no ordenamento português. No Direito Administrativo tinha-se discutido a possibilidade de criação destes tribunais, concluindo-se hoje pela legitimidade dos mesmos no âmbito das acções de contratos e de responsabilidade, prevista legalmente no artigo 2.º n. 2 do ETAF. V. também artigo 4.º da Lei da Arbitragem Voluntária. Aliás, já antes de 1984 a doutrina e a jurisprudência do STA admitiam a constituição de tribunais arbitrais. Na doutrina, em Portugal, eram admitidos por MARCELLO CAETANO no seu *Manual* desde 1963, mas contestada a sua admissibilidade, na falta de habilitação legislativa específica, por MARQUES GUEDES, ARMANDO MARQUES GUEDES, "Tribunais arbitrais administrativos", *RFDUL* XIV (1960), pp. 141-151; sobre a evolução da introdução de cláusulas de juízo arbitral nos cadernos de encargos de contratos de concessão e a sua admissibilidade v. JOÃO MARIA TELLO DE MAGALHÃES COLLAÇO, *Concessões de Serviços Públicos – sua natureza jurídica*, Coimbra: Imprensa da Universidade, (1914), pp. 21 e ss. V., sobre a arbitragem e o Direito Administrativo M. CAETANO, *Manual de Direito Administrativo* 10ª, vol. II (1991 (reimp. 1973)), pp. 1285-1286; JOSÉ MANUEL SÉRVULO CORREIA, "A Arbitragem Voluntária no Domínio dos Contratos Administrativos", *in Estudos em Memória do Professor Doutor João de Castro Mendes*, Lisboa: Lex, (s.d.), pp. 229-263; J. M. SÉRVULO CORREIA, "A efectivação processual da responsabilidade civil extra-contratual da administração por actos de gestão pública", *in La Responsabilidad Patrimonial de los Poderes Públicos – 3.º Colóquio Hispano-Luso de Derecho Administrativo, Valladolid, 16-18 de Octubre 1997*, (1999), p. 276; JOÃO CAUPERS, "A arbitragem nos litígios entre a administração pública e os particulares", *CJA* 18 (1999), pp. 3-11 =JOÃO CAUPERS, "L'Arbitrage dans les litiges entre les autorités administratives et les personnes privées," in *Les Solutions Alternatives aux Litiges entre les Autorités Administratives et les Personnes Privées: Conciliation, Médiation et Arbitrage* (Lisboa: Conselho de Europa, 1999), pp. 99-109; MARCELO REBELO DE SOUSA, "As indemnizações por nacionalização e as comissões arbitrais em Portugal", *ROA* 49, n. II (1989), pp. 369-473; J. C. VIEIRA DE ANDRADE, *A Justiça Administrativa – Lições*²ª (1999), p. 17; para uma crítica ao tratamento dado à arbitragem no PCPTA e à possibilidade de alargamento da arbitragem ao contencioso de anulação de actos destacáveis do procedimento contratual e a actos respeitantes a funcionalismo público, v. JOÃO MARTINS CLARO, "A arbitragem no código do processo nos tribunais administrativos", *in Reforma do Contencioso Administrativo: o debate universitário*, (2000), pp. 179-185. A título de curiosidade, refira-se a participação do Professor MARCELLO CAETANO como árbitro relator num litígio entre a concessionária de serviços telefónicos *Anglo Portuguese Telephone Company* e a administração geral dos CTT contra a CP, sobre responsabilidade de um concessionário, decisão de 4 de Março de1961, (*APT e CTT vs Caminhos de Ferro Portugueses* – Rel. Marcello Caetano).

[46] P. DEVOLVÉ, "Rapport Géneral," in *Les Solutions Alternatives aux Litiges entre*

626 João Taborda da Gama

como na transacção, é certo, valoriza-se a rapidez e maior flexibilidade, mas a solução do litígio não deixa de ser hetero-determinada no seu *iter*[47] e sobretudo no seu resultado[48].

A admissibilidade de arbitragem apenas em matéria de contratos e de responsabilidade padece, *mutatis mutandis*, das críticas que efectuaremos à restrição da admissibilidade da transacção a esses casos, e para elas remetemos. Mas, por outro lado, a admissibilidade nessas áreas mostra-nos alguma flexibilização na aceitação de "outras" vias de solução de litígios.

I.4.2. *Desistência e confissão*

A transacção distingue-se da desistência e confissão[49] por estas implicarem que seja decidida a causa com base em apenas uma das pretensões. Não há *recíprocas concessões*. Porém, esta clássica distinção é enganadora. Como já se disse, tantas vezes a transacção judicial aparece no processo com a desistência de uma das partes e celebra-se extra-judicialmente a verdadeira e material transacção. Ou seja, muitas vezes a desistência é a face visível de uma verdadeira transacção administrativa e, apesar de com ela se não confundir, não nos choca defender que esse acto unilateral processual faça parte da transacção *lato sensu* – na verdade, foi por esperar uma determinada regulação material da situação que o particular desistiu.

---

les Autorités Administratives et les Personnes Privées: Conciliation, Médiation et Arbitrage (Lisboa: Conselho de Europa, 1999), p. 16,

[47] Ao contrário do que poderia pensar-se, a resolução de conflitos por via arbitral não torna as partes menos responsáveis, ou menos cumpridoras dos prazos existentes e de outras formalidades. Para além do elevado custo, tantas vezes são mais apertados os requisitos em arbitragens do que em outros processos, até mesmo pela causa que leva a submeter relações jurídicas mais importantes à arbitragem residir na maior celeridade do mesmo processo, o que se reflecte em prazos mais apertados do regulamento arbitral.

[48] F. J. Peláez, *La Transacción – su eficacia procesal* (1987), pp. 243-245, aproxima a transacção dos outros meios alternativos, ao passo que coloca a arbitragem mais próximo da sentença, pelo motivo referido no texto.

[49] Na Alemanha, Reinhard Franke, *Der gerichtliche Vergleich im Verwaltungsprozess – auch ein Beitrag zum verwaltungsrechtlichen Vertrag*, Frankfurt aM: Peter Lang, (1995), p. 31. F. Pires de Lima / J. Antunes Varela, *Código Civil Anotado*, vol. II (1986), p. 856.

I.4.3. *Conciliação e mediação*

A conciliação e a mediação[50] distinguem-se da transacção por pressuporem a intervenção activa de um terceiro, o qual se limita, no primeiro caso, a aproximar as partes; no segundo, tem uma intervenção mais activa, propondo soluções concretas. A transacção é uma regulação da situação controvertida *pelas partes*.

A concepção tradicional que acabamos de expôr, ao distinguir conciliação e mediação, incorre num ligeiro artificialismo e pensamos poderem utilizar-se os termos como sinónimos[51]. Por outro lado, a transacção pode ser consequência[52] de uma actividade mediadora ou conciliadora de um

[50] Definições de ambas, sem diferenças de relevo, podem encontrar-se em HELMUT KITSCHENBERG, "La conciliation dans les litiges de droit administratif," in *Les Solutions Alternatives aux Litiges entre les Autorités Administratives et les Personnes Privées: Conciliation, Médiation et Arbitrage* (Lisboa: Conselho de Europa, 1999), p. 77; THÈODORE FORTSAKIS, "La médiation, mode alternatif du règlement des litiges entre les autorités administratives et les personnes privées," in *Les Solutions Alternatives aux Litiges entre les Autorités Administratives et les Personnes Privées: Conciliation, Médiation et Arbitrage* (Lisboa: Conselho de Europa, 1999), p. 89 e p. 91 onde distingue mediação de transacção; J. P. JOUGELET, "Conciliation, Transaction et Arbitrage", *in Juris Classeur*, (1995), p. 3; AAVV, *Régler Autrement les Conflits – conciliation, transaction, arbitrage en matiére administrative* (Paris: Conseil d'État, 1993), pp. 29 e ss.; JEAN-MARC LE GARS, "Conciliation et médiation en matière administrative", *AJDA* 6 (2000), pp. 509 e ss.; sobre formas institucionalizadas de mediação, em Espanha, v. JUAN ROSA MORENO, *El Arbitraje Administrativo*, Madrid: McGraw Hill, (1997), pp. 40 e ss.; A. HUERGO LORA, *La Resolución Extrajudicial de Conflictos en el Derecho Administrativo* (2000), pp. 290 e ss., sobre a mediação como modo de aumentar a celeridade processual prevenindo-se litígios, v. WINFRIED BROHM, "Sobre la acelaración de los procedimientos administrativos", *DA* 235--236 (1993), pp. 393 e ss., sendo de notar que este autor põe em relevo um facto muito importante: a procura de soluções consensuais para litígios leva muitas vezes a cairmos nos terrenos movediços das actuações informais (pp. 389 e ss.).

[51] É o que faz J.-M. L. GARS, "Conciliation et médiation en matière administrative", *AJDA* 6 (2000), p. 509, n.1.

[52] Veja-se, por exemplo, VASCO PEREIRA DA SILVA, "Vem aí a reforma do contencioso administrativo (!?)", *in Reforma do Contencioso Administrtivo: o debate universitário*, Lisboa: MJ, (2000), p. 65, que, na senda do que vem referido no artigo 7.° n. 1 do APDCCA vê o resultado das conciliações como transacções. Parece-nos contudo, como dissemos, que o papel da conciliação em geral e destas Comissões em particular tem uma função mais vasta, a de prevenir um litígio, o que pode ser alcançado por um entendimento não transaccional. Por outro lado, o dispositivo referido parece ser apenas uma norma de competência que ao fazer referência à transacção mais não faz do que exigir a presença de quem poderia celebrar uma transacção – sendo certo que a norma existe porque, a mais das vezes, o resultado das conciliações seria materialmente transaccional. Outro ponto inte-

terceiro. Esta intervenção não desvirtua a natureza transaccional do negócio, fazendo apenas com que estejamos cumulativamente também perante uma destas duas figuras. O que permitirá descobrir essa natureza transaccional será a reciprocidade de concessões plasmadas no resultado, pois a mediação e a conciliação podem levar a que uma das partes pura e simplesmente reconheça a legitimidade da pretensão da outra, abandonando a que havia formulado inicialmente. Conciliação e mediação são *modus*; transacção é resultado.

A proposta de inclusão de "comissões de conciliação"[53] numa fase pré-contenciosa, referente a matérias da função pública, levou a algumas críticas durante o debate público do APCPTA de que faziam parte[54]. Parece-nos importante dedicar alguma atenção a este aspecto, pois as comissões de conciliação são, por natureza, "espaços" onde pode haver lugar a celebração de transacções. Sobre esta inovação (pré-)legislativa, SÉRVULO CORREIA[55] e FREITAS DO AMARAL[56] vaticinam o insucesso das mesmas em vir-

---

ressante é que, indirectamente, neste projecto (da autoria de Magistrados) se parta do princípio que possa haver transacção judicial em matérias de função pública e, mais do que isso, que haja, nessa matéria, competências distribuídas. Entendendo também a conciliação como algo mais amplo do que a transacção e que na maior parte das vezes nela redunda, F. PIRES DE LIMA / J. ANTUNES VARELA, *Código Civil Anotado*, vol. II (1986), p. 857.

[53] Que são uma forma de mediação. V., neste sentido, J. MARTINS CLARO, "A arbitragem no código do processo nos tribunais administrativos", *in Reforma do Contencioso Administrativo: o debate universitário*, (2000), p. 181.

[54] As críticas foram tomadas em consideração, uma vez que o PCPTA já as prevê apenas de modo eventual. É interessante relembrar algumas passagens do ponto n. 25 do preâmbulo do diploma: "25. *"Em matéria de arbitragem, prevê-se que o particular possa exigir a constituição de tribunal arbitral em matérias relativas a contratos, responsabilidade civil e actos administrativos que possam ser revogados sem fundamento em invalidade, nos termos a regular em lei especial, salvo quando existam contra-interessados que não aceitem o compromisso arbitral.*

A lei também regulará os termos em que o Estado autorizará a instalação de centros de arbitragem permanente, destinados à composição de litígios em matéria de contratos, responsabilidade civil, funcionalismo público, segurança social e urbanismo, aos quais também poderão ser atribuídas funções de conciliação ou consulta no âmbito de procedimentos de impugnação administrativa. (...)"

[55] JOSÉ MANUEL SÉRVULO CORREIA, "Intervenção", *in Reforma do Contencioso Administrtivo: o debate universitário*, Lisboa: MJ, (2000), p. 45, aderindo à posição de FREITAS DO AMARAL, mas parece restringir a sua cautela à eventualidade de as questões serem resolvidas com recurso à equidade. Adianta também a ideia de que as Comissões seriam "mais uma etapa" na resolução deste tipo de litígios sem, na realidade, descongestionarem verdadeiramente os tribunais administrativos.

[56] DIOGO FREITAS DO AMARAL, "Intervenção", *in Reforma do Contencioso Adminis-*

Contrato de Transacção no Direito Administrativo e Fiscal

tude de estarmos perante uma área em que a maior parte dos poderes são vinculados e, por isso, não poderia haver conciliação. Mais desenvolvidamente, VASCO PEREIRA DA SILVA[57] formula também aquela crítica e acrescenta a difícil viabilidade da proposta, em virtude da indisponibilidade dos direitos fundamentais, da eventualidade de coacção, levantando também dúvidas quanto à constitucionalidade da medida, face à reserva de jurisdição administrativa ínsita no artigo 212.º n. 3 da CRP. Salvo o devido respeito, pensamos poder levar-se em linha de conta os seguintes argumentos:

Mesmo partindo do princípio de que os poderes no âmbito do funcionalismo público contêm um grau de vinculação maior do que em outras áreas, esses mesmo poderes nunca seriam vinculados em todos os seus elementos; por outro lado, existem, como é natural, poderes discricionários, ou simplesmente áreas de menos vinculação, neste ramo(?) do Direito Administrativo. Veja-se, a título meramente exemplificativo, o caso das normas materiais do procedimento disciplinar, as apreciações de mérito feitas sobre o desempenho de funcionários, os poderes de distribuição de funcionários dentro de um serviço e os verdadeiros imbróglios em que muitos quadros e carreiras do funcionalismo público se transformaram e em relação aos quais a única solução possível é um verdadeira transacção[58];

Por outro lado, não nos parece que haja uma inconstitucionalidade material[59] na criação das comissões. Como afirma VIEIRA DE ANDRADE, ainda é função administrativa se, "mesmo que a decisão envolva uma composição de interesses, ela for apenas o meio para a prossecução de outro (ou outros) interesses públicos, isto é, se a finalidade exclusiva, principal ou específica da medida for a satisfação de necessidades públicas que não a de 'dizer o direito' no caso concreto"[60]. Assim, esta solução só

---

trativo: o debate universitário, Lisboa: MJ, (2000), pp. 42-43 e DIOGO FREITAS DO AMARAL, "Considerações gerais sobre a reforma do Contencioso Administrativo", in Reforma do Contencioso Administrativo: o debate universitário, Lisboa: MJ, (2000), pp. 86-87.

[57] V. PEREIRA DA SILVA, "Vem aí a reforma do contencioso administrativo (!?)", in Reforma do Contencioso Administrtivo: o debate universitário, (2000), pp. 65 e ss.; mais resumidamente VASCO PEREIRA DA SILVA, "Sobre a reforma do contencioso – entrevista à 'Vida Judiciária'", in Ventos de Mudança no Contencioso Administrativo, (2000), pp. 122-123.

[58] E é isso que muitas vezes ocorre.

[59] Para se salvaguardar a constitucionalidade das Comissões, o diploma que as regulasse careceria, em nosso entender, de autorização parlamentar (artigo 165.º n. 1 al. p) da CRP) por, nomeadamente, estarmos perante uma conciliação obrigatória.

[60] JOSÉ CARLOS VIEIRA DE ANDRADE, "A reserva de Juiz e a intervenção ministerial em matéria de fixação das indemnizações por nacionalizações", SJ XLVII, n. 274/276 (1998), p. 219.

não seria constitucionalmente conforme se contivesse uma exclusão do âmbito dos tribunais administrativos de um certo tipo de relações jurídico--administrativas, o que não se passa se a montante de um órgão jurisdicional existir um filtro prévio conciliador. Seria o caso de, por exemplo, esses litígios não poderem ser submetidos em caso algum ao Tribunal, o que seria claramente uma violação do princípio da separação de poderes, e os actos da Comissão seriam nulos por usurpação de poderes[61];

Por último, a existência de coacção, a violação de direitos fundamentais, a disponibilidade de direitos indisponíveis, tudo isso são limites da actuação da administração pública, seja em sede de conciliação ou não, que, por isso mesmo, podem pôr-se – e decerto que se põem – na complexidade fáctica do "dia a dia" das situações jurídicas em causa.

Refira-se também que em outras "áreas" do Direito Administrativo deparamos com instâncias de conciliação. A título meramente exemplificativo, refira-se o contencioso dos contratos de obras públicas, cujo órgão competente para esse efeito é o Conselho Superior de Obras Públicas (v. artigos 260.º e ss., do DL n. 59 / 99 de 2 de Março) e os poderes de conciliação atribuídos à Comissão Europeia ou ao Instituto dos Mercados de Obras Públicas e Particulares e do Imobiliário, referentes aos litígios emergentes dos (e nos) processos de celebração de contratos nos sectores da água, energia, transportes e telecomunicações, previstos no Título V (artigos 44.º e ss.) do DL 223/2001 de 9 de Agosto[62].

Aliás, como veremos mais aprofundadamente (infra, Cap. IV), até numa área que é tradicional e classicamente vista como o baluarte da indisponibilidade e da vinculação, o Direito Fiscal[63], a existência, em sede

---

[61] V. sobre as relações entre poder executivo e poder judicial, PAULO OTERO, O Poder de Substituição em Direito Administrativo: Enquadramento Dogmático-Constitucional, vol. I, Lisboa: Lex, (1995), pp. 33 e ss., maxime, na perspectiva que abordamos aqui, 39-40;

[62] Por transposição de directivas comunitárias, entre outras da Directiva n.º 93/38/CEE, do Conselho, de 14 de Junho, com as alterações que entretanto lhe foram introduzidas pela Directiva n.º 98/4/CE, do Parlamento Europeu e do Conselho, de 16 de Fevereiro.

[63] A doutrina clássica que assim entendia o Direito Fiscal tem em Portugal o seu maior expoente em ALBERTO XAVIER, do qual se pode consultar, exemplificando o que se disse, entre outros, ALBERTO XAVIER, Conceito e Natureza do Acto Tributário, Coimbra: Almedina, (1972); ALBERTO XAVIER, Os Princípios da Legalidade e da Tipicidade da Tributação, São Paulo: Revista dos Tribunais, (1978), p. 345 e ss.. Contra, entre nós, JOSÉ LUÍS SALDANHA SANCHES, "A Segurança Jurídica no Estado Social de Direito – conceitos indeterminados, analogia e retroactividade no direito tributário", CTF 310 (1985) em especial, pp. 296 e ss.; JOSÉ LUÍS SALDANHA SANCHES, A Quantificação da Obrigação Tri-

Contrato de Transacção no Direito Administrativo e Fiscal   631

de tributação através de métodos indirectos, de um conjunto de peritos que tentam fazer chegar a acordo a administração e o contribuinte quanto ao valor(!) da matéria tributável em caso de diferendo (artigos 91.° e ss. da LGT) mostra claramente que a conciliação é cada vez mais vista como um método de resolução de litígios, independentemente da disciplina na qual os mesmos surjam. E, como vimos, onde há conciliação pode haver transacção.

§ 5.°
Notas jus-comparatísticas

I.5.1. *Alemanha*

No ordenamento jurídico alemão o contrato de transacção encontra-se previsto no Direito Civil e no Direito Administrativo[64] e Fiscal, em ambos numa perspectiva material e processual.

---

butária – Deveres de Cooperação, Autoavaliação e Avaliação Administrativa (1995), pp. 187 e ss., 426 e ss.; JOSÉ CASALTA NABAIS, *Contratos Fiscais – Reflexões acerca da sua admissibilidade*, Coimbra: Coimbra, (1994), pp. 258 e ss.; JOSÉ CASALTA NABAIS, *O Dever Fundamental de Pagar Impostos*, Coimbra: Almedina, (1998), pp. 321 e ss..

[64] No Direito Administrativo alemão a transacção encontra-se estudada com grande profundidade. V., entre outros, os seguintes escritos dedicados especificamente ao tema da transacção judicial: JÖRG BLIND, "Die Voraussetzungen für den Abschluss Verwaltungsgerichtlicher Vergleiche", Universidade de Tubinga: polic. (1970); MANTEO HEIKKI EISENLOHR, *Der Prozessvergleich in der Praxis der Verwaltungsgerichtsbarkeit*, Colónia: Carl Heymanns, (1997); R. FRANKE, *Der gerichtliche Vergleich im Verwaltungsprozess – auch ein Beitrag zum verwaltungsrechtlichen Vertrag* (1995); HANS, "Der Vergleich vor dem Verwaltungsgericht", *DVbl* 23 (1951), pp. 721-725; FRITZ HAUEISEN, "Unterschiede in den Bindungswirkungen von Verwaltungsakt, öffentlich-rechtlichem Vertrag, gerichtlichem Vergleich und Urteil", *NJW* 30 (1963), 1329-1376; FRITZ HAUEISEN, "Die Bestandkraft verwaltungsgerichtlicher Vergleiche", *DVbl* 8 (1968), 285-290; HEINRICH HOFFMANN, "Der Öffentlichrechtliche Vergleich – Ein Beitrag zur Lehre von Öffentlichrechtlichen Vertrag" Universidade de Munique: polic. (1953); HANS-JOACHIM KNIESCH, "Zum Vergleich im Verwaltungsprozess", *in Staatsbürger und Staatsgewalt – Verwaltungsrecht und Verwaltungsgerichtsbarkeit in Gesichte und Gegenwart (Jubiläumsschrift)*, Karlsruhe: C.F. Müller (1963); GERHARD LÜKE, "Neues zum Prozessvergleich?", *NJW* 4 (1994), pp. 233-235; WOLFGANG MEYER – HESSMAN, "Die Zulässigkeit gesetzesinkongruenter verwaltungsrechtlicher Vergleichsverträge und Prozessvergleiche", *DVBl* 20 (1980), pp. 869-873; HEINRICH SCHEDER, "Der Vergleich als Rechtstitel im Verwaltungsrecht", Unversidade de Nurembega: polic., (1934); JÖRG SCHRÖDER, *Der Prozessvergleich in den Verwaltungsgerichtlichen Verfahrensarten*, Berlin: Duncker & Humblot, (1970).

O BGB[65] define no parágrafo 779 a transacção nos seguintes termos: "*Ein Vertrag, durch den der Streit oder die Ungewissheit der Par-teien über ein Rechtsverhältnis im Wege gegenseitigen Nachgebens beseitigt wirde (...)*". A estes elementos, juntam os autores[66] o requisito de que o objecto da transacção se refira a direitos de que as partes possam dispôr[67]. É um contrato especial, mas é também, e isto aplica-se ao direito português, um modo de modificação das obrigações, porque as transacções são muitas vezes uma nova definição de obrigações preexistentes, desde que em relação a elas haja a incerteza ou a controvérsia[68].

No Direito Administrativo material a transacção é apontada como um dos tipos de contratos possíveis, com regulamentação especial no §55 da VwVfG:

"*§ 55 Vergleichsvertrag.*

Ein öffentlich-rechtlicher Vertrag im Sinne des § 54 Satz 2, durch den eine bei verständiger Würdigung des Sachverhalts oder der Rechtslage bestehende Ungewißheit durch gegenseitiges Nachgeben beseitigt wird (Vergleich), kann geschlossen werden, wenn die Behörde den Abschluß des Vergleichs zur Beseitigung der Ungewißheit nach pflichtgemäßem Ermessen für zweckmäßig hält."

Deparamo-nos outra vez com as incertezas e as recíprocas concessões, num dispositivo que surgiu pelo facto de se debater na doutrina se este tipo de contratos seria ou não aceite. A vertente processual aparece no artigo 106 da VwGO:

"*§ 106 [Vergleich]*

[1] Um den Rechtsstreit vollständig oder zum Teil zu erledigen, können die Beteiligten zur Niederschrift des Gerichts oder des beauftragten oder ersuchten Richters einen Vergleich schließen, soweit sie über den Gegenstand des Vergleichs verfügen können. 2. (...)"

---

[65] Refira-se, como antecedentes históricos do Código Civil alemão, o Direito Romano e os desenvolvimentos "pandectistas" dos secs. XVIII e XIX. Sobre esta evolução, ver FERDINANDO TREGGIARI, "Transazione – Diritto intermedio", *in Enciclopedia del Diritto*, pp. 811 e ss. Segundo este autor, nos trabalhos preparatórios que antecederam e deram origem ao BGB, chegou mesmo a considerar-se dispensável a referência à incerteza, porque isso derivava do conceito que a comunidade tinha de *Vergleich*, p. 811, n. 138.

[66] Segundo KARL LARENZ, a jurisprudência é pouco exigente no que respeita às concessões. K. LARENZ, *Lehrbuch des Schuldrecht*[14a], vol. I (1987), p. 93, n. 29.

[67] Por todos, HARTWIG SPRAU, "[comentário ao] §779", *in Palandt Bürgerliches Gesetzbuch*[59a], (2000), p. 900-901.

[68] Neste sentido, K. LARENZ, *Lehrbuch des Schuldrecht*[14a], vol. I (1987), p. 93.

Este normativo equipara o conteúdo da transacção a poder de disposição, o que é, como se verá, uma questão que está ultrapassada para alguma doutrina e jurisprudência, pelo menos se equipararmos poder de disposição a discricionariedade.

I.5.2. França

Tal como nos outros ordenamentos, a transacção está regulada como um contrato de Direito Civil, estando prevista no *Code*, título 15.°, artigo 2044.°: "*la transaction est un contrat par lequel les parties terminent une contestation née ou préviennent une contestation à naître. Ce contrat doit être redigé par écrit*"; enuncia ainda o artigo 2046.° que não pode haver transacção sobre matérias de ordem pública. Aplicam-se-lhe as regras expressas sobre contratos e ainda a exigência de reciprocidade de concessões[69], de génese jurisprudencial[70]. A transacção vale entre as partes como caso julgado em última instância (artigo 2052.° do *Code*). Tem uma natureza declarativa e comporta um efeito extintivo da acção e em certos casos um efeito genético – obrigacional[71].

As primeiras referências legislativas em matéria de transacção administrativa remontam a 1791 – decreto do *Agent Judiciaire du Trésor* de 31 de Agosto – conferindo à referida entidade pública o poder de transigir, precedendo sempre autorização do corpo legislativo. A necessidade desta autorização está directamente relacionada com o facto de a transacção ser encarada como uma renúncia a direitos[72]. Em 1893, o *Conseil d'Etat*[73]

---

[69] PHILIPPE MALAURIE / LAURENT AYNÈS, "Les Contrats Spéciaux – civils et commerciaux", *in Cours de Droit Civil* 8ª, Paris: Cujas (1994), p.565-566.; veja-se a exigência do mesmo requisito no Direito Suíço em PIERRE TERCIER, *Les Contrats Spéciaux*2ª, Zurique: Schultess, (1995), p.730-731; GÉRALDINE CHAVRIER, "Réflexions sur la transaction administrative", *RFDA* 16, n. 3 (2000) pp. 553-554;

[70] L. BOYER, *La Notion de Transaction: contribution à l'étude des concepts de cause et d'acte déclaratif* (1947), pp. 11 e ss., realça aquilo que é hoje maioritariamente admitido como "*l'erreur du Code*" em matéria de transacção ao não exigir a reciprocidade de concessões. Este erro tem a sua origem no facto de o legislador do *Code* ter seguido a teoria muito própria de DOMAT, ao contrário da de POTHIER que se baseava no Direito Romano do Código de Justiniano e do Digesto, pois para aquele autor a reciprocidade de concessões não devia ser levada à letra.

[71] P. MALAURIE / L. AYNÈS, "Les Contrats Spéciaux – civils e commerciaux", *in Cours de Droit Civil* 8ª, (1994), p. 583.

[72] AAVV, *Régler Autrement les Conflits – conciliation, transaction, arbitrage en matiére administrative* (Paris: Conseil d'État, 1993), p. 57.

toma posição expressa sobre o assunto, proferindo o Comissário ROMIEU a frase que até hoje marca todo o discurso jus-científico sobre o tema: "*les ministres ont le droit de transiger. Aucune disposition ne limite les pouvoirs de transaction des ministres pour l'État*", a qual depois passou para o aresto final como "*aucune disposition de loi ou de réglement n'interdit à l'État la faculté de transiger*".

Hodiernamente é reconhecido o poder de transacção, nomeadamente ao Estado, entes locais, serviços públicos e serviços aduaneiros. As matérias em que mais se recorre à transacção são as dos acidentes de circulação, responsabilidade por não intervenção da força pública, responsabilidade hospitalar e algumas matérias de Direito Fiscal[74]. Calcula-se que várias dezenas de milhar de transacções administrativas sejam celebradas em cada ano. Mesmo assim, o poder político francês tem feito esforços no sentido de incrementar o recurso a esta técnica com o claro objectivo de descongestionar a jurisdição administrativa.

Processualmente a transacção pode ter ou não a intervenção do juiz, que em caso afirmativo verificará se alguma questão de ordem pública está em causa, feito o que homologará a transacção. Aparte todos os efeitos materiais – que seguem o regime do tipo de actuação a que derem origem – a transacção faz caso julgado entre as partes, apenas[75] se nela houver intervindo o juiz. Se a intervenção do juiz for meramente verificativa, o contrato tem valor autêntico, mas se o juiz julgar a transacção, esta vale como título executivo. No caso da não intervenção do juiz, este, na maior parte das vezes, declara extinta e instância por falta superveniente de objecto.

Um dos factores apontados[76] como causa de uma não maior utilização deste meio é a dificuldade de inscrição contabilísitca-financeira do

---

[73] *Arrêt Chemins de fer du Nord*.

[74] Sobre a transacção no Direito Fiscal em França, v. EVELYNE SERVERIN / PIERRE LASCOUMES / THIERRY LAMBERT, *Transactions et Pratiques Transactionelles – sujets et objets des transactions dans les relations conflictuelles de droit privé et de droit public*, Paris: Economica, (1987), pp. 217 e ss.; J. P. JOUGELET, "Conciliation, Transaction et Arbitrage", *in Juris Classeur*, (1995) p. 7 e ss.; TULIO ROSENBUJ, *La Transacción Tributaria*, Barcelona: Atelier, (2000), pp. 65 e ss.; AAVV, *Régler Autrement les Conflits – conciliation, transaction, arbitrage en matiére administrative* (Paris: Conseil d'État, 1993), p. 58; J. CASALTA NABAIS, *Contratos Fiscais – Reflexões acerca da sua admissibilidade* (1994), pp. 114 e ss..

[75] J. P. JOUGELET, "Conciliation, Transaction et Arbitrage", *in Juris Classeur*, (1995), p.9; AAVV, *Régler Autrement les Conflits – conciliation, transaction, arbitrage en matiére administrative* (Paris: Conseil d'État, 1993), p. 65.

[76] AAVV, *Régler Autrement les Conflits – conciliation, transaction, arbitrage en matiére administrative* (Paris: Conseil d'État, 1993), pp. 72-3.

Contrato de Transacção no Direito Administrativo e Fiscal

lançamento da deslocação patrimonial que tem lugar aquando da transacção .

Apesar da expressão que este expediente apresenta no contencioso administrativo francês, ainda há algum receio de se recorrer à transacção, pois há sempre o receio de suspeições e dúvidas que se possam lançar em relação às verdadeiras motivações de quem celebra a transacção por parte da administração[77].

I.5.3. *Espanha*

Em Espanha o contrato de transacção está previsto[78] no artigo 1809.º do Código Civil: *"contrato por el cual las partes, dando, prometiendo o retenendo alguna cosa, evitan la promoción de un pleito o ponen término al pleito ya comenzado"*. A natureza negocial é reconhecida pela quase totalidade da doutrina[79]. É um negócio consensual, oneroso, plurilateral e obrigatório[80].

Naquilo que já foi caracterizado com uma das suas "mais significativas alterações"[81], a lei espanhola do contencioso administrativo, de Julho de 1998, prevê o instituto da transacção judicial no seu artigo 77.º:

"Artículo 77
1. En los procedimientos en primera o única instancia el Juez o Tribunal, de oficio o a solicitud de parte, una vez formuladas la demanda y la contestación, podrá someter a la consideración de las partes el reconocimiento de hechos o documentos, así como la posibilidad de alcanzar

---

[77] Factor que se presume de grande importância num sistema administrativo como o francês que ainda está minado de dogmas e preconceitos que são por natureza contrários a qualquer actividade transaccional. AAVV, *Régler Autrement les Conflits – conciliation, transaction, arbitrage en matiére administrative* (Paris: Conseil d'État, 1993), p. 72.

[78] Sobre os antecedentes deste artigo, v., por todos, F. J. PELÁEZ, *La Transacción – su eficacia procesal* (1987), p. 7 n.1.

[79] F. J. PELÁEZ, *La Transacción – su eficacia procesal* (1987), p. 10; J. GONZÁLEZ PÉREZ, "La Transacción en el Proyecto de Ley de la Jurisdiccion Contencioso-Administrativa", *RAP*, (1998), p. 12.; DEMETRIO LOPERENA ROTA, *La Transacción en la Nueva Ley de la Jurisdicción Contencioso-Administrativa*, Onati, (2000), p. 61.

[80] D. L. ROTA, *La Transacción en la Nueva Ley de la Jurisdicción Contencioso--Administrativa* (2000) pp. 49 e ss.; F. J. PELÁEZ, *La Transacción – su eficacia procesal* (1987) pp. 51 e ss.

[81] ANTONIO DEL CACHO FRAGO / LUIS VACAS GARCIA-ALOS, *Comentario a la Ley de la Jurisdicción Contenciosa – Administrativa*[1], Madrid: La Ley, (1998), p. 161.

un acuerdo que ponga fin a la controversia, cuando el juicio se promueva sobre materias susceptibles de transacción y, en particular, cuando verse sobre estimación de cantidad. Los representantes de las Administraciones Públicas demandadas necesitarán la autorización oportuna para llevar a efecto la transacción, con arreglo a las normas que regulan la disposición de la acción por parte de los mismos.

2. El intento de conciliación no suspenderá el curso de las actuaciones salvo que todas las partes personadas lo solicitasen y podrá producirse en cualquier momento anterior al día en que el pleito haya sido declarado concluso para sentencia.

3. Si las partes llegaran a un acuerdo que implique la desaparición de la controversia, el Juez o Tribunal dictará auto declarando terminado el procedimiento, siempre que lo acordado no fuera manifiestamente contrario al ordenamiento jurídico ni lesivo del interés público o de terceros."

A transacção (administrativa) judicial é vista como um contrato administrativo[82]. Apesar desta consagração expressa, já antes desta lei deparávamos no ordenamento jurídico-público espanhol com manifestações do fenómeno transaccional. De um ponto de vista material, no plano da *"terminación transaccional del procedimiento administrativo"*, existiam previsões expressas da possibilidade da celebração de contratos com um conteúdo compromissório no campo das expropriações[83], da responsabilidade da administração pública[84], função pública[85] e direito fiscal[86], quer a nível central, quer de algumas comunidades autónomas[87].

---

[82] D. L. Rota, *La Transacción en la Nueva Ley de la Jurisdicción Contencioso--Administrativa* (2000), pp. 214-216;

[83] D. L. Rota, *La Transacción en la Nueva Ley de la Jurisdicción Contencioso--Administrativa* (2000), pp. 149 e ss.;

[84] Eduardo García de Enterría / Tomás Ramón Fernández, *Curso de Derecho Administrativo* 4ª, vol. II, Madrid: Civitas, (1993), p. 424, onde refere que a transacção só pode ser respeitante à quantia e ao modo de pagamento, mas não à procedência da reparação.

[85] D. L. Rota, *La Transacción en la Nueva Ley de la Jurisdicción Contencioso-Administrativa* (2000) pp. 171 e ss.

[86] V., por todos, AAVV, *Convención y Arbitrage en el Derecho Tributario*, Madrid: IEF – Marcial Pons, (1996) e Maria Luisa González-Cuéllar Serrano, *Los Procedimentos Tributarios: su terminación transaccional*, Madrid: Colex, (1997).D. L. Rota, *La Transacción en la Nueva Ley de la Jurisdicción Contencioso-Administrativa* (2000), pp. 162 e ss.;

[87] Jesus González Pérez, "La Transacción en el Proyecto de Ley de la Jurisdiccion Contencioso-Administrativa", *RAP*, (1998), p. 14-15.

I.5.4. *Conclusões*

Todos os ordenamentos analisados prevêem a transacção como contrato de direito civil nos respectivos códigos civis, o que espelha a sua origem comum. Apesar de previsões normativas não totalmente coincidentes na redacção, o conceito de transacção por via doutrinal e jurisprudencial tem sofrido uma unificação.

À previsão material corresponde um regime processual previsto nas legislações processuais civis.

No que diz respeito à transacção como contrato de direito administrativo, é conhecida em todos os ordenamentos, é prevista expressamente em termos gerais no direito alemão, e com previsões específicas para certas matérias em França e Espanha.

Como contrato celebrado com vista a terminar um litígio é previsto expressamente nas legislações de contencioso administrativo alemã e espanhola; é discutida a sua admissibilidade em termos genéricos, por falta de previsão expressa, em Itália e França. Neste último ordenamento, parece ser admitido em razão da matéria para os casos apontados.

§ 6.º
Transacção e outros direitos – brevíssima nota

Não pode, numa referência ao instituto da transacção em Direito Internacional Público, deixar de referir-se que a transacção tem aí relevo logo em momento genético daqueles que são os mais importantes sujeitos deste ramo do Direito: na criação dos Estados. Fica a referência a apenas dois exemplos, cuja proximidade não só justifica mas que se impõe: o tratado celebrado entre D. Afonso Henriques e Afonso VIII de Leão e Castela, em 1143, no qual se termina o "litígio" derivado da invasão da Galiza pelo nobre português anos antes, mediante as recíprocas concessões que consistiram, entre outras, no facto de D. Afonso Henriques passar a ser considerado *rex* a troco de ajuda militar ao seu primo, sempre que necessária[88]. No outro extremo, do espaço e do tempo, pode dar-se como exemplo os três Acordos de Nova Iorque, de 5 Maio de 1999, entre Portugal e a Indonésia que, sob o auspício das Nações Unidas, estiveram na

---

[88] Por todos, A. H. OLIVEIRA MARQUES, *Breve História de Portugal*, Lisboa: Presença, (1995), pp. 35-6. Note-se ainda que a transacção foi alcançada mediante mediação de enviado papal.

638 *João Taborda da Gama*

base da independência do território de Timor-Leste, os quais têm, segundo MIGUEL GALVÃO TELES, uma *natureza transaccional*, por implicarem a resolução de um conflito que opunha, há longos anos, Portugal, a Indonésia, o povo timorense e as Nações Unidas, tendo cada uma das partes cedido em algum dos pontos da sua posição inicial[89].

Também no Direito Penal, por excelência palco das mais densas concretizações dogmáticas da legalidade, se vão sentindo cada vez maiores ecos de um Direito Penal negociado, "à americana", e o princípio da oportunidade vem ganhando assim cada vez maior terreno[90]. O mesmo se passa, por maioria de razão, no direito das contra-ordenações.

CAPÍTULO II
Admissibilidade e conteúdo

§ 1.º
Da admissibilidade da transacção, em especial da transacção judicial

II.1.1. *Preliminares*

Nesta parte da presente investigação procuraremos aquilatar da admissibilidade da transacção no ordenamento jurídico administrativo e, de certo modo, fiscal português. Porque a questão é mais complexa na transacção judicial, por aqui começaremos a nossa análise.

Como refere JÖRG SCHRÖDER, a esta questão não se pode responder com um *"allgemeines Ja oder Nein"*[91]. Na verdade, devemos expor os

---

[89] MIGUEL GALVÃO TELES, "Timor Leste", *DJAP* 2.º Suplemento (2001), pp. 640-1, onde se pode ver em que consistiram em concreto as "recíprocas concessões".

[90] Entre outros, JORGE FIGUEIREDO DIAS, *Direito Processual Penal*, vol. I, Coimbra: Coimbra, (1974), reticente, pp. 125 e ss.; FREDERICO DA COSTA PINTO, *Direito Processual Penal – curso semestral*, Lisboa: AAFDL, (1998), pp. 69 e ss.; MANUEL COSTA ANDRADE, "Oportunidade e consenso no no Código de Processe Penal", *in Código de Processo Penal*, Lisboa: AR, (1999), pp. 43 e ss.; CARLOS ADÉRITO TEIXEIRA, *Princípio da Oportunidade – manifestações em sede processual penal e sua conformação jurídico-constitucional*, Coimbra: Alemdina, (2000), no qual refere a existência em Portugal de um "hábito autocompositivo 'de bastidores'", p. 83; GERMANO MARQUES DA SILVA, *Curso de Processo Penal*[4], vol. I, Lisboa: Verbo, (2000), pp. 73 e ss. No processo penal alemão, v. a referência em R. FRANKE, *Der gerichtliche Vergleich im Verwaltungsprozess – auch ein Beitrag zum verwaltungsrechtlichen Vertrag* (1995), pp. 37 e ss..

[91] J. SCHRÖDER, *Der Prozessvergleich in den Verwaltungsgerichtlichen Verfahrensarten* (1970), p. 207.

argumentos expendidos (e até expendíveis) no sentido da inadmissibilidade e apreciá-los criticamente nas suas singularidades, deixando para o ponto seguinte, ao abordarmos a *admissibilidade*, uma crítica geral aos pressupostos e concepções de que partem. Aí reconduziremos a questão àquela que pensamos ser a sua verdadeira sede, desmistificando-a, e ensaiaremos algumas considerações expurgadas da "estigmatização negativa"[92] de que vem sofrendo. Para isso, recorrer-se-á aos princípios que ordenam o direito administrativo, começando por aqueles consagrados constitucionalmente. Analisar-se-á a pouca jurisprudência, chamar-se-á a atenção para a realidade e tentar-se-á demonstrar a incoerência entre tais teorias e alguns pontos assentes na dogmática jus-administrativista.

II.1.2. *Inadmissibilidade*

A inadmissibilidade da figura tem sido defendida pela doutrina e jurisprudência um pouco por todos os ordenamentos, em períodos diferentes e com argumentações diversas.

II.1.2.1. Argumentação "lógica". Crítica.

Escreveu-se muitas vezes que a admissibilidade da transacção judicial no contencioso administrativo era, vista da perspectiva da administração pública, uma contradição lógica[93]. Isto porque, de duas, uma:

Ou a administração pública achava que lhe assistia razão no que respeita à pretensão apresentada pelo particular em juízo – e neste caso ao transigir estaria como que a violar o interesse público, ao afastar-se da sua concepção de legalidade da situação subjectiva invocada. A transacção era ilegítima por consubstanciar uma liberalidade abstracta, isto é, sem *causa*, da administração pública ao particular e era, por isso, violadora do interesse público; ou, ao invés, se a administração tivesse por fundada a pretensão do particular, não deveria transigir. Em primeiro lugar, o que deveria ter feito era não dar azo ao litígio, satisfazendo extra-processualmente e / ou preventivamente a pretensão do particular. Estando a transigir, como

---

[92] D. L. ROTA, *La Transacción en la Nueva Ley de la Jurisdicción Contencioso-Administrativa* (2000), p. 77.

[93] V. referência em A. HUERGO LORA, *La Resolución Extrajudicial de Conflictos en el Derecho Administrativo* (2000), p. 107.

mesmo assim ainda se encontra em litígio, essa litigância é de má fé, pois pela transacção nunca se satisfaria totalmente o pedido do particular. Violaria o princípio da boa fé e o seu comportamento seria a todos os títulos condenável.

Esta construção é, se bem virmos as coisas, susceptível de refutação por razões lógico-formais e materiais:

Assim, e em termos lógicos, ela apresenta-se alicerçada numa lógica dialógica clássica, de tudo ou nada, de verdadeiro/falso, ultrapassada. Os resultados a que chega não são mais do que conclusões *prima facie*, que são além disso baseados num pressuposto também ele falso: o de que é possível em termos puramente dicotómicos analisar a pretensão do particular e a posição da administração.

Materialmente, esquece-se a incerteza do litígio – a não tipicidade da realidade objecto da decisão e, por conseguinte, da própria decisão (a judicial e a administrativa) que é em si mesma – *sempre* – momento de criação. Tudo isto pode conduzir a que, por maiores dúvidas que levante a pretensão judicialmente formulada pelo particular, haja também, algumas vezes, vantagens jurídico-públicas em tentar a transacção: pense-se nos casos em que haja sérias dificuldades de prova. Numa análise custo-benefício, muitas vezes o risco político-financeiro de uma decisão desfavorável fará pender a balança para a tentativa de transacção. É assim a transacção um ponto de equilíbrio entre a verdade material e a verdade formal – por isto parece esta teoria esquecer o facto de estar ínsita no conceito de transacção judicial a reciprocidade de concessões. É tantas vezes impossível no momento da transacção saber quem "tem razão" ... e é por isso mesmo que se transacciona[94].

Por último, deve considerar-se que existe a possibilidade de alteração da leitura administrativa do fundamento da pretensão do particular – entre outras coisas por alteração do titular do cargo situado na cúpula decisória; aliás, diga-se que (em Portugal), com o fim do acto administrativo definitivo e executório, com a burocratização e a complexização territorial e subjectiva da máquina administrativa, na maioria das vezes, é possível que, num determinado momento, surjam várias interpretações acerca da legitimidade e oportunidade das próprias actuações administrativas. Refira-se ainda que, muitas vezes, consequentemente, os titulares dos cargos situados no topo da hierarquia só tomam (verdadeiramente) conhecimento dos factos objecto do litígio quando ele se encontra judicializado. Por este

---

[94] V. esta crítica à doutrina tradicional italiana já em E. GUICCIARDI, "Le transazioni degli enti pubblici", *ADP* I, n. 1 (1936).

Contrato de Transacção no Direito Administrativo e Fiscal

motivo, a transacção pode representar um instrumento de reversibilidade de decisões passadas, concretizando assim o princípio democrático.

II.1.2.2. Argumentação "material". Crítica.

Historicamente[95] datada é a construção segundo a qual não pode haver no contencioso administrativo transacção porque "a administração não transige". O Direito Administrativo não comporta na sua natureza, *rectius*, a natureza das suas normas não comporta aplicações pactuadas, muito menos pode a administração renunciar aos seus poderes.

Esta concepção, totalmente ultrapassada, resulta de pretéritos enquadramentos históricos e de preconceitos dogmáticos abandonados, *maxime* com a admissão do recurso pela administração à figura contratual. Quando tratarmos deste ponto refutaremos, na medida ainda necessária, tal perspectiva que não levanta especificidades.

II.1.2.3. Argumentação "processualista-positivista". Crítica.

Há, no que diz respeito à transacção judicial, perspectivas negativas selectivas, ou de alcance mínimo. São, nomeadamente, aquelas que referem (ou reduzem) a problemática da admissibilidade da transacção judicial no contencioso administrativo à natureza do meio em causa, *maxime* para excluir a admissibilidade de transacção no recurso contencioso de anulação. Em Portugal, encontramos esta posição defendida em VIEIRA DE ANDRADE[96] e em alguma jurisprudência do STA[97], a qual se baseia exclusivamente nos argumentos do Autor, pelo que analisaremos em conjunto a posição.

---

[95] V., contudo, alguns resquícios em G. CHAVRIER, "Réflexions sur la transaction administrative", *RFDA* 16, n. 3 (2000). Sobre esta perspectiva em Itália: E. GUICCIARDI, "Le transazioni degli enti pubblici", *ADP* I, n. 1 (1936), pp. 57 e ss. A. HUERGO LORA, *La Resolución Extrajudicial de Conflictos en el Derecho Administrativo* (2000), p. 103, n. 195 dá conta que recentemente um Autor alemão (B. BECKER) terá tentado demonstrar "matematicamente" a inconveniência da celebração de transacções pela Administração.

[96] Pelo menos desde as suas Lições de Direito Administrativo e Fiscal de 1994/95 e vertida agora na sua *Justiça Administrativa* (J. C. VIEIRA DE ANDRADE, *A Justiça Administrativa – Lições 2ª* (1999)).

[97] Ac., de 20 de Março de 1997, (*Manuel Simões / CM Montijo e MP* – Rel. ANGELINA DOMINGUES); Ac., de 31 de Março de 1998, (*Associação dos Industriais de Panificação de Lisboa e Outros / EPAC – Empresa para a Agroalimentação e Cereais S.A.* – Rel. Vaz Rebordão).

642 *João Taborda da Gama*

Diz o referido Autor que o princípio do dispositivo ou da auto--responsabilidade das partes "determina, no que respeita à condução do processo, que compete às partes interessadas (...) a dinamização do processo. (...) O princípio está sujeito, porém, a limitações e compressões diversas, designadamente (uma vez mais) nos processos impugnatórios: (...) não são admitidas a confissão do pedido e a transacção (...) como forma de pôr termo ao recurso de anulação de actos (*a contrario* 9.°, n.1 f) LPTA)"[98]. Explicando, em nota, que nos meios impugnatórios "os poderes do juiz são limitados pela instância, não podendo este condenar ou absolver nos termos confessados nem homologar um acordo entre as partes"[99].

Em nosso entender, não se deve diferenciar entre meios impugnatórios – meios não impugnatórios. Admita-se, porém, que há uma substancial diferença entre ambos: qual a razão da não admissibilidade? Afastando o caso dos regulamentos administrativos, porque aí estamos num plano totalmente diferente, já normativo geral e/ou abstracto de actuação administrativa – qual a diferença de base? A legalidade não é negociável? A ser esse o argumento, relembre-se que a legalidade está tão presente no caso de reconhecimento de direitos ou interesses legítimos, como no caso da impugnação de actos; e mais se diga: nas acções de responsabilidade em relação às quais todos parecem admitir a transacção...

O que parece estar verdadeiramente na base desta concepção é a velha querela objectivismo / subjectivismo. Sem querermos entrar nela, não pode deixar de referir-se que sempre será mais fácil admitir a celebração de transacções judiciais no contencioso de anulação para quem perfilhar uma concepção subjectivista, uma vez que está em causa a reacção a uma invalidade lesiva, num processo de partes[100].

Em todo o caso, mesmo que se defenda uma posição objectivista, *maxime* quanto ao objecto do processo e função do recurso de anulação, a recusa da admissibilidade da transacção judicial não é uma decorrência lógica. Se assim fosse estar-se-ia a confundir legalidade com judicialidade. À inquestionada presunção de legalidade dos actos administrativos juntar--se-ia, neste ponto, uma presunção de legalidade dos actos judiciais (reflexa de uma presunção de ilegalidade dos acordos transaccionais).

---

[98] J. C. VIEIRA DE ANDRADE, *A Justiça Administrativa – Lições*2ª (1999), pp. 258-259.

[99] J. C. VIEIRA DE ANDRADE, *A Justiça Administrativa – Lições*2ª (1999), p. 259 n. 17.

[100] Por todos, VASCO PEREIRA DA SILVA, *Para um Contencioso Administrativo dos Particulares: Esboço de uma Teoria Subjectivista do Recurso Directo de Anulação*, (1989), em especial, pp. 178 e ss. e 266 e ss..

Contrato de Transacção no Direito Administrativo e Fiscal 643

Apresenta também o Autor como justificação da sua posição, que do artigo 9.° n. 1 al. f) da LPTA[101] se pode retirar, *a contrario*, a inadmissibilidade da transacção judicial.

O argumento *a contrario*[102] só prova se for usado em condições especiais. Bastará recorrer-se à tradução em símbolos lógicos do argumento *a contrario* para se poder retirar que o mesmo é inaplicável àquela norma e que, mesmo que o fosse, a partir dele não se poderia, em nossa opinião, retirar a conclusão da inadmissibilidade. O argumento *a contrario* pode ser assim traduzido[103]:

(x) (OGx → Fx)
(x) (--| Fx → --| OGx)

Certas razões (G) são obrigatórias (O) só se (x) for (F). Se (x) não for (F) essas razões não são obrigatórias. Na norma em apreço, equivaleria a afirmar que são competências do relator julgar a instância extinta quando ocorram os casos x, y, e z. Estamos apenas perante uma norma de distribuição de competências entre juizes. Poder-se-á aplicar aqui o argumento *a contrario*? E como?

Em primeiro lugar, diga-se que a aplicação deste argumento exige uma especial intencionalidade teleológica da norma de partida. Pode a ele recorrer-se quando seja claro que "porque a lei ligou a consequência jurídica (C) só à previsão (A), aquela não vale para outras previsões, mesmo quando essas devessem ser semelhantes a (A)"[104]. Ou seja, haveria aqui que saber primeiro se esta norma era dotada desta arquitectura. Mas, mesmo que o fosse, e não parece que o seja, a consequência a retirar-se podia apenas ser a de que, *a contrario*, não competiria ao relator julgar extinta a instância por transacção. O que nunca poderia retirar-se era que a transacção é inadmissível no contencioso de anulação.

Em segundo lugar, não parece também correcto invocar-se[105] um

---

[101] Recordemos aquilo que está disposto neste artigo: "*Artigo 9.°, Competência do Relator, 1– No STA e no TCA compete ao relator, sem prejuízo dos casos em que é especialmente previsto despacho seu ou acórdão do tribunal: (...) f) julgar extinta a instância por deserção, desistência e impossibilidade ou inutilidade superveniente da lide;*"

[102] Sobre este argumento v., por todos, José Oliveira Ascensão, *O Direito – introdução e teoria geral*[7], Coimbra: Almedina, (1993) ns. 249, 251-253, 317.

[103] Seguimos aqui de perto Robert Alexy, *Teoría de la Argumentacíon Jurídica*, Madrid: CEC, (1997), pp. 266 e ss.

[104] K. Larenz, *Metodologia da Ciência do Direito*[2a] (1989), p. 472.

[105] J. C. Vieira de Andrade, *A Justiça Administrativa – Lições*[2a] (1999), p. 259,

normativo que se aplica a meios impugnatórios e não impugnatórios para invocar a inadmissibilidade da figura apenas nos meios impugnatórios. A coerência do argumento impunha que se estendesse a todo o âmbito objectivo da norma. Ninguém parece contestar a admissibilidade de transacções judiciais, por exemplo, no contencioso da responsabilidade[106-107], mas o contencioso de anulação continua a ser visto com pruridos injustificáveis. E pensamos poder entrever nessa recusa da admissibilidade da transacção judicial neste meio como uma questão, ainda que inconscientemente, ligada, como dissemos, àquela outra, já referida, do objecto do recurso contencioso. Contudo, admitindo que o objecto do recurso são actos administrativos, mesmo assim, não nos parece que daí se possa retirar qualquer conclusão a respeito da questão que agora nos ocupa. A forma de actuação não significa maior ou menor disponibilidade das situações jurídicas em causa. Afirmar isto seria não querer ver que o acto administrativo já não é hoje apenas a face visível de uma administração essencialmente agressiva, mas uma forma de actuação da administração que, em cada caso, estará sujeita a mais ou menos vinculações jurídicas – vinculações que também existem, por exemplo, em relação ao objecto de uma acção sobre contratos ou de responsabilidade[108]. O acto administrativo na administração prestadora ou

---

onde à invocação do preceito legal apõe a n. 17 na qual refere "isto vale especificamente para os meios impugnatórios, porque aí os poderes do juiz são limitados pela instância".

[106] São, por exemplo, expressamente admitidas em J. M. SÉRVULO CORREIA, "A efectivação processual da responsabilidade civil extra-contratual da administração por actos de gestão pública", *in La Responsabilidad Patrimonial de los Poderes Públicos – 3.º Colóquio Hispano-Luso de Derecho Administrativo, Valladolid, 16-18 de Octubre 1997*, (1999), pp. 277-278.

[107] Com certeza porque aí está em causa, *rectius*, porque aí a pretensão do particular é obter uma quantia pecuniária sobre a qual a possibilidade de "conceder" é, digamos, "fácil". O particular satisfaz-se com uma compensação menor do que aquela constante do pedido porque reconhece que a conduta da administração não foi causadora dos danos avaliáveis no montante inicialmente pedido. A administração aceita pagar, mas menos – admite ter causado danos, mas não tantos como inicialmente configurados. Admitimos que é um tipo de transacção que tanto tem de facilmente inteligível, como, num segundo plano de análise, de ligeiramente artificial, pois seria não querer ver a realidade se não se referisse que, socialmente, numa acção de responsabilidade, o particular formula um pedido extremamente elevado, sendo que a aceitação de uma contra-proposta da administração em nada é determinada, nem causal nem proporcionalmente, pela cedência da parte da administração.

[108] J. M. SÉRVULO CORREIA, "A efectivação processual da responsabilidade civil extra-contratual da administração por actos de gestão pública", *in La Responsabilidad Patrimonial de los Poderes Públicos – 3.º Colóquio Hispano-Luso de Derecho Adminis-*

conformadora deve ser encarado de uma maneira "dessacralizada"[109], pois na realidade ele pouco acrescenta à já existente definição de uma situação jurídica, relegando as suas potencialidades definitórias para "instrumenta[is] da utilidade material da prestação"[110]. Seja como for, quer a administração seja prestadora, agressiva ou conformadora, há-de sempre haver legalidade.

Por último, a invocação de uma norma que não prevê uma determinada situação, neste caso a competência do relator para julgar extinta a instância por transacção, pode dar origem a excluir do seu âmbito esse mesmo fenómeno ou pode, por outro lado, dar aplicação à analogia[111], ou seja, neste caso, abranger como competência do relator, *analogicamente* com os outros modos de extinção da instância, a transacção. Na verdade, parece ser isso o que se passa. A figura da transacção, omissa na legislação do contencioso administrativo, pode ser buscada na legislação processual civil[112], pois, como veremos, nada o impede, sendo depois incluída, por analogia, nos poderes do relator a par das outras formas de extinção da instância.

Como se viu da argumentação acima expendida, não nos parece que esta questão, como a maior parte das questões jurídicas, possa ser resol-

---

trativo, Valladolid, 16-18 de Octubre 1997, (1999), p. 278 afirma que a determinação do montante da indemnização devida está na disponibilidade da administração e que, por isso, não se pode falar em restrição da capacidade contratual. Esta afirmação não contraria o que se disse no texto, mas apenas chama a atenção para a necessidade da disponibilidade da situação jurídica subjacente e / ou a constituir modificar ou extinguir com a transacção se diferente desta.

[109] Vasco Pereira da Silva, *Em Busca do Acto Administrativo Perdido*, Coimbra: Almedina, (1996), p. 556.

[110] V. Pereira da Silva, *Em Busca do Acto Administrativo Perdido* (1996), p. 563.

[111] Sobre este dilema que ao jurista se coloca e coordenadas de solução v. Karl Engish, *Introdução ao Pensamento Jurídico*[6a], Lisboa: FCG, (1988), pp. 291 e 293.

[112] Sobre as relações entre o contencioso administrativo e o processo civil v. os alertas feitos por Sérvulo Correia em José Manuel Sérvulo Correia, "O prazo de alegação no recurso fundado em oposição de acórdãos no STA: um caso paradigmático do problema da aplicação da lei de processo civil no contencioso administrativo", *ROA* II (1990), maxime pp. 363, 375 e ss. onde refere a necessidade de uma "filtragem" ou "transformação adaptativa" pois, "tal qual é, a lei do processo civil, nem para preencher os vazios da normação processual do Contencioso Administrativo servirá sem mais" p. 377. V., na doutrina alemã Carl Hermann Ule, "Zum Verhältnis von Zivilprozess und Verwaltungsprozess", *DVbl* 5 (1954), que afirma que, no fundo, é na vinculação ao Direito e no respeito pela "ideia de direito" que reside a dignidade quer do juiz civil, quer do juiz administrativo. (p. 147).

vida recorrendo a um pensar próprio de um acrítico positivismo legalista. Assim, apontamos, apenas como última ordem de razões, que no PCPTA, o qual se encontra em fase de aprovação parlamentar, o artigo 27.º n. 1 al. e) dispõe que o relator tem poderes para "julgar extinta a instância por transacção, deserção, desistência, impossibilidade ou inutilidade da lide".

II.1.3. *Admissibilidade*

Já GUICCIARDI, nos anos trinta, a este mesmo propósito lembrou que "a ausência de razões válidas em contrário não basta para justificar sem mais a admissibilidade da transacção nas relações de Direito Público"[113]. Vejamos, pela positiva, o que se pode dizer pela admissibilidade da transacção.

A problemática da admissibilidade da transacção judicial é, antes de mais e acima de tudo, um problema do Direito Administrativo (dito) material. Começa por não ser admissível, à luz de certas concepções, que a administração pública celebre contratos com um certo conteúdo, achado pela cedência da administração em relação a uma sua posição previamente exteriorizada. Facilmente se vê que esta argumentação se reflecte num limite à liberdade de actuação negocial da administração. Desta forma, analisando o conteúdo da autonomia pública em matéria de contratos, procuraremos algum fundamento para tal asserção.

De um ponto de vista mais amplo e abrangendo aqui também a vertente contenciosa, trata-se, bem vistas as coisas, de uma limitação da actividade administrativa e do seu comportamento processual. Da perspectiva do particular, pretende-se saber se e como pode, se houver optado por judicializar o litígio, imprimir à contenda uma solução mais rápida que, pelo menos em parte, corresponda à sua pretensão processualmente exprimida. Esta última afirmação serve para não fazer esquecer que a inadmissibilidade da transacção judicial limita o exercício da defesa de um particular face à Administração quando, como se sabe, o interesse numa célere resolução do litígio está tantas vezes quase exclusivamente do lado do particular[114].

---

[113] E. GUICCIARDI, "Le transazioni degli enti pubblici", *ADP* I, n. 1 (1936), p. 127.

[114] A mais que provável sujeição do Estado a custas judiciais conta-se como uma positiva medida político-legislativa no sentido de uma maior moralização do Estado-parte--processual.

II.1.3.1. A autonomia contratual pública

A administração pública pode hoje celebrar contratos administrativos nos termos do disposto no artigo 179.° do CPA, que consagra o "princípio geral da admissibilidade da contratação administrativa"[115]. A transacção judicial é um contrato. Assim, a administração pode celebrar transacções judiciais na medida em que possa celebrar contratos. Ou seja, os requisitos negativos do artigo 179.° do CPA estão preenchidos, pois nem a natureza das relações a estabelecer, nem qualquer lei impedem a adopção da transacção como contrato administrativo (impondo a adopção da forma privada[116]); nem, por outro lado, se estivermos dentro do âmbito da autonomia privada da administração, haverá qualquer impedimento legal ou outro que impeça *a priori* a celebração de um contrato de transacção[117].

As normas de competência[118] são hoje, a par de outras, pressupostos[119] da celebração de cada contrato em concreto, e não da exclusão da forma contratual *tout court*, nem sequer de um qualquer tipo contratual.

II.1.3.2. O princípio da protecção jurídica

Pode retirar-se da ideia de um direito geral à protecção jurídica, de previsão constitucional no artigo 20.° CRP[120], a necessidade de "uma

---

[115] Segundo os comentários dos autores do código em D. FREITAS DO AMARAL / J. CAUPERS / J. MARTINS CLARO / J. RAPOSO / M. GLÓRIA GARCIA / P. SIZA VIEIRA / V. PEREIRA DA SILVA, *Código do Procedimento Administrativo Anotado*[3], Coimbra: Almedina, (1997), p. 305. V. também M. ESTEVES DE OLIVEIRA / J. P. D. AMORIM / P. C. GONÇALVES, *Código do Procedimento Administrativo Comentado*[2a] (1997), pp. 817 e ss.

[116] M. ESTEVES DE OLIVEIRA / J. P. D. AMORIM / P. C. GONÇALVES, *Código do Procedimento Administrativo Comentado* [2a] (1997), pp. 818-819.

[117] J. M. SÉRVULO CORREIA, "A efectivação processual da responsabilidade civil extra-contratual da administração por actos de gestão pública", *in La Responsabilidad Patrimonial de los Poderes Públicos – 3.° Colóquio Hispano-Luso de Derecho Administrativo, Valladolid, 16-18 de Octubre 1997*, (1999), pp. 278-279, utiliza este argumento para defender a admissibilidade da transacção no contencioso da responsabilidade extra--contratual.

[118] Sobre as *"Dispositionbefugnis"* como pressuposto da *"Vertragsgestaltungsfreiheit"*, WILLY SPANNOWSKY, *Grenzen des Verwaltungshandelns durch Verträge und Absprachen* Berlim: Duncker & Humblot, (1994), pp. 277 e ss.

[119] Como se sabe, há muito que se tem distinguido *"Vertragsvorbehalt"* de *"Inhaltsvorbehalt"*.

[120] JORGE MIRANDA, *Manual de Direito Constitucional*[3], vol. IV, Coimbra: Coimbra,

648 *João Taborda da Gama*

protecção jurídico-judiciária individual sem lacunas"[121], com a concretização para o contencioso administrativo no artigo 268.° n. 4 CRP. Veja-se a este propósito, no mesmo sentido, os artigos 8.° e 9.° DUDH, assim como o artigo 6.°/1 CEDH e a sua concretização judicial pelas instâncias comunitárias.

São pelo menos duas as consequências deste princípio na temática da transacção judicial:

A primeira implicação relaciona-se com aquela vertente deste direito que mais ocupa a doutrina nacional, a saber, a de que a sentença seja emitida em tempo útil. Esta preocupação é ela própria também minorada quando assistimos a uma transacção judicial. Aliás, é essa preocupação uma das causa possíveis da transacção, que surge como modo de atalhar um processo judicial pesado, longo, moroso e com custos económicos, políticos e psicológicos para as partes. Esses custos são muitas vezes maiores do que os custos da quota-parte das concessões recíprocas a que a transacção dará lugar.

Em segundo lugar, pensamos poder afirmar analiticamente que os princípios constitucionais atrás referidos implicam na sua compreensão que a efectividade da tutela seja também aferida pelo resultado óptimo ou ideal que esse mesmo modo de tutela pode *a priori* proporcionar. Ora, sabendo nós que a transacção judicial corresponde a um negócio voluntário entre as partes, o que inclui aquela que requer ao Estado uma certa forma de tutela para um seu direito subjectivo (ilegalmente) lesado, o particular, bem se pode ver que o resultado alcançado, e porque querido por ambas as partes, satisfaz as suas posições processuais: a transacção, ela sim, dá uma efectiva tutela à parte lesada. É uma decisão, por outro lado, cuja legitimidade não deverá ser contestada pela outra parte – a administração pública – dado que também participou na sua criação.

Em última análise, a efectividade da tutela jurisdicional comportará na sua extensão, a sua progressiva negação. Ou seja, o princípio da tutela judicial efectiva abarca na sua extensão aquelas hipóteses de concretização, aqueles momentos que, como a transacção judicial, consistem numa

---

(2000), pp. 254 e ss.; José Joaquim Gomes Canotilho / Vital Moreira, *Constituição da República Portuguesa Anotada* [3], Coimbra: Coimbra, (1993), pp. 161 e ss. V. também M. Teixeira de Sousa, *Introdução ao Processo Civil* (1993), p. 12; Maria Fernanda Maçãs, *A Suspensão Judicial da Eficácias dos Actos Administrativos e a Garantia Constitucional da Tutela Judicial Efectiva*, Coimbra: Coimbra, (1996), pp. 274 e ss.

[121] José Joaquim Gomes Canotilho, *Direito Constitucional e Teoria da Constituição* [4] Coimbra: Almedina, (2000), p. 272.

Contrato de Transacção no Direito Administrativo e Fiscal

menor judicialidade da tutela, mas salvaguardada pela participação homologatória do juiz. A passividade que é característica da função judicial[122] não pode levar a que a iniciativa particular do contencioso administrativo e tributário o desproteja em relação a uma hipotética situação na qual não tivesse recorrido aos tribunais. Esta afirmação leva-nos mais fundo, a tomar partido na (eterna) discussão sobre a função do processo: esta é, não só a tutela de direitos, mas também a própria composição dos litígios.

Como refere JUAN MORENO, na esteira de MARTIN MATEO, "*a melhoria da eficácia da justiça passa, em qualquer caso, por um aumento e melhoria da oferta, ou por uma restrição na procura*"[123]. A admissibilidade da transacção judicial no contencioso administrativo e tributário torna a oferta existente mais atractiva sem ser necessário o seu aumento e, por outro lado, porque é uma solução pactuada, reduz a procura, eventualmente, de instâncias de recurso e de processos de execução. Não pensamos que o contencioso que possa derivar da transacção venha a dar origem a um significativo aumento da procura.

Numa palavra: uma tutela menos judicial mas mais efectiva.

II.1.3.3. Igualdade

A inadmissibilidade da transacção judicial no contencioso administrativo de anulação poderia também, em certos casos, gerar um injustificado tratamento desigual dos particulares. Como se sabe, a nossa administração pode celebrar contratos substitutivos de actos[124], estando essa faculdade coberta pelo disposto no artigo 179.° do CPA. Parece não fazer muito sentido que, na situação em que um particular foi destinatário de um acto unilateral, o qual tem o mesmo conteúdo de um contrato do qual foi destinatário outro particular, na eventualidade de um litígio judicial, este possa transaccionar e aquele o não possa fazer. Até porque esta solução comportaria para o destinatário do acto unilateral um segundo nível de alteridade do conteúdo da regulação dos seus interesses e / ou direitos.

Esta solução seria claramente violadora do princípio da igualdade, mas sobretudo quer-se com a argumentação acima sumariada tentar

---

[122] V., entre outros, M. CAETANO, *Manual de Direito Administrativo*[10ª], vol. I (1991 (reimp. 1973)), p. 12.

[123] J. R. MORENO, *El Arbitraje Administrativo* (1997), p. 11.

[124] Sobre estes ver, em Portugal, por todos, M. ESTEVES DE OLIVEIRA / J. P. D. AMORIM / P. C. GONÇALVES, *Código do Procedimento Administrativo Comentado*[2ª] (1997), pp. 817 e ss.

650   *João Taborda da Gama*

demonstrar mais uma vez que a negação da admissibilidade da transacção com base em argumentos alicerçados numa hipotética diferença de natureza dos meios processuais não pode ser acolhida, porquanto coloca a mesma situação material sob intensidades de tutela radicalmente diferentes.

II.1.3.4. O interesse público e a eficiência

Os conceitos de eficiência e de praticabilidade da actividade administrativa são tão difíceis de definir quanto de alcançar[125]. A heteronímia existente para designar uma mesma realidade, ou essência, corresponde a essa pouca fixidez do conteúdo inteligível do *quid* em questão, sem que com isso perca virtualidade de operacionalidade jus-científica. Na realidade, falar em dever de boa administração[126], de eficiência, eficácia, operacionalidade ou praticabilidade[127] implica uma imediata relação no campo

---

[125] Utilizando eficiência e efectividade como sinónimos RAINER WAHL, "Verwaltungsverfahren zwischen Verwaltungseffizienz und Rechtsschutzauftrag", *VVDStRL* 41 (1983), p. 163; V. também D. FREITAS DO AMARAL, *Curso de Direito Administrativo*[2ª, reimp.], vol. I (1995), p. 726; D. FREITAS DO AMARAL / J. CAUPERS / J. MARTINS CLARO / J. RAPOSO / M. GLÓRIA GARCIA / P. SIZA VIEIRA / V. PEREIRA DA SILVA, *Código do Procedimento Administrativo Anotado*[3ª] (1997), p. 53.

[126] Sobre este dever v., ROGÉRIO EHRHARDT SOARES, *Interesse Público, Legalidade e Mérito* , Coimbra, (1955), em especial pp.179 e ss.; DIOGO FREITAS DO AMARAL, *Direito Administrativo*, vol. II, Lisboa: polic., (1988), pp. 39 e ss., relacionando-o com a obrigação da prossecução de interesse público e define-o como a obrigação de que " a Administração adopte em relação a cada caso concreto as melhores soluções possíveis, do ponto de vista administrativo (técnico e financeiro)", p. 39; M. REBELO DE SOUSA, *Lições de Direito Administrativo*, vol. I (1999), p. 115; PAULO OTERO, *O Poder de Substituição em Direito Administrativo: Enquadramento Dogmático-Constitucional*, vol. II, Lisboa: Lex, (1995), pp. 638 e ss., das quais se pode extrair a ideia de que a ineficiência da administração compromete objectivos e tarefas constitucionalmente previstas, "traduzindo o fracasso da própria ordem constitucional quanto ao modelo de Estado de bem-estar" (p. 638).

[127] O conceito de praticabilidade é especialmente relevante no Direito Fiscal. Neste ramo especial do Direito Administrativo, é especialmente intensa a relação de forças entre o princípio da legalidade, uma máquina administrativa realmente existente e necessária para a aplicação e fiscalização das normas, as razões de justiça na tributação e, para finalizar, a especial funcionalidade da actuação dessa mesma estrutura para a concretização das funções do Estado conseguida pela colecta de receitas. Deste confronto resulta que muitas vezes seja de ponderar um aplicação da lei menos rígida e mais casuística. Sobre este conceito v. J. L. SALDANHA SANCHES, *A Quantificação da Obrigação Tributária – Deveres de Cooperação, Autoavaliação e Avaliação Administrativa* (1995), pp. 187 e ss.;

Contrato de Transacção no Direito Administrativo e Fiscal

dos princípios com o interesse público e, numa vertente material, nunca se andará longe das ideias de análise de custo – benefício, optimização dos recursos, relação objectivos – resultados.

Encontramos na Constituição portuguesa, ao contrário do que sucede na alemã, expressamente plasmados estes conceitos, nomeadamente no artigo 267.°, sob a epígrafe "Estrutura da Administração": "*1. A Administração pública será estruturada de forma a evitar a burocratização (...) 2. Para efeitos do disposto no número anterior, a lei estabelecerá adequadas formas de descentralização e desconcentração administrativas, sem prejuízo da necessária eficácia e unidade de acção da Administração (...) 5. O processamento da actividade administrativa será objecto de lei especial, que assegurará a racionalização dos meios a utilizar pelos serviços (...)*".
Resulta, pois, da ambiência do normativo constitucional uma preocupação pela boa estruturação e funcionamento da administração. É o n. 5 do referido preceito que importa mais directamente para o tema em análise e facilmente se topará estar aí patente aquilo que para alguma doutrina é o "princípio da desburocratização"[128] ou da "racionalização" [29]. A denominação das directrizes que a Constituição ao legislador e à administração[130] impõe é, para estes efeitos, indiferente; porém, preferimos falar num princípio da eficiência[131], apesar de os termos andarem muitas vezes utilizados como sinónimos[132].

Nas expressivas palavras de ESTEVES DE OLIVEIRA e outros, "(a) exigência e a existência dum procedimento administrativo tem imanente, em primeiro lugar, a ideia de racionalização e eficiência administrativas"[133].

J. CASALTA NABAIS, *O Dever Fundamental de Pagar Impostos* (1998), pp. 373 e ss., *maxime* 377; J. CASALTA NABAIS, *Contratos Fiscais – Reflexões acerca da sua admissibilidade* (1994), pp. 235; HANS WOLFGANG ARNDT, *Pratikabilität und Effizienz*, Colónia: Peter Deubner, (1983) *passim*., mas em especial pp. 102 e ss..

[128] D. FREITAS DO AMARAL, *Curso de Direito Administrativo*[2ª, reimp.], vol. I (1995), p. 726.

[129] J. GOMES CANOTILHO / V. MOREIRA, *Constituição da República Portuguesa Anotada*[3ª] (1993), p. 931.

[130] D. FREITAS DO AMARAL, *Curso de Direito Administrativo*[2ª, reimp.], vol. I (1995), p. 726.

[131] J. GOMES CANOTILHO, *Direito Constitucional e Teoria da Constituição*[4ª] (2000), p. 713.

[132] JOÃO CARLOS SIMÕES LOUREIRO, *O Procedimento Administrativo entre a Eficiência e a Garantia dos Particulares – Algumas Considerações*, Coimbra: Coimbra, (1995), p. 128, onde faz notar que "racionalização" é muitas vezes sinónimo de eficiência *stricto sensu*.

[133] M. ESTEVES DE OLIVEIRA / J. P. D. AMORIM / P. C. GONÇALVES, *Código do Proce-*

No quadro normativo vigente em Portugal refira-se também a previsão no CPA, no artigo 10.°, do *"princípio da desburocratização e eficiência"* que, apesar de se dirigir à "estruturação" da Administração, não pode deixar de se referir à sua actividade pois, segundo esse normativo, tal estruturação visa *"assegurar a celeridade, economia e eficiência das suas decisões"*. Está também patente no artigo 57.° do mesmo Código o dever de eficiência[134], mas desta vez dentro do âmbito mais largo do "dever de celeridade", referindo-se especificamente ao andamento do procedimento, como concretização do plasmado no artigo 10.° e no artigo 267.° CRP[135].

No fundo, estamos perante a situação de saber se, e em que medida, deve a administração, perante uma situação litigiosa, celebrar uma transacção. Ao corresponder essa celebração a uma melhor utilização de recursos (*lato sensu*), a possibilidade converter-se-á em directiva de actuação no caso concreto.

Na verdade, a ocorrência de uma transacção pode em muitos casos corresponder a uma decisão eficaz que libertará recursos e esforços de um determinado serviço; por outro lado, e não se deve menosprezar este aspecto, a redução da litigação de um determinado ente administrativo pode bem concorrer para a maior eficácia da sua actuação em relação a terceiros, *maxime* em relação a terceiros partes em situações jurídicas semelhantes; é também possível ver-se alguma eficiência que deriva do facto de ser elemento constitutivo do contrato de transacção a cedência também do particular em relação ao seu inicial pedido, no qual podia a administração à partida ser condenada integralmente. Numa palavra, a transacção *"serve a economia procedimental (Verfahrensökonomie) (...) e quer evitar processos consumidores de tempo e com considerável risco de custos (Kostenrisiko)"*[136].

Não seria possível terminar sem reafirmar que estes princípios têm, neste caso, um espectro argumentativo eventual[137], pois só servirão para,

---

dimento Administrativo Comentado[2ª] (1997), p. 34. Sobre as relações procedimento / / eficiência, v. J. C. S. G. Loureiro, *O Procedimento Administrativo entre a Eficiência e a Garantia dos Particulares – Algumas Considerações* (1995);

[134] *"Os órgãos administrativos devem providenciar o rápido e eficaz andamento do procedimento (...)"* Artigo 57.° CPA.

[135] Neste sentido, M. Esteves de Oliveira / J. P. d. Amorim / P. C. Gonçalves, *Código do Procedimento Administrativo Comentado*[2ª] (1997), p. 311.

[136] Hans J. Wolff / Otto Bachof / Rolf Stober, *Verwaltungsrecht*[6], vol. II, Munique: C. H. Beck, (2000), p. 281. Neste sentido também H. Thomas / H. Putzo, *Zivilprozessordnung*[18ª] (1993), p. 1199.

[137] São expressivas as palavras de Rogério Soares: *"o princípio da boa-adminis-*

Contrato de Transacção no Direito Administrativo e Fiscal

com maior ou menor intensidade, justificar a admissibilidade de *uma transacção concreta e determinada*, e não, ao contrário das outras razões argumentativas de valia justificante mais geral, para justificar, em qualquer caso, a admissibilidade do instituto.

II.1.3.5. As leis, os factos e a "natureza das coisas"

A celebração em Portugal de transacções judiciais e extrajudiciais entre a administração e os particulares é um facto que só os mais alheios às idiossincrasias da actividade administrativa e do contencioso administrativo poderiam tomar como fictício. A realidade envergonhada das transacções ocultas afigura-se-nos bastante difícil de perscrutar, mas pensamos não andar longe da realidade se disséssemos que sempre[138] houve em Portugal litígios administrativos resolvidos de modo transaccional, mesmo no contencioso dito de anulação os quais terminaram com a desistência do recorrente motivada por alguma contraprestação efectuada pela administração, mas que, como se sabe, algumas vezes é assegurada, quando os haja, pelos recorridos particulares.

Aqui e ali, quando menos se espera, deparamo-nos com o facto de a doutrina invocar a transacção com uma enorme naturalidade e total acriticismo. O que se disse pode bem ser ilustrado por dois exemplos, os quais têm de comum, além de a transacção vir referida a outro propósito, o facto de se encontrarem em escritos de dois autores que tudo levaria a crer terem

---

tração e o correspondente dever de boa-administração, devem, pois, somente, ser encarados como fórmulas sintéticas e reassumptivas das várias circunstâncias tipicizadas pelo legislador, em que, por via da atribuição dum poder, surge o indispensável poder", ROGÉRIO EHRARDT SOARES, "Princípio da legalidade e administração constitutiva", *BFDUC*, (1981), p. 201.

[138] No ano de 1916, por exemplo, decidiu-se na Relação do Porto um pleito entre uma Câmara Municipal e os ocupantes de uns terrenos de que esta era proprietária. A câmara avaliou os terrenos em 110$00, mas acabou por desistir da acção a troco do pagamento de uma indemnização de 5$00! Discutiu-se depois no aresto em questão como se calculariam as custas judicias, parte que agora não merece a nossa análise. V. o relato do caso e comentário quanto à questão aqui não abordada em PEDRO BRAGANÇA GIL, "Jurisprudência Administrativa – transacção sobre pagamento de custas", *RFDUL* I, n. 1 e 2 (1917), pp. 237-239. V também Ac., de 29 de Novembro de 1968, (*Ana Castro / CM Santo Tirso* – Rel. JACINTO RODRIGUES BASTOS); Ac., de 30 de Novembro de 1989, (*Fernando Antunes / Sec. Estado da Habitação e Urbanismo e CM Braga* – Rel. VALADAS PRETO); Ac., de 6 de Novembro de 1990, (*Assembleia Municipal de Braga / Andrelina Barbosa e outros* – Rel. AZEVEDO BRITO).

uma opinião não muito favorável a este fenómeno, pelo menos no que diz respeito à transacção judicial no contencioso administrativo. Ora, vejamos estes exemplos:

O Professor MARCELLO CAETANO, a propósito da renúncia do acto administrativo, escreve as palavras que não hesitamos em transcrever: "*Em regra, tais declarações* (de que a administração, podendo agir, decide não fazê-lo) *só são produzidas quando a Administração desiste ou transige num pleito ou acorda numa troca de vantagens com renúncias recíprocas*"[139].

Menos directa é a referência de FREITAS DO AMARAL, mas que nem por esse facto resistimos a referir: a outro propósito, este Professor discorria sobre um despacho ministerial que determinava um custo económico elevado para os accionistas de uma determinada empresa. Um dos accionistas pede a anulação desse acto com base numa ou mais ilegalidades mas, decorrido algum tempo, esse accionista, porque tem interesses noutras áreas de investimento, promete ao governo desistir em troco de benefícios nessas outras actividades[140]. O que se dá nesta hipótese é um transacção novatória no contencioso de anulação e ela é um exemplo de que a transacção até surge quando se trata de expôr uma situação concreta à laia de introdução de outra temática.

É também sabido que um dos campos onde mais se recorre às transacções é no contencioso em que são partes os entes locais, trate-se de acções ou de recursos e seja processo civil ou administrativo. Aliás, não só a realidade ultrapassa a visão negativista da transacção, como a própria lei o faz. Com efeito, nos termos dos artigos 34.º n. 1 al. c) e 68.º n. 2 al. g) da L. 169/99 de 18 de Setembro de 1999, compete, respectivamente à Junta de Freguesia e ao Presidente da Câmara "*instaurar pleitos e defender-se neles, podendo confessar, desistir ou transigir, se não houver ofensa de direitos de terceiros*".

No âmbito da administração autónoma, não faltam normas de competência a prever a celebração de transacções. Sem nenhuma espécie de pretensão de exaustividade, observemos, a título de exemplo (e de

---

[139] M. CAETANO, *Manual de Direito Administrativo*[10ª], vol. I (1991 (reimp. 1973)), p. 461. O último segmento da passagem citada ("ou acorda....") parece ser a consagração expressa do contrato de transacção celebrado sem ser em juízo.

[140] Exemplo retirado, abreviadamente, de DIOGO FREITAS DO AMARAL, "Da Admissibilidade do Incidente de Intervenção Principal em Recurso de Anulação no Contencioso Administrativo", *in Estudos em Homenagem do Professor Doutor João de Castro Mendes*, Lisboa: Lex, (s.d.), p. 269.

Contrato de Transacção no Direito Administrativo e Fiscal   655

curiosidade), alguns exemplos, respeitantes apenas aos últimos cinco anos[141]:

– Decreto-Lei n.º 32/95. DR 36/95 SÉRIE I-A de 1995-02-11 Ministério do Planeamento e da Administração do Território que cria a Empresa de Desenvolvimento e Infra-Estruturas do Alqueva, S. A: *"Artigo 15.º Competência do conselho de administração 1 – Compete ao conselho de administração assegurar a gestão dos negócios da sociedade, sendo-lhe atribuídos os mais amplos poderes e cabendo-lhe, designadamente: (...) e) Representar a sociedade, em juízo e fora dele, activa e passivamente, propor e acompanhar acções, confessar, desistir, transigir e aceitar compromissos arbitrais"*;

– Decreto-Lei n.º 76/95. DR 92/95 SÉRIE I-A de 1995-04-19 Ministério da Agricultura que aprova os Estatutos e o Regulamento Eleitoral da Casa do Douro:
"Artigo 18.º Competências Compete à direcção da Casa do Douro: (...)e) Representar a Casa do Douro em juízo e fora dele, activa e passivamente, podendo confessar, desistir ou transigir em quaisquer pleitos e, bem assim, celebrar convenções de arbitragem";

– Decreto-Lei n.º 104/97. DR 99/97 SÉRIE I-A de 1997-04-29 Ministério do Equipamento, do Planeamento e da Administração do Território que cria a Rede Ferroviária Nacional – REFER, E. P., abreviadamente designada por REFER, E. P.:

---

[141] Podem apontar-se mais: Decreto-Lei n.º 376/99. DR 221/99 SÉRIE I-A de 1999-09-21 Ministério das Finanças Cria a Administração-Geral Tributária (a qual é, nas expressivas palavras de CASALTA NABAIS, uma "espécie de holding da adminstração tributária", JOSÉ CASALTA NABAIS, *Direito Fiscal*, Coimbra: Almedina, (2000), p. 242; Decreto-Lei n.º 398/99. DR 239/99 SÉRIE I-A de 1999-10-13 Ministério da Cultura altera o Decreto-Lei n.º 161/97, de 26 de Junho, que aprova a orgânica do Instituto Português de Museus; Decreto-Lei n.º 422/99. DR 246/99 SÉRIE I-A de 1999-10-21 Ministério do Equipamento, do Planeamento e da Administração do Território que aprova a nova Lei Orgânica do Laboratório Nacional de Engenharia Civil (LNEC); Decreto-Lei n.º 455/99. DR 258/99 SÉRIE I-A de 1999-11-05 Ministério das Finanças que altera os Estatutos do Instituto de Gestão do Crédito Público (IGCP), aprovados pelo Decreto-Lei n.º 160/96, de 4 de Setembro, na versão que lhes foi introduzida pelos Decretos-Leis n.os 28/98, de 11 de Fevereiro, e 2/99, de 4 de Janeiro; Decreto-Lei n.º 408/98. DR 293/98 SÉRIE I-A de 1998-12-21 Ministério da Cultura que aprova a orgânica do Instituto do Cinema, do Audiovisual e do Multimédia 31 Decreto-Lei n.º 418-B/98. DR 301/98 SÉRIE I-A 3.º suplemento de 1998-12-31 Ministério da Cultura que constitui a sociedade Porto 2001, S. A., sociedade anónima de capitais exclusivamente públicos e aprova os respectivos estatutos.

"*Artigo 6.º Competência 1 – Ao conselho de administração compete, em geral, o exercício de todos os poderes necessários para assegurar a gestão e o desenvolvimento da empresa e a administração do seu património, sem prejuízo dos poderes da tutela: (...) p) Representar a empresa em juízo e fora dele, activa e passivamente, propor e seguir quaisquer acções, confessá-las ou delas desistir, transigir ou comprometer-se em arbitragem*";

– Decreto-Lei n.º 165/97. DR 147/97 SÉRIE I-A de 1997-06-28 Ministério da Cultura que aprova o estatuto da Cinemateca Portuguesa-Museu do Cinema, do Ministério da Cultura:
"*Artigo 3.º Regime 1 – A Cinemateca Portuguesa-Museu do Cinema rege-se pelo disposto no presente diploma, pelos seus regulamentos internos e, subsidiariamente, pelo regime jurídico das empresas públicas. Artigo 10.º Competência do presidente – Compete, em especial, ao presidente: (...) c) Representar a Cinemateca Portuguesa-Museu do Cinema em juízo e fora dele, podendo desistir, confessar e transigir em quaisquer litígios e comprometer-se em arbitragem*";

– Decreto Legislativo Regional n.º 9/2001/M. DR 108 SÉRIE I-A de 2001-05-10 Região Autónoma da Madeira – Assembleia Legislativa Regional Cria a Sociedade de Desenvolvimento do Norte, S. A.:
"*Artigo 12.º Competência do conselho de administração 1 – Compete ao conselho de administração assegurar a gestão dos negócios da Sociedade e praticar todos os actos necessários à prossecução do seu objecto social que não caibam na competência atribuída a outros órgãos, cabendo-lhe, designadamente: (...) d) Representar a Sociedade, em juízo e fora dele, activa e passivamente, propor e acompanhar acções, confessar, desistir, transigir e aceitar compromissos arbitrais*";

Procurámos demonstrar que a lei prevê a competência de transacção nas mais diversas formas de organização administrativa: de Empresas Públicas a Sociedades Anónimas de capitais públicos, ou a Institutos Públicos. Fá-lo, arriscamos, "sem querer", ou irreflectidamente, pois facilmente se nota pela redacção dos preceitos que a título exemplificativo foram transcritos, que as orgânicas e competências das pessoas colectivas em questão correspondem a um modelo *standard* e foram adoptadas de forma mecânica, numa daquelas que é das maiores influências da informática na redacção legislativa. Não se está com isto a criticar a opção de sujeitar órgãos da mesma natureza a um núcleo duro uniforme de preceitos

Contrato de Transacção no Direito Administrativo e Fiscal 657

organizatórios de repartição de competências, mas tão somente a apontar que a perspectiva simplificadora e globalizadora das arquitecturas normativas em causa leva a que se não possam retirar conclusões definitivas do *âmbito* da admissibilidade da transacção. Quanto apenas à admissibilidade da mesma, devemos admitir que se impõe a relativização do argumento, extraindo dele, por ora, apenas consequências pragmáticas: o legislador prevê nas competências de certas entidades o poder de transigir porque sabe que essas entidades, na realidade[142], transigem em litígio, opção essa que, metodologicamente, é de sujeitar, em todo o caso, ao crivo dos princípios. Poder transigir é, em conclusão, duplamente relativo: por um lado, não quer dizer que só essas entidades possam transigir; por outro, e seria desnecessário referi-lo, a admissibilidade será um problema a colocar-se perante cada transacção em concreto, e não uma resposta a dar-se em abstracto e aprioristicamente.

Pode dizer-se, por fim, que das ligeiras *nuances* de redacção não se podem retirar consequências no que toca ao âmbito de aplicação dos preceitos em causa, pelo que, apesar das diferenças dos textos das normas de competências, não se deve julgar que o Presidente da Cinemateca terá um competência transaccional maior do que a conferida ao Conselho de Administração da Empresa do Alqueva!

II.1.3.6. A coerência do sistema

Em nossa opinião, e em conclusão, o problema jus-científico da admissibilidade da transacção judicial no contencioso administrativo deve buscar-se não em raciocínios lógicos fundados em preconceitos ultrapassados, mas sim na intencional axiologia do Direito Administrativo português, vertida essencialmente na Constituição e concretizada nas normas ordinárias do ramo.

A colocação dos litígios em Tribunal não cria um véu de nova juridicidade sobre as questões em causa. Admitir-se que a administração possa celebrar com um particular um contrato de transacção e não admitir que ela o possa fazer quando a mesma situação da vida é objecto de um acto administrativo e de um consequente recurso de anulação é, no mínimo, incoerente. Com efeito, restringe injustificadamente o âmbito das relações

---

[142] E a natureza das coisas tem a sua influência na criação da norma, na qual o legislador deve prever as situações que são a *facticidade possível*. PEDRO PAIS DE VASCONCELOS, "A Natureza das Coisas", *in Estudos em Homenagem ao Professor Doutor Manuel Gomes da Silva*, Lisboa, (2000), p. 752.

entre a administração e os particulares. Como é também incoerente – por injustificado – admitir-se, ao invés, a celebração de transacções judiciais no contencioso privado da administração, no de responsabilidade, no contratual – em suma em qualquer acção – sendo que não há aqui diferentes razões de juridicidade que justifiquem o tratamento desigual.

§ 2.º
Âmbito e limites

A admissibilidade da transacção, baseada em primeira linha na autonomia contratual da administração pública, leva a que o âmbito e os limites da celebração de transacções se confundam com estes. Esta maneira de ver as coisas traduz uma das aproximações que se pode fazer ao problema do âmbito e dos limites da transacção. Assim, as especificidades deste fenómeno relevarão apenas e só na medida das concretas características de cada situação jurídica resultante da transacção. Numa palavra, os limites à celebração de transacções não são um problema jus-científico da dogmática da transacção, mas da actividade contratual pública.

Em ruptura com esta aproximação, encontra-se aquela que vê na transacção um instituto dotado de um alcance e apetência que permite às partes ultrapassar o campo da estrita legalidade e configurar uma situação jurídica cujo conteúdo seria, se alcançado por acto administrativo, normativamente incongruente.

Estes dois planos ou aproximações servem no presente trabalho de modo concorrente para a apreensão do verdadeiro conteúdo possível da transacção. Se o primeiro é pacífico, e a sua defesa não levanta grandes dificuldades ou desafios (é a solução "politicamente correcta" do problema), o segundo é possível causa de controvérsias e, na verdade, a sua formulação desperta automaticamente anticorpos e reacções de negação. Cumpre, porém, analisá-lo de forma imune a preconceitos, tomando em consideração a realidade e a natureza das coisas.

II.2.1. *1.º Plano: Mudança na continuidade: a desconsideração das especificidades transaccionais.*

Neste plano, a administração poderá celebrar transacções, como poderá celebrar quaisquer outros contratos desde que, *in casu*, respeite os limites concretos e comuns da sua actuação, ou seja, se tiver a disponibilidade da relação jurídica objecto da transacção. Numa palavra, pode haver

Contrato de Transacção no Direito Administrativo e Fiscal 659

transacção onde haja discricionariedade[143], onde haja vinculação não pode haver transacção[144]. Esta concepção foi numa primeira fase defendida pelo BVerwG[145], para logo em seguida ser afastada[146], passando a preconizar uma solução ainda mais alargada, como se verá. Segundo esta primeira jurisprudência, seriam admissíveis transacções dentro do *"Ermessenspielraum"* da Administração e desde que respeitem *"zwingende gesetzliche Vorschriften"* e os *"überwigende öffentliche Interessen"*[147].

A *competência de disposição* será exigida tanto para a relação material controvertida, como para as concessões recíprocas, sempre que estas se desprendam daquela, de tal modo que se coloquem novas questões de disponibilidade e actuação (novas competências, contra-interessados, prazos, *etc*).

Centrando-se a questão da transacção judicial na da disponibilidade das partes sobre a relação jurídica controvertida, o problema da transacção judicial deixa de ser um problema de direito processual, para passar a ser um problema de direito material e os seus limites estão onde residem os limites da concreta actuação contratual[148]. A outro propósito, não muito distante, disse VASCO PEREIRA DA SILVA que se trata "de uma indisponi-

---

[143] J. M. SÉRVULO CORREIA, "A Arbitragem Voluntária no Domínio dos Contratos Administrativos", *in Estudos em Memória do Professor Doutor João de Castro Mendes*, (s.d.), p. 235, n. 10, a outro propósito, mas que aqui pensamos poder ser aplicado, refere que " (...) não é dogmaticamente fundada a correlação entre a definição da situação jurídico-administrativa por acto administrativo e o carácter indisponível das posições jurídicas subjectivas conformadas. A nosso ver, o carácter disponível ou indisponível do poder da Administração resulta da natureza vinculada ou discricionária do poder de definição do conteúdo da situação jurídica administrativa e não da forma típica adoptada para a conduta concreta".

[144] Na doutrina alemã, KNACK *et al*, dão o problema por resolvido, aparentemente apenas para a *Leistungsverwaltung* com o § 55 da *VwvfG*, sendo apenas essencial que a administração tenha um poder de dispor (*Verfügen-können* por oposição a *Verfügen-dürfen*) sobre aquela matéria por acto administrativo, HANS KNACK / JOST-DIETRICH BUSCH / / CLAUSEN WOLFGANG / HANS-GÜNTER HENNEKE / KLAPPSTEIN, *Verwaltungsverfahrensgesetz – Kommentar* [6], Colónia: Carl Heymann, (1998), p. 919.

[145] A. HUERGO LORA, *La Resolución Extrajudicial de Conflictos en el Derecho Administrativo* (2000), p. 95; R. FRANKE, *Der gerichtliche Vergleich im Verwaltungsprozess – auch ein Beitrag zum verwaltungsrechtlichen Vertrag* (1995), pp. 53 e ss.

[146] BverwG, em sentença de 28 de Março de 1962.

[147] R. FRANKE, *Der gerichtliche Vergleich im Verwaltungsprozess – auch ein Beitrag zum verwaltungsrechtlichen Vertrag* (1995), p. 53.; F. O. KOPP / W.-R. SCHENKE, *Verwaltungsgerichtsordnung* [12a] (2000), p. 1126.

[148] Assim, W. MEYER – HESSMAN, "Die Zulässigkeit gesetzesinkongruenter verwaltungsrechtlicher Vergleichsverträge und Prozessvergleiche", *DVBl* 20 (1980), p. 870.

bilidade do próprio direito substantivo (...) não de uma simples indisponibilidade processual justificável por uma pretensa natureza objectiva do recurso de anulação"[149].

Admitir a transacção nestes termos é o *Rubicão* da dogmática do instituto e representa um passo argumentativo ao qual deve ser conferido pleno valor e operatividade.

Será, contudo, possível ir mais longe?

II.2.2. 2.º Plano: A transacção normativamente incongruente. Um "final alternativo" da mesma história?

A aproximação que se descreveu não levanta problemas específicos, mas parece não ser a resposta suficiente a algumas solicitações da vida jurídica actual.

A transacção existe para a prevenção ou término de um litígio, o qual tem na sua base, na maior parte das vezes, uma situação cujos contornos jurídicos e / ou fácticos comportam alguma incerteza, dúvida, receios ou riscos. Aplicar aqui a uma eventual transacção os cânones normais da actuação administrativa seria, um pouco, espartilhar um instituto, privando-o de cumprir a sua função.

Como já se referiu, não faltam na administração casos de difícil solução jurídica – verdadeiros labirintos de normas, estatutos e factos. A progressiva informalidade da actuação administrativa é ela própria causa de incerteza. Como já se referiu, a transacção pode ter muitas vezes a função de restabelecer uma paz jurídica perdida. Mas, ao restabelecimento da paz jurídica junta-se outro desígnio porventura de maior peso argumentativo: o da eficiência e praticabilidade da solução (*supra,* II.1.3.4). Tantas vezes o afastar a incerteza que paira sobre uma situação jurídica tem custos humanos e financeiros muito superiores ao ganho que resulta da certeza. Numa economia de bens escassos, as opções administrativas devem ser financeiramente racionais. Por este motivo, o interesse público imporá em certas situações a celebração de transacções em áreas cujos contornos de legalidade não estão bem definidos, porque há incerteza e litígio.

---

[149] V. PEREIRA DA SILVA, *Para um Contencioso Administrativo dos Particulares: Esboço de uma Teoria Subjectivista do Recurso Directo de Anulação* (1989), p. 207, a respeito do Ministério Público na desistência do particular. A este propósito diga-se que o PCPTA mantém, no seu artigo 62.º, a possibilidade do prosseguimento da acção pelo Ministério Público.

Esta solução[150] tem o mérito de trazer à liça considerações que num Estado *post*-social não podem ser esquecidas, mas deve ser sempre rodeada, na sua aplicação, de enormes cautelas. Tratar-se-ia assim de um negócio confirmativo[151] em Direito Administrativo, baseado no brocardo *volenti non fit injuria*. Na verdade, os actos viciados de anulabilidade sanam-se ao fim de um ano, e não pode recorrer contenciosamente de um acto administrativo "quem o tiver aceitado expressa ou tacitamente"[152], nem administrativamente[153]. Se a inércia do particular tem uma determinada consequência, por que não atribuir a mesma consequência a uma vontade sua previamente expressa? É uma solução de conflito entre legalidade, eficiência e justiça que deve, caso a caso, ser analisada e metodicamente ponderada, mas que terá sempre como limite o da nulidade dos actos administrativos[154], nunca esquecendo que a legalidade não é o único princípio do ordenamento jurídico administrativo.

CAPÍTULO III
A Transacção no direito fiscal. Considerações gerais

§1.º
Preliminares

O Direito Fiscal é um universo de interesse antagónicos[155] e de incertezas potenciais. A transacção é um meio de harmonizar interesses

---

[150] Concepção que não é aceite unanimemente na Alemanha. Por exemplo, FERDINAND O. KOPP / WOLF-RÜDRIGER SCHENKE, *Verwaltungsgerichtsordnung*[12] Munique, C. H. Beck, (2000), p. 1126, nega esta concepção mais ampla do âmbito da transacção.

[151] JOSÉ DE OLIVEIRA ASCENSÃO, *Teoria Geral do Direito Civil – relações e situações jurídicas*, vol. IV, Lisboa: polic., (1993), p. 441 e ss.; ANTÓNIO MENEZES CORDEIRO, *Tratado de Direito Civil Português – Parte Geral*[2ª], vol. I, t. I, Coimbra: Almedina, (2000), pp. 670 e ss.

[152] Artigo 47.º do RSTA.

[153] Artigo 53.º n. 4 do CPA. A este respeito v. D. FREITAS DO AMARAL / J. CAUPERS/ /J. MARTINS CLARO / J. RAPOSO / M. GLÓRIA GARCIA / P. SIZA VIEIRA / V. PEREIRA DA SILVA, *Código do Procedimento Administrativo Anotado* 3ª (1997), p. 112.

[154] Tal como na Alemanha. Por todos, W. MEYER – HESSMAN, "Die Zulässigkeit gesetzesinkongruenter verwaltungsrechtlicher Vergleichsverträge und Prozessvergleiche", *DVBl* 20 (1980); A. HUERGO LORA, *La Resolución Extrajudicial de Conflictos en el Derecho Administrativo* (2000), p. 93 e ss.

[155] Todo o *Eingriffsrecht* leva a uma natural (e instintiva) reacção opositiva por parte dos particulares (sobre esta qualificação do Direito Fiscal, v., JOSÉ LUÍS SALDANHA

contrapostos e de trazer a clareza possível a situações incertas. Consequentemente, a transacção é um operador jus-científico inseparável do Direito Fiscal. Este raciocínio, "silogisticamente" alcançado, não tem uma pretensão de validade "absoluta"[156], mas serve para mostrar que, à partida, o conceito de composição transaccional de interesses pode ter uma função no campo do Direito Fiscal.

Até se pode dizer que o Direito Fiscal, por nascer e se revelar na contraposição de interesses entre os contribuintes e o Estado, é na sua génese *transaccional*. Ou seja, o facto de as normas tributárias serem periódica e reiteradamente aplicadas pelos contribuintes, fazendo assim do Direito Fiscal terreno fértil para as "normas do caso", faz com que estas reflictam a essência claramente negocial que se manifesta na aceitação tácita pela administração das "propostas" dos particulares ao longo dos anos e dos exercícios. Num plano material e cronologicamente mais vasto, essa natureza transaccional reflecte-se ainda na reacção-adaptativa da norma fiscal, que constantemente reage às mudanças e progressos da realidade económica subjacente aos factos tributários[157], bem como aos comportamentos dos contribuintes que sejam motivados principal ou exclusivamente por essas mesmas normas[158].

Num ordenamento jurídico positivo de contornos pouco definidos[159], cumpre saber se nas zonas de incerteza, indeterminação e insegurança, no caso de a investigação se tornar extremamente árdua e dispendiosa, se podem criar "zonas de acordo"[160].

SANCHES, *Princípios do Contencioso Tributário*, Lisboa: Fragmentos, (1987), p. 33; ROLF ECKHOFF, "Vom konfrontativen zum kooperativen Steuerstaat", *StuW* 2 (1996), p. 108) . O interesse da administração fiscal não é conseguir arrecadar a maior quantia possível, mas sim uma execução juridicamente admissível da lei fiscal, norteada pelos princípios estruturantes do Direito Tributário. Mas não será essa compreensão das coisas que fará, na prática, reduzir as contra-motivações do particular.

[156] Na verdade, segundo certa perspectiva, o Direito, e mesmo a sociedade, são inseparáveis da contraposição de interesses. Por outro lado, também há oposição de interesses no Direito Penal e as manifestações do princípio da oportunidade são aí, pelo menos nos sistemas de matriz continental, cautelosas. (v. *supra*, I.6).

[157] JOSÉ LUÍS SALDANHA SANCHES, *Manual de Direito Fiscal*, Lisboa: Lex, (1998), pp. 101-2.

[158] Referimo-nos aqui nomeadamente à evasão, fraude e elisão fiscais.

[159] Um *Steuerchaos*, ou desordenamento tributário tão imprevisível como a metereologia. Expressões, já citadas, de J. LANG, "§4: Rechtsstaatliche Ordnung des Steuerrechts", *in Steuerrecht Tipke/Lang* 16ᵃ, (1998), p. 65.

[160] Questão posta por J. L. SALDANHA SANCHES, *A Quantificação da Obrigação Tributária – Deveres de Cooperação, Autoavaliação e Avaliação Administrativa* (1995), p. 427.

§ 2.°
Transacção fiscal e alguns princípios fundamentais
do ordenamento jurídico

III.2.1. *Princípio da legalidade, discricionariedade e norma tributária*

Enunciar-se-ão em seguida alguns aspectos do princípio da legalidade que poderão ajudar a resolver questões duvidosas que eventualmente se coloquem em relação à compatibilização entre este princípio e o objecto do nosso estudo.

O princípio da legalidade administrativa tem uma função diferente no Estado Social de Direito daquela que tinha no Estado Liberal[161]. Da lei *limite* passa-se à lei *fundamento*, em virtude de alterações sociais, políticas e constitucionais – não necessariamente por esta ordem. A vitória sobre o Estado de polícia "há-de significar uma subordinação do Estado ao direito"[162] que se manifesta no facto de a "Lei passar para o lugar central do sistema"[163]. Mas a lei é apenas limite, tem uma função negativa. É apenas com o fenómeno apelidado de Estado Social de Direito que, numa conhe-

---

[161] Sobre as linhas da evolução do princípio, v., entre tantos outros, AFONSO RODRIGUES QUEIRÓ, "Reflexões sobre a teoria do 'desvio de poder' em direito administrativo", *BFDUC* Supl. XVI (1942), pp. 1-12, R. E. SOARES, *Interesse Público, Legalidade e Mérito* (1955), pp. 66 e ss.; M. ESTEVES DE OLIVEIRA, *Direito Administrativo*, vol. I (1980), pp. 290 e ss., *maxime*, 291-2; J. M. SÉRVULO CORREIA, "Os Princípios Constitucionais da Administração Pública", *in Estudos Sobre a Constituição*, Lisboa: Petrony, (1979), pp. 19 e ss. ; J. M. SÉRVULO CORREIA, *Noções de Direito Administrativo*, vol. I (1982), p. ; J. M. SÉRVULO CORREIA, *Legalidade e Autonomia Contratual nos Contratos Administrativos* (1987), pp. 190 e ss.; JOSÉ CARLOS VIEIRA DE ANDRADE, "O ordenamento jurídico administrativo português", *in Contencioso Administrativo*, (1986) pp. 35 e ss; D. FREITAS DO AMARAL, *Direito Administrativo*, vol. II (1988), pp. e ss.; M. J. ESTORNINHO, *A Fuga para o Direito Privado: Contributo para o Estudo da Actividade de Direito Privado da Administração Pública* (1996), pp. 175 e ss.; J. GOMES CANOTILHO, *Direito Constitucional e Teoria da Constituição*⁴ᵃ (2000), pp. 701-2; SABINO CASSESE, *La Construction du Droit Administratif – France et Royaume-Uni*, Paris: Montchrestien, (2000), pp. 81 e ss; EDUARDO García de Enterría, *La Lengua de los Derechos – la formación del derecho público europeo tras la revolución francesa* Madrid: Alianza, (2001 (reimp. de 1994)), em especial, pp. 97 e ss.

[162] ROGÉRIO EHRHARDT SOARES, *Direito Administrativo*, vol. I, Univ. Cat. Porto: polic., (1980?), p. 21.

[163] E. García de Enterría, *La Lengua de los Derechos – la formación del derecho público europeo tras la revolución francesa* (2001 (reimp. de 1994)), p. 131.

664 João Taborda da Gama

cida expressão, a lei passa a fundamento e pressuposto da actividade administrativa[164]. Neste contexto surgem as suas duas modalidades: a prevalência de lei e a reserva de lei. Por prevalência de lei[165] (*Vorrang des Gesetzes*) entende-se hoje que a administração deve observar a lei (vertente positiva) e que está proibida[166] de a desrespeitar (vertente negativa)[167]. Assim, os "actos da administração não devem contrariar as normas legais que se lhes aplicam"[168]. A reserva de lei (*Vorbehalt des Gesetzes*) implica que o exercício de um poder administrativo deve ter um fundamento na lei[169].

A dogmática do princípio da legalidade, para cuja origem o direito tributário sem dúvida contribuiu, ganha aqui especificidades próprias, pelo menos na visão tradicional deste princípio.

Na sua formulação clássica, o princípio da legalidade fiscal surge com a preocupação de autotributação do povo. Quando nas Cortes de Coimbra de 1254 – e já antes em 1215 em Inglaterra – os representantes do povo exigiram a necessidade de serem ouvidos nos assuntos respei-

---

[164] J. C. VIEIRA DE ANDRADE, "O ordenamento jurídico administrativo português", in *Contencioso Administrativo*, (1986), p. 40; JOSÉ CARLOS VIEIRA DE ANDRADE, *O Dever de Fundamentação Expressa de Actos Administrativos* Coimbra: Almedina, (1992), pp. 13 e ss.; M. J. ESTORNINHO, *A Fuga para o Direito Privado: Contributo para o Estudo da Actividade de Direito Privado da Administração Pública* (1996), p. 176.

[165] Expressão que é utilizada aqui com o mesmo significado de outras – primado, precedência, preeminência, proeminência ou preferência de lei – preferidas por alguns autores.

[166] Devendo haver para essa eventualidade uma sanção, pelo que este princípio dependerá sempre da concretização (variável) que receba em determinado ordenamento, em cada momento, a previsão dos desvalores jurídicos do acto administrativo e a sua concretização jurisdicional. Assim, HARTMUT MAURER, *Allgemeines Verwaltungsrecht*[13], Munique: C. H. Beck, (2000), p. 106.

[167] J. GOMES CANOTILHO, *Direito Constitucional e Teoria da Constituição*[4ª] (2000), pp. 702-3.

[168] J. M. SÉRVULO CORREIA, *Legalidade e Autonomia Contratual nos Contratos Administrativos* (1987), p. 18.

[169] Por todos, J. GOMES CANOTILHO, *Direito Constitucional e Teoria da Constituição*[4ª] (2000), pp. 706 e ss.; Contra, referindo, sem citar, "doutrina autorizada", A. XAVIER, *Manual de Direito Fiscal*, vol. I, Lisboa, (1981 (reimp.)), p. 109, refere que a reserva de lei não se aplica ao Direito Administrativo em geral, mas sim ao Direito Fiscal, por este representar uma modalidade particularmente grave de agressão ao direito de propriedade dos particulares. Salvo o devido respeito, parece opinião contrária à maioria da doutrina já que, mesmo na altura da citação, parece confundir a discussão acerca exigência de reserva de lei para a administração prestadora, com a reserva de lei conatural ao direito administrativo geral que comporta a administração agressiva.

Contrato de Transacção no Direito Administrativo e Fiscal

tantes ao lançamento dos impostos, fizeram-no, desnecessário será dizê-lo, sob condições políticas e sociais que nada têm a ver com as de hoje. Ficou, contudo, desde aí, o claro princípio de que a tributação requer uma qualquer legitimação democrática, cuja intensidade e modo não estão *a priori* definidos. Aliás, a necessidade de autotributação dilui-se hoje nos princípios e momentos de legitimação democrática, nos princípios do Estado de Direito Democrático[170].

Este princípio é apresentado classicamente nos seguintes termos, que se podem apresentar resumidamente: o *Tatbestand* da norma tributária deve descrever pormenorizadamente as situações da vida que sejam manifestações da capacidade contributiva, e fá-lo-á de forma não só necessária como suficiente (desencadear-se-ão os efeitos com a verificação dos factos) sem recorrer a conceitos jurídicos indeterminados e colocando a maior determinação possível na construção da norma[171]. Em Portugal, esta concepção é criticada por SALDANHA SANCHES e CASALTA NABAIS, uma vez que parte de pressupostos ultrapassados metodológica e cientificamente mas, mais do que tudo, inadmissíveis, tendo em conta a fundamentalidade de uma axiologia irradiante presente na Constituição vigente e na própria ideia de Direito. Quanto ao primeiro aspecto, o acrítico positivismo legalista[172] em que caem tais soluções contraria o facto de o Direito não se poder reconduzir a mecânicos esquemas de interpretação e aplicação radicalmente apartados um do outro, por um aplicador juridicamente neutro. Com efeito, a negação de uma transpositividade[173] prévia e póstuma ao momento legislativo (ou normativo), bem como o facto de se não ver na

---

[170] Sobre a origem e evolução do conceito de autotributação e a sua influência no princípio da legalidade tributária, v. A. XAVIER, *Os Princípios da Legalidade e da Tipicidade da Tributação* (1978), pp. 6 e ss.; PEDRO SOARES MARTÍNEZ, *Direito Fiscal*[7], Coimbra: Almedina, (1995), pp. 89 e ss.; J. CASALTA NABAIS, *O Dever Fundamental de Pagar Impostos* (1998), pp. 321 e ss.; JOÃO TABORDA DA GAMA, "Acto Elisivo, Acto Lesivo – notas sobre a admissibilidade do combate à elisão fiscal no ordenamento jurídico português", *RFDUL* XL, n. 1 e 2 (1999), pp. 297 e ss.

[171] Representativo desta corrente, A. XAVIER, *Os Princípios da Legalidade e da Tipicidade da Tributação* (1978), sobretudo pp. 83 e ss.; A. XAVIER, *Manual de Direito Fiscal*, vol. I (1981 (reimp.)), pp. 117 e ss.

[172] V., a crítica de, entre outros, J. L. SALDANHA SANCHES, "A Segurança Jurídica no Estado Social de Direito – conceitos indeterminados, analogia e retroactividade no direito tributário", *CTF* 310 (1985), pp., 286 e ss.; PEDRO SOARES MARTÍNEZ, *Filosofia do Direito*[2], Coimbra: Almedina, (1995), pp. 478 e ss.;

[173] J. BAPTISTA MACHADO, *Introdução ao Direito e ao Discurso Legitimador*, Coimnra: Almedina, (1994 (7ª reimp. 1982)), p. 208.

aplicação momento criador[174] de juridicidade, são opções metodológicas que não partilhamos e que, acima de tudo, são de difícil compatibilização com a axiologia constitucional, nomeadamente com o princípio da separação de poderes.

As soluções apresentadas são em grande medida inconstitucionais, quer pela sua inflexibilidade, quer principalmente pelo seu conteúdo. Muito resumidamente lembre-se que a imposição constitucional de bem--estar implica que as leis não sejam interpretadas de um modo que levaria a uma diminuição reflexa do bem estar pela baixa da colecta de impostos que originaria e que são o fundamento último daquela imposição constitucional. Com efeito, a rígida e literal interpretação dos normativos tributários seria a causa de uma considerável baixa das receitas fiscais, sobretudo por tornar a administração incapaz de combater o fenómeno da elisão fiscal por via da aplicação da norma[175].

Hoje a norma tributária recorre a *tipos*, cuja natureza, mais fluida do que o conceito, gera pela sua inclusão na previsão normativa uma aplicação da estatuição, *rectius* da norma, a um número de factos cada vez maior[176]. Este fenómeno oferece indesmentíveis capacidades explicativas da inultrapassável construção normativa actual. As fronteiras mais fluidas do tipo e a sua maior aproximação à realidade[177], por maior abrangência, fazem dele o elemento ideal de uma norma que, vendo-se obrigada a abandonar a pretensão de igualdade e de universalidade, por ser impossível tributar cada um pela medida justa, optou pela definição do seu âmbito dentro "do possível". A igualdade possível alcançada é, como veremos, também aquela que menos custos traz à sua aplicação pela administração.

---

[174] K. LARENZ, *Metodologia da Ciência do Direito*[2ª] (1989), p. 156; FRIEDRICH MÜLLER, *Discours de la Méthode Juridique* (1996 (trad. da 3ª ed. 1993)), Paris: PUF, pp. 220 e ss.

[175] V., por todos, J. L. SALDANHA SANCHES, "A Segurança Jurídica no Estado Social de Direito – conceitos indeterminados, analogia e retroactividade no direito tributário", *CTF* 310 (1985), pp. 287 e ss., 313.; J. TABORDA DA GAMA, "Acto Elisivo, Acto Lesivo – notas sobre a admissibilidade do combate à elisão fiscal no ordenamento jurídico português", *RFDUL* XL, n. 1 e 2 (1999), pp. 294-5.

[176] J. L. SALDANHA SANCHES, *A Quantificação da Obrigação Tributária – Deveres de Cooperação, Autoavaliação e Avaliação Administrativa* (1995), pp. 174 e ss.

[177] Até porque a natureza das coisas tem a sua influência na criação da norma, na qual o legislador deve prever as situações que são a *facticidade possível*. P. PAIS DE VASCONCELOS, "A Natureza das Coisas", *in Estudos em Homenagem ao Professor Doutor Manuel Gomes da Silva*, (2000), p. 752.

Contrato de Transacção no Direito Administrativo e Fiscal 667

A norma tributária é hoje tantas vezes composta por conceitos indeterminados[178], mas não menos vezes assistimos a uma concessão normativa de verdadeira discricionariedade à administração fiscal. Aliás, como se passa no Direito Administrativo (geral), a concessão à administração de discricionariedade é uma imposição constitucional de repartição de competências entre poder legislativo e executivo. Com efeito, não se poderá dizer como ALBERTO XAVIER que "sendo a tipicidade tributária uma tipicidade fechada, não pode a vontade administrativa modelar o conteúdo do tipo legal, fixado definitiva e imutavelmente por lei"[179].

III.2.2. *Indisponibilidade dos créditos tributários e contratos fiscais*

A celebração de uma transacção entre contribuintes e administração fiscal é um fenómeno que facilmente se aproxima da temática dos contratos fiscais e, por conseguinte, das suas condições de admissibilidade e limites. Um dos tópicos argumentativos que primeiro é chamado à discussão é o da indisponibilidade dos créditos tributários.

Segundo este princípio, a administração não pode conceder isenções ou reduções de taxa que não estejam previstos na lei[180] e "está obrigada a cobrar os impostos legalmente devidos, não podendo renunciar aos mesmos (por razões de equidade ou simplificação) senão em virtude de uma lei"[181], por estar "intra muros" do tipo legal[182]. Fora dos elementos do tipo este princípio "é um mero princípio geral que o legislador pode afastar", concedendo nomeadamente ao contribuinte o poder de fasear o pagamento da sua dívida fiscal[183]. O princípio foi positivado nos artigos 30.º n. 2, 36.º n. 3 e 37.º n. 2 da LGT e no artigo 85.º n. 3 do CPPT nos quais, respectivamente, o legislador proclamou a indisponibilidade do crédito tributário e a necessidade da sua redução ou extinção se basear no

---

[178] J. L. SALDANHA SANCHES, "A Segurança Jurídica no Estado Social de Direito – conceitos indeterminados, analogia e retroactividade no direito tributário", *CTF* 310 (1985); JOSÉ LUÍS SALDANHA SANCHES, *O Ónus da Prova no Processo Fiscal*, Lisboa: CEF, (1987), pp. 139 e ss..

[179] A. XAVIER, *Manual de Direito Fiscal*, vol. I (1981 (reimp.)), p. 127.

[180] A. XAVIER, *Manual de Direito Fiscal*, vol. I (1981 (reimp.)), p. 132 e ss.; J. CASALTA NABAIS, *Direito Fiscal* (2000), p. 209.

[181] J. CASALTA NABAIS, *Contratos Fiscais – Reflexões acerca da sua admissibilidade* (1994), p. 264.

[182] A. XAVIER, *Conceito e Natureza do Acto Tributário* (1972), p. 350.

[183] J. CASALTA NABAIS, *O Dever Fundamental de Pagar Impostos* (1998), pp. 366-7.

princípio da igualdade e legalidade tributária, na proibição de moratórias e na imposição do princípio da indisponibilidade tributária como limite à celebração de contratos fiscais. Mas, por outro lado, previu em vários normativos a disponibilidade de tais créditos: de forma relativa na possibilidade do pagamento em prestações (artigo 42.º da LGT), quer do imposto vencido de uma forma geral (artigo 86.º n. 2 do CPPT), quer das dívidas exigíveis em processo executivo (artigos 196.º e ss. do CPPT); uma figura próxima, pelo resultado, da disponibilidade absoluta pode ver-se na não cobrança de imposto até um determinado montante, facto este que se justifica por razões de eficiência e praticabilidade – certamente que os custos de processamento seriam maiores do que a soma cobrada –, e tem o seu reverso na não devolução de somas inferiores a um determinado montante.

ALBERTO XAVIER entendia que este princípio valia constitucionalmente para os elementos da reserva de lei, sendo apenas admitida a autorização normativa infra-constitucional para os elementos extra-típicos, que seria uma norma excepcional. Qualquer autorização normativa à administração que se referisse a esses elementos seria inconstitucional[184]. Podia assim, no raciocínio deste autor, a administração criar normas que autorizassem "expressamente a administração a praticar discricionariamente quaisquer actos que envolvem uma disposição total ou parcial do crédito tributário"[185], sendo esta opinião perfilhada também por CASALTA NABAIS[186]. No plano da transacção, o princípio assim delimitado tem poucas capacidades operativas:

Por um lado, no plano das referidas autorizações legais para a celebração de contratos, ou em geral para haver disposição (discricionária!) do crédito tributário, parece não haver problema. Pode o conteúdo da transacção, se for esse o caso, passar pela prevista e autorizada disposição. Mas surge-nos aqui um reparo: o argumento de ALBERTO XAVIER, de separar os elementos de reserva de lei de todos os outros é uma vitória pírrica da legalidade, pois o que está em causa é a definição, por lei ou pela administração, dos elementos essenciais do imposto. Mas, no fundo, o que está sempre em causa, na nossa perspectiva, é o acto de arrecadação pelo Estado, ou não, de uma determinada quantia. Admitir uma discricionária aplicação da norma, que possa passar, por exemplo, pelo perdão de uma dívida tributária, equivale ao Estado não arrecadar aquela quantia. É, por isso, algo artificial a distinção efectuada.

---

[184] A. XAVIER, *Manual de Direito Fiscal*, vol. I (1981 (reimp.)), p. 133.
[185] A. XAVIER, *Manual de Direito Fiscal*, vol. I (1981 (reimp.)), p. 133.
[186] J. CASALTA NABAIS, *O Dever Fundamental de Pagar Impostos* (1998) p. 366.

Outra mostra da pouca operatividade do princípio no campo da transacção demonstra-se pelo facto de esta surgir muitas vezes porque é impossível determinar o crédito tributário. Nos casos de dúvida fundada, em que seria mais dispendioso averiguar os verdadeiros contornos da realidade envolvente do facto tributário, podem surgir acordos transaccionais. Nestes casos, não há uma disposição do crédito tributário porque foi a incerteza ou dúvida acerca da sua existência e montante que deu origem à transacção.

III.2.3. *Participação dos particulares no procedimento tributário*

A participação dos particulares no procedimento tributário é um modo – e muitas vezes um pressuposto – da celebração de acordos transaccionais no Direito Fiscal.

A transacção, como detalhadamente se viu, é um instituto que tem a sua origem e desenvolvimento no universo jurídico como contrato. Nasce no Direito Civil onde vale o princípio do contrato e são excepcionais as actuações unilaterais. Mas *contrato* é qualificação, não essência. Na sua essência a transacção é apenas dualística: diferentes sujeitos, diferentes pontos de vista.

A exteriorização de vontades no Direito Administrativo tem sido alicerçada na actuação unilateral, facto cuja passagem do Estado de Polícia ao Estado Social de Direito não desmentiu, mas aligeirou. O instituto do contrato de Direito Público vai surgindo e fixando raízes e estende-se até campos onde isso seria antes impensável, tais como ... o Direito Fiscal. Porém, o "puro" contratualismo não detém o exclusivo do encontro de vontades entre a administração e o particular. Há também a crescente participação dos particulares nos procedimentos administrativos, fenómeno que vem ganhando peso em várias áreas especiais do Direito Administrativo, como no Direito do Urbanismo e do Ambiente. O fundamento desta mudança de atitude está na dignidade da pessoa humana ínsita no Estado de Direito Democrático que passa pela participação dos cidadãos nas decisões que lhes dizem respeito. Hoje, o Estado deve recorrer na formação de decisões a negociações e a compromissos recíprocos "em vez de, em todos os sectores, lançar mão de decisões unilaterais"[187].

---

[187] J. BAPTISTA MACHADO, "Lições de Introdução ao Direito Público", *in Obra Dispersa*, (1993 (1980)), p. 298.

670   *João Taborda da Gama*

Com efeito, a participação dos particulares em procedimentos administrativos pode ser apenas *dialógica*: aquela que "sem uma co-autoria com a Administração na emissão do acto principal, relativamente ao qual o particular continua a figurar como destinatário, assegura a este último a emissão e a recepção, ao longo do procedimento, de comunicações informativas, valorativas e programáticas, graças às quais desempenha um papel efectivo na aquisição, valoração, ponderação e qualificação jurídica de factos e interesses de onde resultará em termos lógicos o sentido da decisão"[188]. Mas pode também ser *co-constitutiva*, ou seja, "quando a vontade do particular tem, a par da vontade da Administração, um papel gerador da constituição, modificação ou extinção de uma situação jurídica-administrativa"[189]. Como veremos em alguns exemplos a seguir, há no ordenamento jurídico fiscal português lugar a materiais participações co-constitutivas dos administrados.

Na verdade, a participação procedimental dos administrados no procedimento tributário, constitucionalmente prevista e legalmente regulada[190], leva a que entre ambos se vão esclarecendo dúvidas, aproximando posições e reduzindo atritos. O contribuinte já não é visto como no *Mayeriano* Estado de Polícia, apenas como objecto do poder tributário[191]. A participação do particular no procedimento tributário é muitas vezes uma necessidade objectiva, e também por isso a sua recusa gera consequências negativas[192].

O Direito Fiscal, classicamente área de administração agressiva, está cada vez mais a tornar-se numa área de cooperação. Porém, como ECKHOFF alerta, não se pode transformar no campo da cooperação selectiva e inigual[193].

---

[188] JOSÉ MANUEL SÉRVULO CORREIA, "O direito à informação e os direitos de participação dos particulares no procedimento", *Leg.* 9/10 (1994), p. 149.

[189] J. M. SÉRVULO CORREIA, "O direito à informação e os direitos de participação dos particulares no procedimento", *Leg.* 9/10 (1994), p. 147.

[190] Artigos 267.º n. 5 CRP e 60.º LGT.

[191] R. ECKHOFF, "Vom konfrontativen zum kooperativen Steuerstaat", *StuW* 2 (1996), p. 109.

[192] ROMAN SEER, "§22: Steuerverfahrensrecht", *in Steuerrecht Tipke/Lang* [16], Colónia: Otto Schmidt, (1998), p. 787.

[193] Veja-se o sugestivo título de R. ECKHOFF, "Vom konfrontativen zum kooperativen Steuerstaat", *StuW* 2 (1996).

Contrato de Transacção no Direito Administrativo e Fiscal 671

§ 3.°
Âmbitos e formas possíveis da transacção
no direito fiscal – remissão

Sobre este assunto remetemos para o que se disse acerca das possibilidades da existência de transacções no Direito Fiscal e, sobretudo, para a parte respeitante ao Direito Administrativo geral (*supra* II.2) que aqui vale, *mutatis mutandis*.

Sempre se diga que, nesta matéria, na Alemanha, a jurisprudência do BFH tem admitido, em casos de incerteza sobre os pressupostos de facto de aplicação de um tributo, a celebração de acordos fácticos, ou *de facto* ("*tatsächliche Verständigung*"). Isto deve-se à necessidade da administração fiscal, no âmbito de uma "execução moderada da lei", conseguir alguma certeza através da negociação com o particular. Não há unanimidade quanto à natureza jurídica destes acordos. Para a jurisprudência são isso mesmo, meros acordos que vinculam pelo princípio da boa fé. Para uma parte da doutrina essa atitude da jurisprudência é injustificável, pelo que, se são admitidos esses acordos, eles devem ser qualificados como contratos administrativos e vincular com base no princípio "*pacta sunt servanda*"[194].

Em Portugal, pelos princípios referidos, deve ponderar-se a admissibilidade destes negócios confirmativos e de fixação, sendo que na prática já muitas vezes se verificam.

§ 4.°
Alguns momentos de possível relevância da transacção fiscal

III.4.1. *Preliminares*

Estabelecidos os pressupostos dogmáticos da admissibilidade da celebração de transacções em Direito Fiscal, cumpre agora averiguar em que medida o ordenamento jurídico fiscal português positivo está permeá-

---

[194] Entre outros, WALTER SCHICK, *Vergleiche und sonstige Vereinbarungen zwischen Staat und Bürger im Steuerrecht*, Munique: C. H. Beck, (1967), pp. 33 e ss.; M. L. G.-C. SERRANO, *Los Procedimentos Tributarios: su terminación transaccional* (1997), pp. 139 e ss.; D. BIRK, *Steuerrecht*[3a] (2000), p. 127; J. LANG, "§4: Rechtsstaatliche Ordnung des Steuerrechts", *in Steuerrecht Tipke/Lang*[16a], (1998), p. 798; PAUL KIRCHOF, "Richter und Bundesverfassungsgerichts", *in Der Rechtsschutz in Steuersachen*, Colónia, (1995), pp. 25-27.

672   *João Taborda da Gama*

vel à recepção deste instituto, analisando alguns dos campos em que nos parece poder haver lugar a celebração de transacções.

III.4.2. *Informação prévia vinculante*

As informações vinculativas no Direito Fiscal[195] permitem ao contri-

---

[195] Sobre este instituto no nosso Direito Fiscal, v., entre outros, DOMINGOS MARTINS EUSÉBIO, "A Consulta Prévia", *CTF* 79 (1965), em especial, pp. 42-48; A. XAVIER, *Manual de Direito Fiscal*, vol. I (1981 (reimp.)), pp. 142 e ss.; J. CASALTA NABAIS, *Contratos Fiscais – Reflexões acerca da sua admissibilidade* (1994), pp. 112 n. 311,178, 245; ALFREDO JOSÉ DE SOUSA / JOSÉ SILVA PAIXÃO, *Código de Processo Tributário – anotado e comentado*, Coimbra: Almedina, (1998) pp. 157 e ss.; JORGE LOPES DE SOUSA, *Código de Procedimento e de Processo Tributário – anotado* 2 Lisboa: Vislis, (2000), pp. 289 e ss.; DIOGO LEITE DE CAMPOS / BENJAMIM. RODRIGUES / JORGE LOPES DE SOUSA, *Lei Geral Tributária – anotada e comentada*2 Lisboa: Vislis, (2000), pp. 287 e ss.; J. CASALTA NABAIS, *Direito Fiscal* (2000), pp. 264-5.

[196] Hoje rege nesta matéria o artigo 12 do Código Aduaneiro Comunitário, aprovado pelo Regulamento do Conselho n. 2913/92, de 12 de Outubro, que passamos a transcrever: "Artigo 12.º.

1. Mediante pedido escrito e segundo as modalidades previstas de acordo com o procedimento do comité, as autoridades aduaneiras emitem informações pautais vinculativas.

2. As informações pautais vinculativas apenas vinculam as autoridades aduaneiras perante o titular para efeitos de classificação pautal das mercadorias.

As informações pautais vinculativas apenas vinculam as autoridades aduaneiras em relação às mercadorias cujas formalidades aduaneiras são cumpridas depois da sua emissão pelas referidas autoridades.

3. O titular deve provar que existe correspondência, em todos os aspectos, entre a mercadoria declarada e a descrita na informação.

4. As informações pautais vinculativas têm uma validade de seis anos contados a partir da data de emissão. Em derrogação ao artigo 8.º, serão anuladas se tiverem sido emitidas com base em elementos inexactos ou incompletos fornecidos pelo requerente.

5. Qualquer informação pautal vinculativa deixa de ser válida quando:

a) Na sequência da aprovação de um regulamento, deixa de estar conforme com o direito assim estabelecido;

b) Se tornar incompatível com a interpretação de uma das nomenclaturas referidas no no. 6 do artigo 20., seja, a nível comunitário, por alteração das notas explicativas da nomenclatura combinada, ou por acórdão do Tribunal de Justiça, seja, a nível internacional, por meio de uma ficha de classificação ou por alteração das notas explicativas da nomenclatura do sistema harmonizado de designação e codificação das mercadorias aprovado pelo Conselho de Cooperação Aduaneira; neste caso, a data em que a informação pautal vinculativa deixa de ser válida é a data da publicação das referidas medidas

Contrato de Transacção no Direito Administrativo e Fiscal 673

buinte saber antecipadamente como vai a administração tributária actuar no futuro e em relação a uma determinada situação sua actual ou hipotética, mais especificamente apresentando-lhe factos para a qualificação, inquirindo-a sobre o modo e conteúdo de cumprimento dos deveres acessórios ou ainda sobre o reconhecimento de um benefício fiscal.

A informação vinculativa tem, historicamente, como origem próxima, a consulta prévia do direito aduaneiro, prevista nos artigos 210.º e 255.º do Código do Contencioso Aduaneiro, que vinculava a administração a uma classificação pautal sobre a qual tivesse sido inquirida[196]. Pode referir-se como antecedente próximo destes preceitos, para além dos artigos 72.º a 74.º do CPT e do artigo 17.º do EBF, o artigo 14.º do CPCI, o qual previa a vinculatividade apenas[197] das informações que fossem con-

---

ou, no que se refere às medidas internacionais, a data da comunicação da Comissão na série C do Jornal Oficial das Comunidades Europeias;

c) A revogação ou a alteração da informação pautal vinculativa for notificada ao titular.

6. Os titulares de informações pautais vinculativas que deixem de ser válidas nos termos das alíneas b) ou c) do no. 5 podem continuar a fazê-las prevalecer durante um período de seis meses após a referida publicação ou notificação desde que, antes da aprovação da medida pautal em questão, tenham celebrado contratos firmes e definitivos relativos à compra ou venda das mercadorias em causa, com base em informações vinculativas. Todavia, no caso de produtos sobre os quais é apresentado um certificado de importação, de exportação ou de pré-fixação na altura do cumprimento das formalidades aduaneiras, esse período de seis meses é substituído pelo período para o qual o referido certificado continua válido.

Para o caso referido na alínea a) do no. 5, o regulamento pode fixar um prazo durante o qual se aplica o parágrafo anterior.

7. A aplicação, nas condições enunciadas no no. 6, da classificação constante da informação pautal vinculativa, apenas produz efeitos para fins de:

– determinação dos direitos de importação ou de exportação,

– cálculo das restituições às exportação e todos os outros montantes concedidos à importação ou à exportação no âmbito da política agrícola comum,

– utilização dos certificados de importação, de exportação ou de pré-fixação apresentados na altura do cumprimento das formalidades aduaneiras destinadas à aceitação da declaração aduaneira relativa às mercadorias em causa, desde que tais certificados tenham sido emitidos com base na referida informação.

Além disso, nos casos excepcionais em que possa ser posto em causa o bom funcionamento de regimes estabelecidos ao abrigo da política agrícola comum, pode ser decidido derrogar o estabelecido no no. 6, segundo o processo previsto no artigo 38o. do Regulamento no. 136/66/CEE e nos artigos correspondentes dos outros regulamentos que estabelecem organizações comuns de mercado."

[197] Sobre isto v. D. M. Eusébio, "A Consulta Prévia", *CTF* 79 (1965), p. 44, que

firmadas pelo director-geral das contribuições e impostos. A doutrina tendia a distinguir estas informações, que teriam que recair sobre situações actuais, dos esclarecimentos que recairiam sobre situações hipotéticas[198]. Porém, deve notar-se que apesar da redacção desse preceito, no que respeita às informações, ter passado primeiro para o CPT e depois ter sido adaptada para o CPPT e LGT, não faz hoje sentido, se é que alguma vez fez, distinguir a vinculatividade da informação pelo seu conteúdo (factos actuais ou hipotéticos). Deve entender-se que a informação vinculativa, emitida nos termos dos preceitos em vigor, é vinculativa, quer se refira a situações actuais, quer a situações hipotéticas. As informações orais das linhas telefónicas de atendimento aos contribuintes continuam não vinculativas, à semelhança do que se passa no direito alemão, salvo a possibilidade de, em casos excepcionias, serem relevantes – por exemplo a título ressarcitório – considerações derivadas de uma violação grave das expectativas legítimas do destinatário da informação.

Estão hoje previstas no artigo 59.°, n. 2, al. e) como uma das manifestações de colaboração recíproca entre a administração e os particulares, e regulamentadas em maior detalhe nos artigos 68.° da LGT[199] e 57.° do

---

defendia esta não vinculatividade pelo facto de a obrigação tributária resultar da lei e o particular não ter nele qualquer papel.

[198] A. XAVIER, *Manual de Direito Fiscal*, vol. I (1981 (reimp.)), p. 141-2.

[199] "Artigo 68.° Informações vinculativas

1 – As informações vinculativas sobre a situação tributária dos sujeitos passivos e os pressupostos ainda não concretizados dos benefícios fiscais são requeridas ao dirigente máximo do serviço, sendo o pedido acompanhado da identificação dos factos cuja qualificação jurídico-tributária se pretenda.

2 – O pedido pode ser apresentado pelos sujeitos passivos e outros interessados ou seus representantes legais, não podendo a administração tributária proceder posteriormente no caso concreto em sentido diverso da informação prestada.

3 – As informações previstas no número anterior podem ser prestadas a advogados ou outras entidades legalmente habilitadas ao exercício da consultadoria fiscal acerca da situação tributária dos seus clientes devidamente identificados, mas serão obrigatoriamente comunicadas a estes.

4 – A administração tributária está ainda vinculada:

Às informações escritas prestadas aos contribuintes sobre o cumprimento dos seus deveres acessórios;

Às orientações genéricas constantes de circulares, regulamentos ou instrumentos de idêntica natureza emitidas sobre a interpretação das normas tributárias que estiverem em vigor no momento do facto tributário.

5 – Não são invocáveis retroactivamente perante os contribuintes que tenham agido

CPPT. Para além de serem um meio de efectivar esta colaboração entre particulares e administração tributária, a justificação da informação vinculativa prende-se nomeadamente com a extrema importância que representa na economia de hoje a previsibilidade pelos agentes económicos (individuais, mas sobretudo dos colectivos) do comportamento fiscal da administração. Prende-se também, e é necessário referi-lo, com "a complexidade e variedade das normas fiscais impostas pelo realismo fiscal do nosso tempo"[200].

Também na Alemanha a promessa de acto administrativo está regulada no Direito Fiscal, mas só para aspectos parcelares: em sede de investigação pela administração fiscal (*Aussenprufung*) da situação do contribuinte, em sede de direito aduaneiro (*verbindliche Zolltarifauskunft*)[201] e em circunstâncias concretas relacionadas com os impostos sobre os salários (*Lohnsteueranrufungsauskunft*). Porém, a maior parte da doutrina entende que a previsão geral de promessa (vinculativa) do § 38 da *VwVfG* é aplicável à generalidade da actuação fiscal[202], ou seja, que a administração fiscal pode prometer, a qualquer momento, um qualquer comportamento futuro, ficando a isso vinculada, salvo se houver alteração fáctica ou jurídica que justifique a quebra da vinculatividade.

Nada na regulamentação positiva do procedimento de informação vinculativa no nosso Direito nos diz que ele possa ser um campo aberto a

---

com base numa interpretação plausível e de boa fé da lei os actos administrativos decorrentes de orientações genéricas emitidas pela administração tributária.

6 – Presume-se a boa fé para efeitos do número anterior quando o contribuinte solicitar à administração tributária esclarecimento sobre a interpretação e aplicação das normas em causa.

7 – *A sujeição da administração tributária às informações vinculativas previstas no presente artigo não abrange os casos em que actue em cumprimento da decisão judicial.*"

[200] J. Casalta Nabais, *Contratos Fiscais – Reflexões acerca da sua admissibilidade* (1994), p. 178.

[201] Cuja doutrina tem entendido que continua a ter aplicabilidade, apesar da entrada em vigor do Código Aduaneiro Comunitário. Entre outros, Walter Schick, "Vorbemerkungen zu §§ 204-207 (Verbindliche Zusagen)", *in Kommentar zur Abgabenordnung und Finanzgerichtsordnung Hübschmann/Hepp/Spitaler*[10], Munique: C. H. Beck, (1991), pp. 30-1; R. Seer, "§22: Steuerverfahrensrecht", *in Steuerrecht Tipke/Lang* [16ª], (1998), p. 794; H. J. Wolff / O. Bachof / R. Stober, *Verwaltungsrecht*[6ª], vol. II (2000), p. 194.

[202] Entre outros, W. Schick, "Vorbemerkungen zu §§ 204-207 (Verbindliche Zusagen)", *in Kommentar zur Abgabenordnung und Finanzgerichtsordnung Hübschmann//Hepp/Spitaler*[10ª], (1991), pp. 15 e ss.; R. Eckhoff, "Vom konfrontativen zum kooperativen Steuerstaat", *StuW* 2 (1996), pp. 113, 121; R. Seer, "§22: Steuerverfahrensrecht", *in Steuerrecht Tipke/Lang*[16ª], (1998), p. 794.

concertações transaccionais. Compreender este instituto de um modo clássico equivaleria a ver nele o exercício de poderes totalmente vinculados, à emissão de meras declarações de conhecimento, em suma, a uma antecipação de uma exteriorização de um conteúdo já fixado. Pensar assim seria, para além de não ter em atenção o que já se disse sobre a não pré-determinação da aplicação da norma tributária e da invariável verificação de um momento criativo neste momento, seria outrossim desconsiderar a inevitável prática das informações vinculativas:

Por um lado, não parece plausível o recurso a uma informação vinculativa para se saber se a retribuição periódica auferida pela prestação regular de uma actividade sob direcção e autoridade de outrém é, ou não, um facto tributável. A informação vinculativa existe para esclarecer a dúvida, a incerteza, ou até o receio fundado de um certo tratamento fiscal pela administração tributária. Pode também estar na base do recurso à informação vinculativa o facto de haver um tratamento díspar de situações semelhantes e o particular contribuinte se querer munir de um título específico de certeza. A incerteza e a latência de litígio são pressupostos objectivos do conceito de transacção. Falta agora a dialogicidade...

... que na prática, por vezes, existe, pois as informações vinculativas são, algumas vezes, verdadeiramente negociadas. A incerteza dos contribuintes deriva da novidade dos factos hipoteticamente tributáveis, cuja regulamentação respeitante aos aspectos fiscais[203] surge com uma grande dilação temporal em relação ao verdadeiro surgimento dos mesmos. Assim, é de esperar, em algumas das situações, a existência de uma verdadeira incerteza que passa pelo facto de a administração não ter uma resposta pré-construída para aquela informação. Deste facto resulta que, muitas vezes, particular e administração tributária estabelecem conversações prévias acerca da questão em apreço. A redacção final do pedido é muitas vezes previamente "confeccionada" conjuntamente, sendo que assim fica facilitada a tarefa da administração que pode, na resposta à informação vinculativa, repetir o conteúdo do pedido de informação.

Destes dois factores resulta a possível materialidade transaccional de algumas informações vinculativas, as quais nunca deixarão, porém, de revestir a forma final de actos administrativos[204] em matéria tributária de iniciativa (do) particular.

---

[203] O qual muitas vezes é da autoria material dos consultores fiscais que requereram as informações vinculativas...

[204] Na Alemanha discute-se se as promessas são ou não actos administrativos. A maior parte da doutrina tem entendido que são – no Direito Fiscal, por todos R. SEER,

III.4.3. *Procedimento de inspecção*

Todo o regime jurídico da inspecção tributária compreende um grande número de normas abertas, ou pouco densas, cuja aplicação pode dar-se por isso, concertadamente[205]. O Regulamento da Inspecção Tributária, no seu preâmbulo, refere que dada a natureza *"da actividade inspectiva, a Administração não poderá estar subordinada a uma sucessão imperativa e rígida de actos"* e que, por outro lado, é necessária a participação dos particulares *"na formação das decisões, evitando a proliferação de litígios inúteis"*. Para além do princípio da verdade material, prevê-se o do contraditório e o da cooperação (artigos 8.° e 9.° do RCPIT).

Discute-se na Alemanha se a *Schlussbesprechung* pode ou não ter natureza transaccional. Alguma doutrina tem entendido que não[206], por ter

---

"§22: Steuerverfahrensrecht", *in Steuerrecht Tipke/Lang*[16a], (1998), p. 805. Na Alemanha, entre outros, HANS PLOSSL, *Zusicherungen von Verwaltungsbehorden*, Universidade Munique: polic., (1964); H. J. KNACK / J.-D. BUSCH / C. WOLFGANG / H.-G. HENNEKE / KLAPPSTEIN, *Verwaltungsverfahrensgesetz – Kommentar*[6a] (1998), p. 574; F. O. KOPP / U. RAMSAUER, *Verwaltungsverfahrensgesetz*[7a] (2000), p. 618 e 708 e ss.; MEYER, SCHWARZE, citados em HANS-UWE ERICHSEN, "Die Zusage", *Jura* 2 (1991), p. 110, n. 7, JAKOBS em HANS-UWE ERICHSEN, "Das Verwaltungshandeln", *in Allgemeines Verwaltungsrecht*[11a], (1998), p. 283, n. 138 e também KREBS citado em FERDINAND O. KOPP / ULRICH RAMSAUER, *Verwaltungsverfahrensgesetz*[7a] (2000), p. 708, n. 2. Em Portugal, negando a qualificação de actos administrativos, M. CAETANO, *Manual de Direito Administrativo*[1a] (1937), p. 477; qualificando como actos administrativos, J. M. SÉRVULO CORREIA, *Legalidade e Autonomia Contratual nos Contratos Administrativos* (1987), pp. 748-753 ; DIOGO FREITAS DO AMARAL, *Direito Administrativo*, vol. III, Lisboa: polic., (1989), pp. 219-220; V. PEREIRA DA SILVA, *Em Busca do Acto Administrativo Perdido* (1996), p. 730. Expressamente sobre as promessa da administração pode ver-se, do autor, JOÃO TABORDA DA GAMA, *A Promessa Unilateral de Acto Administrativo*, Faculdade de Direito de Lisboa: polic., (2001), *passim*..

[205] Há normas que exigem a participação co-constitutiva do particular: título de exemplo, artigo 15.°: pode haver alteração do âmbito e extensão do procedimento de inspecção a solicitação dos sujeitos passivos; artigo 35.°: mediante acordo do inspeccionado podem prolongar-se ou iniciar os serviços de inspecção fora do horário normal de funcionamento. Mas também há normas que conferem verdadeira margem de livre decisão aos serviços, margem essa que, como vimos pode, respeitando os fins para que foi normativamente atribuída, ser exercida de um modo pactuado. Por exemplo, artigo 53.° em relação à suspensão da inspecção.

[206] J. CASALTA NABAIS, *Contratos Fiscais – Reflexões acerca da sua admissibilidade* (1994), p. 112 e doutrina citada na n. 312; J. L. SALDANHA SANCHES, *A Quantificação da Obrigação Tributária – Deveres de Cooperação, Autoavaliação e Avaliação Administrativa* (1995), p. 427.

a forma final de um acto unilateral; segundo outra e algumas decisões do BFH[207], pode não raras vezes ver-se aqui um *tatsächliche Verstandigung*[208] cujo eventual conteúdo transaccional pode resultar de, entre outras coisas, durante a inspecção se (dever) estabelecer uma verdadeira comunidade de trabalho (*Arbeitsgemeinschaft*) entre uma administração dialogante[209] e um inspeccionado cooperante[210], indispensável a resolver com certeza a conatural incerteza dos factos em avaliação. Como já se disse, forma e conteúdo são diferentes aspectos dos fenómenos, que por particulares idiossincrasias do Direito Público levam a qualificações dogmáticas por vezes sistematicamente incongruentes.

III.4.4. *Procedimentos anti-abuso*

Se há fenómeno no Direito Fiscal por natureza atreito a incertezas e litígios é o do abuso do direito. Combatida durante anos entre nós pela maioria da doutrina[211] a possibilidade de uma reacção do ordenamento jurídico a actos elisivos, o legislador finalmente tomou consciência do conteúdo da afirmação de BAPTISTA MACHADO: "O Direito (...) tem de

---

[207] ROMAN SEER, "Contratos, transacciones y otros acuerdos en derecho tributario alemán", *in Convención y Arbitrage en el Derecho Tributario*, Madrid: IEF-Marcial Pons, (1996), p. 139 e ss. V. acórdãos citados na n. 35, e o estudo empírico de KLAUS KLEINE realizado na Baixa Saxónia, que demonstrou que a grande maioria dos procedimentos inspectivos terminavam em acordos, pelo que não se exclui, acrescentamos, que muitos desses tenham conteúdo transaccional.

[208] R. SEER, "§22: Steuerverfahrensrecht", *in Steuerrecht Tipke/Lang*[16ª], (1998)p. 853. Os quais, segundo a jurisprudência dominante do BFH não podem incidir sobre questões de Direito, mas apenas de facto. Tal posição é amplamente criticada por assentar em pressupostos metodológicos ultrapassados (a kantiana separação absoluta entre facto e direito) e por acarretar uma extrema incerteza no momento da aplicação (onde começa a qualificação e acaba a quantificação de valores). V. a crítica a esta posição em DIETER BIRK, *Steuerrecht* 3ª, Heidelberga: C. F. Müller, (2000), p. 127. V. um exemplo em J. L. SALDANHA SANCHES, *Manual de Direito Fiscal* (1998), p. 277.

[209] R. SEER, "Contratos, transacciones y otros acuerdos en derecho tributario alemán", *in Convención y Arbitrage en el Derecho Tributario*, (1996), p. 138.

[210] Cuja não cooperação acarreta consequências desfavoráveis. J. L. SALDANHA SANCHES, *A Quantificação da Obrigação Tributária – Deveres de Cooperação, Autoavaliação e Avaliação Administrativa* (1995), pp. 386 e ss.

[211] Excepcionalmente, entre nós, J. L. SALDANHA SANCHES, "A Segurança Jurídica no Estado Social de Direito – conceitos indeterminados, analogia e retroactividade no direito tributário", *CTF* 310 (1985).

Contrato de Transacção no Direito Administrativo e Fiscal

impedir que os seus destinatários o convertam em 'objecto' ou matéria a afeiçoar tecnicamente aos seus desígnios, tem de evitar deixar-se comandar – para poder manter o comando"[212]. Com efeito, está hoje esboçado no artigo 38.º da LGT e em diversas normas especiais e regulamentado nos artigos 63.º do CPPT, um procedimento especial que impõe a requalificação[213] de certos factos que se verificaram com o único ou principal intuito de elidir o imposto, ou de alcançar um situação tributária mais favorável. As possibilidades de transacção neste campo resultam de duas causas:

A evitação fiscal é um facto inultrapassável da moderna economia e um modo de vida de milhares de especialistas de Direito Fiscal no mundo inteiro. A componente fiscal, leia-se a maior redução possível da carga tributária de um sujeito passivo, é hoje um dos vectores mais importantes das operações financeiras, societárias e bancárias. Pesam-se os riscos e custos de constituição de *Special Purpose Vehicles* (SPV's)[214], da deslocação de sedes, de emissão de certo tipo de valores mobiliários, da constituição de *trusts*, etc, e, se esses riscos e custos forem menores do que a almejada redução da carga tributária, esses negócios são empreendidos. As operações nas quais se inserem os actos elisivos são de extrema complexidade, plurilocalizadas e poucas vezes se repetem na íntegra. A investigação dos verdadeiros contornos da elisão será, em tantos casos, incomportável financeira e tecnicamente. Podem razões de praticabilidade impor soluções negociadas. Mas não só.

Estes actos elisivos incluem-se muitas vezes em operações cujo fim último é lícito e legítimo. Por outro lado, os negócios jurídicos podem comportar uma multiplicidade de (causas-)funções[215] – umas legítimas e outras ilegítimas. Destes factos resultará muitas vezes uma incerteza acrescida, que no confronto de posições revelará a litigiosidade da questão. Ora, a requalificação administrativa de certos factos pode passar por

---

[212] J. Baptista Machado, *Lições de Direito Internacional Privado*[3ª], Coimbra: Almedina, (1999 (reimp. 1982)), p. 285, n. 1.

[213] José Luís Saldanha Sanches, "Abuso de Direito e Abusos da Jurisprudência", *Fiscalidade* 4 (2000), p. 65.

[214] Pessoas colectivas constituídas sob as leis de certos ordenamentos cuja interposição cumpra objectivos pré-definidos de poupança fiscal, com o único ou principal intuito de funcionarem como elementos de conexão dessas normas.

[215] J. Taborda da Gama, "Acto Elisivo, Acto Lesivo – notas sobre a admissibilidade do combate à elisão fiscal no ordenamento jurídico português", *RFDUL* XL, n. 1 e 2 (1999), p. 312.

um *negócio de fixação* entre contribuinte e administração, imposto pelo princípio da justiça.

Soluções compromissórias transaccionais são aqui possíveis e, em alguns casos, axiológico – normativamente desejáveis, em virtude dos princípios da justiça e da eficiência.

Pensamos mesmo que esta solução se impõe até por razões de coerência científica. Por mais avanços dogmáticos que seja necessário fazer, o Direito Fiscal nunca deixará de representar uma intervenção no património privado e na economia, e nunca deixará de, em virtude de vivermos num Estado que se encontra "juridicamente submetido a critérios objectivos de conduta e por estar posto ao serviço do Direito"[216], ser um espaço de juridicidade. Assim, a possibilidade de repor uma legitimidade apenas fiscal impõe a flexibilização dessa contra-estabilização da ordem violada, pela dotação dos sujeitos com operadores jurídicos válidos e adequados. A transacção parece assim impor-se como admissível em situações nas quais o Direito "queira voltar ao comando", sobretudo para que possa fazê-lo de uma forma comportável face aos seus recursos, nuns casos, noutros para que o faça de forma justa.

III.4.5. *Revisão da matéria tributável fixada por métodos indirectos*

Na avaliação indirecta, é explícito o artigo 92.º n.1 da LGT a determinar que o procedimento de revisão "assenta num debate contraditório (...) que visa o estabelecimento de um acordo, nos termos da lei, quanto ao valor da matéria tributável a considerar para efeitos de tributação", acordo esse ao qual a administração tributária fica vinculada (n. 3). Este procedimento, de natureza pericial[217], representa um adequado laboratório para experiências transaccionais.

Nesta situação pressupõe-se um litígio[218], uma divergência, mas ao mesmo tempo uma incerteza, incerteza essa que resulta cumulativamente das causas do recurso aos métodos indirectos e da conatural incerteza ínsita na aplicação destes métodos. Por isso, não é de estranhar a previsão normativa positiva da aplicação de métodos indirectos de forma concertada.

---

[216] MIGUEL GALVÃO TELES, "Estado de Direito", *Pólis* II (1984), p. 1185.

[217] J. CASALTA NABAIS, *Direito Fiscal* (2000), p. 287.

[218] J. L. SALDANHA SANCHES, *A Quantificação da Obrigação Tributária – Deveres de Cooperação, Autoavaliação e Avaliação Administrativa* (1995), pp. 389 e ss.

III.4.6. *Contencioso tributário*

Uma brevíssima nota ao problema da eventualidade de entendimentos transaccionais no processo tributário.

Pelo que se disse *supra* acerca da correcta colocação da problemática da admissibilidade da transacção no direito material, também a questão da transacção judicial deve ser relacionada com a disponibilidade das partes sobre a relação jurídica controvertida. Desta maneira, o problema da transacção judicial deixa de ser um problema de direito processual, para passar a ser um problema de direito material, e os seus limites estão onde residem os limites da concreta actuação concertada da administração tributária[219]. Recorde-se, mais uma vez, VASCO PEREIRA DA SILVA ao referir que a haver indisponibilidade é "uma indisponibilidade do próprio direito substantivo (...) não de uma simples indisponibilidade processual justificável por uma pretensa natureza objectiva do recurso de anulação"[220]. Como vimos, a disponibilidade pode ser uma verdadeira-disponibilidade, decorrente da maior abertura (e / ou menor densidade) da norma em questão. Mas pode também ser, e no Direito Fiscal sê-lo-á tantas vezes, uma disponibilidade imposta pela necessidade de eficiência da actuação da administração fiscal. Não cremos que a questão possa ou deva ter solução diferente no contencioso tributário actual.

Como afirmou SALDANHA SANCHES, "o facto de o direito processual fiscal tutelar direitos indisponíveis, o que torna inaceitável a recepção dos institutos civilísticos da confissão ou da transacção, não exclui a possibilidade de regulamentação do acordo nesta forma processual, em especial para garantir uma tramitação tão rápida quanto possível dos processos, *condição sine qua non* de garantia dos direitos dos contribuintes"[221]. Esta afirmação, embora contrária, no primeiro segmento, ao que defendemos, toca no ponto essencial[222] da (necessidade da) admissibilidade da transac-

---

[219] Assim, W. MEYER – HESSMAN, "Die Zulässigkeit gesetzesinkongruenter verwaltungsrechtlicher Vergleichsverträge und Prozessvergleiche", *DVBl* 20 (1980), p. 870.

[220] V. PEREIRA DA SILVA, *Para um Contencioso Administrativo dos Particulares: Esboço de uma Teoria Subjectivista do Recurso Directo de Anulação* (1989), p. 207.

[221] Corresponde à 11ª conclusão de J. L. SALDANHA SANCHES, *O Ónus da Prova no Processo Fiscal* (1987), p. 162. Negando a transacção judicial no contencioso tributário ANTÓNIO BRAZ TEIXEIRA, *Direito Fiscal*, Lisboa: AAFDL, (1982), p.283, na qual cita e critica LAURENTINO ARAÚJO como defensor da admissibilidade, em obra que não conseguimos encontrar.

[222] Valem aqui, com as devidas adaptações, a generalidade dos argumentos aduzidos (*supra*, II.1.3) sobre a admissibilidade da transacção no contencioso administrativo.

682 *João Taborda da Gama*

ção: a transacção judicial, como negócio entre as partes, representa uma forma de autocomposição de interesse, logo uma forma de protecção jurídica.

Como já referimos, pode retirar-se da ideia de um direito geral à protecção jurídica, de previsão constitucional no artigo 20.º da CRP[223], a necessidade de "uma protecção jurídico-judiciária individual sem lacunas"[224], com a concretização para o contencioso administrativo[225] no artigo 268.º n. 4. Sobre a função e alcance deste princípio na admissibilidade da modalidade judicial da transacção v. *supra* (II.1.3.2).

Voltando à frase de SALDANHA SANCHES, pensamos que a possibilidade da verificação da celebração de transacções é um (senão "o") momento de acordo no processo judicial. Independentemente do *nomen iuris*, o que é necessário é que os contribuintes possam ver os seus direitos acautelados de forma eficaz, e que a administração não fique privada de resolver questões de incerteza litigiosa, se a isso obrigar o interesse público. A importação acrítica e pura dos esquemas transaccionais do Processo Civil seria despropositada, mas o "despropósito" derivaria em grande parte da materialidade subjacente às transacções[226]. O tráfego de instituições jurídicas entre os ramos do Direito não é um fenómeno condenável *a se*, necessita contudo de envolver não só adopção, mas também adaptação[227].

---

[223] J. MIRANDA, *Manual de Direito Constitucional*[3ª], vol. IV (2000), pp. 254 e ss.; J. GOMES CANOTILHO / V. MOREIRA, *Constituição da República Portuguesa Anotada*[3ª] (1993), pp. 161 e ss. V. também M. TEIXEIRA DE SOUSA, *Introdução ao Processo Civil* (1993), p. 12; M. F. MAÇÃS, *A Suspensão Judicial da Eficácias dos Actos Administrativos e a Garantia Constitucional da Tutela Judicial Efectiva* (1996), pp. 274 e ss.

[224] J. GOMES CANOTILHO, *Direito Constitucional e Teoria da Constituição*[4ª] (2000), p. 272.

[225] Sobre a necessidade de tutela judicial e contencioso tributário, J. L. SALDANHA SANCHES, *Princípios do Contencioso Tributário* (1987), pp. 73 e ss.

[226] Refira-se ainda, mais uma vez, que a progressiva subjectivização dos contenciosos públicos faz com que cada vez mais sentido faça falar-se da admissibilidade da transacção judicial. É importante nunca esquecer que a função garantística para os particulares cessa onde eles preferem outra solução, e assim a inultrapassável característica objectiva e de legalidade deste tipo de contenciosos relevará apenas em sede dos limites à celebração de transacções. Mas apenas como *limite* e não como *causa* de inviabilização da admissibilidade.

[227] Expressões de M. ESTEVES DE OLIVEIRA, *Direito Administrativo*, vol. I (1980), p. 76.

Contrato de Transacção no Direito Administrativo e Fiscal 683

No fundo pode dizer-se que nas relações entre contribuintes e administração não há uma dupla juridicidade, quer os litígios estejam ou não judicializados[228].

CAPÍTULO IV
Natureza jurídica da transacção

§ 1.º
Preliminares

Por tudo o que já foi sendo dito, não é de estranhar que seja sempre contratual a natureza jurídica da transacção. Com efeito, observámos que é como um contrato que ela é qualificada no direito material e processual, civil, administrativo e fiscal dos outros ordenamentos estudados e em Portugal. Mas, a especificidade de poder ser celebrada em juízo faz com que a transacção judicial surja para além da mera materialidade e seja tingida de aspectos (finalísticos ou funcionais, de regime e conteudísticos) de cariz processual, que se vão reflectir, naturalmente, na sua natureza.

Assim, analisaremos primeiro a natureza contratual da transacção, presente na modalidade extrajudicial e judicial. Depois, e partindo daí, averiguaremos a específica natureza da transacção judicial.

§ 2.º
Natureza contratual

IV.2.1. Preliminares

A problemática da actividade contratual da administração ganha cada vez mais importância à medida que a sociedade e o Estado evoluem[229]. A celebração de contratos pela administração é um tema de âm-

---

[228] "[D]oppelte Rechtmassigkeit", na expressão de ARNDT a propósito da operatividade do conceito jurídico de praticabilidade, a qual deve ser a mesma, quer a aplicação (simplificadora) da lei seja administrativa, quer judicial. H. W. ARNDT, *Pratikabilität und Effizienz* (1983), p. 150. V. também pp. 45 e ss. e pp. 102 e ss..

[229] Entre tantos outros, M. CAETANO, *Manual de Direito Administrativo*[10ª], vol. I (1991 (reimp. 1973)), pp. 569 e ss.; V. PEREIRA DA SILVA, *Para um Contencioso Administrativo dos Particulares: Esboço de uma Teoria Subjectivista do Recurso Directo de*

684   *João Taborda da Gama*

bito vastíssimo, cujo tratamento se impõe em trabalho desta natureza de modo selectivo e sucinto.

É usual começar-se por uma referência à inadmissibilidade da celebração de contratos na evolução do Direito Alemão e por isso chamar à liça OTTO MAYER e a sua posição de negação do contrato administrativo. É necessário fazer, quanto a este ponto, um desenvolvimento no sentido de evidenciar algo, decerto já pressuposto em outros estudos. A questão doutrinal em relação à qual OTTO MAYER[230] se pronunciou e que constitui a base da sua posição sobre este assunto, nasceu em contradita com LABAND[231], a propósito da qualificação da Fundação do Império Alemão, da

---

Anulação (1989), p. 149; MARIA JOÃO ESTORNINHO, *Contratos da Administração Pública (Esboço de Autonomização Curricular)*, Coimbra: Almedina, (1999), pp. 43 e ss.

[230] Assim ALEJANDRO HUERGO LORA, *Los Contratos sobre los Actos y las Potestades Administrativas*, Madrid: Civitas, (1998), pp. 120 e ss. que quanto a este ponto seguimos.

[231] Sobre esta problemática ver, além dos próprios autores e entre tantos outros, WORACHET PAKEERUT, *Die Entwicklung der Dogmatik des verwaltungsrechtlichen Vertrages*, Berlim: Duncker & Humblot, (2000), pp. 27 e ss., onde se pode ver a chamada de atenção para o facto de OTTO MAYER também utilizar a expressão *öffentlicherechtlicher Vertrag* para caracterizar, numa primeira fase, a relação de funcionário público, por ter esta surgido no âmbito do direito privado (p. 30); v. também A. HUERGO LORA, *Los Contratos sobre los Actos y las Potestades Administrativas* (1998), pp. 120 e ss., nas quais este autor toma uma posição de desconstrução da mitologia "maniqueísta" erguida à volta da posição "mayeriana". Embora pareça levada a um extremo, não deixa de merecer referência o repto que faz para que não se esqueça que foi em relação às situações típicas *supra* enunciadas que OTTO MAYER se pronunciou. Ou seja, não encontramos, segundo este autor, em OTTO MAYER nenhuma referência aos contratos administrativos no sentido que hoje têm na Alemanha os celebrados sob a égide do § 54 Abs. 2 da *VwVfG*. Seria assim como que de pouca utilidade referir os argumentos por ele (OTTO MAYER) aduzidos para esclarecer a problemática de contratos integrativos de actos. HUERGO-LORA não se cansa de referir que OTTO MAYER analisa situações que na prática existiam, discutindo (com LABAND) a qualificação das mesmas (pp. 120, 126, 13). Relembre-se que OTTO MAYER conhecia o *"contrat administratif"* francês, citando-o como exemplo histórico de contrato de direito público A. HUERGO LORA, *Los Contratos sobre los Actos y las Potestades Administrativas* (1998), p. 126 n. 12, e que as suas bases estavam, em certa medida, no Direito Francês. Sobre OTTO MAYER e o seu contributo para o método do Direito Público, V. PEREIRA DA SILVA, *Em Busca do Acto Administrativo Perdido* (1996), p. 58; M. J. ESTORNINHO, *Contratos da Administração Pública (Esboço de Autonomização Curricular)* (1999), p. 42; v. também sobre este aspecto A. HUEBER, *Otto Mayer – Die "juristische Methode" im Verwaltungsrecht* (1982): em especial, tratam do período Alsaciano e da influência francesa as pp. 29 e ss, das quais se destaca o relato preciso do contacto de OTTO MAYER com o Direito Administrativo francês, numa ida a um antiquário no *Quartier Latin* durante uma visita a Paris, onde adquire as Obras de DUFOURS ... em "sétima mão"

relação de funcionário público e da aquisição da nacionalidade por concessão, respectivamente como *Vereinbarung*, contrato de direito público, ou, por outro lado, como actos carecidos de colaboração. Com as ressalvas feitas *infra*, nomeadamente quanto às realidades que se discutiam e com a inevitável referência ao facto da evolução do (concepção de) Direito Administrativo, da Administração e do Estado[232], pode dizer-se que hoje a questão central da contratação administrativa é a dos "contratos de administração", nos quais "a actividade administrativa típica aparece como objecto do acordo celebrado entre a Administração e o particular"[233].

Esta viragem deu-se mesmo em França, ordenamento que tem considerado como contrato administrativo, historicamente, "tarefas que anteriormente só podiam ser realizadas através de contratos privados"[234], mas que, para além do já referido despertar para os "contratos de administração", tem, nomeadamente, concentrado os seus "esforços", não só na eterna busca do "critério"[235], como na tipicização e dogmática de novos tipos contratuais definidos pelo conteúdo material dos mesmos[236].

Em Portugal, a admissibilidade da celebração de contratos pela Administração tem hoje[237] sede no artigo 179.º do CPA, que preceitua *que*

(p.32); Uma breve nota sobre a sua vida e influência(s) pode ver-se em H. MAURER, *Allgemeines Verwaltungsrecht* 13ª (2000), p. 19, onde mais uma vez aparece a referência ao facto de a sua relação estreita com o Direito Administrativo francês ter influenciado o Direito Administrativo alemão; neste sentido também V. PEREIRA DA SILVA, *Em Busca do Acto Administrativo Perdido* (1996), pp. 65-66. V. também referência à posição negativa de OTTO MAYER quanto ao contrato público em J. M. SÉRVULO CORREIA, *Legalidade e Autonomia Contratual nos Contratos Administrativos* (1987), pp. 344 e ss.; M. J. ESTORNINHO, *Requiem pelo Contrato Administrativo* (1990), pp.42 e ss..

[232] Sobre o conceito de Estado em MAYER, o Estado que traz *"Mehrwert"* e que afinal não era substancialmente diferente da concepção de LABAND, v. W. PAKEERUT, *Die Entwicklung der Dogmatik des verwaltungsrechtlichen Vertrages* (2000), p. 28., e consequentemente, para Otto Mayer *"verleugnet der Staat seine Natur, wenn er zivilrechtlich handelt"* (p. 28); ALFONS HUEBER, *Otto Mayer – Die "juristische Methode" im Verwaltungsrecht*, Berlim: Duncker & Humblot, (1982), pp. 48 e ss.

[233] M. J. ESTORNINHO, *Requiem pelo Contrato Administrativo* (1990), pp. 60-61.

[234] M. J. ESTORNINHO, *Requiem pelo Contrato Administrativo* (1990), p. 45.

[235] V., entre outros RENÉ CHAPUS, *Droit Administratif Général*10ª, Paris: Montchrestien, vol. I (1996) pp. 501 e ss.; JEAN RIVERO / JEAN WALINE, *Droit Administratif*16ª, Paris: Dalloz, (1996), pp. 103 e ss.; GEORGES VEDEL / PIERRE DEVOLVÉ, *Droit Administratif*12, vol. I, Paris: Thémis, (1992), pp. 373 e ss..

[236] V. referência a estes novos contratos em G. VEDEL / P. DEVOLVÉ, *Droit Administratif*12ª, vol. 1 (1992), p. 397.

[237] MÁRIO ESTEVES DE OLIVEIRA / PACHECO DE AMORIM / PEDRO COSTA GONÇALVES,

"*os órgãos administrativos, na prossecução das atribuições da pessoa colectiva em que se integram, podem celebrar contratos administrativos, salvo se outra coisa resultar da lei ou da natureza das relações a estabelecer*". Por sua vez, o artigo 178.º define contrato administrativo como "*o acordo de vontades pelo qual é constituída, modificada ou extinta uma relação jurídica administrativa*". É clara a influência germânica do preceito, que, entre outras coisas, legitima o recurso a contratos com objecto passível de acto administrativo.

A evolução da positivação da contratação pública em Portugal[238] e dos aspectos contenciosos na mesma enunciada, por exemplo, por MELO MACHADO[239], deve aqui ser muito sumariamente referida, apenas com o fito de indagar se a evolução vai no sentido da utilidade (prática e dogmática) da transacção, ou no sentido inverso.

Neste sentido, o Decreto n.º 23 de 16 de Maio de 1832, que constituía uma reprodução da lei francesa de 28 *pluviôse* do ano VIII, art. 2.º n. 4 dispunha que as "*questões que se suscitem entre os empreiteiros e*

Código do Procedimento Administrativo Comentado[2a], Coimbra: Almedina, (1997), p. 817 atribui esta consagração expressa à obra de SÉRVULO CORREIA, J. M. SÉRVULO CORREIA, *Legalidade e Autonomia Contratual nos Contratos Administrativos* (1987).

[238] Sobre a evolução da figura em Portugal v. J. M. SÉRVULO CORREIA, "Contrato Administrativo", *in DJAP*, Lisboa, (1972), pp. 163 e ss.; MARIA JOÃO ESTORNINHO, *Princípio da Legalidade e Contratos da Administração* Lisboa: Sep BMJ n. 368, (1987), pp. 17 e ss.. Ainda numa perspectiva histórica da admissibilidade da contratação pública, veja-se, no processo de adjudicação da iluminação a Gás da cidade de Lisboa, um parecer de PAIVA MANSO, no qual defende o poder exclusivo da Câmara para a respectiva adjudicação porque, por um lado, a iluminação é uma atribuição da Câmara e também porque – e aqui deparamos com uma materialização do conceito de contrato (público?) – porque por natureza a manutenção, as escolhas respeitantes ao número e localização dos focos de luz e a sua fiscalização são factos cuja "essência" e "natureza especial" fazem com que a sua "reunião e apreciação constitu[a]m o que se chama – administração – (...) tudo o que uma Câmara faz em grande (...) assim como qualquer cidadão na sua caza particular, constitue o que se chama 'administração particular' do município" ABEL MARIA JORDÃO PAIVA MANSO, "[Parecer]", *in Collecção dos Documentos de Illuminação a Gaz – 1ª Série*, Lisboa: Imprensa Democrática, (1882), p.115. Em relação a esta transcrição, duas referências que vêm à memória: o papel da iluminação na dogmática dos contratos da administração (cfr., por todos MARIA JOÃO ESTORNINHO, *Requiem pelo Contrato Administrativo* (1990) p. 131.) mas desta vez ainda na fase da implantação do sistema a gás e, por outro lado, a referência – quase que podemos dizer, espontânea – a um *material* e *por natureza Verwaltungsprivatsrecht* municipal.

[239] JOÃO MELO MACHADO, *Teoria Jurídica do Contrato Administrativo*, Coimbra: Coimbra, (1937), pp. 79 e ss..

arrematantes de quaisquer rendas, trabalhos ou fornecimentos públicos, e a administração, relativas ao sentido ou execução das cláusulas dos seus contratos". Não se falava já em contrato administrativo, mas a ideia já aí estava de uma forma clara. Esta competência passa para o Conselho de Distrito com o Código de 1836, onde permanece até ao Código de 1878. Com o Código de 1886 entra na competência do Tribunal Administrativo e em 1896 transfere-se para a competência do Auditor Administrativo. Em termos materiais operou-se uma progressiva restrição, sendo fixado desde 1878 que as categorias de contratos do contencioso administrativo eram a *"arrematação de rendas, de obras e fornecimentos"*[240], restrição essa que havia começado com o Código de 1836, que retirou do contencioso administrativo o contencioso dos bens nacionais[241]. Com o Decreto-Lei n. 18017 de 27 de Fevereiro de 1930, aparece pela primeira vez na legislação nacional a expressão "contrato administrativo"[242]. Com avanços e recuos, a evolução posterior[243] é marcada pela "questão contenciosa" e pela taxatividade[244] ou não dos contratos, tendo vingado a segunda opinião[245].

Toda essa evolução demonstra uma crescente atipicidade da contratação pública e a complexização dos procedimentos contratuais. A transacção, como contrato de conteúdo variável com causa em litígios e incertezas tem pois hoje, mais do que nunca, condições para se desenvolver, condições essas que a reclamam, não só a um nível de direito material, como também no plano contencioso.

Concluindo, provada a natureza contratual do instituto e sendo que uma das partes é a Administração, temos que a transacção judicial é um contrato da Administração.

---

[240] Cit. in J. MELO MACHADO, *Teoria Jurídica do Contrato Administrativo* (1937), p. 82; J. M. T. MAGALHÃES COLLAÇO, *Concessões de Serviços Públicos – sua natureza jurídica* (1914), pp. 21 e 22.

[241] Cit. in J. MELO MACHADO, *Teoria Jurídica do Contrato Administrativo* (1937), p. 100.

[242] MARCELLO CAETANO, "Conceito de Contrato Administrativo", *in Estudos de Direito Administrativo*, Lisboa: Ática, (1974 (1938)), p. 40; J. M. SÉRVULO CORREIA, "Contrato Administrativo", *in DJAP*, (1972), p. 64.

[243] V. a descrição em J. M. SÉRVULO CORREIA, "Contrato Administrativo", *in DJAP*, (1972), pp. 65 e ss..

[244] Sobre a qualificação e consequências do artigo 815 § 2 do C.A de 1940, v. J. M. SÉRVULO CORREIA, "Contrato Administrativo", *in DJAP*, (1972), pp. 66 e ss; M. CAETANO, *Manual de Direito Administrativo*[10ª], vol. I (1991 (reimp. 1973)), pp. 580 e ss..

[245] I. GALVÃO TELLES, "Contratos Civis", *BMJ* 83 (1959), por campos do Direito Público, pp. 35-36, parece defender esta posição.

688   *João Taborda da Gama*

IV.2.2. *Classificação*

Na medida das potencialidades explicativas e de enquadramento que as classificações fornecem, a transacção judicial pode reconduzir-se, na sua vertente material, às classificações que têm sido ensaiadas para caracterizar os contratos da administração. Porém, como o seu campo de aplicação é plúrimo e o seu conteúdo altamente variável, as classificações que se baseiem nestes dois critérios hão-de aplicar-se cumulativamente, embora com graus de incidência previsivelmente diferentes.

Em primeiro lugar, e enquanto durar a dualidade de jurisdições (e de concepções), continuará a ser útil recorrer acriticamente à classificação, ou não, da transacção como contrato administrativo. O problema põe-se em termos novos no que toca à transacção judicial, pois, em relação à transacção não judicial ... para essa valem os numerosos critérios à disposição do intérprete aplicador. Neste sentido, a transacção judicial celebrada em contencioso cível será, tendencialmente, um contrato (dito) de direito privado da Administração[246]. Porém, esta conclusão não pode ser absoluta, porque a transacção, por ser um negócio de conteúdo variável, pode envolver no seu conteúdo (a obrigação de) prestações jurídico públicas que, transcendendo o objecto do litígio, resvalam para âmbitos que, por qualquer um dos critérios conhecidos, podem tornar *administrativo* o contrato. Porém, o contrário já não é válido no que toca às transacções judiciais celebradas em relação a processos que correm nos tribunais administrativos: a irredutível (e/porque constitucional) exigência de uma conexão entre conteúdo da transacção e conteúdo do litígio leva a que a "contaminação" publicizante exista sempre em virtude da influência resultante, para todos os efeitos, da colocação do litígio em foro administrativo. Assim, será administrativa a transacção celebrada em contencioso administrativo, porque com ela se termina um litígio que, pelo critério constitucional e legalmente vigente de competência, viu considerada jurídico-administrativa a relação que é o seu objecto[247].

Por outro lado, não sendo um contrato de Direito Privado, será, na maioria das vezes e sempre no âmbito de investigação *supra* delimi-

---

[246] Sobre este problema, v. a sucinta referência e enunciação em A. HUERGO LORA, *La Resolución Extrajudicial de Conflictos en el Derecho Administrativo* (2000), p. 63 nn. 110 e 111.

[247] J. M. SÉRVULO CORREIA, "A efectivação processual da responsabilidade civil extra-contratual da administração por actos de gestão pública", *in La Responsabilidad Patrimonial de los Poderes Públicos – 3.º Colóquio Hispano-Luso de Derecho Administrativo, Valladolid, 16-18 de Octubre 1997*, (1999), p. 278.

tado[248], um contrato de subordinação[249], ou, dito de outra maneira, um contrato celebrado entre a Administração e um particular, designação que corresponde à explicação da primeira classe, mas que também, por resposta às críticas que vem sofrendo a dicotomia coordenação *vs* subordinação, pode já ela própria ser referida como o nome da classe[250].

A doutrina germânica costuma trazer à colação as categorias de *Verpflichtungsverträge*[251] e *Verfügungsverträge*[252]. Nestes, "o contrato produz imediatamente efeitos constitutivos numa relação jurídica administrativa"[253] – comporta uma alteração directa do Direito (*unmittelbare*

---

[248] Que, como se sabe, se restringe apenas às transacções celebradas no contencioso administrativo entre a administração e os particulares. Mas, a inexistir esta restrição, a transacção celebrada no contencioso inter-administrativo, na medida da admissibilidade deste, será, bem entendido, um contrato de coordenação. Na Alemanha, o § 55 da VwVfG (que prevê e regula a transacção judicial) remete expressamente para o § 54 n. 2 da mesma lei (o qual prevê os contratos de subordinação), o que faz com que se discuta se em transacção celebrada entre entes públicos, que naturalmente terão a natureza de contratos de coordenação, são aplicadas as mesmas normas e princípios e quais as adaptações necessárias, como se pode ver em W. SPANNOWSKY, *Grenzen des Verwaltungshandelns durch Verträge und Absprachen* (1994), p. 211.

[249] Esta categoria encontra-se definida por MAURER como a que exige uma relação entre as partes uma relação de *supra-infra* ordenação (*Über-unterordenung*), H. MAURER, *Allgemeines Verwaltungsrecht* 13ª (2000), pp. 360-361.

[250] M. J. ESTORNINHO, *Requiem pelo Contrato Administrativo* (1990), p. 52, n. 107; A denominação compreensiva é a preferida por SÉRVULO CORREIA, como reposta a várias críticas, nomeadamente que o pré-entendimento que preside ao binómio subordinação / coordenação) pode estar presente, por exemplo, nos contratos inter-administrativos, J. M. SÉRVULO CORREIA, *Legalidade e Autonomia Contratual nos Contratos Administrativos* (1987), p. 418; v. também a referência ao facto de se poder apontar que esta categorização não se refere ao contrato em si, em H. J. WOLFF / O. BACHOF / R. STOBER, *Verwaltungsrecht*6ª, vol. II (2000), p. 213. Na mesma página sugere a denominação *heterogene Verträge*. Sobre a insuficiência da categorização e sobre a opção de caracterizar a supra-infra ordenação de um modo apriorístico ou atendendo à concreta relação jurídica, v. W. SPANNOWSKY, *Grenzen des Verwaltungshandelns durch Verträge und Absprachen* (1994), pp. 202-203 e n. 22. Entre nós, também CASALTA NABAIS dá conta desta controvérsia em J. CASALTA NABAIS, *Contratos Fiscais – Reflexões acerca da sua admissibilidade* (1994), pp. 69-71.

[251] Sobre estes, entre outros, W. SPANNOWSKY, *Grenzen des Verwaltungshandelns durch Verträge und Absprachen* (1994), pp. 205 e ss.; H. MAURER, *Allgemeines Verwaltungsrecht*13ª (2000), pp. 361 e ss.; F. O. KOPP / U. RAMSAUER, *Verwaltungsverfahrensgesetz* 7ª (2000), pp. 1218-9.

[252] Sobre a distinção na teoria do negócio jurídico, v., por todos C. FERREIRA DE ALMEIDA, *Texto e Enunciado na Teoria do Negócio Jurídico*, vol. I (1992), pp. 454 e ss.

[253] J. M. SÉRVULO CORREIA, *Legalidade e Autonomia Contratual nos Contratos Administrativos* (1987), p. 752.

Rechtsänderung)[254]. Os primeiros, que em português podem ser chamados contratos obrigacionais[255], carecem de uma posterior actuação[256] de cumprimento e criam, por si, uma pretensão (do particular ao cumprimento)[257]. A transacção será, na maior parte das vezes, um contrato obrigacional, pois tudo leva a crer que para o particular transigir e, caso o litígio esteja judicializado, desistir do prosseguimento do recurso ou da acção, que a administração se obrigue a alterar uma situação jurídica actuando num momento posterior ao da celebração do contrato. Mas, se isto se passará na grande maioria dos casos, não se torna impossível imaginar situações opostas, como por exemplo no caso em que a prestação da administração seja o reconhecimento de um direito ou de um facto[258] – neste caso, a produção de efeitos coincide com a produção da declaração.

§ 3.º
Natureza da transacção judicial

IV.3.1. *Natureza processual*

A transacção judicial manifesta-se "num" processo com o objectivo de produzir, quanto a este, um determinado efeito, para além da já referida influência material sobre a situação controvertida subjacente e eventualmente sobre novas situações jurídicas. Com o poder de terminar um litígio, a transacção representa assim um acto processual bilateral das partes.

Os contratos processuais[259] são actos negociais, bilaterais, proces-

---

[254] Assim, H. MAURER, *Allgemeines Verwaltungsrecht* 13ª (2000), p. 361.

[255] J. M. SÉRVULO CORREIA, *Legalidade e Autonomia Contratual nos Contratos Administrativos* (1987), p. 752.

[256] Que na maior parte das vezes será um acto administrativo ou operação material; J. M. SÉRVULO CORREIA, *Legalidade e Autonomia Contratual nos Contratos Administrativos* (1987), p. 759, apoiado em doutrina germânica (n. 629) parece restringir a forma do cumprimento deste contrato à figura do acto administrativo.

[257] Neste sentido, H. J. WOLFF / O. BACHOF / R. STOBER, *Verwaltungsrecht*6ª, vol. II (2000), p. 211. V. também W. SPANNOWSKY, *Grenzen des Verwaltungshandelns durch Verträge und Absprachen* (1994), pp. 205 e ss.

[258] Conquanto, em todo o caso e sob pena de invalidade, o *iter* procedimental a que estiver sujeito a forma de actuação tenha sido respeitado.

[259] V., por todos, a obra de GERHARD WAGNER, *Prozessverträge: Privatautonomie im Verfahrensrecht*, Tubinga: Mohr Siebeck, (1998). Refira-se o facto curioso de, no Direito Romano, num primeiro momento, os contratos, processuais não serem admitidos

Contrato de Transacção no Direito Administrativo e Fiscal 691

suais que constituem, modificam ou extinguem uma situação processual[260], sendo a transacção o "exemplo característico"[261] destes contratos.

IV.3.2. Dupla natureza

Depois do exposto, não restam dúvidas[262] de que a transacção judicial deve ser encarada numa perspectiva *dualista*, uma vez que produz efeitos de direito material, bem como efeitos processuais. Sobre a qualificação a dar a este confluir na mesma figura de efeitos de duas ordens, há divergências na doutrina.

Para uns, a transacção judicial corresponde a um único *Tatbestand*, o qual tem uma dupla natureza[263] (chamemos-lhe a teoria da *dupla natureza*[264]); para outros, trata-se de um duplo *Tatbestand*, misto de negócio jurídico e de acto processual – a teoria do *duplo Tatbestand*[265]. Esta opção

---

por se entender que o Processo Civil era Direito Público e que .... no Direito Público não podia haver contratos G. WAGNER, *Prozessverträge: Privatautonomie im Verfahrensrecht* (1998), p. 57.

[260] M. TEIXEIRA DE SOUSA, *Estudos Sobre o Novo Processo Civil* (1997), p. 193.

[261] I. GALVÃO TELLES, *Manual dos Contratos em Geral* Reprint da 3ª (1995 (1965)), p. 51.

[262] Consideram-se ultrapassadas as concepções, as quais podemos apelidar de *monistas*, que vêem na transacção judicial apenas efeitos processuais, ou apenas materiais. V. crítica a estas teorias minoritárias em J. LEBRE DE FREITAS, *A Confissão no Direito Probatório – um estudo de direito positivo* (1991), pp. 414, n. 18; G. WAGNER, *Prozessverträge: Privatautonomie im Verfahrensrecht* (1998), p. 43; LEO ROSENBERG / KARL HEINZ SCHWAB, *Zivilprozessrecht* 14, Munique: C. H. Beck, (1986), p. 815.

[263] Neste sentido L. ROSENBERG / K. H. SCHWAB, *Zivilprozessrecht*14ª (1986), pp. 815 e ss.; GRUNSKY cit. em J. LEBRE DE FREITAS, *A Confissão no Direito Probatório – um estudo de direito positivo* (1991), p. 414, n. 18; W. MEYER – HESSMAN, "Die Zulässigkeit gesetzesinkongruenter verwaltungsrechtlicher Vergleichsverträge und Prozessvergleiche", *DVBl* 20 (1980), p. 871; F. HAUEISEN, "Die Bestandkraft verwaltungsgerichtlicher Vergleiche", *DVbl* 8 (1968), p. 285; F. O. KOPP / W.-R. SCHENKE, *Verwaltungsgerichtsor-dnung*12ª (2000). Pp. 1121-1122; H. J. KNACK / J.-D. BUSCH / C. WOLFGANG / H.-G. HENNEKE / /KLAPPSTEIN, *Verwaltungsverfahrensgesetz – Kommentar*6ª (1998), pp. 918-919; H. THOMAS / H. PUTZO, *Zivilprozessordnung*18ª (1993), p. 1199; L. ROSENBERG / K. H. SCHWAB, *Zivilprozessrecht*14ª (1986), p. 816. Referindo-se apenas aos efeitos, materiais e processuais M. TEIXEIRA DE SOUSA, *Estudos Sobre o Novo Processo Civil* (1997) p. 194 e 207.

[264] Tradução do alemão, da teoria da *Doppelnatur*.

[265] Opinião de HELLWIG, BAUMGÄRTEL e de MANDRIOLI, segundo J. LEBRE DE FREITAS, *A Confissão no Direito Probatório – um estudo de direito positivo* (1991), p. 414, n. 18.

tem, no entender da doutrina dominante, uma consequência principal: a entender-se estarmos apenas perante um único *Tatbestand* de dupla natureza, a invalidade de uma das "partes" da transacção – da parte processual, ou da parte material – contagiaria[266] a outra; se, ao invés, adoptarmos a teoria do duplo *Tatbestand*, há como que uma separabilidade dos elementos, o que faz com que, quando um deles padeça de algum vício, o outro elemento possa subsistir incólume.

Ora, atendendo a estas consequências, e ao que se disse sobre a causa e função da transacção[267], pensamos que a melhor doutrina será aquela que veja neste contrato algo de unitário. Não parece corresponder a nenhum interesse da Administração ou do particular que haja uma subsistência parcial deste acto plural. A regulação jurídica material que nasce com a transacção comporta em si, como causa, ou pelo menos como elemento determinante, o fim de um procedimento jurisdicional; mas, repetimo-lo, o particular *só* prescinde da judicialidade da tutela em virtude da nova regulação da situação jurídica. Há, portanto, entre os dois elementos uma relação sinalagmática[268]. Eles estão, em conclusão, "irremediavelmente unidos um ao outro"[269].

A transacção judicial é, em conclusão, um *Tatbestand* com dupla natureza: *processual*, porque põe fim a um litígio judicializado; *material*, porque só põe fim a um litígio porque concomitantemente com esse acto processual surge uma materialidade jurídica que regulará, dali em diante e nos seus precisos termos, as relações entre dois sujeitos.

CONCLUSÕES

1. O contrato de transacção é o contrato mediante o qual as partes previnem ou terminam um litígio mediante recíprocas concessões.

2. O conceito de litígio deve ser interpretado no sentido de abranger também situações de incerteza, pois estas são causa de eventuais litígios.

3. A celebração de contratos de transacção entre a administração e particulares insere-se num plano mais geral da crescente busca, em todos

---

[266] G. WAGNER, *Prozessverträge: Privatautonomie im Verfahrensrecht* (1998),. utiliza a expressão *"infizieren"*, (p. 44).

[267] V. *supra (I.1)*.

[268] Contra, G. WAGNER, *Prozessverträge: Privatautonomie im Verfahrensrecht* (1998), p. 44.

[269] L. ROSENBERG / K. H. SCHWAB, *Zivilprozessrecht*[14a] (1986), p. 816.

Contrato de Transacção no Direito Administrativo e Fiscal 693

os campos jurídicos, de soluções compromissórias para situações dúbias e litigiosas.

4. A lei, a doutrina e os factos mostram que o recurso da administração a práticas transaccionais para regular com os particulares as suas situações jurídicas litigiosas e incertas é, em Portugal, uma inultrapassável realidade nos planos procedimental e processual do Direito Administrativo e Fiscal.

5. A admissibilidade do poder de celebração de contratos de transacção é imposta pelos princípios da autonomia contratual pública e privada, da eficiência, da protecção jurídica e da igualdade.

6. Os princípios da eficiência e da praticabilidade impõem que, em casos de ineficiência e impraticabilidade aplicativas, a administração possa acordar com os particulares soluções negociadas.

7. O princípio da participação dos particulares na tomada de decisões que lhes digam respeito, bem como o princípio da justiça, impõem que os referidos acordos possam ter conteúdo transaccional.

8. No específico campo do Direito Fiscal, a arquitectura normativa tributária actual, os procedimentos de massa e os fracos recursos da administração fiscal potenciam a existência de injustiças, desigualdades e incertezas litigiosas, sendo a transacção um instrumento jurídico apto para a resolução de situações de injustiça e de incerteza litigiosa.

9. A recusa ou admissibilidade de cada concreta transacção, judicial ou não, deve basear-se, numa primeira linha, apenas no poder de disposição das partes sobre a situação jurídica em causa.

10. Numa segunda linha, pode ensaiar-se cautelosamente a admissibilidade da celebração de contratos de transacção como modo de resolver casos de total incerteza sobre os pressupostos objectivos e legais de uma situação jurídica, se os benefícios da resolução forem para o interesse público superiores aos custos da manutenção da incerteza litigiosa. Nestes casos, a transacção terá as características de um negócio confirmativo.

11. A questão da admissibilidade da transacção judicial no Direito Administrativo e Fiscal é uma questão que dependerá da admissibilidade de disposição negocial da situação jurídica em causa, uma vez que a inexistência de uma dupla juridicidade nas relações entre os cidadãos e a administração impede que, apenas pelo facto de a situação de incerteza litigiosa estar judicializada, eles percam o poder de disposição sobre essa mesma situação.

12. A transacção não judicial é um contrato da administração de conteúdo variável, cujas características fazem dele um instrumento de utilidade crescente num panorama de evolução da contratação pública,

pautada pela progressiva atipicidade das formas contratuais e por uma galopante complexização do seu conteúdo.

13. A transacção judicial é um contrato processual com dupla natureza, mas de *Tatbestand* único, pelo que a invalidade do segmento processual ou do segmento material atinge invariavelmente a subsistência do outro.

COMPETÊNCIA INTERNACIONAL
EM MATÉRIA DE LITÍGIOS RELATIVOS À *INTERNET**

LIMA PINHEIRO**

INTRODUÇÃO

I. Diz-se que um tribunal é internacionalmente competente quando pode exercer a função jurisdicional relativamente a uma situação de transnacional, i.e., uma situação que apresenta contactos juridicamente relevantes com mais de um Estado.

As relações que se estabelecem através da *Internet* são assiduamente relações transnacionais e, por isso, os litígios relativos à *Internet* suscitam com frequência o problema da competência internacional.

Assim, por exemplo, uma sociedade sedeada em Portugal que pretenda intentar acção de indemnização contra uma sociedade sedeada no Reino Unido, pelo prejuízo sofrido com defeitos de um programa de computador que adquiriu, em linha, a esta última sociedade, tem de averiguar primeiro qual é a jurisdição competente para o efeito.

Só não é assim se as partes estiverem ligadas por uma convenção de arbitragem, caso em que é competente um tribunal arbitral.

Estes problemas de competência internacional em matéria de litígios relativos à *Internet* surgem não só em matéria contratual, mas também noutros domínios, designadamente o da responsabilidade extracontratual.

II. O Direito da Competência Internacional aplicável aos litígios relativos à *Internet* tem fontes internacionais, comunitária e interna.

---

* Comunicação proferida no Curso de Pós-Graduação sobre Direito da Sociedade da Informação, organizado pela Faculdade de Direito de Lisboa e pela Associação Portuguesa de Direito Intelectual, em 12 Junho de 2002.

** Professor da Faculdade de Direito de Lisboa.

As *fontes internacionais* são a Convenção de Bruxelas Relativa à Competência Judiciária e à Execução de Decisões em Matéria Civil e Comercial (1968)[1] e a Convenção de Lugano Relativa à Competência Judiciária e à Execução de Decisões em Matéria Civil e Comercial (1988)[2]. A *fonte comunitária* é o Reg. (CE) n.° 44/2001, de 22/12/2000, Relativo à Competência Judiciária, ao Reconhecimento e à Execução de Decisões em Matéria Civil e Comercial[3], que substitui a Convenção de Bruxelas, salvo nas relações com a Dinamarca. Entrou em vigor em 1/3/2002[4]. A principal *fonte interna* são os arts. 61.°, 65.°, 65.°-A e 99.° CPC.

A fonte mais importante é, sem dúvida, o Regulamento comunitário.

As regras de competência legal não exclusiva do Regulamento só são, em princípio, aplicáveis quando o réu tem domicílio num Estado-Membro. Com efeito, se o réu não tiver domicílio no território de um Estado-Membro o art. 4.°/1 manda regular a competência pela lei do Estado-Membro. O mesmo se verifica à face das Convenções de Bruxelas e de Lugano.

O regime interno é aplicável fora da esfera de aplicação das fontes supraestaduais ou quando estas para ele remetam.

Por conseguinte, relativamente às Convenções de Bruxelas e de Lugano e ao Regulamento, o regime interno é aplicável:

– nas matérias civis excluídas do âmbito material de aplicação das Convenções e do Regulamento, designadamente estado e capacidade das pessoas singulares, regimes matrimoniais, testamentos e sucessões; falências, concordatas e procedimentos análogos; segurança social e arbitragem.

---

[1] A Convenção de San Sebastian Relativa à Adesão de Portugal e de Espanha à Convenção de Bruxelas Relativa à Competência Judiciária e à Execução de Decisões em Matéria Civil e Comercial (1989) foi aprovada para ratificação pela Resol. AR n.° 34/91, de 30/10; ratificada pelo Dec. PR n.° 52/91, da mesma data; depósito do instrumento de ratificação em 15/4/92 (Av. n.° 92/95, de 10/7). Entrou em vigor para Portugal em 1/7/92.

[2] Aprovada para ratificação pela Resol. AR n.° 33/91, 30/10; ratificada pelo Dec. PR n.° 51/91, da mesma data; depósito do instrumento de ratificação em 14/4/92 (rectificações n.° 7/92, de 8/6 e 11/92, de 14/11). Entrou em vigor para Portugal em 1/7/92.

[3] *JOCE* L 012/1, de 16/1/2001.

[4] A Convenção de Lugano foi celebrada entre os Estados-Membros da Comunidade Europeia e os Estados da EFTA e segue de perto o disposto na Convenção de Bruxelas. Aplica-se, em matéria de competência, quando o réu se encontre domiciliado no território de um Estado Contratante que não seja membro das Comunidades Europeias ou quando as disposições relativas a competências exclusivas e ao pacto de jurisdição atribuam competência aos tribunais de um Estado Contratante que não seja membro das Comunidades Europeias (art. 54.°-B/2/a).

– nas matérias incluídas no âmbito material de aplicação das Convenções e do Regulamento, mas que não sejam abrangidas por uma competência exclusiva legal ou convencional, quando o requerido não tiver domicílio no território de um Estado contratante/Estado-Membro (arts. 4.º/1, 16.º e 17.º das Convenções e arts. 4.º/1, 22.º e 23.º do Regulamento).

III. Dada a extensão do tema vou limitar-me nesta exposição ao Regulamento comunitário em matéria civil e comercial, sem prejuízo da comparação com as Convenções de Bruxelas e de Lugano nos pontos que o Regulamento delas se afaste.

Não procederei aqui a uma exposição geral sobre o regime de competência contido no Regulamento; tratarei apenas de incidir nos principais pontos que suscitam problemas específicos no contexto da *Internet*.

Principiarei pelo critério geral do domicílio do réu (I). Examinarei em seguida os critérios especiais de competência legal em matéria contratual e extracontratual (II). Seguir-se-á o exame das regras especiais em matéria de contratos com consumidores (III). Terminarei com os problemas relativos aos pactos de jurisdição (IV).

I. CRITÉRIO GERAL DE COMPETÊNCIA LEGAL: DOMICÍLIO DO RÉU

Em regra, é competente o tribunal do domicílio do réu.

Com efeito, o art. 2.º/1 do Regulamento determina que sem prejuízo do disposto neste Regulamento, as pessoas domiciliadas no território de um Estado-Membro devem ser demandadas, independentemente da sua nacionalidade, perante os tribunais desse Estado. E o art. 3.º/1 estabelece que as pessoas domiciliadas no território de um Estado-Membro só podem ser demandadas perante os tribunais de outro Estado-Membro quando se verifique um critério especial de competência previsto no Regulamento. Neste caso o autor pode escolher entre intentar a acção no tribunal do domicílio do réu ou no tribunal que tem competência especial[5].

O domicílio do réu determina-se, no que toca às pessoas singulares, por aplicação do Direito do Estado-Membro do domicílio em causa (art. 59.º do Regulamento) e quanto às pessoas colectivas com base na sede social, administração central ou estabelecimento principal (art. 60.º do Regulamento).

---

[5] Cf. também arts. 2.º/1 e 3.º/1 das Convenções de Bruxelas e de Lugano.

698 Lima Pinheiro

O critério geral de competência do domicílio do réu não suscita, em si, problemas especiais no contexto da *Internet*. Mas a actuação através da *Internet* pode suscitar dificuldades na própria identificação do réu. Justifica--se pois a formulação de uma norma material que obrigue os fornecedores de acesso à *Internet* a informarem as pessoas que tenham contratado através da *Internet* ou tenham sofrido danos causados por uma actuação na *Internet* da identidade real e localização do seu cliente.

A Directiva sobre o Comércio Electrónico (Dir. 2000/31/CE) aponta nesta direcção ao obrigar os Estados-Membros a garantirem o acesso a estas informações com respeito aos prestadores de serviços (art. 5.°/1).

Há também a assinalar que nos contratos celebrados através da *Internet* que possam considerar-se contratos à distância entre consumidores e fornecedores, o fornecedor deve informar o consumidor da sua identi-dade e do endereço do seu estabelecimento (arts. 4.°/1/a e 5.°/1 e /3/b do DL n.° 143/2001, de 26/4, que transpõe a Dir. 97/7/CE relativa à protecção dos consumidores em matéria de contratos à distância).

Caso uma pessoa indique um domicílio fictício ou crie a aparência de um domicílio deve entender-se que a acção tanto pode ser proposta no país do domicílio real como no país do domicílio fictício[6].

II. CRITÉRIOS ESPECIAIS DE COMPETÊNCIA LEGAL EM MATÉRIA CONTRATUAL E EXTRACONTRATUAL

A) *Matéria contratual*

Também surgem dificuldades com os critérios especiais de competência que são concorrentes com o critério do domicílio do réu.

Vou aqui examinar apenas os critérios especiais em matéria contratual e extracontratual, que são os que interessam fundamentalmente no contexto da *Internet*.

Em *matéria contratual* estabelece-se como critério especial de competência o lugar onde a obrigação em questão foi ou deva ser cumprida (art. 5.°/1/a)[7].

---

[6] Cf. Alfonso Calvo Caravaca e Javier Carrascosa González – *Conflictos de leyes y conflictos de jurisdicción en Internet*, Madrid, 2001, 40.

[7] Cf. também art. 5.°/1 das Convenções de Bruxelas e de Lugano. Relativamente às pessoas domiciliadas no Luxemburgo ver art. 63.° do Regulamento.

Competência Internacional em Matéria de Litígios Relativos à Internet   699

A obrigação relevante para o estabelecimento da competência é a que "serve de base à acção judicial"[8]. Tratando-se de uma pretensão de cumprimento de uma obrigação, serão competentes os tribunais do Estado onde a obrigação deve ser cumprida; tratando-se de uma pretensão indemnizatória por incumprimento da obrigação, serão competentes os tribunais do Estado onde a obrigação deveria ter sido cumprida.

Observe-se que a obrigação relevante é sempre a obrigação primariamente gerada pelo contrato e não a obrigação secundária que nasça do seu incumprimento ou cumprimento defeituoso[9].

O elemento de conexão aqui utilizado não se refere ao contrato no seu conjunto mas a cada uma das obrigações por ele geradas. Esta solução pode levar ao fraccionamento da competência entre diferentes tribunais com respeito ao mesmo contrato. Isto poderá suceder quando o contrato gerar obrigações que devem ser executadas em países diversos.

Em princípio, o lugar de cumprimento deve ser determinado segundo a lei designada pelo Direito de Conflitos do foro[10].

Como contratos celebrados e/ou executados através da Internet ocorrem principalmente as vendas de coisas corpóreas, os contratos de prestação de serviços e as licenças. Em todos estes contratos uma das prestações consiste num pagamento de uma quantia pecuniária.

Qual é o lugar de cumprimento da obrigação pecuniária? À face do Direito português é o lugar do domicílio do credor (art. 774.º CC). Admitindo que o pagamento por cartão de crédito ou outro meio utilizado na *Internet* não suscita dificuldades especiais quanto à determinação do lugar de cumprimento, justificar-se-á uma competência fundada neste lugar?

A competência fundada no lugar de cumprimento conduz nestes casos a sujeitar o réu a um processo que corre nos tribunais do Estado do autor, que pode não ter qualquer conexão significativa com o réu ou com o contrato. Isto suscitou críticas relativamente às Convenções de Bruxelas e de Lugano que contribuíram para uma modificação importante introduzida pelo Regulamento.

Consiste esta modificação na fixação supletiva do lugar de cumprimento da obrigação no caso da venda de bens (o lugar num Estado-Membro onde os bens foram ou devam ser entregues nos termos do contrato) e no caso da prestação de serviços (o lugar num Estado-Membro onde os serviços foram ou devam ser prestados nos termos do contrato) (art. 5.º/1/b).

---

[8] Cf. TCE 6/10/1976, no caso *De Bloos* [*CTCE* (1976) 605], n.º 11.

[9] Cf. caso cit., n.ºs 13 e seg.

[10] Cf. TCE 6/10/1976, no caso *Tessili* [*CTCE* (1976) 585].

700 Lima Pinheiro

Segundo a Exposição de Motivos que acompanha a proposta da Comissão, esta dita "definição autónoma" do lugar de cumprimento dispensa o recurso ao Direito de Conflitos do Estado do foro[11].

Não parece, porém, que assim seja. Bem vistas as coisas, não se trata de uma verdadeira definição autónoma de lugar de cumprimento, mas de estabelecer que só releva, na venda de bens, o lugar de cumprimento da obrigação de entrega e, na prestação de serviços, o lugar de cumprimento a obrigação do prestador de serviços.

Assim, é irrelevante o lugar de cumprimento da obrigação de pagamento do preço dos bens ou dos serviços, mesmo que o pedido se fundamente nesta obrigação[12]. A partir da entrada em vigor do Regulamento a questão do lugar de cumprimento da obrigação pecuniária apenas se coloca relativamente a contratos que não sejam de venda de bens nem prestação de serviços, ou aos contratos de venda de bens ou prestação de serviços em que o lugar de entrega ou prestação não se situe num Estado-Membro[13].

Quanto às obrigações de fornecimento de bens corpóreos ou de prestação de serviços fora da rede não se suscitam problemas específicos de determinação do lugar de cumprimento.

E quanto ao lugar de cumprimento quando os serviços devem ser prestados na rede ou quando se cede um direito de utilização de bens de propriedade intelectual através da rede? Por exemplo, um contrato de acesso à rede, um contrato de fornecimento de serviços em linha, um contrato de licença de programa de computador descarregado em linha?

Em rigor, esta questão tem de ser respondida perante cada sistema jurídico nacional. Mas, nestes casos, o lugar de cumprimento é em vasta medida pré-determinado pela natureza da prestação[14], razão por que a questão se pode colocar em termos semelhantes perante diferentes regimes nacionais.

Uma vez que o contrato se destina ser executado em linha, cabe questionar se releva o lugar da situação do servidor em que estão armazenados os bens e serviços, que é, aparentemente, o lugar onde estes serviços ou bens são postos à disposição[15], ou lugar em que o adquirente acede à rede[16].

---

[11] 6 e 14.

[12] Cf. Exposição de Motivos da proposta da Comissão, 14.

[13] Cf. Calvo Caravaca/Carrascosa González (n. 6) 50.

[14] Sobre a relevância da natureza da prestação ver Inocêncio Galvão Telles – *Direito das Obrigações*, 7.ª ed., Coimbra, 1997, 276.

[15] Cf. Calvo Caravaca/Carrascosa González (n. 6) 52.

[16] Cf. Haimo Schack – "Internationale Urheber-, Marken- und Wettbewerbsrechtsverletzungen im Internet: internationales Zivilprozessrecht", *Multi Media und Recht* 3/2000: 135-140, 137.

Competência Internacional em Matéria de Litígios Relativos à Internet   701

A seguir-se o primeiro entendimento, pode suceder que a localização do servidor seja desconhecida do adquirente e/ou do fornecedor e não tenha nenhuma conexão com o contrato.

Daí que KAUFMAN-KOHLER assuma uma posição crítica sobre o foro do lugar da execução, entendendo que o contexto da *Internet* apenas agrava as suas desvantagens[17].

CALVO CARAVACA e CARRASCOSA GONZÁLEZ defendem uma redução teleológica do art. 5.º/1 do Regulamento e propõem como "solução de substituição" a competência do foro do lugar da sede ou residência habitual do fornecedor[18].

Quando a acção for proposta pelo adquirente, esta solução é dispensável, porque coincide geralmente com o critério geral do domicílio do réu. Quando a acção for proposta pelo fornecedor, esta solução é inconveniente, porque sujeita o adquirente a um foro que pode não ter conexão significativa com ele nem com o contrato. Além disso, é uma solução dificilmente compatível com o sistema do Regulamento que é, em princípio, adverso ao foro do domicílio do autor.

Daí que, a fazer-se uma redução teleológica, esta deva conduzir simplesmente à exclusão da competência especial do art. 5.º/1, e não a uma "solução de substituição". Sendo assim, nestas relações contratuais a competência legal só pode fundar-se no critério geral do domicílio do réu.

B) *Matéria extracontratual*

Em *matéria extracontratual*, estabelece-se como critério especial de competência "o lugar onde ocorreu ou poderá ocorrer o facto danoso" (art. 5.º/3). As Convenções de Bruxelas e de Lugano referem-se apenas ao "lugar onde ocorreu o facto danoso". A formulação utilizada no Regulamento torna claro que este critério de competência se aplica não só nos casos em que ocorreu um facto danoso mas também naqueles em que este facto pode ocorrer. Esta segunda hipótese releva, designadamente, para efeitos de medidas preventivas[19], tais como acções de abstenção de condutas ilícitas.

O TCE tem procedido a uma interpretação autónoma da expressão "lugar onde ocorreu o facto danoso", entendendo que abrange tanto o lugar

---

[17] 131 e segs.

[18] 53 e seg.

[19] Cf. Exposição de Motivos da proposta da Comissão, 14.

em que o dano se produz como o lugar em que ocorre o evento causal. Por isso, caso não haja coincidência entre estes lugares, o autor pode escolher entre a jurisdição de cada um deles. O TCE entendeu que ambas as jurisdições têm uma conexão estreita com o litígio, não se justificando a exclusão de qualquer delas[20].

Todavia, pelo menos no que toca às ofensas à honra através dos meios de comunicação social, o tribunal do lugar em que se produz o dano só é competente para o dano causado neste Estado, ao passo que no tribunal do lugar onde ocorre o evento causal pode ser pedida a indemnização global[21]. Na decisão do caso *Shevill*, o TCE afirmou que como lugar do evento causal se entende o lugar do estabelecimento do editor da publicação e como lugar do dano os lugares onde a publicação é divulgada desde que o lesado seja aí conhecido[22]. Ponderou-se que a jurisdição de cada Estado de divulgação é a territorialmente mais qualificada para apreciar a difamação cometida neste Estado e para determinar a extensão do prejuízo daí resultante[23].

Deve entender-se que a atribuição de competência ao tribunal do lugar onde poderá ocorrer o facto danoso também faculta uma escolha entre o lugar em que o dano se pode produzir e o lugar em que pode ocorrer o evento causal[24].

No que toca à responsabilidade por actos cometidos na rede, qual é o lugar onde é realizada a actividade causadora de prejuízo?

---

[20] Cf. acs. 30/11/1976, no caso *Bier* [*CTCE* (1976) 677], n.ºs 15 e segs. e 27/10/1998, no caso *Réunion européenne* [*CTCE* (1998) I-6511], n.º 27 e seg.

[21] Cf. TCE 7/3/1995, no caso *Shevill* [*CTCE* (1995) I-0415], n.ºs 25 e segs. Ver também Jan KROPHOLLER – *Europäisches Zivilprozeßrecht. Kommentar zum EuGVO und Lugano-Übereinkommen*, 7.ª ed., Heidelberga, 2002, Art. 5 n.ºs 72 e 75 e seg., que se pronuncia no sentido da extensão desta solução a outros "delitos de divulgação", como por exemplo as violações de direitos de autor e da concorrência. Em sentido contrário, com respeito aos direitos de propriedade intelectual, SCHACK (n. 16) 139. A solução também é criticada, com respeito aos direitos de personalidade, por Dagmar COESTER-WALTJEN – "Internationale Zuständigkeit bei Persönlichkeitsverletzungen", in *Wege zur Globalisierung des Rechts. FS Rolf A. Schütze*, 175-185, Munique, 1999, 182 e seg.

[22] Caso cit. n.º 29.

[23] Caso cit. n.º 31.

[24] Cf. Georges A.DROZ e Hélène GAUDEMET-TALLON – "La transformation de la Convention de Bruxelles du 27 septembre 1968 en Règlement du Conseil concernant la compétence judiciaire, la reconnaissance et l'exécution des décisions en matière civile et commerciale", *R. crit.* 90 (2001) 601-652, 637.

É o lugar onde actua o agente, o lugar onde a mensagem causadora de prejuízo é colocada na rede[25]. Por exemplo, o lugar a partir de onde uma página é carregada num servidor ou o lugar de expedição de uma mensagem de correio electrónico.

E qual é o lugar onde se produz o dano?

KAUFMAN-KOHLER entende que o dano se produz em todos os lugares em que se pode aceder à rede, o que quer dizer praticamente em todo o mundo[26]. Creio que isto não é exacto e que se tem distinguir conforme o direito lesado.

Por exemplo, quanto aos direitos de autor não parece que, do ponto de vista do Direito português, o simples acesso a uma obra colocada na rede possa constituir um acto de lesão do direito de autor. O dano produz--se no Estado em que, por forma não autorizada, é colocada na rede, ou numa página da rede diferente daquela que foi autorizada, ou em que a obra é imprimida e reproduzida.

Mais em geral pode dizer-se que só há lesão de um direito de propriedade intelectual quando um acto lesivo é praticado num país em que o direito é protegido. Por exemplo, o emprego de um sinal numa página da *Internet* constituirá uma violação de uma marca num país em que há acesso à *Internet* se à face do Direito da Propriedade Industrial deste país a marca for protegida e tal emprego constituir uma forma de utilização da marca não autorizada.

No que toca à concorrência desleal, o dano só se produz nos países em que a vítima desenvolve actividade[27].

Já no caso da lesão de certos direitos de personalidade parece mais fácil de aceitar que o dano se pode produzir em todos os lugares em que há acesso à rede[28]. Em todo o caso, pelo menos com respeito à ofensa ao bom nome e reputação parece de exigir que a pessoa seja aí conhecida.

---

[25] Cf. Gabrielle KAUFMAN-KOHLER – "Internet: mondialisation de la communication – mondalisation de la résolution des litiges", *in Internet. Which Cour Decides? Which Law Applies?*, 89-142, A Haia, Boston e Londres, 1998, 111 e seg. e COESTER-WALTJEN (n. 21) 179. Segundo SCHACK (n. 16) 137, relativamente aos direitos de propriedade intelectual não há um lugar da conduta distinto do lugar onde se produz o dano. Só podem ser lugar da conduta um daqueles lugares em que pelo menos é realizado um acto parcial de utilização.

[26] (n. 25) 115.

[27] Em sentido próximo, CALVO CARAVACA/CARRASCOSA GONZÁLEZ (n. 6) 112.

[28] Ver também COESTER-WALTJEN (n. 21) 184 e Erik JAYME – "Le droit international privé du nouveau millénaire: la protection de la personne humaine face à la globalisation", *RCADI* 282 (2000) 9-40, 27.

De lege ferenda estas soluções são discutidas. Alega-se que o critério geral do domicílio do réu permite que as pessoas que actuam na *Internet* desloquem o seu domicílio para países que não asseguram uma tutela judicial efectiva dos direitos protegidos pela responsabilidade extracontratual. O critério do lugar onde ocorreu o facto danoso obriga à propositura de acções em todos os países em que se produziram os danos quando o evento causal também ocorreu num país de baixa protecção.

Daí que se tenha defendido o foro da residência habitual ou principal estabelecimento do demandante[29].

Mas o risco de uma manipulação do domicílio existe sobretudo para as pessoas colectivas. Ora o Regulamento permite a propositura da acção quer no Estado da sede social, quer no Estado da administração central ou do estabelecimento principal, ou que limita muito esse risco. Por outro lado, atribuir competência aos tribunais do país onde o autor tem a sua residência habitual ou estabelecimento principal pode significar que o réu ficaria sujeito a uma acção instaurada num país que lhe é completamente estranho e que não tem qualquer conexão significativa com o caso. Razão por que não me parece de acolher esta solução.

III. COMPETÊNCIA EM MATÉRIA DE CONTRATOS CELEBRADOS POR CONSUMIDORES

A Secção IV do Capítulo II do Regulamento contém um regime especial de competência em matéria de contratos celebrados por consumidores. Estas normas encontram precedente nos arts. 13.° e segs. das Convenções de Bruxelas e de Lugano.

O fim deste regime é a protecção do consumidor, enquanto parte contratual mais fraca, através da concessão de foros electivos e de uma limitação da validade dos pactos de jurisdição.

Frequentemente os contratos celebrados e/ou executados através da *Internet* serão contratos com consumidores no sentido do art. 15.° do Regulamento.

Entende-se por contrato celebrado por consumidor o "contrato celebrado por uma pessoa para finalidade que possa ser considerada estranha à sua actividade comercial ou profissional" (art. 15.°/1). Este conceito de

---

[29] Ver estudo do Conselho de Estado francês citado por Jane GINSBURG – "The Private International Law of Copyright in an Era of Technological Change", *RCADI* 273 (1998) 239-405, 310.

Competência Internacional em Matéria de Litígios Relativos à Internet   705

consumidor deve ser interpretado autonomamente (em relação aos sistemas jurídicos dos Estados-Membros)[30], e, tanto quanto possível, uniformemente no regime comunitário da competência internacional e na Convenção de Roma sobre a Lei Aplicável às Obrigações Contratuais[31].

O regime especial dos contratos celebrados por consumidores só se aplica desde que se trate de contratos de determinado tipo ou que haja uma conexão com o Estado do domicílio do consumidor.

Assim, o regime especial dos contratos celebrados por consumidores aplica-se, em primeiro lugar, às vendas a prestações de bens móveis corpóreos ou às operações de crédito relacionadas com o financiamento da venda de tais bens (art. 15.º/1/a e b).

O mesmo regime aplica-se a outros contratos celebrados por consumidores com uma pessoa que tenha actividade comercial ou profissional no Estado-Membro do domicílio do consumidor ou dirija essa actividade, por quaisquer meios, a esse Estado-Membro ou a vários Estados incluindo esse Estado-Membro, e o contrato seja abrangido por essa actividade (art. 15.º/1/c).

Neste ponto o Regulamento afasta-se das Convenções de Bruxelas e de Lugano, que se referem apenas aos contratos que tenham por objecto a prestação de serviços ou fornecimento de bens móveis corpóreos se a celebração do contrato tiver sido precedida no Estado do domicílio do consumidor de uma proposta que lhe tenha sido dirigida ou de anúncio publicitário e o consumidor tiver praticado nesse Estado os actos necessários para a celebração do contrato (art. 13.º/1/3). Pressupostos de aplicação que são muito semelhantes ao estabelecidos no art. 5.º/2 da Convenção de Roma sobre a Lei Aplicável às Obrigações Contratuais, com respeito às normas de conflitos especiais aplicáveis aos contratos celebrados por consumidores[32].

Este preceito das Convenções de Bruxelas e de Lugano suscitou diversas questões, designadamente no contexto do comércio electrónico[33].

Desde logo, a questão de saber se certos bens fornecidos em linha são de considerar como bens corpóreos para efeito desta disposição. Por

---

[30] Cf. decisões do TCE 19/1/1993, no caso *Shearson* [*CTCE* (1993) 139], n.º 13 e 3/7/1997, no caso *Benincasa* [*CTCE* (1997) I – 3767], n.º 12.

[31] Cf. Mario GIULIANO, e Paul LAGARDE – "Rapport concernant la convention sur la loi applicable aux obligations contractuelles", *JOCE* C 282, 31/10/1980, 23.

[32] Ver Luís de LIMA PINHEIRO – *Direito Internacional Privado. Parte Especial (Direito de Conflitos)*, Almedina, Coimbra, 1999, 186.

[33] Ver Peter MANKOWSKI – "Das Internet im Internationalen Vertrags- und Deliktsrecht", *RabelsZ.* 63 (1999) 203-294, 232 e seg.

exemplo, ficheiros de texto, obras de música ou vídeo e programas de computador. Segundo uma opinião, com apoio numa interpretação comparativa com a Convenção de Viena sobre a Venda Internacional de Mercadorias, seria possível que, independentemente do suporte material, estes bens fossem considerados bens corpóreos[34].

Esta questão, porém, perde importância a partir do momento em que se admita a aplicação analógica das regras especiais de protecção do consumidor a casos em que se verifica a mesma necessidade de protecção[35].

Para que exista uma proposta dirigida ao consumidor, no sentido das Convenções de Bruxelas e de Lugano, bem como da Convenção de Roma, basta que o consumidor seja convidado a apresentar uma proposta (convite a contratar)[36]. É suficiente, por exemplo, que o fornecedor tenha enviado um catálogo ao consumidor ou o tenha convidado a visitar o seu estabelecimento.

O anúncio publicitário deve ser dirigido ao país do domicílio do consumidor, mas não tem de ser especificamente dirigido a este país. Por isso, considera-se como sendo dirigido ao país do domicílio qualquer anúncio feito num meio de comunicação que seja susceptível de alcançar todos os países (como, por exemplo, a transmissão televisiva por satélite e a *Internet*)[37].

Exige-se ainda que o consumidor tenha executado no país da resi-dência habitual todos os actos necessários à celebração do contrato. Por actos necessários entende-se aqui, por exemplo, a assinatura dos documentos que tenham sido apresentados ao consumidor ou o envio da sua encomenda ao fornecedor. No caso de contratos celebrados através da *Internet* deve entender-se que o consumidor realizou os actos necessários no país da

---

[34] Cf., em relação à disposição da Lei de Introdução do Código Civil alemão que transpõe o art. 5.º da Convenção de Roma, MANKOWSKI (n. 33) 232 e seg.; perante a Convenção de Bruxelas, Abbo JUNKER – "Internationales Vertragsrecht im Internet – Im Blickpunkt: Internationale Zuständigkeit und anwendbares Recht", *RIW/AWD* 45 (1999) 809-818, 811.

[35] Neste sentido, Luís de LIMA PINHEIRO – "Direito aplicável aos contratos com consumidores", *ROA* 61 (2001) 155-170, 163.

[36] Cf. Jan KROPHOLLER – *Europäisches Zivilprozeßrecht. Kommentar zum EuGVÜ*, 6.ª ed., Heidelberga, 1998, Art. 13 n.º 22 e, em relação à Convenção de Roma, *MünchKomm./*MARTINY [Art. 29 n.º 19].

[37] Cf. KAUFMAN-KOHLER (n. 25) 135 e segs. e, em relação à Convenção de Roma, *MünchKomm./*MARTINY [Art. 29 n.º 20]. Em sentido convergente, *Dicey and Morris on the Conflict of Laws* – 13.ª ed. por Lawrence COLLINS (ed. geral), Adrian BRIGGS, Jonathan HILL, J. McCLEAN e C. MORSE, Londres, 2000, 1288 e seg. e JUNKER [811].

Competência Internacional em Matéria de Litígios Relativos à Internet 707

residência habitual quando para o efeito acedeu à página do fornecedor neste país[38].

O Regulamento vem estender o regime especial dos contratos celebrados por consumidores a contratos celebrados por consumidores que não têm por objecto a prestação de serviços ou fornecimento de bens móveis corpóreos. Por exemplo, um contrato de licença de programa de computador ou um contrato de *timesharing*[39].

Para além disso, deixa de ser necessário que o consumidor receba uma proposta ou que seja feita publicidade no Estado do seu domicílio. Basta que o contrato seja celebrado no exercício de uma actividade comercial ou profissional realizada no Estado-Membro do domicílio do consumidor ou de uma actividade dirigida a esse Estado-Membro ou a vários Estados incluindo esse Estado-Membro.

Cessa também a exigência de que o consumidor tenha praticado nesse Estado os actos necessários para a celebração do contrato. Portanto, o regime especial dos contratos com consumidores aplica-se mesmo que os actos necessários para a celebração do contrato tenham sido realizados pelo consumidor fora do Estado do seu domicílio[40].

Através da *Internet* os fornecedores de bens e serviços podem alcançar os consumidores de praticamente todos os países do mundo. Daí que, em certas condições, se possa justificar que estes fornecedores suportem o risco de serem demandados em qualquer um destes países. Este risco já existe à face das Convenções de Bruxelas e de Lugano, sem que tal tenha tido qualquer impacto substancial na oferta de produtos na rede. Para isto contribui também a circunstância de muito raramente os consumidores proporem acções com respeito a litígios emergentes de contratos à distância.

Resta saber em que condições é que, perante o Regulamento, a utilização da *Internet* constitui uma actividade dirigida ao Estado-Membro do domicílio do consumidor.

Segundo uma opinião[41], a previsão do art. 15.º/1/c só se preencheria quando a contraparte do consumidor opera normalmente no país do seu domicílio ou se lança à conquista de mercado neste país. Esta opinião não encontra qualquer fundamento no texto do Regulamento nem nos trabalhos preparatórios.

---

[38] Cf. *Dicey and Morris* (n. 37) 1289 e JUNKER [811].
[39] Cf. Proposta da Comissão [COM (1999) 348 final], 16.
[40] *Ibidem*.
[41] CALVO CARAVACA/CARRASCOSA GONZÁLEZ (n. 6) 88 e seg.

A proposta do Parlamento Europeu no sentido de consagrar "como critério de apreciação da existência de tal actividade qualquer tentativa do operador para limitar a sua actividade comercial às transacções com consumidores domiciliados em determinados Estados-Membros" não foi aceite[42].

É inequívoco que há actividade através da rede quando sejam enviadas aos consumidores mensagens publicitárias por correio electrónico, bem como quando o sítio do fornecedor permita celebrar o contrato em linha[43].

Já se suscitam mais dúvidas quando o sítio se limita a divulgar o produto ("sítio passivo").

Na exposição de motivos da proposta inicial da Comissão podia ler-se que o "simples facto de um consumidor ter tido conhecimento de um serviço ou possibilidade de aquisição de bens por meio de um sítio passivo acessível no país do seu domicílio não desencadeia a competência internacional protectora"[44].

No entanto, na exposição de motivos da proposta alterada, lê-se que "a própria existência deste contrato [um contrato de consumo] parece, em si própria, ser já uma indicação clara de que o fornecedor de bens ou serviços dirigiu a sua actividade comercial para o Estado do domicílio do consumidor"[45].

A *Declaração Conjunta do Conselho e da Comissão sobre os artigos 15.° e 73.°*, por seu turno, sublinha "que o simples facto de um sítio da Internet ser acessível não basta para tornar aplicável o artigo 15.°, é pre-ciso também que esse sítio Internet convide à celebração de contratos à distância e que tenha efectivamente sido celebrado um contrato à distância, por qualquer meio". Acrescenta ainda que "A este respeito, a língua ou a moeda utilizadas por um sítio Internet não constituem elementos pertinentes."

Este entendimento parece ser o mais razoável[46]. O regime especial de protecção do consumidor só se aplica, neste contexto, caso se verifi-

---

[42] Cf. Proposta alterada da Comissão [COM (2000(689 final], 6.

[43] Cf. Proposta da Comissão [COM (1999) 348 final], 16.

[44] Cf. Proposta da Comissão [COM (1999) 348 final], 16.

[45] Cf. Proposta alterada da Comissão [COM (2000(689 final], 6. Menos claro, porém, é o sentido da supressão do Considerando n.° 13 da proposta inicial, segundo o qual "o consumidor deve gozar da protecção que lhe é concedida quando celebra um contrato de consumo através de meios electrónicos a partir do seu domicílio."

[46] Cp., porém, DROZ/GAUDEMET-TALLON (n. 24) 638 e seg. e Jean-Paul BERAUDO – "Le Règlement (CE) du Conseil du 22 décembre 2000 concernant la compétence judiciaire, la reconnaissance et l'exécution des décisions en matière civile et commerciale", *Clunet* 128 (2991) 1033-1085, 1056.

quem dois pressupostos. Primeiro, que o sítio do fornecedor na *Internet* permita celebrar o contrato em linha ou, no mínimo, convide à celebração do contrato à distância. Segundo, que tenha sido efectivamente celebrado o contrato à distância.

Em qualquer caso, o fornecedor que queira evitar o risco de ser demandado fora de certa área ou em certos países pode configurar o seu sítio da rede de modo a só celebrar contratos com consumidores que indiquem residência dentro da área em causa ou fora desses países. Neste caso, deve entender-se que o consumidor não pode invocar um domicílio diferente daquele que indicou ao fornecedor.

Este regime especial não prejudica o disposto no art. 4.º (art. 15.º/1 *in fine*). Por conseguinte, ele só se aplica quando o réu tiver domicílio no território de um Estado-Membro. Caso contrário, aplica-se o regime interno da competência internacional.

Estabelece-se um regime diferenciado conforme a acção é proposta pelo consumidor ou pela contraparte.

O consumidor pode intentar a acção quer perante os tribunais do Estado-Membro em que estiver domiciliada a outra parte (art. 16.º/1), quer perante os tribunais do Estado-Membro em que a outra parte tiver um estabelecimento, se o litígio for relativo à exploração deste estabelecimento (art. 5.º/5 *ex vi* art. 15.º/1)[47], quer ainda perante o tribunal do lugar onde o consumidor tiver domicílio (art. 16.º/1).

Se a contraparte do consumidor, não tendo domicílio no território de um Estado-Membro, possuir um estabelecimento no território de um Estado--Membro, será considerada, quanto aos litígios relativos à exploração deste estabelecimento, como domiciliada neste Estado (art. 15.º/2).

O sentido deste preceito é o de alargar o domínio de aplicação do regime especial da secção IV, face ao disposto no art. 4.º, visto que este regime passa a ser aplicável às acções propostas pelo consumidor contra uma parte que não tem domicílio num Estado-Membro, quando esta parte tiver um estabelecimento num Estado-Membro e o litígio for relativo à exploração deste estabelecimento[48].

---

[47] A hipótese aqui visada é a de a outra parte ter domicílio num Estado-Membro, visto que a hipótese de a outra parte não ter domicílio num Estado-Membro está prevista no art. 15.º/2 – ver Hélène GAUDEMET-TALLON – *Les conventions de Bruxelles et de Lugano. Compétence internationale, reconnaissance et exécution des jugements en Europe*, 2.ª ed., Paris, 1996, 178.

[48] Cf. GAUDEMET-TALLON (n. 47) 178 e 191.

A contraparte do consumidor só pode intentar a acção perante os tribunais do Estado-Membro em que estiver domiciliado o consumidor (art. 16.º/2).

Os pactos de jurisdição são sujeitos a importantes limitações nesta matéria.

Com efeito, os pactos de jurisdição só são admissíveis em três casos (art. 17.º).

Primeiro, quando sejam posteriores ao nascimento do litígio.

Segundo, quando alarguem o leque de competências aberto consumidor.

Terceiro, quando atribuam competência aos tribunais do Estado--Membro em que o consumidor e a sua contraparte têm, simultaneamente, domicílio ou residência habitual no momento da celebração do contrato, salvo se a lei deste Estado não permitir tal convenção.

IV. PACTOS DE JURISDIÇÃO

Também se suscitam dificuldades relativamente aos pactos de jurisdição celebrados através da *Internet*.

Nos termos do artigo 23.º/1 do Regulamento, se "as partes, das quais pelo menos uma se encontre domiciliada no território de um Estado--Membro, tiverem convencionado que um tribunal ou os tribunais de um Estado-Membro têm competência para decidir quaisquer litígios que tenham surgido ou que possam surgir de uma determinada relação jurídica, esse tribunal ou esses tribunais terão competência. Essa competência será exclusiva a menos que as partes convencionem em contrário."

O pacto de jurisdição é admitido em quaisquer das matérias abrangidas pelo Regulamento. Quando se trate de uma relação contratual o pacto constituirá frequentemente uma cláusula do contrato. Mas também poderá ser objecto de um negócio separado.

Perante o art. 23.º o pacto de jurisdição pressupõe um acordo de vontades, uma "convenção". Este conceito de convenção deve ser interpretado autonomamente em relação ao Direito interno dos Estados-Membros[49].

O pacto atributivo de jurisdição deve ser celebrado (art. 23.º/1/3.ª parte):

a) Por escrito ou verbalmente com confirmação escrita; ou

---

[49] Cf. TCE 10/3/1992, no caso *Powell Duffryn* [*CTCE* (1992) I-01745], n.ºs 13 e seg.

Competência Internacional em Matéria de Litígios Relativos à Internet   711

b) Em conformidade com os usos que as partes estabeleceram entre si; ou

c) No comércio internacional, em conformidade com os usos que as partes conheçam ou devam conhecer e que, em tal comércio, sejam amplamente conhecidos e regularmente observados pelas partes em contratos do mesmo tipo, no ramo comercial considerado.

Para se considerar o pacto de jurisdição celebrado por escrito não é necessário que conste de um documento assinado por ambas as partes. Basta que o acordo sobre a jurisdição escolhida resulte de dois documentos separados, por exemplo, uma troca de cartas ou faxes; ou que o texto do contrato faça referência a uma proposta que contém o pacto de jurisdição[50].

Quando as partes manifestam a sua vontade através da *Internet* há um acordo escrito?

O Regulamento responde afirmativamente: "Qualquer comunicação por via electrónica que permita um registo duradouro do pacto equivale à ´forma escrita`" (art. 23.°/2).

Com o esclarecimento deste ponto quis-se principalmente assegurar a validade das cláusulas de competência dos contratos celebrados por meios electrónicos[51].

Isto inclui não só a celebração por troca de mensagens de correio electrónico, mas também através de sítios interactivos, em que a aceitação de cláusulas gerais se faz mediante o clique num ícone[52].

Parece que o preceito deve ser interpretado no sentido de abranger apenas a comunicação por via electrónica de um texto escrito[53]. Dificilmente se vê como poderia uma transmissão electrónica da voz ou de imagens equivaler a "forma escrita".

À face das Convenções de Bruxelas e de Lugano, pode colocar-se a questão de saber se um pacto de jurisdição celebrado através da *Internet*, que não vale como acordo escrito, é celebrado em conformidade com uma prática reiterada das partes ou a usos do comércio internacional?

A prática tem de ser observada entre as partes durante tempo suficiente para que cada uma delas possa confiar na utilização de uma determinada forma[54].

---

[50] Cf. TCE 14/12/1976, no caso *Estasis Salotti* [*CTCE* (1976) 717], n.ºs 12 e seg.
[51] Cf. Exposição de Motivos da proposta da Comissão, 18.
[52] Cf. KROPHOLLER (n. 21) Art. 23 n.° 41.
[53] No mesmo sentido, BERAUDO (n. 46) 1064.
[54] Cf. KROPHOLLER (n. 21) Art. 23 n.° 50.

Quanto à relevância dos usos a formulação do art. 23.º inspira-se no art. 9.º/2 da Convenção de Viena sobre os Contratos de Venda Internacional de Mercadorias (1980), o que deve ser tido em conta na sua interpretação.

Os usos do comércio internacional são qualificados objectiva e subjectivamente.

Por um lado são os usos geralmente conhecidos e regularmente observados em contratos do mesmo tipo, no ramo do comércio internacional em causa. Existirá um uso no ramo comercial considerado, quando, designadamente, um certo comportamento é geral e regularmente seguido pelos operadores nesse ramo no momento da celebração de contratos de um certo tipo[55].

Por outro lado, trata-se apenas dos usos que as partes conhecem ou devem conhecer.

A *Internet* é um meio de comunicação relativamente recente, mas não é de excluir que já se tenham formado usos. Invoca-se, a este respeito, o carácter massivo das transacções realizadas através da rede, que podem conduzir a usos "de formação rápida"[56]. A este respeito é de salientar a prática de celebrar contratos através de um clique num ícone contido na página do fornecedor ou licenciador, pelo qual se manifesta a aceitação das cláusulas contratuais contidas na mesma página ou noutra página a ela ligada. Com base nesta prática poderá formar-se um uso relevante[57].

---

[55] Cf. TCE 20/2/1997, no caso *MSG* [*CTCE* (1997) I-00911], n.º 23. Ver também TCE 16/3/1999, no caso *Castelletti* [*CTCE* (1999) I-01597], n.º 25 e seg.

[56] Cf. KAUFMAN-KOHLER (n. 25) 126.

[57] Ver também Elsa DIAS OLIVEIRA – *A Protecção dos Consumidores nos Contratos Celebrados Através da Internet*, Coimbra, 2002, 331.

DIREITOS ISLÂMICOS E "DIREITOS CRISTÃOS"[1]

CARLOS FERREIRA DE ALMEIDA*

SUMÁRIO: Questões metodológicas no estudo dos direitos islâmicos; 1.º *O Islão e a xaria*. Religião islâmica. Xaria. Características da xaria; 2.º *Evolução e actualidade dos direitos islâmicos*. Do passado glorioso à modernização. O ressurgimento islâmico. A diversidade de sistemas jurídicos islâmicos na actualidade; 3.º *Fontes de direito*. Elenco. Constituição. Códigos e outras leis. A xaria como fonte de direito actual. Dualidade dos sistemas e hierarquia das fontes; 4.º *Organização judiciária e profissões jurídicas*. Os tribunais do cádi. Organização judiciária contemporânea. Profissões jurídicas e formação profissional; 5.º *Comparação entre os direitos islâmicos e os "direitos cristãos"*. Questões metodológicas de comparação. Diferenças entre os direitos islâmicos e os "direitos cristãos". Semelhanças entre os direitos islâmicos e os "direitos cristãos".

---

* Professor da Faculdade de Direito da Universidade Nova de Lisboa.

[1] Fui aluno do Professor Doutor INOCÊNCIO GALVÃO TELLES na disciplina de Direito das Obrigações do curso de licenciatura na Faculdade de Direito da Universidade de Lisboa. Numa época em que para muitos de nós o maior desafio consistia em faltar às aulas sem ter falta, as aulas do Professor GALVÃO TELLES constituíam rara excepção a este efeito perverso da presença imposta. Na verdade, a sala enchia-se sempre, não "para tapar o número", mas porque valia a pena escutar a sua exposição segura, rigorosa e profunda, sem deixar de ser clara, viva e veemente. Servia ainda como estímulo para a posterior leitura do seu manual, dotado das mesmas qualidades do discurso oral. Por isso e porque, como jurista e como universitário, dele continuei a receber marcada inspiração e influência nas matérias daquela disciplina, o meu desejo teria sido contribuir para esta obra com algum escrito de Direito das Obrigações. As circunstâncias ditaram porém outra escolha numa área que não é também alheia à figura do homenageado. Na verdade, embora por poucos meses, interrompidos pelo início da guerra em Angola, o Professor GALVÃO TELLES foi, no Curso Complementar de Ciências Jurídicas, o meu primeiro Mestre de Direito Comparado. Terá sido essa ocasião que em mim despertou a curiosidade comparativa. Nela se enquadra o artigo que aqui deixa o discípulo modesto e o admirador de sempre.

Questões metodológicas no estudo dos direitos islâmicos

No estudo introdutório das famílias jurídicas romano-germânica e de *common law*, que ensaiei em obra anterior[2], foram considerados, em conjunto ou em separado, sistemas jurídicos concretos (direitos português, francês, alemão, inglês e norte-americano) acerca dos quais se recolheram os elementos homólogos seleccionados para a grelha comparativa. Tal não é possível em relação à família de direitos islâmicos.

A limitação resulta da inacessibilidade das fontes originárias bastantes, por desconhecimento pelo autor do árabe e de outras línguas em que a maior parte dessas fontes estão redigidas. Mesmo em países, como Marrocos ou o Paquistão, em que o francês ou o inglês são línguas muito divulgadas, as obras que as usam cobrem uma parte irregular e pouco significativa do conjunto das fontes.

Aplicando com rigor os cânones metodológicos adoptados[3], ter-se-ia de renunciar a escrever sobre tais sistemas jurídicos.Notar-se-á porém que alguns dos mais insignes comparatistas de cultura europeia, com restrições linguísticas similares, se atreveram a inserir nas suas obras análises e sínteses comparativas que abrangem quer os direitos islâmicos quer os direitos do Extremo-Oriente. As imprecisões em que se possa incorrer são porventura preço não excessivo para compensar a vantagem pedagógica de alargamento da macrocomparação para além do horizonte da chamada cultura ocidental.

Nesta linha, as fontes utilizadas na investigação[4] foram muito variadas, mas quase todas secundárias[5]. Com vista a minorar a probabilidade de

---

[2] *Introdução ao Direito Comparado*, 2ª ed., Coimbra, 1998.

[3] Cfr., além da obra citada na nota anterior, também o meu livro *Direito Comparado. Ensino e método*, Lisboa, 2000, p. 113 ss.

[4] Uma parte significativa da investigação foi realizada no Instituto Suíço de Direito Comparado, em Lausanne, que detém, na Europa, o mais importante acervo bibliográfico sobre direitos islâmicos. Aproveito para agradecer ao seu director, Professor PIERRE WIDMER, e ao responsável científico pelos direitos islâmicos, Professor SAMI ALDEEB ABU--SALIEH, a atenção que me concederam e o auxílio que me prestaram durante as minhas duas estadas no Instituto.

[5] Além de obras gerais de direito comparado e de outras que são adiante citadas a propósito de um ponto concreto, estão nestas circunstâncias as seguintes monografias: JOSEPH SCHACHT, *Introduction au droit musulman*, Paris, 1999 (trad. do original inglês *An Introduction to Islamic Law*, Oxford, 1964); SAMI ALDEEB ABU-SALIEH, *L'impact de la religion sur l'ordre juridique. Cas de l'Egypt. Non-musulmans en pays d'Islam*, Fribourg, Zürich, 1979; LOUIS MILLIOT & FRANÇOIS-PAUL BLANC, *Introduction à l'étude du droit musulman*, 2ª ed., Paris, 1987; HENRI DE WAEL, *Le droit musulman. Nature et évolution*,

Direitos Islâmicos e "Direitos Cristãos"

erro, procurou-se, ainda assim, fazer alguma aproximação às fontes primárias, recorrendo quer à sua tradução directa (por exemplo, do Corão, dos livros de Al-Bukhari e de Muslim, das Constituições e de alguns códigos modernos[6]) quer a obras de autores islâmicos redigidas em línguas europeias.

Pelas razões apontadas, não foi possível preencher a grelha comparativa[7] em relação a qualquer sistema jurídico em concreto. Cada uma das sínteses parcelares sofre portanto do defeito de escassez de dados analíticos, resultando sobrevalorizado o cruzamento entre conclusões extraídas de ensaios e de outras obras doutrinárias de síntese.

Uma dificuldade adicional (derivada ainda de falta de conhecimentos linguísticos apropriados) respeita à grafia das palavras árabes ou de origem árabe. Com muitas dúvidas, a solução adoptada consistiu, conforme a maior ou menor frequência do vocábulo, em aportuguesar a palavra original – por exemplo, xaria, Corão – ou inseri-la, entre parênteses, em árabe, mas com grafia em caracteres latinos, a seguir à sua tradução portuguesa livre – por exemplo, fontes da xaria (*usul al-fiqh*). Em ambas as hipóteses, a inspiração foi, tanto quanto possível, recolhida nos poucos textos escritos em português sobre a matéria[8], com preferência sobre fontes secundárias escritas noutras línguas europeias.

Atendendo aos hábitos dos potenciais leitores, a referência a datas e a séculos segue o calendário gregoriano.

1.º O Islão e a xaria

Religião islâmica

I. Maomé nasceu em Meca, na península da Arábia, cerca do ano 570 d.C.. Condutor de caravanas de profissão, terá recebido de Deus (Alá), através do arcanjo Gabriel, a revelação progressiva do Corão a partir do

---

Paris, 1989; SAYED HASSAN AMIN, *Islamic Law & its Implications for the Modern World*, Glasgow, 1989; BERNARD BOTIVEAU, *Loi islamique et droit dans les sociétés arabes. Mutations des systèmes juridiques du Moyen-Orient*, Paris, 1993; FRÉDÉRIC-JÉROME PANSIER & KARIM GUELLATY, *Le droit musulman*, Paris, 2000.

[6] Ver *infra* notas 12 a 14, 31 e 35 a 38.

[7] *Introdução ao Direito Comparado*, cit., p. 20 ss; *Direito Comparado. Ensino e método*, cit., p. 127 ss.

[8] Em especial no livro de SULEIMAN VALY MAMEDE, *O Islão e o direito muçulmano*, Lisboa, 1994.

ano 612. Pregando, sem sucesso, contra o paganismo, viu-se forçado a deixar Meca com os companheiros, dirigindo-se a Medina na noite de 16 para 17 de Julho de 622. Este êxodo (Hégira) marca o início da era muçulmana. Reconhecido em Medina como chefe religioso e político, em 630 regressou como triunfador a Meca, onde morreu em 632.

A religião islâmica expandiu-se rapidamente e, com ela, o poderio político dos califas, sucessores de Maomé. Em meados do século VIII, governando a dinastia omíada, as suas fronteiras estendiam-se dos Pirinéus às portas da Índia, depois das conquistas da Síria, da Palestina, do Iraque, do Egipto, do Irão, do Afeganistão, do norte de África e de quase toda a península ibérica.

Após dissidências e cisões, a unidade formal terminou com a morte em 1258 do último califa legítimo, coincidente com a destruição de Bagdad pelos mongóis. Mas a influência política islâmica, dispersa embora por diversos Estados, manteve-se muito forte até ao declínio e à queda do Império otomano na passagem do século XIX para o século XX.

Na actualidade[9] os muçulmanos ascendem a perto de mil milhões, dispersos por quase todos os países do mundo, em muitos dos quais (mais de 40) constituem a maioria da população.

II. Islão significa submissão (absoluta) à vontade de Deus. Muçulmano é aquele que se submete à vontade de Deus. Também se diz que Islão significa paz e repouso, mas estes são já sentidos translatos. O Islão designa ainda a comunidade (*Umma*) das pessoas que professam a religião islâmica ou muçulmana. Sendo uma religião, o Islão ultrapassa o âmbito de outras religiões, porque é também, desde a sua origem, um sistema social e político de vocação universal.

O islamismo é uma religião monoteísta, que pretende superar o judaísmo e o cristianismo, com base em "cinco pilares".

O princípio fundamental consiste numa profissão de fé: "Só Alá é Deus e Maomé é o seu profeta", ao qual acrescem quatro obrigações individuais aplicáveis a todos os crentes:

– oração cinco vezes por dia;
– jejum no mês do Ramadão, desde o nascer ao pôr do sol;
– esmola aos pobres (*zakat*);
– peregrinação a Meca pelo menos uma vez na vida.

---

[9] Cfr. WERNER ENDE & UDO STEINBACH, *Der Islam in der Gegenwart*, München, 1984; DOMINIQUE SOURDEL, *O Islão*, 2ª ed., Mem Martins, 1991 (trad. do original francês); FRANCIS ROBINSON (org.), *Islamic World*, Cambridge, 1996.

Alguns referem ainda, como obrigação colectiva, a guerra santa (*jihad*) contra os infiéis, mas a existência e as circunstâncias de uma tal obrigação estão longe de ser claras.

Embora não tenham dignidade religiosa tão elevada, são múltiplas as regras de comportamento social que decorrem da religião islâmica. Refiram--se, a título de exemplo, as proibições de consumo de bebidas alcoólicas e de carne de porco, a proibição de representar figuras humanas, a imposição às mulheres de cobrirem o corpo.

Xaria

I. A xaria[10] (palavra árabe que, à letra, significa a via correcta, o verdadeiro caminho) é o conjunto das regras reveladas que os muçulmanos devem observar. A equivalência semântica de xaria com "direito islâmico" só é válida, se se advertir que, por efeito da amplitude do islamismo, não existe separação clara entre direito e religião.

A xaria tende por isso a cobrir todas as áreas da vida ou, pelo menos, a abarcar aspectos que, noutros sistemas normativos, seriam considerados de natureza religiosa, moral ou de mera conveniência social. As normas da xaria enquadram todos os actos humanos que, para esse efeito, se distribuem por cinco categorias: obrigatórios, permitidos, proibidos, recomendáveis e censuráveis.

Se a xaria corresponde, nestes termos, ao direito objectivo, *fiqh* é a palavra árabe que, de modo homólogo, designa o saber jurídico, a ciência do direito, no sentido de ciência das normas que se extraem da xaria.

As fontes da xaria (*usul al-fiqh*)[11] podem subdividir-se em primárias e secundárias. São fontes primárias o Corão e a tradição. São fontes secundárias o consenso e a analogia.

---

[10] ABDUR RAHMAN I. DOI, *Shari'ah. The Islamic Law*, London, 1984; RODOLPHE J. A. DE SEIFE, *The Shari'a. An Introduction to the Law of Islam*, San Francisco, London, 1994; FEISAL ADUL RAUF, *Islam: a Sacred Law. What every Muslim should know about Shariah*, 2000.

[11] ANN E. MAYER, *The Shari'ah: a Methodology or a Body of Substantive Rules?*, em "Islamic Law and Jurisprudence" (org. N. Heer), Seattle, London, 1990, p. 177 ss; MOHAMMAD HASHIM KAMALI, *Methodological Issues in Islamic Jurisprudence*, Arab Law Quarterly, 1996, p. 3 ss.

718   Carlos Ferreira de Almeida

II. O Corão[12] (palavra que significa leitura, recitação, proclamação) contém as revelações feitas a Maomé que este ditou aos seus companheiros. Mais tarde, foi oficialmente redigido (em árabe clássico) por ordem de Oman, terceiro califa (644-656), que ordenou a destruição do conjunto dos documentos e das versões que serviram de base a esta redacção. Os muçulmanos acreditam que Deus é o verdadeiro autor do Corão.

O Corão compõe-se de cerca de 6200 versículos, agrupados em 114 capítulos (suras) seriados, com excepção do primeiro, por ordem decrescente de dimensão.

O discurso contém exortações, ameaças escatológicas, apelos apologéticos, prescrições morais e rituais. Não é obra exclusivamente jurídica, mas inclui cerca de 500 ou 600 versículos com regras de conduta, parte das quais se podem considerar como regras de direito propriamente dito, especialmente direito da família, direito das sucessões e direito penal, mas também direito dos contratos e das obrigações e até direito financeiro, direito constitucional e direito internacional.

Alguns exemplos: permissão da poligamia ("Se temeis não ser justos para as órfãs, casai com as que vos agradem, duas, três ou até quatro. Se temeis não ser equitativos, casai-vos só com uma, de acordo com o que está ao vosso alcance" – Corão, IV, 3); direito de repúdio da mulher pelo marido (Corão, II, 226 ss, LXV), regras de direito sucessório (Corão, IV, 2 ss), proibição do juro (*riba*, Corão, II, 275 ss), pena de flagelação ("À adúltera e ao adúltero a cada um deles dai cem açoites" – Corão, XXIV, 2).

A tradição de Maomé ou *Suna* (palavra que significa comportamento) refere-se aos costumes e bons exemplos do Profeta (cfr. Corão, XXX, 21) constantes dos hadites. Cada hadite é composto por dois elementos: a parte material, decorrente da narrativa (de palavras, de actos, de silêncios do Profeta), e a parte histórica, na qual se enuncia a cadeia oral dos transmissores, que serve de suporte, de apoio, de demonstração de autenticidade. Existem cerca de um milhão de hadites, coleccionados em diversas obras (a primeira data de 750), com diferente autoridade (perfeita, boa e duvidosa).

---

[12] *Alcorão*, trad. de José Pedro Machado, Junta de Investigações Científicas do Ultramar, Lisboa, 1979; *O Sagrado Al-Corão*, ed. bilingue (árabe e português), Islam International Publications Ltd, Oxford, 1988; *Alcorão*, trad. de Américo de Carvalho, introdução e notas por Suleiman Valy Mamede, Edições Europa-América, 2ª ed., Mem Martins, 1989; *Le Coran*, trad. anotada por Jacques Berques, Éditions Albin Michel, Paris, 1995; cfr. ainda Régis Blachère, *Le Coran*, 10ª ed, Paris, 1994.

Direitos Islâmicos e "Direitos Cristãos" 719

Entre eles, avultam os "seis livros", dos quais os de Al-Bukhari[13] e de Muslim[14] (escritos no século IX) são considerados de autoridade perfeita. Há cerca de 2000 a 3000 hadites com conteúdo jurídico (por exemplo, o direito de os pais darem os filhos menores em casamento).

O consenso unânime da comunidade muçulmana (*ijma*), considerada infalível, reporta-se na verdade ao consenso de qualificados teólogos-juristas (*ulema*), segundo critérios variáveis conforme a escola que se perfilhe.

O raciocínio por analogia (*quiás*) destina-se ao preenchimento de lacunas (por exemplo, a designação de tutor ao demente por analogia com a designação de tutor ao menor). A analogia integra quatro elementos: o princípio (ou raiz) constante da lei revelada; a questão a resolver; a razão de ser comum ao princípio e à questão nova; e a extensão analógica. Sendo fonte secundária, não há analogia sobre analogia.

A admissibilidade de outras fontes é discutível. Entres elas, podem referir-se o esforço individual e independente (*ijtihad*)[15] para a compreensão e a aplicação racional de outras fontes, o comentário ou explicação (*tafsir*) do Corão ou da Suna por juristas ou teólogos, o costume, a jurisprudência e o decreto (*fatwa*) emitido em resposta a questões colocadas a teólogos.

III. As divergências e variantes acerca do elenco e do alcance das fontes da xaria, assim como de outros aspectos de entendimento da xaria e das instituições islâmicas, reflectem as divisões do mundo islâmico entre a maioria sunita e a minoria xiita e, em menor grau, as quatro escolas (ou ritos) sunitas principais[16], formadas nos séculos VIII e IX: hanafita (actualmente predominante na Turquia, Síria e Índia), maliquita (em diversos Estados do Magreb), xafeíta (na Indonésia) e hambalita (na Arábia Saudita). Em vários Estados (v.g. no Egipto), não é possível indicar o predomínio de qualquer escola.

Os xiitas representam apenas um pouco mais de 10% dos muçulmanos, mas são maioritários no Irão. Separaram-se historicamente dos suni-

---

[13] *The Translation of the Meanings of Sahih Al-Bukhari*, ed. bilingue (árabe e inglês) por Muhammad Muhsin Khan, Ankara, s/d (1980 ?).

[14] SAHIH MUSLIM, *Being Traditions of the Sayings of the Prophet Muhamad as narrated by his companions and compiled under the title Al-Jami'-us-Sahih*, trad. por Abdul Hamid Siddiqi, Beirut, 1971.

[15] SHAISTA P. ALI-KARAMALI, *The Ijitihad Controversy*, Arab Law Quarterly, 1994, p. 238 ss.

[16] SLIM LAGHMANI, *Les écoles juridiques du sunisme*, Pouvoirs – Revue Française d'Études Constitutionnelles et Politiques, n.º 104, 2003, p. 21 ss.

tas por terem tomado partido (xia) a favor de Ali, marido de Fatma, genro e primo de Maomé, considerado como o seu único sucessor legítimo. Os xiitas, ao contrário dos sunitas, reconhecem a existência de clero (imãs, aiatolas). Diferenças materiais verificam-se no entendimento das fontes da xaria: os xiitas admitem como tal não só a tradição do Profeta mas também a tradição dos 12 imãs que se seguiram a Ali e concedem à razão humana um papel mais relevante, divergindo dos sunitas na medida em que estes sustentam que "a porta do esforço" de interpretação da xaria se fechou no século X. Há ainda diferenças menores como a permissão, entre os xiitas, de casamento temporário, expressamente regulado nos artigos 1075 a 1077 do Código Civil do Irão em vigor.

Características da xaria

I. Considerando o que antecede, podem atribuir-se à xaria, enquanto sistema normativo, as seguintes características[17]:

- quanto à origem, é revelado e portanto sagrado e dogmático (a justificação das regras provém da sua própria existência);
- tende, por isso, a ser imutável no tempo e no espaço;
- a sua estrutura é muito heterogénea e muito variável o seu grau de sistematicidade; princípios com elevado grau de abstracção coexistem com prescrições de base empírica e casuística;
- quanto ao âmbito de aplicação, predomina o critério pessoal; a xaria vigora tendencialmente para todos os muçulmanos, seja qual for a sua nacionalidade e o seu domicílio;
- quanto ao âmbito material, o sistema é completo e universal (sem distinção nítida entre temporal e espiritual), incluindo regras (que noutros sistemas se diriam) jurídicas, políticas, morais e religiosas, que constituem o somatório de todas as acções humanas, dos direitos e dos deveres de cada indivíduo, em todas as situações da vida;
- finalmente, quanto à hierarquia de interesses, o interesse comunitário (o bem comum) predomina sobre os interesses individuais.

---

[17] Sobre este ponto ver, além de obras gerais já citadas, os seguintes artigos publicados em "Une introduction aux cultures juridiques non-occidentales", Bruxelles, 1998: MAJID KHADDURI, *Le droit islamique dans la culture; la structure du style de vie islamique*, p. 191 ss, e BERNARD BOTIVEAU, *Le droit islamique comme ensemble de normes et de valeurs, comme savoir et techniques, comme modes de réalisation d'une exigence social de justice*, p. 197 ss.

Direitos Islâmicos e "Direitos Cristãos" 721

II. A coincidência destas características da xaria, em especial da imutabilidade e da universalidade, conduziria à sua efectiva inaplicabilidade aos tempos modernos, se não fosse acompanhada de outros elementos complementares e correctivos.

Por um lado, a xaria tem sido objecto de profundas e, por vezes, sofisticadas construções teóricas, que aproveitam até ao limite as ambiguidades textuais e as divergências na sua interpretação. Assim se consegue, em parte, contrabalançar a heterogeneidade e algumas originais carências sistemáticas.

Por outro lado, os estudiosos e os aplicadores da xaria são peritos na adaptação das regras, evitando com maior ou menor sucesso a sua aparente adulteração. Para o efeito, usam, sempre que a vida prática o exige, a ficção (*hiyal*), o subterfúgio e a simulação. Assim se consegue corrigir, em parte, a imutabilidade e o arcaísmo.

Muito difundidos estão, por exemplo, os expedientes destinados a contornar a proibição do juro, incompatível com as necessidades de financiamento. Para o efeito, tem-se recorrido a figuras de complexidade diversa, tais como a venda a pronto e a recompra a prazo do mesmo bem por preço mais alto, estipuladas em simultâneo, ou a estipulação de garantia real sobre bens geradores de rendimentos que revertem para o mutuante ou a qualificação de financiamentos bancários como contratos de prestação de serviço pelos quais são devidas comissões.

Nos tempos mais recentes também as regras estritas da xaria sobre a posição da mulher na família se apresentam em colisão com o modo de vida e as convicções de algumas comunidades em meios urbanos mais progressistas. Assim, para impedir ou flexibilizar os efeitos da poligamia, engendraram-se cláusulas da convenção antenupcial que, para a hipótese de segundo casamento do marido, estabelecem a necessidade de acordo da primeira esposa ou uma indemnização a pagar pelo marido. Semelhante alcance tem a procuração passada pelo marido à mulher conferindo a esta poderes para, em nome do marido, se "auto-repudiar", o que na prática funciona como instrumento para reequilibrar o poder de dissolver o casamento, concedido pela xaria unicamente ao marido.

2.º *Evolução e actualidade dos direitos islâmicos*

Do passado glorioso à modernização

I. Durante treze séculos, desde a Hégira até meados do século XIX, a história do direito vigente no mundo islâmico[18] correspondeu aproximadamente à história da xaria.

Neste tempo glorioso do direito islâmico podem distinguir-se três períodos[19]:

- o período pré-clássico (séculos VII a IX), durante o qual foram elaborados os textos das fontes primária (Corão e Suna) e surgiram as escolas e dissidências que perduram até à actualidade;
- o período clássico (séculos X a XII), durante o qual foram redigidas as obras fundamentais de sistematização doutrinária;
- o período pós-clássico (séculos XIII a XVIII), correspondente a uma certa estagnação, durante o qual o produção doutrinária se limitou a pouco mais do que ao comentário das obras clássicas.

Durante todo este tempo, salvo raras excepções, a única fonte complementar reconhecida era o costume, que servia para o preenchimento das lacunas da xaria, se não fosse desconforme com as suas regras. As restantes inadaptações iam-se resolvendo através da ficção.

II. Este relativo equilíbrio começou a ser quebrado com a progressiva evidência das omissões quase absolutas da xaria em certas áreas (v.g. nos direito administrativo e fiscal e, mais tarde, no direito dos mercados públicos) e a inadequação sentida em muitas outras, especialmente no âmbito do direito privado patrimonial.

Os países europeus, enquanto colonizadores, protectores ou simplesmente portadores de uma cultura de modernidade (com destaque para a Inglaterra, a França, a Itália, a Suíça e a Rússia), que muito tinham contribuído para criar as necessidades e revelar as carências dos direitos islâmicos, foram também boa parte da solução para as ultrapassar.

A modernização dos direitos islâmicos consistiu essencialmente na criação, em cada um dos Estados islâmicos – entretanto formados ou reformados à imagem do novo modelo político nacional – de direitos de base legislativa, cada um dos quais se distingue dos outros e do direito islâmico comum e tradicional (a xaria). Não se verificou todavia um fenómeno de revogação ou de substituição total do antigo pelos novos sistemas. Com excepção da Turquia e dos Estados marxistas-leninistas europeus e asiáticos,

---

[18] NOEL J. COULSON, *A History of Islamic Law*, Edinburgh, 1964; JOÃO SILVA E SOUSA, *Religião e Direito no Alcorão (do pré-Islão à Baixa Idade Média, séc. XV)*, Lisboa, 1986.

[19] CHAFIK CHEHATA, *Études de droit musulman*, Paris, 1971, p. 17 ss.

Direitos Islâmicos e "Direitos Cristãos" 723

a xaria subsistiu. Nas situações mais claras, assumiu o papel de referência valorativa de todo o sistema jurídico ou o papel residual de regulação básica das relações da família e das sucessões. Nalguns países porém a delimitação ficou fluida e equívoca, como melhor adiante se verá.

III. Nesta reforma, teve papel preponderante a codificação, que assumiu fórmulas muito variadas.

Alguns códigos aprovados nos séculos XIX e XX foram estruturados e redigidos segundo modelos europeus. Foi o que sucedeu, ainda durante o Império Otomano, em relação ao Código Penal (1840) e ao Código Comercial (1850), elaborados por tradução ou sob influência dos correspondentes códigos franceses. Eram códigos laicos, em que mal se vislumbra a matriz islâmica. O Código Penal não previa as penas da xaria; o Código Comercial regulava o pagamento de juros.

Orientação semelhante foi seguida, no Egipto, para o Código Penal, de 1855, e os códigos civis, de 1875 e de 1948, e, no Irão, para o Código Penal, de 1806, e o Código Civil de 1927-35. Este, ainda em vigor no essencial, inclui também as matérias relativas aos direitos da família e sucessões.

Mais radical foi a reforma legislativa empreendida na Turquia por Mustapha Kemal dito Ataturk, em 1926. No âmbito da laicização do Estado, foi promulgado o Código Civil turco que é praticamente a tradução dos códigos civil e das obrigações suíços, que, vigorando desde 1915, era então a legislação civil mais moderna. A ruptura não excluíu sequer o direito da família que foi também decalcado sobre o direito suíço[20].

A fórmula alternativa consistiu na codificação de regras islâmicas, isto é, na utilização da técnica europeia de codificação para a sistematização de conteúdos que, em maior ou menor parte, seguem a tradição islâmica.

O exemplo mais antigo foi ainda uma realização do império otomano, durante o qual (1869-76) foi aprovado um Código Civil (*Majallah*), composto por 1850 artigos, que pretendia representar a consolidação do direito das obrigações e dos contratos segundo a escola hanafita.

Mais frequente foi a codificação separada de regras do estatuto pessoal, por exemplo, no Império Otomano (1917), no Egipto (1920 e 1929), na Jordânia (1951), na Síria (1953), em Marrocos (*mudawwanna*, 1957-58), no Iraque (1959).

---

[20] O Código Civil turco foi profundamente revisto em 2001. As alterações mais significativas dirigem-se a garantir a igualdade em homens e mulheres, na linha das orientações seguidas na Europa ocidental desde 1970.

IV. A adaptação aos tempos modernos não se fez apenas por via legislativa, mas também pelo uso de métodos alternativos de aplicação da xaria.

A partir do fim do século XIX, algumas correntes modernistas incidiram sobre a procura de novos métodos, entre os quais se destacam:

– a possibilidade de escolha de uma qualquer das diferentes soluções adoptadas em qualquer das escolas sunitas ou de combinação entre essas soluções (*talfiq*);
– a re-interpretação de textos da xaria, incluindo a admissibilidade de reabertura da "porta do esforço".

Nalguns casos, os resultados obtidos por via doutrinária foram, por sua vez, consagrados em textos legislativos.

V. Salvaguardados os casos extremos de laicização oficial (Turquia, Albânia, Estados do sudeste da União Soviética) e de plena subsistência de regimes religiosos (por exemplo, Arábia Saudita e outros países da península arábica) – o balanço da situação nos anos subsequentes à 2ª guerra mundial apontava para o declínio da supremacia da xaria nos sistemas jurídicos vigentes nos Estados de população muçulmana maioritária.

Embora em diversos graus, o direito islâmico propriamente dito tendia a limitar-se ao estatuto pessoal e familiar, os tribunais religiosos tinham sido extintos ou viam a sua competência restrita a questões específicas, algumas instituições tradicionais (como o repúdio e a proibição do juro) começavam a encontrar resistência social ou obstáculo legal (por exemplo, proibição da poligamia na Tunísia, em 1956).

O ressurgimento islâmico

I. A guerra israelo-árabe de 1967 (conhecida como Guerra dos Seis Dias) terá sido a causa próxima de ressentimentos geradores do ressurgimento islâmico, isto é, da revalorização da religião e da espiritualidade islâmicas, em reacção contra o modo de vida "ocidental" desencadeado e proporcionado pelo desenvolvimento económico e por certas expressões de modernidade. A forma política extrema desse ressurgimento conduziu ao chamado fundamentalismo islâmico, que se vem manifestando quer em atitudes e acções de grupos delimitados, que chegam à prática e à reivindicação de actos terroristas, quer em formas de organização política de âmbito nacional. No plano jurídico, implica o retorno à pureza da xaria.

Direitos Islâmicos e "Direitos Cristãos" 725

O fenómeno não foi repentino nem isento de antecedentes contemporâneos do período de declínio da xaria. Por exemplo, a Constituição da Pérsia, de 1907, proclamava que nenhuma lei podia contradizer a xaria. A manutenção da xaria estava expressamente prevista na Constituição do Afeganistão, de 1964. A novidade consistiu em contrariar abertamente a miscigenação de sistemas jurídicos que estava então no seu auge e à qual poucos Estados islâmicos tinham escapado.

Os primeiros sinais datam de 1972-74 com o restabelecimento na Líbia (de Kadafi) das penas de amputação da mão pelo crime de roubo, de flagelação por adultério e por consumo de álcool. Orientação similar foi seguida no Paquistão (1979), onde também se restabeleceu a imposição do *zakat*. Em 1980, a lei penal corânica foi reintroduzida na Mauritânia.

II. O ressurgimento islâmico assumiu nalguns países forma revolucionária, tornando-se em doutrina do Estado ou da classe política dominante.

Em 1979, no Irão, país de maioria xiita, a revolução liderada pelo aiatola Khomeini conduziu ao derrube do regime reformista do xá Reza Palevi, substituído por uma República islâmica teocrática, governada por um Conselho de Protectores, que, segundo a Constituição, está encarregado de assegurar a conformidade das leis e da governação com os princípios islâmicos. As prescrições religiosas (*fatwa*) retomaram autoridade. O direito penal corânico foi restabelecido.

No Afeganistão, país de maioria sunita, após a guerra civil que pôs termo a um governo de influência soviética, foi adoptada em 1990 uma Constituição que, embora subordinasse a lei aos princípios da religião islâmica, consagrava o pluralismo político e algumas liberdades. Entre 1996 e 2001, o poder político foi exercido pelos *taliban* (estudantes do saber islâmico), que instituíram o Emirato Islâmico do Afeganistão, chefiado por um Emir da Fé. O regime instaurou a aplicação estrita da xaria. Os efeitos mais espectaculares fizeram-se sentir na intolerância religiosa (de que é exemplo a destruição de estátuas budistas pré-islâmicas), nos costumes (proibição absoluta de fotografias e do cinema, de acesso à rádio, à televisão e à internet) e na discriminação contra as mulheres (interdição de trabalho fora do lar e da frequência das escolas, além de rigorosas medidas sobre o vestuário).

O retorno à xaria não se limita a estes casos limite, verificando-se um pouco por todo o mundo islâmico. O sinal mais evidente encontra-se nos textos constitucionais, onde, mesmo em Estados moderados, o papel da xaria como fonte de direito foi introduzido, reintroduzido ou reforçado.

A diversidade de sistemas jurídicos islâmicos na actualidade

I. Antes de mais, é indispensável distinguir:

- o direito islâmico (equivalente a xaria ou a *fiqh*, conforme o sentido em que a expressão é usada), sistema normativo de referência que actualmente não vigora exclusiva e integralmente em parte alguma do mundo;
- os direitos islâmicos (cujo conjunto constitui a família de direitos islâmicos, uma das três grandes famílias de direitos actuais), qualificação que atribuímos aos sistemas jurídicos em que a xaria é fonte de direito e o Islão é a religião do Estado;
- os direitos dos países islâmicos (onde a maioria ou uma forte minoria da população professa a religião islâmica); inclui sistemas jurídicos que não pertencem à família de direitos islâmicos (v.g. Turquia, Cazaquistão, Indonésia[21], Guiné-Bissau, todos eles mais próximos da família de direitos romano-germânicos).

A relação entre o direito islâmico (direito revelado) e os direitos islâmicos (efectivamente vigentes em cada um dos Estados islâmicos) tem alguma semelhança com a distinção entre direito natural e direito positivo, tal como é usada na ciência jurídica de raiz europeia.

II. Os direitos islâmicos, em sentido próprio, apresentam entre si, para além dos referidos elemento comuns e de semelhanças parcelares, múltiplas diferenças, por vezes profundas, em todos os traços característicos de um sistema jurídico. A sua indiferenciação só pode explicar-se pelo desconhecimento.

É ainda assim admissível, correndo embora riscos de simplificação, omissão, imprecisão e desactualização, distribuir os sistemas jurídicos islâmicos por vários grupos, conforme o grau de influência da xaria, combinado com a influência dos direitos europeus:

1.º grupo – sistemas com elevado grau de influência da xaria, abrangendo pelos menos o domínio dos direitos pessoal, familiar e penal[22]:

---

[21] A reintrodução oficial da xaria na província de Aceh, a partir de 2002, não constituiu mais do que uma concessão pela República da Indonésia às pretensões autonomistas.

[22] Sobre o direito penal islâmico, MOHAMED S. EL-AWA, *Punishment in Islamic Law: A Comparative Study*, Indianapolis, 1982.

Arábia Saudita, Oman, Qatar, Emiratos Árabes Unidos, Iémen, Líbia, Sudão, Irão, Paquistão[23];

2.º grupo – sistemas híbridos com marca romanista, em que a influência efectiva da xaria é, no essencial, restrita ao estatuto familiar: Marrocos[24], Argélia[25], Tunísia[26], Egipto[27], Jordânia, Síria, Líbano, Iraque[28], Kuwait[29], Mali, Chad, Guiné, Costa do Marfim, Níger, Senegal;

3.º grupo – sistemas híbridos de influência de *common law* combinada com estatuto familiar de base islâmica: Bangladesh, Malásia, Nigéria[30], Gâmbia.

---

[23] A influência fundamentalista está contida desde 1999, com a tomada do poder pelo general Musharraf.

[24] Obras gerais sobre direito marroquino: MOHAMMED JALAL ESSAÏD, *Introduction à l'étude du droit*, Rabat, 1992, reimp., 1994; MOHAMMED BENYAHYA, *Introduction générale au droit*, 3ª ed., Rabat, 2000; DIDIER MARTIN, *Droit civil et commercial marocain*, Casablanca, 1990.

[25] Cfr. NOUREDDINE HAMROUCHI, *Le droit algérien entre mimétisme et créativité*, Nice, 1990.

[26] Apenas na medida em que o Islão é a religião do Estado e se notam influências da xaria no direito sucessório.

[27] Sobre o direito egípcio, JOHN H. BARTON, *Introductory Note on Egypt and Egyptian Law*; MARY G. SWIFT, *Private Ordering in Egypt*, ambos em "Law in Radically Different Cultures" (org. John H. Barton e o.), St. Paul, Minn., 1983, p. 16 ss, p. 612 ss; SAMI ALDEEB ABU-SALIEH, *Le juge égyptien Ghurab assis entre deux chaises*, em "Perméabilité des ordres juridiques. Osmose zwischen Rechtsordnungen. The Responsiveness of Legal Systems to Foreign Influences", Zürich, 1992, p. 173 ss.

[28] O sistema jurídico iraquiano é difícil de qualificar, porque, embora a Constituição declare o Islão como religião do Estado e o Código Civil reconheça a xaria como fonte de direito, o sistema jurídico é predominantemente secular, admitindo-se que as leis do Estado contrariem o direito islâmico. Cfr. SAYED HASSAN AMIN, *The legal system of Iraq*, Glasgow, 1989, p. 560 s.

[29] Também com influência do *commom law*.

[30] A Constituição da Nigéria de 1999 reconhece indirectamente a xaria como parte integrante do estatuto pessoal da população muçulmana, na medida em que estabelece tribunais especiais para a decisão em recurso dos litígios correspondentes. Sobre o direito islâmico como fonte de direito na Nigéria, NIKI TOBI, *Sources of Nigerian Law*, Lagos, 1996, p. 135 ss; DANIEL C. BACH, *Applications et implications de la Charia: fin de partie en Nigeria*, Pouvoirs – Revue Française d'Études Constitutionnelles et Politiques, n.º 104, 2003, p. 121 ss.

3.º Fontes de direito

Elenco

I. Em todos os sistemas jurídicos islâmicos contemporâneos, são fontes primárias de direito, pacificamente aceites como tal:

– a Constituição;
– os Códigos e outras leis;
– a xaria.

II. Outras fontes de direito são também reconhecidas, em termos que variam de sistema para sistema.

O costume foi uma relevante fonte de inspiração de algumas regras da xaria e sempre tolerado por esta. Embora a sua importância actual seja decrescente, é aceite como fonte de direito, desde que não contrarie nem a xaria nem a lei estadual. Por exemplo, o artigo 288.º da Constituição da Nigéria garante o direito consuetudinário como integrante do estatuto pessoal de uma parte da população; o artigo 1.º do Código Civil do Egipto (de 1948) e o artigo 1.º do Código Civil da Argélia (de 1975), ambos em vigor, mandam aplicar o costume como direito supletivo. A vigência efectiva do costume mantém-se designadamente em relação aos povos berberes da Argélia e de Marrocos.

Com ressalva dos sistemas influenciados pelo *common law*, o papel da jurisprudência, tanto na aplicação da xaria como pelos tribunais do Estado, só recentemente foi realçado, em termos que não diferem no essencial da discussão travada nos sistemas romano-germânicos.

Não merece também dúvidas a relevância da doutrina, seja aquela que se construiu e constrói sobre a xaria (*fiqh*) seja aquela que se vem desenvolvendo em torno de cada um dos sistemas jurídicos actuais.

Constituição

I. Em quase todos os Estados islâmicos modernos existe uma Constituição concebida como lei fundamental do Estado, onde se dispõe acerca da organização do poder político e dos direitos dos cidadãos[31]. Na Arábia

---

[31] Quase todas as constituições de Estados islâmicos estão disponíveis na internet numa língua europeia ou mais.

Saudita, o Corão e a Suna constituem oficialmente a Constituição do Reino, nos termos do artigo 1.º da Lei Fundamental de 1992, mas esta tem conteúdo similar ao das Constituições de outros Estados islâmicos.

Não existe uma doutrina constitucional comum aos Estados islâmicos, porque, também neste domínio, talvez mais do que em nenhum outro, é necessário distinguir entre os princípios da xaria e a realidade, que variou ao longo da História e se caracteriza por uma forte diversidade actual.

A concepção islâmica maioritária sustenta a origem divina da soberania ou mesmo que a soberania só a Deus pertence. Só por delegação atribuída ao povo (sunismo) ou à família do Profeta (xiismo) a autoridade pode ser exercida pelo chefe, que detém tanto o poder temporal como o poder religioso. Não há contudo formas rígidas de escolha. A restauração do califado unitário não passa hoje de utopia. O islamismo nem impõe nem exclui a monarquia ou a república, a autocracia ou a democracia.

A consagração do islamismo como religião oficial do Estado e/ou a menção da xaria como fonte de Direito constam actualmente da Constituição de cerca de 30 países. São aliás estes traços que, independentemente da consagração formal, se consideraram como característicos para a qualificação como islâmico de um sistema jurídico.

Neste conjunto, são variadas as formas de organização política, mas a maioria das Constituições toma como referência a democracia. Nem sempre a esta palavra correspondem, na enunciação programática ou na aplicação efectiva, modelos políticos com eleições livres e pluripartidarismo[32]. Já se defendeu até que há um conceito diferenciado de "democracia conforme ao Islão".

Algumas constituições, como as da Argélia e da Mauritânia, declaram que "o povo é a fonte de todo o poder" e que "a soberania nacional pertence exclusivamente ao povo". Muito diferente é a máxima constante da Lei Fundamental da Arábia Saudita, segundo a qual "o poder do governo provém do Sagrado Corão e da tradição do Profeta".

II. As Constituições de Estados islâmicos consagram também, em graus e estilos diversos, um elenco de direitos fundamentais[33]. Algumas,

---

[32] Sobre o Islão e a democracia, ver no n.º 104, 2003, de Pouvoirs – Revue Française d'Études Constitutionnelles et Politiques, os seguintes artigos: ABDOU FICALI-ANSARY, *Islam, laïcité, démocratie*, p. 5 ss, AHMAD BEYDOUN, *Chiisme et démocratie*, p. 33 ss, MALIKA ZEGHAL, *Le gouvernement de la cité: un islam sous tension*, p. 55 ss; LAHOUARI ADDI, *Pluralisme politique et islam dans le monde arabe*, p. 85 ss.

[33] Sobre os direitos fundamentais nos sistemas jurídicos islâmicos, SAMI ALDEEB

730   *Carlos Ferreira de Almeida*

como a Constituição da Tunísia de 1956, adoptam fórmulas próximas das Constituições europeias. Outras não disfarçam o alcance restrito desses direitos. Um caso limite é o da Lei Básica da Arábia Saudita que, no artigo 26.º, declara que "o Estado protege os direitos humanos de acordo com as normas da xaria islâmica".

Os pontos críticos são geralmente a liberdade religiosa e a igualdade entre homens e mulheres, frequentemente omissos, vagos ou com limitações explícitas ou implícitas.

Por exemplo, o preceito que estabelece o princípio da igualdade é omisso em relação à não discriminação em função da religião em Constituições de Estados relativamente liberais como a Argélia (1996, artigo 29.º) e Marrocos (1996, artigo 8.º). Na Constituição do Irão, revista após a Revolução de 1979, os direitos dos não-muçulmanos são assegurados "em conformidade com os princípios da justiça e da equidade islâmicas" (artigo 14.º). Pelo contrário, a Constituição do Sudão (1998) que, no artigo 1.º, reconhece a minoria cristã, garante no artigo 24.º o direito de liberdade religiosa.

Mais problemática é ainda a igualdade em função do sexo[34]. No artigo 8.º da Constituição marroquina, declara-se, sem mais, que "o homem e mulher gozam de direitos *políticos* iguais". Na Constituição do Paquistão (de 1973, revista em 1985, artigos 25.º e 26.º), depois de se recusar "a discriminação *apenas* com base no sexo", explica-se que tal não prejudica "preceitos especiais para a protecção de mulheres e de crianças" ou sobre o seu "acesso a lugares públicos por razões que não sejam de exclusiva finalidade religiosa". Na Constituição do Irão, em que o princípio da não discriminação em função do sexo é também omisso, um preceito autónomo (artigo 21.º) "assegura os direitos das mulheres, em conformidade com critérios islâmicos", que, em concretização analítica, revelam clara conservação do seu tradicional papel na família.

ABU-SALIEH, *Les musulmans face aux droits de l'homme. Religion & droit & politique. Étude et documents*, Bochum, 1994; PATRÍCIA JERÓNIMO, *Os direitos do Homem à escala das civilizações. Proposta de análise a partir do confronto dos modelos ocidental e islâmico*, Coimbra, 2001.

[34] Sobre este ponto, ver também AZADEH KIAN-THÉBAUT, *L'islam, les femmes et la citoyenneté*, Pouvoirs – Revue Française d'Études Constitutionnelles et Politiques, n.º 104, 2003, p. 71 ss.

Códigos e outras leis

Já se viu que, na modernização dos direitos nos Estados muçulmanos a partir do século XIX, a legislação e a codificação desempenharam uma função prioritária. O ressurgimento islâmico não travou este processo, conformando o conteúdo de algumas leis mas não a continuidade da sua aprovação. A lei é actualmente, também nos sistemas jurídicos islâmicos, a principal fonte de direito. Nalgumas matérias (como o investimento estrangeiro, a arbitragem ou a propriedade intelectual) não há Estado islâmico que não disponha das suas próprias leis, sem grande oportunidade para o espírito da xaria se fazer sentir de modo significativo.

A codificação mantém-se, ou prossegue, com a revisão dos velhos códigos, a sua substituição ou a promulgação de novos códigos.

Os códigos civis têm âmbito variável. Uns, como o Código Civil do Irão[35] (de base xiita, mas estruturado à maneira do Código Civil francês), abrangem todo o direito civil, incluindo direitos reais, da família e das sucessões. Outros incluem apenas obrigações e contratos, como sucede em Marrocos (1995)[36]. A maioria exclui o estatuto pessoal (relações familiares e sucessórias), que é objecto de códigos autónomos[37]. Neste último modelo insere-se o Código Civil egípcio de 1948[38] (preparado por dois eminentes juristas, Sanhuri, egípcio, e Lambert, francês), onde é patente a intenção de consagrar instituições inspiradas pela xaria. Este código veio a influenciar outros códigos civis, como os da Síria (1949), do Iraque (1951), da Líbia (1954) e da Jordânia (1977)[39].

Alguns Estados dispõem de um conjunto de códigos tão completo como os de sistemas romano-germânicos. Assim, além dos países do norte

---

[35] *The Civil Code of Iran* (org. S.H.Amin), s/data (1988 ?); *The Civil Code of Iran*, trad. do persa por M.A.R.Taleghany, Littleton, 1995.

[36] *Code des obligations & contrats*, ed. bilingue em árabe e francês por Taïeb El Fssayli, 2000.

[37] Por exemplo, o Código do Estatuto Pessoal marroquino, aprovado em 1957 e alterado em 1993; ver MOHAMED CHAFI, *Code du statut personnel annoté (textes législatifs, doctrine et jurisprudence)*, Marrakech, 1996. O Código Civil argelino (há edição bilingue em árabe e francês editada pelo Ministério da Justiça em 1999), aprovado em 1975 e várias vezes alterado, inclui, além do direito das obrigações e dos direitos reais, também normas de conflitos e disposições gerais sobre as pessoas, mas o direito da família e das sucessões é regulado pelo Código da Família, de 1984 (há edição bilingue em árabe e francês editada pelo Ministério da Justiça em 1994).

[38] *The Egyptian Civil Code*, trad. por Perrot, Fanner & Sims Marshall, Cairo, 1949.

[39] Cfr. NABIL SALEH, *Civil Codes of Arab Countries: the Sanhuri Codes*, Arab Law Quarterly, 1993, p. 161 ss.

732 — Carlos Ferreira de Almeida

de África que sofreram o domínio francês, também, por exemplo, o Kuwait, onde vigoram os seguintes códigos: civil, de processo civil e comercial (1980), da família (1984), penal e de processo penal (1960).

A xaria como fonte de direito actual

I. Em todos os sistemas jurídicos islâmicos, as regras da xaria estão, de há muito, inseridas no conjunto mais vasto e complexo de fontes de direito, em relação complexa, e por vezes equívoca, com a lei e com outras fontes de direito de origem estadual.

No período da modernização, a aplicação da xaria foi expressamente convocada enquanto direito supletivo por alguns códigos civis ainda vigentes. Paradigmático a este respeito é o artigo 1.°, 2ª parte, do Código Civil do Egipto (1948), que dispõe:

> "Na falta de preceito de lei aplicável, o juiz decidirá de acordo com o costume e, na falta de costume, de acordo com os princípios do direito muçulmano. Na falta destes princípios, o juiz aplicará os princípios de direito natural e as regras da equidade".

Preceitos semelhantes constam dos códigos civis do Iraque (1951) e da Líbia (1953). O artigo 1.° do Código Civil da Argélia (1975) confere precedência ao direito muçulmano sobre o costume.

II. Sob este aspecto particular, o ressurgimento islâmico consistiu no reforço, formal e substancial, da xaria como fonte de direito.

Uma nova intensidade do apelo à sua aplicação encontra-se, por exemplo, no artigo 2.° do Código Civil dos Emiratos Árabes Unidos (1985), segundo o qual "para a interpretação dos preceitos deste Código, deve o juiz considerar os princípios e as fontes da xaria".

Sinal ainda mais forte e simbólico é porém o que resulta da letra das Constituições islâmicas, a maioria das quais, a par da declaração do Islão como religião oficial, inclui actualmente a afirmação de que a xaria constitui *uma* fonte principal de direito (Síria, Emiratos Árabes Unidos, Kuwait, Bahrain) ou mesmo *a* principal fonte de direito (Qatar, Yemen, Jordânia). Sintomática foi a alteração da Constituição do Egipto, de 1971, que, na revisão de 1980, substituiu a primeira pela segunda formulação[40].

---

[40] Cfr. SAMI ALDEEB ABU-SALIEH, *Le juge égyptien Ghurab assis entre deux chaises*, cit. na nota 27.

Direitos Islâmicos e "Direitos Cristãos" 733

Transcrevem-se a seguir alguns textos dos mais significativos:

"Todas as disposições legais e regulamentares de natureza civil, criminal, financeira, económica, administrativa, cultural, militar, política e outras se devem basear nos princípios islâmicos." (Constituição do Irão, de 1979, artigo 4.°)

"O Islão é a religião do Estado do Paquistão. As prescrições do Islão tal como constam do Sagrado Corão e da Suna são lei suprema e fonte de orientação para a legislação emanada do parlamento e das assembleias provinciais e para a política do governo." (Constituição do Paquistão, de 1985, artigo 2.°)

"Os tribunais devem aplicar as regras da Xaria Islâmica aos casos que lhes sejam submetidos, de acordo com o que está indicado no Livro e na Suna e nas leis decretadas pelo legislador que não contrariem o Livro ou a Suna." (Lei Fundamental da Arábia Saudita, de 1992, artigo 48.°)

III. Na generalidade dos Estados os programas de islamização da lei têm tido desenvolvimento irregular e até sinuoso. Dois exemplos verificados num país, o Egipto, que constitui uma espécie de charneira da evolução:

No sentido da islamização: A lei Jihane (1979) considerava o segundo casamento polígamo como fundamento de divórcio pelo prejuízo causado à primeira mulher, o que era interpretado como uma cláusula implícita de monogamia inserida no contrato de casamento. Depois de uma lei de 1985, adoptado sob a pressão das correntes tradicionalistas, é necessário que a primeira mulher faça a prova de efectivo prejuízo, material ou moral, o que na prática significa facilitar a poligamia.

No sentido da contenção da islamização: O artigo 226.° do Código Civil egípcio permite a cobrança de juros de mora. Em sentença proferida em 1985, o Tribunal Constitucional egípcio decidiu que este preceito não é inconstitucional por violação do artigo 2.° da Constituição que considera a xaria como a principal fonte de direito, porque este princípio responsabiliza o Governo em termos políticos e não em termos jurídicos, estando a sua implementação dependente de alteração expressa da legislação.

No mesmo sentido, um exemplo extraído do Código argelino da família de 1984 (artigo 8.°):

"É permitido contrair casamento com mais de uma esposa nos limites da xaria, se houver motivo justificado, se estiverem reunidas condições de equidade e após informação prévia das anteriores e das futuras esposas [...]."

A permissão da poligamia, enunciada nestes termos, é acompanhada de tais restrições que quase equivale à sua proibição.

Pode concluir-se que, em relação ao interesse e à necessidade de regresso ao sistema tradicional da xaria, o mundo islâmico actual está dividido entre seguintes correntes[41]:

- os integralistas ou tradicionalistas que denunciam a desadaptação à xaria do direito estadual e entendem que este deve ser substituído pelo direito islâmico; alguns islamistas extremos chegam ao ponto de recusar ou de advogar a recusa de aplicação do direito desconforme à xaria;
- os positivistas ou reformadores, que aceitam o *status quo*, preconizando a sua eventual modificação no sentido da islamização;
- os liberais ou laicos, que são contrários à reintrodução do direito islâmico.

Dualidade dos sistemas e hierarquia das fontes

Da exposição antecedente sobre as actuais fontes de direito nos sistemas jurídicos islâmicos podem extrair-se algumas conclusões.

I. Os direitos islâmicos actuais caracterizam-se pela coexistência, ora integrada ora parcialmente desarticulada, de duas ordens normativas com origem, fundamento, âmbito e natureza diferentes:

- a xaria, sistema de normas legitimado pela revelação, que ultrapassa a sua base religiosa para se projectar em toda a vida social;
- o direito positivo, de reconhecida origem humana, actualmente composto primordialmente por regras prescritas pelas autoridades estaduais, que regula, além de outras, também uma parte das mesmas relações sociais em diferente perspectiva.

Esta dualidade gera contradições, porque a profundidade da dimensão religiosa das sociedades islâmicas não evita no direito que efectivamente se aplica um certo recuo da normatividade intrinsecamente islâ-

---

[41] SAMI ALDEEB ABU-SALIEH, *Conflitos entre direito religioso e direito estadual em relação aos muçulmanos residentes em países muçulmanos e em países europeus*, Análise Social, n.° 146-147, 1998, p. 539 ss (trad. do original francês pelo autor do presente artigo).

mica; gera também conflitos normativos, porque, se a xaria completa a lei na ordem estadual, é ela própria a lei por excelência na ordem islâmica[42]; e gera finalmente ambiguidades, porque nem sempre existem normas que resolvam abertamente tais conflitos.

Tal dualidade é porventura mais óbvia no direito da família e das sucessões[43]. Mas a ela não escapa também o direito dos contratos[44], em que a lei ora convive com as regras da xaria e dela recebe influência, designadamente quanto à proibição de *riba*[45] e do contrato de seguro[46], ora a contradiz de modo claro ou sub-reptício.

Já se prognosticou até uma crise de identidade por que passam os direitos islâmicos[47], potenciada pelo desfasamento da re-islamização do

---

[42] N. HAMROUCHI, ob. cit., p. 283, 285.

[43] Cfr. *Le droit musulman de la famille et des successions à l'épreuve des ordres juridique occidentaux. Étude de droit comparé sur les aspects de droit international privé liés à l'immigration des musulmans en Allemagne, en Angleterre, en France, en Espagne, en Italie et en Suisse* (org. Sami Aldeeb & Andrea Bonomi), Zürich, 1999. Concebida como instrumento de direito internacional privado, esta obra colectiva, editada pelo Instituto Suíço de Direito Comparado, constitui igualmente uma qualificada fonte de informação sobre o direito material da família e das sucessões vigente em vários países islâmicos e sobre a sua coincidência ou divergência com o direito islâmico clássico.

[44] Sobre contratos em geral: S.E. RAYNER, *The Theory of Contracts in Islamic Law: a comparative analysis with particular reference to the modern legislation in Kuwait, Bahrain and the United Arab Emirates*, London, Dordrecht, Boston, 1991; NAYLA COMAIR--OBEID, *Les contrats en droit musulman des affaires*, Paris, 1995. Sobre aspectos mais específicos: NABIL SALEH, *Remedies for Breach of Contract under Islamic and Arab Laws*, Arab Law Quarterly, 1989, p. 269 ss; ID., *Definition and Formation of Contract under Islamic and Arab Laws*, Arab Law Quarterly, 1990, p. 101 ss; ADNAN AMKHAN, *Termination for Breach in Arab Contract*, Arab Law Quarterly, 1995.

[45] Sobre este ponto, incluindo a chamada "banca islâmica", cuja actividade se apresenta como adaptada às regras da xaria, IMTIAZ A. PERVEZ, *Islamic Finance*, Arab Law Quarterly, 1990, p. 259 ss; RODNEY WILSON, *Islamic Financial Instruments*, Arab Law Review, 1991, p. 205 ss; M.A. ANSARI-POUR, *Interest in International Transactions under Shiite Jurisprudence*, Arab Law Quarterly, 1994, p. 158 ss; MOHAMMAD LAWAL AMAHDU & IZZATULLAH, *Islamic Banking Laws: feasibility of implementation in Nigeria*, Islamic & Comparative Law Review, 1994, p. 113 ss; GIDEON MOORE, *Islamic Financing. How to introduce it into project finance*, The 1994 International Banking Law Conference, London, 1994; SHAMEELA CHINOY, *Interest-free Banking: the legal aspects of Islamic financial transactions*, Journal of International Banking Law, 1995, p. 517 ss.

[46] Cfr. SAMIR MANKABADY, *Insurance and Islamic Law*, Arab Law Quarterly, 1989, p. 199 ss; MASSUM BILLAH, *Life Insurance ? An Islamic view*, Arab Law Quarterly, 1993, p. 315 ss.

[47] M. BENYAHYA, ob. cit., p. 18.

direito e da emergência do integralismo religioso com a necessidade de aplicação de regras de direito essencialmente laicas.

II. Parece assim poder afirmar-se que, na actualidade e na prática, a lei é a principal fonte de legitimação do direito, mesmo no âmbito das matérias, como a família e as sucessões, em que a presença da xaria é mais forte.

Pode mesmo dizer-se que, para os muçulmanos de hoje, a lei é encarada com mais naturalidade do que a xaria enquanto fonte actual de direito. Na verdade, é a lei do Estado, com destaque para a Constituição, que faz referência à xaria (e não o inverso). Não é só a produção legislativa baseada na xaria que é considerada legítima e conveniente pelo menos desde o movimento codificador do século XIX. É a própria legitimação da xaria, e também do Estado, que por esta via se vêem reforçadas[48]. Nalguns sistemas jurídicos islâmicos não se estabelece sequer nenhum limite efectivo ao poder legislativo do Estado, mesmo que o seu exercício contrarie as tradicionais regras islâmicas[49].

III. Estas características tendenciais não excluem a admissibilidade de distinguir os direitos islâmicos actuais segundo a ordenação hierárquica das fontes comuns a todos. O resultado poderá ser a distribuição pelos três modelos seguintes:

- modelo liberal (de que era exemplo o direito iraniano anterior à revolução de 1979 e que persiste, no essencial, nos actuais direitos tunisino e marroquino), em que o topo da hierarquia é ocupado pela Constituição, seguindo-se, por esta ordem, a lei ordinária e a xaria (por vezes, no mesmo plano do costume);
- modelo intermédio (por exemplo, o actual direito egípcio), em que o topo da hierarquia é igualmente ocupado pela Constituição, invertendo-se depois a ordem das outras fontes, com precedência da xaria sobre a lei ordinária;
- modelo fundamentalista (por exemplo, os actuais direitos iraniano e saudita), em que o topo da hierarquia é ocupado pela xaria, seguindo-se a Constituição (quando exista) e as restantes leis.

---

[48] A. E. MAYER, *The Shari'ah...*, cit., p. 197; B.S.B.A. AL-MUHAIRI, *Islamisation and Modernisation within the UAE Penal Law: Shari'a in the modern era*, Arab Law Quarterly, 1996, p. 34 ss (p. 48 s).

[49] Cfr. nota 28.

É inevitável aproximar estes modelos das homólogas correntes liberal, reformadora e integralista, que antes se descortinaram a propósito da recusa ou do apelo de regresso à xaria . A diferença está em que os modelos agora sugeridos representam a orientação dominante em cada um dos direitos islâmicos, enquanto aquelas correntes se desenvolvem no interior de cada um dos Estados islâmicos, seja qual for o modelo oficial adoptado, e até noutros, como a Turquia, que não se devem considerar inseridos na família de direitos islâmicos.

4.° *Organização judiciária e profissões jurídicas*

Os tribunais do cádi

I. O cádi é o principal personagem da administração da justiça, o juiz, no direito islâmico tradicional.

Originariamente (desde a dinastia omíada, que dominou o mundo islâmico durante os séculos VII e VII), o cádi era o funcionário designado para administração da justiça pelo califa ou pelo governador local, a quem estava subordinado. Depois de lenta evolução, que prosseguiu até aos nossos dias, o cádi assumiu a qualidade de magistrado, dotado de uma certa independência, limitada porém pela nomeação pela autoridade política (sultão, rei, governo).

Os clássicos tribunais do cádi eram tribunais singulares, não hierarquizados, com competência para decidir qualquer litígio entre muçulmanos a que se aplicasse a xaria. As sentenças do cádi não tinham de ser fundamentadas, não formavam caso julgado, não admitiam recurso e não constituíam precedente.

Algumas destas características sofreram alteração, de modo a admitir, conforme as diferentes circunstâncias de tempo e de lugar, a jurisdição sobre não muçulmanos, a participação de mais de um juiz no mesmo tribunal ou uma dada organização hierárquica.

Diz-se, por vezes, que os tribunais do cádi são tribunais religiosos. Esta qualificação não é exacta. Melhor será dizer que são tribunais da xaria, ordem normativa que não se circunscreve a normas de índole religiosa. As expressões "tribunais da xaria" e "juízes da xaria" permitem aliás generalizar a referência, de modo a incluir outros tribunais islâmicos de natureza semelhante, ainda que na sua designação não entre a palavra "cádi", de origem árabe.

Os cádis não exercem apenas funções de natureza jurisdicional. Também têm (ou tiveram) funções de jurisconsulto (emissão de pareceres sobre questões compreendidas na xaria) e funções notariais (certificação da autenticidade de certos actos, como o casamento, o testamento, a doação, o repúdio e alguns contratos). Nesta última função, podem ser assistidos por um ou mais escrivães (*adul*, no singular, *adel*).

II. A modernização dos direitos islâmicos não atingiu apenas as fontes de direito. O declínio da xaria projectou-se também nas correspondentes instituições de aplicação. Os tribunais do cádi – alvo de críticas internas por permeabilidade à corrupção, preparação insuficiente dos juízes e indefinição de competências – viram naturalmente as suas funções reduzidas na exacta medida da ampliação das fontes de origem estadual.

Os cádis nunca tiveram aliás o monopólio da resolução de litígios nos países islâmicos. Com eles coexistiram ao longo dos tempos quer outras instâncias (de natureza administrativa ou policial) quer tribunais comunitários competentes para a aplicação de direito consuetudinário profano, que sempre foi mais ou menos tolerado. Durante o período da dominação política europeia em países como o Egipto e Marrocos, foram também criados, primeiro, tribunais consulares, exclusivamente constituídos por autoridades europeias e, depois, tribunais mistos, nos quais participavam juízes estrangeiros e nacionais, especialmente destinados à resolução de conflitos com (e entre) estrangeiros não muçulmanos através da aplicação de legislação moderna.

Mas os grandes concorrentes dos tribunais da xaria foram os tribunais estaduais, criados ou reorganizados em cada país islâmico, em situação de submissão ou no exercício da soberania, mas em qualquer caso estruturados à imagem dos Estados europeus, em especial daquele que sobre cada um desses países maior influência política e cultural exerceu. Gradual ou abruptamente, os tribunais do Estado foram substituindo os tribunais da xaria. Nalguns Estados, estes foram pura e simplesmente abolidos. Foi o que sucedeu na Turquia, em 1926, com Ataturk, e nos Estados integrados na URSS (1917) e na Albânia (1949), com a instauração dos regimes comunistas, mas também em Estados que se mantêm na família de direitos islâmicos, como a Tunísia (1955), o Egipto (1956), a Argélia (1965).

Este processo sofreu contudo nos últimos anos alguma involução, que, em cada Estado, exprime a maior ou menor intensidade da re-islamização. Os tribunais da xaria foram restabelecidos, por exemplo, no Irão e no Paquistão, em 1979.

Organização judiciária contemporânea

Com uma evolução assimétrica, a organização judiciária dos Estados islâmicos não tem actualmente uma fórmula única[50] nem sequer se vislumbra uma fórmula dominante. Comum a todos é apenas a existência de tribunais estaduais, estruturados hierarquicamente. Em comparação com o passado, é lícito todavia discernir dois grupos de sistemas:

1.° Sistemas de organização judiciária unitária, em que apenas se reconhecem tribunais estaduais que aplicam normas de qualquer natureza, incluindo normas da xaria.

Esta unidade sistemática não obsta à subsistência nalguns Estados de juízes com formação especial no *fiqh* ou de tribunais vocacionados para a aplicação da xaria, integrados porém numa estrutura judicial única.

2.° Sistemas de organização judiciária dualista, em que os tribunais da xaria, mantidos (v. g., na Arábia Saudita e noutros Estados da península arábica, na Nigéria) ou restabelecidos (Irão, Paquistão), coexistem com uma estrutura judicial estadual, de natureza secular.

A competência dos tribunais do cádi tende a coincidir com as áreas de vigência actual da xaria, isto é, o estatuto pessoal e, nalguns Estados, também uma parte do direito penal. Os tribunais estaduais têm competência para a decisão das restantes matérias. As duas estruturas podem ser independentes, mas também sucede nalguns Estados que os tribunais do cádi sejam tribunais de 1ª instância, dos quais se pode recorrer para os tribunais comuns.

Qualquer dos sistemas é compatível com a existência de um Tribunal Constitucional. É o que verifica em sistemas de organização judiciária unitária, como o Egipto e a Argélia (neste, Conselho Constitucional, de modelo francês), mas também em sistemas dualistas, como o Kuwait.

Profissões jurídicas e formação profissional

I. A dualidade essencial dos sistemas jurídicos islâmicos contemporâneos, em que a lei e outras fontes de direito de origem humana continuam a coexistir com a xaria, sistema normativo mais amplo e de origem

---

[50] Cfr., como exemplos, NATHAN J. BROWN, *The Rule of Law in the Arab World. Courts in Egypt and the Gulf*, Cambridge, 1997; MOHAMED EL HABIB FASSI FIHRI, *L'itinéraire de la justice marocaine*, Rabat, 1997.

740 Carlos Ferreira de Almeida

revelada, projecta-se na dualidade de perfil dos profissionais a quem compete a aplicação deste conjunto normativo complexo.

Por um lado, persistem os especialistas da xaria (cada um dos quais toma o nome de *alim*, *mullah* ou *fuqayah*, conforme a língua adoptada no respectivo país). Há quem os caracterize como sendo simultaneamente teólogos e juristas, mas uma tal duplicidade desvanece-se e resolve-se perante o carácter universal da xaria.

Nos tribunais do cádi, este deve ser muçulmano, do sexo masculino e púbere. As suas funções, que aos olhos dos não muçulmanos parecem quase sacerdotais, eram de início exercidas a título gratuito, mas admite-se actualmente que sejam remuneradas. Nos mesmos tribunais, só recentemente passou a ser permitida a intervenção de defensores.

Por outro lado, em todos os sistemas jurídicos islâmicos se foram criando e desenvolvendo profissões jurídicas laicas que exercem as suas funções em tribunais do Estado ou em aplicação do direito de fonte estadual. O elenco destas profissões (juízes, magistrados do Ministério Público, advogados, notários) e os traços essenciais dos respectivos estatutos indiciam geralmente a influência dos sistemas jurídicos dos Estados europeus que, em cada Estado islâmico, maior predomínio político exerceram.

A afirmação textual da independência dos juízes pode ter diferente significado e alcance. No limite, é possível, como sucede no artigo 46.º da Lei Básica da Arábia Saudita, declarar tal independência e, no mesmo preceito, acrescentar: "Não há controlo sobre as sentenças judiciais, excepto em caso de aplicação da xaria islâmica".

O surgimento da profissão de advogado foi tardio. Um marco histórico foi a sua admissão nos tribunais mistos criados no Egipto em finais do século XIX. Em tempos mais recentes, verifica-se, em vários países islâmicos, a proliferação de advogados, isolados ou em escritórios em que podem coabitar advogados muçulmanos, alguns dos quais com formação no estrangeiro (v.g. no Reino Unido, em França, nos Estados Unidos ou no Egipto), com advogados estrangeiros ou ligadas a grandes sociedades de advogados estrangeiras.

II. A formação dos juristas[51] reflecte e prepara esta mesma dualidade.

Nos países islâmicos, o Corão é recitado de cor nas escolas primárias e secundárias, onde se aprende também a *sira* (vida do Profeta), os hadites e os dogmas islâmicos. Mas a formação dos especialistas em xaria exige

---

[51] MAURICE FLORY & JEAN-ROERT HENRY (org.), *L'enseignement du droit musulman*, Paris, 1989.

estudos mais avançados que se adquirem geralmente em universidades islâmicas, de orientação proselitista, das quais a mais célebre é a Universidade de Al-Azar, no Cairo, onde se ensina não só direito mas toda a "ciência da revelação".

Não é esta todavia a formação mais comum dos juristas (magistrados e advogados) que na sua profissão vão aplicar preferencial ou exclusivamente direito positivo moderno. Este estuda-se em faculdades de direito ao estilo europeu.

Esta distinção não implica uma separação absoluta entre o estudo do *fiqh* e o estudo das fontes de direito laicas, ambos presentes tanto nas universidades islâmicas como nas faculdades de direito, sendo até possível obter, em algumas escolas superiores de ambos os tipos, licenciaturas mistas em xaria e em direito estadual.

A diferença consiste especialmente no modo como se encara o estudo do *fiqh*: como um dado da revelação, que pode ser enriquecido por *ijtihad*, nas universidades islâmicas, ou como simples fonte complementar ou exercício de direito comparado, nas faculdades de direito.

5.º Comparação entre os direitos islâmicos e os "direitos cristãos"

Questões metodológicas de comparação

I. A exposição subsequente pretende servir de síntese comparativa entre a família de direitos islâmicos, por um lado, e as famílias de direitos romano-germânicos e de *common law*, por outro. Trata-se portanto de um ensaio de "megacomparação", em que os termos da comparação são famílias de direitos consideradas já após o apuramento dos elementos convergentes dos sistemas jurídicos que as compõem.

Em relação aos direitos islâmicos, tal significa que, depois de salientada a sua pluralidade e diversidade, a atenção incida agora mais sobre os seus caracteres comuns. Isto não envolve qualquer alteração do alvo do estudo, que continua a ser formado por direitos vigentes. A circunstância de a xaria ser elemento comum a todos os direitos islâmicos não a transfigura em termo único da comparação. Além das diferenças materiais e funcionais que a xaria revela em cada um dos direitos islâmicos, uma hipotética comparação directa da xaria com direitos contemporâneos que não inserem elementos de uma ordem normativa correspondente ver-se-ia confrontada com objecções metodológicas sérias, por pôr em causa a

742 Carlos Ferreira de Almeida

opção pela comparação actual e sincrónica e reabrir o problema da comparabilidade [52].

Também em relação aos direitos romano-germânicos e de *common law*, é necessário fazer uma advertência. Sem prejuízo de uma ou outra comparação em separado, as duas famílias de direitos serão tomadas em conjunto, a partir das semelhanças e das tendências de aproximação que noutro lugar se detectaram[53]. A consideração conjunta das duas famílias de direitos vai mesmo ao ponto de se adoptarem designações comuns para os direitos que as compõem – seja através da expressão "direitos de origem europeia" (cuja marca histórico-geográfica recobre a pretensão de neutralidade) seja através da fórmula "direitos cristãos" (que se sabe ser tão ousada quanto discutível). Tal não significa qualquer inflexão na opinião assumida quanto à subsistência de diferenças relevantes entre os direitos das duas famílias. Corresponde apenas às exigências próprias deste específico objecto de comparação, em que a extensão e os contrastes internos só permitem resultados se a síntese se fizer em alto grau de generalidade e de simplificação.

II. Na comparação jurídica, sejam quais forem os termos em comparação, há sempre lugar para estabelecer semelhanças e diferenças, mas não há qualquer cânone metodológico que imponha perfeita simetria entre umas e outras.

Na comparação entre direitos romano-germânicos e direitos de *common law*, a tendência dos comparatistas tem sido a de salientar sobretudo as diferenças, quase todas incidentes em elementos de natureza técnico-jurídica, passando para segundo plano as semelhanças respeitantes a elementos metajurídicos e à concepção global de direito.

Na comparação entre os direitos islâmicos e o conjunto dos direitos europeus ou de raiz europeia, a posição relativa é exactamente a inversa, verificando-se as diferenças precisamente nos elementos em que o estudo comparativo dos direitos romano-germânicos e de *common law* revela maior semelhança. Não se prescindirá todavia de assinalar as semelhanças que, a este nível de generalidade, também podem ser detectadas.

A síntese comparativa que se segue ressente-se naturalmente das limitações e dificuldades já assinaladas no início do presente artigo em relação ao estudo dos direitos islâmicos.

---

[52] Cfr. o meu *Direito Comparado. Ensino e método*, cit., p. 65 s, 114.
[53] *Introdução ao Direito Comparado*, cit., p. 139 ss.

Diferenças entre os direitos islâmicos e os "direitos cristãos"

I. O principal contraste entre os direitos islâmicos e os direitos de raiz europeia verifica-se desde logo na concepção de direito.

É óbvio que a xaria não coincide actualmente com o sistema jurídico de qualquer Estado islâmico. É mesmo certo que nunca, em parte alguma, coincidiu com o direito vigente, antes completou, de variadas formas, direitos tribais ou estaduais. Não é menos certo porém que, em todos os direitos islâmicos e por definição destes, a xaria continua sendo fonte de direito.

Como se viu, a xaria é um conjunto normativo complexo, legitimado pela revelação, cuja base religiosa se projecta em toda a vida social. No âmbito próprio da xaria, não há distinção entre religião, moral e direito, entre actos religiosos e relações humanas, nem sequer entre direito canónico e direito civil (ou laico), expressões que só têm sentido noutro contexto.

A xaria vigora a diferentes títulos, em diferentes matérias e com diferente intensidade nos diferentes direitos islâmicos actuais.

A xaria pode ser invocada pela lei ordinária a título de direito supletivo ou consagrada pela Constituição como critério de interpretação da lei, como uma fonte de direito entre outras ou como a principal fonte de direito. Nalguns Estados, a Constituição explicita a necessidade de as leis se conformarem com a xaria ou nela se inspirarem.

Estas proclamações expressas não revelam por si só nem a extensão nem o modo de vigência nem o grau de influência efectiva da xaria no respectivo sistemas jurídico.

Nalguns sistemas islâmicos, a aplicação directa de regras da xaria subsiste em domínios concretos, por não existir norma concorrente de outra origem que regule a mesma matéria (por exemplo, sobre a admissibilidade e os limites da poligamia ou sobre a aplicação de certas penas).

Mais frequente é contudo que a aplicação da xaria se apresente diluída noutras fontes, servindo, em graus diversos, como fonte de inspiração da lei e dos costumes ou do modo pelo qual os tribunais aplicam as fontes de direito positivo. Não se pode também esquecer que o espírito do *fiqh* permanece na doutrina jurídica de todos os países islâmicos.

De forma directa ou indirecta e com graduações diversas, continua portanto a haver nos direitos islâmicos um lugar para o Corão, fonte revelada e origem primária de toda a xaria. Daqui resulta a subsistência nos modernos sistemas jurídicos islâmicos, mesmo quando considerados na globalidade das suas fontes, incluindo a lei e outras fontes laicas, de uma certa indistinção conceptual entre religião e direito.

744   *Carlos Ferreira de Almeida*

De modo simbólico e sintético, esta indistinção tem a mais clara expressão na consagração constitucional do Islão como religião do Estado. Quanto maior for a influência da xaria nos direitos islâmicos, maior é o predomínio desta concepção difusa do direito.

II. Bem diferente é, sob este aspecto, a concepção de direito nos sistemas jurídicos romano-germânicos e de *common law,* que convergem na distinção entre direito e outros sistemas normativos, tais como a religião, a moral e as normas de convivência social[54].

Esta observação não colide com a influência da religião e da moral cristãs, elemento metajurídico comum aos direitos destas duas famílias[55]. Na verdade, foi em ambiente cristão que a separação destas ordens normativas se gerou. Embora com antecedentes na filosofia e na prática greco--romanas, a máxima a partir da qual se desenvolveu está repetida em três dos quatro relatos evangélicos do Novo Testamento: "Dai a César o que é de César e a Deus o que é de Deus" (Mateus 22, 21; Marcos 12, 17; Lucas 20, 25).

A sua percepção, generalização e aplicação não foram nem imediatas nem lineares. A história dos povos cristãos está repleta de divisões e lutas cuja causa próxima ou remota esteve precisamente nas diferentes concepções sobre a separação entre direito e religião ou na sua projecção institucional: a separação entre o Estado e as Igrejas.

Mas nem estes episódios nem a inspiração religiosa (cristã) das doutrinas jurídicas dominantes durante muitos séculos na Europa impediram a progressiva distinção institucional e cultural, cujo marco decisivo coincide com o advento do liberalismo e com a crescente implantação do laicismo a partir da Revolução Francesa. No limite máximo, compreende a permissão do ateísmo e da sua difusão programática.

Não é por isso paradoxal afirmar simultaneamente que há uma concepção cristã do direito e que, na formulação actual dominante dessa concepção, o direito se distingue claramente da religião – da religião cristã ou de qualquer religião. Pode mesmo afirmar-se que, histórica e culturalmente, o direito, enquanto ordem normativa social e laica, racional e humanista, constitui um conceito cristão ou, com mais rigor, um conceito de origem greco-romano-cristã.

---

[54] Ver, a propósito, INOCÊNCIO GALVÃO TELLES, *Introdução ao Estudo do Direito*, II, 10ª ed., Coimbra, 2000 p. 115 ss.

[55] I. GALVÃO TELLES, ob. cit., p. 233, menciona a "tradição cristã" como elemento ideológico comum aos direitos anglo-americanos e romanistas.

É esse conceito que os cristãos – primeiro os europeus e depois também os norte-americanos – vêm, desde há séculos, a divulgar (e, por vezes, a impor) a outros povos, incluindo, desde meados do século XIX, aos povos de religião islâmica. Neste contacto e neste confronto, tem-se usado, para o direito e para outros componentes da vida social, o eufemismo de "civilização ocidental", que, com um erro geográfico óbvio (Praga ou Sidney não estão a ocidente de Argel ou de Marraquexe !), disfarça o que, na verdade, constitui um conjunto de concepções cristãs, ou, com mais rigor, de concepções geradas em contexto cristão.

III. Estas diferentes concepções criam dificuldades na comparação entre as ordens normativas vigentes nos países cristãos e nos países islâmicos. A própria palavra "direito" é equívoca, porque, se tem um âmbito razoavelmente preciso quando aplicada aos primeiros, tanto pode ser usada, em relação aos segundos, com um sentido equivalente como ter um sentido mais amplo em que se incluem também normas que, nos países cristãos, têm outra natureza (religiosa ou moral).

A solução a adoptar consiste no uso do critério funcional, considerando na comparação apenas as normas e as instituições relativas a questões e a necessidades comuns aos sistemas em comparação, sem escamotear que a qualificação originária do que é "direito" radica na concepção de que está imbuído o comparatista de formação cultural cristã.

Observe-se, por último, que o contraste entre as concepções cristã e islâmica não tem, apesar de tudo, contornos que sejam sempre precisos e absolutos.

Por um lado, a vivência sócio-económica, em geral, e a configuração das instituições jurídicas islâmicas, em especial, sofreram, durante a segunda metade do século XIX e a primeira metade do século XX, uma influência da cultura europeia que tem sido contrariada, mas não suprimida, pelos esforços do ressurgimento islâmico. A neutralidade laica foi até cultivada em certos Estados islâmicos. De qualquer modo, o contínuo e crescente papel da legislação nos direitos islâmicos é veículo privilegiado para sustentar o progresso da concepção de direito gerada em ambiente cristão.

Por outro lado, no campo cristão, o laicismo e a separação entre religião e direito não podem ser exacerbadas. Nem a influência do cristianismo desapareceu completamente dos direitos dos países cristãos, nem a separação entre religião e direito é uniforme.

A invocação de Deus persiste em alguns juramentos políticos e judiciais e em textos constitucionais (v. g. no preâmbulo das constituições da

746   *Carlos Ferreira de Almeida*

Irlanda[56], da Grécia[57] e de todos os Estados norte-americanos[58]). Nalguns Estados europeus é reconhecida uma relação privilegiada do Estado com uma igreja (por exemplo, a igreja ortodoxa na Grécia, a igreja luterana na Dinamarca, a Igreja da Inglaterra, da qual a Rainha de Inglaterra é a "suprema governadora"). Noutros Estados, o direito canónico continua a aplicar-se à formação e à dissolução do casamento.

Além disso, há certas instituições em que, sob o manto de critérios morais ou até jurídicos, facilmente se vislumbra uma marca religiosa. Recordem-se, no plano da política legislativa, as polémicas sobre o aborto, o divórcio ou a união de facto e, no plano dogmático, a discussão sobre o direito natural ou sobre o âmbito dos bons costumes. A acesa divisão de opiniões não chega para excluir que, numa parte delas, se mantêm reminiscências da indistinção entre religião e direito ou, pelo menos, de subordinação axiológica do direito à religião.

Nos direitos islâmicos, a revelação é, em maior ou menor grau, fonte necessária de direito. Nos direitos cristãos, a revelação foi abolida do catálogo oficial das fontes de direito, mas vislumbra-se, aqui e acolá, como inspiradora de comportamentos regulados pelo direito e como critério da sua legitimação.

IV. Apesar das diferenças, por vezes acentuadas, de sistema para sistema, mesmo dentro da mesma família, a lei, a jurisprudência, a doutrina e o costume são fontes de direito comuns às três famílias de direitos[59]. Nos direitos islâmicos, há mais uma fonte de direito: a xaria. Nesta diferença do elenco das fontes de direito radicam não só a diferente concepção de direito já anotada como todas as outras diferenças que a seguir se assinalam.

---

[56] *In the name of the Most Holy Trinity, from Whom is all authority and to Whom, as our final end, all actions both of men and States must be referred, We, the people of Eire, Humbly acknowledging all our obligations to our Divine Lord, Jesus Christ, Who sustained our fathers through centuries of trial [...].*

[57] *In the name of the Holy and Consubstantial and Indivisible Trinity.*

[58] Por exemplo, na constituição do Estado da Florida: *being grateful to Almighty God for our constitutional liberty.*

[59] Para uma comparação das fontes em sistemas pertencentes às três famílias de direito, sob a perspectiva de um jurista iraniano, ver PARVIS OWSIA, *Sources of Law under English, French, Islamic and Iranian Law – a comparative review of legal techniques*, Arab Law Quarterly, 1991, p. 33 ss.

Direitos Islâmicos e "Direitos Cristãos" 747

O acréscimo do elenco das fontes de direito é também determinante da sua hierarquia naqueles Estados islâmicos que colocam a xaria em plano superior à lei, incluindo a Constituição.

Já o papel relativo das fontes estaduais (a lei e a jurisprudência) não é influenciado pela presença da xaria, reflectindo antes o predomínio relativo de uma ou de outra conforme a natureza da herança cultural e até linguística (romano-germânica ou anglo-saxónica) deixada em cada um dos Estados islâmicos pelo Estado colonizador ou protector.

V. A presença mais ou menos forte da xaria explica ainda que, em comparação com os direitos cristãos, predominem as formas autocráticas de organização do poder político. Mesmo quando oficialmente se proclama a democracia, esta não assume a forma representativa e pluripartidária que se reconhece na quase totalidade dos sistemas jurídicos de matriz europeia e norte-americana. A separação de poderes e, muito menos, a separação entre Estado e autoridades religiosas não fazem parte dos caracteres comuns dos direitos islâmicos.

Apesar de uma proclamada (ou nem isso) concepção islâmica dos direitos fundamentais, o elenco destes e a sua prática é muito mais restrita nos direitos islâmicos do que nos direitos cristãos. As omissões mais frequentes respeitam à liberdade religiosa e ao estatuto das mulheres.

Qualquer destas diferenças se pode explicar pela relevância que, na concepção cultural cristã e humanista, assume o papel do indivíduo perante a sociedade em oposição com a ideia islâmica de subordinação dos interesses individuais aos interesses comunitários.

VI. Não há um modelo de organização judiciária típico dos direitos islâmicos. Também aqui as diferenças provêm mais de influências externas ao mundo islâmico do que de factores intrínsecos do islamismo. Mas o reconhecimento da xaria determina ainda a necessidade de alguma especialização dos tribunais, até ao limite da persistência de tribunais em que a religião e o direito permanecem indistintos, assim como de profissões jurídicas com formação específica nas matérias em que a xaria é fonte autónoma de direito.

Especializações profissionais com base em critérios homólogos não têm correspondência nos direitos romano-germânicos e de *common law*. O caso mais próximo é porventura o dos juristas que, em países católicos, se dedicam a situações em que o direito canónico é aplicável.

Carlos Ferreira de Almeida

Semelhanças entre os direitos islâmicos e os "direitos cristãos"

I. Apesar destas diferenças, fica ainda espaço significativo para as semelhanças entre os direitos islâmicos e os caracteres comuns dos direitos romano-germânicos e de *common law*.

Em primeiro lugar, nem tudo é diferente na concepção do direito. Em confronto com os direitos do Extremo-Oriente (Japão e China), onde o direito desempenha um papel menor na vida social, não merecendo grande reputação, tanto nos países islâmicos como nos cristãos o direito desfruta geralmente de elevado prestígio e é considerado como um dos mais dignos meios de regulação de comportamentos e de resolução de conflitos. Nos direitos islâmicos, a origem revelada da xaria não deixa naturalmente de contribuir de modo positivo para esta concepção.

Outras semelhanças têm origem e incidência em certos aspectos de natureza política ou económica, que tendem a ser uniformes em todo o mundo contemporâneo. Nelas se podem incluir a base estadual da organização política e as soluções jurídicas materiais decorrentes da economia de mercado e do comércio internacional.

II. No plano dos factores técnico-jurídicos, relembrem-se a coincidência das fontes de direito (com ressalva da xaria), o predomínio da lei, a escassa importância do costume (elemento que faz a diferença com os sistemas jurídicos da África ao sul do Sara), a estrutura hierarquizada dos tribunais, a aproximação das categorias de profissões jurídicas, com destaque para os magistrados e os advogados, a exigência generalizada de formação universitária para estes profissionais.

Lisboa, Fevereiro de 2003

A ORDEM JURÍDICA INTERNACIONAL EM TRANSIÇÃO? MULTILATERALISMO *VS.* UNILATERALISMO E A INTERVENÇÃO MILITAR NO IRAQUE

PATRÍCIA GALVÃO TELES*

SUMÁRIO: 1. Introdução. 2. Como é a que a ordem jurídica internacional lida com a violação dos seus princípios fundamentais? 3. As reacções da comunidade internacional nas principais "crises" do final do Séc. XX / início do Séc. XXI. 3.1. *Kosovo (1999);* 3.2. *Timor-Leste (1999);* 3.4. *Chechénia (2000);* 3.4. *Palestina (2000-2002);* 3.5. *O 11 de Setembro e a intervenção militar no Afeganistão (2001-2002);* 3.6. *Iraque (2003).* Conclusão.

1. Introdução

Desde pequena que ouço contar em casa a história do famoso caso de Portugal contra a Índia no Tribunal Internacional de Justiça, a propósito do direito de passagem sobre o território indiano para os enclaves de Dadra e Nagar-Aveli.

Pouco tempo depois de Portugal ter obtido em 12 de Abril de 1960 uma sentença[1] favorável às suas pretensões, em que o Tribunal Internacional de Justiça reconheceu o reclamado direito de passagem bem como a soberania de Portugal sobre estes enclaves que a Índia contestava, e que ficou famosa por nela ter sido reconhecida a figura do "costume bilateral", a União Indiana invadiu e anexou em 1961 os territórios portugueses na Índia.

---

* Professora dos Departamentos de Direito e Relações Internacionais da Universidade Autónoma de Lisboa. Doutora em Direito Internacional Público.

[1] *Case concerning the right of passage over Indian territory, ICJ Reports* 1960, 6.

Confrontado com esta intervenção unilateral com recurso à força apenas poucos meses após o principal órgão judicial das Nações Unidas ter confirmado a soberania portuguesa sobre estes territórios no continente indiano, o Professor Inocêncio Galvão Telles – advogado principal de Portugal no processo no Tribunal Internacional de Justiça – terá sentido num primeiro momento que o seu trabalho fora em vão, que não tinha valido a pena e que o direito cedia facilmente perante a força, reconhecendo contudo que a importância da decisão judicial se iria manter mesmo após estes acontecimentos, quer pelo seu impacto na teoria geral do direito consuetudinário, quer pelo reconhecimento da soberania portuguesa de então.

Passados mais de 40 anos sobre este episódio, a questão da relação entre o direito e a força é uma vez mais incontornável. Este texto foi terminado poucos dias após se ter iniciado em Março de 2003 uma intervenção militar no Iraque, liderada pelos Estados Unidos da América e sem autorização prévia por parte do Conselho de Segurança das Nações Unidas.

No caso da intervenção unilateral da União Indiana, que culminou com a anexação de Goa e dos restantes territórios sob soberania portuguesa na Índia,[2] o Conselho de Segurança encontrou-se bloqueado perante o veto da União Soviética, apesar de ter existido formalmente um projecto de resolução condenatória, que exigia um cessar-fogo e a retirada das forças indianas, apresentado pelos Estados Unidos, Reino Unido, França e China. Contudo, muitos Estados – incluindo Portugal, embora apenas em 1974 – e mesmo as Nações Unidas reconheceram ou aquiesceram na anexação, em nome da autodeterminação. Disse-se a propósito deste caso que mesmo que o princípio da autodeterminação não tenha justificado o uso da força, justificou a aceitação tácita da anexação.[3]

---

[2] Ver, em geral, Q. WRIGHT, "The Goa incident", *AJIL* 56 (1962) 617-32. Sobre a importância deste caso foi dito que: "*It is possible that the real turning point in the approach to self-determination was not the 1960 Declaration on Colonialism, but the crisis of Goa the following year where the abstractions of the Resolution were put to the test.*" H. A. WILSON, *International law and the use of force by national liberation movements* (1988) 70.

[3] "*The significance of self-determination in this context is not so much that it cures illegality as that it may allow illegality to be more readily accommodated through the process of recognition and prescription, whereas in other circumstances aggression partakes the nature of a breach of* jus cogens *and is not, or not readily, curable by prescription, lapse of time or acquiescence.*" J. CRAWFORD, *The creation of States in international law* (1979) 113.

A intervenção militar unilateral no Iraque volta a colocar a questão de saber que ordem jurídica internacional temos hoje e qual o papel do direito nas relações internacionais.

É isso que pretendemos aqui discutir, a partir de uma análise da reacção da comunidade internacional às últimas seis grande crises do final do Século XX / início do Século XXI: Kosovo, Timor-Leste, Chechénia, Palestina, 11 de Setembro/Afeganistão e Iraque.

Se até há bem pouco tempo o comentário de W. Shawcross – *"a new global architecture is being built upon the international system that was constructed after the Second World War. The final structure is still unknown, but the shape is becoming clearer"*[4] – parecia fazer sentido e demonstrava que algo se estava a construir no sentido do multilateralismo, hoje em dia esta ideia parece estar mais do que nunca posta em causa.

Vamos assim analisar de forma suscinta como é que o direito internacional tem funcionado recentemente face à ilegalidade e se estamos a caminhar no sentido do unilateralismo ou do multilateralismo no sistema jurídico internacional. Como veremos, detectam-se sinais contraditórios no sentido da institucionalização das reacções da comunidade internacional face à violação dos seus interesses fundamentais, mas também demonstrações preocupantes de unilateralismo nas reacções às crises mais relevantes dos últimos cinco anos.

2. Como é a que a ordem jurídica internacional lida com a violação dos seus princípios fundamentais?[5]

Parece-nos indubitável que existe hoje um verdadeiro sistema jurídico internacional,[6] um conjunto coerente de princípios, normas e regras que regem a conduta dos Estados e dos outros sujeitos de direito interna-

---

[4] W. SHAWCROSS, *Deliver us from evil – Warlords and peacekeepers in a world of endless conflict* (2000) 373.

[5] Sobre esta questão em geral ver a nossa dissertação de doutoramento (não publicada): P. GALVÃO TELES, *East Timor and International Law: A contribution to the study of how the international legal order deals with the violations infringed upon it* (2002).

[6] Cf. G. ABI-SAAB, "Cours général de droit international public", *RCADI* 207 (1987- -VII) 9-464; R. HIGGINS, "International law and the avoidance, containment and resolution of disputes. General course in public international law", *RCADI* 230 (1991-V) 9-342 e J. M. PUREZA, "O lugar do Direito num horizonte pós-positivista", *Política Internacional* 18 (1998) 79-91.

752   *Patrícia Galvão Teles*

cional. Recorrendo às expressões de Jean Combacau, o direito internacional não será assim um *bric-a-brac*, mas um sistema de normas.[7]

A ordem jurídica internacional contemporânea tem os seus pilares essenciais assentes na Organização das Nações Unidas, criada em 1945, cuja Carta proclama os princípios fundamentais que devem nortear a conduta dos Estados, tais como a igualdade soberana, a proibição do uso da força, o respeito pelo direito de autodeterminação dos povos e o dever de não interferir nos assuntos internos dos outros Estados. É evidente que neste sistema existem normas mais primordiais do que outras, formando uma hierarquia. Aqueles princípios, juntamente com o princípio do respeito pelos direitos humanos, estão certamente entre as normas constitutivas da comunidade internacional e beneficiam de um regime especial que se tem vindo a desenvolver ao longo dos últimos cinquenta anos baseado nas ideias de *jus cogens*, obrigações *erga omnes* e violações graves de obrigações que derivam de normas imperativas de direito internacional geral.[8]

Sendo um verdadeiro sistema, para além do seu conteúdo normativo, o direito internacional prevê também consequências para a violação das regras que impõe. A violação do direito internacional pode ser definida *lato sensu* como um acto ou comportamento de um sujeito de direito internacional (Estado, organização internacional, indivíduo, etc.) contrário a uma norma ou obrigação internacional.

O maior desafio que se coloca hoje à ordem jurídica internacional é o da sua implementação, sobretudo nos casos em que estão em causa os interesses, não dos Estados individualmente considerados, mas da comunidade internacional. Se é relativamente fácil dizer que uma norma existe e que foi violada, não o será a saber quais as consequências de tal violação, quem deve determinar a sua existência e quem deve impor tais consequências.

Costumam distinguir-se as consequências da violação do direito internacional em substantivas e instrumentais.[9] O seu objectivo fundamental é o de permitir a restauração da ordem jurídica violada, repondo a legalidade

---

[7] J. COMBACAU, "Le droit international: bric-a-brac ou système?", *Archives de Philosophie du Droit* (1986) 85 ss.

[8] P. GALVÃO TELES, "Obligations *erga omnes* in international law", *Revista Jurídica da Associação Académica da Faculdade de Direito de Lisboa* 20 (1996) 73-137 e *East Timor and International Law: A contribution to the study of how the international legal order deals with the violations infringed upon it* (2002).

[9] Esta distinção foi estabelecida pela Comissão do Direito Internacional durante os seus trabalhos de codificação sobre a responsabilidade internacional dos Estados. De acordo com um dos relatores especiais nesta matéria, ARANGIO-RUIZ "*substantive consequences are the rights and duties of the parties pertaining to cessation and reparation* lato

A Ordem Jurídica Internacional em Transição?   753

e apagando as consequências da ilegalidade. De forma breve, pode dizer-se que as consequências a violação de uma norma ou obrigação internacional são as: *"conséquences juridiques que le système attache à la violation de ses normes, car ces conséquences fournissent les moyens ou titres juridiques justifiant un recours éventuel aux voies d'éxecution et déterminent en fin de compte les configurations de la prestation juridique qui fera l'objet de cette éxecution."*[10]

As consequências substantivas serão então essencialmente as seguintes:[11] a) a invalidade do acto, ou a neutralização dos seus efeitos jurídicos; e/ou b) a ilicitude da conduta, geradora da responsabilidade internacional do autor da violação e eventualmente autorizadora do recurso a medidas coercitivas individuais ou colectivas.

É claro que estas generalizações não são tão fáceis de manter na prática e são frequentes os casos em que um acto pode ser considerado simultaneamente inválido e gerador de responsabilidade internacional.[12]

O verdadeiro problema reside em saber quem determina que ocorreu uma violação do direito internacional, quer estejamos face a uma nulidade ou perante um caso de responsabilidade internacional. Como referem Combacau e Sur: *"Toute violation du droit doit donc être établie, ce qui soulève aussitôt un double problème. D'abord de compétence, et accessoirement de procédure: qui peut constater, et suivant quelles modalités, une telle violation?"*[13]

O Conselho de Segurança e a Assembleia Geral das Nações Unidas[14]

---

sensu, *whereas instrumental consequences are those related to the rights or facultés relating to the ways and means – the instrumentalities – by which an injured State may seek to obtain cessation and reparation or impose a sanction against the law-breaking State"*. G. ARANGIO-RUIZ, "Countermeasures and dispute settlement: the current debate within the ILC", *EJIL* 5 (1994) 20-53, 21.

[10] G. ABI-SAAB, "Cours général de droit international public", *RCADI* 207 (1987-VII) 287.

[11] *Idem* 291.

[12] J. VERZIJL "La validité et la nullité des actes juridiques internationaux", *Revue de Droit International*, 15 (1935) 284-339, 291.

[13] J. COMBACAU e S. SUR, *Droit International Public* (1993) 202.

[14] O. SCHACHTER, "The quasi-judicial role of the Security Council and the General Assembly" *AJIL* 58 (1964) 960-65; R. HIGGINS, "The place of international law in the settlement of disputes by the Security Council" *AJIL* 64 (1970) 1-18; V. GOWLLAND-DEBBAS, "Collective responses to the unilateral declarations of independence of Southern Rhodesia and Palestine: an application of the legitimising function of the United Nations" *BYIL* 61 (1990) 135-153 e "Security Council enforcement actions and issues of State responsibility" *ICLQ* 43 (1994) 55-98.

têm desempenhado frequentemente este papel, mas nem sempre numa base coerente. O Tribunal Internacional de Justiça também, mas apenas pode fazê-lo nos casos em que é chamado a decidir. Compete sobretudo, assim, a cada Estado determinar se existiu ou não uma violação do direito internacional.

Devido à descentralização intrínseca da comunidade internacional, é difícil obter-se uma decisão vinculativa de que ocorreu uma violação do direito internacional, e muito espaço é desta forma deixado à auto-interpretação dos Estados. Na ordem jurídica internacional, os sujeitos de direito internacional, como os Estados, e também as organizações internacionais, como as Nações Unidas, desempenham em simultâneo os poderes que na ordem interna se encontram divididos pelos diversos órgãos de soberania: o poder executivo, o judicial e o legislativo.[15]

A integridade do sistema internacional pode ser assegurada através de uma panóplia variada de meios, designadamente judiciais e extra-judiciais, que podem ser de carácter unilateral ou colectivo e de natureza coercitiva ou não, a que podem recorrer o Estado interessado, terceiros Estados ou até a comunidade internacional no seu conjunto. Estamos a falar de meios unilaterais como os protestos diplomáticos, o não-reconhecimento, a legítima defesa e as contramedidas económicas, ou colectivos como as sanções, o não-reconhecimento colectivo ou até o uso da força pelas Nações Unidas ou por estas autorizado.[16]

Dependendo da norma violada e do interesse que ela protege, pode justificar-se uma reacção por parte do Estado directamente afectado, por um conjunto de Estados mesmo que não directamente afectados ou até por parte da comunidade internacional, cuja vontade institucional se pode resumir à actuação das Nações Unidas, designadamente do seu Conselho de Segurança.

Estes meios de reacção são todas as medidas que podem ser tomadas em conformidade com o direito internacional para repor a legalidade. É evidente que os Estados serão os principais agentes para repor a legalidade internacional,[17] mas as organizações internacionais têm também um papel muito relevante a desempenhar.

---

[15] G. ABI-SAAB, "Cours général de droit international Public", *RCADI* 207 (1987-VII).

[16] A. Cassese, *International law in a divided world* (1986) e G. ABI-SAAB, "The concept of "international crimes" and its place in contemporary international law", *in* J. H. H. WEILER, A. CASSESE e M. SPINEDI (eds.) *International crimes of States – a critical analysis of the ILC's draft Article 19 on State responsibility* (1989) 141-150.

[17] T. STEIN, "Decentralized international law enforcement: the changing role of the

A Ordem Jurídica Internacional em Transição? 755

Uma coisa parece, no entanto, clara: as medidas coercitivas puramente unilaterais não são admissíveis perante o direito internacional contemporâneo, uma vez que as Nações Unidas – e designadamente o Conselho de Segurança – detêm o monopólio do uso da força e tal monopólio foi-lhes atribuído pelos Estados membros da comunidade internacional.[18] Assim, salvo no caso das excepções consagradas na Carta das Nações Unidas e na prática internacional, o recurso à força tem de ser colectivo ou, pelo menos, precedido de uma autorização colectiva.

A Carta das Nações Unidas propôs um sistema de segurança colectiva que, na prática nunca foi implementado durante a guerra fria, dado o veto potencial ou efectivo dos seus membros permanentes. Entre 1945 e 1990, o Conselho de Segurança impôs sanções obrigatórias apenas em dois casos, respectivamente em relação ao regime minoritário da Rodésia do Sul e ao apartheid na África do Sul. Ao mesmo tempo, as Nações Unidas criaram um novo instrumento – as operações de manutenção da paz, também conhecidas como operações ao abrigo do Capítulo VI e meio[19] – para colmatar a inoperância do Capítulo VII.

Os anos 80 foram marcados por reacções unilaterais à ilegalidade, enquanto nos anos 90 se caminhou, desde a intervenção militar após a invasão do Kuwait pelo Iraque, para um crescente colectivismo ou multilateralismo.

Com o fim da Guerra Fria, as reacções colectivas às violações do direito internacional tornaram-se muito mais intensas, sobretudo a partir da reacção da comunidade internacional à invasão do Kuwait pelo Iraque, em que pela primeira vez o Conselho de Segurança autorizou o uso da força para pôr fim a essa situação, embora o tenha feito a uma coligação da Estados. O Conselho de Segurança determinou posteriormente a aplicação de sanções ou outras medidas envolvendo ou não o uso da força em relação à Líbia, Ex-Jugoslávia, Somália, Libéria, Sudão, Haiti, Angola, Ruanda,

---

State as law enforcement agent" *in* J. DELBRÜCK (ed.), *Allocation of law enforcement authority in the international system* (1995), 107-26; L. SICILIANOS, *Les réactions décentralisées à l'illicite – des contre-mesures à la légitime défense* (1990); e G. ABI-SAAB, "Interprétation et auto-interprétation – quelques réflexions sur leur rôle dans la formation et la résolution du différend international" *in Rech zwischen Umbruch und Bewahrung – Festschrift fur Rudolf Bernhardt* (1995) 9-19.

[18] M. C. MARQUÉZ-CARRASCO, *Problemas actuales sobre la prohibición del recurso a la fuerza en derecho internacional* (1998).

[19] Cf. *Certain Expenses of the United Nations*, *ICJ Reports* 1962, 151. O Tribunal Internacional de Justiça considerou que estas operações não eram *"enforcement actions within the compass of Chapter VII of the Charter."*

Timor-Leste, Serra Leoa, República Democrática do Congo, Afeganistão, Etiópia e Eritreia.

Na maioria dos casos em que o uso da força foi autorizado, não o foi no sentido do conceito original da Carta, mas através de autorizações a coligações de Estados membros ou a organizações regionais como nos casos do Iraque, Haiti, Ruanda, Jugoslávia, Kosovo e Timor-Leste.[20]

Esta prática do Conselho de Segurança revelou o início de uma evolução no sentido da defesa colectiva e multilateral[21] dos valores fundamentais para a comunidade internacional como são a proibição do uso da força e da agressão, a não-intervenção nos assuntos internos dos outros Estados, a autodeterminação e também o respeito pelo direito internacional humanitário e pelos direitos humanos.

Como se disse, esta prática internacional contrastou nitidamente com a dos anos 80, que consistiu essencialmente em reacções individuais ou regionais contra, por exemplo, a intervenção soviética no Afeganistão, o ataque contra a Embaixada dos Estados Unidos em Teerão, a declaração polaca da lei marcial ou a intervenção argentina nas Falkland,[22] embora todos estes casos tenham sido precedidos de uma tomada de posição pelas Nações Unidas (Conselho de Segurança, Assembleia Geral, Secretário--Geral ou Comissão dos Direitos Humanos).

Mas o modelo tipo "franchise", embora preferível à inacção ou à descentralização absoluta, foi também criticado. Como afirmou Thomas Franck:[23] *"franchising ... is far from trouble-free. It is, at most, preferable to global inaction. Franchising does give the UN a modicum of influence over and slightly multilateralist, what would otherwise be no more than a return a world of regional dominance by the most powerful nations of the region. It would merely reinvent, and adorn with an aura of legitimacy, the*

---

[20] Sobre se esta "autorização" é "autorizada" ver N. BLOKKER, "Is the authorisation authorised? Powers and practice of the UN Security Council to authorise the use of force by 'coalitions of the able and willing'", *EJIL* 11 (2000) 541-68.

[21] Ver H. FREUDENSCHUß, "Between unilateralism and collective security: Authorizations of the use of force by the UN Security Council" *EJIL* 5 (1994) 492-531 e M. C. MÁRQUEZ-CARRASCO, *Problemas actuales sobre la prohibición del recurso a la fuerza en derecho internacional* (1998) 223 e 260.

[22] Cf. L. SICILIANOS, *Les réactions décentralisées à l'illicite – des contre-mesures à la légitime défense* (1990) 156 ss. e P.M. Dupuy, "Observations sur la pratique récente des "sanctions" de l'illicite" *RGDIP* 87 (1983) 505-548.

[23] T. FRANCK, "The United Nations as guarantor of international peace and security: past, present and future", *in* C. Tomuschat (ed.), *The UN at age fifty – a legal perspective* (1995) 25-38, 31.

Cold War world of blocs and spheres of influence. The regions, however, are far from happy at the prospect of being policed by hegemons; and the hegemons, if police they must, are unenthusiastic at the prospect of their operations being subject to even a modicum of UN control. For these reasons, it is time to think about better alternatives."[24]

Porém, como refere, Freudenschluß *"a new instrument has been created out of the need to fill the gap between the invocation of an inapplicable or inopportune right to collective self-defence and the unwanted application of the system of collective security"*.[25] Era, ao que parece, o melhor que a comunidade internacional podia fazer e uma passo decisivo no sentido do multilateralismo, mas não ainda totalmente satisfatório.

Os casos mais recentes que vamos examinar em mais detalhe *infra* vêm novamente pôr em causa este modelo. Como referiu o Secretário-Geral, nem os precedentes do Kosovo – onde um grupo de Estados/ /organização regional interveio sem autorização do Conselho de Segurança – nem de Timor-Leste – onde o Conselho de Segurança apenas agiu após ter obtido a concordância da Indonésia – são *"satisfactory as a model for the new millennium"*.[26] Estes dois casos relançaram também o debate sobre a questão da intervenção humanitária, que não está ainda concluído.[27]

No Kosovo, o Conselho de Segurança foi totalmente marginalizado pelas acções da NATO. No caso de Timor, teve de esperar duas vezes pela autorização da Indonésia e na Chechénia encontrou-se bloqueado pelo

---

[24] *Idem*, 32-33. FRANCK propõe a criação de uma força permanente, integrada, multinacional e voluntária, sob o comando do Secretário-Geral e direcção do Conselho de Segurança.

[25] H. FREUDENSCHUß, "Between unilateralism and collective security: Authorizations of the use of force by the UN Security Council", *EJIL* 5 (1994) 492-531, 522.

[26] K. ANNAN, "Two concepts of sovereignty", *The Economist* (18 Setembro 2000). Sobre estes dois casos ver J. M. SOREL, "Timor Oriental: un résumé de l'histoire du droit international", *RGDIP* 104 (2000) 37-60, 55-57; Independent International Commission on Kosovo, "The Kosovo Report" (23 Outubro de 2000), disponível em www.kosovocommission.org; e "Kosovo: House of Commons Foreign Affairs Committee 4th Report, June 2000", *ICLQ* 49 (2000) 876-943.

[27] Cf. KOFI ANNAN, "Report of the Secretary-General on the work of the Organisation", A/54/1 (31 Agosto 1999), "Two concepts of sovereignty", *The Economist* (18 Setembro 2000), "Looking back. Looking ahead. The United Nations and global challenges", *UN Chronicle* 36 (1999) e "Report to the Millennium Assembly", A/54/2000 (3 Abril 2000). Ver também E. N. LUTTWAK, "A regra de Kofi: intervenção humanitária e neocolonialismo", *Política Internacional* 21 (2000) 59-67 e N. F. BRITO, "Lidando seriamente com as Nações Unidas: Kofi Annan e a intervenção humanitária", *Política Internacional* 21 (2000) 69-82.

veto potencial da Federação Russa. A inacção deste órgão nos conflitos da Palestina e posteriormente do Iraque suscitam também dúvidas sobre o seu futuro e, sobretudo, quanto a saber *de lege ferenda* como e por quem deve a ordem jurídica internacional ser protegida quando estão em causa os valores fundamentais da comunidade internacional.

A crise do Kosovo em 1999 veio, pois, suscitar de novo o debate sobre a necessidade de institucionalização das medidas de coerção para a protecção do interesse da comunidade internacional e sobre o que fazer quando as instituições mundiais, como as Nações Unidas, se encontrarem paralisadas por motivos políticos. O que estava em causa era a legalidade de medidas coercitivas unilaterais envolvendo o uso da força perante violação de obrigações *erga omnes*,[28] como o respeito pelos direitos humanos.

O caso de Timor-Leste, por outro lado, parecia demonstrar que, apesar de a ordem jurídica internacional não possuir ainda meios efectivos e objectivos para impor a legalidade quando estão em causa princípios fundamentais como a proibição do uso da força e a autodeterminação, o tempo, a efectividade e o reconhecimento não sanam a ilegalidade e que, no final, através da intervenção das partes interessadas e com a colaboração fundamental das Nações Unidas, é possível restaurar a legalidade no plano internacional.

Defendemos que a protecção do interesse da comunidade internacional deve ser em grande medida da responsabilidade das Nações Unidas, pois esta é a entidade que mais se aproxima de poder representar esta comunidade no seu todo, sobretudo nos casos em que a protecção desses interesses implica o recurso à força nas relações internacionais. Como afirmou Tomuschat: *"(t)he system for the maintenance of international peace and security under the Charter of the United Nations is the most prominent example of institution-building with a view to ensuring compliance with rules of international law... Aggression cannot be left to be handled exclusively in the relationship between the aggressor State and its victim because, additionally, neglect would mean denying in practice the* Grundnorm *of international law, which is sovereign equality. If there was no community mechanism to uphold and safeguard territorial integrity and self-determination of peoples, the law of the strongest would obtain. International law would be deprived of any real meaning. Thus, the function of maintaining international peace and security can be called an*

---

[28] Sobre este conceito e o seu regime ver P. GALVÃO TELES, "Obligations *erga omnes* in international law", *Revista Jurídica da Associação Académica da Faculdade de Direito de Lisboa* 20 (1996) 73-137.

essentiale of a system that has been labelled the "international legal order" and is designed to operate as such."[29]

3. As reacções da comunidade internacional nas principais "crises" do final do Séc. XX / início do Séc. XXI

Depois de, em termos muito gerais, termos descrito como é que a ordem jurídica internacional tem lidado com a violação dos seus princípios fundamentais, em teoria e na prática, vamos agora muito brevemente ver que caminhos apontam para o futuro as reacções da comunidade internacional nas principais seis "crises" do final do Século XX / início do Século XXI, a saber, Kosovo, Timor-Leste, Chechénia, Palestina, 11 de Setembro/ /Afeganistão e Iraque.

3.1. *Kosovo (1999)*

A reacção da comunidade internacional perante a crise do Kosovo em 1999 veio suscitar importantes questões. Tratou-se de um conflito interno no seio da Ex-Jugoslávia, no decurso do qual ocorreram graves violações de direitos humanos e do direito humanitário.

O Conselho de Segurança começou por, ao abrigo do Capítulo VII da Carta, ordenar a todas partes do conflito que cessassem as hostilidades e mantivessem um cessar-fogo [cf. S/RES/1199 (1998), de 23 de Setembro]. Porém, o Conselho de Segurança, perante a ameaça de veto designadamente da Rússia e da China, viu-se marginalizado pela NATO que, em Março de 1999, recorreu unilateralmente à força para terminar as violações do direito internacional em causa.

As Nações Unidas estiveram, no entanto, presentes no Kosovo como Administração Transitória no período pós-conflito, ao abrigo da Resolução 1244 (1999), de 10 de Junho, numa operação histórica de administração de um território.[30]

Esta intervenção unilateral de uma organização regional para pôr fim a graves violações do direito internacional humanitário e de direitos huma-

---

[29] C. TOMUSCHAT, "Obligations arising for States without or against their will", *RCADI* 241 (1993) 195-374, 355.

[30] Ver P. GALVÃO TELES, *East Timor and International Law: A contribution to the study of how the international legal order deals with the violations infringed upon it* (2002) 374 ss.

nos suscitou sérias dúvidas quanto à sua legalidade.[31] Já há algum tempo se vinha reflectindo na doutrina sobre o que fazer no caso de o Conselho de Segurança não agir perante uma grave violação da ordem jurídica internacional.[32] Mas o caso do Kosovo foi o primeiro grande teste ao modelo de implementação do direito internacional dos anos 90.

Perante a crise vivida naquela província jugoslava, a NATO ameaçou primeiro e recorreu depois à força para pôr fim ao conflito e à difícil situação humanitária, bombardeando Belgrado e outras cidades jugoslavas. E fê-lo sem autorização prévia e expressa do Conselho de Segurança. Este recurso não autorizado da força foi considerado ilegal por muitos juspublicistas, como por exemplo Bruno Simma, Antonio Cassese e Marcelo Kohen, embora para alguns, como Simma, *"only a thin red line"* separava a actuação da NATO da legalidade internacional e Cassese se tenha até perguntado se não estaríamos a caminhar no sentido da *"legitimation of forcible humanitarian countermeasures"*. Na opinião deste autor, a actuação ilegal da NATO poderia ser vista como prova de uma doutrina emergente no direito internacional que permitiria a utilização de contramedidas coercitivas unilaterais para impedir um Estado de cometer graves atrocidades no seu próprio território, nos casos em que o Conselho de Segurança fosse incapaz de reagir de forma adequada,[33] embora tenha

---

[31] Sobre a legalidade da intervenção militar no Kosovo ver, por exemplo, B. SIMMA, "NATO, the UN and the use of force: legal aspects" *EJIL* 10 (1999) 1-22; A. Cassese, *"Ex iniuria ius oritur*: Are we moving towards international legitimation of forcible humanitarian countermeasures in the world community?" *EJIL* 10 (1999) 23-30 e "A follow up: Forcible humanitarian countermeasures and *opinio necessitatis*" *EJIL* 10 (1999) 791-99; M. G. KOHEN, "L'emploi de la force et la crise du Kosovo: vers un nouveau désordre juridique international" *RBDI* 32 (1999) 122-48; N. Krisch, "Unilateral enforcement of the collective will: Kosovo, Iraq, and the Security Council" *Max Planck Yearbook of United Nations Law* 3 (1999) 59-103; T. M. FRANCK, "Editorial Comments – NATO's Kosovo intervention" *AJIL* 93 (1999) 824-62, 857-60; e D. MOMTAZ, "NATO's 'humanitarian intervention' in Kosovo and the prohibition of the use of force" *IRRC* 837 (2000) 80-102. Ver ainda Independent International Commission on Kosovo, "The Kosovo Report" (23 de Outubro de 2000), disponível em www.kosovocommission.org e "Kosovo: House of Commons Foreign Affairs Committee 4th Report, June 2000", *ICLQ* 49 (2000) 876-943.

[32] J. A. FROWEIN, "Legal consequences for international law enforcement in case of Security Council inaction", *in* J. DELBRÜCK (ed.), *The future of international law enforcement. New scenarios – new law?* (1993) 111-124.

[33] A. CASSESE, *"Ex iniuria ius oritur*: Are we moving towards international legitimation of forcible humanitarian countermeasures in the world community?", *EJIL* 10 (1999) 23-30.

A Ordem Jurídica Internacional em Transição? 761

admitido reconhecer que a comunidade internacional não se encontrava ainda nesse ponto.[34]

Como iremos ver *infra*, os exemplos de Timor-Leste e da Chechénia marcaram uma certa regressão neste doutrina emergente da intervenção humanitária. Por um lado, no caso de Timor-Leste, o próprio Conselho de Segurança só agiu após obter a autorização da Indonésia. Como disse o Embaixador António Monteiro, na altura Representante Permanente de Portugal junto das Nações Unidas em Nova Iorque: "Timor constituiu um novo ponto de partida para as Nações Unidas, mas não abriu um novo ciclo."[35] Por outro lado, apesar das evidentes semelhanças entre os casos do Kosovo e da Chechénia, a comunidade internacional não reagiu praticamente a esta situação.

Para além disso, como disse Thomas Franck a propósito do Kosovo: "*A final lesson in Kosovo is that, in the end, the UN ... again became an essential facilitator in ending the conflict ... That, in the end, may be the clearest lesson.*"[36]

Apesar do unilateralismo da intervenção não autorizada da NATO, a administração transitória do Kosovo pelas Nações Unidas pareceu reforçar o papel da organização, numa experiência que foi depois repetida em Timor-Leste e no Afeganistão, bem como as vantagens do multilateralismo, pelo menos no período pós-conflito.

3.2. *Timor-Leste (1999)*

Perante as graves violações de direitos humanos e do direito humanitário neste território ocupado, que tinha acabado de optar pela independência num referendo organizado pelas Nações Unidas, o Conselho de Segurança aguardou por duas vezes pela autorização da Indonésia, mas acabou por autorizar, ao abrigo do Capítulo VII da Carta, uma força multinacional intervir no território e pôr fim a essa situação [cf. S/RES/1264 (1999), de 15 de Setembro].[37]

---

[34] A. CASSESE, "A follow up: Forcible humanitarian countermeasures and *opinio necessitatis*" " *EJIL* 10 (1999) 791-99.

[35] A. MONTEIRO, "Um novo ciclo para a ONU?", *in* G. Leandro *et al*, *Timor – Um país para o Século XXI* (2000) 57-67, 57.

[36] T. M. FRANCK, "Editorial Comments – NATO's Kosovo intervention", *AJIL* 93 (1999) 824-62, 857-60.

[37] Sobre a intervenção internacional autorizada pelas Nações Unidas em 1999 ver P. Galvão Teles, *East Timor and International Law: A contribution to the study of how the international legal order deals with the violations infringed upon it* (2002).

As Nações Unidas estiveram ainda presentes como Administração Transitória no período pós-conflito e de transição para a independência [cf. S/RES/1272 (1999], de 25 de Outubro) onde, pela primeira vez na sua história, administraram um território como um Estado o faria.

O bem conhecido caso de Timor-Leste demonstrou não só que da violação das normas mais fundamentais do direito internacional, como a proibição do uso da força e o direito à autodeterminação, advêm consequências especiais que impedem que a passagem do tempo consolide situações efectivas mas ilegais, como também que esta estratégia de resistência podia tornar-se mais interventiva.

Na verdade, em todo o processo de resolução do problema de Timor--Leste, as Nações Unidas e a comunidade internacional desempenharam um papel fundamental no que respeita à implementação do direito à autodeterminação e à transição para a independência. Nunca, como na fase final do problema de Timor-Leste, tinham as Nações Unidas estado tão envolvidas na restauração da legalidade internacional num determinado território, o que não pode deixar de demonstrar uma clara tendência no sentido do multilateralismo que, entretanto, se tem vindo a esbater.

3.3. *Chechénia (2000)*

No caso da Chechénia, um conflito interno marcado por graves violações de direitos humanos e do direito humanitário, o Conselho de Segurança encontrou-se bloqueado pela ameaça de veto de um dos membros permanentes, a Rússia, no interior de cujas fronteiras se verificou este conflito.[38]

Neste caso, não houve qualquer reacção da comunidade internacional, para além da condenação das violações de direitos humanos na Comissão dos Direitos Humanos (cf. Resolução 58/2000, de 25 de Abril), que, num momento inédito da sua história, adoptou uma resolução condenatória de um membro permanente do Conselho de Segurança.

Verificou-se aqui um retrocesso no multilateralismo sem, no entanto, ter havido qualquer avanço no campo do unilateralismo.

---

[38] Cf. F. L. KIRGIS, "Russian use of force in Grozny", *Asil Insights* (Dezembro 1999), *in* www.asil.org.

3.4. *Palestina (2000-2002)*

A questão palestiniana tem perdurado ao longo de várias décadas.[39] A partir de Setembro de 2000, assistiu-se a uma nova deterioração da situação no terreno, que implicou também o abrandamento, se não mesmo o congelamento do processo de solução política. Agravaram-se as violações de direitos humanos e do direito internacional humanitário num território ocupado, deu-se a reocupação de territórios autónomos palestinianos por parte de Israel e sucederam-se ataques suicidas por parte dos palestinianos contra a população civil israelita.

O Conselho de Segurança adoptou várias resoluções condenatórias da actuação de ambas as partes [cf. S/RES/1322 (2000), de 7 de Outubro, S/RES/1397 (2002), de 12 Março, S/RES/1402 (2002), de 30 Março, S/RES/1403 (2002), de 4 Abril, S/RES/1405 (2002), de 19 de Abril e S/RES/1415 (2002), de 30 de Maio]. Não houve, porém, qualquer reacção da comunidade internacional em termos de autorização do uso da força ou do envio de uma força internacional para o terreno.

3.5. *O 11 de Setembro e a intervenção militar no Afeganistão (2001-2002)*[40]

O 11 de Setembro pode ser resumidamente caracterizado como um ataque planeado por uma organização terrorista que causou um número muito elevado de vítimas civis num Estado. Verificou-se de imediato uma condenação veemente e unânime dos actos terroristas pelo Conselho de Segurança, com referências ao direito de legítima defesa, mas sem uma

---

[39] Ver P. GALVÃO TELES, "As Nações Unidas e a questão palestiniana" *Janus 2003*, 204-05 e *East Timor and International Law: A contribution to the study of how the international legal order deals with the violations infringed upon it* (2002) 298.

[40] Ver A. CASSESE. "Terrorism is also disrpupting some crucial legal categories of international law", *EJIL* 12 (2001) 993-1002; C. STAHN, "Security Council Resolutions 1368 (2001) and 1373 (2001): What they say and what do they not say", G. Gaja, "In what sense was there an 'armed attack'?", A. PELLET, "No, this is not war" e P. M. DUPUY, "The law after the destruction of the Towers" *in* European Journal of International Law Discussion Forum, *The attack on the World Trade Center: Legal responses*, www.ejil.org/forum WTC; M. E. O'Connell, "The myth of preemptive self-defence", *The American Society of International Law Task Force Papers* (2002), disponível em www.asil.org; P. GALVÃO TELES, "A intervenção estrangeira no Afeganistão e o Direito Internacional", *Janus 2003*, p. 154-55.

autorização expressa do recurso à força em resposta a esse ataque terrorista [cf. S/RES/1368 (2001), de 12 de Setembro e S/RES/1373 (2001), de 28 de Setembro].

Seguiu-se a estas resoluções uma intervenção militar no Afeganistão por parte de uma coligação internacional, liderada pelos Estados Unidos, tendo as Nações Unidas estado presentes no terreno como Administração Transitória apenas no período pós-conflito [cf. S/RES/1378 (2001), de 14 de Novembro, S/RES/1383 (2001), de 6 de Dezembro, S/RES/1386 (2001), de 20 de Dezembro, S/RES/1401 (2002), de 28 de Março e S/RES/1413 (2002), de 23 de Maio].

As represálias armadas levadas a cabo pelos Estados Unidos e pelos seus aliados contra o Afeganistão, país suspeito de dar guarida aos responsáveis pelos ataques terroristas de 11 de Setembro de 2001 em Nova Ior-que e Washington D.C., suscitaram novas dúvidas à luz do direito internacional.

Parece evidente que não se tratou inicialmente de uma "guerra" propriamente dita, apesar de assim ter sido qualificada pela Administração Americana, pois guerra significa um conflito armado entre dois ou mais Estados, mas sim da resposta a um ataque terrorista extremamente grave praticado por uma organização não-estadual contra um Estado, que pode eventualmente ser considerado como um crime contra a humanidade.

Que tipo de resposta a estes actos é permitida pelo direito internacional, contra quem e com que meios? Como foi dito *supra*, o direito internacional contemporâneo, cuja pedra basilar é a Carta das Nações Unidas, concluída em São Francisco em 26 de Junho de 1945, proíbe o uso ou a ameaça do uso da força. O artigo 2.º/4 da Carta estipula que os membros da Organização se deverão abster nas suas relações internacionais de recorrer à ameaça ou ao uso da força, quer seja contra a integridade territorial ou a independência política de um Estado, quer seja de qualquer outro modo incompatível com os objectivos das Nações Unidas.

As represálias armadas praticadas unilateralmente por Estados encontram-se assim actualmente proibidas pelo direito internacional. Neste ponto é também claro o projecto de artigos adoptado recentemente pela Comissão do Direito Internacional sobre a Responsabilidade dos Estados,[41] que proíbe as contramedidas com recurso à força. Isto significa que o uso unilateral e não autorizado da força nas relações internacionais é um acto ilícito e gerador de responsabilidade internacional do(s) seu(s) autor(es).

---

[41] A/CN.4/L.602/Rev. 1 (26 Julho 2001).

Apenas no caso de autorização colectiva por parte do Conselho de Segurança – como já se disse este órgão das Nações Unidas detém o monopólio do uso da força na ordem jurídica internacional vigente[42] –, ao abrigo do Capítulo VII da Carta da Organização, podem ser tomadas medidas coercivas que envolvam o uso da força armada,[43] e estas medidas devem ser utilizadas apenas no caso de ameaças ou rupturas da paz ou actos de agressão e têm por fim manter ou restabelecer a paz e a segurança internacionais.

Ora, aquando dos ataques terroristas de 11 de Setembro, não houve qualquer resolução das Nações Unidas a autorizar o uso da força em sua resposta.[44] O Conselho de Segurança adoptou duas resoluções – a 1368 (2001), em 12 de Setembro, e a 1373 (2001), em 28 de Setembro – em que condena os ataques terroristas nos Estados Unidos e os considera como ameaças à paz e segurança internacionais, o que foi confirmado na Resolução 1377 (2001),[45] que declarou que os actos de terrorismo internacional constituem uma das mais sérias ameaças à paz e segurança internacionais no Século XXI. Na primeira resolução, o Conselho de Segurança expressa a sua disponibilidade para tomar todas as medidas necessárias para responder aos ataques terroristas de 11 de Setembro e para combater todas as formas de terrorismo, de acordo com as suas responsabilidades ao abrigo da Carta das Nações Unidas. Mas tal não foi seguido de qualquer autorização do uso da força na segunda resolução. Nesta apenas se refere a necessidade de combater por todos os meios, de acordo com a Carta das Nações Unidas, as ameaças à paz e segurança internacionais causadas por

---

[42] Diz o artigo 24.º/1 da Carta: "A fim de assegurar uma acção pronta e eficaz por parte das Nações Unidas, os seus membros conferem ao Conselho de Segurança a principal responsabilidade na manutenção da paz e da segurança internacionais e concordam em que, no cumprimento dos deveres impostos por essa responsabilidade, o Conselho de Segurança aja em nome deles."

[43] Segundo o artigo 39.º da Carta: "O Conselho de Segurança determinará a existência de qualquer ameaça à paz, ruptura da paz ou acto de agressão e fará recomendações ou decidirá que medidas deverão ser tomadas de acordo com os artigos 41.º e 42.º, a fim de manter ou restabelecer a paz e a segurança internacionais."

[44] Só em 20 de Dezembro de 2001, na Resolução 1386 (2001), é que o Conselho de Segurança autorizou a criação da *International Security Assistance Force*, com poderes para recorrer a quaisquer meios para manter a segurança em Cabul, e já não no contexto do combate ao terrorismo, mas sim do estabelecimento de uma autoridade interina no Afeganistão.

[45] "Declaração sobre o esforço global para combater o terrorismo", adoptada em 12 de Novembro de 2001.

actos terroristas. A Resolução 1377 vem reafirmar que uma abordagem global e sustentada, envolvendo a participação e colaboração activa de todos os membros das Nações Unidas e de acordo com a Carta da Organização e com o direito internacional, é essencial para combater o terrorismo internacional.

O caso do Kosovo, em que a utilização da força pela NATO em 1999 contra a Ex-Jugoslávia não foi igualmente precedida por uma autorização expressa do Conselho de Segurança, suscitou também um grande debate sobre a sua legitimidade face ao direito internacional, como vimos supra, embora nesta instância pudesse ser invocado um forte argumento em favor da intervenção humanitária, sendo certo também que o Conselho de Segurança se encontraria paralisado face ao provável veto da Rússia e/ou da China.

Comum a ambas as resoluções acima referidas é, no entanto, o reconhecimento do direito inerente de legítima defesa individual ou colectiva, tal como consagrado na Carta das Nações Unidas. Mas tal não parece poder ser interpretado de *per se* como autorização de uma acção militar contra o Afeganistão, nem aprovação da aplicabilidade do artigo 51.º da Carta.[46]

A única verdadeira excepção à proibição do recurso unilateral à força hoje é provavelmente o direito de legítima defesa. Este direito encontra-se consagrado no artigo 51.º da Carta das Nações Unidas. Este direito foi também recentemente reafirmado pela Comissão do Direito Internacional nos seguintes termos: um acto praticado por um Estado deixa de ser ilícito se esse acto constituir uma medida lícita de legítima defesa em conformidade com a Carta das Nações Unidas.

O direito de legítima defesa é tradicionalmente entendido como um direito que surge na hipótese de ataque armado de um Estado contra outro Estado, enquanto o Conselho de Segurança não reage ou ausência de reacção por parte deste órgão. Para além disso, o recurso à força em legítima defesa deve ser exercido dentro de condições restritivas: impossibilidade de reagir por outros meios, uso proporcional da força, no respeito

---

[46] Segundo o artigo 51.º: "Nada na presente Carta prejudicará o direito inerente de legítima defesa individual ou colectiva, no caso de ocorrer um ataque armado contra um membro das Nações Unidas, até que o Conselho de Segurança tenha tomado as medidas necessárias para a manutenção da paz e segurança internacionais. As medidas tomadas pelos membros no exercício desse direito de legítima defesa serão comunicadas imediatamente ao Conselho de Segurança e não deverão, de modo algum, atingir a autoridade e a responsabilidade que a presente Carta atribui ao Conselho para levar a efeito, em qualquer momento, a acção que julgar necessária à manutenção ou ao restabelecimento da paz e da segurança internacionais."

pelo direito humanitário, apenas para afastar o ataque armado e enquanto durar a agressão ou até o Conselho de Segurança tomar as medidas necessárias. A resposta internacional aos eventos do 11 de Setembro parece, no entanto, constituir uma alteração dramática a este quadro jurídico.

Para considerar que haveria lugar à legítima defesa, era preciso definir o ataque em questão como um "ataque armado" contra os Estados Unidos. Este parece ter sido o entendimento dos Estados Unidos e também da NATO ao, pela primeira vez na sua história, invocar o artigo 5.º do Tratado do Atlântico Norte, que requer dos Estados membros desta organização de defesa e segurança que auxiliem outro Estado membro no exercício do seu direito de legítima defesa contra um ataque armado vindo do exterior. Os Estados Unidos, numa Carta dirigida ao Conselho de Segurança em 7 de Outubro de 2001 (documento S/2001/946), data em que começaram os ataques ao Afeganistão, invocaram o artigo 51.º da Carta das Nações Unidas e o seu direito de legítima defesa individual e colectiva contra os ataques armados de 11 de Setembro contra o seu território. O Congresso Americano havia já autorizado, em 18 de Setembro, o Presidente norte-americano a recorrer à força militar, em autodefesa preventiva contra as nações, organizações ou pessoas que planearam, autorizaram, cometeram ou protegeram tais organizações ou pessoas, para prevenir futuros ataques. A União Europeia apoiou também a acção militar desencadeada pelos Estados Unidos no âmbito do seu direito de legítima defesa, que considerou conforme à Carta das Nações Unidas e à Resolução 1368 do Conselho de Segurança.

Porém, o Conselho de Segurança não qualificou os ataques terroristas como ataques armados, mas apenas como ameaças à paz e à segurança internacionais, apesar de reconhecer, em geral, o direito à legítima defesa dos Estados. Para além disso, o Conselho de Segurança expressou a sua disponibilidade para autorizar o recurso à força (sem, no entanto, o fazer). Noutras ocasiões, o argumento em favor da legalidade da legítima defesa foi rejeitado pelo Conselho de Segurança [cf., por exemplo, a resolução 573 (1985) deste órgão, que condenou o bombardeamento por aviões israelitas da sede da OLP na Tunísia, alegadamente por este Estado ter dado guarida a terroristas que tinham atacado Israel, considerando-o como um acto de agressão armada contra o território tunisino em flagrante violação da Carta das Nações Unidas e do direito internacional].

E será que se pode considerar como alvo legítimo o Afeganistão? A Resolução 1373 (2001) reafirmou o princípio, consagrado já em resoluções deste órgão e da Assembleia Geral, designadamente na sua Resolução 2625 (1970), segundo o qual todos os Estados têm o dever de se abster de organizar, instigar, auxiliar ou participar em actos terroristas noutros Estados ou de aquiescer em actividades organizadas dentro do seu território que visem a prática de tais actos.

A questão que se suscita é a de saber se é lícito o recurso à legítima defesa contra um Estado apenas por alegadamente este dar guarida aos responsáveis por actos terroristas, actos estes que não são directamente imputáveis a nenhum Estado, mas a uma rede ou organização terrorista, a Al-Qaeda. O Conselho de Segurança não atribuiu em nenhuma ocasião a responsabilidade – ainda que indirecta – dos ataques terroristas ao regime Taliban que, além disso, nunca reconheceu como governo oficial do Afeganistão. Não era certamente este tipo de situações que os autores da Carta das Nações Unidas tinham em mente ao redigirem o artigo 51.°, pois trata-se evidentemente de novas realidades. No entendimento dos Estados Unidos, porém, não havia que fazer qualquer distinção entre os responsáveis pelos actos terroristas e os Estados que os protegem.

Pode argumentar-se que o arsenal jurídico actual está pouco adaptado aos novos desafios com que a comunidade internacional se depara. Como disse recentemente um consagrado professor de direito internacional, Alain Pellet: *"Lawyers are like les carabiniers – always late for a war."* Contudo, algumas regras essenciais têm de ser respeitadas.

Assim, mesmo admitindo que os ataques terroristas constituíram um ataque armado e que eram legítimas as represálias contra o Afeganistão –, o que parece uma interpretação bastante lata da Carta das Nações Unidas – o recurso à força em legítima defesa deve ser sempre proporcional aos seus objectivos, que neste caso seriam a detenção das pessoas alegadamente responsáveis pelos ataques terroristas de 11 de Setembro e a destruição de objectivos militares, tais como infra-estruturas, bases de treino e outras instalações utilizadas pelos terroristas. Desta forma, os actos que vão para além destes objectivos deveriam ser eventualmente considerados como ilícitos, mesmo em sede de legítima defesa, sendo igualmente duvidoso que exista uma legítima defesa preventiva.

3.6. *Iraque (2003)*

A legítima defesa preventiva voltou a ser invocada como pano de fundo para justificar a intervenção militar no Iraque, liderada pelos Estados Unidos da América.[47]

---

[47] Para uma crítica da ideia de guerra preventiva ver, por exemplo, I. Ramonet,

A Ordem Jurídica Internacional em Transição? 769

Quatro argumentos principais foram invocados para legitimar a intervenção no Iraque: necessidade de substituição do regime ditatorial de Saddam Hussein; legítima defesa preventiva para prevenir o uso de armas de destruição maciça por parte do regime iraquiano ou por grupos terroristas; violação persistente de resoluções do Conselho de Segurança, que constituem uma base jurídica adequada e bastante para o uso da força; e intervenção humanitária.[48] Os dois primeiros são inéditos na prática internacional e de difícil compatibilização com os princípios constitucionais da ordem jurídica internacional contemporânea, como a não-intervenção nos assuntos internos e a proibição do uso da força. Os restantes, apesar de existirem precedentes, levantam também sérias dúvidas, sobretudo porque se trata de uma intervenção militar unilateral, não autorizada pelo Conselho de Segurança das Nações Unidas. Quanto ao último argumento – intervenção humanitária – já vimos acima que, mesmo depois do caso do Kosovo (e até de Timor-Leste), não existe ainda consenso internacional quanto à legalidade deste tipo de actuação, quando unilateral.

Em nossa opinião, a legalidade da intervenção militar no Iraque suscita ainda maior melindre do que as situações acima referidas do Kosovo e Afeganistão, também elas intervenções unilaterais não autorizadas. Se no Kosovo a intervenção ilegal mas legítima e no Afeganistão foi ilegal mas talvez legítima, no Iraque a intervenção estrangeira parece definitivamente ilegal e ilegítima.

Entre Setembro de 2002 e o início de Março de 2003, debateu-se intensamente uma possível intervenção militar no Iraque. No centro desse debate esteve, é claro, a necessidade ou não de uma autorização do Conselho de Segurança das Nações Unidas.

Esta não era uma aspiração nova. Já desde pelo menos finais de 1997, que os Estados Unidos e o Reino Unido ameaçavam voltar a usar a força contra o Iraque, em virtude da sua recusa persistente em cumprir as obrigações que lhe haviam sido impostas pelas diversas resoluções do

---

"Une guerre préventive?", *Manière de Voir/Le Monde Diplomatique* 67 (2003) 6-7 e P. M. de la Gorce, "Un dangereux concept, la guerre préventive", *idem* 22-24.

[48] Ver, por exemplo, "A Europa e a América devem permanecer Unidas", Carta de 30 de Janeiro de 2003 assinada por 8 Chefes de Estado ou de Governo Europeus (Espanha, Portugal, Itália, Reino Unido, República Checa, Hungria, Polónia e Dinamarca), disponível em www.portugal.gov.pt e a "Declaração da Cimeira Atlântica: uma visão para o Iraque e para o povo iraquiano", Base das Lajes, Açores, 16 de Março de 2003, disponível em www.min-nestrangeiros.pt.

Conselho de Segurança desde 1990, tendo mesmo chegado a utilizá-la, embora de forma contida e localizada, em mais uma ocasião.[49]

Vários autores criticaram esta actuação, em virtude da ausência de autorização expressa para recorrer à força por parte do Conselho de Segurança, criticando assim a insistência em defender autorizações implícitas.[50] Como vimos acima, esta questão voltou a surgir no caso do Kosovo.[51]

A 8 de Novembro de 2002, o Conselho de Segurança adoptou a Resolução 1441[52] ao abrigo do Capítulo VII da Carta das Nações Unidas. Podem destacar-se os seguintes elementos da Resolução, onde o Conselho de Segurança, por unanimidade:

- reconhece a ameaça para a paz e segurança internacionais do não cumprimento das resoluções anteriores e da proliferação de armas de destruição maciça e mísseis de longo alcance;
- recorda as Resoluções 678 (1990) e 687 (1991);
- decide que o Iraque tem violado e permanece em situação de violação das suas obrigações ao abrigo das resoluções relevantes, incluindo a Resolução 687, em particular através da não cooperação com os inspectores das Nações Unidas e da AIEA.
- decide dar ao Iraque uma última oportunidade para cumprir as suas obrigações de desarmamento impostas pelas resoluções relevantes do Conselho de Segurança;
- decide implementar um regime reforçado de inspecções;
- decide voltar a reunir-se imediatamente após receber o relatório dos inspectores para examinar a situação e a necessidade do integral cumprimento de todas as resoluções relevantes do Conselho de Segurança para assegurar a paz e segurança internacionais; e

---

[49] Ver F. L. KIRGIS, "The legal background on the use of force to induce Iraq to comply with Security Council Resolutions", *Asil Insights* (Novembro 1999) *in* www.asil.org.

[50] Cf., por exemplo, J. LOBEL e M. RATNER, "Bypassing the Security Council: Ambiguous authorisations of the use of force, cease-fires and the iraqi inspection regime", *AJIL* 93 (1999) 124 e C. GRAY, "From unity to polarization: international law and the use of force against Iraq", *EJIL* 13 (2003) 1-20.

[51] C. GRAY, "From unity to polarization: international law and the use of force against Iraq", *EJIL* 13 (2003) 1-20.

[52] Para uma visão crítica sobre esta resolução ver R. Charvin, "La resolution 1441 du 8 Novembre 2002 du Conseil de Securité des Nations Unies sur l'Irak", *Actualité et Droit International*, disponível em www.ridi.org/adi. Para uma outra opinião ver F. L. KIRGIS, "Security Council Resolution 1441 on Iraq's final opportunity to comply with disarmament obligations", *Asil Insights* (Novembro 2002) *in* www.asil.org.

A Ordem Jurídica Internacional em Transição? 771

– relembra que o Conselho de Segurança tem repetidamente avisado o Iraque de que irá sofrer sérias consequências em resultado da continuação da violação das suas obrigações.

O parágrafo final parecia assim abrir a porta a uma nova resolução que autorizasse expressamente o uso da força, caso o Iraque permanecesse em situação violação das suas obrigações impostas pelo Conselho de Segurança das Nações Unidas.

Após a impossibilidade de obter uma nova resolução, dada a oposição de um número significativo do membros daquele órgão, os Estados Unidos e a Grã-Bretanha decidiram avançar, no dia 20 de Março, para uma intervenção militar com o intuito de derrubar o regime de Saddam Hussein e de destruir o potencial bélico iraquiano em matéria de armas de destruição maciça. Estes dois Estados justificaram ainda, em termos legais, a sua intervenção com base nas resoluções do Conselho de Segurança sobre o Iraque, designadamente as Resoluções 687 e 678 de 1991 e 1441 de 2002 e na ideia de uma persistente violação por parte deste Estado desses instrumentos.

Esta intervenção coloca-nos sérias dúvidas quanto à sua legalidade, não só pela ausência de autorização explícita do uso da força por parte do Conselho de Segurança, como pelos seus próprios objectivos, que parecem contradizer, não só o princípio da proibição do uso da força nas relações internacionais, mas também o princípio da não-interferência ou intervenção nos assuntos internos dos outros Estados soberanos. Para além disso, várias foram as vozes discordantes na comunidade internacional, lideradas pela França, Rússia, China e Alemanha, países membros do Conselho de Segurança, parecendo esta intervenção militar contar apenas com o apoio de cerca de 20% dos países do mundo.

Pensamos que mesmo que o Conselho de Segurança tivesse autorizado uma intervenção militar semelhante, mas a resolução de autorização contivesse uma referência expressa, por exemplo, à mudança de regime ou a uma guerra/legítima defesa preventiva, essa intervenção seria ilegal e ilegal seria também a resolução daqueles órgão colegial que, apesar de possuir o monopólio da autorização do uso da força, conforme o estipulado no artigo 24.°/1 da Carta das Nações Unidas, tem de se pautar por critérios legais e, sobretudo, pelos princípios estabelecidos no instrumento que o criou. Como refere o artigo 24.°/2 da Carta, o Conselho de Segurança tem de cumprir os seus deveres "de acordo com os objectivos e os princípios das Nações Unidas".[53] Apenas na hipótese de a intervenção militar a

---

[53] Sobre a legalidade da actuação do Conselho de Segurança e sobre a possibilidade

772   *Patrícia Galvão Teles*

autorizar pelo Conselho de Segurança se destinasse exclusivamente a fazer cumprir as resoluções adoptadas sobre o Iraque, mormente no que diz respeito ao regime de inspecções e ao desarmamento, nos parece que tanto a resolução como a intervenção militar objecto de autorização seriam lícitas face ao direito internacional. O Conselho de Segurança deveria evitar ser meramente utilizado como um "disfarce multilateral" para uma acção puramente unilateral com objectivos de duvidosa legalidade, e teria de manter o maior controlo possível sobre o desencadear, duração e objectivos da operação, por estar em causa o uso da força.[54]

O argumento da violação das resoluções aprovadas levanta, no entanto, o problema de, em variados outros casos, as resoluções do Conselho de Segurança serem constantemente desrespeitadas, por exemplo no que diz respeito à Palestina.[55] E o facto de existir uma série de resoluções como a 678 (1990), 687 (1991) e 1441 (2003), não isenta um novo recurso à força de uma autorização expressa por parte do Conselho de Segurança. Os Estados não se podem arrogar um poder que apenas pertence ao Conselho de Segurança. Compete a este órgão não só determinar a existência de uma violação às suas resoluções, como as consequências que devem advir dessa violação. Como diz C. Gray, dar esse poder aos Estados *"undermines the authority of the Security Council and ignores the careful negotiations between States attempting to reach agreement on controversial issues."*[56] Como referia também Gray, ainda em 2002, *"the USA and UK have become increasingly isolated in their insistence that implied autho-*

---

do seu controlo judicial ver V. GOWLLAND-DEBBAS, "The relationship between the International Court of Justice and the Security Council in light of the *Lockerbie* case", *AJIL* 88 (1994) 643-77; L. CAFLISCH, "Is the international court entitled to review Security Council resolutions adopted under Chapter VII of the United Nations Charter?", *in* N. AL NAUMI e R. MEESE (ed.), *International legal issues arising under the United Nations decade of international law* (1995) 633-62; J. ALVAREZ, "Judging the Security Council", *AJIL* 90 (1996) 1-34; C. DOMINICÉ, "Le Conseil de Securité et le droit international", *in* C. DOMINICÉ, *L'ordre juridique international entre tradition et innovation* (1997) 201-71; e D. SAROOSHI, *The United Nations and the development of collective security* (1999). Ver também o *Lockerbie case*, *ICJ Reports* 1992.

[54] Cf. J. LOBEL e M. RATNER, "Bypassing the Security Council: Ambiguous authorisations of the use of force, cease-fires and the iraqi inspection regime", *AJIL* 93 (1999) 124 e D. Sarooshi, *The United Nations and the development of collective security* (1999).

[55] Cf. R. FALK, "Les Nations Unies prises en otage", *Le Monde Diplomatique* (Dezembro 2002) e S. ZUNES, "United Nations Security Council Resolutions currently being violated by countries other than Iraq", *in* www.fpif.org.

[56] C. GRAY, "From unity to polarization: international law and the use of force against Iraq", *EJIL* 13 (2003) 1-20.

A Ordem Jurídica Internacional em Transição? 773

risation by the Security Council, material breach by Iraq of the ceasefire regime and, for the UK, humanitarian intervention justify the use of force."[57]

O projecto de resolução que chegou a ser proposto ao Conselho de Segurança, durante o mês de Fevereiro de 2003, pelos Estados Unidos, Reino Unido e Espanha não nos pareceria igualmente suficiente para autorizar o uso da força, pois esse texto não continha qualquer permissão explícita, mas pretendia simplesmente abrir caminho a uma acção militar ao afirmar que o Iraque tinha perdido a última oportunidade que lhe havia sido dada pela Resolução 1441.

Na verdade, como referimos acima, vigora hoje indubitavelmente na ordem jurídica internacional o princípio da proibição do uso da força nas relações internacionais. Este princípio, como se disse pedra basilar da comunidade internacional no período pós-II Guerra Mundial, admite algumas excepções, que devem ser entendidas como tal. Como referiu o Tribunal Internacional de Justiça no seu parecer sobre as *Nuclear Weapons*, *"armed reprisals in time of peace ... are considered to be unlawful".*[58]

Apesar de não originalmente prevista na Carta das Nações Unidas, a regra parece ser hoje a da autorização do Conselho de Segurança aos Estados Membros (ou eventualmente a uma organização regional) quando é necessário usar a força para reagir a uma violação do direito internacional ou, na linguagem da Carta, a uma ameaça ou ruptura da paz.[59] Mas esta autorização tem de ser expressa e não pode ser apenas implícita.

O princípio da proibição do uso da força consagrado na Carta das Nações Unidas, e como regra geral de direito internacional consuetudinário, comporta, pois, poucas e limitadas excepções. Duas delas são claras, ou seja, o uso da força autorizado ao abrigo do Capítulo VII da Carta e a legítima defesa em resposta a um ataque armado, conforme previsto no artigo 51.º do mesmo Tratado. As outras excepções normalmente apontadas são de duvidosa legalidade: a legítima defesa preventiva, a intervenção humanitária, as respostas ao terrorismo internacional e, hoje, até mesmo as guerras de libertação nacional.

---

[57] *Idem.*

[58] *ICJ Reports* 1996, parág. 46.

[59] Cf. J. LOBEL e M. RATNER, "Bypassing the Security Council: Ambiguous authorisations of the use of force, cease-fires and the iraqi inspection regime", *AJIL* 93 (1999) 124; D. Sarooshi, *The United Nations and the development of collective security* (1999) e C. Gray, "From unity to polarization: international law and the use of force against Iraq", *EJIL* 13 (2003) 1-20.

A legítima defesa preventiva ou a guerra preventiva são ilegais perante o direito internacional.[60] Não existe este conceito nem no artigo 51.° da Carta, em resposta a um ataque armado apenas eventual ou possível, nem no direito consuetudinário sobre a questão. Para existir um direito de legítima defesa armada, ela deve ser exercida contra um ataque armado. A mera e eventual posse de armas de destruição maciça não parece poder ser considerada como um ataque armado, mesmo em violação das resoluções do Conselho de Segurança. O Tribunal Internacional de Justiça foi claro em considerar em 1996 que a mera posse de armas nucleares não é ilegal, apenas a sua utilização o seria por violar o direito internacional humanitário.[61] De qualquer maneira, a mera posse de armas químicas e biológicas mesmo se interditas, nunca pode equivaler a um ataque armado.

Quando os jactos da aviação israelita bombardearam o reactor nuclear de Osirak em construção no Iraque, o Conselho de Segurança condenou unanimemente esse acto, apesar da ameaça que as armas nucleares na posse do Iraque poderiam constituir para Israel. O Conselho considerou que *"the military attack by Israel is in clear violation of the Charter of the United Nations and the norms of international conduct"*.[62]

Parece difícil conciliar este tipo de intervenção preventiva com o artigo 51.° da Carta das Nações Unidas, que exige expressamente a existência de um ataque armado. Mesmo fora do âmbito convencional, o direito consuetudinário sobre a legítima defesa poderá ser entendido como abarcando a legítima defesa preventiva mas apenas quando, de acordo com a formulação do Secretário de Estado americano no incidente *Caroline* – confirmada pelo Tribunal de Nuremberga após a II Guerra Mundial –, a necessidade dessa legítima defesa preventiva seja *"instant, overwhelming and leaving no choice of means and no moment for deliberation."*[63]

A intervenção militar no Iraque viola ainda o princípio fundamental da não intervenção nos assuntos internos dos outros Estados. É certamente verdade que o regime de Saddam Hussein era um regime ditatorial e violador persistente dos direitos humanos da sua população, mas tal não chega para existir aqui fundamento para uma intervenção humanitária como a do Kosovo que, mesmo assim, foi por muitos considerada ilegal e como não

---

[60] Claramente neste sentido M. E. O'CONNELL, "The myth of preemptive self-defence", *The American Society of International Law Task Force Papers* (2002), disponível em www.asil.org.

[61] *Legality of the threat or use of nuclear weapons*, *ICJ Reports* 1996

[62] S/RES/487 (1981), de 19 de Junho.

[63] "The Caroline" (Exchange of diplomatic notes between Great Britain and the United States – 1842), *in* J. MOORE, *Digest of International Law* 2 (1906) 412.

A Ordem Jurídica Internacional em Transição? 775

tendo dado lugar à consolidação de um direito unilateral de intervenção humanitária.[64] Para além disso, não há qualquer direito de ingerência democrática, o direito à democracia não parece existir e não faz parte do léxico dos direitos humanos, apesar das insistentes tentativas dos Estados Unidos da América na Comissão dos Direitos Humanos, desde 1999.

O Tribunal Internacional de Justiça afirmou no caso *Nicaragua* que *"no such general right of intervention, in support of an opposition within another State, exists in contemporary international law. The Court concludes that acts constituting a breach of the customary principle of non--intervention will also, if they directly or indirectly involve the use of force, constitute a breach of the principle of non-use of force in international relations"*.[65] Já o Tribunal Permanente de Justiça Internacional tinha referido em 1927, no caso *Lotus*, que *"the first and foremost restriction imposed by international law upon a State is that – failing the existence of a permissive rule to the contrary – it may not exercise its power in any form in the territory of another State"*.[66]

Como referia Ignacio Ramonet num editorial recente do *Le Monde Diplomatique*: *"Dès le XVIIe siècle, le juriste Grotius, fondateur du droit des gens, dans son célèbre livre* De jure belli ac pacis, *affirmait que «vouloir gouverner les autres contre leur volonté, sous prétexte que c'est bon pour eux», constituait l'argument le plus fréquent des «guerres injustes»"*.[67]

Assim, não parece existir na prática internacional justificação para uma intervenção preventiva para evitar um ataque com armas de destruição maciça, para impedir o terrorismo ou para mudar regimes.[68] Tão pouco parece clara a ligação entre o regime de Saddam Hussein e a luta contra o terrorismo internacional.

Assim, se se pode dizer que a *Operação Tempestade no Deserto* de 1990/1991 marcou o início de uma nova era para as Nações Unidas,[69] a *Operação Liberdade Iraquiana* pode bem significar o seu fim ou, pelo menos, o início de um repensar de todo o sistema de segurança colectiva.

---

[64] Cf. N. KRISCH, "Legality, morality and the dilemma of humanitarian intervention after Kosovo", *EJIL* 13 (2002) 323-36.

[65] *Case concerning military and paramilitary activies in and against Nicaragua* (Nicaragua *v.* United States), *ICJ Reports* 1986, 14, parág. 209.

[66] "Case of the S.S. Lotus" (França c. Turquia), *PCIJ Series A* No. 10, 18.

[67] I. RAMONET, "Illégale aggression", *Le Monde Diplomatique* (Abril 2003).

[68] Cf. F. L. KIRGIS, "Pre-emptive action to forestall terrorism", *Asil Insights* (Junho 2002) *in* www.asil.org.

[69] C. GRAY, "From unity to polarization: international law and the use of force against Iraq", *EJIL* 13 (2003) 1-20.

CONCLUSÃO

A prática internacional dos últimos cinco anos demonstra claramente que existem manifestações de uma cada vez maior institucionalização das reacções da comunidade internacional perante situações de ilegalidade, sobretudo quando está em causa a violação dos princípios mais fundamentais da ordem jurídica supranacional:

– em 5 dos 6 casos mais recentes, o Conselho de Segurança pronunciou-se sobre a situação e adoptou resoluções (i.e., em todos menos a Chechénia);
– em 3 dos 6 casos, as Nações Unidas administraram o território no período pós-conflito (ou seja, nos casos do Kosovo, Timor-Leste e Afeganistão, sendo provável que a Organização venha a desempenhar também um papel relevante após terminada a intervenção militar no Iraque).

Tais manifestações de institucionalização coexistem, no entanto, com sinais preocupantes de unilateralismo:

– num caso, o Conselho de Segurança esteve completamente bloqueado porque estava em causa uma situação no interior de um dos seus membros permanentes (Chechénia);
– em 3 dos 6 casos, o Conselho de Segurança esteve bloqueado para autorizar expressamente o uso da força e foi marginalizado por uma organização regional ou por um Estado/coligação de Estados (Kosovo, Afeganistão e Iraque);
– num caso, apesar de condenar veementemente a conduta das partes, o Conselho de Segurança não tomou qualquer medida para repor a legalidade (Palestina).

A ordem jurídica internacional mantém-se, assim, em transição entre o multilateralismo e o unilateralismo, sendo que, neste momento, é difícil prever qual o futuro das instituições internacionais após o conflito no Iraque.

No entanto, o unilateralismo tem sido em muitos casos considerado ilegal e as reacções da comunidade internacional parecem demonstrar que não se está ainda a consolidar uma norma consuetudinária nesse sentido. Desde que a prática ilícita dos Estados seja tratada como uma violação do direito internacional, e não como uma evolução no sentido de uma nova norma consuetudinária, as regras existentes mantêm-se viáveis.

Como disse o Tribunal Internacional de Justiça no caso *Nicaragua*:

"The Court does not consider that, for a rule to be established as customary, the correspondent practice must be in absolutely rigorous conformity with the rule. In order to deduce the existence of customary rules, the Court deems it sufficient that the conduct of States should, in general, be consistent with such rules, and that instances of State conduct inconsistent with a given rule should generally be treated as breaches of that rule, not as indications of the recognition of a new rule. If a State acts in a way prima facie incompatible with a recognised rule, but defends its conduct by appealing to exceptions or justifications contained within the rule itself, then whether or not the State's conduct is in fact justifiable on that basis, the significance of the attitude is to confirm rather than to weaken the rule."[70]

O grande perigo da intervenção unilateral anglo-americana no Iraque é constituir um grave precedente que abre uma caixa de pandora de justificações para outras intervenções por parte destes Estados bem como de qualquer Estado membro da comunidade internacional. A legítima defesa preventiva poderá facilmente ser invocada para justificar ataques do Paquistão contra a Índia, do Irão contra o Iraque, da Rússia contra a Geórgia, do Azerbeijão contra a Arménia, da Coreia do Norte contra a Coreia do Sul, e por aí em diante.

Não só ficará qualquer ataque justificado a título preventivo, como se perde o elemento da proporcionalidade – essencial para a legítima defesa – pois o ataque é exercido preventivamente e não a título de resposta. Pode até dizer-se que apenas eliminando um regime estrangeiro inimigo poderá um Estado verdadeiramente defender-se de possíveis ataques futuros.

Resta esperar que as lições a tirar da actual crise internacional sejam no sentido do fortalecimento de estruturas e instituições multilaterais que ainda permanecem demasiado frágeis,[71] e não do seu descrédito total. Actualmente o papel a desempenhar pelas Nações Unidas continua a ser fundamental, pelo menos no que diz respeito à determinação da ilegalidade e à autorização de medidas que envolvam o uso da força, sobretudo quando o que está em causa é o interesse de toda a comunidade internacional. As Nações Unidas continuam indubitavelmente a ser a única enti-

---

[70] *Case concerning military and paramilitary activies in and against Nicaragua* (Nicaragua *v.* United States), *ICJ Reports* 1986, 14, parág. 186.

[71] Cf. V. GOWLLAND-DEBBAS, "The limits of unilateral enforcement of community objectives in the framework of UN peace maintenance" *EJIL* 11 (2000) 361-83.

dade que pode aspirar a representar esta comunidade e a única alternativa existente.

Os apelos do Secretário-Geral das Nações Unidas para que o Conselho de Segurança actue em defesa da nossa humanidade comum[72] devem mais do que nunca ser ouvidos. Para Kofi Annan, *"the Security Council has a moral duty to act on behalf of the international community."*[73]

Lisboa, Abril de 2003

---

[72] "Looking back. Looking ahead. The United Nations and global challenges", *UN Chronicle* 36 (1999).

[73] Report to the Millennium Assembly, A/54/2000 (3 Abril 2000).

DA HERMENÊUTICA JURÍDICA:
FUNDAMENTOS, DESAFIOS E FASCÍNIOS[1]

PAULO FERREIRA DA CUNHA*

"Podemos deste modo mencionar a hermenêutica como uma espécie de 'desconfiança' em relação aos tons muito afirmativos ou muito analíticos; mas não em relação às possibilidades de penetrar no real através da compreensão"

Nelson Saldanha, *Filosofia, Povos, Ruínas. Páginas para uma Filosofia da História*, Rio de Janeiro, Calibán, 2002, p. 57

SUMÁRIO: I. *Introdução epistemológica;* II. *Fascínios;* III. *Desafios;* IV. *Fundamentos;* V. *Novos fascínios, novos desafios: reforma legislativa ou reforma de mentalidades?*

I. INTRODUÇÃO EPISTEMOLÓGICA

Quando contemplo a que hoje é frondosa floresta e não simples árvore da ciência, a Epistemologia, entendida como conjunto dos pensares

---

* Professor Catedrático da Faculdade de Direito da Universidade do Porto.

[1] Convidado a participar na homenagem ao Senhor Prof. Doutor Inocêncio Galvão Telles, que além de ter benevolamente acolhido tantos estudos nossos nas prestigiadas páginas de "O Direito", superiormente coordenou, há mais de uma década, uma cadeira de Introdução ao Direito, na qual começámos a expor alguns modestos subsídios para uma renovada hermenêutica jurídica, pareceu-nos fazer sentido dar à estampa um contributo dessa índole. Por isso nos decidimos a dar forma, em sua homenagem, a este estudo, o qual, porém, longe de constituir uma síntese, acabará singelamente por ser um simples espelho de algumas dessas preocupações. Este texto recorda uma conferência no âmbito do IV Colóquio de Outono, promovido pelo Centro de Estudos Humanísticos da Universidade do Minho, e subordinado ao tema *Hermenêutica e Ciências Sociais e Humanas*, Braga, 22 de Novembro de 2001, a convite do Vice-Reitor da Universidade, Prof. Doutor Vítor Aguiar e Silva, a quem também agradecemos.

e dos discursos sobre o pensar (mais ou menos racional), nunca deixa de me vir à lembrança aquele inspirado princípio do Evangelho de João, que parece ter servido de mote às *Moradas* de Teresa de Ávila:
"Na casa de meu Pai há muitas moradas"[2].

Ora nessa maranha de ramos do saber, floresta, sim, e não raro floresta de enganos, do mundo da ciência, não apenas as disciplinas se fizeram multidão, como se emaranham umas nas outras, disputam objectos, partilham métodos, discutem escopos, e fazem mesmo marchar legiões de devotos uns contra os outros, em fratricidas guerras fronteiriças ou em gigantomaquias em que se jogam decisivas honras...e palmos de território não menos decisivos.

Um dos procedimentos epistémicos mais comuns, mais consabidos, é o da especialização, que corresponde, classicamente, ao nascer de novos ramos a partir de um tronco, ou já de um ramo outrora comum. A uma tal génese corresponde, naturalmente, uma vontade de diferenciação face ao anteriormente ainda uno, sincrético ou amalgamado, e tal desejo de afirmação analítica é, antes de mais, um grito do Ipiranga que se afirma por uma nova designação. Novas áreas científicas escolhem novas designações. E entre os olvidados latim e grego, ou com neologismos anglo-saxónicos de permeio, lá se vão cunhando mais vocábulos que marcam as extremas de territórios do saber que se querem independentes.

Ora o que se passa com a hermenêutica jurídica é um caso singular. Sempre existiu a coisa, mas nem sempre a expressão para a designar foi esta. Há profundas confusões territoriais sobre os domínios dela, sobretudo em relação com outras entidades epistémicas no mesmo registo jurídico. Tudo isso seria comum. O que é mais curioso e singulariza esta disciplina será, porém, o facto de entretecer com as demais disciplinas hermenêuticas relações profundamente ambíguas.

A hermenêutica jurídica pode ser um pretexto para se não falar sobre Direito, glosando *ad libitum* e *ad nauseam* os motes da hermenêutica literária ou filosófica, num discurso que não logra ultrapassar a barreira epistémica do não normativo para o normativo. Neste caso, além normalmente de se tratar de uma grande perda de tempo, está-se perante um claro caso de redescrição epistemológica (Thomas Gil) falhada: na melhor das hipóteses, jogo de erudição ou virtuosismo de violino que não pode deixar de ser de Ingres.

---

[2] Jo. XIV, 2; SANTA TERESA DE ÁVILA, *Moradas do Castelo Interior*, trad., introd. e notas de Manuel de Lucena, Lx. Assírio & Alvim, 1998, p. 32 (I, 1).

Da Hermenêutica Jurídica: Fundamentos, Desafios e Fascínios   781

A hermenêutica jurídica pode também, e no pólo oposto, ser um mero nome moderno colado à velha, caduca, decrépita recitação ritual dos esquemas interpretativos *à la* Savigny[3], que se copiam de manual em manual e recitam de cátedra em cátedra, sem levantar os olhos em volta e ver que, em torno do castelo da princesa da fábula... tudo mudou.

Perante estas duas visões a nosso ver imprestáveis da hermenêutica jurídica, mais do que abstractamente reivindicar um magnífico e magnânimo estatuto epistemológico para a mesma (intento vão, com resultados apenas virtuais), importa-nos saber para que serve e como deve servir ela ao Direito. Não nos interessa nada uma linda ciência que de nada sirva. Mesmo o jogo dos avelórios da utopia pedagógica de Herman Hesse[4] parecia ter uma finalidade...

Pois bem: como fundamentos dos fundamentos da hermenêutica jurídica encontramos a sua finalidade para o Direito. E tal é uma finalidade constitutiva, antes de mais. O Direito é arte e quiçá também ciência da interpretação. Não, obviamente, uma interpretação qualquer. Mas uma interpretação finalista: impregnado da *constans et perpetua voluntas suum cuique tribuere*.

A vantagem de uma verdadeira hermenêutica jurídica, por contraposição a uma interpretação ingénua, puramente literal (dessas do falso *in claris non fit interpretatio...*), e mesmo face a uma tabela de métodos e fins da interpretação como no clássico positivismo jurídico, é que uma autêntica hermenêutica jurídica é arte e ciência e assim se afasta quer do nível primário do senso (e sentido) comum da primeira hipótese, e se destaca também do nível sobretudo tecnicista da segunda hipótese.

Com estas palavras começámos já por delimitar as nossas águas conceituais: não será hermenêutica jurídica a teorização autofágica sobre generalidades linguísticas, comunicacionais, semióticas, literárias, analíticas, etc., grudadas de forma postiça a questões de Direito, assim como não o será também toda a leitura, profana, ingénua, pedestre, ou a simples aplicação mecânica de uma tabela de técnicas interpretativas.

Que terreno fica para a Hermenêutica jurídica?

---

[3] Embora "superado", o contributo de SAVIGNY, especialmente no *System des heutigen Roemische Rechts* (1840), foi, no seu tempo, essencial. E ainda nos ilumina sobre algumas questões. Cf., começando por recordar Savigny, entre nós, JOSÉ DE SOUSA BRITO, *Hermenêutica e Direito*, Separata do vol. LXII (1986) do Boletim da Faculdade de Direito, Universidade de Coimbra, Coimbra, 1990.

[4] HERMANN HESSE, *Das Glasperlenspiel. Versuch einer Lebensbeschreibung des Magister Ludi Josef Knecht*, Zürich, Fretz und Wasmuyh, 2 vols., 1943.

782   *Paulo Ferreira da Cunha*

Vasto e espaçoso, queda-lhe todo o do trabalho de, obviamente lendo e desvendando o sentido da norma, mas também dos factos (pois não há factos puros, evidentes, óbvios por si... tão fanéricos que prescindam de *leitura*), construir, na dialéctica de factos, normas, valores e textos, os sentidos que permitam a realização da Justiça, em cada caso.

Hermenêutica jurídica, em sentido lato, confunde-se, assim, em grande medida (embora não completamente...) com Metodologia jurídica: o *meta – odos*, o *caminho para* a realização prática do Direito, infelizmente por vezes confundido com a história das teorias e correntes do pensamento metodológico.

E por falar no primado da prática, sempre teremos de dizer, sem dúvida com escândalo para os teóricos, mas em fidelidade ao amor da verdade, que mais útil é ao jurista prático e ao aprendiz de jurista *a fortiori*, a lista velha e gasta do célebre jurista alemão, que umas teorias sobre as correntes que ao longo dos tempos têm disputado sobre o interpretar ou o fazer o Direito, e que umas glosas e comentários a propósito das hermenêuticas mais "puras", que se embrenhem por altas filosofias mas que se revelem incapazes de indicar concretamente caminhos a seguir: métodos, de novo.

Assim, diríamos que partindo dos fundamentos da hermenêutica jurídica, que têm de radicar na individualidade do seu modo de ser e da sua função eminentemente normativa e prática, se lhe colocam todavia desafios de tomo, os quais deverá aceitar com galhardia, ao mesmo tempo que se deve guardar dos cantos de sereia de alguns fascínios, normalmente descaracterizadores.

Dividiremos este estudo, basicamente, e seguindo o título, em *fascínios*, *desafios* e *fundamentos*. Invertemos a ordem, para podermos caminhar do negativo para o positivo, da ignorância para algum conhecimento.

II. FASCÍNIOS HERMENÊUTICOS

Os maiores fascínios a que a Hermenêutica jurídica pode sucumbir, como encantamento, por um lado, e como alucinação, por outro, é ceder à especiosidade da Hermenêutica geral, ao *crypticismo* por vezes esotérico de alguma hermenêutica bíblica, e à sedução da hermenêutica literária.

Todas essas áreas lhe colocam desafios (embora de desafios curemos a seguir), mas sobretudo lhe produzem uma admiração pasmada, que pode transformar-se ou em quietismo contemplativo, ou num activismo de importação pura e simples, em que o jurista deixa de servir *Témis* e *Dikê*, deusas da Justiça, para sacrificar apenas nos altares de Hermes.

Da Hermenêutica Jurídica: Fundamentos, Desafios e Fascínios 783

O grande risco destes fascínios é o encantamento do epigonismo em geral. Não é normal que um jurista de formação se torne num grande hermeneuta filosófico, teológico, ou das ciências literárias. Não digo que seja impossível, mas não é normal. E se o for, terá desafivelado no palco da tragédia a *máscara de cardeal-diácono do Direito*, para assumir nova *Persona*, enfim, uma nova personalidade.

Em regra, o jurista beberica nessas águas castálicas para dessedentar a sua curiosidade e a sua necessidade de suplemento de alma e de engenho para a arte de atribuir a cada um o que é seu – porque essa é a sua função, e em função desse objectivo todos os seus estudos profissionais devem girar. Não aspira a absorver a essência de tais águas, ou sequer a banhar-se nelas completa e longamente.

Por isso, alguns, menos conformados, menos apressados, e mais exigentes, mais tenazes, mais preocupados, mais ousados, se embrenham por estas paragens das Hermenêuticas não jurídicas não munidos do escudo do *Isolierung*[5] do Direito, e da espada do *inutia truncat. Inutilia* na perspectiva jurídica apenas, entenda-se. E tendo partido de coração aberto e de mente cheia de sonhos, sucumbem ao fascínio: partem da decaída cidade do Direito não pensado, da interpretação pedestre, do positivismo literalista e legalista em demanda do Graal que lhes devolveria o *Sentido*. Mas ao contrário do cavaleiro andante de Antero[6], que no palácio encantado da ventura apenas colheria *silêncio, escuridão, e nada mais*, estes, ainda na orla da floresta da Hermenêutica, muito antes de entrar nas suas muralhas, já encontraram tais fadas, tais duendes, tais gigantes, e também tais dragões, que irremediavelmente aí se perdem. E quer sucumbam aos perigos, quer se extasiem com os prémios luxuriantes das suas proezas, a verdade é que não voltam ao Direito. E o Direito perde-os. Porque, mesmo quando regressem, não só o vêem com a natural sobranceria ou o compreensível desprendimento de quem, como o Aquinate, acha todos os artigos como palha, ante as visões que lhes foi dado contemplar[7], como também, e quiçá principalmente, se acaso voltam às coisas jurídicas, como

---

[5] Cf., por todos, F. Schulz, *Prinzipien des roemischen Rechts*, Berlim, 1954, *apud* Yan Thomas, *Mommsen et l''Isolierung' du Droit (Rome, Allemagne et l'État)*, Paris, diff. Boccard, 1984, p. 1 n. *.

[6] Antero de Quental, " O Palácio da Ventura ", in *Sonetos*, ed. org. e pref. por António Sérgio, 7.ª ed., Lx. Sá da Costa, 1984, pp. 80-81.

[7] Cf., por todos e por último, e rementendo diversas fontes coevas, Jean-Pierre Torrel, OP, *Initiation à Saint Thomas d'Aquin. As personne et son oeuvre*, Editions Universitaires Fribourg, Suisse/ Paris, Cerf, 1993, trad. bras. de Luiz Paulo Rouanet, *Iniciação a Santo Tomás de Aquino. Sua pessoa e obra*, São Paulo, Edições Loyola, 1999, p. 339.

que para se protegerem e nos protegerem de uma luz mais forte (a nós, que permanecemos na caverna), rotineiramente retomam os caminhos antigos. Quanto muito, dando-nos uma fresta de luz. Tal como esses professores que, decerto para serem compreendidos e poderem formar juristas que ganhem causas, eram apenas jusnaturalistas até às férias do Natal, passando logo após o *Reveillon* a ensinar o puro e duro arsenal positivista legalista.

Encurtemos razões: o fascínio da Hermenêutica jurídica é a história do jurista que vai descobrir a pedra filosofal e descobre o elixir da longa vida, mas de uma vida, no limite, não jurídica.

O fascínio torna-se assim uma tentação, e uma perdição para o mundo do Direito: não, certamente, para o mundo pessoal, muito enriquecido, de quem empreenda tal demanda.

III. DESAFIOS HERMENÊUTICOS

Passemos já aos desafios. É inegável que os fascínios (sobretudo o fascínio da dedicação a Hermes) são desafios.

Mas o principal desafio, repto, mas também provocação, ou seja, chamamento, e chamamento interior para que alguém se torne no que é (que pode ou não comportar voz interior ou toque divino numa qualquer estrada de Damasco), o principal desafio é o que deriva da própria tentação legalista. Os desafios saem-nos ao caminho nas esquinas da nossa tranquilidade linear: e ao legalista plácido ocorre um dia que a lei é algo que se lê... E ler tem de ser interpretar... E interpretar...

O desafio coloca-se a todos os juristas que se não conformam com o serem simples burocratas da coacção, verbo de aluguer, consciência elástica. E aí têm de compreender-se como depositários de uma *auctoritas* especial: a de grandes mediadores e tradutores sociais, a quem está confiada uma interpretação efectivamente diferente da teológica, da filosófica, da literária.

A congregação destes sacerdotes da Justiça não está votada à vigilância dos sentidos possíveis ou permitidos de uma palavra inspirada pelo Espírito Santo: tem a seu cargo uma palavra falível, temporal, histórica, e que ganha tanto mais em efectividade quanto possa ser permeável a novos e justos sentidos.

Esta casta que, segundo o Digesto, também pratica a verdadeira filosofia, e não um seu simulacro verbalista, não visa a verdade racionalmente construída, nem uma opinião alçada a verdade pela *auctoritas* autoral: preocupa-se com a verdade material dos casos, que, nestas coisas humanas

Da Hermenêutica Jurídica: Fundamentos, Desafios e Fascínios   785

e opináveis, muitas vezes tem de conformar-se com ser uma verdade de convicção de um terceiro independente, o juiz, depois da argumentação contraditória das partes.

Finalmente, os leitores juristas não lêem com intenção estética ou de testemunho social, psicológico ou ideológico, mas fazem-no para descobrir a norma por debaixo do texto: o seu intuito é normativo.

É preciso compreender que os juristas, neste tempo de avassalador poder da política, da economia, da técnica, têm profundos problemas de identidade e de auto-estima. Deitados na *chaise-longue* do consultório psiquiátrico das ciências, os juristas recordaram uma infância feliz, em que dotaram o mundo de ordem, e até de sentido: tendo ensinado mesmo à geometria e à álgebra, pretensas ciências puras[8]. Mas profundos traumas viriam a sofrer na adolescência medieval, de paixões políticas e aventuras morais dilacerantes, para cristalizarem numa idade adulta reprimida, refreada, em que a paixão da Justiça daria lugar a um casamento de conveniência com o poder. Se o paliativo do legalismo conseguiu iludir de cientismo e com cientismo a pretensa Ciência Jurídica, a crise da ciência, da razão, da modernidade, da civilização, e a perda da centralidade social dos juristas (que escudando-se no *dura lex sed lex*, deixam de poder ser protagonistas para passarem a serventuários) recolocou na ordem do dia a necessidade de os homens do Direito se perguntarem: quem são, de onde vêm e para onde vão. Ora depois da solução rigidificadora do legalismo, as propostas descaracterizadoras dos historicismos jurídicos, dos sociologismos jurídicos, dos economicismos jurídicos (primeiro marxistas, depois neoliberais), provaram não mais ser que novos fascínios sem solução para a crise de identidade do Direito.

Um Direito ao serviço da escatologia materialista histórico-dialéctica, dissolvido nas forças sociais envolventes e comandado pelos *maîtres à penser* da sociologia, relegado para a teoria dos jogos matemática ou para a estatística da *public choice*, não é arte boa e équa, e os juristas não são sacerdotes da Justiça. Um Direito assim tornar-se-ia num híbrido infecundo, como infecundos são todos os híbridos.

Por isso, o desafio da Hermenêutica, ao contrário dos fascínios descaracterizadores que o apoucariam à condição de anexo de outra disciplina, a qual o transformaria em títere da sua *longa manus*, por isso o desafio da Hermenêutica parece mais consentâneo com o seu modo de ser próprio. É, aliás, um reencontro do Direito consigo mesmo.

---

[8] Cf., por todos, sobre a influência do Direito nas Ciências, MICHEL SERRES, *Le contrat naturel*, François Bourin, Paris, 1990.

786   *Paulo Ferreira da Cunha*

Paradoxal mas significativa situação, como aflorámos já: mas afinal princípio da vacina. É precisamente ao vírus definhador da *textificação* (coisificação textualizadora) do positivismo legalista que se pôde e pode ir buscar a vacina para a letargia jurídica: porque o Direito é, além de disciplina humanística, e enquanto tal, disciplina radicalmente hermenêutica, tendo nos textos e na interpretação em geral dos signos boa parte da sua metodologia.

Ao contrário das outras propostas, que procuravam afinal um Direito executor e ancilar, aqui a Hermenêutica é consubstancial ao Direito, dele faz parte incindivelmente. Não há Direito sem desvendamento de sinais.

O grande desafio é, afinal, como grande parte dos grandes desafios, um regresso às origens: e, no caso, do que realmente se trata é do reencontro do Direito consigo mesmo. Obviamente que o Direito não se esgota num descobrir sentidos. Nem sequer se pode identificar com a atitude, aparentemente passiva, de receber sentidos. Porque lhe incumbe, outrossim, construir sentidos. Essa a síntese que tardava e se começa a compreender (mas a ensinar ainda pouco nas Escolas e Faculdades de Direito): que a função normativa do Direito e a sua tarefa hermenêutica nem sequer correm de par, mas se fundem.

Mas essa questão pertence já à última parte da nossa exposição, a que sacrilegamente ousámos chamar Fundamentos. Fundamentos de toda a Hermenêutica Jurídica futura... Mas, como se vê pela intertextualidade que acabámos de convocar, mais do que fundamentos são, e mesmo assim já atrevidamente, simples prolegómenos.

IV. FUNDAMENTOS JURÍDICO-HERMENÊUTICOS

1. Fundamento teleológico: Para que serve a Hermenêutica Jurídica? Para descobrir soluções justas

O fundamento dos fundamentos tem de ser sempre posto, e filosófico. E é de índole teleológica. E tal fundamento é, evidentemente, o seguinte: O Direito, e a Hermenêutica Jurídica que constitui uma das suas facetas e funções principais, serve(m) para fazer Justiça.

Portanto, toda a actividade jurídico-hermenêutica não visa descobrir pólvoras científicas ou metafísicas, nem encantar-se com *trouvailles* estéticas, nem corroborar teses mais ou menos militantes das ideologias, das utopias, ou até de certas versões das ciências sociais. O Direito actua para

Da Hermenêutica Jurídica: Fundamentos, Desafios e Fascínios   787

que se faça Justiça. E Justiça é, primariamente e em termos simples, *dar o seu a seu dono*.

2. Fundamento estrutural: «par le code, mais au-delà le code...»

Nessa tarefa, o Direito tem de interpretar e tem de construir sentidos. Interpretar antes de mais o real, os factos. E essa tarefa não é menor. E também interpretar signos, especialmente textos.

Mas toda a interpretação visa fins, tem bússolas: a interpretação dos factos, deve nortear-se por um critério de verdade – de recta e cabal adequação do intelecto (da intelecção, da representação) à coisa, ao fenómeno; a interpretação dos textos visa não tanto o sentido estrito da norma, como o sentido da norma que a norma visa já interpretar. E esse é só um primeiro passo...

Expliquemo-nos melhor. A norma jurídica escrita é já fruto de uma interpretação. As teorias positivistas mais literalistas – de Justiniano a Napoleão – proibiam a interpretação, temendo (num aspecto bem, noutro nesciamente) que ela se desviasse do sentido desejado, da *mens legislatoris*. Daí o *in claris...* Um positivismo mais mitigado permitia ainda que se analisasse a lei, mas para lhe descobrir um sentido intrínseco, a *mens legis*. Já não o que o legislador desejou, mas o que a própria lei, em si, prescreveria.

Porém, é uma vã ilusão pensar-se que a lei tem um sentido próprio. De algum modo mais realistas eram os subjectivistas que apelavam para a vontade do legislador: porque essa, realmente, pelo menos no caso de legislador singular (com assembleias é mais difusa) existiu um dia. As palavras estão sujeitas a constantes derrapagens semânticas, e a movimentação permanente da sociedade transmite aos textos sentidos insuspeitados, até simplesmente por razões contextuais.

O que sucede é que a norma é já interpretação. E interpretação em vários sentidos.

Por um lado, a norma interpreta a realidade. Decidir legislar corresponde sempre a uma intervenção no real, mais ou menos conformando o mesmo real, que implica interpretação da realidade.

Os velhos juristas romanos legislaram de forma sócio-axiológica, quer dizer, foram sociologicamente investigar das regularidades sociais positivas e consagraram as mais razoáveis, segundo parâmetros não de excelência ou de excessivo rigor, mas de bom senso e mediania recta: a boa fé, a diligência de um bom pai de família, os bons costumes, etc[9]. Tudo coisas que, hoje, com o intelectualismo abstraccionista dominante e o politicamente correcto se encontram em crise profunda e não se sabe já o que sejam...

Tinham por isso os Romanos plena consciência de como se faziam as leis e qual o seu significado e alcance.

Porque, ao contrário de nós, que nos conformamos em acreditar que somos livres apenas por obedecermos às leis, eles tinham bem viva a percepção do processo de formação das leis, que não era o do voluntarismo legiferador, mas da transposição da realidade para a norma. Assim, ao contrário de nós, que acreditamos na lei como num *fiat*, que a cremos taumatúrgica, eles viam nela o que ela é, ou deveria ser: a estilização verbal de situações justas escolhidas para serem a normalidade desejada.

Segunda interpretação: a norma jurídica, que interpreta o real, nele colhe regularidades sociais com valor normativo, que considera dignas de serem elevadas a regra geral, a norma. Para tal tem de interpretar e criar, assimilando elementos, associando-os, recortando-os do real, e transpondo-os para um texto, num texto.

Tanto na primeira como na segunda interpretações não se limita o intérprete jurista a contemplar ou a analisar o que *está-aí*. Tem um papel interventivo. De seleccionador, de associador, de criador, em certa medida, porque quer a realidade social geral, quer a normatividade em estado livre pulsando na sociedade não se apresenta senão em estado bruto. É preciso que o diamante seja facetado.

Terceira interpretação, claramente criadora: a redacção do texto da norma. Corresponde esta dimensão ou fase a estabelecer sentidos, a circunscrever requisitos, pressupostos, a delimitar consequências (ou sanções). O leitor do real, que o analisa primeiro silenciosamente, e depois eventualmente o discute de forma dialéctica numa comissão legislativa, num parlamento, no governo... na própria comunicação social se há debate público, passa a uma nova fase, criativa agora. Vai desta feita descrevê-lo, na hipótese da norma; e ficciona consequências que pretende postas em prática pela ordem jurídica, na estatuição ou sanção da mesma.

O texto da norma é assim uma interpretação escrita da norma, que, em absoluto, e independentemente de qualquer consideração de direito natural (não é essa a questão agora em causa), é, antes de mais, não escrita – e se encontra na confluência da normatividade espontânea das coisas, da

---

[9] Cf., por todos, os nossos *Princípios de Direito. Introdução à Filosofia e à Metodologia Jurídicas*, Porto, Rés, s.d. (1993), máx. p. 393 ss.; e o capítulo preliminar de *Sociedade e Direito. Quadros Institucionais*, Porto, Rés, s.d. (1990).

realidade social, e da decisão normativante do legislador. Isso mesmo se encontra já anunciado no Digesto:

"Regula est, quae rem quae est breviter enarrat. Non est regula ius summatur, sed ex iure quod est regula fiat." (D. 50, 17, 1)

Portanto, quando interpretamos a norma, sempre temos de ter em mente quatro estratos decisório-interpretativos, ou construtivo-interpretativos[10]:

– *"Grundnorm"* – **sistema sócio-cultural e normativo, norma das normas**
Norma 1 – a interpretação-construção do **horizonte social e normativo** geral em que a norma se insere, e que funciona também como norma (conjunto de normas, ou melhor: **norma das normas**);

– **"Norma virtual"** *ou pré-escrita*
Norma 2 – a interpretação-construção da **norma pré-escrita**, ela própria saída da conjunção entre a normatividade do real (norma 2 a) e da vontade e decisão (ou da ponderação) legiferante do legislador (norma 2 b);

– **"Lex scripta"**
Norma 3 – a interpretação-construção da **norma escrita**, que é uma estilização verbal da anterior, e que se dirige não só ao presente como ao futuro, e que, arrancando mediatamente de uma realidade geral (norma 1), de uma realidade particular para-ou pré-jurídica (norma 2 a) e de uma decisão (norma 2 b), se projecta sobre situações contextualizadas em diferentes realidades do ponto de partida social considerado, e para mais serão contemporâneas de legisladores diversos.

– **"Lex concreta"** *ou norma activa*
Norma 4 – a interpretação-construção da **norma juridicamente actuante**, num dado *hic et nunc*, que colhe já as preocupações finais com a norma escrita (Norma 3): é norma actualizada, para um dado tempo, lugar e situação. Que parte da norma escrita (norma 3) mas que não fica por ela, ascendendo na interpretação às anteriores, e transcendendo-a na actualização, movida pela intenção de Justiça, que é uma *constans et perpetua voluntas.*

---

[10] As designações que figuram como títulos das diferentes alíneas são convencionais, e ainda em estado de "experimentação".

A consideração destas quatro normas, ou destes quatro estratos normativos abre novos horizontes hermenêuticos. Já anteriormente se havia tentado resolver de forma ponderada a consideração dos elementos temporais (historicismo *vs.* actualismo) e subjectivos (subjectivismo *vs.* objectivismo) na interpretação da lei, num equilibrado irenismo. O nosso Código Civil disso é, aliás, um bom exemplo:

"art. 9.º, n.º 1: A interpretação não deve cingir-se à letra da lei, mas reconstituir a partir dos textos o pensamento legislativo, tendo sobretudo em conta a unidade do sistema jurídico, as circunstâncias em que a lei foi elaborada e as condições específicas do tempo em que é aplicada".

Este normativo propicia, na sua profunda ambiguidade, que nos parece sábia, um conjunto de possibilidades de leitura que deixam ao intérprete as mãos relativamente livres para fazer Justiça.

Na verdade, não se prescinde dos textos (Norma 3), nem deles se pode realmente prescindir, sob pena de insegurança e subjectivismo e decisionismo judiciais (e administrativos). Mas o texto é apenas um guia para, a partir dele (Norma 3), se chegar ao pensamento legislativo, que não é dito aqui nem *mens legis* nem *mens legislatoris*, mas, por este *a silentio*, nos permite pensar noutras normatividades: na Norma 2, remetendo para a realidade geral e normativa prévia e contemporânea – "sistema jurídico, as circunstâncias em que a lei foi elaborada" (Norma 1), e para "as condições específicas do tempo em que é aplicada", determinantes, enquanto novo horizonte normativo (simétrico do da Norma 1), da actualização da norma, em norma juridicamente actuante (Norma 4).

Nesse sentido tem razão uma tradição doutrinal britânica que afirma que só há realmente norma (isto é, Norma 4) quando há uma decisão judicial que a invoca e põe em prática. Tem esta sabedoria ancestral muito acerto, porquanto, em grande medida, todos os demais estratos normativos são tópicos a tomar em consideração na decisão final, argumentos a ponderar, mas apenas a sentença judicial (e poderíamos dizer o assento, quando ele tinha essa função) determina realmente, para um dado tempo, o sentido efectivo e os respectivos efeitos práticos da norma. Traduzindo linguisticamente: a sentença *actualiza* o sistema. É um acto-*parole*, face à *langue* do todo do sistema, que comporta em si graus normativos distintos[11].

---

[11] Para uma aplicação de teorizações dos actos de linguagem ao Direito e à Ética, cf., *v.g.*, PAUL AMSELEK, (Dir.), *Théorie des actes de langage, éthique et droit*, Paris, P.U.F., 1986.

Da Hermenêutica Jurídica: Fundamentos, Desafios e Fascínios   791

Daqui decorre que o segundo fundamento da Hermenêutica jurídica nos parece poder traduzir-se, *cum grano salis*, pelo brocardo francês de tempos ainda pré-hermenêuticos, mas que, tal como o Digesto, também contém uma fecunda intuição: *Par le code civil, mais au-delà le code civil...* Realmente, qualquer hermenêutica jurídica não pode, sem se negar e sem cair no pior dos direitos livres, prescindir do texto ou nele fazer caber o que lá não está (como o n.° 2 do citado art. 9.° do nosso Código Civil prevê e proscreve), mas tampouco lhe é permitido que se quede pelo fetichismo do abacadabra literalista, adorador ritualístico da forma (norma 3) que esquece a norma (norma 4).

3. Prolegómenos à fundamentação de uma Hermenêutica Jurídica futura

Postos estes dois essenciais fundamentos, os demais decorrem daqui.

Já em 1993 chamávamos a atenção para algumas dimensões hermenêuticas que hoje nos permitimos designar por fundamentos[12]. Como então falávamos de dimensões, não acolhêramos autonomamente o fundamento estrutural da norma. Em síntese, podemos dizer agora estarmos perante os seguintes fundamentos:

– O fundamento *teleológico*, já referido, de busca da Justiça, de hermenêutica ao serviço do Homem e da prática;

– O fundamento *estrutural*, igualmente já mencionado, pelo qual se tem de atentar, na função de fazer direito, de dizer o Direito, não apenas ao texto da norma-escrita (Norma 3), como na hermenêutica jurídica tradicional, mas às diferentes dimensões normativas de que a norma-escrita (Norma 3) é como que o significante. Há que descobrir-lhe significados prévios (Normas 1 e 2) e dar a esses significados uma aplicação actualizada, densificada, actuante (Norma 4).

– o fundamento *deontológico,* derivando do primeiro, colocando todo o intérprete-criador-aplicador do Direito perante a responsabilidade que decorre não só das consequências práticas da sua interpretação-decisão, como da própria natureza do seu labor, que nunca é de burocrática e passiva interpretação ou aplicação, mas sempre de criação. E por isso nunca mais se pode falar tranquilamente em interpretação declarativa: nenhuma interpretação é somente declarativa, tal como não há normas claras, nem casos claros ou fáceis.

_____
[12] Cf. *Princípios de Direito*, cit., p. 398 ss..

792   *Paulo Ferreira da Cunha*

– o fundamento *lógico-cognoscitivo*, que apela à compreensão de todos os elementos em jogo, no caminho que, para a elaboração da Norma 4, parte da Norma 3 até à Norma 1, e de volta. Isto é, no caminho que, para a criação da norma juridicamente actuante, parte da norma escrita, pela via da norma não escrita, até à norma das normas – e, em boa verdade, até a uma Norma 0 (zero) que é o Direito Natural. Mas deixemos essa questão, todavia, essencial, momentaneamente entre parêntesis. Seja como for, o fundamento lógico-cognoscitivo (lógico como disciplina, método, regra e rigor que permite o correcto conhecimento) está sujeito aos demais no plano do dever-ser, embora seja intransponível ou "incontornável" no plano do ser.

– O fundamento *axiológico-normativo*, que impõe uma dimensão abrangente, compreensiva e prática da actividade hermenêutica jurídica, e é impulsionado pelo princípio teleológico. Resumiríamos principialmente este fundamento: não pode haver interpretação que conduza a resultados injustos. Parafraseando Juarez Freitas, se há uma substancial inconstitucionalidade da norma injusta, também há uma liminar impossibilidade deontológica da interpretação injusta.

Tal significa que, em alguns casos, se terá que fazer uso da interpretação interventiva, que complemente, restrinja, alargue, aperfeiçoe, extrapole ou corrija o texto da norma (Norma 3). No limite, a interpretação juridicamente actuante terá de ser, como sugeriu já Manuel de Andrade, no seu *Sentido e Valor da Jurisprudência*, uma interpretação de "resistência". O que tem de comportar todos os cuidados, para evitar o subjectivismo e activismos judiciais e administrativos sem freio e, no limite, injustos. Donde, em geral, a regra para a intervenção interpretativa (no sentido de recuperação de um sentido anterior e mais alto que o da norma escrita – Norma 3) seja, a nosso ver, ainda a clássica regra do mal menor: se da aplicação conformada de um sentido mais literalista advier injustiça, mas menor mal à sociedade do que uma criação interpretativa mais distanciada do texto da norma escrita (norma 3), deve abster-se o intérprete de intervir mais criativamente, para evitar piores danos; caso não advenha pior mal, deve encontrar uma forma de descobrir ou inventar (pelas palavras da norma, ainda que imperfeitamente expressa – como manda o art. 9.º , n.º 2 do Código Civil) um sentido justo, e eleger esse sentido. O nosso Código Civil, ao determinar que "art. 9.º, n.º 3: Na fixação do sentido e alcance da lei, o intérprete presumirá que o legislador consagrou as soluções mais acertadas e soube exprimir o seu pensamento em termos adequados", manda efectivamente que a interpretação seja a favor das "soluções mais acertadas", e embora não permita uma interpretação que acolha "art. 9.°, n.° 2 (...) um pensamento legislativo que não tenha na letra da lei um mínimo de correspondência verbal", admite uma expressão imperfeita desse mesmo pensamento (*ibidem*). E, embora mande presumir que o legislador "soube exprimir o seu pensa-mento em termos adequados" (art. 9.° n.° 3) no fundo, admite que uma formulação imperfeita acabe por ser o verdadeiro espelho das soluções mais acertadas.

Estas "soluções mais acertadas" outra coisa não são que a consubstanciação prática da aplicação dos fundamentos hermenêuticos teleológico, deontológico, e axiológico-normativo, ou seja, são a Justiça no caso concreto (não uma teoria da justiça); sendo o *iter* metodológico para aí chegar – regulado pelas demais precauções dos diversos números deste art. 9.° – matéria que não esgota, mas remete para o fundamento lógico-cognoscitivo.

Por outro lado, o carácter compreensivo do fundamento axiológico--normativo, em conjunção com o lógico-cognoscitivo impõem que não se faça especial distinção entre interpretação da norma e integração das lacunas. Na medida até em que sempre se tem de escolher a norma, sobretudo em tempos, como o nosso, de pluralismo normativo. E a escolha tanto pode ser feita por entra a maranha de fontes de tão plúrima normogénese, como por *analogia legis*, como pelas diversas formas de *analogia juris*, como pela convocação de um estrato superior de normatividade: o recurso do intérprete directamente à *Norma das Normas* – Norma 1 – e até Norma 0 – (ou seja, espírito do sistema ou direito natural, conforme, respectivamente, o art. 10, n.° 3 do nosso actual Código Civil, ou o art. 16.° do anterior), determinante da norma não-escrita (Norma 2) – "a norma que o próprio intérprete criaria, se houvesse de legislar no espírito do sistema", nas palavras do actual art. 10.°, n.° 3, *in fine*

V. NOVOS FASCÍNIOS, NOVOS DESAFIOS: REFORMA LEGISLATIVA OU REFORMA DE MENTALIDADES?

A lei, por sua própria natureza, não deve servir para fazer doutrina, não deve ser utilizada como instrumento doutrinal. Precisamente porque, se tal fizesse, estaria manietando-se a si própria e comprometendo as hipóteses da sua durabilidade por via interpretativa. Não há doutrinas definitivas, e as leis devem ser estáveis, embora as interpretações devam variar, com os tempos – mas não com as modas e o render da guarda dos ministros. Por isso, não devemos cometer à lei que imponha um programa hermenêutico-jurídico. O próprio pulso de ferro do Marquês de Pombal não foi capaz de abolir entre nós as práticas judiciais que remetiam para o *ius commune*, para o *ius romanum*, para o *ius canonicum*. E a lei da Boa Razão, que nos poupou um código num rasgo de síntese jurídica, foi todavia incapaz de se impor contra o ritualismo das práticas ancentrais. Por isso, e nos antípodas do fascínio do nóvel jurista pelos encantos de uma Hermenêutica afinal desgarrada do mundo do Direito, a solução hermenêutica para o Direito passa não tanto, nem principalmente, por uma alteração legislativa, mas por uma alteração de mentalidade.

Até lá, e até na medida em que a lei pode ter uma função pedagógica (embora limitada) não nos ficava mal – o tabu foi quebrado já, e em boa hora, por um artigo do Prof. Freitas do Amaral[13] – ir pensando calmamente em rever o Código Civil nos seus primeiros artigos. Para o actualizar, e para o adequar também à sensibilidade juspublicística. Mas com muito cuidado para não lhe confiscar o que de tão subtilmente útil e acertado tem: e é muito. Os juristas deveriam começar os seus estudos com uma prece: *Deus nos conserve o Código Civil...* Creio que secretamente mesmo os mais ateus o fazem...

Mas ainda assim, com muito cuidado, valeria a pena pensar em rever... Deus nos conserve o Código, mas *a César o que é de César* e os primeiros artigos do mesmo não são Direito Civil, são Direito Constitucional. Uma vez que a minha tese de doutoramento em Coimbra foi sobre Constituição e Utopia, e já a de Paris fora sobre Constituição e Mito, talvez esteja autorizado sem muito escândalo a sonhar em voz alta.

Pessoalmente, redefiniria totalmente as fontes de Direito (que são os principais tópicos da interpretação): não só para atender ao pluralismo normativo que decorre da normogénese *infra*-estadual, como da supra--estadual, desde logo a europeia; não só para consagrar o princípio da interpretação segundo a constituição, que parece essencial, e uma lacuna hoje grave; mas também para algumas reformas de fundo.

A menor, seria substituir a expressão "normas corporativas", que se presta a confusões, por "normas das pessoas colectivas" ou das "pessoas

---

[13] Diogo Freitas do Amaral, *Da Necessidade de Revisão dos Artigos 1.º a 13.º do Código Civil*, in "Themis", ano I, n.º 1, 2000, pp. 9-20.

Da Hermenêutica Jurídica: Fundamentos, Desafios e Fascínios 795

morais" e entidades não-estaduais. Mas poria algo para designar esta realidade normativa não estadual: sem o que nenhuma Universidade pode ter estatutos e nenhum clube cobrar cotas.

A maior, seria – ai sacrilégio! – traduzir a expressão "espírito do sistema" pelo que efectivamente designa (comprovadamente, até pelo argumento histórico), embora timidamente, ou seja – o Direito Natural. A Hermenêutica do Direito Natural seria um céu aberto de fascinantes desafios: esperemos que não já de infecundos fascínios.

Entre a maior e a menor, algumas importantes alterações seriam de consagrar:

A consideração dos valores da Justiça, da Liberdade e da Igualdade, apenas subtilmente consagrados na Constituição, como valores jurídicos superiores do nosso ordenamento, orientadores de princípios jurídicos com valor interpretativo obviamente superior ao das normas. E ainda, em sede de fontes, a substituição dos artigos sobre os usos e da equidade (hoje concebida como um mero fruto da mediação). Aos usos, entendidos numa perspectiva apertadíssima, sucederia a consagração do costume como fonte de Direito, em condições a ponderar, atenta a evolução social operada. A equidade deveria ser considerada, como é, uma qualidade da própria Justiça, não repugnando (pelo contrário) que os Códigos de processo consagrem as condições de arbitragem, mediação, e formas análogas e alternativas de Justiça sem obrigatoriedade de recurso à lei. Neste plano, quando se aludisse à Lei escrita, deveria dizer-se (obviamente na linguagem pró-pria de um articulado legal) que a todos obriga e é parâmetro da decisão criadora do intérprete, contextualizada, e enquanto significante de um significado justo; o qual, em certas condições, melhor pode ser perseguido através da ultrapassagem da sua letra: e aí entram as referidas formas alternativas.

Assim, as fontes meditas de direito seriam o direito natural e designadamente os seus valores superiores (Justiça, Liberdade e Igualdade) (Norma 1), actualizados imediatamente pelos princípios de direito (Norma 1-2), o costume (Norma 1), e as normas escritas (leis, *lato sensu* e normas de pessoas colectivas, ou morais) (Norma 3).

A obediência do juiz e da administração à norma escrita (Norma 3) tem de ser entendida em termos hábeis. Havendo uma margem liberdade em caso de não restrição, nomeadamente de direitos, na medida em que se raciocina a partir de um sistema complexo de níveis normativos, e não, de forma míope, sobre um texto dado e estanque. Reconhecer-se-ia, em termos apertados, mas honrosos, o direito da pessoa do juiz à objecção de consciência perante a lei injusta, mas manter-se-ia a proscrição *do non liquet* (art. 8.°, n.° 1).

Ter-se-ia finalmente que repensar-se em que termos pode o Estado, um Estado em pletora legiferante, continuar pressupor a omnisciência do conhecimento da lei depois de um Michel Bastit, há já mais de dez anos, no seu monumental *Naissance de la Loi moderne*, ter considerado que a referida presunção deixou de ter sentido[14]. Na verdade mais: depois de um Goethe ter afirmado já que, se conhecêssemos todas as leis, nem sequer nos restaria tempo para as cumprir ou desrespeitar. Já no tempo de Goethe...

Finalmente, toda esta matéria deveria passar para o lugar que realmente lhe cabe, que é a Constituição, norma das normas e norma produtora de normas – pelo menos tal como em sido generalizadamente compreendida entre nós.

Desçamos da utopia à realidade...decerto não menos utópica...

O grande problema não está tanto nos tópicos da interpretação (embora eles possam, como vimos, melhorar) como reside sobretudo nos sujeitos agentes da interpretação. Porque é evidente que a interpretação depende dos intérpretes (desde logo, e até sem considerar especificidades pessoais, mas apenas as qualidades e estatutos: os jurisconsultos fazem interpretação doutrinal, os leigos interpretação subjectiva, falsa interpretação doutrinal, o legislador interpretação legislativa, falsamente dita autêntica, e o juiz realiza jurisprudência[15]). Mesmo um Michel Villey duvidava de um direito natural com juristas medíocres[16]. Pessoalmente, hastearei na janela do meu gabinete a bandeira negra do positivismo jurídico se me disserem que os juristas que o iriam aplicar não seriam homens minimamente cultos, ou seja, senhores das competências, experiências e memórias canónicas ao menos da nossa cultura e da nossa civilização, o que transcende, em muito, a interpretação literal e obriga a uma vasta leitura do Mundo.

Para merecerem um Direito justo, e para o realizarem, os juristas têm de mudar muito. Recuperar o tempo perdido em fascínios tecnocráticos e ideologizantes, e erguer-se da geral incultura dominante, imposta pela deseducação obrigatória da massificação. Os juristas têm, antes de mais, de voltar a saber ler, escrever, e falar. Saber ler e gostar de ler, ler com inteligência e ler muito e bem, e do que é bom. O estudo da Filosofia, da História, da Literatura e dos Clássicos em geral deveria ser obrigatório e eliminatório para os estudantes de Direito. A Hermenêutica a Retórica gerais, bem como as jurídicas, deveriam entrar nos nossos *curricula*. Só

---

[14] MICHEL BASTIT, *Naissance de la Loi moderne*, Paris, PUF, 1990, p. 10.

[15] Para uma teoria dos sujeitos da interpretação, *Princípios*, p. 402 ss..

[16] MICHEL VILLEY, *Réflexions sur la philosophie et le droit. Les Carnets*, p. 45.

quando os juristas de novo se apaixonarem pelo texto compreenderão. Só quando de novo preencherem os seus ócios com a leitura e com a escrita, serão capazes. Só então novos Sthendal de novo lerão os Códigos Civis para, por osmose, depurar o estilo. Só quando de novo for arte apresentar com eloquência alegações orais em tribunal a palavra se reabilitará das longas assentadas forenses.

A tentação de reformar a lei, confesso, é um *fascínio* inebriante, embriagador. A tarefa árdua de lutar pela mudança das mentalidades, um *desafio* muito exigente. Num e noutro caso, só vale a pena fazê-lo com base em fundamentos sólidos e de Justiça.

APROXIMAÇÃO AO REALISMO JURÍDICO

MÁRIO EMÍLO F. BIGOTTE CHORÃO*

SUMÁRIO: 1. Introdução; 2. Súmula do realismo jurídico clássico; 3. Realismo e "irrealismos" jurídicos; 4. Das minhas "navegações jurídicas"; 5. A atitude realista originária; 6. O realismo do senso comum; 7. O realismo filosófico (metafísico, gnoseológico e ético); 8. Realismo jurídico e pessoa humana.

1. De modo apenas esquemático, recapitulo e revejo, neste momento, os tópicos fundamentais do realismo jurídico (clássico), ao qual venho dedicando empenhada reflexão e divulgação, sob várias formas[1]. Pretendo tão-só assinalar o significado profundo dessa concepção jurídica e indicar algumas das razões principais com que ela se abona. Dou assim testemunho, ao mesmo tempo, dos passos decisivos de uma experiência pessoal e de um itinerário intelectual no processo de busca da verdade do direito.

Pareceu oportuno salientar especialmente, neste escorço, os nexos fortes que a opção pelo realismo jurídico tem com o realismo enquanto atitude espiritual originária, com as evidências do senso comum e com os argumentos e conclusões do realismo filosófico. Entendeu-se também conveniente pôr em evidência a intensa motivação "personalista" do realismo jurídico.

---

* Professor da Faculdade de Direito da Universidade Católica (Lisboa).

[1] *V.g.*: *Direito*, in *Polis – Enciclopédia Verbo da Sociedade e do Estado*, 2.°, Verbo, Lisboa-São Paulo, 1984, cols. 289-ss.; *Temas Fundamentais de Direito*, Almedina, Coimbra, 1986; *Introdução ao Direito. I. O Conceito de Direito*, id., id., 1989; *Direito*, in *Logos – Enciclopédia Luso-Brasileira de Filosofia*, 5.°, Verbo, Lisboa-São Paulo, 1992, cols. 830-839; *Direito*, in *Polis* cit., 2ª ed., 1998, cols. 282-293; *Direito*, in *Enc. Verbo Luso-Brasileira de Cultura*, 9.°, Verbo, Lisboa-São Paulo, 1999, cols. 456-464; *Realismo jurídico*, in *Enc. Verbo* cit., 24.°, 2002, cols. 980-982.

O discurso realista é dominado, por assim dizer, por duas palavras-
-chave. Desde logo, naturalmente, a palavra *res*, em particular *res iusta*,
mas também a palavra *pessoa*, sendo a pessoa humana, ontologicamente
considerada, o fundamento natural da personalidade jurídica e a causa e
razão de ser do direito. "*Hominum causa omne ius constitutum est*".

2. O realismo clássico é uma das grandes concepções do direito
presentes no panorama da cultura jurídica histórica.

Com raízes na filosofia aristotélica, na experiência do *ius romanum*
e no pensamento teológico e filosófico do Aquinense, o realismo clássico,
recebeu, ao longo dos tempos, outras contribuições, nomeadamente as da
chamada "Escola Espanhola do Direito Natural", com a Segunda Escolás-
tica. Veio, mais tarde, a ser recuperado e renovado por um amplo e qualificado conjunto de autores contemporâneos, entre os quais, F. Olgiati, G.
Graneris, L. Lachance, M. Villey, G. Kalinowski, J. Hervada, J. Vallet de
Goytisolo, C. I. Massini e J.-P. Schouppe.

Vejamos, em apertada síntese, algumas notas marcantes que caracterizam esta concepção, numa das suas melhores versões.

Vem, à cabeça, a compreensão analógica do direito. Analogado principal é o direito objectivo, ou seja, o objecto da justiça (*to díkaion*, *iustum*,
ius suum, *res iusta*, *res debita* ...), entendida, esta, ao modo de Aristóteles,
Ulpiano ou Tomás de Aquino. Analogados secundários são, por sua vez,
sobretudo: a *potestas* ou *facultas* do sujeito relativamente ao *ius suum*
(direito subjectivo); a lei, norma ou regra do justo (direito normativo); o
saber dos juristas, arte ou ciência do justo (direito em sentido epistemológico). Por direito, entende-se ainda, complexivamente, a ordem de justiça
(*ordo iustitiae*).

Esta, a ordem jurídica, é uma unidade constituída, primariamente,
pelo direito natural e, complementar e subordinadamente, pelo direito
positivo[2]. O primeiro – verdadeiro direito "real" e "núcleo duro" do orde-

---

[2] Permito-me referir as seguintes fontes da minha autoria: *Temas Fundamentais de
Direito* cit.; *Introdução ao Direito* cit.; *Tópicos sobre o Direito Natural na Cultura
Portuguesa*, sep. de "O Direito", 131.º (1999/III-IV), pp. 313-344; *Jusnaturalismo*, em
Enc. Verbo Luso-Brasileira cit., 16.º, Lisboa-São Paulo, 2000, cols. 1219-1223; *Algumas
cuestiones acerca del derecho natural en la cultura portuguesa*, AA.VV./M. AYUSO (ed.),
El Derecho Natural hispánico: pasado y presente, CajaSur, Córdova, 2001, pp. 597-614;
Crise da Ordem Jurídico-Política e Proposta Jusnaturalista, sep. de "O Direito", 133.º
(2001/II), pp. 271-300; *Crisi dell'ordine giuridico-politico e proposta giusnaturalistica*,
em AA.VV./D. CASTELLANO (dir.), *Diritto, Diritto Naturale, Ordinamento Giuridico*,
Cedam, Pádua, 2002, pp. 45-91.

namento – baseia-se na "natureza das coisas" (*natura rerum*), máxime, na natureza humana (*natura hominis*). A fundamentação jusnaturalista conta, sobretudo por influência da lição tomasiana, com uma forte componente doutrinal, metafísica e teológica, relativa à pessoa humana, cuja entidade singular e eminente dignidade são consideradas à luz da razão e da fé. Substância individual ou sujeito subsistente de natureza racional/intelectual e unidade intrínseca corpóreo-espiritual, a pessoa "*significat id quod est perfectissimum in tota natura*", no dizer de S. Tomás. Criado à imagem e semelhança de Deus e redimido por Cristo, cada homem é chamado a participar da natureza divina e a gozar a felicidade eterna. No ser e valor da pessoa reside a medida do dever-ser moral, político e jurídico.

Segundo a concepção realista, a lei, causa e regra do justo, é prescrição racional para o bem comum – "*ordinatio rationis ad bonum commune*" –, constituindo este uma categoria essencial da doutrina político-jurídica aristotélica e tomista, com o sentido de vida boa (*bene vivere*) ou vida feliz e virtuosa da sociedade civil, "*bonne et droite vie humaine de la multitude*", na formulação de J. Maritain[3]. Do bem comum é elemento básico a justiça, garantia da paz (*opus iustitiae pax*). Neste quadro, a lei humana ou positiva, indispensável à ordenação da sociedade, subordina-se à lei natural, a qual, por seu turno, é "a participação da lei eterna na criatura racional".

Na visão realista da tradição clássica, o momento culminante da ordenação jurídica está na determinação e realização do justo concreto, em que compete um papel central aos juristas, apoiado no saber prático jurisprudencial, definido lapidarmente por Ulpiano: "*divinarum atque humanarum rerum notitia, iusti atque iniusti scientia*". Prudência e epiqueia ou equidade são recursos fundamentais do ofício dos juristas no apuramento do *obiectum iustitiae*.

Em suma, pode dizer-se que impregnam esta concepção do direito, além, evidentemente, do realismo que a rotula, e como corolário deste, os seguintes "ismos": o jusnaturalismo, em sentido muito diverso do que veio a assumir com a transmutação racionalista da "Escola moderna do direito natural"; o personalismo, na acepção "forte" implicada na já referida

---

[3] Trato o tema do bem comum especialmente em: *Pessoa Humana e Bem Comum como Princípios Fundamentais da Doutrina Social da Igreja*, sep. de AA.VV., *Questões Sociais, Desenvolvimento e Política. Curso de Doutrina Social da Igreja*, Universidade Católica Portuguesa, Lisboa, 1994; *O Bem-Comum como Questão-Chave de uma Filosofia Pública para a Europa*, sep.de "O Direito", 128.° (1996/I-II), pp. 69-102; *Il bene comune come questione-chiave di una filosofia pubblica per l'Europa*, em AA.VV./D. Castellano (dir.), *Europa e bene comune. Oltre moderno e postmoderno*, Ed. Scientifiche Italiane, Nápoles, pp. 43-56.

doutrina da pessoa humana, metafísica e teologicamente fundada; o jurisprudencialismo, como opção ética e metodológica baseada na lição clássica sobre o *ius* e a *prudentia*, a razão prática e a dialéctica.

Da tradição realista procedem indicações esclarecedoras que permitem distinguir, sem os separar ("*distinguer pour unir*"), direito, moral e política, e contribuem para estabelecer entre eles um correcto sistema de relações. Esse esclarecimento apoia-se em larga medida, como é natural, na consideração dos fins daquelas ordens do agir: o justo objectivo nas relações sociais (direito); o fim último e sumo bem do homem, Deus, garantia da felicidade perfeita (moral); o bem comum, isto é, o conjunto de condições sociais favoráveis, como se disse, à vida boa dos membros da sociedade, ao seu desenvolvimento perfectivo como pessoas (política). O direito subordina-se à moral, mas sem que tenha de assimilar todas as suas normas e deveres: não assume as exigências plenas da vida virtuosa, é compatível com um certo grau de "amoralidade subjectiva" inerente ao *iustum imperfectum* da ordem jurídica, e admite, inclusive, para a realização eficaz dos seus fins específicos, o recurso a meios coactivos. O justo objectivo, a começar pelo *iustum naturale* – assim, os direitos e deveres naturais das pessoas – são parte substancial do bem comum da sociedade política, ao qual se devem dirigir as leis civis, sob pena da sua ilegitimidade e da ilegitimidade do poder legislativo.

A doutrina realista, beneficiando muito da lição clássica aristotélica e tomista, tem igualmente contribuído, de forma notável, para a clarificação da questão epistemológica do direito e a definição consistente da estrutura do conhecimento jurídico. Sobressaem, a este respeito, nomeadamente: os critérios de distinção entre saber especulativo e saber prático e a classificação, à luz deles, do saber jurídico; a especificação das várias modalidades deste (v.g., filosófica, científica, casuística e prudencial) e a precisão dos respectivos nexos, com realce para os aspectos da sua unidade estrutural e dinamismo funcional (também aqui, "*distinguer pour unir*"); a grande importância dada ao esclarecimento da noção de prudência jurídica e ao papel da decisão prudencial, com as consequentes implicações no plano metodológico da interpretação e aplicação das normas e da determinação das soluções concretas; a necessidade, para o jurista, de estar atento aos dados das diversas formas de saber e a conveniência de adquirir os hábitos mentais filosófico, científico e prudencial. Na pedagogia desta doutrina adquiriu lugar de merecido relevo a síntese de J. M. Martínez Doral, *La estructura del conocimiento jurídico*[4].

---

[4] Universidade de Navarra, Pamplona, 1963.

3. O realismo jurídico pretende captar e reflectir aquilo que o direito é em si mesmo, a própria essência do jurídico (*ius in re*), na integridade das suas componentes, formas e dimensões (os diversos analogados, os elementos fáctico, axiológico e normativo, as expressões relacional e institucional, as diferentes concretizações na pluralidade dos ordenamentos, etc.) e nos vários níveis da sua manifestação (empírico-positiva e suprapositiva ou natural, radicada, esta última, na verdade ontológica da pessoa humana e na suprema fonte divina da lei eterna).

Deste modo de ver distanciam-se todas aquelas concepções jurídicas – "idealistas" e "irrealistas" – que, em maior ou menor medida, fazem do direito uma construção da mente (*ius in mente*) e um produto da vontade (*ius in voluntate*), apresentando dele versões de cariz univocista, redutor, fragmentário, empirista e positivista: subjectivismo, normativismo, formalismo, racionalismo, coactivismo, judicialismo, sociologismo, etc. O *soit--disant* "realismo jurídico" de matriz americana (*legal realism, law in action, sociological jurisprudence*) ou escandinava (o direito, "*purely as a fact*"), e, bem assim, a Teoria Pura kelseniana, são bons exemplos de concepções irrealistas e positivistas situadas nos antípodas do autêntico realismo, o realismo clássico.

Este último, como é próprio da opção intelectual que lhe está subjacente, não pode deixar de ser receptivo a todos os contributos e parcelas de verdade, seja qual for a sua proveniência, que permitam alargar e aprofundar o conhecimento do direito e potenciar a sua eficácia como *opus iustum*. Por isso, o realismo acolhe e desenvolve a teoria das normas e do direito subjectivo, integra a doutrina dos direitos humanos[5], assimila aquisições válidas da axiologia, da hermenêutica e da metodologia[6], interessa-se

---

[5] A propósito desta integração, permito-me remeter especialmente para: *Tópicos sobre o Direito Natural na Cultura Portuguesa* cit.; *Crise da Ordem Jurídico-Política* cit.; *Nótula sobre a Fundamentação dos Direitos Humanos*, sep. de AA.VV./P. FERREIRA DA CUNHA (org.), *Direitos Humanos. Teorias e Práticas*, Almedina, Coimbra, 2003, pp. 77-97. Justifica tal integração, interpretados aqueles direitos à luz do direito natural, P. FERREIRA DA CUNHA, *Política Mínima*, Almedina, Coimbra, 2003, p. 137.

[6] No âmbito metodológico e epistemológico do realismo jurídico, devem salientar-se os trabalhos de J. VALLET DE GOYTISOLO: *Estudios sobre fuentes del derecho y método jurídico*, Montecorvo, Madrid, 1982; *Metodología jurídica*, Civitas, Madrid, 1988; *Metodología de las leyes*, EDERSA, Madrid, 1991; *Metodología de la determinación del Derecho*, I e II, Centro de Estudios Ramón Areces. Consejo General del Notariado, Madrid, 1994 e 1996; *El razonamiento jurídico: la analogía y la equidad*, Real Academia de Jurisprudencia y Legislación, Madrid, 1997. Sobre este e outros contributos do autor, cf. S. CANTERO NUÑEZ, *El concepto del Derecho en la doctrina española (1939-1998). La originalidad de Juan Vallet de Goytisolo*, Fundación Matritense del Notariado, Madrid, 2000.

804   *Mário Emílio F. Bigotte Chorão*

pelas análises e conclusões da sociologia jurídica, etc. Ao mesmo tempo, está atento às novas situações humanas e sociais, como as dos desafios da "revolução biotecnológica"[7], e empenha-se na "actualização" dos princípios do direito natural.

"Realismo jurídico *clássico*" não é sinónimo de orientação passadista e imobilista. Caracterizando-se pela fidelidade à "mensagem genética original" (*to díkaion, ipsa res iusta*) e pela perenidade dos seus princípios básicos (justiça, equidade, prudência, bem comum – ao serviço, sempre, das pessoas), esta tradição distingue-se também pela capacidade assimilativa e pelas virtualidades inovadoras. *"Vetera novis augere et perficere"*.

4. Permito-me testemunhar que a minha primeira "navegação jurídica", enquanto escolar de leis, ocorreu sobretudo nos mares do normativismo estatalista, legalista e coactivista. Deixando os bancos da Escola e dando sequência, porventura inconscientemente, a sugestões hauridas no selecto magistério de Cabral de Moncada, vim a respirar, com indiscutível benefício, os ares do culturalismo pluridimensional, preferentemente, os do tridimensionalismo jurídico de M. Reale e Recaséns Siches. Enfim, providenciais ventos e vigorosas remadas levaram-me, depois, numa terceira – e derradeira – "navegação", ao achamento das Terras do *verum ius*, isto é, do realismo clássico.

---

[7] Tenho dedicado alguma atenção à questão bioética e biojurídica segundo a perspectiva realista, jusnaturalista e personalista, *v.g.* em: *O Problema da Natureza e Tutela Jurídica do Embrião Humano à Luz de uma Concepção Realista e Personalista do Direito*, sep. de "O Direito", 123.º (1991/IV), pp. 571-598; *Direito e Inovações Biotecnológicas (A Pessoa como Questão Crucial do Biodireito)*, sep. de "O Direito", 126.º (1994//III-IV), pp. 419-466; *Revolução biotecnológica e direito. Uma perspectiva biojurídica personalista*, em *Verbo – Enciclopédia Luso-Brasileira de Cultura*, 23.º, Verbo, Lisboa, 1995, pp. 487-501; *O aborto é juridicamente ilegítimo*, em AA.VV., *Sim à Vida. Posições sobre a Revisão da Lei do Aborto*, Rei dos Livros, Lisboa, 1997; *Aborto*, em *Enc. Verbo Luso-Brasileira de Cultura. Edição Século XXI*, 1.º, 1998, cols. 91-100; *Biodireito, ibid.*, 4.º, 1998, cols. 996-1001; *Bioética, Biodireito e Biopolítica (Para uma nova cultura da vida)*, em AA.VV./P. Ferreira da Cunha (org.), *Instituições de Direito*. I Vol. *Filosofia e Metodologia do Direito*, Almedina, Coimbra, 1998, pp. 65-76; *Concepção Realista da Personalidade Jurídica e Estatuto do Nascituro*, sep. de "O Direito", 130.º (1998/I-II), pp. 57-88; *Ethos liberal-radical e olvido do outro (A propósito da liberalização do aborto)*, em AA.VV./J. Bacelar Gouveia e H. Mota (org.), *Vida e Direito. Reflexões sobre um Referendo*, Principia, Cascais, 1998, pp. 130-133; *O Nascituro e a Questão do Estatuto do Embrião Humano no Direito Português*, sep. de *Estudos em Homenagem ao Prof. Doutor Pedro Soares Martínez*, vol. I, Almedina, Coimbra, 2000; *Procriação*, em *Enc. Verbo (...) Ed. Século XXI* cit., 23.º, 2002, cols. 1342-1345.

Este feliz desenlace ficou-se a dever à conjunção propícia, uma relação circular, da lição de notáveis mestres do realismo filosófico (além dos "clássicos" Aristóteles e Tomás de Aquino, os contemporâneos J. Maritain, E. Gilson, R. Jolivet, J. Pieper, C. Fabro, C. Tresmontant, A. Millán-Puelles, etc.) e do convívio assíduo com a obra de vários ilustres propugnadores do realismo jurídico. Entre estes últimos, devo ressaltar os nomes, já mencionados, do italiano G. Graneris, do francês M. Villey e do espanhol J. Hervada, sem com isto subestimar os valiosos ensinamentos recebidos de muitos outros autores.

A Graneris, devo, talvez, o primeiro forte aceno realista, como numa espécie de cativante revelação, com o seu livro, sóbrio e sábio, *Contributi tomistici alla Filosofia del Diritto*[8]. Nele se encontra, a páginas tantas, esta feliz síntese do realismo jurídico de Angélico, corolário do seu realismo metafísico e fonte inspiradora do jusfilósofo italiano: *"Comme in metafisica egli non aveva construito né sull'*io, *né sulla* volontà, *né sul* pensiero, *ma sull'*ente, *così, doveva egli basare la sua concezione giuridica, non sull'io del soggetto, che afferma la propria potestà, né sulla volontà o sul pensiero del legislatore, concretati nella* legge, *ma sull'oggettivo ordinamento delle cose"*[9].

De M. Villey recebi um impulso mais, e muito forte, naquela direcção. A sua obra é toda uma corajosa "cruzada" contra-maré, sob a bandeira do realismo clássico, como clamorosamente demonstram os seguintes títulos: *Leçons d'histoire de la philosophie du droit*[10]; *La formation de la pensée juridique moderne*[11]; *Seize essais de philosophie du droit, dont un sur la crise universitaire*[12]; *Philosophie du droit. I. Définitions et fins du droit*[13]; *Critique de la pensée juridique moderne (Douze autres essais)*[14]; *Philosophie du droit. II. Les moyens du droit*[15]; *Le droit et les droits de l'homme*[16]; *Questions de saint Thomas sur le droit et la politique, ou le*

---

[8] Società Editrice Internazionale, Turim, 1949.

[9] *Op. cit.*, pp. 25-26.

[10] Dalloz, Paris, 1957; 2ª ed., 1962.

[11] Montchrestien, Paris, 1968; 4ª ed., 1975; nova ed., com texto estabelecido, revisto e apresentado por S. RIALS, PUF, Paris, 2003.

[12] Dalloz, Paris, 1969.

[13] Dalloz, Paris, 1975; 4ª ed., 1986.

[14] Dalloz, Paris, 1976.

[15] Dalloz, Paris, 1979; 2ª ed., 1984.

[16] PUF, Paris, 1983.

806   Mário Emílio F. Bigotte Chorão

bon usage des dialogues[17]. A este elenco terá ainda de acrescentar-se o livro póstumo *Réflexions sur la philosophie et le droit. Les Carnets*[18].

O jusfilósofo e historiador gaulês, invocando Aristóteles, o direito romano (que resumiu em *Le droit romain*[19]) e o Doutor Comum, defende encarniçadamente a categoria do direito objectivo (*obiectum iustitiae*) e ataca, sem contemplação, o subjectivismo e o normativismo modernos. Romântico e quixotesco militante do realismo clássico, cultor de um estilo muito peculiar, avesso à monótona retórica academicista, denuncia os preconceitos cronolátricos e investe contra o nominalismo e o idealismo, o jusnaturalismo racionalista e o cientificismo, o positivismo legalista e a manipulação ideológica e demagógica da "nova religião dos direitos do homem". O seu ardor polémico leva-o a incorrer, com alguma frequência, em posições excludentes, reducionísticas e simplificadoras, que, na prática, são menos fiéis ao paradigma realista. Em suma, autor digno, a vários títulos, de admiração e reconhecimento, não deixa também de suscitar naturais perplexidades e justificados reparos, como procurei mostrar em *Michel Villey, paladino do realismo jurídico clássico*[20].

Em Javier Hervada, filósofo do direito, canonista e eclesiasticista, encontrei uma formulação do realismo jurídico verdadeiramente modelar, pela sua integridade, harmonia, profundidade e clareza. Essa formulação: privilegia a abordagem do direito na perspectiva do ofício e da arte do jurista; acolhe a noção analógica do direito, com primazia da *res iusta*; dá amplo e esclarecedor tratamento à temática da justiça, da equidade, da prudência e da lei; fundamenta a ordem jurídica na pessoa humana, causa natural da personalidade jurídica; sob predominante inspiração tomasiana, renova a doutrina jusnaturalista clássico-cristã e critica incisivamente a "Escola moderna do Direito Natural"; integra os direitos humanos, como realidade fundada na condição pessoal do homem e explicável à luz do realismo e do jusnaturalismo clássicos; a esta mesma luz, versa uma série de importantes questões doutrinais e práticas, relativas ao conceito e natureza do direito canónico, aos actos jurídicos, ao matrimónio, a aspectos vários da prática biomédica, à igualdade jurídica entre homem e mulher, etc.;

---

[17] PUF, Paris, 1987.

[18] PUF, Paris, 1995.

[19] PUF, Paris, 1949; 10ª ed., 2002.

[20] Artigo destinado à revista "Persona y Derecho" da Universidade de Navarra, 2.º vol. dos "Escritos en memoria de Michel Villey", 1991, foi também publicado, com anotações, em "O Direito", 121.º (1989/IV), pp. 711-727.

abre excelentes pistas ao devido equacionamento e solução dos problemas gnoseológico, epistemológico e metodológico do direito.

Na bibliografia hervadiana ocupa lugar muito especial a síntese doutrinal do volume *Introducción crítica al Derecho Natural*[21], com várias traduções, incluída a portuguesa. Mas outros títulos devem ser mencionados neste lugar, nomeadamente: *Juan Pablo II y los derechos humanos*, em colaboração com J. M. Zumaquero[22]; *Escritos de Derecho Natural*[23]; *Historia de la Ciencia del Derecho Natural*[24]; *Cuatro lecciones de Derecho Natural*[25]; *Colóquios propedéuticos sobre el derecho canónico*[26]; *Lecciones propedéuticas de Filosofía del Derecho*[27]; *¿Qué es el derecho? La moderna respuesta del realismo jurídico. Una introducción al derecho*[28].

O magistério deste professor da Universidade de Navarra alcançou ampla e merecida repercussão, nacional e internacional (testemunhada, exuberantemente, pelos vols. de homenagem de "Persona y Derecho", n.os 40 e 41, 1999), e gerou qualificados discípulos e seguidores, como é atestado por abundante e valiosa produção bibliográfica. Refiro, a título de exemplo: F. J. Herrera Jaramillo, *El derecho a la vida y el aborto*[29]; C. J. Errázuriz Mackenna, *La teoría pura del Derecho de Hans Kelsen. Visión crítica*[30], com um elucidativo confronto entre a concepção kelseniana e o realismo jurídico; J.-P. Schouppe, *Le réalisme juridique*[31]; I. M. Hoyos Castañeda, *El concepto jurídico de persona*[32], em que a autora ressalta, na esteira de J. Hervada, que *"todo hombre por ser persona en sentido ontológico es fundamento y sujeto del derecho"*; R. Rabbi-Baldi Cabanillas, *Filosofía jurídica de Michel Villey*[33] (Pamplona, 1990). Enfim, não parece impróprio falar, a este propósito, de uma autêntica "Escola navarra do realismo jurídico".

---

[21] EUNSA, Pamplona, 1981; 10ª ed., 2001.
[22] EUNSA, Pamplona, 1982.
[23] EUNSA, Pamplona, 1986; 2ª ed., 1993.
[24] EUNSA, Pamplona, 1987; reimpr., 1992.
[25] EUNSA, Pamplona, 1989.
[26] Universidade de Navarra, 1990; 2ª ed., Navarra Gráfica Ed., 2002.
[27] EUNSA, Pamplona, 1992; 3ª ed., 2000.
[28] EUNSA, Pamplona, 2002.
[29] EUNSA, Pamplona, 1984.
[30] EUNSA, Pamplona, 1985.
[31] E. Story-Scientia, Bruxelas, 1987.
[32] EUNSA, Pamplona, 1989.
[33] EUNSA, Pamplona, 1990.

808   *Mário Emílio F. Bigotte Chorão*

5. O realismo jurídico, segundo a versão clássica sumariamente apresentada, assenta, temos de reconhecer, em certos pressupostos que pertencem, de um modo mais lato, aos fundamentos da vida do espírito.

Quero referir-me, precisamente: ao realismo como ponto de partida (*Anfangspunkt, point de départ*) do pensamento, opção intelectual básica, ou, por outras palavras, atitude espiritual originária; ao realismo coincidente com o acolhimento das verdades universais e necessárias do senso comum; ao realismo enquanto orientação reflexivamente elaborada e assumida nas diversas facetas – metafísica, gnoseológica e ética – do *logos* filosófico. O realismo jurídico (clássico) é o natural corolário destas premissas e tem nestas, por assim dizer, o indispensável suporte e via de acesso.

Na referida opção primitiva de fundo está em causa a escolha decisiva, presente numa "secular e dramática disputa", entre *realismo* e *idealismo*[34]. No primeiro caso, parte-se do ser, reconhece-se a sua evidência e aceita-se o testemunho que dá de si mesmo. No segundo, vai-se do pensamento para as coisas, privilegia-se a actividade pura e espontânea da razão e a função constitutiva da subjectividade, até ao extremo daquilo que Maritain chama "ideosofia". Sobre a problemática deste fundamental dilema vale a pena ter em conta o ensaio do filósofo espanhol C. Cardona, *Metafísica de la opción intelectual*[35].

Aquela alternativa opcional – realismo ou idealismo – relaciona-se estreitamente com a dialéctica entre princípio da transcendência e princípio da imanência. O filósofo italiano C. Fabro, que versou o tema com notável agudeza e rigor[36], considera a imanência moderna como *constitutiva*, isto é, "constitutiva e fundante relativamente ao ser". Entende-a como redução do ser à presença no pensamento (e do pensamento à vontade): "sem pensamento não há ser, ser é pensar (como representar, julgar, querer, fazer ...)". Este princípio, que nega a transcendência do conhecer, apresenta-se como "ousada tentativa de autofundamentação do pensa-

---

[34] Sobre esta questão, faço algumas considerações e referências bibliográficas em: *Democracia, relativismo e ameaça totalitária*, AA.VV./L. F. Colaço Antunes (coord.), *Colóquio Internacional "Autoridade e Consenso no Estado de Direito"*, Almedina, Coimbra, 2002, pp. 83-131; *Sociedade secularizada, crise da democracia e projecto político de inspiração católica (à luz do pensamento delnociano)*, em AA.VV., *Estudos Dedicados ao Prof. Doutor Mário Júlio de Almeida Costa*, Universidade Católica Portuguesa, Lisboa, 2002, pp. 1097-1120; *Nótula sobre a Fundamentação dos Direitos Humanos* cit.

[35] Rialp, Madrid, 1969; 2ª ed., 1973.

[36] Cf.: *Immanenza*, em *Enc. Cattolica*, VI, Sansoni, Florença-Cidade do Vaticano, 1951; *Introduzione all'ateismo moderno*, 2 vols., 2ª ed., Studium, Roma, 1969; *Inmanencia*, em *Gran Enc. Rialp*, t. XII, Rialp, Madrid, 1973.

mento em si mesmo". A sua lógica leva ao subjectivismo, ao relativismo, ao secularismo, ao ateísmo – em último caso, ao niilismo, com o olvido do ser.

A atitude originária realista, com o que significa de reverência perante as coisas, perante o ser, tem um alcance não apenas teorético e gnoseológico, mas prático e ético, e, mesmo, religioso, em suma, existencial. Esta polivalência radical da opção realista tem alguma afinidade com a verdade – assumida, vivida e testemunhada – do subjectivismo kierkegaardiano ("a subjectividade é a verdade"). Enfim, convém não ignorar que na base do verdadeiro conhecimento da realidade está sempre um bom amor – o *"amor che nella mente mi ragiona"* (Dante).

Vem a propósito observar, com J. Maritain, que o espírito cristão é, por natureza, e *a fortiori*, espírito realista: *"La révélation judéo-chrétienne est le témoignage le plus fort, le plus insollemment sûr de lui-même rendu à la réalité en soi de l'être, – de l'être des choses, et de l'Être subsistant par soi, – je dis de l'être siégeant dans la gloire de l'existence en une totale indépendance de l'esprit qui le connaît. Le christianisme professe avec une tranquille impudence ce que dans le vocabulaire philosophique on appelle le réalisme"*[37]. Portanto, o cristão não pode estar do lado do imanentismo, do idealismo, do relativismo.

Justifica-se ainda sublinhar que o Cristianismo, além disso, projecta luzes esclarecedoras sobre a questão crucial da debilidade e cegueira do espírito, das "feridas" da inteligência e da vontade, que levam o homem, frequentemente, a sacrificar o ser e a verdade das coisas aos ídolos ideosóficos e à tirania das paixões[38]. A influência do pecado – do pecado original (*status naturae lapsae*) e do pecado pessoal –, o papel adjuvante e correctivo da fé e da graça, a justificação da "filosofia cristã" – eis aí alguns tópicos da reflexão mais global e radical acerca da *scelta decisiva* do espírito.

6. Do debate sobre o realismo faz parte, forçosamente, o tema do senso comum como categoria fundamental do saber, ao qual, porém, nem sempre se dispensa a devida atenção.

Não é esse o caso, nos tempos mais recentes, do filósofo italiano Antonio Livi, que lhe tem vindo a dedicar uma série de valiosos estudos, em especial: *Filosofia del senso comune (Logica della scienza e della*

---

[37] *Le Paysan de la Garonne. Un vieux laïc s'interroge à propos du temps présent*, Desclée De Brouwer, Paris, 1967, p. 149.

[38] Cf. Pascal Ide, *Connaître ses blessures*, Ed. de l'Emmanuel, Paris, 1992, pp. 195 e ss.

fede)[39]; *Il senso comune tra razionalismo e scetticismo (Vico, Reid, Jacobi, Moore)*[40]; *La ricerca della verità (Dal senso comune alla dialettica)*[41]; *Verità del pensiero. Fondamenti di logica aletica*[42].

O senso comum consiste no conjunto orgânico das certezas primeiras, universais e necessárias, relativas a factos e princípios, especulativos e práticos, – certezas evidentes, que derivam directamente da experiência. Situado no início do caminho da razão humana, é um saber originário que reflecte a experiência comum – não apenas a de ordem sensível –, e precede e funda toda a reflexão crítica, científica ou filosófica.

Meio de aproximação espontânea e natural à realidade – o mundo como universo das coisas, o eu como sujeito pessoal, a esfera da alteridade e intersubjectividade, a liberdade e a ordem moral, Deus como Causa primeira, Inteligência criadora e ordenadora, e Fim último –, o senso comum tem como conteúdo noético uma série de juízos de diversa natureza, "verdades de facto" e "verdades de princípio": a) juízos existenciais relativos às várias realidades concretas (o mundo existe, eu existo, Deus existe, etc.); b) juízos predicativos ou atributivos referentes às realidades afirmadas pelos juízos anteriores (por exemplo, as coisas do mundo são limitadas, eu distingo-me das coisas e das outras realidades pessoais, eu sou capaz de actos livres); c) juízos universais que manifestam as leis intrínsecas do ser das coisas, isto é, os primeiros princípios ontológicos (*v.g.*, os princípios de identidade e de não contradição: o ser é o ser; o ser não pode ser e não ser ao mesmo tempo); os juízos universais, derivados dos precedentes, que manifestam as leis do pensamento e do discurso sobre as coisas, isto é, os primeiros princípios lógicos ou do conhecimento (*v.g.*, o princípio lógico de não contradição fundado no correspondente princípio ontológico: não se pode afirmar simultaneamente da mesma coisa que é e não é); enfim, juízos universais que exprimem os primeiros princípios morais ("deve-se fazer o bem e evitar o mal", "o dever-ser mede-se pelo ser", "o homem deve agir segundo a ordem da sua natureza e em vista da plenitude do seu ser", etc.)[43].

---

[39] Ares, Milão, 1990.

[40] Massimo, Milão, 1992.

[41] Casa Editrice Leonardo da Vinci, Roma, 2001.

[42] Lateran University Press, Roma, 2002.

[43] Sobre o conceito de senso comum, cf. o avisado parecer de V. POSSENTI, *Razionalismo critico e metafisica. Quale realismo?*, Morcelliana, Bréscia, 1994, pp. 90-94: "*Da parte nostra diremo che il senso comune non allude ad una percezione sensibile, bensì intellettuale e speculativa, di qualcosa di reale; e si distingue così dalla saggezza pratica o "buon senso". I contenuti fondamentali della conoscenza di senso comune sono il mondo,*

Estamos em suma perante certezas que: respeitam a verdades de facto básicas e aos primeiros princípios ontológicos, lógicos e éticos; são conaturais à inteligência humana e, portanto, universais e imutáveis. A isso pode ainda acrescentar-se, continuando a acompanhar de perto A. Livi, que as verdades do senso comum: permitem a comunicação e o diálogo entre indivíduos e culturas; constituem a matéria prima da reflexão filosófica e são condição das ciências particulares; proporcionam uma certeza, incondicionada e absoluta, de qualidade superior à do saber científico, reflexo e sistemático; contribuem para clarificar as relações entre ciências particulares e metafísica; são pressuposto gnoseológico da fé (*praeambula fidei*) e ampliam o horizonte das relações entre razão e fé, abrangendo nele as evidências da experiência directa. Temos, assim, de admitir, com A. Livi, que a determinação das certezas do senso comum tem um grande valor epistemológico, "*è la principale arma contro le fallacie sofistiche, è lo strumento principale dell'igiene mentale in campo scientifico*"[44].

Ora, o senso comum é também, em particular, um elemento do maior valor para a abordagem realista da ordem jurídica (e política). Na verdade, do seu conteúdo noético faz parte um conjunto de princípios que constituem pressupostos relevantes do conhecimento, fundamentação e realização prática do direito. Nomeadamente, os que respeitam à identidade pessoal do sujeito de direito, à alteridade e intersubjectividade das relações de justiça, aos fundamentos naturais do dever-ser ético e jurídico, à fonte primeira e fim último da vida humana e da ordenação social, às condicionantes lógicas e metodológicas do discurso jurídico. São indiscutíveis as virtualidades do senso comum como preventivo dos desvios do idealismo e irrealismo jurídico. E, bem assim, o sentido amplo de experiência que

---

l'io, Dio, la libertà, i fini; realtà conosciute secondo giudizi spontanei e necessari dell'intelligenza umana. Si tratta di giudizi di esistenza soprattutto, ma pure di giudizi in cui affiorano i primi principi come leggi dell'essere e del pensare. [...] Nel senso comune prende voce la metafisica naturale dell'intelligenza umana, in quanto capace di certezze primordiali e universali. C'è una conoscenza di senso comune, perché esiste un'esperienza umana comune e un funzionamento spontaneo delle facoltà. [...] Le certezze del senso comune derivano dall'esperienza e in quanto comuni rendono possibile la comunicazione umana, ivi compreso anche il discorso scientifico, poiché tra le sue certezze si annoverano anche i primi principi, a cui le scienze ricorrono costantemente. Un tale insieme di verità, superiore alle scienze perché viene prima e sta sopra, è poi riflessivamente analizzato e giustificato dalla filosofia. L'attività spontaneamente conoscitiva del senso comune ha a che fare in modo preparatorio con quello che si potrebbe definire l'unico problema del sapere e della filosofia: il concetto di realtà".

[44] A. Livi, *Filosofia del senso comune* cit., p. 61.

pressupõe, para além do domínio meramente sensível, valerá como antídoto contra as opções jurídicas empiristas e positivistas.

Convém ainda notar que o senso comum é parte integrante do bem comum da sociedade e constitui uma condição essencial do diálogo democrático e da dialéctica jurisprudencial. Situam-se nele as raízes do justo (da própria coisa justa), do direito natural e da *vitae sufficientia perfecta* dos membros da sociedade.

O descaso das verdades primárias e universais que integram o senso comum abrirá o caminho, fatalmente, ao domínio do relativismo e tornará inviável a vida democrática, para não dizer, a vida social. Gustavo Corção acerta em cheio quando afirma que entre as certezas do senso comum "estão aquelas sem as quais não poderíamos viver em sociedade, não poderíamos viver em família, ou simplesmente não poderíamos viver", ou quando declara que aquelas certezas são o "suporte da opinião pública; se o senso comum entra em pânico, a opinião pública ensandece e a democracia se torna impraticável"[45]. Os modelos doutrinais – como o kelseniano e o rortyano – e as experiências democráticas formais e relativistas, sofrem um grave deficit de realismo, a começar pelo realismo elementar e vital do senso comum[46].

João Paulo II, num discurso à Assembleia Geral da ONU, em 4 de Outubro de 1995, insistiu na universalidade dos direitos humanos – enquanto verdadeiros direitos naturais –, conexa à universalidade da natureza humana e da lei moral. E chamou a atenção para que a base de um autêntico diálogo entre as pessoas e os povos é a "lógica moral" conatural aos seres humanos. Precisamente, o Pontífice afirmou que a lei moral natural universal, escrita no coração do homem, é uma espécie de "gramática" necessária àquele diálogo. Temos aqui, indiscutivelmente, uma mensagem autorizada a fazer apelo ao senso comum para a edificação da ordem moral e da ordem político-jurídica.

---

[45] *Dois Amôres, Duas Cidades 2. Civilização do Homem-Exterior*, Agir, Rio de Janeiro, 1967, p. 58.

[46] Verso alguns aspectos do problema da crise relativista da democracia, em: *Secolarizzazione e crisi della democrazia (appunti sull'attualità del legato politico delnociano)*, AA.VV./F. Mercadante e V. Lattanzi (dir.), *Augusto Del Noce. Essenze filosofiche e attualità storica. Roma 9-11 novembre 1995 – Atti*, vol. I, Edizione Spes, Roma – Fondazione Del Noce, Savigliano, 2000, pp. 185-198; *Democracia, relativismo e ameaça totalitária* cit.; *Sociedade secularizada, crise da democracia e projecto político de inspiração católica* cit.

Aproximação ao Realismo Jurídico

7. O realismo do senso comum tem um natural complemento reflexivo, crítico e sistemático, no realismo filosófico, como aquele que procede da lição de S. Tomás e é assumido e desenvolvido, com certa variedade de *nuances*, pelos seus discípulos, entre os quais, os contemporâneos J. Maritain, E. Gilson, J. Pieper, C. Fabro, B. Mondin e V. Possenti. Neste filão especulativo, o realismo está presente nos paradigmas metafísico, gnoseológico e ético.

Em síntese muito drástica, poderá dizer-se que o realismo metafísico se caracteriza por certas notas essenciais: parte do ser (não do pensamento); usa o conceito forte de ser (*esse* ou *actus essendi*), no sentido de máxima perfeição e fonte de todas as perfeições dos entes; assinala, na estrutura dos entes finitos, a dupla composição metafísica de matéria e forma e de essência e acto ser; aponta à razão natural um caminho que a faz subir dos entes finitos, que têm o ser, mas não são o ser – entes por participação (*per participationem*) –, até Deus, Fonte de todo o ser (*Fons essendi*), Ser por essência (*Esse per essentiam*), Acto puro (*Actus purus*) e Ser por si subsistente (*Ipsum esse subsistens*).

Esta tradição metafísica realista da "filosofia do ser" tem sido completada, nos nossos dias, por alguns autores, com um desenvolvimento personalista, que se reveste do maior interesse. Dou apenas três exemplos mais recentes. P. Henrici[47] reage à crise moderna da metafísica (nominalismo, racionalismo, empirismo, idealismo alemão, marxismo, Nietzsche, Heidegger, neopositivismo) com uma proposta de "releitura personalista": o discurso metafísico, em vez de fundado no dado natural e nas ciências, é sobretudo concebido como uma meta-antropologia, "que descobre o ser na *pessoa humana*, no seu agir e nas suas relações interpessoais". V. Possenti[48], por sua vez, pretende superar o niilismo com a *Seinsphilosophie*, em que se integram a verdade do ser e a verdade da pessoa, a ontologia e a antropologia metafisicamente fundada. O autor esclarece que interpreta ontologicamente o homem e, não, antropologicamente, a ontologia. Fiel à tradição da filosofia do ser, entende que a metafísica vale como um saber ontocêntrico e ontosófico, não, antropocêntrico. E explica ainda, oportunamente: "*L'architrave che collega ontologia e antropologia sta nell'assunto*

---

[47] *Introduzione alla metafisica*, Editrice Pontificia Università Gregoriana, Roma, 1992, pp. 123 e ss.

[48] *Terza navigazione. Nichilismo e metafisica*, Armando, Roma, 1998. Esta obra excelente motivou um intenso e rico debate de ideias, testemunhado pelo volume colectivo *La navicella della metafisica. Dibattito sul nichilismo e la "terza navigazione"*, Armando, Roma, 2000.

814 *Mário Emílio F. Bigotte Chorão*

che il livello più alto dell'essere sia l'esistenza personale, che fra tutte le modalità di esistenza la più perfetta sia quella della persona, dove può venire elevato un canto in onore dell'esistente. [...] L'atto preconcettuale di consenso all'essere ingloba un atto di accetazione-consenso alla persona"[49]. Merece também atenção a advertência, feita pelo mesmo filósofo, de que o niilismo especulativo (com o *olvido do ser*) e o niilismo antropológico antipersonalista (com o *olvido do outro*, a eliminação do rosto e a coisificação da pessoa) estão próximos. Refiro, finalmente, o caso de B. Mondin[50], que propõe um paradigma metafísico, ao mesmo tempo, ontológico e personalista. Este paradigma não parte apenas do "mundo impessoal das coisas materiais e do devir do mundo cósmico", e junta à ontologia – ciência do ente enquanto tal – a metafísica da pessoa, "que constitui o momento culminante da metafísica". Enquanto na "navegação ontológica" se vai do ente singular finito e contingente até ao Ente primeiro e Ser subsistente, na "navegação personalista", parte-se do ser pessoal humano para a Primeira Pessoa. Este paradigma não pretende desviar-se da via do ser ou propor-se como sua alternativa, mas quer integrá-la com a metafísica da pessoa, fazendo ressaltar a identidade e dignidade do ser pessoal humano, os seus fundamentos ontológicos e o seu princípio na Primeira Pessoa. Já em S. Tomás se encontra uma ampla abertura e forte impulso nesta direcção personalista (conforme assinala B. Mondin noutro lugar[51]): ao precisar a noção metafísica de pessoa; ao salientar a especial qualificação entitativa da pessoa ou o seu grau privilegiado de ser (pessoa "*significat quod est perfectissimum in tota natura*"); ao notar, apesar disso, a contingência e os limites do ser das pessoas finitas, compostas de essência e acto ser; ao reconhecer o vínculo necessário entre as pessoas finitas e a Primeira Pessoa, enquanto "seu único seguro fundamento".

Vem a propósito observar, *en passant*, que os teólogos sublinham o carácter essencialmente personalista da Revelação divina, mas sem prejuízo de reconhecerem também as implicações e expressões ontológicas desta, como no comentadíssimo texto do *Êxodo* 3,14, a respeito do qual se tem falado de "uma metafísica do *Êxodo*". Diz, por exemplo, R. Laurentin: "*À la différence de Platon, pour qui Dieu est l'*Idée *suprême, ou d'Aristote*

---

[49] *Terza navigazione* cit., p. 344.

[50] *Manuale di filosofia sistematica. 3. Ontologia, metafisica*, ESD, Bolonha, 1999, pp. 71-72 e 255 e ss.

[51] *La metafisica di S. Tommaso d'Aquino e i suoi interpreti*, ESD, Bolonha, 2002, pp. 257-264.

*pour qui il est l'*Acte pur, *et la Pensée plutôt que le* Penseur, *Dieu est personnel et se révèle essentiellement comme tel"*[52].

Da "filosofia do ser" da tradição clássica é parte essencial o realismo gnoseológico ou lógico – realismo do *verum* –, intimamente ligado ao realismo metafísico – realismo do *ens*.

Muitos filósofos filiados naquela tradição têm dedicado à questão do realismo gnoseológico aprofundada reflexão, com certos matizes diferenciais do ponto de vista doutrinal e terminológico – por exemplo, "realismo crítico" (Maritain) e "realismo metódico" (Gilson) – que, todavia, não põem em causa as substanciais afinidades, como no caso dos dois mencionados autores. Uma recomendável síntese deste paradigma gnoseológico, com bons alicerces no realismo metafísico e antropológico, é a do livro de J. Pieper, *Wahrheit der Dinge. Eine Untersuchung zur Anthropologie des Hochmittelalters*[53], sem esquecer os clássicos *Distinguer pour unir ou les degrés du savoir*, de Maritain[54], e *Le réalisme méthodique*, de Gilson[55].

O ponto de partida do realismo gnoseológico é o ser das coisas: as coisas existem, o homem conhece-as (*res sunt, ergo ego cognosco res*). O conhecimento caracteriza-se pela intencionalidade, isto é, remete para algo distinto do sujeito, visa o outro enquanto outro. Aquilo que primeiramente cai sob a apreensão da inteligência é o ente/ser ("*primo quod cadit in intellectu est ens*"), chegando o cognoscente, desde a percepção sensível das coisas, à universalidade do conceito, e atingindo, por meio deste, a realidade. Neste processo, os primeiros princípios gnoseológicos secundam os primeiros princípios ontológicos, como se referiu a propósito do senso comum. O conhecimento leva o cognoscente a assimilar-se à realidade conhecida ("*assimilatio cognoscentis ad rem cognitam*"), a fazer-se o outro enquanto outro ("*fieri aliud inquantum aliud*"), a tornar-se de certo modo todas as coisas ("*anima est quodammodo omnia*"). Quer isto dizer,

---

[52] *La Trinité, mystère et lumière. Dieu est Amour, Relation, Société*, Fayard, Paris, 1999, p. 56; pp. 42 e ss.

[53] Alsatia-Verlag, Kolmar, 1944; 5ª ed., Kösel-Verlag, Munique, 1966. Existe em versão espanhola – de R. Cercós, *El descubrimiento de la realidad*, Rialp, Madrid, 1974, pp. 101 ss. – e em versão italiana – de L. Frattini, com introd. de U. Pellegrino, *Verità delle cose. Un'indagine sull'antropologia del Medio Evo*, 2ª ed., Massimo, Milão, 1991.

[54] 7ª ed., Desclée De Brouwer, Paris, 1963; incluído em *Oeuvres Complètes*, IV, Ed. Universitaires, Friburgo (Suíça), Ed. Saint-Paul, Paris, 1983.

[55] Téqui, Paris, 1935. A tradução espanhola de V. García Yebra, *El realismo metódico*, 3ª ed., Rialp, Madrid, 1963 – inclui um estudo preliminar de L. Eulogio Palacios. A versão bilingue *El realismo metódico (Le réalisme méthodique)*, Ed. Encuentro, Madrid, 1997, com o mesmo tradutor, está enriquecida com uma introdução de E. Forment.

em suma, que a medida do nosso conhecimento é a realidade (*"ipsae res sunt causa et mensura scientiae nostrae"*, *"res enim est mensura intellectus nostri"*). Tese central deste realismo é a noção de verdade como adequação ou correspondência: *"veritas est adaequatio rei et intellectus"*. A este respeito, importa distinguir: a verdade fontal, que é o próprio Deus criador; a verdade ontológica, verdade participada pelas coisas criadas; enfim, a verdade lógica, consistente na já referida adequação da inteligência à realidade (*"esse rei causat veritatem intellectus"*). Podemos, assim, resumir: Deus é medida imensurada das coisas, e, estas, por sua vez, são medida mensurada da inteligência humana. Enquanto o conhecimento das coisas por Deus é criativo, o nosso é, essencialmente, receptivo, mas não, em absoluto, passivo.

Enfim, a doutrina do realismo ético de inspiração tomista assenta nas seguintes ideias básicas: Deus é o fim último da vida humana e garantia da felicidade plena (eudemonismo teocêntrico), e representa o critério supremo da moralidade. Os primeiros princípios morais integram a lei natural (*"participatio legis aeternae in rationali creatura"*), correspondem às tendências e fins inscritos na natureza humana e são cognoscíveis pela razão; a realização do agir recto apoia-se nas virtudes morais cardeais, entre as quais, a prudência (*"auriga omnium virtutum"*, dirige a acção no domínio do contingente e concreto) e a justiça (*"habitus secundum quem aliquis constanti et perpetua voluntate ius suum unicuique tribuit"*, na formulação do Aquinense); o homem está elevado à ordem sobrenatural e destinado à participação na vida divina, pelo que a moral natural é necessária, mas não basta, tendo de ser potenciada e complementada pela moral cristã, com intervenção das virtudes teologais e da graça (a qual não suprime, mas aperfeiçoa, a natureza: *"gratia non tollit naturam, sed perficit"*).

Podemos condensar o exposto na afirmação de que a ordem ontológica (ou ontológica e personalista) do ser (*ens/esse*), à qual se adequa a inteligência (*verum*), serve de fundamento à ordem do agir moral (*bonum*). A realidade de Deus e do homem, a natureza das coisas e a natureza humana (por assim dizer, as *res divinae atque humanae* da já rememorada definição de Ulpiano) são medida do conhecimento e vêm a reflectir-se nas regras do agir (*operari sequitur esse*). "Homem, torna-te no que és" (Píndaro), age em conformidade com as exigências da natureza humana, de modo a atingires a plenitude do teu ser pessoal. Em suma, o *dever-ser* há-de fundar-se no *ser*, entendido na sua radicalidade metafísica, ontológica e teleológica.

O realismo jurídico não se pode compreender desligado do realismo da filosofia do ser, na qual vai haurir os primeiros princípios e causas

Aproximação ao Realismo Jurídico 817

últimas do direito, *v.g.*: o conceito forte, metafísico, de pessoa humana (fundamento natural da pessoa jurídica); a doutrina dos fins da ordem jurídica e política (especialmente, a justiça e o bem comum), no contexto dos fins humanos últimos; a concepção racional e teleológica da lei como regra da conduta inscrita num sistema ordenador, que vem da lei eterna e natural até à lei humana ou positiva; a teoria da prudência como recta razão do agir, que adquire particular incidência no plano da realização prática do direito (jurisprudência); os princípios fundamentais respeitantes aos problemas gnoseológico, epistemológico e metodológico, que interessam sobremaneira ao esclarecimento do conhecimento jurídico e à estruturação, estatuto e método dos respectivos saberes científicos. À falta destes fundamentos do realismo filosófico, as concepções e experiências jurídicas ficam privadas de firmes pontos de apoio, vêem os seus horizontes limitados e fracassam no tocante aos resultados práticos. Isso acontece, mormente, mas não em exclusivo, devido ao deficit antropológico e personalista e à carência de suficientes bases teleológicas do ordenamento político-jurídico. O panorama da cultura é fértil em situações deste tipo, de que me limito a dar um exemplo de actualidade.

É o caso do chamado, por vezes, "neo-realismo jurídico" de Rawls e Habermas, que, ao contrário do realismo clássico, se caracteriza pela posição antimetafísica[56]. Alheadas do ser e do ser do homem, e, portanto, de uma noção autenticamente personalista ou prosopológica da ordem político-jurídica, as construções desses autores baseiam-se em concepções pragmáticas, racionalistas e consensualistas da justiça. Destas pode dizer-se que deixam sem resposta aspectos essenciais do *ius suum* e não preenchem os requisitos do bem comum da sociedade.

8. A consideração acabada de fazer prende-se intimamente com o último tópico previsto para esta exposição: realismo jurídico e pessoa humana.

---

[56] Cf.: STAMATIOS TZITZIS, *La persona, fundamento de lo justo: acerca del derecho prosopológico*, em "Anuario del Derecho", Universidad Austral, n.º 3, Abeledo-Perrot, Buenos Aires, 1997, pp. 21-37, esp. 33-35; V. POSSENTI, *Le società liberali al bivio. Lineamenti di filosofia della società*, Marietti, Génova, 1991, pp. 177 ss. (sobre Rawls); ID., *La ripresa del programma liberale (Considerazioni su "Una teoria della giustizia")*, sep. de "O Direito", 123.º (1991/II-III), pp. 215-230; R. SPAEMANN, *Zur Kritik der politischen Utopie*, Estugarda, 1977, trad. ital. e apresentação de S. BELARDINELLI, *Per la critica dell'utopia politica*, FrancoAngeli, Milão, 1994, pp. 128-140 (com pertinentes reparos às propostas habermasianas).

818   *Mário Emílio F. Bigotte Chorão*

Fomos deixando, anteriormente, reiteradas alusões à ideia da posição central e fundamental da pessoa humana na ordem jurídica, de acordo com os princípios do realismo clássico. Em vários outros momentos e lugares tenho insistido nela[57]. De certo modo, constitui uma espécie de *ritornello* ou *Leitmotiv* obrigatório no discurso jurídico realista.

Pretende-se dizer, em resumo: que o ordenamento jurídico existe para servir as pessoas conforme a justiça e o bem comum; que a natureza e dignidade da pessoa humana deve ser tomada como referência básica da determinação e realização do justo. Vale a pena recordar, a este respeito, a afirmação de João Paulo II, em alocução ao Symposium *"Evangelium Vitae" e diritto* (Maio de 1996), de que *"il Diritto è tale se e nella misura in cui pone a suo fondamento* l'uomo nella sua verità", – a *"verità oggettiva sulla stessa persona"*.

É claro que estes enunciados não podem quedar-se em meras e vagas declarações de princípios, mas têm de reflectir-se em consequências práticas decisivas, nomeadamente: toda a pessoa humana deve ser reconhecida – *ex natura* – como pessoa jurídica; os "direitos humanos", enquanto verdadeiros direitos naturais, devem fundar-se na condição hominal ou pessoal dos titulares, na sua pertença à espécie *homo sapiens*; o "princípio personalista" ou da dignidade pessoal deve operar sistematicamente, enquanto princípio geral de direito, na génese e interpretação das normas e na integração de lacunas do sistema (*v.g.*, determinando um estatuto jurídico condigno para o embrião humano e o entendimento da inviolabilidade da vida humana – art. 24.°, n.° 1, da Constituição – de modo a abranger a vida pré-natal do ser humano).

Isso pressupõe, obviamente, a assunção do conceito de pessoa humana, segundo critérios rigorosos, que não podem deixar de passar, precisamente, por uma reflexão metafísica de tipo realista, capaz de revelar e verdade total e radical da pessoa. São valiosas e perenes, neste capítulo, muitas contribuições do pensamento clássico-cristão, surgidas no contexto teológico (Boécio, Ricardo de S. Vítor, Tomás de Aquino, etc.) e retomadas e desenvolvidas por muitos filósofos contemporâneos (entre os quais, Maritain e Gilson)[58]. Certos personalismos do último século (Max Scheler, Mounier, Buber, Lévinas e outros) deram algumas achegas importantes no sentido do reconhecimento do valor – e do aprofundamento da feno-

---

[57] Assim, *v.g.*, em *Introdução ao Direito* cit.; *Tópicos sobre o Direito Natural na Cultura Portuguesa* cit.; *Crise da Ordem Jurídico-Política* cit.; bibl. da n. 7.

[58] Verso, com algum desenvolvimento, o conceito de pessoa, na bibl. cit. na nota anterior e em *Pessoa Humana e Bem Comum* cit.

Aproximação ao Realismo Jurídico

819

menologia – da pessoa humana, sendo, porém, discutíveis, do ponto de vista metafísico e ético, algumas das suas formulações[59]. Nota, com razão, Laura Palazzani que *"non tutti i personalismi sono metafisici, così come non tutte le teorie metafisiche sono personalistiche"*[60]. Este não será o caso daqueles paradigmas metafísicos que, como já se referiu, procuram integrar a componente ontológica (filosofia do ente) com a componente personalista (metafísica da pessoa), abrindo, assim, uma via muito promissora de acesso à verdade da pessoa.

Este caminho vem sendo explorado, com excelentes resultados, por seguidores do realismo jurídico clássico. Certas formulações doutrinais que se apresentam como concepções prosopológicas do direito – assim, as de J.-M. Trigeaud[61] e Stamatios Tzitzis[62] – dispensam também particular atenção à pessoa (*prósopon*) como categoria-chave e fundante da ordem jurídica.

Com o recurso à noção metafísica de pessoa, não só se logra dar um fundamento sólido à justiça e ao direito, como se conseguem enfrentar com êxito variadíssimos problemas concretos, que vão desde o reconhecimento da personalidade jurídica (singular) até às questões cruciais e actuais do biodireito.

Relativamente àquele reconhecimento, o realismo personalista não pode deixar de entender que quem é pessoa em sentido ontológico ou natu-

---

[59] Cf., a propósito: D. CASTELLANO, *Il problema della persona umana nell'esperienza giuridico-politica: I. Profili filosofici*, sep. de "Diritto e Società", 1998, n.º 1, Cedam, Pádua; intervenção na *Tavola rotonda – "La persona umana nella problematica giuridica europea"*, em AA.VV./D. CASTELLANO (dir.), *La crisi dell'identità nella cultura europea contemporanea*, Ed. Scientifiche Italiane, Nápoles, 1992, pp. 146-150; *Il "concetto" di persona umana negli Atti dell'Assemblea Costituente e l'impossibile fondazione del politico*, sep. de "Diritto e Società", 1994. Permito-me remeter para algumas reflexões do meu "diálogo" com o Prof. Castellano em *O Problema da Natureza e Tutela Jurídica do Embrião Humano* cit., p. 597.

[60] *Il concetto di persona tra bioetica e diritto*, G. Giappichelli, Turim, p. 213, n. 3.

[61] Da vasta bibl. do autor, limito-me a mencionar o *manifeste de la "philosophie prosopologique"* sintetizado em *Introduction a la philosophie du droit*, 2ª ed., Ed. Bière, 1993.

[62] Cf.: S. TZITZIS, *La philosophie pénal*, PUF, Paris, 1996, com trad. port. de M. Ferreira Monte, *Filosofia Penal*, Legis Ed., 1999; ID., *La persona, fundamento de lo justo* cit.; G. BERNARD, *Morale, politique et droit. Des classiques aux modernes: remarques sur l'inversion des principes philosophiques du droit pénal*, em "Anales de la Fundación Francisco Elías de Tejada", V (1999), Madrid, pp. 87 e ss. Segundo Tzitzis, apesar das diferenças entre ele e Trigeaud, ambos defendem "a densidade ontológica do justo, irredutível a um direito fenomenológico" (*Filosofia Penal*, p. 76, n. 150).

820   *Mário Emílio F. Bigotte Chorão*

ral é, também, pessoa em sentido jurídico: *ubi homo (persona naturalis), ibi persona iuridica*. Segundo esta "lógica ontológica" – do personalismo ontologicamente fundado –, todos os seres humanos são pessoas, e todas as pessoas são sujeitos de direito. Isto vale, naturalmente, para todo o ciclo vital, desde a concepção (o zigoto é já pessoa em acto)[63] até à morte. Por conseguinte, quanto ao momento da aquisição da personalidade jurídica, deve preferir-se a tese "concepcionista" à tese "natalista"[64].

No tocante, em particular, à problemática biojurídica, o mesmo realismo personalista impõe, de um modo geral, que todos os seres humanos, ao longo de toda a vida, sejam tratados como pessoas. Daí o corolário do mencionado reconhecimento da personalidade jurídica e, mais amplamente, da atribuição de um estatuto correspondente à condição e dignidade pessoal. Esta exigência vale para a generalidade das intervenções biomédicas ou biotecnológicas (aborto, procriação artificial, manipulação genética, transplantes, eutanásia, etc.) e abrange os indivíduos humanos nos vários estádios e situações vitais, incluídos, obviamente, os chamados *"stati di confine"* (embriões, recém-nascidos, diminuídos físicos e psíquicos graves, indivíduos em estado de coma ou em avançado estado de senilidade, doentes terminais).

O debate bioético e biojurídico, deve reconhecer-se, tem constituído uma boa oportunidade para testar as grandes opções éticas e jurídicas (cognoscitivismo ou não-cognoscitivismo, objectivismo ou relativismo, evolucionismo sociologista, radicalismo libertário, utilitarismo, personalismo, jusnaturalismo ou positivismo, etc.), para rever conceitos e métodos e para despertar alguns juristas do sono dogmático e positivista em que estavam mergulhados. Verifica-se isso, sobretudo, a propósito da natureza e do estatuto jurídico do *conceptus/nasciturus*, questão que tem dado ainda ensejo a instrutivas revisitações do direito histórico, desde as fontes do direito romano até às da codificação moderna[65].

---

[63] Em defesa desta tese, cf. os notáveis estudos de PHILIPPE CASPAR: *La saisie du zygote humain par l'esprit*, Lethielleux, Le Sycomore, Paris-Namur, 1987; *Penser l'embryon d'Hippocrate à nos jours*, Ed. Universitaires, Paris, 1991.

[64] Cf., entre muitos outros: C. CASINI, *L'embrione umano: un soggetto. Verso una riforma dell'art. 1 C.C.* [Codice Civile], Milão, 1996; AA.VV., *L'inizio della persona nel sistema giuridico romanista*, Università di Roma "La Sapienza" – Consiglio Nazionale delle Ricerche, Roma, 1997; SILMARA CHINELATO E ALMEIDA, *Tutela Civil do Nascituro*, Saraiva, São Paulo, 2000.

[65] Vejam-se, por exemplo: P. CATALANO, *Osservazioni sulla "persona" dei nascituri alla luce del diritto romano (de Giuliano a Teixeira de Freitas)*, sep. de "Rassegna di Diritto Civile", n.° 1/88, Ed. Scientifiche Italiane, Nápoles, 1998; ID., *Diritto e persone. Studi su*

É muito revelador confrontar com a concepção personalista do realismo clássico – as suas razões e resultados – aquelas teses que: entendem preferível eliminar o conceito de pessoa do campo bioético e biojurídico; ou o usam, sem rigor e fundamento metafísico, como simples artifício retórico ou etiqueta de conteúdo variável e mais ou menos idealista e subjectivista (caso das propostas empiristas, funcionalistas, gradualistas, etc.), chegando, por vezes, ao extremo de fazer depender o reconhecimento da identidade pessoal do ser humano da decisão de certas pessoas ou da sociedade; se recusam a basear na realidade da pessoa humana (*ser*) a norma do tratamento bioético e biojurídico (*dever ser*), com despropositado apelo à "lei de Hume" e à chamada "falácia naturalística"[66]; desligam a personalidade jurídica (singular) da personalidade natural, como na Teoria Pura kelseniana (a pessoa jurídica é a personificação de um complexo de normas) e, de um modo geral, nas doutrinas que fazem dela, em último termo, uma determinação da lei positiva (Windscheid, Enneccerus, Savigny, Ferrara, etc.).

Por este caminho inclinado, não é de estranhar que se chegue facilmente a resultados nefastos que subvertem o significado profundo, ontológico e ético-jurídico, da *"summa divisio" personae-res*, ameaçando fazer do homem uma vítima da coisificação[67].

Esta reificação tem muito a ver com a eliminação do sujeito pessoal, o "olvido do outro", o cancelamento do "rosto" (*"le visage"*), como se sabe, um tema central da meditação do filósofo E. Lévinas[68]. Essa supres-

---

origine e attualità del sistema romano, I, Giappichelli, Turim, 1990; AA.VV., *L'inizio della persona nel sistema giuridico romanista* cit.

[66] Cf.: G. CARCATERRA, *Il problema della fallacia naturalistica. La derivazione del dover essere dall'essere*, Giufrè, Milão, 1969; E. BERTI, *Il bene*, 2ª ed., Ed. La Scuola, Bréscia, 1984, pp. 26-28 e 122-123; A. POPPI, *Per una fondazione razionale dell'etica. Introduzione al corso di filosofia morale*, Ed. Paoline, Milão, 1993, pp. 39-42.

[67] Cf., entre outros: R. ANDORNO, *La distinction juridique entre les personnes et les choses à l'épreuve des procréations artificielles*, L.G.D.J., Paris, 1996; B. EDELMAN, *La personne en danger*, PUF, Paris, 1999; J.-R. BINET, *Droit et progrès scientifique. Science du droit, valeurs et biomédicine*, PUF, Paris, 2002.

[68] Cf., *v.g.*: E. LÉVINAS, *Totalité et Infini. Essai sur l'extériorité*, M. Nijhoff, Haia, 1961; ID., *Humanisme de l'autre homme*, Fata Morgana, Montpellier, 1972; ID., *Autrement qu'être ou au-delà de l'essence*, M. Nijhoff, Haia, 1974; CATHERINE CHALIER, *Lévinas. L'utopie de l'humain*, Albin Michel, Paris, 1993; MARIE-ANNE LESCOURRET, *Emmanuel Lévinas*, Flammarion, Paris, 1994; J.-F. REY, *Le Passeur de justice*, Michalon, Paris, 1997; V. POSSENTI, *Terza navigazione* cit., *passim*; AA.VV., *in* "Magazine Littéraire – Emmanuel Lévinas. Éthique, religion, esthétique: une philosophie de l'Autre", Paris, n.º 419 (Abril/2003).

são, podemos dizer, é uma manifestação dramática do niilismo antropológico e do totalitarismo político. "*Le visage*" exprime, fortemente, na sua nudez ("*nudité*"), a unicidade e incomparabilidade do outro e a sua extrema vulnerabilidade, e traz em si inscrito o apelo: "*tu ne tueras pas*". Nesta radical relação ética, "no face a face com o próximo", "*Dieu vient à l'idée*".

Ora, as opções relativistas e positivistas – mormente, no domínio bioético e biojurídico – são, muitas vezes, a legitimação da prática supressiva do "rosto", frágil e inocente, do outro, de tantas pessoas por nascer (para empregar uma expressão dos codificadores Teixeira de Freitas e Vélez Sarsfield) ou já nascidas.

INTERPRETAÇÃO CONFORME COM A CONSTITUIÇÃO

JOÃO ZENHA MARTINS*

SUMÁRIO: INTRODUÇÃO. CAPÍTULO I – *Interpretação e Constituição*. 1. Aspectos gerais; 2. Enunciado e norma; 3. Constituição Formal e Constituição Material; 4. Interpretação da Constituição; 5. Constituição e ordenação sistemática; 6. Refluxo político-jurídico; 7. Semântica do paradigma legislativo moderno e função jurisdicional; 8. Abertura, ordenação funcional e método; 9. Domínios específicos; 10. Modelo de ordenação material; 11. Unidade do Sistema; 12. Abertura e projecção dos valores; 13. Níveis de eficácia constitucional. CAPÍTULO II – *Interpretação conforme com a Constituição*. 1. Elementos de interpretação; 1.1 – Literal; 1.2 – Sistemático; 1.3 – Histórico (*lato sensu*); 1.4 – Teleológico; 1.5 – Hierarquia de elementos?; 2. A Constituição e o postulado sistemático-teleológico 3. Proposições da Interpretação conforme; 1.1 – A conservação de normas legais; 1.2 A maximização das normas constitucionais; 2. Interpretação correctiva; 4 A Constituição na perspectiva da relação metódica caso/norma. CAPÍTULO III – *Unidade no Direito e Constituição*. 1. A regra de decisão; 2. O momento metódico de concretização prospectiva; Conclusão-sinopse.

> "Scires leges non hoc est verba earum
> tenere, sed vim ac potestatem"
> CELSUS, D. 1, 3, 17

INTRODUÇÃO

O presente trabalho constitui um relatório apresentado na disciplina de Filosofia do Direito, integrada na *menção* de Ciências Jurídicas, coordenada pelo Prof. Doutor ANTÓNIO MENEZES CORDEIRO**.

---

* Assistente Estagiário da Faculdade de Direito de Lisboa.

** A quem se agradece, assim como ao Prof. Doutor Fernando Araújo, as obser-

Não existe, assim, o propósito de tratar, *hic et nunc,* de modo sistemático e globalizante, a miríade de problemas subjacente à teoria da interpretação, nem tão pouco enveredar por elucubrações sobre o conceito de Constituição ou empreender construções sobre a *teoria da lei.* As questões relacionadas com o sistema de fiscalização da constitucionalidade têm também um tratamento estritamente marginal. É que empresa de semelhante vulto, para além de ter merecido o estudo profundo de RUI MEDEIROS com a sua *A Decisão de Inconstitucionalidade,* não só exorbitaria do núcleo do *thema decidendum* (utilizando um aforismo judicial), como postularia do Autor um trabalho integrado em outra menção, com outros propósitos e diferente configuração.

Contudo, a realidade constitucional, representando um duplo desafio à elaboração teórica e dogmática e à sua confirmação prática (*maxime* jurisprudencial), concita o decair irreversível de dúvidas seculares quanto à sua concreta conformação e merece tratamento de relevo para a Ciência do Direito. Na verdade, nenhuma razão parece legitimar, na actualidade, locubrações teóricas obnubiladoras ou apartadas da realidade existente, apegos a máximas claramente datadas e reduzidas no seu espaço vital, ou, menos ainda, casuísmos de fundamentação e utilidade duvidosas.

Nenhum método, *in terminis,* parece de construção estereotipada possível, a não ser analisado em globo o espectro crítico limitador ou condicionante do seu próprio desenvolvimento.

Trata-se, por isso, de um trabalho em que se ensaiam algumas observações e reflexões sobre os aspectos capitais da *Interpretação conforme com a Constituição,* da projecção da Lei Fundamental na actividade volitivo--cognitiva daquele que tem de aplicar Direito, e onde se intenta aflorar ou excursar certas zonas que os tratados e manuais gerais – como é aliás justificável pela sua índole – de todo ou quase de todo passam em claro.

Assim, o primeiro capítulo destinar-se-á, fundamentalmente, à dilucidação da natureza da actividade interpretativa e à importância que a Constituição desempenha em todas as fases de realização do Direito.

O segundo capítulo centrar-se-á no específico tema da interpretação conforme com a Constituição. Entrar-se-á numa segunda averiguação, ponto por ponto, das proposições que compõem este *critério* de interpretação.

Na terceira parte, conjuntamente com uma análise crítica do tradicio-

---

vações críticas formulada quando da sua exposição oral em Fevereiro de 2000. Uma palavra de profundo agradecimento é igualmente devido ao Prof. Doutor Jorge Miranda e ao Prof. Doutor Pamplona Corte-Real, pela leitura de uma primeira versão deste trabalho. Naturalmente, qualquer erro ou insuficiência só ao Autor poderá ser imputável.

nal esquema silogístico, fornecem-se exemplos concretos que ilustram a permanente presença da *Lex Fundamentalis* no momento subsequente à interpretação: a decisão, enquanto acto terminal de todo o processo de análise.

Por fim, encerraremos, muito sinopticamente, com as conclusões que tiverem sido colhidas.

Uma última nota: é bem possível que a arrumação das matérias não esteja processada de forma escrupulosa e que no decurso da elaboração se amplifiquem e burilem ideias, se afinem novas considerações. É, ainda, uma decorrência de considerarmos que a configuração do trabalho, tal como aliás a interpretação e aplicação da lei, não é segmentável em fases estanques e rígidas, mas antes postula um discretear intelectual em que o apuramento do resultado final não é *ab-solutus* nem apodíctico. É, nesta perspectiva, sobretudo comunicativo.

CAPÍTULO I
Interpretação e Constituição

1. Aspectos gerais

De uma forma muito abrangente, por interpretação entendemos o processo racional tendente à identificação de um ou mais signos linguísticos[1].

É um fenómeno comunicativo que estabelece uma relação de *gnosea* entre o intérprete e o objecto significante destinada ao seu conhecimento. A gnoseologia das ciências exactas encontra correspondência na hermenêutica[2] como processo cognoscitivo no domínio das ciências sociais.

Interpretar constitui uma actividade inteligencial dirigida à apreensão do sentido de um objecto significante. É acima de tudo compreender. Um processo no sistema *actor*-situação que tem uma significação motivacional para o *actor,* um comportamento orientado. Porque a finalidade intrínseca da interpretação é a compreensão do *símbolo* interpretado e não o símbolo em si mesmo. Não é uma tarefa asséptica ou indiferenciada. Captar o sentido de algo impõe, antes de tudo, que se atente nesse algo.

---

[1] Incluindo formas que não se corporizam no emprego de palavras.

[2] A palavra *Hermenêutica*, do grego *hermeneuein* , remete para o Deus HERMES que, segundo a mitologia grega, foi o descobridor da linguagem e da escrita. Segundo a lenda, Hermes estava vinculado a uma função de transmudação de tudo aquilo que a compreensão humana não alcançava, em algo intelegível e compreensível. Assim, as raízes da palavra hermenêutica radicam no verbo grego *hermeneuein*, vulgarmente entendido por interpretar, e no substantivo *hermeneia*, interpretação.

Singularizável, neste espectro, a interpretação jurídica obedece a um propósito normativo, predestinando o eliciamento do sentido e o alcance das fórmulas contidas nas fontes à reflexão de comandos dirigidos à acção[3]. Por exemplo, as cores *vermelha, amarela* e *verde* não contêm *de per si* nenhum valor ou significação. A sua associação e escalonamento constituem no entanto um sistema de prevenção para o tráfego rodoviário. A oposição *vermelho/verde*, por via da intermediação do *amarelo*[4], remete para um comando de proibição ou permissão de passagem. A fase intercalar – o *amarelo* – significa atenção. As três cores inter-relacionadas de forma triangular configuram-se como um sistema significante: proibição--atenção-permissão. O objecto *qua tale* só foi apreendido porque houve uma procura da sua significância, uma procura da sua estrutura interna numa lógica de impostação global e de *comunicação*. Porque a prática científica é sempre orientada para um determinado resultado: a *ampliatio* do universo dos factos conhecidos pela razão e pelo intelecto.

Interpretar, do ponto de vista jurídico, constitui assim um processo lógico e complexo envolto numa *intenção normativa* que incide sobre um enunciado linguístico ou símbolo. Sendo o Direito uma construção social e não um dado imutável da revelação, a interpretação jurídica, longe da pretensão de proclamação de um sentido normativo pré-estabelecido, procura, diversamente, atribuir um sentido normativo aos preceitos legais que possa ser aceite com plausibilidade e legitimidade.

Saber qual *deva ser* o sentido preferido para o efeito de aplicação da lei e quais os critérios determinantes da opção que o intérprete *deve* tomar, constituem os problemas cardeais que se colocam neste domínio[5].

---

[3] Assinale-se a tricotomia tipológica avançada por EMILIO BETTI em *Teoria Generale della interpretazione, 1.° vol.*, Milano, Dott. A. Giuffré, 1955, 347 ss. O Autor italiano distinguia a interpretação consoante a sua função típica: recognitiva, reprodutiva ou representativa, e em função normativa. Na primeira, o compreender é um fim em si mesmo; na segunda, o entender vai funcionalisticamente dirigido ao fim de fazer entender; na terceira, o entender vai preordenado ao fim de agir.

[4] Cor média do espectro solar.

[5] O brocardo *in claris non fit interpretatio* é, com evidência, indefensável. A clareza é ela própria um resultado que funda a necessidade de interpretação (*interpretationsnotwendigkeit*).

Acresce que, como refere CASTANHEIRA NEVES, "não é a obscuridade do texto que justifica a interpretação, antes é a concreta realização do direito que não a pode nunca dispensar" (cfr. "Interpretação Jurídica", POLIS III, 653). Assim,"um texto da lei é claro quando, aplicadas a uma dada situação, todas as interpretações razoáveis que dele se poderiam dar não ensejam nenhuma controvérsia", conforme refere PERELMAN, *Éthique et Droit* (trad. brasileira "Ética e Direito"), São Paulo, 1996, 431-432.

2. Enunciado e norma

Na interpretação da *lei*, objecto do presente trabalho, importa convocar, antes de tudo, o necessário *distinguo* entre *preceito* e *norma*[6].

O *preceito* consubstancia o *objecto* da interpretação. Trata-se de um simples enunciado linguístico, de um texto[7] ou documento normativo (disposição ou formulação).

A *norma*, por seu turno, situa-se num momento necessariamente ulterior, no momento de atribuição de um significado jurídico ao preceito ou enunciado linguístico, corporizando assim o produto da valoração e análise do intérprete, o *resultado* da interpretação.

Neste sentido, não existe biunivocidade entre enunciado e norma[8]. O enunciado *qua tale*, em caso de indeterminação[9], ambiguidade ou recorte impreciso, pode exprimir disjuntivamente tantas normas quantas as possíveis interpretações.

Desde logo, no plano do Código Civil, quando o art. 68.°, enunciando a cessação da personalidade com a morte, alberga, em abstracto, tantos significados normativos, quantos os sentidos que se atribuirem à expressão *"morte"* – morte cerebral, paragem cardíaca... – ou, contraponentemente, o art. 24.° da Constituição quando estabelece a inviolabilidade da *vida* humana.

De outra parte, um elevado número de enunciados, conlevam, associadamente, uma pluralidade de normas. Por exemplo, o art. 1305.° do Código Civil (conteúdo do direito de propriedade[10]) – "O proprietário goza

---

[6] ROBERT ALEXY, *Theorie der Grundrechte,* Suhrkamp-Verlag, 1986, 45ss; GOMES CANOTILHO e VITAL MOREIRA, *Fundamentos da Constituição,* Coimbra, 1991,46ss.

[7] Em linguística, designa-se por texto não apenas o conjunto de enunciados linguísticos sujeitos a análise (sentido restrito), como, em geral, qualquer enunciado, seja ele falado ou escrito, longo ou breve, antigo ou novo (sentido amplo). Trata-se, contudo, num caso ou noutro, de enunciados *linguísticos*. Cfr. J. DUBOIS, L. GUESPIN, *Dictionaire de La Linguistique,* Paris, Larousse, 1989.

[8] CASTANHEIRA NEVES, *Metodologia Jurídica. Problemas fundamentais*, STVDIA IVRIDICA 1, Coimbra, 1993,145.

[9] Sobre a indeterminação dos preceitos constitucionais, ROBERT JUSTIN LIPKIN, "Indeterminacy, Justification and Truth in Constitutional Theory", *Fordham Law Review*, 1992, 595-643.

[10] Com referência à Constituição, o *Direito de Propriedade Privada* consagrado no art. 62.°, de acordo com a ampliação e diversificação do seu espaço operativo, torna assaz difícil o agenciamento de um conceito unitário que abranja todas as suas refracções. Não sendo atível à *proprietas rerum,* parece certa a abrangência de outros direitos de carácter

828   *João Zenha Martins*

de modo pleno e exclusivo dos direitos de uso, fruição e disposição das coisas que lhe pertencem, dentro dos limites da lei e com observância das restrições por elas impostas". No *preceito* estabelecem-se:

– o direito de usar e fruir os bens de que se é proprietário;
– o direito de transmitir a propriedade;
– o direito de não ser privado dela;
– o dever de observar as restrições legais ao seu exercício[11].

Em terceiro lugar, também existem normas sem enunciado linguístico, isto é, proposições que não encontram formulação expressa ao nível da legislação, mas que são reassumidas de várias normas ou princípios do ordenamento diversificadamente positivados. Sem *language dependent.* Desde logo, o desvendamento de outras normas partindo das pré-existentes, através de processos *lógico-formais,* comummente designados por interpretação *implicativa* ou *enunciativa,* baseados nas regras *a maiori ad minus, a minori ad maius* e *a contrario sensu.* Noutro plano, mais abrangente, os princípios. Por exemplo, ao nível do direito processual civil, o princípio da *submissão aos limites substantivos,* que impede que as partes consigam intraprocessualmente efeitos que estão vedados fora do processo[12], numa lógica de *ancilla* do *processo* face à *substância*[13], ou ainda, o magno princípio da certeza do direito, defluente da articulação e

---

patrimonial como sejam os direitos de autor, de crédito ou sociais. Neste sentido, E. PAZ FERREIRA, *Da Dívida Pública e das Garantias dos Credores do Estado*, Lisboa, 1993, 619, 625-626.

Considerando que o direito de autor é materialmente incompatível com uma propriedade, mas estendendo a garantia desenhada no art. 62.° ao direito pessoal de autor, v. OLIVEIRA ASCENSÃO, *Direito de autor e Direitos Conexos*, Coimbra Editora, 1992, n.°s 465-467 e GOMES CANOTILHO/VITAL MOREIRA; *Constituição da República Portuguesa anotada,* 3.° ed., Coimbra, 1993, 330-334.

[11] ANTÓNIO MENEZES CORDEIRO, *Direitos Reais, reprint,* Lex, Lisboa, 1993, 14, 616-634. No plano do art. 62.° da CRP, *vd.* Acs TC n.° 14/84, n.°76/85, n.° 404/87, n.° 267/95, n.° 866/96, n.° 329/99.

[12] Por todos CASTRO MENDES, *Direito Processual Civil,* I Vol., AAFDL, Lisboa, 1994, 206. Da conjugação dos arts.° 4.°, 333 , 345.° n.°1, 354.° /b, 602 do Código Civil com os arts. 299.° n.°1, 483.°do Código de Processo Civil decorre a impossibilidade da desistência de um pedido que tenha por base um direito irrenunciável.

[13] Também o princípio da *Adequação Funcional* no plano da jurisdição constitucional (por exemplo, Ac. 54/95, 31-1-95). Cfr. VITALINO CANAS, *Os processos de fiscalização da constitucionalidade e da legalidade pelo Tribunal Constitucional – Natureza e Princípios estruturantes*, Coimbra Editora, Coimbra, 1986, 91-94.

ordenação sistemáticas do texto constitucional e, *recta via*, da concretização axiológica por este imposta[14].

3. Constituição formal e Constituição material

A Constituição é geralmente invocada em sentidos diversos. Para a temática da Interpretação conforme com a Constituição referem-se os dois sentidos primordialmente assinalados: a Constituição em sentido formal e material.

Por **Constituição em sentido formal,** entende-se o conjunto de disposições que fruem de uma força de superioridade formal em face das leis comuns, independentemente do respectivo conteúdo. Compreende princípios e regras elaborados e revistos por uma processo mais solene do que o utilizado para elaborar uma lei, caracterizado por exteriorização específica.

Por *contraposição* aparece a ideia de **Constituição material**, referenciada à organização substancial do Estado, independentemente da forma revestida. Trata-se por isso de uma realidade multitextural. Tanto pode referir-se à parte inscrita no texto constitucional, que atina com a construção fundamental do Estado[15] (numa perspectiva de separação face aos preceitos que aí apresentam um valor acessório[16]), quanto aos preceitos jurídicos considerados estruturais, em que, não obstante a sua situação em leis avulsas ou regras consuetudinárias, apresentam uma conexão intrín-

---

[14] Sobre o princípio, num esquisso comparatístico, LUCIO PEGORARO, "La Tutella della certeza giuridica in alcune Costituzioni Contemporanee", *Diritto e Societa`,* 1994/1, 21-54.

[15] Todas as regras referentes à definição do povo, à delimitação do território, à organização do poder político (elenco, composição, competência, inter-relações, modo de designação e formas de controlo da actuação dos órgãos), determinação dos fins e funções do Estado, modalidades de fiscalização do cumprimento da Constituição pelo poder político do Estado.

[16] E que não constitui um aspecto de importância menor, dado o interesse apresentado em sede de interpretação constitucional (*maxime* em situações de colisão), assim como no plano da revisão constitucional (enquanto limites) e da eventual expurgação de normas que não apresentem dignidade bastante para estarem providas de uma força normativa superior.

Deve notar-se que a CRP não criou, como acontece, por exemplo, em Itália, uma categoria de *leis constitucionais* à parte da Constituição, de tal forma a que as leis sobre determinadas matérias possuam também *valor* constitucional.

seca com o núcleo de preceitos atinentes aos direitos fundamentais ou com a organização fundamental do Estado.

Não existe, assim, plena biunivocidade entre os conceitos de Constituição material e de Constituição formal[17]. Contudo, e porque o *essencial* da *Constituição material* se encontra contido na *Constituição formal,* salvo enunciado em contrário, aludiremos à Constituição para significar os aspectos materiais essenciais *constitucionalmente* formalizados.

Contra os perigos de um neo-positivismo hipostasiador da Constituição foram, no entanto, surgindo posições que intentam combater o empobrecimento metodológico que o puro exegetismo constitucional (no plano formal) pode gerar. Se parece certa a necessidade de *dialectizar* a Constituição, buscando a sua plurissignificância e apreendendo os diversos sentidos perpassantes do ordenamento jurídico numa procura de optimização a sua teleologia intrínseca, não é menos seguro que neste campo surgem propostas insatisfeitas que visam buscar o *ideal de um direito do direito* que lhe assegure um fundamento e, ao mundo que ela ordena, uma significação.

Esta afirmação de uma pré-compreensão teorético-constitucional, baseada na ideia de *Verfassungslehre mit Naturrecht,* arranca de um *Direito do ser* ou do Direito Natural concebido como um *prius* ontológico ao Direito Positivo, isto é, como realidade normativa preferente e precedente do Direito Positivo concebida *extra mentem.* O vértice desta proposta piramidal seria o *Direito Originário do Ser* e a base uma *Constituição positivada,* na qual assumiriam importante função mediatizadora os princípios jurídicos gerais. A admissibilidade de directrizes jurídicas pré--estaduais (*hoc sensu* pré constitucionais) com recurso aos *Elementarrechte,* enquanto transfundo principiológico meta-positivo imanente à comunidade,[18] representaria algo de intangível e inviolável que postularia em conformidade a subordinação de todos os actos normativos, nestes se incluindo a Constituição. No fundo, esta não seria mais do que *"uma folha de papel"* (Lassale) que procura exprimir a Constituição real.

Haveria, assim, "normas constitucionais inconstitucionais"[19], con-

---

[17] São os casos patentes do estatuto da nacionalidade ou das regras essenciais referentes a matéria eleitoral ou aos partidos políticos.

[18] R. Stammler, "Der Begriff" des Rechts", *in* VVAA *Begriff und Wesen des Rechts,* ed. Wissenschaftliche Buchgesselschaft, Darmstad, 1973.

[19] Entre nós, Paulo Otero, "Declaração Universal dos Direitos do Homem e Constituição: a inconstitucionalidade de normas inconstitucionais?" in *O Direito,* 1990 612sss; Vieira de Andrade, O ordenamento jurídico administrativo português, in VVAA: *Contencioso administrativo,* Braga, 1986, 49; Baptista Machado, *Introdução ao direito e ao*

Interpretação Conforme com a Constituição   831

figurando-se as ideias de **direito** e de **moral** como verdadeira "**constituição material**"[20]. Cabe, por isso, *breviter*, verificar até que ponto a Interpretação Conforme com a Constituição não pode *servir* a este feixe de directrizes pré-estaduais e supra-positiváveis.

A posição aventada merece, desde já, discordância. Sem alongamentos extravazantes da economia do trabalho, e *brevitatis causa*, a *Lei Moral*, para além de alguma evanescência subjacente à respectiva apreensão[21], mas sem prejuízo da epistemologia de conteúdo crítico e das virtualidades heurísticas inerentes à mitologia ascética propugnada..., não é *de per si* Direito, podendo existir espaços de indiferença ou mesmo de colisão[22].

As normas jurídicas diferem das normas morais pelo interesse público a que se arrimam[23]. E o interesse público nas sociedades contemporâneas só pode ser identificado com a Constituição e a legislação que lhe subordina. Basicamente por duas razões: ninguém pode conhecer todos os interesses *particulares* existentes; e da mesma forma não é possível um acordo supremo quanto à assunção de determinados interesses individuais como interesses colectivos; o único acordo possível concerne a um *meio* e não a um *fim* em si mesmo (*Selbstzweck*).

Porque a ordem espontânea, constitucionalmente delimitada, é aquela que maximiza as possibilidades de cumprimento do maior número de fins individuais. A não imposição de normas morais justifica-se *hoc modo* por uma razão de protecção da liberdade individual, já que as normas constitucionais, juridicamente garantidas, são normas que se referem às acções que afectam terceiros. Tudo, para que as normas morais possam evoluir, de um modo tal que se permita a obfirmação do processo de selecção das normas mais adequadas a *cada sociedade em cada momento*. Porque é

---

discurso legitimador, Coimbra, 1985,163-164; Castanheira Neves, *A revolução e o direito*, Lisboa, 1976, 229-230; Manuel Afonso Vaz, *Lei e Reserva de Lei*, Porto, 1992, 177ss; na doutrina estrangeira, por todos, Otto Bachof, *Normas constitucionais inconstitucionais?*, reimpressão, Coimbra, 1994.

[20] Neste exacto sentido, como expoente da escola conimbricense, o saudoso Prof. Afonso Queiró em *Lições de direito administrativo*, ed. Copiograf., vol. I, Coimbra, 1976, 291ss.

[21] Apesar de alguns dos seus princípios serem objectivamente demonstráveis.

[22] *Vg* "Amai o próximo". Exemplo *ad absurdum*: um empresário da indústria de panificação, sedeado numa zona de graves carências económicas (em que a *fome* constitui um flagelo), que prefere, por razões económicas de mercado, destruir a produção excedentária em lugar do seu oferecimento à população local necessitada...

[23] Cfr. Manuel Fontaine Campos, *O Direito e a Moral no pensamento de Friederich Hayeck*, UCP, Porto, 2000.

832   *João Zenha Martins*

mais *eficiente* a ordem social na qual as pessoas podem escolher livremente os fins que desejam prosseguir e a forma como o desejam fazer[24].

O único *fim* que pode ser imputado à Constituição é o da manutenção de uma ordem social espontânea, que é um mero meio para a realização de *fins* individuais. Mas as regras morais podem ser assumidas como regras constitucionais?

Sim, se constituírem regras que partilhem de todas as características das regras de direito – independência de fins concretos, universalidade, carácter negativo e restrição à regulação de condutas que afectem terceiros, através da criação de domínios protegidos dos indivíduos.

O próprio catálogo dos direitos fundamentais, articulando uma crença, num quadro de dessacralização das crenças tradicionais e religiosas, oferece uma centralidade de identificação, desenvolvendo o seu âmbito potencial de integração e permitindo a apreensão no *sistema* de um iniludível núcleo axiológico que aparece como uma "nova religião do civil" (LUHMANN)[25].

Em suma, o Direito distingue-se da Moral pela sua positivização. A concepção refutada, se valesse, operaria uma subrogação do aplicador individual da Constituição ao poder constituinte na tarefa de valoração da significância dos princípios fundamentais da Constituição[26].

É que o *Direito* emerge da realidade da vida, destinando-se à sua regulação, assumindo-se justamente com a sua positivação[27]. É preciso analisá-

---

[24] E porque a eficiência se traduz na maximização das possibilidades de cumprimento do maior número de planos individuais. Daí que nenhum outro fim concreto possa ser erigido à categoria de fim da colectividade e que os *fins* morais não possam ser assumidos como *fins* constitucionais.

[25] JOSÉ LAMEGO, *"Sociedade Aberta" e Liberdade de Consciência – O direito fundamental de liberdade de consciência*, AAFDL, Lisboa, 1985, 40. Salientamos o conceito de dignidade humana que, nos dias de hoje, constitui um dado axiomático; aparece como núcleo gravitacional da estrutura do Estado de Direito que é conformado pelos direitos fundamentais.

[26] Segue-se GOMES CANOTILHO em "Apreciação de provas académicas – «Discurso Moral» ou "Discurso Constitucional», «Reserva de Lei» ou «Reserva de Governo»", *BFDVC*, Vol. 69, 1993, 699-717.

De outra parte, ainda, a *ideia de Direito* não parece concebível como algo provido de universalidade e a-historicidade, como axioma de que se deduzam logicamente princípios e normas, num tentame subreptício de aproximação a concepções jusnaturalistas clássicas, no mínimo com base num cientismo duvidoso, em que avulta, numa vertente central ilativística e generalizadora, a preocupação arreigada de combate subsidencial à imperfeição e à maldade interior (*innere Bösartigkeit*) dos homens que permeia os actos legislativos...

[27] Este julgamento sobre a harmonia (*Zusammenhang*) ou desarmonia dos conceitos

Interpretação Conforme com a Constituição 833

-lo no que ele tem de específico, no que faz dele uma ordem de fenómenos perfeitamente irredutível a qualquer ordem de factos ou, *ex adverso*, a um *nomen* metafísico. A Constituição (*in casu*, a Constituição da República Portuguesa) funciona como veículo da consciência jurídica geral e metro jurídico superior[28], não pela sua superioridade formal, mas antes pela objectivação de determinado transfundo axiológico preexistente a que dá corpo e que não se revela exauriente na sua ontologia metafísica[29] Reinvocando LUHMAN, "o direito natural é positivado"[30].

A Constituição (pensando no acto constituinte originário) caracteriza-se por *ser lex originaria*, irrecondutível a uma proposição justificativa positiva precedente[31]. Não é *lex derivata*. É *palingenésia*[32]. Ela própria materializa valores extratemporais, incarnando pela sua própria existência,

---

jurídicos com um transfundo principiológico metatemporal, independentemente da realidade e dos destinatários concretos, encontra-se eivado do vício de absolutização de dados verbais que, por natureza, são tão somente instrumentos ou veículos e conduzem, de forma paradoxal, o jurista a uma assunção acrítica e absolutizadora de um conjunto de conceitos e juízos de valor que secundariza o Direito como precipitado cultural informado por uma axiologia própria, temporal e concretamente situada.

[28] Para uma crítica devastadora aos enunciados jusnaturalistas, – veja-se WINFRIED HASSEMER em *História das ideias penais na Alemanha do pós-guerra* veja, AAFDL, Lisboa, 1995, 22, que, em síntese, refere que estes " se distanciam não apenas da crítica e do controlo (pilares de uma organização judiciária no Estado de direito), mas também de modos alternativos de decidir ou de fundamentar; impedem uma participação democraticamente organizada dos indivíduos afectados na realização das normas jurídicas de qualquer natureza; propagam um clima de redução normativa; e restringem a influência sobre o surgimento e desenvolvimento do direito aos especialistas".

Sobre o entendimento da Constituição como um sistema de normas ou uma ordem de valores, abordando a ideia da *Wertordnung*, veja-se ainda GOMES CANOTILHO, "Jurisdição Constitucional e intranquilidade discursiva", in VVAA: *Perspectivas Constitucionais nos 20 anos da Constituição de 1976, Vol. I* (org. Jorge Miranda), Coimbra Editora, Coimbra, 1996, 879.

[29] Neste exacto sentido, FRANCISCO LUCAS PIRES, *O Problema da Constituição*, Coimbra, 1970, 92 .

[30] *Legitimation durch Verfahren* (tradução brasileira "Legitimidade pelo procedimento"), Brasília, 1980, 120.

[31] EUGENIO RIPEPE, *Riforma della Costituzione o Assalto alla Costituzione*, Padova, 2000, especialmente 37-42 (secção intitulada "Protocostituzionalismo, Paleocostituzionalismo e Costituzionalismo Maturo").

[32] Na expressão de MIGUEL GALVÃO TELLES, "Temporalidade jurídica e Constituição" *in* VVAA: *20 Anos da Constituição de 1976*, BFDUC, STVDIA IVRIDICA 46, 25-53.

834   *João Zenha Martins*

valores positivos intrínsecos[33], e operacionaliza a "tensão entre facticidade e validade de uma ordem jurídica[34].

É a Constituição *quem* recebe os valores, expressando-os e positivando-os – *ex jure quod est regula fiat* – sem que, *avan la lettre*, seja legítima a sua leitura em separado da disciplina positivamente conformada, não só por *ela*, como também pelas demais normas legais[35].

4. Interpretação da Constituição

Deve interpretar-se a Constituição ou as normas constitucionais?

A resposta à questão levantada conleva *in primis* a necessidade de tomar partido sobre o conceito de Constituição.

A abordagem diferirá conforme se perfilhe a visão *labandiana, schmittiana* ou a teoria integracional *smendiana*[36]. Não cabendo porém *hic et nunc* fazer tal desenvolvimento, dir-se-á que a compreensão da Constituição terá de ser empreendida a partir de um texto constitucional e não construída a partir da teoria da Constituição.

A noção de Constituição releva neste domínio como fonte ou conjunto de fontes e não como normas ou princípios. Simplesmente, porque estes não se situam num espaço vacante e a fonte em que se impostam, mesmo sem alteração formal, pode oferecer diferentes significâncias conforme "as circunstâncias específicas do tempo em que é aplicada", emprestando às normas uma *intrinsecidade variável*. No entanto, seguindo-se K. STERN[37], assinalam-se preliminarmente quatro pontos que emprestam às normas constitucionais (*Grundrechtsnormen*) um carácter quadripolar (*vierpolig*) *"a se"*:

---

[33] Neste quadro veja-se o art. 1.º n.º 2 da Lei Fundamental de Bona, implicando a preexistência de um conjunto de direitos humanos fundamentais, de raiz imanentista – "*O Povo Alemão reconhece, por isso, os direitos invioláveis e inalienáveis da pessoa humana como fundamentos de qualquer comunidade humana, da paz e da justiça no mundo*".

[34] GOMES CANOTILHO, "«Discurso Moral» ou "Discurso Constitucional», «Reserva de Lei» ou «Reserva de Governo»", *cit.*,709.

O poder constituinte democrático não inseriu princípios ou normas na Constituição que se revelam repugnantes à consciência colectiva ou ao sentimento de justiça geral. Esta dá cumprimento às aspirações de um "direito justo" (LARENZ).

[35] *Constans ac perpetua voluntas ius suum cuique tributendi...*

[36] GOMES CANOTILHO, *Direito Constitucional*, 6.º ed.,1993, 154ss.

[37] *Das Staatsrecht der Bundesrepublik Deutschland*, T. I (tradução de PÉREZ ROYO, J. / CRUZ VILLALÒN, P:, "Derecho del Estado de la República Federal de la Alemania"), Madrid, 1987, 127.

Interpretação Conforme com a Constituição

1 – Dão corpo a um fundamento material e organizativo da vida do Estado e da Sociedade;

2 – Estão formuladas, com frequência, de forma ampla, aberta e indeterminada;

3 – Conlevam consequências para a totalidade do ordenamento jurídico;

4 – São confiadas, na sua interpretação, via de regra, a uma jurisdição *específica*.

A Constituição não tem eficácia operativa de *forma estanque*. É no relacionamento com o ordenamento jurídico e com a concretização do texto constitucional, quase sempre através da mediação de normas ordinárias, que a norma constitucional é construída[38].

A Constituição, *qua tale,* só vale enquanto instrumento operativo que obtém conteúdo útil com a inserção na ordem jurídica *et universi,* numa perspectiva de isosmose com as regras de interpretação, integração e aplicação que constam do Código Civil e com os princípios perpassantes das diversas disciplinas ou ramos do Direito[39-40]. É que, a nosso ver, a inter-

---

[38] FRIEDRICH MÜLLER, *Juristische Methodik*, 6.° ed., Berlin, Duncker & Humblot, 1996, 166ss.

[39] Por exemplo, o art. 20.° da CRP que estatui o direito de acesso aos tribunais e a uma tutela jurisdicional efectiva e integral. A integralidade da tutela jurisdicional de todas as situações jurídicas (também enfaticamente proclamada pelo art. 2.° do CPC ao considerar que "a todo o direito corresponde a acção adequada a fazê-lo reconhecer em juízo, a prevenir ou reparar a violação dele e a realizá-lo coercivamente, bem como os procedimentos necessários para acautelar o efeito útil da acção") não aparece materialmente justificada em função da intrinsecidade de determinadas relações jurídicas positivamente conformadas pela lei ordinária. Assim, as *obrigações naturais* (arts 402.° a 405.° do CC) ou as *obrigações prescritas* (art. 304.° n.° 2 do CC).

Com mais dúvidas, a conformação normativa estabelecida por algumas leis avulsas que obrigam, no quadro de uma normal relação creditória, os credores a respeitarem uma ordem prioritária de satisfação de créditos ou a tutela prioritária estabelecida no interesse de certos e determinados devedores.

Certo é que todo e qualquer regime de excepção estará sujeito ao *crivo* do art. 18.° CRP, obrigando o intérprete a averiguar da obediência ao princípio da proporcionalidade (na sua tríplice dimensão), sabendo se existe uma confinação ao indispensável para a salvaguarda de outros direitos ou interesses ou direitos constitucionalmente protegidos, se as restrições revestem carácter geral e abstracto e se não comportam retroactividade.

Last but not least, se é atingido o conteúdo fundamental do direito a uma tutela jurisdicional *plena* e *efectiva*.

Sobre a questão, com muito interesse, CARLOS LOPES DO REGO, "Acesso ao Direito e aos Tribunais" *in* VVAA: *Estudos sobre a jurisprudência do Tribunal Constitucional*, Aequitas, 1993, 41-97.

836   *João Zenha Martins*

pretação constitucional não é de natureza diferente da que se opera em *outras* áreas, pois que, como *toda* a interpretação jurídica, está matricial-mente destinada à aplicação do Direito e não se destina à enunciação abstracta de conceitos, mas antes à conformação da vida pela norma.

Por exemplo, o direito cooperativo. No art 61.º, n.º 2, dispõe-se que "a todos é reconhecido o direito à livre constituição de cooperativas, desde que observados os *princípios cooperativos*"[41]. Dá-se acolhimento a um conjunto de normas cujo sentido e alcance são construídos pela doutrina cooperativista[42], recebendo-os a Lei Fundamental com todos os cambian-tes que estes sofram. Ou, de outra parte, o direito à greve desenhado no art. 57, cujo espaço semântico aparece desenhado extra constitucionalmente.

Qual o sentido com que foi recebida a expressão?

Existe evidentemente um recorte que, na medida em que se encontra estabelecido principiologicamente no espaço semântico-constitucional, demanda do intérprete uma análise cuidada do sentido que a Constituição lhe atribui. Mas os princípios constitucionais de nada valem *in abstracto* sem a sistematização e construção científicas defluentes da interconexão com as demais fontes do ordenamento que impedem um trabalho no vácuo de atendimento estrito àquela que é contudo a fonte principal.

É a avocação de algumas categorias dogmáticas pela Constituição, projectadas na assunção do conteúdo que o ordenamento lhes atribui, que determinam que a compreensão do horizonte normativo-material da Cons-tituição não possa abdicar do plano legislativo ordinário. Sempre, "(...) Tendo sobretudo em conta a **unidad**e do sistema jurídico". (art. 9.º CC[43]).

A procura de segurança e estabilidade, buscada no texto constitucio-nal, fornece uma base de indagação de sentido, de visão total, empreendida

---

[40] MENEZES CORDEIRO, *Manual de Direito do Trabalho*, Coimbra, 1997, 139, a pro-pósito de uma parcelarização temática da Constituição (Económica, Fiscal, Patrimonial Privada etc.), centrando a sua análise na *Constituição laboral,* salienta as vantagens da expressão sintética dessa realidade, assentes numa concatenação intra-sistemática do res-pectivo corpo normativo, não deixando porém de referir as limitações inerentes à classi-ficação e as necessidades sobrevindas de recurso a "elementos extra-constitucionais".

[41] Bosquejando a temática, MENEZES CORDEIRO, *Direitos Reais,* cit., 77.

[42] Em sentido não absolutamente coincidente aludindo a uma "normatividade de origem consuetudinária", cfr. JORGE MIRANDA, *Manual de Direito Constitucional, Tomo II*, 3.º ed., Coimbra, 1991, 43.

[43] Considerando o preceito substantivamente constitucional, com dignidade mais do que bastante para ser alçado à Constituição em sentido formal, JORGE MIRANDA, *Manual II*, cit., 261-262. Em sentido diverso, CRISTINA QUEIROZ, *Interpretação Constitucional e Poder Judicial – Sobre a Epistemologia da Construção Constitucional*, Coimbra, 2000, 135ss.

Interpretação Conforme com a Constituição

a partir de uma permanente referência ao contexto[44]. Só ela permite uma *apreensão* jurídico-globalmente *contexturada*. Todavia, a interpretação da Constituição e necessariamente a sua aplicação conlevam a necessidade de fixação de critérios para este proceder jurídico[45], estando sujeita, enquanto fonte de direito, aos canônes gerais de interpretação apontados no art. 9.º CC[46]. Da sua correspectividade com as demais fontes do direito, através da conexão com os respectivos campos normativos, surge um *apontar* para uma unidade de sentido normativo que nucleariza a unidade intra--sistemática dos diferentes ramos de direito[47].

---

[44] A. PIZORUSSO, L'interpretazione della Costituzione e l'attuazione di essa attraverso la prassi, *Rivista Trimestrale di Diritto Pubblico*, 1989, 3ss;

[45] A polémica com a particularidade de critérios para a interpretação da Constituição surgiu com o polémico trabalho de E. FORSTHOFF "Die Umbildung des Verfassungsgesetzes" publicado em *Festschrift für Carl Schmitt*, Berlin, 1959. Este estudo provocou reacções acesas, especialmente recolhidas na recompilação elaborada por R. DREITER e F. SCHWEMANN – *Probleme der Verfassungsinterpretation*, Baden-Baden, 1976.

De então para cá a interpretação da Constituição foi objecto de atenção frequente por parte da doutrina. Entre nós, mereceu recentemente um enfoque muito particular por CRISTINA QUEIROZ com a discussão em 1998, na Faculdade de Direito da Universidade de Lisboa, de uma tese de doutoramento intitulada *Interpretação Constitucional e Poder Judicial – Sobre a epistemologia da construção constitucional* .

[46] Seguindo HOLLERBACH veja-se, neste sentido, LARENZ, *Methodenlehre der Rechtswissenschaft* (trad. portuguesa de José Lamego), 3.ª ed., Gulbenkian, Lisboa, 1997, 513. Contra F. DELPÉRÉE, *L'interprétation par le juge des régles écrites en droit constitutionnel belge*, Travaux de L'Association H. Capitant, T. XXIX, Economica, 1980, 151; GEORGES BERLIA; "L'elaboration et l'interpretation de la constitution de 1958", *Revue du droit public et de la science politique en France et à l'etranger*, Paris, t. 89, n.º2, 1973, 485-495; PRIETO SANCHIS, L. "Notas sobre la interpretatión constitucional", *Revista del Centro de Estudios Constitucionales*, n.º 9 (Mayo-agosto), Madrid, 1991, 175-198 (*maxime* 182ss); LORA DEL TORO, Pablo de, "La interpretation originalista de la Constitución: una aproximación desde la filosofia del derecho", *Boletin Oficial del Estado, Colección el derecho y la justicia*, Madrid, 1998, *maxime* 62ss; JERZY WRÓBLESKY, *Constitución y teoria general de la interpretación jurídica*, Civitas, Madrid, 1985 (maxime, 22ss); CRISTINA QUEIROZ, *Interpretação constitucional e conformação do poder judicial*, cit., 23 e 135, defendendo "a preclusão das regras tradicionais da hermenêutica jurídica geral e a sua substituição por regras próprias de interpretação constitucional".

[47] O que não quer significar uma interpretação da constituição conforme as leis ("*gesetzskonforme Verfassungsinterpretation*") avançada por LEISNER, sob pena de a legalidade da Constituição se sobrepor à constitucionalidade da lei. V. GOMES CANOTILHO, *Direito Constitucional*, 6.ºed., cit., 236-237; IDEM, *Contributo para a compreensão das normas constitucionais programáticas*, reimpressão, Coimbra, 1994, 401ss e JORGE MIRANDA, *Manual ... II*, cit., 261.

838 João Zenha Martins

Fundamental neste plano é a consideração de que a Constituição não constitui uma mera declaração de princípios ou um simples texto de duvidosa utilidade. Sendo uma estrutura dinâmica, a Constituição ocupa o cimo da hierarquia no ordenamento jurídico, tendo um papel conformador que não se compadece com uma visão de mensagem ou de utopia[48]. Encima um sistema aberto de normas e princípios, estabelecendo parâmetros substantivos que apelam à concretização jurídico-política do legislador e ao controlo posterior dos tribunais.

Modela não apenas o estatuto dos órgãos de soberania, como também os direitos económicos, sociais e culturais, a organização económica ou as relações sociais em geral, avultando a sua densidade preceptiva no reduto fundamental dos "direitos, liberdades e garantias".

Tem uma função de direcção racionalística da ordem jurídica, a partir da qual se extraem elementos úteis em confronto com a realidade exterior.

Na verdade, a Constituição não é mais um texto formal alheio à sociedade, um mero estatuto da organização política do Estado. É antes a Lei fundamental da sociedade que disciplina a colectividade política e a organização económica e social; que impõe ao Estado, no quadro das suas tarefas e obrigações, a satisfação de uma congérie de necessidades económicas, sociais e culturais dos cidadãos e dos grupos que estes compõem; que constitui fonte directa das relações entre os próprios cidadãos. Porque estabelece não apenas limites negativos e barreiras (*Schranken*) de defesa perante as intromissões do Estado, como também impõe deveres perante o Estado e a Sociedade, desenhando um catálogo de direitos à acção ou a prestações daquele[49].

5. Constituição como ordenação sistemática

A Constituição é *lex superior,* porque é fonte de produção normativa (*norma normarum*) – numa projecção formal – e porque lhe é atribuído um valor normativo hierarquicamente superior – num projecção material – que obriga todos os actos normativos a respeitarem os parâmetros formais e materiais e plasmados nas regras ou princípios constitucionais.

---

[48] A *jurisdicionalização* (no dizer de IGNACIO OTTO) da Constituição impôs o afastamento de uma valoração da sua estrutura como mera carta de recomendações ou feixe de exortações programáticas cuja eficácia operativa de afiguraria pouco mais do que residual. Cfr. *Derecho Constitucional,* Sistema de Fuentes, Barcelona, 1987, 36.

[49] GOMES CANOTILHO e VITAL MOREIRA, *Fundamentos da Constituição,* Coimbra, 1991, 39.

Interpretação Conforme com a Constituição

O fundamento da necessidade de se interpretar o ordenamento jurídico a partir da Constituição não é assim mera consequência do princípio da hierarquia normativa[50]. A interpretação conforme com a Constituição é sobretudo uma *im-posição* do princípio da segurança jurídica em conexão estreita com os princípios da unidade e coerência, que exigem uma interpretação harmónica e coordenada de todo o ordenamento jurídico, de molde a reduzir, na medida do possível, as antinomias que podem emergir dos preceitos que o integram.

Em cada momento histórico existe uma juridicidade dominante que informa e *deve* informar as relações sociais, pois que todas pressupõem um fundamento normativo, implicado por uma axiologia específica que se explicita em determinados princípios, mediante modos concretos constituintes de uma concreta normatividade que se objectiva numa vigência normativa[51]. Uma *juridicidade dirigida* que infunde à sociedade determinada estrutura valorativa e convivencial[52]. E a lei não pode entender-se nem aplicar-se em discrepância com esta direcção superior.

A Constituição desempenha várias funções: é o fundamento do ordenamento jurídico ao qual imprime unidade orgânica; orienta o legislador na criação de normas jurídicas; constitui um *guia* para a actividade interpretativa; serve de base tanto à compreensão científica, quanto à realização prática do ordenamento jurídico.

A norma *infra*constitucional corresponde depois a essas determinações, não a algo que se aplica automaticamente, mas a recortes jurídicos através dos quais se vai interpretar e decidir. Num *procedimento* determi-

---

[50] Segundo GOMES CANOTILHO, *Direito Constitucional*, 6.º ed., cit., 137, o princípio concretiza-se em três planos: "(1) as normas de direito constitucional constituem uma *lex superior* que recolhe o fundamento de validade em si própria (*autoprimazia normativa*); (2) as normas de direito constitucional são normas de normas (*norma normarum*), afirmando-se como fonte de produção jurídica de outras normas (normas legais, normas regulamentares, normas estatutárias); (3) a superioridade normativa das normas constitucionais implica o princípio da conformidade de todos os actos dos poderes públicos com a constituição".

[51] CASTANHEIRA NEVES, "Fontes do Direito", *Digesta. Escritos acerca do Direito, do Pensamento Jurídico, da sua Metodologia e Outros*, Volume II, Coimbra, 1995, 16. O Autor discerne quatro momentos: o momento *material*, de *validade*, *constituinte* e de *objectivação*. A vigência normativo-jurídica aparece *hoc sensu* como o resultado normativo--social da síntese dialéctica de todos aqueles momentos.

[52] Estrutura convivencial que é neste sentido legitimada pelos valores que a Constituição dimensiona e que criam nos cidadãos a ideia de que a obediência ao Direito constitui um imperativo da sua concretização. Cfr. PECES-BARBA, G., *Los Valores Superiores*, Tecnos, Madrid, 1984, 89ss.

840 João Zenha Martins

nativo da solução concreta e sempre limitado pela fidelidade à *traça geral* do sistema.

6. Refluxo político-jurídico

A emergência de um Estado Constitucional[53] (*Stato Constituzionale* ou *Verfassungsstaat*), com o correlativo abandono do modelo do *Gesetzgebungsstaat,* tem como corolário lógico o primado da Constituição[54] na referencialidade estabilizadora e integradora outrora atribuída à lei[55].

Também, anteriormente, o rei era *lex animata*, porque *vigário de Deus*, a fonte suprema da lei[56]. A confusão subsistiu, noutros moldes, quando, com a emergência do demoliberalismo (e correlativo desapare-cimento do *ancien régime*), a *vox populi* dos representantes parlamentares continuou a ser *vox dei* e fonte suprema do direito. O século XVIII marca a germinação de uma concepção constitucional de organização política do Estado, propulsionada pelas revoluções americana e francesa, que vão conlevar o designado movimento constitucional. Um movimento entranhado no ideário liberal de que o melhor governo seria aquele que governasse menos e em que a Constituição apresentava um carácter meramente orientador, sendo a lei (enquanto *volonté générale*) e a separação de pode-res a verdadeira garantia da preservação das *liberdades fundamentais*[57].

Só a partir do crepúsculo da I Grande Guerra Mundial, é que se arreiga a convicção da necessidade de tutelar de forma eficaz as normas constitucionais no solo Europeu. As realidades concretas vieram demonstrar que o esquema da liberdade e igualdade apenas beneficiava alguns e de que a *auctoritas* jurídica não se confunde com a autoridade do poder.

---

[53] GOMES CANOTILHO, *Direito Constitucional, 6.° ed ,Coimbra, 1993, 63.

[54] Com muito interesse para o tema, dissecando o pensamento *Schmittiano*, veja-se MARIA LÚCIA AMARAL, "Carl Schmitt – O problema dos métodos em direito constitucional" in VVAA, *Perspectivas Constitucionais nos 20 Anos da Constituição de 1976*, I Volume (org. Jorge Miranda), Coimbra, 1996, 178 ss.

[55] J. CARDOSO DA COSTA, "O Tribunal Constitucional português: a sua origem histórica" in Portugal e o sistema político e constitucional (1974-1987), org. Baptista Coelho, Lisboa, 1989, 912.

[56] *Lex est quod principi placuit.*

[57] Com o emergir de um legalismo radical, após o surto da codificação *post-revolucionária*, de que a *École de L´Éxégèse* foi expoente. Ainda sobre a questão, CASTANHEIRA NEVES, "Escola da exgese", *POLIS* II, 1132ss.

Na actualidade, é indubitável o encimamento das fontes de direito positivo pelas normas constitucionais, estando feridas de *invalidade* todas as normas que com estas colidam[58]. A Constituição é um parâmetro material intrínseco dos actos legislativos, motivo pelo qual só serão materialmente válidas as *leis conformes com a Constituição*. Por isso, o juíz tem o poder de declarar a invalidade de todas e quaisquer leis que com ela se revelem desconformes, afastada que se encontra a valoração da vontade do legislador como único canône de interpretação.

A homogeneidade de interesses e de valores que a lei projectava na sociedade burguesa do século XIX (de estratificação tendencialmente homogénea e monoclassista), em que o legislador veiculava toda a vontade socialmente latente, não encontra na actualidade paralelismo, emergindo

---

[58] A fiscalização da constitucionalidade germinou nos Estados Unidos, através de uma verdadeira criação espontânea do Supremo Tribunal com o célebre caso *Marbury vs Madison* em 1803. Resumidamente, tudo se passou com a sucessão do presidente *John Adams* por *Thomas Jefferson*, em que, após a eleição do segundo, o primeiro procede a uma série de nomeações de juízes de paz, embora relativamente a alguns, os serviços se hajam esquecido do envio da necessária ordem para a sua entrada em funções (entre os quais *Marbury)* Assim, querendo efectivar processualmente a sua nomeação, *Marbury* convoca o novo secretário de estado *James Madison,* para que este desse andamento ao processo, baseando a sua pretensão na secção 13 do *Judiciary Act* de 1789, obrigando-o a comparecer perante o Supremo Tribunal.

O Supremo declina a competência e faz uma interpretação restritiva do art III, secção II, al. 2, da Constituição (que enumera as situações em que um conjunto de entidades públicas dependem da competência *a quo* e *ad quem* do Tribunal), considerando que, tendo a competência directa do Tribunal sido fixada pela Constituição, a mesma não poderia ser alargada por uma lei do Congresso.

Assim, para se declarar incompetente em relação ao caso do precedente, o Tribunal, numa interpretação restritiva dos seus próprios poderes, assume o poder de controlar a constitucionalidade das leis do Congresso, havendo estabelecido um contraste matizado entre o dispositivo (a declaração de incompetência) e o fundamento (afirmação do poder de recusar a aplicação da lei) utilizado para o efeito.

Com o caso *Martin vs Hunter´s Lesse* em 1816, o Supremo alargou a sua competência fiscalizatória às decisões dos Supremos Tribunais dos Estados, tendo cinco anos volvidos autorizado qualquer cidadão de um Estado a apelar contra uma decisão superior desse mesmo Estado.

Foi também com o não menos célebre caso *Cohen vs Virginia*. Sobre toda esta temática, fazendo um bosquejo histórico de grande interesse, vd. DAVID CURRIE, *The Constitution in the Supreme Court*, The first Hundred Years, 1789-1888, University of Chicago Press, Chicago, 1985, 48 ss.

842 João Zenha Martins

novas necessidades e interesses, que obrigam à jurisdicionalização de áreas como o consumo, ambiente ou novas vertentes da cidadania[59].

O crescimento e diversificação das necessidades sociais de regulação legislativa tornaram insustentável um determinado conceito de lei e o seu monopólio parlamentar. A articulação de um direito positivo, simultaneamente arrítmico e evasivo, planeador e atomístico, principial e transitório, complexo e contraditório, numa sociedade de conflitualidade crescente emerge com inelutabilidade.

7. Semântica do paradigma legislativo moderno e função jurisdicional

A norma jurídica é concebida como uma proposição volátil – *auctoritas non veritas facit legem*, discernindo-se uma pluralidade e heterogeneidade sociais que impedem uma redutibilidade à unicidade compreensiva da realidade social[60]. A *variabilidade estrutural*[61] do sistema é funcional a um sistema global proteiforme e dotado de grande complexidade.

Hodiernamente, as leis passam rapidamente de conjuntos de *disposições* a acervos de *proposições* moldados por tensões conjunturais, ao que acresce uma crescente contratualização da produção normativa[62], certamente não dissociável das necessidades de rápida concretização e de eficácia das medidas legislativas inerentes à veia conformadora nos planos económico e social de um Estado de intervenção, de prestações (*Leistungsverfahren*)[63].

---

[59] PEDRO BACELAR DE VASCONCELOS, *A crise da justiça em Portugal,* Cadernos democráticos, Fundação Mário Soares, 1998, 13; JOSÉ LAMEGO, *"Sociedade Aberta" e Liberdade de Consciência – O direito fundamental de liberdade de consciência*, AAFDL, Lisboa, 1985, 15.

[60] A lei aparece cada vez mais como um instrumento destinado a dar *"le mouvement et la volonté"* ao Estado – ROSSEAU. Cfr. CASTANHEIRA NEVES, *O Instituto dos Assentos e a Função Jurídica dos Tribunais*, separata da RLJ; Coimbra, 1983, 583ss.

[61] Na expressão de JOSÉ LAMEGO, *"Sociedade Aberta" e Liberdade de Consciência – O direito fundamental de liberdade de consciência"*, cit., 20.

[62] Assinalando a *ocorrência*, GOMES CANOTILHO, *"«Discurso Moral» ou "Discurso Constitucional», «Reserva de Lei» ou «Reserva de Governo»"*, BFDVC, Vol. 69, 1993, 702.

[63] A célebre definição de FRANCISCO SUÁREZ de lei – *lex est commune praeceptum, iustum ac stabile, sufficienter promulgatum (De legibus)* – é claramente estiolada.

O Estado *guarda nocturno* sucumbiu em definitivo. São reclamadas leis que regulem o trabalho, a saúde, a segurança social, o desenvolvimento rural, a modernização

Tudo, a par da sua *"provvedimentalizzazione"* ou *"amministrativizza-zione"* – verdadeiras *leges saturae* – que transformam o acto legislativo num puro instrumento de conformação social (*gesellschaftliches Gestal-tungsmittel*).

Se é certo que a lei ostenta assim uma pretensão de colmatação de brechas na organização da vida social, de preparação da vida corrente, de manifestação da organização política, numa óptica de funcionamento sincronizado de toda a sua extensão[64], cumpre notar que esta verdadeira inflação legislativa (autêntica *descodificação*, na expressão de IRTI[65] ou *Verrechtlichung*) faz potenciar perigos para o cidadão[66], emergindo uma prolixidade e ambiguidade de termos disseminados por uma legislação avulsa e desconcatenada, prejudicais à previsibilidade e adequação de con-dutas e derrogadores da clareza e precisão exigidas, traduzindo-se numa regulação desordenada ao sabor das soluções casuísticas que são descarre-gadas no ordenamento[67].

---

tecnológica, a reconversão da agricultura, a educação com qualidade, a saúde, a tutela do património histórico, a livre concorrência, a garantia de emprego, a qualificação profis-sional, o combate à toxicodependência, o fomento do desporto, os incentivos à juventude, a reestruturação do comércio tradicional, a política energética, o aproveitamento dos recur-sos naturais, a qualidade alimentar, o fomento do sector do turismo, a celerização da justiça, a sustentação do sistema de segurança social, a defesa do consumidor, a habitação, os transportes. Para suportar actividades não lucrativas, ordenar o território, planear o crescimento urbano, construir habitações económicas nos grandes centros urbanos, onde convergem os fluxos migratórios, e corrigir assimetrias regionais.

[64] CASTANHEIRA NEVES, *O Instituto dos Assentos e a Função Jurídica dos Tribu-nais*, separata da RLJ, Coimbra, 1983, cit., 583 a 596. A transferência da lei para o dis-curso político opera em três planos diversos: a impossibilidade de subsistência da lei, de acordo com o arquétipo iluminista, como a expressão geral da vontade dos grupos sociais legitimados para a fazerem valer por via do funcionamento do mecanismo democrático; a impossibilidade de continuar a encarar a lei como expressão de um projecto racional, sendo antes um instrumento de intenção política de intervenção social; a impossibilidade de continuar a estribar a lei num fundamento de valor e a sua transformação num conglomerado de soluções concretas de acordo com as necessidades políticas funcionais.

[65] N. IRTI, *La fabbrica delle legi. Leggi speciali e leggi di principio*, Milão, 1990. Veja-se ainda M. FOLCAUT, *La verdad y las formas juridicas*, trad. esp., Barcelona, 1979.

[66] Denotando a preocupação, L. PEGORARO/A. REPOSO, *Le fonti del diritto negli ordinamenti contemporanei*, Bolonha, 1993, 116ss.

[67] Ao que não é indiferente o facto de a actividade legislativa ser hoje encarada numa perspectiva generalista em se admite que os instrumentos legais possam ser criados sem a participação de juristas.

MÁRIO RAPOSO, invocando AUBERBACH, crisma o fenómeno de *legal pollution*, colacionando também de forma sugestiva a nova doença que afecta os norte-americanos

Um verdadeiro *mare magnum* de diplomas. Normativos com epígrafes incorrectas, sem expressão no seu corpo; *normas intrusas*, desinseridas do diploma pertinente; estruturação regulativa deficiente ; utilização de formulações programáticas desprovidas de conteúdo útil (verdadeiras *exortações promocionais*); contínuas redundâncias e tautologias; remissões legais em cadeia, previsões de períodos de vigência escrupulosamente datadas mas impossíveis de respeitar, com a consequente necessidade de prorrogações[68].

É necessária compreensibilidade e adequação (*Angemessenheit*). Como pano de fundo, discerne-se um crescente distanciamento entre os cidadãos e o poder que origina não apenas falta de reconhecimento nos órgãos legiferantes como também nas normas que destes dimanam. Criam-se neste sentido entropias: a produção normativa não é digerida pela sociedade e o sistema é *disfuncionalizado*, impedindo a intelegibilidade e a comunicação necessárias[69].

No entanto, a lei, que é uma regulação da razão, não obstante a sua intrínseca penetração pelo dinamismo da vontade do legislador – *"ordinatio intimativa ad aliquid agendum"* – está sistemicamente, com maior ou menor latitude, funcionalizada[70], indissociando-se de finalidades intrínsecas de prossecução e apresentando-se sujeita a bitolas de valor. O Direito é valor em regra[71]. A criação jurídica não é, assim, fruto de meras decisões conjunturais, não corresponde a actos isolados, imunes às circunstâncias e aos vectores axiológicos.

E, como salienta BAPTISTA MACHADO[72], perante a impossibilidade de um acompanhamento integral da torrente legislativa criada, impõe-se ao jurista o desenvolvimento de um pensamento jurídico autónomo e o

---

(e que parece haver chegado ao Velho Continente): a *hyperlexis*. Cfr. "Nota Sumária sobre o art. 20.º da Constituição", *ROA*, ano 44, 1984, 533.

[68] CASTANHEIRA NEVES, "O actual problema metodológico da realização do direito" *in Digesta. Vol. II,* cit., 253, alude a *"um trilema prático-problemático das sociedades actuais"*.

[69] Concorrendo para uma perigosa "des-racionalização do direito" (*Ent-Rationalisierung*) na sua concreta realização.

[70] Cfr. JORGE MIRANDA; "Sobre a reserva constitucional da função legislativa", in VVAA: *Perspectivas Constitucionais nos 20 anos da Constituição de 1976,* Vol. II (org. Jorge Miranda), Coimbra editora, Coimbra, 1997, 883.

[71] Abordando a questão sob o *problema* da relação circular entre fim e norma, ROBERT ALEXY, *Theorie der juristischen Argumentation. Die Theorie des rationalen Diskurses als Theorie der juristischen Begründung*, Suhrkamp, Francoforte sobre o Meno, 1978.

[72] *Introdução ao Direito e ao discurso legitimador,* Almedina, Coimbra, 1994, 63.

Interpretação Conforme com a Constituição

delineamento de um quadro geral que permita a inserção sistemática de todo o material legislativo produzido, a cimentação de uma *unidade de ordem*[73].

Com efeito, a latere da constatada diversificação e flexibilização do processo de criação e aplicação do direito concorrem os princípios gerais de direito e o papel reconhecido à jurisprudência (*iuris-prudentia*). São aliás re-enfatizados por força do actual *status quo*[74], pela paulatina perda da função estabilizadora em que a tecnicidade da lei prima sobre o seu autêntico sentido racionalizador e que fazem com que se exija ao intérprete a assunção de um novo papel[75].

A obscuridade da lei traz consigo um mandato ao decisor de verdadeira criação e de adequação dos instrumentos legais às situações reais para que intendem. Abandona-se assim a sacralização da lei e a crença na autosuficiência de um processo lógico-dedutivo, destacando-se a importância assinalável da *applicatio* pela qual "todo o acto de interpretação constitui um aditamento de sentido"[76], convolando o legislador apenas no "pólo geral de imputação da criação normativa do direito"[77].

A actividade do juíz constitui um específico e problemático *acto normativo*, em que intervém a intenção prática do direito, *orientada* por opções jurídicas do dado legal[78], havendo, no entanto, quer ter presente que "na fixação do sentido e alcance da lei, o intérprete presumirá que o legislador consagrou as soluções mais acertadas e soube exprimir o seu pensamento em termos adequados"[79].

Criação e aplicação do direito, legislar e decidir, não são desta forma realidades ontologicamente contrapostas, mas apenas momentos diversos

---

[73] *Introdução ao Direito e ao discurso legitimador,* cit., 13.

[74] GARCIA DE ENTERRIA, *Reflexiones sobre la Ley e los principios generales del Derecho,* Civitas, Madrid, 1984.

[75] Seguindo-se POMPONIUS – *ius civile in sola prudentium auctoritate consistit* (D.,1,2,2,12).

[76] JOSÉ LAMEGO, *Hermenêutica e Jurisprudência,* Fragmentos, Lisboa, 1990, 182ss.

[77] CASTANHEIRA NEVES, *Metodologia Jurídica, Problemas Fundamentais,* Coimbra Editora, Coimbra, 1993, 285.

[78] Com cambiantes, ultrapassando o modelo cartesiano subjacente não apenas ao normativismo legalista como também ao jusnaturalismo moderno racionalista, veja a *ratio* tópico-problemática de VIEHWEG e ESSER, a retórico-dialéctica de C. PERELMAN, a dialéctico-prudencial de BALLWEG ou a hermenêutico-dialógica de GRÖSCHNER.

[79] Art. 9.º n.º 3 do Código Civil. A adequabilidade, não apenas da actividade legislativa mas também da actividade decisória, afere-se a partir da moldura que conforma superiormente as duas actividades: a Constituição.

846   *João Zenha Martins*

de criação do direito apenas aferíveis pelo diferente grau de autonomia que encerram.

O silogismo judiciário, hoje preterido por modelos explicativos que assinalam o papel criativo do julgador, enquanto sujeito de conhecimento, acentuam o momento normativo (prático-constitutivo) da *applicatio* e dimensionam a sua responsabilização[80]. Existe no entanto um momento precedente: o momento analítico (ou teorético-descritivo), direccionado para a procura dos problemas.

8. Abertura, ordenação funcional e método

Não sendo o Direito uma ciência nomotética[81], a interpretação nunca poderá ser atida a um *modus operandi* estritamente robótico[82].

A lei e todos os actos normativos surgem impregnados de exigências substantivas que convolam o produto legislativo (ou regulamentar) final numa solução potencialmente apta (*fitness*) a corresponder aos postulados de fundamentação e justificação materialmente exigíveis. Porque a decisão de poder é tomada em correlação com os *valores* e os *factos*.

A interpretação da lei nasce do reconhecimento de determinadas referências e desenvolve-se pelo consenso em torno de determinados critérios num determinado momento, estando o labor do jurista dirigido à procura do sentido mais recente e enquadrado da norma.

---

[80] PAULO CASTRO RANGEL, "Dimensão Política do Poder Judicial", *Repensar o Poder Judicial – Fundamentos e Fragmentos,* UCP Porto, Coimbra editora, Coimbra, 2001, 95.

[81] Utilizando a terminologia de JEAN PIAGET por referência às ciências que recorrem a métodos de *verificação* que sujeitam os esquemas teóricos ao controlo dos factos da experiência. Cfr. A. SEDAS NUNES, *Questões Preliminares sobre as Ciências Sociais,* 12.º ed., Editorial Presença, 2001, 18.

[82] Para uma crítica ao modelo do juíz autómato, por todos, MENEZES CORDEIRO, "Tendências actuais da interpretação da lei: do juíz autómato aos modelos da decisão jurídica", *RAAFDL,* n.º 9 e 10, Lisboa, 1987, 7-15.

O acto de aplicação de direito não é uma operação lógica redutível a uma espécie de silogismo, onde a norma é a premissa maior, o caso particular a premissa menor e que como conclusão apresenta a subsunção do caso particular na norma (de uma proposição P com termos T1 e TM e de uma proposição Q com termos T2 e TM infere-se uma proposição R com termos T1 e T2 sem qualquer ocorrência de TM). Aliás, mesmo no esquema silogístico, o julgador não recebe a premissa maior já pronta do legislador e a premissa maior já acabada da vida. Elas determinam-se reciprocamente e carecem de ser obtidas. Existe um *quid* criativo inapagável.

Neste quadro, encontra-se a partir da *Lex Fundamentalis* uma estabilidade axiológica e uma consistência[83] tais (enquanto projecção das opções estruturantes da vida em comunidade) que alcandoram aquele que é chamado a aplicar direito (*breviter* julgador) a um plano cimeiro do sistema, onde, apartando-se da volatilidade do mero material legislativo avulso, encontra a seiva fundamentante de um ordenamento jurídico e *ipso jure* do concreto acto normativo que é objecto de análise.

A *norma* é, em simultâneo, um *comando* e uma *valoração*. Manda fazer ou não fazer – porque o direito é uma *voluntas* que domina o mundo da experiência[84] – e determina o que deve ser feito ou o que não deve fazer-se – porque o direito tem um sentido regulativo e um complexo de valores que o envolvem e que o norteiam. O comando visa um resultado particular, a norma refere-se tanto a um número desconhecido de casos

---

[83] Colocando dúvidas sobre a coerência interna do sistema normativo da Constituição, v. PAULO OTERO, "A «desconstrução» da democracia constitucional" in VVAA: *Perspectivas Constitucionais-nos 20 anos da Constituição de 1976*, Vol. II (org. Jorge Miranda), Coimbra editora, Coimbra, 1997. O Autor centra a análise em três vertentes: nas *contradições estruturais*, nas *auto-roturas*, no *hipervoluntarismo*.

[84] O que não significa qualquer adesão às correntes sociológicas do direito, em que a ordem jurídica surge como uma forma de estabilização contrafáctica de expectativas de comportamento, numa linha de valoração essencialmente funcional que hipostasia as características genéticas de racionalidade da norma e em que o problema de legitimação fica em absoluto menoscabado (o sistema recebe informações sob a forma de solicitação ou ofensas que constituem um determinado *input*, reagindo através do fornecimento de informações e resultados – *output*. As funções transformam assim um *input* num *output*). Cfr. A. OLLERO TASSARA, *Derechos Humanos y Metodologia Jurídica,* Madrid, 1989, 42ss.

Por isso, na perspectiva sociológica, as normas são apenas soluções de comportamentos que visam dar resposta a estes problemas, sendo que a regularidade e repetição uniforme (*regolhaftigkeit*) dos comportamentos mantém as normas numa perspectiva essencialmente de funcionalização social, explicável por razões sistémicas ou cibernéticas (tão caras a GIBBS ou a WIENER), reconduzindo-se (*rectius* reduzindo-se) de forma linear o *dever ser* ao *ser*.

O sociologismo, ao fazer da regularidade de aplicação o critério da norma, não consegue fornecer resposta convincente para o facto de muitos dos comportamentos sociais serem determinados por motivações de natureza essencialmente egoísta e consequencialmente inenquadráveis do ponto de vista normativo-funcional. Acresce que a sacralização da facticidade social, que subjaz ao sociologismo, acaba por se situar num plano infixo sem que haja possibilidade de concepção de pontos de arrimo mínimos que permitam aquilatar da vigência da norma.

Simplisticamente, se as normas valem pela sua vigência, qual o limite *a quo* de situações concretizáveis a partir do qual a norma pode ser considerada em vigor?

848 João Zenha Martins

futuros quanto aos actos de um número indeterminado de indivíduos, enunciando os atributos que qualquer acção desse género deve apresentar.

A norma não é pura lógica. É também axiologia. Toda a norma quer que um determinado valor seja alcançado. *Norm um zu* e não *norm in se*. A lei surge envolvida num determinado quadro normativo, num concreto momento, *desimplicando a sua própria consciência jurídica,* porque o direito, constituindo uma realidade regulativa dinâmica, não se aplica apenas a uma realidade, antes é fecundado por esta, modificando-a à medida que a tenta dominar.

Desta forma, muito do *positivismo* ocultado ou disfarçado na tecnicidade jurídica, em que para o jurista fica a lei e só ela, é nesta medida superado por uma orientação metodológica baseada na dimensão métrico--axiológica da Constituição[85], que a despeito das quebras intra-sistemáticas inerentes à sua matricial abertura, fornece uma base argumentativa, em que, *maxime* no plano dos *direitos fundamentais,* a criatividade e as exigências de ponderação se postam com maior acuidade[86]. Trata-se, mais do que a assunção de uma opção de coerência, da assunção de uma posição de consistência e do contacto com a solidariedade dialéctica que anima o sistema e que permite percepcionar a unidade do sistema jurídico, não como axioma pré-constituído mas como intenção permanente.

Ainda assim, e não obstante, parece seguro o entendimento de que a incidência da matéria constitucional mostra tendência para um alargamento proporcionalmente inverso à incipiência da disciplina em que se imposta o acto normativo em análise. Trata-se de um aspecto essencial neste domínio ao inviabilizar uma uniformização integral da projecção da Constituição no processo determinativo de sentido das normas.

Na verdade, quanto menor profundidade científica ou consolidação dogmática apresentar a matéria sob valoração[87], maior será o peso da dog-

---

[85] BverfGE 34, 269, 287, em que se afirma que "face às estatuições positivas do poder estadual, pode em certas circunstâncias exigir um mais de Direito, que tem as suas fontes na ordem jurídica conforme à Constituição, como um todo de sentido e que pode operar como correctivo da lei escrita; achá-lo e realizá-lo em resoluções é tarefa da jurisprudência".

[86] Deve arrumar-se neste sentido um absoluto enfeudamento ao legicentrismo positivista, evitando a confirmação assertória de VON KIRCHMANN, na célebre conferência de 1847 – *Wertlosigkeit der Jurisprudenz als Wissenschaft,* de que "... três palavras rectificadoras do legislador convertem bibliotecas inteiras em entulho". Sobre a questão, CRISTINA QUEIROZ, *Interpretação constitucional e poder judicial. Sobre a epistemologia da construção constitucional,* Coimbra, 2000, 51ss.

[87] Por exemplo no Direito da economia.

mática constitucionalmente elaborada numa linha funcional de homogeneização disciplinar[88], tendo sobretudo em consideração a resolução *de hard cases*, em que as regras positivadas (no plano ordinário) denotam insuficiência dogmático-axiológica para fornecer cobertura justificativa à solução pretendida.

Neste quadro de análise, impõe-se com mais agudeza o recurso ao quadro constitucional que fundamenta a ordem jurídica[89] e manifesta-se com maior visibilidade o efeito-*retorno*.

Por exemplo, ao nível do Direito da Personalidade[90], a formulação genérica e de recorte impreciso presente no art. 70.° CC vai funcionar como ponto de partida do intérprete que porém não pode dispensar, pela maior densidade e compleitude das normas constitucionais pertinentes, a respectiva textura normativa, penetrando na conformação operativa do preceito cuja aplicação foi suscitada[91].

O verdadeiro alcance operativo só é desenhado através do recurso à Constituição, sendo que na decisão a efectivação da solução é arrimada no art. 70.°, funcionalmente enquadrada e fundamentada[92].

No entanto, e não obstante a sua conjunturalidade, volatilidade ou arritmia[93], a legislação, mesmo que *ex abundantis* e desconcatenada, constitui irrefragavelmente a principal fonte de direito hodierna[94].

---

[88] PAULO FERREIRA DA CUNHA em "Epistemologia Jurídica", *in* VVAA: *Instituições de Direito, Enciclopédia Jurídica, II Volume,* Almedina, Coimbra, 2000, 17, caracteriza o Direito Constitucional como o " direito das têtes de chapitres dos demais direitos".

[89] R. DWORKIN, *Taking Rights Seriously,* 1.° ed., Duckworth, London, 1977, cap. IV ("Hard Cases"), 81 e ss.

[90] V. FRANÇOIS RIGAUX, *La protection de la vie privée et des autres biens de la personnalité,* Bruxelles/Paris, 1990.

[91] Até porque os direitos de personalidade terão de começar por ser captados no plano constitucional, rejeitando-se as construções que acantonam a expressão direitos fundamentais no Direito Constitucional e reservam a fórmula direitos da personalidade para o direito civil. Sobre a questão, JOÃO LOUREIRO, *Transplantações: um olhar constitucional,* Colecção: Argumentum/9, Coimbra, 1995, 13.

[92] LARENZ, *Methodenlehre der Rechtswissenschaft* (trad. portuguesa de José Lamego), 3.° ed., Gulbenkian, Lisboa, 1997, 695; MENEZES CORDEIRO, "A Liberdade de expressão do trabalhador" *in* VVAA: *II Congresso Nacional de Direito do Trabalho II,* Almedina, Coimbra, 1999, 33.

[93] A volatilidade e heterogeneidade políticas que pautam a emanação de legislação avulsa não encontra *corrispondenza* no domínio da Lei Fundamental. Trata-se neste quadro de um fenómeno que tem muito que ver com a transmudação estrutural do papel do Estado, com a passagem do *Gesetzgebungsstaat* (Estado de legalidade) em que *jus* e *lex* eram sinónimos (e em que o legislador assumia um papel de garante da ordem existente e

Numa sociedade *reformadora*, só à legislação é possível uma intervenção estrutural, a definição do "programa social".

Ou seja, recorta-se ainda como a base fundamental de um *sistema axiológico*, de uma ordem constitucional de valores em que liberdade, justiça, igualdade, dignidade da pessoa humana e pluralismo de expressão não são meros enunciados linguísticos. Funciona como critério interpretativo e lidimatório das soluções supérstites, ordenando a fragmentariedade social e obtemperando à *a-sistematicidade* potencialmente defluente do material legislativo esparso e descontruído, obrigando a um *status activus processualis* e, simultaneamente, a uma *justicialização* efectiva da sua dimensão material que os desacantone do *mundo* das significações meramente declarativas[95].

---

de agente público funcionalmente adstrito à protecção da justiça) para uma nova realidade económica e social: este deixou de ser garante das liberdades e pólo condutor de uma política uniforme, para passar a dirimir conflitos económicos e sociais, servindo os instrumentos legislativos para a satisfação de interesses de projectos concorrentes e como expediente de veiculação das posições de todo um conjunto de forças sociais activas que moldam directa ou reflexamente as *soluções* legalmente consagradas, num fluxo legislativo incessante onde as mais das vezes se projectam os interesses *de facto* de diferenciados grupos de pressão.

A normação deixa de ser informada por estritas preocupações de justiça para passar a ser inspirada por critérios de utilidade e satisfação social imediatas, numa preocupação dirigida à *ratione temporis ac situationis* (leis-situação – *Anlassgesetze*). Conforme faz notar ROSARIO FERRARA em *Gli acoordi tra privati e la pubblica amministrazione*, 1985, 106 ss, o Direito é cada vez mais gerado pela modelação imposta pela sociedade civil auto-organizada, avultando os fenómenos dos grupos de pressão e do *lobbying*, numa base de normação criada extrinsecamente aos circuitos parlamentares tradicionais.

A questão é tanto mais importante quanto a avaliação dos motivos determinativos da legislação *et pour cause* a respectiva projecção social são geralmente analisados no domínio da ciência política e da sociologia do direito. Sobre a questão, GOMES CANOTILHO, "Relatório sobre o programa, conteúdo e métodos de um curso de teoria de legislação", separata do n.º 63 do BFDVC, 1987, 37ss e J. BAPTISTA MACHADO, *Participação e descentralização democraticidade e neutralidade na Constituição de 1976*, Coimbra, 1986, 45 e ss.

[94] Cfr. CASTANHEIRA NEVES, "Fontes do Direito", *Digesta II*, cit., 73. Para tal concorrem factores de três ordens distintas – factores de ordem política (que justificam a reserva de lei e a preferência da lei); factores de ordem sociológica (exigência de racionalização científico-tecnológica associada a uma ordenação sistematicamente programadora e planificadora); Factores de ordem funcional (somente a lei tem plena capacidade organizatória e institucionalizadora).

[95] A actividade legiferante hodierna constitui uma concentração confluenciada de finalidades políticas e de referências normativo-jurídicas, em que a componente político-ideológica secundariza a referência deôntico-jurídica do acto à realidade, patenteando-se

Assim, a lei, funcionalmente informada pelo programa constitucional, funciona como vaso comunicante entre o legislador e o aplicador, num quadro paramétrico constitucionalmente *com-formado* que opera como ponto de referência sistémico (*Bezugssystem*)[96]. E, se a fragmentaridade existe, a normatividade constitucional, sem formalismos, atribui-lhe a necessária consistência axiológica[97].

Neste quadro, se é certo que se divisa uma heterogeneidade crescente na legiferação produzida (pontuada por constrangimentos e influxos conjunturais que conduzem a uma aplicação cada vez mais criativa e menos subsumível em quadros legislativos pétreos) não é menos certo que a estrutura de perenidade que caracteriza matricialmente a noção de Lei Fundamental (que não pode ser *dispensada* ou *revogada*, mas apenas *modificada* e mediante regras particularmente exigentes que postulam uma larga consensualização) confere ao sistema um conjunto de coordenadas básicas cuja função preeminente se mantém indemne (independentemente das circunstâncias políticas ou da acção de grupos de interesses)[98].

Cumpre no entanto afastar o arrimo a uma dogmática jurídica auto--subsistente e enredada numa lógica de fechamento ao exterior que, enquanto tal, aproximando-se do normativismo jurídico, contribui para a

---

uma sobrejuridicização da sociedade que surge como reflexo de um intervencionismo providencialista (assim, Lucio Pegoraro, "La Tutella della certeza giuridica in alcune Costituzioni Contemporanee", *Diritto e Società,* 1994/1, 21-54, especialmente pp. 26-25).

Existe no entanto uma necessidade de dinamização da ordem jurídica, provendo-a de princípios de justiça material que obtemperem à incongruência entre a unidade intencional regulativa do direito e a pluricomplexidade e fragmentaridade da sociedade actual. Cfr. Habermas, *Faktizität und Geltung: Beiträge zur Diskurstheorie des Rechts und des demokratischen Rechtsstaats,* Francoforte sobre o Meno, Suhrkamp, 1997, 62, 170ss

[96] Para Smend a Constituição não é uma ordem formal ou uma simples ordem, mas antes uma ordem ao serviço da justiça e da dignidade da pessoa humana e só partindo deste pressuposto pode ser correctamente aplicada e compreendida. Cfr. "Festvortrag zur Feier des Zehnjärigen Bestehens des Bundesverfassungsgerichts" in *Verfassungsgerichtsbarkeit* (direcção de P. Häberle), Wissenschaftliche Buchgessellschaft Darmstad, 1976, 342-343.

[97] Sobre a questão, A Ruggeri, "La certezza del diritto allo spechio, il «gioco» dei valori e le «logiche» della giustiza costituzionale (a proposito dei conflitti di attribuizione originati da sentenze passate in giudicato)", *Diritto e Società,* 1993, 137ss; Cabral de Moncada, *Os Princípios Gerais de Direito,* Sintra, 2000, 43ss.

[98] Pois que fornece ao intérprete um quadro paramétrico propiciador de alguma segurança na procura das soluções materialmente adequadas, uma *tranquilitas ordinis,* num pressuposto de unidade e estabilidade (e não estatismo) de *continuum* sentido, sintetizado nas ideias de paz e justiça. Cfr. Karl Larenz, *Methodenlehre der Rechtswissenschaft,* 3.º ed. (trad. de José Lamego) Gulbenkian, Lisboa, 1997, 200, 511, 577.

852 João Zenha Martins

hipóstase da conceituação e do conhecimento, secundarizando a realidade social, a *praxis*[99] e a fundamentação[100]. Torna-se na verdade mister encontrar as aberturas necessárias para equacionar os problemas à medida do grau de autonomia que cada um concita. A procura das normas, no plano da sua subsistência lógica, não se compagina com o *valor* e a *facto social* que informam o direito.

Com efeito, a pré-conceituação analítica *tout court* deve ser rejeitada em toda a interpretação. A funcionalidade da Constituição, numa perspectiva de legitimação e fundamentação de todos os actos normativos, não pode ser confundida com um quadro interpretativo de *rectidão causal*, de base conceitualista[101], em que o discurso interpretativo seja processado à margem dos interesses e das necessidades reais a tutelar[102]. A passagem da conceituação para a realidade, *legislativa* e *factualmente material*, para além da inversão metodológica subjacente, menoscaba a fundamentação e a decisão nos processos de realização do direito,[103] implicando o complemento

---

[99] *Praxis*, que literalmente em grego significa "um acto", refere-se ao "compromisso de um sujeito humano activo com o seu meio, enquanto processo que atina com a experimentação passiva de uma série de sucessos por parte de um objecto". Cfr. NIGEL ARMISTEAD, *La reconstrucción de la psicologia social*, Hora, Barcelona, 1983, 37-38.

[100] Sobre a questão KARL LARENZ, *Methodenlehre der Rechtswissenschaft*, cit., 265ss e entre nós CASTANHEIRA NEVES, "A Unidade do sistema jurídico", BFD – *Estudos em homenagem ao Prof. J. J. Teixeira Ribeiro*, II, Coimbra, 1979, 140ss.

[101] Onde a interpretação aparece como um segmento isolado face à aplicação. Cfr. ANTÓNIO MENEZES CORDEIRO, "Tendências actuais da interpretação da lei: do juíz autómato aos modelos da decisão jurídica", cit., 9.

[102] Através da invocação de aforismos, princípios ou tópicos aportar-se-ia a uma concepção retórica do direito, paredes meias com o pensamento tópico, tão decantado por VIEHWEG, *Topik und Jurisprudenz*, 2.º ed., Munique, 1963, com todas as consequências daí defluentes ao nível da emergência de uma casuística pouco fecunda e da demissão de uma indagação racional da intrínseca rectitude das soluções encontradas associada um processo de avanço das conclusões para as premissas.

Historicamente os métodos tópicos surgem quando se pretende (no plano ideológico, político e cultural) enfrentar o dogma da primazia da lei e do direito positivo. Na doutrina estrangeira, CANARIS, *Systemdenken und Systembegriff in der Jurisprudenz* (trad. port. de António Menezes Cordeiro), 2.º ed., Lisboa, 1996, 243ss e entre nós BAPTISTA MACHADO, *Prefácio à Introdução do Pensamento Jurídico* de KARL ENGISCH, 6.º ed., Lisboa, XVss.

[103] ANTÓNIO MENEZES CORDEIRO, "Tendências actuais da interpretação da lei: do juíz autómato aos modelos da decisão jurídica", cit. 10.

Interpretação Conforme com a Constituição

do conceito com elementos extrínsecos às *pro-posições* conceptualizadas e portanto alheios à fundamentação e à demonstração[104].

Não é possível interpretar o Direito em termos de relações entre variáveis dependentes e independentes, sendo holístico propugnar que o actividade volitivo-cognitiva direccionada à aplicação é determinada por estruturas e que seria explicável em termos determinísticos ou causais, o que, enquanto tal, sempre seria incompatível com a própria noção de uma acção humana[105].

Importa, por isso, arredar leituras unitárias e formais da vontade constitucional e também legislativa.

Se é correcto afirmar-se que a vontade lógica e científica não é a verdade constitucional, deve evitar-se a dissolução da normação (*Normierung*) – e em última instância do Estado – na actuação de grupos de interesses, ainda que, para tal, não se deva aportar a concepções lógico-constitucionais de feição rectora e unilateral. O carregamento de determinadas proclamações retórico-tipológicas encontram-se, as mais das vezes, imbuídas de um fixismo económico, político e social demonstradamente irrealista.

A Constituição, condicionando institucionalmente a actividade social, não é *ad evidentiam* imune à conformação do sistema operada pelo devir social. Uma norma constitucional que determinasse a "abolição do mercado" de nada valeria: o mercado é uma ideia de regulação natural por si, um *locus naturalis* que em si mesmo nunca pode ser abolido[106]. Haveria, certamente, que experimentar a velha máxima horaciana: *naturam expellas furca tamen usque recurret*.

O direito e a vivência social que correspondem à Constituição não podem assim ser compreendidos através de um conjunto rígido de conceitos abstractos redutíveis a uma unidade sistemática de tradição jusracionalista, de eficácia metódica *digitifoliada*.

Como salienta K. Stern[107], a Constituição é aberta, permitindo um amplo espaço de conformação ao legislador. A *lei* não é produzida *per*

---

[104] António Menezes Cordeiro, *Introdução à edição portuguesa – Systemdenken und Systembegriff in der jurisprudenz* de Claus-Wilhelm Canaris (Pensamento Sistemático e Ciência do Direito), Lisboa, 1989, CIII.

[105] Carol Gould, "Beyond Causality in the Social Sciences: Reciprocity as a model of non-exploitative social relations" *in Epistemology, Methodology and Social Sciences*, D. Reidel Publishing Company, Dordrecht, 1983, 53ss.

[106] A juridificação é absolutamente necessária e positiva até ao exacto limite em que origina uma violação disfuncional de outros sistemas sociais.

[107] *Das Staatsrecht der Bundesrepublik Deutschland, cit.*, 78ss.

854 João Zenha Martins

modum conclusionis, mas encorpa materialmente a Constituição, num espaço de autonomia determinativa do legislador ordinário.

Na debilidade pós-moderna e no pluralismo de valores, a assunção de uma perspectiva de acantonamento da Constituição a uma lógica de fechamento e de *maîtrise* auto-suficiente mostrar-se-ia inoperante e dogmaticamente incomportável. De outra forma, reduzir-se-ia o ordenamento a um sistema fechado de conceitos (*ein geschlossenes System juristischer Begriffe*), recorrendo à Constituição num estrito quadro procedimental de lógica *explanandum*[108], cingindo o intérprete-aplicador a um autómato especializado na tarefa de subsunção (*subsumtion*) dos factos da lei e desta na Constituição numa metódica absolutamente derivativa (*derivative methode*)[109].

Uma atitude de *pruderie* intelectual, apodicticamente objectivada no logicismo constitucional, assente na sua auto-suficiência (*Insichselbersthen*) é sacralizadora e consequentemente desadequada da realidade social vivida.

Por exemplo, tendo em conta a *unidade funcional* que vem marcado o Direito do Trabalho, inspirado hoje pelos interesses gerais que projectam o factor trabalho no mundo socio-político, na economia e na organização da empresa, torna-se necessário apreender a sua teleologia económica intrínseca de regulação da contratualização da disposição da força de trabalho, num quadro axial de liberdade de manifestação de vontade das partes. Ora, se a interpretação das normas constitucionais deve ser funcional e adequada

---

[108] Já que no logicismo formal existem duas propriedades fundamentais – a verdade e falsidade – que, conjuntamente, formam o chamado conjunto dos valores de verdade. Ora, arrancando a lógica de um conjunto pré-definido de proposições a partir do qual se chega a um outro conjunto de proposições, existe uma preocupação estritamente centrada na validade dos critérios proposicionais que neste plano, para além do alheamento ao *valor*, não logra determinar o valor efectivo das proposições que ocorrem nessas inferências.

[109] Acresce que, mesmo no plano constitucional, como referiam os romanos, *omnia definitio periculosa est*. O aforismo é invocado por Carlos Blanco de Morais, num outro plano, a propósito da qualificação da categoria de leis de valor reforçado. V. *Legislação, Cadernos de Ciência e Legislação*, 19/20, Instituto Nacional de Administração, Abril-Dezembro de 1997, 61. Veja-se ainda com muito interesse a declaração de voto do Conselheiro Vital Moreira no Ac. 7/87 de 9 de Janeiro de 1987 (DR, I Série, n.° 33, 9 de Fevereiro de 1987), relativamente à atribuição da direcção do inquérito ao Ministério Público que informa o Código de Processo Penal actual, à face do art. 32.° CRP.

Segundo o constitucionalista, a *rebaptização de inquérito da antiga instrução preparatória* constituiu uma *habilidade grosseira*: "as garantias constitucionais não podem ser terreno propício para a cultura de jogos puros de palavras ou para exercícios de nominalismo terminológico".

às concepções e valores que, num certo momento histórico, fundamentam o direito ordinário e, se basicamente, o direito laboral, o direito da economia, a sociologia e a política social (nacional e comunitárias) fornecem o *feed back* necessário para uma orientação, filosófica e pragmática, das soluções ordinariamente desenhadas, então a determinação do conteúdo e alcance do texto constitucional laboral não pode prescindir dos ensinamentos e das perspectivas dominantes naqueles espaços, no exacto ponto em que estes se revelam decisivos para a evolução da dogmática.

Uma malha densificadamente imperativa no plano laboral, reveladora de incapacidade de adaptação à realidade *globalizante* em curso, impõe uma dimensão de adaptabilidade que pode incidir não tanto sobre a modificação da estrutura legal vigente quanto sobre a sua impostação na estrutura globalmente considerada. Por exemplo, a dimensão do *direito à segurança no emprego* estabelecido no art. 53.°, em conjugação com o art. 24.° LCT, associada à impossibilidade de acordo inicial no contrato de trabalho de que a entidade patronal fique livre, dentro de um quadro de previsibilidade para os contraentes, na fixação do local de trabalho. Só há *insegurança* quando as partes não podem prever a concomitante satisfação dos seus interesses dentro do quadro contratualmente modalizado e existam projecções constringentes a uma manifestação de vontade livre e esclarecida, impeditivas de ajustamentos à realidade envolvente. Tem necessariamente de existir um atendimento *às condições específicas do tempo em que as normas são aplicadas*[110].

Uma valoração historicista, entranhada no modelo clássico das relações de trabalho, seria aliás contraproducente e desvirtuadora da eficácia

---

[110] Assim parece ter feito eco o Ac. Rel. Évora de 24-11-98, *Colectânea de Jurisprudência,* Tomo V, 292ss. Conforme se pode ler no aresto o art. 41.° al. h) da LCT, na locução referente "(...) à procura do primeiro emprego", apenas se aplica a quem nunca tenha sido contratado por tempo indeterminado. Ou seja, a existência de um ou mais contratos a termo celebrados por aquele trabalhador não o investiam numa situação de "emprego", segundo uma interpretação conforme com a Constituição. Abriu-se assim o caminho para uma maior flexibilização do regime da contratação a termo, afastando-se a preocupação de fomentar estruturas rigidificantes, que, na prática, acabam por impossibilitar as empresas de se adaptarem às exigências externas ou em alternativa, acabam por lhes impor obrigações que, frequentemente, podem colocar em causa a sua subsistência. Trata-se de um acórdão pioneiro que acompanha a evolução verificada nos quadrantes político, económico e social e que assimilando o conceito de estabilidade à noção de emprego dimensionada na Constituição, acaba por reconhecer que um proteccionismo excessivo pode comportar repercussões negativas no acesso ao trabalho dos trabalhadores, afectando o próprio emprego global.

operativa da Constituição face às políticas sociais e à realidade económica vivida: conduziria a uma realidade artificial, geradora de efeitos perversos, quando não opostos, daqueles que se intentam atingir no quadro de um modelo asfixiante da auto-regulação individual e da livre iniciativa económica, neste sentido, fortemente *ideologicizado* e enquistado.

Noutro domínio, o direito penal. Disciplinas como a criminologia e a política criminal exercem uma influência marcante na evolução da dogmática jurídico-penal, transportando um valor hermenêutico na evolução substantiva e processual do direito penal que ganha também uma dimensão constitucional[111]. A determinação e alcance da Constituição Penal não pode prescindir dos elementos dominantes naquelas ciências, no exacto limite em que estas se revelaram fundamentais para a evolução dogmática. Porque a densificação semântica de cada um dos princípios informantes da *Constituição Penal* varia segundo o contexto dogmático-funcional e, face à mutação do contexto, o labor hermenêutico do intérprete tem de adequar o direito à evolução, numa perspectiva dinâmica.

O instituto da suspensão provisória do processo[112] ou o arquivamento em caso de dispensa de pena[113], consagrados no ordenamento processual português, dão provas disso. Reflectem as mais modernas construções criminológicas que visam evitar o contacto do arguido com o sistema formal de justiça penal, num quadro modelado pelo consenso.

Neste sentido, a conformação constitucional da regulação processual penal há-de, necessariamente, traduzir as coordenadas historico-dogmáticas que envolvem os critérios de interpretação que presidem ao quadro hermenêutico do intérprete.

É que, globalmente, o sistema tem de representar de forma adequada a dogmática e a realidade representada, recusando representações artificiais da realidade, exclusivamente destinadas a defender categorias pré--existentes mesmo quando desfasadas das expressões científicas e da vida real, ou de soluções puramente formais que correspondem a meros desenvolvimentos linguísticos. Porque a obediência acrítica a princípios jurí-

---

[111] Por todos, FERNANDO PINTO TORRÃO; *A Relevância Político-criminal da Suspensão Provisória do Processo*, Coimbra, 2000, 259ss.

[112] art. 281.º CPP. A inconstitucionalidade do preceito na sua versão primeva, foi declarada pelo Tribunal Constitucional no Ac. 7/87 de 9 de Janeiro de 1987 (D. R., I Série, n.º 33, 9 de Fevereiro de 1987), por se atribuir ao Ministério Público a competência para a suspensão do processo e imposição das injunções e regras de conduta previstas na lei. O preceito foi reformulado e as injunções e regras de conduta foram cometidas ao juíz de instrução.

[113] art. 280.º CPP.

Interpretação Conforme com a Constituição

dicos estabelecidos, quando ultrapassados e transmudados pela realidade natural, pode constituir um sério obstáculo à evolução do Direito e à concretização de soluções materialmente justas.

O afastamento do *axiomatismo* não pode, contudo, significar qualquer desembocamento no simples empirismo fenoménico[114], baseado na atribuição, através das normas, a cada um dos destinatários de um sentido pessoal e específico, no recurso absoluto a máximas de experiência (*Erfahrungssätze*)[115], sob pena de um incomportável relativismo ou mesmo *nihilismo*. Existe uma consistência científico-dogmática nos diversos ramos do Direito que predica o *julgador*, em face da necessidade de descrição da *ratio* da decisão necessária (atenta a proibição da denegação da justiça), a tomar uma decisão *ex natura* irrevogável e por cujos efeitos não pode responder[116], mas em que impera a necessidade de atendimento à principiologia própria desse micro-sistema[117], em conjugação com o programa de fins superiormente definidos de forma não atomística e arrítmica pela Constituição. Existe uma decisão por *dever*.

Assim, e sem apagamento da relevância da directriz teleológica que desta dimana (enquanto estatuto fundamental da comunidade e travejamento axiológico da sua vivência que neste quadro impõe um grau de siste-matismo assinalável), torna-se necessário defender um pensamento jurídico-causal[118] que, sobrepujando os condicionamentos sociológicos e os interesses económicos que modelam a normação editada, alargue (sem explicações integralmente lógicas ou racionais arrimadas a uma apreensão

---

[114] Não pode haver redução do juízo normativo ao juízo empírico. Parafraseando Hume, *no «ought» from an «is»* – o dever ser (*ought*) não pode ser extraído do ser (*is*).

[115] O *"quod plerumque fit"*.

[116] Niklas Luhman, *Das Recht der Gesellschaft*, cit., 317.

[117] Com referência à natureza intrasistemática da interpretação jurídica, Alf Ross, *Sobre el Derecho y la Justicia*, Buenos Aires, 1997, 152.

[118] Inserido na linha da *jurisprudência dos valores*, constituída no fundo como um desenvolvimento lógico da jurisprudência dos interesses (sem que haja contudo uma procura dos juízos que, sobre os interesses, fossem formulados pelo próprio legislador) exponenciada com a Escola de Tubinga (*Interessenjurisprudenz* avançada em 1932 por Heck em *Das Problem der Rechtsgewinnung* e *Begriffsbildung und Interessenjurisprudenz* e inspirada em Rudolf Von Jhering com *Der kampf ums Recht*, de 1872, e *Der Zweck im Recht,* de 1877, o primeiro volume, e de 1884, o segundo) e que, *summo rigore,* na sua formulação originária, e sobretudo após o exame histórico-crítico de Edelmann, em *Die Entwicklung der Interessenjurisprudenz*, Berlim, 1967, se encontra em absoluto superada.

Por aqui se iniciou a denúncia do método de inversão da relação entre o especial e o geral. Cfr. Castanheira Neves, "Jurisprudência dos Interesses" in *Digesta II*, cit., 215 e ss e José Lamego, *Hermenêutica e Jurisprudência*, Fragmentos, Viseu, 1990, 43 e ss.

apriorística) o sistema a um ponto de vista valorativo não atível à perquirição dos interesses causais que determinaram o *legislador*[119].

A actividade do intérprete estende-se aos valores que conduziram as *suas* opções e que, mais do que causas, são fins em prossecução[120], sinonimizando o *telos* constitucional.

A Constituição fornece regras mínimas garantidoras da dimensão de justiça no seio da complexidade social. Se ela não esgota, pela sua índole, o conteúdo ínsito no seu texto, não constitui, também, um mandado em branco, desprovido de directrizes ou de limites materiais, sendo que, em todo caso, mesmo sem alterações formais, *ela* acompanha o devir social e científico, registando mutações derivadas da concatenação dos princípios, da evolução da ciência do Direito e da jurisprudência sobrevinda[121].

Seguimos CASTANHEIRA NEVES, quando refere[122] que "não se pode compreender hoje um modelo metódico-jurídico sem reflectirmos problemática e criticamente sobre a sua intencionalidade no quadro global do pensamento jurídico e aí também sobre os seus pressupostos constituivos – o problema específico do método jurídico é actualmente, e porventura mais do que nunca, uma dimensão da problemática do direito e do correlativo pensamento jurídico"[123].

A cientificidade, assente num padrão metodológico excludente de uma casuística pouco fecunda, implica a salvaguarda dos valores cardeais do Direito que devem nortear a actividade do decisor. Neste contexto, a díade *sistema-problema* é uma constante.

---

[119] "Qual produto de decisões sábias de ancestrais vulneráveis..." na expressão de R. C. VAN CAENEGEN, em *An Historical Introduction to Private Law,* Press Syndicate of Cambridge, Cambridge, 1992, 147, ilustrativamente aludindo ao facto de muitas obras de direito medieval, posteriores ao grande legislador CARLOS MAGNO, ainda lhe serem atribuídas (por exemplo, a suposta *Loi Charlemagne* de Liége).

[120] AFONSO D'OLIVEIRA MARTINS, "Legalidade democrática e legitimidade do poder político na Constituição", *in* VVAA: *Perspectivas Constitucionais – nos 20 anos da Constituição de 1976,* Vol. II (org. Jorge Miranda), Coimbra, 1997, 595. Para o Autor a expressão *legalidade* inscrita no art. 2.° CRP significa lei como *rationis ordinatio ad finem*, ou especialmente, *ad bonum commune*.

[121] A semântica interpretativa não se reduz à leitura do texto Constitucional, nem tão pouco à lei que com aquela se inter-relaciona. Antes se alarga à exegese contextual do discurso decisório.

[122] Em *Metodologia Jurídica. Problemas Fundamentais*, STVDIA IVRIDICA I, Coimbra,1993, 9.

[123] Já que o jurista deve bater-se pelo abandono das razões científicas clássicas e, *altera pars*, do método lógico subsuntivo, que surge escorado na axiomatização do sistema (*quod non est in intentione systematis non est in mundo*).

Interpretação Conforme com a Constituição 859

O âmbito operativo da Constituição não poderia, está bom de ver, ficar em absoluto na dependência da projecção comunitária que o seu conteúdo lograsse adquirir na *plubicis oppinio*[124], tornando o aplicador um instrumento cego nas mãos do poder legislativo[125]. Até porque, se o *consenso* jurídico é buscado a partir de uma base estritamente discursiva materialmente fundamentada nos planos processual e institucional, a rectidão da decisão seria recortada apenas pelo cumprimento de certas regras processuais, bastantes para proporcionar a comunicação no seio de uma comunidade sem adstrição a quaisquer limites[126]. E o consenso não pode funcionar, neste sentido, como o critério de uma argumentação dialógica, mesmo que preenchidas as funções de estabilização e generalização de expectativas normativas. Legitimação não significa *validade* ou justeza material, pois como nota ANTÓNIO MENEZES CORDEIRO, podem "surgir disparidades entre a saída concreta encontrada e os valores jurídicos vocacionados para intervir"[127].

E, se é certo que o procedimento não pode ser reduzido a um procedimento regulador da criação de decisões e tem de ser compreendido sob um ponto de vista metódico – que quadre com a ideia de execução das exigências de um Estado de Direito, que empreste legitimidade à decisão – há-de reconhecer-se que existem pressupostos *extra-consensuais*, pois, se assim não fosse, o consenso aproximar-se-ia das teorias probabilísticas do acerto das decisões ou das construções de maiores hipóteses de razão, transportando para a realidade processual uma construção legitimatória apegada à concepção consensualista da lei – *lex est commune praeceptum* – aferindo a justeza da decisão a partir da observância das coordenadas processualmente aplicáveis, cuja validação operaria desde que o processo fosse *nullo commodo sed pro communi utilitate conscripta*.

Na verdade, para que a decisão valha *proprio vigore,* torna-se fundamental que exista um fundo comum de racionalidade, um consenso gerado por um caldo cultural que legitime a aceitabilidade da solução encontrada. Um *reconhecimento constitucional*. Afirmar-se a validade de uma norma

---

[124] RAINER WHAL, "Der Vorrang der Verfassung", in *Der Staat*, 20, 1981, 486ss.

[125] Com referência à acção fiscalizadora dos tribunais quanto ao cumprimento da Constituição, e neste exacto sentido, MARNOCO E SOUZA; *Direito Político-Poderes do Estado,* Coimbra, 1910, 784, 762.

[126] Sobre a questão, PAUL RICOUER, *O Justo ou a Essência da Justiça,* Lisboa, 1997, 143ss.

[127] "Da Alteração das Circunstâncias. A Concretização do artigo 437.º do Código Civil, à luz da jurisprudência posterior a 1974", *Separata dos Estudos em Memória do Prof. Doutor Paulo Cunha,* Lisboa, 1987, 81.

significa dizer-se que satisfaz os critérios estabelecidos por uma regra suprema, uma *regra de reconhecimento*, aceite pela comunidade[128]. Desta há que extrair, face à impossibilidade de uma comunidade argumentativa ideal, espaços de consenso na sociedade, pois que, sem prejuízo dos elevados planos de dissenso inerentes às sociedades (crescentemente) heterogéneas e diversificadas, sempre haverá contextos globais que cuidam da protecção da retaguarda através de uma ressonância que se assume como um *consenso de fundo*[129].

Neste sentido, o influxo axiológico da Constituição em toda a edição normativa refracta-se consequencialmente na actividade do intérprete (e aplicador), o que não pode significar um ilaqueamento a dados verbais de matriz constitucional que, na sua específica e estrita dimensão linguística, não logram atingir as realidades *numenais* da vida, a materialidade dos problemas e os valores que incidem sobre a situação para a qual se procura uma solução[130].

Não há razões universais. Pelo contrário, a fisionomia do caso, o individual concreto, a irredutibilidade do particular, a teleologia da lei,

---

[128] GENARO CARRIÓ, *Notas sobre Derecho y lenguaje*, 3.º ed., Abeledo-Perrot (ed.), Buenos Aires, 1986, 218.

[129] JÜRGEN HABERMAS, *Faktizität und Geltung: Beiträge zur Diskurstheorie des Rechts und des demokratischen Rechtsstaats,* Francoforte sobre o Meno, Suhrkamp, 1997. Foram assim consagrados mecanismos (e criados *novos* tribunais) para assegurarem a garantia da dimensão primaz das normas constitucionais sobre as normas ordinárias, levando ainda em consideração o património pátrio existente neste domínio. Cfr. MANUEL BORGES CARNEIRO, *Direito Civil de Portugal, I*, Lisboa, 1836.

Nas situações de actos jurídico-públicos contrários a disposições das Ordenações Manuelinas e Filipinas havia possibilidade do seu embargo com base em presunção de contrariedade à vontade do Soberano. – (*Ordenações Manuelinas*, Livro II, Título XXIII e *Ordenações Filipinas*, Livro II, Título XLIII) bem como assim nos casos de actos colidentes com direitos adquiridos de terceiro. Também já em 1211, uma Lei da Cúria de Coimbra postulava a conformidade das leis com os *dereytos da santa Egreia de Roma* no quadro de uma relação hierárquico-normativa erigente do Direito Canónico em direito preferencial e encimador do ordenamento jurídico. Cfr. *Livro das leis e Posturas*, ed. da Faculdade de Direito de Lisboa, Lisboa, 1971, 9 e RUY DE ALBUQUERQUE, MARTIM DE ALBUQUERQUE, *História das Instituições do Direito Português*, I, Lisboa, 1989, 84ss e MARIA DA GLÓRIA PINTO GARCIA, *Da Justiça Administrativa em Portugal – Sua origem e evolução*, Lisboa, 1994, 22 ss, 246ss.

[130] Fazendo eco esta preocupação, MENEZES CORDEIRO (*Manual de Direito do Trabalho*, Almedina, Coimbra, 1997, 140) alude à inevitabilidade dos desenvolvimentos linguísticos e ao "nível elevado de abstracção" a que as proclamações constitucionais podem conduzir "quando transpostas para as disciplinas dogmáticas".

Interpretação Conforme com a Constituição   861

constituem um plano marcante em toda a componente decisória. Esta tem de ser "compreendida no seu entendimento clássico, de prudencial histórico--concreto **ius dicere,** oposto ao abstracto dedutivismo jusnaturalista ou à mera reafirmação analítico-subsuntiva das normas pressupostas"[131].

A própria Constituição exprime tensões e quebras intra-sistemáticas, sofrendo também uma evolução imposta pela adaptação aos parâmetros juscientíficos da actualidade. Tem, contudo, um núcleo axiológico incomprimível.

E, se parece certa a existência de uma escala valores (*Wertrandordnung*) fundamentante, não é menos certo de que a dimensão primaz dos preceitos constitucionais não deve ser esgotada num plano fenoménico estritamente linguístico, numa lógica de dedutivismo lógico-formal[132] (de aproximação ao modelo das ciências teoréticas), em que o recurso a conceitos ou categorias mentais integrados no seu texto paramétrico, tendo em vista o estabelecimento de ligações formais, à guisa da geometria euclideana, se revelaria inadequado perante a realidade social, onde o direito colhe a sua *ratio essendi* e o seu substrato funcional.

Assim, sem excessos absolutizadores na sua utilização, é patente o influxo constitucional na impregnação do conteúdo das normas jurídicas[133]. Ela representa um *instrumento interpretativo privilegiado das normas da lei ordinária*[134], que abre vastos espaços de possibilidade e que apresenta uma inexpugnável dimensão integrativa[135].

---

[131] A Castanheira Neves, *O instituto dos assentos.*, cit., 416ss.

[132] Como pretendia P. Laband no prólogo da 2.º edição do seu *Das Staatsrecht des Deutschen Reiches*, recolhido na 5.º edição, Tubinga, 1911. Perspectiva objecto das maiores críticas com destaque para o clássico trabalho de Engisch, *Die Idee der Konkretisierung in Recht und Rechtwissenschaft unserer Zeit*, Heidelberg, 1953 e M. Kriele na sua *Theorie der Rechtsgewinnung. Entwickelt am Problem der Verfassungsinterpretation*, 2.º ed., Berlin, 1976, maxime pp. 47 a 66.

[133] Michel Troper, *Pour une Théorie Juridique de L´État*, Léviathan, PUF, Paris, 1994, 220.

[134] Augusto Cerri, *Corso di giustizia constitucionale*, Milão, 1994, 9.

[135] Como salienta Castanheira Neves, tanto a interpretação quanto a realização concreta implicam uma abertura do caso à norma e da norma ao caso, surgindo por via desta *extensio* um juízo de analogia. A interpretação apenas se distingue da normal determinação concreta do Direito(*Rechtsfindung*), através do grau ou latitude da *extensio,* mas não com base na estrutura lógica do processo. Cfr. *Digesta. Escritos acerca do Direito, do Pensamento Jurídico, da sua Metodologia e Outros*, Volume 1.º, Coimbra, 1995, 459.

9. Domínios específicos

A assinalada permeação dos vectores constitucionais na actividade volitivo-cognitiva de aplicação do direito não é linear nem homegénea.

Existem domínios em que o dever de o intérprete-decidente enquadrar funcionalistico-constitucionalmente a sua ponderação decisória se impõe com particular intensidade, comprimindo o seu espaço de valoração. Desde logo no plano dos *conceitos de valor* (*vg* dignidade da pessoa humana), *per definitionem* abertos à valoração (*Wertung*), existe uma necessidade de preenchimento funcionalizado num primeiro plano pelo legislador, e, numa fase ulterior, pelo intérprete – aplicador. Constituem referências abertas mas apresentam um *espaço de filtro* apertado. No domínio dos direitos fundamentais, a operação de densificação, sem prejuízo de um espaço autonomamente determinante, é mais comprimida, começando no espaço legislativo.

No mesmo plano, a dimensão constringente associada ao *apertus* das normas constitucionais. A título ilustrativo, é o que sucede com o art. 5.º da *Grundgesetz,* ao permitir que as leis gerais (*allgemeine Gesetze*) limitem a liberdade de expressão garantida pela alínea precedente[136] ou, face ao art. 35.º n.º 4 da CRP, a regulação atinente ao acesso a dados pessoais de terceiros[137].

O mesmo sucede, ainda, com o método *tipológico exemplificativo,* crescentemente utilizado *a latere da* proliferação de conceitos indeterminados ou de princípios por natureza abertos. Através da técnica exemplificativa, procura-se uma facilitação da compreensão dos tipos tão frequentemente contidos no texto. Trata-se, com pena, de assunto que apenas pode aqui ser aflorado.

---

[136] D. GRIMM, "Die Meinungsfreiheit in der Rechtsprechung des Bundesverfassungsgerichts", *NJW*, 1995, 1697-1715. Na jurisprudência, BverfG de 26 de junho de 1990, BverfG 82, 272, 14 de Julho de 1994.

[137] Ainda, no *domínio* das aplicação das leis no tempo, a questão de saber se a lei se situa num espaço em que seja interdita a sua retroactividade, havendo uma constrição valorativa em relação às normas com incidência penal (art. 29.º CRP) ou fiscal (art. 103.º n.º3 CRP), devendo presumir-se a sua aplicação *ex nunc* em face do art. 12.º do Código Civil na medida do possível (o que face à rigidez da formulação linguística nem sempre é viável. Por exemplo, Ac. TC n.º 185/200, DRII, n.º 249, 27-9-2000). Neste sentido, cfr. LARENZ, *Methodenlehre der Rechtswissenschaft*, cit., 603, aludindo a uma derivação do princípio do Estado de Direito desenvolvida pelo Tribunal Constitucional federal: o *princípio da confiança na relação do cidadão com a legislação.*

Por exemplo, o art. 13.º n.º 2 da Constituição, em que se intenta fornecer ao aplicador de direito um adequado tratamento normativo prismado sob exigências de justiça material, contextualizando a sua aplicação em função das exigências de validade material que a própria *norma* assim consome – a *raça*, o *sexo*, a *instrução*, a *condição social*[138]. O n.º 2 desempenha uma função de índice *(Indizwirkung)* face ao princípio geral desenhado no n.º 1 do art. 13.º.

A única condição exigida para que a legislação seja conforme ao princípio da igualdade é que o *distinguo* estabelecido se apoie em considerações materialmente adequadas[139], o que deixa ao legislador a opção pela solução que entenda adequada, escolhendo os factos a que liga as mesmas consequências jurídicas, ou seja, que quer considerar iguais para efeitos de aplicação de um determinado regime. Mas atende-se a um papel social que se subtrai a uma estrita fixação conceptual. Perquire-se o modelo do tipo subjacente ao art. 13.º CRP, modelo a partir do qual as normas legais hão-de ser de novo interpretadas.

A densidade do princípio do parâmetro igualitário não é sempre a mesma, podendo suceder que os critérios justificativos de uma desigualdade em geral não procedam perante uma desigualdade específica. Só que existe uma *orientação* quanto à interpretação, através de um desenho não enunciativo[140], que visa dotar o princípio da igualdade enunciado no n.º 1 de uma segurança e compreensibilidade acrescidas, postulando, *uno actu,* uma adequada referência material (apontando para os valores constitucionais envolvidos) em face do caso concreto.

No plano da normação ordinária, sempre que o legislador haja formulado a *lei* de modo aberto, com um recorte hipotético impreciso, *open texture*, deixando espaço para a variedade das manifestações concretizatórias, deve o aplicador preferir a solução jurídica que se lhe afigure a melhor, de entre as abstractamente previstas pela estatuição da norma legal e no quadro das finalidades e orientações fornecidas pelos vectores a realizar[141]. Designadamente no espaço emergente dos direitos fundamentais,

---

[138] A produção doutrinal e jurisprudencial é inabarcável. Por todos, MARTIM DE ALBUQUERQUE (com Eduardo Vera Cruz), *Da igualdade. Introdução à Jurisprudência, Almedina,* Coimbra, 1993.

[139] ROBERTO BIN, *Diritti e Argomenti*, Giuffré, Milão, 1992, 44ss.

[140] Sobre a não exaustividade dos factores de desigualdade inadmissíveis enunciados no art. 13.º n.º2, cfr. JORGE MIRANDA, *Manual de Direito Constitucional. Direitos Fundamentais*, Tomo IV, Coimbra Editora, Coimbra, 2000, 239.

[141] MENEZES CORDEIRO,. "Tendências actuais da interpretação da lei: do juíz autómato aos modelos da decisão jurídica", cit, 15.

864 João Zenha Martins

cabe encontrar uma resposta de "concordância prática", um equilíbrio entre posições conflituantes garantidas na Constituição no quadro de uma ponderação funcionalizada aos critérios impostos pelos direitos fundamentais (*Grundrechtsgebotenen Kriterien*), concretizando-os no caso concreto[142] de forma maximizadamente funcional[143].

Pela *compleitude* e pela *dimensão de peso* no plano argumentativo que certos factores jussubjectivos logram alcançar no texto constitucional, a *Constitutio Scripta* permite um melhor conhecimento dos parâmetros da decisão, contribuindo, também, de *modus* fundamental, para o descerramento de conceitos indeterminados[144] (*unbestimmte Begriffe*), de resto, incessantemente utilizados face à complexidade social e técnica da vida jurídica.

Foi a imprevisibilidade de situações susceptíveis de identificação tipificada ou de ponderação causal valorativa pelo legislador que contribuíram para a sua disseminação por todos os ramos de Direito[145], não se

---

[142] Prova provada do reducionismo que se encontra subjacente ao automatismo subsuntivo demostrativa de que *a jurisdictio* tem não só um papel decisivo na adequação da lei à realidade de um caso concreto, como também na própria criação de Direito.

[143] A concretização dos direitos fundamentais, pela estrutura das suas próprias normas,, não é operável por procedimentos lógicos de natureza apodíctica. O juízo nunca prescinde de ulteriores valorações. Postula uma ponderação, vinculada à ordem de valores da Constituição, que busque a optimização da sua concreta significância, num quadro principiológico de unidade optimizada da Constituição.

[144] A proliferação de conceitos indeterminados insere-se numa linha de autolimitação do sistema legal, dentro de uma lógica de robustecimento da posição de responsabilidade do aplicador de direito que, não significando arbítrio ou "jurisprudência do casuímo e do sentimento", demonstra a inadequação da sua qualificação como "máquina de subsumir" ou, no caso do juíz, como "boca que diz as palavras da lei" contrariamente à construção ensaiada datadamente por MONTESQUIEU – "les juges de la nation ne sont... que la bouche Qui prononce les paroles de la loi, des êtres inanimés Qui n´en peuvent modérer ni la force ni la riguer", in *De L'esprit des lois,* XI, 6 (ed. R. Derathé, 1973, I, 176).

GOMES CANOTILHO em "A Concretização da Constituição pelo legislador e pelo Tribunal Constitucional" in VVAA: *Nos Dez Anos da Constituição*, Lisboa, 1987, 352, afirma mesmo que se verifica um "trânsito silencioso de um «Estado legislativo-parlamentar» para um «Estado jurisdicional executor da Constituição»".

Sobre o caso particular dos Tribunais Constitucionais, acentuando a sua veia conformadora (*amending power*), *vide* GARCIA DE ENTERRIA, E., *La Constitution como norma y el Tribunal Constitucional,* Madrid, 1988; ALONSO GARCIA, E., *La interpretación de la Constitution*, Madrid, 1984, 4ss; RUBIO LORENTE, F., "La jurisdiccion constitucional como forma de creación del Derecho, *Revista Española de Derecho Constitucional*, n.º 22, 1988, 9 a 51.

[145] Sobre o problema, entre tantos outros, KARL ENGISCH, *Einführung in das juris-*

Interpretação Conforme com a Constituição · 865

podendo aliás exigir a um Direito aberto à realidade social que não utilize frequentemente conceitos indeterminados[146]. Neste domínio, pela própria estrutura normática, e com mais intensidade, impõe-se uma ponderação vinculada à ordem de valores da Constituição que busque a optimização[147] da sua concreta significância.

A premência dos problemas levantados só adquire validade se a indeterminação conferir ao aplicador a abertura necessária para satisfazer as exigências plúrimas da prática, mas não exclui o *iter* axiológico dos fundamentos (*Gründe*) em que se estriba. Existe uma determinação mínima do texto da norma, um conceito vago, que reenvia para elementos extrínsecos ao *programa normativo (conteúdo semântico)*, cabendo a este a selecção dos factos constitutivos do *domínio normativo (componente real, fáctica)*.

No domínio normativo (*Normbereich*), apenas serão incluídos os dados reais compatíveis com o programa normativo (*Normprogramm*), com a enunciação linguística, havendo uma mediação metódica da normatividade pelo sujeito-decisor que aproxima a norma da realidade. Para que assim se obtenha uma norma de decisão solucionadora do problema concreto.

Impõe-se, no entanto, a re-colação de uma observação: a permeação dos vectores constitucionais na *mediação metódica* que vimos analisando não é uniforme nem *ab-soluta*. Existe um núcleo essencial (*Kernbereich*) envolto nos direitos fundamentais que vertebra o ordenamento, mas que não pode ser sempre aplicado, *in concreto*, com a mesma força latitudinária.

No âmbito do direito civil, a vagueza de determinados conceitos pela sua morfologia, e em face da concreção situacional, pode prestar-se com

---

tische Denken, 6.º ed. (trad. de Baptista Machado), Lisboa, 205 e ss; KARL LARENZ, *Methodenlehre der Rechtswissenschaft*, cit., 406ss; ANTÓNIO MENEZES CORDEIRO, *Da Boa Fé no Direito Civil*, Coimbra, 1997, 1176ss, 1189ss, 1193, 1196, 1244, 1264ss; IDEM, *Da Alteração das Circunstâncias*, in *Estudos em Memória do Professor Paulo Cunha*, Lisboa, 1989, 296-297; J. BAPTISTA MACHADO, *Introdução ao Direito e ao Discurso Legitimador*, 3.º reimp., Coimbra, 1989, 113 ss; FREITAS DO AMARAL, *Direito Administrativo II*, polic., Lisboa, 1988, 129ss, SÉRVULO CORREIA, *Legalidade e Autonomia Contratual nos Contratos Administrativos*, Coimbra, 1987, 116ss e 472.

[146] BAPTISTA MACHADO; *Discurso Legitimador*, cit., 113-114.

[147] Optimização que muitas vezes é desenhada através do recurso às "curvas de indiferença". Sobre a questão, no âmbito da filosofia prática, JOHN RAWLS, *A Theory of Justice*, Oxford University Press, 1992, 44ss.

maior intensidade à penetração da significância constitucional. Mas sem conceituações altivolantes, desconsideradoras da estrutura histórico-morfológica do instituto e dos seus contornos instrumentários dogmaticamente trabalhados[148].

Ao contrário da fragmentariedade e arritmia legislativas predominantes, a generalidade dos conceitos indeterminados facultou vias próprias de desenvolvimento e de solução (nesta perspectiva *institutos*) apresentando uma consistência científica (cultural e dogmaticamente entretecida) cuja aplicação funciona como cadinho para a evolução do sistema. São pautas móveis que têm de ser inferidas da conduta reconhecida como típica e que concitam uma concretização permanente.

Por exemplo, a *ordem pública*[149]; um contrato de trabalho[150], no quadro do art. 1.º da LCT, em que o trabalhador se adstrinja a fazer tudo ou *quase tudo* que for determinado pela entidade patronal, será nulo *ex vi* art. 280.º CC. A irradiação material do princípio da dignidade da pessoa humana e a realização pessoal do trabalhador afastam (*rectius* limitam) neste espaço a autonomia privada, subtefluindo o conceito de ordem pública[151]. Não vale, sem ambages, a velha máxima *law of master and ser-*

---

[148] Sobre a questão, por todos, ANTÓNIO MENEZES CORDEIRO, "A Boa Fé nos Finais do século XX", *ROA*, III, ano 56, 1996; *Da Boa Fé no Direito Civil*, Coimbra, 1997, 1176ss. O Autor releva o risco do apelo aos vectores constitucionais para operacionalizar a *igualdade*. Esta aflora nos diversos domínios jusprivatistas, em que a liberdade e a autonomia privada exprimem uma igualdade de raíz, numa preocupação de equilíbrio e adequação que pode ser desvirtuada pela imposição de uma listagem de direitos fundamentais.

[149] ANTÓNIO MENEZES CORDEIRO (*Da Boa Fé*, cit., 1218-1225), considerando que "os casos em que devam ser reconduzidos a violações de **princípios** ou **vectores fundamentais** do ordenamento" (sublinhado nosso) integram a ordem pública, deixando os bons costumes " a braços, apenas, com a moral social".

[150] Ou, com outra incidência, um contrato de prestação de serviços.

[151] O *problema* surge, quando o aplicador se confronta com dois sentidos exactamente possíveis, ambos vectorialmente fundamentados pelos princípios constitucionais, e carece da resolução do seu entrechoque, havendo que fazer um sopesamento (*Abwägung, balancing*) dos interesses e bens jurídicos em que se refractam, surgindo uma exigência cognitiva de optimização (*optimierungsgebote*) recíproca e de maximização dos interesses em envolvência.

Pegue-se no exemplo dos pactos de não concorrência previstos no art. 36.º LCT, tendo presente que, em face da aplicação efectiva do § 138 BGB, os pactos de não concorrência excessivos são considerados contrários à ordem pública (tal como os que caem no âmbito do § 75 HGB), com fundamentos materialmente transponíveis para a situação presente. Qual o alcance do preceito, quando a cessação do contrato de trabalho tenha

vant. Nas áreas principiológicas largamente consensualizadas – igualdade, liberdade e dignidade – a Constituição posta-se com intensidade na *proscrição do arbítrio (Willkürverbot)*, nuclearizando o sistema e intervindo com mais intensidade.

Noutros *espaços* – *vg Boa Fé* – a Constituição apenas terá uma função periférica, porquanto a liberdade e a autonomia privada exprimem um *núcleo intra-sistemático de raíz*, numa preocupação de equilíbrio e adequação que pode ser desvirtuada pela imposição dedutivística e imediatista do texto constitucional[152]. A função reprodutiva do instituto da

---

operado com um despedimento colectivo e o trabalhador sustenta que o pacto celebrado restringe de forma desproporcionada a sua liberdade de desvinculação e de trabalho, sendo, por isso, *inconstitucional*, invocando a entidade patronal a autonomia privada, a livre iniciativa económica e o princípio da limitação funcional para obviar à procedência da pretensão do trabalhador?

A determinabilidade constitucional dos direitos num plano de concreção potencialmente colidentes, *maxime* o direito à liberdade de trabalho, têm precedência lógico--material sobre a consonização do sentido possível com a teleologia da Constituição. *In casu*, quer o direito à iniciativa e à propriedade privadas (arts. 61.° e 62.°), quer o direito ao trabalho (art. 58.°), são direitos constitucionais, apesar de não constarem formalmente do catálogo dos "direitos, liberdades e garantias", sendo que a sua determinabilidade constitucional os impõe como direitos directamente aplicáveis, cuja racionalidade expressiva prescinde inclusivamente de qualquer *interpositio legislatoris*.

No que tange, por exemplo, ao direito à liberdade de trabalho, trata-se de um direito com uma estrutura bidireccional: a norma enuncia um direito – *todos têm direito ao trabalho* – completando-se depois pela prescrição de incumbência ao Estado da garantia efectiva desse direito. Assim, uma lei que vedasse o acesso ao trabalho de uma categoria de pessoas, contenderia com a determinabilidade preceptivo-constitucional do direito, cuja dimensão de peso (*dimension of weight*) na fixação do alcance operativo da norma ordinária deve constituir sempre um *prius* metodológico na determinação do sentido envolvido e na construção dos critérios determinantes da decisão a tomar.

Existe uma necessidade metódica de intermediação entre as necessidades do caso concreto e os valores pertinentes, tomando no entanto a lei como centro paramétrico de decisão. Na situação *sub judice,* e porque a aplicação do direito não pode ficar confinada a um processo conceptual estritamente subsuntivo de decisão, *cegando* o aplicador, sempre haveria que indagar da exigibilidade *em concreto* da privação de laboração do trabalhador, num quadro analítico dos valores tutelados e das circunstâncias do caso valorativamente preenchidas, numa lógica de determinação do fundamento material que habilitasse a entidade patronal à invocação aplicativa do pacto de não concorrência, ainda que o contrato de trabalho tivesse cessado por motivos extrínsecos à vontade do trabalhador e aquela tivesse perdido o interesse (atento o desaparecimento daquela actividade) na privação laboral do seu antigo *subordinado...*

[152] MENEZES CORDEIRO, *Da Boa Fé*, cit., 1275.

868   *João Zenha Martins*

Boa Fé, exigindo uma série de atitudes conforme ao sistema, só a espaços, em situações de sobreposição com princípios ou normas constitucionais materialmente impositivos, encorporará estes vectores, mantendo embora a sua perspectiva própria[153].

A Constituição *qua tale* parametriza a solução, fornecendo elementos para a sua adequação, preservando a unidade do ordenamento. A *Boa Fé*, numa função sistémica auto-regenerativa, impõe um comportamento, residindo neste vector a principal *differentia specifica* face à ordem pública ou aos bons costumes, que, referenciados pelos vectores fundamentais do sistema, assumem no plano substatório uma função idêntica à da Constituição[154]. Torna-se, por isso, necessário um acompanhamento das referências concretizadoras que permitam uma aplicação real, neste sentido indissociadas da realidade objectiva que a envolve, da morfologia dos institutos[155]. De contrário, os resultados obtidos invertem, pelo seu imediatismo, os objectivos previamente firmados e consubstanciam um desvirtuamento da realidade, por via da sua rigidificação, contrariando a dinâmica valorativa que a Constituição associa a um sistema equilibrado e aberto[156].

---

[153] Neste sentido, com referência à heterogeneidade da ordem pública, por todos, MENEZES CORDEIRO, *Da Boa Fé*, cit., 1224.

[154] Com curiosidade o AC. TC n.º 655/99 *in* DR II, n.º 64, 16-4-2000. A questão suscitada pelos recorrentes dizia respeito à contundência da interpretação judicial dos arts 334.º, 566.º n.º 1 e 829.º n.º 2 com o art. 62.º CRP. O Tribunal Constitucional acabou no entanto por não se pronunciar sobre a questão de fundo, entendendo, *inter alia*, que os recorrentes haviam questionado a forma como o direito infraconstitucional havia sido aplicado. De outra forma, verificar-se-ia uma exorbitância da função de controlo normativo, que ao Tribunal Constitucional se encontra cometida, passando este a analisar o mérito da decisão recorrida (com outro fundamento foi também suscitada a inconstitucionalidade do sentido normativo atribuído ao art. 334.º CC no Ac. n.º 246/2000, DR II, n.º 254, 3-11-2000, 17947ss).

[155] Assim LARENZ afirmando que "as valorações da Constituição influem decisivamente na interpretação de algumas cláusulas gerais, sobretudo a dos «bons costumes» e na jurisprudência relativa aos direitos de personalidade". Cfr. *Methodenlehre der Rechtswissenschaft*, cit., 695.

[156] Porque o acto aplicativo de Direito muda permanentemente a relação entre sistemas (violação da condição extrínseca de fechamento dos sistemas que postula uma operação consistente dos mecanismos permanecendo estático o objecto com poder causal) e o decisor que actua no âmbito aclimativo de um dado sistema aprende com isso, e, com base nesses conhecimentos, actua sobre o sistema, mudando-o (violação da condição intrínseca de fechamento do sistema que *qua tale* obriga a uma pauta conectiva, de carácter constante, entre o mecanismo causal e os mecanismos de condições externas que afectam de algum modo os seus efeitos).

O sistema tem de representar, com adequação, a dogmática e a realidade apresentada, não podendo a Constituição prescindir dos elementos dominantes na ciência. Qualquer decisão neste domínio terá de projectar os princípios fundamentais da dignidade da pessoa humana, da tutela do espaço de liberdade pessoal ou do princípio da igualdade,[157] mas só com base numa indagação casuística, atendendo ao *quid specificum* do caso concreto a que os conceitos indeterminados apelam, é que estes podem ser (cambiantemente) preenchidos, com argumentos e valores. E é neste espaço, de forma não linear, uniforme e intensa – atendendo não só à caractereologia do conceito e à área sistemática em que se insere, como também à facticidade e contexto envolventes – que a Constituição pode, através dos seus valores e princípios e harmonizando os espaços de tensão, fazer aportar ao modelo de decisão a sua metódica operativa[158], repassando o equilíbrio da solução no seu reconhecimento pelo sistema[159]. É através deste fluxo imperceptível, com base na absorção de um conjunto de factores móveis e contingentes, que o Direito progride – ainda que não se registem alterações formais nas *fontes*[160] – mantendo a comunidade a consciência da sua continuidade[161].

10. Modelo de ordenação material

O processo estabilizador da realidade que subjaz à Constituição traduz um grau de consciência colectiva manifestada na concretização

---

[157] LARENZ, *Methodenlehre der Rechtswissenschaft*, cit., 479.

[158] Apontando a categoria de modelos de decisão existentes em consonância com a margem de discricionariedade deixada ao intérprete aplicador que contribui para densidades variáveis, *vide* MENEZES CORDEIRO, *Introdução à edição portuguesa – Systemdenken und Systembegriff in der jurisprudenz* (de Claus-Wilhelm Canaris), Lisboa, 1989, CVIII. Assim são discerníveis modelos *rígidos,* modelos *comuns*, modelos *móveis*, modelos *de equidade* e modelos *em branco*.

[159] A solução aparece assim conforme ao sistema, envolvida numa preocupação de dever ser, ficando *hoc sensu* provida de objectividade e legitimação. É que no plano da cientificidade jurídica, a conformidade, enquanto momento de reconhecimento da extrinsecidade da solução, constitui o reconhecimento acabado da incompletude do sistema: a conformidade *qua tale* não se compagina com implicitação da solução a partir do sistema, constituindo antes a *demonstração* da sua não compreensão na propalada absolutidade sistémica que traz no bojo uma concepção hermética.

[160] LARENZ, *Methodenlehre der Rechtswissenschaft*, cit., 519 e CASTANHEIRA NEVES, "Fontes do Direito", *Digesta* II, cit., 32ss.

[161] São exemplo disso a noção de "bom pai de família", "bons costumes", "ordem pública", "boa fé" ou "honra e reputação".

João Zenha Martins

histórica de um certo conceito de Estado, de uma base de convivência social em que um conjunto de valores garante a liberdade étnico-cultural de um povo e a sua integração colectiva[162].

O sistema aparece dotado de um elevado grau de abstracção. Como *substractum* jurídico e político, a Constituição conleva a restauração permanente desse acordo colectivo de vontades (*Willensverband*), obrigando a uma interpretação de todas as normas conformemente aos seus postulados, à sua "ordem de valores materiais"[163]. É a *norma das normas*.

Envolve a lei num quadro lógico, sistémico, material e funcional. Ao jurista-decisor exige-se neste plano que desempenhe um papel integrativo dos conteúdos normativos, buscando motivações adequadas para tornar aceitáveis as soluções individualizadas, *fiabilizando-as* pelo seu escoramento num conjunto de regras e valores inscritos numa lei fundamental, entendida, *hoc modo,* como compromisso entre os vários estratos da sociedade[164].

A projecção da estabilidade auto-referencial de justiça infusa na Constituição encontra-se numa dimensão superior (num *terceiro nível*), que sobreleva a estrutura das regras (a situar num *primeiro nível*) e a estrutura dos princípios que exprimem os valores fundamentais do ordenamento jurídico (que estão num *segundo* nível) num patamar em que a unidade da ordem jurídica se torna perceptível[165].

Impõe-se a sua utilização como um imperativo metodológico de aplicação e autoelaboração do direito, dimensionando a temporalidade e a dinamicidade específicas da conduta humana num pressuposto albergante de potencialidades criativas que norteiam o aplicador e onde o legislador colhe a sua legitimidade[166]. Colhe-a, não apenas no plano processual e

---

[162] Segundo KATZ, à Constituição são reconhecidas seis projecções principiológicas basilares: a unidade estatal; a estabilização do ordenamento jurídico; a racionalização dos poderes estatais; a limitação do poder a partir da separação de poderes; a garantia das liberdades fundamentais; a legitimação do ordenamento através da irradiação de um fundamento ético de todo o universo jurídico-estatal. V. ALFRED KATZ, *Staatsrecht. Grundkurs im öffentlichen Recht*, 8.° ed., C. F. Muller, Heidelberg, 1987, 43.

[163] GARCIA DE ENTERRIA, *La Constitución como norma y el Tribunal Constitucional*, cit., 97-98.

[164] SÉRVULO CORREIA, "Interpretação administrativa das Leis", *A Feitura das Leis*, volume II, INA, Oeiras, 1986, p. 342.

[165] Falando numa *função genética ou constitutiva do ordenamento jurídico*, JORGE MIRANDA; *Manual... II*, cit., 287, 224.

[166] A generalidade das normas encontra na Constituição a referência jurídico-formal indispensável à sua validade (*Geltung*) no plano ontológico da sua própria realidade nor-

institucional, respeitando as normas sobre a produção e competência legiferantes (*Legitimation durch Verfahren*), como também na ordem de valores a que confere concretização[167].

A lei, que tem o seu fundamento na ontologia política[168], move-se num espaço de prognose legislativa, cabendo ao legislador a tomada das opções que entenda mais adequadas (geralmente informadas pelos linhas constantes dos programas político-partidários), num espaço de conformação económico-social que tem de ser reconhecido[169]. Mas os limites cons-

---

mativa A Constituição é pressuposto da produção normativa do Estado. Individualiza os órgãos competentes para a edição de normas jurídicas, não só no plano legislativo como também no plano regulamentar. Fixa os órgãos com competência legislativa: a AR (art. 161.°/c, 164.° e 165.°), o Governo (art. 198.°), as Assembleias Regionais (art. 232.°). No plano regulamentar, o seu fundamento é colhido no art. 199.° (Governo), no art. 228.° (Regiões Autónomas) e no art 241.° (Autarquias Locais).

[167] As normas, que disciplinam os direitos e garantias fundamentais, e portanto, toda a produção jurídica do moderno Estado de Direito são substanciais. A sujeição do direito ao direito, é gerado a partir da dissociação entre vigência e validade das normas.

Ou seja, é a própria possibilidade de existir um direito substancialmente ilegítimo que é o paradoxal fundamento constituinte da democracia constitucional. Mas a legislação não encontra apenas base de legitimação no *processo*, sem ter de invocar qualquer outro fundamento normativo material. A positivação jurídica legislativa, com total indiferença pelo conteúdo prescritivo ou pela intencionalidade normativa desse conteúdo, seria puramente formal.

[168] Aspecto essencial na delimitação científica dos contornos dogmáticos da função legislativa. Nesta linha, OLIVEIRA ASCENSÃO, referindo que "o conteúdo da função legislativa é a alteração da ordem normativa", sendo "...substancialmente inovadora e indissociável de considerações de oportunidade...", propugnava, com coerência (tendo essencialmente como pano de fundo a caracterização dos assentos) a qualificação da função exercida pelos tribunais superiores como jurisprudencial. Cfr. *O Direito. Introdução e Teoria Geral. Uma perspectiva luso-brasileira*, 7.° ed., Coimbra, 1993, 316.

[169] Vale a pena deixar aqui as palavras de CARL SCHMITT, invocado por GOMES CANOTILHO em "Jurisdição constitucional e intranquilidade discursiva", cit., 873: "(c)om a justicialização da política, a política não tem nada a ganhar e a justiça tem tudo a perder". Não o será no plano da auto-reversibilidade das soluções legislativas que hajam dimensionado o quadro garantístico-social estabelecidos pelo programa constitucional. Neste espaço convergem fundamentais dimensões do Estado de Direito, como o princípio da protecção da confiança ou do livre desenvolvimento da personalidade, avultando o denominado princípio do não retrocesso social. O princípio diz-nos que, uma vez produzidas pelo legislador ordinário normas destinadas a cumprir uma determinada tarefa constitucional, não podem estas posteriormente vir a ser a ser revogadas ou substituídas por outras que instituam um regime claramente menos favorável.

Como já decidiu o Tribunal Constitucional, "se a Constituição impõe ao Estado a realização de uma determinada tarefa, então quando ela seja levada a cabo, o resultado

872   *João Zenha Martins*

titucionais estabelecidos pela Constituição (variáveis conforme a estrutura
e a natureza das normas em causa) emprestam à lei uma função de complemento que faz com que transporte uma dimensão-referencial de legitimidade reconduzível à sua *ratio essendi*[170].

Existem duas esferas *multinível*. Assim o demonstram as referências
reversas na produção jurídica que, em si, sem uma pressuposição axiológico-
-normativa que intencional e constitutivamente se assuma, não bastam à
juridicidade. Porque a *auctoritas* não dispensa a *veritas* ou a *ratio*.

O reconhecimento da importância da dimensão axiológica da Constituição configura-se como uma forma de busca de uma base de fundamentação e *ipso jure* de legitimação da incessável actividade legiferante. Limita
a forma como, por vezes, o legislador utiliza a sua liberdade *constitutiva*,
em que galga as dimensões paramétricas dos princípios gerais da igualdade[171], proporcionalidade[172] que devem subjazer intrinsecamente a toda

---

passa a ter protecção directa da Constituição. O Estado não pode voltar atrás, não pode
descumprir o que cumpriu, não pode tornar a colocar-se na situação de devedor". Segundo
os juízes do Palácio *Ratton*, "a partir do momento em que o Estado cumpre (total ou
parcialmente) as tarefas constitucionalmente impostas para realizar um direito social, o
respeito constitucional deste deixa de consistir (ou deixa de consistir apenas) numa
obrigação positiva, para se transformar ou passar a ser também uma obrigação negativa. O
Estado, que estava obrigado a actuar para dar satisfação ao direito social, passa a estar
obrigado a abster-se de atentar contra a realização dada ao direito social". Vd. Ac. TC n.º
34/84 de 11 de Abril em *O Direito*, anos 106-119, 418.

[170] Seguindo DWORKIN, "the constitutional theory on which our government rests is
not a simple majoritarian theory"(*Taking Rights seriously*, cit., 132).

[171] Cuja directividade constitucional funciona concomitantemente como critério
impositivo de determinadas opções legislativas e como limite a outras tantas.

[172] Sobre o alcance do princípio, pela sua relevância analítica, vale a pena referir a
caracterização feita pelo Tribunal Constitucional Alemão: "O meio utilizado pelo legislador deve ser adequado e exigível, para que seja atingido o fim almejado. O meio é adequado, quando com o seu auxílio se pode promover o resultado desejado; é exigível quando
o legislador não podia ter escolhido outro igualmente eficaz mas que seria um meio não-
-prejudicial ou portador de uma limitação menos perceptível a esse direito fundamental".
BverfGE, n.º 30, 1971, 316. Na doutrina, o texto de VITALINO CANAS, "Proporcionalidade
(Princípio da)" in *Dicionário Jurídico da Administração Pública*, IV ; do mesmo Autor,
noutra perspectiva, abordando a sua macrocefacilização operativa, isto é, a sua transformação num princípio objectivo de organização e limitação dos poderes, "O princípio da
proibição do excesso na Constituição: arqueologia e aplicações", in VVAA: *Perspectivas
Constitucionais-nos 20 anos da Constituição de 1976,* Vol. II (org. Jorge Miranda),
Coimbra, 1997, 323-357.

É, no entanto, patente a preferencialidade do princípio da proporcionalidade em
sede de direitos fundamentais quanto ao respectivo controlo judicial (remontando à sua

Interpretação Conforme com a Constituição

a edição normativa[173]: há, neste domínio, um património de justiça vinculante que obriga o juíz ou, mais latamente, o aplicador-intérprete à recusa de aplicação de normas cujo sentido no limite não se mostra consonizável com este *idem sentire* que funciona como parâmetro vinculativo de validade do direito ordinariamente normado[174]. Uma necessidade de idoneidade.

Os princípios da Constituição operam, assim, como limites ao legislador na sua liberdade conformativa e justificam a actuação complementadora da jurisprudência num quadro analítico de proscrição do arbítrio[175]. Sobretudo por mor dos valores jurídicos mais elevados que obrigam a uma tradução material das ideias de adequação valorativa e de unidade interior na ordem jurídica.[176]

Os vários elementos, que estruturam o ordenamento, encontram-se organizados como materiais de uma estrutura normativa global, existindo uma juridicidade estruturalmente dinâmica, que reflecte a evolução da estrutura social sem a qual o direito não faz sentido.

A norma jurídica (*Rechtsnorm*) pretende impor à mobilidade fluida das situações reais a observância das condições pressupostas pela existência da estrutura em que tais situações se inserem. Neste sentido, a ideia de licitude, aparece como coincidente com a ideia de coerência com a estrutura. Ou seja, o acto administrativo é válido quando não viola um regulamento; a lei no plano formal é válida, quando coerente com o ordenamento global, e é substancialmente válida, quando coerente com o escopo que intenta realizar; o escopo é válido, quando tranporta correctamente o valor para o seu domínio específico.

---

génese ao direito administrativo e ao direito penal com o Iluminismo). No *restante,* um *critério paramétrico* de proporcionalidade consistirá na maximização de recursos e no evitamento de desperdícios, controlo que, pela intrínseca discricionaridade que subjaz à actividade legiferante, e de acordo com a ontologia política da *lei*, não será tanto judicial quanto político...

[173] O contrário configuraria uma exumação das concepções voluntaristas da lei que germinaram no século XII e perduraram até ao século XVIII, culminando no *Leviathan* de Hobbes – *Quod princip placuit legis habet vigorem.*

[174] CRISTINA QUEIROZ, *Interpretação Constitucional e Poder Judicial – Sobre a Epistemologia da Construção Constitucional*, cit., 187ss.

[175] CANARIS, *Systemdenken und Systembegriff in der Jurisprudenz*, cit., 229.

[176] HABERMAS, *Faktizität und Geltung: Beiträge zur Diskurstheorie des Rechts und des demokratischen Rechtsstaats,* Francoforte sobre o Meno, Suhrkamp, 1997, 314, aludindo a um núcleo identitário de uma determinada comunidade jurídica, valorizando o papel intermédio da ética da discussão em direcção à universalidade (solidária) dos consensos.

Não se trata porém de uma *teoria* pura e formalista do Direito, de inspiração *kelseniana*[177] (*Reine Rechtslehre*)[178] ou *hartiana*. A noção sistémica fulcralizada na ausência de contradições, aporias e lacunas, composta por um conjunto absolutamente harmónico de princípios metapositivos de racionalidade jurídica, que *ex definitione* presidiriam ao ordenamento, foi colocada em crise pelos processos de transformação da época liberal e pela experiência traumática verificada com o período envolvente da Segunda Guerra Mundial[179].

---

[177] Não obstante as acerbas críticas tecidas à construção formalista de KELSEN, deve referir-se que a sua perspectiva encontrou sequazes em Autores de destaque como ALFRED VERDROSS, ADOLF MERKL, G. ZACCARIA ou FELIX KAUFMANN que aderiram à *Normenstufentheorie*. V. os importantes estudos de J. BAPTISTA MACHADO, *Do formalismo Kelseniano e da "cientificidade" do conhecimento jurídico*, Coimbra, 1963 e A CASTANHEIRA NEVES, *A Unidade do Sistema Jurídico: o seu problema e o seu sentido*, Coimbra, 1979; "Fontes de Direito" in *POLIS*, Vol. II, 1512.

[178] KELSEN, num programa analítico-construtivo de purificação do direito, replicante do *sociologismo* e do *idealismo*, estabelece, em 1934 com a *Reine Rechtslehre* (mas já inciado em 1925 com a *Allgemeines Staatsrecht*), uma ligação entre a metodologia neokantiana da Escola de Marburgo e o neopositivismo, retendo do filósofo de Könisberg a radical separação entre o *dever-ser* e o *ser*, bem como o unilateralismo lógico-formal do *a priori*. Cfr. *Teoria Pura do Direito*, 2.º ed. (Tradução de J. Baptista Machado), Coimbra, 1960.

Existe assim uma pirâmide normativa (*Stufenbau*) encimada pela *Grundnorm*, que coincide com a Constituição em sentido material, algo que é mentalmente pressuposto. As normas jurídicas subsequentes são actos produtores de direito, inseridas numa lógica de constrangimento organizado pelo poder do Estado. Estado e direito coincidem, aplicação e produção do direito são uma realidade una. Todos os conceitos jurídicos são redutíveis a uma álgebra de símbolos simbólicos e as normas jurídicas são descritas como esquemas de interpretação. Assim, na visão *Kelseniana*, em vez de factos, passa a haver apenas interpretações de factos. Sem estas categorias, a experiência seria um mero caos. O método torna-se criador das categorias, já que será a partir destas que o espírito cria o próprio objecto de conhecimento.

O Direito apresenta-se deste modo como uma simples estrutura lógica do conhecimento normativo, em que a validade da norma decorre da sua própria essência (como categoria do dever ser) e a eficácia significa a observância da norma por todos aqueles que são considerados seus destinatários. Nesta linha, o valor legalidade apresenta um carácter objectivo ao contrário dos valores da justiça que apresentam um carácter subjectivo. Cfr. FRANCESCO GENTILE, *Ordenamento Giuridico Tra Virtualità e Realità*, Pádua, 2000, 7-9, 131-138 e VITTORIO FROSINI, "Kelsen nel XXI secolo", *Diritto e Societá*, 1, Gennaio--Marzo/2001, Cedam, Pádua, 1-7.

[179] Sendo por isso indefensável a famosa máxima de JULIANO "*Neque leges neque senatus consulta ita scribi possunt, ut omnes casus qui quandoque inciderint comprehendantur, sed sufficit ea quae plerumque accidunt contineri*" (D, I, 3, 10).

As construções formalistas, através de uma visão redutora da racionalidade jurídica, intentaram uma construção teorética da validade assente em estruturas escalonadas de validação, ou seja, em nexos de derivação formal entre as normas de grau sucessivo (um *rectus ordo*).

Não defendemos aqui uma disjunção rígida entre o universo jurídico e os fenómenos sociais e políticos, nem tão pouco qualquer cingimento às estruturas lógico-formais das normas pressuponente de um plano determinativo de raciocínio inferencial. A disjunção transportaria um menoscabo do conteúdo fáctico e valorativo contrário à intencionalidade intrínseca do Direito, mantendo o sistema estático e indiferente à constituição problemático-dialéctica do normativo jurídico. Avulta antes, contrariamente às correntes *piramidais* (de segmentação formal-hierárquica de pendor vertical)[180], uma necessidade de atendimento ao conteúdo das normas, nunca se prescindindo da acentuação dos valores que garantem ao direito a sua legitimidade para regular a vida social.

É que a dinâmica não é só *no* sistema, mas é também *do* próprio sistema. É uma questão de evolução e legitimidade. Legitimidade esta, que, sem geometrismo, encontra o seu repositório na Constituição, ela mesmo aberta e influenciada pela realidade contextual evolutiva, em que se encontram vasados, em larga escala, os valores e princípios informantes da ordem reguladora da vida social[181]. Se a *ratio essendi* do funcionamento do sistema jurídico é a produção de motivações adequadas à aceitação das soluções individualizadas, as motivações não seriam possíveis se não se fundassem num conjunto de regras e valores vasados numa Lei Fundamental entendida como pacto de toda a sociedade[182].

11. Unidade do sistema

A expressão sistema, transliterada do grego, significa a estrutura do saber a partir de um princípio (*arké*), através de um meio (*méson*), em vista de um fim (*télos*)[183]. O art. 9.° do CC determina que a interpretação

---

[180] Muito próximas da geologia ou dos foguetões intersiderais.

[181] Mas sem qualquer fechamento sobre si mesma que *qua tale* configuraria um apriorismo indiferente à função prática e à dimensão historico-concreta do direito. Cfr. Díaz Revorio, Francisco, *La Constitución como orden abierto*, Mc Graw Hill, Madrid, 1997.

[182] Gomes Canotilho, *A Constituição dirigente e vinculação do legislador*, cit., 95ss.

[183] Para o conceito de sistema, por todos, Canaris, *Systemdenken und Systembegriff in der jurisprudenz*, cit., 25ss.

reconstitua, a partir dos textos, o pensamento legislativo *tendo sobretudo em conta a unidade do sistema jurídico*. Ponto de partida, o sistema é portanto unitário.

Impõe-se, no entanto, e ainda, uma observação. A unidade do sistema jurídico, encimada pela Constituição, não significa que esta constitua o fecho jupiteriano de um sistema hermético, acabado e de absoluta coerência[184]. Com o encimamento perfeito do sistema externo, preencher-se--ia o ideal da possibilidade de subsunção de todos os casos jurídicos em presença aos conceitos do sistema, e com isso a uma regra dada na lei implicitativa do desembocamento na Constituição.

O Direito é uma realidade intrinsecamente aberta, onticamente indeterminada, contingente e evolutiva e a sua ordem, como qualquer ordem, implode se a sua estabilidade não for compatível com a variegação.

A unidade apontada não pode assim ser conceptualizada na estreiteza das formulações positivistas do fim do século passado, tributárias de uma razão que configurava o ordenamento como um sistema completo e fechado num pressuposto de *principium rationis sufficientis*[185].

O sistema, de forma propositadamente abstracta e independente de qualquer teoria sistémica (TEUBNER/LUHMAN), é um conjunto de elementos em concatenação constante, não agregados com estocasticidade, de tal modo que estes não são compreensíveis independentemente uns dos outros. Existem, assim, conexões de sentido sistemicamente impostas, que surgem como condicionamentos inevitáveis, quer na óptica do sistema interno, ou seja, da ordem material conexionada, quer na óptica do sistema externo, ou seja, da ordem *ex-positiva* adoptada[186].

---

[184] Como refere JOSÉ HERMANO SARAIVA (*Apostilha Crítica ao projecto de Código Civil*, Lisboa, 1966, 139), ao re-enfocar a função actualizante inerente à actividade jurisprudencial, "(...) um sistema não se pode simbolizar com a esfera imóvel e fechada de Parménides". A afirmação, arrimada à análise do art. 10.º do CC, é porém proferida num contexto de auto-integração de lacunas, que encontra no sistema potencialidades expansivas bastantes para subordinar a colmatação de lacunas (na falta de caso análogo) a juízos de valor objectivados que geram a unidade e consistência do ordenamento.

[185] Como assinala DWORKIN, a artificiosa concepção positivista de um sistema fechado e completo, quando exista colisão, gera decisionismo e, *altera pars*, provoca insegurança ao descarregar a solução nas mãos do decisor a necessidade de uma decisão que nestas circunstâncias de **match** nulo configura uma *all or nothing decision*. Cfr. *Taking Rights Seriously*, cit., 20ss (*maxime* 23-24).

[186] CANARIS, *Systemdenken und Systembegriff in der Jurisprudenz*, cit., 26, 66; LARENZ, *Methodenlehre der Rechtswissenschaft*, cit., 693.

Simplisticamente e *in abstracto*, o sistema pode ser abordado numa dupla perspectiva vectorial: enquanto sistema de leis ou enquanto sistema de princípios.

Na primeira, o *iter* metodológico para a impostação e apreensão de sentido da lei será essencialmente lógico e demonstrativo[187], na segunda, o processo[188] basear-se-á fundamentalmente num pressuposto argumentativo. É nesta perspectiva que a preocupação de validade se impõe e não se alheia do problema (*pro-blatos*) da fundamentação.

Neste contexto, o sistema de disposições normativas é um sistema contrastadamente heterogéneo, não rígido, pressupondo para além das disposições que efectivamente enunciam, um substrato racional (mas aberto) indispensável para a sua execução. Numa perspectiva evolutiva de auto--regulação e retroacção[189].

Assim, acompanhando José Lamego[190], o sistema jurídico moderno perfila-se como um subsistema que se caracteriza por uma *racionalidade formal* de matriz *autoreferencial*: produz os seus elementos constitutivos segundo regras de criação e processamento ínsitas ao próprio sistema[191]. Mas o direito não pode ser concebido como um puro sub-sistema social,

---

[187] *Aqui*, a lei constitui somente um factor de estabilização contra fáctica de comportamentos. Trata-se de uma distinção com virtualidades dogmático – conceituais (avançada por Heck), mas que é destruída pela onticidade material do Direito.

Conforme se salientou (e tendo presente o esquema subjacente à filosofia clássica em que se partia de uma invocação de normas tidas por imutáveis, procurando fixar-se logicamente para sempre as condições de possibilidade e de coerência da ciência) torna-se impossível repartir os pontos de vista de valoração jurídica subjacentes à realidade multímoda, de molde a que bastasse destacá-los para os encontrar um em cada um desses compartimentos.

O ponto de partida epistemológico deve pois arrancar de uma análise reflexiva sobre a ciência efectiva, aceitando a historicidade dos princípios que a alimentam, da metodologia que utiliza e dos resultados que se alcançam.

[188] Processo, enquanto derivado do latim, significa "tendo ocorrido". Cfr. Nigel Armistead, *La reconstrucción de la psicologia social*, cit., 37.

[189] Tratando-se assim de um sistema auto-dirigido em que os processos, na sua imediaticidade fenomenal conjunta são "meta causais" mas em que nem por isso (o que não quer significar um "determinismo") ficam prejudicadas as possibilidades de representação gmoseológica no seu interior de laços causais enquantos elementos integradores duma construção teórica susceptível de múltiplos enriquecimentos.

[190] José Lamego, *"Sociedade Aberta" e Liberdade de Consciência – O direito ·fundamental de liberdade de consciência*, AAFDL, Lisboa, 1985, 19.

[191] Desde logo a própria Constituição. Ela estabelece o seu próprio processo de revisão, sendo *ilegítima* toda a revisão que o não respeite.

autoalimentando-se a partir da sua própria positividade[192]. Tem de existir abertura e complexidade dinâmica, através da recolha de elementos materiais externos devidamente colocados, para existir optimização. Só *en avance* aparece a re-fecundação.

A racionalidade material surge com a normatividade superior dos princípios de justiça ou equidade – *ordo secundum iustitiam*. Existe uma direcção teleologicamente conformada à obtenção de uma determinada solução normativa. Uma solução normativa – numa lógica de orientação a resultados – adequada (*adäquat*) *et pour cause* justa (*richtig*)[193]. Uma orientação que, num primeiro nível, se dirige ao legislador e que subsequentemente se impõe ao aplicador.

Uma necessidade de optimização dos princípios gerais do Estado de Direito, da dignidade da pessoa humana, do Estado Social, num quadro

---

[192] Sobre o Direito como sistema autopoiético (enquanto derivação das ciências biológicas após os estudos neurofisiológicos de Humberto Maturana e Francesco Varela), *vide* Luhman, *Das Recht der Geselschaft*, cit., 38ss e 496ss. De acordo com o modelo apresentado e com a pluralidade de subsistemas sociais surgidos em face da hipercomplexidade da sociedade hodierna, estes reproduzem-se conformemente ao seu código binário de diferença e segundo os seus critérios específicos. O Direito, sendo um desses subsistemas, reproduz-se de acordo com os seus próprios critérios (critérios *normativos*) e código de preferência (lícito/ilícito). Existe uma definição puramente funcional do direito que, através da sua configuração como sistema independente, levanta problemas, que não cabe equacionar *hic et nunc*, como seja o seu encerramento numa autarcia ou a secundarização dos momentos axiológicos na perspectiva da *autoreferencialidade* legislativa. Trata-se, contudo, de uma construção teorética-explicativa carregada de virtualidades heurísticas.

Diremos apenas, à guisa de aporia, que a lógica cerrada de que arrancam os sistemas autoreferenciais, que reproduzem, enquanto unidade, os elementos que utilizam como unidade, se afigura embrenhante da teoria em si mesma. Isto é, a ideia de que os sistemas sociais, fechados e autopoiéticos, se confinam a uma observação recíproca que tem como finalidade material a produção de auto-ajustamentos internos, enquanto forma de compatibilidade (Luhman), ou logram apenas formas restritas de comunicação assentes na identidade de parte de alguns dos elementos comunicacionais utilizados, os quais, no seio de cada um dos sistemas, são providos de significação diversa, atendendo às referências específicas em que cada sistema os contextualiza (Teubner) – *O Direito como Sistema Autopoiético*, Lisboa, Fundação Calouste Gulbenkian, 1993.

Desta forma, a construção (largamente difundida) mostra-se excessiva ao estabelecer uma conexão teórico-conceptual entre o encerramento do sistema (experimentalmente demonstrável) e a independência dos sistema que, em bom rigor, já actua *per modum conclusionis...*

[193] Uma ideal de *justiça formal* apenas postula a aplicação de regras gerais.

basificado por uma irredutível heterogeneidade, mas também coerência nuclearmente sistémica[194].

Irrefutável que é a intrínseca sistematicidade das normas jurídicas, que só valem porque integradas num sistema unitário de regras e princípios, na procura da unidade do sistema na medida do possível, é manifesta a condução à Constituição como Norma Fundamental.

Torna-se, porém, necessário, colacionar os conceitos *kelsenianos* de sistema estático e sistema dinâmico. A Constituição encima o ordenamento jurídico, em "estado de repouso", e é também o *punctuns a quo* do ordenamento, de criação, de expansão e renovação do sistema, na sua dinamicidade temporal, determinando as competências para a produção normativa, incluindo a sua própria modificação.

Neste plano estritamente formal, divisa-se uma relação *per modum conclusionis*. Mas a evolução do conceito de Constituição de um *approach* lógico-sistemático para um plano integrativo de tridimensionalidade política, sociológica e filosófica abala a singeleza subjacente a uma construção sistémica formalista.

A Constituição deixa de ser entendida num plano planimétrico para se refractar em múltiplas dimensões, exigindo uma perspectiva multi-integrativa que conleve a conexão do nível normativo com a própria realidade constitucional. A concretização dos seus princípios requer um prenchimento com valores e referências materiais que lhe são estranhas, atraindo as confluências de aspectos cambiantes que estruturam a realidade. *Altera pares audiatur*.

O sistema constitucional abre-se: a menção aos princípios como fundamentos das normas editadas não significa que os princípios detenham uma função de peças estruturantes exigidas por qualquer sistema *in abstracto*. Pelo contrário, a condicionalidade temporal, a adaptabilidade e abertura da Constituição fazem com que estes se materializem pela sua força axiológica, se multidimensionem e se apresentem num plano integrativo, *oxigenando* o sistema.

Revela-se, assim, um sistema axiológico-teleológico, em que a Constituição não representa um conjunto de axiomas destituídos de estimação, única e exclusivamente baseados em artifícios linguístico-jurídicos, mas sim uma tradução nos valores-fins que se expressam no conteúdo material das normas editadas exigindo uma *interpretação de legitimação*.

---

[194] Coerência não significa a denegação de quebras intra-sistemáticas ou de lacunas irredutíveis. Existe um heterogeneidade que não é incompaginável com uma base axiologicamente consistente. Uma forma de defender a solução é autodesenvolvê-la interna-mente, multiplicando as suas ramificações e proceder, por via argumentativa, à coerência do todo.

O fim mediato da interpretação consiste na obtenção de um resultado constitucionalmente (e sistemicamente) adequado, por via de um procedimento racional (*rationales Verfahren*) e controlável que permita, após o tratamento dos elementos recolhidos, a efectivação da certeza e previsibilidade exigíveis.

A interpretação não se reduz ao conferimento de um significado ao enunciado. É uma compreensão estrutural, que capta os elementos de carácter material, num pressuposto coordenativo histórica, geográfica e normativamente condicionado. É a partir dos vectores fundamentais que o sistema se funcionaliza, reponderando "os seus impulsos face às informações que recebe da extremidade"[195].

Exige-se, assim, à Constituição, e na medida em que representa um instrumento preferencial de racionalização do sistema[196] a assunção de um papel ordenador e centralmente coerente, reconhecendo-se, acto contínuo, à *jurisdictio* uma específica legitimidade (*Richterrecht*), enquanto função constituinte e criativa do direito[197].

---

[195] ANTÓNIO MENEZES CORDEIRO, "Problemas de Sistematização", *A Feitura das Leis*, Volume II, INA, Oeiras, 1986, p. 143.

Como refere LARENZ, a mudança relativa a estas coordenadas centrais reporta-se mais às decisões de valor secundárias, às concretizações; à acentuação e ao jogo díade concatenante dos princípios. Cfr. *Methodenlehre der Rechtswissenschaft*, cit., 694.

[196] Se é certo que a evolução do sistema está subordinada à reserva de conhecimentos futuros melhores, não é menos certo que existe uma plataforma salvaguardante da constância de determinadas pautas de valoração determinantes que funcionam como conteúdos regulativos permanentes – *vg* igualdade, dignidade da pessoa humana.

[197] R. ALEXY, *Theorie der juristischen Argumentation.*, cit., 274, 334sss, centrando a sua análise nas decisões do BverfG e conectando-as com o princípio da universalidade (a extrinsecação de uma regra de decisão concreta por referência ao caso decidido). O enfoque feito por ALEXY relativamente aos precedentes, não desobriga, antes pelo contrário, a uma intelecção cuidada da *ratio decidendi*, num esforço de mobilização da *distinguishing* ou *overruling* para desinvocar um precedente desajustado. Ou seja, em cada decisão é obtida uma densificação cada vez mais ampla das normas, num quadro de arrimo às exigências constitutivas de um discurso argumentativamente estruturado de forma racional. Entre nós, MENEZES CORDEIRO, "Lei (aplicação da)", *POLIS III*, 1985, 1046-1062 e CASTANHEIRA NEVES, *Fontes do direito – contributo para a revisão do seu problema*, Coimbra, 1985. É aliás célebre a afirmação, com referência à interpretação constitucional, de CHARLES HUGUES, *Chief Justice da Supreme Court* dos Estados Unidos da América, de que *we are under a Constitution, but the Constitution is what the judge say it is!*. Por outro lado, com referência ao direito ordinário, também FERRARA, em 1921, afirmava que "O juíz é a *viva vox iuris*". Cfr. *Interpretação e aplicação das leis* (trad. de Manuel de Andrade), 4.º ed., Colecção STVDIUM, Coimbra, 1987, 111.

Interpretação Conforme com a Constituição — 881

Através de uma generalização integrante das suas *rationes decidendi*, contrói-se uma base de inferição de normas, *topoi* normativos, que desvelam parcelar e dogmaticamente a teleologia normativa do ordenamento, contribuindo para uma objectivação normativo-dogmática que se insere no *corpus iuris*[198] – *non est regula ius sumatur, sed ex iure quod est, regula fiat*. Transita-se para um modelo *waagerecht*, em que a decisão do juíz é construída segundo regras elaboradas ao longo de todo esse processo de decisão: "(...) o Tribunal cria o próprio direito que aplica"[199].

Contudo, contrariamente à mentalidade justicialista, não serão apenas os Tribunais, através dos juízes, quem deverão efectuar o *controlo*[200] da Constituição. Existe uma necessidade de *intervenção pluralística*, devendo reconhecer-se ao normal intérprete-decidente uma função de dinamização do direito objectivo e da significância da Constituição[201], *inter-*

---

[198] J. Baptista Machado, POLIS III, 848, "Bem se entende assim que as inovações da jurisprudência, que se traduzem em conferir vigência a novos critérios de decisão ou orientações jurídicas, se desenvolvam como que implícita e gradualmente, a um ritmo mais consentâneo com o tempo de aprendizagem da consciência ético-jurídica comunitária". Adiante, "Até que, pela integração destas "premissas" e destes "precipitados jurisprudenciais" na comunicação consensual dos juristas, nomeadamente na argumentação jurídico-legitimadora, eles se chegam a converter mesmo em rotina implícita e inquestionada".

[199] Niklas Luhman, *Das Recht der Gesellschaft*, Francoforte sobre o Meno, Suhrkamp, 1993, 306.

[200] *Controlo* no sentido de *fiscalização*. A expressão *fiscalização* é, no entanto, aquela que se encontra no léxico constitucional. A palavra "*controlo*" radica etimolo-gicamente no latim *contra rotulus*, sendo uma proveniência do francês *contre-rôle*, que no seu significado literal quer dizer contra livro. O vocábulo *fiscalização* encontra as suas raízes no étimo latino *fiscus*, qualificação atribuída em Roma ao cesto onde se depositavam as contribuições do povo e que se destinavam às despesas públicas. Posteriormente, este sentido corruptelou-se e confundiu-se com o *ius imperium* de lançar e cobrar impostos aos cidadãos.

[201] Antonino Spadaro, *Limiti del guidizio costituzionale in via incidentale e ruolo dei giudici*, Napoles, 1990, 245 e Gomes Canotilho, "Jurisdição constitucional e intranquilidade discursiva", cit., 881, numa perspectiva de extroversão do sistema processual (na esteira de P. Häberle cujas ideias se podem encontrar em *Die Wesengsgehaltgarantie des art. 19 abs. 2 Grundegesetz*, tradução italiana de A. Fusillo e R. W. Rossi, *Le libertà fondamentali nello Stato costituzionale*, La Nuova Italia Scientifica, Roma, 1993, 39ss), situando a sua posição no plano do *discurso racional democraticamente fundado* quanto à generalização dos mecanismos de acesso ao controlo da Constituição e afastando *hoc modo* "um *numerus clausus* de intérpretes constitucionais". Consagradamente, um *sociedade aberta dos intérpretes da Constituição*. Ainda Rui Medeiros, *A decisão de inconstitucionalidade – os autores, o conteúdo e os efeitos da decisão de inconstitucionalidade da lei*, UCP, Lisboa, 1999, 170ss, situando sobretudo a problemática no âmbito do controlo administrativo da constitucionalidade das leis.

882 João Zenha Martins

mutabilizando as proposições que a compõem, no quadro de um sistema aberto de princípios jurídicos gerais que entretecem a conexão com o sentido material das leis[202].

O sistema tem, desta forma, uma estrutura dialógica, multifuncional e heterogénea, funcionalmente captante da mudança da realidade, admitindo um *input* assimilador do novo. A periferia absorve todos os elementos *ab extra,* e o centro, o núcleo regulativo central (*hasard organisauter*), gera respostas de coerência e racionalidade relativamente a um conjunto cada vez mais complexo e crescente de demandas provenientes *do* ou constituídas *no* sistema social. Num quadro de *responsividade.* E é neste plano, com base neste *constituens* – pela comunicação dos problemas e pela variabilização da densidade de cada contexto que subjazem a cada solução *de per si* – que o sistema é cambiantemente modelado, recolhendo e *ilacionando* os resultados da concreta aplicação. Na materialização de uma *creatio continua* que traduz, como não pode deixar de ser, uma assimilação (*Assimilation*) material, uma convergência teleológica que reflecte a estrutura da historicidade. Porque, *principium unitatis; ubi unitas, ibi ordo...*

12. Abertura e projecção dos valores

A Constituição estabelece deste modo um projecto de vida da comunidade social, cabendo ao legislador, de acordo com uma análise dos seus ritmos e influxos, apreender todo o universo jurídico que, justificado pelas exigências próprias do grupo, deve procurar cobrir as necessidades existentes e prosseguir um projecto de viabilidade colectiva.

Impõe-se, no entanto, uma destrinça. Uma coisa é o valor transcendente que a ordem constitucional acolhe. Outra é a sua concretização. É no plano da concretização, referenciada pelo valor *transcendente*, que se divisa uma ampla margem de conformação pelo aplicador. Porque os valores são abertos e indeterminados. Mas não indetermináveis. É face ao círculo problemático materialmente delimitado que se concretizam, através de uma prática legitimatória desenvolvida nos planos material e processual, de acordo com as "expectativas normativas de comportamento congruentemente generalizadas". Porque os valores, contrariamente às regras, não são arrimáveis a uma verificação simplista, antes obrigando a uma

---

[202] GOMES CANOTILHO; *A Constituição dirigente e vinculação do legislador. Contributo para a compreensão das normas constitucionais programáticas*, reimpressão, Coimbra editora, 1994, 95ss.

argumentação que legitime a variedade multímoda de *standards*, práticas, crenças e atitudes, numa base de *engagement* que emerge do domínio metateórico do prático.

Quanto ao *processo*, este mediatiza a relação de tensão (*Spannungsverhältnis*) entre facticidade e normatividade e a *instituição* operacionaliza a dialogia entre a positividade e legitimidade comunicacional do discurso decisório. Assim, a instituição e o processo não são apenas um *modus* formal da solução encontrável após o contacto e a comunicação entre as diferenciadas visões axiológicas. São verdadeiramente um *quid constituens* da decisão concreta que logram a correcção de assimetrias, completam enquadramentos e justificam *racionalmente* a aceitabilidade da solução.

Os *topoi* orientadores neste domínio projectam os valores constitucionais numa dimensão triádica:

a) Uma primeira dimensão fundamentadora do ordenamento jurídico na sua globalidade, entretecendo um contexto axiológico substrutivo para a interpretação de todo o ordenamento jurídico, compreendendo e recortando o seu sentido.

Encontramos valores como a liberdade, democracia, justiça, igualdade, dignidade da vida humana, de feição (*tendencialmente*) universal. Existe um parâmetro conector que interliga esta ordem de valores com as convicções ético-sociais de uma comunidade histórica, interiorizados por cada um, às quais a Constituição empresta ordenação no plano jurídico-político. A Constituição da República Portuguesa enquadra-se neste domínio no marco geocultural europeu e ocidental, estabelecendo um conjunto de opções ético-jurídicas direccionadas à "realização da democracia económica social e cultural" e à efectivação de um "Estado de Direito Democrático". *Re-materializa* o sistema e desnatura o seu estrito carácter de *racionalidade formal* ao postular uma orientação a resultados, normativizando o próprio Direito positivo, apresentando-se como metalinguagem normativa em relação a todas as normas infra-constitucionais. Existe, assim, um núcleo axiológico e valorativo dotado de uma específica estabilidade que se configura como um critério consistente para operar uma instância crítica sobre toda a ordem constituída.

b) Uma segunda dimensão, de matriz teleológica, que orienta o legislador numa direcção pré-determinada, de tal forma que a norma, que persegue fins diversos ou que obstaculiza à consecução daqueles, deve ser tida como *ilegítima*.

É nesta dimensão orientadora dos valores como factor de integração social que se encontra o critério para a valoração da legitimidade dos actos

884 João Zenha Martins

normativos que plurimamente se exteriorizam como manifestação de um sistema de legalidade. Funciona como subsolo do direito estabelecido, conformando-o finalisticamente do ponto de vista político.

Assim aconteceu com o liberalismo, que originou o casamento civil e extinguiu o morgadio; na I República criou-se o divórcio e extinguiu-se a Terça de livre disposição; com o abrilismo e a Constituição de 1976, permitiu-se o divórcio para os casamentos católicos e estabeleceu-se a igualdade entre os cônjuges[203].

c) Uma terceira dimensão, em que os valores superiormente infusos na Constituição se postam como critério ou parâmetro de valoração da apreciação dos direitos ou condutas. O art. 3.º estabelece, logo no pórtico da Constituição da República Portuguesa, a supremacia da Constituição, o seu carácter de Lei Fundamental do país, donde decorre necessariamente o princípio da constitucionalidade da acção do Estado, mais amplo que o tradicional princípio da constitucionalidade das leis[204].

Os valores *superiormente* constitucionalizados transportam uma finalidade normativa que penetra todo o ordenamento jurídico, aprumando-se integrativamente como um *repositorium* direccionado que permite uma compreensão global unitária de toda a realidade jurídica, infundindo-lhe um todo de sentido (*Sinnganzes*).

13. Níveis de eficácia constitucional

A Constituição desempenha, assim, uma função de preeminência normativa, que obriga a uma leitura do ordenamento acomodada à sua teleologia[205] e que tem como corolário não apenas a invalidade das nor-

---

[203] O Código de Civil foi substancialmente alterado pelo Decreto-Lei n.º 496/77 de 25 de Novembro, tendo em consideração a nova *principiologia* constitucional. Ao nível dos direitos reais foi extinta a *enfiteuse*; no direito da família, consagrou-se a igualdade entre os cônjuges, facilitou-se o divórcio e proscreveu-se a discriminação dos filhos nascidos fora do casamento; no âmbito do direito das sucessões, elevou-se o cônjuge sobrevivo à categoria de herdeiro legitimário e promoveu-se a sua colocação privilegiada como herdeiro legitimário, em concurso com ascendentes e descendentes.

[204] GOMES CANOTILHO/VITAL MOREIRA, *Constituição da República Portuguesa anotada*, 3.ª ed., Coimbra, 67ss. V. arts. 3.º n.º 3 e 266.º n.º 2.

[205] Por exemplo a *alteração transcendente* verificada na sequência da ruptura com o *status quo ante* que o 25 de Abril originou, re-orientando a actividade legiferante numa outra perspectiva legitimatória. Cfr. MIGUEL GALVÃO TELLES, *O Problema da Continuidade da Ordem Jurídica e a Revolução Portuguesa*, Lisboa, 1985, Separata do BMJ, n.º 345, 9.

Interpretação Conforme com a Constituição

885

mas que com ela contundam (que devem ser desaplicadas pelos tribunais e *anuladas*[206] pelo Tribunal Constitucional), como também a atribuição às normas infraconstitucionais do sentido que com ela se mostre mais concordante.

Acresce a aplicação directa (*Aktualität*) mesmo sem lei ordinária, contra ela e/ou no lugar dela das normas constitucionais atinentes aos direitos liberdades e garantias – art 18.º.

Trata-se assim da ordem jurídica fundamental de uma comunidade. Define, em termos *de direito* e com os meios *do direito,* os instrumentos de governo, a garantir direitos fundamentais e a individualização de fins ou tarefas. Fá-lo através de regras e princípios com diferente natureza ou textura. Discernem-se, assim, no texto constitucional normas com diferentes estrutura, projecção e densidade que obrigam a perguntar pelo seu sentido, o mesmo é dizer, pelos seus efeitos. Neste domínio, são divisíveis quatro níveis de eficácia no potencial vinculante que a Constituição alberga[207].

Num primeiro nível, designado *preceptivo-directo*, atina-se com normas densificadamente estruturadas, de aplicação efectivada nos termos gerais e cuja imediaticidade preceptiva fulmina de inconstitucionalidade todos os princípios ou normas infra-constitucionais desconformes.

Num segundo nível, de carácter *programático*[208], topam-se princípios de concretização diferida e mediata, verdadeiras imposições inconstitucionais que obrigam o legislador a cumprir as suas directivas materiais e cuja inércia integra a hipótese de inconstitucionalidade por omissão[209].

---

[206] Sobre o valor negativo da lei inconstitucional em Portugal, recenseando e dissecando as posições existentes, RUI MEDEIROS, *A decisão de inconstitucionalidade*, cit., 37-45.

[207] A terminologia é neste domínio proteiforme e variada. Segue-se a categorização apresentada por MENEZES CORDEIRO em *Manual de Direito do Trabalho*, cit., 151, pela sua simplicidade expositiva e decorrentemente pelas virtualidades explicativas subjacentes.

[208] Considerando a Constituição de 1976 excessivamente programática, imbuída de uma directividade exacerbada, *vide* PAULO OTERO, "A «desconstrução» da democracia constitucional" in VVAA: *Perspectivas Constitucionais-nos 20 anos da Constituição de 1976,* Vol. II, cit., 608.

[209] Acontece não só em relação a princípios, como também em relação a normas que enunciam um direito como fundamental mas que não preceituam a medida constitucional do direito, antes incumbindo o Estado da promoção da sua realização e da delimitação da sua esfera de protecção jurídica.

Ao intérprete, sem se substituir à incumbência do Estado na promoção da realização do direito, pode ainda caber um papel de concretização expansiva desse direito. Por exemplo, *todos têm o direito ao trabalho.* Assim, no âmbito da política social do Estado,

As normas programáticas, não estando despidas de conteúdo, têm contudo uma função actuante menos intensa ao nível da interpretação e integração de lacunas, o que não significa a sua valoração subseciva[210]. Ou seja, não obstante a sua mediaticidade (*non self-executing*), trata-se de comandos dirigidos ao legislador que infundem ao sistema uma força impulsionadora que injunge o intérprete a actuar consonantemente com o sentido que deles dimana, aproximando em muitos casos as decisões do aplicador das decisões políticas, porquanto "não são tomadas com base numa normação pormenorizada e precisa, mas sim, com fundamento numa medida constitucional aberta e indeterminada"[211]. São aindas normas com uma projecção

---

pode e deve a lei, que viabiliza certos meios de fomento da criação de postos de trabalho em benefício dos particulares, ser interpretada em sentido amplo, em nome do princípio do Estado Social, o mesmo acontecendo *ex adverso* no domínio do direito sancionatório, em que deve predominar um princípio de dilatação tanto quanto possível das garantias dos particulares. Existe uma exigência de optimização, que possibilita aos operadores jurídicos uma base de fundamentação mais adequada e tecnicamente mais sólida, ainda que nalgumas situações, a melhor maneira de garantir com efectividade a posição do particular perante a Administração, possa consistir na opção por uma interpretação *declarativa* da lei.

Noutra perspectiva, *"Favorabilia amplianda, odiosa restringenda"…*

[210] Cumpre ainda aludir ao tradicional *distinguo* entre normas preceptivas e normas programáticas (por exemplo, entre tantos e na doutrina nacional, MENEZES CORDEIRO, *A Constituição patrimonial privada,* in *Estudos sobre a Constituição, III,* Petrony, Lisboa, 1977, 369-370 e JORGE MIRANDA, *Manual de Direito Constitucional,* Tomo II, 3.° ed., Coimbra Ed., Coimbra, 1991, 243ss). Neste quadro de destrinça, não existe com propriedade uma diferença de natureza ou de valor, mas tão somente uma diferença de estrutura e de projecção no ordenamento. Ambas participam do sistema, informando os valores e teleologia que lhe conferem uma unidade de sentido.

A dimensão prospectiva das normas programáticas, não obstante a sua aplicação diferida, projecta a ideia de Estado Social de Direito, impregnando a dimensão das normas preceptivas e infundindo-lhes uma especial significância no plano do sistema em que todas se encontram incorporadas. Não são, na expressão de GOMES CANOTILHO, um simples *aleluia jurídico* (cfr. "Tomemos a sério os direitos económicos, sociais e culturais" in *Estudos em homenagem ao Prof. Doutor Ferrer Correia,* III, Coimbra, 1991, 481) Assim, não cabe fazer qualquer bipartição artificial entre a projecção finalística de normas preceptivas e programáticas no ordenamento jurídico: ambas produzem efeitos irradiantes sobre todo o ordenamento num pressuposto de coerência intrínseca e de adaptabilidade do sistema. *Vide* também RAUL MACHADO HORTA, "Estrutura, Natureza e Expansividade das Normas Constitutionais" in *O Direito,* ano 124.°, I-II, Janeiro-Junho, 91-92.

[211] GOMES CANOTILHO, "Para uma teoria Pluralística da Jurisdição Constitucional no Estado Constitucional Português" in *Revista do Ministério Público,* n.°s 33 e 34, 1988,15; IDEM, *Direito Constitucional,* cit., 183ss.

Interpretação Conforme com a Constituição   887

conformadora, com eficácia normativa[212]. Normatividade não sinonimiza aplicabilidade directa[213]. Ou seja, a *realidade* programática da Constituição, no plano funcional, apresenta uma inexpugnável dimensão estrutural cuja racionalização identifica uma esfera vinculante.

Num nível reflexo, surge a problemática atinente à eficácia externa dos direitos fundamentais e o problema de saber qual o condicionamento imposto pela interferência da Constituição nas relações jurídicas[214].

A nível interpretativo, a Constituição desempenha um papel marcante na obtenção de soluções normativas, através de um processo de interacção axiológica, em que as normas e princípios constitucionais permeiam o processo volitivo-cognitivo do intérprete-aplicador, não só numa perspectiva de pré-concepção valorativa do acto normativo *sub examine,* como também numa fase ulterior do *iter* excogitativo, de *eligere,* de escolha perante os sentidos potencialmente possíveis.

Será, sobretudo, neste plano, que quedaremos a nossa atenção.

CAPÍTULO II
Interpretação conforme com a Constituição

1. *Elementos* de Interpretação

O propósito da interpretação obedece a uma direcção transitiva. O processo hermenêutico, cujo objecto são formulações concebidas de forma geral e abstracta, compreende uma componente determinativa, funciona-

---

[212] Basta pensar na inconstitucionalidade adveniente de uma norma concretizadora que viole o princípio da igualdade, contrária ao *programa* constitucional ou que revogue uma lei anterior e reponha o *status quo ante* -violação do *princípio do não retrocesso social* .

[213] Rui Medeiros, *A decisão de inconstitucionalidade,* cit..171.

[214] A produção doutrinária nacional e estrangeira é neste domínio inabarcável. Sobre a temática, entre vários na doutrina nacional, Jorge Miranda; *Manual IV,* cit., 275ss; Menezes Cordeiro, "A Liberdade de expressão do trabalhador" *in* VVAA: *II Congresso Nacional de Direito do Trabalho II,* Almedina, Coimbra, 1999, 33ss; Vasco Pereira da Silva, "A Vinculação de entidades privadas pelos direitos, liberdades e garantias", RDES, 1987, 299ss José João Abrantes, *Vinculação de entidades privadas aos direitos fundamentais,* AAFDL, Lisboa, 1990; Gomes Canotilho, *Direito Constitucional,* cit., 575ss; Vieira de Andrade, *Os direitos fundamentais na Constituição Portuguesa,* Coimbra, 1987, 118ss.

888 João Zenha Martins

listicamente direccionada à indagação do sentido e ao âmbito das respectivas formulações.

De forma necessariamente escorreita, recorda-se sinopticamente a estrutura e a função dos operadores[215] componentes da interpretação jurídica:

1.1. *Literal*

O enunciado linguístico, o texto de um diploma constitui o primeiro contacto do intérprete com a norma. Utilizando prospectivamente o operador gramatical ou literal, o intérprete arruma intelectualmente os signos linguísticos de molde a conseguir a extracção de um conteúdo semântico ou significado normativo.

Preliminarmente, dir-se-á que a *littera* (*Wortlaut*) aparece como elemento *a quo* e *ad quem* de toda a interpretação[216] e que a valoração do texto se posta como *proprium* da busca do espírito[217]. A verdadeira procura da norma e a busca da sua compreensão são transmitidas pelos seus possíveis sentidos, inserindo-se neste domínio o elemento *morfológico* – vocacionado para o estudo da natureza e flexões da palavra – e o elemento *sintáxico* – orientado para a compreensão funcional das combinações e processos intraverbais[218].

---

[215] Doravante os termos elementos ou operadores serão utilizados de forma indistinta como termos significantes da mesma realidade. O termo operador é contudo preferível pela noção dinâmica que alberga, contraponentemente ao estatismo comummente subjacente à utilização da palavra elemento.

[216] OLIVEIRA ASCENSÃO, *O Direito. Introdução e Teoria Geral. Uma perspectiva luso-brasileira*, 7.º ed., Coimbra, 1993, 367.

[217] VITTORIO FROSINI, *La lettera e lo spirito della lege*, 2.º ed., Giuffré, Milão, 1995, 25ss.

[218] O registo sistemático de certos signos linguísticos, a análise cruzada das respectivas frequências relativas, com vista à apreensão do sentido ou à detecção de lacunas que, do ponto de vista da investigação em causa, se considerem pertinentes, constituem os objectivos da chamada *semântica quantitativa*. Se é verdade que, enquanto procedimento exploratório, o seu atendimento produz resultados úteis na perquirição do sentido do enunciado, pode, com igual segurança, afirmar-se que, nesse domínio, qualquer valoração que se apoie exclusiva ou privilegiadamente na semântica quantitativa, arriscar-se-á a acumular desconhecimentos sobre o *objecto* de análise.

O pressuposto de que existe uma relação biunívoca entre significante e significado, ou seja, o de que a ocorrência de um signo linguístico está necessariamente associada à presença de um determinado "conteúdo normativo", é facilmente destruído pela existência de vocábulos polissémicos. Por isso, surgem métodos que intentam restituir as principais

Mas as palavras não têm em si mesmas uma qualidade essencial[219]. O contexto em que se impostam é fundamental.

redes de *relações* entre os elementos recenseados, com vista à delimitação dos respectivos contextos verbais e, portanto, à detecção das formas elementares de *organização* dos enunciados linguísticos. Surge *hoc modo* a *lexicometria* (J. DUBOIS, L. GUESPIN, *Dictionaire de la Linguistique*, cit., 450), construindo e utilizando os diversos índices de co-ocorrências. O índice de co-frequência, que mede a frequência da aparição de um termo na vizinhança de um outro, o índice de proximidade que assinala a amplitude dessa vizinhança, e o índice de desvio, que dá conta da diferença entre a ocorrência esperada do termo e a sua ocorrência observada, são exemplos de medidas estatísticas accionadas pela lexicometria.

A utilização da semântica quantitativa sob o comando de hipóteses teóricas formuladas no âmbito de áreas como o direito público ou o direito privado (por exemplo, *resolução*) ou, mais especificamente, como o direito *administrativo* ou o direito do *trabalho* (por exemplo, *dever de fundamentação*), destrói o pressuposto de que existe um pleno isomorfismo entre posições na estrutura normativa e léxicos (também as palavras funcionário, posse, propriedade, negligência). Fala-se nestes casos de uma "relatividade dos conceitos jurídicos". Desde logo, a palavra *direito*. Pode corresponder a *imunidade, liberdade, privilégio, prerrogativa, faculdade, isenção, poder, pretensão legítima, atribuição, garantia, capacidade, competência, autorização, permissão, licença, concessão, delegação, título, opção, limitação de responsabilidade, prioridade, preferência, jurisdição, independência, autonomia,*, etc. Ou, de outra parte, o termo obrigação, inserido no Livro II do CC, não traduz, com segurança, os títulos de crédito identificados pela mesma locução.

É célebre a proposição de WITTGENSTEIN sobre o significado das palavras: "*Dont ask for the meaning, ask for the use*". Assim, o ponto de partida no accionamento da análise de conteúdo consiste na tradução das hipótese teóricas informadoras da indagação, em categorias temáticas ajustadas à classificação dos elementos linguísticos em causa (por exemplo, a palavra *costumes,* utilizada nos arts. 1718.°, 737.°, 1017.°, 1400.°, 1401.°, 1392.° do CC). Dir-se-á, por isso, que, na análise de conteúdo, são, afinal, as hipóteses *não linguísticas* da indagação que comandam o tratamento do material linguístico visado – o que, se não é obstáculo irremovível a uma legítima utilização da técnica, implica, pelo menos, condicionamentos sérios ao seu aproveitamento como meio de trabalho adequado à restituição do funcionamento normativo na matéria significante da língua.

Esta dificuldade refracta-se *ad evidentiam* em *fases* posteriores do processo de perquirição do conteúdo ou significado. Desde logo, no momento intra-linguístico imediatamente subsequente. Trata-se *in casu* de optar pelo tipo de unidade de análise (palavra, frase, parágrafo) a reter, com vista à distribuição dos elementos contidos no material linguístico pelas categorias predefinidas. *Ex adverso*, neste *espaço,* qualquer decisão metodológica, pressupondo a possibilidade de se circunscrever o sentido de um enunciado, sem ter em conta o seu funcionamento linguístico, não deve ser considerada *legítima*. Sobre a questão, GENARO CARRIÓ, *Notas sobre Derecho y lenguaje*, 3.° ed., Abeledo-Perrot (ed.), Buenos Aires, 1986, *maxime* 49 ss.

[219] CASTANHEIRA NEVES, *Digesta. Escritos acerca do Direito, do Pensamento Jurídico, da sua Metodologia e Outros*, Volume 1.°, Coimbra, 1995, 428ss.

De outra parte, o polissemantismo da fraseologia revela a necessidade de a actividade do intérprete não se quedar por aqui e ir mais além. "A interpretação não deve cingir-se à letra da lei"[220].

Contudo, só depois da determinação do sentido gramatical do preceito, cujo significado se intenta alcançar, cabe empreender a procura do sentido lógico (em sentido impróprio)[221] da norma analisada, designadamente, através do recurso aos elementos sistemático, histórico e teleológico.

Passa-se à recolha de outros contributos de fixação linguística, extrínsecos mas de certa sorte desta dependentes.

Emerge-se (em sentido impróprio, porque a interpretação é una) na interpretação *meta-linguística*. O *texto*, os trechos, onde a palavra é utilizada, são *pretextos* e todos se integram num *contexto*. Existe todo um movimento do *intelectus*, dinâmico como é seu timbre, que pode aportar, em cada momento, a um maior ou menor afastamento da corporização linguística, havendo um limite imageticamente estático, constituído pela *correspondência verbal necessária*.

Neste espaço, a linguística preocupa-se fundamentalmente com a determinação do significado das expressões linguísticas contidas no texto, mas a dúvida, incerteza ou indeterminação, subjacentes ao sentido literal, só podem ser superados por uma *determinação interpretativa*[222].

1.2. *Sistemático*

A interpretação de um texto só adquire significado através de uma referenciação às restantes disposições que integram o ordenamento. Determina o art. 9.° do CC que, na reconstituição do pensamento legislativo, se *leve sobretudo em conta a unidade do sistema jurídico*.

---

[220] Enunciação que JOSÉ HERMANO SARAIVA em *Apostilha Crítica ao projecto de Código Civil*, Lisboa, 1966, 105, crisma de inútil, referindo que"Dizer que a interpretação não deve cingir-se à letra é o mesmo que decretar o inevitável. É como dizer que os homens são mortais, ou que as coisas são finitas".

[221] A habitual contraposição elemento literal/elemento lógico não se nos afigura totalmente correcta. Os procedimentos lógicos não estão totalmente apartados da hermenêutica linguística (a sintaxe manifesta-se como um elemento intra-frásico da interpretação sistemática) e o procedimento implicativo de carácter literal encontra-se também inserido num quadro de lógica formal. DIAS MARQUES (*Introdução ao Estudo do Direito*, Lisboa, 1986, 137) utiliza, neste sentido, a designação de "elementos extraliterais, extratextuais ou extrínsecos".

[222] CASTANHEIRA NEVES, *Metodologia*, cit., 115-116.

Os preceitos incorporam intrinsecamente conexões de sentido, relações de interdependência semântica entre eles[223].

Existe uma verdadeira espiral hermenêutica que acentua a iluminação recíproca entre o todo e as partes. Consequência da unidade (variável) objectiva do ordenamento jurídico, a indispensabilidade do atendimento ao elemento sistemático não pode ser amputada com a simples impostação das matérias no sistema externo de um código ou diploma legal[224], restringindo o seu alcance aos preceitos imediatamente antecedentes ou subsequentes.

A colocação sistemática tem de ir mais longe (*Zusammenschau*), sob pena de desvirtuamento.

Impõe-se a realização de um *tour d'horizon* pelos campos jurídicos, que pela sua matéria o mereçam, a fim de se determinar se neles se cristalizou uma linha de pensamento que seja importante para a compreensão do preceito que se trata de interpretar[225].

Ao estiolamento da crença na sistematização ontologica e acabadamente unificada do Direito, corresponde a revalorização do papel do aplicador de Direito, de um papel prudencial histórico-concreto[226], que não pode conduzir, todavia, à renuncia de uma consideração do sistema na sua globalidade.

O intérprete não ignorará pois que a disposição não é uma realidade acantonada e que só ganha sentido quando inserida no contexto que lhe é próprio. A qualquer regulamentação subjazem determinados pontos de vista directivos. A disposição, *rectius* as várias disposições, podem assim encontrar-se entre si em relações de tipo variável. Ordenadamente:

– De *subordinação* – ligação da proposição a princípios ou proposições mais vastas que lhes atribuam um conteúdo;

---

[223] Por todos, CLAUS-WILHEHLM CANARIS, *Systemdenken und Systembegriff in der jurisprudenz*,cit.;20ss e LARENZ, *Methodenlehre der Rechtswissenschaft*, cit., 621. Na doutrina nacional, BAPTISTA MACHADO, *Introdução ao Direito e Discurso Legitimador*, cit., 175ss; CASTRO MENDES, *Introdução ao estudo do Direito*, Lisboa, 1984, 237ss; CASTANHEIRA NEVES, "Interpretação Jurídica" in *POLIS III*, cit.,652ss; DIAS MARQUES, *Introdução ao Estudo do Direito*, cit., 136ss; OLIVEIRA ASCENSÃO, *O Direito. Introdução e Teoria Geral, cit..*, 366ss; JOSÉ LAMEGO, *Hermenêutica e Jurisprudência*,cit., *passim*.

[224] Sem prejuízo de o carácter sistemático de mostrar particularmente evidente quando a legislação se oferece numa codificação, *sub specie codicis*.

[225] CELSO já considerava que "*é arbitrário julgar ou responder não considerando toda a lei, mas tendo só em vista alguma pequena parte dela*" (D.,1,13,24).

[226] Neste sentido, deve entender-se a famosa máxima de JAVOLENO, "*Omnis definitio in iure civilis periculosa est parum est enim, ut non subverti posset*" – D., 50, 17, 202.

- De *conexão* – interligação de vários preceitos situados no mesmo plano valorativo de molde a obter um sentido útil;
- Por *analogia* – esclarecimento de um preceito através do cotejo com outras conjunções normativas incidentes sobre questões similares.

1.3. *Histórico (lato sensu)*

A consideração das ocorrências históricas, que estão subjacentes à edição do preceito, fornece elementos de inegável relevância para a determinação do alcance e sentido da norma.

Com excepção de determinadas normas *in natura* intemporais, as normas representam um elo finito nas cadeias da história. Geneticamente, atende-se ao processo de produção normativa que originou o preceito, com todas as realidades vicissitudinariamente envolventes na sua configuração (actas, trabalhos preparatórios, declarações à imprensa).

No mesmo âmbito, a situação historico-cultural e jurídico-política que esteve na origem do preceito, assim como a consideração do processo histórico-diacrónico do seu sentido, numa valoração da história dos efeitos (*Wirkungsgeschichte*) do texto interpretado.

Todavia, o elemento histórico não vincula o intérprete a um qualquer originalismo subjectivista, amarrando a indagação do seu sentido à autoridade da vontade, real ou conjectural, do seu fautor[227].

Neste sentido, consideramos que a valia do elemento histórico, sem prejuízo dos elementos assinalados, é sobretudo fornecida pelo aprofundamento hermenêutico dos seus valores, princípios e regras, independentemente da sua conformidade com o respectivo *animus auctoris*.

1.4. *Teleológico*

No *âmbito* deste *elemento,* tem-se em vista o *telos* da norma, a sua finalidade fundamental. Esta não é recortada a partir da vontade subjectiva do legislador ou a partir de uma hipotética vontade objectiva da norma.

Avultam os fins cognoscíveis e as ideias fundamentais de uma regulação. Interessam não só os fins originariamente prosseguidos pela norma,

---

[227] Cfr. José Hermano Saraiva, *Apostilha Crítica ao projecto de Código Civil,* cit., 107

mas primacialmente os fins ao serviço dos quais ela pode hoje ser colocada (*Zielkonformität*).

Uma norma não se encontra fixada *ne varietur*: muda com o curso e devir das ideias, com a realidade vicissitudinariamente envolvente. Obedece em suma, ao mesmo devir que é *lei* de todas as coisas[228].

É pois particularmente dinâmico o elemento teleológico de interpretação. A concepção largamente dominante, primordializa o fim e a razão de ser do preceito[229]. O elemento teleológico, na essência, pela sua função, faz com que a interpretação (*rectius*, o objecto) evolua à medida que as circunstâncias se modificam.

1.5. *Hierarquia de elementos?*

Os significados extraídos dos elementos gramatical e *lógicos* (na *trilogia* histórica, sistemática e teleológica), são carreados para um processo volitivo-cognitivo de direcção decisória, em que todos serão ponderados, contribuindo para um modelo de decisão em que o *instrumentarium* argumentativo se vai axialmente impostar como elemento operativo actuante e legitimante[230].

É uma questão recurva a de saber se existe alguma hierarquia entre os elementos situados no *plano meta-linguístico*. Não existindo hierarquização rígida ou valoração preferencial aprioristicas, não parece possível uma medição de tipo algébrico ou "intervalar", própria das ciências exactas[231].

---

[228] MANUEL DE ANDRADE, *Ensaio sobre a teoria da interpretação das leis*, Colecção STVDIUM, Coimbra, 1987, 17.

[229] CANARIS, *Systemdenken und Systembegriff in der Jurisprudenz*, cit., 75; LARENZ, *Methodenlehre der Rechtswissenschaft*, cit., 462, 469ss; ENGISCH, *Einführung in das juristische denken* , cit., 147.

[230] Salientando a importância da teoria da argumentação, mas complementando-a com a necessidade de determinados pressupostos "discursivos", enfatizando a lógica comunicacional e a capacidade de emissão de juízos de todos os participantes, assim como a projecção do precedente, da dogmática, da lógica e do processo, que não são corporizados no discurso prático geral, v. ROBERT ALEXY, *Probleme der Diskurstheorie, Recht, Vernunft, Diskurs*, Francoforte sobre o Meno, 1995, 120; IDEM, *Theorie der juristischen Argumentation,* cit., *53ss* e 273ss. Já PIERRE BOURDIEU salienta que a reflexão hermenêutica sobre a metodologia não é exequível sem a retórica, falando assim *na retórica da cientificidade*. Cfr. *Ce que parler veut dire*, Fayard, Paris, 1982, 238.

[231] Assim, CASTANHEIRA NEVES, considerando *que "os elementos da interpretação e a sua relação têm carácter tópico"* (*Metodologia,* cit., 195). Também RICHARD E. PALMER, *Hermenêutica* (Colecção O Saber da Filosofia), edições 70, Lisboa, 110-111, enfatiza

894   *João Zenha Martins*

Existe, antes, uma medição "ordinal", *id est,* uma mera arrumação lógica no *terminus* do processo decisório em termos de "mais", "igual", "menos", recortada face à textura do problema[232].

Trata-se de uma arrumação lógica e não de uma redução qualitativa de realidades intangíveis no abstracto, que, no final, é confrontada com os critérios ordenantes do ordenamento após a implicação e controlo recíproco feito por todos os elementos para a averiguação do sentido legislativo[233].

Não sendo possível restringir a máximas ou a canônes precisos a interpretação concreta, a força da argumentação não pode nem deve ser determinada *a priori*. O mecanicismo neste domínio não conseguiria explicar o coeficiente imponderável e inapreensível de destreza intelectual que a situação concreta convoca e que não se compadece com a *mordaça* de critérios e regras fixos e indefectíveis.

Neste espaço, conforme se verá, emerge a interpretação conforme a Constituição, projectando a decisão a tomar numa finalidade de adequação[234]. É que o processo interpretativo só fica *basificado* quando nele se inclui a Constituição, sem absolutismos, mas em conformidade com o método[235].

---

o contexto dentro do qual o objecto percepcionado é compreendido como traço característico das ciências humanas, salientando ainda a não utilização de factos espirituais (*geistige Tatsachen*) no domínio das ciências naturais, cujo objecto é simplesmente explicável em termos de categorias puramente causais.

[232] Assim LARENZ, *Methodenlehre der Rechtswissenschaft*, cit., 480-489, acrescentando de forma incisiva que "a interpretação não é um exemplo de cálculo, mas uma actividade criadora do espírito".

Em sentido contrário, afastando-se do *Mestre*, e erigindo o elemento teleológico em operador prevalente, CANARIS, *Systemdenken und Systembegriff in der Jurisprudenz*, cit., 159-160 e R. ALEXY, *Theorie der juristischen Argumentation,* cit., 302ss.

[233] FRANCESCO FERRARA, *Interpretação e aplicação das Leis*, Colecção STVDIUM, Coimbra, 1987, 131.

[234] Neste sentido, o Tribunal Constitucional no Ac. n.º 128/84 de 12 de Dezembro (*in* Diário da República, 2.º série, de 12 de Março de 1985) teve ensejo de referir que "não é raro que uma mesma norma comporte várias interpretações, fenómeno que resulta além do mais, de, **em certo momento**, se **conceder prevalência** a um ou outro dos vários argumentos utilizados como auxiliares da interpretação – elementos histórico, sistemático, literal, teleológico (...) e não é impossível que dessas várias interpretações uma, ou várias até, tornem a norma compatível à Constituição, enquanto outra, ou outras, a condenem irremissivelmente".

[235] Em sentido não absolutamente coincidente, defendendo que "o relevo dos elementos da interpretação só pode ser aquele que o problema concreto justifique, ou melhor,

Interpretação Conforme com a Constituição 895

E o método implica que os elementos de interpretação conjugados, conforme salienta ANTÓNIO MENEZES CORDEIRO[236], chamem "todo o Direito a depor (...) com relevo para a Constituição (...) em conjugação com todos os dados normativos relevantes e os próprios níveis instrumentais, como o processo".

2. A Constituição e o postulado sistemático-teleológico

A Constituição, para além de aportar a sua significância ao modelo de decisão quando se faz o confonto da solução com os princípios fundamentais, *intervém* antes disso: *modela* os operadores sistemático e teleológico.

A interpretação de todos os componentes normativos do ordenamento conforme à *Norma Fundamental* representa, no essencial, a exigência iniludível que o conteúdo das normas postula para obter a sua validade material na inserção no sistema de valores que, em definitivo, também determina o verdadeiro sentido e alcance do texto constitucional. Conforme se notou, o ordenamento jurídico, no seu conjunto, está *subordinado* a determinadas ideias jurídicas directivas, princípios ou pautas gerais de valoração, à maioria dos quais cabe o hoje o escalão de Direito Constitucional[237].

A interpretação conforme à Constituição desentranha-se *hoc sensu* da edificação primaz, formal e material do texto constitucional sobre as restantes normas ordenamentais[238]. Isto, porque a sistematização dos dados constitui o discurso sobre a ciência. Um dos elementares elementos de interpretação recomenda a leitura do texto na integralidade. O art. 9.°, determinando o atendimento à unidade do sistema jurídico, impõe-o, postulando a conexão de significado da lei com as opções valorativas que lhe subjazem e princípios rectores do ordenamento.

---

normativo-argumentativamente solicite" e apontando para um "judicaticismo sistemático--problemático", *vide* CASTANHEIRA NEVES, *Metodologia*, cit, 106.

[236] *Introdução à edição portuguesa – Systemdenken und Systembegriff in der jurisprudenz* (de Claus-Wilhelm Canaris), Lisboa, 1989, pp.CXI-CXII.

[237] LARENZ, *Methodenlehre der Rechtswissenschaft*, cit., 621.

[238] FREITAS DO AMARAL (*Sumários de Introdução ao Direito*, 2.° ed. revista, Lisboa, 2000, 91) alude, no âmbito do elemento sistemático, a uma "conexão de baixo para cima", referindo-se à "Interpretação das leis conforme à Constituição", a par da interpretação dos regulamentos conforme à lei, das normas locais conforme a às normas nacionais, das normas nacionais conforme às normas internacionais (art. 8.° CRP).

Pela índole fragmentária da legislação dos *tempos modernos*, inversamente proporcional à crescente exigência de racionalização nas sociedades actuais, o paradigma da racionalidade legislativa (sem formalização) é sempre o sistema. Assim, a unidade do ordenamento jurídico conleva a consideração de cada preceito sob o influxo dos princípios e conceitos constitucionais.

Está bom de ver que um enunciado jurídico nada significa de forma descontextualizada: é uma simples proposição. Dentro do contexto, o próprio texto será o primeiro elemento a considerar. Este é o condutor privilegiado da mensagem normativa. A sua composição lógica, através da relação enunciado-norma, busca-se a partir de um conjunto normativo superior, através de uma relação global que lhe fornece a sua condição real de norma. Só assim esta ganha pleno significado. A obtenção de plenitude de sentido arranca da conexão racional e sistemática com as demais normas e princípios, conduzindo o intérprete, atraído pela energia sistémica com irradiações geradoras, à *Norma Fundamental* do ordenamento jurídico.

A Constituição, como *conjunto de normas*, constitui o contexto necessário de todas e de cada uma das normas do ordenamento para efeitos da sua interpretação e aplicação[239]. O princípio da igualdade, como afirmação do princípio de direito e de justiça, postula uma unidade de não contradição normativa a partir da qual se lobrigam o postulado axiológico e o *definens* da sistematividade jurídica.

Toda a prescrição legislativa postula uma decisão, uma liberdade de opção (*discretion*) explícita entre as possíveis regulamentações. "Decisão de sentido assim teleologicamente inovador, que convoca uma outra e específica racionalidade – a racionalidade justamente teleológica e técnico-programática"[240].

As pautas gerais de valoração justificam, assim, subordinando-as à ideia de Direito, as decisões de valor que subjazem às normas, unificando-as, e, deste modo, afastando, na medida do possível, as contradições de valoração.

A ordenação das significações variáveis, por via da relação de *subordinação*, liga a proposição a princípios ou proposições mais vastas, *aportando* inevitavelmente à Constituição que vai interferir, logo neste momento,

---

[239] Garcia de Enterria, E., *La Constitución como norma y el Tribunal Constitucional,* Civitas, Madrid, 1985, 102.

[240] Castanheira Neves, "Fontes do Direito", *Digesta. Vol. II*, cit., 25.

no sentido atribuível ao preceito[241]. Nesta fase, a Interpretação conforme com a Constituição surge como uma "modalidade" de interpretação sistemática, colocando-se num plano de conexidade com a *unidade* da ordem jurídica[242].

Existe uma *extensio* segundo um processo analógico de síntese, constituída por uma intenção teleológica que visa a *adequatio* nos planos legislativo (entre os princípios normativos) e judicativo (entre a norma e a realidade decidenda). Opera-se assim uma combinação de fontes que se traduz numa "função interpretativamente unitária e sistematicamente integrante"[243].

Os princípios que informam a Constituição (por mor da tríplice dimensão vectorial assinalada – estrutura hierárquica, origem e determinação sócio-política e conteúdo) não podem ser sotopostos. A acção mediata dos princípios, enquanto elementos de coerência do sistema, eleva-os a critérios de interpretação e integração, contribuindo para o desenvolvimento do sentido imanente à lei e do "Direito transcendente à lei". A interpretação-aplicação surge assim orientada a valores e ao pensamento sistemático[244]. A função catalisadora ou prospectiva da principiologia, em função da força expansiva que possui, atribui-lhe um papel indeclinável na realização maximizante da ideia de Direito inspirada na Constituição. Trata-se, conforme sublinha LARENZ[245], de uma das mais importantes tarefas da jurisprudência científica[246].

---

[241] *In casu*, o relacionamento normativo por via de subordinação estabelece-se não só num plano de dimensão material (com a incidência dos princípios gerais do sistema jurídico sobre a fonte interpretada) como também num plano de dimensão formal, de superioridade hierárquica da Constituição sobre as demais fontes que impõe uma valoração de *baixo para cima*.

[242] Cfr. JOSÉ DE OLIVEIRA ASCENSÃO, *O Direito. Introdução e Teoria Geral – Uma perspectiva Luso-Brasileira*, 11.º edição, 395, integrando neste domínio o princípio da interpretação conforme com a Constituição.

[243] CASTANHEIRA NEVES, *O Instituto dos Assentos*, cit., 294-295.

[244] R. ZIPPELIUS, Verfassungskonforme Auslegung von Gesetzen in *Bundesverfassungsgericht und Grundgesetz*, II, Tubinga, 108ss, afirmando com clareza, nesta colectânea de temas e estudos publicados por ocasião do 25.º aniversário do BverfG, que as normas constitucionais, por se encontrarem numa posição cimeira do ordenamento jurídico, fornecem o seu sentido para a interpretação de todas as outras fontes, de forma marcadamente prevalecente sobre quaiquer outras, apontando neste plano na p. 110 (e contrariamente a LARENZ) para a atribuição de um peso determinante ao elemento sistemático.

[245] *Methodenlehre der Rechtswissenschaft*, cit., 622. Porque a jurisprudência é uma ciência em acção.

[246] A perquirição da base significante da norma conduz o intérprete à sua base

Neste quadro, a Constituição funciona como *conditio* primordial de uma compreensão optimizada de todas as normas, fornecendo um *articulado de sentido*. Todavia, quando se alude à utilização da Constituição neste espaço, tem-se como superada a concepção sistémica do positivismo normativista, determinante da consideração da realidade constitucional em abstracto e baseada numa a-problematizada evidência (*es ist so – es gibt est*).

A Constituição é infensa a uma redução estritamente lógico-normativa. Alberga um conteúdo multifário, rasgando um horizonte significações de vária índole. O intérprete colhe a partir dela uma orientação de procura da unidade do sistema na medida do possível. Mas sem pretensões de um hipostasiamento conceptualista, sacrificante da realidade concreta a um *more geometrico* abstracto de absoluta impossibilidade do género *se C então verifica-se E ou p = q*. Porque a sacralização da abstracção interrompe *ad absurdum* as concatenações de sentido e esvazia os seus conceitos supremos, pois que estes nada dizem sobre a concatenação de sentido subjacente.

O aspecto rector é o de que a norma jurídica só vale (*gilt*) como tal, porque se encontra inserida num conjunto que não é disforme ou ilógico, mas antes funcional e sistemático[247], assente num critério unificador e revalidante de carácter básico e simultaneamente superior que denominamos *Norma Fundamental*[248].

A inquirição da *ratio legis*[249] redunda em determinar qual seja a solução mais adequada, mais justa (*gerechter*) e mais útil de entre as que a lei potencialmente alberga. O intérprete não se situa neste concreto num plano puramente *especulativo ou filosófico*. Situa-se num plano *prático ou*

---

comum de emanação, podendo o sistema irradiar a necessidade de reformulação do sentido inicialmente fixado ou, no limite, a negação da sua validade.

[247] Castanheira Neves, "Fontes do Direito", *Digesta II*, cit., 75.

[248] R. Zippelius, *Verfassungskonforme...*, cit., 109.

[249] *Ratio legis* que nesta acepção galga conceptualmente as fronteiras do elemento teleológico, surgindo como a condensação de todos os elementos de interpretação, como o "sentido, espírito ou razão da lei" no dizer de Oliveira Ascensão (*O Direito. Introdução e Teoria Geral*, cit., 399). Em sentido presumidamente aproximado, Manuel de Andrade (*Ensaio sobre a teoria da interpretação das leis*, cit, 22), refere-se à *ratio legis* como o "elemento da interpretação que estabelece o contacto entre a lei e a vida real", sinonimizando porém, na p. 23, os elementos racional ou teleológico e aludindo, na nota 5, à *ratio legis*. Autores como Baptista Machado (*Introdução ao Direito e ao discurso legitimador*, cit., 182), Dias Marques (*Introdução ao estudo do Direito*, cit., 141, 141) ou Marcelo Rebelo de Sousa (Com Sofia Galvão em *Introdução ao estudo do Direito*; 5.º ed., Lisboa, 2000, 67) assimilam claramente os conceitos, considerando-o(s) o desígnio ou finalidade social da lei.

político[250], em que tem de encarar as circunstâncias do meio social, nomeadamente o sentimento jurídico dominante, em articulação com as coordenadas básicas do sistema.

A força projectante da Constituição, e a necessidade de interpretação da lei em respectiva conformidade, encorpa o elemento sistemático-teleológico[251], traduzindo afinal, a concessão de todo o relevo, no âmbito do elemento sistemático de interpretação, aos elementos constitucionais, descortinando, no âmago do sistema, uma base materialmente principiológica que o fundamenta, lhe confere unidade de sentido e no qual a *pragmática* juridicamente constitutiva assume um papel fundamental no descortinamento da respectiva estruturabilidade material.

"Quando «se ordena sistematicamente», de certa forma, um fenómeno jurídico, está-se em regra, com isso, a fazer uma afirmação sobre o seu conteúdo teleológico[252]" e, também, por isso mesmo, todo o acto legislativo apresenta uma intencionalidade fundamentante e prescritivamente legitimante que, a despeito da sua imediaticidade teleologico-política, não pode excluir a necessária concordância sistemática (a *Stimmigkeit*)[253].

Neste espectro, seguindo-se ENGISCH[254], a custo se conseguem distinguir os elementos sistemático e teleológico: a referenciação do sentido de cada regra jurídica ao ordenamento global "é em boa medida teleológica"[255].

Escopos como a conservação da ordem pública, o bem estar social, a satisfação do sentimento de justiça e a celeridade na aplicação do Direito, verdadeiras dimensões de um Estado de Direito, exigem um pensamento causal alargado, de atendimento aos fundamentos ou razões do sistema,

---

[250] MANUEL DE ANDRADE, *Ensaio sobre a teoria da interpretação das leis,* cit., nota 1 da p. 17.

[251] Esta referência não ignora que que existe um *distinguo* tradicional entre os elementos sistemático e teleológico.

[252] CANARIS, *Systemdenken und Systembegriff in der Jurisprudenz,* cit., 154; R. ZIPPELIUS, *Verfassungskonforme Auslegung von Gesetzen,* cit., 109.

[253] Em que se manifesta a *ratio juris.* Cfr. CASTANHEIRA NEVES, *Fontes do direito – contributo para a revisão do seu problema,* Coimbra, 1985, 71ss.

[254] *Einführung in das juristische Denken,* 6.º ed., Lisboa, 1988, 140-141.

[255] ENGISCH aponta porém como exemplo de uma interpretação sistemática, mas não teleológica, a "explicitação do sentido duma cominação penal no sistema das penas sob o ângulo da Justiça retributiva", acrescentando ainda que "inversamente, temos uma interpretação teleológica, mas não sistemática, quando os fins prosseguidos pela norma se situam fora do ordenamento jurídico (como, por exemplo, a educação visando a formação de um homem de bons costumes)". – *Einführung in das juristische denken,* cit., 141.

que, através da passagem pela Constituição, ajustam o postulado de que a "interpretação parte do fim da lei", neste se inucleando. Para tanto, tem que naturalmente a Constituição ser interpretada. É que os princípios directivos, que estão mais ou menos traduzidos na regulação fornecida, representam elementos de um sistema interno que tem como escopo a evidenciação da unidade valorativa do ordenamento jurídico.

Ou seja, a componente teleológica atractiva da Constituição entrevê--se *hoc modo* no plano em que a regulação procura ser materialmente adequada, cumprindo a ideia de justiça e atraindo os princípios ético-jurídicos que a referenciam, ainda que o legislador não tenha tido consciência da sua importância para a regulação por ele conformada[256].

3. Proposições da Interpretação conforme com a Constituição

Acompanhando-se LARENZ[257], "conformidade com a Constituição" é um critério de interpretação. No específico domínio da jurisdição constitucional, radica no velho princípio, trabalhado pela jurisprudência americana, de que os juízes devem interpretar as leis *in harmony with Constitution*.

A Interpretação conforme com a Constituição obedece assim a dois propósitos hermenêuticos fundamentais:

- Se existirem várias vias interpretativas possíveis, todas constitucionalmente admissíveis, de um preceito legal, deve optar-se por aquela que leve mais longe a realização das finalidades constitucionais, que permita a consecução do *punctus optimus* de equilíbrio menos restritivo entre direitos ou bens constitucionalmente protegidos[258] – *postulado de maximização das normas constitucionais*[259] ou *Interpretação orientada para a Constituição*.
- Se existirem duas ou mais interpretações de um preceito legal, deve optar-se pelo sentido constitucionalmente conforme, que permita a conservação do preceito legal. O preceito não deve ser afastado, invalidado, enquanto puder ser interpretado em conformidade com a Constituição – *postulado de conservação das normas legais*.

---

[256] LARENZ, *Methodenlehre der Rechtswissenschaft*, cit., 470.

[257] *Methodenlehre der Rechtswissenschaft*, cit., 480.

[258] *In dubio pro Lex Fundamentalis* ...

[259] Cfr. UWE SEETZEN, "Bindungswirkung und Grenzen der verfassungskonformen Gesetzesauslegung", in NJW, 1976, 1988.

3.1. *A conservação de normas legais*

Começa-se pelo *postulado de conservação das normas legais*, em que ao intérprete cabe optar por uma via excludente de um juízo de inconstitucionalidade, quando o sentido *salvífico* elocubrado seja razoavelmente possibilitado pela consideração de todos os elementos de interpretação[260] e tenha o *mínimo de perceptividade na letra da lei* – art. 9.º CC[261].

A abertura de buracos negros (*black holes*),[262] decorrente da eliminação de normas do ordenamento jurídico subjacente ao juízo de inconstitucionalidade, constitui indubitavelmente um argumento ponderoso[263],

---

[260] Com inequivocidade, GARCIA DE ENTERRIA, *La Constitution como norma y el Tribunal Constitucional*, Civitas, Madrid, 1984, 206, assinalando que "dicha interpre-tación conforme a la Constitution de toda y cualquier norma del ordenamiento tiene una correlación lógica en la prohibición, que hay que estimar implícita, de qualquier construcción interpretativa o dogmática que concluya en el resultado directa o indirectamente contradictorio con los valores constitucionales" e também OLIVEIRA ASCENSÃO na p. 395 da 11.º edição do seu *O Direito. Introdução e Teoria Geral*.

[261] Sugestivamente, tergiversando entre a qualificação do preceito como enigma ou afirmação pleonástica, JOSÉ HERMANO SARAIVA, *Apostilha Crítica ao projecto de Código Civil*, Lisboa, 1966, 110.

[262] Na expressão de GOMES CANOTILHO, "Jurisdição constitucional e intranquilidade discursiva", cit., 883.

[263] Assim YANN AGUILA, "Cinq questions sur l'interpretation constitutionelle", *Revue Française de Droit constitutionnel*, 21, 1995, 22-23. Constitui aliás um dos motivos recorrentemente invocados para a introdução de alterações na fisionomia das decisões dos Tribunais Constitucionais, no seu essencial consistentes na existência de sentenças declarativas de constitucionalidade provisória (de *inconstitutionalitá acertata ma non dicchiarata, Appellentscheidungen*) que obriguem o legislador a evitar o tal vazio normativo (na Alemanha, artigo 32.º da Lei alemã federal sobre o Tribunal Constitucional). Isto, na linha do reconhecimento da impossibilidade de decisões modificativas ao nível da jurisdição constitucional, de uma actividade de *indirizzo* político na efectiva concretização do programa constitucional. Sobre a questão VITALINO CANAS, *Introdução às decisões de provimento*, 2.º ed. revista, Lisboa, 1994, 96; GOMES CANOTILHO/VITAL MOREIRA, *Constituição...*, cit., 1045 e RUI MEDEIROS, *A decisão de inconstuticionalidade*, cit, 35.

Recorrendo também ao princípio de molde a "salvar a constitucionalidade da lei", estando em questão uma forma de tratamento igual de "situações irredutivelmente desiguais, v. SALDANHA SANCHES, "Retenções na fonte do IRS: uma interpretação conforme à Constituição", *Revista Fisco*, n.os 12 e 13, Out. 1989, 13 e JORGE MIRANDA/MIGUEL PEDROSA MACHADO, "Constitucionalidade da protecção penal dos direitos de autor e da propriedade industrial. Normas penais em branco, tipos abertos, crimes formais e interpretação conforme à Constituição", *Revista Portuguesa de Ciência Criminal*, ano 4, 4.º, Out.-Dez, 1994, 466ss.

902   *João Zenha Martins*

assim como o princípio da unidade da ordem jurídica e a presunção filiada no princípio do *favor legis*[264]. Mas sem considerações deificadoras da vontade legal em detrimento do conteúdo constitucional.

Como salienta JORGE MIRANDA, "trata-se de trazer o sentido da norma ou do acto inconstitucional tanto quanto possível para dentro do sentido da norma da Constituição, de modo a que se reduza, e não se alargue, o campo da inconstitucionalidade"[265].

---

[264] Defendendo o princípio (em paralelo com o princípio do aproveitamento dos negócios jurídicos) e aludindo também a um *princípio de racionalidade da legislação*, de molde a que o intérprete procure de todos os modos chegar a um sentido útil e só em último caso se resigne a desaproveitar a fonte, *vide* OLIVEIRA ASCENSÃO, *O Direito. Introdução e Teoria Geral*, cit., 414 (na 11.º edição da obra em referência menciona expressamente, a propósito da interpretação conforme com a Constituição, o princípio da conservação das leis).

Por exemplo, o art. 280.º n.º 3 da Constituição, quando impõe o recurso do Ministério Público para o Tribunal Constitucional das decisões de **recusa** de aplicação de norma constante de convenção internacional, acto legislativo ou decreto regulamentar (neste sentido, GOMES CANOTILHO/VITAL MOREIRA, *Constituição...*, cit., 1019).

A presunção fundamenta-se, sobretudo, na vinculação do legislador à Constituição e no controlo procedimental que sobre esta é exercido, designadamente na fisionomia da função promulgatória. Contra, com argumentos formais, centrando a análise no recorte dos decretos regulamentares e na não certificação constitucional subjacente à promulgação (*maxime* nas situações de inconstitucionalidade superveniente em que o Presidente da República não pode no momento da promulgação fiscalizar a conformidade da norma legal com as normas constitucionais que vão servir de parâmetro de controlo), *vide* RUI ME-DEIROS, *A decisão de inconstitucionalidade*, cit, 71ss, 137, considerando a interposição de recurso, em caso de inconstitucionalidade superveniente, uma mera faculdade do Ministério Público.

Acompanhamos o Autor, quando refere que perde força a consideração da lei se presumir conforme com a Constituição (baseada no *favor legis*) nas situações de direito pré-constitucional. As leis são, neste quadro, possivelmente norteadas por princípios radicalmente diversos dos que informavam a Constituição anterior. O que, *de per si*, não torna *inhabilis* o princípio geral aplicável quanto às leis que não sejam *pré-constitucionais...* e suscita a necessidade de diferenciação entre o princípio da presunção (*iuris tantum*), da constitucionalidade das leis e o princípio da conservação dos actos jurídicos. Na verdade, se o primeiro é esvaziado, com a acentuação da vontade do legislador que lhe está subjacente (implicitando uma adesão às teses subjectivistas), com a situação das leis pré-constitucionais; no caso do segundo, o postulado de *benigna interpretatio* arrima-se, conforme salienta JORGE MIRANDA, a um postulado de "economia jurídica traduzido em interpretação conforme à Constituição". Cfr. *Manual...*, *II*, cit., 264.

[265] *Contributo, para uma Teoria da Inconstitucionalidade*, RFDUL, Suplemento, dissertações de alunos-VII, Lisboa, 1968, 250.

Ou seja, nesta acepção específica, a interpretação conforme com a Constituição recorta-se sobretudo como um *método de fiscalização da constitucionalidade*,[266] excluindo por inconstitucionalidade determinadas hipóteses de aplicação (*Anwendungsfälle*) do programa normativo sem que se tal implique qualquer alteração do texto legal.

Não se encerra uma contradição, ao entender-se que a lei alberga em abstracto vários sentidos (e soluções) *possíveis*,[267] mas que, *objectivamente,*

---

[266] JORGE MIRANDA, *Manual* ...II, cit., 263.

[267] Por exemplo, MENEZES CORDEIRO, *Manual de Direito do Trabalho*, cit., 155, alude ao dever de escolha, perante uma total igualdade de circunstâncias das *vias interpretativas* em presença, da que melhor se coadune com a mensagem constitucional. Em sentido idêntico, JOSÉ DE SOUSA E BRITO, "Da teoria da interpretação de Savigny e da sua influência", BFDVC, vol. 62, 1986, 213 (aludindo a uma resolução da interpretação "numa pluralidade de subsunções possíveis, que exprimem outros tantos meios – muitas vezes constitutivos – de atingir um certo meio da lei") e OLIVEIRA ASCENSÃO, *O Direito. Introdução e Teoria Geral, cit*, 383, referindo *en passant* que "As leis não são só palavras, cujo sentido seja dado pelo intérprete; são também sentidos, e entre estes incluem-se os sentidos do legislador que ficaram perceptíveis no texto".

Já MANUEL DE ANDRADE (*Ensaio sobre a teoria da interpretação das leis*, cit., 27) referia com ênfase que "interpretar em matéria de leis, quer dizer não só descobrir o sentido que está por detrás da expressão, como também, dentre as várias significações que estão cobertas pela expressão, eleger a verdadeira e decisiva". Na verdade, a plurisignificatividade de um texto, ao implicar uma escolha por parte daquele que aplica, surge como o traço característico da interpretação: a escolha ou opção pelo sentido adequado.

É por isso, aliás, que, no domínio da fiscalização concreta da constitucionalidade, o recurso para o Tribunal Constitucional é susceptível de ser interposto da decisão no sentido em que acolheu ou rejeitou determinada norma cuja constitucionalidade tenha sido questionada e não do conteúdo da decisão tomado *de per si* (com ênfase, Ac. TC n.º 349/2000, DR II Série, 285, 19886ss, onde se reafirma de forma lapidar que "o nosso sistema de recurso constitucional é um recurso de inconstitucionalidade da norma e não da decisão").

Isto é, quando o tribunal interpreta ou aplica, de forma inconstitucional, determinada norma jurídica, atribuíndo-lhe um sentido que no limite contende com a *Lex Fundamentalis*, não é o *preceito qua tale* que é inconstitucional mas antes a interpretação ou a aplicação a que procedeu o tribunal *a quo*. Por exemplo, os Acórdãos 75/87 e 934/96 ou mais recentemente, com força obrigatória geral, o interessantíssimo Acórdão n.º 368/2000 em que se pode ler que "(...) o Tribunal Constitucional decide declarar inconstitucional, com força obrigatória geral, o art. 14.º n.º3, do Decreto-Lei n.º427/89 de 7 de Dezembro, na *interpretação* segundo a qual os contratos de trabalho a termo celebrados pelo Estado se convertem em contratos de trabalho sem termo, uma vez ultrapassado o limite máximo de duração total fixado na lei geral sobre os contratos de trabalho a termo, por violação do disposto no n.º 2 do art. 47.º". (DR, I Série, n.º 277, 30-11-2000).

904   João Zenha Martins

à face do problema decidendo, apenas existe uma *adequada*[268]. Não de trata de uma impossibilidade lógica do tipo *triângulo redondo*[269-270]. Diz-se que o triângulo redondo é impossível. Só que o impossível é o que não pode ser.

E como é que se fala de triângulo redondo se ele não é? Opera-se uma existência pelo menos mental. E nesta altura o que não pode ser é de qualquer maneira. Ao asseverar-se que o triângulo redondo não existe, está-se a dar por existente, como sujeito da proposição, aquilo que precisamente se garante não existir. A junção *triângulo* e *redondo* detém um significado unitário que tem o seu modo de ser no mundo das significações ideais, mas é evidência apodíctica que ao significado não pode corresponder nenhum objecto[271]. Viola-se o princípio da não contradição[272]. Por isso é impossível – X não pode ser não X na mesma relação.

A questão é se é possível manter as oposições e, por outro lado, ultrapassá-las. *Prima facie* dir-se-á que não. Mas como ultrapassar sem destruir?

Se considerarmos que a ultrapassagem é unir os opostos, cedo verificaremos que a dialéctica viola o princípio da não contradição. A união dos

---

[268] Ainda o Ac 128/84 em que se pode ler que "não é raro que uma mesma norma comporte **várias interpretações**" e que o "Tribunal Constitucional tem de determinar quais as interpretações que invalidam a norma e **qual** a que lhe garante subsistência válida no ordenamento jurídico" e também, porém não tão explicitamente, o Ac. 208-1/95 de 20--4-95.

[269] Nem tão pouco se quer significar uma adesão à distinção feita por KELSEN na *Teoria Pura do Direito*, 2.º ed. Tradução de J. BAPTISTA MACHADO, Coimbra, 1960, entre normas jurídicas (*Rechtsnormen*) e juízos jurídicos (*Rech.tssätze*). Só aos juízos jurídicos seria aplicável o princípio da não contradição, já que as normas *de per si* podem entrar em colisão (*Widerstreit)* ou oposição (*Gegensatz*), mas nunca em contradição. E se o Juízo *A* sobre a norma *A* que proíbe a conduta *Y* afirmar que esta é válida, e o juízo *B* sobre a norma *B* que permite a conduta *Y* afirmar a sua validade, as normas colidem mas não se contradizem. Os juízos *A* e *B* são ambos verdadeiros, o que significa afirmar que na mesma ordem jurídica Y é concomitantemente permitido e proibido...

[270] Segue-se *mutatis mutandis* ANTÓNIO JOSÉ DE BRITO, *Introdução à Filosofia do Direito*, ed. Rés, Porto.

[271] ADMUND HUSSERL, *Logische Untersuchungen*, 6.º ed., II, I, Max Niemeyer, Tubinga, 1980, 326.

[272] Aludindo ao princípio e ao jogo lógico que lhe está subjacente, alertando no entanto para os perigos do seu exacerbamento teórico-explicativo no domínio da insusceptibilidade de aplicação analógica de normas excepcionais e de normas integrantes de tipicidades taxativas, considerando-o neste sentido insuficiente, cfr. MENEZES CORDEIRO, *Da Boa Fé*, cit., 791.

Interpretação Conforme com a Constituição 905

opostos opera o seu desaparecimento como opostos e a dialéctica tem como pretensão não a sua destruição, mas a sua optimização. Sem unidade, não existe, assim, oposição. Os opostos só se opõem se estiverem em contacto. *Dois lutadores apenas lutam se estiverem abraçados.* A oposição na unidade é temporária. O que interessa, na circunstância, é que a unidade na oposição não viola o princípio da não contradição. Pelo contrário, atribui-lhe legitimidade.

Na verdade, a unidade apenas existe entre o X que não é e o não X, que não é X e em função dessa unidade é que pode haver oposição, ou seja, o X não é não X ,afasta-se e contra ele se afirma. A afirmação ou sobre-levação de um sentido, a opção por uma determinada solução, mostra-se muitas das vezes concitativa de tantas passagens pela fonte, matéria de facto, interpretação e aplicação, quantas as necessárias para a legitimação do seu sobrepujamento.

Existe uma necessidade de *compatificar* as zonas menos exploradas de certas dimensões da *problemática*, ponderando *in concreto* as conexões fácticas e normativas que emprestam ao contexto decisório uma configuração singular, formulando a regra de decisão. Sem formalismos nem conceptualizações excessivas.

Todos os factos recolhidos, trabalhados e sopesados conduzem a um sentido prevalente, a um resultado *unitário* aperfeiçoado pelo percurso desenvolvido, em que a oposição, divisada e subsequentemente superada, empresta à solução *final* uma base de justeza e legitimação reforçadas. Tudo isto, porque, conforme se enfocará, o problema central do *direito* não é de veracidade, mas antes de decidibilidade. Num pressuposto de articulação entre as proposições objectivas e a coerência e justificação exigidas para a solução colimada.

Trata-se, assim, de uma forma de os Tribunais (*maxime* o Tribunal Constitucional[273]) neutralizarem violações constitucionais, escolhendo a

---

[273] Pareceres da Comissão Constitucional n.ºs 28/77, 19/78, 32/81 e 18/82, *Pareceres*, respectivamente, vol. 3.º, 262, vol. 6.º, 77, vol. 17.º, 131, vol. 20.º, 22; Acórdãos da Comissão Constitucional, n.ºs 88, 116 e 219, *Apêndice ao Diário da República*, respectivamente de 3 de Maio de 1978, 3/5/78, 31ss, 31-12-79, 25ss e 16-4-81, 28ss; Acórdãos n.ºs 46/84, de 23 de Maio de 1984, DR, 2.º série, de 13 de Julho de 1984; 128/84, de 12 de Dezembro de 1984,DR, 2.º série de 12 de Março de 1985; 63/85 de 16 de Abril de 1985, DR 2.º série de 12 de Junho de 1985; 389/89 de 18 de Maio de 1989, DR, 2.º série, de 14 de Setembro de 1989; 63/91, DR, 2.º série, n.º 150, de 3 de Julho de 1991; Ac. 351/91; Ac. 370/91, DR, II Série, n.º 78, 2 de Abril de 1992; Ac. 35/92 de 2 de Julho de 1992, DR, 1.º série, de 31 de Julho de 1992; Ac n.º41/95 in *Acórdãos do Tribunal Constitucional*, vol. 30, 1995, 373-381; n.º 251/95 DR 17-5-95; n.º 608/95 de 8-11-1995, DR-II de 19-3-

906   João Zenha Martins

via conducente a um juízo de compatibilidade do acto normativo com a
Constituição.[274-275]

-1995; n.º 144/96 de 7-2-96; n.º 740/95 de 19-12-95; n.º 375/96 de 6-3-1996, DR, II-B,
11-7-96, n.º 159, 9343ss; n.º 534/98 de 22 de Janeiro e Ac. n.º 327/99 (ainda a declaração
de voto da Conselheira Maria Fernanda Palma aposta ao Ac. n.º 176/2000 in DR II, n.º
249, 27-9-2000 em que se curou da pretensa automaticidade de uma pena de *perdimento*
de um veículo).

[274] Neste domínio, irrompe a questão das *decisões interpretativas de rejeição*: o
Tribunal Constitucional, através de uma *interpretação conforme com a Constituição*, considera não inconstitucional uma norma que havia sido considerada inconstitucional pelo
Tribunal *a quo*, atribuindo-lhe um sentido adequado. Cfr. Ac. TC 63/85, DR, 12-6-85.

Sobre a questão VITALINO CANAS, *Introdução às decisões de provimento*, 2.º ed.
revista, Lisboa, 81ss; NUNES DE ALMEIDA, "O Tribunal Constitucional e as suas decisões"
in BAPTISTA COELHO (org.), *Portugal, Sistema Político e Constitucional*, 941ss; GOMES
CANOTILHO/VITAL MOREIRA; *Constituição da República*, cit., 1014ss. A questão premente
que se coloca ainda a este propósito atina com a delimitação da competência interpretativa
do Tribunal Constitucional e dos demais Tribunais. Cfr. J. GOMES CANOTILHO, "Para uma
teoria pluralística da jurisdição constitucional no Estado constitucional democrático português", *Revista do Ministério Público* 1988, n.º 33/34, 27 e RUI MEDEIROS, *A decisão de
inconstitucionalidade*, cit., 300ss, 317ss.

Ou seja, se a interpretação conforme com a Constituição feita pelos tribunais, que
possa ser configurável como uma declaração de inconstitucionalidade parcial, não esvazia
os poderes de fiscalização do TC (importando demarcar neste domínio a decisão interpretativa da decisão de inconstitucionalidade parcial), e *ex adverso*, se o TC, louvando-se
neste *critério* de interpretação, pode impor aos tribunais em geral a sua própria interpretação da lei, afastando *hoc sensu* as interpretações jurisdicionais desconformes com a
Constituição através da fixação do sentido adequado.

[275] Neste quadro oferece particular interesse o Ac. TC n.º 162/95 (processos n.ºs
206/94 e 291/94 in *Acórdãos do Tribunal Constitucional*, vol. 30, 1995, 307-320).

Neste aresto, relativo à apreciação do acto legislativo extintivo da *CNN-Companhia
nacional de Navegação EP* e da *CTM-Companhia Portuguesa de Transportes Marítimos
EP*, na parte em que incide sobre a extinção por caducidade dos contratos de trabalho, o
TC recusou-se a interpretar as normas em questão *conformemente* com a Constituição,
argumentando *obiter dictum* que o que "estaria em apreço seria uma interpretação conforme à lei fundamental, não daquelas normas, mas, isso, sim, do ordenamento geral
regente da cessação do contrato de trabalho, o que, como é claro, não é objecto do presente
processo".

A orientação seguida merece substancial discordância. Na verdade, de tudo o que
se tem visto, um enunciado jurídico nada significa de forma descontextualizada – a sua
composição lógica apenas aparece determinada através de uma relação global. O art. 9.º,
determinando o atendimento à unidade do ordenamento jurídico, impõe a leitura do texto
na integralidade, postulando a conexão de significado da lei com os respectivos princípios
rectores e as opções legislativas globalmente consideradas. Como refere LARENZ (*Metho-*

Na mesma linha, e para determinados efeitos, as normas são segmentadas ou multidimensionadas no instituto de delimitação do juízo de constitucionalidade. São as decisões de simples *inconstitucionalidade parcial*[276], arrimáveis no princípio da interpretação adequadora (*interpretazione adequatrice*).

Este fraccionamento em componentes relativamente autónomas projecta o campo subjectivo (âmbito pessoal), objectivo (situações abrangidas) e temporal (período de vigência), de forma autonomizada, de molde a evitar um juízo *in toto* de inconstitucionalidade.

É o que sucede de forma recorrente em interpretações colidentes com o princípio da igualdade – por abranger sem fundamento razoável (*vernünftiger Grund*) apenas uma categoria de pessoas – em que, não obstante a invalidade do segmento subjectivo com fundamento em discriminação, se pode deixar intocada a disciplina que a norma traz ínsita se esta tiver significado autónomo e neste sentido introduzir um *quid pluris*[277]. Traduz-

---

denlehre der Rechtswissenschaft, cit., 488), "uma vez que o sentido literal delimita a interpretação *possível* de uma disposição, é recomendável começar por ele; com isso, é-se logo conduzido ao contexto significativo, em que esta disposição surge na relação com outras. Este deve, por sua vez, ser visto tomando como pano de fundo o escopo da regulação".

O Tribunal Constitucional, restringindo a sua apreciação à concreta proposição em análise, declarando-a inconstitucional (art. 4.° do DL n.° 137/85 e al. c) do n.° 1 do art. 4.° do DL n.° 138/85), esvaziou em muito o princípio da interpretação conforme com a Constituição de que já tinha feito uso em ocasiões diversas, recusando-se assim, perante o problema em análise, a chamar *todo o Direito a depor*.

276 De difícil distinção face às decisões modificativas. Cfr. VITALINO CANAS, *Introdução às decisões de provimento*, cit., 46ss, 181ss e RUI MEDEIROS, *A decisão de inconstitucionalidade,* cit., *maxime* 486ss.

277 Sustentando a limitação da decisão de inconstitucionalidade à parte em que a lei restringe o seu âmbito de aplicação, GOMES CANOTILHO/VITAL MOREIRA, *Constituição da República Portuguesa anotada*, cit., 129; IDEM, *Direito Constitucional..*, 6.° ed.,cit., 1078.

Com agudeza, questionando a relação (objectiva e/ou fundada na intenção do legislador) que fundamenta a situação de dependência ou interdependência e o efeito de arrastamento da inconstitucionalidade da própria lei que dependa *ex vi constitutionis* da parte viciada relacionado com a ausência de competência do TC para fixar interpretativamente o sentido da regulamentação, RUI MEDEIROS, *A decisão de inconstitucionalidade,* cit., 418ss.

O Autor, dentro de uma lógica *als ob*, avança com a necessidade de uma declaração de invalidade total quando as normas não viciadas fiquem "comprometidas ou desequilibradas em consequência de uma decisão de inconstitucionalidade que atingisse apenas as normas inconstitucionais". De outra parte, pode haver redução da lei sem amputação do texto – basta pensar na distinção acima enunciada entre norma e enunciado

908   João Zenha Martins

-se *hoc modo* numa forma de evitar uma absoluta destruição do acto sujeito a apreciação, implicitando-se uma *separability clause* e estabelecendo-se uma incomunicação da nulidade[278].

Ou seja, uma vez mais avulta o objectivo de salvação na *medida do possível* da regulação da lei, sendo que a Interpretação conforme com a Constituição, como se notou, tem um âmbito de aplicação mais vasto, abrangendo também o *postulado de maximização* das normas constitucionais ante duas vias interpretativas possíveis[279], mesmo que constitucionalmente não desconformes[280].

---

linguístico que justifica a chamada inconstitucionalidade parcial sem redução do texto (*Teilnichgerklärung ohne Normtextreduzierung*).

Ainda na mesma linha, e relevando a necessidade de a *relação Constituição-norma* ter de ser feita in *concreto* (porque o juízo de inconstitucionalidade refere-se às normas como realidades jurídicas e não como enunciados linguísticos), veja-se, por exemplo, os Acs. 160/90 e 209/90. A questão colocada atinava com a constitucionalidade do preceituado no c 192.° n.° 2 do Código das Custas Judiciais (na redacção anterior à vigência do DL 387/B/87. Conforme se pode ler no Ac. 160/90, "a norma em causa apenas poderá ser considerada inconstitucional quando, por insuficiência de meios económicos, impeça o acesso aos tribunais, no caso concreto, o seguimento da via de recurso aberta por lei".

No caso analisado, o recorrente não havia requerido e obtido a concessão do benefício da assistência judiciária na modalidade de dispensa do pagamento de custas, pelo que estava legitimamente sujeito ao pagamento de custas, não havendo neste sentido qualquer contendência com o disposto no art. 20.° da Lei Fundamental. Ainda sobre a questão, declarando inconstitucional, por violação do n.° 1 do art. 20.° CRP, o art. 8 n.° 3 do Código das Custas Judiciais, quando aplicado em recursos de decisões que concedam apenas parcialmente o apoio judiciário requerido, dado não estabelecer a necessidade de convite ao recorrente para indicar o valor da sucumbência, veja-se o AC TC n.° 247/99, II Série, n.° 161, 13-7-1999, 10152ss.

[278] GOMES CANOTILHO, Direito Constitucional, 3.° ed., cit., 955. Distingue-se ainda a *inconstitucionalidade parcial horizontal ou quantitativa* – Ac 123/84 – e *a inconstitucionalidade parcial qualitativa (ideal ou vertical)* – Acs. 75/85, 143/85 e 336/86. Neste campo surge sempre, de forma incontornável, a questão *Qui custodiet custodiem?*

[279] V. Ac. TC 71/87 de 18/2/87 in DR, II Série, 100,2-5-87, 5598, em que se pode ler que "embora o Tribunal Constitucional tenha a faculdade de, em vez de concluir pela inconstitucionalidade da norma com o entendimento que lhe foi dado pelo tribunal *a quo* optar por não a julgar inconstitucional adoptando a segunda interpretação assinalada (...), não é necessário, no presente caso, utilizar tal faculdade, já que, por um lado, com o juízo de inconstitucionalidade parcial da norma, se obtem rigorosamente o mesmo resultado, e, por outro lado, a interpretação dada à norma na decisão recorrida não deixa de caber na letra do preceito, não é garantido que esteja totalmente fora do seu espírito, e foi aceite pacificamente por todos os intervenientes nos autos, incluindo o recorrente".

[280] VITALINO CANAS, *Introdução às decisões de provimento*, cit., 92. No âmbito da

3.2. *A maximização das normas constitucionais*

No que tange ao *postulado de maximização das normas constitucionais*, aprumam-se duas observações.

Primo, a sua significância constitui antes de tudo uma manifestação do princípio de prevalência normativo-vertical que exprime uma relação de subordinação do direito inferior ao direito superior (*vertikaler Normendurchdringung*)[281]. O intérprete deve orientar-se para a opção pelo sentido mais consentâneo com a teleologia constitucional, ainda que, perante as vias interpretativas possíveis, não esteja na fronteira da inconstitucionalidade.

Trata-se de um fundo comum às modalidades de interpretação conforme enunciadas. É um *princípio* de integração hierárquica que exige a interpretação em função do direito superior, mas cuja horizontalidade é recortada a partir das conexões de sentido que funcionam como *omnia movens* de todo o ordenamento jurídico. "Baseia-se este subsídio interpretativo no postulado de coerência intrínseca do ordenamento jurídico"[282].

O sistema interno de uma ordem jurídica, como axiológico ou teleológico que encontra na Constituição o seu *planum principalis,* dimensiona, como se notou *ex ante,* o argumento sistemático como uma forma especial de fundamentação teleológica que, como tal, assume desde logo o maior relevo[283].

A Ciência do Direito, que pertence às ciências compreensivas, não se compagina com um sistema conceptual abstracto, exigindo conceitos determinados pela função e com princípios (isto é com o sistema interno[284])

---

jurisdição constitucional a interpretação conforme feita pelo TC, atenta a sua estrutura fisionómica de estrito controlo (reconhecida aliás de forma muito clara no Ac. n.° 271/92), não vincula o Tribunal *a quo* ao contrário do que sucede nas decisões de inconstitucionalidade parcial (contra JORGE MIRANDA, *Manual...,* II, cit., 266 e, por exemplo, Acs 351/91 de 4-7-91 e 208/95 de 20/04/95). Adjacentemente, as decisões de inconstitucionalidade perfilam-se *integrativas, substitutivas* ou *aditivas,* acabando por implicar o efeito complementar correspondente a um desses qualificativos. *Vide* RUI MEDEIROS, *A decisão de inconstitucionalidade,* cit., 416ss e Ac. TC 071-1/787 de 18/2/87 in DR, II Série, 100,2--5-87, 5598,

[281] Assim, FREITAS DO AMARAL, integrando a conexão vertical de normas, "de baixo para cima", na "unidade do sistema jurídico" (*Sumários de Introdução ao Direito,* 2.° ed, cit., 90-91).

[282] BAPTISTA MACHADO, *Introdução ao Direito...,* cit., 183.

[283] CANARIS, *Systemdenken und Systembegriff in der Jurisprudenz,* cit., 153.

[284] Não obstante a superação tradicional da contraposição sistema externo/sistema

que rompam as tendências acomodatícias aos métodos das ciências exactas. Os princípios ético-juridicos antepõem-se assim à regulação, nos quais se patenteia a referência de sentido dessa regulação à ideia de Direito[285], dimensionando a interacção entre o fim e o objecto[286].

A interpretação conforme com a Constituição recorta-se neste contexto como um princípio geral de interpretação, não constituindo uma solução estranha ou anómala[287].

Não se trata, tão pouco, da defesa de uma *Teoria do Mínimo Dano à Constituição*. Esta *teoria* radica numa artificial compartimentação entre a Constituição e o ordenamento jurídico, implicando um *claire et distincte* das estruturas formais e abstracto-dedutivas e desconsidera a juridicidade (dirimente da dicotomia legalidade/constitucionalidade).

Seguindo CASTANHEIRA NEVES[288], a interpretação conforme com a Constituição traduz-se "num argumento sistemático referido à totalidade do sistema jurídico, ou à própria unidade da ordem jurídica, através de uma certa combinação da intencionalidade normativa daqueles dois níveis[289] (...) para uma função unitária e sistematicamente integrante". Não há qualquer fosso entre a ordem constitucional e a ordem jurídica em geral[290].

É, no fundo, a consideração de que o aplicador-intérprete deve, sem exorbitância da sua esfera parametrizada de decisão, proceder à *de-finição* de soluções adequadas para dirimição dos diferentes e concretos casos que lhe cabe apreciar, em explicitação da intenção do legislador, cuja actividade é moldada pelo programa constitucional. Fá-lo, tendo sempre pre-

---

interno. Não existe contraposição mas antes indissociabilidade. É o sistema externo que permite conhecer as conexões materiais do sistema interno, que, enquanto tal, é uma realidade onticamente inerente ao Direito.

[285] LARENZ, *Methodenlehre der Rechtswissenschaft*, cit., 470.

[286] DWORKIN, *Taking Rights Seriously*, cit., 85ss.

[287] O que não sucede quanto à interpretação de preceitos de Direitos Internacional. O próprio Direito Internacional formula cânones hermenêuticos (arts.° 31.° a 33.° da Convenção de Viena de 1969) e a interpretação dos tratados, à luz da boa fé nas relações internacionais, tem de ser harmonizada entre os diferentes Estados Partes (sem embargo da emissão de reservas quando admitida – art. 19.° da Convenção de Viena). V. RUDOLF BERNHARDT, "Evolutive Treaty Interpretation, Especially of the European Convention on Human Rights", *German Yearbook of International Law*, n.° 42, 1999, Walther – Schücking-Institut für Internationales Recht, Duncker & Humblot, Berlim, 11-26 e JORGE MIRANDA, *Manual...II*, cit., 264.

[288] *O instituto dos assentos,* cit., 294-295.

[289] O nível jurídico-constitucional e o nível jurídico-legislativo ordinário.

[290] RUI MEDEIROS, *A decisão de inconstitucionalidade* cit., 297.

Interpretação Conforme com a Constituição 911

sente que a lei, uma vez aprovada, se aparta da vontade do órgão que a produziu, incorporando a axiologia do sistema e adquirindo vida própria.

Por isso, nesta *vertente* da interpretação conforme com a Constituição, a preferência pelo sentido maximizador da teleologia constitucional (abrangendo não só as normas como também os princípios programáticos), numa óptica de aplicação consentânea com o princípio que se entrevê por trás do seu alcance, tanto pode aportar o decidente a uma aplicação em sentido estrito ou literal[291] (sem que com isto se pretenda denegar a pertinência do próprio processo interpretativo atribuindo ao intérprete uma função puramente receptiva), quanto a uma necessidade de *acertamento do passo* com as exigências desenvolutivas que os princípios constitucionais irradiam.

"Cada jurista, quando tem de interpretar ou de aplicar uma regra que não se adeque como deve ser ao resto do sistema, esforça-se por inflectir de tal maneira que seja conforme a outras regras. Neste sentido, o jurista pode até neutralizar a intenção do legislador"[292]. O mesmo é dizer que é no plano fundamentante e constituinte que o pensamento jurídico alcança o critério decisivo para a interpretação do direito ordinário. Conforme nota JORGE MIRANDA, "a interpretação conforme à Constituição não consiste, então, tanto em escolher entre vários sentidos possíveis e normais de qualquer preceito o que seja mais conforme com a Constituição quanto em discernir no limite – na fronteira da inconstitucionalidade – um sentido que, embora não aparente ou não decorrente de outros elementos de interpretação, é o sentido necessário e o que se torna possível por virtude da força conformadora da Lei Fundamental. E são diversas as vias que, para tanto, se seguem e diversos os resultados a que se chega: desde a

---

[291] Liderante, BverfG 14 de Maio de 1985, BverfGE 69, 315, 372. Nesta decisão, o *Bundesverfassungsgericht* censurou o *Oberverwaltungsgericht* por ter restringido interpretativamente os direitos previstos numa lei que concretiza a garantia constitucional das liberdades de reunião e de manifestação. Considerou-se que se é certo que os limites condicionantes da *Rechstfortbildung* inscritos no artigo 20 III da GG ficam providos de alguma vagueza ao entender-se que o direito não se exaure na lei, não é menos certo que uma disposição legislativa com projecção actuante ao nível uma liberdade constitucionalmente garantida não pode ser interpretada de molde a restringir um direito que passou a ser assegurado. Impôs-se assim uma interpretação literal, tendo o Tribunal Constitucional Federal recorrido *inter alia* ao facto de o *Reichsgericht* durante o *III Reich* ter enveredado por políticas opostas, invocando, ainda e também, a projecção do princípio *Nullum crimen, nula poena sine lege* e o seu não confinamento ao estrito domínio do direito penal.

[292] P. HAYECK, *Droit, Législation et Liberté, I Régles et Ordre* (trad. fr.), Paris, 1980, 77.

interpretação extensiva ou restritiva à redução (eliminando os elementos inconstitucionais do preceito ou do acto) e, porventura, à conversão (configurando o acto sob a veste de outro tipo constitucional)"[293].

Mas isto tem, desde logo, uma consequência de maior importância, que nem sempre tem sido enfocada pela doutrina: restringe o *postulado de conservação das normas legais*. Na verdade, se o princípio da democracia económica e social constitui um elemento fundamental (*Letztelement*) de interpretação, na forma de interpretação conforme com a Constituição[294] (e se este aponta para a *proibição de retrocesso social*, também designado como "proibição de uma evolução reacionária[295]) em caso de dúvida, e por via de uma consideração potenciadora desta matriz principiológica, formular-se-á um juízo de inconstitucionalidade tendo em mira a maximização operativa do texto constitucional.

De outra parte, o sub-princípio que sufragamos, da interpretação conforme com os direitos fundamentais[296]. Ou seja, no âmbito das normas atributivas de direitos fundamentais, verdadeiros valores estruturantes da ideia de direito e fundamentos da base antropológica da Constituição, o intérprete-aplicador deve optar sempre pela interpretação que com estes mais se mostre conforme[297], interpretando e aplicando o direito legal "tomando como «direito de decisão» os direitos, liberdades e garantias"[298].

---

[293] JORGE MIRANDA, *Manual...*, II, cit., 264 e 265.

[294] GOMES CANOTILHO, *Manual de Direito Constitucional, 3.º ed.*, cit., 328.

[295] GOMES CANOTILHO, *Manual de Direito Constitucional, 3.º ed.*, cit, 326. Este aspecto, se considerado *in extremis,* pode traduzir um cerceamento do poder legislativo--conformador das maiorias democraticamente eleitas e das opções tomáveis pelas gerações futuras, agrilhoando-as a opções legislativas tomadas por governos anteriores (até em fim de mandato!) num campo em que, *prima facie*, a Constituição, dentro dos seus parâmetros, atribui um espaço de abertura ao legislador.

[296] GOMES CANOTILHO, *Direito Constitucional, 6.º ed.,* 588; IDEM, "Anotação ao Ac. TC n.º 70/90 – Processo n.º 229/89", RLJ, n.º 3972, ano 123, 1990-1991, 89-97.

[297] Assim, Ac TC n.º 411/99, DR, II, n.º 59, 10-4-2000, 4752-4754. Estando em apreciação um preceito do Estatuto da Aposentação que estabelecia um fraccionamento do tempo de trabalho para efeitos de aposentação, e havendo factualmente o auferimento de duas pensões de aposentação que colidia com o mencionado normativo, a Relatora Maria Helena Brito declarou inconstitucional o preceito por contrariar o princípio do aproveitamento total do tempo de trabalho para o cálculo das pensões de velhice e invalidez consagrado no art. 63.º n.º 4. O princípio da interpretação conforme com a Constituição, na vertente de maximização do direito fundamental consagrado, foi colacionado para a *fundamentação* da decisão.

[298] GOMES CANOTILHO, "Anotação ao Ac. TC n.º 70/90 – Processo n.º 229/89", cit., 97.

Interpretação Conforme com a Constituição 913

Neste contexto, a interpretação conforme com a Constituição alberga duas dimensões de difícil harmonização, sendo difícil o desenho de um traçado unitário[299]. A *salvação* de uma lei não pode ser desenvolvida de

---

[299] GOMES CANOTILHO e VITAL MOREIRA em *Constituição da República Portuguesa anotada*, cit., 672, com base no princípio democrático representativo e na preeminência legislativa da Assembleia da República, advogam que, em caso de dúvida, deve ser preferida "a interpretação mais favorável ao alargamento da competência reservada da AR". O que equivale a dizer que um Decreto-Lei pode ser declarado inconstitucional à luz desta visão maximizante da reserva de competência da AR, contrariando também o postulado de conservação das normas jurídicas que aponta para a opção por um sentido não inconstitucional.

O Tribunal Constitucional tem contudo neste domínio seguido orientação não totalmente arrimada na *doutrina* dos Autores coninbricenses, indagando caso a caso da *violação* de reserva (veja-se aliás o ponto IV do Sumário do Acordão do Tribunal Constitucional de 30 de Julho de 1985: "não se (pode) falar de um princípio geral de direito constitucional que mande favorecer, na determinação do âmbito da reserva legislativa parlamentar, o entendimento que conduza ao alargamento da mesma reserva"). Por exemplo, relativamente à questão das normas penais em branco, considerou nos Acs. 427/95 de 6 de Julho de 1995 e n.º 534/98 de 22 de Janeiro, ainda que com fundamentos dissemelhantes, que, não existindo inovação por parte das normas concretizadoras (havendo uma concretização meramente técnica ou informativa), permanece intocável o âmbito de reserva de competência da AR, bem assim os princípios concretamente adjacentes à temática – legalidade, tipicidade. No último aresto, a Conselheira Maria dos Prazeres Beleza, louvando-se no critério do valor probatório da remissão, e aludindo a uma interpretação conforme com a Constituição, não considerou inconstitucional a *deslegalização* operada (sobre esta concreta questão, v. TERESA BELEZA/FREDERICO DA COSTA PINTO, *O Regime Legal do Erro e as Normas Penais em Branco (Ubi lex distingiut...)*, Almedina, Coimbra, 2000, maxime p 36ss). Mais recentemente, relativamente à inserção do *ius aedificandi* na essência do direito de propriedade (para efeitos de reserva legislativa da assembleia da República ou da necessidade de uma lei de autorização legislativa), o TC não considerou inconstitucionais as normas constantes do Decreto-Lei n.º 351/93 (integrando-as no art. 9.º do DL 48051), estando em análise no plano constitucional o art. 165.º b). *Vide* também os Acs. n.º 331/93 e 329/99, DR II Série, n.º 167, 20-7-1999.

No que toca aos direitos fundamentais, havendo que fazer uma leitura integrada de todos eles de molde a *garantir-lhes* uma sã convivência, importa estabelecer uma cláusula de sociabilidade entre os direitos que, quando não expressa na Constituição, vai ser encontrada na teoria dos limites externos. Ou seja, a identificação do âmbito de protecção normativa do direito (*tatbestand*) afectado, é na verdade, o *prius*, porquanto, só depois de se aferir o que aí cabe e não cabe, se torna possível qualificar a intervenção como restritiva ou como mera conformação. São por isso, na nossa opinião, de rejeitar as teorias restritas do *Tatbestand*, que, escudadas em limitações desenhadas apriorística e internamente, escoradas por uma noção de interesse comunitário ou por uma definição de modalidades específicas de exercício do direito, encobrem o que, as mais das vezes, constituem restri-

forma acriticamente arrimada no *favor-actus* (funcionando como alavanca metódica da Lei Fundamental[300]), pelo que só será possível quando não ultrapasse a dimensão da operacionalidade material da Constituição e não a ampute da sua força axiológica irradiante.

Certa, neste domínio, é a consideração de que a interpretação constitucional participa com inequivocidade no processo de interpretação geral das leis, sendo os princípios que informam a Constituição pontos de referência firmes que não podem ser preteridos e que têm uma função materialmente integrante.[301]

ções externas ao âmbito de protecção da norma, eximindo-se assim, não só à construção de uma argumentação legitimadora da sua procedência como também, neste domínio específico, ao princípio da reserva de lei quanto à imposição de restrições. Em sentido diferente, optando pela teoria do *Tatbestand* restrito, VIEIRA DE ANDRADE, *Os direitos fundamentais...*, cit., 219.

[300] GOMES CANOTILHO, *Constituição dirigente*, cit., 405.

[301] Neste espaço, pode emergir uma relação *transpositiva*. Se a lei alberga três sentidos *in abstracto* possíveis, defluentes da consideração de outros tantos elementos *dissonantemente* conducentes (por exemplo, lexicológico, trabalhos preparatórios e *occasio legis*) – A, B e C – o elo entre o sentido A e o sentido B, válido para os dois e com validade para a conexão entre B e um terceiro sentido C, fica a valer numa relação entre A e C. Sinopticamente, se o intérprete, após uma valoração contexturada da lei, *prefere* A a B e B a C, o intérprete tenderá a escolher, sem matematismos, A a C. Se, na mesma relação triangular, apurar que A conduz a uma solução inconstitucional, B primará sobre A e C.

O mesmo passar-se-á, *mutatis mutandis*, se B maximizar a teleologia constitucional, sendo todas as vias interpretativas possíveis constitucionalmente conformes.

Contudo, a transposição (*Umsetzung*) não significa exclusão. Implica, ao contrário, simbiose. Quer num caso, quer noutro, o intérprete-decisor considerará os elementos lógico-jurídicos fornecidos por A, B e C (o percurso interpretativo esgotado), desenhando *criativamente* a solução, num quadro de confronto com os vectores essenciais do sistema e de legitimação argumentativa.

É que toda a decisão, para além do inamovível momento descritivo e identificador, incorpora ainda os elementos extraídos do *iter* explicativo/ordenador que permitem a legitimação da solução encontrada e lhe infundem uma determinada fundamentação, numa fase decisória em que as coordenadas básicas do sistema inculcam apenas uma decisão *adequada* em face das variáveis histórica, geografica e normativamente subjacentes. Porque, não sendo a decisão uma solução *one shot*, o seu processamento consiste, mediante a sucessão da actividade dos diversos núcleos de função envolvidos, na compressão por fases, da situação de análise até ao *punctum cruxis* de conversão desta num bloco, o resultado final de contornos exteriores definidos e nomeados pelo sistema e que alberga no seu interior, no *punctum confluens* resultante do processo de compressão (*die Verdichtung*), a originalidade, a diferença, a singularidade da situação originária que justificam a integralidade do discurso juscientífico.

4. Interpretação com função *correctiva*

No *espaço* da interpretação conforme com a Constituição é imperioso curar da validade da atribuição de uma função correctiva arrimada na sua significância, sabendo da possibilidade de corrigir os erros jurídico-políticos do legislador ou de contrariar o teor da lei interpretanda à sua luz. Importa saber se o intérprete, com fundamento na Constituição, pode empreender a chamada interpretação correctiva ou investigação modificativa do direito (*abändernde Rechtsfindung*) face à sua contundência com a Lei Fundamental.

Ex hypothesy, uma lei que trata de forma uniformizada situações materialmente distintas que postulam um tratamento diferenciado. Neste caso faz-se intervir a dimensão teleológica do princípio da igualdade como factor correctivo da norma, deficiente por causa da sua universalidade (*correctio legis in quo deficit propter universalitatem*) e procede-se à sobredita redução teleológica[302]. Esta está para a interpretação restritiva como a aplicação analógica está para a interpretação extensiva.

Especialmente a doutrina alemã – por exemplo CANARIS[303] e LA-RENZ[304] – invoca o requisito da imperfeição insatisfatória no plano do todo jurídico (*eine unbefriedigende Unvollständigkeit innerhalb des Rechtsganzen*), contrária a um plano (*planwidrige Unvollständigkeit*) ou à principiologia imanente. Trata-se, então, de um desenvolvimento *extra legem* mas *intra jus*, dentro do quadro da ordem jurídica global e dos princípios jurídicos que a animam[305].

Noutra perspectiva (extensional), uma lei que consubstancia uma "nota negativa distintiva de previsão" (*negatives Tatbestandsmerkmal*), circunscrevendo a um conjunto de cidadãos, sem fundamento material

---

[302] Assim LARENZ, *Methodenlehre der Rechtswissenschaft*, cit., 595, apontando para o desenvolvimento do Direito de acordo com a natureza das coisas, refere que "a natureza das coisas é de grande importância em conexão com a exigência da justiça de tratar igualmente aquilo que é igual e desigualmente aquilo que é desigual; ela exige ao legislador e, dado o caso, ao juíz que diferencie adequadamente".

[303] *Systemdenken und Systembegriff in der Jurisprudenz*, cit., 223ss, referindo que "as normas contrárias ao sistema podem, por causa da contradição de valores nelas incluída, atentar contra o princípio constitucional da igualdade e, por isso, serem nulas". (p. 225). O critério, sempre aferido em concreto, será o do desembocamento em situações arbitrárias. Em sentido idêntico, CASTANHEIRA NEVES, *O instituto dos "assentos"*, cit., 231ss.

[304] *Metodologia,* cit., 560-565.

[305] Sendo evidentemente inepto, na sua pureza, o provérbio: *Ubi lex non distiguit, nec nobis distinguere licèt.*

916   *João Zenha Martins*

bastante, um programa de benefícios sociais[306]. A norma existe. Nestes termos, de forma *eo ipso* insatisfatória, injusta, inconstitucional mas existe. Opera-se um contraste entre a regulamentação vigente e aquela que a Constituição impõe como necessária e adequada. *Id est*, a lei, neste plano, não contém uma norma que *devia* conter.

A questão fundamental é a de saber se esta imperfeição da lei pode legitimar uma interpretação correctiva (*corrigendi causa*), face à detecção de uma lacuna imprópria (*unechte Lücken*), postulando do intérprete aplicador uma actuação complementadora (*supplendi causa*) de molde a conformar a norma com a Constituição[307] – *supplet praetor in eo, quod legi deest*.

Dir-se-á que a Ciência do Direito, perante situações de injustiça, não deve ficar desarmada, encobrindo-se em expedientes formais. E que o intérprete não pode sacrificar o princípio da supremacia da Constituição (*Vorrang der Verfassung*) em favor da omnipotência do legislador. Mas a norma, sendo declarada inconstitucional, é afastada do ordenamento jurídico. Terão o princípio do *favor legis* e da economia processual potencialidades suficientes para possibilitar que o intérprete faça a reconstrução (*Umbau*) de uma norma que não esteja devidamente explicitada no texto?

A questão surge envolta num espectro político constitucional, que bule não só com a determinação das relações entre o Tribunal Constitucional e os demais tribunais como também com a relação entre a jurisdição e o legislador, conlevando, *in casu*, a dimensão do princípio da separação de poderes.

Como refere LARENZ, "interpretar (...) é fazer falar o texto, sem acrescentar ou omitir o que quer que seja"[308] – o que constitui desde logo

---

[306] LARENZ, *Methodenlehre der Rechtswissenschaft*, cit., 531, "Se a lei regula uma determinada situação de facto A de uma maneira determinada, mas não contém nenhuma regra para o caso B, que é semelhante àquele no sentido da valoração achada, a falta de uma tal regulação deve considerar-se uma lacuna da lei".

[307] *In casu* uma *extensão teleológica*. O texto não ignora a destrinça que é comummente estabelecida entre interpretação correctiva e redução teleológica. A doutrina germânica aborda a temática no quadro da "complementação ou desenvolução do Direito" (*Rechtsfortbildung*). Por exemplo, ENGISCH, *Einführung in das juristische denken*, cit., 335-342; CANARIS, *Systemdenken und Systembegriff in der Jurisprudenz*, 212 ss e LARENZ, *Methodenlehre der Rechtswissenschaft*, 556, enquadram a redução teleológica na interpretação restritiva (ou, noutra perspectiva correctiva).

Entre nós, autonomizando dogmaticamente a interpretação correctiva da redução teleológica e da interpretação restritiva, OLIVEIRA ASCENSÃO, *O Direito. Introdução e teoria geral*, cit., 409-412 e MENEZES CORDEIRO, *Da Boa Fé*, cit., 790.

[308] LARENZ, *Methodenlehre der Rechtswissenschaft*, cit., 377.

Interpretação Conforme com a Constituição   917

uma decorrência do quadro sistemático de interdependência relacional dos órgãos de soberania, onde através da procura de um arranjo óptimo de competências diversas, se intenta uma repartição, operativamente equilibrada, das respectivas esferas (*"La pouvoir arrête le pouvoir"*),[309] mas que, neste concreto vector, não pode significar uma restrição da *jurisdictio* à simples aplicação de diplomas[310]. Existe um poder judicial autónomo de decisão jurídica que, através de uma actividade de mediação construtiva, tem de decidir em todas as circunstâncias com responsabilidade[311].

O Tribunal Constitucional pátrio tem considerado que a interpretação conforme com a Constituição jamais poderá ultrapassar a "letra da lei e a clara vontade do legislador"[312], não podendo convolar-se em reconstrução de uma norma que não esteja devidamente explícita no texto. Refere o TC que a *Interpretação conforme* acaba quando "o teor verbal do texto a não a consente[313]" e que o intérprete não pode, escorado na revisão do conteúdo da lei, proceder a uma *subrogação* legislativa convolando-se em verdadeiro *legislador ad situationem*[314]. Porque a *interpretação conforme*

---

[309] *Hominum causa omne ius constitutum est.* HERMOGENIANUS, D.1.5 *(De statu hominum)*, 2.

[310] MENEZES CORDEIRO, "Da Alteração das Circunstâncias. A Concretização do artigo 437.° do Código Civil, à luz da jurisprudência posterior a 1974", *Separata dos Estudos em Memória do Prof. Doutor Paulo Cunha*, Lisboa, 1987, 7-8.

[311] HABERMAS, *Faktizität und Geltung: Beiträge zur Diskurstheorie des Rechts und des demokratischen Rechtsstaats,* cit., 294ss. O Autor, sustentando o conceito de racionalidade comunicacional, enfatiza a dinamização do discurso argumentativo em favor da realização de consensos, superando assim a subjectividade inicial de participantes diferentes (como dizia HERÁCLITO, "a razão é comum a todos mas as pessoas agem como se tivessem uma razão privada").

É com base no discurso argumentativo que se torna possível a realização do mundo objectivo e da intersubjectividade do seu contexto, tornando-se assim imperioso uma comunidade de convicções racionalmente motivadas.

[312] Acs. TC 254/92 in Acórdãos, 22, 83; 229/94, DR I-A, 32-4; 162/95, DR, I-A, 8-5. *Vide* Também GOMES CANOTILHO, *Direito Constitucional,* cit., 1227 e CARDOSO DA COSTA, "A justiça constitucional no quadro das funções estaduais vista à luz das espécies, conteúdo e efeitos das decisões sobre a constitucionalidade de normas jurídicas (relatório geral)", in *Justiça constitucional e espécies, conteúdo e efeitos das decisões sobre a constitucionalidade de normas,* Lisboa, 1987, 58.

[313] Ac. 229/94, DR I-A, 32-4.

[314] No direito romano o *ius praetorium* – o direito resultante da actividade do pretor, que interpretava, integrava e corrigia o *ius civile* – predominava sobre o direito proveniente das leis, dos plebiscitos, dos senatusconsultos e das constituições imperiais – o *ius civile*. Cfr. SEBASTIÃO CRUZ, *Direito Romano,* 4.° ed., Coimbra, 1984, Vol. I, 268.

com a Constituição só permite a escolha entre dois ou mais sentidos possíveis, mas nunca uma correcção do seu conteúdo.

Existe uma *jurisdição* constitucional. A inadequação da norma pode ser superada por via deste juízo, expurgando-se *hoc modo* aquela norma do processo de interpretação-aplicação. Sempre no pressuposto de que se a lei ficar sem efeito, a elaboração de outra lei em substituição da considerada inconstitucional é da competência do legislador[315].

Parece, contudo, excessivo considerar que a correcção do conteúdo da lei através da interpretação pode configurar uma *usurpação de funções*.

A interpretação correctiva (*remedial interpretation*) fundamentar-se-á na prevalência das normas e princípios constitucionais, assumindo-se como uma heteroconformação metódica[316]. À luz da actual concepção sobre a competência dos tribunais para o desenvolvimento do Direito, não pode haver dúvidas sobre a sua legitimidade, em princípio, para fazerem uma correcção, teleologicamente fundamentada, da lei[317].

---

[315] GOMES CANOTILHO, *Direito Constitucional*, 3.º ed., 1227; JORGE MIRANDA, *Manual* II, 265ss;

[316] BverfG 14 de Fevereiro de 1973, BverfGE 34, 269. No aresto esteve em análise um acórdão que havia condenado uma empresa de comunicação social a pagar à princesa Soraya uma quantia de 15000 DM por ter publicado informações sobre a vida privada da ex-esposa do imperador do Irão. Factualmente, a jurisprudência alemã anterior à Segunda Grande Guerra Mundial nunca havia concedido indemnizações a vítimas de um atentado contra um bem da personalidade (*Persönlichkeitsgut*) atendendo ao § 253 do BGB que limitava o ressarcimento financeiro de um dano não material às situações tipificadas (o direito de personalidade não constava do § 823).

A jurisprudência, no entanto, desde cedo ultrapassou esta questão, invocando para o efeito a Constituição e o reconhecimento insíto do *"direito ao livre desenvolvimento da personalidade"* como forma de inclusão do direito da personalidade (*das Persönlichkeitsrecht*) nos direitos civis legalmente previstos que conferem ao lesado uma reparação dos danos não materiais ocasionados, recebendo esta orientação a aprovação do *Bundesgerichthof*, ainda antes do seu exame pelo Tribunal Constitucional Federal.

O *Bundesverfassungsgericht*, numa passagem impressiva, validou a interpretação seguida, afirmando a necessidade de o juíz proceder a uma *"elaboração criadora do direito"* (*zu schöpferisher Rechtsfindung*) como forma de garantias das *"representações geralmente aceites da justiça"*, tendo curiosamente recorrido a um argumento de direito comparado (o art. 49 do Código Suíço das Obrigações), *pari passu*, com o quadro fundamentante desenhado na *Grundgesetz*.

A situação é também referenciada por MENEZES CORDEIRO, como reafirmação da criatividade da interpretação e do respectivo reconhecimento pela jurisdição constitucional – "Da Alteração das Circunstâncias. A Concretização do artigo 437.º do Código Civil, à luz da jurisprudência posterior a 1974", cit., 7-8.

[317] LARENZ, *Methodenlehre der Rechtswissenschaft*, cit., 569.

A interpretação criativa justifica-se pela obtenção de uma solução nova e mais adequada, tornando desnecessário o juízo de inconstitucionalidade (com a inerente abertura de um *buraco negro)* e dispensando as alterações legislativas para modificar e aperfeiçoar o Direito. É uma decorrência não só da intenção de preservação das normas legais no quadro da constitucionalidade que postula uma determinação hermenêutico-normativa dos preceitos num plano sistémico integrativo do todo do sistema jurídico (avultando ainda um princípio de economia), como também do afastamento de uma hipóstase rigidificante do princípio da separação de poderes redutor da actividade judicial à estrita aplicação de diplomas aprovados noutras instâncias[318] .

Se for abandonada a estreiteza do princípio da separação de poderes (hoje claramente insusceptível de compreensão, à luz do purismo subjacente à construção político-dogmática de MONTESQUIEU[319] que no seu âmago *ex vi "esprit légiste"* implicita uma identificação do direito com a lei *tout court)* e nos situarmos não só na sua dimensão estrutural actual, que estiolou por completo a rigidez hierárquico-vertical de órgãos de decisão para implicar um plano de coordenação entre as funções do Estado, mas também no plano normativo-metodológico, em que toda a decisão é reconhecidamente criativa (afastada que se encontra em definitivo uma exegese puramente formal dos textos[320]), a interpretação conforme com a Constituição, semelhantemente à interpretação conforme com os princípios, apresenta inegáveis virtualidades ao possibilitar a recuperação nas normas legais da *constitucionalidade falhada*[321]. O que muitas vezes sucede por erro[322], *per incuriam* ou por alteração circunstancial[323]. Nestas

---

[318] Com o conceito de *obediência pensante* operou, designadamente, o subjectivista HECK. Segundo CASTANHEIRA NEVES, "a interpretação em sentido próprio abre (normativamente) a fonte ao direito, e distingue a *lex* do *ius*; a exegese fecha (analiticamente) a fonte no seu próprio texto, e identifica o *ius* à *lex*". Vide "Interpretação Jurídica", POLIS III, 667.

[319] Segundo MONTESQUIEU o poder judicial seria *en quelque façon nulle*.Apenas lhe cabia a aplicação obediente da lei, tendo a Constituição uma função organizatória no plano relacional do poder legislativo com o executivo (*De L'esprit des lois,* XI, 6.ª ed. R. Derathé, 1973, I). Aliás, *summo rigore,* o princípio da separação de poderes não infirma a posição defendida. Só assim sucederia, se se considerasse que do princípio inscrito no art. 111.º decorre *per modum conclusionis* um princípio de exclusividade do poder político na criação de Direito.

[320] Redutora da actividade interpretativo-decisória a uma espécie de matemática.

[321] Ainda o *horror vacui...*

[322] Por exemplo, *minus dixit quam voluit.*

[323] Ainda MENEZES CORDEIRO, *Da Boa Fé,* cit., 1078, aludindo à redução teleológica no caso de desadequação da lei por alteração dos condicionalismos.

João Zenha Martins

situações, segundo o nosso entendimento, parece de ser de evitar o carácter sancionatório que subjaz ao juízo de inconstitucionalidade (com a inerente *anulação*)[324].

Ou seja, seguindo-se ENGISCH[325], o essencial, para a intangibilidade do princípio da separação de poderes na sua dimensão finalística, não será *in casu* tanto o afastamento uma metódica próxima da Escola do Direito Livre (*freie Rechtsschule*) – esconjurante da escravização do julgador à lei arrrimada a uma ideia de insurreição contra o legislador[326] – quanto uma rectificação exigida em atenção à necessidade de adequação da lei à realidade verificada.

Surge assim um *distinguo*: uma coisa será a rectificação conforme ao espírito do legislador e outra será a rectificação estabelecida contra vontade do legislador feita em conformidade com a ideia de Direito (aproximativa das "altas torres da metafísica", onde, segundo KANT, "há muito vento"). O que significa dizer, acompanhando LARENZ[327], que "na interpretação da lei o juíz está vinculado por princípio aos fins da lei e às decisões valorativas do legislador a elas subjacentes"[328].

Contudo, segundo refere o autor *da Parte Geral do Direito Civil Alemão*, quando estes critérios não forem suficientes, o intérprete deve "remontar aos critérios teleológico-objectivos, mesmo quando o legislador não

---

[324] CASTANHEIRA NEVES, *Metodologia*, cit., 195-196; IDEM, reafirmando a sua posição, *O problema da constitucionalidade dos assentos* (Comentário ao Acórdão n.º 810/93 do Tribunal Constitucional), Coimbra, 1994, 83.

[325] *Einführung in das juristische Denken*, cit., 338-339.

[326] Movimento que germina com IHERING e que é dimensionado com KANTOROWICZ em 1906 com o manifesto *Der Kampf um die Rechtswissenschaft* (ed. C. Winter, Heidelberg, 1906).

[327] *Metodologia*, cit., 448, 486. Em sentido muito aproximado, face ao art. 9.º CC, entendendo que o texto apenas vincula parcialmente o intérprete, havendo a possibilidade de uma interpretação *contra litteram* desde que arrimada na *voluntas* do legislador, JOSÉ HERMANO SARAIVA, *Apostilha Crítica ao projecto de Código Civil*, Lisboa, 1966, 112.

[328] A questão *prima facie* apontaria para a conhecida querela subjectivismo/objectivismo. Porém, conforme notam LARENZ (*Methodenlehre der Rechtswissenschaft*, cit., 446ss) e entre nós CASTANHEIRA NEVES, "a polémica perdeu muita da sua rigidez inicial" devendo acentuar-se "por imperativo constitucional a indispensável vinculação do intérprete às prescritas intenções legais e às decisórias opções do poder legislativo. Daí o *predomínio* actual de «teorias mistas», «gradualistas» ou de síntese que encontram aliás reflexo no art. 9.º CC, mormente na deliberada ambiguidade da expressão "pensamento legislativo". (V. *Metodologia Jurídica*, cit., 101 e JOSÉ HERMANO SARAIVA, *Apostilha Crítica ao projecto de Código Civil*, cit.,106ss).

tenha tido porventura plena consciência deles"[329] e, considerando a intenção normativa que a norma prossegue, assimilar essa intencionalidade ao problema[330].

Uma solução legislativa que, por erro (quando o legislador "não viu, não viu plenamente ou viu falsamente certas relações da vida"), ou por uma *alteração das circunstâncias* justificativa de uma valoração modificada com o decurso do tempo, suscite um juízo de inconstitucionalidade, pode ser consonizada com a Constituição através de uma interpretação *Konform*[331].

O facto de se tratar de uma falha superável pela criatividade do intérprete coloca-o num plano exactamente idêntico à interpretação criativa que hoje é admitida em geral[332]. Não existindo no plano metodológico razões para delimitar negativamente a interpretação conforme aos princípios (*in casu* de escalão constitucional) pela estreiteza da letra da lei[333], não vale o pomposo princípio *fiat iustitia pereat mundus*[334].

Se a interpretação conforme com a Constituição se arrima na *não declaração da inconstitucionalidade* de uma norma, enquanto esta puder

---

[329] *Methodenlehre der Rechtswissenschaft*, cit., 487-488. Neste sentido LARENZ (p.595), a propósito das natureza das coisas, erige este *factor* a um critério teleológico-objectivo que justifica a interpretação correctiva "sempre que não se possa supor que o legislador tenha querido desatendê-la".

[330] CASTANHEIRA NEVES, *Metodologia*, cit., 105. Segundo o Autor o elemento teleológico pode ainda ser abordado na perspectiva do "fundamento normativo-jurídico (convocados valores e princípios normativos constitutivos do próprio direito) que justificaria a compreensão da norma interpretada..."

[331] *Metodologia*, cit., 563-564. Veja-se a situação apontada por WOLFFERS justificativa de uma redução teleológica em atenção ao princípio da proporcionalidade.

[332] Perfilhando-se o carácter *não cinético* da interpretação e admitindo-se dentro dos critérios valorativamente objectivados na lei que o acto interpretativo transporta sempre um *plus* relativamente ao enunciado linguístico *tout court*, ter-se-á de admitir outrossim, conforme salienta OLIVEIRA ASCENSÃO (na p. 395 da 11.ª edição do seu *O Direito. Introdução e Teoria Geral*), que a interpretação conforme com a Constituição deve ser preferida "enquanto isso for compatível com o próprio instituto da interpretação".

[333] A questão é colocada nestes termos por ZIPPELIUS, *Verfassungskonforme...*, cit., 122-123.

[334] Em sentido não absolutamente coincidente, assentando o limite na intenção claramente reconhecível do legislador, RUI MEDEIROS, *A decisão de inconstitucionalidade*, cit., 312.

Na hipótese de não discernimento de uma intenção claramente reconhecível do legislador, o Autor apenas admite a interpretação conforme com a Constituição quando esta não contrarie o sentido da fórmula normativa objectivada no texto (p. 313).

922 João Zenha Martins

ser interpretada em consonância com o texto constitucional, a interpretação enquanto actividade necessariamente criativa possibilita ainda que a norma, dentro da criatividade que tem de ser reconhecida, se consonize com os parâmetros materiais inscritos na Constituição[335] e se preserve a estabilidade normativa como valor constitucional.

O intérprete não pode ficar amarrado ao teor formalmente prescritivo (*Wortlauttatbestand*) da disposição, sacrificando o juízo normativo que lhe corresponde (*Auslegungstatbestand*), quando se exige uma actuação ajustada aos interesses do *quid adiectum* e *desenvolução* do Direito (*Rechtsfortbildung*),[336] e a norma *corrigenda* é intencionalmente portadora desse sentido constitucional.

Assim, o confronto normativo-problemático entre a norma, enquanto critério formalmente abstracto, e o problema decidendo, na sua específica problematicidade, com o *continuum constituendo* díade sistema-problema, podem impor a interpretação correctiva (redução teleológica[337] ou extensão teleológica[338]), conquanto, reafirmamos, o intérprete não anteponha o "o seu próprio critério ao do legislador"[339]. A *correcção,* balizada por um quadro metódico de não anteposição do critério do intérprete ao do legis-

---

[335] Assim, já citado, BverfGE 34, 269, 287.

[336] Aludindo com expressividade ao respeito pela **vontade presumida do legislador** como limite à interpretação conforme à Constituição, v. Ac. TC n.º 254/92 in *Acórdãos do Tribunal Constitucional*, XXII, 83ss e ainda Ac. n.º 425/89 de 15-6-89, onde se refere, *inter alia*, a propósito da dilucidação da expressão "recusa de aplicação de norma por inconstitucionalidade", que esta só existiria se fosse adoptado "um sentido de **todo em todo** incomportável pela norma".

[337] Assim BverfGE 33, 52, 70 invocado por LARENZ em *Methodenlehre der Rechtswissenschaft*, cit., 481.

[338] LARENZ, *Methodenlehre der Rechtswissenschaft*, cit., 596. O *Bundesgerichtshof* corrigiu claramente a lei, reconhecendo aos sindicatos com a forma jurídica de uma associação personalizada, capacidade judiciária activa no processo civil. Segundo o BGH, tratava-se da única forma de garantir e concretizar a importância que lhes é atribuída pela Constituição (*vide* BGHZ 42, 210; 50, 325).

Considerando que a extensão teleológica se imbrica as mais das vezes com a interpretação extensiva, *vide* BAPTISTA MACHADO, *Introdução ao Direito e ao discurso legitimador,* cit., 185.

[339] OLIVEIRA ASCENSÃO, *O Direito. Introdução e Teoria Geral, cit,* 387-389. O Autor, não admitindo a redução teleológica (que distingue da interpretação correctiva), confessa-se um declarado objectivista, referindo, porém, que "desde que um propósito ou objectivo do legislador tenha ficado perceptível na lei, o intérprete não o pode ignorar (...) e aplicar por interpretação extensiva ou analogia a regra que o legislador intencionalmente restringiu".

lador, opera porque existe uma falha na regulação *prima facie* plena que, a manter-se, desvirtua as suas razões justificativas.

Hoc sensu, como referia MANUEL DE ANDRADE[340], "não se trata pois, de uma vontade do passado, mas de uma vontade sempre presente enquanto a lei não cessa de vigorar".

A *ideia rectriz* é a da existência de uma dimensão normativa que transcende juridicamente as normas formais e que é dada pelos valores e pelos princípios[341], valendo também o princípio da aptidão para a derivação teleológica para o legislador[342].

Assim, se a jurisdição não tem de ser a fonte promanante desses princípios, que são os fundamentos normativos[343], tem de se mostrar a aberta à sua significância, assumindo-se como instância privilegiada da sua concreta materialização e integração[344].

Neste contexto, a interpretação conforme com a Constituição não se apresenta como um corpo estranho.

Do ponto de vista metodológico, enquanto a rectificação se arrimar no rasto do legislador, o *desenvolvimento* jurídico não introduz qualquer

---

[340] *Ensaio sobre a teoria da interpretação das leis,* cit.,16.

[341] ANTONINO SPADARO, *Limiti del guidizio costituzionale in via incidentale e ruolo dei giudici,* cit., 268 e CASTANHEIRA NEVES, "Fontes do Direito", *Digesta Vol. II,* cit., 52. O ordenamento jurídico apresenta contradições, traduzidas em erros ou incorrecções revelando a sua não plenitude. Só assim se supera em definitivo uma concepção sistémica estritamente positivo-legalista e se materializa metodicamente a abertura do sistema, rompendo-se com a "normatividade unidimensional prototipicamente associada ao *legalismo"* e à concepção por ele implicitada, aclimatada à teoria da plenitude lógica do ordenamento jurídico (*die logische Geschlossenheit des Rechts*) *Vide* ainda LARENZ, *Methodenlehre der Rechtswissenschaft,* cit., 534-535.

[342] CANARIS, *Systemdenken und Systembegriff in der Jurisprudenz,* cit., 284. Tendo ainda presente o *fiat iustitia ne pereat mundus.*

[343] Caracterizando os princípios como fontes, BAPTISTA MACHADO, *Introdução ao Direito e ao discurso legitimador,* cit., 163ss. Discordando, considerando "errado confundir fonte com fundamento", *vide* CASTANHEIRA NEVES, "Fontes do Direito", *Digesta II,* cit., 53.

[344] Como acentuam MENEZES CORDEIRO e CASTANHEIRA NEVES a formalista discriminação metodológica entre interpretação e aplicação e, noutro plano, entre interpretação e integração encontra-se em absoluto superada. O Catedrático de Lisboa salienta que a consideração de que a *"realização do Direito enquanto processo volitivo-cognitivo de decisão jurídica"* constitui um dado fundamental na actual metodologia jurídica que tem de ser traduzido na prática juscientífica ("Tendências Actuais da Interpretação da Lei", cit., 11). CASTANHEIRA NEVES, por seu turno, refere que toda a interpretação tem "uma índole problemático-concreta e prático-normativa" que obriga a uma unidade metodológica (*Metodologia Jurídica,* cit., 125).

924 João Zenha Martins

exorbitância: segue a interpretação, a compreensão, a indagação de sentido, assumindo-se como uma operação desenvolutiva e concretizadora (*ausschöpfende Gewinnung*).

O postulado de desenvolvimento do Direito (admissível segundo os princípios gerais) tem obviamente de ser conforme à Constituição[345], fazendo-a *valer de pleno* como instrumento hermenêutico[346].

---

[345] LARENZ, *Methodenlehre der Rechtswissenschaft*, cit., 481, nota 58.

[346] Neste sentido, indo *ainda* mais longe, veja-se o Parecer da Comissão Constitucional n.º 14/77, de 10-5-1977, in *Pareceres*, II, 53-58.

A Comissão debruçou-se sobre o Decreto n.º 46/I, relativo aos inquéritos parlamentares.

Conforme se reconhece no Parecer, "a actuação das comissões de inquérito prevista no diploma em análise podem pôr em causa os direitos, liberdades e garantias, tal como se acham consignados na Constituição". Ou seja, aparentemente tudo apontaria para um juízo de inconstitucionalidade.

A Comissão, porém, adiante, acrescenta que "todavia, segundo o art. 18.º da Lei Fundamental, os preceitos constitucionais são directamente aplicáveis e vinculam as entidades públicas e privadas, pelo que o decreto vindo da Assembleia da República deverá ser interpretado e aplicado de harmonia com os preceitos constitucionais". Procedeu-se, assim, ao acrescento de um conjunto de requisitos negativos implícitos ao diploma analisado de molde a conformá-lo com a Constituição numa operação marcadamente **integrativa** que ultrapassa em muito as fronteiras analíticas em que lançámos a admissibilidade da interpretação correctiva.

De outra parte, mais recentemente, o Ac. 350/92 de 4-7-91 in DR II Série B de 3-12-91, p. 12338 (na sequência do Ac. 398/89 de 18-5-89, DR, 2.º Série, de 14-9-89 que havia inflectido a doutrina expendida no Ac. n.º 150/87 em *Acórdãos*, Vol. 9.º), inseriu-se na mesma linha. Estando em apreciação a constitucionalidade do art. 664.º do Código de Processo Penal de 1929 (com aspectos materialmente transponíveis para a análise do art. 416.º do Código de Processo Penal em vigor), que determina a ida dos recursos com vista ao Ministério Público, o Tribunal Constitucional reconheceu que aquele se pode pronunciar sobre o respectivo objecto. Acrescentou, todavia, duas limitações ao âmbito de aplicação do preceito que não tinham o *mínimo de correspondência verbal na letra da lei*, invocando o princípio da interpretação conforme com a Constituição. Aditou *ex vi* do art. 32.º CRP ao preceito a impossibilidade de emissão de parecer do MP que possa agravar a posição dos réus; ou, quando isso aconteça, estabeleceu a necessidade de atribuição aos réus de possibilidade de resposta (também, não totalmente consonantes, os Acs TC n.º 150/93, de 2 de Fevereiro *in* DR, 2.º Série, de 29 de Março de 1993 e n.º 533/99, de 12 de Outubro in DR, 2.º Série, de 22 de Novembro de 1999 – este último, independentemente do agravamento da posição do réu, estabelece mais *latamente* que a citada norma deve ser "interpretada no sentido de que, se o Ministério Público, quando os recursos lhe vão com vista, se pronunciar, deve ser dada aos réus a possibilidade de responderem").

Trata-se no fundo do reconhecimento de um direito de acesso do intérprete-aplicador à Constituição, que como acentua SPADARO, postula a complementação da lei com as nor-

Interpretação Conforme com a Constituição

Decisiva permanece a referência das pautas directivas de normação jurídica" à ideia de Direito"[347].

De outra parte, a particular normatividade constitucional sai intocada: é esta quem justifica a correcção do intérprete quando a norma extrinsecada não apresente gravidade tal que justifique a aplicação da sanção da inconstitucionalidade, o que equivale a dizer que a função hermenêutica da Constituição permanece indemne[348]. Nas áreas em que o legislador declaradamente introduziu uma distinção susceptível de censura jurídico--constitucional, a interpretação correctiva soçobra, havendo lugar à desaplicação da norma por inconstitucionalidade.

A declaração de inconstitucionalidade (associada à absoluta desaplicação da norma), no nosso entendimento, apenas é *desencadeável* em situações extremadas de inequívoca e objectiva contradição com os parâmetros constitucionais (em que não tenha havido erro ou imodificação por alteração das circunstâncias), ou seja, quando a regulação desenvolvida pelo legislador contradiga directamente o princípio ou norma constitucional envolvente e já não subsista qualquer margem possível de concretização da sua significância[349].

---

mas constitucionais que incidindo sobre esse objecto, lhe são *directamente* aplicáveis. Cfr. *Limiti del guidizio costituzionale in via incidentale e ruolo dei giudic*i, cit., 289.

[347] LARENZ, *Methodenlehre der Rechtswissenschaft*, cit., 674.

[348] Por outro lado, no domínio da jurisdição constitucional, a questão assume inegável interesse prático. No nosso entendimento, seguindo-se GOMES CANOTILHO e VITAL MOREIRA (*Constituição*..., cit., 1019), o art. 280.º n.º 1 al. a), a CRP abrange também as hipóteses em que um qualquer tribunal afasta, considerando-a inconstitucional, uma das normas extraíveis do preceito (o argumento *a simili* retirado da al./b do mesmo artigo parece-nos decisivo ao determinar o recurso quando um tribunal aplica a lei com um determinado sentido por não o considerar inconstitucional; também a lógica de prevenção de contradição de julgados que subjaz ao regime de fiscalização da constitucionalidade entre nós desenhado que aponta ainda para uma extirpação de todas as normas entendidas inconstitucionais).

Tem sido esta aliás a jurisprudência seguida pelo TC (vg Ac. TC n.º 210/95, DR, II, 24-6-95). Temos porém dúvidas em acompanhar RUI MEDEIROS (*A decisão de inconstitucionalidade*, cit., 332), quando o Autor refere que nestes casos cessa a obrigatoriedade de recurso por parte do MP, estabelecendo um *distinguo* material entre a al. a) do n.º 1 do art. 280.º e o seu n.º 3. É que a obrigatoriedade de recurso por parte do MP arrima-se não só numa função de defesa dos direitos e interesses das pessoas como também constitui uma peça essencial da fisionomia purgatória do regime de fiscalização da constitucionalidade destinada ao afastamento de normas rebeldes, num pressuposto de manutenção de integridade da ordem jurídica.

[349] Ou esta não tenha sido judicatoriamente integrada.

926   *João Zenha Martins*

5. A Constituição na perspectiva de relação metódica caso/norma

O sentido da norma é nuclearmente determinado pelo problema jurídico que ele implica. Neste sentido, só uma referência problemática, que seja susceptível, ao próprio nível da norma, de relevar aquele problema, poderá ser critério da norma aplicável[350].

Por isso, a *interpretação conforme com a Constituição* não se esgota no estrito domínio do processo integrativo da lei. De contrário, olvidar-se-ia que os factos normativos são aqueles que viabilizam as normas jurídicas, e também a Constituição seria amputada de toda a sua irradiação significante.

Toda a interpretação é uma actividade volitivo-cognitiva complexa que intende para a decisão e na qual a interpretação dos factos e a interpretação da norma surgem reciprocamente condicionados.

Hoc sensu, pode também refractar-se em textos ou actuações factuais, de acordo com o postulado de análise dos interesses em presença, de definição do respectivo alcance e limitação, entrevendo *por detrás* de uma envolvência facticamente suscitada, e num quadro de intermediação em que a norma se oferece ao intérprete, as normas ou princípios constitucionais que os protegem (*Grundrechtsnormen*). *Quatenus cuius intersit, in facto, non iure consisti*[351]. Porque a Constituição, enquanto *ordo iustitae,* só se consuma no *iustum concretum* das situações singulares, intermediada pelas normas jurídicas e abstractas, axiologicamente contextualizadas.

Por exemplo, um texto jornalístico em que são narrados factos pouco abonatórios relativamente a um cidadão. Existe uma necessidade de precisão semântica da peça jornalística, cujo autor é acusado do crime de difamação[352]. Será o recorte do carácter difamatório do texto, numa óptica de balanceamento dos direitos à liberdade de expressão e de criação artística entrechocantes com o direito à honra e à imagem que deve aportar o intérprete-aplicador à indagação da exorbitância dos limites referentes à protecção dos direitos do visado que funcionam como baliza da livre emissão de opiniões[353].

---

[350] CASTANHEIRA NEVES, *Metodologia,* cit., 155ss.

[351] PAULUS, *Libro quinto ad Sabinum*, Dig. 50.17.24.

[352] art. 180.º do Código Penal em articulação com a Lei de Imprensa. Sem pretensões de dissecação da relação entre os normativos, em absoluto exorbitante do *thema* que nos norteia.

[353] Importando ainda neste domínio salientar que a divulgação de determinados factos que se deseja dar a conhecer a terceiros vai, as mais das vezes, acompanhada de

Interpretação Conforme com a Constituição   927

Tem de se encontrar um criterioso ponto de equilíbrio entre o direito de informar e o direito que as pessoas têm à sua privacidade[354]. Num quadro de compossibilidade, de *conciliação não exclusiva*[355].

O intérprete não pode escolher, de entre os vários significados possíveis, aquele que serve de suporte à *condenação*, sem que para tal recorra a uma fundamentação convincente, excluindo, sem mais, os restantes significados, razoavelmente eliciáveis do conteúdo do *texto*[356]. Delimita-se *intensional* e *extensionalmente* os bens, valores e interesses protegidos por uma norma. Trata-se de situar a publicação do texto no âmbito do direito à informação. A situação excluirá a incriminação e a norma é *modificada* nos seus efeitos.

O âmbito de protecção da liberdade de expressão e informação determina-se através do confronto das normas constitucionais entre si e destas com os preceitos do Código Penal e da Lei de Imprensa, relativos a crimes relacionados com essa liberdade. A maximização teleológica da Constituição obriga a um exame dos factos dentro dos seus parâmetros materiais.

Só a ordenação dos normativos numa conexão sistemática geral permite assim captar o seu conteúdo teleológico e determinar, em *cada caso*, as consequências jurídicas. Configura-se um concreto *círculo problemático*, inelutavelmente permeado por realidades sociais, históricas, políticas ou jurídicas, que conformam a *direcção* da decisão a tomar, independentemente de o argumento invocado poder parecer fraco. A fraqueza não lhe retira legitimidade e o argumento, por via da sua recondução aos

---

certas valorações ou juízos pessoais através dos quais é facilmente entreversível qual a postura adoptada pelo narrador.

Mas nem sempre a exteriorização de um pensamento ou ideia vai ancorada num facto previamente divulgado. Nesta óptica torna-se ainda necessária uma delimitação precisa e criteriosa entre o direito à informação e a liberdade de expressão, pois que uma coisa é informar sobre um determinado acontecimento (numa perspectiva reprodutiva) e outra é introduzir valorações sobre os factos narrados. Deve, no entanto, reconhecer-se a dificuldade em detectar a partir de que momento é que acaba a simples exposição de dados e começa a emissão de autênticos juízos de opinião, já que mesmo na simples forma de exposição vão ínsitos juízos de aprovação ou reprovação...

[354] LARENZ, *Methodenlehre der Rechtswissenschaft*, cit., 581ss.

[355] Na expressão, utilizada em outro contexto, de FERNANDO ARAÚJO, *A Procriação Assistida e o problema da Santidade da Vida,* Coimbra, 1999, 7.

[356] HABERMAS, *Faktizität und Geltung: Beiträge zur Diskurstheorie des Rechts und des demokratischen Rechtsstaats,* cit., 291ss e, neste particular, ANA LAURA CABEZUELO ARENAS, *Derecho a la intimidad*, Tirant lo Blanch, Valencia, 1998, *maxime* 134-135.

928 João Zenha Martins

valores concretamente texturados, pode emprestar unidade de sentido àquela que se pretende que seja a melhor solução face ao preceito legal que se intenta aplicar. Sem *escamotage* linguístico. Simplesmente, porque o pensamento jurídico não é desentranhável do vácuo das hipóteses sistemáticas, da lei do mais forte ou da teoria da maior probabilidade[357], e porque só no *actus concreto* da aplicação é que o direito e a linguagem que o comunica se revelam com plenitude no quadro das ocorrências historicamente verificadas[358]. Simultaneamente, o direito do facto e o facto do direito. Porque as opiniões (*Meinungen*) não são meros factos. É que, logo no processo comunicacional subjacente à valoração, os factos são já um juízo sobre os factos (que enquanto tal transcende a mera *empiria*) e não factos *tout court,* cabendo assim ao intérprete saber se aquela situação cai no domínio abstracto da previsão da norma, apreciando os problemas que ela pretende conformar, à luz dos parâmetros materiais da Constituição[359].

A qualificação obriga à delimitação do objecto a qualificar e a do conceito à luz do qual a qualificação é feita[360]. É pois com base no suporte fáctico apurado e devidamente valorado que a norma é materialmente

---

[357] Cfr. CABRAL DE MONCADA, *Os Princípios Gerais de Direito*, Sintra, 2000. É aliás uma tensão que a cultura europeia experimenta desde a Grécia Antiga (onde, frise-se, foi elevada à sua mais trágica expressão, quem afinal serviu a Sócrates o cálice de cicuta e que, de forma alegórica, se descreve exemplarmente na *Oréstia* de Ésquilo). Cfr. CASTANHEIRA NEVES, *O instituto dos «assentos»,* cit, 493ss.

[358] Segundo se crê, será o critério de função pública da imprensa, da necessidade de informar a sociedade de uma situação com relevância comunitária que pode conferir particular protecção ao autor da peça, por via da inserção da sua actuação no domínio de protecção da garantia jurídico-constitucional do direito de informação. Convém no entanto anotar a distinção entre o direito à informação e o direito de livre expressão da opinião. Este é um "direito de livre comunicação espiritual", protegendo não apenas a esfera jurídica do indivíduo *qua tale* (difusor ou receptor) como também a cadeia de transmissão. Trata-se assim de um esquema jussubjectivo relacionalmente complexo. Sobre a questão, por todos, W. SCHMITT GLAESER, "Die Meinungsfreiheit in der Rechtssprechung des Bundesverfassungsgerichts" *in Archiv für öffentliches Recht (AöR)*, 1988, 52, 53; entre nós, FIGUEIREDO DIAS, "Direito de Informação e Tutela da Honra no Direito Penal de Imprensa", *Revista de Legislação e Jurisprudência*, 115, 133ss.

[359] Penetrando no *fond des affaires*. Por exemplo, Ac. TC n.° 289/92 in DR-II, n.° 217, 19 de Setembro de 1992, onde se pode ler que "não há factos juridicamente neutros; a qualificação de um facto como juridicamente irrelevante pressupõe um juízo prévio valorativo de natureza jurídica".

[360] ISABEL MAGALHÃES COLLAÇO, *Da qualificação em Direito Internacional Privado*, Lisboa, 1964, 215.

Interpretação Conforme com a Constituição

conformada, extrinsecando-se o sentido que é *in concreto* adequado, operando-se *hoc sensu* uma constitucionalização de todo o direito[361].

Dá-se um recíproco ajustamento valorador (*wertende Zvordnung*) que garante a adequação prático-normativa daquele *Tatbestand* à controvérsia da vida que é necessário resolver.

Desta forma, se é uma *questão de facto* o saber se o jornalista, dando cumprimento ao seu dever e utilizando a sua liberdade de informação, narrou correctamente os factos, a indagação da responsabilidade adveniente da publicação é já uma *questão de direito,* num espaço *difuso (mixtum)* em que a aplicação da lei surge incontornavelmente envolvida[362]. Neste quadro, o problema oferece-se de uma novidade tal que a compreensão da sua problematicidade e a convocação de um referente e correlativa normatividade são simultâneos e intencionalmente indissociáveis. A lei e os factos são *duplamente* interpretados.

O *quid constituens* da actividade volitivo-cognitiva do decisor não é a norma: é a situação normativa (*Rechtszustand*). A metódica da decisão judicial, fulcralizada na situação que emerge da aplicação da norma à factualidade concretamente situada e associada à *deposição de todo o Direito,* apresenta-se assim como um processo complexo que indissocia a norma da realidade e a interpretação da aplicação[363].

---

[361] Se a Constituição conforma a lei e se esta só vale *qua tale* com a interpretação-aplicação face à situação concreta, todo o ordenamento é constitucionalizado.

[362] O conceito processualista de facto é recortado no essencial a partir de duas características: a associação a uma situação de facto real que se apresenta como acontecimento concreto, singular e passado; a atribuição de relevo jurídico-processual ao facto quando este justifique, em sede de recurso, uma delimitação de competências entre os vários tribunais ou instâncias – art. 729.º CPC. Sobre a questão, KARL LARENZ, *Methodenlehre der Rechtswissenschaft*, cit., 433ss; MENEZES CORDEIRO, *Da boa fé no Direito Civil* Coimbra, 1997, 1007ss, 1010-1011; IDEM, "Anotação ao Acordão do Tribunal Arbitral de 31-3-93", ROA, ano 55, 1995, 141; CASTANHEIRA NEVES, *Questão–de-facto – Questão-de-direito ou o Problema Metodológico da Juridicidade (Ensaio de uma Reposição Crítica) – I, A Crise,* Almedina, Coimbra, 1967; IDEM *Metodologia Jurídica (Problemas Fundamentais),* BFDVC, cit., 162-283; JOSÉ ALBERTO DOS REIS, *Código de Processo Civil Anotado, Volume VI,* 1952, 37; JOÃO DE CASTRO MENDES, *Direito Processual Civil,* AAFDL, Lisboa, 1987, 96-103; VAZ SERRA, "Provas (Direito Probatório Material)", *Boletim do Ministério da Justiça,* n.º 110, Novembro 1961, *maxime* 100-101. Trata-se de questão da maior importância: revela o modo como se constitui a decisão jurídica, enquanto fenómeno de conhecimento e, *ipso jure,* de criação (*Schöpfung*)...

[363] A questão no domínio processual constitucional assume-se como uma das mais complexas, não tendo ainda recebido tratamento doutrinário específico. A sua importância prática situa-se neste plano: no âmbito da fiscalização concreta, como delimitar as compe-

Será, ainda, um método constitucionalmente imposto de *ad hoc balancing,* controlando *in concreto* o respeito pelo princípio da proporcionalidade num momento dialéctico de condução para a ponderação decisória ulterior.

Posta-se assim um raciocínio valorativo crisalidamente espraiado num espaço de várias dimensões: o texto *litigioso*, em que se não permite uma leitura literal; a lei que se lhe aplica; e a norma constitucional que garante a liberdade de expressão[364].

Pelo que, se a consideração da dimensão problemática abre continuamente o sistema e permite uma realização adequada e justa (materialmente correcta e normativamente plausível) da juridicidade, a convocação da dimensão sistemática oferece uma fundamentação normativo-racional, uma jurídica validade, a essa mesma realização"[365].

Ilustrativamente, respiga-se, pelo seu simbolismo, uma decisão do *Bundesverfassungsgericht* . Em Acórdão de 25 de Agosto de 1994[366], estando em causa uma situação de hipotética difamação, o Supremo Tribunal Constitucional Federal discordou da decisão da primeira instância,

---

tências entre o Tribunal Constitucional e o tribunal *a quo*? Cabe ao tribunal da causa a fixação definitiva dos factos, deixando a discussão das questões jurídicas da inconstitucionalidade para o Tribunal Constitucional? Será viável uma dimidiação entre factos singulares da causa e factos gerais? O Tribunal Constitucional tem-se considerado incompetente quanto à "apreciação de erros de julgamento ou de errada qualificação da matéria de facto (Acs. n.ºs 353/86 e 45/88). O Conselheiro Paulo Mota Pinto, no já citado Ac. 655/99, considerou o juízo aplicativo do critério sindicante do abuso de direito, concretizado numa decisão judicial em face de um conjunto de circunstâncias específicas, destituído de sentido normativo. Conforme se pode ler no Acórdão, este não tem "independência da sua decisão concretizadora, necessário a poder constituir objecto de sindicância". Sobre a questão de fundo, com muitas dúvidas, GOMES CANOTILHO, *Direito Constitucional*, 3.º ed., cit., 912.

Cremos no entanto que tanto o Tribunal Constitucional quanto os tribunais comuns não actuam *ultra vires* quando, em virtude da especificidade factual que se apresenta como objecto de recurso, desapliquem determinada norma e a apliquem em situações futuras, considerando-a não inconstitucional (por exemplo, Ac. 14/91, DR, II, n.º73, de 28-3-91). Porque, conforme se viu (afora a fiscalização abstracta), o juízo de invalidade sobre as *normas* é sempre recortado a partir da sua relação com o caso concreto e as normas *variam* consoante os problemas a que se apliquem (*as applied*).

[364] O mesmo é dizer, tomando de empréstimo as palavras de CASTANHEIRA NEVES, que a realização do direito tem uma dupla dimensão intencional: "uma dimensão sistemática e uma dimensão problemática".

[365] CASTANHEIRA NEVES, "Interpretação Jurídica", cit., 697.

[366] BverfG 25 de Agosto de 1994, *NJW* 1994, 2943-2944.

ao ter atribuído à frase *judicanda* um sentido que ela objectivamente não possuía. O BverfG considerou que um autocolante que reproduz uma afirmação de Kurt Tucholsky – *"Soldaten sind Mörder"* – não poderia ser entendida de forma literal configurando uma imputação difamatória. Não seria justificável condenar a pessoa que colou no seu veículo o autocolante em análise, inferindo desta atitude uma acusação dirigida aos membros da *Bundeswehr* sobre o cometimento do crime de assassínio, aplicando *hoc modo* a norma do Código Penal que pune o crime de difamação.

Com efeito, para a eliminação de um conflito virtual entre, por um lado, a protecção da imagem e da vida privada e o parágrafo do Código Penal relativo à difamação, e, por outro, a garantia constitucional da liberdade de expressão, cada uma das normas em presença tem de ser interpretada em conjugação funcional com as outras duas, tendo ainda presente, neste conspecto, o princípio da presunção de inocência.

Admitiu-se com notável limpidez que este significado não ofensivo (e difamatório) qualificado como "objectivo" é atribuído pelo próprio *decisor constitucional, in casu,* o colectivo de juízes do Tribunal de Karlsruhe[367]. Este, no plano da ponderação dos valores constitucionais suscitados pela *litigiosidade* factual, não se limitou a enunciar regras gerais de interpretação. Antes valorou os contornos da situação de molde a lograr aplicar a decisão que melhor correspondesse à axiologia constitucional contextualmente recortada perante aquela concreta situação da vida.[368]

---

[367] Sobre os critérios interpretativos do Tribunal Constitucional Alemão, fundamental, GERD ROELLECKE, "Prinzipien der Verfassungsinterpretation in der Rechtsprechung vdes Bundesverfassungsgerichtes" in *Bundesverfassungsgerichts und Grundgesetz*, T. II, (org. CRISTHIAN STARCK), Tubinga, 1976, 22ss.

[368] Noutra situação, o Tribunal Constitucional Federal pronunciou-se sobre uma situação de potencial conflito entre a liberdade de expressão, a liberdade de criação artística e o direito da personalidade, tendo procurado optimizar os interesses em presença num quadro de projecção do respectivo alcance. Fê-lo porém em função das particularidades do caso – BverfG 19 de Dezembro de 1991, *NJW* 1992, 2013-2014. Em Espanha, também o Tribunal Constitucional, na sentença 69/1983, louvando-se na interpretação conforme à Constituição, alargou o âmbito operativo do princípio da legalidade, estendendo-o ao domínio interprivado, congraçando os arts. 9 n.º 3 e 25.º da *Constitutión Española*, em face da ausência de tipificação de sanções no *Estatuto de los Trabajadores*. As razões são aduzidas por CHACARTEGUI JÁVEGA, C., em *Empresas de Trabajo Temporal y Contrato de Trabajo*, Tirant Lo Blanch, Valencia, 2000, 146-148 como forma de obviar a um juízo discricionário das *empresas de trabajo temporal* na aplicação de sanções aos *trabajadores temporarios* e do recorte *in concreto* do respeito pelo princípio da proporcionalidade, face à ausência de previsão normativo-laboral específica.

CAPÍTULO III
Unidade no Direito e Constituição

1. A regra de decisão

A decisão opera, quando, a um problema potencialmente conlevante de várias soluções, se faz corresponder uma resposta juridicamente justificada. Neste *punctuns* concretiza-se a intenção normativa de realização do direito.

O *momento*, não obstante a apreensão de um determinado conteúdo pressupor a ponderação daquilo que o encerra, impõe desde logo uma distinção conceptual (nem sempre estabelecida no plano praxeológico) entre o *momento da interpretação* e o *momento* de *ponderação* da solução elucubrada e das respectivas consequências[369], a despeito da unidade integral entre os dois momentos.

Na verdade, a *Applikation* do direito consiste na aplicação da norma, cuja delimitação foi operada pela interpretação mas o conhecimento de um texto jurídico e a sua aplicação a um caso concreto, apesar de momentos conceptualmente discerníveis, constituem um só processo.

Atente-se no esquema silogístico. Por exemplo, o art. 132.º do Código Penal: "Se a morte for causada em circunstâncias que revelem especial censurabilidade ou perversidade, o agente é punido com pena de prisão de 12 a 25 anos". Existe sempre um ponto de partida linguístico. Pegando na descrição da situação fáctica: "durante uma partida de futebol entre os clubes A e B, o adepto **X**, empolgado com um golo do seu clube, lançou da bancada norte um projéctil para a bancada frontalmente situada e causou assim a morte de um adepto da equipa adversária".

Para tirar a conclusão (*decisium*) de que **X** deve ser punido com prisão de 12 a 25 anos, o julgador tem de interpretar a norma tendo em vista a factualidade, de forma a que corresponda na plenitude à descrição. O que só será possível se existir uma adaptação da descrição em vista da

---

[369] H. G. GADAMMER, *Warheit und Methode* (trad. esp. *Verdad y Metodo*), 3.º ed., Ed. Sígueme, Salamanca, 1988, 70, encarando a interpretação como uma forma explícita da compreensão. Existe assim um processo unitário em que são divisáveis dois grandes momentos: a compreensão-interpretação e a aplicação.

A problemática da hermenêutica, passa segundo o Autor, a radicar na aplicação de um *quid* geral a uma situação concreta e singular. Aplicação não será aplicação ulterior de uma generalidade a um caso concreto mas antes a primeira compreensão da generalidade que cada texto encerra para todos, colocando-se a compreensão como uma forma de efeito, de concreção normativa do texto interpretado (p. 414).

norma. Entenderá por exemplo que "é susceptível de revelar a especial censurabilidade ou perversidade do agente" do homicídio qualificado desenhado no art. 132.º a circunstância de "o meio utilizado se traduzir na prática de um crime comum (al. g do art. 132.º) e terá de adaptar substitutivamente a construção "lançou da bancada norte um projéctil para a bancada frontalmente situada" pela construção frásica "por meio da prática de um crime de perigo comum". Provavelmente substituirá ainda a última construção pela descrição de um tipo de crime comum recortada a partir do art. 255.º. Entenderá "provocou explosão, criando perigo para a vida ou integridade física de outrem", aproximando o caso da centralidade descritivo-normativa do art. 255.º. Raciocina do particular para o particular, mediante um universal – se lançar um projéctil num recinto onde se podem encontrar pessoas indeterminadas é um crime, então também o será o lançamento do projéctil num jogo de futebol[370].

Mas a operação não se fica por aqui. A norma carece de uma nova abordagem. O agente é imputável? Actuou com dolo? Se sim, com que tipo de dolo? Actuou com causa de exclusão da ilicitude? Actuou com causa de exclusão de culpa?

Em concomitância terá de ajustar e complementar a estrutura descritiva da situação (por exemplo falta a idade ao agente) ou amputá-la *depurativamente* (por exemplo, a circunstância de a vítima ser um adepto do clube adversário não é essencial). Interpreta a norma em mira do caso concreto, avançando com o ajustamento da *premissa menor* em vista da norma interpretada (*die Tatbestandmaessigkeit*).

A interpretação desenvolve-se segundo a especificidade factual e o *factum* adquire a adequada forma verbal por via da interpretação. Existe uma necessidade especulativa[371]: o facto é dilucidado pela norma e a norma é dilucidada pelo facto. Mas não se pode ficar por aqui. Apenas notámos uma parcela do processo que conduz à solução jurídica. A solução jurídica consubstancia um processo volitivo-cognitivo[372]. E aqui o

---

[370] Com o universal desenvolve-se o raciocínio especulativo por analogia, invertendo-se com isso, a relação entre o especial e o geral e concretizando o conceito extrinsecamente aos elementos multifários fornecidos pela realidade. Desemboca-se *hoc modo* numa conceituação em absoluto alheia à fundamentação e à demonstração. Cfr. MENEZES CORDEIRO, "Tendências Actuais da Interpretação da Lei", cit., 10.

[371] Uma "*unidade especulativa da subsunção*" na expressão de JOSÉ DE SOUSA E BRITO, cuja estrutura descritiva é, *mutatis mutandis*, seguida. Cfr. "Da teoria da interpretação de Savigny e da sua influência", BFDC, vol. 62, 1986, 199.

[372] MENEZES CORDEIRO, "Tendências actuais da interpretação da lei: do juíz autómato aos modelos da decisão jurídica", cit., 11.

934 João Zenha Martins

estrito método subsuntivo, passando do conceito aos factos e utilizando no processo de decisão todas as premissas necessárias para preencher o espaço existente entre a simplificação conceitual e a riqueza da realidade, utiliza no processo de decisão premissas não incluídas nos postulados iniciais, potenciando assim o decisionismo e, paradoxalmente, a insegurança. E desfoca o exercício constitutivo da actividade responsabilizante do julgador, ao olvidar a desaplicação dos preceitos legais que contendam com a Constituição.

A regra do caso concreto apenas surge com a aplicação, com a definição da pena aplicável. O juíz, decidindo, encontra em moldes constitutivos a solução para aquela situação. E é com base nos elementos comunicados ao longo do processo, que o juíz vai fixar a pena ao arguido **X**. Fundamentando-a. Tomando em consideração o *contexto* da acção, a individualidade do caso, a tipificação do crime, a culpabilidade, a adequação da sanção à gravidade do ilícito, a culpa e outras circunstâncias subjacentes ao ilícito e ao respectivo cometimento. Assumindo uma função de complementar *concrecere,* desenvolvimento ou adaptação constitutiva, procurando uma síntese de todo o processo. E neste momento postam-se com intensidade os princípios político-criminais, de dimensão constitucional, da culpa, da *proporcionalidade* (e da *necessidade* das penas e da *subsidiariedade* da pena de prisão[373]). Porque o princípio da necessidade e da proporcionalidade impõe-se, não apenas quanto ao tipo de sanção, como também quanto à sua duração e dimensão[374] e porque se no silogismo a passagem das premissas para a conclusão é *in modo obbligante* (de acordo com a sua estrutura de concatenação proposicional), o mesmo não sucede quando se cura da passagem dos argumentos para a decisão.

Se decidir implica escolher, a escolha, por natureza, desimplica automaticidade.

No âmbito do *iter* interpretativo em sentido estrito, os elementos sistemático e teleológico (a par dos demais), enquanto componentes impostergáveis da descoberta da norma, impõem necessariamente um atendimento às interconexões axiológicas que entretecem o sistema e que encontram na Constituição o seu principal plano, numa lógica procedimental de atribuição de um significado integrativo ao dispositivo ou enunciado da norma em análise a que a Constituição vai emprestar consistência[375].

---

[373] Por todos, FIGUEIREDO DIAS, *O Direito Penal Português – As consequências jurídicas do crime*, Aequitas, Editorial Notícias, 1993, 53ss.

[374] GOMES CANOTILHO/VITAL MOREIRA, *Constituição da República Portuguesa Anotada*, Coimbra Editora, Coimbra, 1993, 197.

[375] Existe desde logo nesta fase, à luz do *distinguo* estabelecido entre preceito e

Interpretação Conforme com a Constituição   935

O juízo[376] de *razoabilidade*[377] ("momento de racionalidade" no dizer de CASTANHEIRA NEVES[378]) surge num momento posterior à identificação da norma, numa fase de balanceamento dos direitos e interesses subjacentemente tocados, em que o aplicador intenta elaborar critérios que, num quadro de sopesamento, ponderação e análise das condições normativas e factuais em presença, permita a obtenção de uma norma de decisão (*Entscheidungsnorm*), tendo em consideração o sentido anterior e *geometricamente* determinado (numa alusão crominantemente descritiva)[379].

Neste quadro não são possíveis fórmulas gerais e abstractas[380]. O de-

---

norma, um procedimento de carácter optativo que culmina na escolha, perante duas interpretações possíveis, da norma aferente à solução mais adequada que FREITAS DO AMARAL, de forma terminologicamente inovatória, qualifica como "interpretação optativa". Ou seja, *per summa capita*, deve considerar-se como *solução* mais acertada "aquela que melhor conciliar os três fins do Direito (justiça, segurança e direitos humanos)". Cfr. *Sumários de Introdução ao Direito, cit.*, 94.

[376] O juízo no pensamento Kantiano, encontra-se num *quid medium* entre o entendimento e a razão, reconduzindo o particular ao geral procurado, apresentando um carácter reflexionante. Cfr. I. KANT, *Crítica da faculdade do Juízo*, Lisboa, 1992, 81ss. A razoabilidade *in casu* não será tanto um predicado subjectivo do decidente quanto um postulado intrínsecamente objectivo do direito a constituir que não pode ser conceptualmente apreendido mas tão somente exercitado. Sobre o juízo como núcleo racional da decisão, A. CASTANHEIRA NEVES, *Apontamentos de Metodologia Jurídica, ano lectivo de 1988-89*, Coimbra, 1989, 26.

[377] Com referência à Constituição, MARTIN KRIELE, *Theorie der Rechtsgewinnung. Entwickelt am Problem der Verfassungsinterpretation*, 2.° ed., Berlim, 1976, 135ss e, sequazmente, M. Atienza, "Sobre lo razonable en el Derecho", *Revista Española de Derecho Constitucional*, núm. 27, 1989, 93ss. Entre nós, JORGE MIRANDA, *Manual..*, *II*, cit., 264-265, situando-se no âmbito da interpretação conforme com a Constituição.

[378] "Fontes do Direito", *Digesta Vol. II*; cit., 31 e, no mesmo sentido, LARENZ, *Methodenlehre der Rechtswissenschaft*, cit., 517.

[379] ROBERTO BIN, *Diritti e Argomenti*, Giuffré, Milão, 1992, 57ss. Ainda a necessária distinção entre interpretação e aplicação, presente aliás no art. 8.° n.° 3 do Código Civil que fala em "interpretação e aplicação uniformes do direito".

[380] No entanto, esta distinção entre interpretação e ponderação decisória surge muitas das vezes envolta numa obturante opacidade. É o caso, recorrentemente debatido, do direito à imagem, cuja reprodução é permitida condicionadamente no art. 79.° n.° 2 CC, quando a notoriedade da pessoa retratada o justifique. Faz-se deste modo apelo à figura das *"figuras públicas"*, às *public figures* ou às *Personen der Zeitgeschichte*, de modo a permitir a livre reprodução da imagem das pessoas em função da sua notoriedade e relevante interesse actual, enredando-se intelectualmente a categoria visada (figura pública) com as restrições a que a excepção recortada no n.° 2 se encontra subordinada.

Na verdade, torna-se em absoluto inviável uma tipologia dicotómica – *to be or not to be a public figure* (na Alemanha a distinção é estabelecida entre *"absolute"* e *"relative*

cisor confronta-se com *nuances* e aspectos específicos e fortuitos, só ponderáveis à medida da execução interpretativo-decisória num esforço aclimativo de consonização com a axiologia sistémica, que valorizam a criatividade da solução em detrimento da estrita previsão normativa e do sentido dela extrinsecado[381].

A aplicação da norma pode considerar-se uma imersão do direito no facto ou uma deste naquele contráriamente à disjunção tradicionalmente invocada – *Da mihi factum tibi dabo ius*. Existe uma transmudação. Por exemplo, o art. 122.º da CRP, que determina como "elegíveis os cidadãos eleitores, portugueses de origem, maiores de 35 anos". Do seu enunciado constam desde logo expressões como "cidadãos eleitores" e "portugueses de origem", cuja facticidade delimitativa constitui simultaneamente uma realidade jurídica, com um alcance e recorte precisos.

Doutro quadrante, a mera descrição fáctica das situações, como a alusão a *esposo, casamento, abandono, destruição, proprietário, agressor, discriminação, bom nome e reputação,* introduz inexoravelmente elementos jurídicos, mesmo antes de o intérprete tomar conhecimento do recorte jurídico global da situação e do direito aplicável.

Existe uma *pré-compreensão do referente,* ou seja do objecto significante extra signo, mas por ele significado. Não há nunca uma abordagem em branco.

Personen der Zeitgeschichte"), devendo analisar-se o contexto social e situacional em que os factos se verificaram. Assim, a qualificação (*Einordnung*) da pessoa como personalidade pública não significa *consequencialmente* uma maior vulneração da sua vida privada, havendo que avaliar a projecção e alcance das restrições no domínio da sua protecção e afastar construções tautológico-argumentativas do tipo *apenas o que se refere ao aspecto público fica fora do âmbito de protecção mas não o privado.*

Devem ser valorados todos os factores contextuais numa linha de ponderação com os valores colacionados (*maxime* liberdade de expressão *e* direito à imagem), estabelecendo concretamente um sopesamento da necessidade de informação do público e fazendo uma estimação cuidada da fisionomia dos meios empregues (a reprodução da imagem fotográfica de uma personalidade pública apanhada em posição indecente terá uma *differentia specifica* face a uma caricaturação feita por um *cartoonista*) numa pretensão *vinculada* de optimização dos interesses em presença, em atenção aos efeitos da decisão.

Exige-se *hoc sensu* uma ponderação da relação prático-social problemática, através da consideração das diferentes perspectivas que aquele contexto admite, em ordem a decidir, com fundamentos prático-normativos, sobre a natureza daquela situação.

[381] Porque *Ius est realis ac personalis hominis ad hominem proportio, quae servata servat societatem; corrupta, corrumpit...*

Interpretação Conforme com a Constituição 937

"A compreensão está fundada no conhecimento e o conhecimento não pode actuar sem uma compreensão preliminar implícita"[382], sem uma realidade pressuposta.

Não é possível compreender o sentido do termo *agressor* se não existir uma pré-ideia do que seja um *agressor*,[383] um plano pré-qualificativo[384]. A própria noção de problema origina *de imediato* um pré-entendimento[385] dado que por natureza um significante linguístico remete para algo extra-linguístico. O jurista tem já uma pré visão do problema, algo que decorre dos seus conhecimentos, experiências e mundividências (*Sollenseinstellungen*) e que não está *ab intra norma*, pois esta não apresenta tal qualidade de forma *a se*. No fundo, um quadro de pré-entendimento, informado pelos factores culturais e civilizacionais que vão depois fluir ao modelo de decisão, valorizando os factores sistemáticos que incluam. Neste espectro a Constituição tem uma dimensão perpassante na formação do pré-entendimento: constitui uma base reflectora dos valores jurídicos reais que se identificam com a consciência colectiva. Estes atravessam todas as operações de resolução dos problemas concretos e influem *in continenti* na valoração da pretensão de justiça implicitada na norma e *hoc sensu* na formação do raciocínio do intérprete aplicador.[386]

É *nesta fase*, de busca da solução concreta para a *quaestio disputata*, que vão ser concatenados todos os argumentos com relevância para o seu desenho. Constrói-se um modelo de decisão. Um modelo que é alargado por elementos de legitimação da sua justeza (*Richtigkeit*), de carácter argumentativo (empírico e lógico-valorativo) que, sem prejuízo da consideração de todas as dimensões linguísticas e sobre-linguísticas que impostergavelmente compõem o raciocínio valorativo, conferem à decisão a tomar uma fundamentação axiológica materialmente *consensual,* uma adequação concreto-material *(Sachgerechtigkeit)*. Uma argumentação que, sem embargo da sua não definitividade em face da respectiva adequação *in concreto* ao problema prático, se impõe num plano dialógico de legitimação com a solução projectada. Uma argumentação legitimatória que se traduz numa base de consenso mínimo sobre a solução encontrada e que busca na

---

[382] Nas palavras de ANNAH ARENDT, "Comprénsion et Politique", *Esprit*, Junho de 1985, 89.

[383] MENEZES CORDEIRO, *Da boa fé no Direito Civil*, 1997, 36-38.

[384] MENEZES CORDEIRO, "Tendências actuais da interpretação da lei: do juíz autómato aos modelos da decisão jurídica", cit., 11.

[385] LARENZ, *Methodenlehre der Rechtswissenschaft*, cit., 285ss.

[386] GADAMER, *Warheit und Methode* , cit., 315ss.

938 *João Zenha Martins*

Constituição os elementos materiais comuns que permitem disromper, com objectividade, a certeza da racionalidade da solução da mera opinião e desejo[387]. Uma objectividade de fundamentação que só pode obter-se numa pressuposta axiologia, uma vez que sem ela o normativismo implica in *terminis* um decisionismo. E o consenso buscado, numa perspectiva de *fermentazione*, forma-se assim não apenas com base na uniformidade do fundamento, mas também nos planos institucional e processual que o suportam[388], na difundida construção de LUHMAN.

O conhecimento consensual perfila-se como uma instância crítica que possibilita uma avaliação dos resultados da prática e o único critério, quando não haja consenso, será o da *força de convicção*[389] num pressuposto de unidade do ordenamento jurídico[390] e de plausibilidade[391]. Uma *persuasive authority* que reflecte o sistema *in acto*.

Não havendo um modelo natural de solução, existe um modelo construtivo[392] – o intérprete aplicador é um indivíduo autónomo e os valores

---

[387] Já que, seguindo CARRETERO, A. ("Los modos de constitucionalización del Derecho y sus consecuencias de los principios generales" in *Jornadas de Estudio sobre el Titulo Preliminar de la Constitución, Vol. V.*, Ministério de Justicia, Madrid, 1988, p. 3217) os valores funcionam como estimativas sociais corporizáveis em juízos que se louvam na objectividade e que são plenamente concretizados através da sua aceitação consensual.

[388] NIKLAS LUHMAN, *Das Recht der Geselschaft*, Francoforte sobre o Meno, Suhrkamp, 1993, 300ss. Conforme se pode ler no Ac. 1/98 (DR-I-A, de 20-3-1998), "mesmo as aparências podem ter importância de acordo com o adágio do direito inglês – *justice must not only be done; it must also be seen to done*".

[389] Sobre este aspecto, ele mesmo *não consensual*, cfr. P. HÄBERLE, "Die offene Gesellschaft der Verfassungsinterpreten. Ein Beitrag zur pluralistichen und «prozebualen» Verfassungsinterpretation", *Juristenzeitung*, 1975, 297 a 305, especialmente 301ss; IDEM, reforçando a posição, *Verfassungt als öffentlicher Prozess. Materialen zu einer Verfassungstheorie der offenen Gesellschaft*, Berlim, 1978, em especial 93ss.

[390] CANARIS, *Systemdenken und Systembegriff in der Jurisprudenz e Conceito de Ciência do Direito*, 2.° ed., Lisboa, 14ss; KARL LARENZ; *Methodenlehre der Rechtswissenschaft*, cit., 237ss, 693ss; CASTANHEIRA NEVES, *O instituto dos Assentos e a Função Jurídica dos Supremos Tribunais*, cit., 258ss; BAPTISTA MACHADO, *Introdução ao Direito*, cit., 191.

[391] Assim, LOPEZ-JURADO ESCRIBANO, "La formulacion de criterios de interpretation de la Constitution en la doctrina alemana, *Revista española de derecho constitucional*, n.° 34, Madrid, 1992, 99-125, fazendo uma simbiose entre a plausibilidade, a força da convicção e o poder da argumentação.

[392] Fundamentando a contraposição entre modelo construtivo e modelo natural, v. DWORKIN, "Justice and Rights", in RONALD DWORKIN, *Taking Rights Seriously*, cit., 150ss. O direito é integral, incorporando a justiça e outros conceitos de natureza moral que

Interpretação Conforme com a Constituição   939

são construídos através de uma procedimentalização argumentativa que se assume como racional – mas multifária[393] –, assumindo a cultura um papel fundamental[394].

Trata-se de uma indagação das condições de racionalidade em mira da solução materialmente adequada num quadro de arrimo aos valores fundamentais do sistema que, enquanto tal, é inseparável dos sujeitos operadores das expressões linguísticas, da sua compreensão da realidade, dos seus conhecimentos pessoais[395].

---

perpassam todo o processo judicial aplicativo, numa concepção racional que projecta no concreto os valores de justiça e equidade e que encontra nos princípios a necessária base justificativa para a aceitação da solução.

[393] ALEXY, *Theorie der juristischen Argumentation*, cit., 263ss; HABERMAS, *Faktizität und Geltung: Beiträge zur Diskurstheorie des Rechts und des demokratischen Rechtsstaats*, cit., 294.

[394] Impressivamente, MARCELO CAETANO em *Manual de Direito Administrativo*, cit., 168 e 72, considera que "(...) o jurista não pode limitar-se a ser o verificador impassível do direito vigente num país (...) deve possuir a cultura necessária para compreender o direito nas suas profundas razões de ser, nas suas relações e nas suas intenções".

De outra parte, a discutida questão (antes da entrada em vigor da Lei que regula as Uniões de Facto) sobre a dimensão do art. 36.° (*maxime* n.° 4) relativamente à permissão conferida ao legislador ordinário para equiparar as uniões de facto *more uxorio* ao casamento para determinados efeitos jurídicos. Sobre a questão, ARMINDO RIBEIRO MENDES, "Irradiação das normas e princípios constitucionais", in VVAA: *Perspectivas Constitucionais – nos 20 Anos da Constituição de 1976*, Vol. II (org. Jorge Miranda), Coimbra Editora, Coimbra, 1997, 312-314.

O modelo judicial legalista, circunscritivo da actividade judicial ao automatismo subsuntivo, recuperado cambiantemente pelo "realismo jurídico" na sua versão mais simplista (*vg* LAWRENCE BAUM – *The Puzzle of Judicial Behaviour*, Ann Arbor, The University of Michigan Press, 1997; DONAL SONGER E STEFANIE, "Not the Whole story: the impact of justices'values on Supreme Court decision making, in *American Journal of Political Science*, vol. 40, 1049-1063), pela sua exclusividade analítica e absolutidade esquemáticas não consegue explicar de forma inteiramente satisfatória a complexidade substantiva e processual que informam o processo decisório em que confluem sincrónico-evolutivamente factores multímodos *inarquetipicizáveis*.

[395] Num fenómeno que na fase aplicativa da solução encontrada é designável como "dimensão psicagógica da retórica" pois que a demonstração convincente tendente à consecução do consenso possível, enquanto criadora de persuasão (*Überredung*), é secundada pelo elemento emocional.

Trata-se de um fenómeno que aponta para a maior complexidade da relação entre o cognitivo e o não cognitivo e que, conforme acentua BOAVENTURA DE SOUSA SANTOS, é intrinsecamente influenciada pelas "condições sociais, políticas e ideológicas da produção institucionalizada da ciência". Cfr. *Introdução a uma Ciência Pós-Moderna*, 5.° ed., Edições Afrontamento, Porto, 1998, 134.

O resultado dessa selecção não é portanto verdadeiro ou falso ou simplesmente inquestionável. A solução não é definitiva ou absoluta em termos de se afirmar que ela "pode ser tida por verdadeira" (*Fürwahrhaltende*). Será ou não razoável (*verständlich*), em função da força argumentativa dos materiais utilizados para *comunicar* o texto e fundamentar a solução[396], havendo um proceder de premissas prováveis para soluções prováveis por meio de entinemas retóricos que se intentam convincentes mas não irrefutáveis[397]. Será com a *veritas* que a *auctoritas* se dimensionará. Porque esta, dir-se-á, é fruto de um método que a faz surgir e aparecer, não um afirmação dogmática e incrítica como na *empiria* vulgar[398].

Nesta fase, em que se exige uma fundamentação racional[399], os princípios desempenham um papel mediatório, condicionando o caso concreto numa óptica de polaridade dialéctica com o *sensus* extrinsecado da norma pertinente, obrigando o aplicador à consideração do âmbito de legitimação que dela se desentranha e à determinação do concreto resultado social defluente, em conjugação com os valores geneticamente atraídos e com o *lugar* historica e geograficamente *específico* (dentro da distinção aristotélica entre lugares gerais e especiais ou específicos[400]) em que se encontra. Forma-se um processo espiral que passa pela descoberta dos problemas, pelo posterior entretecimento dos princípios e ulteriormente pela consolidação sistemática, em que cada problema sobrevindo postula um recomeço fecundante.

Existe um *discurso legitimatório* pautado por uma *racionalidade técnico-finalística*. Para se atingir a visão da norma como o espaço que estabelece a relação entre aquilo que deve ser e aquilo que está, tem de compreender-se tanto o respectivo fundamento quanto a realidade para que ela intende.

Já CELSO dizia que *saber as leis é isto: não reter as suas palavras, mas a sua força e o seu poder (D.,1,3,14)*. E o *poder* da *lei*, indesligável da solução material, modifica-se. Altera-se com as suas aplicações e com

---

[396] *Jurisconsulti tanquam ex vinculis sermocinantur...*

[397] Contrariamente ao que sucede com a chamada *lógica apodítica*.

[398] É por isso anódina a pretensão do sociologismo em reduzir a normatividade ao empirismo, por via do *ex facto ius oritur*.

[399] Com ênfase, BverfGE, 34, 269, 287.

[400] Os lugares gerais, na distinção avançada por Aristóteles, são aplicáveis em qualquer área do conhecimento (por exemplo, o princípio da quantidade que tanto pode ser aplicado na matemática como na sociologia) ao passo que os lugares especiais apenas são aplicáveis numa área determinada (por exemplo, o princípio da justiça pode ser aplicado no Direito mas não na geometria).

o *continuum* de soluções sobrevindas. Dá-se uma depuração de tudo aquilo que historicamente dela extravaza, num fluxo ininterrupto de circularidade. Cada situação é pressionada *in action* em todas as direcções até ao ponto em que as suas forças originárias são comprimidas num espaço pré--modelado, único. E é neste *espaço* que se exige uma ponderação racional[401] (*Bedingungen rationaler Abwägung*), de molde a que o intérprete-decidente assente a sua decisão em critérios lógico-valorativos objectivados dentro dos pressupostos constitucionalmente definidos e em consonância com os dados normativos (e com os elementos exteriores recolhidos e trabalhados) relevantemente obtidos ao longo do processo *unitariamente* percorrido. Porque na decisão o que está em causa é, em grande medida, a inteligibilidade social desta[402], a sua capacidade de ser reconhecida à luz de critérios de interpretação social, justificantes da norma individual ínsita na componente dispositiva. E a decisão valorativa, que não flui, portanto, "de um nada" (*aus einem Nichts*), encontra-se adstrita e condicionada à realização dos objectivos *heteronomamente* impostos num Estado de Direito[403].

Ao aplicador-intérprete exige-se *sensibilidade* e capacidade de compreensão teórica do Direito em Acção (*law in action*) e dos seus mecanismos de produção, buscando as racionalidades que operam no plano da resolução dos casos[404], dentro de uma fórmula de *entre-laçamento* das regras e princípios que delineiam a *ideia de direito* (*Rechtsidee*) e que emprestam ao sistema uma concreta coloração num pressuposto criterioso de unidade e coerência que encontram na *Lex Fundamentalis* o seu travejamento e que modelam a decisão a tomar, influindo no respec-tivo *objectum*. A interpretação-aplicação de um texto (pressuponente da decisão) surge inabjugada da sua aplicação a uma situação particular[405] e reflecte a *axiologia* global do ordenamento.

---

[401] ALEXY, *Theorie der juristischen Argumentation*, cit., 365. A racionalidade do discurso jurídico depende primacialmente da forma como as valorações adicionais são *racionalmente* controláveis.

[402] Assim MENEZES CORDEIRO, referindo-se à estruturação científica da decisão e ao carácter cultural do Direito in *Introdução à edição portuguesa – Systemdenken und Systembegriff in der jurisprudenz* (de Claus-Wilhelm Canaris), Lisboa, 1989, LXII.

[403] Existe um *derived inferior power* que não obstante a dimanação de um plano superior, se situa com ulterioridade num *arché* em que as especificidades situacionais juridicamente tratadas postulam a tomada de uma decisão razoável num pressuposto de *balancing rights*, de *ponderação solutória*.

[404] HABERMAS, *Faktizität und Geltung: Beiträge zur Diskurstheorie des Rechts und des demokratischen Rechtsstaats*, cit., 140ss.

[405] GADAMER, *Warheit und Methode* , cit., 331 ss.

942   *João Zenha Martins*

Axio-logia que não apresenta uma estrutura bivalente do certo-falso (*richtig/falsch*) ou do verdadeiro/não verdadeiro (*wahr/unwahr*), mas que, não menos conformativamente, impõe em todas as circunstâncias razoabilidade, sem exclusões ou inclusões rígidas e aprioristicamente conclusivas ou cabalísticas[406]. Forma-se, assim, um processo composto por fases incindíveis, inter-relacionadas, pautado por uma lógica de integralidade: os elementos singulares corporizam-se simbioticamente numa unidade de sentido, afinal o objectivo da interpretação.

Existe um método de interpretação que tem de ser considerado objectivo e global. Os elementos histórico, sistemático e teleológico tornam-se uma componente *diacrónica* de toda a valoração, uma vez que não se enjeita o recurso aos trabalhos preparatórios e ao circunstancialismo histórico em que a lei foi produzida. Simplesmente, existe uma constelação de normas ou categorias heterogéneas que, no momento e locais precisos, se conjugam com a elementos específicos da situação *judicanda*, exigindo do intérprete aplicador uma interpretação global, de implicação holística entre todos, de molde a conseguir um enquadramento sintético e consistente que suporte a decisão almejadamente *adequada, constitucional* ou *sistemicamente conforme*[407].

A solução conforme com o sistema é a única que se justifica sob o império de uma determinada ordem jurídica[408], sem modulações rígidas e conclusivas. Uma *interpretatio ex nunc* e não *interpretatio ex tunc*, indissociada da decisão.

Assim sucede, porquanto as conclusões jurídicas só são racionais na medida em que procuram sempre um *fundamento*[409], e um fundamento (de

---

[406] Porque no domínio da argumentação, que constitui uma longa tradição no pensamento ocidental, o que vale é a razoabilidade ou a plausibilidade. A lógica cartesiana que havia contribuído para uma marginalização da retórica e da argumentação com *O Discurso do Método* (em que uma das regras do novo método era justamente a consideração de que é falso tudo aquilo que é apenas provável) sofreu um rombo não só com o desenvolvimento apurado das técnicas de *marketing*, publicidade e propaganda como também, no domínio científico de que curamos, com a obra de CHAIM PERELMAN, La Nouvelle Rhétorique: Traité de l'Argumentation, publicado em 1958 (e de que existe tradução em brasileiro – *Tratado da Argumentação. A Nova Retórica*, edição Martins Fontes, São Paulo, 1999).

[407] *Conceptus rem adaequans...*

[408] CANARIS, *Systemdenken und Systembegriff in der Jurisprudenz*, cit., 284.

[409] H. G. GADAMER, *Wahrheit und Methode,* cit., 412, considerando a fundamentação e a linguagem o traço matricial do processo hermenêutico, na medida em que constituem o meio de concordância axiológica e de consensualização dos *autores sobre a coisa*. A lin-

Interpretação Conforme com a Constituição

tipo empírico ou lógico-empírico e de tipo normativo-valorativo) para o *fundamento*, numa lógica de espiral em que a função *metacêntrica* das coordenadas ordenantes do sistema em articulação com a idoneidade do processo formado, *legitimam* e *basificam* a solução adequada através desta unidade de fundamento (*Einerleiheit des Grundes*). Mas fundamento não significará necessariamente consenso. Ante a impossibilidade de uma absoluta convergência quanto à solução propugnada e ao quadro axiológico em que esta se envolve, só a criação de condições óptimas do ponto de vista processual e institucional, aliada à *força de convicção* assinalada, permitem a consecução de uma solução fundamentada e razoável.

A articulação entre o *direito* e a *linguagem* não pode prescindir desta consideração, muitas vezes metodologicamente invertida (*maxime* pelas correntes da *ordinary language philosophy*): é do *discurso legitimador* a que o direito faz apelo que decorrem inegáveis consequências para a sedimentação da linguagem pertinente e não de um *corpus* linguístico (enquanto conjunto de signos de significação semântica) que decorrem consequências para o direito.

No fundo a linguagem apresenta-se funcionalizada ao trabalho e ao discurso de legitimação jurídica, num quadro de heteronomia decisória.

Neste contexto, existe um critério que, na verdade, não será tanto de linearidade diacrónica quanto de circularidade sincrónica, de acordo com as interpelações da realidade multímoda que conforma o círculo decisório emergente. Porque o discurso apresenta-se como um sujeito epistémico que constrói a sua própria realidade e o discurso jurídico apresenta-se como um caso especial do discurso prático geral[410].

O mesmo é dizer que a decisão tem de ser proporcional e justa (*richtig*), obrigando o decidente a um equacionamento do seu raciocínio

---

guagem da compreensão constitui assim a concretização da aplicação do conhecimento exacto da singularidade histórica daquele processo, erigindo a natureza linguística como objecto preferencial da interpretação. A linguagem é para GADAMER uma visão do mundo (pp. 553-554).

[410] ALEXY, *Theorie der juristischen Argumentation*, cit., 31ss e 221ss, salientando a explicitação da regra do ónus da argumentação sempre que são mobilizados precedentes (que distingue das *técnicas da circunvicção*) e enfocando também a sua importância nos quadros da "argumentação jurídica" como via consecutória da adequação e da igualdade. ALEXY não deixa porém de referir o impacto da alteração das circunstâncias que pode impor a "relevância das diferenças" entre os casos justificativamente próximos. Noutra perspectiva, cfr. MASSIMO CALVINO, "Il precedente tra certeza del dirito e libertá del giudice: la sintesi nel diritto vivente", *Diritto e Societá*, 1, Gennaio-Marzo/2001, Cedam, Pádua, 159ss.

numa lógica do *como se* – "als ob"[411] – valorativamente preenchido e moldado pelos vectores essenciais do sistema. Como sublinha LARENZ[412], a ideia de equilíbrio subdefluente do princípio da proporcionalidade está indissociavelmente ligada à ideia de justiça. E a proporcionalidade, a que JORGE MIRANDA chama *razoabilidade*[413], não se esgota na decisão em si. Antes, obriga o decidente a analisá-la como *instrumento* capaz de produzir ou não certos resultados em determinados contextos; a focalizar o exercício e os resultados materiais da sua actividade decisória, em detrimento de um acantonamento a uma visão estritamente estática, tendo sempre presente a ideia de maximização do repositório principiológico que a Constituição alberga e que torna a decisão racionalmente aceitável.

O espaço de abertura deixado pelas normas constitucionais no plano da flutuação das maiorias e das respectivas decisões políticas permite uma comunicação de influências entre o texto e a realidade constitucional sem contudo prejudicar o seu património vinculante em que avultam os valores e os princípios gerais.

Para JORGE MIRANDA, "a função ordenadora dos princípios"[414], embora se revele especialmente nítida e forte em momentos revolucionários, não se apresenta menos provida de sensibilidade e operatividade em períodos de normalidade e acalmia institucional – "eles exercem uma acção imediata enquanto directamente aplicáveis ou directamente capazes de conformarem as relações político-institucionais. E exercem também uma acção mediata tanto num plano integrativo e construtivo como num plano essencialmente prospectivo".

Neste quadro, e norteados pelo sistema de fontes nacional, cumpre indagar de um pretenso estiolamento da força irradiante do texto constitucional, volvidos mais de 25 anos após a sua aprovação originária e tendo em consideração as revisões sobrevindas.

A defesa de uma dissipação vinculante do texto constitucional escorar-se-ia na maturidade democrática entretanto consolidada (do conturbado período pós-revolucionário até à actualidade) e na evolução sócio-política de então para cá verificada, razões apontadas para uma "perda de sentimento constitucional" e um desvanecimento perante a normalidade social. Os argumentos invocáveis mostram-se contudo lábeis. Primeiro, além de uma absoluta obnubilação do papel da Constituição, não são olvidáveis os

---

[411] Também pensamento de possibilidades (*Möglichkeitdenken*).

[412] LARENZ, *Methodenlehre der Rechtswissenschaft*, cit., 684.

[413] *Manual..., II*, cit., 264-265, situando-se no âmbito da interpretação conforme com a Constituição.

[414] *Manual* , cit., tomo II, 224.

Interpretação Conforme com a Constituição

dissensos registados em 1976 acerca da sua validade material e de alguma divisão social divisada à época da sua entrada em vigor[415].

Ou seja, na actualidade, face à consensualização comunitário-social (*consensus populi*) em torno da sua referencialidade significante, discerne-se um reforço da sua função paramétrico-integrativa[416], tendo em consideração a sua não implicação numa ordem de valores acabada e o apaziguamento de uma certa animosidade.

Na verdade, se é patente a redução da *carga dirigente* constante da versão primeva esta verificação não pode significar estiolamento normativo. A Constituição, empregando uma expressão bastante divulgada, aparece como *la catégorie da la durée*. Na sua planta encontram-se interesses pertencentes a pessoas que constituem uma comunidade em permanente movimento. A própria Constituição pode tornar-se *vetus lex* e obrigar a uma reconstituição do sistema. Mas foi à época, e continua ainda a sê-lo, a representação autêntica da vontade geral.

É uma Constituição de mudança (*Wandelsverfassung*), não imune a tensões e antagonismos, porque a sociedade é aberta e plural. As revisões constitucionais sobrevindas confirmam a estrutura dinâmica da Lei Fundamental. Houve uma ampliação do *compromisso* constitucional, sobretudo, porque *permanecer é mudar*[417].

---

[415] Por exemplo, FREITAS DO AMARAL, *O antigo Regime e a Revolução*, Venda Nova, 1995, 4.º ed., 374, qualificando o texto de "francamente mau" ou MÁRIO BIGOTTE CHORÃO, *Temas Fundamentais de Direito*, Almedina, Coimbra, 1991, 138, entendendo a Constituição de 1976 como "expressão do voluntarismo fermentado pelo pathos democrático e marxista" que "traduz a consagração de uma oligarquia corruptora da democracia e da justiça (...) enredadíssima numa teia de grosseiros equívocos".

[416] Neste sentido, confira-se o exponencial crescimento de recursos para o Tribunal Constitucional (potencialmente justificável do *writ of certiorari*). A afirmação produzida não prejudica contudo a constatação de que as revisões constitucionais têm sido enredadas nas teias da partidocracia bipolar, apesar da formalismo pluralista que se intenta perpassar. Cfr. ANTÓNIO DE ARAÚJO e MIGUEL NOGUEIRA DE BRITO, "Argumentar e negociar em debates constitucionais: a revisão de 1997" *in* VVAA: *Perspectivas Constitucionais – Nos 20 anos da Constituição de 1976, Vol. III* (org. JORGE MIRANDA), Coimbra Editora, Coimbra, 1998, 117-195.

A Constituição funda-se num *pactum unionis* e não pode ser ditada de cima para baixo, dos directórios dos partidos para a sociedade. Pelo contrário, é da comunidade, do *consensus populis* que emana a sua força e a sua projecção significante. Deve, no entanto, reconhecer-se as virtualidades ostentadas por todas as Revisões quanto à estabilização e melhoria da coerência do equilíbrio constitucional.

[417] VITAL MOREIRA, "Revisão e Revisões – A Constituição ainda é a mesma?" *in* VVAA: *20 Anos da Constituição de 1976*, BFDVC; STVDIA IVRIDICA, 46, Coimbra, 2000, 197.

Se da universalidade da lei não se espera já a revelação de uma razão eterna, nela vive ainda a esperança de uma ordenação razoável de interesses e valores contraditórios, um direito em que a relevância sobrelevante da Constituição se propicia pela distanciação entre a instância que o formula e aquela que o realiza (*justum animatum*), num pressuposto, aliás, de imparcialidade (mas não asseptismo) do decisor.

Se, sob o ponto de vista da lei, existem várias possibilidades *em teoria* adequadas, na óptica do intérprete decidente, não será *ad evidentiam* admissível que a escolha se processe quase de moeda ao ar, estando por isso obrigado à escolha que entende mais adequada à complementação do *Tatbestand*; à concretização da ambiência normativa que matiza o sistema, numa linha decisória de ponderação de todas as exigências impostas pelo Direito.

Os vários testes de adequação (*fit scrutiny*) a que submete a solução forjada, após o trabalho de tratamento do caso concreto em vista da norma e desta em ordem àquele, permitir-lhe-ão chegar àquela que será, no caso analisado, com todas as suas especificidades e matizes, a solução mais ajustada.

Ora, os princípios jurídicos vão permitir nos raciocínios decisórios, através do alargamento do modelo de decisão, paradoxalmente, um fechamento dessas "aberturas" (muitas vezes de forma *substatória*), actuando como determinantes semi-heterónomas, semi-autónomas, configurando-se a realidade jurídica como *fact-value complexes* de decisão, ou seja, o resultado de uma convergência entre verificações de facto e ponderação de valor, com a elasticidade que é um *definiens* dos princípios[418] e com o alargamento propiciado por todos os factores, triados e tratados (numa orientação de *output*), consideradamente relevantes.

Preenchem-se assim as margens de decisão (de latitude variável), no caso concreto, com a consideração dos pressupostos adicionais que os princípios permitem obter, num pressuposto analítico-projectivo *valorativamente condicionado*, que fecha as *open-ended provisions* que existam.

Ao decidir, o jurista toma posição sobre o problema. Ele não é neutro relativamente à solução[419]. Encontra-se valorativamente implicado nela, fundamentando-a. E a legitimação da solução ganha neste domínio tanto mais operatividade quanto o plano de reconstrução a que a indeterminação dá azo, num pressuposto histórico-axiologicamente conformativo.

---

[418] R. M. DWORKIN, *Taking rights seriously*, 1.° ed., Duckworth, London, 1977, 22.
[419] O jurista tem é de ser imparcial.

Interpretação Conforme com a Constituição

O próprio sistema é vectorialmente transmudado com o resguardo das consequências e efeitos das soluções, tornando-o um *perpetual process of change*, numa contínua identificação com a reponderação das solicitações que recebe. Existe um re-equacionamento à luz dos dados novos que se vão obtendo e com o processamento de um discurso coerente (*coherent speech*)[420].

Um plano de reconstrução crítico-reflexiva como síntese provisória (*vorläufige Zusammenfassung*). Por isso os princípios gerais de direito não podem atingir-se por simples *dedução*. Pelo contrário, são o *quid* do direito que permite a *fundamentação* e que *racionaliza* comunicativamente toda a decisão[421], incarnando *in concreto* a sua significância valorativa[422].

Num outro plano, a fisionomia dos princípios[423] oferece maior flexibilidade do que as normas na solução de antinomias normativas, atentas as possibilidades *ab extra* dúcteis de compreensão do seu potencial âmbito de dimensão e optimização recíproca, em situações axiologicamente colidentes que não redundam em soluções aplicativas em termos de "tudo ou nada" (*all-or-nothing fashion/ auf eine Alles-oder-Nichts-Weise*), como acontece em relação às normas[424].

Se as normas postulam generalidade, para servirem um número indeterminado de factos, susceptíveis de inclusão na *facti species* da respectiva previsão, que, assim, delimita o respectivo campo de aplicação, os princípios, *a fortiori*, têm de ser ainda mais gerais, servindo a um número neces-

---

[420] Isto mesmo é particularmente referido por ALEXY que, salientando a abertura do sistema, releva no entanto a necessidade de, através de regras e formas de argumentação prática geral e da argumentação jurídica, se dotar a argumentação decisória de uma de firmeza racionalmente estruturada (de uma verdadeira *auctoritas*). *Vide Theorie der juristischen Argumentation,* cit., 345ss.

[421] HABERMAS, *Faktizität und Geltung: Beiträge zur Diskurstheorie des Rechts und des demokratischen Rechtsstaats,* cit., 296ss.

[422] Neste domínio, irrompe a questão das *decisões interpretativas*. Por exemplo, relativamente às decisões interpretativas de rejeição, entre nós, o Tribunal Constitucional, através de uma *interpretação conforme com a Constituição,* considera não inconstitucional uma norma que havia sido considerada inconstitucional pelo Tribunal *a quo.* Nestes casos o TC não rejeita tanto a conclusão firmada pelo Tribunal *a quo,* quanto o raciocínio argumentativo que lhe subjaz, atribuindo-lhe fundamentalmente um sentido adequado. Cfr. Ac. TC 63/85, DR, 12-6-85.

[423] Etimologicamente princípio significa início.

[424] No dizer de DWORKIN, "The Model Rules I" in RONALD DWORKIN, *Taking Rights Seriously,* 1977, 53. Se a norma determina a consequência X quando concorrem as condições A, B e C, não pode suceder que se verifiquem estas condições e se não deva aplicar X.

948 João Zenha Martins

sariamente indefinido de aplicações[425]. Enunciam uma razão (*Vernunft*) para decidir em determinado sentido, sem obrigar a uma decisão particular. E podem concorrer outros princípios que direccionem a decisão em sentido distinto[426]. São inícios de uma regulação, *starting points,* e simultaneamente *guide lines,* que permitem que um ceda a favor do outro em determinado círculo problemático (por exemplo, tutela da reserva da intimidade da vida privada *vs* liberdade de informação), mas venha a primar noutro círculo problemático dissemelhante[427].

O conteúdo, extensão e alcance próprios de cada princípio não exige o sacrifício unilateral de um princípio face aos demais, antes aponta para uma tarefa de harmonização de modo a optimizar cada um deles. A importância dos princípios suscita-se um plano de peso (*dimension of weight*)[428], ao passo que as regras apenas colocam questões de validade, já que em caso de não correcção existe uma necessidade de alteração[429].

Os princípios assumem-se assim como marcos axiológicos (incorporantes e difusores de valores ético-sociais e políticos, coincidentes neste sentido com os *praecepta iuris*[430] de que falava ULPIANO) que fundamentam a normação jurídica e informam as *concretas* realizações do direito[431].

---

[425] R. ALEXY, *Theorie der Grundrechte,* cit., 75ss, 299 e 319, afastando-se de DWORKIN e também de ESSER (como o próprio reconhece *amicus venia*), ao caracterizar os princípios como mandatos de optimização, pressupondo uma distinção radical entre normas e princípios. Como salienta MENEZES CORDEIRO, o princípio é uma proposição que exprime um vector presente num considerável número de regras jurídicas. Cfr. "Princípios gerais de Direito, *Polis,* Vol. IV, Verbo, Lisboa, 1986, 1490.

[426] CANARIS, *Systemdenken und Systembegriff in der Jurisprudenz,* cit., 90-91.

[427] A prevalência de cada princípio surge assim sempre refrenciada a um concreto círculo problemático. O princípio não é exclusivo, não vale sem excepção, podendo por isso entrar em colisão ou contradição.

[428] DWORKIN, *Taking Rights Seriously,* cit., 116ss.

[429] Seguindo DWORKIN, "principles are proposition that describes rights" (*Taking Rights Seriously*, cit., 90).

[430] Etimologicamente *prae + cepta*, de *prae + capere*. Isto é, *algo* que tem de ser tomado em primeiro lugar.

[431] É célebre o episódio, por certo simbólico, envolto na tradição oral de GUILHERME MOREIRA (um dos introdutores em Portugal da *Escola histórica* de SAVIGNY e da *pandectística* germânica) retratado por MÁRIO CASTRO em "Nova contribuição para o estudo da Jurisprudência como fonte do Direito", *Cadernos de Cultura Jurídica*, Editorial do Fôro, Lisboa, 1940, 37-38. Nas vésperas de um exame oral, seguindo uma velha praxe, um aluno procura o *Mestre*, para lhe solicitar a costumada indulgência. GUILHERME MOREIRA questionou-o: "*e Você sabe alguma coisa disto?*". O aluno respondeu-lhe afirmativamente, dizendo que sabia uns princípios gerais. GUILHERME MOREIRA, então, retorquiu-lhe,

Interpretação Conforme com a Constituição · 949

Reconduzem-se à busca de unidade de sentido axiológico assinalada, mas compaginam-se com uma ampla variedade de soluções concretas. Encontram-se num plano superior, reflectindo as determinações valorativas da consciência jurídica geral (que têm o seu *speculum* na Constituição) cuja mediação aplicatória é processada através de normas, que têm uma estrutura lógica que lhes confere uma dimensão concretizadora[432].

A mediação legislativa ou jurisprudencial de que carecem os princípios não lhes retira dimensão vinculante nem, tão pouco, prejudica o discernimento *em alguns* de uma estrutura de suficiência de conduta e de decisão[433]. São os chamados *princípios-norma* ou *princípios com a forma de proposições jurídicas*[434] (que não são só *ratio legis* são também *lex*) e que adquirem uma função normática com precisão de recorte, sendo que, em todo o caso, a fronteira com os chamados *princípios abertos*, que têm

---

em voz cavernosa, que segundo se diz era o seu diapasão: *"Oh! Se Você soubesse os princípios gerais!..."*

[432] Existe uma *hipótese* representativa de uma situação de facto, e uma *estatuição* enunciando os respectivos efeitos. Cfr. LARENZ, *Methodenlehre der Rechtswissenschaft*, cit., 387, 48, 570. Isto é, uma estrutura lógico-deôntica constituída pela descrição de uma hipótese fáctica e a previsão da consequência jurídica da sua ocorrência [KELSEN distingue entre a norma – *Norm* – e a regra de direito – *Rechtssaz*. A regra de direito nada mais é do que uma proposição ou um enunciado descritivo do conteúdo das normas sob a forma de juízo hipotético. Cfr. LARENZ, *Methodenlehre der Rechtswissenschaft*, cit., 91ss; CABRAL DE MONCADA, recensão ao livro de KELSEN-COSSIO, *Problemas Escogidos de la teoria Pura del Derecho (Teoria Egológica y Teoria Pura)*, Buenos Aires, 1952, in *Boletim da Faculdade de Direito da Universidade de Coimbra*, XXVII (1952), 342].

Não curamos *hic et nunc*, dos chamados princípios técnico-jurídicos, cuja *ratio essendi* não se funda tanto num pressuposto de dever-ser, quanto numa perspectiva de tecnicidade dogmática. Por exemplo, o princípio da elasticidade no domínio dos direitos reais.

[433] Sendo que os princípios não são propriamente regras acabadas mas antes fundamentos de uma normação. Assim, na análise da normação, cumpre sempre indagar dos fundamentos *normativos* que lhe estão subjacentes.

[434] Na expressão de LARENZ, *Methodenlehre der Rechtswissenschaft*, cit., 683. Será o caso dos princípios da *liberdade contratual* e da *liberdade de forma* no âmbito do Direito das Obrigações ou da *Liberdade de testar* no domínio do Direito das Sucessões que têm como "princípio aberto" a *Autonomia Privada*; ou ainda no âmbito do Direito Penal os princípios de *nulla poene sine lege* e *non bis in idem*.

Neste quadro, LARENZ entende que por exemplo as normas que limitam a liberdade de contratar ou que impõem uma forma determinada a certos negócios jurídicos, são "lex specialis em relação à proposição fundamental e prevalecem portanto sobre ela", sendo todavia também certo de que os princípios recebidos na Constituição, bem como os princípios normas aí consagrados, prevalecem sobre o direito legislativo ordinário.

uma função esclarecedora de sentido, é muitas vezes plástica e de contornos relativamente fluídos. Todos porém se implicam num processo bíunívoco de esclarecimento, dotando o sistema de uma racionalidade prática, ao evitarem um espartilhamento legalista, deixando espaços livres de complementação e desenvolvimento do próprio sistema.

Neste contexto, é sobretudo a *moldura axiológica* do sistema que vai *fertilizar* o método de decisão, indissociadamente das premissas irredutivelmente contexturadas do ponto de vista histórico-fáctico, encaminhando para uma solução que, deflectivamente, adeque *in concreto* o resultado interpretativo *ex ante* obtido. Por exemplo, estreitando o sentido interpretativamente obtido[435] [*vg* no domínio sancionatório se, em face das especificidades do caso decidendo (do *Gefragte*), esta se revelar a opção mais consentânea com a defesa da garantia dos particulares postulada pela sua caractereologia própria] ou conduzindo ainda a uma opção expansiva das potencialidades normáticas cabidas, se esta se antolhar a via mais consentânea com as exigências axiológicas sistemicamente impostas[436] e com as especificidades situacionais.

Como salientava MANUEL DE ANDRADE[437], "...dentre os vários possíveis pensamento da lei, há-de preferir-se aquele mediante o qual se exteriorize o sentido mais razoável, mais salutar, e produza o efeito mais benéfico".

Neste quadro, a re-elaboração axiológica da lei, que intenta a sua consonização *in concreto* com o critério que se entrevê na sua vontade (e não na vontade do legislador, verdadeira preocupação obcessiva do positivismo[438]), desenvolve toda a *Dialektik* da argumentação jurídica, melhora-

---

[435] Ac. n.º 636/94 de 29-11-94 in *Acordãos do Tribunal Constitucional*, vol. 29,1994, 265-278, falando-se em *"cirurgia interpretativa"*.

[436] LARENZ, *Methodenlehre der Rechtswissenschaft*, cit., 481. Com ênfase, referindo que de "entre as várias decisões possíveis para um problema, escolher-se-á a que melhor corresponda aos objectivos constitucionais ou a que mais assegure os desígnios da política da lei", cfr. MENEZES CORDEIRO, "Tendências actuais da interpretação da lei: do juíz autómato aos modelos da decisão jurídica", cit., 15.

[437] *Ensaio sobre a teoria da interpretação das leis*, Colecção STVDIUM, Coimbra, 1987, 27.

[438] O antropomorfismo do método subjectivo consistente na procura da intenção do autor ressalta *ad evidentiam* quando o instrumento interpretando é a Constituição ou quando o autor é uma Assembleia deliberativa (assim R. DWORKIN, "Controverse constitutionelle", *Pouvoirs. Révue française d'études constitutionelles et politiques*, n.º 59, Paris, 1991, 8.) O método é ainda repudiado quando o autor falece. Neste caso, o recurso à sua vontade conjectural no momento da interpretação da lei é tão infixo quanto artificioso.

a no seu significado legitimatório, integra-a no sentido multífluo da ordem jurídica e esclarece o seu alcance no confronto com a ordem globalmente considerada, independentemente do *animus auctoris* da lei[439]. Já o referimos. A lei não é um *testamento*, nem o legislador um *testador,* cuja vontade *pessoal*, *subjectiva*, lançada no testamento, rege para além da sua morte[440]. A estabilidade da interpretação da lei tem de sobreviver à instabilidade política. A lei, enquanto instrumento concretizatório das transformações do devir colectivo, pela sua natureza, incarna os valores cimeiros do ordenamento, inserindo-se num projecto de execução continuada, devendo tomar-se em conta "... as *condições* específicas do tempo em que é aplicada", cujo quadro paramétrico, com maior ou menor latitude, se encontra materialmente desenhado na Constituição (também ela *aberta* e transmudada com as coordenadas historicamente verificáveis[441]) e não num conjunto de leis avulsas.

Um direito decantado de resíduos éticos, interesses situacionais, reservas de bom-senso e turbações políticas, só na contínua prática legitimatória da Lei Fundamental pode conservar incólume o sentido original da sua diferenciação fundadora e descentrar-se do indivíduo para se centrar na sociedade como função[442].

O pressuposto neste domínio deve ser a racionalidade imanente às normas que colhe a sua *ratio essendi* no sistema e que permite a inteligibilidade do seu alcance através da sua determinação situativa no processo de interconexão dialéctica que anima a realização do direito, recortando a vontade com que estas se oferecem à compreensão do intérprete-decidente[443].

---

[439] Verdadeira realidade institucional, mistificada e impessoal.

[440] O legislador as mais das vezes não tem plena consciência da mensagem que projectou.

[441] MENEZES CORDEIRO, *Manual*, cit., 156, numa análise com incidência laboral, refere com ênfase que "a eficácia laboral da Constituição opera pois, num todo global, atingindo em extensão a ordem jurídica, nos planos que ela comporta". O Autor já em *Direitos Reais*, cit., 41, considerava que "as próprias técnicas jurídicas, cuja adaptabilidade defendemos, só são viáveis quando enquadradas nos esquemas constitucionais... o modelo jurídico proposto pela Constituição tem de estar sempre presente, devendo a sua determinação preceder o desenvolvimento subsequente do direito das coisas".

[442] Numa *função certificativa* do próprio Direito na expressão de LUCIO PEGORARO, "La Tutella della certeza giuridica in alcune Costituzioni Contemporanee", *Diritto e Società, cit.*, 33.

[443] É este o ponto de partida da moderna interpretação da lei assim avançado por WACH em 1885: "A lei pode ser mais inteligente que o legislador, e nós temos que supor que este pensou que a lei quer ser entendida como é racional que seja entendida em relação

952   *João Zenha Martins*

Existe uma *ordinatio rationis*. A norma desprende-se do *animus* (muitas vezes insindicável) do seu autor, inserindo-se em todas as suas dimensões num quadro de compreensão racional que é moldado pelas estruturas e valores parametrizantes da vivência social. Trata-se, depois e ainda, da inclusão, em modelos de decisão, numa lógica de complementaridade entre a solução normativa e a solução individualizadora, de argumentos dotados de cobertura constitucional destinados a conferir maior justeza à decisão encontrada.

A rejeição da passagem do geral para o particular, de matriz silogística, deu lugar a uma relação de valor que expressa particularizadamente o direito objectivo. Existe, quer no momento da interpretação, quer no momento da aplicação, uma incontornável componente de recriação (*Neuschöpfung*) do direito . Antes disso, e no caso concreto da lei, apenas existem papéis. Não há uma solução prévia que a ciência jurídica observe. Há uma solução jurídica que o pensamento obtém através de um quadro de raciocínio e de um modelo de decisão vectorialmente conformados. Mas, neste quadro, só a fundamentação (*Begründung*) permite *criar* (perante as circunstâncias concretas, através da integração do objecto interpretado na ordem de todos os outros objectos, referindo-os a um mesmo critério de sentido, mediante uma compreensão global) a *solução final*.

2. O momento metódico de concretização-prospectiva

Como enunciado geral, a conformação teleologicamente projectada da força irradiante da Constituição, para além do afastamento de uma inserção mecânica do facto real no tipo legal (na hipótese da norma), impõe, ainda e também, a supressão de um voluntarismo emocionalista na aplicação do direito.

A força normática do texto constitucional funciona como *depositum iuris* de uma preocupação de objectividade[444] e simultaneamente como

---

com o seu fim e com o resto do direito. De tudo isto se segue que a interpretação não é a exposição do sentido que o legislador realmente ligou à frase, mas antes do sentido que é imanente à lei", *Handbuch des Deustchen Zivilprozessrechts, Vol. I, 258.*

[444] Que neste sentido não deve constituir uma verdade objectiva, funcionalmente obtida por via de uma demonstração apodíctica, que, enquanto tal, constitui o tema central das ciências exactas. Ainda assim, a crescente indeterminação (no plano cognoscitivo) que pauta as leis naturais, fruto dos mais recentes avanços das ciências exactas, tem conduzido a um reequacionamento das análises cinética e dedutivistas tradicionalmente características. Sobre a questão, P. AMSELEK, "Y a t´il antinomie entre l´existence du Droit, et plus

Interpretação Conforme com a Constituição

instância superior repositora dos valores integrantes da juridicidade. Estes, obrigam o aplicador à atribuição de uma *integração* jurídica ao caso *sub examine*, inserindo-o na lógica de democraticidade e certeza do direito que se postam como princípio e, simultaneamente, como limite constitucional à actividade interpretativa. Torna-se por isso mister afastar um deslizar acrítico para uma conceituação formal (perturbante da adequação à realidade que o direito visa disciplinar) e recorrer também à focagem social[445] dos problemas colocados, numa óptica ponderativa da decisão a tomar, num quadro consequencial de equacionamento dos efeitos potencial e materialmente defluentes da decisão escolhida. Num plano *sinépico*[446].

A antecipação (apelando à prognose) de consequências futuras não é simplesmente dedutível da simples mediação do conteúdo semântico. Nem a decisão pode ser confinada à condensação de um percurso linear dotado de certas características formais e materiais. É fundamental *hoc sensu* atender aos seus efeitos, numa perspectiva dinâmica, apreendendo com a sociedade, ou seja, com a procura de soluções adequadas e eficazes num quadro de decisão vectorialmente moldado pelos princípios. Num quadro de *probabilidade retrospectiva*.

O decisor, para justificar a decisão, equaciona o que sucederia se tivesse decidido em sentido diverso. Na situação acima referenciada, atinente à liberdade de informação, convocou-se, com foros de inevitabilidade, a importância da *jurisdictio*.

Na verdade, se parece apodíctico que a liberdade de opinião deve ser tanto mais lata quanto mais importante for a matéria em apreço, é também seguro que caberá ao decidente a concreta conformação material dessa importância.

A *com-formação* conleva um inevitável desvio da projecção jussubjectiva individual para a dimensão do conteúdo objectivo dos aspectos publicados.

---

généralement de l'éthique, et l'existence de Science*?"*, *Rivista Internazionale di Filosofia del Diritto*, IV Série LXXXVI, Varese, 1999, 14ss.

[445] Por exemplo, sentido e dimensão da família, contexto político, local da infracção, organização das empresas....

[446] A sinépica (ou pensamento por consequências) foi entre nós introduzida e desenvolvida por CASTANHEIRA NEVES e MENEZES CORDEIRO (na sequência de FIKENTSCHER) como forma privilegiada de combater a tão decantada estereotipação conceitual e a segmentação cinética na aplicação do direito que esta conleva. Cfr. *Da Boa Fé no Direito Civil*, cit., 37, 39, 42, 118, 1275; IDEM, "Tendências actuais da interpretação da lei: do juíz autómato aos modelos da decisão jurídica", cit., 14.

954 João Zenha Martins

O mesmo é dizer que é entregue ao intérprete-aplicador o espaço de decisão no que toca ao relevo dos aspectos publicados, pois é no fundo este quem releva socialmente os tópicos de discussão que se colocam na sociedade[447], ancorando a sua actividade num determinado *ethos* social[448].

E fá-lo, de acordo com uma moldura principiologicamente contextualizada em função das coordenadas historica, geografica e normativamente verificadas, globalmente consideradas. Estas só valem *de pleno* quando interaccionadas e inseridas num quadro de complexa dialogia com as situações concretas que as convocam.

Constitui-se, desta forma, um quadro *isosmótico* de decisão: para além do pré entendimento, do discurso jurídico e das normas constitucionais que parametrizam a autonomia da *jurisdictio*, irrompem processos sociológicos e institucionais através dos quais se opera um *des Gezwungenheit* pelos actores políticos e sociais, num quadro excludente de um distanciamento entre a justiça e a sociedade[449].

A vontade do intérprete-aplicador forma-se assim em espiral, havendo tantos percursos pela fonte, matéria de facto, interpretação e aplicação, quantos os necessários para a obtenção da solução adequada[450], num

---

[447] Focalizando o aspecto, com referência aos Tribunais, afirmando a inevitabilidade da sua *politização* e considerando-o um dos aspectos nucleares da democracia contemporânea, aludindo a uma *judicialização da política*, cfr. NEAL TATE/VALIINDER, *The Global Expansion of judicial Power*, Torbjörn, Nova Iorque/Londres, New York University Press, 1995.

[448] Com cepticismo, cfr. A. DE COSSIO Y J.M. LEÓN CASTRO, "Instituciones de Derecho Civil", Madrid, 1991, 117, onde se afirma que o *"fenómeno de la crisis de la ley"* que origina a exaltação do momento judicial *"nos es sino una consequencia de una crisis más ampla en el orden de las ideias, que va haciendo cada día perder la fe en los conceptos abstractos y en la fuerza organizadora de las ideas generales, estimulando nuestro amor a lo concreto, mucho más fácilmente acessible a nuestra comprensión"*.

[449] OTTO BACHOF, *Jueces y Constitución* (tradução de R. Bercovitz), Madrid, 1989, 60, referindo que na medida em que o Juíz integra o povo também se encontra envolvido num diálogo permanente sobre a justiça, interpretando as normas de acordo com a realidade social em que hão-de ser aplicadas.

Conforme salienta BOAVENTURA DE SOUSA SANTOS (*Introdução a uma Ciência Pós-Moderna*, 5.º ed., Edições Afrontamento, Porto, 1998, 86), "Todo o conhecimento é contextual. O conhecimento científico é duplamente contextualizado, pela comunidade científica e pela sociedade. A dupla contextualização do conhecimento científico significa que ele é simultaneamente uma prática científica e uma prática social e que estas duas dimensões não podem senão ser separadas para fins heurísticos".

[450] MENEZES CORDEIRO, "Tendências actuais da interpretação da lei: do juíz autómato aos modelos da decisão jurídica", cit., 12.

movimento circular de "ir e vir", de mediação actuacional entre o *texto*, o *contexto* e o *pretexto*[451] (numa solicitação já compreendida como juridicamente relevante, em que a Constituição tem um papel fundamental).

Porque os traços de realização do direito, oferecidos pela intencionalidade normativa do sistema e *pari passu* pelo problema específico da situação-real (*Ist-Zustand*), não são neste *espaço* estanques nem segmentáveis: o texto da norma (*Normtext*) aponta para um referente, para um universo de realidade exterior cuja apreensão *in concreto* se processa num espaço de comunicação entre o sujeito utilizador da expressão linguística (com a sua compreensão da realidade) e o *iter* procedimental[452] – no duplo sentido de *gerecht* e *richting* – de concretização da norma aferente à decisão, que não é um *estampido* isolado.

Concretiza-se um irredutível processo dialéctico de determinação recíproca (*Wechselbestimmung*) entre o enunciado linguístico e a história da vida (a factualidade) num processo compressor direccionado à decisão prática[453]. E é a partir deste plano, de *prospectividade* e de equacionamento *modo futuri* da decisão encontrada, tendo em conta a significância da Constituição, os valores e a dimensão material do princípio da igualdade[454], que o sistema *evolui* e o direito se realiza. Numa viragem de *perpetuum mobile*.

Conclusão – sinopse

A actividade volitivo-cognitiva na aplicação do Direito vai revelando *sinepicamente* a sua intrínseca historicidade. A Constituição, identificando os princípios gerais que servem de causa e limite às decisões, assegura uma unidade de justificação materialmente exigível. A unidade assinalada não significa porém um *rectus ordo*, pressuponente de um raciocínio lógico dedutivo, que, neste plano, não lograria atingir as realidades nume-

---

[451] JOHN RAWLS, *A Theory of Justice*, cit., 152ss.

[452] HABERMAS, *Faktizität und Geltung: Beiträge zur Diskurstheorie des Rechts und des demokratischen Rechtsstaats*, cit., 274ss.

[453] Porque o jurídico, o político e o económico não constituem compartimentos estanques, sendo antes dimensões inerentes a toda a dimensão social, estando nesta profundamente integradas. Para que esta se torne inteligível torna-se assim mister multiplicar prismas, princípios e instrumentos teórico-metodológicos.

[454] "Nas decisões que proferir, o julgador terá em consideração todos os casos que mereçam tratamento análogo, a fim de obter uma interpretação e aplicação uniformes do direito" – art. 8.º n.º 3 CC.

nais da vida e desembocaria num fecho conceitualista, na actualidade, largamente ultrapassado.

O respeito pela intra-sistematicidade e teleologia de raíz dos individuais ramos de direito impõe o reconhecimento da aplicação osmótica da Constituição e da lei, osmose que implica uma tarefa valorativa muito mais complexa do que a mera invocação de relações de superioridade formal que *qua tale* impõe uma prevalência *ab-soluta* da Lei Fundamental euclideanamente geométrica.

Trata-se de um influxo não uniforme nem linear: varia na razão inversa do desenvolvimento das disciplinas envolvidas e manifesta-se, nos tempos actuais, mais do que nunca, como um imperativo de racionalização do sistema.

A dimensão perpassante da Constituição não constitui um corpo estranho na actividade cognitivo-volitiva de realização do direito, operando em três planos conceptualmente apartáveis, mas, *in concreto,* dificilmente divisáveis:

- *In continenti*, quando a noção de problema origina de imediato um pré-entendimento, a Constituição, reflectindo os valores cardeais de uma sociedade, num determinado momento histórico, informa o raciocínio do intérprete.
- Inucleia-se nos elementos sistemático e teleológico, a custo destrinçáveis, funcionando como *omnio movens* do sistema, numa procura, tanto quanto possível, da sua unidade.
- No momento *de eligere*, a norma extrinsecada da fonte vai ser confrontada com os vectores fundamentais do sistema, em mira da criação da regra de decisão. *Aqui,* a Constituição faz repassar o equilíbrio da solução no seu reconhecimento pelo sistema, impondo uma ponderação racional e controlável, que seja socialmente intelegível e, na medida do possível, arrimável num consenso de fundo de que a Constituição funciona como *speculum*.

Doutro quadrante, viu-se que a interpretação conforme com a Constituição não se esgota nas proposições tradicionalmente aventadas. Apresenta ainda, justificadamente, potencialidades bastantes para, à semelhança da interpretação conforme com os princípios (com a qual, não só numa perspectiva formal mas também numa perspectiva material, se justapõe em largos espaços), funcionar *correctivamente*. No essencial, porque a interpretação conforme não constitui um critério anómalo e porque uma estrutura implicativa de um *claire et distincte* entre a Constituição

Interpretação Conforme com a Constituição 957

e o restante ordenamento é artificial e contraria a unidade (cambiante) do sistema.

A disjunção *Da mihi factum tibi dabo ius* é ficciosa. A Constituição, enquanto *ordo iustitae*, só se concretiza no *ius concretum*, irradiando neste espectro, em que a norma legal funciona como *medium*, a sua significância para as situações factuais, e, também aqui, modelando *in concreto* os efeitos da norma interpretada em face da situação singular da vida.

Legenda

As abreviaturas utilizadas significam: AAFDL – Associação Académica da Faculdade de Direito de Lisboa; Abs. – Absatz; Ac. – Acórdão; Al. – Alínea; AöR – Archiv für öffentliches Recht; BGBl – Bundesgesetzblatt; BGH – Bundesgerichtshof; BFDC – Boletim da Faculdade de Direito de Coimbra; BMJ – Boletim do Ministério da Justiça; BverfG – Bundes-verfassungsgericht; BverfGE – Entscheidungen des Bundesverfassungs-gerichts; CC – Código Civil; CFR. – confirmar/confrontar; CJ – Colectânea de Jurisprudência; CRP – Constituição da República Portuguesa; DL – Decreto-Lei; DR – Diário da República; DS – Diritto e Società; GG – Grundgesetz; i. e. – *id est* (isto é); JZ – Juristenzeitung; N.º – número; NJW – Neue Juristische Wochenschrift; Ob. – obra; pp. – páginas; MP – Ministério Público; RAAFDL – Revista da Associação Académica da Faculdade de Direito de Lisboa; REDC – Revista Española de Derecho Constitucional; RDES – Revista de Direito e Estudos Sociais; RF – Revista Fisco; RFDC – Revue Française de Droit Constitutionnel; RFDUL – Revista da Faculdade de Direito da Universidade de Lisboa; RIFD – Rivista internazionale di Filosofia del Diritto; RL – Tribunal da Relação; RLJ – Revista de Legislação e Jurisprudência; RMP – Revista do Ministério Público; ROA – Revista da Ordem dos Advogados; RPCC – Revista Portuguesa de Ciência Criminal; RTDP – Rivista Trimestrale di Diritto Pubblico; STJ – Supremo Tribunal de Justiça; TC – Tribunal Constitucional português; Trad. – Tradução; UCP – Universidade Católica Portuguesa; VerfGH – Verfassungsgerichtshof; v. g. – *verbi gratia* (por exemplo).

BARTOLOMEO SCALA, AS DESCOBERTAS PORTUGUESAS DAS ILHAS ATLÂNTICAS, O DIREITO ROMANO E O "DOMINIUM MUNDI".

NUNO JOSÉ ESPINOSA GOMES DA SILVA*

1. Lendo um estudo de MARIO ASCHERI, foi a minha atenção chamada pela notícia de um facto, relacionado com os Descobrimentos Portugueses. O professor de Sena, focando o tema de *Juristas, Humanistas e Instituições dos Séculos XIV e XV*,[1] aponta a figura de NICCOLÒ TIGNOSI que, em 1461, escreve que "i giuristi devono essere solo interpreti, chiosatori della legge; essi devono essere sottoposti al legislatore come gli artefici all'architetto; la condanna contro i sofisti travolge ugualmente anche loro. Come Ficino, egli afferma "praestantior est legum conditor quam sophista," e con ciò si assiste ad una affermazione del primato della legislazione, e quindi della politica. Non solo, perchè si delinea anche la figura del buon legislatore, che non è il raccoglitore di leggi trovate (allusione ovvia a Giustiniano, direi), ma coliu che sa farne di nuove, perchè di nuova disciplina abbisognano "quae de novo emergunt", ed egli deve quindi scovare, investigare e attentamente vagliare le ragioni per preferire questa o quella disciplina normativa, dacchè le leggi devono non solo conservare la pace tra i cittadini e la Repubblica, bensì procurarne un "augmentum".[2]

Em seguida, passa a referir-se ao *Eremita*, de Galateo, dizendo que – para este – as leis exaltadas, antes, como invioláveis, são agora – "escudo para ladrões; armadilha para os pobres; pretexto para récitas advocatórias;

---

* Professor da Faculdade de Direito (Lisboa) da Universidade Católica Portuguesa.

[1] MARIO ASCHERI – *Diritto Medievale e Moderno. Problemi del processo, della cultura e delle fonti giuridiche*, s. l. s. d. (mas, Rimini, 1991), Capit.IV, *Giuristi, umanisti e istituzioni nel Tre – Quattrocento*, 101-138. O estudo, sem notas, apareceu, primeiro, in *Annali del Istituto Italo – Germanico in Trento*, 3 (1977), 43-73].

[2] MARIO ASCHERI – *Diritto Medievale*, cap. cit., 134-135.

960   *Nuno José Espinosa Gomes da Silva*

obscurecidas por comentários que sabem apenas esconder o verdadeiro". Contra esta situação, exalta as leis, obra humana, claras e inteligíveis, mesmo para a plebe.[3] É, neste ponto, que Ascheri, em nota de pé de página, após transcrever o texto latino de Galateo, comenta – "Accenti solo in parte analoghi nel *De legibus et iudiciis* di Bartolomeo Scala, del 1483: le leggi sono ragnatele che intrappolano solo gli più piccoli e più deboli; *il diritto romano non è affato universale (si ricordano la Turchia e le isole scoperte dai portoghesi dove si vive senza legge)*[4]; non sarebbe meglio vivere sotto un buon governante che sia anche buon giudice? (v. A. Brown, *Bartolomeo Scala (1430-1497), Cancelliere di Firenze, l'umanista nello Stato*, a cura di L. ROSSI, FIRENZE, 1990, dall'ed. Princeton, N.J., 1979, p. 202 ss.)".[5]

Aqui está, pois, o passo que constituíu o nosso ponto de partida: a obra de Bartolomeo Scala, escrita em 1483, em que, contra a pretensa universalidade do direito romano, se aludia à situação existente na Turquia e "nas ilhas descobertas pelos portugueses, onde se vive sem lei".

Impunha-se explorar e desenvolver – na medida do possível – este dado inicial.

2. Na obra referida, na nota de pé de página de M. ASCHERI[6], trata ALISON BROWN – como o próprio título indica – da biografia de BARTOLO-MEO SCALA. Quem foi Scala que, notoriamente, não é muito conhecido entre nós[7]? BARTOLOMEO SCALA era filho de um moleiro. Começando por secretário de Pierfrancesco de' Medici foi, progressivamente, fazendo carreira, até ingressar no *Gonfalonierato* da Justiça e a uma não interrompida participação no *Conselho dos Setenta*, em Florença. Apesar da queda dos Medici – seus protectores – permaneceu incólume no lugar de Chanceler da Cidade, desde 1465 até 1497, data em que morreu.

No seu tempo, suscitou a crítica habitual ao "homem novo". FRANCESCO GUICCIARDINI, pouco depois da morte de SCALA, fala dele "como um homem de medíocre talento, que obtivera sucesso apenas pelo favor de Lorenzo de' Medici e que alcançára o Gonfalonierato da Justiça "con

---

[3] MARIO ASCHERI – *Diritto Medievale*, cap. cit., 135.

[4] O sublinhado é nosso.

[5] MARIO ASCHERI – *Diritto Medievale*, cap. cit., 135, nota 71.

[6] A obra é tradução de *Bartolomeo Scala 1430-1497 – Chancellor of Florence – The Humanist as Bureaucrat*, Princeton, 1979.

[7] Nos dados que se vão indicar, seguimos A. BROWN – *Bartolomeo Scala*, prefácio à primeira edição (mas reproduzido na versão italiana).

Bartolomeo Scala, as Descobertas Portuguesas das Ilhas Atlânticas 961

grandissimo scoppio e sdegno di tutti gli uomini di bene"; durante a sua vida, ANGELO POLICIANO mofa da respectiva preparação literária.[8]

No entanto – como acentua A. BROWN – "se bem que a sua carreira política fosse evidentemente arrivista não se lhe presta, na verdade, justiça, desvalorizando a sua importância como reformador e propugnador do estado moderno centralizado".[9]

E A. BROWN concretiza a sua ideia – "Como acontece mais tarde, com o partido de Savonarola, a facção mediceia atraiu entusiásticos reformadores e modernizadores, não privados de oportunismo, e SCALA foi um deles: um arrivista que foi também um moralista severo e rigidamente firme, um ardente sequaz dos Medici que, todavia, sobreviveu politicamente à queda do seu regime: um homem de leis e, ao mesmo tempo, um político, cujo estrito legalismo e pragmatismo, juntos, constituíram a primeira justificação do paternalismo mediceo no estado laico".[10]

3. Abordemos, agora, mais de perto, o objecto da presente reflexão. Falando dos escritos, deixados por SCALA, A. BROWN afirma que, para ele, " – Não pode haver dúvida de que a autoridade paternal de um homem sábio, como Cosimo [Cosme de' Medici] representasse para ele a melhor forma de governo, assim como o deísmo racional, despojado de qualquer superstição e dogma, representava, para ele, a forma melhor da religião".[11] Chegado a este ponto, escreve BROWN – "Esta é também a conclusão do diálogo *De legibus et iudiciis*, composto cerca de dezoito meses depois, em 1483. O argumento é apresentado de modo indirecto, como nos *Apologi*, não em forma de fábulas,mas com duas teses opostas sobre a natureza da lei: a lei é eterna e imutável, ou, ao contrário, deveria mudar, segundo os tempos e circunstâncias? A concepção idealista tradicional da lei, como incarnação da razão e da justiça, é sustentada por BERNARDO MACHIAVELLI,[12] juiz de profissão; a pragmática, ao invés, pelo próprio Scala (...)". Em primeiro lugar, é apresentado o ponto de vista de Scala. Ele começa por realçar a existência de países que vivem sem leis, como a Turquia, onde, de acordo com os mercadores florentinos, os Paxás exerciam *ad hoc* a justiça, perante apenas o acusador e o defensor, mas estavam sujeitos à pena de morte se o seu veredicto era, depois, revogado pelo Sultão (tema

---

[8] A. BROWN – *Bartolomeo Scala*, prefácio cit., p. IX.

[9] A. BROWN – *Bartolomeo Scala*, prefácio e p. cits.

[10] A. BROWN – *Bartolomeo Scala*, prefácio e p. cits.

[11] A. BROWN – *Bartolomeo Scala*, 202.

[12] BERNARDO MACHIAVELLI era irmão do famoso NICCOLÒ MACHIAVELLI.

este, de um dos seus apólogos) *"ou também como nas ilhas descobertas por João 1.º de Portugal onde se vivia sem lei, como selvagens."*[13]

Uma vez que o direito romano não era, evidentemente, universal, teria sido melhor ser regulados pela lei da natureza: "o único modelo certo e exemplo para uma vida boa, donde se podem deduzir boa conduta e justas leis (...) Ela não é alterada nem pelo tempo e lugar, nem por qualquer outra razão; é a mais constante, imutável, uniforme, inviolável, duradoura; quem quer que a não cure, querendo despir-se dos seus requisitos humanos, deve temer a Deus, autor desta lei."[14]

4. Até aqui, vimos ASCHERI e o resumo narrativo do texto de Scala, feito por ALISON BROWN. Mas, há que examinar o próprio passo do *De legibus et iudiciis* o que é relativamente fácil, uma vez que BROWN, alguns anos depois, publicou os escritos conhecidos de BARTOLOMEO SCALA.[15]

Foi o *De legibus et iudiciis* composto em Fevereiro – Março de 1483.[16] Mas vamos ao que, directamente, nos interessa. No diálogo entre SCALA e BERNARDO MACHIAVELLI pode lêr-se – "An tu censes, Bernarde", inquam, "consensu esse hominum declaratum legibus uti esse commodius?" Vai seguir-se a resposta – "Cum vero ita respondisset", "Attamen", inquam, *"multas esse nationes arbitror quae litteras etiam non norint, atque apud hos quidem vel principis vel viri cuiuspiam melioris arbitrium esse pro legibus."*[17]. Há, assim, muitas nações que ainda não chegaram ao conhecimento das letras e onde, na justiça, às leis, se prefere o juízo ou arbítrio do príncipe ou de outra autoridade. Vai seguir-se a exemplificação com o regime dos Turcos – *"Turcorum certe gente*, quorum tam late in Asia iam atque Europa patet imperium quorum que Italia paulo ante (dum saevit in sese intestinis discordiis) ad Hydruntem[18] arma experta est,

---

[13] O sublinhado, naturalmente, é nosso.

[14] A. BROWN – *Bartolomeo Scala*, 202-203. E continua BROWN – "Até este momento o elogio feito por Scala da lei da natureza é, de todo, tradicional, e segue Cícero, Graciano e S. Tomás. Serve de base para criticar os glosadores e seus parasitas, os juizes do tempo, que ganhavam, para viver, graças à obscuridade da lei, cinicamente em grau de vencer qualquer sentença que quisessem, de acordo com a quantia de dinheiro, com que eram pagos". (p. 203).

[15] *Bartolomeo Scala. Humanistic and Political Writings*, editados por ALISON BROWN, Tempe, AZ, 1997.

[16] Para justificação das apontadas datas, veja-se *Bartolomeo Scala, Humanistic*, 338, nota (a).

[17] *Bartolomeo Scala. Humanistic*, 343. O sublinhado é nosso.

[18] Como anota A. BROWN, há aqui referência à conquista de Otranto, pelos Turcos, em 11 de Agosto de 1480 – [Cfr. *Bartolomeo Scala, Humanistic*, 343, nota (j)].

consuetudine, non legibus, uti confirmant. Nos vero ita rem haberi intelleximus ex mercatoribus nostris, qui in eorum regnis quaestus gratia plurimii negotiantur".[19]

Os Turcos usam *consuetudines* e não *leges*, e isto é conhecido por intermédio de mercadores florentinos que, aos seus territórios, se deslocam para negociarem. Segue-se a descrição do modo de proceder da justiça do Paxá – que já acima vimos – e que não urge reproduzir. Vamos, enfim, à referência dos Descobrimentos Portugueses:

"Quot putas praeterea in orbe terrarum nationes esse incultas et rudes atque ab hac civile disciplina quae abhorreant? Cuiusmodi etiam complures Ioannes Lusitaniae rex et novas insulas et antehac incognitas gentes modo pervestigavit, exleges penitus ac naturae ferarum quoque more obtemperantes."[20]

Como se vê, em formulação interrogativa, começa por aludir-se à existência de tantas nações, no mundo, incultas e rudes, que vivem afastadas desta *"civile disciplina"*, da disciplina do *ius civile*. E acrescenta-se que *"ainda, desta sorte, João rei de Portugal explorou não só novas ilhas e gentes até então desconhecidas, em absoluto fora de leis e também observando o costume da natureza das feras"*.

5. São de produzir algumas reflexões complementares, para melhor enquadramento. A afirmação, pondo em evidência o carácter não universal do direito romano, era um tópico muito frequente na literatura humanista. Em muitos casos, surgia dentro de uma questão mais vasta, a de discutir qual a ciência mais digna, mais nobre, em que, quase sempre, a contraposição se fazia entre a *ciência das leis* e a *medicina*, entre juristas e médicos.

Conforme escrevemos, há muitos anos – "Este tipo de orações tinha já uma tradição: a questão levantada, nos tempos mais modernos, por Petrarca, acerca de qual era a ciência mais nobre, se o Direito ou a Medicina, tivera muitos continuadores por todo o século XV, ampliando-a ou reduzindo-a, consoante se alargava a todos os ramos do saber, ou quando, velada a polémica, se encarava ou elogiava uma única disciplina."[21]

---

[19] *Bartolomeo Scala – Humanistic*, 343. O sublinhado é nosso.

[20] *Bartolomeo Scala – Humanistic*, 344. O sublinhado é nosso. Segue-se o elogio da lei natural –"Est autem naturae lex ceterarum omnium praecipua, ut mihi quidem videtur, immo vero unicum bene vivendi exemplar documentumque certissimum, unde mores boni, unde iustae leges deducantur".

[21] NUNO J. ESPINOSA GOMES DA SILVA – *Humanismo e Direito em Portugal no Século XVI*,Lisboa, 1964,157. Ao segundo indicado tipo de oração, pertence a peça de HEN-

964   *Nuno José Espinosa Gomes da Silva*

Já LEONARDO BRUNI, numa carta de 1472, dirigida a Niccolò Strozzi castigava o Direito, apontando a sua inutilidade, futilidade e nada ter que ver com a educação e ensino do *homem bom* – "(...) *ius autem civile ad faciendum virum bonum nil pertinet. Quid enim bonus vir de aqua pluviali arcenda, aut de perendinis cognoscendis laborat? Aut qui melior erit quis, si partum ancillae in fructibus esse censeat, quam si non censeat?*[22]

Quin etiam bonus vir, et legata persolvet, et mandata testatoris adimplebit, etiam si septem testium solemnitas testamento defuerit. Ac ius civile contra disponit. Praeterea bonitas et virtus stabilis est, ius autem locis et temporibus variatur, ut saepe quod Florentiae legitimum est, Ferrariae sit contra legem."[23]

Como se vê, sublinha-se a fatuidade das questões discutidas pelos juristas, e realça-se a variabilidade do Direito – o que é legitimo em Florença, é ilegal em Ferrara.

Mais rico – ainda que nem sempre unívoco – é o testemunho do célebre POGGIO BRACCIOLINI. Um seu primeiro escrito de juventude – uma *Oratio in Laudem Legum* – é um acumular de opiniões em favor da excelência das leis – *"Leges vero simul cum ipsis hominibus exortae, necessariae, fuerunt ad rectam vivendi rationem, quae sine legibus nulla esse omnino potuisset"*[24]. E não faltará a referência ciceroniana de que o Direito não é invenção dos homens, mas dos deuses – *"Disputat Marcus Tullius Cicero, et multis rationibus asserit leges non esse inventum hominum, sed deorum (...)"*[25].

RIQUE CAIADO – *Oratio* [em louvor da jurisprudência] cum *Epistola ad Bartolomeum Blanchinum Bononiensem*, proferida em Pádua, no ano de 1503.Vejam-se A. MOREIRA DE SÁ – *Duas obras desconhecidas de Henrique Caiado*, Lisboa, 1956,7-17 (onde se reproduz esta *Oratio*) e o nosso *Humanismo*, 156-172.

[22] Como se sabe, era tradição medieval a de um legista, em cerimónias públicas, recitar uma Oração sobre um tema de direito civil ou canónico; sabemos, aliás, que isso acontecera, em Bolonha, com o Doutor DIOGO AFONSO MANGANCHA, quando aí passara com a embaixada portuguesa, a caminho do concílio de Basileia. Acontece que, em Portugal, JOÃO TEIXEIRA, na Oração feita, quando da elevação ao marquesado de Vila Real de D. PEDRO MENEZES, ao tempo de D. João II, vai dizer, como BRUNI, ser *ridículo*, diante dos Príncipes, tratar da questão sobre se o filho da serva é ou não um fruto – *Ridiculum esse coram Principibus afferre orationem in medium, an partus Ancillae habendus in fructu sit."* Cfr. nosso *Humanismo*, 122-123.

[23] *La Disputa delle Arti nel Quattrocento. Testi editi e inediti* (...) a cura di Eugenio Garin, Florença, s.d. (mas, 1947), 8.

[24] *La Disputa delle Arti*, 13.

[25] *La Disputa delle Arti*, 13. E, duas linhas abaixo, comenta – "Qua ex re manifestissime constat omnes alias disciplinarum facultates longe vetustate leges anteire".

Bartolomeo Scala, as Descobertas Portuguesas das Ilhas Atlânticas 965

O outro texto, de um Poggio mais maduro, é a conhecida *Secunda convivalis disceptatio, utra artium, medicinae an iuris civilis, praestet.*[26] Aqui, acha-se um vigoroso ataque ao Direito, efectuado por NICCOLÒ TIGNOSI DE FOLIGNO, que tem como defensores BENEDETTO ACCOLTI e CARLO MARSUPPINI.

Como é que NICCOLÒ TIGNOSI, paladino da Medicina, ataca o Direito? Como bem resumiu MAFFEI, dizendo – "Em primeiro lugar, que muitas leis são *"ab omni ratione alienae*; que elas variam no espaço e no tempo". Este último argumento é, para nós, de extremo interesse, também porque fica sem objeções concretas da parte do defensor do direito, BENEDETTO ACCOLTI. Quanto os humanistas estivessem convencidos da, agora, não existente autoridade prática do direito romano, salta aos olhos, bastando que se corram as palavras escritas por BRACCIOLINI: *"Quaelibet civitas sibi ius condidit, adeoque ius civile nostrum abdicarunt ut paucissimos comprehendat, in quendam nescio quem angustum angulum ac locum parvulum circumscriptae. Nam quota mortalium pars istis vestris legibus tenetur? Quaere Asiam universam, Aphricam et maiorem Europae partem".*[27]As leis romanas andam, por aí perdidas, circunscritas a um qualquer mesquinho canto e pequeno lugar. Toda a Ásia, a África e a maior parte da Europa não lhe obedecem. Na Europa, apenas os Italos – e nem todos – observam o vosso *ius civile – "Nam Itali, neque hi omnes, huic vestro iuri civili obtemperant".*[28] Na verdade, os Hispanos, os Gauleses, os Anglicos, os Teutões, os Germanos e as restantes nações, relativas ao norte, criaram leis próprias a que obedecem – *"Nam Hispani, Galli, Anglici, Theutones, Germani, ceteraeque ad septentrionem spectant nationes, sibi leges quibus pareant constituerunt".*[29]

E, mais adiante, afirma-se que o direito romano só é cumprido pelos que fazem parte do império, *"si tamen id velint servare"*, se contudo o quiserem observar. *"Sed quam late nunc Romanum imperium patet!* É sabido que quase todo o mundo se dele separou e todas as nações se separam das suas leis".[30] O texto é muito longo e rico[31]e não está no nosso

---

[26] Pode ver-se in *La Disputa* 15-33. Veja-se, ainda, DOMENICO MAFFEI – *Gli Inizi dell'Umanesimo Giuridico*, Milão, 1956, 70 e ss.

[27] D. MAFFEI – *Gli Inizi*, 70-71.

[28] *La Disputa*, 17. Também, D. MAFFEI – *Gli Inizi*, 71.

[29] *La Disputa*, 17. Também, D. MAFFEI – *Gli Inizi*, 72 .

[30] *La Disputa*, 23. Também, D. MAFFEI – GLI INIZI, 72 – "Scis universum fere orbem ab eo descivisse, suasque sibi quamque nationem adscivisse. Quaelibet insuper earum, quae imperio subsunt, civitas sua sibi iura instituit, quae vestris civilibus anteferuntur, quia nulli ultra quam velint coguntur parere".

[31] D. MAFFEI – *Gli Inizi*, 74 escreve – e bem – que – "La richezza degli spunti,

966 Nuno José Espinosa Gomes da Silva

propósito a sua global apreciação. Apenas, ainda, um passo – *"Na verdade, que utilidade traga [o direito], ignoro; necessário, não o julgo ser, uma vez que poucos são os dele peritos, poucos os que lhe obedecem, exceptuados, tão sòmente, os Italos, nos quais este vosso "ius civile" excita tantas discussões e litígios que seria bem melhor não o ter."*[32]

A não universalidade do direito romano é uma tecla sempre percutida. Nem Ásia, nem África, nem a maior parte da Europa lhe obedece. Só os Italos – e não todos – observam as leis justinianeias. Mesmo dentro do Império, só lhes obedece quem quere.

Ora bem. O que há de interessante no testemunho de BARTOLOMEO SCALA é que há uma concretização, histórica e geográfica, em África, desta não vivência do direito romano nas novas ilhas e gentes até então desconhecidas, exploradas por JOÃO, rei de Portugal. Isto é importante. Mas o testemunho de SCALA impõe ulterior investigação.

6. Comece-se pela questão de saber quem é este *Ioannes Lusitaniae rex*.

Curiosamente, ALISON BROWN, no seu primeiro livro, diz ser D. JOÃO I[33]; na segunda obra, anos depois, ao publicar o *De legibus et iudiciis*, afirma, em nota de pé de página, que se trata de *John II of Portugal, 1481--1495*. BROWN não explicita a alteração efectuada. Todavia, uma vez que ao sugerir ser D. JOÃO II, aponta, em seguida, o período de reinado deste monarca, talvez se possa admitir que Brown teve em atenção critérios cronológicos. SCALA escreve em 1483; D. JOÃO II começara a reinar em 1481. Logo, o *rei João* deve ser D. JOÃO II. A realidade não é, porém, tão

---

l'ordine dei vari argomenti, la vivacità del dialogo rendono questa *convivalis disceptatio* de POGGIO BRACCIOLINI, non soltanto uno degli scritti fondamentali della disputa delle arti, ma un documento interessantissimo, una testimonianza viva – al di là di ogni eccesso polemico – della posizione degli umanisti del primo Quattrocento nei confronti del diritto romano". Mas o tom era quase geral. Também, GIOVANNI D'AREZZO, põe na boca de Niccolò os seguintes dizeres: "(...) Nós sabemos, com efeito, que as nossas leis não ultrapassam os limites da cristandade, mas não acolhem senão uma pequena partezinha (*exiguam partiunculam*), quase não saíndo de Itália; da qual, como todos sabemos, além da Toscana, não abraça muitas outras partes" [Cfr. *La Disputa*, 82]; e, em 1482 – um ano antes de SCALA – NICOLETTO VERNIA na sua *Quaestio est, an Medicina nobilior atque praestantior sit Iure Civili*, escrevia, nomeadamente – *"Unde leges variantur secundo locorum commoditates et ad libitum hominum. Leges autem Justiniani in Gallia nihil valent"*. [Cfr. *La Disputa*, 116-117].

[32] *La Disputa*, 23. Também, D. MAFFEI – *Gli Inizi*, 72.

[33] A. BROWN – *Bartolomeo Scala*, 203 – *"(...) nelle isole scoperte da Giovanni I.° di Portogallo, dove si viveva senza legge come selvaggi"*.

Bartolomeo Scala, as Descobertas Portuguesas das Ilhas Atlânticas 967

linear. Vejamos. Quais as novas ilhas, descobertas pelos portugueses, antes de 1483 (momento em que escreve Scala)?

A Madeira terá sido à volta de 1419-1420 (primeiro, Porto Santo, depois a ilha da Madeira). Os Açores (que a tradição situava em 1431-1432), admite-se, no entanto, que possam ter sido avistados em 1427, com excepção do Corvo e Flores, só bastante mais tarde. Quanto às ilhas de Cabo Verde – em que nem tudo é claro e em que estão associados os nomes dos italianos CADAMOSTO e ANTÓNIO NOLI e do português DIOGO GOMES – a sua descoberta pode ter-se realizado entre 1456 e 1461-1462; S. Tomé e Príncipe (talvez) nos inícios da década de 70.[34] D. João II – já acima o dissemos – só começará a reinar em 1481; mas desde 1474 que seu pai lhe entregara a condução da actividade ultramarina. D. João II iniciará, em 1481, a edificação da fortaleza de S. Jorge da Mina que ficaria concluída nos começos de 1482. Faltará, apenas, recordar que D. João I morreu em 1433. Sendo assim, pode dizer-se que, ao tempo de D. João I, se descobriram as ilhas do arquipélago da Madeira e algumas dos Açores, enquanto, no reinado de D. João II, não é de atribuir a invenção de qualquer ilha atlântica. Mesmo que assim não fosse, ainda então seria de surpreender que, em Fevereiro – Março de 1483, já existisse eco, em Florença, de qualquer acção ultramarina de D. João II, rei sucessor de Afonso V, morto em 31 de Agosto de 1481. Logo, parece mais razoável identificar o *Ioannes Lusitaniae rex* como sendo D. João I e não o seu bisneto D. João II.[35] Mas – como quer que seja – a notícia de BARTOLOMEO SCALA enferma de falta de exactidão. É que, na verdade, as ilhas descobertas pelos portugueses, no Atlântico, encontravam-se, todas elas, despo-

---

[34] Para a sucessiva descoberta das ilhas do Atlântico – com problemas de nem sempre fácil resolução – não é aqui, certamente, o local para um estendal de bibliografia. Por todos, veja-se Damião Peres – *Os Descobrimentos Portugueses*, Lisboa, s. d. (mas, 1970).

[35] No entanto, as ideias que circulavam, na Europa, acerca dos descobrimentos, não eram, na verdade, muito claras. Numa carta dirigida pelo Dr. JERÓNIMO MÜNZER, a D. JOÃO II, em 14 de Julho de 1493 (antes da sua viagem à Península) é do seguinte teor o seu intróito: Ao sereníssimo e invictíssimo JOÃO, rei de Portugal e dos Algarves, e da Mauritânia marítima, e primeiro inventor das afortunadas ilhas Canárias, da Madeira e dos Açores, JERÓNIMO MÜNZER, médico alemão, mui humildemente se encomenda (...). Cfr. JERÓNIMO MÜNZER – *Viaje por Espãna y Portugal (1494-1495)*, Madrid, 1991, 174. Repare-se que no *Itinerarium* do mesmo Münzer se escreve – *"Na Guiné e outras ilhas" (in genea et aliis insulis)* [cfr. BASÍLIO DE VASCONCELOS – *"Itinerário" do dr. Jerónimo Münzer (excertos)* Coimbra, 1932, 20] o que parece inculcar a suposição de que a própria Guiné era uma ilha.

voadas.[36] Por isso, não tem sentido afirmar-se que nelas existiam *incógnitas leis*, vivendo fora do direito romano e observando a lei da natureza.

No entanto, talvez se possa explicar o lapso de SCALA. Com efeito, descoberta das ilhas e exploração da costa africana eram, por assim dizer, uma mesma empresa, resultante de uma mesma política. Por isso, no regresso das naves, os símbolos mais visíveis, mais tangíveis, eram os escravos de côr, as plantas estranhas e os animais exóticos que os navegadores traziam das costas africanas, em especial da Costa da Guiné, que então abrangia todas as terras situadas ao longo do golfo do mesmo nome. Conforme assevera ARMANDO F. VERDE, em 1486 – três anos depois de SCALA – LORENZO TORNABUONI afirma que *"sendo in piazza a cerchio con molti nobili citadini* apprese notizie circa la colonizazione della Guinea da parte dei Portoghesi".[37]

SCALA diz que a informação acerca da ordem jurídica dos Turcos a obteve por intermédio de mercadores florentinos; quanto à origem dos seus conhecimentos, relativos ás ilhas atlânticas, descobertas pelos Portugueses, não a esclarece. Nem talvez fosse necessário, dado o grande número de mercadores florentinos, existente em Portugal e de estudantes portugueses, que estanciavam em Florença e zonas vizinhas, já buscando *"o claro lume da Toscana"*[38]. De 1473 a 1503, regista-se a presença, no

---

[36] Todas, exceptuadas as Canárias, disputadíssimas entre portugueses e castelhanos, até 1479, data em que Portugal reconheceu a soberania de Castela. É evidente que, também, não entramos, aqui, na tão confusa história do achamento das Canárias. Pode ver-se uma síntese in LUIS DE ALBUQUERQUE – *Introdução à História dos Descobrimentos Portugueses* s. l. s. d. (mas Mem Martins, 1989[4]) 81-104. Repare-se, aliás, que na carta de 14 de Julho de 1490, a seguir referida, dirigida pelo Dr. JERÓNIMO MÜNZER, a D. JOÃO II, o rei português é qualificado como *descobridor* (*inventor*) das Canárias ...

[37] ARMANDO F. VERDE, op. – *Lo Studio Fiorentino. 1473-1503. Ricerche e Documenti*, vol. III, tomo I, Pistoia, 1977, *Introduzione*, XXVI. Infelizmente, Verde não indica a obra onde colhe o testemunho.

[38] Como muito bem sintetiza LUÍS DE MATOS – " É fora de dúvida que a Itália foi o país que mais se interessou pelos Descobrimentos Portugueses, interesse que remonta à primeira metade do século XV; foi aí também que tiveram maior divulgação, tanto pela imprensa como oralmente. Interesse e divulgação que se explicam por várias raízes: o nível cultural da Itália, a presença de religiosos portugueses nos concílios, a estada de numerosos estudantes em várias Universidades, a fixação em Portugal de importantes mercadores florentinos, cremonenses, genoveses e outros – entre eles BARTOLOMEU MARCHIONI, JOÃO FRANCISCO AFFAITATI, JERÓNIMO SERNIGI, LUCAS GIRALDI, a permanência aqui, durante mais ou menos tempo, de marinheiros e feitores que fizeram a "carreira da Índia" e de emissários e embaixadores, as preocupações de Veneza quanto ao tráfego comercial pela nova rota do Cabo da Boa Esperança, e, enfim, as relações diplomáticas

Studium florentino,[39] de 54 portugueses[40], a maior parte dos quais escolares de Direito. Quase ao tempo em que Scala escrevia, doutorava-se, em direito canónico, o Doutor João Façanha[41] que viria, depois, em Portugal, a ser um dos colaboradores na Reforma dos Forais. E por lá andarão, entre muitos outros, os irmãos Teixeiras – de que o mais célebre foi o Luís[42] – e, ainda, o poeta e (não muito) jurista Henrique Caiado.

---

entre Portugal e a Santa Sé". (Cfr. Luís de Matos – *Itinerarium Portugallensium*, Lisboa, 1992, Estudo introdutório, XI).

[39] Há a ter presente que, entre 1473 e 1497, Direito, Artes e Medicina passaram a ser leccionados em Pisa, enquanto a Poética e a Retórica permaneciam em Florença. É a partir de 1497 que se dá a unificação do *Studium*, em Florença. Por isso, relativamente ao período de 1473 – 1497, é corrente falar-se em Universidade de Pisa – Florença.

[40] Veja-se Armando F. Verde – *Lo Studio Fiorentino*, Vol. III, Tomo I, *Introduzione*, XXVII.

[41] Doutorou-se em 7 de Abril de 1484; aparecera, em Pisa, no ano lectivo de 1474 – 1475. Cfr. Armando F. Verde – *Lo Studio Fiorentino, 677*, vol. e tomo cits, n. 677, 458-459. Para os doutorandos em Pisa – Florença, veja-se A.D. de Sousa Costa – *Estudos Superiores e Universitários em Portugal no Reinado de D. João II* in *Biblos*, vol. LXIII, 1987, 294-297. Mas a expansão tinha, obviamente, os seus lados menos felizes. Estevão de Melo, de vida agitada, Doutor em Direito Canónico, em Florença, a 7 de Dezembro de 1495 e que foi forçado a ir para Sena, fugido dos credores, em 26 de Agosto de 1492, vende, em Pisa, a Francesco de Alammanis *"unam ancillam sclavam nigram partibus Ghinee nomine Katerine aetatis annorum vigintiquinque vel circa quam sclavam idem dominus Stefanus asseruit esse sanam (...)*; e, antes, em 12 de Outubro de 1477, Vicente Álvares Afonso, estudante de direito canónico, também em Pisa, dava em depósito "(...) *unum servum nigrum sive sclavo vocatum Agostini aetatis annorum septem vel octo (...) qui servus est (...)*". Cfr. Armando F. Verde – *Lo Studio Fiorentino*, vol. III, tomo II, Pistoia, 1977, n. 1227, 895-897 e n. 1283,932.

[42] Somos forçados, neste ponto, a precisar alguns dados. É hoje sabido que houve dois Luíses Teixeiras, tio e sobrinho. O tio (Luís Teixeira I) era irmão do chanceler João Teixeira, pai de Luís Teixeira II. O tio andou pelas Universidades de Lisboa, Roma, Perusa e Sena, vindo a doutorar-se em direito canónico (talvez) em Roma e em Direito Civil, em Pisa, em 1474. Vai ser, em Portugal, desembargador, ouvidor da Casa do Cível, por vezes exercendo funções de chanceler. É chegado a este ponto que A. D. de Sousa Costa afirma – "Mas não é ele o autor da obra de Direito, publicada por Gregório de Gregoriis em Veneza, a 18 de Setembro de 1507 ou seja do comentário *De rebus dubiis* do Digesto, *como ultimamente se tem afirmado*." (sublinhado nosso). E depois de dizer que o autor do Comentário é o sobrinho Luís Teixeira II, conclui que – "Por isso devemos concluir, sem sombra de dúvida, que as poesias, trocadas entre o cavaleiro Luís Teixeira e Daniel Fino ou dedicadas a Luís Teixeira Lusitano, dizem respeito a Luís Teixeira sobrinho". (cfr. A D. de Sousa Costa – *Estudos Superiores*, 266-267; e na nota 64 desta última p. referindo os que *ultimamente* têm confundido Luís Teixeira I e Luís Teixeira II, escreve – Cfr. Nuno J. Espinosa Gomes da Silva, *Humanismo e Direito em Portugal*,

970   *Nuno José Espinosa Gomes da Silva*

7. Muitos outros testemunhos se poderiam referir. Mas o relato do Dr. JERÓNIMO MÜNZER é bem significativo quanto ao interesse com que, em Portugal e fora dele, se acompanhavam os resultados da expansão ultramarina. Logo em Évora onde, então, se encontrava o rei – diz MÜNZER que – "À porta da igreja de S. Brás vimos parte da pele duma cobra trazida da Guiné, com de mais de 30 palmos de comprido e da grossura dum homem. Tinha sido morta com dardos incandescentes e esfolada desde o pescoço até à cauda. Essa parte da pele era tão matizada de várias e lindas côres imitando estrêlas e manchas douradas que era realmente para admirar. Tinha esse pedaço da pele 22 palmos. Disseram-me que essas serpentes podem devorar dois homens sujeitando-os com a cauda e com as roscas, e que são capazes de lutar mesmo com os elefantes; é por isso que eu creio no que diz PLÍNIO dos animais da Índia e da Etiópia[43] que hoje se trazem da Etiópia e ilhas adjacentes para serem admirados".[44] Ainda em Évora – "No pátio do palácio real vimos também um camelo novo e bonito, que o Rei mandou trazer de África, onde eles abundam"[45]. Depois, Münzer é admitido a falar com o rei que – "Tem uma grande habilidade para adquirir riquezas com mercadorias e outras cousas. Manda para a Guiné panos de lã de várias cores, como os tapetes que se fazem em Túnis, e também tela, cavalos, várias mercadorias de Nuremberg, muitas caldeiras de cobre, bacias de latão, pano vermelho, pano amarelo, capas da Inglaterra e da Holanda, e muitas outras cousas; de lá mandam-lhe a êle

---

pp. 125-146; MOREIRA DE SÁ, *Humanistas portugueses em Itália*, pp. 49-53). Já na nossa *História do Direito Português . Fontes de Direito*, Lisboa, 2000³, 360-361, nota 3, dissémos que – "Não só não confundimos, como, quando Moreira de Sá fez essa confusão, nos apressámos, imediatamente, a esclarecê-la no estudo acima referido" [esse estudo é *Sobre os dois doutores de nome Luís Teixeira*,Lisboa, 1984 (*sep. do Bol. do Minist. da Just*.). Não registei, entretanto, qualquer rectificação ou escrito, lamentando a inexactidão cometida. Por isso, varrendo a minha testada, tenho que dizer:

a) que fui eu quem, primeiramente, encontrou, no fim do ano de 1957, um exemplar completo do *De rebus dubiis*, Veneza, 1507, de LUÍS TEIXEIRA II;

b) que fui eu, quem, primeiramente, indicou a cota da obra (13. 15. L.15) na Biblioteca Nacional de Roma (v. *Bártolo na História do Direito Portguês*, Lisboa, 1960, 21, nota (26) [Sep. da *Revista da Faculdade de Direito da Universidade de Lisboa*, vol. XIII];

c) que, não fiz – nem era possível – fazer qualquer confusão, pois Luís Teixeira II descreve, com bastante minúcia, o seu itinerário em Itália.

[43] É curioso o esquema mental de Münzer (que se repete mais adiante). A *autoridade* está em Plínio; o que se vê, a experiência nova, tem a função auxiliar de confirmar PLÍNIO.

[44] BASÍLIO DE VASCONCELOS – *Itinerário*, 12-13.

[45] BASÍLIO DE VASCONCELOS – *Itinerário*, 13.

Bartolomeo Scala, as Descobertas Portuguesas das Ilhas Atlânticas   971

ouro, escravos, pimenta, malagueta, inúmeros dentes de elefante etc."[46] Depois de Évora, Lisboa. Aí, no monte em frente ao Castelo – "há um mosteiro de frades carmelitas (...). No mesmo monte há também o mosteiro da Santíssima Trindade e o dos Frades Menores, no qual vimos um grande crocodilo pendurado no côro e uma grande árvore chamada dragão,[47]da qual corre sangue de drago, que é uma seiva avermelhada. Também, no mosteiro de Santo Agostinho, que fica acima do Castelo, há três dessas árvores, e uma delas grande, sendo dificil a dois homens abarcar--lhe o tronco. É uma árvore da altura dum pinheiro, repartindo-se no alto em muitos e grandes ramos, que têm internódios como a raiz do ácoro; e do último internódio sai um grande tufo de folhas carnudas e bastas, parecidas com as do ácoro ou da espadana, e um cacho grande e compacto como os das tâmaras, que tem muitas bagas do tamanho de avelãs (...). Na Guiné e noutras ilhas sustentam-se as bêstas de carga com as folhas dessas árvores que são tão grandes lá que os Etíopes fazem de cada internódio uma canoa para três ou quatro homens, e dum tronco cavado uma para 50 ou 60; foi-me contado isto por pessoas dignas de crédito, que o observaram em regiões equatoriais (...)"[48]. No domingo, último dia de Novembro, fomos até (...) a Santa Maria da Luz (...). Lá vimos o bico dum pelicano; é parecido com o bico do onocrótolo, embora menos largo. Essa ave tem um grande saco á altura do estômago; é mais pequena que o cisne e maior que o pato, e as suas penas em todo o corpo são cinzentas. Abunda na Guiné. Vimos também canas que a agitação do mar traz do lado do Oriente para as ilhas da Madeira e Faial. Vimos duas, uma das quais tinha 16 passos e era da grossura do meu pulso, sendo os internódios do comprimento duma braça; por isso creio no que diz Plínio da grandeza das canas, no livro 6.º. Vimos também pequenas lanças feitas de canas, com pontas muito aguçadas, lanças a que os Etíopes chamam azagaias. Vimos ainda arcos, bestas e pontas com pequenos ferros agudíssimos, tudo inteiramente de cana. Vimos além disso um crocodilo pequeno e também umas serras que são bicos de peixes muito grandes; essa espécie de serra é feita dum ôsso duríssimo, com que esses peixes cortam os tabuões dos navios (...). No mesmo dia, subimos ao Castelo e vimos dois fortíssimos leões, os mais bonitos que tenho visto. Vi também uma enorme e bem feita carta cosmográfica dourada: tinha 14 palmos de diãmetro (...)"[49]. Vimos também uma

---

[46] Basílio de Vasconcelos – Itinerário, 14.

[47] De acordo com Basílio de Vasconcelos – "Itinerário", 19, nota (2), trata-se do dragoeiro comum ou gigante (dracaena draco).

[48] Basílio de Vasconcelos – "Itinerário", 19-20.

[49] Basílio de Vasconcelos – "Itinerário", 21-22.

enorme ferraria com muitos fornos, onde se fazem âncoras, colubrinas, etc., e tudo o que diz respeito ao mar. Eram tantos os trabalhadores negros junto dos fornos que nos poderíamos supor entre os Ciclopes no antro de Vulcano. Depois vimos noutras quatro grandes casas inúmeras colubrinas muito grandes e lindíssimas, e também armas de arremêsso, escudos, couraças, morteiros, espingardas, arcos, lanças, tudo muito bem fabricado e em enorme abundância, sem falar do que em tôda a parte, por esses mares fora, se encontra espalhado pelos navios . Em comparação disto nada é o material de Nuremberg. Que enormes quantidades de chumbo, cobre, salitre e enxôfre![50] O próprio rei negociava com florentinos."[51]

8. A questão sobre o *dominium mundi* do imperador e sobre a universalidade de *iure* do direito romano vai, escolasticamente, arrastar-se durante muito tempo. Tenha-se presente que, na primeira metade do século XIV, Bártolo ainda afirma que, de direito, o imperador é *dominus mundi*[52].

Já vimos que turcos e portugueses – estes por força da expansão ultramarina – vêm servir, emblematicamente, de apoio à ideia do carácter não universal do Império e do direito romano.

Bartolomeo Scala escrevia em 1483. Agora, em 1548, em Coimbra, numa oração pública pronunciada por Mestre Martinho D'Azpilcueta, vem, claramente, afirmar-se que

"Stultum esse (...) affirmare, Imperatorem Rhomanum ius habere in

---

[50] Basílio de Vasconcelos – *"Itinerário"*, 27.

[51] Basílio de Vasconcelos – *"Itinerário"*, na parte II, relativa a *De Inventione Africae Maritima et Occidentalis*, do mesmo Münzer: "A um certo florentino muito rico, o sr. Bartolomeu, permitiu o Rei negociar também com dentes de elefante, escravos e outras cousas excepto ouro. Em virtude de um contracto feito com o Rei, passam pelas suas mãos todos os negros, que êle vende em toda a costa da Espanha, e da Itália; diz-se que o Rei recebe dêle todos os anos mais de 40.000 ducados. (*Admisit item cuidam Florentino ditissimo domino Bartholomeo etiam dentes, schlavos et alia praeter aurum, qui certo pacto cum rege habito, omnes nigros in sua manu habet, et eos per omnem Italiae et Hispaniae oram vendit, et dicunt regem ex eo quotannis plus quadraginta milibus ducatorum habere*), p. 53.

Veja-se, igualmente, como síntese, Jaime Cortesão – *O Ambiente Exótico e Descobridor em Portugal visto por Estrangeiros* in *História dos Descobrimentos Portugueses*, Lisboa, s.d. (mas 1979[3]), 9-11. Embora contemplando o século XVI, veja-se, agora, Silvano Pesola – *Os Descobrimentos portugueses na Renascença italiana* in *História do Pensamento Filosófico Português* (dir. de Pedro Calafate), vol.II, *Renascimento e Contra Reforma*, s.l. s.d. (mas, Lisboa, 2001), 51-59.

[52] Veja-se a nossa *História do Direito Português. Fontes de Direito*, 187, nota 1.

totum orbem terrarum cuius nunquam fuit dominus: nec in ea quidem, quorum aliquando fuit dominus: nec in ea quidem, quorum aliquando fuit dominus et iam amisit".[53]

E, como que em argumento definitivo e conclusivo, a expansão portuguesa também, de novo, é trazida à questão:

"Neque India, quae hodie Lusitano paret imperio, paruit unquam Rhomano".[54]

Em 1548, Martinho de Azpilcueta afirmava ser *stultum* falar do *dominium mundi* do Imperador; na segunda metade do mesmo século XVI, o castelhano LUÍS DE MOLINA – também tão ligado à cultura portuguesa – escreverá que a opinião de Bártolo, no sentido de o imperador ser, *de iure*, *dominus mundi*, *"ridicula plane est".*[55]

9. Tudo acabado, nesta questão do *dominium mundi*? Ainda não. Já passado o primeiro quartel de Seiscentos, em 1627, Pedro Barbosa, na sua *Verdadera Razon de Estado*[56] volta uma vez mais, a discutir se o impera-

---

[53] MARTINHO DE AZPILCUETA – *Relectio C. Novit, Non Minus Sublimis quam Celebres de Iudicijs*, pronunciata coram frequentissimo, eruditissimo, ac maxime illustri auditorio in inclyta Lusitaniae Conimbrica per (...), Coimbra, 1548,179, n.161. Martinho de Azpilcueta dizia que a afirmação de *dominium mundi* só poderia explicar-se por hipérbole ou sinédoque. Sobre o Mestre Navarro,há, agora, que ver ELOY TEJERO CARLOS AYERRA – *La vida del Insigne Doctor Navarro, Hijo de la Real Casa de Roncesvalles*, s.l. (mas Universidade de Navarra), 1999. Trata-se de amplo comentário a um escrito, com esta designação, da autoria de MARTIN BURGES Y ELIZONDO, redigido em 1675.

[54] MARTINHO DE AZPILCUETA – *Relectio C. Novit*, 95, n.53.

[55] LUÍS DE MOLINA – *De Iustitia et Iure*, tomo I, Genebra, 1739, Tractatus II, Disputat. XXX, 83, n.° 1.

[56] PEDRO BARBOSA HOMEM – *Discursos de la Iuridica, y Verdadera Razon de Estado, Formados sobre la vida y acciones del Rey Don Iuan el II de buena memoria, Rey de Portugal, llamado vulgarmente el Principe Perfecto*. Contra Machiauelo, y Bodino, y los demas politicos de nuestros tiempos, sus sequazes. Primera Parte (e única), Coimbra, s.d. (mas a última licença de impressão é de Coimbra, 12 de Agosto de 1626). Todavia, BARBOSA MACHADO dá a primeira impressão de Lisboa, 1627, ainda que indicando o mesmo impressor Nicolau Carvalho [*Bibliotheca Lusitana*, tomo III, Coimbra, 1966, 1ª ed. Lisboa, 1752, 562]. NICOLAU ANTÓNIO – *Bibliotheca Hispana Nova*, tomo II, Madrid, 1996, reimpressão de Madrid, 1788, 174, dá a obra como impressa em Coimbra, mas no ano de 1629. NICOLAU ANTÓNIO – erradamente – atribui, também, a PEDRO BARBOSA HOMEM o livro da *Preferenza do Reino de Portugal ao de Aragão*, Lisboa, 1627. Esta obra é da autoria de PEDRO BARBOSA DE LUNA e foi publicada por seu filho, o conhecido

dor é, ou não, *dominus mundi*. Depois de debater e reprovar a opinião dos que dizem ter existido *"un solo Imperio, y un solo Estado temporal en el mundo,"*[57] passa BARBOSA HOMEM a examinar – *"La opinion de los que al Imperio Romano attribuen aquel universal Estado temporal"*,[58] ou seja, dos que afirmam *"que aquel universal estado temporal, y aquel summo Imperio sobre todo el mundo, est uuo y está, aun oy constituido en la persona del Emperador Romano, de que se sigue que todos los Principes del mundo, de qualquiera qualidad, dignidad, y nombre que sean, deuen reconocer aquel Imperio, por superior, y si no lo hazen peccan: y quitan lo suyo a su dueño".*[59]

Adverte, logo de início, BARBOSA HOMEM que tal opinião *"aunque sea seguida de muchos, todavia essos, buscadas bien sus patrias, naturales son de tierras, o subietas al Imperio, o tales a quien algo toquen los Romanos pundonores. Como sin dubda es toda Italia, cuyos alumnos son los principales, y los mas, que a esta opinion han introducido, y sustentado. Y es muy de notar que assi como a estes todos les ha parecido siempre verdad clara que el Emperador Romano es señor vniuersal del mundo; asi los scriptores de otras naciones, specialmente Españoles, Franceses y Venecianos, lo tuuieron, y tienen por falso".*[60] E remata, neste ponto, as suas considerações, dizendo – *"Y en effecto el negocio entre ellos, mas ha venido ya a parecer pleito entre partes, que no disputa entre doctores, y asi lo cierto es que, para la decision de la causa, ni a vnos ni otros deue valer su authoridad, por grande que sea, mas solamente la pura razon, o derecho, que por si truxeren".*[61]

De qualquer modo, PEDRO BARBOSA HOMEM vai gastar quinze páginas para, analisando textos e apresentando dados históricos (alguns, erradíssimos), poder concluir que, efectivamente, o imperador não era *dominus mundi*. E terminava, com um certo orgulho, que – *"y aun digo mas,*

MIGUEL DE VASCONCELOS. Assim – e bem – BARBOSA MACHADO – *Bibliotheca Lusitana*, tomo III, 563.

[57] PEDRO BARBOSA HOMEM – *Verdadera Razon de Estado*, Prefacion, Presuppuesto VI, 7 v.

[58] PEDRO BARBOSA HOMEM – *Verdadera Razon de Estado*, Prefacion, Presuppuesto VII, 12v.

[59] PEDRO BARBOSA HOMEM – *Verdadera Razon de Estado,* Prefacion, Presuppuesto VII,12 v.

[60] PEDRO BARBOSA HOMEM – *Verdadera Razon de Estado*, Prefacion, Presuppuesto VII, 12v-13.

[61] PEDRO BARBOSA HOMEM – *Verdadera Razon de Estado*, Prefacion, Presuppuesto Vii, 13.

que si no pudiendo negar ser esta materia importantissima, en toda razon de Estado, a los Principes de la Christiandad respectivamente; yo la he tratado aqui con mas copia de razones, mas caudal de nuevos y utiles aduertimientos, que quiça en otra parte se puede hallar tratada; aun espero que no solo no me culpe el Lector, mas halle algo porque pueda gratificarme".[62] *Materia importantissima*, assim sentenciava o bom do nosso PEDRO BARBOSA HOMEM, acabando, em tom definitivo, com qualquer pretensão de *dominium mundi*, por parte do Império. Mas, o lusitano, generosamente, como que compensava o imperador, reconhecendo-lhe direito ao Império do Oriente, Com efeito, depois que este e a linha dos respectivos príncipes *"fue extinta por las armas Turquesquas; probable cosa es que a estroto Emperador de Alemania se ha deferido aquel derecho. Porque siendo el absolutamente constituido por Emperador Romano, virtualmente parece que se le diò todo aquello, que no solo entonces estuuiesse vacco para aquel Imperio: como eran por la mayor parte los Estados Occidentales, de que luego se le diò possession, mas aun todo aquello que en algun tiempo vacasse: como en effecto, por la extinsion de los Emperadores de Constantinopla, vinieron a vacar, segun queda dicho, los Orientales"*.[63]

Era, também, *"materia importantissima"*...

---

[62] PEDRO BARBOSA HOMEM – *Verdadera Razon de Estado*, Prefacion, Presuppuesto VII, 19v.

[63] PEDRO BARBOSA HOMEM –*Verdadera Razon de Estado*, Prefacion, Presuppuesto VIII, 20. Mas tenha-se presente que no apócrifo-comentário, atribuído a Napoleão, relativamente ao passo de Maquiavel em que este dizia que – " As dificuldades para ocupar o reino do Turco residem em que se não podem chamar os príncipes do seu próprio reino, nem podes esperar que a rebelião dos que o rodeiam facilite a tua empresa", se afirma – *"Empreguemos meios extraordinários; porque é necessário, absolutamente, que o Império do Oriente regresse ao do Ocidente"*. [(cfr. N. Maquiavel – *El Príncipe* (comentado por Napoleão Bonaparte), introd. de Giuliano Procacci, s.l.s.d. (mas, Barcelona, 1998), pp. 50 e nota (78) a pp. 168]. O sublinhado é nosso. Não deixa de ser surpreendente que, nesta edição, se não faça a mais pequena alusão ao carácter apócrifo do texto.

O ROMANCE HISTÓRICO E O DIREITO*

Rui de Figueiredo Marcos**

Não consegui resistir à tentação. O convite fora demasiado desafiante. Contrariando a divisa inscrita no pórtico do templo de Apolo «nada em excesso»[1] a que me vou procurando abrigar, sobretudo quando as solicitações não entusiasmam, lancei-me à tarefa de escrever uma modesta arenga sobre «O Romance Histórico e o Direito». Nem o voto exigente de não esbater a imprescindível afinação refreava o ímpeto pletórico que sentia. Os três grossos e suculentos volumes que compunham a dissertação de doutoramento em direito que há muito andava a ler, de modo ruminante, pareciam agora olhar-me com um ar infinitamente desdenhoso. Durante alguns dias, tapei-os para evitar o mau olhado.

Elegi, como tema desta minha intervenção, «O Romance Histórico e o Direito». Acredito que o fascínio da criação literária em diálogo com a formação jurídica possa despertar a fina sensibilidade do qualificado auditório perante o qual me encontro. Tomando de empréstimo as palavras sentenciosas de Teófilo Braga, «o enlace da razão e do sentimento – eis a inteligência»[2].

Não oculto, neste instante, a ponta de emoção que me invade, por me ver aqui rodeado de insignes vultos da cultura literária nacional. Bem precisaria de ser tocado pelo dom da eloquência Ciceroniana para não

---

* O texto corresponde a uma conferência proferida no âmbito do "III Colóquio Nacional sobre o Romance Histórico", que decorreu sob a égide do Centro de Estudos Luís de Magalhães, no *Forum da Maia*, em Dezembro de 2002.

** Professor da Faculdade de Direito da Universidade de Coimbra.

[1] *Vide* Fernando José Bronze, *As Margens e o Rio (Da Retórica Jurídica à Metodonomologia)*, in «Actas do Congresso A Retórica Greco-Latina e a Sua Perenidade», coord. de José Ribeiro Ferreira, ed. da Fundação Eng. António de Almeida, vol. II, Porto, 2000, pág. 911.

[2] *Vide* Teófilo Braga, *Poesia do Direito*, prefácio de Maria da Conceição Azevedo, Lisboa, 2000, pág. 37.

desmerecer tão honrosa circunstância. Se coubesse no possível, gostaria de soprar, da palma da minha mão, em irreprimível gesto de homenagem, um punhado de pétalas de oiro na direcção da Senhora Dona Agustina Bessa-Luís. Uma caíria mais perto, outra mais longe. Que importa? A poesia do acto permaneceria.

Confesso que entrei no assunto em pauta, cavalgando em cima de analogias que detectei entre o mundo jurídico e o mundo literário. Algumas delas fantásticas, ou, pelo menos, imprevistas. O jurista também não deve recusar o radiante dom da fantasia, no sentido latíssimo do exercício da faculdade de ser ou de criar com genuína originalidade. Sacudido por vibrantes golpes de pensamento, o pano da *ars inveniendi* nunca está autorizado a descer. Pela minha parte, na verdade, fui-me deixando enredar, docemente, em fantásticas teias analógicas. Afinal de contas, tudo é analogia, como proclamava Fernando Pessoa[3].

De embaraçosa duplicidade, o romance histórico afivela uma máscara bifronte. Combina, em proporções variáveis, a ficcionalidade que denuncia a essência do romance com uma certa *veritas* inerente ao discurso da história. Tornou-se usual sustentar que o romance histórico não recua além de Walter Scott. Antes dele, os romances limitavam-se a mergulhar na história pela vertente da simples escolha temporal dos temas que se inscreviam em época, mais ou menos longínqua, mas sempre diversa daquela em que a vida enclausurara os autores[4]. Uma consciência sólida das grandes correntes histórico-sociais só irrompeu através da pena do escocês Walter Scott.

De acordo com uma imponente perspectiva, a fidelidade ao passado erigira-se em critério estruturante do romance histórico. Um traço que não se desligava do voto didáctico que parecia acompanhar o modelo clássico de romance histórico esculpido pelo romantismo. Nesta rota enfileiraram autores como Oliveira Martins, Rebelo da Silva e Artur Lobo D'Ávila. A verosimilhança assumia o papel de reduto intransponível, senão de derradeira e ténue amarra que prendia o romance ao terreno seguro da história. Lobo D'Ávila percebeu isso mesmo quando entendeu enfatizar que as personagens «filhas da imaginação, devem ser animadas da vida do tempo, não destoando entre as personagens históricas revividas para a acção

---

[3] Sobre a superlativa relevância da ponderação analógica, tanto no que respeita à prática em geral, como naquilo que toca ao direito, em particular, ver as iluminantes considerações de FERNANDO JOSÉ BRONZE, *Lições de Introdução ao Direito*, Coimbra, 2002, págs. 108 e segs.

[4] *Vide* GEORGES LUKACKS, *Le Roman Historique*, Paris, 1966, pág. 17.

romântica, figuras que, se não existiram, podiam ter existido n'aquelle meio»[5].

O tempo faz tudo da sua cor, como acentuava um jurista português do século XVI[6]. Por isso, no meio de efabulações vertiginosas, surgem, em sede de romance histórico, rigorosos salpicos de uma época, à guisa de restos ou vestígios intencionalmente largados pelo autor, de molde a fazer tremeluzir as partículas históricas iluminantes de um tempo que não fora o seu.

O direito, quando pensado historicamente, enfrenta o mesmo problema. Nunca irrompe o direito por actos solitários de génio, nem desaparece, fugidiamente, na noite do acaso. Insere-se sempre num certo contexto histórico constituinte e reconstituinte. A própria natureza do direito reclama que se entenda vinculado à existência cultural e histórica do homem[7].

O relancear histórico-jurídico está longe de consentir um voto em abordagens isolacionistas absolutas, extirpando inelimináveis condicionamentos que não pertençam à esfera do direito. Confessemos que uma concepção insular do direito na história não colhe os nossos favores. De modo inevitável, esboça-se um certo concerto histórico, mais ou menos concertado e até em aspectos aparentemente desconcertantes, entre o mundo do direito e o universo que o rodeia.

Desde cedo se surpreendeu a necessidade de atender ao arranjo genésico que prende o que era direito àquilo que não o era. Tome-se a lição de Ortega y Gasset que, ganho pelas ideias de Ihering e de Schulz, insistia na conveniência de se elaborar uma «teoría de los complementos extralegales que la ley necessita», de uma «teoría de los complementos existentes en los senos profunos e ultrajurídicos de la sociedad». Importava, na verdade, expor de um modo ordenado as forças, virtudes ou valores que, influindo sobre a norma jurídica, não se confundem com ela, até ao ponto em que entretecessem uma só ordem. Através da união que congraçou o jurídico e o ético, isso mesmo terá acontecido na época do direito romano--cristão. Com enorme sabedoria, já tem sido sublinhado que, genética e

---

[5] *Vide* Artur Lobo D'Ávila, *O Reinado Venturoso*, Lisboa, s/d., prefácio, vol. I, pág. 12.

[6] *Vide* Nuno J. Espinosa Gomes da Silva, *Humanismo e Direito em Portugal no Século XVI*, Lisboa, 1964, pág. 34.

[7] *Vide* Rui de Figueiredo Marcos, *História do Direito. Relatório sobre o Programa, o Conteúdo e os Métodos de Ensino*, Coimbra, 1999, pág. 63.

980 Rui de Figueiredo Marcos

funcionalmente, o direito está ligado com aquilo que não é propriamente direito[8].

As instituições e os homens devem ser compreendidos à luz da história. Há mil fios que enlaçam o direito, em cada época, ao universo cultural humano. Constituiria uma insuportável leviandade ignorar os factos que alcançaram pronunciada influência sobre o movimento do direito, pois, a não acontecer assim, o jurista ficava privado de perceber com clareza a correlação do direito com o mundo real, em que aquele encontra a sua justificação e condições de possibilidade[9].

As fontes e os diversos testemunhos antigos constituem o pórtico empírico de qualquer investigação histórico-jurídica[10]. Uma rede tão imprescindível quanto inabdicável, pois de algum modo aí reside sempre um porto de abrigo contra o puro subjectivismo[11]. Não se enjeita que os documentos só respondem em função das interrogações que se lhes dirigem. Bem sabemos, pela fulgurante lição de Gadamer, que o presente recorta o nosso horizonte hermenêutico do passado. Desde as perguntas eleitas até à escolha dos factos historicamente relevantes que se faz sentir a presença indiscreta do historiador.

Ponto é que, desperta a consciência crítica da relatividade da nossa *antiquitatis notitia,* não se antecipem os resultados da investigação, impondo uma estrutura com contornos definidos e que já se domina antes de se conhecer. Uma advertência que não reflecte um mero vidrilho retórico. Com efeito, não estará longe de cair em tamanho pecado quem ceda à tentação de afeiçoar os dados objectivos saídos da intimidade da história a uma síntese compreensiva que à partida se encontrava esboçada.

O tempo, insubmisso à abstracção ordenadora que o homem quer dele fazer, torna-se força incoercível de corrosão, no mesmo terno sussurro da morte que devagar rói e desfigura à medida que mansamente se apro-

---

[8] Atente-se nas cintilantes considerações de JUAN IGLESIAS, *Orden Jurídico y Orden Extrajuridico*, in «Estudios. Historia de Roma. Derecho Romano. Derecho Moderno», 2.ª ed., Madrid, 1985, págs. 169 e segs.

[9] *Vide* RUI DE FIGUEIREDO MARCOS, *História do Direito*, cit., pág. 77.

[10] As fontes do conhecimento do direito são também fontes da história. O emprego das primeiras no quadro das segundas revela um dos pontos de contacto entre o direito e a historiografia. *Vide* ANTÓNIO DA SILVA LEAL, As *Fontes do Direito e as Fontes da História,* in "Arquivo e Historiografia. Colóquio sobre as Fontes de História Contemporânea Portuguesa", coordenação de MARIA JOSÉ DA SILVA LEAL, MIRIAM HALPERN PEREIRA, Lisboa, 1988, págs. 187 e segs..

[11] Vide HELMUT COING, *Les tareas del historiador del derecho. Reflexions metodológicas*, tradução de ANTONIO MERCHÁN, Sevilla, 1977, pág. 30.

O Romance Histórico e o Direito

xima. Seja como for, não se pode recusar alguma autonomia às variáveis do passado. Em descrédito continua aquilo a que nos atreveríamos a chamar, sem grande novidade substancial, o radicalismo de um cronosenhorio que persiste em traduzir no pretérito a imagem fiel da conceitualização e da sistemática jurídica moderna, conferindo o estatuto de naturalmente intemporais a noções e a categorias do direito[12]. Só que a história, se entroniza representações de índole conceitual, também, mercê de golpes oriundos da prática, desconceitua velhos conceitos, causando-lhes deformidades de sentido descaracterizador.

Perante o quadro problemático que se acabou de desenhar, chamo em meu socorro um precioso *simile* transplantado de uma obra de Rousseau: "Todos os homens sentirão prazer ao ouvir sons agradáveis, mas se esse prazer não for animado por inflexões melódicas que lhe sejam familiares, ele acabará por não se tornar delicioso nem redundar em voluptuosidade. Os cantos mais belos, por muito que isso nos custe, impressionarão sempre de forma deficiente um ouvido que não esteja a eles acostumado: estamos diante de uma língua de que necessitamos conhecer o dicionário"[13]. Ora, cada época tende a encerrar a sua própria harmonia jurídica. E quem não tenha o desvelo de a apreender não a poderá desfrutar. Carece de um estudo prolongado que nos habitue aos ecos do seu direito. Se não vencermos com êxito esta fase, os nossos ouvidos, condenados a rústicos, nunca perceberão mais do que simples ruídos.

O historiador, ensinou Collingwood, tem de reconstituir o passado no seu próprio espírito. A missão precípua residia em analisar aquele passado que deixara atrás de si vestígios. Se o rasto se corporizasse em palavras escritas, cumpria descobrir o que é que essas palavras significavam para a pessoa que as escreveu, revelando assim o pensamento expresso por meio delas[14]. Ora, por vezes, a expressão só assenta na ideia como uma roupa

---

[12] Sobre o tema, ver, entre nós, MÁRIO JÚLIO DE ALMEIDA COSTA, *Origem da Enfiteuse no Direito Português*, Coimbra, 1957, págs. 22 e seg.; RUY DE ALBUQUERQUE, *História do Direito Português. Relatório*, in "Revista da Faculdade de Direito da Universidade de Lisboa", vol. XXVI, (1985), págs. 130 e segs.; ANTÓNIO M. HESPANHA, *Panorama Histórico da Cultura Jurídica Europeia*, Lisboa, 1997, págs. 20 e segs., e 36 e segs..

[13] *Vide* JEAN-JACQUES ROUSSEAU, *Ensaio sobre a Origem das Línguas*, tradução, introdução e notas de FERNANDO GUERREIRO, Lisboa, 1981, pág. 104.

[14] Para descobrir o que este pensamento era, o historiador tem de pensá-lo por si, insistiu Collingwood. O autor ilustrou mesmo a sua tese, com um repto de índole histórico-jurídica: "Suponhamos, por exemplo, que está a ler o Código de Teodósio, tendo diante de si um certo édito dum imperador. Limitando-se a ler as palavras e a traduzi-las, não chega a conhecer o seu significado histórico. Para atingir este fim, tem de examinar a

folgada. E qualquer experiência passada revivesce no espírito do historiador, mas através de uma releitura actual, onde, não raro, se infiltra uma tendência poiética impenitente.

O presente, guindado a critério de indagação, não deve invadir de forma sufocante as estruturas pretéritas. Também no domínio jurídico, há que respeitar os esquemas de entretecimento do passado, não o tornando absolutamente cativo de amarras, categoriais ou problemáticas, que preenchem e crismam o presente do nosso direito. Na verdade, tudo aconselha que não se resvale para uma fusão completa e desvirtuadora, impeditiva de que a realidade histórica manifeste, embora através de nós, o seu específico e seguramente bem diverso modo de ser jurídico.

Como não se ignora, o estudo da história absorveu a atenção romântica. A efabulação com arrimos históricos deixou sulcos indeléveis na obra do patriarca do romantismo português. Aludimos naturalmente a Alexandre Herculano. A sua ficção não esconde duas linhas marcantes. Constitui a primeira o romance em que os heróis e as heroínas são personagens inventadas que giravam no passado, enquanto, diversamente, os textos das *Lendas e Narrativas* representam a segunda, onde quase tudo não vai além do traslado de capítulos das crónicas medievais[15]. É evidente que os heróis inventados proporcionavam uma maior rédea solta aos golpes cintilantes saídos da imaginação do romancista.

Vem de molde salientar que Alexandre Herculano se acha ligado, quer à Faculdade de Direito de Coimbra, quer à história do direito português, não só através dos seus escritos valiosos, mas também pelas considerações oportunas que teceu ao conhecido livro de Manuel António Coelho da Rocha, *Ensaio sobre a história do governo e da legislação de Portugal*[16]. Não causa o mínimo rebuço dizer que se tratou de uma obra a

---

situação que o imperador procurou resolver, devendo examiná-la como esse imperador a examinou. Então, tem de ver, por si próprio – como se fosse sua a situação em que se encontrava o imperador – como é que essa situação poderia ser resolvida. Tem de ver as alternativas possíveis e as razões que levam a escolher uma, em detrimento de outra. Assim, o historiador tem de passar pelo processo por que passou o imperador, ao decidir de certo modo particular. Por consequência, o historiador reconstitui, no seu espírito, a experiência do imperador. E só na medida em que procede assim é que atinge algum conhecimento histórico – distinto de um conhecimento meramente filológico – do significado do édito". *Vide* R. G. COLLINGWOOD, A *ideia de História,* tradução de ALBERTO FREIRE, 8.ª ed., Lisboa, 1994, págs. 347 e seg., e 369 e segs..

[15] *Vide* MARIA DE FÁTIMA MARINHO, *O Romance Histórico em Portugal*, Porto, 1999, págs. 54 e seg..

[16] *Vide* M. A. COELHO DA ROCHA, *Ensaio sobre a Historia do Governo e Legisla-*

O Romance Histórico e o Direito 983

vários títulos primorosa que fez carreira, ao longo de décadas, como compêndio oficial da história do direito pátrio na Faculdade de Direito de Coimbra. Dominou o magistério da disciplina, imperialmente, até fins do século XIX[17].

O *Ensaio* de Coelho da Rocha tomou como referente de partida a velha *Historia Iuris Civilis Lusitani* de Mello Freire que substituiu. Mas não disfarçou os avanços que imprimiu à história do direito português. Preencheu omissões, alterou o método de exposição dos temas e corrigiu entendimentos esmaltados pelo prisma traiçoeiro do entusiasmo político[18]. Com o *Ensaio* de Coelho da Rocha era a própria concepção de história que progredia. Como bem o apreciou o exigente Alexandre Herculano, ao ponto de não hesitar no anúncio de que a grande revolução da ciência já chegara ao nosso país: "O primeiro grito de rebeldia contra a falsíssima denominação de história, dada exclusivamente a um complexo de biografia, de cronologia e de factos militares, soltou-o o autor do Ensaio sobre a História do Governo e Legislação de Portugal"[19].

Torna-se curioso assinalar, pelo inusitado da coincidência, que seria o sucessor de Coelho da Rocha na cadeira de história um dos elementos da comissão designada pela Faculdade de Direito de Coimbra que, a instâncias de Alexandre Herculano, iria examinar o volume IV da sua *História de Portugal*. Referimo-nos a Joaquim dos Reis, lente de "História de Direito Romano, Canónico e Pátrio", que, em 1838, aí se fixou[20], precisa-

---

ção de Portugal para servir de Introducção ao Estudo do Direito Patrio, 7.ª ed., Coimbra, 1896, prefação da 1.ª edição, pág. XIX.

[17] Sobre Coelho da Rocha, ver, por todos, GUILHERME BRAGA DA CRUZ, *No centenário da morte de M. A. Coelho da Rocha,* in "Obras Esparsas", vol. II, 1.ª parte, Coimbra, 1981, págs. 1 e segs., em especial quanto à sua predilecção pelos estudos histórico-jurídicos, págs. 13 e segs..

[18] *Vide* PAULO MERÊA, *Como nasceu a Faculdade de Direito,* in «Boletim da Faculdade de Direito, suplemento XV – Homenagem ao Doutor José Alberto dos Reis, vol. I», Coimbra 1961, pág. 162.

[19] Encerra estas palavras encomiásticas o número de 28 de Outubro de 1841 da "Revista Universal Lisbonense". *Vide* GUILHERME BRAGA DA CRUZ, *No centenário da morte de M. A. Coelho da Rocha,* in *loc. cit.,* pág. 16 e nota 1.

[20] Temos notícia, com exactidão, do programa adoptado pelo lente Doutor Joaquim dos Reis na 1.ª cadeira de "Historia Geral da Jurisprudencia, e a Particular do Direito Romano, Canonico e Patrio", no ano lectivo de 1853-1854. Na parte da história do direito português, calcorreava, *pari passu,* o manual de Coelho da Rocha. Como este, dividia a evolução do direito português em sete épocas, e, em cada uma delas, abordava os temas desenvolvidos por Coelho da Rocha. Pode dizer-se, sem receio de exagero, que o programa delineado por Joaquim dos Reis corresponde ao índice da *História do Governo e da*

984   *Rui de Figueiredo Marcos*

mente quando Coelho da Rocha se deslocava para o direito civil, onde, aliás, estivera Joaquim dos Reis[21]. Revelador de que a humildade intelectual sempre constituiu apanágio dos verdadeiros homens de cultura, o episódio tem contornos conhecidos. Alexandre Herculano não recebeu formação jurídica. Ora, enfrentando naquela parte recuada da história do nosso país problemas complexos de natureza histórico-jurídica, decidiu submeter o mencionado volume à censura severa da Faculdade de Direito, reconhecendo que "a ella em particular compete fixar as doutrinas historicas em relação ao antigo direito publico e privado de Portugal[22]. A indulgência esperada converteu-se num voto de rendido louvor. Ao Senhor Alexandre Herculano tocou a glória de dar a Portugal uma história crítica e filosófica, proclamava a comissão saída da Faculdade de Direito, no juízo final de 3 de Maio de 1853 que emitiu sobre o volume IV da *História de Portugal*[23]. Se Alexandre Herculano não fez história jurídica *ex professo,* nunca ignorou que essa história influía de forma saliente na história geral. Por isso, a encarou, desde cedo, com especial desvelo.

De um outro ângulo, o julgamento benévolo que mereceu da parte de Alexandre Herculano o livro de Coelho da Rocha reveste-se de um enorme significado. É que Herculano, mau grado não afivelar em sentido técnico a máscara de historiador do direito, contribuiu em muito para o aperfeiçoamento da disciplina, quer pelos avanços transmitidos à ciência geral da história, quer pelo talento demonstrado na abordagem de vários temas histórico-jurídicos de indubitável relevo. Marca a obra de Herculano o novo espírito científico que se instalara. Deste modo, adopta um conceito historiográfico que reflecte os factos significativos da nação, valorizando a construção colectiva realizada ao longo de séculos, a qual, doravante, importaria considerar segundo épocas histórico-culturais e não por reinados. Era tempo, como o próprio Alexandre Herculano escreveu quando apreciou o livro de Coelho da Rocha, de ser a história alguma coisa mais que uma data e um evangélico *autem-genuit* de nobiliário. O século já vai em meio. Somos coxos, mas não somos tolhidos. Não admira que saudasse

---

Legislação de Portugal. Veja-se o mencionado programa da 1.ª cadeira na rubrica *Universidade de Coimbra – Programas,* in "O Instituto", vol. III (1855), pág. 213.

[21] Além de Joaquim dos Reis, pertenciam ainda à referida comissão o professor de filosofia do direito, Vicente Ferrer Neto Paiva e o lente substituto da cadeira de história, Bernardino Joaquim da Silva Carneiro.

[22] Pode consultar-se a carta de 28 de Março de 1853 que Alexandre Herculano dirigiu à Faculdade de Direito, no "Instituto", vol. II (Coimbra, 1854), pág. 13.

[23] *Vide Parecer da Faculdade de Direito sobre o IV vol. da Historia de Portugal pelo sr. A. Herculano,* no "Instituto" vol. II cit., págs. 61 e segs..

O Romance Histórico e o Direito

jubilosamente o caminho trilhado pelo lente de Coimbra, pois "a sua história é a dos factos sociais, é da organização e desenvolvimento deste corpo moral chamado nação portuguesa"[24].

Escorou Herculano o seu edifício histórico numa escrupulosa colheita das fontes. Atento principalmente à lição do exemplo alemão, com os *Monumenta Germaniae Historica,* concebeu e impulsionou uma obra similar para o nosso país, a que deu o nome de *Portugaliae Monumenta Historica.* Se na *História de Portugal,* abrangendo o período que se alongava até à morte de D. Afonso III, Alexandre Herculano tratou espacejadamente das classes sociais e das instituições municipais, nos *Portugaliae Monumenta Historica,* coligiu, dentro do mesmo arco histórico, as fontes de direito (*Leges et consuetudines*), os diplomas (*Diplomatae et Chartae*) e as actas das inquirições (*Inquisitiones*)[25]. A significar que em ambas ganhou sólidos créditos perante a história do direito, para além daqueles méritos avulsos que auferiu nas matérias especificamente jurídicas que abordou, inscritas, sobretudo, no campo publicístico. Mas também se afoitou em temas de direito privado, como o casamento[26].

A despeito dos contributos pontuais de Alexandre Herculano para a evolução da historiografia jurídica, foi no domínio dos métodos e das concepções de uma história crítica e filosófica que o seu desempenho assumiu uma relevância de tal ordem que não mais o futuro o poderia ignorar. Do cimo da sua autoridade, bem contempladas as coisas, o patriarca romântico passara uma certidão de óbito à história feita de cronologias, descendências, e batalhas, no fundo, à história sem atestação científica, desprovida do poderoso alicerce heurístico das fontes.

---

[24] Tão lisonjeiro comentário, fruto também da coincidência de pontos de vista entre ambos os autores, acha-se no "Panorama", vol. V (1841), págs. 290 e segs.. *Vide* GUILHERME BRAGA DA CRUZ, *No centenário da morte de M. A. Coelho da Rocha,* in *loc. cit.,* pág. 17, nota 1.

[25] Sobre o modo como avultou a figura de Alexandre Herculano no domínio da história do direito, ver MÁRIO JÚLIO DE ALMEIDA COSTA, *Significado de Alexandre Herculano na evolução da historiografla jurídica,* in "A Historiografia Portuguesa de HERCULANO a 1950 – Actas do Colóquio da Academia Portuguesa da História", Lisboa, 1978, págs. 235 e segs.; MARTIM DE ALBUQUERQUE, A *Formação Jurídica de Herculano: Fontes e Limites,* in "Alexandre Herculano à Luz do nosso Tempo – Ciclo de Conferências da Academia Portuguesa da História", Lisboa, 1977, págs. 341 e segs..

[26] *Vide* A. HERCULANO, *Estudos sobre o Casamento Civil. Por occasião do Opusculo do sr. Visconde de Seabra sobre este assumpto,* Lisboa, 1866. No que respeita ao sentido da intervenção de Herculano como justificação histórico-jurídica da novidade legislativa do casamento civil, ver SAMUEL RODRIGUES, *A Polémica Sobre o Casamento Civil (1865-1867),* Lisboa, 1987, págs. 159 e segs..

986   *Rui de Figueiredo Marcos*

O romance histórico não pode dispensar a exegese dos elementos que a história lhe oferece. Em maior ou menor grau, o romancista tem de patentear algum liâme às fontes, nomeadamente às fontes jurídicas. Na condição de historiador do direito, dei-me à tarefa gratíssima de proceder a um exame sumário de um confronto que se situa numa época que conheço bem na óptica jurídica. Refiro-me ao direito português setecentista. Impus então a mim próprio o dever de cotejar, pela pauta inerente ao manejo das fontes históricas e jurídicas convocadas pelos respectivos autores, a obra de Camilo Castelo Branco subordinada ao título *Perfil do Marquês de Pombal* com o livro que recebeu o título de *Sebastião José* e cuja autoria pertence a Agustina Bessa-Luís.

Ambos são romances históricos centrados na mesma personagem. Todavia, se se analisassem pelo recurso às fontes histórico-jurídicas, não colhe a mínima hesitação sustentar que correspondem a modelos assaz distintos. No *Perfil do Marquês de Pombal*, há fantasia a mais e história a menos. Perpassa, ao longo do texto, um sentimento irreprimível de azedume e de acrimónia quase obsidente, que traduz, em palavras, o estremecimento de um sarcástico desdém.

A repelência absoluta é o próprio Camilo Castelo Branco que a confessa, com total desassombro: «O meu ódio, grande entranhado e único na minha vida, ao marquês de Pombal, não procede de afecto ao padre nem de desagravo da religião: é por amor do homem. A religião da dogmática infalibilidade do papa que decretou a extinção da Companhia de Jesus, não merece que a gente se esfalfe e indisponha por conta dela, nem tem um sério direito a queixar-se do marquês de Pombal, cujas pretensões, penso eu, não chegaram até à infalibilidade. O Ministro, caluniando, matando e expulsando o Jesuíta a pontapés, num ímpeto de perversão, é menos repreensível que Clemente XIV abolindo a Companhia depois de consultar o Espírito Santo. É o que nos diz a Bula Dominus ac Redemptor noster»[27].

Ciente de que tal posição poderia ser objecto de reparos acerbos no terreno da isenção histórica, Camilo Castelo Branco antecipou a resposta em tom sentencioso: «Se lessem este livro, diriam que não é assim que modernamente se escreve a história. Pode ser; mas a verdade é assim que se escreve. Factos, com os documentos na mão. Bosquejei a biografia dum homem feroz, e não me esqueci de assinalar o maior número de acessórios

---

[27] *Vide* Camilo Castelo Branco, *Perfil do Marquês de Pombal*, edição comemorativa do 2.º centenário da morte do Marquês de Pombal, Lello e Irmão – Editores, Porto, 1982, pág. 4.

e contingências que o fizeram tão cruel. Se ele podia ser melhor e fazer mais do que fez, diga-o a crítica; escusa, porém de me observar que poderia ser pior, porque eu, quod absordum, não creio»[28].

Os alvitres ferozes de Camilo Castelo Branco sucediam-se sem cessar, não ocultando uma objurgatória eivada de devaneios facciosos. À míngua de originalidade, no espírito de Pombal, tudo lhe concorreu da elaboração alheia. Segundo Camilo Castelo Branco, leis originais, «da estreme concepção de Sebastião de Carvalho – indisputavelmente dele –, são as que manda fazer o canal de Oeiras para os vinhos do conde se transportarem economicamente; outra que estabelece a feira de Oeiras para encarecer as propriedades do conde e os géneros da sua lavoira – e a lei dos *Contíguos* para encravar na sua quinta de Oeiras as pequenas propriedades limítrofes. A quarta criação genuína de Sebastião José de Carvalho é a lei promulgada em 15 de Março de 1751 em que se proíbe pendurar cornos epigramáticos às portas das pessoas casadas. E não me consta que se celebrasse este rasgo civilizador nas actas do centenário. O legislador entendera que tão dura fazenda dentro das casas e à porta da rua era um pleonasmo, um luxo digno de pragmática repressiva. Sempre grande este marquês! Chegava até aos cornos, não direi da Lua, mas dos seus concidadãos»[29].

Em resultado do Terramoto de 1755, a providência que mandava sair para vinte léguas distantes da corte os amancebados com as suas mancebas essa, sim, no entender de Camilo Castelo Branco, não se compreendia «que um estadista a concebesse sem ter no crânio, por transfusão, um pedaço de cérebro de Richelieu com outro pedaço encefálico de Colbert». Camilo Castelo Branco pretendia mesmo efectuar uma *damnatio memoriae* que apagasse da história a figura do Marquês de Pombal. Por isso, insistiu na queda estrondosa das reformas pombalinas. Escreveu, neste sentido:

"Todas as instituições do marquês de Pombal, exceptuadas as da instituição pública, ou morreram com ele por insustentáveis como as manufacturas, ou, se lhe sobreviveram, deram os resultados da Companhia dos vinhos e de todas as Companhias no Brasil. Quanto às reformas da ciência, essas tinham de si mesmas o natural impulso de vitalidade, que não estava no propulsor, mas na acção omnipotente e evolutiva do tempo. Se não fosse o marquês quem reformasse a Universidade, seria um dos

---

[28] *Vide, idem, ibidem*, pág. 5.

[29] *Vide* CAMILO CASTELO BRANCO, *Perfil do Marquês de Pombal*, cit., págs. 114 e seg.

988 Rui de Figueiredo Marcos

muitos que cooperaram nessa reforma, em que ele não pôs um óbolo de sua lavra intelectual. Chamam-lhe Sully, Richelieu e Colbert. Fazem-no recuar um século na vereda da civilização. É de justiça. Os grandes estadistas do seu tempo chamavam-se Alberoni, Walpole e William Pitt. Ninguém dirá que Sebastião de Carvalho foi contemporâneo de Voltaire e Rousseau, se o não atestassem o ferino empedramento de alma, vazia de toda a piedade e barbarizada pelo destemor da justiça providencial. Insultava a religião dos dogmas e a da natureza, quando fingia acatar a perversidade nos flagícios da Inquisição, e servia-se de Cristo como de um auxiliar que lhe mascarasse a impiedade das suas injustiças"[30].

Ao arrepio do modelo camiliano, o Sebastião José de Agustina Bessa-Luís configura uma ficção, vigiada pelas fontes históricas, incluindo as jurídicas. É certo que a autora não se deixou apresar nas malhas de uma factualidade minuciosa que a sufocasse. Deambulou entre o sabido e o sugerido. Numa sagaz atitude reinterpretadora, Agustina parte à redescoberta da personagem, embora se perceba que não almeja construir a história com base apenas em murmúrios ou em insondáveis motivações íntimas.

Um exemplo do propósito de fidelidade ao direito que Agustina Bessa-Luís revelava encontra-se, desde logo, na sua alusão ao livro de Cesare Beccaria, *Dos Delitos e das Penas*[31]. Torna-se evidente que Agustina, no âmbito específico do direito penal e do tratamento penitenciário, não desconhecia as correntes humanitaristas derivadas do Iluminismo, que tiveram em Montesquieu e Voltaire, na França, e em Beccaria e Filangieri, na Itália, os seus expoentes mais destacados[32].

Percebe-se assim que Agustina Bessa-Luís, ao estrondear o êxito do livro de Beccaria, salientasse, *expressis verbis*, «que isso nos revela quanto a sociedade tinha amadurecido para uma ampla discussão das leis, até então limitada a uma tradição de opiniões mestiçada com ritos antiquados. O rigor dos juristas alemães e italianos baseia-se numa virtude política que está em transformação. E parece que essa estranha onda de regicídios que varre a Europa tem por fim pôr em causa os limites da força, entre os homens e os factos por eles expressos.

---

[30] *Vide* Camilo Castelo Branco, *Perfil do Marquês de Pombal,* cit., págs. 120, e 134 e seg.

[31] *Vide* Cesare Beccaria, *Dos Delitos e das Penas,* trad. de José de Faria Costa, com dois brilhantes ensaios introdutórios de José de Faria Costa e Giorgio Marinucci, Lisboa, 1998.

[32] *Vide* Mário Júlio de Almeida Costa, *História do Direito Português,* 3.ª ed., 5.ª reimp., Coimbra, 2003, págs. 362 e segs.

O *Romance Histórico e o Direito* 989

Com os Távoras, pôs-se em prática a crueldade consagrada pelo uso; uso retomado num acesso da autoridade sacralizada, porque o tormento fora abolido em Portugal. Dá-se o que Beccaria prevê no capítulo 16 do seu livro, sobre a tortura[33]: os réus de natureza vigorosa, como o galego João Miguel, moço de acompanhar do Duque de Aveiro, resistem aos tratos.» Enquanto que o Duque e o Marquês novo de Távora cedem, porque «o êxito da tortura é um assunto de temperamento e de cálculo, que varia em cada homem na proporção da sua robustez e da sua sensibilidade; tanto que com este método um matemático resolverá melhor do que um juiz este problema».[34] Como historiador do direito penal, não teria o mínimo rebuço em subscrever tudo quanto foi exposto por Agustina Bessa-Luís.

Prosseguindo a cavalgada feita de analogias que empreendi, coloquei olhos fitos na *fictio iuris* em lance retrospectivo. A literatura, ao contrário do que vulgarmente se pensa, não detém o senhorio absoluto da ficção[35]. O modelo casuísta e jurisprudencial do direito romano acolheu de braços abertos a ideia de *fictio*[36]. Este era, na verdade, um expediente que distorcia os factos para conseguir a plena realização do princípio regulativo da justiça[37].

Quase tudo se podia fingir, desde a inexistência de uma lei até uma condição jurídica individual. Acode-nos à lembrança, em jeito ilustrativo, um conjunto de ficções, designadamente, «si *Lex Iunia Norbana non esset*», fingindo que a *Lex Iunia Norbana* não existe, «si *heres esset*», como se fosse herdeiro, ou «si *dominus esset*», como se fosse proprietário[38]. Longe de configurar um procedimento alógico, sobrepuja-se a con-

---

[33] *Vide* Cesare Beccaria, *Dos Delitos e das Penas*, cit., págs. 92 e segs.

[34] *Vide* Agustina Bessa-Luís, *Sebastião José*, Imprensa Nacional, Lisboa, 1981, págs. 133 e seg..

[35] Convenhamos que James Boyd White não está sozinho, ao afirmar que a ficção «estimula a capacidade do leitor para imaginar outras pessoas, noutros universos». *Vide* Joana Aguiar e Silva, *A Prática Judiciária entre Direito e Literatura*, Coimbra, 2001, págs. 120 e seg..

[36] *Vide* Sebastião Cruz, *Direito Romano*, Coimbra, 1984, págs. 337 e seg.

[37] Na literatura jurídica nacional, a obra marcante sobre o tema pertence a António dos Santos Justo, *A «Fictio Iuris no Direito Romano»*, sep. do «Bol. da Faculdade de Direito», vol. XXXII, Coimbra, 1989. Ver ainda, do mesmo autor, *A actio fictia e a actio utilis*, in «Estudos em Homenagem ao Prof. Doutor Rogério Soares», Coimbra, 2002, págs. 1133 e segs..

[38] *Vide* A. Santos Justo, *As Acções do Pretor (Actions Praetoriae)*, in «Boletim da Faculdade de Direito», vol. LXIV (1988), págs. 57 e segs., em especial, 62 e segs..

990   *Rui de Figueiredo Marcos*

cepção que asseverava, de forma retumbante, que a *actio ficticia* entretecia o seu próprio voto lógico, a saber, um voto obsidente na justiça.

O precioso valor da *fictio* continuou a fazer carreira ao longo da história do direito. Bastaria pensar no pecúlio refulgente que constituiu o alvitre doutrinário da pessoa ficta na construção da personalidade jurídica das pessoas colectivas. Entre nós, recordo a ficção que detectei na primeira lei de falências promulgada em 1756, *rectius,* o Alvará de 13 de Novembro de 1756. Aí o falido de má fé ficava perpetuamente inabilitado para o exercício mercantil. Mas já o comerciante sinceramente exausto dos seus bens beneficiava de uma ressurreição civil para poder voltar ao trato comercial[39].

No campo da literatura jurídica, a importância da *fictio* não passou despressentida. Bártolo de Saxoferrato havia-lhe dedicado uma *Repetitio.* Entre nós, corria o ano de 1536 quando Bartolomeu Filipe consagrou uma obra ao tema a que, sugestivamente, deu o título *Eruditum et ingeniosum de Fictionibus Opusculum.* Acentuou Bartolomeu Filipe que *«fingere é como que inventar ou imaginar uma figura, renovando-a de mil maneiras».* Num florilégio de ficções, o notável humanista português mergulhou em alvitres tão complexos como aquele em que equacionou se o feto pode, por ficção, ser considerado nascido.[40] Bem vistas as coisas, o recurso à *fictio* potenciava a virtude da equidade, arredando o perigo de se aplicar cegamente o direito ou de cair, na expressão sábia de Bartolomeu Filipe, num *summum ius, summa crux.*[41]

Agora, a ficção jurídica não se confunde com a ficção literária. Enquanto a primeira se encontra presa por mil fios à realização da justiça, a segunda, a ficção literária, pode saltitar, com rédea completamente solta, no universo estrelado das mais pura e infinita fantasia. É dotada, por isso, de uma *vis* atractiva que se renova de forma incessante.

Por último, importa reconhecer, de modo assaz crítico, a ilusória conversão do pensamento jurídico à narratividade literária. Com efeito, o furor incontido para a narrativização literária de problemas do pensamento jurídico através da sua contextualização histórico-literária tende a ignorar

---

[39] *Vide* Rui de Figueiredo Marcos, *A Legislação Pombalina. Alguns aspectos fundamentais*, Coimbra, 1990, pág. 227.

[40] Bartolomeu Filipe debateu o assunto no capítulo 9 da terceira parte, *«De inductiva fictione».*

[41] *Vide* Armando de Jesus Marques, *O Opúsculo sobre as Ficções Jurídicas*, Lisboa, 1997, pág. 42.

os contornos específicos da racionalidade jurídica[42]. Não consegue apreender a sua problematicidade e intencionalidade, nem se mostra bastante para captar a superlativa exigência de validade e o necessário tipo específico de argumentação[43]. Tomando de empréstimo as palavras de Castanheira Neves, tais lances narrativos não passam «de exercícios de lúdica erudição, em que todas as conexões imagináveis se convocam, e de comprazida efabulação, mas em que os problemas que ao pensamento jurídico importam como tais ficam de lado e sem resposta»[44].

O romance histórico continua a exercer um fascínio arrebatador. Talvez, quem sabe, porque a frescura desse passado teime em sorrir-nos, ou, retomando a formulação de Santo Agostinho, porque há um presente das coisas passadas que se encontra no nosso tempo[45].

---

[42] A este propósito, ver as refulgentes ponderações de FERNANDO JOSÉ BRONZE, *Lições de Introdução ao Direito*, cit., pág. 732, nota 167.

[43] Acerca do rumo traçado pelo *literary turn* e para uma análise profunda da narrativa probatória do julgador, consulte-se JOSÉ MANUEL AROSO LINHARES, *Entre a Reescrita Pós-Moderna da Modernidade e o Tratamento Narrativo da Diferença ou a Prova como um Exercício de Passagem nos Limites da Juridicidade (Imagens e Reflexos Pré-Metodológicos deste Percurso)*, Coimbra, 2001, págs. 766 e segs., e 774 e segs..

[44] *Vide* ANTÓNIO CASTANHEIRA NEVES, *O actual problema metodológico da interpretação jurídica*, in «Revista de Legislação e de Jurisprudência», ano 133, n.os 3915 e 3916 (Coimbra, 1 de Outubro e 1 de Novembro de 2000), pág. 163, nota 1157.

[45] O futuro não é critério incontestado. Confessou-o MILAN KUNDERA, ao salientar *expressis verbis*: «outrora, também eu considerei o futuro como único juiz competente das nossas obras e dos nossos actos. Foi mais tarde que compreendi que o flirt com o futuro é o pior dos compromissos, a cobarde lisonja do mais forte. Porque o futuro é sempre mais forte que o presente. É ele, de facto, que nos julgará. E certamente sem qualquer competência». *Vide* MILAN KUNDERA, *A Arte do Romance*, trad. de LUÍSA FEIJÓ e MARIA JOÃO DELGADO, 2.ª ed., Lisboa, 1987, pág. 33.

BREVES APONTAMENTOS PARA
A HISTÓRIA DO MINISTÉRIO DA JUSTIÇA

LUÍS BIGOTTE CHORÃO*

1. Em estudo dado à publicidade no Boletim da Faculdade de Direito de Coimbra sob o título: "Da Minha Gaveta, os secretários de Estado do antigo regimen"[1], Paulo Merêa refere o facto de a partir de 23 de Agosto de 1821 aos Ministérios do Reino, Fazenda, Guerra, Marinha e Estrangeiros se ter juntado o Ministério da Justiça[2]. Com efeito, as Cortes Constituintes reunidas na sequência da Revolução de 1820 decretaram a reorganização da Secretaria de Estado dos Negócios do Reino[3], ficando consagrada a instituição da Secretaria de Estado dos Negócios de Justiça e estabelecido o seu quadro de competências.

A divisão por duas Secretarias de Estado dos assuntos à época entregues à dos Negócios do Reino fora objecto de uma *Indicação* apresentada às Cortes pelo deputado Manuel Borges Carneiro a 30 de Julho de 1821[4], acolhida, pelo que se comprova, prontamente. A essa circunstância pode não ter sido alheia a autoridade do proponente, inserindo-se certamente a *Indicação* nos planos reformadores da "nova administração pública" aos quais Manuel Fernandes Thomaz aludiu no *Relatório ácerca do Estado Publico de Portugal*[5]. Sobre a Justiça recolhe-se nesse documento um

---

* Mestre em Direito (Faculdade de Direito da Universidade de Lisboa).

[1] Cfr. ob. cit. in *Boletim da Faculdade de Direito*, Universidade de Coimbra, Vol. XL, Coimbra,1964, pgs. 173-189.

[2] Ob. cit., pg. 189.

[3] Cfr. Decreto das Cortes Geraes, Extraordinarias e Constituintes, de 18 de Agosto de 1821 in *Diario das Cortes Geraes, Extraordinarias e Constituintes da Nação Portugueza*, n.º 155, págs. 1943 e seg.

[4] Cfr. *Diario das Cortes Geraes, Extraordinarias e Constituintes da Nação Portugueza*, n.º 39, Sessão do dia 30 de Julho de 1821, pg. 1682.

[5] Cfr. *Diario das Cortes Geraes, Extraordinarias e Constituintes da Nação Portugueza*, n.º 7, Sessão do dia 6 de Fevereiro de 1821, pgs. 33-40.

994   *Luís Bigotte Chorão*

diagnóstico pesado[6] pelo que não estranha que a reforma nesses domínios tenha sido considerada, mais do que em quaisquer outros, emergente[7].

Aprovada a referida reorganização em sessão das Cortes realizada a 18 de Agosto, e publicada a 23 seguinte, passaram a pertencer à nova Secretaria de Estado: "todos os objectos de Justiça Civil, e Criminal, todos os Negocios Ecclesiásticos, a Expedição das Nomeações de todos os Lugares de Magistratura, Officios, e Empresas pertencentes a [essa] Repartição, a Inspecção das Prizões, e [o] relativo à segurança Publica", competindo-lhe, igualmente, "a promulgação de todas as Leis, Decretos, Resoluções, e mais Ordens sobre assumptos da sua Repartição, a sua communicação ás Estações competentes, e a fiscalização da sua fiel observancia"[8].

A Constituição de 1822, aprovada em Setembro e aceite e jurada por D. João VI a 1 de Outubro desse ano, consagrou no artigo 157.° a existência de seis Secretarias de Estado, entre elas a dos Negócios da Justiça, conferindo às Cortes o poder de designarem, através de Regulamento, "os negocios pertencentes a cada uma das Secretarias", podendo "fazer nelas as variações que o tempo exigir"; acompanhou assim de perto o teor final da disposição o artigo 131.° do Projecto da Constituição[9].

---

[6] *Idem*, pg. 39, onde se lê: "Vós não ignorais, Senhores – recitou MANUEL FERNANDES THOMAZ – que o meio de conservar o povo em socego he administrar rectamente a justiça. – O poder da ley he o único poder respeitavel, porque delle vem toda a auctoridade do Governo, a sua força e segurança", e acrescentou: "Em Portugal o arbitrio dictava muitas vezes a decisão do Magistrado, porque elle o podia fazer sem responsabilidade. – Nesta ordem há como nas outras grandes abusos, mas nenhuma precisa talvez de ser reformada, nem com mais promptidão, nem com mais cuidado. O escandalo he geral, e geral deve ser em consequencia a satisfação, e a emenda".

[7] Sustentava ser imperioso dar nova forma aos juízos e às instâncias, facilitando por todos os meios e por todos os modos a pronta administração da Justiça. FERNANDES THOMAZ sugere ainda a necessidade da reforma do Direito nacional com vista a ser superado o sistema de aplicação entre nós do "direito das nações illustradas europeias".

[8] Cfr. parágrafos 5.° e 6.° do cit. Decreto das Cortes Geraes, Extraordinarias e Constituintes, de 18 de Agosto de 1821.

[9] Cfr. Projecto da Constituição Politica da Monarquia Portugueza in *Diario das Cortes Geraes, Extraordinarias, e Constituintes da Nação Portugueza*, Segundo Anno da Legislatura, Lisboa, Na Imprensa Nacional, 1822, pg. 12. O Projecto foi apresentado às Cortes a 25 de Junho de 1821, e entrou em discussão no dia 9 de Julho seguinte. O artigo 131.° do Projecto foi debatido na sessão das Cortes realizada a 12 de Dezembro de 1821, registando o Diário dessa data (pg. 3395) o seguinte: "Houve alguma discussão, e propôz-se a votação: Se se approva tal como esta? E se venceu que não. Propôz-se 2.° Se se approva a emenda do Sr. Braamcamp, que consiste em dizer-se só – que as Cortes declararão o numero de Secretarios que deve haver? E se venceu, que não. Propôz-se 3.° Se se

Tanto a Carta Constitucional de 1826 como a Constituição de 1838[10], não preceituaram sobre o número de Secretarias de Estado e negócios correspondentes, limitando-se o artigo 101.° da Carta a dispor: "Haverá differentes Secretarias d'Estado. A Lei designará os negocios pertencentes a cada huma, e seu numero; as reunirá, ou separará, como mais convier"[11].

Conforme assinalou Paulo Merêa, "dum modo geral o quadro fixado em 1821 permaneceu na vigência da Constituição de 1822, no último período do reinado de D. João VI (1823-1826), durante a regência da presidência da Infanta D. Isabel Maria (Março-Julho de 1826), depois da investidura da mesma Infanta na regência constitucional e no reinado absoluto de D. Miguel (1828-1834) e após a reimplantação do regimen liberal"[12]. De facto, e como também lembra o ilustre jus-historiador, "só em 1852 (30 de Agosto) se criou o ministério das Obras Públicas, tomando conta da pasta Fontes Pereira de Mello"[13].

Circunstâncias históricas haveriam de ditar que a Carta de Lei de 23 de Agosto ficasse ligada às origens do Ministério da Justiça brasileiro, já que a 3 de Julho de 1822 José Bonifácio de Andrada e Silva subscreveu o Decreto que criou nesse Reino a Secretaria de Estado dos Negócios da

---

approva a do Sr. Fernandes Thomaz, que consiste em dizer-se – haverá seis Secretarios – em logar de – seis Secretarias de estado? E foi approvada". Pese embora ter feito vencimento a proposta de MANUEL FERNANDES THOMAZ, a verdade é que o texto afinal aprovado não a consagra.

Sobre o artigo 157.° da Constituição, cfr. a perspectiva panfletária e ultramontana de FAUSTINO JOSÉ DA MADRE DE DEOS, *A Constituição de 1822, Comentada e Desenvolvida na Pratica*, Segunda Edição, Na Typografia Maigrense, 1823, pg. 82.

[10] A Constituição de 4 de Abril de 1838 não se refere à composição do Ministério, estabelecendo tão só sobre a obrigatoriedade dos actos do Poder Executivo com a assinatura do Rei carecerem sempre, para terem efeito, de ser referendados pelo Ministro e Secretário de Estado competente (artigo 115.°); sobre a responsabilidade dos Ministros e Secretários de Estado (artigos 116.° e 117.°) e quanto à impossibilidade de os estrangeiros naturalizados poderem ser Ministros (artigo 118.°).

[11] Cfr. LOPES PRAÇA, *Estudos sobre a Carta Constitucional de 1826 e Acto Addicional de 1852*, 2.ª Parte, Vol. II, Livraria Portugueza e Estrangeira, Coimbra, 1880, pgs. 16-19. Em comentário ao artigo 101.° da Carta, LOPES PRAÇA sustenta como adequada a solução do número de Secretarias de Estado variar "segundo a extensão do paiz e multiplicidade dos negocios", contrariando a ideia de uma fixação *a priori* do seu número, conforme defendera SILVESTRE PINHEIRO FERREIRA nos *Projectos de Ordenações para o Reino de Portugal*, Tomo I, Na Officina Typographica de Casimir, Paris, 1831, pg. 208.

[12] Cfr. "Da Minha Gaveta, os secretários de Estado do antigo regimen", cit., pg. 189 (nota 56).

[13] *Ibidem.*

996   *Luís Bigotte Chorão*

Justiça, incumbindo-a da "expedição de todos os Negocios designados nos §§ 2.º, 3.º e 4.º" do diploma aprovado em Lisboa pelas Cortes Constituintes[14]. Pedro Calmon, historiador do Ministério da Justiça do Brasil[15] observou, a respeito, que o legislador de 1821 *repetira* Silvestre Pinheiro Ferreira, o qual já em 1814 havia proposto ao Príncipe Regente a criação da Secretaria dos Negócios de Justiça[16].

2. Instituída pois em Agosto de 1821, a Secretaria de Estado da Justiça revelar-se-ia durante o século XIX como um dos mais influentes departamentos do Governo central por via do exercício de largos poderes, da maior relevância no plano político da administração do Estado. Tal é ainda historicamente testemunhado pela em geral alta relevância política, social e profissional dos que ascenderam aos Conselhos da Coroa gerindo os negócios da Justiça[17].

Não obstante a importância da Secretaria de Estado, cuja investigação se afigura indispensável à história contemporânea, são escassas as notícias que sobre ela se podem colher na literatura nacional, em absoluto contraste com o interesse que, e a título de exemplo, a história da instituição congénere tem vindo a suscitar em Espanha[18].

---

[14] Cfr. PEDRO CALMON, *História do Ministério da Justiça*, volume I (1822-1922), Obra comemorativa do sesquicentenário, Prefácio do Professor ALFREDO BUZAID, Departamento de Imprensa Nacional, s/l, 1972, pgs. 40 e sg., onde se pode ler o Decreto de 3 de Julho de 1822. Na sequência da publicação do diploma, foi nomeado Secretário de Estado dos Negócios da Justiça CAETANO PINTO DE MIRANDA MONTENEGRO. CALMON oferece no seu estudo algumas informações históricas sobre as origens dos Secretários de Estado, não citando, porém, a investigação fundamental de PAULO MERÊA sobre o tema.

[15] Cfr. *História do Ministério da Justiça*, cit..

[16] Cfr. *História do Ministério da Justiça*, cit., pg. 31 e nota 13. De acordo com CALMON, a criação da Secretaria de Estado dos Negócios da Justiça, em 1822, constituiu "uma decisão independente, e hostil" por parte de D. Pedro "na linha dos sucessos que o arrastaram à fundação do Império" (cfr. pg. 31, nota 12). Recorde-se que o Brasil se proclamou independente a 13 de Outubro desse ano.

[17] Trata-se de tema a carecer de estudo que supere as meras listagens dos titulares (já disponíveis, embora com erros e lacunas), tanto mais que pelos negócios da Justiça passaram ao longo da monarquia constitucional figuras de primeiro plano da política do tempo. Refira-se que o primeiro titular da pasta foi JOSÉ DA SILVA CARVALHO, protagonista cimeiro do vintismo, que haveria de ser igualmente o primeiro presidente do Supremo Tribunal de Justiça.

[18] Cfr. *El Ministerio de Justicia, Notas Históricas, Organización, y Competencia, Prologo del Excmo. Sr. D. Raimundo Fernandez Cuesta, Ministro de Justicia*, Madrid, 1946; JUAN FRANCISCO LASSO GAITE, *El Ministerio de Justicia, Su Imagen Historica (1714-1981)*,

Breves Apontamentos para a História do Ministério da Justiça   997

Entre nós, Marcello Caetano forneceu, na sua por certo mais divulgada e influente obra científica[19], dados históricos relativos à organização da administração central do Estado[20]. O ilustre administrativista, que foi também historiador, referiu-se à ligação que justamente entendia ser essencial entre o estudo da organização administrativa e a História, sem o recurso à qual, dizia, aquele estudo se "reduziria à seca descrição dos serviços e dos órgãos, sem interesse científico"[21].

Essa *secura descritiva* repudiada por Marcello Caetano constituiu todavia o cânone dominante no ensino da administração pública na Faculdade de Direito de Coimbra durante o século XIX, e nem mesmo a autonomização curricular do ensino do Direito Administrativo[22] foi de molde a alterar a situação. Como paradigma do estilo *burocrático-legalista* pode citar-se a obra *Instituições de Direito Administrativo*[23] de Justino António de Freitas, que, e no tocante à Secretaria de Estado dos Negócios Eclesiásticos e da Justiça, se limita a reproduzir com fidelidade a orgânica à época vigente[24].

Madrid, 1984 e RICARDO GÓMEZ-RIVERO, *El Ministerio de Justicia en España (1714--1812)*, Centro de Estudios Politicos y Constitucionales, Madrid, 1999.

[19] Referimo-nos ao *Manual de Direito Administrativo*.

[20] Cfr. ob. cit., pgs. 257-262.

[21] Cfr. ob. cit., pg. 61.

[22] Sobre o tema cfr.: A. L. GUIMARÃES PEDROSA, *Curso de Ciência da Administração e Direito Administrativo*, I, Introdução e Parte I (Parte Geral), Segunda edição, Imprensa da Universidade, 1908, Prefacção, pgs. 5-13; PAULO MERÊA, *Esboço de uma história da Faculdade de Direito de Coimbra*, Fasc. I (1836-1865), Coimbra, 1952, pgs. 52--54 e Fasc. III (1865-1902), *As várias disciplinas*, Coimbra, 1956, pgs. 46-53; MARCELLO CAETANO, *Manual...*, cit., pg. 169. Ainda, PAULO OTERO, *Direito Administrativo, Relatório de uma disciplina apresentado no concurso para professor associado na Faculdade de Direito da Universidade de Lisboa*, Lisboa, 1998, pg. 51.

[23] Cfr. *Instituições de Direito Administrativo Portuguez*, Segunda Edição, Imprensa da Universidade, 1861. Sobre o compêndio de JUSTINO ANTÓNIO DE FREITAS escreveu MARCELLO CAETANO, *Manual...*, cit., pg. 169, não ultrapassar "uma correcta e seca descrição da organização administrativa do nosso país, segundo as leis ao tempo vigentes".

[24] *Instituições...*, cit., pgs. 42-46. Cfr., igualmente, e com maior interesse, AUGUSTO GUILHERME DE SOUSA, *Ensaio Sôbre as Instituições de Direito Administrativo Portuguez*, Tomo I, Imprensa da Universidade, 1859, pgs. 191-204. GUIMARÃES PEDROSA, por alegada "falta de tempo", não tratou da organização das Secretarias de Estado, limitando-se a fornecer algumas informações sobre a organização interna e externa do Ministério do Reino (cfr. *Curso...*, cit, II, parte II, Segunda Edição, Imprensa da Universidade, Coimbra, 1909, pg. 61).

3. Está fora dos limitados propósitos destes *Breves Apontamentos* o estudo histórico, que há-de ser circunstanciado e vasto, do conjunto de factores que determinou ao longo da monarquia constitucional a evolução orgânica da Secretaria de Estado dos Negócios de Justiça; o objectivo, mais modesto, é tão só o de registar, como notas prévias a futuros desenvolvimentos, momentos legislativos que consagraram alterações na organização da Secretaria de Estado, justificadas em relatórios ministeriais de obrigatória consideração historiográfica.

Conforme já salientámos, as mais significativas competências traçadas para a Secretaria de Estado dos Negócios de Justiça pela Carta de Lei de 23 de Agosto de 1821, mantiveram-se por muito tempo como as centrais desse departamento do Governo.

Em Novembro de 1849, por iniciativa de Félix Pereira Magalhães[25], foi publicado o *Regulamento da Secretaria d'Estado dos Negocios Ecclesiasticos e de Justiça*[26], que tinha por declarados objectivos "estabelecer e regular a destribuição e ordem dos trabalhos [da Secretaria de Estado], segundo a naturesa e objecto dos negocios, fixando as attribuições dos Empregados, que devem de immediato e principalmente responder por elles, e determinando o mais que o bem do serviço exije"[27].

Por esse *Regulamento*, a Secretaria de Estado ficou dividida em quatro Repartições: *Repartição Central, dos Negócios Eclesiásticos, dos Negócios de Justiça* e *Contabilidade*.

À primeira das Repartições foram destinadas tarefas em especial organizativas e burocráticas, funcionando como a *Secretaria-Geral* do Ministério[28]. Pela Repartição dos Negócios Eclesiásticos corriam, entre outros, os "Negocios de Roma", assim mesmo designados, que envolviam a correspondência com a Santa Sé e seus representantes junto da Corte portuguesa, tudo o que respeitava ao provimento, administração e negócios da Igreja Lusitana que dependessem do concurso e decisão pontifícia, e ainda "Beneplacito[29], e expedição de Bullas – Breves – Decretos – Rescriptos – e quaesquer outros Despachos" remetidos pela Sé Apostólica a

---

[25] FÉLIX PEREIRA DE MAGALHÃES foi titular da Justiça (1849-1851) em Ministério da presidência de ANTÓNIO BERNARDO DA COSTA CABRAL, a quem substituiu, transitoriamente, nos Negócios do Reino.

[26] Cfr. *Regulamento...*, cit. in *Collecção Official de Legislação Portugueza Redigida pelo Desembargador Antonio Delgado da Silva*, Anno de 1849, Imprensa Nacional, Lisboa, 1849, pgs. 389-400.

[27] *Idem*, pg. 389.

[28] *Idem*, artigo 2.°, pgs. 389-390.

[29] *Idem*, artigo 3.°, n.° 1, pg. 390 e supra nota 38.

Breves Apontamentos para a História do Ministério da Justiça   999

Portugal[30]. Outras ainda, entre diversas, das matérias confiadas à mesma Repartição eram as relativas às nomeações para os arcebispados e bispados do reino e ilhas adjacentes[31], concurso para o provimento de paróquias[32], providências e resoluções em relação aos Seminários[33] e Conventos de religiosas[34] e licenças para admissão a Ordens[35].

Esses poderes traduziam a confessionalidade do Estado português, que as leis fundamentais oitocentistas expressamente consagraram[36], mas mais, como já foi salientado, "o regime liberal não largou nenhuma das prerrogativas da monarquia absoluta no respeitante ao controlo da Igreja (...) reforçou-as, chamando a si a provisão exclusiva de todo o quadro eclesiástico diocesano e paroquial"[37].

Através designadamente do beneplácito[38] os poderes públicos reser-

---

[30] *Idem, ibidem*.

[31] *Idem*, artigo 3.º, n.º 2, pg. 390.

[32] *Idem*, artigo 3.º, n.º 7.

[33] *Idem*, artigo 3.º, n.º 8. A respeito dos Seminários refere-se a disposição legal a "resoluções e providencias do Governo com relação à parte litteraria, e economica (...) licenças para a acquisição de bens, e para os contratos àcerca dos existentes".

[34] *Idem*, artigo 3.º, n.º 9.

[35] *Idem*, artigo 3.º, n.º 11, que manda proceder ao assentamento de todo o "pessoal Ecclesiastico do Reino, e Ilhas Adjacentes, com a declaração dos nomes de cada individuo, – das Ordens que tiver, – e do que a seu respeito fôr ocorrendo".

[36] Cfr. artigo 25.º da Constituição de 1822; artigo 6.º da Carta Constitucional e artigo 3.º da Constituição de 1838.

[37] Assim, MANUEL CLEMENTE, *Igreja e Sociedade Portuguesa do Liberalismo à República*, Grifo, sl/sd, pg. 13.

[38] Cfr. *vg.* ANTÓNIO LEITE, "Beneplácito Régio", in *Dicionário da Igreja em Portugal*, dir. FERNANDO JASMINS PEREIRA, 2.º Volume, Editorial Resistência, Lisboa, pgs. 418-423, e bibliografia aí citada.
Como ensinava BERNARDINO SILVA CARNEIRO, *Elementos de Direito Ecclesiastico Portuguez*, Imprensa da Universidade, Coimbra, 1863, pg. 14: "Bullas, Breves, ou Rescriptos, ninguem os pode mandar vir de Roma, sem licença da secretaria, nem se podem levar a effeito, sem beneplacito regio, ouvido o procurador da coroa". Quanto às pastorais dos bispos era entendimento do lente conimbricense que estando elas "exceptuadas de censura prévia, sempre poderam ser impressas, sem licença; mas não se podiam, nem podem, publicar e fazer correr, sem preceder o real beneplacito"(ob. cit., pg. 23), do que dissentia LEVY MARIA JORDÃO, invocando o disposto no parágrafo 3.º do artigo 145.º da Carta Constitucional que estabelecia o direito, a todos, de comunicarem os seus pensamentos por palavras e escritos, publicando-os na imprensa sem dependência de censura.
Sobre a forma pela qual o direito de beneplácito era exercido, cfr. MANUEL DE OLIVEIRA CHAVES E CASTRO, *O Beneplácito Régio*, Imprensa da Universidade, Coimbra, 1885, pgs. 117-124.

1000 *Luís Bigotte Chorão*

varam-se o direito de *fiscalização prévia* das decisões e orientações da Sé Apostólica, recriando-se durante a monarquia constitucional a dependência da Igreja em relação ao Estado[39]. A questão do *placet* foi motivo de aceso debate e polémica, mesmo adentro dos sectores católicos[40], que se arrastou por muitos anos[41].

---

[39] De acordo com MANUEL BRAGA DA CRUZ, "As relações entre a Igreja e o Estado Liberal – do "cisma" à Concordata (1832-1848)", in *O Liberalismo na Península Ibérica na primeira metade do século XIX – Comunicações ao Colóquio organizado pelo Centro de Estudos de História Contemporânea Portuguesa*, Sá da Costa Editora, 1.º Volume, Lisboa, 1981, pg. 226, "do proteccionismo regalista do Antigo Regime (...) passou-se, com a instauração do Liberalismo, à intromissão restritiva do poder político no domínio eclesiástico". VITOR NETO, *O Estado, a Igreja e a Sociedade em Portugal (1832-1911)*, Imprensa Nacional-Casa da Moeda, sl/sd, pg. 91, refere que a instituição religiosa foi, durante a vigência do regime liberal, submetida a um "regime particular de "protecção e vigilância" (...) o *jura circa sacra*". Para A. H. DE OLIVEIRA MARQUES, *História de Portugal*, Vol. III, 3.ª Edição, Palas Editores, Lisboa, 1986, pg. 117, "Os sacerdotes converteram-se numa variante de funcionários públicos, pagos pelo Estado para desempenhar serviços em proveito da colectividade. Este facto colocou todo o clero sob a supervisão do Governo, transformando-o em clientela dócil dos grupos dirigentes".

[40] Tenham-se em conta as posições dissonantes, por um lado, de CHAVES E CASTRO, na obra de sua autoria já referida, e, por outro lado, do CONDE DE SAMODÃES, expressa no estudo *A Reforma da Carta e o Beneplácito Régio*, Tygographia da Palavra, Porto, 1884. De acordo com CHAVES E CASTRO o beneplácito era "indispensavel para manter a paz e harmonia entre os Estados, que reconhecem a religião catholica, apostolica e romana como religião official", devendo a Igreja "reconhecer ao Estado o direito de examinar as leis ecclesiasticas antes de se executarem, e de ver se ellas offendem ou não alguma lei util e necessaria ao paiz" (ob. cit., pgs. 8 e 94).

[41] A República democrática não abdicou da prerrogativa, tendo a Lei de separação da Igreja do Estado, de 20 de Abril de 1911, estabelecido no seu artigo 181.º o seguinte: "É expressamente proibido, sob as penas do artigo 138.º do Código Penal, publicar em quaisquer templos ou outros lugares, habitual ou acidentalmente aplicados ao culto, ou mesmo noutros lugares públicos, ou imprimir, ou publicar separadamente ou por intermédio de jornais, quaisquer bulas, pastorais ou outras determinações da Cúria Romana, dos prelados ou de outras entidades, que tenham funções dirigentes em qualquer religião, sem delas dar conhecimento prévio ao Estado, que pelo Ministério da Justiça lhes poderá negar o beneplácito no prazo de dez dias, quando o julgar necessário, considerando-se lícita a publicação na falta de resolução dentro desse prazo". De sectores católicos surgiram reparos: a Lei de separação teria dado ao beneplácito uma extensão maior, desde logo porque passara a abranger, expressamente, as pastorais. Foi então esgrimido o argumento da sua inconstitucionalidade, por pretensa violação dos n.ºs 6 e 13 do artigo 3.º da Constituição de 1911, que consagravam, o primeiro, o direito de liberdade religiosa, e o segundo, a expressão de pensamento como totalmente livre e sem dependência de "caução, censura ou auctorização prévia". Sobre a questão, que justificaria maiores desenvolvimentos, cfr. MARNOCO

A *Repartição dos Negócios de Justiça* tinha a seu cargo a Ordem Judicial[42], incluindo "presos e cadeias"[43], cabendo-lhe também a "expedição de Decretos, Instruções e Regulamentos adequados à boa execução das Leis Judiciaes"[44].

Só já entrada a Regeneração, em 1859, o Governo procede, sendo Ministro Martens Ferrão, à reorganização da Secretaria de Estado. Cerca de dez anos mais tarde, em 1869, será a vez de José Luciano de Castro sustentar uma reforma dos serviços, seguindo-se-lhe, em 1878, Barjona de Freitas e, em 1901, Campos Henriques, então titular da Justiça em Gabinete presidido por Hintze Ribeiro.

João Baptista da Silva Ferrão de Carvalho Martens ingressa no Governo a 16 de Março de 1859, sendo Presidente do Conselho o Duque da Terceira e Ministro do Reino Fontes Pereira de Mello; é pois na sua qualidade de Secretário de Estado dos Negócios Eclesiásticos e de Justiça que propugna a reorganização do Ministério.

"Nos países bem organizados – ponderava o Ministro – a acção governamental deve fazer-se sentir sempre a par da administração, para determinar o poder do Estado e a sua influencia reguladora na marcha dos negocios publicos", e acrescentava mais adiante: "No vasto campo da administração do Estado, a administração ecclesiastica e da justiça ocupam lugares importantes pela excellencia dos serviços que regulam, e pela vastidão da acção que exercem na ordem da sociedade. O que ahi ha de mais respeitavel e de mais elevado na vida íntima do indivíduo, o culto da

---

E SOUSA, *Constituição política da República Portuguesa, Commentario*, F. França Amado, Editor, Coimbra, 1913, pgs. 65-68; *A Separação, Decreto com força de Lei de 20 de Abril de 1911, As Reclamações dos Catholicos* (Publicação feita por um grupo de catholicos de Lisboa), Relator e Editor Domingos Pinto Coelho, Typographia da Papelaria Progresso, Lisboa, 1913 e AUGUSTO OLIVEIRA, *Lei da Separação, Subsidios para o estudo das relações do Estado com as igrejas sob o regime republicano*, Imprensa Nacional, 1914. O Decreto n.º 3856, de 22 de Fevereiro de 1918, da iniciativa do Ministro MOURA PINTO, aboliu o beneplácito (cfr. CUNHA E COSTA, *A Egreja Catholica e Sidonio Paes*, Coimbra Editora, Coimbra, 1921, pgs. 55-69), tendo vindo o livre *exercício da autoridade da Igreja* a ser expressamente reconhecido pela Concordata de 1940, que autorizou a Santa Sé a livremente publicar qualquer disposição relativa ao governo da Igreja e "em tudo quanto se refere ao seu ministério pastoral, comunicar e corresponder-se com os prelados, clero e todos os católicos de Portugal, assim como estes o podem com a Santa Sé, sem necessidade de prévia aprovação do Estado para se publicarem e correrem dentro do País as bulas e quaisquer instruções ou determinações da Santa Sé" (artigo II).

[42] Cfr. *Regulamento...*, cit., artigo 4.º, n.º 1, pg. 392.

[43] *Idem*, artigo 4.º, n.º 9, pg. 392.

[44] *Idem*, artigo 4.º, n.º 3, pg. 392.

religião, o que o cidadão tem de mais valioso e importante, a segurança da liberdade, da honra, da propriedade e da vida, são comprehendidos nos dois ramos, a que se referem os serviços publicos [eclesiásticos e de justiça] cujas relações sociais abrangem no seu largo ambito"[45].

Martens Ferrão tinha exacta consciência da importância da sua Secretaria de Estado e o seu espírito reformador[46] perspectivava "importantes alterações na ordem do serviço", aconselhando "a creação de novos meios para o exercício da vigilancia e da direcção do Governo"[47].

Procedeu-se no quadro da nova *Organização da Secretaria d'Estado dos Negocios Ecclesiasticos e de Justiça*[48] à divisão das suas várias atribuições por três direcções gerais: a *Central*, dos *Negócios Eclesiásticos* e dos *Negócios de Justiça*[49], tendo sido instaladas várias Repartições[50] e estruturado o Gabinete do Ministro[51].

Na *Direcção Central* foi criada a chamada *Repartição de Estatistica Geral do Ministerio, Boletim e Archivo*[52]: é que Martens Ferrão era de parecer que os trabalhos estatísticos constituíam um ramo de serviço fundamental da administração pública, "um dos seus mais poderosos subsídios para a solução de muitas questões importantes, e para o reconhecimento pratico do benefico effeito das Leis e das necessidades sociaes que é necessario satisfazer"[53].

No plano organizativo de Martens Ferrão, a *Direcção Geral dos*

---

[45] Cfr. *Collecção Official da Legislação Portugueza*, Anno de 1859, Imprensa Nacional, Lisboa, 1860, pg. 469.

[46] Aludia o Ministro no seu Relatório a várias reformas: organização do crédito predial, pela reconstrução do sistema hipotecário, e registo; sistema de prisões; melhoramento da instituição do júri; criação de leis relativas à responsabilidade dos funcionários e aperfeiçoamento do serviço judicial.

[47] Cfr. *Relatório* in *Collecção Official*..., cit., pgs. 469.

[48] Cfr. *Collecção Official*..., cit., pgs. 470-480.

[49] Cfr. *Organisação da Secretaria d'Estado dos Negocios Ecclesiasticos e de Justiça* in *Collecção Official*..., cit., artigos 1.º, 10.º, 11.º, 12.º a 15.º.

[50] Cfr. *infra*, pg. 1007.

[51] Cfr. *Organisação da Secretaria d'Estado dos Negocios Ecclesiasticos e de Justiça* in *Collecção Official*..., cit. artigos 8.º e 9.º.

[52] *Idem*, artigo 2.º, parágrafo 2.º e artigo 11.º. O *Boletim do Ministerio dos Negocios Ecclesiásticos e de Justiça*, iniciaria publicação em Janeiro de 1860. Foram editados onze números, sendo o último de 1867 (cfr. o nosso *O Periodismo Jurídico Português do Século XIX*, Imprensa Nacional-Casa da Moeda, Lisboa, 2002, pg. 311).

[53] Cfr. *Relatório* in *Collecção Official*..., cit., pg. 470. As considerações de MARTENS FERRÃO lembram designadamente a *moderna* problemática da análise e alteração da política legislativa.

Negócios de Justiça passou a estar incumbida, expressamente, dos "actos relativos á confecção e reforma de Codigos e Legislação relativos ao Ministerio, á administração da justiça civil, commercial e criminal, ás questões de intelligencia e interpretação das Leis, aos conflictos de jurisdicção e ao *exequatur* de sentenças e precatorias de jurisdicção estrangeira" destinados a ter execução no território nacional[54].

A organização da Secretaria de Estado manteve-se inalterada até Outubro de 1869; sendo responsável do Ministério José Luciano de Castro[55], foram-lhe introduzidas modificações ditadas pelo "estado do thesouro" que impunha "por meio de efficazes economias a reducção das despezas publicas"[56]. José Luciano esclareceu no seu Relatório[57] que as alterações projectadas haviam sido estudadas sobre o Decreto de 1859: "Onde a organisação ali contida se mostrára senão luxuosa, pelo menos incompativel com as precisões do thesouro – declarava o Ministro – emendei e substitui (...) onde porém as disposições d'aquella reforma tinham a seu favor as incontestadas lições da experiencia e as exigencias do serviço, – acrescentou – deixei em vigor as antigas praxes, e escusei-me ao superfluo trabalho, de por mero alvedrio de reformador impaciente, pôr emendas ou alterações no que estava estatuido, e proveitosamente se applicava"[58]. Explicada por razões financeiras, a reforma orgânica de 1869 teve âmbito limitado, sendo reduzido pessoal, extinta a Direcção Central e outros serviços[59].

Em Setembro de 1878, sendo Ministro Augusto César Barjona de Freitas em Gabinete da presidência de Fontes Pereira de Mello, é aprovada nova organização da Secretaria de Estado[60]. Tal como Martens Ferrão, anos antes, também Barjona de Freitas alude ao aperfeiçoamento da administração que reclamava, em seu entender, a criação de "novas instituições" ou

---

[54] Cfr. *Organisação da Secretaria d'Estado dos Negocios Ecclesiasticos e de Justiça* in *Collecção Official...*, cit., artigo 15.°, parágrafo 2.°.

[55] JOSÉ LUCIANO DE CASTRO, que era à época alto funcionário do Ministério da Fazenda, integrou como responsável da pasta da Justiça (1869-1870) o Ministério da presidência do Duque de Loulé.

[56] Cfr. *Decreto Organico da Secretaria d'Estado dos Negocios Ecclesiasticos e de Justiça*, 1869, Imprensa Nacional, Lisboa, pg. 3.

[57] *Idem*, pgs. 3-6.

[58] *Idem*, pg. 4.

[59] As competências da Repartição de Contabilidade transitaram para uma secção, a Secção de Contabilidade integrada na Repartição Central. Foram ainda eliminados três cargos na classe dos primeiros e segundos oficiais.

[60] In *Collecção Official de Legislação Portugueza*, Anno de 1878, Imprensa Nacional, Lisboa, 1879, pgs. 305-312.

a modificação das existentes, donde resultaria a "necessidade de importantes alterações na ordem do serviço publico sem exclusão do serviço central das repartições do estado."[61]. Pelo diploma, e em síntese, foi criada a nova *Direcção Geral do Registo Civil e Estatística*, organizada uma *Repartição Central*, e restabelecida em repartição especial o serviço da contabilidade[62].

De acordo com o Ministro os conhecimentos fornecidos pela estatística eram indispensáveis ao estudo e resolução dos problemas da administração, da economia e da política e os "methodos positivos"[63] inaplicáveis a esses problemas sem o recurso aos dados estatísticos[64]; assim ficava justificada uma das vertentes de acção da referida Direcção Geral e da "repartição especial de estatística"[65]. Também a organização do registo civil surgia aos olhos de Barjona de Freitas como inadiável. Se a existência legal dos cidadãos assentava no nascimento, no casamento, na morte, no reconhecimento e na legitimação, as instituições deviam cuidar de "estabelecer a maneira de os provar e regular authenticamente"[66] porque daí derivava a "existencia e epoca dos direitos e obrigações". Em suma, do que se tratava era de dar cumprimento à lei[67], pondo em execução um

---

[61] *Idem*, pg. 304.

[62] *Idem*, respectivamente, artigos 1.º, n.º 5 e 14.º; 1.º, n.º 2 e 8.º; 1.º, n.º 6 e 15.º.

[63] *Idem*, pg. 304.

[64] *Idem, ibidem*.

[65] *Idem*, artigo 15.º.

[66] *Idem*, pg. 304.

[67] *Idem, ibidem*. Cremos que o Ministro BARJONA DE FREITAS se referia ao Código Civil. Não obstante ter sido estabelecido, logo pelo Decreto n.º 23 de 16 de Maio de 1832, e consagrado em vários diplomas posteriores, designadamente no Código Administrativo de 1842 (COSTA CABRAL), a falta de regulamentação comprometeu a sua efectividade, tendo ficado o registo civil a cargo dos párocos, incumbência que foi regulamentada por Decreto de 19 de Agosto de 1859 (cfr. HENRIQUE DA GAMA BARROS, *Repertorio Administrativo. Deducção Alphabetica do Codigo Administrativo de 18 de março de 1842 (Edição Official de 1854) e da Legislação Correlativa Subsequente até 1860 inclusivé*, Tomo II, Typographia do Panorama, Lisboa, 1860, pgs. 212 e sg.). Em Novembro de 1878, pouco tempo passado sobre a reorganização do Ministério promovida por Barjona de Freitas, foi publicado o Regulamento do Registo Civil, no uso de autorização legislativa concedida pelo artigo 8.º da Carta de Lei de 1 de Julho de 1867 que aprovara o Código Civil. Exercia então interinamente as funções de Ministro da Justiça TOMÁS RIBEIRO, que era igualmente responsável dos negócios da marinha e ultramar (cfr. o citado Regulamento in *Collecção Official de Legislação Portugueza*, Imprensa Nacional, Lisboa, 1879). Importa lembrar que sectores não católicos vinham reivindicando providências legislativas sobre a matéria, tendo sido organizada, em 1876, uma Associação Promotora da Lei do Registo Civil (cfr. sobre esta iniciativa cívica, LUÍS VAZ, *Clericais e Livres Pensadores, O Grande Confronto 1895-1937*, Edição Grémio Lusitano, 2002, *passim*).

serviço público que o Ministro dizia ser "imperiosamente reclamado pelas instancias do espirito liberal da epoca"[68].

José Luciano de Castro interviera para diminuir despesas, porém, Barjona de Freitas era de parecer que aquele seu antecessor havia reduzido o pessoal da Secretaria de Estado "muito mais do que convinha ás exigencias e boa regularidade do serviço"[69] considerando ser "dispendiosa a economia que desorganiza os serviços, e economica a despeza que se traduz em melhoramentos reclamados pela necessidade do serviço, pelos dictames do progresso, e pelas instancias da opinião publica"[70].

Foi já no início do século XX, em 1901, que a Secretaria de Estado voltou a merecer cuidados organizativos, dessa feita da responsabilidade do Ministro Campos Henriques[71].

De acordo com o Relatório que serviu de base ao Decreto que aprovou a *Organização da Secretaria de Estado dos Negocios Ecclesiasticos e de Justiça*[72], várias eram as razões justificativas da proposta; mencionava o Ministro a "defeituosa divisão do pessoal", "a falta de empregados em algumas repartições" e a necessidade de se "acercar de um Conselho de magistrados, que, com o saber da sua experiência e as luzes do seu estudo de largos annos" o pudessem auxiliar "especialmente no sentido de aperfeiçoar o serviço judicial, para facilitar tanto quanto possível aos povos a prompta applicação de justiça, mediante a mais perfeita organização judiciaria e a melhor divisão territorial"[73]. Estes objectivos estavam porém limitados pelas "apertadas circunstancias do thesouro"[74] que determinaram que a "tentativa de melhorar", almejada por Campos Henriques, se tivesse tido que subordinar a uma despesa minguada.

Na reforma é de salientar como principal novidade a criação, junto do Gabinete do Ministro, de um "Conselho Superior Judiciario"[75], presidido

---

[68] Que imporia afinal, um tanto paradoxalmente, atento o consagrado regime de confessionalidade, um sistema de registo civil para os católicos, e um outro para os não católicos. Foi a essa exigência – *do espírito liberal da época* – que o Regulamento de 1878 visou dar resposta.

[69] Cfr. *Collecção Official de Legislação Portugueza*, Anno de 1878, Imprensa Nacional, Lisboa, 1879, pg. 305.

[70] *Idem, ibidem.*

[71] Artur Alberto de Campos Henriques, foi responsável da pasta da Justiça (1900-1904), e de novo (1906), em Ministérios ambos da presidência de Hintze Ribeiro.

[72] Cfr. *Collecção Official de Legislação Portugueza*, Anno de 1901, Imprensa Nacional, Lisboa, 1902, pg. 589.

[73] *Idem, ibidem.*

[74] *Idem, ibidem.*

[75] *Idem*, artigos 2.º.

1006   *Luís Bigotte Chorão*

pelo titular da pasta e integrado por um juiz conselheiro do Supremo Tribunal de Justiça (vice-presidente do Conselho), dois juízes da Relação de Lisboa, um juiz de direito de 1ª Instância da comarca de Lisboa, um ajudante do Procurador Geral da Coroa e Fazenda e secretariado pelo mais novo dos seus vogais[76]. Ao Conselho, que reunia ordinariamente todos os meses, assistia com voto consultivo o Director Geral dos Negócios de Justiça[77]. Todos os seus vogais eram de nomeação régia, o mesmo é dizer de confiança do executivo, cabendo-lhe poderes de iniciativa e consultivos[78].

4. Estes *Breves Apontamentos* revelam-nos a feição marcadamente centralizadora da Secretaria de Estado dos Negócios Eclesiásticos e de Justiça que desempenhou ao longo da monarquia constitucional, atento o seu quadro de competências, um papel de primeiro plano na conformação da ordem jurídico-liberal oitocentista. Através das suas atribuições legislativas marcou uma época que foi de profundas reformas; de muitas delas foi motor, intérprete e artífice. Mas mais: pela sua acção, estruturada nos moldes que apreciámos, foi instrumento decisivo na conversão de *poderes* em *funções*, subordinando a um tempo a Igreja e a actividade judicial à política do Estado do qual se tornaram servidoras, por regra, colaborantes.

Não é compreensível o papel da Secretaria de Estado, em todo o seu alcance, sem o conhecimento do perfil, designadamente político, dos Ministros e dos altos funcionários que ao longo do tempo chefiaram as suas direcções gerais e repartições. Só certamente a partir da colecção e estudo dessas, e de outras muitas informações, será possível entender a essência das políticas de justiça que foram sendo tecidas ao longo da monarquia constitucional no âmbito da Secretaria de Estado dos Negócios Eclesiásticos e de Justiça.

---

[76] *Idem*, artigos 3.º a 9.º.

[77] Atente-se ao facto das competências do Conselho Superior, embora de carácter consultivo, serem nalguns casos *concorrentes* com as da Direcção Geral dos Negócios de Justiça. Confrontem-se a este respeito os artigos 9.º e 11.º da Organização da Secretaria de Estado.

[78] Como poder de iniciativa cabia ao Conselho Superior Judiciário "Propor ao Governo quaesquer reformas nos serviços attinentes á magistratura judicial e do Ministerio Publico e aos funccionarios de justiça" (artigo 9.º, 1.º da Organização da Secretaria de Estado).

Breves Apontamentos para a História do Ministério da Justiça 1007

Carta de Lei de 23 de Agosto de 1821
Institui a Secretaria de Estado dos Negocios de Justiça

Decreto de 8 de Novembro de 1849
Regulamento da Secretaria d'Estado dos Negocios Ecclesiasticos e de Justiça
Repartição Central
Repartição dos Negocios Ecclesiasticos
Repartição dos Negocios de Justiça
Repartição de Contabilidade

Decreto de 19 de Agosto de 1859
Organisação da Secretaria d'Estado dos Negocios Ecclesiasticos e de Justiça
Gabinete do Ministro

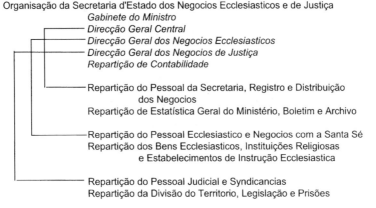

- *Direcção Geral Central*
- *Direcção Geral dos Negocios Ecclesiasticos*
- *Direcção Geral dos Negocios de Justiça*
- *Repartição de Contabilidade*
- Repartição do Pessoal da Secretaria, Registro e Distribuição dos Negocios
  Repartição de Estatística Geral do Ministério, Boletim e Archivo
- Repartição do Pessoal Ecclesiastico e Negocios com a Santa Sé
  Repartição dos Bens Ecclesiasticos, Instituições Religiosas e Estabelecimentos de Instrução Ecclesiastica
- Repartição do Pessoal Judicial e Syndicancias
  Repartição da Divisão do Territorio, Legislação e Prisões

Decreto de 21 de Outubro de 1869
Organisação da Secretaria d'Estado dos Negocios Ecclesiasticos e de Justiça
Gabinete do Ministro

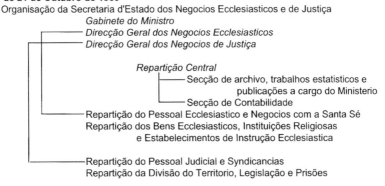

- *Direcção Geral dos Negocios Ecclesiasticos*
- *Direcção Geral dos Negocios de Justiça*

Repartição Central
  - Secção de archivo, trabalhos estatisticos e publicações a cargo do Ministerio
  - Secção de Contabilidade
- Repartição do Pessoal Ecclesiastico e Negocios com a Santa Sé
  Repartição dos Bens Ecclesiasticos, Instituições Religiosas e Estabelecimentos de Instrução Ecclesiastica
- Repartição do Pessoal Judicial e Syndicancias
  Repartição da Divisão do Territorio, Legislação e Prisões

Decreto de 19 de Setembro de 1878
Organisação da Secretaria d'Estado dos Negocios Ecclesiasticos e de Justiça
    Gabinete do Ministro
    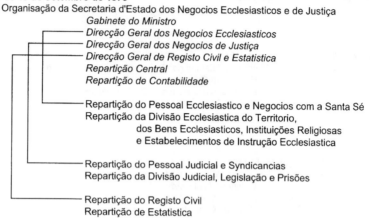
    Direcção Geral dos Negocios Ecclesiasticos
    Direcção Geral dos Negocios de Justiça
    Direcção Geral de Registo Civil e Estatistica
    Repartição Central
    Repartição de Contabilidade

    Repartição do Pessoal Ecclesiastico e Negocios com a Santa Sé
    Repartição da Divisão Ecclesiastica do Territorio,
        dos Bens Ecclesiasticos, Instituições Religiosas
        e Estabelecimentos de Instrução Ecclesiastica

    Repartição do Pessoal Judicial e Syndicancias
    Repartição da Divisão Judicial, Legislação e Prisões

    Repartição do Registo Civil
    Repartição de Estatistica

Decreto de 21 de Setembro de 1901
Organisação da Secretaria d'Estado dos Negocios Ecclesiasticos e de Justiça
    Gabinete do Ministro
        Conselho Superior Judiciário
    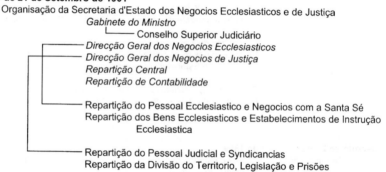
    Direcção Geral dos Negocios Ecclesiasticos
    Direcção Geral dos Negocios de Justiça
    Repartição Central
    Repartição de Contabilidade

    Repartição do Pessoal Ecclesiastico e Negocios com a Santa Sé
    Repartição dos Bens Ecclesiasticos e Estabelecimentos de Instrução
        Ecclesiastica

    Repartição do Pessoal Judicial e Syndicancias
    Repartição da Divisão do Territorio, Legislação e Prisões

ÍNDICE GERAL

DIREITO COMUNITÁRIO

DA MOEDA ÚNICA EM DIANTE: AS VISÕES A LONGO PRAZO DA INTEGRAÇÃO
PAULO DE PITTA E CUNHA 9

A COOPERAÇÃO REFORÇADA APÓS O TRATADO DE NICE. ALGUNS ALINHAVOS CRÍTICOS
MARIA JOÃO PALMA 23

1. Considerações Introdutórias 23
2. A Cooperação Reforçada à luz das alterações introduzidas pelo Tratado de Nice 25
3. Considerações de *iure condendo* 30
4. Conclusões finais 32

DIREITO CONSTITUCIONAL

UMA PERSPECTIVA CONSTITUCIONAL DA REFORMA DO CONTENCIOSO ADMINISTRATIVO
JORGE MIRANDA 35

I. O QUADRO CONSTITUCIONAL 36
  A) *Os meios contenciosos* 36
  B) *Os tribunais administrativos* 44
II. A REFORMA DO CONTENCIOSO ADMINISTRATIVO 51

DOGMÁTICA DE DIREITOS FUNDAMENTAIS E DIREITO PRIVADO
JOSÉ JOAQUIM GOMES CANOTILHO 63

NOTA DE RECORDAÇÃO 63
  §§ 1.º Dogmática dos direitos fundamentais no âmbito do direito privado . 64
  §§ 2.º O enquadramento teórico das restrições a os direitos, liberdades e garantias pessoais 66
  §§ 3.º Aproximação conceitual 68

1010   *Direito Público e Vária*

a) *O conceito de intervenção restritiva* 69
b) *Âmbito de protecção e âmbito de garantia efectiva* 69
§§ 4.° A querela das teorias: a teoria externa e teoria interna 72
1. O argumento da contradição lógica 73
2. O argumento de ideais irrealistas 75
3. O argumento de ideais extrajurídicos 76
4. O argumento da vinculação comunitarista 76
5. O argumento da liberdade constituída 77
6. O argumento do "pensamento espacial" 78
7. O argumento da hierarquia de normas 79
8. O argumento da deslealdade 80
9. O argumento da força legitimadora 81
10. O argumento de inflação de pretensões subjectivas 81
11. O argumento da força vinculativa 82
CONCLUSÃO 83

FISCALIZAÇÃO DA CONSTITUCIONALIDADE E GARANTIA DOS DI-REITOS FUNDAMENTAIS: APONTAMENTO SOBRE OS PASSOS DE UMA EVOLUÇÃO SUBJECTIVISTA
CARLOS BLANCO DE MORAIS 85

1. A luta pela juridicidade dos direitos e liberdades fundamentais 86
2. As metamorfoses do sistema de garantia jurisdicional dos direitos e liberdades fundamentais 88
   2.1. *A dimensão subjectiva da tutela jurisdicional dos direitos fundamentais* 88
   2.2. *Dimensão interna da tutela jurisdicional* 89
     2.2.1. *Tutela subjectiva máxima* 89
     2.2.2. *Tutela subjectiva média* 91
     2.2.3. *Tutela subjectiva mínima* 93
   2.3. *Nótula sobre a dimensão internacional da tutela jurisdicional dos di-reitos fundamentais da pessoa humana* 94
3. Algumas considerações sobre a tutela dos direitos liberdades e garantias no ordenamento português através dos institutos de controlo da constituciona-lidade das normas 95
   3.1. *A defesa de "direitos fundamentais absolutos" no contexto da nova querela sobre a fiscalização da constitucionalidade das normas pela Administração* 95
     3.1.1. *Equação do problema da desaplicação de leis inconstitucionais pela Administração Pública* 95
     3.1.2. *A inadmissibilidade da fiscalização da constitucionalidade das leis pela administração como regra geral* 98
     3.1.3. *Excepções relativas à regra anteriormente formulada: – funda-mentos restritos de uma desaplicação admissível* 103
     3.1.4. *Apreciação de uma excepção em particular: a tutela adminis-*

trativa difusa do núcleo de direitos absolutos ofendidos por leis
inconstitucionais 103
   3.2. *Dúvidas sobre a existência de uma "dimensão de amparo" no controlo*
     jurisdicional concreto da constitucionalidade das normas 105
   4. Observações finais 109

POR UMA LEITURA FECHADA E INTEGRADA DA CLÁUSULA ABERTA DOS DIREITOS FUNDAMENTAIS
Isabel Moreira 113

   § 1.º Nota prévia Introdutória 113
I. IDENTIFICAÇÃO E JUSTIFICAÇÃO DO OBJECTO A INVESTIGAR 113
   § 2.º Preliminares 114
I. NOTA SUCINTA DE DIREITO COMPARADO: O IX ADITAMENTO À CONSTITUIÇÃO DOS ESTADOS UNIDOS 114
II. CONCLUSÕES GERAIS ACERCA DA PRIMEIRA E CIMEIRA CLÁUSU-
LA ABERTA 116
   § 3.º A cláusula aberta no sistema constitucional português 118
I. *MEMÓRIA* DO INSTITUTO 118
II. CONSTITUIÇÃO DE 1976. A INTRODUÇÃO DA CLÁUSULA ABERTA: UM PECULIAR PROCESSO DE REDACÇÃO E VOTAÇÃO 122
III. OS *DIREITOS* ABRANGIDOS PELA CLÁUSULA ABERTA E O RESPE-
CTIVO REGIME 124
   A) *Preliminares* 124
   B) *Natureza dos direitos* recebidos *pela cláusula aberta: a duplicidade do Tri-*
     bunal Constitucional (TC) 129
IV. OS DIREITOS RECEBIDOS PELA CLÁUSULA ABERTA. SEQUÊNCIA 130
V. CRITÉRIO OPERATIVO PARA A IDENTIFICAÇÃO DOS DIREITOS EX-
TRACONSTITUCIONAIS ANÁLOGOS AOS DIREITOS, LIBERDADES E GARANTIAS E CONSEQUÊNCIAS REGIMENTAIS 136
   § 4.º Conclusões sumárias 151

DIREITO PENAL E PROCESSUAL PENAL

TRANSMISSÃO DA SIDA E RESPONSABILIDADE PENAL
Maria Fernanda Palma 155

O CRIME DE VIOLAÇÃO DE SEGREDO DE JUSTIÇA E A POSIÇÃO DO ASSISTENTE NO PROCEDIMENTO PENAL RESPECTIVO
Paulo Saragoça da Matta 171

   I. ENUNCIAÇÃO E DELIMITAÇÃO DA QUESTÃO 171
   II. CENÁRIO LEGAL 174
   III. TITULARIDADE DOS BENS JURÍDICOS PROTEGIDOS 183

1012 *Direito Público e Vária*

IV. O PROCEDIMENTO PENAL RELATIVO AO CRIME DO art. 371.º do C.P. 185
V. PERSPECTIVA PRÁTICA E ANÁLISE CRÍTICA DA QUESTÃO 186

O ACORDO COM VISTA À PRÁTICA DE GENOCÍDIO. O CONCEITO, OS REQUISITOS E O FUNDAMENTO DA PUNIÇÃO DO «CONTRATO CRIMINAL»
Ivo MIGUEL BARROSO 215

INTRODUÇÃO 216
PRIMEIRA PARTE – **Estrutura típica do acordo com vista à prática de genocídio** 219
   § 1.ª Preliminares 220
1. Filiação na teoria jurídico-penal – crimes plurissubjectivos ou de participação necessária 220
   § 2.ª Fontes 221
1. Fontes internacionais 221
   1.1. *Julgamentos de Nuremburga. Primeira expressão em Direito Penal Internacional da "conspiracy", com vista a iniciar uma guerra de agressão* 221
   1.2. *Convenção para a Prevenção e Repressão do Crime de Genocídio* . 223
2. Fonte nacional 225
   § 3.ª O bem jurídico protegido 226
1. Um crime de perigo abstracto 226
   § 4.ª Conceito de conspiração 233
1. Generalidades. Noção de conspiração 233
   1.1. *Exemplos de conspirações* 234
2. Distinções conceptuais em relação ao acordo com vista à prática de genocídio 254
   2.1. *Figuras próximas* 254
      2.1.1. *Conspiração, proposta e provocação, constando na Parte Geral* 255
   2.2. *Figuras afins* 259
      2.2.1. *Punição de actos preparatórios* 259
      2.2.2. *Situações de comparticipação criminosa* 263
      2.2.3. *Teoria antíqua do complot* 267
   § 5.ª Tipo objectivo 275
1. Sujeitos. Requisito quantitativo 275
3. A acção típica 276
   3.1. *"Acordo", "acordar"* 276
   3.2. 276
   3.3. *Os meios de chegar a acordo* 277
      3.3.1. *A possibilidade de acordo tácito* 277
4. Os requisitos do acordo 277
   4.1. 278
   4.2. *O conteúdo do acordo "com vista à prática de genocídio"* 280

Índice geral

1013

4.2.1. *O acordo engloba necessariamente a realização de actos executivos de genocídio?* 281

4.2.2. *A abrangência típica do acordo condicionado* 284

§ 6.º Tipo subjectivo 286

1. A não coincidência total entre os tipos subjectivos do acordo e do genocídio 286

2. O dolo na conspiração 287

2.1. 287

2.1.1. *A possibilidade de dolo eventual* 289

§ 7.ª Problemas específicos em outros passos da teoria da infracção criminal 292

1. Consumação 293

2. Desistência 294

3. Participação na acção de conspiração 297

4. Relação de concurso 303

4.1. *Concurso efectivo – Direito anglo-saxónico* 305

4.2. *Concurso aparente* 305

5. Moldura penal 309

SEGUNDA PARTE – **Enquadramento teorético-construtivo** 311

§ 1.ª Os obstáculos à incriminação e a sua superação 311

§ 2.ª A fundamentação material da proibição 320

1. A gravidade do crime de genocídio 321

2. A intolerabilidade dos crimes contra a humanidade 322

3. Perspectiva filosófica. O Mal 322

4. Memória histórica. Lastro histórico jusinternacional 324

5. A afirmação preventiva de um princípio de auto-limitação do poder estatal ou para-estatal 326

6. A salvaguarda da dignidade da pessoa humana, no *"crime dos crimes"* .. 328

7. A violação dos limites últimos da justiça 334

§ 3.ª Proposta *"de jure condendo"* de incriminação de actos preparatórios *"proprio sensu"* com vista à prática de genocídio 335

CONCLUSÕES 336

ANEXOS 339

ANEXO I 339

EXEMPLOS DE GENOCÍDIO 339

1) Genocídio dos Hebreus no Egipto 339

2) Genocídio dos Arménios no Império Otomano 340

3) Genocídio nazi 341

3.3. *Os passos iniciais* 344

3.5. *O extermínio dos judeus* 345

3.5.1. *Os campos de concentração e os campos de extermínio* 346

3.5.2. *A "vida" quotidiana* 348

4) Genocídio no Ruanda 357

ANEXO II 360

Genocídio 360

1014 *Direito Público e Vária*

1. Origem contemporânea 360
2. Fontes 361
  2.1. *Fontes internacionais* 361
  2.2. *Fontes nacionais* 371
  2.3. *Comparação entre as fontes* 373
3. Carácter *"iuris cogentis"* 374
4. A admissibilidade da protecção da Humanidade como bem jurídico 376
  4.4. *O bem jurídico protegido pela incriminação do genocídio* 388
5. Tipo legal de crime 389
  5.1. *Tipo objectivo de ilícito* 390
    5.1.1. *Sujeito passivo. Grupos protegidos* 391
  5.3. 397
    5.3.1. *Elemento subjectivo especial de ilicitude "com intenção de destruir..."* 398
    5.3.2. *Dificuldade de prova. Caso Alcindo Monteiro e outros* 400
6. Especificidades comparticipativas 403
ANEXO III 411
Todesfuge, de Paul Celan 411
1. 411
2. *Todesfuge* 412
3. Tradução 413
4. Paul Celan — o coração em cinza 416

DIREITO ADMINISTRATIVO E FINANCEIRO

O FINANCIAMENTO DA REGULAÇÃO E SUPERVISÃO DO MERCADO DE VALORES MOBILIÁRIOS

António de Sousa Franco
Sérgio Gonçalves do Cabo 425

1. Introdução 425
2. Fundamento e legitimação das receitas públicas coactivas 430
3. O princípio da legalidade (tributária) e as receitas públicas coactivas 438
4. Fundamento e legitimação das taxas 441
5. A função sócio-económica das bolsas e a sua regulação 444
6. O problema do financiamento da supervisão do mercado de valores mobiliários 445
7. Idem: as taxas sobre operações fora de bolsa enquanto taxas orientadoras de comportamentos 449
8. Idem: autofinanciamento da entidade de supervisão 450
9. Idem: taxas de supervisão 452
  A) *Preliminares* 452
  B) *Natureza das taxas de operações de bolsa à luz do n.° 1 do artigo 407.° do Código do Mercado de Valores Mobiliários* 453

Índice geral

C) *Natureza das taxas de operações de bolsa à luz do artigo 211.° do Código dos Valores Mobiliários* 455

D) *Taxas sobre operações fora de bolsa: evolução histórica* 455

E) *Taxas de operações fora de bolsa à luz do artigo 408.° do Código do Mercado de Valores Mobiliários* 457

F) *Taxas de operações fora de bolsa à luz do novo Código dos Valores Mobiliários* 459

10. A taxa sobre operações de bolsa e a taxa sobre operações fora de bolsa: o teste da proporcionalidade 460

   A) *Preliminares* 460

   B) *Proporcionalidade das taxas sobre operações de bolsa e fora de bolsa no âmbito do anterior e do actual Código dos Valores Mobiliários* .. 462

   a) *Taxas sobre operações de bolsa* 462

   b) *Taxas sobre operações fora de bolsa* 465

PARA UM CONCEITO DE CONTRATO PÚBLICO
AFONSO D'OLIVEIRA MARTINS 475

1. Considerações gerais 475
2. O ponto de partida: do conceito geral de contrato ao problema da diferença específica dos contratos públicos 478
3. Contratos públicos, direito público e interesse público. O conceito proposto 481
4. Contratos públicos e contratos da Administração Pública ou com participação pública 485
5. Contratos públicos e contratos de interesse público 487
6. Contratos públicos e contratos sujeitos a procedimento adjudicatório 488
7. Contratos públicos e contratos com dotação pública 490
8. Contratos públicos e contratos sujeitos a controlo público ou à jurisdição administrativa 491

OS INSTITUTOS PÚBLICOS E A DESCENTRALIZAÇÃO ADMINISTRATIVA
ANA FERNANDA NEVES 495

INTRODUÇÃO 495
1. Os institutos públicos 499
   1.1. *Os institutos públicos no quadro da Administração Pública* 499
   1.2. *Razão de ser* 504
   1.3. *Categorização dos institutos públicos* 507
   1.4. *Personalização jurídica e autonomia* 511
   1.5. *Poder regulamentar* 514
   1.6. *Os poderes de tutela e superintendência* 520
   1.7. *A fiscalização e o controlo parlamentar da Administração instrumental* 523
   1.8. *O regime de pessoal* 525

1016   *Direito Público e Vária*

2. A descentralização e a desconcentração administrativas	532
3. Os institutos públicos como expressão de descentralização funcional	535
CONCLUSÕES	539

**PRETEXTO, CONTEXTO E TEXTO DA INTIMAÇÃO PARA PROTEC-
ÇÃO DE DIREITOS, LIBERDADES E GARANTIAS**
CARLA AMADO GOMES   541

0. Introdução	541
1. Modelos de defesa de direitos fundamentais: breve excurso	543
2. Intimação para protecção de direitos, liberdades e garantias	551
2.1. O pretexto da solução legislativa actual	551
2.2. O contexto do novo meio processual para defesa de direitos, liberda- des e garantias	554
2.3. O texto dos artigos 109.º a 111.º do Código de Processo nos Tribunais Administrativos	557
2.3.1. Pressupostos processuais	558
2.3.1.1. Competência do tribunal	558
2.3.1.2. Prazo de apresentação do pedido	558
2.3.2. Requisitos de admissibilidade do pedido	559
2.3.2.1. O objecto	559
2.3.2.2. A legitimidade das partes	562
2.3.2.3. A subsidiariedade relativamente ao decretamento pro- visório de qualquer providência que vise a defesa de di- reitos, liberdades e garantias (artigo 131.º do CPTA) .	563
2.3.3. Requisitos de provimento do pedido: a "indispensabilidade" . .	567
2.3.4. Tramitação	568
2.3.4.1. Celeridade	568
2.3.4.2. Contraditório	569
2.3.5. Efeitos da sentença	569
2.3.6. Recurso da sentença	570
2.4. A intimação em face de violações de direitos causadas por actos jurí- dicos comunitários	571
3. Considerações finais	574

**EXERCÍCIO DO DIREITO DE ACESSO AOS DOCUMENTOS DETIDOS
PELA ADMINISTRAÇÃO PÚBLICA**
JOSÉ RENATO GONÇALVES   579

1. Legitimidade activa	580
2. Posição dos requerentes de «dados pessoais» relativos a falecido	581
3. Legitimidade passiva	583
4. Pedido de acesso. Requisitos	584
5. Formas ou vias de acesso. Limites	587
6. Momento do acesso	590

Índice geral 1017

7. Custo do acesso	593
8. «Responsável» pelo acesso e publicações	599
9. Resposta da Administração ao pedido de acesso	600
10. Informação a prestar ao requerente	602
11. Direitos de queixa e de recurso	603

CONTRATO DE TRANSACÇÃO NO DIREITO ADMINISTRATIVO E FISCAL
João Taborda da Gama 607

INTRODUÇÃO	609
§1.º Preliminares	609
§ 2.º Objecto, escolha do tema e método	610
2.1. *Delimitação negativa*	611
2.2. *Delimitação positiva*	611
2.3. *Escolha do tema*	612
2.4. *Método*	613
§ 3.º Sequência	614
CAPÍTULO I – **O conceito de transacção**	615
§1.º Conceito (o último dos contratos)	615
§ 2.º Características	621
§ 3.º Espécies	622
I.3.1. *Transacção judicial e extrajudicial*	622
I.3.2. *Transacção total, parcial, quantitativa, novatória*	624
§ 4.º Figuras afins	624
I.4.1. *Arbitragem*	624
I.4.2. *Desistência e confissão*	626
I.4.3. *Conciliação e mediação*	627
§ 5.º Notas jus-comparatísticas	631
I.5.1. *Alemanha*	631
I.5.2. *França*	633
I.5.3. *Espanha*	635
I.5.4. *Conclusões*	637
§ 6.º Transacção e outros direitos – brevíssima nota	637
CAPÍTULO II – **Admissibilidade e conteúdo**	638
§ 1.º Da admissibilidade da transacção, em especial da transacção judicial	638
II.1.1. *Preliminares*	638
II.1.2. *Inadmissibilidade*	639
II.1.2.1. Argumentação "lógica". Crítica.	639
II.1.2.2. Argumentação "material". Crítica.	641
II.1.2.3. Argumentação "processualista-positivista". Crítica.	641
II.1.3. *Admissibilidade*	646
II.1.3.1. A autonomia contratual pública	647

Direito Público e Vária

II.1.3.2. O princípio da protecção jurídica	647
II.1.3.3. Igualdade	649
II.1.3.4. O interesse público e a eficiência	650
II.1.3.5. As leis, os factos e a "natureza das coisas"	653
II.1.3.6. A coerência do sistema	657
§ 2.º Âmbito e limites	658
II.2.1. *1.º Plano: Mudança na continuidade: a desconsideração das especificidades transaccionais*	658
II.2.2. *2.º Plano: A transacção normativamente incongruente. Um "final alternativo" da mesma história?*	660
CAPÍTULO III – **A Transacção no direito fiscal. Considerações gerais**	661
§1.º Preliminares	661
§ 2.º Transacção fiscal e alguns princípios fundamentais do ordenamento jurídico	663
III.2.1. *Princípio da legalidade, discricionariedade e norma tributária*	663
III.2.2. *Indisponibilidade dos créditos tributários e contratos fiscais*	667
III.2.3. *Participação dos particulares no procedimento tributário*	669
§ 3.º Âmbitos e formas possíveis da transacção no direito fiscal – remissão	671
§ 4.º Alguns momentos de possível relevância da transacção fiscal	671
III.4.1. *Preliminares*	671
III.4.2. *Informação prévia vinculante*	672
III.4.3. *Procedimento de inspecção*	677
III.4.4. *Procedimentos anti-abuso*	678
III.4.5. *Revisão da matéria tributável fixada por métodos indirectos*	680
III.4.6. *Contencioso tributário*	681
CAPÍTULO IV – **Natureza jurídica da transacção**	683
§ 1.º Preliminares	683
§ 2.º Natureza contratual	683
IV.2.1. *Preliminares*	683
IV.2.2. *Classificação*	688
§ 3.º Natureza da transacção judicial	690
IV.3.1. *Natureza processual*	690
IV.3.2. *Dupla natureza*	691
CONCLUSÕES	692

DIREITO INTERNACIONAL PRIVADO

COMPETÊNCIA INTERNACIONAL EM MATÉRIA DE LITÍGIOS RELATIVOS À *INTERNET*

Lima Pinheiro	695
INTRODUÇÃO	695

I. CRITÉRIO GERAL DE COMPETÊNCIA LEGAL: DOMICÍLIO DO RÉU . 697
II. CRITÉRIOS ESPECIAIS DE COMPETÊNCIA LEGAL EM MATÉRIA CON-
TRATUAL E EXTRACONTRATUAL 698
   A) *Matéria contratual* 698
   B) *Matéria extracontratual* 701
III. COMPETÊNCIA EM MATÉRIA DE CONTRATOS CELEBRADOS POR
CONSUMIDORES 704
IV. PACTOS DE JURISDIÇÃO 709

DIREITO COMPARADO

DIREITOS ISLÂMICOS E "DIREITOS CRISTÃOS"
CARLOS FERREIRA DE ALMEIDA 713

Questões metodológicas no estudo dos direitos islâmicos 714
   1.° *O Islão e a xaria* 715
Religião islâmica 715
Xaria 717
Características da xaria 720
   2.° *Evolução e actualidade dos direitos islâmicos* 721
Do passado glorioso à modernização 721
O ressurgimento islâmico 724
A diversidade de sistemas jurídicos islâmicos na actualidade 726
   3.° *Fontes de direito* 728
Elenco 728
Constituição 728
Códigos e outras leis 731
A xaria como fonte de direito actual 732
Dualidade dos sistemas e hierarquia das fontes 734
   4.° *Organização judiciária e profissões jurídicas* 737
Os tribunais do cádi 737
Organização judiciária contemporânea 739
Profissões jurídicas e formação profissional 739
   5.° *Comparação entre os direitos islâmicos e os "direitos cristãos"* 741
Questões metodológicas de comparação 741
Diferenças entre os direitos islâmicos e os "direitos cristãos" 743
Semelhanças entre os direitos islâmicos e os "direitos cristãos" 748

1020   *Direito Público e Vária*

DIREITO INTERNACIONAL PÚBLICO

A ORDEM JURÍDICA INTERNACIONAL EM TRANSIÇÃO? MULTILA-TERALISMO *VS*. UNILATERALISMO E A INTERVENÇÃO MILITAR NO IRAQUE
Patrícia Galvão Teles 749

1. Introdução 749
2. Como é a que a ordem jurídica internacional lida com a violação dos seus princípios fundamentais? 751
3. As reacções da comunidade internacional nas principais "crises" do final do Séc. XX / início do Séc. XXI 759
    3.1. *Kosovo (1999)* 759
    3.2. *Timor-Leste (1999)* 761
    3.3. *Chechénia (2000)* 762
    3.4. *Palestina (2000-2002)* 763
    3.5. *O 11 de Setembro e a intervenção militar no Afeganistão (2001-2002)*   763
    3.6. *Iraque (2003)* 768
CONCLUSÃO 776

FILOSOFIA DO DIREITO

DA HERMENÊUTICA JURÍDICA: FUNDAMENTOS, DESAFIOS E FAS-CÍNIOS
Paulo Ferreira da Cunha 779

I. INTRODUÇÃO EPISTEMOLÓGICA 779
II. FASCÍNIOS HERMENÊUTICOS 782
III. DESAFIOS HERMENÊUTICOS 784
IV. FUNDAMENTOS JURÍDICO-HERMENÊUTICOS 786
   1. Fundamento teleológico: Para que serve a Hermenêutica Jurídica? Para descobrir soluções justas 786
   2. Fundamento estrutural: «par le code, mais au-delà le code...» 787
   3. Prolegómenos à fundamentação de uma Hermenêutica Jurídica futura ... 791
V. NOVOS FASCÍNIOS, NOVOS DESAFIOS: REFORMA LEGISLATIVA OU REFORMA DE MENTALIDADES? 793

APROXIMAÇÃO AO REALISMO JURÍDICO
Mário Emílo F. Bigotte Chorão 799

1. Introdução 799
2. Súmula do realismo jurídico clássico 800
3. Realismo e "irrealismos" jurídicos 803
4. Das minhas "navegações jurídicas" 804

Índice geral

5. A atitude realista originária 808
6. O realismo do senso comum 809
7. O realismo filosófico (metafísico, gnoseológico e ético) 813
8. Realismo jurídico e pessoa humana 817

INTERPRETAÇÃO CONFORME COM A CONSTITUIÇÃO
João Zenha Martins 823

INTRODUÇÃO 823
CAPÍTULO I – **Interpretação e Constituição** 825
    1. Aspectos gerais 825
    2. Enunciado e norma 827
    3. Constituição formal e Constituição material 829
    4. Interpretação da Constituição 834
    5. Constituição como ordenação sistemática 838
    6. Refluxo político-jurídico 840
    7. Semântica do paradigma legislativo moderno e função jurisdicional 842
    8. Abertura, ordenação funcional e método 846
    9. Domínios específicos 862
    10. Modelo de ordenação material 869
    11. Unidade do sistema 875
    12. Abertura e projecção dos valores 882
    13. Níveis de eficácia constitucional 884
CAPÍTULO II – **Interpretação conforme com a Constituição** 887
    1. *Elementos* de Interpretação 887
        1.1. *Literal* 888
        1.2. *Sistemático* 890
        1.3. *Histórico (lato sensu)* 892
        1.4. *Teleológico* 892
        1.5. *Hierarquia de elementos?* 893
    2. A Constituição e o postulado sistemático-teleológico 895
    3. Proposições da Interpretação conforme com a Constituição 900
        3.1. *A conservação de normas legais* 901
        3.2. *A maximização das normas constitucionais* 909
    4. Interpretação com função *correctiva* 915
    5. A Constituição na perspectiva de relação metódica caso/norma 926
CAPÍTULO III – **Unidade no Direito e Constituição** 932
    1. A regra de decisão 932
    2. O momento metódico de concretização-prospectiva 952
Conclusão – **sinopse** 955

O DIREITO E A HISTÓRIA

BARTOLOMEO SCALA, AS DESCOBERTAS PORTUGUESAS DAS ILHAS ATLÂNTICAS, O DIREITO ROMANO E O "DOMINIUM MUNDI"
Nuno José Espinosa Gomes da Silva 959

O ROMANCE HISTÓRICO E O DIREITO
Rui de Figueiredo Marcos 977

BREVES APONTAMENTOS PARA A HISTÓRIA DO MINISTÉRIO DA JUSTIÇA
Luís Bigotte Chorão 993